Gerald Volkmer

Siebenbürgen zwischen Habsburgermonarchie und Osmanischem Reich

Völkerrechtliche Stellung und Völkerrechtspraxis eines ostmitteleuropäischen Fürstentums 1541 – 1699

Schriften des Bundesinstituts für Kultur und Geschichte der Deutschen im östlichen Europa

Band 56

Gerald Volkmer

Siebenbürgen zwischen Habsburgermonarchie und Osmanischem Reich

Völkerrechtliche Stellung und Völkerrechtspraxis eines ostmitteleuropäischen Fürstentums 1541–1699

DE GRUYTER
OLDENBOURG

Bibliographische Information der Deutschen Nationalbibliothek
Die Deutsche Nationalbibliothek verzeichnet diese Publikation in der Deutschen Nationalbibliographie; detaillierte bibliographische Daten sind im Internet über http://dnb.d-nb.de abrufbar.

Library of Congress Cataloging-in-Publication Data
A CIP catalog record for this book has been applied for at the Library of Congress.

Veröffentlicht durch Verlag De Gruyter Oldenbourg, München 2015

Die Umschlagabbildung zeigt zwei Ausschnitte aus der 1596 erschienenen dreiteiligen Landkarte des Kölner Kartenverlegers Peter Overadt (tätig 1590 – 1652), die den Verlauf der unteren Donau abbildet (Niedersächsische Staats- und Universitätsbibliothek Göttingen, Mapp 5829). Der Titel der Karte lautet: CELEBERRIMI TRACTVS DANVBIANI PARS PRAECIPVA AB AVSTRIE VIENNA / CONSTANTINOPOLIM VSQVE SE PROTENDENS VNGARIAM TRANSILVANIAMQq COMPLECTens.
Der obere Ausschnitt zeigt Siebenbürgen und seine Nachbarregionen, der untere die Portraits von Kaiser Rudolf II., Fürst Sigismund Báthory und Sultan Mehmet III. (von links nach rechts).

Umschlaggestaltung: NRDesign AGD (Oldenburg)

Satz, Layout und Druck: TZ-Verlag & Print GmbH, Roßdorf, www.tz-verlag.de

ISBN: 978-3-11-034399-1

Inhalt

Vorwort

Die vorliegende Arbeit wurde mit dem Titel „Völkerrechtliche Stellung und Völkerrechtspraxis des Fürstentums Siebenbürgen 1541–1699" im Wintersemester 2011/2012 vom Fachbereich Rechtswissenschaft der Johann Wolfgang Goethe-Universität Frankfurt am Main als Dissertation angenommen. Ein besonderer Dank gilt zunächst meinem verehrten Doktorvater, Herrn Professor Dr. Dr. h. c. mult. Michael Stolleis, für die Betreuung der Dissertation und die wertvollen Anregungen, die ich insbesondere im Rahmen seines Oberseminars im Max-Planck-Institut für Europäische Rechtsgeschichte in Frankfurt am Main erhalten habe. Herrn Professor Dr. Albrecht Cordes M. A. danke ich für die rasche Übernahme des Zweitgutachtens.

Für die Aufnahme dieses Titels in die Schriftenreihe des Bundesinstituts für Kultur und Geschichte der Deutschen im östlichen Europa danke ich dem Herausgeber und Direktor des Bundesinstituts, Professor Dr. Matthias Weber, sehr, insbesondere auch für die von ihm erhaltene Unterstützung meiner wissenschaftlichen Arbeit.

Den Mitgliedern des Arbeitskreises für Siebenbürgische Landeskunde e.V. Heidelberg, insbesondere Dr. Meinolf Arens, Dr. Sándor Papp, Dr. Ernst Petritsch, Dr. Harald Roth und Dr. Günther H. Tontsch (†), danke ich für zahlreiche Anregungen zum behandelten Thema, den Mitarbeiterinnen und Mitarbeitern des Siebenbürgen-Instituts an der Universität Heidelberg für die Hilfe bei der Literaturbeschaffung sowie Herrn Fabian Schlums für die Unterstützung bei der Erstellung des Registers der Personen und Orte.

Sehr herzlich danke ich meinen Eltern, Monika und Bernd Volkmer, sowie meiner Frau Petra Volkmer für die erhaltene Ermutigung und Hilfestellung. Petra hat mich bei der Textverarbeitung unterstützt und durch alle Höhen und Tiefen der letzten Jahre begleitet. Sie musste auf die wenigen gemeinsamen freien Stunden verzichten, die das Dissertationsprojekt aufgrund meiner Berufstätigkeit beansprucht hat. Dieses Buch ist meinem Sohn Peter gewidmet, der 18 Tage vor der Abgabe der Dissertation geboren wurde.

Oldenburg, im Mai 2015

Gerald Volkmer

Für Peter

I. Einführung

Siebenbürgen, rumänisch Ardeal, ungarisch Erdély, lateinisch Transylvanien genannt, war im vergangenen Jahrtausend als Teil des mittelalterlichen Königreichs Ungarn, der Habsburgermonarchie, Österreich-Ungarns und schließlich Rumäniens mehr Objekt als Subjekt der „Großen Politik" Europas. Allein im 16. und 17. Jahrhundert konnte Siebenbürgen als eigenständiger Akteur und völkerrechtliches Subjekt die internationalen Beziehungen direkt beeinflussen. Das an der Schnittstelle zwischen Ostmittel- und Südosteuropa gelegene Fürstentum bewegte sich von 1541 bis 1699 im Spannungsfeld zwischen christlich-abendländischer und islamisch-osmanischer Völkerrechtsordnung.

In der ersten Hälfte des 16. Jahrhunderts dehnten das Osmanische Reich, die Habsburgermonarchie und das Königreich Polen-Litauen ihre Machtbereiche über den ostmittel- und südosteuropäischen Raum aus. Von diesen Machtverschiebungen wurde das Königreich Ungarn unmittelbar betroffen, das 1526 in der Schlacht bei Mohács dem Osmanischen Reich unterlag und im Verlauf eines Thronfolgekrieges bis 1541 dreigeteilt wurde. Nach der osmanischen Besetzung Mittel- und Südungarns lösten sich die östlichen ungarischen Komitate (Grafschaften) zusammen mit der Woiwodschaft Siebenbürgen auch geographisch zunehmend vom restlichen Ungarn und entwickelten sich zu einer eigenständigen Herrschaft unter der Oberhoheit des Osmanischen Reiches.

Zwischen 1541 und 1606 wurde die Stellung Siebenbürgens als eigenständiges Fürstentum mehrfach infrage gestellt: einerseits durch die Bestrebungen der Habsburger, es in ihren Länderkomplex zu integrieren, andererseits durch siebenbürgische Adelige, die das Ziel verfolgten, die Einheit des Königreichs Ungarn unter den Habsburgern wiederherzustellen. Erst nach dem Aufstand Stefan Bocskais gegen die Herrschaft der Habsburger in Siebenbürgen 1604/1605 und der Verankerung der Selbständigkeit Siebenbürgens durch die Verträge von Wien und Zsitvatorok im Jahr 1606, konnte die völkerrechtliche Stellung Siebenbürgens als eigenständiger Staat unter der Oberhoheit der Osmanen acht Jahrzehnte lang – vor allem von Wien aus – nicht mehr nachhaltig infrage gestellt werden. Unter seinen protestantischen Fürsten nahm Siebenbürgen ab 1606 eine Rolle als kleinerer Akteur der *res publica christiana* wahr, die meistens von einer antagonistischen Haltung gegenüber der Habsburgermonarchie gekennzeichnet war. Erst die Niederlage des Osmanischen Reiches im „Großen Türkenkrieg" setzte den internationalen Rahmenbedingungen ein Ende, welche die Existenz des Fürstentums Siebenbürgen zwischen den Großmächten über nahezu 150 Jahre hinweg ermöglicht hatten. Im Frieden von Karlowitz wurde 1699 die bereits 1691 erfolgte staatsrechtliche Eingliederung des Fürstentums in die Habsburgermonarchie völkerrechtlich abgesichert.

Der hier abgesteckte chronologische Rahmen der Arbeit weist unmittelbar auf den langen Untersuchungszeitraum der Arbeit hin. Dies gewissermaßen ambitionierte Unterfangen macht deutlich, dass viele Aspekte der Geschichte des Fürstentums Siebenbürgen nur angeschnitten, nicht gleichmäßig vertieft oder gar erschöpfend behandelt werden können. Deshalb soll sich die vorliegende Arbeit auf die Herausarbeitung der völkerrechtlichen Praxis und völkerrechtlichen Stellung des Fürstentums Siebenbürgen konzentrieren, die sich in einem Verhältnis der Interdependenz zueinander befanden[1].

Die diplomatischen Beziehungen, die das Fürstentum Siebenbürgen mit einer Reihe von christlichen Mächten pflegte und die daraus entsprungenen Verträge mit den Mitgliedern des *ius publicum europaeum* sind der Ausdruck seiner Völkerrechtspraxis. Die völkerrechtliche Praxis eines modernen Staates widerspiegelt sich in den Dokumenten seines Außenministeriums oder seiner Staatskanzlei[2], diejenige eines frühneuzeitlichen Fürstentums vor allem in den überlieferten Verträgen, die sein Monarch mit auswärtigen Mächten geschlossen hat. Ausgeklammert werden muss die Untersuchung der Interdependenz von Völkerrechtspraxis und Völkerrechtstheorie, also die Frage, inwiefern die Theorie des Völkerrechts auf die völkerrechtliche Praxis Siebenbürgens eingewirkt hat bzw. ob diese von der Völkerrechtslehre rezipiert wurde[3]. Angesichts des im Vergleich zum westlichen Europa verzögert einsetzenden Prozesses der Verrechtlichung der internationalen Beziehungen im östlichen Europa erscheint der rechtsgeschichtliche Zugang über die Völkerrechtspraxis erfolgversprechender als über die Völkerrechtstheorie.

Die Politik des Osmanischen Reiches und der Habsburgermonarchie stellten die beiden dominanten Pole dar, zwischen denen sich die völkerrechtliche Praxis des Fürstentums bewegte. Die Phasen größerer Eigenständigkeit bzw. Abhängigkeit gegenüber Wien und Konstantinopel wechselten sich häufig ab. Daraus ergibt sich die Frage, inwieweit sich die Stärke bzw. Schwäche der benachbarten Großmächte in der völkerrechtlichen Stellung Siebenbürgens widerspiegelten. Die Begriffe, mit der die Eigenständigkeit des Fürstentums in der Forschungsliteratur umschrieben wird, reichen von „Souveränität" und „Unabhängigkeit" über „Selbständigkeit" bis hin zu „Autonomie". Angesichts des Wandels der völkerrechtlichen Stellung des Fürstentums Siebenbürgen trifft keiner der angeführten Begriffe uneingeschränkt auf den Forschungsgegenstand zu, da ein Vasallenfürstentum des Osmanischen Reiches keine volle Souveränität und Unabhängigkeit beanspruchen konnte. Passender erweisen sich die Begriffe „Selbständigkeit" und „Autonomie", wenngleich damit auch territoriale Selbstverwaltungseinheiten ohne Völkerrechtspersönlichkeit bezeichnet werden.

---

1 Vgl. Janssen, S. 7-8. Preiser fordert für die Forschung eine stärkere Berücksichtigung des im zwischenstaatlichen Verkehr praktizierten Rechtes, damit die Rezeption des gelehrten Völkerrechtsdenkens in der Rechtswirklichkeit besser analysiert werden kann, um so eine Dogmenlastigkeit der Bewertung auszuschließen: Preiser, S. 46–50.

2 Vgl. Paenson, S. 6–9, 13.

3 Duchhardt konnte bereits vor über 30 Jahren eine Abwendung von der primär ideengeschichtlich-rechtsphilosophischen Betrachtungsweise der frühneuzeitlichen Völkerrechtsgeschichte beobachten: Duchhardt 1979, S. 89. Die Austauschprozesse zwischen völkerrechtlicher Theorie und Praxis werden heute auch als gewinnbringende Forschungsfelder zur Untersuchung des frühneuzeitlichen Kulturtransfers genutzt. Vgl. Externbrink, S. 234–248.

In den vergangenen zwei Jahrzehnten hat das Interesse der Forschung an der „Geschichte der Internationalen Beziehungen" spürbar zugenommen, die von ihren Anschlüssen an aktuelle Tendenzen der Rechts- und Geschichtswissenschaft und durch multiperspektive Herangehensweisen sehr profitieren konnte. Allerdings sind auch viele ältere Fragen der Forschung noch nicht zufriedenstellend beantwortet, wie zum Beispiel das Verhältnis von Staatsbildung und internationalem System oder die Außenpolitik kleiner Staaten und föderalistischer Gebilde, die für die ostmitteleuropäische Staatenwelt der Frühen Neuzeit prägend waren. Die Untersuchung von Abgrenzungs- und Inklusionsprozessen hat den Blick verstärkt auf die Ränder und Grenzen des europäischen Systems gerichtet, vor allem auf das östliche und südöstliche Europa[4]. Aber auch die Geschichte der völkerrechtlichen Praxis geriet in den vergangenen Jahrzehnten verstärkt in den Fokus der Rechts- und Geschichtswissenschaften. Insbesondere die Untersuchung der Verträge als Instrumente des frühneuzeitlichen Völkerrechts sowie als historische Quellen des modernen Völkerrechts, nicht nur als Ausdruck geltenden Rechts, sondern auch als Schöpfer neuen Rechts, hat aktuelle Impulse erhalten, wenngleich eine systematische Erforschung dieses völkerrechtlichen Mikrokosmos (Randall Lesaffer) noch aussteht[5]. Auffällig ist die Konzentration auf die – meistens bekannten – Verträge zwischen den europäischen Großmächten oder den westeuropäischen Staaten. Die Behandlung völkerrechtlicher Verträge des östlichen Europa, insbesondere mittlerer oder kleinerer Mächte, bildet die große Ausnahme.

Deshalb soll die vergleichende Analyse der Verhandlungsprozesse und der Vertragsinhalte im Zentrum dieser Arbeit stehen. Die vom Fürstentum abgeschlossenen völkerrechtlichen Verträge sollen mit den Mitteln und Methoden der allgemeinen Quellenkunde, insbesondere der Quellenkritik, ausgewertet und interpretiert werden. Auf diesem Wege sollen neue Erkenntnisse über die Möglichkeiten und Grenzen der völkerrechtlichen Handlungsfähigkeit eines frühneuzeitlichen Kleinstaates in Ostmittel- und Südosteuropa gewonnen werden.

Darüber hinaus bezieht sich dieses Erkenntnisinteresse auch auf die Gestaltungsformen der völkerrechtlichen Stellung eines christlichen Ständestaates im Spannungsfeld zwischen christlich-abendländischer und islamisch-osmanischer Völkerrechtsordnung. Ergänzend zu den im engeren Sinne völkerrechtlichen Fragestellungen sollen die Diplomatie- und Ereignisgeschichte herangezogen werden, die für das Verständnis völkerrechtlicher Strukturen und Entwicklungen unerlässlich sind. Dadurch kann die Arbeit auch der Beziehungsgeschichte zugeordnet werden. Auf diese Weise sollen die internationalen und transnationalen Verflechtungen Siebenbürgens mit den christlichen Staaten Europas aus mehreren Perspektiven betrachtet werden.

Die verschiedenen Fachdisziplinen gehen ineinander über, zumal in den internationalen Beziehungen der Frühen Neuzeit Dynastie, Konfession, Staatsinteresse und außenpolitische Traditionen als „bewegende Kräfte" die völkerrechtliche Praxis der Akteure wirkmächtig prägten. Das galt auch für das Fürstentum Siebenbürgen. Als

---

4 Vgl. Kugeler/Sepp/Wolf, S. 10–33.
5 Lesaffer 2004, Introduction, S. 1–3.

ordnende Elemente in der Staatenwelt der Frühen Neuzeit, die von den handlungsleitenden Motiven Macht, Krieg, Expansion und persönlicher Ruhm bestimmt wurden, bewährten sich vor allem das zunehmend effektiver arbeitende Instrument der Diplomatie, das Ausdruck einer neuen Staatlichkeit war, und das *ius publicum europaeum*, also das europäische Völkerrecht der Frühen Neuzeit[6].

Auch wenn das Völkerrecht im 16. und 17. Jahrhundert noch nicht voll ausgebildet war und immer den kleinsten gemeinsamen Nenner der Staatenpraxis darstellte, legten Herrscher und Stände in der Frühen Neuzeit großen Wert auf Legitimität und althergebrachte Rechtsnormen. Die völkerrechtliche Stellung des Fürstentums Siebenbürgen beschrieb nicht nur einen abstrakten rechtlichen Zustand, sondern war von hoher politischer Symbolik und entscheidend für die Einordnung des Fürstentums in die Gemeinschaft der europäischen Staaten.

Schon im Mittelalter existierten frühe völkerrechtliche Ordnungen in Europa. Das klassische Völkerrecht hingegen entwickelte sich erst nach der Entstehung des modernen Staates[7]. Im 13. Jahrhundert begann sich die christlich-abendländische Rechtswissenschaft zu entfalten und mit ihr entwickelten sich der bilaterale „synallagmatische“ Vertrag und das „zusammengesetzte Vertragsschließungsverfahren“. Bis ins späte 15. Jahrhundert war das sogenannte „unmittelbare Vertragsschließungsverfahren“ vorherrschend. Dabei tauschten die vertragsschließenden Parteien, in der Regel die beteiligten Herrscher, identische Dokumente, die von ihnen unterzeichnet wurden, aus, womit sie ihre Zustimmung zu den ausgehandelten Vereinbarungen ausdrückten[8]. Im Gegensatz dazu bestand das „zusammengesetzte Vertragsschließungsverfahren“, das seit dem 16. Jahrhundert den europäischen Standard bildete, aus drei Schritten, die sich in drei unterschiedlichen Dokumenten widerspiegeln. Zunächst stellte der Souverän seinen Gesandten eine Vollmacht für die Vertragsverhandlungen aus. In einem zweiten Schritt handelten die Delegierten eine Vereinbarung aus, die von ihnen unterzeichnet wurde. Um dem Vertrag Rechtsgültigkeit zu verleihen, musste der Inhaber der Souveränität die von seinen bevollmächtigten Gesandten ausgehandelten und unterzeichneten Vereinbarungen durch sein Ratifikationsinstrument bestätigen. Die Vertragspartner mussten die Einhaltung des Vertrages – mit Bezug auf Gott – beschwören, wobei im Laufe des 16. Jahrhunderts die Bedeutung des Eides zugunsten der schriftlichen Ratifikation deutlich abnahm. Auch der Austausch hochrangiger Geiseln verschwand im Laufe der Frühen Neuzeit, der

6 Hochedlinger 1998, S. 175–177. Vgl. Müller, Ralf 2005, Umworbener „Erbfeind“, S. 271.

7 Zur Verwendung der Begriffe „Staat“ und „Völkerrecht“ im antiken und mittelalterlichen Kontext: Preiser, S. 61–64. Zum Übergang von der mittelalterlichen zur modernen Völkerrechtsordnung: Kipp, S. 125–154. Vgl. Ziegler 2007, S. 1–3. Vgl. Ziegler 2003, S. 533–548. Im Gegensatz dazu schlägt Heinhard Steiger den Begriff des sogenannten „Zwischen-Mächte-Rechts“ bis zur Neuzeit vor: Steiger 2009, Vom Völkerrecht der Christenheit, S. 52. Vgl. Steiger 2009, Ius bändigt Mars, S. 109–112. Vgl. dazu: Willoweit, S. 275–284.

8 Zur Unterscheidung zwischen den beiden Vertragsschließungsverfahren, die auf den Gelehrten Walter Heinemeyer zurückgeht sowie zum mittelalterlichen Völkervertragsrecht allgemein: Lesaffer 2004, Peace treaties, S. 22–29. Vgl. Ziegler 2008, Medieval Roman law, S. 197–208. Vgl. Steiger 2009, Ius bändigt Mars, S. 110. Vgl. Rill, S. 116.

genauso wie die Bürgschaft der Souveräne mit ihrem Vermögen der Umsetzung und Einhaltung der Vertragsbestimmungen dienen sollte. Schließlich wurden die Verträge registriert, oft durch die ständischen Vertretungen, und, falls sie nicht der Geheimhaltung unterlagen, publiziert[9].

Eine Frühform des modernen Staates und des modernen europäischen Staatensystems[10] bildete sich allerdings erst mit der Wende vom 15. zum 16. Jahrhundert aus. In diesem Zusammenhang wird in der Literatur oft das Jahr 1494 erwähnt, der Zeitpunkt der französischen Invasion in Italien, die mit der Auslösung der italienischen Kriege (1494–1559) eine neue Epoche der Außenpolitik in Europa einleitete. Es war die Geburtsstunde neuer Großmächte, die sich im Kampf um die Vorherrschaft in Europa in komplexen Allianzen gegenüber standen – sie gruppierten sich vor allem um die beiden Antipoden Habsburg und Frankreich –, und die ein zunächst primitiv ausgebildetes System des Gleichgewichts der Mächte schufen[11]. Permanent herausgefordert wurde dies System im 16. und 17. Jahrhundert durch die universalen Herrschaftsansprüche des Kaisers, des Königs von Spanien und des Königs von Frankreich, deren Machtfülle jedoch von jener des Sultans deutlich in den Schatten gestellt wurde[12]. Der endgültige Zusammenbruch der mittelalterlichen Völkerrechtsordnung in der ersten Hälfte des 16. Jahrhunderts, bei dem die Reformation eine entscheidende Rolle gespielt hatte, hinterließ ein Vakuum und löste eine Krise der *respublica christiana* aus[13]. Es dauerte mindestens ein Jahrhundert, bis sich ein neues europäisches Staatensystem entwickeln konnte, zumal der nach außen und innen souveräne Staat im modernen Sinn noch nicht existierte. Innere Souveränität bedeu-

9 Ausführlich: Constant, S. 236–248. Vgl. Lesaffer 2004, Peace treaties, S. 22–29. Vgl. Duchhardt 2004, S. 48–49. Kaiser Ferdinand II. schlug 1633 dem polnischen König vor, die zwischen dem Hause Österreich und Polen geschlossenen Verträge drucken zu lassen, um sie der Öffentlichkeit bekannt zu machen: Constant, S. 246.

10 Der Begriff „Staatensystem" wird im frühneuzeitlichen Kontext im Sinne der von Heinz Duchhardt aufgestellten Definition verwendet. Unter dieser Bezeichnung wird demzufolge „eine durch zahlreiche kulturelle, ökonomische und politische Verflechtungen verbundene Vielheit von politischen Organismen verstanden, deren mehr oder weniger ausgeprägte Interaktion auf Dauer angelegt ist und nicht in erster Linie auf die Vernichtung des Partners und damit des Systems zielen": Duchhardt 1996, S. 2.

11 Zur Ausbildung des europäischen Gleichgewichts der Mächte im 16. und 17. Jahrhundert: Anderson 1993, S. 149–163. Vgl. Anderson 1998, S. 67–68. Siehe zum ideengeschichtlichen und theoretischen Hintergrund: Strohmeyer 1994, S. 13–56. Vgl. Luard, S. 1–29. Vgl. Grewe, S. 37–40. Vgl. zum 17. Jahrhundert: Duchhardt 2001, S. 38–41. Malettke 1998, S. 51–55. Zu den Gleichgewichtsvorstellungen als Teil der Mythen des europäischen Staatensystems: Krüger 1999, S. 105–111.

12 Vgl. Asch 2001, S. 18–21. Ausführlich zur Universalmonarchie des Hauses Habsburg sowie König Ludwigs XIV.: Bosbach, S. 35–121. Vgl. zur bildlichen Darstellung der Monarchia Universalis in der Frühen Neuzeit: Burkhardt 2010, S. 18–27.

13 Lesaffer verortet das Auseinanderbrechen der Einheit der *respublica christiana*, das durch dem rapiden Bedeutungsverlust des Papsttums innerhalb des europäischen Staatensystems sichtbar wurde, in den 1530er und 1540er Jahren. Zu den Bezügen auf die *respublica christiana* in den europäischen Friedensverträgen der Frühen Neuzeit: Lesaffer 2004, Peace treaties, S. 29–34. Vgl. Lesaffer 2001, S. 92, 108–109, 112. Vgl. Scheuner, S. 232–243.

tete vor allem, dass der Herrscher eines bestimmten Territoriums das einzige Subjekt internationalen Rechts darstellte und die Stände als Untertanen seiner Autorität unterworfen waren, wodurch der Herrscher international nicht mehr für seine Person, sondern als Vertreter des Staates im Sinne eines abstrakten Rechtskörpers in Erscheinung trat. Äußere Souveränität bedeutete, dass der Herrscher eines bestimmten Territoriums keine höhere Autorität über sich anerkannte, und dass er dadurch zusammen mit den anderen Souveränen die höchste rechtsetzende Macht innerhalb der Völkerrechtsordnung darstellte. Damit fielen Kaiser und Papst als höchste völkerrechtliche Autoritäten weg, genauso wie auf der untersten Ebene die Stände als (Teil) Subjekte des Völkerrechts, deren Partizipation an der vormodernen Völkerrechtsordnung es möglich gemacht hatte, dass zum Beispiel Friedensverträge zwischen Vasallen[14] und ihren Lehnsherren (Oberherren, Suzeränen) keine Ausnahme darstellten. Das noch nicht existente völkerrechtliche Monopol der Oberherren hatte eine klare Trennung zwischen der innerstaatlichen und internationalen Vertragspraxis noch nicht erlaubt, das *ius ad bellum* lag noch nicht ausschließlich in den Händen der Suzeräne. Bei völkerrechtlichen Verträgen war der Herrscher das Verpflichtungssubjekt und eine Bindung seines Nachfolgers musste begründet werden. Bis ins 18. Jahrhundert hinein half man sich in der Vertragspraxis dadurch, dass die Nachfolger in die Vereinbarung miteinbezogen wurden, oder dass sie die Verträge ihrer Vorgänger bestätigten[15]. Deshalb wurde es in ständisch verfassten staatlichen Gebilden notwendig, dass sich die Stände durch ihre Ratifikation direkt an die Vertragsbestimmungen banden und sich damit als Rechtssubjekte internationalem Recht unterwarfen[16].

Zu den Voraussetzungen des modernen europäischen Staatensystems gehörte neben der Ausbildung moderner Staatlichkeiten auch eine Völkerrechtsordnung, auf die es sich gründen konnte[17]. Die Grundzüge des modernen Völkerrechts bildeten sich bereits in der Frühen Neuzeit aus. Es war das Produkt „eines internationalen Diskurses über ungelöste Probleme auf zwischenstaatlicher Ebene, die Legitimität der Landnahme in der Neuen Welt, den gerechten Krieg und die ungeklärte Rechtslage auf den Meeren. Im Kern ging es darum, das Nebeneinander der europäischen Mächte durch einen Normenkatalog zu regeln und das Staatensystem zu stabilisieren. Ein Leitgedanke war die wechselseitige Anerkennung und Gleichberechtigung der Mitglieder, unabhängig von Macht, Bevölkerungszahl und Konfession.[18]" In der Praxis trat das Völkerrecht vor allem in Form von verschiedenen Verträgen, Bündnissen, Waffenstillständen oder Friedensschlüssen, in Erscheinung. Grundlage dieses *ius publicum europaeum* war die noch im 16. Jahrhundert verbreitete Vorstellung einer ewigen, auf dem Naturrecht gründenden Friedensordnung, die von unbefristeten

14 Zur personenrechtlichen Bedeutung des Begriffs „Vasallität" als Kategorie der politischen und sozialen Bindung: Brückner 2011, S. 9–10, 40–52.

15 Zum nicht eindeutig geregelten völkerrechtlichen Verhältnis des Lehnsträgers zum Lehnsherren, zur Personengebundenheit der völkerrechtlichen Verträge, zum Nebeneinander von Herrscher und Staat: Lingens, S. 145–147. Vgl. Grewe, S. 115–117.

16 Vgl. Lesaffer 2004, Peace treaties, S. 11–21.

17 Stolleis 2003, S. 1004–1007. Vgl. Komatsu, S. 123.

18 Strohmeyer 2005, S. 158. Vgl. Ziegler 2003, S. 533–553.

völkerrechtlichen Verträgen ausgefüllt wurde[19]. In der Tradition der Völkerrechtstheoretiker des 16. Jahrhunderts, Franciscus de Vitoria, Balthasar Ayala, Francisco Suárez und Alberico Gentili stehend, entwickelte Hugo Grotius[20] im frühen 17. Jahrhundert das *ius gentium* zum gewohnheitsrechtlichen, positiven, zwischenstaatlichen Recht, einem *ius inter gentes* weiter[21]. An die Stelle des alten Friedensbegriffes trat die Verrechtlichung des Friedens in Gestalt eines Friedensvertrages, der als Willenserklärung der Vertragsparteien die politischen Gegebenheiten widerspiegelte[22]. Parallel dazu wurde die Lehre vom „gerechten" hin zu einem „beiderseits gerechten Krieg" verändert[23]. Eingebettet in die Lehre Jean Bodins von der Souveränität und Gleichheit der Herrscher löste sich das neue völkerrechtliche Denken vom mittelalterlichen Ordnungssystem, bestehend aus Kaiser und Papst[24]. Die Grundlagen für das „klassische" Völkerrecht waren damit geschaffen. Diese Entwicklungen führten dazu, dass die Friedensverträge einheitliche Formen annahmen, wortgleiche Vertragsurkunden in einer gemeinsamen Verkehrs- und Vertragssprache ausgestellt wurden und es galt, einen festgelegten „Prozess des Friedensschließens" zu durchlaufen[25]. Dazu gehörten das Eingehen von Allianzen[26], die Aufnahme von Vorverhandlungen nach dem Krieg, die Bestimmung der Streitbeilegung – meistens über schiedsgerichtliche Verfahren – und der Friedensvertrag selbst[27]. Am Ende dieses Prozesses standen die Ratifikation der Vertragsurkunden und die Umsetzung der Vertragsbestimmungen. Erst zur Mitte des 17. Jahrhunderts schoben Thomas Hobbes und Samuel Pufendorf die Dreiteilung des römischen Rechtes und damit das alte *ius gentium* beiseite und entwickelten eine auf dem Prinzip des Rationalismus basierende Zweiteilung des Rechts in natürliches und positives Recht[28]. Hobbes und Pufendorf verkündeten,

---

19 Vgl. Steiger 2009, Friede in der Rechtsgeschichte, S. 321–340.

20 Als sein maßgebliches Werk gilt *„De iure belli ac pacis"* von 1625: Stolleis 2003, S. 1000–1002.

21 Aus der Übersetzung des lateinischen *ius gentium* ist im 16. Jahrhundert das deutsche Wort „Völkerrecht" entstanden, aus *ius inter gentes* der Begriff „internationales Recht": Ziegler 2007, S. 1.

22 Zu den Grundlagen und Formelementen der weltweiten Friedensverträge (Schuld und Amnestie, Wiederherstellung und Neuartigkeit, Ewigkeit und Begrenzung, Statuierung und Begründung) von der Antike bis in das 20. Jahrhundert siehe die monumentale Dissertation Jörg Fischs: Fisch, S. 35–617. Vgl. Janssen, S. 31. Vgl. Steiger 2009, Friede in der Rechtsgeschichte, S. 293–297.

23 Franciscus de Vitoria entwarf die Lehre vom „beiderseits gerechten Krieg", die Hugo Grotius dahingehend modifizierte, dass nur eine Partei im Recht sein könne, beide Seiten jedoch im guten Glauben kämpfen könnten: Ziegler 2007, S. 158, 163–169. Vgl. Ziegler 2003, S. 550. Vgl. Lesaffer 2001, S. 96–101.

24 Rill, S. 116–117. Stolleis 1996, S. 70–77. Vgl. Stolleis 1990, S. 171–173. Vgl. Duchhardt 2004, S. 47.

25 Komatsu, S. 140–142.

26 Zur Klassifizierung der Teilnehmer an einem multilateralen Abkommen zu Beginn der Frühen Neuzeit: Rill, S. 112–114.

27 Zum Wandel der Schiedsgerichtsbarkeit im 16. Jahrhundert: Rill, S. 104–105, 109–110. Zum Niedergang der Schiedsgerichtsbarkeit im späten 17. und im 18. Jahrhundert: Lingens, S. 143–144. Vgl. Steiger 2009, Friede in der Rechtsgeschichte, S. 331–332.

28 Steiger 2009, Ius bändigt Mars, S. 105–108. Hobbes entwickelte diese Vorstellung in seinen beiden Hauptwerken *„De cive"* (1642) und „Leviathan" (1651), Pufendorf in seinem Werk *„Ius naturae et gentium"* (1672): Schröder 2000, S. 53–56.

dass Staaten Rechtssubjekte des Naturrechts werden können, womit das Völkerrecht zu demjenigen Teil des Naturrechts wurde, der sich auf Völker im Sinne künstlicher Personen bezog. Das neue *ius gentium* unterschied sich im Sinne des modernen Völkerrechtsbegriffes durch seine besonderen Rechtssubjekte (Völker oder Staaten) von den anderen Rechtsmaterien. In der Rechtspraxis des 16. und 17. Jahrhunderts konnte der Staat als alleiniges Völkerrechtssubjekt noch nicht in Erscheinung treten, da die Träger der Herrschaftsrechte Monarchen oder Stände waren. Die frühneuzeitliche Staatenwelt kannte nur den Herrscher als Völkerrechtssubjekt, nicht aber einen abstrakt gedachten „Staat". Vor allem im mittleren und östlichen Europa waren die „Staaten" während der gesamten Frühen Neuzeit hauptsächlich Konglomerate einzelner Herrschaftsgebiete[29]. Dementsprechend wurde der Souveränitätsbegriff, der zu Beginn der Frühen Neuzeit eine andere Bedeutung hatte als im Zeitalter der Moderne, auch auf den Herrscher und nicht auf dessen Herrschaftsgebiet übertragen[30]. Dies änderte sich erst ab dem 17. Jahrhundert. Diesen Realitäten Rechnung tragend, setzten Hobbes und Pufendorf ihre Staatskonstruktion weiterhin mit dem Herrscher gleich, der als Verkörperung der höchsten Gewalt, also als Souverän, das Völkerrechtssubjekt darstellte[31]. Die Entwicklung des *ius publicum europaeum* im 16. und 17. Jahrhundert markiert den Übergang vom spätmittelalterlichen zum klassischen Völkerrecht des 18. und 19. Jahrhunderts. Obwohl die beschriebene Ausformung der europäischen Völkerrechtsordnung im Spannungsverhältnis zwischen Völkerrechtstheorie und Staatenpraxis nicht linear und keineswegs gleichzeitig in allen Teilen des christlich-abendländischen Rechtskreises verlief, soll der Begriff „Völkerrecht" im Folgenden benutzt werden. Er soll im weitesten Sinne als Vertrags- und Gewohnheitsrecht verstanden werden, das im frühneuzeitlichen Europa die Beziehungen zwischen den Souveränen regelte.

Das Werden des modernen Staates im Europa des 16. und 17. Jahrhunderts ging mit der theoretischen Ausarbeitung und teilweisen praktischen Durchsetzung des Absolutismus einher. Dennoch gelang den Ständen, vor allem in Mittel- und Osteuropa, das Festschreiben ihrer Rechte und Freiheiten, wie zum Beispiel in Böhmen, Polen und Ungarn. In dieser Tradition stehend, entwickelte sich Siebenbürgen zu einem klassischen Ständestaat, in dem die außenpolitische Kompetenz und Völkerrechtssubjektivität zwar beim Fürsten lag, die Stände jedoch ein wichtiges Mitspracherecht besaßen[32]. Das Fürstentum Siebenbürgen war damit – wie die anderen Monarchien und Republiken Europas – kein Staat im modernen Sinne, da die Herrschaftsträger Fürst und Stände den Staat im frühneuzeitlichen Kontext zusammen verkörperten. In diesem frühmodernen Sinne soll der Begriff „Staat" im Folgenden

29 Asch 2001, S. 17.

30 Dennoch schlossen die europäischen Monarchen meistens völkerrechtliche Verträge ab, die ihre Gültigkeit nicht mit ihrem Tod verloren, sondern ihre Nachfolger einschlossen: Duchhardt 2004, S. 47. Diese Praxis setzte sich im 17. Jahrhundert endgültig durch: Fisch, S. 360–361. Vgl. Lesaffer 2004, Peace treaties, S. 37–38.

31 Schröder 2000, S. 59–66. Vgl. Stolleis 1990, S. 175–176. Vgl. Stolleis 1980, S. 22–32.

32 De facto bestimmten die jeweiligen politischen Umstände den außenpolitischen Spielraum der Stände. Vgl. Grewe, S. 204–207.

gebraucht werden und auf alle staatlichen Gebilde angewendet werden, die im 16. und 17. Jahrhundert mehr oder weniger ausgeprägte Merkmale des modernen Staates in sich trugen.

Das Hauptmerkmal des werdenden modernen Staates war die „Souveränität". Sie stand vor allem für die Unabhängigkeit des Staates nach innen und außen, die Gleichberechtigung der Staaten untereinander und das Recht eines jeden Staates, Krieg zu führen und Frieden zu schließen[33]. Eine herausragende Leistung des frühneuzeitlichen Völkerrechts bestand vor allem darin, den Kreis der Subjekte, die berechtigt waren, Krieg zu führen und Frieden zu schließen auf die souveränen Staaten zu beschränken, wodurch individuelle Personen, Stände, Korporationen oder Einungen zunehmend von diesem Recht ausgeschlossen wurden[34]. Zu betonen ist jedoch, dass dieser Prozess im 16. und 17. Jahrhundert – vor allem im östlichen Europa – noch nicht abgeschlossen war. Während in Westeuropa die Völkerrechtstheorien Franciscus de Vitorias (1480–1546), Alberico Gentilis (1552–1608) und anderer Gelehrter angenommen und teilweise in die Praxis umgesetzt wurden[35], überlebten in Ost-, Ostmittel- und Südosteuropa noch viele mittelalterliche Elemente. Hier spielte der ausgeprägte ständische Charakter der Königreiche Polen und Ungarn eine entscheidende Rolle und hier zählten zu den Akteuren des internationalen Staatensystems nicht nur die souveränen, sondern auch die nach Souveränität strebenden Staaten, wie zum Beispiel das Fürstentum Siebenbürgen, sowie fallweise auch nichtstaatliche Akteure, beispielsweise revoltierende Stände[36].

In der vorliegenden Arbeit sollen zunächst die Ereignisse nachgezeichnet werden, die zwischen 1526 und 1541 zur Dreiteilung Ungarns und zur Entstehung des Fürstentums Siebenbürgen führten. Im direkten Anschluss daran werden die staatsrechtlichen Strukturen im Fürstentum dargestellt, um die Verteilung der außenpolitischen und völkerrechtlichen Kompetenzen zwischen Fürst und Ständen beschreiben zu können. Der Hauptteil der Studie gliedert sich in sechs Kapitel, von denen das erste die Regierungszeit der Szapolyai-Dynastie (1541–1571), das zweite die Herrschaft der Báthory-Dynastie (1571–1598), das dritte die Periode des „Langen Türkenkrieges" nach der Abdankung Sigismund Báthorys (1598–1606), das vierte die Regierung der ersten protestantischen Fürsten Gabriel Báthory und Gabriel Bethlen (1607–1629), das fünfte die Herrschaft der Rákóczi-Dynastie (1630–1660) und schließlich das sechste die Regierung Fürst Michael Apafis samt dem folgenden Übergang Siebenbürgens unter die Herrschaft der Habsburger (1661–1699) umfasst. Alle sechs Kapitel wurden mit einer Zusammenfassung versehen, die jeweils die Ergebnisse der Vertragsanalysen vorstellt. Danach soll die Stellung des Fürstentums Siebenbürgen zwischen christlich-abendländischer und islamisch-osmanischer

---

33 Zur Idee des souveränen Staates ausführlich: Stolleis 1996, S. 63–85. Vgl. Stolleis 2003, S. 993–1006. Vgl. Steiger 2009, Ius bändigt Mars, S. 122–129. Vgl. Lesaffer 2001, S. 88–91.

34 Duchhardt 1998, S. 339. Zum Wandel der Voraussetzungen, Krieg führen zu dürfen, im völkerrechtlichen Denken vom Mittelalter bis ins 17. Jahrhundert ausführlich: Ebenda, S. 340–358.

35 Vgl. Schröder 2010, S. 83–102. Vgl. Paech; Stuby, S. 49–61.

36 Vgl. Externbrink, S. 231–232.

Völkerrechtsordnung im Spiegel seines rechtlichen Verhältnisses zum Osmanischen Reich sowie im Spiegel der habsburgisch-osmanischen Verträge gewürdigt werden. Da die siebenbürgisch-osmanischen Beziehungen als gut erforscht gelten können, wird auf sie nur in einer ausführlichen Synthese eingegangen. Abschließend sollen in den Schlussbetrachtungen die Ergebnisse der Studie vergleichend bewertet werden. Im Anhang sollen Landkarten und eine Regententafel Orientierungshilfe bieten. Die für die Fragestellung der Arbeit relevanten völkerrechtlichen Verträge können im Anhang in einem entsprechenden Verzeichnis nachgeschlagen werden. Diese Übersicht enthält sowohl Verträge, deren Texte überliefert sind, als auch Verträge, deren Inhalt aus anderen Quellen rekonstruiert werden mussten. In das Verzeichnis nicht aufgenommen wurden inhaltlich weniger relevante Vertragsformen, wie zum Beispiel Waffenstillstandsverträge oder Verträge, die nicht von Akteuren des Fürstentums Siebenbürgen abgeschlossen wurden. Eine Ausnahme bilden die habsburgisch-osmanischen Verträge, die auch im Verzeichnis berücksichtigt wurden.

Das historische Siebenbürgen gilt im ostmittel- und südosteuropäischen Kontext als gut erforschte Region. Es liegen mehrere Gesamtdarstellungen und Spezialuntersuchungen vor. Die Existenz des Fürstentums Siebenbürgen im 16. und 17. Jahrhundert wurde von der Geschichtsschreibung der Ungarn, Rumänen und Siebenbürger Sachsen im 19. und 20. Jahrhundert oft für nationale Kontinuitätsvorstellungen vereinnahmt. Die ältere ungarische Historiografie sah darin ein nahezu völlig souveränes Staatsgebilde, in dem die politische und militärische Größe sowie die Idee des einheitlichen mittelalterlichen Stefansreiches nahtlos weiterlebten. Die Bewertung der Rolle des Fürstentums Siebenbürgen in der europäischen Politik wurde nahezu vollständig in den Dienst des Unabhängigkeitsdiskurses gestellt. Dementsprechend wurden die antihabsburgischen Aktionen der siebenbürgischen Fürsten hauptsächlich als „Freiheitskampf" gegen die deutschen und österreichischen „Unterdrücker" bzw. „Imperialisten" (ab 1945) zur Wiederherstellung der Einheit des Königreichs Ungarn interpretiert. Die rumänische Geschichtsschreibung bewertete die Autonomie Siebenbürgens und sein Abhängigkeitsverhältnis zur Hohen Pforte als bewussten Ausdruck der Loslösung vom Königreich Ungarn, der Hinwendung zu den „anderen beiden rumänischen Ländern" Moldau und Walachei und als Beweis der Kontinuität rumänischer Staatlichkeit seit dem hohen Mittelalter. Die ältere siebenbürgisch-sächsische Historiografie war bestrebt, den frühneuzeitlichen Kampf der „Sächsischen Nationsuniversität" um den Erhalt ihrer mittelalterlichen Privilegien in den Vordergrund zu stellen, um dadurch ihren Forderungen nach Wiederherstellung ihrer Selbstverwaltung Nachdruck zu verleihen[37]. In den vergangenen zwei Jahrzehnten wurden neue Synthesen zur Geschichte Siebenbürgens veröffentlicht, die sich in unterschiedlichem Maße von der Last nationaler Mythen befreit haben[38].

---

37 Zur Rolle des frühneuzeitlichen Siebenbürgen in den nationalen Geschichtsbildern: Gündisch 2000, S. 36–37. Roth 2007, S. 69–71. Zach 1999, S. 370–371.

38 Kurze Geschichte Siebenbürgens. Hrsg. von Béla Köpeczi [u. a.]. Budapest 1990; Istoria Transilvaniei. Vol. II: De la 1541 până la 1711 [Geschichte Siebenbürgens. Bd. II: von1541 bis 1711]. Hrsg.

Für das 16. und 17. Jahrhundert wurde seit dem Zweiten Weltkrieg keine monografische Studie mehr zur Geschichte des Öffentlichen Rechts in Siebenbürgen vorgelegt. Völkerrechtsgeschichtliche Fragen wurden in der Literatur höchstens im diplomatiegeschichtlichen Kontext gestreift. Untersuchungen zur völkerrechtlichen Stellung und Völkerrechtspraxis des Fürstentums Siebenbürgen liegen weder für das 16. noch für das 17. Jahrhundert vor. Gleiches gilt für andere ostmitteleuropäische Mächte der Frühen Neuzeit[39].

Lediglich das völkerrechtliche Verhältnis des Fürstentums Siebenbürgen zum Osmanischen Reich wurde in der älteren und neueren Literatur hinreichend erforscht. Hier seien der Klassiker Georg Eduard Müllers (1923)[40], die Dissertation Sándor Papps (2003)[41], die Beiträge Călin Felezeus (1994, 2014)[42] und das hervorragend dokumentierte Werk Viorel Panaites zum osmanischen Völkerrecht (1997)[43], in dem auch Siebenbürgen berücksichtigt wird, erwähnt. Vergleichbare Werke zum völkerrechtlichen Verhältnis zwischen dem Fürstentum Siebenbürgen und der Habsburgermonarchie, den nord- und westeuropäischen Mächten sowie den Woiwodschaften Moldau und Walachei liegen nicht vor. Diese Studie betritt hier wissenschaftliches Neuland. Die Themenwahl geht auf eine Schülerarbeit zurück, die vom Verfasser in der 12. Jahrgangsstufe 1994 als Facharbeit am staatlichen Gymnasium Nieder-Olm eingereicht, 1995 mit dem Ernst Habermann Preis ausgezeichnet und 2002 in der studentischen Schriftenreihe „Veröffentlichungen von Studium Transylanicum" publiziert wurde[44].

---

von Ioan-Aurel Pop, Thomas Nägler und András Magyari. Cluj-Napoca 2005; Harald Roth: Kleine Geschichte Siebenbürgens. Köln [u. a.] ^{3}2007.

39 Eine Ausnahme stellt der vor Kurzem erschienene Band „The European Tributary States of the Ottoman Empire in the Sixteenth and Seventeenth Centuries. Hrsg. von Gábor Kármán und Lovro Kuncevic. Leiden, Boston 2013" dar. Hervorzuheben ist der Aufsatz von Teréz Oborni „Between Vienna and Constantinople. Notes on the Legal Status of the Principality of Transylvania", S. 67–89. Für den Mittelmeerraum beachtenswert: Jörg M. Mössner: Die Völkerrechtspersönlichkeit und die Völkerrechtspraxis der Barbareskenstaaten (Algier, Tripolis, Tunis 1518–1830). Berlin 1968 (Neue Kölner rechtswissenschaftliche Abhandlungen 58).

40 Georg Eduard Müller: Die Türkenherrschaft in Siebenbürgen. Verfassungsrechtliches Verhältnis Siebenbürgens zur Pforte 1541–1688. Hermannstadt 1923 (Veröffentlichung des Südosteuropäischen Forschungsinstituts 2).

41 Sándor Papp: Die Verleihungs-, Bekräftigungs- und Vertragsurkunden der Osmanen für Ungarn und Siebenbürgen. Eine quellenkritische Untersuchung. Wien 2003 (Österreichische Akademie der Wissenschaften, Schriften der Balkan-Kommission 42).

42 Călin Felezeu: The juridical statute of the Transylvanian Principality in relation to the Sublime Porte. Cluj-Napoca 1994. Ders.: Principatul Transilvaniei în epoca suzeranității otomane (1541–1688) [Das Fürstentum Siebenbürgen in der Epoche der osmanischen Suzeränität (1541–1688)]. Cluj-Napoca 2014.

43 Viorel Panaite: Pace, război și comerț în islam. Țările române și dreptul otoman al popoarelor (secolele XV–XVII) [Frieden, Krieg und Handel im Islam. Die rumänischen Länder und das osmanische Völkerrecht (15.–17. Jahrhundert)]. București 1997 [in englischer Übersetzung erschienen unter dem Titel: The Ottoman law of war and peace. The Ottoman Empire and tribute payers. New York 2000 (East European Monographs 562)].

44 Gerald Volkmer: Das Fürstentum Siebenbürgen 1541–1691. Außenpolitik und völkerrechtliche Stellung. Kronstadt, Heidelberg 2002 (Veröffentlichungen von Studium Transylvanicum).

Bislang wurden nur zwei monografische Gesamtüberblicke zur Rolle des Fürstentums Siebenbürgen in den internationalen Beziehungen der Frühen Neuzeit veröffentlicht. Die knapp ausgefallene, nicht veröffentlichte Wiener Dissertation Ludwig Szabós (1968)[45] genügt kaum wissenschaftlichen Standards und gibt unkritisch den ungarischen Forschungsstand des 19. Jahrhunderts wieder. Der Hauptteil der Arbeit befasst sich mit dem Verhältnis Siebenbürgens zur Hohen Pforte; auf lediglich 25 Seiten werden einzelne Episoden aus den Beziehungen Siebenbürgens zur Habsburgermonarchie, zum Königreich Schweden und zur Republik Venedig nacherzählt. Die in Jassy angenommene Dissertation Viorel M. Butnarius (2004)[46] ist zwar gehaltvoller, konzentriert sich aber auf den Niederschlag der siebenbürgischen Außenpolitik in der Numismatik und blendet die völkerrechtlichen Verträge des Fürstentums fast vollständig aus.

Bezogen auf die politisch-diplomatischen Beziehungen des Fürstentums Siebenbürgen zu den benachbarten Großmächten Habsburgermonarchie, Osmanisches Reich und Polen-Litauen und zu den Woiwodschaften Moldau und Walachei existieren einige monografische Spezialstudien. Die Herausbildung des autonomen Fürstentums Siebenbürgen in der Mitte des 16. Jahrhunderts im habsburgisch-osmanischen Spannungsfeld untersuchen die Arbeiten Cristina Feneşans (1997)[47], Ileana Căzans (2000)[48] und Octavian Tătars (2001)[49]. Auf die siebenbürgisch-polnischen Beziehungen von 1572 bis zur Jahrhundertwende gehen Kemal Beydilli (1976)[50] und Veniamin Ciobanu (1991)[51] ein. Die Beziehungen Siebenbürgens, der Moldau und Walachei zu den italienischen Staaten im 16. Jahrhundert untersuchen George Lăzărescu und Nicolae Stoicescu (1972)[52], das Verhältnis zu England im 16. und

---

45 Ludwig Szabó: Die diplomatischen Beziehungen des Staates Transylvanien von 1528–1790(!). Diss. jur. Wien 1968 [bei der Jahresangabe 1790 handelt es sich um einen Schreibfehler auf dem Titelblatt, da die Darstellung 1690 endet].

46 Viorel M. Butnariu: Transilvania în relaţiile internaţionale. Interferenţe politice şi monetare (1526–1714) [Siebenbürgen in den internationalen Beziehungen. Politische und monetäre Interferenzen (1526–1714)]. Iaşi 2004.

47 Cristina Feneşan: Constituirea principatului autonom al Transilvaniei [Die Etablierung des autonomen Fürstentums Siebenbürgen]. Bucureşti 1997.

48 Ileana Căzan: Habsburgi şi Otomani la linia Dunării. Tratate şi negocieri de pace 1526–1576 [Habsburger und Osmanen an der Donaulinie. Verträge und Friedensverhandlungen 1526–1576]. Bucureşti 2000.

49 Octavian Tătar: Aspecte internaţionale ale constituirii Principatului Transilvaniei [Internationale Aspekte der Etablierung des Fürstentums Siebenbürgen]. Hunedoara 2001 (Bibliotheca Archaeologica et Historica Corvinensis 3).

50 Kemal Beydilli: Die polnischen Königswahlen und Interregnen von 1572 und 1576 im Lichte osmanischer Archivalien. Ein Beitrag zur Geschichte der osmanischen Machtpolitik. München 1976 (Beiträge zur Kenntnis Südosteuropas und des Nahen Orients 19).

51 Veniamin Ciobanu: La cumpănă de veacuri. Ţările române în contextul politicii poloneze la sfîrşitul secolului al XVI-lea şi începutul secolului al XVII-lea [An der Schwelle der Jahrhunderte. Die rumänischen Länder im Kontext der polnischen Politik am Ende des 16. und Beginn des 17. Jahrhunderts]. Iaşi 1991.

52 George Lăzărescu; Nicolae Stoicescu: Ţările române şi Italia pînă la 1600 [Die rumänischen Länder und Italien bis 1600]. Bucureşti 1972.

vor allem im 17. Jahrhundert wird von Ludovic Demény und Paul Cernovodeanu (1974) analysiert[53]. Stefan Andreescu (1980)[54] behandelt in seiner Monografie das Verhältnis Siebenbürgens zu den Woiwodschaften Moldau und Walachei im 16. und 17. Jahrhundert. Ion Sîrbus (1976)[55] Darstellung der Geschichte des Woiwoden der Walachei Michael der Tapfere (1593–1601) geht vor allem auf die Beziehungen der Walachei zu Siebenbürgen und zur Moldau ein. Während die genannten rumänischen Monografien auf einer landeszentrierten Quellenbasis aufbauen und modernen methodischen Standards nicht genügen, zumal sie überwiegend nationalromantischen bzw. nationalkommunistischen Vorgaben kritiklos folgen, legte Meinolf Arens 2001[56] eine anspruchsvolle und quellennahe Untersuchung zum habsburgisch-siebenbürgischen Verhältnis in der zweiten Hälfte des „Langen Türkenkriegs" (1600–1605) vor. Obwohl sich sein Buch vor allem auf die politisch-militärischen Aspekte und weniger auf völkerrechtshistorische Fragestellungen konzentriert, konnte es als gewinnbringende Ergänzung herangezogen werden.

Das Fehlen einer monografischen Darstellung zur Geschichte Siebenbürgens im „Langen Türkenkrieg" 1593–1606, die alle internationalen Aspekte abdeckt und eine völkerrechtshistorische Perspektive einnimmt, hat dazu geführt, dass dieses Kapitel einen besonderen Schwerpunkt der vorliegenden Arbeit bildet, auch um die entsprechende Forschungslücke ansatzweise zu schließen. Gehaltvollere Spezialuntersuchungen über die Beziehungen Siebenbürgens zu auswärtigen Mächten liegen für das 17. Jahrhundert vor, weshalb jene Kapitel der Arbeit, die die Zeitspanne 1606–1699 behandeln, weniger umfangreich ausfallen mussten.

Die Beziehungen Siebenbürgens zur Habsburgermonarchie untersuchen Maja Depner (1938)[57] für die Zeit des Dreißigjährigen Krieges und Rolf Kutschera (1985)[58] für die Periode des Übergangs Siebenbürgens unter die Herrschaft des Hauses Habsburg nach 1688. Mit den politischen Verbindungen zwischen Siebenbür-

---

53 Ludovic Demény; Paul Cernovodeanu: Relațiile politice ale Angliei cu Moldova, Țara Românească și Transilvania în secolele XVI–XVIII [Die politischen Beziehungen Englands zur Moldau, der Walachei und Siebenbürgen vom 16. bis ins 18. Jahrhundert]. București 1974.

54 Ștefan Andreescu: Restitutio Daciae. Bd. I: Relațiile politice dintre Țara Românească, Moldova și Transilvania în răstimpul 1526–1593 [Die politischen Beziehungen zwischen der Walachei, der Moldau und Siebenbürgen in der Zeitspanne 1526–1593]. București 1980; Ștefan Andreescu: Restitutio Daciae. Bd. II: Relațiile politice dintre Țara Românească, Moldova și Transilvania în răstimpul 1601–1659 [Die politischen Beziehungen zwischen der Walachei, der Moldau und Siebenbürgen in der Zeitspanne 1601–1659]. București 1989.

55 Ion Sîrbu: Istoria lui Mihai Vodă Viteazul domnul Țării Românești [Die Geschichte Michael des Tapferen, Woiwode der Walachei]. Ediție îngrijită de Damaschin Mioc. Timișoara ^{2}1976. Das Werk erschien in erster Auflage bereits 1907.

56 Meinolf Arens: Habsburg und Siebenbürgen 1600–1605. Gewaltsame Eingliederungsversuche eines ostmitteleuropäischen Fürstentums in einen frühabsolutistischen Reichsverband. Köln [u. a.] 2001 (Studia Transylvanica 27).

57 Maja Depner: Das Fürstentum Siebenbürgen im Kampf gegen Habsburg. Untersuchungen über die Politik Siebenbürgens während des Dreißigjährigen Krieges. Stuttgart 1938 (Schriftenreihe der Stadt der Auslandsdeutschen 4).

58 Rolf Kutschera: Landtag und Gubernium in Siebenbürgen 1688–1869. Köln, Wien 1985 (Studia Transylvanica 11).

gen, der Moldau und der Walachei befassen sich Tahsin Gemil (1979)[59], Susana Andea (1997)[60] und Ion Sîrbu[61], dessen monumentale Darstellung der Außenpolitik des Woiwoden der Walachei, Matei Basarab, bereits 1899 als Dissertation in Wien angenommen worden war und 1992 in rumänischer Übersetzung erschien. Nicht minder detailreich und quellennahe untersucht Ion Hudita (1927)[62] die diplomatischen Beziehungen zwischen Frankreich und Siebenbürgen im 17. Jahrhundert. Obwohl aus sprachlichen Gründen nicht die gesamte Bandbreite der ungarischsprachigen Historiografie rezipiert werden konnte, sollen hier die Monografien Sándor Gebeis und Gábor Kármáns zur Außenpolitik des siebenbürgischen Fürsten Georg II. Rákóczi hervorgehoben werden, die sich sowohl methodisch als auch inhaltlich auf der Höhe des Forschungsstandes befinden[63]. Da die Ergebnisse der in Ungarn betriebenen geisteswissenschaftlichen Forschung traditionsgemäß auch in einer westlichen Sprache präsentiert werden, waren mir die relevanten Werke der ungarischen Geschichtsschreibung zugänglich.

Im Zentrum der vorliegenden Untersuchung steht die Auswertung der zwischen Siebenbürgen und den Mächten der *respublica christiana* geschlossenen völkerrechtlichen Verträge. Obwohl diese Verträge in umfangreichen Dokumenteneditionen vorliegen, hat sie die Forschung bislang nicht systematisch untersucht. An dieser Stelle sollen die allgemeinen Vertragssammlungen zur Völkerrechtsgeschichte, die Abkommen zur Geschichte Siebenbürgens enthalten, nicht eigens angeführt werden. Die grundlegende Edition der zwischen dem Fürstentum Siebenbürgen und der Habsburgermonarchie im 16. und 17. Jahrhundert geschlossenen Verträge legte Roderich Gooss 1911 vor[64]. Die völkerrechtlichen Vereinbarungen der siebenbürgischen Fürsten mit ihren Nachbarn samt Korrespondenz wurden im mehrbändigen

---

59 Tahsin Gemil: Țările Române în contextul politic internațional 1621–1672 [Die rumänischen Länder im internationalen politischen Kontext 1621–1672]. București 1979.

60 Susana Andea: Din relațiile Transilvaniei cu Moldova și Țara Românească în sec. al XVII-lea [Zu den Beziehungen Siebenbürgens zur Moldau und Walachei im 17. Jahrhundert]. Cluj-Napoca 1997.

61 Ion Sîrbu: Relațiile externe ale lui Matei Vodă Basarab 1632–1654 [im Wiener Original: Mateiu-Vodă Basarabs auswärtige Beziehungen 1632–1654] (Cu privire la istoria Orientului European). Traducere și ediție îngrijită de Rudolf Gräf. Timișoara 1992.

62 Ion Hudita: Histoire des Relations diplomatiques entre la France et la Transylvanie au XVIIe siècle (1635–1683). Paris 1927.

63 Sándor Gebei: II. Rákóczi György erdélyi fejedelem külpolitikája (1648–1657) [Die Außenpolitik des siebenbürgischen Fürsten Georg II. Rákóczi (1648–1657)]. Eger 1996 (Acta Academicae Pedagogicae Agriensis. Nova series, sectio historiae 23), Gábor Kármán: A külpolitika átalakulása a Rákócziak Erdélyében a harmincéves háború után [Die Veränderung der Außenpolitik Siebenbürgens unter den Rákóczis nach dem Dreißigjährigen Krieg]. Diss. phil. Budapest 2008.

64 Roderich Gooss: Österreichische Staatsverträge. Fürstentum Siebenbürgen 1526–1690. Wien 1911 (Veröffentlichungen der Kommission für Neuere Geschichte Österreichs 9). Die meisten Vertragstexte sind in der Datenbank des IEG Mainz online einsehbar: Europäische Friedensverträge der Vormoderne online. Hrsg. von Heinz Duchhardt und Martin Espenhorst.

Werk *Monumenta Comitialia Regni Transylvaniae* veröffentlicht[65]. Die völkerrechtliche Praxis Siebenbürgens, insbesondere die mit den Woiwodschaften Moldau und Walachei geschlossenen Verträge, wurde durch die umfangreichen Editionswerke Eudoxiu de Hurmuzakis[66] und Andrei Veress'[67] sowie durch den Dokumentenband Ion Lupaş'[68] erschlossen. Diese Quellenbände beruhen auf der Auswertung sämtlicher für den Donau-Karpaten-Raum relevanter Archive Europas: Rom, Wien, Prag, Krakau, Venedig sowie des historischen Ungarn und Rumänien. Die diplomatische Korrespondenz zwischen der siebenbürgischen und französischen Seite und die im 17. Jahrhundert zwischen den siebenbürgischen Fürsten und den französischen Königen abgeschlossenen Verträge wurden von Ion Hudita 1926 und 1929 in zwei umfangreichen Dokumenteneditionen herausgegeben[69]. Für die siebenbürgisch-polnischen Beziehungen wurden die Editionen Ilie Corfus' herangezogen[70]. Da die für die Fragestellung dieser Arbeit relevanten Quellen bereits in edierter Form vorliegen, wurde auf Archivstudien verzichtet, auch weil sie den arbeitsorganisatorischen Rahmen dieses Forschungsvorhabens gesprengt hätten.

Bei der Datierung wird der Einheitlichkeit wegen ausschließlich der gregorianische Kalender (neuer Stil) berücksichtigt. Sofern es für Orts- und Personennamen eine deutsche Form gibt, wird diese verwendet[71]. Aus den Quellen übernommene Zitate werden in der vorgefundenen Orthografie wiedergegeben.

---

65 Monumenta Comitialia Regni Transylvaniae. Erdélyi országgyűlési emlékek történeti bevezetésekkel. Szerkeszti Szilágyi Sándor (Monumenta Hungariae Historica, Magyar történelmi emlékek, Ser. III: Országgyűlési emlékek). Tomus I–XIX, Budapest 1875–1896.

66 Documente privitóre la istoria românilor culese de Eudoxiu de Hurmuzaki, Nicolae Iorga, Ion Bogdan, Nicolae Densuşianu, Nerva Hodoş [Dokumente betreffend die Geschichte der Rumänen ausgewählt von Eudoxiu de Hurmuzaki, Nicolae Iorga, Ioan Bogdan, Nicolae Densuşianu, Nerva Hodoş]. Vol. I–XVI, Bucuresci 1880–1912.

67 Andrei Veress: Documente privitoare la istoria Ardealului, Moldovei şi Ţării Româneşti. Acte şi scrisori [Dokumente betreffend die Geschichte Siebenbürgens, der Moldau und der Walachei. Akten und Briefe]. Vol. I–XI, Bucureşti 1929–1939.

68 Ion Lupaş: Documente istorice transilvane [Historische siebenbürgische Dokumente]. Vol. I: 1599–1699. Cluj 1940.

69 Recueil de documents concernant l'histoire des Pays roumains tirés des archives de France, XVI-e et XVII-e Siècles. [Publ.] par Ion Hudiţă. Iaşi 1929; Répertoire des Documents concernant les Négotiations Diplomatiques entre la France et la Transylvanie au XVIIe siècle (1636–1683). [Publ.] par Ion Hudita. Paris 1926

70 Ilie Corfus: Documente privitoare la istoria României culese din arhivele polone. Secolul al XVI-lea [Die Geschichte Rumäniens betreffende Dokumente aus polnischen Archiven. 16. Jahrhundert]. Bucureşti 1979; Ders.: Documente privitoare la istoria României culese din arhivele polone. Secolul al XVII-lea [Die Geschichte Rumäniens betreffende Dokumente aus polnischen Archiven. 17. Jahrhundert]. Bucureşti 1983; Ders.: Documente privitoare la istoria României culese din arhivele polone. Secolele al XVI-lea şi al XVII-lea [Die Geschichte Rumäniens betreffende Dokumente aus polnischen Archiven. 16. und 17. Jahrhundert]. Ediţie îngrijită de Vasile Matei. Bucureşti 2001.

71 Zu den deutschen, rumänischen und ungarischen Namensformen siebenbürgischer Orte siehe: Handbuch der historischen Stätten, Siebenbürgen, S. 277–293.

II. Herausbildung des siebenbürgischen Staates und seiner verfassungsrechtlichen Ordnung nach 1526

Sultan Süleyman der Prächtige war entschlossen, die Entscheidung zu suchen. Nach der Eroberung der wichtigsten Festung an der unteren Donau, Belgrad, über der 1521 erstmals das Halbmondbanner wehte, hatten die osmanischen Truppen bis 1525 eine ungarische Donaufestung nach der anderen eingenommen. Dem im Inneren geschwächten und nach außen kaum noch handlungsfähigen Ungarn[72] sollten nach dem Willen des Sultans 1526 durch einen entscheidenden Schlag alle militärischen und politischen Widerstandskräfte entzogen werden. In diesem Jahr marschierte er mit seinem 200.000 Soldaten starken Heer in Ungarn ein. Ihm stellte sich am 29. August 1526 bei Mohács der ungarische König Ludwig II. mit einem Aufgebot von 24.000 Mann entgegen[73]. Die Schlacht endete mit einer vernichtenden Niederlage für die Ungarn. König Ludwig II. fand auf der Flucht den Tod. Damit standen die Pannonische Tiefebene und die Hauptstadt Ofen Süleyman schutzlos gegenüber. Diese Schlacht bedeutete – aus der Rückschau betrachtet – das Ende Ungarns in seiner seit etwa einem halben Jahrtausend bestehenden politischen und rechtlichen Verfassung und den Beginn der Neuordnung des Stefansreiches[74].

Die habsburgisch-ungarischen Erbverträge sahen für den Fall des Todes des ungarischen Königs, der in Personalunion auch das Königreich Böhmen regierte, die automatische Erbfolge durch seinen Schwager, Ferdinand von Habsburg, Erzherzog von Österreich und Bruder Kaiser Karls V., vor[75]. Allerdings sorgte die starke antihabsburgische Fraktion unter den ungarischen Magnaten dafür, dass am 10. November 1526 auf dem Reichstag zu Stuhlweißenburg stattdessen der Woiwode von Siebenbürgen, Johann Szapolyai, zum König von Ungarn gewählt wurde. Der dagegen protestierende Ferdinand ließ sich am 17. Dezember 1526 in Pressburg von den prohabsburgischen Ständen zum ungarischen König wählen[76].

Diese Pattsituation führte zu einem blutigen Thronfolgekrieg, der sich über ganz Ungarn und Siebenbürgen ausdehnte. Zunächst wurde Peter Perényi, der von Jo-

---

72 Nach dem Tod des Matthias Corvinus waren die ungarischen Könige nicht mehr in der Lage, ein umfassendes antiosmanisches Bündnis zu schmieden, an dem auch der persische Schah Ismail Sofi 1507, 1515 und 1523 interessiert war: Tardy, S. 154–156.

73 Das Königreich Ungarn war um das Jahr 1500 mit seinen etwa 4 Mio. Einwohnern den etwa 16 Mio. des Osmanischen Reiches nicht nur demografisch unterlegen: Barta 1994, S. 111. Winkelbauer schätzt die Bevölkerung des Königreichs Ungarn im Jahr 1500 auf 3,5 Mio. Einwohner: Winkelbauer, Bd. 1, S. 14.

74 Augenzeugenbericht eines Wiener Landsknechtes über die Schlacht bei Mohács: Wagner 1976, S. 96–97. Zur Rolle der Schlacht in der ungarischen Erinnerungskultur: Spannenberger/Öze, S. 327–347.

75 Kaiser Maximilian sicherte in den 1491, 1507 und 1515 geschlossenen Verträgen mit Wladislaus II. Jagiełło, König von Ungarn und Böhmen, dem Haus Habsburg das Erbrecht auf die beiden Kronen. Ausführlich zu den Heiratsverträgen: Spekner, S. 25–40.

76 Zur Doppelwahl ausführlich: Barta 1994, S. 49–53.

hann Szapolyai zum neuen Woiwoden Siebenbürgens ernannt worden war, beauftragt, sich die Unterstützung der drei siebenbürgischen Stände – des ungarischen Adels, der Szekler und der Sachsen – zu sichern[77]. Ferdinand zögerte ebenso wenig, einen Agenten nach Siebenbürgen zu schicken, nämlich Georg Reicherstorffer, der für den „rechtmäßigen" König werben sollte. Weiterhin suchte Ferdinand die Unterstützung der Königinwitwe Maria, seiner Schwester, die Sympathien für das Luthertum hegte[78].

Eine erste Entscheidung führte die Schlacht bei Tokaj Ende September 1527 herbei, die Johann Szapolyai gegen Ferdinand verlor. Johann musste sich ins polnische Exil nach Tarnów flüchten. Ferdinand nahm die Stefanskrone in Besitz und ließ sich damit am 3. November 1527 zum ungarischen König krönen. Da sich nun die meisten siebenbürgischen Stände Ferdinand anschlossen, schien es, als ob sich der Streit zugunsten Ferdinands entschieden habe. Johann war jedoch entschlossen, den Kampf um Ungarn weiterzuführen. Im Exil nutzte er seine Kontakte zu den mit ihm verwandten Jagiełłonen, zu Venedig und zu Frankreich[79], mit dem er 1528 einen Bündnisvertrag gegen die Habsburger abschloss[80]. Ferner wandte sich Szapolyai durch die Vermittlung des französischen Königs Franz I. an Sultan Süleyman, den er um militärische und politische Hilfe bat[81]. Die Hohe Pforte sagte unter folgender Bedingung zu: Johann musste die Oberhoheit des Sultans über das Königreich Ungarn anerkennen. Er akzeptierte am 29. Februar 1528 und eröffnete dem Sultan damit die Möglichkeit, unmittelbar Einfluss auf das politische Leben in Ungarn zu nehmen[82]. Diese Vorgehensweise entsprach der klassischen osmanischen Eroberungstaktik, ein Land in mehreren Schritten einzunehmen: Zunächst wurde es durch militärische Streifzüge erschüttert und demoralisiert, dann wurde seinem Heer in einer größeren Schlacht eine entscheidende Niederlage zugefügt. Anschließend zog sich die osmanische Armee bis auf einige strategisch wichtige Festungen zurück, um proosmanische Gruppen zu unterstützen. Den folgenden Bürgerkrieg ausnutzend, wurde ein zweiter Großangriff vorbereitet, der mit der Annexion der

---

77 Die Sachsen stellten sich bis 1530 eindeutig an die Seite Ferdinands: Gündisch 2005, S. 75–77.

78 Obwohl viele ihrer deutschen Höflinge bekennende Lutheraner waren, kann Königin Maria eher als Anhängerin des Erasmus von Rotterdam bezeichnet werden. Aus diesem Grund kam es zu Spannungen zwischen dem Landadel und der Königin, zumal der ungarische Reichstag 1523 und 1525 beschlossen hatte, die Lutheraner mit dem Tode zu bestrafen: Winkelbauer, Bd. 2, S. 70–71. Zu den deutschen Günstlingen Marias am ungarischen Hof: Hein, S. 268–271. König Ferdinand I. fragte seine Schwester Maria 1527, warum Luther ihr 1526 seine „Vier tröstlichen Psalmen" gewidmet habe. Sie bestritt, davon gewusst zu haben: Keller, S. 273–275. Vgl. Schuller 1855, S. 129–133.

79 Czettler, S. 92–93.

80 Siehe den Wortlaut des Bündnisvertrages von Fontainebleau in: Schuller 1857, S. 320–328.

81 König Sigismund von Polen lehnte am 20. Januar 1528 sowohl ein polnisch-ungarisches als auch ein osmanisch-ungarisches Bündnis ab und empfahl Szapolyai, sich mit König Ferdinand zu einigen, um gemeinsam gegen die Osmanen zu kämpfen: Barta 1994, S. 78.

82 Der Form nach soll die Vereinbarung von 1528 eine auf Gegenseitigkeit beruhende Vertragsurkunde (*'ahd-nâme-i hümâyûn)* gewesen sein, die dem damals noch unabhängigen Königreich Ungarn Rechnung trug: Papp 2003, S. 144. Vgl. Recueil d'actes internationaux, S. 28.

wichtigsten Landesteile endete. Diese Taktik hatte sich bereits im 14. und 15. Jahrhundert auf dem Balkan bewährt[83].

Auch in Ungarn schien der Plan aufzugehen. Mit osmanischer Hilfe gelang es Johann Szapolyai 1528, Ferdinand aus den östlichen und zentralen Teilen Ungarns zu verdrängen[84]. Ein Jahr später wurde Wien zum ersten Mal von einem großen osmanischen Heer belagert[85]. Am 19. August 1529 musste König Johann Sultan Süleyman, der sich auf dem Weg nach Wien befand, auf dem symbolträchtigen Feld von Mohács huldigen. Obwohl die Belagerung Wiens erfolglos verlief, fehlte es Ferdinand an Schlagkraft, um zum Gegenangriff überzugehen. Deshalb gelang es Szapolyai bis 1531, in Siebenbürgen die Szekler sowie den größten Teil des ungarischen Adels und der Sachsen auf seine Seite zu ziehen. Die Erfolglosigkeit des von den deutschen Reichsständen aufgestellten Heeres in Ungarn zwang Ferdinand 1531 zu einem Waffenstillstand mit Johann. Im Oktober verbündeten sich unter der Führung Sachsens einige protestantische Reichsfürsten mit dem Herzogtum Bayern gegen König Ferdinand. Diese Allianz nahm mit dem König von Frankreich und König Johann Szapolyai Gespräche auf, wobei von Letzterem ein Verzicht auf osmanische Waffenhilfe gefordert wurde. 1532 wurden Bündnisverhandlungen zwischen König Franz I., Herzog Wilhelm IV. von Bayern und König Johann aufgenommen. Um seinen Gegnern zuvorzukommen, strebte der Habsburger einen Ausgleich mit seinem innerungarischen Rivalen an, zumal erneut ein osmanisches Heer auf Wien zumarschierte. Auch wenn es diesmal nicht bis vor die Tore der Stadt gelangte, zwang die militärische Dominanz der Osmanen Ferdinand 1533 zum Abschluss eines mündlichen Waffenstillstandes mit dem Sultan[86]. In den folgenden fünf Jahren unternahm Ferdinand mehrere Versuche, sich die Unterstützung der deutschen Reichsstände gegen Szapolyai und den Sultan zu sichern. Der Gegensatz zu den protestantischen Reichsfürsten machte diese Bemühungen jedoch zunichte[87]. Ein Versuch Kaiser Karls V., in Neapel 1536 zwischen den Gesandten Ferdinands und Johanns zu vermitteln, verlief ebenfalls ohne Ergebnis[88].

Nach über zehnjährigem Ringen, das die Stellung des Sultans im Donau-Karpaten-Raum konstant stärkte, schlossen Ferdinand und Johann am 24. Februar 1538 im ostungarischen Großwardein einen Geheimvertrag ab. Ferdinand erkannte Johanns Herrschaft im zentralen und östlichen Teil Ungarns sowie in Siebenbürgen

83 Szakály, S. 36.

84 Im Kampf gegen Habsburg bemühte sich Szapolyai 1527/1528 um die Unterstützung der Reichsstände, vor allem der Herzöge von Bayern, mit dem Ziel, König Ferdinand zu diskreditieren: Roll 1996, S. 288–292.

85 Ausführlich zum Beitrag des Reichsadels bei der Verteidigung Wiens: Liepold, S. 185–196.

86 Müller, Ralf 2005, Umworbener „Erbfeind", S. 262. Ausführlich zum Feldzug von 1532/1533: Căzan 2000, S. 129–139.

87 Zu den Beziehungen der deutschen Reichsstände zu König Ferdinand I. und König Johann Szapolyai: Teutsch, S. 33–40.

88 Ferdinands Gesandter Bernhard von Cles sollte den Übertritt Hermannstadts ins Lager Johanns verhindern und Johann den vakanten Thron des Herzogtums Mailand als Gegenleistung für Ungarn anbieten: Cornaro, S. 57–59.

an. Er sollte den ungarischen Königstitel genauso wie Ferdinand weiter führen dürfen. Sollte Johann beim Sultan in Ungnade fallen, sagte ihm Ferdinand den Schutz des Hauses Österreich zu. Johanns Gegenleistung bestand darin, dass er – noch immer kinderlos – Ferdinand die Erbfolge in seinem Herrschaftsbereich versprach. Darüber hinaus willigte er ein, dass nach Ferdinands Tod dessen Sohn, Erzherzog Maximilian, einvernehmlich zum König von Ungarn gewählt werden sollte[89]. Johann erkrankte und starb am 22. Juli 1540 in Mühlbach. Auf dem Sterbebett bat er den Pauliner-Mönch Martinuzzi-Utiešenović, seinen nur wenige Wochen alten Sohn Johann Sigismund zum König von Ungarn krönen zu lassen. Mit der Geburt seines Sohnes war aus Johanns Sicht die Geschäftsgrundlage des Großwardeiner Vertrages entfallen. Nach seiner Wahl zum *rex electus Hungariae* durch die ungarischen und siebenbürgischen Stände[90] wurde Johann Sigismund Szapolyai in seiner Eigenschaft als ungarischer König vom Sultan unter dessen Schutz gestellt[91].

Ferdinand weigerte sich, die neuen Verhältnisse als Fait accompli zu akzeptieren. Um seine Ansprüche aus dem Großwardeiner Vertrag zu unterstreichen, ließ er 1541 die ungarische Hauptstadt Ofen, die sich unter der Kontrolle der Königinwitwe Isabella befand, angreifen. Da der Sultan befürchtete, Ferdinand könne sich die Minderjährigkeit des Königs zunutze machen und die ungarischen Stände auf seine Seite ziehen, entschied er sich, die Belagerung Ofens als Anlass für einen großen Feldzug nach Ungarn zu propagieren. Angesichts des Herannahens der kampfstarken osmanischen Armee brach das Heer Ferdinands die Belagerung Ofens ab und zog sich zurück. Nach der Besetzung Ofens erklärte der Sultan, dass er den zentralen Teil Ungarns samt seiner Hauptstadt als Provinz in das Osmanische Reich eingliedern werde. Siebenbürgen und das östliche Ungarn gab er Johann Sigismund Szapolyai als Lehen. Ferdinand konnte nur seine Herrschaft über West- und Oberungarn behaupten[92]. Damit wurde Ungarn in drei Teile geteilt. Für das östliche Drittel um die Woiwodschaft Siebenbürgen begann mit der Abtrennung von Nord- und Westungarn ein Prozess, der unter der osmanischen Oberhoheit zur Herausbildung des selbständigen Fürstentums Siebenbürgen führte. Zur Zeit der größten Ausdehnung des Fürstentums Siebenbürgen umfasste seine Fläche 112.500 km^2, die osmanischen Besitzungen 91.250 km^2 und der habsburgische Teil 67.500 km^2 des alten Königreichs Ungarn. Die Bevölkerung des historischen Siebenbürgen betrug Ende des 16. Jahrhunderts etwa 655.000 Einwohner, die der zum Fürstentum Siebenbürgen gehörenden ostungarischen Komitate etwa 300.000 Einwohner[93].

---

89 Wortlaut des Vertrages von Großwardein in: Gooss, S. 65–85. Vgl. Oborni/Varga, S. 31–50.

90 Daugsch 1985, S. 112.

91 Vgl. Papp 2003, S. 53–57.

92 Da Kaiser Karl V. den Kampf gegen Frankreich stets wichtiger als den gegen die Osmanen hielt, blieb Ferdinand nichts anderes übrig, als den Status quo anzuerkennen: Koenigsberger, S. 46–47.

93 Daugsch 1989, S. 16. Barta 1990, S. 269. Entsprechend den Angaben von Thomas Winkelbauer betrug die Bevölkerung des Fürstentums Siebenbürgen 0,8 Mio. (1550), 0,9 Mio. (1600), 0,8 Mio. (1650) und 0,9 Mio. (1680) Menschen. Das Königreich Ungarn hatte 2 Mio. (1550), 1,8 Mio. (1600), 1,9 Mio. (1650) und 2,1 Mio. (1680) Einwohner, das osmanische Ungarn 0,7 Mio. (1550), 0,9 Mio. (1600), 0,9 Mio. (1650) und 1 Mio. (1680): Winkelbauer, Bd. 1, S. 14.

Ausgangspunkt dieser Entwicklung stellt die bereits im Hochmittelalter etablierte Autonomie der Woiwodschaft Siebenbürgen innerhalb der Länder der ungarischen Krone dar[94]. In den Urkunden des Mittelalters wird Siebenbürgen als Teil der Stefanskrone mit den Begriffen *Pars Transilvana*, *Partium Transilvanarum* und sogar *Regnum* bezeichnet[95]. Bereits im frühen 12. Jahrhundert sind die ersten Woiwoden (*Vayvoda*) nachgewiesen. Sie wurden vom ungarischen König als Statthalter der Krone ernannt und wurden mit der Verwaltung der sieben Adelskomitate (mit Grafschaften vergleichbar) Siebenbürgens betraut. Das im Osten Siebenbürgens gelegene sogenannte „Szeklerland" besaß eine eigene regionale Autonomie innerhalb der Woiwodschaft. In diesem Gebiet siedelte der vornehmlich aus freien Bauern und Kleinadeligen bestehende ungarischsprachige Stamm der Szekler. An dessen Spitze stand der vom König eingesetzte Szeklergraf *(Comes Siculorum)*, ein Amt, das nach 1463 meistens in Personalunion vom Woiwoden ausgeübt wurde[96]. Die dritte territoriale Einheit bildete der sogenannte „Königsboden" (*Fundus regius*)[97], auf dem hauptsächlich die ab dem 12. Jahrhundert eingewanderten deutschen Siedler lebten. Im Rahmen der hochmittelalterlichen deutschen Ostsiedlung waren sie von den ungarischen Königen in den westlichen Gebieten des Heiligen Römischen Reiches (vor allem an Rhein und Mosel) angeworben, und mit dem Versprechen auf eine weitreichende politische, kirchliche und ökonomische Selbstverwaltung, besonders im Süden Siebenbürgens, angesiedelt worden. Da sämtliche westliche Siedler im hochmittelalterlichen Ungarn von der königlichen Kanzlei als *Saxones* bezeichnet wurden – auch die sogenannten „Zipser Sachsen" in Oberungarn – setzte sich dieser Name als Gruppenbezeichnung für die nach eigenem Recht lebenden Deutschen durch. Die Gründungen der größeren Städte Siebenbürgens gehen auf diese Gruppe zurück, die sich sozial in Freibauern, Handwerker und Kaufleute ausdifferenzierte. Analog zu den erwähnten Komitaten des ungarischen Adels gliederten sich die beiden autonomen Gebiete der Sachsen und Szekler in Stühle und Distrikte. Diese mit Selbstverwaltungsrecht ausgestatteten Einheiten, vergleichbar mit den eidgenössischen Kantonen, schlossen sich im Falle der Sachsen zur *Universitas Saxonum* zusammen. An ihre Spitze wurde der *Comes Saxonum* (Sachsengraf) gewählt, der direkt dem König unterstand. Er wurde aus den Reihen der mächtigen Patrizierfamilien rekrutiert, die über die Magistrate der größeren Städte Hermannstadt, Kronstadt, Bistritz, Schässburg oder Mediasch das Selbstverwaltungsgebiet der Sachsen beherrschten[98].

Da die Sachsen und Szekler zum Zweck des Landesausbaus und der Grenzverteidigung im Gebiet der Süd- bzw. Ostkarpaten angesiedelt worden waren, genossen sie eine weitreichende Gruppen- und Territorialautonomie, die den persönlichen

94 Roth 1999, S. 6–7.
95 Zach 1980/1981, S. 64–65, 73.
96 Kubinyi, S. 92. Vgl. Daugsch 1985, S. 112–113. Vgl. Schuler v. Libloy 1867, S. 233–234.
97 Zur territorialen Gliederung Siebenbürgens: Wagner 1977, S. 33–37. Vgl. Schuler v. Libloy 1867, S. 220–221.
98 Gündisch 1998, S. 68–72.

Vorrechten des ungarischen Adels gegenüberstand[99]. Szekler- und Sachsengraf waren dem ungarischen König direkt unterstellt und damit dem siebenbürgischen Woiwoden nicht untergeordnet[100].

Zusammen mit dem ungarischen Adel bildeten die Sachsen und Szekler die späteren drei Stände oder „Nationen" (*nationes*), wobei sie keine Stände im herkömmlich sozialen Sinne waren, sondern als selbständige Gebietskörperschaften auftraten. Ab 1437 schlossen sie sich gegen innere und äußere Feinde zu sogenannten „Unionen" zusammen, bei denen der Grundsatz der Gleichberechtigung, der Einstimmigkeit und gegenseitigen Nichteinmischung in innere Angelegenheiten galt[101]. Der sogenannte „Provinzlandtag", auf dem sich die Stände versammelten, bildete den Grundstein für den späteren Landtag des Fürstentums[102]. Als landespolitisch nicht Handelnde siedelten in Siebenbürgen Rumänen und Zigeuner, ab dem 17. Jahrhundert auch Juden und Armenier[103].

Die erwähnten Selbstverwaltungsstrukturen innerhalb Siebenbürgens und die autonome Stellung der Woiwodschaft Siebenbürgen innerhalb des Königreichs Ungarn erwiesen sich als tragbare Fundamente eines Staatsbildungsprozesses, der nach 1526 im Herrschaftsgebiet der Szapolyais einsetzte. Das Fehlen einer systematischen allgemeinen Landesverfassung und einheitlicher Landesgesetze warf die Frage nach den Quellen auf, die im Prozess des Aufbaus überregionaler rechtlicher Strukturen konstituierend wirken konnten[104] Dafür boten sich ungarische Rechtsquellen bis 1526 an, zum Beispiel das *Tripartitum,* das *Corpus Juris Hungarici*, Siebenbürgen betreffende Reichstagsbeschlüsse (*Leges regni*) und allgemeines Gewohnheitsrecht (*Ius consuetudinarium*)[105]. Darüber hinaus konnten die königlichen Privilegien der drei siebenbürgischen Stände und ihre Vereinbarungen herangezogen werden, die ab 1437 in den sogenannten „Unionen" formuliert worden waren. Daraus entwickelten sich die Sammlungen der 299 siebenbürgischen Landtagsbeschlüsse zwischen 1540 und 1669. Unter der Herrschaft der Fürsten Georg I. und Georg II. Rákóczi wurde eine erste offizielle Kodifikation erarbeitet, die unter dem Namen *Approbatae Constitutiones Regni Transylvaniae et Partium Hungariae eidem annexarum* (Genehmigte Verordnungen des Königreichs Siebenbürgen und der mit ihm verbundenen Teile Ungarns) 1653 vom Landtag beschlossen, vom Fürsten gebilligt und in Großwardein gedruckt wurde[106]. Diese Sammlung kodifizierte das Kirchenrecht[107], das Verfassungsrecht, das auf dem Gebiet der drei Stände jeweils geltende Recht, das Prozessrecht sowie die Verordnungen des Fürsten für die öffentliche Verwaltung (Edikte). Fürst Michael Apafi ließ 1669 vom Landtag die ergänzende Sammlung *Compilatae Constitutiones*

99 Zach 1980/1981, S. 70. Zur Stellung des Komitatsadels: Neugebauer, S. 293–295.
100 Zach 1980/1981, S. 72.
101 Daugsch 1985, S. 111.
102 Gündisch 2000, S. 39.
103 Zur ethnischen Vielfalt im Siebenbürgen des 16. und 17. Jahrhunderts: Roth 2007, S. 67–76.
104 Bedeus v. Scharberg, S. 9.
105 Vgl. Pálffy 2009, S. 189.
106 Siehe den Wortlaut der Gesetzessammlung in: Magyar Törvénytár, S. 1–246.
107 Vgl. dazu: Boros, S. 83–87.

Regni Transylvaniae et Partium Hungariae (Gesammelte Verordnungen des Königreichs Siebenbürgen und der [mit ihm verbundenen] Teile Ungarns) verabschieden, die dessen Beschlüsse zwischen 1653 und 1669 kodifizierte[108]. Darüber hinaus dienten die seit 1576 nachgewiesenen Wahlkapitulationen der siebenbürgischen Herrscher, die vor ihrer Wahl mit den Ständen ausgehandelt wurden, als Quelle des Öffentlichen Rechts[109].

Auf dem Gebiet der drei Stände galten im privat- und strafrechtlichen Bereich weiterhin eigene Gesetzbücher. Im Komitatsgebiet des Adels behielt das *Tripartitum* seine Gültigkeit. Im Oktober 1514 hatte Stefan Werbőczy (ca. 1458–1541), Protonotar des Obersten Landesrichters von Ungarn, dem ungarischen Reichstag die von ihm zusammengestellte Kodifikation *Tripartitum opus iuris consuetudinarii inclyti regni Hungariae* (Dreigeteiltes Werk des Gewohnheitsrechts des ruhmreichen Königreichs Ungarn) vorgelegt. Es enthielt vor allem das materielle Zivilrecht – insbesondere jenes des Adels in Ungarn, Slawonien und Siebenbürgen –, die Stadt- und Dorfrechte, das Zivilprozessrecht sowie in einem kleineren Umfang Verfassungs-, Verwaltungs- und Strafrecht. Werbőczy formte die Staatstheorie von der „Heiligen Krone“ rechtlich aus. Demnach bildeten die Stände die Glieder der „Heiligen Krone“ und des Königreichs. Dem von ihnen gewählten König übertrugen sie mit der Krönung die Ausübung der höchsten Staatsgewalt. Als deren Träger wurde der Krone des heiligen Stefan die gesetzgebende Gewalt zugesprochen, die nur zu gleichen Teilen von König und Adel ausgeübt werden konnte. Aber auch in der Exekutive wurde der König durch die Rechte des Adels, vor allem durch dessen Widerstandsrecht, beschränkt, die sich aus dem Gewohnheitsrecht oder den Wahlkapitulationen des Herrschers speisten. Insbesondere die weitreichenden Rechte des Adels führten dazu, dass weder König Wladislaus II. noch sein Sohn, König Ludwig II., das *Tripartitum* sanktionierten. Dennoch ließ Werbőczy sein Werk 1517 in Wien drucken und an die Komitate und Gerichte des Landes verschicken. In ganz Ungarn, auch in Siebenbürgen, wurde die Kodifikation schnell akzeptiert und angewandt, sodass sie bis 1848 die wichtigste Rechtsquelle in Ungarn und in den Adelskomitaten Siebenbürgens bildete[110]. Dies äußerte sich darin, dass das *Tripartitum* von mehreren Fürsten als in Siebenbürgen gültige Rechtsquelle bestätigt wurde und 1698 in die große siebenbürgische Gesetzessammlung *Approbatae et Compilatae Constitutiones* aufgenommen wurde[111].

Das *Tripartitum* galt nicht auf dem Gebiet der anderen beiden siebenbürgischen Stände. Auf dem sogenannten „Szeklerboden“ wurde nach Gewohnheitsrecht und den 1555 von Michael Székely kodifizierten „Verfassungen und Privilegien der adeligen Szekler Nation“ Recht gesprochen[112]. Auf dem Gebiet der Sachsen, dem sogenannten „Königsboden“, galt ab dem späten 15. Jahrhundert der *Codex Altember-*

---

108 Siehe den Wortlaut der Gesetzessammlung in: Magyar Törvénytár, S. 247–353.
109 Bedeus v. Scharberg S. 75. Vgl. Schuler v. Libloy 1867, S. 5–6, 125–126, 145–153.
110 Zu seiner Beurteilung als Rechtsquelle: Hamza, S. 23–29.
111 Winkelbauer, Bd. 1, S. 214–217.
112 Gündisch 2000, S. 47. Vgl. Schuler v. Libloy 1867, S. 129–130.

ger, ab 1583 das sogenannte „Eigenlandrecht der Siebenbürger Sachsen“[113]. Die vor allem auf Komitats- oder Königsboden wohnenden Rumänen lebten hauptsächlich nach eigenem Gewohnheitsrecht, dem sogenannten *Ius valachicum*[114]. Bezogen auf die drei autonomen Gebiete blieben im öffentlich-rechtlichen Bereich neben den Privilegien des Landesherren vor allem die Beschlüsse der Versammlungen des Adels, der Szekler und der Sachsen rechtsbildend.

Der 1541 vollzogenen faktischen Lostrennung Siebenbürgens und Ostungarns vom habsburgisch beherrschten Königreich Ungarn folgte bald die Herausbildung neuer verfassungsrechtlicher Strukturen, obwohl Siebenbürgen vom Selbstverständnis her ein ungarisches „Gegenkönigreich“ blieb. Auf gesamtsiebenbürgischer Ebene konstituierten sich die drei Stände zu sogenannten verfassungsgebenden Landtagen, die 1542–1545, 1556–1557 und 1571 die staatsrechtlichen Rahmenbedingungen festlegten[115]. Die historische Woiwodschaft Siebenbürgen wurde damit zum Nukleus des neuen Staates, der die unter der Herrschaft der Szapolyais befindlichen ostungarischen Gebiete in das neue Staatswesen integrierte, das in den zeitgenössischen Quellen zunächst als *Regnum Hungariae et Transilvaniae,* dann als *Regnum Transilvaniae et partium regni Hungariae eidem adnexae* bezeichnet wurde.

Auf der ersten gemeinsamen Versammlung der ostungarischen und siebenbürgischen Stände am 18. Oktober 1541 in Debreczin schworen die Anwesenden den Szapolyais Treue. Einige der Vertreter der siebenbürgischen Stände konnten sich aber noch nicht auf die Bildung einer gemeinsamen Legislative einigen[116]. Bis 1544 tagten die siebenbürgischen und die ostungarischen Stände getrennt. Die meisten der ostungarischen Magnaten erkannten die Notwendigkeit, aus der Personalunion mit Siebenbürgen eine Realunion zu bilden. Auf der Ständeversammlung vom 1. August 1544 in Thorenburg nahmen die Stände Siebenbürgens, der ostungarischen Komitate (*Partes adnexae)* sowie des Komitates Temes erstmals gleichberechtigt teil und schufen ein gemeinsames Legislativorgan, das die staatsrechtliche Union dieser drei Gebiete verkündete[117]. Diese Ständeversammlung erneuerte auch das Bündnis der drei siebenbürgischen Stände, Adel, Szekler und Sachsen (*Unio trium nationum*), das 1437 erstmals gegen alle inneren und äußeren Feinde geschlossen worden war, und dehnte es auf die sogenannten „Partes“ und die Grafschaft Temes aus. Die Stände nannten sich fortan „die drei Nationen Siebenbürgens und unsere Verwandten aus Ungarn“[118]. Damit übernahm der neue Landtag für die östliche Hälfte des Königreichs Ungarn die Funktion des alten ungarischen Reichstages und stand in Konkurrenz zum Reichstag in Pressburg, der die Legitimität des mittelalterlichen ungarischen Reichstages ebenfalls für sich reklamierte. Der siebenbürgische Land-

---

113 Jüngste und ausführlichste Publikation dazu: Sutschek, S. 15–190.
114 Zum Gewohnheitsrecht der Siebenbürger Rumänen ausführlich: Pascu, S. 134–141.
115 Schuler v. Libloy 1867, S. 123–124. Zach 1980/1981, S. 81. Union von 1542 in: Wagner 1976, S. 105–106.
116 Feneşan 1997, S. 107. Vgl. Szegedi, S. 109–110.
117 Căzan 2000, S. 164. Vgl. Winkelbauer, Bd. 2, S. 72.
118 Feneşan 1997, S. 109.

tag widerspiegelte die doppelte Identität des neuen staatlichen Gebildes: Einerseits repräsentierte er die autonome Woiwodschaft Siebenbürgen, andererseits alle Komitate des Königreichs Ungarn, die sich nicht unter der Herrschaft der Habsburger oder der Osmanen befanden. Die Erneuerung der „brüderlichen Einigung" der Stände stellte das Fundament der neuen verfassungsrechtlichen Ordnung Siebenbürgens dar. Landtagsbeschlüsse konnten nur in Kraft treten, wenn sie das Siegel aller drei Nationen trugen. Damit besaß jeder Stand als Gesamtheit ein Vetorecht[119].

Parallel zur Etablierung des Legislativorgans vollzog sich die Konstituierung der Exekutive. Auf der Grundlage der verfassungsrechtlichen Institutionen des alten Königreiches Ungarn und der autonomen Woiwodschaft Siebenbürgen schufen die Thorenburger Landtage vom Januar, März und Dezember 1542 sowie nachfolgende Landtage die Landesinstitutionen des Fürsten, des Statthalters bzw. Gouverneurs, des Fürstenrates und des Kanzlers[120]. Der Hof des Fürsten zog nach der Annexion Ofens durch die Osmanen 1541 zunächst nach Lippa bei Arad und ließ sich dann in Weißenburg, der alten Residenz des siebenbürgischen Woiwoden, nieder[121]. Der Thorenburger Landtag bestätigte Graf Peter Petrovics als Statthalter des Komitates Temes. Martinuzzi, Bischof von Großwardein, der am 26. Januar 1542 zum Schatzmeister und Statthalter Siebenbürgens gewählt worden war, wurde 1544 vom Landtag auch zum obersten Richter (*Supremus Judex*) bestimmt. Der Machtzuwachs Martinuzzis wurde erst auf dem Landtag von Thorenburg vom 24. April 1545 gestoppt, als es den Anhängern der Königin gelang, seine Wahl zum Gouverneur Siebenbürgens zu verhindern, der königliche Rechte – wie der Reichsverweser Johann Hunyadi im 15. Jahrhundert – ausüben durfte. Obwohl das Amt des Gouverneurs unbesetzt blieb, durften kein Stand und kein Staatsorgan Beziehungen mit auswärtigen Mächten ohne das Wissen des Statthalters Martinuzzi unterhalten. Darüber hinaus bestätigte der Landtag von 1545 die staatsrechtliche Einheit des neuen Gebildes und beschloss, dass König Ferdinand keine königlichen Rechte auf dem Gebiet Siebenbürgens und der Partes ausüben dürfe[122]. Bis das Fürstentum Siebenbürgen seine verfassungsrechtliche Ausgestaltung abgeschlossen hatte, vergingen drei Jahrzehnte. In dieser Zeit besaßen die Stände eine dominante Stellung, die sich in einer stark ausgeprägten Gewaltenteilung zwischen den Ständen und den Herrschern äußerte. Dem Übergewicht der Stände im 16. Jahrhundert folgte in der ersten Hälfte des 17. Jahrhunderts die Dominanz der Fürsten[123].

Als sich der siebenbürgische Landtag am 21. Januar 1529 in Gerend vom Hause Habsburg lossagte[124], wurden Siebenbürgen und Ostungarn ein Wahlreich, dessen Herrscher den Titel eines „Erwählten Königs von Ungarn" führte. Im Jahr 1571 nahm Stefan Báthory den Titel eines „Woiwoden" *(Vayvoda Transylvaniae)* an. Nach

119 Vgl. Kármán 2005, S. 151–152.
120 Gündisch 2000, S. 46.
121 Feneşan 1997, S. 106, 115–116.
122 Feneşan 1997, S. 92–96, 112.
123 Daugsch 1985, S. 110–111, 116–117. Zach 1999, S. 377–379.
124 Zach 1980/1981, S. 78.

seiner Wahl zum polnischen König führte er ab 1576 den Titel eines „Fürsten“[125]. Dieser blieb der offizielle Titel des Landesherren bis zum Ende der siebenbürgischen Eigenstaatlichkeit. Nach 1541 herrschten die Szapolyais trotz ihres ungarischen Königstitels de facto nur über Siebenbürgen und die sogenannten „Partes“, die östlichen und nordöstlichen ungarischen Komitate, die zum siebenbürgischen Herrschaftsbereich gehörten. Dieser Kontext widerspiegelt sich in der Landesbezeichnung *Regnum Transilvaniae cum Partes regni Hungariae eidem adnexarum*[126].

In Siebenbürgen veränderte sich die Stellung des Woiwoden von einem dem Sachsen- und Szeklergrafen fast gleichgeordneten Würdenträger (*primus inter pares*), zu einem übergeordneten Repräsentanten für das gesamte Siebenbürgen[127]. Dies geschah zunächst nicht durch eine Aufwertung des Woiwodenamtes, sondern durch die Annahme des Titels eines Königs von Ungarn, da Johann Szapolyai mit seiner Krönung zum König 1526 das Amt des Woiwoden ablegte und es neu verlieh. König Ferdinand vergab dieses Amt zwischen 1552 und 1556, und als Stefan Báthory den Titel eines Woiwoden 1571 annahm, stellte sich eine neue Qualität ein, da der Woiwode nun auch als Staatsoberhaupt Siebenbürgens sowie der Partes auftrat und damit den beiden anderen Ständerepräsentanten übergeordnet war[128]. Der 1576 durch Báthory eingeführte Titel eines Fürsten von Siebenbürgen stand im Rang über dem des Woiwoden, der nun an die Stellvertreter Stefan Báthorys in Siebenbürgen verliehen wurde. Nach Beendigung der Personalunion Stefan Báthorys im Jahr 1586 führte sein Nachfolger Sigismund Báthory, bereits seit 1581 Woiwode, den Fürstentitel erst ab 1589. Das Amt des Woiwoden wurde danach nicht mehr vergeben. Um die Herrscher des historischen Siebenbürgen und der Partes auch für das 16. Jahrhundert in einem allgemeinen Kontext bezeichnen zu können, wird der Übersichtlichkeit wegen der Terminus „Fürst“ verwendet.

Der Fürst wurde vom Landtag aus den Reihen des ungarischen Adels Siebenbürgens oder der Partes gewählt und führte im Allgemeinen den Titel *Princeps Transylvaniae, partium regni Hungariae Dominus et Siculorum Comes* (Fürst von Siebenbürgen, Herr der Teile des Königreichs Ungarn und Graf der Szekler)[129]. Nach seiner Wahl musste er zuerst die Zustimmung der Hohen Pforte einholen, die der Wahl Rechtsgültigkeit verlieh. Während seiner Fürsteninvestitur musste er auf die „Rechte und Freiheiten des Landes“ schwören, später ergänzt durch die „Bedingungen“ der Stände, die sogenannten *Conditiones Principum* (Wahlkapitulationen)[130]. Der Fürst konnte die Landtage einberufen und auflösen, war oberster Richter und stand an der

125 Daugsch 1990, Nationsuniversität, S. 205. Vgl. Zach 1980/1981, S. 78.

126 Daugsch 1985, S. 113.

127 Vgl. Zach 1999, S. 372–373.

128 Zach 1980/1981, S. 72, 78.

129 Radvánszky, S. 79. Als Szeklergraf versuchte der Fürst, die Rechte der freien Szekler zu beschränken. Dieses geschah zum Beispiel durch die Einführung des *ius regium* auf Szeklerboden, das den Gemeinschaftsbesitz der Szekler gefährdete und zum Szekleraufstand von 1562 führte: Demény 1990, S. 225–226, 230.

130 Zach 1980/1981, S. 78–80. Beispiel einer Wahlkapitulation (Michael I. Apafi): Schuler v. Libloy 1867, S. 145–151.

Spitze der Verwaltung. Hauptsächlich finanzierte sich der Fürst durch die Einkünfte seiner – in der Regel – sehr umfangreichen Familiengüter. Darüber hinaus standen ihm die von der ungarischen Krone zur Finanzierung des siebenbürgischen Woiwoden gestifteten Ländereien sowie die Güter des 1556 säkularisierten katholischen Bistums von Weißenburg zur Verfügung[131]. Ferner besaß er weitreichende Entscheidungs- und Handlungsfreiheit in der Außenpolitik. Als Oberbefehlshaber des Heeres war er auch für die Verteidigung des Landes zuständig[132]. Dafür standen ihm das Aufgebot des Adels, die Reiter und Fußsoldaten der Szekler und die Geschütze und Söldner der Sachsen zur Verfügung[133].

Die Institution des Fürstenrates *(Consilium intimum)* stand in der Tradition des königlich-ungarischen Rates und stellte das wichtigste Organ der Regierung dar. Er ging auf die Einrichtung eines Reichsrates (später Gubernium) durch den Landtagsbeschluss vom 31. März 1542 zurück und sollte die Stände in die Exekutive einbinden. Im ersten Artikel wurde bestimmt, dass jede Nation – also Adel, Szekler und Sachsen – je sieben Männer in den Rat wählen sollten, die sich beim Statthalter aufhalten und schwören mussten, „auf eine Aufforderung hin zu jeder Verhandlung zu kommen, bei ihrem Eide treu zu handeln und die Beschlüsse geheim zu halten"[134]. Im zweiten Artikel wurde den drei Nationen verboten, „ohne besonderen Willen und Zustimmung des Herrn Statthalters oder seines Stellvertreters" Gesandte an „irgendein fremdes Reich" zu schicken. Im dritten Artikel verpflichteten sich die drei Nationen „gegenseitig Frieden zu halten", die Angelegenheiten des Landes durch Übereinstimmung aller drei Stände zu ordnen und dem Statthalter im Rahmen der althergebrachten ständischen Freiheiten „gehorsam zu sein". Im vierten Artikel verpflichteten sich die drei Nationen, gegen innere und äußere Feinde gemeinsam mit ihrer gesamten Kriegsmacht oder mit der vom Statthalter festgelegten Zahl an Soldaten ins Feld zu ziehen[135]. Der Rat trat während der Landtage zusammen sowie jederzeit durch die Einberufung des Fürsten. Das *Consilium* sollte den Fürsten beraten und für die Ausführung seiner Anweisungen sorgen, womit die Stände über ein mächtiges politisches Instrument verfügten[136].

Als die königliche Kanzlei aufgrund der Wirren von 1540/1541 ihre Tätigkeit in Ofen einstellen musste, schuf Martinuzzi in Weißenburg eine neue Kanzlei, in der drei bis vier Sekretäre sowie einige Schreiber und „Notare" arbeiteten. 1556 wurde

131 Makkai, S. 89. Zur Geschichte der katholischen Kirche in Siebenbürgen zwischen 1526 und 1571 siehe: Karácsonyi, S. 43–52.

132 Erst wenn der Fürst seine Rechte überschritt, kam es vor, dass die Stände diplomatische Beziehungen zum Ausland aufnahmen, so zum Beispiel 1612/1613, als sich die Kronstädter mit dem walachischen Woiwoden Radu Mihnea gegen Fürst Gabriel Báthory verbündeten. Wortlaut des Vertrages vom 12. September 1612 in: Lupaş 1940, Documente, S. 96–98.

133 Radvánszky, S. 79.

134 Als Vertreter der „Sächsischen Nationsuniversität" war auch ihr *Comes* Mitglied des Fürstenrates: Daugsch 1990, Nationsuniversität, S. 210–211.

135 Wortlaut in: Wagner 1976, S. 105–106.

136 Zur Zusammensetzung des Rates: Barta 1990, S. 264–265. Vgl. Bedeus v. Scharberg, S. 14–15. Vgl. Szegedi, S. 109.

die Leitung der „größeren Kanzlei" mit Michael Csáky in der Funktion des Kanzlers wieder besetzt. Als wichtigste Behörde der Exekutive befasste sich die Kanzlei mit der inneren Verwaltung, dem Finanz- und Kriegswesen sowie mit der Außenpolitik. Die 1559 etablierte sogenannte „kleinere Kanzlei" war für das Gerichtswesen zuständig. Die Staatseinkünfte wurden vom Schatzmeister, vom Oberperceptor und vom Hauptzehntenarendator verwaltet[137].

An der Spitze der Judikative stand der Präsident der Fürsten-Tafel. Anders als im mittelalterlichen Ungarn war die Tafel vom Rat des Herrschers getrennt. Der Präsident der Fürsten-Tafel führte auch den Vorsitz im Landtag, vor dem als oberstem Gerichtshof Majestätsverbrechen verhandelt wurden[138].

Die vom Fürsten ein- bis zweimal pro Jahr einberufenen Landtage setzten sich aus den Vertretern der drei ständischen Nationen (Adel, Sachsen und Szekler), den Abgeordneten der Partes (Adel), den Repräsentanten der Frei- und Taxalstädte und den sogenannten Regalisten zusammen. Letztere waren Adelige, die der Fürst für verschiedene Dienste mit einem Landtagsmandat belohnte, sodass er leicht eine Mehrheit des Adels herbeiführen konnte[139]. Die Abgeordneten (138 bis 200 Deputierte), die volle Redefreiheit besaßen, wurden für jeden Landtag neu gewählt und waren in ihrem Abstimmungsverhalten an die Weisungen ihrer Wahlversammlungen, der sogenannten „Commitendenversammlungen", gebunden. Der Landtag war vor allem für die Beratung und Verabschiedung der Gesetze, für Steuerfragen sowie Kriegs- und Religionsfragen zuständig[140]. Mit dem vom ungarischen Reichstag übernommenen Recht des siebenbürgischen Landtages, den Herrscher des Landes zu wählen, konnten die drei Stände zum ersten Mal über die Person ihres Souveräns direkt entscheiden[141]. Obwohl der siebenbürgische Landtag als höchste legislative Instanz die Kompetenzen des ungarischen Reichstages für Siebenbürgen übernahm, soll – abweichend von Teilen der ungarischen Historiografie – der Terminus „Landtag" weiterhin verwendet werden[142], da die siebenbürgischen Autoritäten nach 1570 die Stellung des habsburgischen Königreichs Ungarn und dessen Reichstag in Pressburg nicht mehr grundsätzlich infrage stellten[143]. Die Gesetze konnten sowohl vom Landtag als auch vom Fürsten eingebracht werden. Allerdings mussten sie mit Einstimmigkeit von den drei ständischen Nationen verabschiedet werden, die dadurch

137 Barta 1990, S. 263–264.
138 Kubinyi, S. 91.
139 Radvánszky, S. 80.
140 Zwischen 1542 und 1611 wurden in Siebenbürgen 136, zwischen 1612 und 1681 insgesamt 84 Landtage abgehalten: Kubinyi, S. 87.
141 Gündisch 2000, S. 46.
142 Zur Legitimität des Pressburger Reichstages in seiner Funktion als Rechtsnachfolger des mittelalterlichen ungarischen Reichstages: Barta 1990, S. 262–263.
143 Lediglich Stefan Bocskai ließ sich 1605 zum Fürsten von Ungarn und Gabriel Bethlen 1620 zum König von Ungarn wählen, ein Amt, das sie jeweils kaum ein Jahr lang behaupten konnten: Kubinyi, S. 84, 88. Ohne Erfolg planten es Stefan Báthory, Gabriel Báthory, Georg I. Rákóczi und Emmerich Thököly.

trotz unterschiedlicher Landtagsmehrheiten über ein Veto verfügten[144]. Das Siegel des Fürsten sowie das der drei Nationen verlieh den Gesetzen Rechtsgültigkeit. Erst dann wurden sie an alle Gerichte des Landes versandt[145]. Zu den wichtigsten Beschlüssen der verfassungsgebenden Landtage gehörten die gegenseitige Anerkennung der Privilegien der drei Nationen, die Nichteinmischung in die inneren Angelegenheiten der anderen Stände, die Heerespflicht[146], die Religionsfreiheit[147] und das Verbot der Aufnahme von individuellen Beziehungen mit ausländischen Mächten[148]. Abgesehen von den Beziehungen zur Hohen Pforte, zur Moldau und zur Walachei konnte sich das letztgenannte Prinzip durchsetzen. Vor allem die Sachsen schickten weiterhin gelegentlich Gesandte an die Woiwoden der Moldau und Walachei und hielten an ihrer Gewohnheit fest, mit diesen eigenmächtig Verträge abzuschließen[149]. Davon abgesehen konnte eine durch den Fürsten ausgeübte, mehr oder weniger einheitliche Vertretung des Landes nach außen gewährleistet werden.

Das Gesandtschaftswesen Siebenbürgens stand ganz in der Tradition des mittelalterlichen Königreichs Ungarn. Im *Tripartitum* war festgelegt worden, dass dem Monarchen das Recht zustehe, Gesandte zu entsenden und zu empfangen. Dieses Recht wurde dem siebenbürgischen Fürsten von den Ständen gelegentlich streitig gemacht. Georg II. Rákóczi und Michael I. Apafi mussten in ihren Wahlkapitulationen akzeptieren, nicht ohne Einwilligung des Fürstenrates mit auswärtigen Mächten diplomatische Beziehungen aufzunehmen, Gesandte zu entsenden und zu empfangen[150]. Dieser Teil der Wahlkapitulation Fürst Apafis von 1661 soll im Folgenden in der deutschen Übersetzung Schuler von Libloys wiedergegeben werden:

> „Dass er keine Gesandten, welche Reichs- oder allgemeine Angelegenheiten betreffen, ohne den Rath anhöre, weder zur Zeit ihres ersten Hereinkommens, noch nachher, sie nicht ohne dieselben [Räte] entlassen könne, in ihre Wohnungen Niemanden heimlich gehen lasse und Seine Hoheit denselben dienlich, keine Entgegnung von sich gebe, noch Gesandtschaften einrichte, ohne Zustimmung und einmüthigem Willen der Räthe; – Bündnisse, Königen und Fürsten soll Seine Hoheit nicht abgesondert, sondern aus des ganzen Reiches aller Stände einmüthigem Willen abschließen.“[151]

---

144 Daugsch 1985, S. 111–112. Zach spricht in diesem Zusammenhang auch von einer Zweidrittelmehrheit: Zach 1980/1981, S. 83–84.

145 Daugsch 1985, S. 111–112. Vgl. Zach 1980/1981, S. 83–84.

146 Schuler v. Libloy 1867, S. 313–314.

147 Die anerkannten Konfessionen waren: die römisch-katholische, die lutherische, die reformierte und die unitarische. Lediglich „geduldet“ wurden die Orthodoxen: Király, S. 204–205. Vgl. Roth 1998, S. 85–86. Vgl. Makkai, S. 89–90. Vgl. Karácsonyi, S. 47–52. Siehe den Wortlaut des Thorenburger Landtagsbeschlusses zur religiösen Toleranz von 1568: Wagner 1976, S. 121–122.

148 Schuler v. Libloy 1867, S. 123–125. Vgl. Zach 1980/1981, S. 81–82.

149 Der Sultan wandte sich öfters direkt an die ständischen Nationen, zum Beispiel 1550 in einem „großherrlichen Befehl“ an die „Herren der Sachsen“: Papp 2003, S. 164–166.

150 *Approbatae Constitutiones, Pars. II, Tit. I, Art. IV* in: Magyar Törvénytár, S. 30–31.

151 Compilaten, Teil 2, Titel 1, Artikel 5 in: Schuler v. Libloy 1862, S. 68–69. Manche Gesandte sollen ihre Botschaften direkt dem Landtag übergeben haben. Vgl. Szabó 1968, S. 82.

Das Fürstentum Siebenbürgen unterhielt lediglich eine ständige Gesandtschaft, die sich am Hofe des Sultans in Konstantinopel befand. Die wichtigen Missionen nahmen aber auch im Verkehr mit der Hohen Pforte nichtständige Gesandte wahr. Die Beziehungen zu den andern Staaten pflegten Gesandte, die mit speziellen Missionen unterwegs waren. Dies entsprach den im mittleren und östlichen Europa üblichen Gewohnheiten. Während sich im westlichen und südlichen Europa der Übergang vom neben- zum hauptberuflichen Gesandten im Laufe des 16. und 17. Jahrhunderts vollzog und damit das europäische Gesandtschaftswesen grundlegend veränderte, verblieben Mittel- und Osteuropa weitgehend außerhalb des neuen Netzwerkes ständiger Gesandtschaften[152]. Die Gewohnheit, einen Gesandten bei einem fremden Herrscher zu akkreditieren, setzte sich im östlichen Europa später als im westlichen durch. Anlässlich der 1530 zwischen König Ferdinand von Habsburg und König Johann Szapolyai geführten Friedensverhandlungen ließen die beiden Herrscher jeweils sechs bzw. sieben Gesandte bei der anderen Seite akkreditieren[153].

Ursprünglich verwendete der siebenbürgische Fürst Adelige und Würdenträger, die einen fachfremden Dienst versahen, wie hohe und niedere Kleriker, Verwaltungsbeamte, Gerichtsräte und Mitglieder der Regierung. Da der Dienst mit beschwerlichen und gefährlichen Reisen verbunden war, griffen die Herrscher gerade bei Missionen in entferntere Länder oft auf Kriegsleute und Abenteurer zurück. Weil sich das Recht auf diplomatische Immunität in Europa noch nicht durchgesetzt hatte, musste sich der Gesandte auf Repressalien im Gaststaat einstellen[154]. Johann Szapolyai verpflichtete oft seinen Kanzler Stefan Werbőczy, den Erzbischof Franz von Kalocsa und den Bettelmönch und späteren Bischof Stefan Broderics für Missionen im Ausland[155]. Berufsdiplomaten gab es damals noch nicht, allerdings ging die Entwicklung dahin, dass Gesandte in immer kürzeren Abständen mit immer längeren Missionen betraut wurden und sie dadurch kaum noch in ihren ursprünglichen Stellungen tätig waren[156]. Auch kam es oft vor, dass sie die Dienstherren wechselten, oder als Dop-

---

152 Zur Entstehung des modernen europäischen Gesandtschaftswesens im 16. und 17. Jahrhundert: Cross, S. 36–45. Die ständigen Gesandten wurden ab dem 16. Jahrhundert vor allem als orator oder *ambassador* bezeichnet: Anderson 1993, S. 12. Eine Vorreiterrolle beim Aufbau eines professionellen Diplomaten-Apparats spielte Frankreich, das bereits 1547 über zehn ständige Gesandtschaften im Ausland verfügte: Anderson 1998, S. 54. Auch die spanische Regierung wurde über ihr ausgedehntes und effizientes Netz von ständigen Gesandtschaften bestens informiert. Die kaiserliche Diplomatie hingegen unterhielt bis zum Westfälischen Frieden nur in Madrid, Rom, Venedig, Konstantinopel und zeitweise in Paris ständige Gesandtschaften, wodurch sie auf nichtständige Gesandtschaften stärker angewiesen war: Hiller 1992, S. 23–30. Polen tauschte mit seinen Nachbarn intensiv Sondergesandtschaften aus, die diplomatischen Kontakte zum westlichen und südlichen Europa beschränkten sich jedoch auf ein Minimum: Anderson 1993, S. 28. Zum Gesandtschaftswesen im östlichen Europa allgemein: Picard, S. 14–15. Vgl. Anderson 1998, S. 55–58.

153 Picard, S. 50–51.

154 Die siebenbürgischen Gesandten Stefan Báthory (1563), Alexander Kendi (1566) und Farkas Kamuthi (1599) ließ der Kaiser in Wien gefangen nehmen: Szabó 1968, S. 143–144, 152.

155 Zur Stellung der Gesandten in der Frühen Neuzeit: Picard, S. 36. Vgl. Tischer 1999, S. 65–93.

156 Die häufige Verwendung eines kleinen Personenkreises für diplomatische Missionen entsprach den in Mitteleuropa üblichen Gepflogenheiten. Der steirische Adelige Siegmund von Herberstein wur-

pelagenten tätig wurden. Fürst Gabriel Bethlen bemühte sich zum Beispiel, fähige Gesandte anderer Länder für seine Dienste zu gewinnen, wie es ihm mit dem venezianischen Gesandten Agazia Lörenz oder dem schwedischen Gesandten Paul Strassburg zeitweilig gelang[157]. Vorher ließ er die Abgesandten einem intensiven Verhör unterziehen, da in der Frühen Neuzeit oft Schwindler als vermeintliche Botschafter auftraten, um sich kostenlos verpflegen zu lassen und um eventuelle Hilfsgelder zu veruntreuen[158]. Eine spezielle Ausbildung wurde nur den zukünftigen ständigen Gesandten bei der Hohen Pforte zuteil, die Sondergesandten mussten lediglich über ein gutes Auftreten, eine solide Bildung und ein geschicktes Verhalten in allen Situationen verfügen[159]. Sowohl die Sondergesandten als auch die ständigen Gesandten hatten mit den in der Frühen Neuzeit üblichen Schwierigkeiten eines Diplomaten zu kämpfen, vor allem mit den physischen Anstrengungen der Reisen, einer unregelmäßigen bis mangelhaften Bezahlung, Verletzungen ihrer Immunität durch den Gaststaat oder Rangstreitigkeiten mit den Gesandten anderer Mächte[160]. Die Verantwortung für Rahmenbedingungen, die zum Erfolg seiner Missionen beitragen sollten, trug jedoch der Fürst, bei dem die außenpolitische Richtlinienkompetenz lag.

---

de vom Wiener Hof innerhalb eines Zeitraums von 38 Jahren mit insgesamt 70 Sondergesandtschaften betraut: Anderson 1998, S. 58.

157 Dazu Szabó 1968, S. 160. Im Zeitalter der Konfessionalisierung trugen Glaubensflüchtlinge entscheidend zur Professionalisierung der Diplomatie bei, da sie durch Kontakte zu ihren Herkunftsländern wertvolle Netzwerke knüpfen konnten. Darüber hinaus standen sie in einem sachlichen Dienstverhältnis zum Landesherren, das nicht durch Loyalitätskonflikte getrübt wurde, die durch ihre Zugehörigkeit zu ständischen Gruppen häufiger aufgetreten wären: Gräf 2007, S. 476–478.

158 Besonders Gesandte aus Osteuropa, vom Balkan und aus dem Orient nutzten den mangelnden Informationsstand ihrer Gesprächspartner im Westen aus: Niederkorn 1995, S. 867.

159 Vgl. Picard, S. 19–32. Zum Idealbild des Gesandten im 16. Jahrhundert: Anderson 1993, S. 26–27. Zu den in der Traktatliteratur des späten 17. und frühen 18. Jahrhunderts aufgekommenen Forderungen nach Professionalisierung der Diplomaten, insbesondere der ständigen Gesandten: Kugeler, S. 180–211.

160 Vgl. Anderson 1998, S. 58–67. Vgl. Anderson 1993, S. 15–26, 32–40.

III. Behauptung der Selbständigkeit unter der Szapolyai-Herrschaft 1541–1571

1. Die Statthalterschaft Georg Martinuzzis 1541–1551

a. Die Dreiteilung Ungarns 1541–1545

Nichts kennzeichnete das verworrene Beziehungsgeflecht Siebenbürgens zu den drei benachbarten Großmächten besser als seine Lage im Augenblick des Todes von Johann Szapolyai, des Gegenkönigs von Ungarn und Herrschers über Siebenbürgen. Er hatte sich und auch im Namen seiner Nachkommen 1528 Sultan Süleyman als Vasall unterworfen und damit das Suzeränitätsverhältnis zwischen dem Osmanischen Reich und Siebenbürgen begründet. Das völkerrechtliche Verhältnis zur Habsburgermonarchie stand seit dem 24. Februar 1538 auf der Grundlage des Vertrags von Großwardein. In dieser Vereinbarung erkannten Ferdinand von Habsburg und Johann Szapolyai gegenseitig ihre königlichen Rechte und Titel an. Nach Johanns Tod mussten jedoch alle von ihm regierten Gebiete unter die Herrschaft König Ferdinands fallen, der damit zum alleinigen Träger des ungarischen Königstitels werden sollte. Der Vertrag enthielt darüber hinaus auch ein geheimes Bündnis zwischen beiden Vertragspartnern gegen das Osmanische Reich, von dem der Sultan durch einen polnischen Spion Kenntnis erlangte[161]. Der Sultan war über den Abschluss des Vertrages von Großwardein überaus verärgert und begann deshalb Stefan Majláth, Woiwode Siebenbürgens 1534–1540, als Gegenspieler des ungarischen Königs aufzubauen[162].

Die Beziehungen Siebenbürgens zur dritten Großmacht in Ostmittel- und Südosteuropa, dem Königreich Polen-Litauen, prägten bereits im frühen 16. Jahrhundert gemeinsame strategische Interessen. Daraus ergaben sich enge dynastische Verbindungen zwischen den beiden herrschenden Familien, den Jagiełłonen und den Szapolyais. Bereits vor der Schlacht von Mohács 1526, als der letzte Vertreter der Jagiełłonen auf dem ungarischen Thron, König Ludwig II., fiel, hatte der polnische König Sigismund die Schwester des Woiwoden von Siebenbürgen, Barbara Szapolyai, geheiratet. Seiner zweiten Ehe mit Bona Sforza entsprang die polnische Prinzessin Isabella. Sie heiratete 1539 Barbaras Bruder, den Woiwoden von Siebenbürgen und seit 1526 auch König von Ungarn, Johann Szapolyai. Als er am 22. Juli 1540 einen tödlichen Schlaganfall in Mühlbach erlitt, kamen der jungen Königinwitwe Isabella ihre engen familiären Bindungen zum polnischen Königshof zugute. Polen versuchte als „neutrale" Macht im Donau-Karpaten-Raum, das Gleichgewicht zwi-

161 Butnariu 2004, S. 102.

162 Die Unterstellung, Majlath hätte Siebenbürgen aus „national-rumänischen" Beweggründen von Ungarn abzutrennen versucht, wird teilweise auch in der neueren rumänischen Historiografie vertreten: Feneşan 1997, S. 50–57.

schen der Habsburgermonarchie und dem Osmanischen Reich aufrechtzuerhalten. Der polnische Hof und eine starke Adelsfraktion sympathisierten mit dem jungen siebenbürgischen Staatsgebilde, dessen Selbständigkeit Polen maßgeblich förderte. Dieses änderte sich auch nach dem Aussterben der Szapolyais (1571) und dem der Jagiełłonen (1572) nicht[163].

Zu einer Überschneidung der Interessen Ungarns bzw. Siebenbürgens, Polens und des Osmanischen Reiches kam es in den Woiwodschaften Moldau und Walachei. Während sich die Walachei bereits seit 1396 unter der Oberhoheit der Sultane befand, geriet die Moldau erst zwischen 1512 und 1538 in eine vergleichbare Abhängigkeit gegenüber der Hohen Pforte. Parallel zu diesem Suzeränitätsverhältnis bestand eine Oberhoheit des Königreichs Ungarn über die Walachei und Moldau (im 14. und zum Teil 15. Jahrhundert) sowie eine des Königreichs Polen über die Moldau (von 1387 bis ins 16. Jahrhundert). Die beiden Woiwoden betrieben seit dem 15. Jahrhundert eine Schaukelpolitik zwischen den benachbarten christlichen Mächten und dem Osmanischen Reich. Der kontinuierliche Machtzuwachs des Sultans verschob den Schwerpunkt ihrer Abhängigkeit allerdings immer stärker in Richtung Hohe Pforte, die im 16. Jahrhundert einen massiven Einfluss auf die Innen- und vor allem Außenpolitik der beiden Woiwodschaften, inklusive deren Außenhandelspolitik, ausübte. Die Folgen waren ein genereller Verfall der beiden Staatsgebilde, der durch schnelle Herrschaftswechsel, Ämterkauf am Hofe des Sultans, wirtschaftliche Ausbeutung durch die Hohe Pforte, die Woiwoden und die Bojaren sowie Landflucht der Bauern geprägt war[164].

Mit dem Zerfall des mittelalterlichen Königreichs Ungarn übertrug sich ab 1526 dessen rechtlicher Status auf den Herrschaftsbereich der Szapolyais, auch im Verhältnis zu den benachbarten Woiwodschaften. Während die Woiwoden der Moldau und Walachei den Woiwoden Siebenbürgens oder die Stadtrichter von Hermannstadt und Kronstadt als „Freund" oder „Bruder" bezeichneten, wurden die Szapolyais, in der Tradition der früheren ungarischen Könige stehend, als „gnädiger Herr" oder „Vater" angesprochen, obwohl sie keine Oberhoheit mehr über die beiden Woiwodschaften ausübten. Die auf demografischer, militärischer und wirtschaftlicher Überlegenheit basierende politische Vormachtstellung Ostungarns und Siebenbürgens gegenüber der Moldau und Walachei wurde während des ungarischen Bürgerkriegs durch selbstbewusste Woiwoden, z. B. Petru Rareş, Herrscher der Moldau (1527–1538, 1541–1546), infrage gestellt, die ihre eigene Interessenpolitik in Siebenbürgen betrieben[165]. Bündnisse zwischen den siebenbürgischen Herrschern und den Woiwoden der Moldau und Walachei entstanden meistens aus dem gemeinsamen Interesse heraus, sich gegen benachbarte Großmächte zu behaupten.

---

163 Armgart, S. 8.

164 Brătianu/Makkai: S. 45. Zur geostrategischen Lage der Moldau und Walachei zwischen den Großmächten und zu ihrem militärischen und wirtschaftlichen Nutzen für die Hohe Pforte im 16. Jahrhundert: Maxim 1983, S. 91–101. Zu den wirtschaftlichen Beziehungen der beiden Woiwodschaften mit der Habsburgermonarchie: Giurescu 1968, S. 745, 753–754.

165 Brătianu/Makkai: S. 41–46.

Verbündete fanden die Szapolyais auch im Westen Europas, wenngleich sich deren Unterstützung im symbolischen Bereich bewegte. Ihre Beziehungen zum Königreich Frankreich gingen auf das Jahr 1527 zurück, als König Franz Johann Szapolyai als legitimen König von Ungarn anerkannte. Der sich mit Kaiser Karl V. im Krieg befindende französische König sicherte Szapolyai über seinen Gesandten Antonius Rincon im Februar 1527 seine volle Unterstützung gegen Ferdinand zu und bot dem ungarischen Herrscher eine französische Prinzessin als Gemahlin an. Rincon kehrte mit zwei Gesandten Szapolyais, dem Bischof von Weißenburg, Johannes Statileus und dem polnischen Hochadligen Hieronymus Łaski nach Frankreich zurück, wo sie im Oktober 1528 einen Bündnisvertrag zwischen Frankreich und Ungarn abschlossen (*facta fuit amicitia, fraternitas et perpetuum foedus*)[166]. Da Johann Szapolyai seine Heiratspläne aufschob und erst 1539 die polnische Königstochter Isabella heiratete, verlief das französisch-ungarische Heiratsprojekt im Sande. Dennoch hatte Frankreich erste Schritte unternehmen können, um neben dem Osmanischen Reich einen zweiten Verbündeten im Rücken der Habsburgermonarchie für sich zu gewinnen.

Als König von Ungarn wurde Johann Szapolyai auch vom englischen König Heinrich VIII. anerkannt. Als der Papst Szapolyai wegen seines Bündnisses mit dem Sultan exkommunizierte, beschwerte sich der englische König in Rom und riet dem Heiligen Vater, er solle sich nicht mehr in die Angelegenheiten anderer Staaten einmischen, sondern entsprechend den göttlichen Regeln, der Gerechtigkeit und des Anstandes handeln[167].

Ein ambivalentes Verhältnis kennzeichnete die Beziehungen Johann Szapolyais zum Heiligen Stuhl. Kurz nach der Schlacht von Mohács erkannte Papst Clemens VII. (1523–1534) Johann Szapolyai als König von Ungarn an, da sich der Heilige Vater im Krieg mit den Habsburgern befand. Erst nach dem *Sacco di Roma* von 1527 ergriff der Papst König Ferdinands Partei und exkommunizierte König Johann am 22. Dezember 1529, da er sich der Oberhoheit des Sultans unterstellt hatte. Obwohl der Papst die Exkommunikation, die auf Druck des Kaisers zustande gekommen war, nicht veröffentlichte, widerrief sie die Kurie nicht bis zum Tode König Johanns. Bezeichnenderweise nahm der Heilige Stuhl unter Papst Paul III. 1538, nach dem Abschluss des Vertrages von Großwardein, wieder diplomatische Beziehungen mit König Johann auf, indem er seinen Nuntius Geronimo Rorario nach Siebenbürgen sandte. Diesem gelang es 1540 aber nicht, die Thronfolge Ferdinands nach Johanns Tod auch im östlichen Teil Ungarns und in Siebenbürgen sicherzustellen[168].

Dem Wunsch des verstorbenen ungarischen Königs entsprechend – der den Bestimmungen des Großwardeiner Vertrags zuwiderlief – wurde dessen zwei Wochen alter Sohn Johann Sigismund vom ungarischen Reichstag Ende September 1540 auf dem Rákoser Feld bei Ofen zum neuen König von Ungarn (*rex electus Hungariae*) gewählt. Der ungarische Regentschaftsrat bat zum einen den polnischen König

---

166 Iosipescu, S. 12.
167 Lupaş 1940, Desfacerea Transilvaniei, S. 112.
168 Barta 1990, S. 254. Vgl. Căzan 2000, S. 200–201.

Sigismund I., seinen Enkel unter den Schutz der polnischen Krone zu stellen, zum anderen Sultan Süleyman, den jungen Szapolyai als neuen ungarischen König zu bestätigen. Um sich nicht die Feindschaft sowohl der Hohen Pforte als auch der Habsburger einzuhandeln, bat der polnische König unter dem Vorwand, die Haltung der ungarischen Adligen nicht zu kennen, den Sultan, seinen Enkel unter den Schutz des Osmanischen Reiches zu stellen. Dieser Bitte entsprach der Sultan, indem er im Oktober 1540 je ein Schreiben an den polnischen König und den ungarischen Adel sandte, in denen er seinen durch das „Recht des Schwertes" erworbenen Anspruch auf das gesamte Königreich Ungarn betonte und seine Entscheidung bekannt gab, das Königreich Ungarn dem „Sohn des Johann" zu verleihen. Die ungarische Nobilität rief er zur Treue gegenüber dem „Königssohn" auf[169].

In den Regentschaftsrat für den minderjährigen Monarchen wählten die Stände die Königinwitwe Isabella, den Bischof von Großwardein, Georg Utiešenović, genannt Martinuzzi, den königlichen Kapitän Bálint Török, den Juristen Stefan Werbőczy und den Heerführer Peter Petrovics. De facto übte jedoch nicht der Regentschaftsrat, sondern dessen Mitglied Georg Martinuzzi die Macht im Lande aus. Der aus Kroatien stammende Paulinermönch und Bischof von Großwardein (seit 1534), auch „Bruder Georg" genannt, vereinigte in seiner Person mehrere Staatsämter. Um seine Machtstellung abzusichern, hatte Martinuzzi 1540 die Anerkennung Johann Sigismunds durch den Sultan erbeten und damit seinen Teil dazu beigetragen, das Inkrafttreten des Großwardeiner Vertrages zu verhindern[170].

König Ferdinand bestand jedoch auf seinem Anspruch, die Herrschaft nach dem Tode des Gegenkönigs auch in Ostungarn und Siebenbürgen anzutreten. Zunächst ließ er ab dem 22. Oktober 1540 die Hauptstadt Ofen belagern. Da die Anhänger der Königin unter dem Befehl Martinuzzis die Stadt zäh verteidigten, mussten die habsburgischen Truppen unter Leonhard Fels die Belagerung bereits am 16. November 1540 aufgeben. Unter diesen Umständen versuchten die Habsburger, die ungarischen und siebenbürgischen Stände mit politischen Mitteln auf ihre Seite zu ziehen. Ferdinands Gesandter Wolfgang Farkas von Harina rief im Dezember 1540 die Stände auf, sich als gute Christen den Osmanen zu widersetzen und im Januar 1541 versprach König Ferdinand den Ständen, ihre Rechte und Freiheiten zu wahren und Siebenbürgen gegen alle inneren und äußeren Feinde zu verteidigen.

Den Habsburgern kam derweil ein Konflikt entgegen, der zwischen Königin Isabella und Martinuzzi ausgebrochen war, da die Krone die kontinuierlich wachsende Macht des Großwardeiner Bischofs nicht mehr dulden wollte. Deshalb entschloss sich Isabella, mit den Habsburgern über einen Ausgleich zu verhandeln. Bereits im Dezember 1540 sandte sie den im Dienste des polnischen Königs stehenden Andreas Czarnkowski zu Ferdinand, um mit Verhandlungen zu beginnen. Im Januar 1541 bot sie Ferdinand die Hauptstadt Ofen an, falls ihr Vater, der polnische König, zu-

169 Tătar 2003, S. 251–252. Papp, S. 57–58. Das Schreiben an den ungarischen Adel, in dem der Sultan die Wahl des jungen Szapolyai bestätigte und in dem er denselben unter seinen Schutz stellte, überbrachte am 16. Oktober 1540 ein osmanischer Bote: Káldy-Nagy, S. 190.

170 Huber, S. 9. Vgl. Czettler, S. 93.

stimme. Letzterer riet seiner Tochter, Ungarn unter vorteilhaften Bedingungen an die Habsburger abzutreten. Martinuzzi weigerte sich aber vehement, Ofen an die Habsburger zu übergeben. Es gelang ihm schließlich, die Königin von ihren Plänen abzubringen, worauf sie im Frühjahr 1541 das den Habsburgern gemachte Angebot zurückzog.

Ferdinand setzte nun wieder auf einen Waffenerfolg und befahl seinem Heerführer, Wilhelm Freiherr von Roggendorf, Ofen anzugreifen und zu belagern[171]. Die am 4. Mai 1541 begonnene Belagerung Ofens durch die habsburgischen Truppen nahm der Sultan zum Anlass, um seinen schon länger geplanten Feldzug zur Okkupation Zentralungarns durchzuführen. Nach 1526 hatten die osmanischen Truppen ihre strategischen Stellungen im Süden Ungarns konstant ausgebaut und den zunehmenden Zerfall Ungarns beschleunigt, indem sie direkt oder indirekt in den ungarischen Bürgerkrieg eingriffen. Angesichts der instabilen Lage in Ungarn war für den Sultan der Zeitpunkt gekommen, seinen Machtanspruch über ganz Ungarn durchzusetzen. Ein osmanischer Bote rief am 25. Mai 1541 im Namen des Sultans die siebenbürgischen Stände auf, seinem Vasallen Johann Sigismund zu gehorchen und dem Adligen Stefan Majláth die Gefolgschaft zu verweigern, der wegen seiner Kontakte zu Ferdinand bei der Hohen Pforte in Ungnade gefallen war. Majláth, 1534–1540 Woiwode Siebenbürgens, verschanzte sich in der südsiebenbürgischen Festung Fogarasch und wartete auf habsburgische Hilfe[172]. Inzwischen hatte der Sultan den Woiwoden der Moldau und Walachei den Befehl erteilt, in Siebenbürgen einzufallen und Majláth gefangen zu nehmen[173]. Im Juli 1541 begann die Belagerung der Festung durch moldauische, walachische, osmanische und siebenbürgische Truppen der Königin Isabella. Majláth musste sich der Übermacht ergeben und wurde nach Konstantinopel gebracht, wo er bis zu seinem Tod 1550 im Gefängnis von Yedikule festgehalten wurde[174].

Im Juni 1541 zog ein großes osmanisches Heer nach Zentralungarn. In Ofen hatten die 2.500 Mann Martinuzzis das zehnmal zahlreichere Heer Ferdinands vor den Toren der Stadt aufgehalten. Angesichts des osmanischen Aufmarsches zog das Reichsheer am 21. August 1541 vor Ofen ab und musste sich dabei heftiger osmanischer Angriffe erwehren. Am 29. August 1541 ließ der Sultan Ofen von Janitscharen besetzen. Diesmal blieben die Truppen des Sultans, der die zentralungarische Tiefebene, vor allem Mittel- und Südungarn, in das unmittelbare osmanische Verwaltungsgebiet eingliederte[175].

Davon hielt ihn auch die Intervention des Königs von Polen nicht ab, der am 3. Juli 1541 Sultan Süleyman schriftlich bat, während des Ungarn-Feldzuges das Leben

---

171 Gooss, S. 91–93.
172 Petritsch 1991, S. 41. Zur Rolle Majláths in Siebenbürgen 1539–1541: Andreescu 1980, S. 107–113.
173 Tătar 2001, S. 137.
174 Ausfürhlich dazu: Tătar 2003, S. 259, 275–284.
175 Káldy-Nagy, S. 190–191. Vgl. Gooss, S. 93.

und die Güter seiner Tochter und seines Enkels zu schützen[176]. Die Eroberung Ofens durch die Osmanen löste im abendländischen Europa einen Aufschrei der Empörung aus, der mit jenem nach der Schlacht von Mohács 1526 vergleichbar war. Nun sprach sich auch der polnische Sejm für eine militärische Zusammenarbeit mit der Habsburgermonarchie aus. Die polnischen Stände warfen ihrem König Untätigkeit in der ungarischen Frage vor und wollten eine Erklärung dafür, warum er den französischen König nicht darum gebeten habe, sich beim Sultan dafür zu verwenden, Ofen für Johann Sigismund Szapolyai zu erhalten. Der König war jedoch entschlossen, sich nicht die Gegnerschaft des Osmanischen Reiches zuziehen zu wollen. Er entschied, sich in die ungarische Frage nicht direkt einzumischen und seine Tochter Isabella mit seinem Enkel erneut dem Schutz des Sultans zu empfehlen[177].

Die Frage, warum der Sultan Ofen und Zentralungarn erst 1541 und nicht bereits 1526 oder 1529 annektierte, wurde in der Forschung kontrovers diskutiert. Der Historiker Géza Perjés zieht als Begründung militärstrategische Ursachen heran, wonach sich der Aktionsradius der osmanischen Armee in den früheren Jahren, vor allem aus logistischen Gründen, auf Südungarn beschränkt habe. Für Gyula Káldy-Nagy stehen vor allem wirtschaftliche Gründe im Vordergrund, da die Verwaltung und militärische Absicherung des Landes kostspieliger als ein tributzahlendes Ungarn gewesen wären. Obwohl die siebenbürgischen Herrscher jährlich 20.000 bzw. 30.000 Gulden Tribut an die Hohe Pforte zahlten, konnte dies die jährlichen Kosten für die osmanischen Truppen in Zentralungarn in der Höhe von etwa 300.000 Gulden jährlich nicht annähernd kompensieren[178]. Beide Historiker bewerten den Vorgang als eine durch den habsburgischen Angriff von 1540/1541 aufgezwungene Notwendigkeit, da der Sultan eine Besetzung Zentralungarns durch die Habsburger befürchten musste, weil die Szapolyais, vor allem nach dem Tode König Johanns, kein verlässliches und ausreichend starkes Gegengewicht zur Macht König Ferdinands in die Waagschale werfen konnten. Josef Matuz zieht eine Begründung vor, die sich aus dem islamischen Völkerrechtsdenken ergibt. Ihm zufolge bedeutete aus osmanischer Sicht die Huldigung König Johanns gegenüber Sultan Süleyman am 19. August 1529 auf dem Mohácser Feld die staats- und völkerrechtliche Umwandlung Ungarns von einem souveränen Staat in einen Vasallenstaat, der damit ein Teil des osmanischen Reichsverbandes und folglich auch ein Teil des „Hauses des Islam" wurde. Ungarn musste danach nicht mehr erobert werden, da es bereits seit diesem Zeitpunkt zum islamischen Gebiet zählte. Diese Lage veränderte sich, als König Johann Sigismund im Vertrag von Großwardein 1538 Ferdinand die Übergabe des gesamten Ungarn an die Habsburger für den Zeitpunkt seines Todes zusicherte und Ferdinand 1540/41 tatsächlich versuchte, das gesamte Ungarn zu erobern. Den Verlust seines Vasallenstaates konnte die Hohe Pforte nicht dulden, da nach islamischem Recht ein mit Waffengewalt erobertes Land nicht freiwillig an die „Ungläubigen" zurückgegeben werden durfte. Um die Besetzung Ungarns durch die Habsburger zu vermeiden, musste auf

176 Corfus 1979, S. 55–56.
177 Ciobanu, 1985, S. 187.
178 Káldy-Nagy, S. 210.

die stark zentralisierte Organisationsform des osmanischen Provinzialsystems zurückgegriffen werden. Das östliche Ungarn mit der Woiwodschaft Siebenbürgen konnte als Vasallenstaat an den jungen Johann Sigismund verliehen werden, da es strategisch nicht mehr die vorderste Frontlinie zur Habsburgermonarchie bildete[179].

Ofen wurde nun zum administrativen Zentrum einer neuen osmanischen Provinz und damit unmittelbar der Hohen Pforte unterstellt. Die Annexion der betroffenen ungarischen Gebiete, die sich bis 1541 hauptsächlich unter der Kontrolle der Szapolyai-Partei befunden hatten, rechtfertigte der Sultan gegenüber Königin Isabella mit dem Hinweis, dass nur seine Truppen in der Lage seien, Ofen vor den Habsburgern zu schützen. Am 4. September 1541 setzte Sultan Süleyman den jungen Johann Sigismund Szapolyai mit dem traditionellen osmanischen Zeremoniell als seinen Vasallen und Herrscher über Siebenbürgen und die ostungarischen Komitate ein. Er erhielt die Erlaubnis, sich wie sein Vater als König (*kîral*) von Ungarn zu bezeichnen, wodurch die Osmanen den Habsburgern das Recht auf die ungarische Königskrone streitig machten[180].

Zum Statthalter, dem die gesamte Verwaltung im Herrschaftsgebiet der Szapolyais – mit Ausnahme des Banats – unterstand, ernannte der Sultan bis zur Volljährigkeit des Königs Georg Martinuzzi, Bischof von Großwardein. Als persönlichen Besitz erhielt Martinuzzi die Gebiete um Großwardein, Kaschau und Fogarasch. Am 26. Januar 1542 ließ sich Martinuzzi vom siebenbürgischen Landtag zum Schatzmeister und Statthalter Siebenbürgens und 1544 zum obersten Richter wählen. Er kontrollierte damit das Finanzwesen, die Verwaltung und das Gerichtswesen des Landes[181]. Für die Tagespolitik war der Vizewoiwode Johann Kemény verantwortlich. Dennoch war Martinuzzis Macht nicht unumschränkt. Peter Petrovics, seit 1538 Gespan des Komitates Temes, wurde in seiner dortigen Herrschaft – nun als osmanischer Vasall – bestätigt und erhielt vom Sultan den militärischen Oberbefehl für das gesamte ostungarische Königreich, einschließlich Siebenbürgen[182]. Er unterhielt nach 1541 direkte Beziehungen zur Hohen Pforte, die ihrerseits Petrovics eine Gleichbehandlung mit Martinuzzi zukommen ließ, um beide gegeneinander ausspielen zu können. Darüber hinaus übte der königliche Kapitän von Kaschau, Lénárt Czeczey, eine fast selbständige Herrschaft über das Gebiet nordwestlich der Theiß aus[183].

Im Oktober 1541 versammelten sich in Debreczin die Stände der östlichen ungarischen Komitate, die weder von den Habsburgern noch von den Osmanen besetzt waren und die außerhalb der Woiwodschaft Siebenbürgen lagen. Dort erkannten sie die Herrschaft des jungen Szapolyai-Königs und die Suzeränität des Sultans über

179 Matuz geht auch auf die Ansichten Perjés' und Káldy-Nagys ein: Matuz 1974/75: S. 38–45.

180 Feneşan 1997, S. 134.

181 Martinuzzis Titel lautete fortan *Frater Georgius, episcopus waradiensis, thesaurarius, locumtenens Reginalis Maiestatis et filii sui charissimi, ac iudex generalis regnorum Hungariae et Transsilvaniae*: Berindei/Veinstein, S. 31.

182 Im Banat erhielt Königin Isabella die Festung Lippa, die sie zeitweise als Residenz nutzte: Tătar 2003, S. 260–261.

183 Berindei/Veinstein, S. 33–38. Vgl. zu den Machtverhältnissen in Ostungarn und Siebenbürgen nach 1540: Barta 1990, S. 250–251.

Ungarn an. Das ostungarische Königreich, das der Sultan in seinen Urkunden auch als „Land Siebenbürgen" bezeichnete, umfasste nun die Woiwodschaft Siebenbürgen als Kern des neuen Staates, die als *Partes adnexae* oder *Partium* bezeichneten ostungarischen Komitate zwischen der Theiß und den Westkarpaten und das autonome Komitat von Temes[184].

Die osmanischen Annexionen in Ungarn lösten neue Bemühungen König Ferdinands aus, mithilfe der deutschen Reichsstände ein „Kreuzfahrerheer" aufzustellen, das Ungarn von den Osmanen befreien sollte. Die Besetzung Ofens durch die Osmanen hatte in Ostungarn und Siebenbürgen große Unzufriedenheit unter den Ständen ausgelöst. Auch der Statthalter Ostungarns und Siebenbürgens, Martinuzzi, musste zum Jahresende 1541 erkennen, dass der Sultan fortan die Wiedervereinigung des Königreichs Ungarn unter allen Umständen verhindern würde. Die Wiederherstellung der Einheit Ungarns konnte aufgrund der militärischen Kräfteverhältnisse nicht mehr aus eigener Kraft, sondern nur noch mit der Hilfe der Habsburger verwirklicht werden[185]. Nun zeigte sich auch Königin Isabella wieder verhandlungsbereit. Sie bat ihren Vater, den polnischen König, sie bei ihren Bemühungen, mit den Habsburgern eine Einigung zu erzielen, zu unterstützen[186]. König Ferdinand beauftragte am 21. November 1541 seinen Kommandanten in Oberungarn, Kaspar Serédy, mit der Verhandlungsführung. Königin Isabella versah am 18. Dezember Georg Martinuzzi, Peter Petrovics und den Bischof von Weißenburg, Johannes III. Statileus, mit Verhandlungsvollmachten. Im Verlauf der Gespräche bemühte sich die habsburgische Seite, die Verhandlungsbereitschaft der siebenbürgischen Seite dadurch zu erhöhen, dass Serédy Martinuzzi eine Reihe von Privilegien zusicherte, sollte Siebenbürgen an die Habsburger fallen[187]. Mit der Unterzeichnung eines Vertrages kam am 29. Dezember 1541 in Julmarkt bei Klausenburg eine Einigung zustande[188].

Die Vertragsparteien legten fest, dass Siebenbürgen und das den Szapolyais verbliebene Ostungarn an König Ferdinand (*Ferdinandus divina fevente clementia Romanorum Hungariae, Bohemiae, Dalmaciae, Croaciae, Sclavoniae, etc. rex semper augustus, infans Hispaniarum, archidux Austriae etc.*)[189] abgetreten werden sollten.

---

184 Feneşan 1997, S. 48–50.

185 Gooss, S. 93–94.

186 In ihrem Brief vom 19. November 1541 an Peter Kmita, Woiwode von Krakau und Marschall von Polen, bat Isabella den Marschall, ihre Eltern dazu zu bewegen, sie und ihren Sohn aus dem „Tal der Tränen und der Leiden" herauszuholen: Tătar 2003, S. 264.

187 Ferdinand sicherte Martinuzzi eine Amnestie seiner Taten zu und bestätigte ihm den Besitz seiner Güter (z. B. des Schlosses Munkács) und Ämter, vor allem das des Bischofs von Großwardein und des Schatzmeisters von Siebenbürgen: Gooss, S. 94.

188 Siehe den Wortlaut des Vertrages in: Gooss, S. 95–102.

189 König Ferdinand fügte seiner Titulatur den Titel rex Sclavoniae hinzu, als Kroatien und Slawonien im Zuge der osmanischen Eroberungen in Ungarn zunehmend zusammenwuchsen: Pálffy 2009, S. 194–196. 1527 hatte der slawonische Landtag für Johann Szapolyai, der kroatische für Ferdinand von Habsburg votiert. Seit 1558 tagte nur noch ein gemeinsamer Landtag der vereinigten Königreiche Kroatien und Slawonien. De facto lagen die kroatischen Gebiete fast ausschließlich auf habsburgischem, die slawonischen auf osmanischem Territorium: Koller, S. 18–19. Vgl. Winkelbauer, Bd. 1, S. 217.

Königin Isabella (*Isabella regina Hungariae etc.*) und ihr Sohn, im Vertrag als Herzog Johann bezeichnet (*Joannis ducis, filii quondam ser*^mi^ *d*^ni^ *Joannis, Dei gratia regis Hungariae, Dalmaciae, Croaciae etc.)* sollten die Königskrone an König Ferdinand ausliefern und auf alle Hoheitsrechte über Ungarn und Siebenbürgen verzichten. Dafür sollten sie mit der Zipser Burg und ihren Domänen[190] sowie mit der jährlichen Zahlung von 12.000 Gulden entschädigt werden. Sollten strittige Besitzangelegenheiten (u. a. Patrimonialherrschaften Johann Sigismunds betreffend) nicht innerhalb von zwei Jahren gelöst werden, musste der Schiedsspruch Kaiser Karls V. und König Sigismunds I. von Polen akzeptiert werden[191].

In einer eigenen Versicherungserklärung verpflichtete sich Georg Martinuzzi, das Ablegen des Huldigungseides mehrerer siebenbürgischer Würdenträger gegenüber König Ferdinand zu veranlassen, die anschließend Bestätigungsurkunden durch König Ferdinand erhalten sollten[192]. Georg Martinuzzi (*Fratre Georgio, episcopo Waradiensi et thesaurario*), Bischof Johann Statileo (*Joanne Statilio, episcopo Albensi Transsylvaniensi*), Peter Petrovics (*Petro Petrowyth, comite Themesiensi partiumque regni Hungariae inferiorum capitaneo)* und Nikolaus Patochy (*Nicolaus Pathochy de Eperyes, comes comitatus Zarand*) stellten für König Ferdinand eine Ergebenheitserklärung aus[193]. Nach der ordnungsgemäßen Ratifikation des Vertrages durch König Ferdinand in Innsbruck am 23. April 1542 ordnete er die Auszahlung der versprochenen Geldsummen an Königin Isabella an.

Die siebenbürgische Seite verzögerte jedoch die Ratifizierung, da Statthalter Martinuzzi die Genehmigung durch Königin Isabella von der Anerkennung der Ämter und Besitzungen mehrerer großer Würdenträger Ostungarns und Siebenbürgens abhängig machte. Erst als der erneut nach Siebenbürgen entsandte habsburgische Vertreter Kaspar Serédy diese Forderungen akzeptierte, ratifizierte Königin Isabella den Julmarkter Vertrag am 26. Juli 1542 in Weißenburg[194]. Am 26. und 27. Juli 1542 wurden ebenfalls in Weißenburg acht Erläuterungen zur Umsetzung des Vertrages abgeschlossen[195].

Als Grundlage des Julmarkter Vertrages dienten die Bestimmungen des Großwardeiner Vertrages von 1538. Dies verdeutlicht insbesondere die Königstitelfrage. Da sich Ferdinand und Johann 1538 gegenseitig als Träger des Titels „König von Ungarn“ anerkannt hatten, wurden 1541 Johann und seine Gemahlin Isabella mit dem ungarischen Königstitel bezeichnet. Ihr Sohn, Johann Sigismund, wurde lediglich als Herzog und Sohn des ehemaligen Königs von Ungarn Johann erwähnt, da in Großwardein vereinbart worden war, dass nach Johanns Tod Ferdinand der alleinige Herrscher über die Länder der ungarischen Krone werden und den ungarischen Königstitel exklusiv führen sollte. Der Julmarkter Vertrag stand exemplarisch für die

---

190 Huber, S. 6–7.
191 Zur Schiedsgerichtsbarkeit im 16. Jahrhundert: Rill, S. 104–110.
192 Wortlaut in: Gooss, S. 102.
193 Wortlaut in: Gooss, S. 103–104.
194 Gooss, S. 94–95.
195 Gooss, S. 104–110.

Fragilität des mit der osmanischen Annexion Süd- und Mittelungarns 1541 de facto entstandenen siebenbürgischen Staatsgebildes, dessen staatsrechtliche Ausformung noch nicht abgeschlossen war. Darüber hinaus fehlte dem Herrschaftsbereich der Szapolyais zu diesem Zeitpunkt noch ein eigenes Staatsbewusstsein. Bezeichnenderweise löste sich dieses „ostungarische Königreich" im ersten völkerrechtlichen Vertrag, das es nach dem Tod König Johanns 1540 schloss, selbst auf, um die Einheit des alten Königreichs Ungarn wiederherzustellen.

Der militärische Erfolg des 1542 unternommenen Ungarn-Feldzuges König Ferdinands, der die unverzichtbare Voraussetzung für eine Umsetzung des Julmarkter Vertrages bildete, stellte sich jedoch nicht ein. Da Kaiser Karl V. seine 1541 vor Algier erlittene Niederlage durch Siege gegen den französischen König kompensieren wollte, konnte er seinem Bruder keine militärischen Ressourcen zur Verfügung stellen[196]. Dafür mussten er und Ferdinand der protestantischen Opposition auf dem Speyerer Reichstag von 1542 u. a. im religionspolitischen Bereich entgegenkommen, um von den deutschen Fürsten eine Bewilligung der nötigen „Türkenhilfe" zu erhalten[197]. Im Frühjahr 1542 bewilligte der Speyerer Reichstag den „Gemeinen Pfennig" zur Finanzierung des Ungarn-Feldzuges. Kurfürst Joachim II. von Brandenburg wurde zum obersten „Feldhauptmann" gewählt, weniger aufgrund seiner militärischen Fähigkeiten, sondern vor allem weil er als Vermittler zwischen den Protestanten und dem Kaiser galt. Im Mai 1542 brach der Kurfürst mit 40.000 Mann nach Ungarn auf, wo er aber erst im September eintraf[198]. Obwohl vor den Toren Ofens noch etwa 18.000 ungarische Soldaten zum Reichsheer stießen, das auch von einigen päpstlichen Hilfstruppen unterstützt wurde, musste die Belagerung Ofens bereits nach einer Woche abgebrochen werden. Als am 8. Oktober 1542 die Vorhut der osmanischen Streitmacht vor Ofen eintraf, fügte sie dem sich nach Wien zurückziehenden Reichsheer schwere Verluste zu[199]. Im Sommer 1543 nahmen die Osmanen den Habsburgern den Erzbischofssitz Gran, den Krönungsort Stuhlweißenburg und die Festung Tata ab. Als die Habsburger 1544 auch die Festungen Visegrád, Nógrád und Hatvan an die Osmanen verloren, machten die militärischen Kräfteverhältnisse deutlich, dass eine Umsetzung des Julmarkter Vertrages nicht möglich sein würde.

---

196 Die Priorität, die Kaiser Karl V. und dessen Sohn König Philipp II. dem Kampf gegen Frankreich einräumten, begründeten sie damit, dass zuerst der große Rivale im Westen besiegt werden müsse, bevor die Habsburgermonarchie mit allen ihren Kräften „die Türken" bekämpfen könne: Koenigsberger, S. 46–47.

197 Kohler 2000, S. 270–272. Zum Einfluss der osmanischen Bedrohung Mitteleuropas auf die Etablierung des Protestantismus in Deutschland in den frühen 1540er Jahren siehe: Fischer-Galati, S. 77–87.

198 Ausführlich zur Zusammensetzung des Adels im Reichskontingent von 1542: Liepold, S. 237–252. Ausführlich zu Joachim von Brandenburg: Kisch, S. 168. Joachim von Brandenburg schloss mit dem Woiwoden der Moldau, Petru Rareş, 1542 mehrere Bündnisabkommen gegen den Sultan: Relațiile internaționale, S. 161–170.

199 Auch nach dem Scheitern des Feldzuges beteiligten sich in Ungarn brandenburgische Hochadelige 1557 und 1566 an den Kämpfen des Kaisers gegen die Osmanen: Schwarz, S. 264–267.

Diesen militärischen Misserfolg konnte auch das Bündnis der Habsburger mit dem Woiwoden der Moldau, Petru Rareş, nicht abwenden. Nachdem er im Februar 1541 zum zweiten Mal den moldauischen Thron bestiegen hatte, knüpfte er Verbindungen zur habsburgischen Seite, die er vor dem Sultan geheim hielt. Am 1. März 1542 schlossen in der moldauischen Hauptstadt Suceava Petru Rareş und die Gesandten des Markgrafen Joachim von Brandenburg ein geheimes antiosmanisches Bündnis. Der Woiwode versprach dem Oberbefehlshaber des Reichsheeres in Ungarn, vor allem mit Rinderlieferungen zur Verpflegung der christlichen Truppen beizutragen und in einem geeigneten Moment auch mit moldauischen Truppen in das Kriegsgeschehen zugunsten der Habsburger einzugreifen[200]. Eine Unterstützung der siebenbürgischen Seite machte Petru Rareş von der Rückerstattung der beiden siebenbürgischen Burgen Csicsóvár bei Bistritz und Kokelburg abhängig. Beide wurden dem moldauischen Woiwoden Stefan dem Großen 1489 vom ungarischen König Matthias Corvinus als Lehen gegeben, um ihn für die Abtretung der beiden moldauischen Küstenstädte Chilia und Cetatea Albă an die Osmanen zu entschädigen. Seither wurden diese beiden Besitzungen von allen Nachfolgern Stefan des Großen beansprucht[201]. Da Martinuzzi eine Herausgabe der beiden Burgen verweigerte und die Niederlage des Reichsheeres vor Ofen bekannt wurde, nutzte der Woiwode der Moldau einen Befehl des Sultans, Königin Isabella gegen die Habsburger zu unterstützen, um im Oktober 1542 in Siebenbürgen einzudringen, mit dem Ziel, die beiden Besitzungen zu erobern. Davon konnte ihn auch der siebenbürgische Gesandte Martin Andrássy, der im Auftrag Martinuzzis zu diesem Zweck in die Moldau gereist war, nicht abhalten, zumal sich der Woiwode auf den Befehl des Sultans berufen konnte[202]. Martinuzzi gelang es allerdings, den Versuch des Woiwoden, Csicsóvár und Kokelburg einzunehmen, zu vereiteln. Petru Rareş musste sich mit dem Besitz der Festung Rodna und anderen Gütern des Bistritzer Distrikts im Norden Siebenbürgen begnügen. Erst im Sommer 1543 gelang dem moldauischen Woiwoden die Besetzung der Güter Csicsóvár und Kokelburg[203]. Die beiden Burgen hatte Martinuzzi allerdings vorher schleifen lassen. Mit dem Tod Petrus am 3. September 1546 übernahmen die siebenbürgischen Komitate wieder die Verwaltung der beiden Güter, de iure blieben sie bis 1563 ein Lehen der moldauischen Woiwoden[204].

Zur Absicherung seines Feldzuges zur Eroberung Ofens war König Ferdinand bemüht, neben der Moldau auch die Walachei in sein Bündnissystem einzubeziehen.

200 Das Abkommen wurde durch zwei Assekurationen des brandenburgischen Kurfürsten und einen zweiten Bündnisvertrag vom 6. Juli 1542 ergänzt. Wortlaut der Verträge in rumänischer Übersetzung: Tratatele internaţionale ale României, S. 160–170.

201 Constantinescu 1978, S. 3.

202 Bericht Martin Andrassys an Martinuzzi vom 17. Oktober 1542: Documente, Hurmuzaki, Vol. II/4, S. 316–318.

203 Im April 1545 bestätigte der Sultan das Eigentumsrecht des moldauischen Woiwoden über Csicsóvár und Kokelburg: Căzan 1997, S. 6–7.

204 Ausführlich zu den siebenbürgischen Feldzügen des Petru Rareş zur Erlangung der beiden Güter und zum Status der Güter nach 1546: Constantinescu 1978, S. 112–128. Vgl. Ciobanu 1985, S. 180–191.

Trotz des Scheiterns des Reichsheeres vor Ofen im Herbst 1542[205] kam ein ebenfalls geheimer Bündnisvertrag zwischen König Ferdinand und dem Woiwoden der Walachei, Radu Paisie (1535–1545), zustande, der von Ferdinands Gesandten am 7. Januar 1543 in der Residenzstadt Târgovişte unterzeichnet wurde. Darin erklärte der Woiwode, die Walachei sei ein integraler Bestandteil der Länder der ungarischen Krone, so wie es seit altersher gewesen sei. Radu Paisie unterstellte sich mit seinen Bojaren dem Schutz und der Oberhoheit Ferdinands in seiner Eigenschaft als König von Ungarn. Er verpflichtete sich, die Osmanen daran zu hindern, nach Siebenbürgen einzudringen. Ferdinand garantierte dem Woiwoden Asyl in Siebenbürgen, falls er von den Osmanen vertrieben werden sollte und Hilfestellung bei eventuellen Rückkehrversuchen[206]. Die Einbeziehung Siebenbürgens in den Vertrag zeigt, dass Ferdinand, der zu diesem Zeitpunkt nicht in Siebenbürgen herrschte, von einer Umsetzung des 1541 geschlossenen Julmarkter Vertrages ausging. Doch diesen Plan vereitelten die habsburgischen Niederlagen auf den Schlachtfeldern Ungarns 1543–1544.

Die militärische Unterlegenheit der Habsburgermonarchie auf dem ungarischen Kriegsschauplatz ergab sich zum Teil auch aus dem habsburgisch-französischen Krieg, der die militärischen Kräfte Kaiser Karls V. im Westen Europas band. Frankreich hatte 1535 bzw. 1536 ein Bündnis mit dem Osmanischen Reich geschlossen. Die Zusammenarbeit zwischen beiden Mächten hatte sich während des Angriffs Karls V. auf Algier 1541 intensiviert. Der kaiserliche Gesandte in Konstantinopel, Gerhard Veltwyck, machte die Feindschaft der Franzosen gegenüber den Habsburgern für die osmanischen Feldzüge nach Ungarn verantwortlich. Er berief sich dabei auf eine Aussage des osmanischen Würdenträgers Yanis Beg, wonach die Osmanen den Franzosen Waffen geliefert und zu ihren Gunsten viele Feldzüge nach Ungarn unternommen hätten[207]. In der Tat hatte der französische Gesandte an der Hohen Pforte eine Erneuerung des Bündnisses von 1536 ausgehandelt, das im Januar 1542 unterzeichnet wurde. Ein Jahr später stellte der Sultan seine Kriegsflotte König Franz zur Verfügung, die zusammen mit den französischen Truppen im August 1543 Nizza einnahm[208]. Allerdings schloss Frankreich 1544 mit der Habsburgermonarchie den Frieden von Crépy – ohne das Einverständnis des Sultans einzuholen. Deshalb zog sich der französische Gesandte in Konstantinopel, Aramon, das Missfallen der Hohen Pforte zu, und er verlor damit den nötigen Einfluss, um den Abschluss des ersten schriftlichen Waffenstillstands zwischen dem Sultan und König Ferdinand 1545 verhindern zu können[209]. Obwohl sich die Interessen Frankreichs und des Osmanischen Reiches in einem sehr hohen Maße deckten, lösten die kulturellen und

205 Am 16. September 1542 forderte König Ferdinand Martinuzzi auf, dem walachischen Woiwoden mitzuteilen, dass er an den Erfolg der Habsburger glauben solle, denn nach der Eroberung des osmanischen Ungarns werde auch die Walachei vom Erfolg der Christen profitieren: Documente, Hurmuzaki, Vol. II/4, S. 300–301.

206 Wortlaut des Vertrags in: Documente, Hurmuzaki, Vol. II/1, S. 240–242.

207 Austro-Turcica, S. 91–92.

208 Káldy-Nagy, S. 194.

209 Căzan 2000, S. 179. Vgl. Austro-Turcica, S. 88.

religiösen Unterschiede oft gegenseitiges Befremden aus und verhinderten eine tiefer gehende Zusammenarbeit, wovon die Berichte der französischen Diplomaten in Konstantinopel zeugen[210].

Bereits das vollkommene Scheitern des habsburgischen Feldzuges von 1542 führte zu enttäuschten Hoffnungen in den Reihen der ungarischen Stände, die zunehmend in eine antihabsburgische Stimmung umschlugen. Im Herbst 1542 weigerten sich auch Königin Isabella und Statthalter Martinuzzi, die Bestimmungen des Julmarkter Vertrages umzusetzen und Siebenbürgen den Habsburgern abzutreten[211]. Daran konnten auch die Aufforderungen der habsburgischen Gesandten Kaspar Serédy und Paul Bornemisza zur Umsetzung des Vertrages im November und Dezember 1542 nichts ändern. Dazu war die Königin nur für den Fall einer vollständigen Besetzung Ungarns und Siebenbürgens durch ein christliches Heer bereit[212]. Folglich ließ Martinuzzi den Julmarkter Vertrag vom Thorenburger Landtag – gegen die Proteste der sächsischen Vertreter[213] – am 20. Dezember 1542 für null und nichtig erklären[214]. Darüber hinaus bestätigte der Landtag Johann Sigismund als „König von Ungarn", erkannte die osmanische Oberhoheit an und genehmigte die Zahlung des vom Sultan geforderten Jahrestributs[215].

Der polnische König bestärkte seine Tochter und ihre Regierung auf diesem außenpolitischen Weg, zumal er den Julmarkter Vertrag schon 1541 als realitätsfremd abgelehnt hatte[216]. Er hoffte, ihr vor allem durch freundschaftliche Beziehungen zur Hohen Pforte behilflich sein zu können. 1542 sandte der König seinen Vertrauten Jakob Wilamowski mit einem Schreiben nach Konstantinopel, in dem er um das Wohlwollen des Sultans gegenüber Königin Isabella und seinem Enkel Johann Sigismund bat[217]. Im selben Jahr schickte der polnische König auch einen Brief an die Würdenträger und Stände Siebenbürgens, in dem er diese aufforderte, der Königin zu folgen und diese politisch zu unterstützen[218].

---

210 Iorga 1918, S. 37–38.

211 Aufgrund der Vermittlung der polnischen Königin Bona fanden Königin Isabella und Martinuzzi zu einer gemeinsamen politischen Haltung: Ciobanu 1985, S. 189.

212 Gooss, S. 110.

213 Als auf dem Weißenburger Landtag von 1543 der Fürstenrat aus Vertretern der Stände gebildet wurde, weigerte sich der Hermannstädter Bürgermeister Peter Haller, der als einer von vier Vertretern der Sächsischen Nation als Mitglied bestimmt worden war, Königin Isabella und ihrem Sohn die Treue zu schwören. Er tat dies mit dem Hinweis auf die ein Jahr zuvor König Ferdinand in Wien geschworene Treue der siebenbürgischen Stände: Wagner 1976, S. 111–112.

214 Barta 1990, S. 251.

215 Daugsch 1989, S. 16. Daugsch 1990, Osmanisches Reich, S. 8–9. Vgl. Barta 1990, S. 251.

216 Feneşan 1997, S. 91.

217 Tătar 2001, S. 146.

218 Ciobanu 1985, S. 189.

b. Wiedervereinigungsversuche am Verhandlungstisch 1545 – 1551

Die Eroberung der ungarischen Hauptstadt Ofen durch den Sultan und die Eingliederung Zentral- und Südungarns in das osmanische Provinzialsystem, die Behauptung der Szápolyai-Herrschaft über das östliche Ungarn und Siebenbürgen sowie die militärische Unfähigkeit der Habsburger, beides zu verhindern, zementierte die Dreiteilung des mittelalterlichen Königreichs Ungarn. König Ferdinand musste es akzeptieren, dass sich sein Herrschaftsbereich auf das westliche und nördliche Ungarn beschränkte. Sein Hauptanliegen bestand nun darin, weitere osmanische Eroberungen in Ungarn zu verhindern. Um dies gewährleisten zu können, begann Ferdinand einerseits mit dem Aufbau eines Grenzverteidigungssystems, andererseits mit einer staatsorganisatorischen Verschränkung zwischen Ungarn und seinen beiden anderen Herrschaften, den böhmischen und österreichischen Ländern, deren neues administratives Zentrum die Wiener Residenz des Herrschers wurde. Ungarn blieb weiterhin völkerrechtlich ein eigenständiger Staat, dessen König als souveräner Herrscher keinen anderen Monarchen über sich anerkennen musste. Die Personalunion zwischen dem König von Ungarn und dem König von Deutschland (ab 1556 auch Römischen Kaiser) führte jedoch dazu, dass der gemeinsame Monarch sowohl auf staatsrechtlicher als auch völkerrechtlicher Ebene immer als Repräsentant der Summe seiner Länder in Erscheinung trat[219]. Dies bedeutete, dass er zum Beispiel Verträge mit den siebenbürgischen Herrschern immer als „Kaiser und König von Ungarn" ratifizierte, obwohl es sich in erster Linie um Angelegenheiten des ungarisch-siebenbürgischen Verhältnisses handelte und Interessen des Heiligen Römischen Reiches höchstens nur indirekt betroffen waren[220]. Die durch Personalunion verbundenen

---

219 Die Personalunion zwischen Römischem Kaiser und Ungarischem König wurde bei den ungarischen Königskrönungen durch Kopien der Reichsinsignien repräsentiert, die der Kaiser, der Reichserbmarschall und zwei Reichsfürsten während der Zeremonie in Pressburg trugen. Dies wurde zur Regel, da der Thronfolger meistens noch zu Lebzeiten seines Vaters, des Kaisers und Königs von Ungarn, zum ungarischen König gekrönt wurde. Bei allen Krönungen marschierte der ungarische Herold hinter jenem des Heiligen Römischen Reiches, aber vor den Herolden Böhmens und Österreichs: Pálffy 2009, S. 202, 204, 207. Vgl. Höbelt, S. 360.

220 Entsprechend der Reichsverfassung vertrat der Kaiser das Heilige Römische Reich völkerrechtlich im Verkehr mit den anderen Souveränen und hatte das Recht, Krieg zu erklären und Frieden zu schließen sowie völkerrechtliche Verträge im Namen des Reiches abzuschließen. Jedoch wurden seine Rechte durch einige Klauseln eingeschränkt, die die Zustimmung des Reichstages voraussetzten. Allerdings konnte der Kaiser selbständig seine Gesandten ernennen und mit Instruktionen ausstatten. König Ferdinand I. erließ am 1. Januar 1527 die „Hofstaatsordnung". Sie sah die Einrichtung des „Geheimen Rates", des Hofrats, der Hofkammer und der Hofkanzlei vor. Außenpolitische Kompetenzen besaßen in Wien der „Geheime Rat" und der Hofkriegsrat (ab 1564), wobei die Hofkanzlei deren Beschlüsse ausführen musste. Während der „Geheime Rat" für die „Große Politik" auf gesamteuropäischer Ebene verantwortlich zeichnete, war der ihm nachgeordnete Hofkriegsrat für die Beziehungen zum Osmanischen Reich und dessen Vasallen zuständig: Müller, Ralf 2005, Umworbener „Erbfeind", S. 259 – 260. Vgl. Hiller 1998, S. 399 – 400. Ständige Gesandtschaften unterhielt der Kaiser im 16. Jahrhundert lediglich in Rom, Venedig, Madrid und Konstantinopel: Bérenger, S. 126 – 129, 131. Vgl. Buchmann, S. 72 – 75, 102. In Wien residierten anfangs nur die Vertreter des Papstes und Venedigs: Müller, Ralf 2005, Umworbener „Erbfeind",

österreichischen, böhmischen und ungarischen Ländergruppen charakterisierte der Historiker Thomas Winkelbauer folgendermaßen:

> „Die frühneuzeitliche Habsburgermonarchie war also genaugenommen eine monarchische Union monarchischer Unionen von Ständestaaten und ein aus zusammengesetzten Staaten zusammengesetzter Staat"[221].

Innerhalb dieses Länderkonglomerats der Habsburger betrachteten es die ungarischen Stände mit Sorge, dass zentrale Politikbereiche zunehmend von Wiener Regierungsstellen kontrolliert wurden, an deren Spitze deutsche Aristokraten standen. Darüber hinaus setzten die Habsburger Deutsche in Schlüsselpositionen der Exekutive in Ungarn ein, zum Beispiel in der Ungarischen Kammer in Pressburg oder in wichtigen Kommandostellen des ungarischen Grenzverteidigungssystems. Die ungarischen Eliten mussten sich an das Gefühl der Fremdbestimmung und an das Bewusstsein, dass ihr Land ein Pufferstaat Mitteleuropas an der Grenze zum „Erbfeind der Christenheit" geworden war, gewöhnen. Der ungarische Adlige Simon Forgách, der durch Heirat in Niederösterreich und Mähren begütert wurde, klagte 1588 darüber, dass sein Land durch den Rat Fremder regiert werde – auf der anderen Seite stand er persönlich für die Ausbildung einer dem Herrscher verpflichteten Elite, die man in späterer Zeit als supranational bezeichnete[222]. Im frühneuzeitlichen Kontext entstand diese Fremdheitserfahrung der ungarischen Eliten jedoch nicht – wie in der Moderne – vor allem aufgrund der Muttersprache. Die damaligen „nationalen" Identitäten des Adels und des Klerus waren vielmehr von einer Identifikation mit einem Land bzw. mit einer Krone, in diesem Fall der Stefanskrone, geprägt, und den damit zusammenhängenden „politischen Mentalitäten" und „politischen Ideologien"[223].

Bereits im 16. Jahrhundert wurde deutlich, dass das Verhältnis zwischen dem habsburgischen König und den ungarischen Ständen nicht nur vom Antagonismus zwischen Zentralisierungstendenzen und Unabhängigkeitsbestrebungen gekennzeichnet war, sondern auch von Kompromissen und Kooperationen. Nach diesem Prinzip funktionierten alle zeitgenössischen zusammengesetzten Staaten, in denen entsprechend des Systems des *dominium politicum et regale* eine Mitwirkung der lokalen Eliten an der Gesetzgebung und der Erhebung der Steuern erforderlich war[224]. Zu Arenen des Kräftemessens und des Interessenausgleichs entwickelten sich der Ungarische Rat und vor allem der Ungarische Reichstag. In diesem Rahmen wurden zentrale Themen, wie zum Beispiel Fragen der Konfession, der Loyalität zum Herrscher, der ständischen Privilegien oder der unterschiedlichen Rechtstraditionen und

---

S. 271. Zur Verankerung des kaiserlichen Gesandtschaftsrechts in der Reichsverfassung des 17. und frühen 18. Jahrhunderts: Müller, Klaus, S. 13–21.

221 Winkelbauer, Bd. 1, S. 25.

222 Ausführlich zum Beginn der Integration des Königreichs Ungarn in die Strukturen der Habsburgermonarchie im Laufe des 16. Jahrhunderts: Pálffy 2009, S. 158–161.

223 Winkelbauer, Bd. 1, S. 25–26.

224 Koenigsberger, S. 34.

politischen Kulturen verhandelt[225]. Am deutlichsten trafen die Interessen des Königs und der Stände im Ungarischen Reichstag aufeinander[226]. Obwohl sich seine Zusammensetzung – insbesondere die konfessionelle – und sein Machtradius durch die Dreiteilung des Landes grundlegend änderten, büßte er kaum von seiner Bedeutung im staatsorganisatorischen Gefüge des Königreichs ein. Dies lag vor allem daran, dass im Gesetzgebungsverfahren neben der Zustimmung des Königs auch jene des Reichstages – sowohl im 16. als auch im 17. Jahrhundert – erforderlich blieb. Neben dem König konnte auch der Reichstag Gesetzentwürfe einbringen, die nach der Sanktionierung durch den Monarchen Gesetzeskraft erlangten. Die Legislative war folglich von der ständigen Suche nach einem Konsens zwischen König und Ständen geprägt[227]. Die in eine Obere und eine Untere „Tafel" aufgeteilte Vertretung der ungarischen Stände tagte in Pressburg. Während im Oberhaus des Reichstages jeder hohe geistliche Würdenträger, Baron und Magnat persönlich durch Sitz und Stimme vertreten war, setzte sich das Unterhaus nach 1572 aus den Vertretern der niederen Geistlichkeit, des kleinen Komitatsadels und der königlichen Freistädte zusammen. Das Oberhaus bildete den Nukleus des ständischen Widerstandes gegen Übergriffe der königlichen Söldner, die Einschränkung der Religionsfreiheit und die Besteuerung des Adels. Auf der lokalen Ebene gelang es den Komitaten, Rückzugsräume der Selbstverwaltung und Werkzeuge der Interessenpolitik des ungarischen Adels zu werden, zumal sie für die Aufrechterhaltung des antiosmanischen Verteidigungssystems unverzichtbar wurden[228].

Die Exekutive wurde neben dem Amt des Palatins[229] durch die Ungarische Kanzlei, die Ungarische Kammer und den Ungarischen Rat geprägt, der aus dem Kronrat des mittelalterlichen Königreichs Ungarn hervorging. Mit dem Umzug des Herrschers von Ofen nach Wien büßte er seine frühere Machtstellung in den Bereichen der Landesfinanzen, der Außenpolitik oder der Kriegführung – ab 1556 vor allem

---

225 Pálffy 2009, S. 168–169.

226 Der Begriff „Reichstag" wird auch für die Periode nach der Dreiteilung Ungarns verwendet, obwohl die ungarische Ständeversammlung in zeitgenössischen deutschen Quellen oft auch als „Landtag" bezeichnet wurde. Vgl. Pálffy 2009, S. 177.

227 König Ferdinand I. versuchte seinen Standpunkt zu stärken, indem er neben dem vom Reichstag verabschiedeten Gesetzestext auch seine Einwendungen in das *Corpus juris Hungarici* aufnehmen ließ: Winkelbauer, Bd. 1, S. 216–217.

228 Zur Selbstverwaltung der Komitate: Borsodi, S. 353–354. Vgl. Pálffy 2009, S. 177–191.

229 Seit dem späten Mittelalter übte der Palatin die Funktionen eines königlichen Statthalters und Stellvertreters des Königs – auch in dessen Eigenschaft als oberster Richter – aus, der ab 1526 auf Lebenszeit in sein Amt gewählt wurde und darüber hinaus die Sitzungen des ungarischen Reichstages leitete. Die außerordentliche Machtfülle dieses Amtes führte dazu, dass die ungarischen Könige aus dem Hause Habsburg nach dem Tod des Palatins Thomas Nádasdy 1562 keinen Palatin mehr beriefen, sondern sich nur noch von einem Statthalter, in der Regel Erzbischöfe, in Pressburg vertreten ließen. Erst ab 1608 musste der König auf Druck der Stände wieder die Wahl eines Palatins zulassen. Aus einem Vierer-Vorschlag des Königs, der zwei protestantische und zwei katholische Kandidaten umfasste, wählte der ungarische Reichstag einen Kandidaten, der ab 1625 durchgängig aus einer katholischen Familie stammte: Pálffy 2009, S. 173, 225–227. Vgl. Höbelt, S. 364. Vgl. Borsodi, S. 351–352.

zugunsten des Hofkriegsrates[230] – zu einem großen Teil ein[231]. Der Ungarische Rat tagte in der neuen Hauptstadt des Königreichs, Pressburg. Nach Wien übersiedelten lediglich die Ungarische Kanzlei und der königlich-ungarische Sekretär. Im Laufe des 16. Jahrhundert wurde es üblich, dass der König den Ungarischen Rat oder einzelne Räte nach Wien zitierte, da man deren landesbezogene Fachkenntnisse benötigte, um in den sogenannten „ungarischen Angelegenheiten“ Entscheidungen treffen zu können. Dazu gehörten zum einen innenpolitische Bereiche wie Krönungen, die Vorbereitung der Reichstage, die Ernennung hoher weltlicher und geistlicher Würdenträger oder das Rechtswesen, zum anderen außenpolitische Fragen wie die Landesverteidigung gegen das Osmanische Reich, die Beziehungen zu Polen und Siebenbürgen oder Friedensverhandlungen[232]. Ein gemeinsames Ziel aller ungarischen Staatsorgane bestand darin, das Erbe der Heiligen Stefanskrone aufrechtzuerhalten. Dies äußerte sich darin, dass die Repräsentanten der ungarischen Elite an den Symbolen, Zeremonien und Rechtstraditionen des mittelalterlichen Königreichs festhielten. Ausdruck dieses Bestrebens waren die Krönungen der Könige von Ungarn, die nach der Besetzung Stuhlweißenburgs durch die Osmanen 1543 in der neuen Hauptstadt Pressburg stattfanden. Während die Habsburger versuchten, dieses Ereignis zu einem rein formellen Staatsakt herabzustufen, gelang es den ungarischen Ständen, die Krönungen als Repräsentation der Souveränität und Einheit Ungarns sowie dessen mittelalterlichen Machtentfaltung zu bewahren. Die osmanische Besetzung Zentralungarns und die Ausbildung eines eigenständigen siebenbürgischen Staates wurden nicht nur bei diesem Anlass von der ungarischen politischen Elite als temporäre Erscheinungen betrachtet[233].

Die Fakten sprachen jedoch eine andere Sprache. Nach 1545 mussten nicht nur die Habsburger, sondern auch Teile der Stände erkennen, dass auf dem ungarischen Schlachtfeld in absehbarer Zeit keine Entscheidung mehr zugunsten der „christlichen Sache“ zu erwarten war. Auch der eigentliche Machthaber in Siebenbürgen, Georg Martinuzzi, war aufgrund der militärischen Stärke des Osmanischen Reiches bemüht, außenpolitisch nicht das Fahrwasser der Hohen Pforte zu verlassen, da ein Konflikt mit dem Sultan die Selbständigkeit Siebenbürgens innerhalb des osmanischen Reichsverbandes gefährdet hätte[234]. Martinuzzi musste es deshalb hinnehmen, dass der Sultan seine Machtposition an der unteren Donau kontinuierlich ausbaute, auch auf Kosten des Szapolyai-Herrschaftsgebietes, wie die Übergabe der Festun-

---

230 Zur Entstehung des Hofkriegsrates 1556 und dessen Wirken im 16. und 17. Jahrhundert: Regele, S. 14–22.

231 Darüber hinaus unterstanden die oberungarischen Bergstädte der österreichischen Hofkammer, die beiden südlichen Abschnitte der Militärgrenze in Ungarn wurden vom innerösterreichischen Hofkriegsrat in Graz befehligt und mehrere Festungen entlang der Donau wurden von den Erblanden finanziert: Höbelt, S. 360–361. Vgl. Borsodi, S. 352–353.

232 Zur Tätigkeit des Ungarischen Rates ausführlich: Pálffy, S. 169–177. Vgl. Winkelbauer, Bd. 1, S. 216. Vgl. Borsodi, S. 352–353.

233 Pálffy 2009, S. 193–194, 200–201. Vgl. Höbelt, S. 360.

234 Der Sultan warnte in seinem Brief vom 22. Juni 1542 Martinuzzi vor einem Bündnis mit den Habsburgern und betonte, dass Siebenbürgen sein Eigentum sei: Căzan 2000, S. 173.

gen Becse und Becskereke im Komitat Torontál zeigte[235]. Ein Zusammengehen mit den benachbarten Woiwodschaften Moldau und Walachei, die sich auch unter der Oberhoheit des Sultans befanden, versprach unter diesen Umständen eine Stärkung der siebenbürgischen Position gegenüber der osmanischen Großmacht. Diese Ansicht teilte Iliaş Rareş, der 1546 seinem Vater Petru Rareş auf dem Thron der Moldau gefolgt war. Iliaş Rareş versuchte schon mit der am 30. November 1547 erfolgten Erneuerung des moldauisch-polnischen Bündnisvertrages von 1538 seinen Rücken für den Fall zukünftiger Auseinandersetzungen mit dem Sultan zu stärken[236]. In der Hauptstadt der Moldau, Jassy, unterzeichneten kurze Zeit später, am 26. August 1548, die Gesandten König Johann Szapolyais und Iliaş Rareş einen Bündnisvertrag. In der überlieferten Ausfertigung des moldauischen Woiwoden bekräftigte er (*Waiuoda Dominus et Heres Verus Terre Moldauiae etc.*) das Bündnis mit dem siebenbürgischen Herrscher Johann Sigismund (*Ioannes Dux Hungariae et Transilvaniae*) so wie es seit alters her zwischen den ungarischen Königen und den Woiwoden der Moldau bestanden habe. Darüber hinaus schworen der walachische Woiwode und alle seine Bojaren Johann Sigismund Treue und Gehorsam, wie es die Vorfahren des Woiwoden der Moldau gegenüber den Königen von Ungarn getan hätten. Weiterhin verpflichtete sich der Woiwode, alle Gegner des siebenbürgischen Herrschers, die sich in die Moldau flüchten sollen, unverzüglich an ihn auszuliefern. Weiterhin sagte der Woiwode den siebenbürgischen Kaufleuten in der Moldau Schutz und freien Handel gegen die Zahlung der üblichen Zölle zu. Zur Lösung von Rechtstreitigkeiten wurde die Bildung von gemeinsamen Schiedsgerichten vereinbart[237]. Bemerkenswert ist die Einbettung des Bündnisses und des Vasallenverhältnisses zwischen dem moldauischen Woiwoden und dem siebenbürgischen Herrscher in die Tradition der Beziehungen zwischen der Moldau und dem Königreich Ungarn. Dennoch vermied Iliaş aus Rücksicht auf die Habsburger die Bezeichnung „erwählter König von Ungarn", wenn von Johann Sigismund die Rede ist, der lediglich als Herzog von Ungarn und Siebenbürgen tituliert wird (*Dux Hungariae et Transilvaniae*).

Eine vergleichbare Übereinkunft kam mit der Walachei nicht zustande. Dort regierte seit dem 17. März 1545 der Woiwode Mircea Ciobanul, der eine konsequent proosmanische Außenpolitik verfolgte, nachdem sein Vorgänger aufgrund von Verbindungen zu den Habsburgern ins ägyptische Exil verbannt worden war[238]. Mit Unterstützung des Sultans versuchte Mircea Ciobanul, die alten Bojarenfamilien

---

235 Gooss, S. 111. Vgl. Czettler, S. 94.

236 Wortlaut des Vertrages von Neamţ: Corfus 1979, S. 142–148. Der Vertrag und die Huldigung des moldauischen Woiwoden gegenüber dem polnischen König wurden am 2. Oktober 1569 bzw. am 31. Januar 1570 erneuert: Documente, Hurmuzaki, Vol. II/1, S. 591–594, 598–602. Vgl. Documente, Hurmuzaki, Vol. I, Suppl. II, S. 263–267. Vgl. Documente, Hurmuzaki, Vol. II/5, S. 663–668.

237 Wortlaut des Vertrages in: Documente, Hurmuzaki, Vol. II/1, S. 249–250. Vgl. Ciobanu 1985, S. 193–198.

238 Căzan 1997, S. 6.

auszulöschen, um die Thronfolge seiner Familie zu sichern[239]. Die meisten Bojaren flüchteten ins Kronstädter und Hermannstädter Exil, von wo aus sie zwei vergebliche Versuche unternahmen, den Woiwoden zu stürzen. Die Beherbergung der Exilanten und die Weigerung der Kronstädter und Hermannstädter Stadträte, diese auszuliefern, belasteten die Beziehungen zwischen Siebenbürgen und der Walachei erheblich. Deshalb schaltete sich die Hohe Pforte ein, um zwischen beiden Vasallen zu vermitteln. Auf Betreiben des Sultans und unter der Aufsicht des siebenbürgischen Statthalters Martinuzzi fanden in Kronstadt 1546 Verhandlungen zwischen den Gesandten des walachischen Woiwoden und den Exilanten statt, die jedoch ergebnislos blieben. Als zum Jahresbeginn 1548 Mircea Ciobanul mit Unterstützung des Sultans Martinuzzi ersuchte, den Bojaren Barbul de Pietroşani mit seiner Familie auszuliefern, gab Martinuzzi nach, worauf der Bojar noch vor Ostern 1548 gefoltert und getötet wurde, eine Tat, die weitere Auslieferungen unmöglich machte[240]. Da die walachisch-siebenbürgischen Beziehungen auch weiterhin von den im siebenbürgischen Exil lebenden Bojaren belastet wurden, beschlossen die Stände Siebenbürgens 1549 in Oderhellen, dass sich sowohl die walachischen, als auch die moldauischen Exilbojaren nicht in unmittelbarer Nähe zur Moldau bzw. Walachei niederlassen sollten, um den Grenzfrieden nicht zu stören. Außerdem wurde beschlossen, Gesandtschaften in die Moldau und Walachei zu schicken, die Grenzberichtigungen aushandeln sollten[241]. Da die Exilantenfrage nicht gelöst werden konnte, belastete sie auch in den folgenden Jahren nicht nur die siebenbürgisch-walachischen Beziehungen nachhaltig, sondern auch das Verhältnis Siebenbürgens zum Osmanischen Reich, das die Exilbojaren aus der Walachei hauptsächlich für ihr Schicksal verantwortlich machte, zumal die Hohe Pforte die eigentliche Stütze für die Macht Mircea Ciobanuls bildete[242].

Zusätzlich zur Angst, von bedingungslos dem Sultan ergebenen Woiwoden eingekreist zu werden, bestätigten auch die nicht abreißenden osmanischen Gebietsforderungen östlich der Theiß Martinuzzis grundsätzliche Überzeugung, dass eine Wiedervereinigung Ungarns nur unter habsburgischer Herrschaft erfolgen konnte. Deshalb lehnte er den im Juni 1547 zustande gekommenen habsburgisch-osmanischen Friedensvertrag ab, da er den Status quo in Ungarn festzuschreiben schien. Im November 1547 sandte der siebenbürgische Landtag eine Delegation zum Augsburger Reichstag[243]. Der Tod des französischen Königs und der Frieden mit dem Sultan, der in Persien abgelenkt war, hatten den Habsburgern erstmals seit zwei Jahrzehnten die nötige Atempause verschafft, um eine militärische Entscheidung im Konflikt mit den protestantischen Reichsständen herbeizuführen. Zusammen mit den katho-

239 Um sich den Schutz der osmanischen Truppen gegen die eigenen Bojaren besser zu sichern, verlegte Mircea Ciobanul seine Residenz von Târgovişte ins südlichere Bukarest: Andreescu 1980, S. 197–198.

240 Andreescu 1980, S. 186–199.

241 Documente, Hurmuzaki, Vol. II/4, S. 457–462.

242 Soporan, S. 282.

243 Huber, S. 10.

lischen Reichsständen war Kaiser Karl V. 1547 siegreich aus dem Schmalkaldischen Krieg hervorgegangen. Auf dem Augsburger Reichstag von 1547/1548 versuchte der Kaiser, der protestantischen Opposition seine Friedensbedingungen zu diktieren[244]. Die neue Stärke der Habsburger versuchte die siebenbürgische Seite zu nutzen, um mit Kaiser Karl V. und König Ferdinand I. über die Wiederherstellung der Einheit des Königreichs Ungarn zu verhandeln. Im Februar 1548 lehnten Ferdinand und Karl den siebenbürgischen Vorstoß jedoch ab, da sie angesichts der Herausforderungen im Reich vom Frieden mit den Osmanen mehr profitierten[245]. Die Ergebnislosigkeit dieser Besprechungen ließen Martinuzzi nicht resignieren. Im Sommer 1548 bat er den Bischof von Konstanz und Kurfürst Friedrich von der Pfalz, sich bei den Habsburgern für ein Engagement in Siebenbürgen einzusetzen[246]. Neue Verhandlungen zwischen König Ferdinand und der siebenbürgischen Seite kamen erst im Oktober 1548 in Pressburg zustande, in deren Verlauf die siebenbürgische Delegation erneut eine Wiedervereinigung Ungarns unter habsburgischer Herrschaft ins Gespräch brachte.

Anders als Martinuzzi sah Königin Isabella diese Art der „Wiedervereinigungspolitik“ sehr kritisch[247]. Um die Königin auf seine Seite zu ziehen, bat er Isabellas Bruder, der als Sigismund II. August den polnischen Thron 1548 bestiegen hatte, in seinem Sinne auf seine Schwester einzuwirken. Der König sah sich jedoch einer starken Opposition im Sejm gegenüber, die sich einer Stärkung der königlichen Machtbefugnisse widersetzte. Um die traditionell antihabsburgisch eingestellte Sejm-Mehrheit auf ihre Seite zu ziehen, sandte Isabella ihren Truppenkommandeur Peter Petrovics nach Krakau, der die polnischen Senatoren davon überzeugen konnte, dass die Szapolyais nicht planten, Siebenbürgen den Habsburgern preiszugeben. Um die Position Isabellas zu stärken, reiste im Frühjahr 1549 eine Delegation von Sejm-Mitgliedern nach Ostungarn und Siebenbürgen, um den ungarischen Adel darin zu bestärken, die Herrschaft der Szapolyais zu stützen. Vor allem der polnische Kleinadel hielt an seiner Maxime fest, eine habsburgische Expansion im Donau-Karpaten-Raum abzulehnen. Ganz anders positionierte sich der polnische König. Als der Konflikt zwischen Krone und Adel Polen fast in einen Bürgerkrieg stürzte, schloss König Sigismund II. August am 2. Juli 1549 einen Vertrag mit König Ferdinand I. Als Gegenleistung für die militärische Hilfe des Habsburgers sagte der Jagiełłone zu, die Szapolyais in Ungarn und Siebenbürgen nicht zu unterstützen[248]. Ferdinand erklärte sich darüber hinaus bereit, Isabella und ihrem Sohn für die Abtretung Sieben-

244 Fischer-Galati, S. 77–87.

245 Kaiser Karl V. hatte längst seine Träume von einem Offensivkrieg gegen die Osmanen zur „Befreiung“ Konstantinopels zurückgestellt: Koenigsberger, S. 32. Ferdinand war zudem von den Steuerbewilligungen der österreichischen Ständeversammlungen abhängig, die ihm 1542, 1544 und 1547 „Türkenhilfen“ gewährt hatten: Kohler 1991, S. 54.

246 Gooss, S. 112. Vgl. Huber, S. 11.

247 Am 18. Oktober 1548 sondierte Isabella bei ihrer Mutter Bona, der Königinwitwe Polens, eine eventuelle Rückkehr nach Polen: Documente, Hurmuzaki, Vol. II/1, S. 251.

248 Kaiser Karl V. und König Ferdinand mussten auch auf ihre Ansprüche über die dem Deutschen Orden gehörenden Gebiete in Ost- und Westpreußen verzichten: Ciobanu 1985, S. 196.

bürgens eine angemessene Entschädigung zu zahlen. Im Vertrag wurde weiterhin festgehalten, dass der polnische König die Übergabe Siebenbürgens an die Habsburger zu vermitteln habe. Sollte dieses Vorhaben am Widerstand Johann Sigismunds scheitern, verpflichtete sich der polnische König, jegliche Hilfe für den Siebenbürger zu unterbinden. Auf dieser Grundlage schaltete sich Sigismund II. August in die habsburgisch-siebenbürgischen Verhandlungen ein, die im Sommer 1549 auf Schloss Nyirbátor fortgesetzt wurden[249]. Dort kam am 8. September 1549 unter polnischer Vermittlung eine Konvention zustande, deren Originaltext nicht überliefert ist. Allerdings berichtet ein Schreiben des ungarischen Statthalterbeirats an Georg Serédy vom 21. August 1550 (Pressburg) über eine habsburgisch-siebenbürgische Vereinbarung. Dort sei festgelegt worden, König Johann Sigismund solle für die Abtretung Siebenbürgens an König Ferdinand eine angemessene Entschädigung erhalten. Ferdinand sollte sich beim Papst für die Verleihung der Kardinalswürde an Bischof Georg Martinuzzi bemühen[250]. Mit seinen Diensten als Vermittler gab der polnische Souverän einen seit 1526 geltenden Grundsatz der polnischen Außenpolitik auf, den Status quo im östlichen Ungarn zugunsten der Szapolyais zu erhalten und die Unabhängigkeit Siebenbürgens sowohl gegenüber den Habsburgern als auch gegenüber den Osmanen zu stärken[251].

Da König Ferdinand noch nicht in der Lage war, eine militärische Konfrontation mit den Osmanen zu wagen, konnte eine Umsetzung der Konvention nur über habsburgisch-osmanische Verhandlungen ermöglicht werden. Diese Verhandlungen scheiterten aus unterschiedlichen Gründen. Dazu trugen auch Königin Isabella, Martinuzzi, der Pascha von Ofen und der französische Gesandte bei der Hohen Pforte, Baron d'Aramon, bei, deren Intrigen eine habsburgisch-osmanische Verständigung verhindern sollten[252]. Während der Ofener Pascha die Habsburgermonarchie nicht zur Ruhe kommen lassen wollte, stand das Vorgehen der Königin für ihre Wankelmütigkeit, da sie mal zu einer Verhandlungslösung mit Ferdinand, mal zur Erhaltung des Status quo tendierte. Martinuzzi benutzte seine diplomatischen Ränke in Konstantinopel, um die an der Hohen Pforte gegen ihn erhobenen Vorwürfe, er verhandle heimlich mit den Habsburgern, zu entkräften. Dieses Verhalten brachte ihm nicht nur bei den Habsburgern den Ruf der Doppelzüngigkeit ein. Der habsburgische Gesandte an der Hohen Pforte, Johann Maria Malvezzi, versuchte deshalb die Korrespondenz des siebenbürgischen Statthalters abzufangen. Allerdings musste Malvezzi in seinen Schreiben an König Ferdinand einräumen, der „alte Fuchs" Martinuzzi korrespondiere mit der Hohen Pforte nicht auf Latein, sondern wie „der

---

249 An den Gesprächen mit Martinuzzi nahmen die habsburgischen Unterhändler Graf Salm (oberster Feldhauptmann in Ungarn), Augustin von Sbardellati (Bischof von Waitzen) sowie die Räte Georg Sibrik und Paul Istvánffy teil. Das Schloss Nyirbátor, südöstlich von Tokaj gelegen, gehörte dem Magnaten Andreas Báthory: Gooss, S. 113.

250 Gooss, S. 110–113.

251 Ciobanu 1985, S. 194–196.

252 Darüber berichtete der habsburgische Gesandte in Konstantinopel, Malvezzi: Austro-Turcica, S. 222–224, 232–234.

Moldauer und Walache" in „türkischen Buchstaben"[253]. Der französische Gesandte in Konstantinopel, Baron d'Aramon, verfolgte wiederum das Ziel, den 1547 geschlossenen habsburgisch-osmanischen Frieden zu untergraben und einen Machtzuwachs der Habsburger in Ungarn zu verhindern. Als der neue französische König Heinrich II. von den Geheimverhandlungen zwischen den Gesandten Ferdinands und Martinuzzis auf Schloss Nyirbátor erfuhr, verständigte er den Sultan im Frühjahr 1550 über eine mögliche Abtretung Siebenbürgens an die Habsburger. Dankbar antwortete der Sultan dem französischen König:

> „Euer Gesandter an unserer Hohen Pforte hat uns auch berichtet, König Isztefan[254] habe auf die ihm übergebenen Orte, die wir mit unserem Schwert erobert, verzichtet, obschon sie ihm als dem Sohne König Johanns gegeben waren. Von Euch ist in diesen Sachen ein Schreiben eingegangen, von denen ich durch meine Beglerbegs [Statthalter der osmanischen Oberprovinzen] und Emire an den Grenzen keine Kenntnis hatte. Ihr aber habt von mir einen wahren Bericht erwartet, also dass Euer Gesandter in Verspätung kommen musste. Dem Ofner Beglerbeg habe ich Befehl erteilt, über die erzählte Sache wahrheitsgemäß unverzüglich Bericht zu erstatten".[255]

Die Hohe Pforte konnte aber nicht nur auf die Unterstützung Frankreichs, sondern auch auf jene Polens zählen. Im März 1550 reiste eine polnische Delegation nach Konstantinopel, um den Bündnis- und Freundschaftsvertrag mit dem Osmanischen Reich zu erneuern. Dieses war nötig geworden, weil König Sigismund II. August 1548 seinem Vater auf den polnisch-litauischen Thron gefolgt war und es einer eigenen Willenserklärung seitens des neuen Monarchen bedurfte, um den Vertrag erneuern zu können[256].

In diese internationalen Zusammenhänge spielte zunehmend der sich 1550 wieder verschärfende Konflikt zwischen Martinuzzi und den Anhängern der Königin Isabella hinein[257]. Letztere versuchten die Hohe Pforte dazu zu bewegen, durch eine Militäraktion Martinuzzi und die prohabsburgische Fraktion aus Siebenbürgen zu vertreiben. Doch der nur halbherzig durchgeführte Feldzug der osmanischen Truppen, an dem auch Peter Petrovics, Gespan des Komitates Temes, teilnahm, konnte nichts gegen die geschickt ergriffenen Abwehrmaßnahmen des Statthalters Martinuzzi ausrichten. Da die Lage in Siebenbürgen außer Kontrolle zu geraten schien, sah sich König Ferdinand zum Handeln gezwungen. Er warnte den Sultan davor, Siebenbürgen zu besetzen, da dies die gesamte Christenheit gegen das Osmanische

---

253 Austro-Turcica, S. 426.

254 Die Osmanen nannten Johann Sigismund konsequent „Isztefan": Káldy-Nagy, S. 192.

255 Das Schreiben trägt kein Datum, dürfte aber vor dem 24. April 1550 abgefaßt worden sein, da zu dieser Zeit der französische Gesandte an der Hohen Pforte, M. d'Aramon, Heinrich II. bereits in einem ausführlicheren Bericht über die Entwicklung in Siebenbürgen informiert hatte: Káldy-Nagy, S. 199.

256 Darüber hinaus mussten aber auch gegenseitige Grenzverletzungen am Dnjester geklärt werden: Austro-Turcica, S. 404–405. Der Vertrag konnte aber erst am 12. März 1554 unterzeichnet werden: Wortlaut des polnisch-osmanischen Bündnisvertrages in: Documente, Hurmuzaki, Vol. I, Suppl. II, S. 202–204.

257 Barta 1990, S. 251–252.

Reich aufbringen werde, weil Siebenbürgen Teil des christlichen Lagers sei[258]. Darüber hinaus nahm Ferdinand erneut Verhandlungen mit Martinuzzi auf, da die Gesandten der Königin in Konstantinopel weiterhin den Sultan zu einem Vorgehen gegen die habsburgische Partei in Siebenbürgen drängten[259]. Sowohl Ferdinand als auch Martinuzzi warben bei Kaiser Karl V. 1550/1551 um Unterstützung für die Integration Siebenbürgens in die Habsburgermonarchie, indem beide die Bedeutung Siebenbürgens für das Königreich Ungarn und die „gesamte Christenheit" hervorhoben[260]. Es sei viel einfacher, Ungarn von Siebenbürgen aus zu erobern, als aus Ungarn kommend Siebenbürgen. Außerdem hänge vom Schicksal Siebenbürgens nicht nur jenes der Moldau und Walachei, sondern auch das Polens, Mährens und Schlesiens ab[261]. Ferdinand und Martinuzzi versuchten die Umsetzung ihres Plans zu beschleunigen, da die internationalen Rahmenbedingungen ihr Vorhaben zu begünstigen schienen: Der Sultan war weiterhin durch seinen Krieg gegen Persien militärisch im Osten gebunden und der habsburgisch-osmanische Friedensvertrag von 1547 lief erst im Juni 1551 aus. Darüber hinaus konnten die Habsburger weiterhin auf das Wohlwollen des polnischen Königs zählen.

Martinuzzi und Ferdinand hatten den Beginn der Verhandlungen zum Abschluss eines Vertrages über den Übergang Siebenbürgens unter die Herrschaft der Habsburger auf den 27. April 1550 in Nyirbátor festgelegt. Dies musste jedoch vertagt werden, da es inzwischen zum vollkommenen Zerwürfnis zwischen Martinuzzi und der Königin Isabella gekommen war. Der Gespan des Komitates Temes, Peter Petrovics, wurde vom Sultan beauftragt, die wankelmütige Königin davon abzuhalten, sich mit König Ferdinand zu verbünden. Als Petrovics im September 1550 vom Sultan zum Statthalter Siebenbürgens ernannt wurde und sich Martinuzzi nun mit Petrovics die Macht hätte teilen müssen, war der Bischof entschlossen, eine baldige Entscheidung im Machtkampf mit seinen Gegnern herbeizuführen. Am 20. Januar 1551 erklärte Martinuzzi in Großwardein vor der Versammlung der Stände, dass Siebenbürgen nur von König Ferdinand vor den Begierden des Sultans gerettet werden könne. Am 16. Februar 1551 sandte Martinuzzi den Magnaten Gregor Bornemisza zu Ferdinand, um diesen zum sofortigen Handeln zu bewegen. Der Habsburger versuchte die Königin ein letztes Mal auf dem Verhandlungsweg dazu zu bringen, die Krone niederzulegen. Als Königin Isabella am 31. März 1551 dem habsburgischen Gesandten zu verstehen gab, dass sie ihr Land nicht an Ferdinand abtreten werde und dass dieser mit einem langen Krieg gegen den Sultan rechnen müsse, war Martinuzzi entschlossen, Isabella vor vollendete Tatsachen zu stellen[262].

---

258 Austro-Turcica, S. 543.

259 Austro-Turcica, S. 570, 578, 582, 589.

260 Die Habsburger waren unabhängig von der strategisch günstigen Lage des Landes vor allem aus wirtschaftlichen Gründen am Besitz Siebenbürgens sehr interessiert: Căzan 1997, S. 22–24.

261 Siehe das Schreiben Martinuzzis an Kaiser Karl V. vom 31. März 1551: Documente, Hurmuzaki, Vol. II/4, S. 533–534. Vgl. Feneşan 1997, S. 126.

262 Huber, S. 24–25.

2. Die Herrschaft der Habsburger in Siebenbürgen 1551–1556

Nachdem sich Martinuzzi die Unterstützung der siebenbürgischen Stände gesichert hatte, marschierten habsburgische Söldnertruppen unter Johann Baptista Castaldo, Markgraf von Cassano, in Siebenbürgen und in den ostungarischen Komitaten ein[263]. Klausenburg wurde am 1. Juni 1551 besetzt, die siebenbürgische Residenzstadt Weißenburg folgte am 7. Juni 1551. Bereits am 4. Juni huldigten die siebenbürgischen Stände König Ferdinand in Klausenburg. Da die Königin über keinen nennenswerten politischen Rückhalt verfügte, ergab sie sich ihren Gegnern widerstandslos. Am 14. Juni begannen in Mühlbach die Verhandlungen der Königin mit der habsburgischen Delegation[264]. Erst nachdem Castaldo der Königin versprochen hatte, sich für die Verlobung ihres Sohnes mit einer habsburgischen Prinzessin einzusetzen, stimmte Isabella einer Vereinbarung zu. Der Vertrag wurde am 19. Juli 1551 in Weißenburg[265] von Isabella und den habsburgischen Unterhändlern unterzeichnet[266].

Die Präambel der ersten Vertragsurkunde hob am Beispiel der osmanischen Besetzung Ofens die große Gefahr hervor, die von den „Türken" für Siebenbürgen, Ungarn und die „gesamte Christenheit" ausgehe und beschwor die Bestimmung des Königreichs Ungarn als „Vormauer der Christenheit". Königin Isabella *(Isabella, Dei gratia regina Hungariae, Dalmaciae, Croaciae etc.)* verzichtete, auch im Namen ihres minderjährigen Sohnes (*Joannis ducis filii nostri charissimi*), auf alle Hoheitsrechte Ungarn und Siebenbürgen betreffend (*regnum Hungariae et Transsylvaniae*), die sie an König Ferdinand (*R^{iae} M^{tis} Romanorum ac Hungariae, Bohoemiae, Dalmatiae, Croatiae etc.*)[267] und seine Nachkommen abtrat, damit die Länder der Christenheit erhalten blieben. Sollte König Ferdinand kinderlos sterben, waren Kaiser Karl V. und dessen Nachkommen erbberechtigt. Sollten beide Habsburger keine männlichen Erben haben, mussten Ungarn und Siebenbürgen an Johann Sigismund oder seine Erben fallen. Beim Fehlen männlicher Nachkommen auf beiden Seiten sollten die ungarischen Reichsstände vom Recht der freien Königswahl Gebrauch machen. Johann Sigismund Szapolyai, der bereits im Vertrag als „Herzog" tituliert wurde, musste den Titel eines Königs von Ungarn ablegen und die ungarische Königskrone an Ferdinand übergeben. Als Entschädigung erhielt er das schlesische Herzogtum Op-

263 Vgl. Căzan 2000, S. 194–203.

264 Die habsburgische Delegation bestand aus Markgraf Castaldo (*Joanne Baptista Gastaldo, marchione de Cassanno*), Ferdinands Sohn Maximilian (*Maximiliani regis Boëmiae in rebus bellicis locumtenente capitaneo generali*), Graf Thomas Nádasdy (*Thoma de Nadasd, libero domino terrae Fogaras, comite comitatus Castri Ferrei, iudice curiae*) und Graf Andreas Báthory (*Andrea de Bathor, comite comitatuum Zathmar et Zabolch, tavernicorum regalium magistro, capitaneis supremis*). Siehe den Wortlaut der von König Ferdinand erteilten Verhandlungsvollmachten vom 30. März 1551: Documente, Hurmuzaki, Vol. II/4, S. 531–534.

265 Weißenburg wurde erst 1715 in Karlsburg umbenannt. Vgl. Czettler, S. 95.

266 Wortlaut des Vertrages (Original) in: Gooss, S. 119–124.

267 Huber, S. 32, 38–40. Vor allem die Sachsen unter dem Hermannstädter Bürgermeister Peter Haller setzten sich für König Ferdinand I. ein: Gündisch 1998, S. 79–81. Vgl. Wagner 1976, S. 111–112.

peln als Lehen des Königs von Böhmen und jährliche Einkünfte in der Höhe von 25.000 Dukaten. Da sich das Herzogtum noch im Pfandbesitz des minderjährigen Georg Friedrich von Brandenburg befand, sollten die Königin und ihr Sohn bis zur Übergabe des Herzogtums die Stadt Kaschau mit sämtlichen Einnahmen erhalten. Als Entschädigung für den Zehnten des Jahres 1551 bekam Isabella für die Zeit ihres Kaschauer Aufenthalts aus den Einkünften des Graner Erzbistums oder des Erlauer Bistums 3.000 Gulden zugesprochen. Isabella sollte für das in den siebenbürgischen und ungarischen Festungen zurückgelassene Kriegsgerät durch Kriegsmaterial in Oppeln oder durch eine angemessene Geldsumme entschädigt werden.

In der am selben Tag unterzeichneten zweiten Vertragsurkunde wurde eine Entschädigung für jene 140.000 Goldgulden festgelegt, für die der verstorbene König Johann Szapolyai (*principis d^{ni} Joannis regis Hungariae, Dalmaciae, Croaciae etc.*) seiner Ehefrau Isabella Güter in Ungarn und Siebenbürgen verschrieben hatte. 50.000 Goldgulden sollten bis Weihnachten 1551, weitere 50.000 Goldgulden mit einer Verzinsung von 5 Prozent bis 1554 ausgezahlt werden. Für die restlichen 40.000 Goldgulden wurden Isabella die schlesischen Herzogtümer Münsterberg und Frankenstein verschrieben. Eine mögliche Auszahlung des Geldbetrages musste sie ein Jahr im Voraus bekannt geben[268].

In der dritten Vertragsurkunde wurden am 23. Juli 1551 zu Thorenburg zusätzliche Erläuterungen und Durchführungsbestimmungen zu den ersten beiden Urkunden festgehalten, da die Königin bezüglich der Formulierung einzelner Punkte Bedenken äußerte. Die Artikel über die Abtretung der schlesischen Herzogtümer wurden von Isabella neu formuliert. Als Termin der ersten von Ferdinand zu zahlenden Jahresrate (25.000 Dukaten) wurde der 1. November 1551 festgelegt. Schließlich wurden Regelungen zur finanziellen Absicherung eventueller Witwen oder Töchter Johann Sigismunds gefunden[269].

In fünf Versicherungserklärungen garantierten die habsburgischen Delegierten Georg Martinuzzi (*Fratrem Georgium, episcopum Waradiensem, thesaurarium et locumtenentum etc.*) seinen Besitz, seine weltlichen und geistlichen Ämter und sicherten ihm eine umfassende Amnestie zu[270].

Zwei Tage nach Vertragsunterzeichnung reiste die Königin nach Klausenburg und übergab am 21. Juli 1551 die ungarischen Krönungsinsignien, einschließlich der „Heiligen Krone", dem habsburgischen General Castaldo[271]. Gleichzeitig entband sie alle Untertanen vom Treueid, den sie auf die Königin und ihren Sohn Johann Sigismund geleistet hatten. Ihr treuster Gefolgsmann, Peter Petrovics, Gespan von

268 Wortlaut des Vertrags (Original) in: Gooss, S. 124–128.

269 Wortlaut der Erläuterungen (gleichzeitige Abschrift) in: Gooss, S. 128–130.

270 Wortlaut der Versicherungserklärungen (Original) in: Gooss, S. 130–136. Jörg Fisch unterstreicht, dass im Laufe des 16. Jahrhunderts explizite Bestimmungen zur Amnestie in den Friedensverträgen die Regel darstellten. Der Begriff *amnestia generalis* setzte sich europaweit erst im 17. Jahrhundert durch: Fisch, S. 92–96.

271 Über den Abschluss der Verhandlungen und die Übergabe der Krönungsinsignien an General Castaldo berichtete Martinuzzi aus Thorenburg Ende Juli 1551 an König Ferdinand: Documente, Hurmuzaki, Vol. II/4, S. 582–583.

Temes, gab die von ihm kontrollierten Gebiete im Tausch gegen das oberungarische Munkács auf[272]. Nachdem im August in Klausenburg die Verlobung Johann Sigismunds mit der Tochter Ferdinands, der Erzherzogin Johanna, gefeiert worden war, verließen Königin Isabella und der junge Szapolyai Siebenbürgen.

Mit der Ratifikation durch die ostungarischen und siebenbürgischen Stände, die zwischen dem 27. und 29. Juli 1551 in Klausenburg erfolgte, und jener König Ferdinands vom 18. Oktober 1551 konnte der Weißenburger Vertrag völkerrechtlich in Kraft treten[273]. Die Bestätigung der Vereinbarung durch die Stände machte den grundsätzlichen Charakter des Vertrages und dessen weitreichende Folgen deutlich. Erstmals seit 1538 war eine Wiedervereinigung der Länder der ungarischen Krone (allerdings ohne das osmanisch besetzte Gebiet) möglich geworden. Bemerkenswert ist, dass sich im Weißenburger Vertrag eine zwischen 1541 und 1551 staatsrechtlich ausgeformte Herrschaft de iure wieder auflöste. Es handelte sich um eine Übereinkunft zweier Könige, die bis zu diesem Zeitpunkt den gleichen Rechtsanspruch auf die Herrschaft über das de iure nicht untergegangene Königreich Ungarn erhoben. Nun hatte ein König, Johann Sigismund Szapolyai, seinen Anspruch einseitig zurückgenommen und sich der anderen Seite unterworfen. König Ferdinand integrierte nun die ostungarischen Komitate in das Verwaltungssystem des habsburgisch beherrschten Ungarn, Siebenbürgen erhielt seine Autonomie als Woiwodschaft innerhalb des Königreichs Ungarn zurück, so wie sie vor 1526 bestanden hatte. Die Wiedereinführung der alten Woiwodenwürde in Siebenbürgen führte dazu, dass sie nahezu automatisch von Martinuzzi beansprucht wurde[274]. Darüber hinaus wurden Martinuzzi als Dank für seine Hilfestellung bei der Herrschaftsübernahme der Habsburger wichtige kirchliche Ämter verliehen. Auf Empfehlung König Ferdinands ernannte ihn der Papst am 12. Oktober 1551 zum Kardinal und Erzbischof von Gran (Esztergom) und damit zum Primas von Ungarn[275]. Kurz davor, am 7. September 1551, hatte Martinuzzi gegenüber dem Papst den Übergang Siebenbürgens von den – ebenfalls katholischen – Szapolyais zum „deutschen König" damit gerechtfertigt, dass die Osmanen zusammen mit den Woiwoden der Moldau und Walachei Siebenbürgen besetzen und die Königsfamilie an die Hohe Pforte verschleppen wollten. Nur die beherzte Verteidigung des Landes durch die siebenbürgischen Truppen hätten Verwüstungen durch die fremden Heere verhindert. Siebenbürgen genieße nun den schon lange benötigten Schutz eines Herrschers, der die Religion und die Interessen des Landes besonders teile[276].

Parallel zur staatsrechtlichen Umgestaltung Siebenbürgens begann Ferdinand mit dem Ausbau der Befestigungsanlagen der siebenbürgischen Städte und Burgen. Darüber hinaus forderte er von seinen Kommissaren regelmäßige Berichte über die Durchführung der in Angriff genommenen Verwaltungs- und Finanzreformen, die

272 Huber, S. 34.
273 Gooss, S. 114, 118, 137, 142.
274 Huber, S. 35.
275 Vgl. Căzan 2000, S. 200–201. Vgl. Pop 2009, S. 242.
276 Documente, Hurmuzaki, Vol. II/4, S. 608–611.

auch das Berg- und Hüttenwesen, das Zoll- und Münzwesen sowie die Landwirtschaft betrafen. Ziel war es, die Einkünfte des Herrschers spürbar zu steigern, um die nötigen militärischen Einheiten bezahlen zu können, die den zu erwartenden osmanischen Ansturm aufhalten sollten. Um seine innenpolitische Akzeptanz zu erhöhen, bestätigte Ferdinand die Privilegien der Szekler und Sachsen[277].

Allerdings musste sich König Ferdinand die Macht in Siebenbürgen mit dem politisch allgegenwärtigen Martinuzzi teilen. Auch vor den auswärtigen Beziehungen, ein Prärogativ des Herrschers, machte der Kirchenfürst nicht halt. Als besonders problematisch erwies es sich, dass Martinuzzi, ohne das Wissen der Habsburger, seine diplomatischen Kontakte zur Hohen Pforte reaktivierte. Unter Ausnutzung innerosmanischer Meinungsverschiedenheiten gelang es dem geschickten Taktiker im Herbst 1551, einen osmanischen Großangriff auf die Partes zu verhindern[278]. Seine riskante Schaukelpolitik und undurchschaubare Geheimdiplomatie zogen Martinuzzi aber zunehmend das Misstrauen der prohabsburgischen Partei in Siebenbürgen zu. Vor diesem Hintergrund streuten seine innenpolitischen Feinde und der habsburgische General in Siebenbürgen, Markgraf Castaldo, das Gerücht, Martinuzzi sei auf die Seite des osmanischen Großwesirs Rüstem Pascha gewechselt. Unter diesen Umständen bevollmächtigte König Ferdinand seinen General Castaldo, Martinuzzi im Falle von Hochverrat töten zu lassen. Castaldo zögerte nicht lange und ließ Martinuzzi am 17. Dezember 1551 auf dessen Schloss Winz vom Söldnerführer Sforza Pallavicini ermorden[279]. Die Macht in Siebenbürgen verteilte König Ferdinand auf General Castaldo und den neu ernannten Woiwoden Andreas Báthory (1552–1553). Letzterem folgten 1553–1556 Stefan Dobó und Franz Kendi im Amt[280].

Die Ermordung des frisch gekürten siebenbürgischen Kardinals schockierte die Kurie. Dieser Zwischenfall führte zu einer der schwersten Krisen zwischen dem Wiener Hof und dem Kirchenstaat. Der Papst exkommunizierte König Ferdinand und die am Mord beteiligten Soldaten, worauf das gesamte Haus Österreich massive diplomatische Schritte unternahm, um diese Maßnahme rückgängig zu machen. Die nach Rom befohlenen Gesandten des Königs, der Bischof von Agram, Paul Gregoriánc sowie Don Diego Lasso beteuerten die Unschuld des Königs und legten in ausführlichen Petitionen dar, mit welchem Doppelspiel Martinuzzi die Christen getäuscht habe, da er in ständigem Kontakt mit dem Sultan gestanden habe. Ihm gegenüber habe er sich unterworfen, um zusammen mit dem Osmanischen Reich eine Großoffensive gegen die Christenheit zu führen. Die Kurie vernahm Dutzende Zeugen in dieser Angelegenheit in Graz, Wien, Wiener Neustadt, Ödenburg und in Siebenbürgen, die beteuerten, dass Ferdinand und seine Soldaten in gutem Glauben gehandelt hätten. Nach intensivem Studium der erstellten Akten nahm der Heilige Vater am 12. Februar 1555 die Exkommunikationen zurück, zu einem Zeitpunkt,

277 Butnariu 2004, S. 107.
278 Huber, S. 519–520. Austro-Turcica, S. 612, 614, 532–533.
279 Ausführliche Schilderung in: Huber, S. 54–60.
280 Barta 1990, S. 254–255.

an dem die Habsburger in Deutschland unter dem massiven Druck der mit Frankreich verbündeten protestantischen Reichsfürsten standen[281].

Inzwischen beanspruchten die entthronten Szapolyais die Aufmerksamkeit des ungarischen Königs. Nachdem Isabella mit ihrem Sohn Siebenbürgen im August 1551 verlassen hatte, nahm sie vertragsgemäß die Stadt Kaschau solange in Besitz, bis das Herzogtum Oppeln den Szapolyais übergeben werden konnte. Von Kaschau aus bemühte sich Isabella um eine Sonderautonomie für die ihr und ihrem Sohn zugesprochenen schlesischen Herzogtümer. Da Ferdinand diese Bitte ablehnte, die schlesischen Herzogtümer Münsterberg und Frankenstein sich in einem schlechten Zustand befanden und Ferdinand mit seinen Zahlungen an die Szapolyais in Rückstand geriet, protestierte Isabella offen gegenüber Wien. Ferdinand bemühte sich bei Isabella erst am 13. Dezember 1551 um die Begleichung seiner Schulden. Im neuen Jahr konnten Isabella und ihr Sohn endlich das versprochene Herzogtum Oppeln in Besitz nehmen; sie übergaben am 27. Januar 1552 Kaschau Ferdinands Gefolgsleuten. Da sich auch das Herzogtum Oppeln aus Sicht der Szapolyais als sehr verwahrlost herausstellte, zog Isabella im Frühjahr 1552 zu ihrer Mutter, der polnischen Königinwitwe Bona, ins polnische Piotrków[282].

Um die geringen Einnahmen Oppelns auszugleichen, versprach Ferdinand den Szapolyais auch das schlesische Herzogtum Ratibor. Im August 1552 kam er auch dem Wunsch Isabellas entgegen, die noch ausstehende Huldigung Johann Sigismunds als Herzog von Oppeln gegenüber Ferdinand in seiner Eigenschaft als König von Böhmen und Herzog von Schlesien aufzuschieben. Allerdings lehnte Ferdinand erneut die Forderung Isabellas ab, ihrem Sohn eine Sonderstellung unter den schlesischen Herzögen zukommen zu lassen. Ferdinand und Isabella verständigten sich darauf, eine gemischte Kommission nach Oppeln zu entsenden, um die Erträge des Herzogtums festzustellen. Kurz darauf einigte sich Isabella mit den habsburgischen Kommissaren in Krzepice in allen strittigen Punkten.

Zum Jahresbeginn 1553 wies Ferdinand seinen Vertrauten Friedrich von Redern an, im Gespräch mit Isabella herauszufinden, ob sie Pläne zur Rückkehr nach Siebenbürgen hege. Redern berichtete Ferdinand am 6. März 1553, dass Isabella zugegeben habe, dass die Hohe Pforte und ihre Anhänger in Siebenbürgen sie zur Rückkehr aufgefordert hätten, sie dazu aber keine Stellung bezogen habe. Um Isabella zufriedenzustellen und von einer Rückkehr nach Siebenbürgen abzuhalten, übergab ihr Ferdinand das schlesische Herzogtum Ratibor am 7. April[283] und verfasste am 24. April 1553 in Ödenburg eine Deklaration in deutscher Sprache, in der er die noch ausstehenden Zahlungsmodalitäten festlegte. Demnach sollten die Szapolyais mit Lehnsgütern in den schlesischen Herzogtümern Sagan, Priebus und Naumburg, die einen Jahresertrag von 5.000 Gulden erbrachten, entschädigt werden[284].

281 Molnár 2004, S. 202–204.
282 Căzan 2000, S. 196.
283 Der Text des Übergabevertrages ist nicht erhalten geblieben: Gooss, S. 136–140.
284 Wortlaut der Deklaration (gleichzeitige Abschrift) in: Gooss, S. 142–144.

Im Gegenzug forderte Ferdinand im Juni 1553 von Isabella, je ein Schreiben an die Stände Siebenbürgens und an den Sultan aufzusetzen, in denen sie mit Verweis auf den Weißenburger Vertrag von 1551 ihren immerwährenden Verzicht auf Ungarn und Siebenbürgen bekräftigen sollte. Damit sollten Gerüchten über eine Rückkehr Isabellas und ihres Sohnes nach Siebenbürgen der Boden entzogen und eine Einigung Ferdinands mit dem Sultan auf der Grundlage des Status quo ermöglicht werden. Am 17. Juli 1553 erklärte sich Isabella gegenüber den habsburgischen Kommissaren dazu bereit, aber nur unter der Bedingung, dass ihre bestehenden finanziellen Ansprüche befriedigt würden, u. a. durch Entschädigungen für die in Ungarn und Siebenbürgen zurückgelassene Artillerie. Einen Tag später, am 18. Juli, gaben in Źarki bei Krakau die habsburgischen Gesandten eine entsprechende Deklaration ab[285]. Erst nachdem sich Ferdinand im Sinne dieser Deklaration am 28. Juli 1553 schriftlich verpflichtet hatte, Isabellas finanzielle Forderungen zu erfüllen, übergab Isabella die beiden von ihr geforderten Schreiben[286].

Die beiden Briefe beeindruckten jedoch weder die siebenbürgischen Stände noch den Sultan besonders nachhaltig. Obwohl die osmanische Hauptstreitmacht durch den Krieg gegen Persien im Osten gebunden war, nahmen die lokalen osmanischen Einheiten des Ofener Paschas einen kleinen Grenzkrieg gegen die von den Habsburgern beherrschten Teile Ungarns auf, wozu seit 1551 auch die Partes und Siebenbürgen gehörten. Bereits im Herbst 1551 gelang den osmanischen Truppen die Einnahme der Festungen Arad und Lippa. Ein Jahr später folgte u. a. die bedeutende Festung und Stadt Temeswar, deren Umland in eine neue osmanische Provinz umgewandelt wurde. Da sie keine gemeinsame Grenze zum osmanischen Verwaltungsgebiet hatte, wurde die Woiwodschaft Siebenbürgen davon nicht direkt betroffen. Allerdings begann der Sultan, den politischen Druck auf die Stände Siebenbürgens allmählich zu erhöhen, mit dem Ziel, einen antihabsburgischen Aufstand auszulösen.

Mitte Februar 1552 bestätigte der Sultan die Verleihung Ungarns und Siebenbürgens an Johann Sigismund, und er befahl dem ehemaligen Oberkommandierenden Siebenbürgens, Peter Petrovics, Siebenbürgen wieder für die Szapolyais in Besitz zu nehmen[287]. Darüber hinaus forderte er die siebenbürgischen Stände auf, die „deutschen Truppen" zu vertreiben und König Johann die Treue zu halten, sonst werde „in Siebenbürgen kein Stein auf dem anderen bleiben"[288]. Zum Ende desselben Jahres (zwischen dem 15. und 17. Dezember 1552) schrieb Sultan Süleyman aus Konstantinopel (osmanisch *Qosṭanṭinīye*) an die „Vornehmen der christlichen Glaubensgemeinschaft [...] der Ungarn, Sachsen und Szekler im Land Siebenbürgen". Er ermahnte die siebenbürgischen Stände, ihren „Vertrag" mit ihm einzuhalten, sie sollten „die Österreicher, die Aufrührer sind, hinauswerfen", seine Befehle befolgen

285 Wortlaut der Deklaration (gleichzeitige Abschrift) in: Gooss, S. 146–147.
286 Wortlaut der Versicherungserklärung (Reinschrift mit Unterschrift Ferdinands, ohne Siegel) in: Gooss, S. 147–149.
287 Butnariu 2004, S. 108.
288 Káldy-Nagy, S. 203.

und den jährlichen Tribut zahlen. Er sei bereit, ihnen als seine „Untertanen und Diener“ Schutz vor den osmanischen Truppen zu gewähren und den aus ihren Reihen gewählten „Woiwoden“ anzuerkennen. Sollten die Stände jedoch weiterhin in „List und Tücke“ verharren und die „Österreicher“ nicht vertreiben, dann werde Siebenbürgen durch die „siegreichen Truppen“ des Sultans das Schicksal Ungarns erleiden. „Eure Entschuldigung wird dann nichts nützen“, betonte der Sultan[289]. Am 27. Dezember desselben Jahres unterstrich der Sultan in einem Schreiben an die „Richter von Zīben [Hermannstadt] und Bege und Vornehme des Landes Siebenbürgen“, dass er in einem „großherrlichen Befehlsschreiben“ den König von Polen verständigt habe, er solle den „Königssohn“ Johann Sigismund unverzüglich über Polen oder über das Osmanische Reich nach Siebenbürgen zurückschicken. Die Angesprochenen sollten ihn als „König über das Land Siebenbürgen“ anerkennen und ihm nach altem Brauch dienen[290].

Einen ersten Erfolg erzielte die Hohe Pforte mit ihrer politischen Strategie 1553, als es ihr gelang, in Siebenbürgen einen antihabsburgischen Aufstand anzuzetteln. Die auf osmanische und französische Hilfe hoffenden Anhänger der Szapolyais in Siebenbürgen wurden allerdings von den Truppen General Castaldos und jenen des siebenbürgischen Woiwoden rasch besiegt, der Aufstand konnte niedergeschlagen werden[291]. Zwar gaben die Habsburger die immense Summe von 600.000 Gulden jährlich für die Unterhaltung ihrer Söldnerarmee aus, sie lehnten es aber ab, diese außerhalb Siebenbürgens einzusetzen, da sie deren Verlust im Kampf mit den Osmanen fürchteten[292]. Aus diesem Grund konnten die Osmanen auch 1553–1555 die Eroberung wichtiger habsburgischer Grenzfestungen in Ungarn fortsetzen[293]. Süleyman erhöhte merklich den Druck in Ungarn, nachdem es ihm am 29. Mai 1555 gelungen war, den Frieden von Amasya mit dem persischen Safaviden-Reich zu schließen. Das Ende der Kämpfe an der persischen Front machte jede Hoffnung der Habsburger auf eine vertragliche Absicherung des Status quo in Siebenbürgen zunichte, zumal die Friedensverträge Venedigs und Polens mit dem Sultan die Habsburgermonarchie zusätzlich isolierten.

Darüber hinaus gelang es dem Sultan, seine Vasallen, die Woiwoden der Moldau und Walachei, gegen die Habsburger in Siebenbürgen einzusetzen. Mit „Strafexpeditionen“ sollten sie plündernd und brandschatzend Chaos anrichten und damit die habsburgische Herrschaft im Karpatenbogen untergraben. Die ersten Einfälle walachischer und moldauischer Truppen erfolgten noch während des Machtkampfes zwischen Königin Isabella und Martinuzzi 1550 und hatten das Ziel, die prohabs-

289 Osmanisch-türkische Dokumente, Teil 2, S. 39–41. Vor allem die Städte der Sachsen wurden aufgefordert, nicht mehr die „Österreicher“ zu unterstützen, da sie sonst gebrandschatzt und zerstört würden: Ebenda, S. 28–38, 41–42, 46–47.

290 Ebenda, S. 41–42.

291 Feneşan 1997, S. 152–155.

292 In Siebenbürgen konnte Ferdinand nur etwa 30.000 Szekler und jeweils 20.000 Mann des ungarischen Adels und der Sachsen ausheben lassen: Căzan 2000, S. 203.

293 Die Eroberung von Fülek im Jahr 1554 durch die Osmanen rief ein großes öffentliches Echo hervor. Ausführlich: Köhbach 1994, Eroberung von Fülek.

burgische Fraktion in Siebenbürgen zu schwächen. Diese Angriffe konnten noch in Karpatennähe von den Szeklern bzw. vom siebenbürgischen Heerführer Johann Kendi zurückgeschlagen werden[294]. Nach der Machtübernahme der Habsburger in Siebenbürgen versuchten sowohl König Ferdinand als auch Sultan Süleyman, die Woiwoden der Moldau und Walachei durch Versprechungen und Drohungen für ihre Interessen zu instrumentalisieren. Gelang dies nicht, versuchten Wien und Konstantinopel durch Gewalt und Intrigen, missliebige Woiwoden durch Parteigänger der jeweiligen Seite zu ersetzen[295]. Im Juli 1551 wies König Ferdinand seine Statthalter in Siebenbürgen an, mit den beiden benachbarten Woiwoden Bündnisse zu schließen, um seine Herrschaft über Siebenbürgen im Osten und Süden abzusichern[296].

Als Folge betrieben die meisten Woiwoden eine Schaukelpolitik zwischen Habsburgern und Osmanen, wie zum Beispiel der Woiwode der Moldau, Stefan Rareş[297]. Er bot den Habsburgern noch im Mai 1552 ein Bündnis gegen das Osmanische Reich an, leistete aber bereits im Juni 1552 dem Befehl des Sultans Folge und unternahm einen Feldzug nach Siebenbürgen, dessen östlicher Landesteil geplündert wurde[298]. Der Oberbefehlshaber der habsburgischen Truppen in Siebenbürgen, General Castaldo, organisierte daraufhin dessen Absetzung. Am 1. September 1552 ermordeten moldauische Bojaren im Auftrag Castaldos Stefan Rareş in dessen Zelt[299].

Die prohabsburgische Bojarenfraktion hob Alexandru Lăpuşneanu auf ihren Schild, der mit Billigung König Ferdinands als neuer Woiwode der Moldau installiert wurde. Als Dank versprach Lăpuşneanu den Habsburgern, sich an deren Kampf gegen die Osmanen zu beteiligen. Am 30. Oktober 1552 bat ein moldauischer Gesandter im siebenbürgischen Mühlbach General Castaldo um militärische Hilfe gegen die Osmanen. Da sämtliche habsburgische Truppen in der Region entweder in Ungarn oder in Siebenbürgen gebunden waren, konnte Castaldo auf diese Bitte nicht eingehen. Bald gab sich Lăpuşneanu Rechenschaft, dass die militärische Kraft der Habsburger nicht ausreichen werde, um das gesamte Ungarn zu erobern, um damit auch ihre Herrschaft in Siebenbürgen abzusichern[300]. Folglich unterwarf sich der Woiwode bereits im Dezember 1552 dem Sultan, der seine Herrschaft bestätigte, wodurch der Plan Ferdinands, bald ein Bündnis mit der Moldau abzuschließen,

---

294 Tătar 2001, S. 156.

295 Ausführlich zur Außenpolitik der Moldau und Walachei zwischen 1551 und 1556: Căzan 1997, S. 8–15.

296 Brief Ferdinands an Thomas Nádasdy vom 1. Juli 1551: Documente, Hurmuzaki, Vol. II/1, S. 265.

297 Sein Bruder Iliaş, der 1546–1551 regierte, fiel beim Sultan in Ungnade, wurde im Frühjahr 1551 von osmanischen Truppen festgenommen und in einer Festung des Sultans inhaftiert, wo er zum Islam übertrat. Im Mai 1551 wurde Stefan Rareş vom Sultan als Woiwode der Moldau eingesetzt, nachdem er den Jahrestribut an die Hohe Pforte erhöht hatte. Darüber berichtete am 10. August 1551 der französische Gesandte in Venedig, Odet de Selve, an König Heinrich II.: Documente, Hurmuzaki, Vol. I, Suppl. 1, S. 7.

298 Siehe die Berichte über die Streifzüge der moldauischen Truppen 1552: Documente, Hurmuzaki, Vol. II/1, S. 279–281, 314–316.

299 Căzan 1997, S. 8–9. Vgl. Ciobanu 1985, S. 198–203.

300 Căzan 1997, S. 10–12.

vollkommen scheiterte[301]. Diese Lage veränderte sich nicht, da Alexandru Lăpuşneanu auch in den folgenden Jahren konsequent seine proosmanische Politik weiterverfolgte[302].

Diese Erfahrung musste König Ferdinand zu einer Zeit machen, als er bereit war, für die Herrschaft in Siebenbürgen den traditionellen Jahrestribut an den Sultan zu entrichten. Da der Sultan diese Lösung kategorisch ablehnte, reiste der von Ferdinand eingesetzte Woiwode von Siebenbürgen, Stefan Dobó, am 15. März 1554 an der Spitze einer Delegation der siebenbürgischen Stände in die Moldau, um Alexandru Lăpuşneanu zu bitten, sich bei der Hohen Pforte für den von Ferdinand vorgeschlagenen Kompromiss einzusetzen[303]. Nach eigenen Angaben wurden die Mitglieder der habsburgisch-siebenbürgischen Delegation am 11. April in Suceava vom Woiwoden mit so beleidigenden Schimpfworten empfangen, wie sie es selbst am Hofe des Sultans noch nie erlebt hätten. Lăpuşneanu habe dem Weißenburger Vertrag von 1551, der die Herrschaftsübernahme Ferdinands in Siebenbürgen regelte, jedes legale Fundament abgesprochen. Der Woiwode habe Ferdinand vorgeworfen, den legitimen Erben Siebenbürgens, Johann Sigismund, in die entwürdigende Lage gebracht zu haben, im polnischen Exil vor dem Sejm seinen Onkel, den König von Polen, bitten zu müssen „im Namen des unsterblichen Gottes, ihm nicht die Königswürde abzusprechen". Außerdem habe ein Teil des ungarischen Adels sowie die „sehr mächtigen Könige Frankreichs, Englands und Polens" den „rechtmäßigen König" Johann Sigismund anerkannt. Der Woiwode betonte, dass die Stände Siebenbürgens unbedingt die Regierung der Szapolyais wiederherstellen müssten, da der Sultan geschworen habe, keinen anderen als Johann Sigismund als Herrscher zu akzeptieren und niemals den Tribut aus den Händen Ferdinands zu empfangen. Falls diese Forderungen nicht erfüllt würden, werde der Sultan Siebenbürgen dem Erdboden gleichmachen, zumal König Ferdinand nicht in der Lage sei, das Land zu verteidigen. Außerdem werde er persönlich in Siebenbürgen einfallen, um zu sehen, ob die Woiwoden Siebenbürgens in der Lage seien, sich ihm entgegenzustellen. Der Woiwode der Moldau werde erst für Ferdinand an der Hohen Pforte vermitteln, wenn er die Rückkehr der Szapolyais in die Wege geleitet habe. „Entgegen aller Völkerrechte und vorhergegangenen Verpflichtungen, in denen er Treue gelobte", wie sich die Gesandten ausdrückten, habe Lăpuşneanu einen der drei Bevollmächtigten, Peter Gerendi, als Geisel an seinem Hofe behalten[304]. Am 1. Juni 1554 bekräftigte Alexandru Lăpuşneanu seinen Standpunkt, indem er die siebenbürgischen Woiwoden Stefan Dobó und Franz Kendi aufrief, sich der Herrschaft Johann Sigismund Szapolyais zu unterwerfen und dessen Rückkehr nach Siebenbürgen vorzubereiten[305]. Ferdin-

301 Brief Ferdinands an Castaldo vom 6. Dezember 1552: Documente, Hurmuzaki, Vol. II/1, S. 308–309.

302 Documente, Hurmuzaki, Vol. II/1, S. 309–310, 314–316. Vgl. Stoy 1992, S. 307–308.

303 Căzan 1997, S. 12–13.

304 Monumenta Comitialia Regni Transylvaniae, Bd. I, S. 507–512, 530–531. Vgl. Documente, Hurmuzaki, Vol. II/5, S. 178–181.

305 Documente, Hurmuzaki, Vol. II/1, S. 326–329.

and blieb nun nichts anderes übrig, als im Oktober 1554 eine eigene Gesandtschaft nach Konstantinopel zu schicken, die mit der Hohen Pforte auf der Grundlage des Status quo einen Frieden aushandeln und vom Sultan das Versprechen erbitten sollte, die Einfälle der moldauischen und walachischen Truppen nach Siebenbürgen für den Zeitraum der Verhandlungen auszusetzen[306]. Die Reise erbrachte nicht die von Ferdinand gewünschten Ergebnisse, sodass die siebenbürgischen Woiwoden im November 1555 dem in der Moldau internierten Gesandten Gerendi hilflos schrieben, sie hätten die in Siebenbürgen gefangen gehaltenen Moldauer freigelassen und hofften nun auf seine Freilassung[307].

Einen ähnlichen Verlauf nahmen die habsburgisch-siebenbürgischen Beziehungen zur Walachei. Mit Hilfe der Habsburger gelang es dem Bojaren Radu Ilie im November 1552, den seit 1545 regierenden proosmanischen Woiwoden Mircea Ciobanul aus der Walachei zu vertreiben[308]. Als Gegenleistung schwor Ilie, dessen gesamter Rat aus Bojaren gebildet wurde, die aus dem siebenbürgischen Exil zurückgekehrt waren, dem ungarischen König Treue. Bevor ein Bündnisvertrag zwischen König Ferdinand und dem neuen Woiwoden der Walachei zustande kommen konnte, wurde Radu Ilie im Mai 1553 wieder von Mircea Ciobanul vertrieben, der aus dem Exil zurückkehrte[309]. Doch Mircea Ciobanul konnte sich ebenfalls nicht lange an der Macht halten und wurde bereits im Frühjahr 1554 durch Pătraşcu cel Bun vertrieben, dem es gelang, den in der Walachei tobenden Bürgerkrieg zwischen Zentralmacht und Feudalherren zu beenden und die Exilanten aus Siebenbürgen zur Rückkehr zu bewegen.

Ferdinand hoffte nun, mit diesem auf einen politischen Ausgleich bedachten Herrscher, zu dem Stefan Dobó freundschaftliche Beziehungen aufbauen konnte, ein Bündnis schließen zu können. Im August 1554 schrieb Ferdinand an seine beiden siebenbürgischen Woiwoden, Dobó und Kendi, sie sollten in ihren Bemühungen fortfahren, mit Pătraşcu cel Bun einen Friedens- und Freundschaftsvertrag abzuschließen. Der Woiwode habe sich bereit erklärt, an der Hohen Pforte im Namen

---

306 Documente, Hurmuzaki, Vol. II/5, S. 249–267. Eine Unterbrechung der Einfälle der moldauischen und walachischen Truppen in Siebenbürgen in Konstantinopel zu erreichen, war dem aus Kronstadt stammenden Johann Vegh im Mai 1554 nicht gelungen: Documente, Hurmuzaki, Vol. XI, S. 49. Auch ab dem Sommer 1554 bis ins Jahr 1555 forderte die habsburgische Seite von den Osmanen die Zusicherung, dass während der Friedensverhandlungen mit dem Sultan die osmanischen Grenztruppen sowie die Woiwoden der Moldau und Walachei nicht in Siebenbürgen einfallen sollten. Der Pascha von Ofen verpflichtete sich 1554, diesem Wunsch zu entsprechen: Documente, Hurmuzaki, Vol. II/1, S. 330–331, 334–335, 339, 344–345.

307 Documente, Hurmuzaki, Vol. II/5, S. 297. Auch die Versammlung der siebenbürgischen Stände in Neumarkt am Miersch forderte am 23. Dezember 1555 die Freilassung Gerendis: Documente, Hurmuzaki, Vol. II/5, S. 325–326.

308 Mircea Ciobanul forderte 1551/1552 die siebenbürgischen Stände, insbesondere die Sachsen, mehrmals auf, sich dem Sultan zu unterwerfen: Documente, Hurmuzaki, Vol. II/1, S. 276–277, 286–287, 296–297, 308–309, 311, 314–316. Vgl. Căzan 1997, S. 9–11.

309 Am 13. Januar 1553 berichtete Castaldo nach Wien, es seien Gerüchte entstanden, der walachische Woiwode Radu Ilie plane, Siebenbürgen unter seine Herrschaft zu bringen: Documente, Hurmuzaki, Vol. II/1, S. 316–317.

Ferdinands die Entgegennahme des siebenbürgischen Jahrestributs zu erbitten. Außerdem habe Pătraşcu cel Bun versprochen, sich für eine Verständigung mit dem Woiwoden der Moldau, Lăpuşneanu, einzusetzen und eine Freilassung des siebenbürgischen Gesandten Peter Gerendi zu vermitteln. Sollte es nicht möglich sein, einen Bündnisvertrag mit der Walachei abzuschließen, so sollten Dobó und Kendi dem Woiwoden das Versprechen abringen, sein Heer nicht mit jenem des Sultans zu vereinen und die Habsburger vor osmanischen Angriffsvorbereitungen zu warnen[310].

Der anvisierte Bündnisvertrag kam nicht zustande, da sich auch Pătraşcu cel Bun Rechenschaft über die militärische Schwäche der Habsburger in Ungarn und Siebenbürgen gab. Mehr als die Habsburger fürchtete er die Rückkehr Mircea Ciobanuls aus dem osmanischen Exil. Um diese zu verhindern, betrieb Pătraşcu cel Bun eine Außenpolitik im Fahrwasser der Hohen Pforte[311]. Am 23. Mai 1555 warnte er den Kronstädter Stadtrichter Benkner und seinen Stadtrat vor der Macht des Sultans. Er wies darauf hin, dass ihr niemand widerstehen könne, und wenn es in Siebenbürgen nach einer osmanischen Invasion keine christlichen Herren mehr gäbe, sondern nur noch osmanische Garnisonen, dann werde auch die Walachei zu einer osmanischen Provinz und beide Länder wären für die Christenheit verloren. Obwohl er sich der Macht des Sultans beugen müsse, wolle er dennoch die Treue und Freundschaft zum Kronstädter Stadtrichter unter keinen Umständen brechen, sondern bis zum eigenen Tode aufrechterhalten[312]. Sechs Tage nachdem Pătraşcu cel Bun diesen Brief verfasst hatte, schien das von ihm Befürchtete seinen Lauf zu nehmen. Am 29. Mai 1555 schloss Sultan Süleyman Frieden mit Persien und gewann damit seine Handlungsfreiheit in Europa zurück. Nun erhöhte er den Druck auf die Woiwoden der Moldau und Walachei, in Siebenbürgen einzufallen.

Ähnlich wie im Falle der Moldau und Walachei konnten die Habsburger auch bei ihrem nördlichen Nachbarn Polen-Litauen nicht mit einer Unterstützung ihrer Siebenbürgen-Politik rechnen. Bereits am 20. Juli 1551 schrieb Ferdinand an Martinuzzi, dass Polen nicht die Moldau besetzen könne, um den habsburgischen Einmarsch in Siebenbürgen abzusichern, da der König von Polen seinen Friedensvertrag mit dem Sultan einzuhalten gedenke[313]. Fast zeitgleich rügte der Sultan jedoch den polnischen König: Er habe den habsburgischen Truppen den Einmarsch nach Siebenbürgen über polnisches Gebiet gestattet. Süleyman forderte ihn auf, den „perversen Versprechungen der Deutschen" keinen Glauben zu schenken und stattdessen seine Schwester Isabella und seinen Neffen Johann in Siebenbürgen zu unterstüt-

310 Ferdinand an die siebenbürgischen Woiwoden Stefan Dobó und Franz Kendi, Prag, 25. August 1554: Documente, Hurmuzaki, Vol. II/5, S. 241–242. Vgl. Căzan 1997, S. 12–13.

311 Soporan, S. 283.

312 Andreescu 1980, S. 119, 200. Vgl. Ionaşcu/Bărbulescu/Gheorghe 1975: S. 85. Vgl. Nano 1938, S. 35. Vgl. Feneşan 1997, S. 124.

313 Documente, Hurmuzaki, Vol. II/4, S. 576–577. Dennoch bemühte sich Ferdinand weiter um polnische Hilfe, auch um gegen den antihabsburgisch eingestellten Woiwoden der Moldau vorgehen zu können: Ferdinand an Martinuzzi, Wien, 14. August 1551: Documente, Hurmuzaki, Vol. II/4, S. 595–596.

zen[314]. In den folgenden Jahren wiederholte der Sultan seine Appelle an den polnischen König, das „Bündnis" mit König Ferdinand nicht mehr zu „respektieren" und stattdessen die Rückkehr seiner Schwester nach Siebenbürgen zu ermöglichen[315]. Gegenüber Ferdinand gab König Sigismund August nur das Versprechen ab, sich nicht in die siebenbürgischen Angelegenheiten einzumischen. Dennoch hatte Ferdinand – nach mehreren 1552 und 1553 unternommenen Versuchen – Erfolg bei seinem Vorhaben, über eine Intervention des Königs von Polen die im polnischen Exil lebende ehemalige Königin Isabella dazu zu bewegen, gegenüber der Hohen Pforte eine ausdrückliche Verzichtserklärung bezüglich aller ihrer Ansprüche auf den ungarischen Thron abzugeben[316]. Allerdings schrieb Isabella im Herbst 1554 dem Sultan, dass sie diese Erklärung nur aufgrund des von ihrem Bruder ausgeübten Druckes abgegeben habe. Die Erklärung stehe jedoch im Widerspruch zu ihren eigentlichen Interessen, weshalb sie den Sultan bitte, ihr weiterhin gnädig zu sein und sie zu unterstützen[317]. Trotz ihrer wohlwollenden Neutralität gegenüber ihrer Schwester bzw. Tochter Isabella, scheiterten der polnische König Sigismund August und seine Mutter, Königin Bona, 1554–1556 mit ihren Versuchen, einen Ausgleich zwischen den Interessen Ferdinands und Isabellas herbeizuführen[318].

An diesem Scheitern hatte auch die französische Diplomatie einen gewissen Anteil, die jede Verständigung zwischen den Habsburgern und den Szapolyais zu unterbinden trachtete. Regelmäßig berichteten die französischen Gesandten zwischen 1551 und 1556 aus Konstantinopel und Venedig – durch das die Kommunikationslinien zwischen Paris und dem Orient verliefen – über die Aufforderungen des Sultans an die siebenbürgischen Stände, unter seine Herrschaft zurückzukehren, sowie über die Anordnungen der Hohen Pforte an die Woiwoden der Moldau und Walachei, den osmanischen Truppen bei der Vertreibung der Habsburger aus Siebenbürgen behilflich zu sein, um die Rückkehr der Szapolyais vorzubereiten[319]. Französische Diplomaten beschränkten sich aber nicht nur auf die Berichterstattung über die antihabsburgischen Aktionen der Hohen Pforte, sondern griffen aktiv in das Geschehen ein, sowohl im Exil der Szapolyais als auch in Siebenbürgen selbst. Am 13. September 1554 ließ der französische König Heinrich II. der ehemaligen Königin Isabella ein Schreiben zukommen, in dem er ihr seine volle Unterstützung zusicherte, auch an der Hohen Pforte. Er beschwor die freundschaftlichen Beziehungen, die sein Vater Franz I. zu ihrem Ehemann Johann Szapolyai unterhalten hatte. Diese wolle er fortführen, betonte der König, und er versprach uneingeschränkte finanzielle und politische Hilfe. Militärische Hilfe könne er erst leisten, wenn zwischen ihm und dem Kaiser, mit dem er kürzlich Frieden geschlossen habe, wieder Krieg

---

314 Ciobanu 1985, S. 201. Documente, Hurmuzaki, Vol. II/4, S. 562–563.

315 Darüber berichtete der französische Gesandte an der Hohen Pforte, D. de Codignac am 3. April 1554 an König Heinrich II.: Documente, Hurmuzaki, Vol. I, Suppl. 1, S. 9–10.

316 Documente, Hurmuzaki, Vol. II/5, S. 137–139.

317 Darüber berichteten die habsburgischen Gesandten aus Konstantinopel: Documente, Hurmuzaki, Vol. II/5, S. 248–249.

318 Gooss, S. 150.

319 Documente, Hurmuzaki, Vol. I, Suppl. 1, S. 6–11.

ausbrechen sollte[320]. Gleichzeitig intervenierte der französische Gesandte an der Hohen Pforte, I. Cambrayus, bei den Ständen Siebenbürgens. Am 15. September 1554 schilderte er ihnen in einem Brief die freundschaftlichen Gefühle des französischen Königs gegenüber dem im Exil lebenden Johann Sigismund. Cambrayus forderte „die Siebenbürger" auf, Königin Isabella und ihren Sohn wieder als Herrscher ihres Landes einzusetzen. Er wies darauf hin, dass der Sultan geschworen habe, keinen anderen Landesherren in Siebenbürgen zu akzeptieren und niemanden zu dulden, der auch nur den kleinsten Teil Ungarns und Siebenbürgens widerrechtlich an sich reißen sollte[321]. Damit wollte der Gesandte den Ständen die Geschlossenheit der osmanisch-französischen Aktionsgemeinschaft vor Augen führen, die in der Lage sei, die Herrschaft Ferdinands in Ostungarn und Siebenbürgen von außen massiv unter Druck zu setzen.

Diese Bestrebungen der französischen Seite blieben der habsburgischen Diplomatie nicht verborgen. Am 25. September 1554 berichteten die kaiserlichen Sondergesandten Verancius und Zay aus Konstantinopel nach Wien, der französische König habe sich beim Sultan vehement dafür eingesetzt, den Habsburgern unter keinen Umständen Siebenbürgen zu überlassen. Für den Fall einer Wiederherstellung der Herrschaft Königin Isabellas und ihres Sohnes in Siebenbürgen habe Paris Johann Sigismund eine Ehefrau aus dem französischen Königshaus versprochen[322]. Diese Informationen bestätigte der kaiserliche Rat Erasmus Haidenreich in seinem Bericht vom 15. Januar 1555 an König Ferdinand. Von osmanischer Seite habe er erfahren, dass ein französischer Bote die ehemalige Königin Isabella in ihrem polnischen Exil, dem Ort Piotrków, aufgesucht habe[323]. Im Auftrag des französischen Königs habe er ihr angeboten, als Entschädigung für die versprochene Ehe ihres Sohnes Johann Sigismund mit der Tochter König Ferdinands, Johanna, eine der drei Töchter König Heinrichs II., Elisabeth, Claudia oder Margareta, zur Frau zu geben. Darüber hinaus habe der französische Gesandte Johann Sigismund eine französische Provinz sowie Subsidien, u. a. für den ehemaligen siebenbürgischen Heerführer Peter Petrovics, der sich seit 1552 im osmanischen Banat aufhielt, in Aussicht gesellt, unter der Bedingung, den Kampf gegen die Habsburger wieder aufzunehmen. Schließlich habe die französische Seite auch versprochen, das Osmanische Reich dazu zu bewegen, den Siebenbürgern Hilfe zu leisten, da Frankreich sonst die Verträge mit dem Sultan aufkündigen werde. Haidenreich berichtete darüber hinaus von Briefen des Sultans an die Woiwoden der Moldau und Walachei, in denen er angekündigt habe, wegen seines Krieges gegen Persien nicht persönlich einen Feldzug nach Ungarn anführen zu können, aber dennoch Hilfe gegen die Habsburger zur Verfügung zu stellen. Außerdem habe der König von Frankreich Subsidien zugesagt[324]. Um sich mit dem Sultan

---

320 Monumenta Comitialia Regni Transylvaniae, Bd. I, S. 532–536.

321 Documente, Hurmuzaki, Vol. II/5, S. 243–246.

322 Documente, Hurmuzaki, Vol. II/5, S. 246–247. Vgl. Feneşan 1997, S. 175.

323 Es handelte sich um den französischen Gesandten Jean de la Vigne, der sich als Fürsprecher Isabellas an der Hohen Pforte anbot: Căzan 2000, S. 205, 213.

324 Documente, Hurmuzaki, Vol. XI, S. 53–54.

persönlich abzustimmen, reiste der französische Gesandte an der Hohen Pforte zum Jahresbeginn 1555 in das Feldlager von Amasya, von dem aus Süleyman den Krieg gegen Persien führte. Dort bat er den Sultan im Namen des französischen Königs, Siebenbürgen nach der Vertreibung der Habsburger wieder an Johann Sigismund zu verleihen. Süleyman antwortete am 12. April 1555:

> „Euer im Interesse des Erwähnten unterbreitetes Ersuchen wurde ebenfalls mit Gunst aufgenommen, also dass dem Sohn des Königs und der Königin nunmehr wiederholtermaßen der herzliche und wohlwollende Brief zuging, den ungarischen und siebenbürgischen Herren aber ward befohlen, dass sie ihm gehorchen und huldigen sollten“[325].

Nachdem der Sultan im Mai 1555 Frieden mit dem persischen Schah geschlossen hatte, informierte Süleyman König Heinrich II., dass er den Gesandten Ferdinands, die ebenfalls nach Amasya gereist waren, erklärt habe, dass Ferdinand Siebenbürgen unbedingt an Johann Sigismund abtreten müsse, wenn er Frieden wünsche[326]. Um ihren Verhandlungspartnern umfangreiche Hilfen aus Paris anbieten zu können, betonten die im Orient und im östlichen Europa eingesetzten französischen Diplomaten immer wieder gegenüber dem französischen König die strategische Bedeutung Siebenbürgens, auch für die Kontrolle der Moldau und Walachei[327]. Dies spielte auch eine Rolle, als der französische Gesandte Pierre-Louis de Martinès im Juni 1556 in Siebenbürgen mit den Anhängern der Szapolyais über ein von Isabella gewünschtes Bündnis mit dem König von Frankreich verhandelte, das de Martinès nachdrücklich in seiner Korrespondenz mit Paris empfahl[328].

Die geschilderten diplomatischen Aktionen Frankreichs zielten darauf ab, im Rücken der Habsburger militärisch-politischen Druck aufzubauen und das französische Bündnissystem in Mitteleuropa durch entsprechende Netzwerke im östlichen Europa zu ergänzen. Als die Nachricht vom Abschluss des Weißenburger Vertrages und der Besetzung Siebenbürgens durch habsburgische Truppen Frankreich und die protestantischen Reichsstände 1551 erreicht hatte, hofften die Gegner Kaiser Karls V. auf eine Bindung der habsburgischen Kräfte in Ungarn, da man erwartete, dass der Sultan Siebenbürgen nicht kampflos aufgeben werde. Vor diesem Hintergrund schlossen der König von Frankreich, Heinrich II., und der Führer der lutherischen Fürsten Deutschlands, Herzog Moritz von Sachsen, 1551 ein geheimes Bündnis. Der osmanische Aufmarsch in Ungarn vom März 1552 deckte den Überraschungsangriff der Verbündeten im Westen, die den unvorbereiteten Kaiser zur Flucht nach Tirol zwangen. Da Ferdinand Siebenbürgen militärisch nicht entblößen wollte, kam er seinem Bruder in dieser schwierigen Phase nicht zu Hilfe. Stattdessen vermittelte er im Spätsommer 1552 den Passauer Vertrag, einen Kompromiss mit den Protestanten, der gegen den Willen des Kaisers zustande kam. Um Reichshilfe für die Verteidi-

325 Káldy-Nagy, S. 206–207.
326 Káldy-Nagy, S. 207.
327 Căzan 1997, S. 19–20.
328 Diese Ergebnisse berichtete de Martines auf der Durchreise durch Venedig seinem dortigen Kollegen, dem Bischof von Lodève, der am 1. Juli 1556 den Connestable, Prince de Montmorency, in Kenntnis setzte: Hudita 1929, S. 16.

gung Siebenbürgens und die geplante Eroberung Ofens erhalten zu können, schloss Ferdinand im September 1555 mit den Reichsständen den Augsburger Religionsfrieden, der die Anerkennung des Luthertums als gleichberechtigte Konfession in Deutschland garantierte. Die seit nahezu drei Jahrzehnten praktizierte Politik Ferdinands, durch Zugeständnisse an die Lutheraner die Finanzierung eines Reichsheeres gegen die Osmanen zu erhalten, scheiterte 1555 vollkommen[329]. Ohne Reichshilfe und ohne Unterstützung seines zur Abdankung bereiten Bruders konnte Ferdinand in seinem unmittelbaren Herrschaftsbereich die erforderlichen finanziellen Mittel zum Erhalt Siebenbürgens nicht mehr aufbringen.

Die international zusammengesetzten, unregelmäßig bezahlten und oft marodierenden Söldnertruppen des Habsburgers[330] zogen sich den Hass der siebenbürgischen Stände zu. Bereits kurz nach dem Einmarsch der Söldnerarmee, am 22. Oktober 1551, schrieb der venezianische Gesandte Federico Badoer aus Wien an den Dogen über die schwierige Lage in Siebenbürgen, wo der Hass regiere:

> „[...] die Deutschen bezichtigen die Ungarn des Verrats und die Ungarn klagen die Deutschen als Provokateure an, und beide werfen sich gegenseitig Arroganz vor; die Spanier, ihrerseits, sprechen nur das Schlechteste über die anderen beiden Nationen“[331].

Sein Nachfolger in Wien, Michele Suriano (1552–1555), schrieb 1555 an den Dogen, die Spanier und Italiener hätten in Siebenbürgen mehr Schaden verursacht, als die Osmanen je angerichtet hätten. Das Misstrauen der Siebenbürger gegenüber den Habsburgern sei genährt worden, weil König Ferdinand „andere Völker“ herangezogen habe, um das Land zu verteidigen. Unter so vielen Völkern und Sprachen besitze kein Kommandant Autorität, da die Ungarn nicht auf die Deutschen hörten, die Deutschen nicht auf die Ungarn und beide nicht auf die Tschechen. Die Spanier und Italiener seien allen verhasst, und zwar nicht nur weil sie sich wie immer verhielten, sondern auch wegen der schlechten Erinnerung, die beide Nationen in anderen bewaffneten Konflikten hinterlassen hätten. Dies habe nach den Worten Surianos auch dazu beigetragen, dass Ferdinand in den Erbländern geliebt, in Böhmen gefürchtet und in Ungarn weder geliebt noch gefürchtet werde[332].

Ferdinands Autorität wurde in Ungarn und Siebenbürgen durch die 1551–1556 erlittenen Gebietsverluste zugunsten der Osmanen und verschiedene Verletzungen der Freiheiten der Landstände vollkommen untergraben. Dadurch gelangten der ungarische Adel, die Szekler und sogar die bis zuletzt den Habsburgern treu ergebenen Sachsen zur Einsicht, dass die Habsburger nicht in der Lage waren, Siebenbürgen nach Außen und Innen verteidigen zu können. Darüber hinaus führte die Bevorzugung der Katholiken durch General Castaldo zu einer Entfremdung zwischen den königlichen Autoritäten einerseits und den mehrheitlich reformierten ungarischen

329 Zum Einfluss der Bedrohung Mitteleuropas durch die Osmanen auf die Entablierung des Protestantismus in Deutschland in den 1550er Jahren ausführlich: Fischer-Galati, S. 100–117.

330 Zur Kriegführung der Habsburger in multikonfessionellen und nichtchristlich beherrschten Gebieten: Koenigsberger, S. 45–50. Vgl. Daugsch 1985, S. 112.

331 Căzan 2000, S. 196.

332 Căzan 2000, S. 202–203, 218.

Adligen sowie den lutherischen Sachsen andererseits[333]. Also erhielt König Ferdinand folgende Erklärung, die der siebenbürgische Landtag am 23. Dezember 1555 in Neumarkt am Mieresch verabschiedete:

„Es war uns lieb, uns einem christlichen Fürsten zu unterstellen, mit dem römischen Kaiser in Verbindung zu stehen, doch hat Gott nicht gewollt, dass dies Bestand habe [...]. Von zweien bitten wir also um eines: Entweder hilft uns Eure Majestät mit solcher Kraft, die Suleiman widerstehen kann, oder Ihr seid so gnädig, uns von unserem Eid zu entbinden"[334].

Diese militärische Kraft besaß König Ferdinand nicht. Seine Truppen mussten weichen, nachdem die siebenbürgischen Stände und Sultan Süleyman Peter Petrovics am 28. Januar bzw. 25. Februar 1556 den Befehl erteilt hatten, mit seinen Soldaten in Siebenbürgen einzumarschieren und die habsburgische Armee zu vertreiben. Nun baten die Stände Isabella und ihren Sohn Johann Sigismund, nach Siebenbürgen zurückzukehren[335]. Am 22. Februar 1556 wies Sultan Süleyman die Woiwoden der Moldau und Walachei an, die habsburgischen Truppen aus Siebenbürgen zu jagen und Johann Sigismund, König von Ungarn und Siebenbürgen (von den Osmanen *Stephani regis Ungariae Transilvaniaeque* genannt), militärische Hilfe zu leisten[336]. Der Thorenburger Landtag wählte am 8. März 1556 Johann Sigismund zum neuen Landesherren und bezeichnete ihn als „unser[en] kindliche[n] Herrscher, als unser Fürst und König". Vier Tage später schworen die Stände auf dem Mühlbacher Landtag Johann Sigismund die Treue[337]. Auch die Hohe Pforte bestätigte am 11. April 1556 Johann Sigismund ausdrücklich in seiner Würde als König von Ungarn[338]. In dieses Horn stießen auch die Woiwoden der Moldau und Walachei. Der Landtag von Klausenburg empfing am 10. August 1556 die Gesandten des Woiwoden der Moldau, Alexandru Lăpuşneanu, der ausrichten ließ, er habe bereits zwei Jahre zuvor die Emissäre Ferdinands wie Landesverräter nach Hause gejagt und seine Armee habe wie jene des Woiwoden der Walachei im Auftrag des Sultans die Interessen der Szapolyais verteidigt[339]. Unter dem Vorwand, es gebe im Land noch Anhänger der Habsburger, ließ Alexandru Lăpuşneanu seine Truppen in den grenznahen Gebieten

333 Die ungarischen Berater König Ferdinands empfahlen ihm schon im September 1555 die Aufgabe Siebenbürgens, da jede militärische Lösung auf ein gefährliches Abenteuer hinauslaufe. Über den Verhandlungsweg solle Ferdinand jedoch günstige Bedingungen herausschlagen. So solle sich der siebenbürgische Herrscher mit einem geringeren Titel als den eines Königs begnügen und unter das Protektorat des polnischen Königs sowie des ungarischen Königs stellen: Feneşan 1997, S. 172.

334 Barta 1990, S. 255. Vgl. Documente, Hurmuzaki, Vol. II/5, S. 325–327.

335 König Ferdinand war über seinen in Schweidnitz lebenden Rat, den Syndikus Dr. Johann Lang, gut über Isabellas Rückkehrabsichten unterrichtet worden. Dennoch konnte er ihre Pläne nicht verhindern: Picard, S. 148.

336 Veress, Documente, Vol. I., S. 159.

337 Feneşan 1997, S. 159.

338 Graf Peter Petrovics sollte als Statthalter das Land bis zur Rückkehr der Szapolyais regieren: Documente, Hurmuzaki, Vol. II/5, S. 354–358.

339 Monumenta Comitialia Regni Transylvaniae, Bd. I, S. 583.

Siebenbürgens weiter plündern[340]. Der Klausenburger Landtag bat daraufhin den neuen siebenbürgischen Statthalter, Peter Petrovics, vertrauenswürdige Männer abzustellen, welche die in Siebenbürgen operierenden moldauischen und walachischen Truppen begleiten sollten, um deren Plünderungen in Grenzen zu halten[341]. Das Osmanische Reich, die Moldau und die Walachei waren jedoch nicht die einzigen ausländischen Mächte, die die Restauration der Szapolyai-Herrschaft in Siebenbürgen förderten[342]. Auch der König von Polen erkannte seinen Neffen Johann Sigismund erneut als König von Ungarn an[343]. Polen vermittelte darüber hinaus die Übergabe der siebenbürgischen Städte von den Habsburgern an die Szapolyais, die mit einer polnischen Eskorte am 22. Oktober 1556 feierlich in Klausenburg einzogen[344].

Der Klausenburger Landtag bestätigte Isabella als Herrscherin, die sich als „rechtmäßige und gekrönte Königin von Ungarn" bezeichnete[345]. Aus ihrer Sicht stellte sie damit den Zustand wieder her, der vor der gewaltsamen Nötigung zum Thronverzicht 1551 existierte. Darüber hinaus beanstandete Isabella die Verletzung des Weißenburger Vertrages durch König Ferdinand, da er seinen finanziellen Verpflichtungen nicht in ausreichendem Maße nachgekommen sei. Die siebenbürgischen Stände begründeten die Wiederherstellung des Status quo ante mit den von König Ferdinands Gefolgsleuten bis 1556 begangenen Rechtsverletzungen in Siebenbürgen und dem Unvermögen des Habsburgers, seine Pflicht als Souverän zu erfüllen, den Schutz Siebenbürgens nach innen (Ausplünderung der Bevölkerung durch die habsburgischen Söldner) und außen (anhaltende militärische Niederlagen gegen die osmanische Armee) zu gewährleisten[346].

3. Die Herrschaft Johann Sigismund Szapolyais 1556–1571

a. Siebenbürgen als Teil des antihabsburgischen Lagers 1556–1562

Nach dem Rückzug der habsburgischen Truppen aus Siebenbürgen und der Rückkehr der Szapolyais musste deren Verhältnis zu den Habsburgern auf eine neue politische und rechtliche Grundlage gestellt werden. Diese konnte der Weißenburger Vertrag von 1551 nicht mehr bilden. Ferdinand, der 1556 seinem Bruder Karl als Kaiser nachgefolgt war, musste den Verlust Siebenbürgens akzeptieren. Allerdings kontrollierten seine Truppen noch die ostungarischen Komitate – die bis 1551 zu

340 Căzan 2000, S. 222.

341 Documente, Hurmuzaki, Vol. II/5, S. 382–385.

342 Maxim 1985, S. 97. Zu den politischen Beziehungen Siebenbürges mit den Woiwodschaften Moldau und Walachei während der Szapolyai-Herrschaft: Feneşan 1997, S. 310–318.

343 Butnariu 2004, S. 110.

344 Barta 1990, S. 256. Vgl. Butnariu 2004, S. 109.

345 Der Klausenburger Landtag versammelte sich zwischen dem 25. November und dem 5. Dezember 1556: Monumenta Comitialia Regni Transylvaniae, Bd. II, S. 56–57. Vgl. Butnariu 2004, S. 109.

346 Vgl. Gooss, S. 137, 149–151.

Siebenbürgen gehörenden *Partes adnexae*. Die Szapolyais forderten deren Rückgabe, insbesondere die Räumung der noch von habsburgischen Truppen besetzten Festungen (Gyula, Világos, Jenő). Obwohl Ferdinand auf einem Verzicht der Szapolyais auf die Partes bestand, verlor er bis 1557 diese Gebiete Schritt für Schritt an die Siebenbürger, sodass die Szapolyais ihren Machtbereich bis in die oberungarische Zips ausdehnen konnten. Allerdings gelang es ihnen nicht, den Sultan in Verhandlungen dazu zu bewegen, die 1551–1556 von den Osmanen besetzten ostungarischen Komitate, die vorher zum Herrschaftsbereich der Szapolyais gehört hatten, zurückzugeben[347]. Um wenigstens die Übergabe des westlichen Teils des Komitates Temes vom Sultan zu erreichen, hatte Isabella den französischen Gesandten bei der Hohen Pforte um Vermittlung gebeten, allerdings ohne Erfolg[348]. Nach der Abdankung Kaiser Karls V. zerbrach der zwischen ihm und dem französischen König Heinrich II. am 5. Februar 1556 geschlossene Waffenstillstand von Vaucelles. Der Krieg zwischen den Häusern Valois und Habsburg flammte 1556 wieder auf, und verlief zunehmend zugunsten des neuen spanischen Königs Philipp II. Aus diesen Gründen hatte der französische König nicht nur ein Interesse an der Festigung der Szapolyai-Herrschaft in Siebenbürgen, er hoffte vielmehr auf eine Ausweitung der Kämpfe zwischen den habsburgischen und siebenbürgischen Truppen im östlichen Ungarn. 1557 schrieb ein habsburgischer Informant aus Konstantinopel nach Wien, der französische Gesandte an der Hohen Pforte, Jean de la Vigne, habe im Namen seines Königs den Sultan gebeten, die Habsburger in Ungarn anzugreifen, damit er einen Feldzug nach Spanien unternehmen könne[349]. Zur Vorbereitung einer französisch-siebenbürgischen Aktionsgemeinschaft sandte Isabella 1558 Christoph Báthory an den französischen Hof. Im gleichen Jahr reiste im Namen König Heinrichs II. dessen Gesandter Pierre-Louis de Martinès nach Siebenbürgen, um Königin Isabella ein Bündnisangebot zu unterbreiten. Darüber hinaus schlug der Gesandte die Vermählung Johann Sigismunds mit einer französischen Prinzessin vor[350]. Die Bedeutung eines solchen Bündnisses unterstrich der französische Gesandte an der Hohen Pforte, de la Vigne, in seinem Schreiben vom 26. Februar 1559 an König Heinrich II. Die Wiedergewinnung Siebenbürgens als Vasall des Sultans habe nicht nur eine große Bedeutung für die Absicherung der osmanischen Herrschaft in Zentralungarn. Auch der Unterwerfungsgrad der Moldau und Walachei unter die osmanische Oberhoheit hänge direkt von der Frage ab, wer in Siebenbürgen regiere[351]. Trotz ihrer frankophilen Einstellung gab Isabella dem französischen Gesandten eine ausweichende Antwort. Sie fürchtete eine Instrumentalisierung Siebenbürgens durch französische Interessen, zumal ein Bündnis mit Paris den nötigen Ausgleich mit der Habsburgermonarchie

347 Tătar 2003, S. 302–303.
348 Butnariu 2004, S. 109.
349 Căzan 2000, S. 224.
350 Czettler, S. 94–95.
351 Documente, Hurmuzaki, Vol. I, Suppl. I, S. 14.

zusätzlich erschwert hätte[352]. Als der französische König mit den Habsburgern schon am 3. April 1559 den Frieden von Cateau-Cambrésis schloss, bestätigten sich die in Siebenbürgen aufgekommenen Zweifel am Nutzen eines Bündnisses mit Frankreich[353].

Obwohl Isabella und ihr Sohn von den Ständen nach Siebenbürgen zurückgerufen worden waren, führte die Art und Weise ihrer Herrschaftsausübung zu neuen Konflikten mit den einflussreichen ungarischen Adligen in Ostungarn und Siebenbürgen. Ihre steigende Unbeliebtheit unter den Ständen und ihr sich verschlechternder Gesundheitszustand bewogen Isabella, Maßnahmen zur Absicherung der Herrschaft ihres Sohnes zu ergreifen. Sie erkannte, dass dazu auch eine Verständigung mit Ferdinand gehören musste, der inzwischen Waffenstillstandsverhandlungen mit dem Sultan führte. Um den habsburgisch-siebenbürgischen Grenzfehden in Ostungarn ein Ende zu machen, beauftragte Königin Isabella den polnischen Kanzler Johann Osiecki, die Aufnahme von Friedensverhandlungen mit Ferdinand zu vermitteln. Am 14. März 1559 meldete Osiecki dem Kaiser das Einverständnis der Hohen Pforte mit der Vermittlung eines habsburgisch-siebenbürgischen Friedens durch Polen[354].

Dem ersten habsburgisch-siebenbürgischen Waffenstillstand, der unter polnischer Vermittlung zustande kam, stimmte Kaiser Ferdinand Anfang Mai 1559 zu, er verlängerte seine Laufzeit am 8. Juni 1559 bis zum 1. Januar 1560. Die Texte der beiden Waffenstillstände sich nicht überliefert, ihr Abschluss geht jedoch aus der zeitgenössischen Korrespondenz hervor[355]. Unter polnischer Vermittlung wurden zwischen Juli und September 1559 die Friedensverhandlungen zwischen Isabella und Ferdinand fortgesetzt, wofür sich der polnische König auch beim Sultan einsetzte. Das Haupthindernis auf dem Weg zu einer Einigung stellte die Forderung der siebenbürgischen Seite nach Anerkennung des von Johann Sigismund geführten ungarischen Königstitels durch die habsburgische Seite dar. Ohne eine Lösung dieser grundlegenden Fragen erreicht zu haben, starb Königin Isabella am 15. September 1559 in Weißenburg[356]. Die Verhandlungen über einen Ausgleich zwischen den Häusern Habsburg und Szapolyai kamen danach zum Stillstand.

Als die habsburgisch-siebenbürgischen Verhandlungen im Dezember 1559 wieder aufgenommen wurden, hatte sich die Lage der Habsburger deutlich verbessert, da Ferdinand inzwischen seine Truppen, die im Westen des Reiches an der französischen Grenze operiert hatten, zurückziehen konnte. Noch im selben Jahr gelang es Ferdinands Gesandten an der Hohen Pforte, einen Frieden mit dem Sultan abzuschlie-

---

352 Isabella hatte nicht vergessen, dass König Franz I. seinen Bündnisverpflichtungen gegenüber ihrem Mann, König Johann, nicht nachgekommen war: Radó-Rothfeld, S. 30. Vgl. Czettler, S. 94–95.

353 Vgl. zum Frieden von Cateau-Cambrésis: Fahl, S. 58–62.

354 Ein Jahr zuvor hatte der französische Gesandte an der Hohen Pforte, de la Vigne, König Heinrich II. berichtet, der Sultan sei sehr aufgebracht über Geheimverhandlungen, die Isabella 1558 mit Ferdinand aufgenommen hatte: Documente, Hurmuzaki, Vol. I, Suppl. I, S. 13.

355 Überliefert ist der Abschluss des Waffenstillstandes durch einen Brief des polnischen Königs Sigismund August an seinen Gesandten Cromer vom 8. Mai 1559 und durch das Schreiben des habsburgischen Thronfolgers Maximilian an Königin Isabella vom 25. Juli 1559: Gooss, S. 151–152.

356 Gooss, S. 153.

ßen, in dem der territoriale Status quo in Ungarn festgeschrieben wurde. Obwohl sich Kaiser Ferdinand darin verpflichten musste, sich in Zukunft von Siebenbürgen „fernzuhalten", blieb er in der Königstitelfrage hart. Die Habsburger bezeichneten Johann Sigismund weiterhin als „Sohn des Johann" oder als „Herzog", während die siebenbürgischen Stände ihren nach 1559 allein regierenden Landesherren als *Ioannes Secundus D. G. electus rex Hungariae* titulierten. Der Dissens in der Königstitelfrage führte dazu, dass die Verhandlungen drei Monate lang auf der Stelle traten. Um sie nicht abbrechen zu lassen, einigten sich beide Seiten Anfang März und Ende Mai 1560 auf jeweils einmonatige Waffenstillstände[357]. Als die Verhandlungen weiterhin keine Lösung in den strittigen Fragen ergaben, schlug König Ferdinand einen mehrmonatigen Waffenstillstand vor. Er befürchtete den Beginn einer aggressiveren Außenpolitik der Hohen Pforte, nachdem sich im Machtkampf zwischen den Söhnen Sultan Süleymans, Selim und Bayezit, ersterer durchsetzen konnte[358]. Unter Vermittlung Johann Przerempskis, Erzbischof von Gnesen, wurde ein bis zum 1. Januar 1561 gültiger habsburgisch-siebenbürgischer Waffenstillstand geschlossen[359]. Da er aber nicht eingehalten wurde und die Scharmützel andauerten, nahmen beide Seiten erneut Verhandlungen, diesmal in Mező-Kászony, auf. Die Gespräche scheiterten jedoch, auch weil der vom polnischen König entsandte Vermittler, Johann Lythomyrsky, den siebenbürgischen Herrscher öffentlich als „König" titulierte.

Erst die Vermittlung Erzherzog Maximilans und des polnischen Königs brachte einen neuen Waffenstillstand zustande, der in Wien unterzeichnet und am 7. Juni 1561 Johann Sigismund zur Genehmigung zugeschickt wurde. Der auf zwei Jahre befristete Vertrag sah vor, dass in den Komitaten Bereg und Ugocsa für den jeweiligen Besitzstand das Prinzip des „Status quo nunc" gelten sollte, der Bau von Befestigungsanlagen war prinzipiell erlaubt. Johann Sigismund ratifizierte den Waffenstillstand am 4. September in Weißenburg, obwohl er im Vertragstext lediglich als „*dux Joannes Sigismundus*" bezeichnet wurde[360].

Seine Position verschlechterte sich im Dezember 1561 merklich, als mehrere oberungarische Magnaten, u. a. Melchior Balassa und Nikolaus Báthory, auf die Seite der Habsburger wechselten. Ein weiterer Anhänger des Kaisers, Sigismund Thorda, analysierte in einer Denkschrift für Ferdinand die Möglichkeiten, Siebenbürgen zurück-

---

357 Die Urkunden dieser Waffenstillstände sind nicht überliefert. Der Abschluss des ersten Vertrages wird in einem Schreiben der ungarischen Räte Ferdinands für Johann Sigismund vom 5. März 1560 erwähnt, der zweite in einem an den Dogen gerichteten Bericht des venezianischen Gesandten in Wien, J. Soranzo, vom 31. Mai 1560: Gooss, S. 152–154.

358 Noch im Januar 1560 hatte der Gesandte Johann Sigismunds in Konstantinopel die Hilfe des Sultans gegen die Habsburger erbeten: Documente, Hurmuzaki, Vol. II/1, S. 369.

359 Der Vertrag wurde am 12. Juli 1560 in Wien von dem Kaiser und dem Erzbischof unterzeichnet, letzterer tat dies auch im Namen Johann Sigismunds. Siehe den Wortlaut der lateinischen Urkunde in: Gooss, S. 155–157.

360 Siehe den Wortlaut des ersten Vertragsentwurfs Ferdinands von April 1561 und des von Johann Sigismund angenommenen zweiten Vertragsentwurfs Ferdinands von Anfang Juni 1561: Gooss, S. 158–163. Der siebenbürgische Herrscher beschwerte sich lediglich über das Verhalten der habsburgischen Truppen in Ostungarn. Siehe den Auszug aus dem Antwortschreiben Johann Sigismunds in: Ebenda, S. 159.

zuerlangen. Für ihn kam eine militärische Lösung nicht mehr infrage. Angesichts des Seitenwechsels der Magnaten empfahl er Ferdinand Geheimverhandlungen mit Johann Sigismund, der von einer starken prohabsburgischen Fraktion in Siebenbürgen davon überzeugt werden müsse, Siebenbürgen freiwillig abzutreten. Es müssten weitere Magnaten für die Sache des Kaisers gewonnen und vor allem ein geheimes Bündnis mit den sächsischen Städten Siebenbürgens geschlossen werden. Thorda erklärte sich bereit, sofort Verhandlungen mit dem Hermannstädter Bürgermeister Peter Haller aufzunehmen. Doch zur Umsetzung dieser Pläne kam es nicht mehr. Johann Sigismund musste die Initiative ergreifen, um eine weitere Erosion seiner Anhängerschaft in Oberungarn zu verhindern. Am 13. Januar 1562 informierte der habsburgische „Generalkapitän" Franz Zay, Kommandant der Festung Kaschau, Ferdinand über Bemühungen Johann Sigismunds, mit Hilfe des Paschas von Ofen das habsburgische Oberungarn anzugreifen. Obwohl Szapolyai auf ungarische Gebiete außerhalb Siebenbürgens keine rechtmäßigen Ansprüche erheben könne, monierte Zay, tituliere er sich weiterhin als „erwählter König von Ungarn"[361].

Das Heer, das Johann Sigismund zur „Disziplinierung" der abtrünnigen Adligen nach Oberungarn befohlen hatte, wurde am 4. März 1562 bei Kriegsdorf besiegt. Erst die Intervention Stefan Báthorys von Somlyó[362], Kommandant der Festung Großwardein, konnte die vollständige Besetzung der Partes durch habsburgische Truppen verhindern[363]. Im Nordosten des Landes herrschte Johann Szapolyai nur noch über die Komitate Bihar und Marmarosch. Als sich auf beiden Seiten keine schnellen militärischen Erfolge mehr einstellten, unterzeichneten Stefan Báthory und Franz Zay Ende April 1562 im Feldlager von Szakácsi (Komitat Szilágy) einen Waffenstillstand[364]. Am 12. April 1562 stellte Ferdinand in Prag eine Urkunde über einen einjährigen Waffenstillstand mit Johann Sigismund aus. Darin wird Ferdinand als der „unbesiegte Kaiser, unserer überaus gütige Wohltäter", der siebenbürgische Herrscher lediglich als Herzog (*Joannem Sigismundum ducem, ser*^{mi} *quondam regis Joannis filium*) bezeichnet. Die Urkunde schrieb den territorialen Status quo in Ungarn fest. Johann Sigismund musste sich verpflichten, keine osmanischen Truppen „jenseits der Grenzen unseres Königreiches Ungarn" anzufordern. Johann Sigismund ratifizierte den Waffenstillstand am 26. Mai 1562 in Julmarkt[365].

---

361 Căzan 2000, S. 234–235.

362 Stefan Báthory war Ostungarns mächtigster Magnat.

363 Czettler, S. 95. Bei diesen Kampfhandlungen nahm nur eine überschaubare Anzahl von Soldaten teil. Das stehende Heer, über das Ferdinand I. 1564 verfügen konnte, betrug lediglich 9.000 Mann: Regele, S. 17.

364 Zum Nachweis des Waffenstillstands, dessen Wortlaut nicht überliefert worden ist: Gooss, S. 164. Der Gesandte Ferdinands in Konstantinopel, Ogier Ghiselin de Busbecq, riet dem Kaiser dringend, einen Waffenstillstand mit Johann Sigismund abzuschließen: Documente, Hurmuzaki, Vol. II/1, S. 413.

365 Wortlaut der lateinischen Urkunde in: Gooss, S. 165–167. Erwähnung der Ratifikation Johann Sigismunds in: Ebenda, S. 164. Vgl. Monumenta Comitialia Regni Transylvaniae, Bd. II, S. 200–201.

Zu diesem Schritt sah sich Johann Sigismund vor allem aus innenpolitischen Gründen genötigt. Im April 1562 brach im Osten Siebenbürgens ein großer Aufstand der Szekler gegen ihre privilegierte Führungsschicht aus, der sich allmählich auch gegen die Herrschaft Johann Sigismunds als Szeklergraf richtete. Die auf die Seite Ferdinands gewechselten Adligen hatten den Szeklern versprochen, die Habsburger würden die im Laufe des 16. Jahrhunderts eingeschränkten Freiheiten der Szekler wiederherstellen. Nach der blutigen Niederschlagung des Aufstandes berief Johann Sigismund den Schässburger Landtag ein, der am 20. Juni 1562 die alten Freiheiten der Szekler – deren kollektiven Adelsstatus und die innere Autonomie des Szeklerlandes – aufhob. Dieser Schritt hatte einen zentralen außen- und militärpolitischen Hintergrund. Die kriegerischen Auseinandersetzungen mit der Habsburgermonarchie hatten in den vorangegangenen Jahren deutlich gemacht, dass der Verfall der Szeklergemeinschaft in der ersten Hälfte des 16. Jahrhunderts dazu geführt hatte, dass dem siebenbürgischen Herrscher weder ein funktionierendes Szeklerheer noch entsprechende Steuereinnahmen aus dem Szeklerland zur Verfügung standen, da den Szeklern als Gegenleistung für ihren kollektiv abzuleistenden Militärdienst Steuerfreiheit garantiert worden war. Durch die Reduzierung der kollektiven Privilegien auf die beiden oberen sozialen Schichten der Szekler infolge des Schässburger Landtages, versuchte der Landesherr das Potenzial der Szeklergemeinschaft differenzierter zu nutzen[366].

b. Der siebenbürgisch-moldauische Konflikt 1561–1563

Der Aufstand der Szekler führte aber nicht nur zu innen-, sondern auch zu außenpolitischen Komplikationen. Abgesandte der aufständischen Szekler wandten sich mit Hilfs- und Vermittlungsgesuchen an den Woiwoden der Moldau, Jakob Basilikos Heraklides, eine der schillerndsten Herrschergestalten des 16. Jahrhunderts. Der wahrscheinlich aus Samos stammende Heraklides bereiste nach seiner Vertreibung durch die Osmanen mehrere europäische Höfe, bis er sich 1558 in der moldauischen Hauptstadt Suceava niederließ und dort sehr beliebt wurde. Nach einem missglückten Attentat auf den moldauischen Woiwoden Alexandru Lăpuşneanu musste Heraklides Anfang 1559 aus der Moldau nach Siebenbürgen flüchten. Danach versuchte er mit Hilfe der Habsburger, den von ihm beanspruchten Thron der Moldau zu erlangen[367]. Kaiser Ferdinand und sein Sohn Maximilian erkannten die Gelegenheit, über einen prohabsburgischen Woiwoden in der Moldau Johann Sigismund einkreisen und in der Frage der ostungarischen Komitate unter Druck setzen zu können[368]. Auch wenn die Habsburger nur eingeschränkt an die Erfolgsaussichten seiner Pläne

---

366 Die neue Rechtslage führte jedoch nicht zu einer Steigerung der militärischen Leistungsfähigkeit der Szekler, sondern schürte quer durch alle Szeklerschichten vor allem die Unzufriedenheit mit der Zentralgewalt in Weißenburg: Balogh, S. 172–174.

367 Siehe die Bittschreiben Heraklides aus dem Jahre 1560 an die Habsburger: Documente, Hurmuzaki, Vol. II/1, S. 370–371, 376–377.

368 Butnariu 2004, S. 110–111.

glaubten, unterstützten sie Heraklides ab 1560 mit Geld und Truppen, allerdings geheim, um die Friedensverhandlungen mit der Hohen Pforte nicht zu gefährden, die eine habsburgische Einmischung in der Moldau als feindlichen Akt angesehen hätte. Johann Sigismund durchschaute den Plan der Habsburger und versuchte seinerseits die Hohe Pforte davon zu überzeugen, dass Heraklides ein Werkzeug der Habsburger sei und deshalb verhindert werden müsse[369]. Nach einem 1560 gescheiterten Versuch gelang es Heraklides mit einem kleinen Söldnerheer, den Woiwoden Alexandru Lăpuşneanu am 18. November 1561 in der Schlacht von Verbia zu besiegen. Daraufhin besetzte Heraklides die moldauische Hauptstadt Suceava und ließ sich zum Woiwoden ausrufen[370]. Nun verfolgte Heraklides, der aufgrund seiner Herkunft auch den Titel eines Despoten von Samos führte, und folglich auch „Despot Vodă [Woiwode]" genannt wurde, nach allen Seiten hin eine halsbrecherische Schaukelpolitik. Dem charismatischen und polyglotten Heraklides gelang es, die Unterstützung der moldauischen Bojaren zu gewinnen, indem er die Verdrängung der Osmanen aus Europa, die Wiederherstellung des Byzantinischen Reiches und eine Union der Moldau mit der Walachei und Siebenbürgen versprach[371]. Den Habsburgern sicherte er seine Unterstützung für den Fall einer Eroberung Siebenbürgens oder eines Kreuzzuges gegen die Osmanen zu. Dem Sultan versicherte er seine Treue, bot ihm eine Erhöhung des moldauischen Tributes an und rechtfertigte seine Herrschaftsübernahme als eine Maßnahme zur Beendigung der Tyrannei Lăpuşneanus. Obwohl der Sultan über die Verbindungen Heraklides' zu den Habsburgern im Bilde war, erkannte er – nach einigem Zögern – seine Herrschaft am 16. März 1562 an, da er – mit Rücksicht auf neuerliche Konflikte in Persien – den kurz vor seinem Abschluss befindlichen Frieden mit den Habsburgern nicht gefährden wollte[372].

Angesichts des Aufstandes der Szekler war Heraklides aber durchaus bereit, einen Krieg zu riskieren, um die Gelegenheit einer Intervention in Siebenbürgen nicht ungenutzt verstreichen zu lassen. Dem habsburgischen Gesandten in Jassy, Johann Belsius, empfahl Heraklides Ende Juni 1562 einen Angriff des Kaisers von Westen, während er von Osten in Siebenbürgen einmarschieren wollte. Danach solle der Kaiser Siebenbürgen in Besitz nehmen, er wolle nur die beiden von den moldauischen Woiwoden seit über einem halben Jahrhundert beanspruchten Güter Csicsóvár bei Bistritz und Kokelburg zurückerhalten[373]. Parallel zu diesen Bekundungen bot Her-

369 Siehe das Schreiben des siebenbürgischen Herrschers an den Sultan vom 3. Januar 1560 in: Documente, Hurmuzaki, Vol. II/1, S. 368.

370 Zur Herrschaft Iacob Heraklides in der Moldau siehe: Andreescu 1980, S. 145–154.

371 In der Walachei plante Heraklides, seinen Günstling Dimitrie als Woiwoden einzusetzen: Căzan 1997, S. 16–17. Sein Titel lautete *Heraclides Iacobus Basilicus Dei gratia Despotas Sami etc. regni Moldaviae princeps, palatinus Walachiae, gentis utriusque dominus et haeres:* Căzan/Denize, S. 298.

372 Căzan 2000, S. 239.

373 Die beiden Güter hatten zunächst der Woiwode der Moldau, Ştefan der Große, im späten 15. Jahrhundert, danach in den 1530er Jahren dessen Nachfolger Petru Rareş als Lehen der ungarischen Könige erhalten. Nach dem Tod des Petru Rareş 1546 fielen sie wieder an den ungarischen Adel. Erst am 4. Oktober 1558 restituierten die siebenbürgischen Stände, unter bestimmten Auflagen, die Güter dem moldauischen Woiwoden Alexandru Lăpuşneanu, nachdem dieser Druck

aklides Johann Sigismund in mehreren Schreiben vom Mai und Juni 1562 militärische Hilfe zur Niederschlagung des Szekler-Aufstandes an. Bevor aber Freundschaft zwischen beiden Herrschern begründet werden könne, betonte Heraklides, müsse Johann Sigismund die beiden Güter Csicsóvár bei Bistritz und Kokelburg zurückgeben. Außerdem forderte Heraklides eine Einstellung der gegen ihn gerichteten Propaganda des Siebenbürgers am Hofe des Sultans[374]. Um dieser entgegenzuwirken, wandte sich Heraklides an den französischen König, den er um Unterstützung bei seinen Bemühungen bat, das Wohlwollen der Hohen Pforte zu wahren. In mehreren Briefen kündigte er 1562 König Karl IX. an, sich mit seinen Streitkräften in den Dienst der französischen Krone zu stellen, deren Schutz er nach dem Beispiel des „Königs von Siebenbürgen" zu erhalten hoffe[375].

Da es dem siebenbürgischen Herrscher im Juni 1562 gelang, den Aufstand der Szekler niederzuschlagen, drängte insbesondere der kaiserliche Gesandte in Jassy, Johann Belsius, seinen Souverän zum schnellen Eingreifen in Siebenbürgen. Er habe Nachrichten über eine Allianz zwischen Johann Sigismund und dem im osmanischen Exil weilenden ehemaligen moldauischen Woiwoden Alexandru Lăpuşneanu erhalten, betonte Belsius[376]. Den Grund für die Zurückhaltung des Kaisers erfuhr Heraklides erst am 30. Juni, als der Oberkommandierende der habsburgischen Truppen in Oberungarn, Franz Zay, ihn über das Zustandekommen des habsburgisch-osmanischen Friedens vom 1. Juni 1562 in Kenntnis setzte. Zay erteilte dem moldauischen Herrscher den Rat, sich gegenüber Johann Sigismund und dem polnischen König friedlich zu verhalten. Polen konnte die Präsenz eines prohabsburgischen Woiwoden in seinem alten moldauischen Einflussgebiet nicht dulden, weshalb Erzherzog Maximilian seinem Vater Ferdinand schon im Mai 1562 geraten hatte, einen Konflikt zwischen dem siebenbürgischen Herrscher und dem moldauischen Woiwoden zu vermeiden, da Polen diesen zum Anlass nehmen werde, um Heraklides zu vertreiben[377]. Da Heraklides nun nicht mehr mit der aktiven Unterstützung der Habsburgermonarchie gegen Siebenbürgen rechnen konnte, erneuerte er 1563 das alte Bündnis der moldauischen Woiwoden mit dem König von Polen, dem er Treue schwor, so wie es sein Vorgänger Lăpuşneanu 1552/1553 getan hatte[378].

---

auf die siebenbürgische Seite ausgeübt hatte. Als Heraklides 1561 an die Macht kam, konfiszierte Johann Sigismund diese Güter erneut: Andreescu 1980, S. 207–208, 211–212.

374 Heraklides sprach den siebenbürgischen Herrscher mit den Titeln *Serenissimo Principi Domino Joanni Secundo Dei gratia Regi Electo* oder *Serenissima Regia Maiestas Domine amice et Vicine nobis* an: siehe die Schreiben des Heraklides an Johann Sigismund vom 20. Mai, 23. Mai und 17. Juni 1562: Documente, Hurmuzaki, Vol. II/1, S. 419–421. Über den Druck, den Heraklides auf den siebenbürgischen Herrscher im Mai und Juni ausübte, berichtete auch der habsburgische Gesandte am moldauischen Hof, Johann Belsius: Ebenda, S. 419–423.

375 Documente, Hurmuzaki, Vol. I, Suppl. I, S. 16–17. Vgl. Hudita 1929, S. 17–18. Vgl. Iosipescu, S. 13.

376 Belsius an König Maximilian, 30. Juni 1562: Documente, Hurmuzaki, Vol. II/1, S. 434–436. Die Gerüchte über ein Bündnis zwischen Johann Sigismund und Alexandru werden durch andere Quellen aber nicht bestätigt. Vgl. Căzan/Denize, S. 303–304.

377 Căzan 2000, S. 239.

378 Corfus 1979, S. 211–220.

Da nach dem habsburgisch-osmanischen Friedensschluss von 1562 eine militärische Lösung ausschied, spannen Johann Sigismund und Heraklides an der Hohen Pforte Intrigen gegeneinander. Der Woiwode denunzierte den König, um vom Sultan den Besitz der beiden beanspruchten siebenbürgischen Güter übertragen zu bekommen. Johann Sigismund ließ im Herbst 1562 in Konstantinopel das Gerücht streuen, Heraklides plane mit den Habsburgern die Besetzung Siebenbürgens und der Walachei[379]. In dieser Auseinandersetzung besaß der Herrscher Siebenbürgens u. a. den Vorteil, dass er – ebenso wie der Sultan – nicht bereit war, die Präsenz deutscher Söldner in fünf moldauischen Städten zu dulden. Mit Sorge beobachtete die habsburgische Seite ab Februar 1563 die Verhandlungen, die Johann Sigismund mit der Hohen Pforte und dem Woiwoden der Walachei führte, um Heraklides zu vertreiben und den proosmanischen Alexandru Lăpuşneanu erneut auf den Thron der Moldau zu setzen[380]. Dieser hatte vor seiner Vertreibung Johann Sigismund im Kampf gegen Ferdinand unterstützt, indem er das habsburgische Oberungarn mit moldauischen Truppen plünderte. Darüber hinaus hatte er Johann Sigismund versprochen, die nordostungarischen Komitate samt der Städte Frauenbach und Sathmar unter die Herrschaft des „Sohnes von König Johann" zu bringen[381]. Als die Nachricht die Residenz des siebenbürgischen Herrschers erreichte, der Sultan habe am 29. Oktober 1563 Heraklides abgesetzt und dessen Vorgänger Alexandru Lăpuşneanu zum Woiwoden ernannt, ordnete Johann Sigismund vor Freude in allen siebenbürgischen Festungen Salutschießen an[382]. Eine Bojarenfraktion erledigte den Rest und stürzte Heraklides vom Thron der Moldau. Nach längerer Belagerung Suceavas wurde er am 6. November 1563 ermordet[383]. Zunächst musste sich Alexandru Lăpuşneanu gegen einen anderen Thronprätendenten, Stefan Tomşa, durchsetzen. Nachdem ihm das 1564 gelungen war, konnte sich Johann Sigismund auf die Nichteinmischungspolitik des neuen moldauischen Woiwoden verlassen und sich wieder ganz auf die Auseinandersetzung mit den Habsburgern konzentrieren[384].

---

379 Stoy 1992, S. 324–326. Gegen die Ansprüche, die Heraklides auf die beiden siebenbürgischen Güter erhob, wehrte sich Johann Sigismund vehement in seinem an die Hohe Pforte gerichteten Schreiben vom 3. Januar 1563: Documente, Hurmuzaki, Vol. II/1, S. 450.

380 Andreescu 1980, S. 212. Im Frühjahr 1563 befürchtete die habsburgische Seite, Heraklides werde den Tod Sultan Süleymans abwarten, um dann – ohne die Beteiligung des Kaisers – die Herrschaft in Siebenbürgen an sich zu reißen: Andreescu 1980, S. 157–161.

381 Căzan 2000, S. 245

382 Dieses berichtete Franz Zay an Kaiser Ferdinand am 20. November 1563: Documente, Hurmuzaki, Vol. II/1, S. 482.

383 Heraklides hatte sich den Unmut der moldauischen Bojaren u. a. durch seine engen Beziehungen zu protestantischen Gelehrten zugezogen: Căzan/Denize, S. 308.

384 Am 20. März 1568 berichteten die habsburgischen Gesandten Kaiser Maximilian, der Sultan habe dem siebenbürgischen Herrscher aufgetragen, dem Woiwoden der Moldau die Güter Csicsóvár bei Bistritz und Kokelburg zurückzugeben. Auch wenn der Sultan diesen Befehl tatsächlich erteilt haben sollte, konnte sich der siebenbürgische Herrscher erfolgreich dagegen wehren und die Kontrolle über die beiden Güter behalten: Documente, Hurmuzaki, Vol. II/5, S. 637.

c. Auf dem Weg zu einer Verhandlungslösung 1562–1565: der siebenbürgisch-habsburgische Vertrag von Sathmar

Inzwischen war Johann Sigismund mit einem Kompromissvorschlag an die habsburgische Seite herangetreten. Seinem Gesandten Johann Brassay hatte er am 19. Juni 1562 aufgetragen, in Wien für die Rückerstattung der verlorenen oberungarischen Gebiete seinen Verzicht auf die ungarische Königswürde anzubieten. Obwohl sich der Kaiserhof über Johann Sigismunds neue Haltung sehr wunderte, war er nicht gewillt, Kompromisse in diesen grundsätzlichen Fragen einzugehen. Kaiser Ferdinand hatte sich im Frieden mit Sultan Süleyman 1562 zwar verpflichtet, die Herrschaft der Szapolyais im engeren Siebenbürgen anzuerkennen. Allerdings sollte der Grenzverlauf in den ostungarischen Komitaten durch ein bilaterales Abkommen zwischen Ferdinand und Johann Sigismund geregelt werden. Da ein militärisches Eingreifen der Osmanen gegen die Habsburger aufgrund des Friedensschlusses vorerst abgewendet war, konnte sich Ferdinand in den Verhandlungen mit Johann Sigismund eine harte Haltung leisten.

Johann Sigismund, der sich seiner schwächeren Position bewusst war, sandte Franz Deák nach Konstantinopel, der im Oktober 1562 den Jahrestribut seines Herrschers überbrachte und sich in dessen Namen beim Sultan über das Verhalten der habsburgischen Seite beschwerte. Als Sultan Süleyman den Ausführungen Deáks keine besondere Aufmerksamkeit schenkte, bemühte sich der Gesandte um die Gunst des Großwesirs Ali Pascha. Deák kritisierte im Namen seines Herren den im selben Jahr geschlossenen osmanisch-habsburgischen Friedensvertrag, der sich nun für Siebenbürgen als ein großer Nachteil erweise. Deák betonte, der Friede habe dem Kaiser Sathmar und Frauenbach überlassen, deren Minen den größten Teil der siebenbürgischen Staatseinkünfte erbracht hätten[385].

Johann Sigismund verwahrte sich in einem Schreiben an den Sultan gegen die Anschuldigungen Ferdinands, er achte den Waffenstillstand nicht. Vielmehr warnte Johann Sigismund, der Kaiser könne die anstehende Krönung seines Sohnes zum König von Ungarn für einen neuen Eroberungsfeldzug in Ungarn nutzen[386]. Die osmanische Seite ging auf diese Klagen jedoch nicht ein und blieb weiterhin bestrebt, den Friedensvertrag mit dem Kaiser nicht durch das Verhalten ihrer Vasallen verletzen zu lassen. Im November 1563 und Mai 1564 verlangte Sultan Süleyman von Johann Sigismund ausdrücklich die Einhaltung des Friedens. Er forderte ihn auf, nichts gegen die Anhänger Ferdinands zu unternehmen, insbesondere dann, wenn deren Gebiete durch den Frieden eingeschlossen worden seien[387].

---

385 Căzan 2000, S. 238–239.

386 Siehe den Wortlaut des Schreibens Johann Sigismunds vom 14. Juli 1563 in: Documente, Hurmuzaki, Vol. II/1, S. 474–475. Johann Sigismund warnte im Sommer und Herbst 1564 den Sultan vor dem Ausbau der habsburgischen Befestigungsanlagen in Ungarn: Documente, Hurmuzaki, Vol. II/1, S. 524–527.

387 Documente, Hurmuzaki, Vol. II/1, S. 483. Vgl. Căzan 2000, S. 247.

Die im habsburgisch-osmanischen Frieden vorgesehenen Verhandlungen zwischen Wien und Weißenburg zur Regelung der Grenzfragen eröffnete Kaiser Ferdinand. Seine Forderungen umfassten den habsburgischen Anspruch auf fünf nordostungarische Komitate (Bereg, Ugocsa, Sathmar, Szabolcs und Szolnok). Johann Sigismund lehnte diese Forderungen am 16. November 1562 strikt ab. Er könne sich nicht entsinnen, auf die erwähnten Komitate verzichtet zu haben, auch nicht im bestehenden Waffenstillstandsvertrag, betonte er in seinem Schreiben an den Kaiser. Johann Sigismund wies seinen sich in Wien aufhaltenden Gesandten Stefan Báthory am 2. März 1563 an, auf keinen Fall auf die Forderungen Ferdinands einzugehen, den Titel eines „erwählten Königs von Ungarn" gegen jenen eines „Herzogs, Fürsten oder Palatins" einzutauschen. Der Verzicht auf alle in seinem Besitz befindlichen ostungarischen Komitate (Partes) komme ebenso wenig infrage[388].

Der bestehende Waffenstillstand drohte im April 1563 auszulaufen, ohne dass beide Seiten in den inhaltlichen Streitfragen eine Annäherung erzielt hätten. Mit Hilfe des polnischen Hofes[389] und des Thronfolgers Maximilian gelang es Johann Sigismund, von Ferdinand die Zustimmung zur Verlängerung der Waffenruhe bis zum 12. April 1564 zu erwirken, die der Kaiser am 24. März 1563 in Innsbruck genehmigte. Johann Sigismund ratifizierte den Waffenstillstandsvertrag am 17. April 1563 in Kronstadt. Im Gegensatz zur habsburgischen Ausführung des Vertrages bezeichnete sich Johann Sigismund in seiner Ratifikationsurkunde als *Joannes secundus, Dei gratia electus rex Hungariae, Dalmatiae, Croatiae etc.*[390].

Um den Waffenstillstand in einen Friedensvertrag münden zu lassen, sandte Johann Sigismund seinen Heerführer Stefan Báthory von Somlyó erneut nach Wien. Als Báthory im Juni und Juli 1563 Kaiser Ferdinand die Vorschläge seines Herrschers unterbreitete, wies der Habsburger sie als unannehmbar zurück. Der Kaiser bat die Mitglieder des Ungarischen Rats[391], eine Denkschrift bezüglich der Forderungen des jungen Szapolyai anzufertigen. Das auf den 16. Juli 1563 datierte Gutachten schloss eine Anerkennung des Titels *electus rex* für Johann Sigismund kategorisch aus, da das von ihm beanspruchte Territorium außerhalb Siebenbürgens allein Ferdinand als ungarischem König zustehe. Dem Wunsch Szapolyais, sich mit einer der Töchter Ferdinands zu vermählen, erteilte das Gutachten ebenfalls eine Absage, da die Prinzessinnen bereits verheiratet seien oder entschlossen seien, sich nie zu vermählen. Außerdem habe Johann Sigismund durch seine feindselige Haltung gegenüber

---

388 Documente, Hurmuzaki, Vol. II/5, S. 518–519.

389 Für die polnische Vermittlung revanchierte sich Johann Sigismund zum Jahresende 1563. Er sandte ein Heer von 40.000 Soldaten nach Litauen, um dort zusammen mit den polnischen Truppen eine Invasion der russischen Armee Zar Ivan des Schrecklichen aufzuhalten: Căzan 2000, S. 246.

390 Wortlaut der von Johann Sigismund ausgestellten lateinischen Urkunde in: Gooss, S. 169–171.

391 Die ungarischen Könige aus dem Hause Habsburg regierten mit der Hilfe des Ungarischen Rats und der Ungarischen Kanzlei. König Rudolf schlug 1584 den ungarischen Ständen vor, vier Räte zu benennen, die ihn auch in Fragen des Gesamtreiches beraten sollten. Da der ungarische Reichstag diesen Vorschlag als einen Versuch wertete, Ungarn noch stärker in die Strukturen der Habsburgermonarchie zu integrieren, lehnte er dies ab und betonte, der Ungarische Rat dürfe nur für ungarische Angelegenheiten zuständig bleiben: Makkai, S. 84–85.

dem Kaiser das Recht verwirkt, sich auf frühere Verträge zu berufen. Ebenso erfolglos blieb die Mission des Dr. Georg Blandrata, Leibarzt des siebenbürgischen Herrschers, der im September 1563 Gespräche in Pressburg mit Ferdinand und dessen Sohn, dem Thronfolger Maximilian führte[392].

Noch zu Lebzeiten ließ Ferdinand seinen ältesten Sohn, Maximilian, zum römischen König sowie zum König von Böhmen krönen. Desgleichen bereitete Ferdinand ab 1561 die Krönung Maximilians als König von Ungarn vor. Aus dem vom Kaiser in Auftrag gegebenen Memorandum zur Krönungsfrage, das seine ungarischen Räte am 14. März 1561 vorlegten, entwickelte sich ein Schriften- und Meinungsaustausch zwischen den Räten und Ferdinand in seiner Eigenschaft als König von Ungarn, der intensiv das staats- bzw. völkerrechtliche Verhältnis zwischen beiden ungarischen Reichshälften aus Wiener und Pressburger Sicht beleuchtete.

In ihrer Denkschrift erinnerten die ungarischen Räte Ferdinand daran, dass sie ihm bereits 1551, „als das Königreich von Parteienhader befreit und geeint war" vorgeschlagen hatten, Maximilian unter diesen „günstigen Umständen" zum König von Ungarn wählen und krönen zu lassen. Dass der Kaiser nun „aus eigenem Entschluss" die Krönung vorgeschlagen habe, unterstützten die Räte nachhaltig und mahnten an, diese ohne Aufschub durchzuführen. Die Wahl solle durch eine Generalversammlung erfolgen, zu der alle Stände des Königreichs Ungarn schriftlich geladen werden sollten, und zu der die Barone und Prälaten persönlich erscheinen sollten. Neben den Vertretern der Königreiche Kroatien und Slawonien sollten auch „die Siebenbürger, ebenfalls ein nicht zu vernachlässigendes Glied des Königreichs, zusammen mit jenen Komitaten, die nun dem Sohn des ehemaligen Königs Johann unterstehen", durch gesonderte Briefe eingeladen werden. Als Grund dafür gaben die ungarischen Räte an,

> „dass sie [die Siebenbürger] nicht irgendwann zukünftig den Vorwurf äußern können, dass sie zu dieser Wahl und Krönung nicht geladen wurden. [...] Aber wenn auch dieser ganze Teil des Königreichs jetzt einem fremden Herren untertan ist, so glauben wir dennoch, dass dort die meisten nicht fehlen, die der Treue zu Eurer allerheiligsten Majestät keineswegs entfremdet sind. [...] Mögen sie auch jetzt gezwungen sein, sich wie Feinde gegen Eure allerheiligste Majestät zu erweisen, Eure allerheiligste Majestät sie dennoch von Ihrer Gunst und Gnade noch nicht zurückgewiesen hat (dadurch, dass sie als Getreue eingeladen werden). Und im Übrigen hat auch, nachdem die Siebenbürger selbst in den letzten Jahren ihre Gesandten hierher geschickt haben, um Eurer allerheiligsten Majestät Lebewohl zu sagen und die schuldige Treue aufzukündigen, Eure allerheiligste Majestät [...] diesem keineswegs zugestimmt und sie nicht von dem Band der Treue, mit dem sie Eurer allerheiligsten Majestät verbunden waren, gelöst, sondern sie vielmehr aufgefordert, standhaft die Treue zu halten; aus diesen Gründen scheinen alle geladen werden zu müssen"[393].

---

392 Gooss, S. 172–173.

393 „Stellungnahme der ungarischen Räte zur Wahl und Krönung des durchlauchtigsten Königs von Böhmen" vom 14. März 1561: Documente, Hurmuzaki, Vol. II/5, S. 481–482.

Am 16. März 1561 antwortete König Ferdinand auf das Schreiben seiner in Wien versammelten ungarischen Räte. Er war der Meinung, dass die siebenbürgischen Stände nicht zur Krönung seines Sohnes eingeladen werden sollten, da dieses mehrere Gefahren heraufbeschwören werde. In erster Linie würden sowohl „der Kaiser der Türken“ als auch der „Sohn des ehemaligen Königs Johann“ ein solches Vorhaben „auf die schlechteste Art“ auslegen und eine Einladung zur Wahl- und Krönungszeremonie als „Beleidigung und Herabsetzung“ empfinden. Ferdinand erinnerte seine Räte daran, dass er in den langwierigen Friedensverhandlungen mit den Osmanen ausdrücklich versprochen habe, die Herrschaft „des Sohnes König Johanns“ in Siebenbürgen anzuerkennen (ausgenommen die ostungarischen Gebiete außerhalb Siebenbürgens). Eine Einladung an die Stände Siebenbürgens würde folglich als eine Anmaßung Ferdinands, „den Ständen Siebenbürgens zu befehlen“ sowie als Wortbruch aufgefasst und alle vorangegangenen Erörterungen mit den Osmanen ungültig machen. Auch wenn sich daraus nicht zwingendermaßen ein offener Krieg ergebe, könnten durchaus gravierende Schwierigkeiten für das Krönungsvorhaben entstehen. Deshalb riet Ferdinand dazu, „die Siebenbürger“ stillschweigend zu übergehen, zumal man nicht für die Sicherheit der Boten, die die Einladungsbriefe überbringen würden, garantieren könne[394].

Am 19. März 1561 antworteten die ungarischen Räte auf das Schreiben Ferdinands. Sie wandten ein, dass man davon ausgehen müsse, dass – mit oder ohne Einladung der siebenbürgischen Stände – eine Krönung Maximilians den osmanischen bzw. den siebenbürgischen Herrscher ohnehin verärgern werde und diese sich beim Verwüsten des habsburgischen Machtbereichs grundsätzlich nicht an Vereinbarungen hielten. Bezüglich der gegenüber Süleyman gemachten Versprechen Ferdinands, auf den Besitz (*possessionem*) des engeren Siebenbürgen zugunsten Johann Sigismunds zu verzichten, entgegneten die ungarischen Räte, dieser Verzicht sei nur temporärer Natur und berühre nicht die Jurisdiktion der „Heiligen Krone des Königreichs Ungarn“ und damit jene Ferdinands über diese „Provinz“. Da die Jurisdiktion der ungarischen Krone vorbehalten sei und deshalb Ferdinand auch nicht darauf habe verzichten können, stellten sich die ungarischen Räte auf den Standpunkt, dass „die Siebenbürger“ nicht nur eingeladen, sondern auch dazu angehalten werden müssten, zu erscheinen. Dem stünde die Tatsache, dass sich „die Siebenbürger“ durch ein dem Sultan zuliebe gemachtes Zugeständnis Ferdinands, das durchaus „nicht immerwährend“ sei, unter der Herrschaft eines „fremden Herren“ befänden, nicht entgegen. Wenn Ferdinand in einer Klausel der Einladung seinen Rechtsstandpunkt begründe, könne auch der „Fürst der Türken“ nicht beleidigt werden. Die Jurisdiktion und das Eigentumsrecht (*proprietatem*) der Krone und der künftigen Könige von Ungarn seien in diesem Teil des Königreichs Ungarn unversehrt geblieben. Da Siebenbürgen, „nicht der kleinste und auch kein zu vernachlässigender Teil des Königreichs Ungarn“, stets von ungarischen Königen regiert worden sei, dürfe Ferdinand nicht den Anschein erwecken, als dulde er die „illegitime“ Abspaltung Sieben-

394 Documente, Hurmuzaki, Vol. II/5, S. 483.

bürgens und der an dies angrenzenden ungarischen Komitate. Dem Anspruch des „Sohnes des einstigen König Johanns" auf den Titel eines „gewählten Königs", den er in „Briefen und auf Münzen" gebrauche, könne Ferdinand nur entgegenwirken, wenn die siebenbürgischen Stände zur „üblichen Krönung" des ungarischen Königs eingeladen würden. Anderenfalls träte die Folge ein, dass die siebenbürgischen Stände den Königssohn als alleinigen König anerkennen oder sich vom Königreich Ungarn für immer trennen könnten, um sich so zu einem eigenen Königreich oder zu einer selbständigen Provinz zu entwickeln. Eine Anerkennung Maximilians als König von Ungarn durch die siebenbürgischen Stände sei völlig ausgeschlossen, wenn diese nicht zur Krönung geladen würden. Vielmehr dürften sich in diesem Falle gerade die Unentschlossenen zurückgewiesen fühlen und umso stärker den Anschluss an Johann Sigismund suchen[395].

In seinem Antwortschreiben vom 23. März 1561 betonte Ferdinand, dass er an seiner Meinung festhalte, eine Einladung an die siebenbürgischen Stände könne den „Fürsten der Türken" um vieles mehr reizen, als eine Krönung, an der nur die Stände des Königreichs Ungarn anwesend wären, die „gegenwärtig der Gerichtsbarkeit und Macht Ihrer Majestät unterworfen sind". Als weiteren Grund für seine ablehnende Haltung führte Ferdinand die Schwierigkeiten der Zustellbarkeit der Einladungen an die siebenbürgischen Stände an, unabhängig von der Tatsache, ob diese pauschal an alle Stände oder namentlich „an jede Nation und jeden Baron" gerichtet würden. Eine offene Zustellung der Einladungen gehe mit einer nicht zu verantwortbaren Lebensgefahr für den Boten einher. Eine heimliche Zustellung durch nicht gekennzeichnete Boten lehnte Ferdinand ebenfalls ab, da sie weder zum feierlichen Anlass passe noch der Heiligen Krone des Königreichs Ungarn würdig sei. Darüber hinaus betonte Ferdinand, dass er im Falle einer Einladung der siebenbürgischen Stände keinen Grund sehe, warum nicht auch die Vertreter anderer Ungarn „unrechtmäßig entrissener Gebiete" eingeladen würden, wie jene Untertanen, die sich „gegenwärtig" unter der Herrschaft der „Türken" befänden. Außerdem hätten die Vertreter der angesprochenen Stände in der Vergangenheit zu allen Reichstagen eingeladen werden müssen, die in gleicher Weise öffentliche Angelegenheiten des Königreichs Ungarn behandelt hätten, was aber nicht geschehen sei. Eine Einladung der siebenbürgischen Stände diene nur dann dem Zweck der Aufrechterhaltung der Rechte des Königs von Ungarn in Siebenbürgen, wenn über die Eingliederung desselben in den ungarischen Reichsverband verhandelt würde, denn eine Wiedererlangung Siebenbürgens könne „in diesen unglücklichen Zeiten" nur durch Waffengewalt oder auf dem Verhandlungswege erreicht werden. In beiderlei Hinsicht sei die Frage einer Einladung „der Siebenbürger" zum geplanten Staatsakt unerheblich.

Ferdinand ging anschließend auf das Völkerrecht ein. Nach dem Recht ebenso wie nach der Gewohnheit aller Völker sei Folgendes gebilligt und bestätigt worden: Wenn einem Fürsten oder Herrn tatsächlich und gewaltsam ein Gebiet entrissen worden sei, das diesem nach Recht und Billigkeit gehöre und er in diesem Gebiet we-

---

395 Documente, Hurmuzaki, Vol. II/5, S. 484–485.

der seine Herrschaft noch seine Gerichtsbarkeit ausüben könne, dann verliere in diesem Territorium weder die alte Rechtsordnung ihre Gültigkeit noch trete eine neue an ihre Stelle. Die Rechte des Königreichs Ungarn in Siebenbürgen könnten sicherlich am besten durch einen „Vorbehalt der Rechte Ihrer Majestät" gewahrt werden, schrieb Ferdinand. Die Umsetzung eines solchen Vorbehalts müsse allerdings noch erörtert werden, denn das Hinzufügen der von den ungarischen Räten vorgeschlagenen Klausel in den Einladungsbriefen führe nicht zum gewünschten Ergebnis. Wenn in dieser Klausel festgestellt würde, dass Ferdinand „dem Fürsten der Türken" zuliebe zeitweilig auf den Besitz Siebenbürgens zugunsten des „Sohnes des ehemaligen Königs Johann" verzichtet habe, sich aber „die Jurisdiktion und das Eigentumsrecht der Krone [...] in diesem Teil des Königreichs" vorbehalte, dann stimme dies nicht mit dem Wortlaut des habsburgisch-osmanischen Friedensvertrages von 1559 überein. In den nach Konstantinopel geschickten „Bekräftigungsbriefen" sei ein solcher Vorbehalt nicht ausdrücklich enthalten. Vielmehr habe Ferdinand darin versprochen, „von den Burgen und Festungen wie auch von den Städten und Ortschaften Siebenbürgens alle Gewalt und Feindseligkeit fernzuhalten". Diese Formulierungen in eine andere Form zu bringen, entspräche keineswegs seiner Würde, betonte Ferdinand. Vielmehr würde der Sultan „mehr und mehr gereizt werden". Aus Rücksicht auf die laufenden Friedensverhandlungen[396] mit dem Sultan müsse darauf geachtet werden, „dass Ihre kaiserliche Majestät nicht durch die Verstrickung in einen so ungewissen und zweifelhaften Ausgang der Sache" festgelegt oder gar geschädigt würde. Deshalb riet Ferdinand erneut dazu, die Einladung nicht an „die Siebenbürger" auszusprechen, zumal er zuversichtlich sei, dass die ihm weiterhin wohlgesinnten Stände Siebenbürgens ein solches Verhalten nicht übel nehmen würden[397].

Die Krönung Maximilians zum König von Ungarn verzögerte sich so lange, dass sie erst ein Jahr nach dem Abschluss des habsburgisch-osmanischen Friedens von 1562 stattfand. Da sich König Ferdinand mit seiner Ansicht durchgesetzt hatte, keine offiziellen Einladungen an die siebenbürgischen Magnaten und Würdenträger zu versenden, und weil er im Frieden mit dem Sultan, den er durch Symbolpolitik nicht gefährden wollte, die Bezeichnung Johann Sigismunds als „König von Siebenbürgen" akzeptieren musste, protestierten mehrere Magnaten und Würdenträger West- und Nordungarns gegen die Politik des Königs. Sie warfen ihm, der die ungarischen Adligen nicht an den Verhandlungen mit dem Sultan beteiligt hatte, eine zu nachgiebige Haltung gegenüber den Osmanen vor. Die Haltung der ungarischen politischen Elite war auch ein Ausdruck ihres Denkens in den Kategorien der Einheit der Länder der Heiligen Stefanskrone, die nicht nur den Herrscher, sondern im gleichen Maße

---

396 Aufgrund der Diskrepanz zwischen der habsburgischen und der osmanischen Textversion des Vertrages von 1559 teilte Sultan Süleyman am 24. September 1559 dem kaiserlichen Gesandten an der Hohen Pforte, Ogier Ghiselin de Busbecq, mit, den Vertrag nicht ratifizieren zu wollen. Deshalb musste Busbecq den Verhandlungsprozess neu in Gang setzten, der erst nach drei Jahren abgeschlossen werden konnte.

397 Documente, Hurmuzaki, Vol. II/5, S. 486–488.

auch die Stände einschloss[398]. Die Unzufriedenheit der Stände – die auch durch die fehlgeschlagenen Versuche, Siebenbürgen wiederzugewinnen, stetig zunahm – äußerte sich im Widerstand, den mehrere Magnaten und Bischöfe auf dem Pressburger Reichstag gegen die anstehende Krönung Erzherzog Maximilians zum König von Ungarn leisteten. Der Streit hatte sich vor allem an Ferdinands Forderung, die Erbfolge der Habsburger auf dem ungarischen Thron anzuerkennen, entzündet. Er begründete seine Haltung damit, dass die althergebrachten Rechtsnormen des Landes keine Wahl vorschrieben, und er betonte, dass bei der Krönung Ludwigs II. 1508 das Wort *electio* in den Einladungen an die Stände vollständig gefehlt habe. Darüber hinaus führte er die Erbfolgeregelungen im habsburgisch-ungarischen Vertrag von 1515 und im Großwardeiner Vertrag von 1538 ins Feld. Die Adligen protestierten energisch gegen dies Vorhaben und verwiesen auf das Gewohnheitsrecht Ungarns, wonach es keine Krönung ohne vorherige Wahl geben könne. Erst mit der Hilfe der geistlichen Würdenträger, vor allem des Erzbischofs Nikolaus Olahus, einigte sich der Herrscher mit den Ständen darauf, das Wort *electio* zu vermeiden und dafür Bezug auf die Rechtstraditionen Ungarns zu nehmen. Am 8. September 1563 konnte der erstgeborene Kaisersohn schließlich zum König von Ungarn gekrönt werden[399].

Unmittelbar vor der Krönung Maximilians erstatteten ihm die ungarischen Räte am 4. August 1563 einen Bericht über den Zustand des Königreichs Ungarn. Dem Bericht lag eine Aufstellung der östlichen, zwischen der Theiß und Siebenbürgen gelegenen ungarischen Komitate bei. Demnach befanden sich zu diesem Zeitpunkt die Komitate Szabolcs und Sathmar im Besitz Maximilians, das Komitat Kraszna im Besitz des „Sohnes König Johanns“, das Komitat Mittel-Szolnok zum größten Teil im Besitz Stefan Báthorys, dem Heerführer Szapolyais; das Komitat Bihar gehörte zum Teil dem „Königssohn“, zum Teil den Bischöfen von Großwardein, Weißenburg und Erlau. Die Komitate Békés, Äußeres Szolnok, Zaránd, Arad, Csanád, Csongrád und Temes befänden sich zum Teil unter der Herrschaft der „Türken“, zum Teil unter jener der „Weißenburger“[400].

Obwohl im Herrschaftsbereich Szapolyais keine offiziellen Einladungen versandt worden waren, nahmen an der Krönungszeremonie vom 8. September 1563 in Pressburg folgende ursprünglich aus Siebenbürgen und Ostungarn stammende Anhänger der Habsburger teil: Erzbischof Nikolaus Olahus (Oberster Kanzler Ungarns), Graf Antonius Verantius (kaiserlicher und königlicher Rat), Bischof Paul Bornemisza (kaiserlicher und königlicher Rat), Stefan Dobó von Rwzka (ehemaliger Woiwode von Siebenbürgen und kaiserlicher und königlicher Rat), Graf Andreas Báthory (ehemaliger Woiwode von Siebenbürgen und Oberster Richter Ungarns), Graf Nikolaus Báthory und der habsburgische Generalkapitän in Oberungarn Franz Zay von Chemer (kaiserlicher und königlicher Rat)[401]. Als Zeichen ihrer Zugehörigkeit zu den Ländern der Heiligen Krone Ungarns wurden die Banner Ungarns, Dalmatiens, Kroatiens,

398 Pálffy 2009, S. 194.
399 Pálffy 2009, S. 163–165.
400 Documente, Hurmuzaki, Vol. II/5, S. 520–521.
401 Documente, Hurmuzaki, Vol. II/5, S. 521–522.

Slawoniens, Serbiens (*Rascia*), Bosniens (*Rama*), Bulgariens, der Großen und Kleinen Walachei (*Cumania*), der Moldau sowie Galiziens und Lodomeriens – es handelte sich vor allem um Provinzen, die von den Arpaden-Königen im Hochmittelalter beherrscht worden waren – während der Krönungszeremonie präsentiert[402].

Begünstigt durch den Abschluss des Friedensvertrages zwischen Kaiser und Sultan konnten im März 1564 die habsburgisch-siebenbürgischen Friedensverhandlungen wieder aufgenommen werden. Johann Sigismund ernannte die polnischen Gesandten am Wiener Hof, Stanislaus Volsky und Stanislaus Czarnkowski, zu seinen Unterhändlern. Im April 1564 legten die Polen dem in die siebenbürgische Residenzstadt Weißenburg entsandten habsburgischen Diplomaten Georg Albany die Forderungen Johann Sigismunds vor. Er bestand auf seiner Verlobung mit der Tochter des Kaisers, Erzherzogin Johanna, und hielt seine Ansprüche auf die oberungarischen Festungen Munkács und Huszt sowie die Komitate Bereg und Ugocsa aufrecht. Als Konzession bot er an, den ungarischen Königstitel gegen den eines Fürsten von Siebenbürgen (*Joannes Sigismundus serenissimi Joannis regis Hungariae, Dalmatiae, Croatiae etc. filius, dei gratia princeps Transsilvaniae et partium regni Hungariae*) einzutauschen. Damit wurde erstmals der siebenbürgische Fürstentitel zum konkreten Verhandlungsgegenstand der zwischen Wien und Weißenburg geführten Gespräche.

Obwohl Kaiser Ferdinand diese Vorschläge ablehnte, konnte er keine Verlängerung des Konflikts mit dem siebenbürgischen Herrscher riskieren, ohne den Frieden mit dem Sultan langfristig zu gefährden. Folglich verlängerte der Kaiser am 26. Mai den Waffenstillstand um sechs Monate (1. Juni bis 30. November 1564). Allerdings achtete er darauf, dass die umstrittenen Punkte in der Urkunde ausgeklammert blieben. Der Waffenstillstandsvertrag nahm ausdrücklich Bezug auf den 1562 mit Sultan Süleyman (*sulthano Solimano, imperatore Turcarum ac Asiae et Gretiae etc.*) geschlossenen Frieden und hob die Vermittlung des habsburgischen Thronfolgers Maximilian sowie des polnischen Königs Sigismund August dankend hervor[403]. Obwohl Johann Sigismund im Dokument des Kaisers erneut als „Herzog" tituliert wurde (*Joanne Sigismundo duce ser^{mi} quondam principis d^{ni} Joannis, Hungariae regis*), ratifizierte er den Waffenstillstand am 18. Juni 1564 in Weißenburg[404].

Am 25. Juli 1564 starb Kaiser Ferdinand. Auf dem Kaiserthron folgte ihm sein Sohn Maximilian, der in Pressburg bereits im September 1563 zum ungarischen König gekrönt worden war. Seine verhaltene Öffnung gegenüber dem Protestantismus führte jedoch zu keiner Annäherung zwischen ihm und dem siebenbürgischen Herrscher, der als Katholik in den 1560er Jahren zum Calvinismus und danach zum Anti-

402 Documente, Hurmuzaki, Vol. II/5, S. 522. Abweichend davon erwähnt Pálffy, dass bei Maximilians Krönung die Banner Galiziens, Lodomeriens und Kumaniens auf Anraten der ungarischen Räte gefehlt hätten: Pálffy 2009, S. 197–198.

403 Der Vertrag wurde in die Reihe der bisher geschlossenen habsburgisch-siebenbürgischen Waffenstillstände gestellt. Ausdrücklich erwähnt wurden sowohl die früheren Ausfertigungen Ferdinands (Prag, 12. April 1562 und Innsbruck, 24. März 1563) als auch jene Johann Sigismunds (Julmarkt, 26. Mai 1562 und Kronstadt, 17. April 1563). Siehe den Wortlaut der lateinischen Urkunde des Kaisers in: Gooss, S. 174–176.

404 Gooss, S. 172.

trinitarismus konvertierte[405]. Seitdem die siebenbürgischen Landtage von 1557 und 1558 die Religionsfreiheit in den Landesgesetzen verankert und die Augsburgische Konfession[406] anerkannt hatten, verlor der katholische Glauben in Siebenbürgen in kürzester Zeit massiv an Boden. Bis zum Ende des 16. Jahrhunderts existierten nur noch einige wenige katholische Inseln, vor allem in den Partes und im östlichen Szeklerland. Um das Jahr 1570 bekannten sich lediglich 10 Prozent der Angehörigen der drei Landesstände zum römisch-katholischen Glauben. Zwischen 1556 und 1713 (mit Ausnahme der Jahre 1598–1604) residierte kein katholischer Bischof mehr in Siebenbürgen. Dessen Palais in Weißenburg nutzte der Fürst von Siebenbürgen fortan als Residenz, der zusammen mit den Adligen die Kirchengüter einzog. 1564 wurde vom Thorenburger Landtag neben dem Luthertum auch der Calvinismus als Konfession anerkannt, 1568 wurde der Unitarismus (Antitrinitarismus) in den Kreis der „rezipierten" Konfessionen aufgenommen. Erst 1571 schloss der Landtag den Kreis der anerkannten Konfessionen, die Orthodoxen wurden weiterhin nur „toleriert". Damit waren die Grundlagen für die zum Teil bis in die Gegenwart fortwirkende Verteilung der Bevölkerung Siebenbürgens auf die verschiedenen Konfessionen gelegt worden. Während sich die Sachsen dem Luthertum angeschlossen hatten, verblieben die Rumänen bei der Orthodoxie. Bei den Ungarn und Szeklern waren sowohl der Katholizismus, der Calvinismus sowie der Antitrinitarismus anzutreffen[407]. Dieser religionspolitische Hintergrund, der die zweite Regierungszeit Johann Sigismunds innenpolitisch prägte, hatte auf seine Außenpolitik eine relativ geringe Auswirkung[408]. Ein Einfluss der Konfessionalisierung auf die habsburgisch-siebenbürgischen Beziehungen kann kaum festgestellt werden.

Noch bevor der Waffenstillstand am 30. November 1564 auslief, versuchte Johann Sigismund den Herrscherwechsel in Wien auszunutzen, um die Besitzungen des auf die habsburgische Seite gewechselten Magnaten Melchior Balassa zurückzugewinnen. Nachdem der Klausenburger Landtag am 22. September umfangreiche finanzielle Mittel für eine Militäraktion gebilligt hatte, eroberte das siebenbürgische Heer unter Stefan Báthory im Herbst 1564 mehrere Festungen in den Komitaten Sathmar, Szabolcs und Bereg. Anfang Februar 1565 begann der Gegenangriff der habsburgischen Streitmacht unter dem Oberbefehl Andreas Báthorys und Lazarus von Schwendis, der nicht nur die Rückeroberung der meisten verloren gegangenen

---

405 Makkai, S. 89–90. Vgl. Tóth 2007, Religiöser Fundamentalismus, S. 274–275. Vgl. Barta 1990, S. 289–291. Der Theologe Franz Davidis, 1556–1559 lutherischer Bischof Siebenbürgens, 1559–1566 Calvinist und ab 1566 Antitrinitarier, wirkte in Weißenburg als Hofprediger Johann Sigismunds und wurde 1569 zum Bischof der antitrinitarischen Konfession gewählt: Roth 2007, S. 57–58. Vgl. Winkelbauer, Bd. 2, S. 72–73.

406 Ihren Anfang nahm die Reformation in Siebenbürgen durch den Humanisten Johannes Honterus, der als Ratsherr, Buchdrucker und Stadtpfarrer zuerst in seiner Vaterstadt Kronstadt 1543/1544 das Luthertum einführte. Es wurde 1550 von der Nationsuniversität der Siebenbürger Sachsen für alle sächsischen Gemeinden als verbindlich erklärt: Gündisch 2005, S. 81–87.

407 Roth 2007, S. 53–59. Vgl. die Bischofslisten im Handbuch der historischen Stätten Siebenbürgen, S. 240–254. Vgl. Winkelbauer, Bd. 2, S. 72–74. Vgl. Karácsonyi, S. 46–52.

408 Vgl. Tóth 2007, Religiöser Fundamentalismus, S. 274–275.

habsburgischen Festungen zur Folge hatte, sondern auch den Gewinn weiterer Ortschaften und Burgen in den Komitaten Sathmar und Mittel-Szolnok einbrachte. Da der siebenbürgische Herrscher von der Schnelligkeit der habsburgischen Erfolge vollkommen überrascht wurde und er von osmanischer Seite keine Hilfe erwarten konnte, ermächtigte er am 7. und 8. März seinen Heerführer Stefan Báthory und den polnischen Diplomaten Stanislaus Niezowski, Verhandlungen mit den Kommandanten des habsburgischen Heeres in Sathmar aufzunehmen[409].

Am 13. März 1565 unterzeichneten Stefan Báthory und Stanislaus Niezowski für die siebenbürgische, Lazarus von Schwendi und Andreas Báthory für die habsburgische Seite den Friedensvertrag von Sathmar. Der Vertrag erkannte das Recht Johann Sigismunds und seiner legitimen Nachkommen, über Siebenbürgen zu herrschen, an. Die nördlichen Partes mit den Festungen Sathmar, Frauendorf, Tokaj und Szerencs sollten an König Maximilian fallen. Johann Sigismund durfte das Komitat Bihar mit der Festung Großwardein auf Lebenszeit behalten, die nach seinem Tod dem ungarischen König übergeben werden mussten. Außerdem sah der Vertrag die Abtretung der oberungarischen Festungen Munkács und Huszt, samt ihrer Güter, an die Habsburger vor. Die wichtigste Klausel des Vertrags betraf die völkerrechtliche Stellung Siebenbürgens und seines Herrschers. Den Titel „Erwählter König von Ungarn" (*rex electus Hungariae*) musste Johann Sigismund ablegen und stattdessen jenen eines „Herzogs von Siebenbürgen" (*dux Transylvaniae*) annehmen. Er durfte den alten Königstitel nur noch im Verkehr mit der Hohen Pforte gebrauchen. Darüber hinaus musste der siebenbürgische Herrscher als Vasall dem König von Ungarn öffentlich Treue schwören und die Zugehörigkeit Siebenbürgens zu den Ländern der ungarischen Krone anerkennen. Weiterhin wurde ein geheimes Bündnis gegen die Osmanen geschlossen. Sollte Johann Sigismund ohne Nachkommen sterben, sah der Vertrag die Inkorporation Siebenbürgens in den habsburgischen Länderkomplex vor. Um die Bande zwischen beiden Seiten zu stärken, schlug Kaiser Maximilian eine dynastische Verbindung zwischen den Häusern Habsburg und Szapolyai vor. Er dachte dabei an eine seiner Schwestern, die er Johann Sigismund als Frau zusammen mit einer „angemessenen, der Würde des genannten Herzogs entsprechenden Mitgift" geben wollte. Der Vertrag sollte nach der Hinterlegung der beiden Ratifikationsurkunden in Wien in Kraft treten[410].

Johann Sigismund sandte am 24. März 1565 Stefan Báthory mit seiner Ratifikation nach Wien. Allerdings wünschte der siebenbürgische Herrscher vertragliche Nachbesserungen, vor allem eine Bestimmung, welche die rasche Heirat mit einer Schwester des Kaisers sicherstellen sollte[411]. Kurz darauf erfuhr Johann Sigismund

409 Gooss, S. 176–177.

410 Wortlaut des Vertrages in lateinischer Sprache in: Ebenda, S. 178–181.

411 Einer Einheiratung in die kaiserliche Familie stand, trotz aller Toleranz König Maximilians, vor allem der protestantische Glaube Johann Szapolyais entgegen, der besonders die Antitrinitarier in Siebenbürgen förderte. Über die Rolle der Glaubensfrage in den Heiratsprojekten Johann Sigismunds berichtete der habsburgische Diplomat Wolfgang Schreiber am 6. Mai 1564 aus Konstantinopel an Maximilian: Documente, Hurmuzaki, Vol. II/1, S. 516–517.

von neuen Unstimmigkeiten zwischen Kaiser und Sultan, da in Konstantinopel Gerüchte über ein geheimes habsburgisch-persisches Bündnis aufgetaucht waren. Darüber hinaus blieb den Osmanen nicht verborgen, dass die Habsburger der siebenbürgischen Seite mehrere Festungen in Oberungarn abgenommen hatten. Deshalb wollte der Sultan den mit Kaiser Ferdinand geschlossenen Frieden von 1562 nur auf dessen Sohn übertragen, wenn dieser seine Truppen von der siebenbürgischen Grenze abziehe[412]. Also entschied sich Szapolyai, die neue Krise zwischen Wien und Konstantinopel auszunutzen und den Rückzug der habsburgischen Truppen aus den eroberten oberungarischen Festungen als Friedensbedingung zu fordern. So schickte er am 21. April einen Eilboten hinter Stefan Báthory, mit dem Befehl, die Hochzeits- und Territorialfragen neu zu verhandeln. Als Stefan Báthory dies in Wien versuchte, stieß er auf die entschiedene Ablehnung des Kaisers, Änderungen des Sathmarer Vertrages vorzunehmen. Als Báthory die Ratifikationsurkunde des siebenbürgischen Herrschers nicht vorlegen wollte, ließ der Kaiser den siebenbürgischen Gesandten am 5. Juni 1565 verhaften, mit der Begründung, hintergangen worden zu sein[413]. Die Gefangennahme Báthorys zeigt, dass die gewohnheitsrechtliche Immunität des Gesandten im Bestimmungsland während des 16. Jahrhunderts noch nicht voll anerkannt war und völkerrechtlich praktiziert wurde. Es kam nicht nur an der Hohen Pforte vor, dass der gastgebende Herrscher, zum Beispiel als Sanktion für empfundenes Unrecht, den Gesandten und dessen Herren auf diese Weise unter Druck setzen wollte[414]. Allerdings könnte im vorliegenden Fall auch eine wichtige Rolle gespielt haben, dass der Kaiser Báthory als Repräsentanten eines nicht-souveränen Herrschers betrachtete, der unter der Oberhoheit des Habsburgers stand[415].

Zu einer Lösung des Ratifikationsproblems kam es nicht mehr, da Johann Sigismund den Ratifikationsprozess unterbrach, weshalb der Sathmarer Vertrag keine Rechtsgültigkeit erlangen konnte. Obwohl er ein Vorvertrag blieb, war ein Präzedenzfall geschaffen worden, auf den die kaiserliche Diplomatie Bezug nahm, als die habsburgisch-siebenbürgischen Verhandlungen noch im Juni 1565 fortgesetzt wurden. Die Forderungen, Johann Sigismund solle auf seinen Titel als König von Ungarn verzichten und die Zugehörigkeit Siebenbürgens samt der Partes zum Königreich Ungarn anerkennen, wurden von den Habsburgern aufrechterhalten. Nach einigen Verhandlungsrunden kündigte die siebenbürgische Seite am 3. Juli an, dass Johann Sigismund bereit sei, den Titel *Ioannes Serenissimus princeps, domini Ioannis olim Regis Hungariae filius, dux Transilvaniae* anzunehmen. Der siebenbürgische Herrscher sagte darüber hinaus zu, dem ungarischen König als Vasall den Treueid abzuleisten und versprach gegen die Osmanen militärische Hilfe, für den Fall, dass Kaiser Maximilian persönlich einen Feldzug gegen den Sultan anführen sollte. Am

---

412 Căzan 2000, S. 255. Vgl. Gooss, S. 178.
413 Gooss, S. 178.
414 Ausführlich über die Rechte des Gesandten im Bestimmungsland: Picard, S. 101–105. Vgl. Janssen, S. 70–77.
415 Vgl. Bély 1992, S. 48.

11. Juli 1565 erklärte sich Maximilian bereit, zu diesen Bedingungen und auf der Grundlage der weiteren Bestimmungen des Vertrages von Sathmar Frieden zu schließen.

d. Krieg und Frieden 1565–1571: der siebenbürgisch-habsburgische Vertrag von Speyer

Dies Vorhaben durchkreuzten Entwicklungen, die von der osmanischen Hauptstadt ausgingen. Am 27. Juni 1565 starb der umsichtige Großwesir Ali Pascha. Zu seinem Nachfolger wurde Sokollu Mehmet Pascha ernannt. Der aus Bosnien stammende Konvertit (Geburtsname Sókolovic) hatte sich aus bescheidenen Verhältnissen emporgearbeitet und galt als ein hartherziger, unhöflicher und arroganter Karrierist. Unter seinem Einfluss vollzog Sultan Süleyman eine Wende in seiner Politik gegenüber der Habsburgermonarchie, die auf einen neuen Krieg Kurs nahm. Als die neue Ausrichtung der osmanischen Außenpolitik in Siebenbürgen bekannt wurde, unterbrach Johann Sigismund die Gespräche mit Wien und versuchte, den neuen Rückenwind aus Konstantinopel auszunutzen. Johann Sigismund eröffnete noch im Juli 1565 die Feindseligkeiten gegen die in Oberungarn stationierten habsburgischen Truppen. Er erhielt Unterstützung durch die Truppen der Paschas von Ofen und Temeswar, nachdem der Kaiser auf die Forderungen des Sultans, die Kampfhandlungen einzustellen, nicht eingegangen war. Anfang September 1565 gingen die osmanischen und siebenbürgischen Truppen in Oberungarn zur Offensive über[416]. Nachdem die Habsburger die Festungen Frauenbach und Sathmar verloren hatten, schloss der habsburgische General Lazarus von Schwendi Mitte September mit den osmanischen Kommandanten einen Waffenstillstand ab. Über die habsburgisch-osmanische Übereinkunft verstimmt – sie erfolgte ohne seine Zustimmung –, zog Johann Sigismund seine Truppen Anfang Oktober nach Siebenbürgen zurück. Er erhielt vom Klausenburger Landtag (8. bis 13. Oktober 1565) Unterstützung bei seinem Vorhaben, Kaspar Bekes zum Sultan zu entsenden, um die Aktivitäten der kaiserlichen Vertreter in Konstantinopel zu konterkarieren. An der Hohen Pforte gelang es Bekes, die Bedeutung des Sathmarer Vertrages herunterzuspielen und – zusammen mit Großwesir Sokollu Mehmet Pascha – den Sultan wieder auf Kriegskurs zu bringen[417]. Im Dezember 1565 und Januar 1566 machte der ständige habsburgische Gesandte in Konstantinopel, Albert de Wijs, die siebenbürgische Seite für den geplanten Ungarn-Feldzug des Sultans verantwortlich, da sich der „perfide Siebenbürger", Johann Sigismund, wiederholt beim Sultan darüber beschwert habe, dass der Kaiser die vollständige Besetzung Siebenbürgens beabsichtige. Der Großwesir und der ständige siebenbürgische Gesandte Ladislaus Bornemisza hätten leichtes Spiel, den alternden Sultan in ihrem Sinne zu beeinflussen, wissentlich falsch zu informieren und so den schnellen Beginn des Feldzugs zu fordern. Für die aggressive Haltung

416 Căzan 2000, S. 259.
417 Tătar 2003, S. 308–309.

der Osmanen machte de Wijs auch die Franzosen und Venezianer verantwortlich. Angesichts der großen Bedrohung empfahl der Gesandte ein breites Bündnis der christlichen Staaten sowie eine Allianz mit dem Schah von Persien. Bereits de Wijs' Vorgänger, Ogier Ghiselin de Busbecq, der von 1554 bis 1562 die kaiserliche Gesandtschaft an der Hohen Pforte geleitet hatte, riet zu einem Bündnis mit Persien, da allein dessen Kampf gegen das Osmanische Reich dazu geführt habe, dass Europa noch nicht vom Sultan erobert worden sei[418].

Eine „Heilige Allianz" christlicher Staaten gegen den Sultan schien zu diesem Zeitpunkt jedoch mehr als utopisch zu sein, zumal Polen seinen Bündnisvertrag mit dem Osmanischen Reich am 30. April 1565 erneuert hatte[419]. Der polnische König besaß großen Einfluss in Konstantinopel. Aus der osmanischen Hauptstadt berichtete 1565 der habsburgische Geheimagent Michael Cernovič, mit Hilfe des Pfortendolmetschers Ibrahim, eines gebürtigen Polen, setze sich König Sigismund gezielt für die Interessen des siebenbürgischen Herrschers beim Sultan oder Großwesir Ali Pascha ein. Ibrahim lasse auch den Schriftverkehr der habsburgischen Gesandten kopieren und übergebe diese Informationen dem französischen Gesandten sowie dem Sekretär des polnischen Königs, Andrea Tregesio. Zusammen mit diesen beiden sowie dem polnischen und venezianischen Gesandten bei der Hohen Pforte habe Ibrahim längere geheime Gespräche geführt, um zu beraten, wie man „dem Siebenbürger" helfen könne[420].

Zur Jahreswende 1565/1566 befanden sich die osmanischen Kriegsvorbereitungen im vollen Gange. Am 25. November 1565 hatte der Sultan dem Pascha von Ofen befohlen, einen großen Feldzug für das nächste Jahr vorzubereiten und zwischen November 1565 und Januar 1566 forderte der Sultan den Chan der Krimtataren, die Woiwoden der Moldau und Walachei sowie Johann Sigismund auf, ihm im kommenden Frühjahr in Ungarn Heeresfolge zu leisten[421]. Als der Sultan am 29. April 1566 zu seinem Feldzug nach Ungarn aufbrach, wies Kaiser Maximilian II. seinen Gesandten in Konstantinopel an, den siebenbürgischen Herrscher an der Hohen Pforte durch Offenlegung der Bedingungen des Sathmarer Friedens zu diskreditieren. Unterstützt von einigen osmanischen Würdenträgern, erklärte sich Johann Sigismund bereit, dem Sultan persönlich die Umstände zu erläutern, unter denen er gezwungen gewesen sei, den Frieden von Sathmar abzuschließen. Da der Sultan entschlossen war, der Habsburgermonarchie in Ungarn einen entscheidenden militärischen Schlag zu versetzen, nützte ihm die militärische und wirtschaftliche Un-

418 Die meisten Versuche der christlichen Staaten, ein antiosmanisches Bündnis mit Persien zu schließen, scheiterten daran, dass in dem Moment, als der Sultan seine Armee nach Osten lenkte, die christlichen Monarchen erleichtert wieder zur Tagesordnung übergingen. Die persischen Bündnispläne rechtfertigten die christlichen Eliten mit der Hoffnung, den Schah von Persien zum Christentum bekehren zu können: Koenigsberger, S. 48. Vgl. Căzan 2000, S. 259–261. Vgl. Lewis 2002, S. 16–17.

419 Wortlaut des polnisch-osmanischen Bündnisvertrages von 1565 in: Documente, Hurmuzaki, Vol. I, Suppl. II, S. 251–254.

420 Căzan 2000, S. 251.

421 Vgl. Documente, Hurmuzaki, Vol. II/1, S. 549.

terstützung Siebenbürgens mehr als eine Hinrichtung Johann Sigismunds. Deshalb sah er über die Versuche seines Vasallen, Ostungarn und Siebenbürgen den Habsburgern zu unterwerfen, hinweg und ließ stattdessen die habsburgischen Gesandten in Konstantinopel in den Kerker werfen. Nach der osmanischen Einnahme mehrerer wichtiger Burgen in Ungarn im Sommer 1566 starb Sultan Süleyman kurz vor der Eroberung der Festung Szigetvár am 8. September 1566. Sein Sohn und Nachfolger, Sultan Selim II., brach daraufhin den Ungarn-Feldzug ab und nahm Friedensverhandlungen mit dem Kaiser auf[422].

Der am 17. Februar 1568 in Adrianopel geschlossene habsburgisch-osmanische Friedensvertrag rief in Siebenbürgen Unzufriedenheit hervor, da er die Ansprüche Johann Sigismunds auf Teile der Partes, die sich unter der Herrschaft der Habsburger befanden, nicht berücksichtigte. Da sich Kaiser Maximilian mit einer zunehmenden Opposition aus den Reihen des Adels Ober- und Westungarns konfrontiert sah, hoffte der siebenbürgische Herrscher, die Habsburger in Ungarn unter Druck setzen zu können. Johann Sigismund beauftragte seinen Gesandten Michael Gyulai, das Einverständnis der Hohen Pforte für die Rückeroberung der habsburgisch besetzten Orte Frauendorf, Erdőd und Cseh einzuholen. Dies Vorhaben lehnte der Sultan 1568 ebenso ab wie im darauffolgenden Jahr den Plan des siebenbürgischen Herrschers, eine Verschwörung des ungarischen Adels gegen König Maximilian zu unterstützen. Für die Hohe Pforte besaß die Bewahrung des Friedens von Adrianopel höchste Priorität. Um die unzufriedenen ungarischen Adligen um Georg Bocskai zu kompromittieren, schickte Großwesir Sokollu Mehmet Pascha den Brief, in dem die Adligen die Hilfe der Hohen Pforte bei der Vertreibung der „deutschen Garnisonen“ aus Ungarn erbeten hatten, direkt an König Maximilian, der nun in Ungarn energisch gegen tatsächliche und vermeintliche Anhänger Johann Sigismunds vorging. Das offensichtliche Interesse des Sultans an guten Beziehungen zum Kaiser ergab sich aus der Tatsache, dass er im östlichen Mittelmeer einer Koalition aus Spanien, Venedig und dem Heiligen Stuhl gegenüberstand und darüber hinaus einen Aufstand in Arabien niederschlagen musste[423]. Um den Druck auf Siebenbürgen zu erhöhen, bat die Hohe Pforte 1569 auch den König von Polen, den habsburgisch-osmanischen Frieden zu festigen, worauf Sigismund II. seinen Neffen Johann Sigismund anhielt, auf seine Eroberungspläne zu verzichten und den Verhandlungsweg zu wählen. Sollte er dies nicht tun, so müsse er mit ernsten Konsequenzen für die territoriale Integrität seines Landes und die Stabilität seiner Herrschaft rechnen[424]. Aus Sicht der Hohen Pforte hatte Polen, vor allem nach 1568, die Rolle eines Garanten des Status quo im Donau-Karpaten-Raum zu erfüllen. Der polnische König nahm diese Rolle durchaus ernst, da er fürchtete, die Osmanen könnten einen Bruch des habsburgisch-osmanischen Friedens durch Johann Sigismund mit einer Besetzung Siebenbürgens beantworten, was aus polnischer Sicht erst recht zu einer Gefährdung des Mächtegleichgewichts in dieser Region geführt hätte. Aus diesem Grund

422 Káldy-Nagy, S. 209–211. Vgl. Feneşan 1997, S. 206–207.
423 Butnariu 2004, S. 113.
424 Vgl. Felezeu 2014, S. 82–83.

ermahnte der polnische König den siebenbürgischen Herrscher, seiner Verantwortung gemäß zu handeln und einen Interessenausgleich mit der Habsburgermonarchie auf dem Verhandlungswege zu suchen[425]. Obwohl die Hohe Pforte zu diesem Zeitpunkt friedliche Beziehungen zwischen Wien und Weißenburg wünschte, gingen ihr die diversen habsburgischen Heiratsprojekte Johann Sigismunds deutlich zu weit. Deshalb unterstützte sie den Plan einer Heirat zwischen ihm und der französischen Prinzessin Margareta von Valois, die zweifellos zu einer Festigung der Beziehungen zwischen diesen beiden antihabsburgisch eingestellten christlichen Mächten beigetragen hätte. Nach der Erneuerung der Frankreich gewährten Kapitulationen durch den Sultan reiste Mahmut Beg im Sommer 1569 als Brautwerber des siebenbürgischen Herrschers nach Frankreich. Anders als noch ein Jahrzehnt zuvor, war Frankreich nun durch den ausgebrochenen Bürgerkrieg zwischen Katholiken und Hugenotten zu sehr mit sich selbst beschäftigt, als dass es sich im östlichen Europa hätte stärker engagieren können. Das französisch-siebenbürgische Heiratsprojekt kam nicht zustande[426].

Ohne die Unterstützung des Osmanischen Reiches, Polens und Frankreichs musste Johann Sigismund auf eine ambitionierte antihabsburgische Politik, vor allem aber auf weitere militärische Unternehmungen verzichten. Dies erkannte auch Kaspar Bekes, engster politischer Berater des Herrschers und zugleich Motor der antihabsburgischen Außenpolitik Siebenbürgens. Zwischenzeitlich hatte sich Bekes das Misstrauen einiger osmanischen Würdenträger an der Hohen Pforte zugezogen, vor allem weil er ab Oktober 1569 Kontakte zum neuen habsburgischen Oberbefehlshaber in Oberungarn, Hans Rueber, unterhielt. Der Kurswechsel der siebenbürgischen Außenpolitik wurde offensichtlich, als Kaspar Bekes den in Mediasch tagenden siebenbürgischen Landtag (1. bis 6. Januar 1570) darüber informierte, dass Johann Sigismund plane, eine deutsche Prinzessin zu heiraten. Die Proteste einiger ungarischer Adliger, die eine französische Prinzessin vorgezogen hätten, verhallten wirkungslos. Am 12. April 1570 verließ Bekes mit großem Gefolge die Weißenburger Residenz und brach zum kaiserlichen Hof nach Prag auf.

Die Verhandlungen mit den Habsburgern, die vom Sondergesandten des polnischen Königs und Bischofs von Posen, Adam Konarski, begleitet wurden, begannen am 22. Mai 1570 in Prag. Kaspar Bekes forderte im Namen seines Herren die Herrschaft über alle Komitate zwischen der Theiß und der siebenbürgischen Westgrenze, die Anerkennung seines Titels als *rex electus* von Ungarn und die Heirat mit einer deutschen Prinzessin. Für den Fall eines Krieges gegen die Osmanen erbat Szapolyai

---

425 Felezeu 2005, Cadrul politic internațional, S. 23–24.

426 Gooss, S. 185. Ein anderes französisches Heiratsprojekt erregte die Aufmerksamkeit der habsburgischen Gesandten in Konstantinopel im Dezember 1566 sowie im Februar und August 1567. Angeblich habe sich der französische Gesandte bei der Hohen Pforte darum bemüht, die Schwester des Woiwoden der Walachei, Petru cel Tânăr (1559–1568), zur Frau zu nehmen. Die Gerüchte, der französische Gesandte wolle damit seine Ansprüche auf den Thron der Walachei anmelden, besorgten die habsburgische Seite, die darin auch eine versuchte Einflussnahme Frankreichs auf Siebenbürgen sahen: Documente, Hurmuzaki, Vol. II/1, S. 568–569, 577. Vgl. Documente, Hurmuzaki, Vol. XI, S. 77.

die Unterstützung des Kaisers, von dem er die Anerkennung aller potenzieller siebenbürgischen Eroberungen im osmanisch besetzten Ungarn forderte.

Am 28. Juni 1570 antwortete der Bischof von Veszprem im Namen des habsburgischen Königs von Ungarn auf die Propositionen der siebenbürgischen Seite. Die geforderte Anerkennung der Königstitulatur Johann Sigismunds wurde als unrechtmäßig zurückgewiesen: Johann Szapolyai habe den Titel eines Königs von Ungarn nur aufgrund der gewaltsamen Intervention der Osmanen in Ungarn annehmen können. Dessen Herrschaft wollte die habsburgische Seite nur auf der Grundlage des Besitzstandes vom 17. Februar 1568 (Zeitpunkt des Abschlusses des habsburgisch-osmanischen Friedens) und nur nach einem Bekenntnis Johann Sigismunds zur Zugehörigkeit Siebenbürgens und der ostungarischen Komitate zum „unteilbaren Königreich Ungarn" anerkennen. Der Kaiser bot dem als *Dux* titulierten Szapolyai die Anerkennung als *Princeps Transylvaniae et earum Hungariae, quas possidet* und eine Heirat in die herzoglichen Häuser von Bayern oder von Jülich an. Die Habsburger versprachen Johann Sigismund darüber hinaus militärische Hilfe gegen die Osmanen und für den Fall seiner Vertreibung aus Siebenbürgen, bedingt durch einen antiosmanischen Krieg, auch die schlesischen Herzogtümer Oppeln und Ratibor. Im Gegenzug bestand der Kaiser auf einer habsburgischen Thronfolge in Siebenbürgen, sollte Szapolyai keine männlichen Erben haben. Am 18. Juli präzisierten die Habsburger ihre Friedensbedingungen. Szapolyai solle den Titel *Serenissimi Joannis regis Hungariae, Dalmatiae, Croatiae etc. filius, princeps partium Hungariae et Transsylvaniae* annehmen. Der Kaiser versprach, sich bei Herzog Albrecht von Bayern um eine Vermählung des Siebenbürgers mit dessen Tochter, einer Nichte des Kaisers, zu bemühen. Maximilian war bereit, Johann Sigismund militärisch gegen den Sultan zu unterstützen, er bestand aber darauf, dass der Siebenbürger nur mit seinem Einverständnis Krieg gegen die Osmanen führen dürfe und dass er bis auf Weiteres die Bestimmungen des Friedens von Adrianopel vollkommen respektiere.

Als Bekes erkrankte, führte Adam Konarski, Bischof von Posen, die Gespräche als neuer Unterhändler des siebenbürgischen Herrschers weiter. Er hatte die bisherigen Verhandlungen von Anbeginn begleitet und war zusammen mit Bekes und dem kaiserlichen Hof zum Reichstag nach Speyer übersiedelt. Vor dem Hintergrund der Beratungen des Reichstages über die Lage in Ungarn und die vom Kaiser beantragte „Türkenhilfe" fanden dort im August 1570 die letzten Vertragsverhandlungen statt[427]. Obwohl Bischof Konarski noch am 8. August 1570 die Forderungen des habsburgischen Königs von Ungarn zurückgewiesen hatte, Johann Sigismund solle ihn als *superior* und Siebenbürgen als ein *membrum* der Krone Ungarns anerkennen, konnte sich die habsburgische Seite am Ende der Verhandlungen in den meisten Punkten durchsetzen[428]. Am 16. August 1570 unterzeichneten die Unterhändler im Namen von Kaiser Maximilian II. und König Johann Sigismund den Vertrag von Speyer.

---

427 Ausführlich zum Speyerer Reichstag: Lanzinner, S. 319–322, 350–356.
428 Gooss, S. 185–189.

Im Vertrag, der den Frieden zwischen den beiden Parteien wieder herstellte, wurde festgeschrieben, dass Johann Sigismund den Titel eines *rex electus Hungariae* ablegen musste, er durfte ihn fortan nur noch gegenüber der Hohen Pforte führen. Im Gegenzug musste er den Titel *Serenissimus princeps dominus Joannes, serenissimi olim Joannis regis Hungariae, Dalmatiae, Croatiae filius, dei gratia princeps Transsylvaniae ac partium regni Hungariae* annehmen, die Zugehörigkeit Siebenbürgens samt der Partes als integraler Bestandteil (*membrum*) des Königreichs Ungarn anerkennen sowie den ungarischen König als *superior* akzeptieren (*pro capite totius Christianitatis, pro rege Hungariae*). Die Unterordnung des Fürstentums Siebenbürgen unter das Königreich Ungarn spiegelt sich besonders im *Juramentum Transylvanorum* wider, dem in magyarischer Sprache formulierten Treueschwur des siebenbürgischen Fürsten gegenüber dem „Kaiser des Heiligen Römischen Reiches und gekrönten Königs von Ungarn". Er lautet:

> „Ich, N., schwöre dem Vater, dem Sohn und dem Heiligen Geist, der Heiligen Dreifaltigkeit, dem einzigen Gott, dass ich zu allen Zeiten aufrichtig und treu meinem Fürsten und Kaiser, [N.] Kaiser des Heiligen Römischen Reiches und gekrönter König von Ungarn und den ihm nachfolgenden gekrönten Königen von Ungarn, jenen die ihm legitim folgen werden, werde ich zu allen Zeiten aufrichtig und treu sein und in allem werde ich mich an die Befehle Ihrer Majestät halten, werde Freund seiner Freunde und Feind seiner Feinde sein, werde mich nicht gegen ihn verschwören, weder im Heimlichen noch offen, auch nicht durch meinen Rat, sondern, meinen Kräften entsprechend mich allem entgegenstellen, das sich gegen ihn richten wird. Und wenn er irgendeine Form oder Ordnung in der Regierung unseres Landes, Siebenbürgen, und den Teilen Ungarns, befehlen werde, sei es *per absolutum principatum*, oder *per gubernatorem*, werde ich allen Anordnungen Ihrer Majestät Folge leisten und sie mit gutem Glauben respektieren, solange ich leben werde und in allem werde ich mich nach dem Willen und den Befehlen Ihrer Majestät richten. So wahr mir Gott helfe!"[429]

Im Gegenzug für diese markante Veränderung in der völkerrechtlichen Stellung Siebenbürgens erkannten die Habsburger die Herrschaft der Szapolyais in Siebenbürgen und in den zum Fürstentum gehörenden ostungarischen Komitaten an. Johann Sigismund und seine männlichen Erben durften Siebenbürgen und die Partes, namentlich die Komitate Bihar (mit der Festung Großwardein), Mittelszolnok (inklusive des Dominiums Cseh, aber ohne dessen Güter im Komitat Sathmar), Kraszna und Marmarosch (mit dem Schloss Huszt, aber ohne Frauenbach einschließlich der zugehörigen Güter), behalten. An die Habsburger musste Johann Sigismund die Komitate Bereg, Ugocsa, Szabolcs und Sathmar abtreten, die ihm im Gegenzug die Stadt Tasnád (Komitat Szilágy) zurückerstatteten.

Der Vertrag beinhaltete auch ein geheimes Defensivbündnis gegen das Osmanische Reich, in dessen Rahmen sich der Kaiser verpflichtete, Schaden vom Fürstentum Siebenbürgen abzuwenden, Siebenbürgen Hilfstruppen zur Verfügung zu stellen und dem Fürsten im Falle seiner Vertreibung die schlesischen Herzogtümer Oppeln und Ratibor als Lehen zu geben, mit den in den Verträgen von 1551 bis

429 Gooss, S. 198.

1553 festgelegten Rechten und Pflichten. Zu diesen Bestimmungen musste der Kaiser Assekurationsbriefe ausstellen. Sollte der Fürst osmanische Gebiete in Ungarn östlich der Theiß erobern, so durfte er sie behalten. Für den Fall, dass er ohne männliche Erben sterben sollte, verpflichtete der Vertrag die siebenbürgischen Stände, den habsburgischen König oder dessen Erben als neuen Herrscher anzuerkennen. Im Gegenzug musste der ungarische König die Rechte und Freiheiten aller siebenbürgischen Stände ausdrücklich anerkennen, ihnen absolute Amnestie zusichern und seinen Soldaten Übergriffe gegenüber der Bevölkerung verbieten. Der Kaiser musste im Falle der Herrschaftsübernahme in Siebenbürgen Sorge dafür tragen, dass die Mitgift potenzieller Töchter Szapolyais so reich wie jene der kaiserlichen Prinzessinnen ausfalle. Ferner musste sich der Kaiser bemühen, eine seiner Nichten Johann Sigismund zur Frau zu geben, entweder Maria von Bayern oder Sybilla von Jülich. Sollte Johann Sigismund vor seiner Vermählung sterben, waren alle Seiten verpflichtet, sein Testament zu respektieren, sofern es nicht den Vertragsbestimmungen von Speyer zuwiderlief. Weiterhin bestimmte der Vertrag, dass Überläufer gegenseitig ausgeliefert werden sollten. Prozesse, die den Angehörigen der einen wie der anderen Seite aufgrund von Loyalitätskonflikten gegenüber ihrem jeweiligen Herrscher – seit dem „Einzuge des Grafen Peter Petrovith in das Reich" (1556) – drohten, durften nicht zugelassen werden. Bis zu einem vom Kaiser zu bestimmenden Termin sollten die Ratifikationen des Vertrages in Briefform ausgetauscht werden. Die Vertragsparteien vereinbarten die Geheimhaltung des Vertrages und alle an den Verhandlungen Beteiligten verpflichteten sich, das Stillschweigen zu wahren[430].

In einer separaten Urkunde sicherte der Kaiser die Ausstellung der im Vertrag angekündigten Versicherungsbriefe zu. Dies sollte nach Erhalt der Ratifikationsurkunde des siebenbürgischen Herrschers, die bis spätestens Ende Januar 1571 dem Kaiser zugehen musste, erfolgen[431].

Mit dem Text des Speyerer Vertrages kehrte der inzwischen genesene Kaspar Bekes im September 1570 nach Siebenbürgen zurück. Johann Sigismund ratifizierte den Vertrag am 1. Dezember 1570 in Weißenburg. Weil die Vertragsbestimmungen unter den Ständen Siebenbürgens überaus umstritten waren, bemühte sich Johann Sigismund um die Zustimmung des Fürstenrates, in dem die Stände durch herausragende Würdenträger vertreten waren. Obwohl die Hälfte der Ratsmitglieder der Abstimmung aus Protest fernblieb, ratifizierte der Fürstenrat noch am selben Tag den Vertrag. Einige Mitglieder des Rates, wie zum Beispiel Stefan Báthory, stimmten der Ratifikation nur mit Vorbehalten zu[432]. Daraufhin brach Bekes am 26. Dezember 1570 nach Prag auf, wo er dem Kaiser die Ratifikationsurkunde übergab. Inzwischen hatte sich herausgestellt, dass Maria, die Tochter Herzog Alberts von Bayern, sich für Erzherzog Karl von Steiermark als Ehemann entschieden hatte. Deshalb bemühte

430 Wortlaut des Vertrages nach der lateinischen Ratifikationsurkunde Johann Sigismund Szapolyais vom 1. Dezember 1570 in Weißenburg (Abschrift) in: Gooss, S. 189–198.

431 Wortlaut der in lateinischer Sprache abgefassten Obligation Maximilians II. vom 16. August 1570 in Speyer (Konzept) in: Gooss, S. 198–199.

432 Sinkovics, S. 74.

sich der Kaiser Ende Januar um die Hand seiner anderen Nichte, Sybilla, Tochter des Herzogs von Jülich und Berg, um seinen Vertragsverpflichtungen nachzukommen. Noch bevor in dieser Frage eine Lösung erzielt werden konnte, ratifizierte der Kaiser den Vertrag von Speyer am 31. Januar 1571 in Prag[433]. Am selben Tag stellte er auch die beiden im Vertrag zugesagten Versicherungsdokumente aus, die das Bündnis gegen das Osmanische Reich sowie die Aufstellung und Erhaltung der dem siebenbürgischen Herrscher versprochenen Hilfstruppen betrafen[434]. Schließlich unterzeichnete Maximilian am 10. März 1571 in Wien eine Assekurationsurkunde über die an Johann Sigismund abzutretenden schlesischen Herzogtümer Oppeln und Ratibor, sollte dieser aus Siebenbürgen vertrieben werden[435].

Der Vertrag von Speyer gehört zu den zentralen völkerrechtlichen Vereinbarungen, die im Namen der siebenbürgischen Herrscher abgeschlossen wurden. Zusammen mit dem habsburgisch-osmanischen Friedensvertrag von Adrianopel (1568) setzte er nach über vier Jahrzehnten einen völkerrechtlichen Schlusspunkt unter die siebenbürgisch-habsburgisch-osmanischen Kriege, die seit der Schlacht von Mohács 1526 um das Erbe des Königreichs Ungarn geführt worden waren. Der Vertrag von Speyer, der in den meisten seiner Punkte auf die Bestimmungen des Sathmarer Vertrages von 1565 zurückging, beendete den Kriegszustand zwischen den beiden Königen von Ungarn. Darüber hinaus beendete er auch die mosaikartige Verkeilung der beiden Reichsteile im Grenzgebiet, indem er erstmals eine gewisse Festlegung auf eine Grenzlinie erzielte[436].

Dass es den Szápolyais gelungen war, sich über ein halbes Jahrhundert lang als Gegenkönige von Ungarn zu behaupten, lag nicht nur an ihrer Unterstützung durch das Osmanische Reich, sondern auch daran, dass sie es verstanden hatten, sich als die eigentlichen Wahrer der Interessen der „ungarischen Nation" darzustellen. Sie konnten weite Teile des ungarischen Adels für sich gewinnen, indem sie darauf verwiesen, dass ihre Gegner aus dem Hause Habsburg einer „fremden" Dynastie entstammten, außerhalb Ungarns residierten und deren Handeln von „fremden" Interessen geleitet sei. Dies brachte im Jahr des Vertragsschlusses von Speyer der ungarische Kanzler Johann Liszthy auf den Punkt, als er schrieb, dass Fürst Johann Sigismund bei den Ungarn beliebt sei, weil er ungarischer Abstammung sei, Ungarisch spreche und immer unter Ungarn lebe[437].

Ungarn hatte ab 1570 wieder einen einzigen König, nämlich Kaiser Maximilian II., der de iure auch Herrscher über Siebenbürgen und die Partes geworden war[438]. Johann Sigismunds Rechte als Landesherr Siebenbürgens wurden im Vertrag zwar bestätigt, allerdings schränkte sie nun das doppelte Suzeränitätsverhältnis des Fürsten, sowohl zum Sultan als auch zum ungarischen König, noch stärker ein. Die Be-

433 Gooss, S. 182, 200.
434 Wortlaut der beiden lateinischen Urkunden (Konzepte) in: Ebenda, S. 201–203.
435 Wortlaut der lateinischen Urkunde in: Ebenda, S. 203–204.
436 Vgl. Barta 1990, S. 268–269.
437 Pálffy 2009, S. 159.
438 Vgl. Daugsch 1990, Nationsuniversität, S. 205.

deutung des Vertrags von Speyer ergibt sich auch aus der Tatsache, dass er den Titel eines Fürsten von Siebenbürgen etablierte, den die Herrscher Siebenbürgens – mit wenigen Unterbrechungen – bis 1765 führten (Großfürsten 1765 – 1918).

Allerdings musste der Vertrag den tatsächlichen Machtverhältnissen Rechnung tragen und anerkennen, dass der Sultan nicht nur de iure, sondern auch de facto die Oberhoheit über Siebenbürgen ausübte. Kaiser Maximilian hatte diesen Umstand auch im habsburgisch-osmanischen Frieden von 1568 völkerrechtlich akzeptieren müssen[439]. Darauf weisen die Bestimmungen des Speyerer Vertrages hin, die festlegten, dass der Vertrag strikter Geheimhaltung unterlag und dass der Fürst den Titel eines *rex electus Hungariae* in der Korrespondenz mit dem Sultan weiter führen sollte. Beides sollte verhindern, dass der Fürst gegenüber der Hohen Pforte kompromittiert werden konnte. Trotz der vereinbarten Geheimhaltung wurde die neue völkerrechtliche Stellung Siebenbürgens rasch von der europäischen Öffentlichkeit rezipiert bzw. war bereits zu diesem Zeitpunkt als tatsächlich bestehender Zustand in ihrem Bewusstsein verankert. Schon 1570 widmete Abraham Ortelius dem Land, das er als *Principatus Transylvanie* in die Europakarte eingezeichnet hatte, eine ganze Seite in seinem in Antwerpen gedruckten Weltatlas *Theatrum Orbis Terrarum*[440]. Gewissermaßen hatte sich am siebenbürgischen Beispiel erneut die normative Kraft des Faktischen gezeigt. Um sich gegen eine eventuelle osmanische Intervention abzusichern, wurde zwischen dem siebenbürgischen Fürsten und dem ungarischen König ein Defensivbündnis geschlossen. Es sollte verhindern, dass ein osmanischer Feldzug die Umsetzung der Vertragsbestimmungen unmöglich machen konnte, so wie es zum Beispiel 1542 der Fall gewesen war. Der Tod des kinderlosen Johann Sigismunds am 14. März 1571 stellte die Durchführbarkeit des Vertrags auf unerwartet schnelle Art und Weise auf die Probe[441].

4. Zusammenfassung

In den drei Jahrzehnten, in denen die Dynastie der Szapolyai über Siebenbürgen und das östliche Ungarn herrschte, dominierte die Frage der Wiederherstellung der Einheit des mittelalterlichen Königreichs Ungarn und damit das Verhältnis zur Habsburgermonarchie die völkerrechtliche Praxis Siebenbürgens gegenüber den christlichen Mächten. Nennenswerte völkerrechtliche Verträge der Szapolyai-Könige mit nord- und westeuropäischen Mächten oder den Woiwoden der Walachei und der Moldau sind – mit Ausnahme des 1548 zustande gekommenen siebenbürgisch-moldauischen Bündnisvertrages von Jassy – nicht überliefert. Königin Isabella bzw. ihr Sohn König Johann Sigismund Szapolyai schlossen – ohne die Waffenstillstände zu

439 Daugsch 1990, Osmanisches Reich, S. 4 – 5.

440 Várkonyi 1999, S. 19. Vgl. zur Wahrnehmung des neuen Fürstentums durch die Kartographen: Schmidt-Rösler 2010, Abschnitt 68 – 71.

441 Das Testament Johann Sigismunds versah seinen Onkel, König Sigismund II. von Polen, mit 300.000 Golddukaten und anderen Sachwerten in der Höhe von 150.000 Dukaten: Tătar 2003, S. 322.

berücksichtigen – 1541 in Julmarkt, 1549 in Nyirbátor (der Vertragstext ist nicht überliefert), 1551 in Weißenburg, 1565 in Sathmar (der Vertrag wurde nicht ratifiziert) und 1570 in Speyer Verträge mit den Königen Ferdinand bzw. Maximilian ab, die grundlegende Fragen im bilateralen Verhältnis regelten. Die in lateinischer Sprache abgefassten Verträge bezogen sich jeweils auf den Herrschaftsbereich der beiden vertragschließenden Parteien und waren nicht zeitlich beschränkt. Sie setzten sich aus der Vertragsurkunde, Versicherungserklärungen siebenbürgischer und habsburgischer Unterhändler und Würdenträger, den Ratifikationsurkunden der beiden Monarchen (nicht 1565) und Dokumenten mit Durchführungsbestimmungen zusammen. Im Zentrum der Vereinbarungen stand das rechtliche Verhältnis zwischen dem östlichen und dem westlichen Königreich Ungarn. Die von beiden Seiten beschworene Wiedervereinigung Ungarns sollte in den Verträgen von 1541 (1549) und 1551 durch die Abtretung der Hoheitsrechte der Szapolyais betreffend Ungarn und Siebenbürgen an die Habsburger erfolgen. Im Gegenzug sollten die Szapolyais durch jährliche Rentenzahlungen Wiens und die Übertragung von Ländereien (Zipser Burgherrschaft 1541 oder oberschlesisches Herzogtum 1551) entschädigt werden. Die nach der Räumung Siebenbürgens durch die habsburgischen Truppen 1556 geschlossenen Verträge von 1565 und 1570 garantierten Johann Sigismund und seinen männlichen Nachkommen die Herrschaft in Siebenbürgen und einem Teil der Partes. Für den Fall, dass Johann Sigismund ohne männliche Nachkommen sterben sollte, war die Übertragung seines Herrschaftsbereichs an die Habsburger vorgesehen (1565 und 1570), die sich zur Respektierung der althergebrachten Rechte der siebenbürgischen Stände verpflichteten (1570). Sämtliche zwischen 1541 und 1570 geschlossenen Verträge sahen einen Verzicht der Szapolyais auf die Würde und den Titel einer/eines ungarischen Königin/Königs und die Übergabe der Heiligen Krone an die Habsburger vor. Stattdessen sollte Johann Sigismund den Titel eines „Herzogs von Siebenbürgen" (1565) bzw. „Fürsten von Siebenbürgen" (1570) annehmen. Den ungarischen Königstitel durfte er nur noch im völkerrechtlichen Verkehr mit der Hohen Pforte verwenden. Darüber hinaus sollte der siebenbürgische Herrscher in den Verträgen von 1565 und 1570 die Oberhoheit des Königs von Ungarn und die rechtliche Zugehörigkeit Siebenbürgens zum Länderkomplex der Stefanskrone anerkennen. Diese sollte durch eine eheliche Verbindung zwischen beiden Herrscherhäusern und ein geheimes Defensivbündnis gegen die Osmanen gestärkt werden. Letzteres sah für den Fall einer Vertreibung Johann Sigismunds durch die Osmanen seine Belehnung mit oberschlesischen Herzogtümern vor. Eine Unterwerfung unter die Schiedsgerichtsbarkeit Dritter im Streitfall enthält nur der Vertrag von 1541 (hier handelt es sich um Kaiser Karl V. und König Sigismund I. von Polen). Der Vertrag von Speyer, der auch als völkerrechtliche Gründungsurkunde des „Fürstentums" Siebenbürgen angesehen werden kann, beendete 1570 den Streit der Dynastien Habsburg und Szapolyai über den Anspruch auf die legitime Nachfolge der Jagiełłonen auf dem Stefansthron. Dieser Streit wurde von den europäischen Großmächten aufmerksam verfolgt und zum Gegenstand ihrer Interessenpolitik gemacht. Neben dem Osmanischen Reich bezogen in dieser Frage vor allem Polen, Frankreich, Spanien und England Position. Zusammenfassend kann festgestellt werden, dass im ungarischen Thronfolgestreit Spanien und England die Ansprüche der deutschen Habsburger, das Osmanische Reich, Polen und Frankreich jene der Szapolyais unterstützten. Da das Königreich Ungarn nach 1526 als Völkerrechtssubjekt nicht untergegangen war, kann von einer Rechtsidentität zwischen den beiden miteinander konkurrierenden Reichsteilen und dem Stefansreich gesprochen werden. Sie wurde insbesondere durch den Königstitel der beiden Herrscher zum Ausdruck gebracht. Dabei ist die Tatsache unerheblich, dass die beiden Herrschaftsgebiete nicht mit dem Territorium des alten Königreichs Ungarn übereinstimmten. Erst der Verzicht des siebenbürgischen Herrschers auf den Titel *rex electus Hungariae* im Vertrag von Speyer 1570 löste den Streit zugunsten des Anspruches der Habsburger, das Königreich Ungarn allein staats- und völkerrechtlich zu vertreten. Dieser Schritt ermöglichte im Gegenzug die Anerkennung eines „Fürstentums" Siebenbürgen durch die europäischen Mächte unabhängig von der Frage der Einheit des Stefansreiches[442].

Die offizielle Bezeichnung des Herrschaftsbereichs der Szapolyai-Dynastie, der das östliche Ungarn mit der Woiwodschaft Siebenbürgen einschloss, blieb bis zum Speyerer Vertrag 1570 unbestimmt. Der erste Herrscher, Johann Szapolyai, nannte sich „König von Ungarn", seine Frau Isabella führte ebenfalls den Titel „Königin von Ungarn". Deren Sohn, Johann Sigismund, der zwar gewählt, aber nicht gekrönt wurde, bezeichnete sich als „erwählter König von Ungarn". Dennoch setzte sich bald der Name „Siebenbürgen" als gebräuchliche Bezeichnung für den Szapolyai-Herrschaftsbereich durch. Er wurde meistens in der Form *regnum Transsylvaniae*, eine Verkürzung des Namens *regnum Hungariae et Transsylvaniae*, verwendet, vor allem um das östliche Ungarn vom habsburgisch beherrschten westlichen Ungarn abzugrenzen. König Ferdinand erkannte erst im Großwardeiner Vertrag von 1538 den Königstitel Johann Szapolyais an, den dieser auf Lebenszeit führen durfte. Nach Johanns Tod 1540 machten die Habsburger deutlich, dass sie das Führen des ungarischen Königstitels durch dessen Sohn Johann Sigismund als rechtswidrig betrachteten, indem sie in den habsburgisch-siebenbürgischen Verträgen die Titel „Sohn König Johanns" bzw. „Herzog" (*dux*) verwendeten. Erst durch den Speyerer Vertrag wurde 1570 der Titel eines „Fürsten von Siebenbürgen und der Teile des Königreichs Ungarn" *(princeps Transsylvaniae ac partium regni Hungariae)* etabliert und als amtliche Bezeichnung des siebenbürgischen Herrschers sowohl von den Habsburgern als auch von Johann Sigismund Szapolyai anerkannt. Für das Land wurde nach 1571 der Name *regnum Transsylvaniae et partium regni Hungariae eidem adnexae* gebräuchlich, der die alte Königswürde des siebenbürgischen Herrschers widerspiegelte.

Die von 1541 bis 1571 betriebene Schaukelpolitik der siebenbürgischen Eliten zwischen den beiden benachbarten Imperien verfolgte zwei außenpolitische Ziele, die sich auf den ersten Blick widersprachen: die Wiederherstellung der Einheit des Königreichs Ungarn und die internationale Absicherung der Autonomie der sich herausbildenden siebenbürgischen Eigenstaatlichkeit. Wenngleich das erste Ziel nicht erreicht werden konnte, gelang es den Szapolyais bis 1571, das zweite Vorhaben in

---

442 Vgl. Barta 1990, S. 261–262.

die Tat umzusetzen. Zum Zeitpunkt des Todes Johann Sigismund Szapolyais hatte Siebenbürgen seinen Platz als selbständiger Akteur innerhalb des osmanischen Reichsverbandes konsolidiert und die Anerkennung seiner völkerrechtlichen Stellung durch die Habsburgermonarchie weitgehend durchgesetzt.

IV. Aufstieg zum aktiven internationalen Akteur unter den Báthory-Fürsten 1571 – 1598

1. Die Herrschaft Stefan Báthorys 1571 – 1586

a. Etablierung einer neuen Dynastie 1571 – 1575

Als Johann Sigismund Szapolyai am 14. März 1571 ohne Erben verstarb, hätte entsprechend dem Speyrer Vertrag das unter habsburgischer Oberhoheit stehende Fürstentum Siebenbürgen auch de facto unter die Herrschaft Kaiser Maximilians II. in seiner Eigenschaft als König von Ungarn fallen sollen.

Der Umsetzung der Sukzessionsklausel standen jedoch mehrere politische Zwänge entgegen. Aus der Erfahrung der Jahre 1551 – 1556 wusste Kaiser Maximilian II., dass der Sultan eine erneute Besetzung Siebenbürgens durch habsburgische Truppen nicht dulden würde, zumal eine Umsetzung des Speyerer Vertrages einen Bruch des habsburgisch-osmanischen Friedens von Adrianopel (1568) bedeutet hätte, in dem der Kaiser auf seine Ansprüche auf das engere Siebenbürgen verzichtet hatte. Einen offenen Bruch mit dem Sultan wollte der Kaiser vermeiden. Vielmehr versicherte Maximilian der Hohe Pforte im Jahre 1571, dem Jahr des großen Seesieges der christlichen Mittelmeerkoalition über die osmanische Flotte bei Lepanto, dass er mit dieser Koalition nicht in Verbindung stehe und sich nicht am Zypern-Krieg beteiligen wolle[443].

Eine weitere politische Realität, die der Umsetzung des Speyerer Vertrages entgegenstand, war der Widerstand der siebenbürgischen Stände gegen jeden weiteren Versuch der Habsburger, die Herrschaft im Lande zu übernehmen. Johann Sigismund hatte den Speyerer Vertrag dem siebenbürgischen Landtag bewusst nicht zur Abstimmung vorgelegt. Nach dessen Tod bestand eine Mehrheit des siebenbürgischen Landtages auf dem 1543 erlassenen Recht der Stände, den Herrscher frei zu wählen, ein Gesetz, das der Sultan 1566 ausdrücklich bestätigt hatte. Darüber hinaus beriefen sich zahlreiche ungarische Magnaten auch auf ihren im Jahre 1567 ab-

---

443 Obwohl die Verhandlungen über einen Beitritt des Kaisers zur Türkenliga 1572 – 1573 ergebnislos blieben, bemühte sich Maximilian bis zu seinem Tode 1576 um eine kontinuierliche Bewilligung der sogenannten Türkensteuern durch den Reichstag. Ausführlich: Lanzinner, S. 452 – 498. Gleichzeitig achtete der Kaiser genau darauf, dass der Jahrestribut an den Sultan pünktlich übergeben wurde: Căzan 2000, S. 277 – 278.

gelegten Eid, wonach im Falle der Kinderlosigkeit des Herrschers aufgrund des gemeinsamen Willens ein neuer Herrscher gewählt werden solle[444].

Kaiser Maximilian war sich also darüber im Klaren, dass er gegen den offenen Widerstand der Hohen Pforte und der Stände nicht die Macht in Siebenbürgen übernehmen konnte. Die Habsburger mussten damit zum dritten Mal nach 1526 und 1540 akzeptieren, dass die politischen und militärischen Machtverhältnisse im Donau-Karpaten-Raum der Durchsetzung ihrer Rechte auf die Thronfolge in Ungarn bzw. Siebenbürgen, die in den Verträgen von Wien (1515), Großwardein (1538) und Speyer (1570) verankert worden waren, entgegenstanden.

Allerdings hielt Kaiser Maximilian an seinem Anspruch fest, von den Herrschern Siebenbürgens als Lehnsherr anerkannt zu werden. Ein Herrscher könne Siebenbürgen nur im Namen des ungarischen Königs regieren und dieser Herrscher solle den Titel eines Woiwoden statt den eines Fürsten führen. Während der Fürstentitel im Vertrag von Speyer als Ersatz für den ungarischen Königstitel vorgesehen war, und damit der Anspruch auf eine souveräne Herrschaftsausübung aufrechterhalten wurde, verhielt es sich mit dem Woiwodentitel anders. Seit dem 13. Jahrhundert existierte in Siebenbürgen das Amt des Woiwoden, der als Statthalter des ungarischen Königs die in Siebenbürgen liegenden Komitate für die Krone verwaltete und die Woiwodschaft Siebenbürgen (und damit auch das Gebiet der Szekler und der Sachsen) im ungarischen Kronrat vertrat, genauso wie der Ban von Kroatien, Slawonien oder Dalmatien diese Gebiete als Funktionär des Königs regierte. Mit der Wahl des Titels Woiwode, der von ihm ernannt werden sollte, wollte König Maximilian die Zugehörigkeit Siebenbürgens und der ihm angeschlossenen ostungarischen Komitate zum Königreich Ungarn ausdrücken. Damit wollte er auch an die Phase der unmittelbaren habsburgischen Herrschaft in Siebenbürgen 1551–1556 anknüpfen, als von König Ferdinand ernannte Woiwoden Siebenbürgen für den Habsburger regierten. Die Stände rangen also dem Kaiser 1571 die Einwilligung zur freien Wahl eines Herrschers durch den Landtag ab. Der Kaiser erhielt aber die Zusicherung, dass der neue Herrscher den Titel eines Woiwoden tragen und Maximilian als König von Ungarn die Treue schwören werde[445].

Zur Wahl stellten sich zwei gleichstarke Kandidaten. Der eine war Kaspar Bekes, ein Magnat, der als Diplomat Johann Sigismunds auch den Vertrag von Speyer ausgehandelt hatte und – obwohl Protestant – als Anhänger der Habsburger galt. Der zweite war Stefan Báthory von Somlyó[446], der mächtigste Magnat Ostungarns und als Katholik Anhänger der Gegenreformation. Seine Erziehung hatte er am Wiener Hof genossen, das Studium absolvierte er in Padua. Nach seiner Rückkehr nach Siebenbürgen wurde er von Johann Sigismund zum Kommandanten der wichtigen Fes-

---

444 Monumenta Comitialia Regni Transylvaniae, Bd. II, S. 459.

445 Butnariu 2004, S. 120–121.

446 Stefan Báthory wurde am 27. September 1533 in Somlyó geboren. Er starb am 12. Dezember 1586 im litauischen Grodno: Evul Mediu românesc, S. 43–44. Die Báthorys teilten sich in die Linie von Somlyó und die von Ecsed, wobei erstere katholisch, die zweite calvinistisch war: Arens 1990, S. 23.

tung Großwardein ernannt. In späteren Jahren stieg er zum wichtigsten Heerführer des siebenbürgischen Herrschers auf. Als ihn dieser 1565 als Gesandten nach Wien befahl, um Nachbesserungen des Sathmarer Vertrages auszuhandeln, wurde er dort von den Habsburgern zwei Jahre lang festgehalten. In dieser Zeit vertiefte er seine Beziehungen zum Kaiserhof, die er auch dafür nutzte, seinen Standpunkt offen zur Sprache zu bringen. Im Jahre 1567 schrieb er an Erzherzog Ferdinand: „Die Türken werden niemanden als Herrscher über Siebenbürgen zulassen. Ihre Majestät werden das Interesse haben in dieser Provinz einen Vermittler zu unterstützen, der ihr damit dienen könnte, dass Siebenbürgen mit der Zeit Ungarn angegliedert werden könnte.“[447] An diesen Ausspruch mag Kaiser Maximilian gedacht haben, als er sich entschied, Siebenbürgen vorerst nicht zu besetzen und stattdessen durch den habsburgtreuen Bekes regieren zu lassen.

Zum Zeitpunkt des Todes Johann Sigismunds befand sich Bekes noch in Wien, um die am 10. März vom Kaiser unterzeichneten Versicherungsdokumente nach Siebenbürgen zu bringen[448]. Im Vorfeld der Wahlen streuten seine Gegner das Gerücht, er sei bereits von Kaiser Maximilian zum Woiwoden ernannt worden und bereite die Übergabe des Landes an die Habsburger vor. So wählte am 25. Mai 1571 der siebenbürgische Landtag Stefan Báthory zum Woiwoden Siebenbürgens. Stefan nahm, statt des im Vertrag von Speyer vorgesehenen Titels eines Fürsten von Siebenbürgen die traditionelle Würde eines Woiwoden von Siebenbürgen, der in Personalunion auch Szeklergraf war (*Regni Transilvaniae Vaivoda et Siculorum Comes*), an. Solange seine Stellung im Land nicht unangefochten war, akzeptierte er die Würde eines Woiwoden, der im mittelalterlichen Königreich Ungarn die autonome Woiwodschaft Siebenbürgen als Statthalter des ungarischen Königs verwaltet hatte[449]. Auch wollte er damit ausdrücken, dass er als Nichtangehöriger einer historischen ungarischen Königsdynastie auf dieser hierarchischen Stufe keine Herrschaft in Siebenbürgen reklamiere, sondern den Titel annehme, den bereits sein Vater Stefan 1529–1533 unter König Johann innegehabt hatte[450]. Dafür stand der Verzicht auf die Formel *Dei gratia*, die dem Fürstentitel als Zeichen für dessen Souveränitätsanspruch vorangestellt war. Diese Formel fehlte dem traditionellen Woiwodentitel[451].

Obwohl Stefan als Woiwode gewählt wurde und damit die nominelle Zugehörigkeit Siebenbürgens zur ungarischen Krone unterstrichen wurde, blieb das Verhältnis zur Habsburgermonarchie in zentralen Bereichen ungeklärt. Die wichtigsten Festungen des Landes befanden sich noch in den Händen Bekes' und dessen Anhängern, von denen einige mächtige Magnaten zu Vollstreckern des Szapolyai-Testaments bestimmt worden waren. Ein gewaltsames Vorgehen gegen die habsburgische Partei in Siebenbürgen hätte einen Bürgerkrieg ausgelöst, der von den Osmanen ausgenützt

447 Căzan 2000, S. 276.
448 Vgl. den Bericht des venezianischen Gesandten in Prag an den Dogen vom 28. März 1571: Documente, Hurmuzaki, Vol. VIII, S. 164.
449 Lupas 1940, Desfacerea, S. 114.
450 Barta 1990, S. 262.
451 Butnariu 1996, S. 61.

worden wäre[452]. Nach seiner Wahl zum Woiwoden schickte Stefan Báthory zwei Gesandte nach Prag, die im Juni 1571 dem Kaiser ein eigenhändig verfasstes Schreiben des Woiwoden aushändigten, in dem er seine Absicht bekundete, dem Kaiser zu gehorchen, den er darum bat, den Frieden und die Einheit Siebenbürgens zu bewahren, und er versprach Maximilian all seinen Dank und sein Wohlwollen. Seine Identität als bekennender Katholik in einem mehrheitlich protestantischen Land stärkte seine Position am Kaiserhof[453].

Da der Kaiser vorerst mit dem neuen Woiwoden auskommen musste, ließ er sich in seiner Eigenschaft als König von Ungarn von Báthory vor dem Fürstenrat und den Vollstreckern des Szapolyai-Testaments den Treueid schwören, in dem sich Stefan verpflichtete, ein treuer Vasall und als ein im Dienst ergebener Woiwode Freund der Freunde und Feind der Feinde des Kaisers zu sein. Außerdem schwor er, die der ungarischen Krone in Siebenbürgen gehörenden Festungen im Namen des Kaisers in seiner Eigenschaft als „legitimer König von Ungarn“ zu verteidigen. Schließlich musste er die Zuständigkeit des Reichshofrats als oberste Instanz für alle in Siebenbürgen durchgeführten Prozesse anerkennen. Im Gegenzug verlieh der König Stefan die Herrschaft in Siebenbürgen auf Lebenszeit. Aus Sicht der Habsburger setzte Maximilian in seiner Eigenschaft als König von Ungarn Stefan Báthory als Woiwode von Siebenbürgen ein, wie es im Spätmittelalter üblich gewesen war. Mit der Übernahme von Verpflichtungen, die zum Teil diejenigen des Speyerer Vertrages überschritten, unterstrichen beide Seiten die Zugehörigkeit Siebenbürgens zur ungarischen Krone und Stefan gelang es, dem Habsburger den Eindruck zu vermitteln, er regiere Siebenbürgen „in seinem Namen“, wie er es in einem Schreiben an den Kaiser formulierte[454].

Staats- und völkerrechtlich stellte sich mit der Annahme des Woiwodentitels eine neue Frage. Der Herrschaftsbereich des Woiwoden erstreckte sich ausschließlich auf das Gebiet des historischen Siebenbürgen. Dieses änderte sich nach 1526, unter der Herrschaft der Szapolyai-Könige sowie unter der Herrschaft König Ferdinands 1551–1556, nicht. Mit der Wahl Stefans zum Woiwoden von Siebenbürgen fehlte ihm jedoch ein entsprechender Herrschaftstitel über die dem engeren Siebenbürgen angeschlossenen ostungarischen Komitate. Der im Vertrag von Speyer festgelegte Fürstentitel schloss beide Herrschaftsbereiche ein. Der Fürst stand wie der König über dem Woiwoden und sollte unmittelbar über die ostungarischen Komitate herrschen *(dei gratia princeps Transsylvaniae ac partium regni Hungariae).* Aus diesem Grund bat Stefan König Maximilian um die Verleihung des Titels „Gouverneur der Gebiete Ungarns“. Wien verhielt sich abwartend, da es die Herrschaft Stefans als eine notwendige Übergangslösung ansah. Maximilian veranlasste zwar die Rückgabe der früher von Szapolyai kontrollierten Burgen, Bekes behielt aber die für die Ver-

---

452 Felezeu 2005, Cadrul politic internațional S. 25.

453 Zur Politik Stefans gegenüber dem Wiener Hof 1571: Oborni 2013, S. 85–94. Über die Mission der siebenbürgischen Diplomaten berichtete der venezianische Gesandte in Prag, Giovanni Michiele an den Dogen am 14. Juni 1571: Documente, Hurmuzaki, Vol. VIII, S. 171–172.

454 Căzan 2000, S. 277. Vgl. Butnariu 2004, S. 120–121.

bindung zum habsburgischen Ungarn strategisch wichtigste Festung Huszt unter seiner Kontrolle. Da ihm neben der Burg in Görgen (Miereschtal) auch die mächtige Festung Fogarasch im Süden Siebenbürgens gehörte, war er in der Lage, die Bewegungsfreiheit Báthorys entscheidend einzuschränken[455]. Dennoch versuchte Stefan den Habsburgern gegenüber seine Treue zu beweisen, indem er König Maximilian über die Innenpolitik Siebenbürgens Bericht erstattete und um die Hand einer habsburgischen Prinzessin anhielt. Diesen Wunsch schlug ihm Wien allerdings ab. Im Gegenzug stärkten die siebenbürgischen Stände die Position Stefans, gerade im außenpolitischen Bereich. Der Landtag bezog gegen Bekes Position, indem er die Rückgabe der Festung Huszt an die Zentralgewalt in Siebenbürgen forderte. Darüber hinaus erneuerte er das aus der Zeit des mittelalterlichen Königreichs Ungarn stammende Gesetz, wonach es den Partikulargewalten im Königreich Ungarn untersagt war, ohne das Wissen des Herrschers persönliche, schriftliche oder über Gesandte vermittelte Beziehungen mit auswärtigen Mächten zu unterhalten. Ein solcher Tatbestand wurde als Hochverrat eingestuft. Dieser Beschluss war ebenso gegen Bekes und seine Unterstützung durch die Habsburger gerichtet wie jener, der festhielt, dass jeder, der sich weigere, vor dem Landtag zu erscheinen, seine Rechte verwirkt habe[456].

Während Stefan mit der Gegnerschaft der Habsburger rechnen musste, konnte er sich grundsätzlich der Unterstützung durch die Hohe Pforte sicher sein[457]. Probleme ergaben sich jedoch aus der Titelfrage. Obwohl sich im Vertrag von Speyer die habsburgische und die siebenbürgische Seite verpflichtet hatten, dessen Existenz gegenüber dem Sultan geheim zu halten, weshalb Johann Sigismund der Hohen Pforte gegenüber weiterhin den Königstitel gebrauchen sollte, erfuhr der Sultan durch seine Spione vom neuen Fürstentitel, den der siebenbürgische Herrscher nach 1570 tragen sollte. Selim II. lehnte es ab, den Fürstentitel anzuerkennen, da er in ihm ein Instrument der Habsburger sah, seine Position in Ungarn infrage zu stellen. Der Verzicht des siebenbürgischen Herrschers auf den ungarischen Königstitel beraubte die Osmanen nun ihres Druckmittels gegenüber den Habsburgern. Die Hohe Pforte betrachtete weiterhin das gesamte Ungarn als Vasallenstaat und als Zeichen dieses Anspruchs hatte der Sultan den Szapolyais den Titel eines Königs von Ungarn verliehen. Da Stefan nach dem Aussterben der Szapolyai-Dynastie die Annahme des ungarischen Königstitels verweigert hatte, bevorzugte die Hohe Pforte den alten Woiwodentitel gegenüber dem neuartigen Fürstentitel, um die Inferiorität des siebenbürgischen Herrschers gegenüber der Hohen Pforte besonders hervorzuheben und die Zugehörigkeit Siebenbürgens zum osmanischen Herrschaftsverband deutlich zu machen[458].

Die Tatsache, dass sowohl die Habsburger Siebenbürgen als einen integralen Bestandteil des Königreichs Ungarn ansahen, als auch die Osmanen Siebenbürgen zum

---

455 Felezeu 2005, Cadrul politic internațional, S. 26.
456 Monumenta Comitialia Regni Transylvaniae, Bd. II, S. 494–508.
457 Czettler, S. 96.
458 Butnariu 1996, S. 61.

Komplex ihrer „wohlbehüteten Länder" rechneten und beide Suzeräne Stefan als einen einfachen Statthalter betrachteten, blieb dem siebenbürgischen Herrscher nichts anderes übrig, als die Würde eines Woiwoden von Siebenbürgen anzunehmen, wollte er seine noch ungefestigte Machtstellung nicht gefährden[459].

Noch vor der Wahl des neuen Woiwoden sandte Sultan Selim II. einen Boten mit der Ernennungsurkunde für den neuen Herrscher nach Siebenbürgen. Um den Anspruch auf freie Wahlen aufrechtzuerhalten, wurde das Schreiben von den Ständen erst nach der Wahl Stefans geöffnet. Dass darin bereits Stefans Name stand, hängt wohl damit zusammen, dass die Vertreter Siebenbürgens an der Hohen Pforte bei der Überbringung der Nachricht von Szapolyais Tod bereits ihre Präferenz für Stefan ausgedrückt hatten, zumal dieser nicht als Parteigänger der Habsburger galt[460]. Dass der Sultan sich nicht auf das Recht der freien Wahl des siebenbürgischen Herrschers durch die Stände verlassen wollte, lässt sich mit den Ereignissen des Jahres 1551 erklären, als der siebenbürgische Landtag König Ferdinand zum Landesherrn wählte. Um die Position Báthorys gegenüber den Habsburgern zu stärken, teilte ihm die Hohe Pforte mit, dass im Falle seines Todes die Herrschaftswürde in Siebenbürgen einem Mitglied seiner Familie übertragen werden solle[461].

Als Anhänger der „Schule von Padua"[462] ließ sich der Katholik Stefan Báthory in der Politik von weitsichtigem Pragmatismus leiten. Demnach sollte das Verhältnis zum Osmanischen Reich nicht durch religiöse Aspekte geprägt, sondern von rationaler Machtpolitik bestimmt werden. Dass die Hohe Pforte Stefan nicht bedingungslos unterstützte, sondern nur solange er ihren Interessen dienlich war, spürte der siebenbürgische Woiwode 1574, als Sultan Murat III. den osmanischen Thron bestieg. Kaspar Bekes, der weiterhin den siebenbürgischen Thron für sich beanspruchte, bot dem neuen Sultan die Verdopplung des siebenbürgischen Jahrestributs an, falls dieser ihn zum Woiwoden ernennen sollte. Für den Sultan kam die Ernennung Bekes', der als Anhänger der Habsburger bekannt war, nicht infrage, was ihn aber nicht daran hinderte, 1575 den siebenbürgischen Jahrestribut von 10.000 auf 15.000 Goldgulden anzuheben.

Stefan blieb nichts anderes übrig, als diese Entscheidung zu akzeptieren[463], da Bekes mittlerweile militärische und finanzielle Hilfe aus Wien erhalten hatte, um ihn vom Thron zu stürzen[464]. Bekes unternahm im Sommer 1575 einen Feldzug ins nördliche und östliche Siebenbürgen, um sich dort mit den notorisch aufständischen

459 Butnariu 2004, S. 122.
460 Sinkovics, S. 74–76.
461 Căzan 2000, S. 276–277. Vgl. Arens 1990, S. 23–24.
462 Báthory besetzte in Siebenbürgen und nach 1576 auch in Polen wichtige Staatsämter mit Absolventen der Universität Padua, die im humanistischen Geist ausgebildet, für einen pragmatischen Umgang mit dem Osmanischen Reich standen: Barta 1990, S. 265. Vgl. Czettler, S. 96–97. Vgl. Felezeu 2005, Cadrul politic internațional, S. 26–27.
463 Vgl. den Bericht des venezianischen Gesandten am Kaiserhof an den Dogen vom 31. Oktober 1575: Documente, Hurmuzaki, Vol. VIII, S. 187.
464 Der Erhöhung des Tributs auf 15.000 Goldgulden stimmte der siebenbürgische Landtag erst auf seiner Sitzung in Klausenburg am 23. März 1576 zu: Butnariu 2004, S. 123.

Szeklern gegen Stefan zu verbünden. Der Woiwode konnte sich jedoch auf die Unterstützung des ungarischen Adels und der Sachsen verlassen, die sich erstmals gegen einen von den Habsburgern unterstützten Thronprätendenten wandten. In der Schlacht von Kerelőszentpál schlug Stefan am 10. Juli 1575 seinen Kontrahenten Bekes vernichtend[465]. Damit konnte sich Bekes auch in seinen beiden Festungen Huszt und Forgarasch nicht mehr halten und Stefan war in der Lage, sich als siebenbürgischer Herrscher auch gegenüber den Habsburgern durchzusetzen.

Unterstützung hatte Stefan in seinem Kampf gegen Bekes auch vom Sultan erhalten, der die Woiwoden der Moldau und der Walachei ultimativ aufgefordert hatte, Stefan militärisch beizustehen[466]. Dort herrschten Woiwoden, die Stefan im Auftrag des Sultans, der den siebenbürgischen Herrscher als ein Instrument zur Aufrechterhaltung der *Pax Ottomanica* aktiv einband, auf den Thron gesetzt hatte. Bereits im Herbst 1572 hatte Stefan einen Feldzug gegen den Woiwoden der Moldau, Bogdan Lăpuşneanu[467], unternommen, den er im Sommer 1574 durch eine erneute Intervention des siebenbürgischen Heeres absetzen ließ und dafür – in Abstimmung mit dem Sultan – Petru Şchiopul auf dem Thron der Moldau etablierte[468]. Auch als der Woiwode der Walachei, Alexandru II. Mircea, im Mai 1574 sein Amt an den Thronprätendenten Vintilă verlor, half ihm Stefan Báthory auf Veranlassung der Hohen Pforte, den Konkurrenten zu vertreiben[469].

Der dynastische Wechsel in Siebenbürgen beeinflusste nach 1571 unmittelbar die Beziehungen des Fürstentums Siebenbürgen zum Königreich Polen-Litauen. Nach dem Aussterben der Szapolyai-Dynastie in Siebenbürgen hatte der große Nachbar im Norden ein direktes Interesse an der Frage, wer in Siebenbürgen künftig die Herrschaft ausüben werde, zumal der verstorbene Fürst über seine Mutter mit dem polnischen Königshaus verwandt war. Einer möglichen polnischen Einflussnahme auf die Klärung der Herrschaftsnachfolge kam die rasche Wahl Stefan Báthorys zum Woiwoden von Siebenbürgen zuvor. Da Stefan die ausdrückliche Unterstützung der Hohen Pforte genoss, blieb dem polnischen König Sigismund August nichts anderes übrig, als die Wahl Stefans zu akzeptieren. Gegenüber der Hohen Pforte bestand der polnische König nur darauf, das private Erbe seines Neffen Johann Sigismund anzutreten, was ihm der Sultan mit dem Hinweis, Polen solle weiterhin den politischen und rechtlichen Status Siebenbürgens bewahren, garantierte. Unter diesen Umständen konnte die polnische Seite mit der Wahl Stefans sehr gut leben, da sich der polnische König und der Sultan in dem Ziel einig waren, den machtpolitischen Status

465 Über die militärische Intervention Bekes' in Siebenbürgen und seine Niederlage berichtete der venezianische Gesandte in Prag an den Dogen zwischen dem 10. und 24. Juli 1575: Documente, Hurmuzaki, Vol. VIII, S. 184–186. Vgl. Czettler, S. 97.

466 Dieses berichtete der habsburgische Gesandte in Konstantinopel, David Ungnad, am 13. Juli 1575 an Kaiser Maximilian. Die Gesandten, die Békes an die Hohe Pforte geschickt hatte, um seine Anerkennung als Woiwode von Siebenbürgen zu erlangen, wurden in den Kerker geworfen: Documente, Hurmuzaki, Vol. II/1, S. 743–744.

467 Documente, Hurmuzaki, Vol. II/1, S. 644–646.

468 Căzan/Denize: S. 319–323. Vgl. Documente, Hurmuzaki, Vol. II/1, S. 695–696.

469 Documente, Hurmuzaki, Vol. II/1, S. 731.

quo im Donau-Karpatenraum nicht zu verändern. Als im Juli 1571 die habsburgischen Gesandten den polnischen König zu einer antiosmanischen Aktion in Siebenbürgen drängen wollten, lehnte dieser deshalb kategorisch ab[470].

b. Die Begründung der polnisch-siebenbürgischen Personalunion und die Erhebung Siebenbürgens zum Fürstentum 1575/1576

Ein Jahr nach den Szapolyais starb mit dem Tod des Königs Sigismund August 1572 auch die Dynastie der Jagiełłonen in Polen aus. König Sigismund August hatte mit der Lubliner Union von 1569 die seit 1386 besehende Personalunion zwischen Polen und Litauen in eine Realunion umgewandelt; das Königreich wurde zur Wahlmonarchie[471]. Somit wählten die polnischen Stände 1573 Heinrich von Valois, den Bruder des französischen Königs zu ihrem Herrscher. Er konnte sich gegen den habsburgischen Kandidaten, Erzherzog Ernst, mit Hilfe der Hohen Pforte durchsetzen. Ursprünglich hatte der Sultan einen einheimischen Kandidaten bevorzugt. Als es sich aber abzeichnete, dass in diesem Falle ein Bürgerkrieg ausbrechen würde, da die Magnaten die Rangerhöhung eines ihrer Mitglieder nicht geduldet hätten, wurde schnell klar, dass die Hohe Pforte ein Mitglied des antihabsburgisch eingestellten französischen Königshauses unterstützen würde[472]. Ohne Umschweife drohte der Sultan den polnischen Ständen mit Krieg, sollten diese den habsburgischen Kandidaten wählen. Für die Zeit des Interregnums stellte der Sultan Polen unter seinen „persönlichen Schutz", um Einmischungen fremder Mächte, wie z. B. des Kaisers oder des Zaren, zu verhindern[473].

Auch der „Woiwode von Siebenbürgen" wurde von der Hohen Pforte angehalten, den französischen Kandidaten zu unterstützen und diesem zu Hilfe zu eilen, falls der „König von Deutschland" in Polen einfallen sollte. Allerdings verbot der Sultan dem siebenbürgischen Woiwoden, die Einladung zur Teilnahme an den polnischen Krönungsfeierlichkeiten anzunehmen. Stattdessen sollte Stefan einen Vertreter nach Polen schicken und sich selber für die Verteidigung Siebenbürgens bereithalten, falls Gefahr aus der Habsburgermonarchie drohen sollte[474]. Diesen Weisungen aus Konstantinopel fügte sich Stefan, da er sich als zuverlässiger Bundesgenosse und Vasall des

---

470 Felezeu 2005, Cadrul politic internațional, S. 25–26.

471 Für die polnisch-litauische Union bürgerte sich der Begriff *Rzeczpospolita* ein: Bély 1992, S. 45.

472 Der Sultan bevorzugte ursprünglich einen Kandidaten aus den Reihen des polnischen Adels, da er eine Trübung des osmanisch-französischen Bündnisses im Falle einer Thronbesteigung durch Heinrich von Valois in Polen befürchtete. Diese Haltung begründete der Sultan damit, dass Nachbarschaften zwangsläufig zu Verstimmungen führten: Căzan 2000, S. 292–293.

473 Dem französischen König schrieb Sultan Selim II. 1573, er habe den polnischen Ständen „seinen erhabenen Befehl erteilt", den Bruder des französischen Königs als polnischen König einzusetzen. Da Polen stets von der „sultanischen, vernichtenden Macht geschützt und behütet" worden sei, hätten die polnischen Stände die Hohe Pforte um ihren „Befehl" in der Frage der Thronfolge gebeten: Beydilli, S. 16–21, 44–47. Zur Kooperationsprojekten und Verträgen zwischen Zar und Kaiser: Roll 2006, Abschnitt 53–59.

474 Beydilli, S. 53–54, 62, 64.

Sultans gegenüber der Hohen Pforte darstellen wollte. Mit dem Verzicht Heinrichs auf den polnischen Thron zugunsten der französischen Thronfolge im Jahr 1574 (als Heinrich III.) brach nach der heimlichen Abreise Heinrichs in Polen ein neues Interregnum an. Dies Machtvakuum ermunterte die Habsburger, 1574/1575 erneut ein Mitglied des Kaiserhauses zur Wahl zu stellen, was vor allem der polnische Kleinadel zu verhindern suchte, indem er nach einem fähigen Gegenkandidaten Ausschau hielt. Wieder drohte der Sultan den polnischen Ständen, den Frieden mit Polen nicht zu ratifizieren, sollten sie einen Habsburger oder den Zaren zum König wählen[475]. Als Alternative empfahl er ihnen Stefan Báthory[476].

Als die polnische Schlachta Stefan zu Beginn des Jahres 1575 als einen möglichen Kandidaten ins Spiel brachte, entschlossen sich die Habsburger, Bekes aktiv darin zu unterstützen, Báthorys Herrschaft in Siebenbürgen zu beenden[477]. Als sich Stefan mit dem Sieg von Kerelőszentpál gegen die habsburgische Partei in Siebenbürgen behaupten konnte, begannen die polnischen Stände, ihn konsequent als Thronkandidaten aufzubauen. Der Konflikt mit Kaiser Maximilian verschärfte sich, als Stefan – unterstützt durch die Hohe Pforte – offen gegen den Kaisersohn, Erzherzog Ernst, in der Wahl zum polnischen König antrat[478]. Als die Anhängerschaft Stefans in Polen stetig wuchs, brachte der Primas von Polen und Erzbischof von Gnesen, Jakob Uchanski, Kaiser Maximilian II. selbst als Kandidaten ins Spiel, der am 12. Dezember 1575 vom polnischen Hochadel zum König ausgerufen wurde. Stefan Báthory, der in der Wahlversammlung als führungsstarker Staatsmann und Heerführer vorgestellt wurde, wurde am 14. Dezember 1575 vom Kleinadel und der Schlachta zum polnischen König gewählt, allerdings unter der Bedingung, die Tochter des vorletzten Königs, Anna Jagiełłona, zu heiraten[479]. In dieser Pattsituation rief Stefan im Januar 1576 den siebenbürgischen Landtag in Mediasch zusammen, um den Ständen seinen Anspruch mitzuteilen, beide Staaten in Personalunion zu regieren.

Der kaiserliche Gesandte in Siebenbürgen, Christoph von Teuffenbach, der Stefan zu einem Verzicht auf die polnische Krone bewegen sollte, berichtete am 22. Januar 1576 dem Kaiser aus Mediasch über die Ankunft der polnischen, osmanischen, moldauischen und walachischen Gesandten, die anlässlich der Wahl Stefans zum polnischen König in Siebenbürgen eintrafen[480]. Die siebenbürgischen Stände begrüßten

---

475 Im Dezember 1574 hatte der an die Hohe Pforte entsandte polnische Adlige, Andreas Taranowski, den Sultan gebeten, aufgrund des polnischen Interregnums von Feindseligkeiten gegen das Königreich Polen abzusehen und die Krimtataren im Zaum zu halten: Documente, Hurmuzaki, Vol. II/1, S. 730.

476 Siehe das Schreiben des Sultans an den polnischen Adel vom 30. September 1575 in: Documente, Hurmuzaki, Vol. XI, S. 92.

477 Felezeu 2005, Cadrul politic internațional, S. 26.

478 Ernst wurde vom polnischen Hochadel, vom litauischen Adel und den Preußen bevorzugt. Vgl. Leitsch 2009, S. 705, 724.

479 Um Báthory in dieser Situation zu stützen, stellte der Sultan am 17. Dezember 1575 eine „großherrliche Vertragsurkunde“ aus, in der er Báthory als Woiwode von Siebenbürgen bestätigte, samt den Rechten, die Siebenbürgen im osmanischen Herrschaftsverband genoss: Documente, Hurmuzaki, Vol. II, Teil I, S. 750–752. Vgl. Căzan 2000, S. 296.

480 Documente, Hurmuzaki, Vol. XI, S. 93–94.

die Wahl, vor allem weil das Land mit dem großen Königreich im Norden, mit dem man eine gemeinsame Grenze von etwa 100 Kilometern Länge in den Karpaten teilte, einen natürlichen Beschützer und Verbündeten gewann. Zu seinem Stellvertreter in Siebenbürgen ernannte Stefan seinen Bruder Christoph, der seine bisherigen Kompetenzen übernahm. Über Krieg und Frieden sollte er jedoch nicht ohne das Einverständnis seines Bruders und des Kronrates entscheiden. Noch in seiner Eigenschaft als Woiwode bestätigte Stefan Báthory die Beschlüsse des Mediascher Landtags am 8. Februar. Kurz darauf traf eine polnische Gesandtschaft in Mediasch ein, die die Wahl Stefans zum König von Polen offiziell verkündete. Nach der feierlichen Ausrufung Stefans zum König schwor er in der Mediascher Hauptkirche auf die beiden Wahlkapitulationen von 1573, die *Pacta Conventa* und die *Articuli Henriciani* und nahm den Titel *Electus rex Poloniae* an. Sein Bruder Christoph nahm den Titel eines Woiwoden von Siebenbürgen (*Vaivoda regni Transsilvaniae et Siculorum comes*) an[481]. Nachdem Christoph Báthory die Privilegien der Stände und die Freiheiten der Konfessionen bestätigt hatte, wurde er am 23. März 1576 vom Klausenburger Landtag zum Woiwoden gewählt[482].

Anschließend eilte sein Bruder Stefan nach Polen, wo er im April 1576 eintraf. Dort heiratete er am 1. Mai die bereits fünfzigjährige Anna Jagiełłona und wurde am gleichen Tag zum König von Polen und Großfürsten von Litauen gekrönt. Das rasche und entschiedene Handeln Stefans führte dazu, dass fast alle Anhänger der Habsburger auf seine Seite wechselten. Doch erst der Tod des Kaisers am 12. Oktober 1576 sicherte seine Herrschaft endgültig[483]. Damit war es Stefan – ebenso wie 1571 in Siebenbürgen – dank osmanischer Unterstützung erneut gelungen, sich gegen den habsburgischen Kandidaten durchzusetzen[484].

Die Hohe Pforte akzeptierte die Personalunion zwischen Polen und Siebenbürgen, da sie unter Báthory eine wirksame Eindämmung der habsburgischen Macht in Ostmitteleuropa versprach[485]. Bis zum Tode Kaiser Maximilians II. am 12. Oktober 1576 fürchtete die Hohe Pforte, die Habsburger könnten ihre Truppen entweder in Polen einmarschieren lassen, um ihren Anspruch auf die dortige Thronfolge durchzusetzen, oder in Siebenbürgen einfallen, um Stefan davon abzuhalten, sich in Polen zu etablieren[486]. Deshalb ermahnte die Hohe Pforte 1576 die siebenbürgischen Stände in mehreren Briefen, ihr Land gut zu verteidigen. Sollten sie darin nachlässig sein oder sich mit den Habsburgern verbünden, würde Siebenbürgen das gleiche Schick-

481 Den neuen Titel verwendete Stefan Báthory erstmals in einer Schenkungsurkunde, die er am 14. Februar 1576 in Weißenburg ausstellte: Sinkovics, S. 78–79, 81.

482 Butnariu 2004, S. 123.

483 Arens 1990, S. 27–28.

484 Vgl. Căzan 2000, S. 296. Vgl. Ciocan, S. 155–156.

485 Außerdem schützte ein starkes Polen das Osmanische Reich vor der moskowitischen Expansionspolitik: Beydilli, S. 8–9.

486 Im Frühsommer 1576 warnte Sultan Murat III. Stefan Báthory, „die Deutschen" bereiteten sich auf einen Krieg in Polen vor. Er habe den Chan der Krim, die Woiwoden der Moldau und Walachei und seine Paschas im Donauraum angewiesen, Báthory wachsam zur Seite zu stehen: Corfus 1979, S. 325–327.

sal zuteil, wie zwanzig Jahre zuvor der Grafschaft Temes, die nach der Vertreibung der Habsburger in eine osmanische Provinz umgewandelt wurde. Der Sultan schloss sein Schreiben mit den Worten: „Es ist sicher, dass Euch auch Siebenbürgen entrissen würde, falls Ihr es bei einem Angriff nicht verteidigen und die Angreifer nicht vertreiben solltet“[487].

Da eine militärische Intervention der Habsburger unterblieb, konnte Stefan sowohl seine Herrschaft in Siebenbürgen behalten, als auch seine Machtbasis als König von Polen ausbauen[488]. In der Phase der innen- und außenpolitischen Konsolidierung musste Stefan es allerdings dulden, dass Heinrich von Valois weiterhin als *Roi de France et de Pologne* signierte. Darüber hinaus führte die am 5. November 1577 unterzeichnete Erneuerung des polnisch-osmanischen Friedens- und Freundschaftsvertrages von 1568 dazu, dass der Sultan Polen aufgrund seiner Personalunion mit Siebenbürgen nun erst recht als sein Protektorat ansah[489]. Da Stefan die Beistandszusicherung des Osmanischen Reiches im Falle eines Angriffs durch den Kaiser oder den Zaren benötigte[490], führte er nicht nur die proosmanische Politik der letzen Jagiełłonenkönige fort, er garantierte damit vor allem seine gleichzeitige Herrschaft über Polen und Siebenbürgen.

Mit seinem Sieg über die habsburgische Partei in Siebenbürgen und der Wahl zum König von Polen musste Stefan machtpolitisch keine Rücksicht mehr auf die Habsburger nehmen, die ihn bis dahin als ihren siebenbürgischen Statthalter angesehen hatten. Für Stefan erlosch nun das Lehnsverhältnis zum König von Ungarn. Bereits am 19. Februar 1576 ließ er den Kaiser in einem Brief wissen, dass er, gewählt vom polnischen Sejm, keine Bestätigung aus Ungarn für seine Wahl als polnischer König benötige. Stefan wies Maximilian darauf hin, dass er die 1225 im Freibrief König Andreas II. festgelegten Zustimmungsrechte des ungarischen Reichstages zur Krönung eines neuen Königs für sich nicht anerkenne. Damit spielte er auf die Krönung Erzherzog Rudolfs zum ungarischen König am 25. September 1572 in Pressburg

---

487 Beydilli, S. 80–82, 114–117, 119–122.

488 Trotz einer recht komfortablen internationalen Position konnte sich Stefan in der ersten großen innenpolitischen Auseinandersetzung nach seiner Krönung nur teilweise behaupten, als er 1577 die freie Stadt Danzig besiegen aber nicht einnehmen konnte. Damals sang man auf den Danziger Straßen das Lied: „Bald hat der Turck den Bathor / Aus Siebenbürgen genannt / Zu einem Gubernator / In Polen abgesandt“: Ciocan, S. 157.

489 Ciocan, S. 158.

490 Wortlaut des polnisch-osmanischen Vertrages vom Juli 1577 in: Documente, Hurmuzaki, Vol. III/1, S. 5–6 sowie Documente, Hurmuzaki, Vol. XI, S. 598–599. Vgl. den Brief des Sultans an König Stefan Báthory vom August 1577 zum Abschluss des polnisch-osmanischen Friedensvertrages: Documente, Hurmuzaki, Vol. III/1, S. 6–7. König Stefan ratifizierte den Vertrag am 5. November 1577 in Marienburg: Jablonowski, S. 16–18. König Stefan setzte bei dieser Gelegenheit auch Handelserleichterungen für polnische Händler in der Moldau durch: Veress, Documente, Vol. II, S. 127–128. Die stabile Lage in Polen, die Erneuerung des habsburgisch-osmanischen Friedens von 1568 in den Jahren 1576 und 1584 sowie der 1579 geschlossene Frieden mit Venedig ermöglichten der Hohe Pforte, sich zwischen 1578 und 1590 auf einen neuen Krieg gegen Persien zu konzentrieren: Maxim 1985, S. 96. Vgl. Butnariu 1996, S. 67–68.

an[491], die ohne eine vorhergehende „freie Wahl" durch die ungarischen Stände erfolgt war[492]. Diesen Vorgang nahm Báthory zum Anlass, um zu unterstreichen, dass er weder die Autorität des ungarischen Königs noch jene des ungarischen Reichstages in allen die Souveränität des siebenbürgischen Staates betreffenden Fragen anerkenne. Darunter fiel auch das Recht, zur Wahl Báthorys zum Herrscher eines dritten Staates Stellung beziehen zu dürfen[493]. Als Zeichen dafür, dass er seinen 1571 gegenüber Kaiser Maximilian geleisteten Treueid für null und nichtig betrachtete, ließ er – nachdem die Bestätigung seines Bruders Christoph als siebenbürgischer Woiwode durch die Hohe Pforte eingetroffen war[494] – die letzten auf dem Gebiete Siebenbürgens verbliebenen Festungen der habsburgischen Partei, z. B. Huszt, besetzen[495]. Damit brach er mit seiner im Treueid übernommenen Verpflichtung, die Festungen der „ungarischen Krone" zu verteidigen.

Die neue Personalunion zwischen Polen und Siebenbürgen bewog Stefan Báthory, den im Vertrag von Speyer festgelegten Titel eines *Princeps Transylvaniae ac partium regni Hungariae* anzunehmen. Der Fürstentitel war ein Ausdruck seiner Rangerhöhung, die ihn zu einem Mitglied des Kreises königlicher Majestäten gemacht hatte. Dieses stärkte nicht nur seine Herrschaft in Siebenbürgen. Da er ein an Polen angrenzendes Gebiet beherrschte, festigte dies auch Stefans Position in Polen erheblich. Die Machtbasis außerhalb des Königreichs machte ihn vom polnischen Adel unabhängiger als es sein Vorgänger Heinrich von Valois gewesen war. Stefan regierte Siebenbürgen und die ostungarischen Komitate als Souverän, der für diese Gebiete lediglich die Oberhoheit des Sultans anerkennen musste. In der Tradition der ungarischen Könige hatte er nun seinerseits einen Stellvertreter ernannt, der als Woiwode Siebenbürgen im Namen des Fürsten regierte[496]. Vor allem die ungarische Historio-

491 An der Krönung hatte auch Stefan Báthory zusammen mit den Bischöfen von Weißenburg (Paul Bornemisza) und Großwardein (Gregor Bornemisza) sowie den Magnaten Stefan und Georg Homonnai teilgenommen. Bei der Zeremonie trug Stefan Báthory die Fahne Kroatiens, Georg Perényi die Fahne Kumaniens (Walachei) und Georg Homonnai die Fahne Serbiens. Anlässlich dieser Krönung wurde jene Titulatur festgelegt, die auch von Rudolfs Nachfolgern übernommen wurde: ELECTVS ROMANORVM IMPERATOR, SEMPER AVGVSTVS, GERMANIAE, HVNGARIAE, BOEMIAE, DALMATIAE, CROATIAE, SCLAVONIAE, RAMAE, SERVIAE, GALLITIAE, LODOMERIAE, CVMANIAE BVLGARIEQUE REX. Bei dieser Krönung waren alle im Titel genannten Länder durch ein eigenes Banner im Rahmen der Zeremonie vertreten: Pálffy 2009, S. 199–200. Zur Krönung Rudolfs zum ungarischen König siehe auch: Lietzmann, S. 75–83, 87–95. Vgl. Vocelka 1981, S. 127–128, 135.

492 Anlässlich der Krönung Rudolfs zum ungarischen König 1572 baten ihn die Stände des Königreichs Ungarn darum, die Abhängigkeiten des Landes von der Wiener Exekutive rückgängig zu machen. Rudolf betonte jedoch, dass die finanziellen und militärischen Angelegenheiten Ungarns nicht von ähnlichen Angelegenheiten der anderen habsburgischen Länder und Provinzen getrennt werden könnten: Makkai, S. 83–85. Zu den Konflikten zwischen den habsburgischen Zentralbehörden und der ungarischen Lokalverwaltung im 16. Jahrhundert ausführlich: Pálffy 2006, S. 279–300.

493 Căzan 2000, S. 296–297.

494 Felezeu 2005, Statutul juridic, S. 56–57.

495 Butnariu 2004, S. 123.

496 Barta 1990, S. 262. Zum Jahresende 1575 einigten sich der habsburgische Gesandte in Konstantinopel und die Hohe Pforte darauf, eine Erhebung Báthorys zum Fürsten nicht

grafie wertete die Annahme des Fürstentitels durch Stefan Báthory und seine Lossagung von der Oberhoheit des Königs von Ungarn als den Abschluss des Prozesses der Ausbildung eines selbständigen siebenbürgischen Staates, der spätestens 1541 begann und 1575 endete[497].

Stefan Báthory errichtete in Krakau eine siebenbürgische Kanzlei, die er aus seinen persönlichen Einkünften finanzierte und mit deren Hilfe er die Grundlinien der Politik in seinem Fürstentum bestimmte[498]. Zum Leiter der Kanzlei ernannte er seinen bisherigen Kanzler Martin Berzeviczy, der ebenso wie Stefan Báthory ein Absolvent der Universität Padua war[499]. Berzeviczy arbeitete eng mit der Kanzlei des siebenbürgischen Woiwoden unter der Leitung von Emmerich Sulyok zusammen[500]. Von der Kooperation zwischen dem Woiwoden Christoph Báthory, dem polnischen König und dem polnischen Krongroßhetman und Krongroßkanzler Jan Zamoyski zeugt ebenfalls eine umfangreiche Korrespondenz. Obwohl König Stefan über seinen Bruder Christoph oft in die Angelegenheiten Siebenbürgens eingriff, besaß Christoph eine relativ starke Stellung gegenüber der Hohen Pforte. Christoph wies zu Beginn seiner Amtszeit den siebenbürgischen Gesandten in Konstantinopel an, eng mit dem polnischen Gesandten zusammenzuarbeiten. Gegenüber dem Sultan erklärte Christoph, dass er weder von seinem Bruder in dessen Eigenschaft als polnischer König noch von einem anderen fremden Souverän mit Ausnahme des Sultans abhänge. Außerdem versprach er der Hohen Pforte, den Tribut pünktlich abzuliefern. Im Sommer 1576 bestätigte der Sultan Christoph als Woiwoden und sandte ihm die entsprechenden Zeichen seiner Investitur durch die Hohe Pforte zu[501].

Die staats- und völkerrechtlichen Veränderungen widerspiegelten sich auch in den Münzprägungen Siebenbürgens. Bis 1576 ließ Stefan Báthory Münzen mit dem Aufdruck *MONETA TRAN-S-IL(vanica) + S(tephani) + B(athory) D(e) S(omlyó)* und einem gepanzerten Ritter mit Hellebarde und Reichsapfel prägen. Die Rückseite zeigte die Madonna mit dem Jesuskind und trug die Inschrift *PATRONA VNGARIAE*. Ab 1577 führte sein Bruder Christoph diese Münzreihe fort indem er lediglich den Vornamen austauschen ließ. Darüber hinaus ließ er mehrere Dukaten mit einer neuen Aufschrift prägen: *CHR(istophorus) BATH(ori) DE SOM(lyo) VAIVODA TRANSILVA(niae) ET SIC(ulorum) COMES Z (et ceteram)*. Die Inschrift umrahmte das Wappen der Familie Báthory, das mit der Woiwodenkrone geschmückt war. Mit den neu in Umlauf gebrachten Münzen unterstrich der siebenbürgische Woiwode seinen Anspruch, das *ius monetae* in seiner Eigenschaft als Herrscher Siebenbürgens weiterhin auszuüben und den primär „ungarischen" Münzen seines Vorgängers

anzuerkennen und ihn weiterhin als Woiwoden zu bezeichnen. Diese Absprache konnte sich jedoch nicht gegen das von Báthory geschaffene Fait accompli durchsetzen: Istoria politicii externe românești, S. 59.

497 Barta 1990, S. 243–301. Vgl. Kármán 2005, S. 152.

498 Czettler, S. 99.

499 Sinkovics, S. 80–81.

500 Sinkovics, S. 102.

501 Sinkovics, S. 81.

spezifisch „siebenbürgische" an die Seite zu stellen[502]. Stefan Báthory versuchte derweil den wirtschaftlichen Einfluss der Habsburger in Siebenbürgen zurückzudrängen, was ihm mit Hilfe der ökonomischen Macht Polens auch schrittweise gelang[503].

c. Die Beziehungen zu den östlichen Nachbarn 1576–1586

Obwohl Stefan Báthory nach seiner Krönung zum polnischen König nicht mehr nach Siebenbürgen zurückkehrte, war er entschlossen, eine enge Kooperation zwischen seinen beiden Ländern in die Wege zu leiten. Gegenüber dem siebenbürgischen Magnaten Alexander Kendi, der Stefan 1576 in Polen besuchte, schwärmte der neue polnische König von der großen Zuneigung, welche die Polen gegenüber den Ungarn empfänden. Der polnische Adel liebte König Stefan nicht, respektierte ihn aber, vor allem aufgrund dessen militärischer Erfolge. Stefans Vertrauen genoss der Krongroßhetman und Krongroßkanzler Jan Zamoyski, zumal beide profilierte Gegner der Habsburger waren. König Stefan, der nie die polnische Sprache erlernte, überließ Zamoyski die Innenpolitik, während er sich vor allem auf die polnische Außenpolitik und die Kriegführung konzentrierte. Seine Position nutzte der rechtskundige, eloquente und machtbewusste Zamoyski aus, um in kurzer Zeit zu einem der größten Grundbesitzer Polens aufzusteigen[504].

Da die „Große Politik" Polens König Stefans Kräfte ganz in Anspruch nahm, ergriff er als Fürst von Siebenbürgen keine neuen außenpolitischen Initiativen mehr, sondern konzentrierte sich auf die Bewahrung des völkerrechtlichen Status quo, den Siebenbürgen damals innehatte[505]. Allerdings versuchte er, siebenbürgische Ressourcen für seine Außenpolitik als König von Polen zu nutzen. Nach dem Angriff des Zaren auf Livland 1577 führte Stefan drei große Feldzüge gegen Russland, in deren Verlauf er 1579–1581 Zar Iwan den Schrecklichen aus dem Baltikum verdrängte und ihm im Frieden von 1582 auch die nordwestrussischen Städte Polock und Veliz abnahm[506]. Bei seinen Feldzügen gegen den Zaren setzte Báthory öfters in Siebenbürgen – vor allem im Szeklerland – rekrutierte Truppen ein, die unter dem Befehl siebenbürgischer Adliger standen. Bemerkenswert ist, dass Báthorys Gegner im Kampf um den siebenbürgischen Thron, Kaspar Bekes, den Báthory nach seiner Wahl zum polnischen König 1576 begnadigt hatte, im Kampf gegen Truppen des Zaren 1579 fiel, genauso wie dessen Bruder Gabriel Bekes, der 1581 auf den russischen Schlachtfeldern starb. Neben der Verstärkung seiner Armee durch Szekler-Soldaten und adlige Heerführer aus Siebenbürgen griff König Stefan auch auf die finanzielle Unterstützung der siebenbürgisch-sächsischen Städte zurück. Nachdem diese

---

502 Die von Stefan Báthory nach seiner Wahl zum polnischen König geprägten Taler führten auch seinen Titel als Fürst von Siebenbürgen an: *STEPHAN. D. G. REX. POLON. MAG. DVX. L. RVs. PRVs. MAs. SAM. LIVO. PRIN. TRAN.*: Butnariu 2004, S. 123–124, 128.

503 Ebenda, S. 148–149, 151–152.

504 Leitsch 2009, S. 692–687, 709.

505 Sinkovics, S. 100. Vgl. Jablonowski, S. 70.

506 Arens 1990, S. 28–30.

dem polnischen König für seine Kriegführung gegen Zar Iwan Kredite und Steuervorauszahlungen, zum Beispiel 1581, gewährt hatten, bestätigte Báthory am 18. Februar 1583 in Krakau einer sächsischen Delegation das in den Jahren zuvor im „Eigen-Landrecht“ kodifizierte Straf- und Privatrecht der Siebenbürger Sachsen und erkannte deren alte ständische Freiheiten und Privilegien an[507]. Einen Nutzen aus den russischen Feldzügen zogen der siebenbürgische Adel und die Szekler, indem ihre Truppen Kriegserfahrung sammelten und sich eine Gruppe von Heerführern herausbildete, die zwei Jahrzehnte später im großen habsburgisch-osmanischen Konflikt zum Einsatz kam.

Die polnisch-russischen Kriege versuchte der alte Gegner Stefan Báthorys, das Haus Österreich, auszunutzen, indem es Versuche unternahm, sich mit Zar Iwan zu verbünden, um Druck auf Stefan in der Frage der ungarisch-siebenbürgischen Grenzstreitigkeiten auszuüben[508]. Bereits im Februar 1576 hatte Kaiser Maximilian II. Gesandte nach Moskau geschickt, um die Unterstützung des Zaren für sein Vorhaben, den polnischen Thron zu besteigen, zu gewinnen. Dass es zu keiner wirksamen Zusammenarbeit zwischen den Erben des west- und oströmischen Kaisertums kam, vereitelte nicht nur die polnischen Pläne der Habsburger, sondern beschleunigte auch die Niederlage des Zaren 1582[509].

Nach dem Tod Iwan des Schrecklichen 1584 zog König Stefan einen „Kreuzzug“ gegen das Moskowiterreich in Betracht, der ihn auch auf den russischen Thron führen sollte, ein Plan, der auch angeblichen Ambitionen des kaiserlichen Bruders, Erzherzog Maximilians, den Moskauer Thron zu besteigen, zuvorkommen sollte. Allerdings fanden die Vorstellungen Stefans, Russland an der Spitze eines abendländischen „Kreuzzugheeres“ für die katholische Welt zu erobern und die Kirchenunion zwischen Rom und Moskau herbeizuführen, beim polnisch-litauischen Adel keine Unterstützung. Auch an der Kurie, auf deren Subsidien Stefan hoffte, löste der Gedanke an eine Transformation der Kreuzzugsidee keine Begeisterung aus[510]. Vielmehr sandte der Papst den Jesuiten Antonio Possevino nach Polen, der zwischen 1581 und 1586 versuchte, eine Verständigung zwischen dem polnischen König und seinen christlichen Gegnern, dem Kaiser und dem Zaren, zu erreichen, um eine gro-

507 Das „Eigen-Landrecht“, geprägt durch die deutschen Stadtrechte und die Rezeption des Römischen Rechts, wurde in Krakau vom Leiter der Siebenbürgischen Kanzlei, Berzeviczy, sowie den Rechtsgelehrten Heinrich Lemka und Johann Torbek, Sekretäre der Stadt Danzig und dem königlichen Fiskal in Preußen, Simon Brunschwig, begutachtet. 1583 wurde das „Eigen-Landrecht“ in deutscher und lateinischer Sprache gedruckt und erst durch die Einführung des Österreichischen Allgemeinen Bürgerlichen Gesetzbuches in Siebenbürgen im Jahre 1853 abgelöst: Sinkovics, S. 101–103. Vgl. Sutscheck, S. 15–44.

508 Jablonowski, S. 39, 41, 47–48.

509 Nach seiner Niederlage im Feldzug von 1580 bat der Zar Kaiser Rudolf II. und Papst Gregor XIII. um Vermittlung in seinem Krieg gegen Polen. An einer Vermittlung hatte Báthory jedoch kein Interesse, da für seinen erfolgreichen Feldzug weitere Summen vom polnischen Reichstag genehmigt wurden: Arens 1990, S. 28–30.

510 Zu den Ligaplänen Báthorys: Jablonowski, S. 70–79.

ße antiosmanische Koalition zustande zu bringen[511]. Eine anonyme Denkschrift für Papst Gregor XIII. aus dem Jahr 1584 forderte eine Vereinigung der Landstreitkräfte des Kaisers, „des Polen“ und „des Moskowiters“ um Siebenbürgen, die Walachei und die Moldau aus den Händen des Sultans zu befreien[512]. Für den Fall, dass es Stefan gelingen sollte, unter seinem Szepter eine Personalunion zwischen Polen-Litauen und Russland herzustellen, forderte der Papst die Unterstützung des Ungarn bei der Eroberung Konstantinopels ein, die der Heilige Vater für sich beanspruchte[513]. Allerdings fehlte es Stefan bis zum Ende seiner Regierungszeit an den nötigen militärischen und finanziellen Mitteln zur Umsetzung seiner ambitionierten Russland-Pläne.

Das gleiche Schicksal teilten seine zwischen 1578 und 1582 entwickelten Kreuzzugspläne gegen das Osmanische Reich. Die Ablenkung der Hohen Pforte von Mitteleuropa durch den 1578 ausgebrochenen osmanisch-persischen Krieg führte dazu, dass Stefan Báthory mit ungarischen Adligen und dem päpstlichen Nuntius Caligari Möglichkeiten durchspielte, Ungarn auch gegen den Willen der Osmanen unter seinem Zepter zu vereinigen. Bereits zwei Jahre nach Stefans Regierungsantritt in Polen hatten sich zwischen ihm und dem Papst, der zuerst Kaiser Maximilian in Polen unterstützt hatte, intensive Beziehungen entwickelt. Der venezianische Vertreter am Kaiserhof erwähnte 1578, dass König Stefan – der trotz seiner „Freundschaft mit dem Türken“ ein „guter Katholik“ geblieben sei – bereits ein Jahr zuvor einen Gesandten nach Rom geschickt habe, um sich dem Papst „zu unterwerfen“, worauf dieser ihn als Fürsten von Siebenbürgen bestätigt habe. Der Venezianer hob hervor, dass diese Geste für Báthorys Bescheidenheit stehe, zumal er kein Vasall des Papstes sei. Im Laufe seiner Gespräche mit Rom wurde die Gründung einer Heiligen Liga gegen das Osmanische Reich erwogen, das aus ganz Ungarn vertrieben werden sollte[514]. Als sich auch die habsburgische Seite in die Verhandlungen einschaltete und den Abschluss eines antiosmanischen Bündnisses mit Polen vorschlug, erteilte König Stefan diesem Vorhaben eine Absage. Der venezianische Gesandte in Prag, di Cavalli, berichtete am 10. und 15. Februar 1579 über die Ablehnung des kaiserlichen Vorhabens durch die polnischen Emissäre. Ihre Begründung lautete, der König von Polen müsste auf diese Weise seinen Friedensvertrag mit dem Sultan brechen und als Woiwode von Siebenbürgen habe er dem Sultan einen Treueid geschworen, den er nicht brechen möchte. Schließlich könne sowohl Polen als auch Siebenbürgen leicht durch die Osmanen besetzt werden[515]. Zu dieser Stellungnahme hatte Stefan die Einsicht bewogen, dass die Niederwerfung oder zumindest enge Anbindung des Za-

511 Die Bedeutung, die Stefan als König von Polen und Fürst von Siebenbürgen für die Kurie darstellte, geht aus der Ernennung seines Neffen Andreas Báthory, Bischof des polnischen Ermlandes, zum Kardinal im Jahre 1584 hervor: Molnár 2004, S. 204. Vgl. Documente, Hurmuzaki, Vol. III, Partea I, S. 21.

512 Documente, Hurmuzaki, Vol. III/2, S. 378–379.

513 Zu den Kreuzzugsplänen Báthorys gegen Moskau ausführlich: Ciocan, S. 167–178.

514 Der Papst schickte 1577 den Nuntius Laureo und 1579 den Nuntius Caligari an den Hof Báthorys: Barta 1990, S. 259–261. Vgl. Leitsch 2009, S. 727.

515 Căzan/Denize, S. 330. Vgl. Czettler, S. 98.

renreiches an Polen eine wesentliche Voraussetzung darstellte, um eine Heilige Liga gegen den Sultan bilden zu können. Als Bedingung für den Beitritt Polens zu einer solchen Allianz bezeichnete er 1579 gegenüber dem päpstlichen Nuntius eine „feste Verbindung der christlichen Mächte". Die Fortsetzung seines Krieges gegen Russland führte König Stefan vor Augen, wie sehr er auf ein gutes Verhältnis zum Osmanischen Reich angewiesen war, da ein gleichzeitiger Krieg gegen beide großen östlichen Nachbarn außerhalb seiner Möglichkeiten lag. Abgesehen davon, dass er die Herrschaft über seine sich in einer exponierten Lage gegenüber dem osmanischen Machtbereich befindenden Heimat Siebenbürgen leichtfertig aufs Spiel gesetzt hätte, musste Stefan erkennen, dass auch der größte Teil des polnischen Adels für einen Krieg gegen die Osmanen nicht bereit gewesen wäre. Der Sejm bevorzugte die Fortführung der wohlwollenden Neutralität der polnischen Könige gegenüber dem Osmanischen Reich. Diese Forderungen des polnischen Adels musste Stefan bereits in seinem Krönungseid durch den Schwur berücksichtigen, den Frieden mit dem Sultan aufrechtzuerhalten[516].

Obwohl die gemeinsame Schnittmenge der polnisch-osmanischen Interessen relativ groß war, existierten einige Reibungspunkte an der gemeinsamen polnisch-osmanischen Grenze, die zu gereizten Reaktionen der Hohen Pforte führten. Diese Punkte konnten vor allem im Herrschaftsbereich der Kosaken lokalisiert werden, der unter polnischer Oberhoheit stand und an das Osmanische Reich, dessen Vasallen, das Chanat der Krimtataren, sowie Russland grenzte. Diese Konflikte in der östlichen Ukraine nutzte der Sultan, um dem polnischen König seine Verwundbarkeit vor Augen zu führen, indem er z. B. 1583 drohte, ihm die Herrschaft über Siebenbürgen zu entziehen[517]. Die Tatsache, dass die Hohe Pforte Stefan maßgeblich bei der Erlangung der polnischen Königswürde unterstützt hatte, führte bereits zu Beginn seiner Herrschaft in Polen dazu, dass sich Stefan öfters Vereinnahmungsversuchen der Hohen Pforte erwehren musste, die Polen – gerade wegen der Personalunion mit Siebenbürgen – zu den Ländern zählte, die dem „Befehl und der Herrschaft des Sultans" unterworfen waren[518]. Obwohl der polnische König keiner ausländischen Macht lehnspflichtig war, erweckten an den polnischen Hof gerichtete *'ahd-nâme-i hümâyûn* den Eindruck, die Hohe Pforte sehe die Lehnsverpflichtungen Stefan Báthorys als eine personengebundene Rechtsbeziehung an. Folglich sandte der Sultan sogenannte Befehlsschreiben an den polnischen König[519]. Bereits kurz nach der Krönung Stefans zum König von Polen beschwerte sich der Sultan am 18. Juli 1576 bei ihm über die polnisch-kosakischen Überfälle auf osmanisches Hoheitsgebiet im Nordwesten des Schwarzen Meeres. Der Sultan erteilte Stefan Anweisungen, wie er seine sich schuldig gemachten Untertanen zu bestrafen und wie er ihm darüber Bericht zu erstatten habe. Am 5. Dezember 1576 erinnerte der Sultan Stefan daran, dass er ihn als polnischen König „eingesetzt" habe, um die polni-

516 Barta 1990, S. 260.
517 Sinkovics, S. 100.
518 Butnariu 1996, S. 62.
519 Jablonowski, S. 17–18.

schen Grenzgebiete zu befrieden und die Raubzüge der Kosaken abzustellen. Dies sei nicht geschehen. Der Sultan betonte, dass er keine weiteren Ausflüchte mehr dulde, da dies keinesfalls der zwischen beiden Reichen bestehenden Freundschaft entspräche. Nun sei aber die Geduld der Hohen Pforte erschöpft. Stefan sei vor längerer Zeit vom Sultan als polnischer König eingesetzt worden und müsse daher die Unruhestifter in seinem Machtbereich beseitigen. Erfolge dies nicht, werde der Sultan sich selbst zu helfen wissen. Wenn dabei die zwischen beiden Reichen bestehende Freundschaft zerstört werde, dürfe dies nachher niemand bereuen[520]. Der Befehlston und die Drohungen in den Schreiben der Hohen Pforte kehrten immer dann regelmäßig wieder, wenn sich der Sultan über Missstände im polnisch-osmanischen Grenzgebiet beschwerte. Nach kosakischen Plünderungszügen in der Moldau und in drei osmanischen Schwarzmeerbesitzungen forderte der Sultan Báthory auf, die kosakischen Soldaten unverzüglich zu bestrafen und ihm sofort darüber Bericht zu erstatten[521]. Bemerkenswerterweise entschuldigte 1577 der Woiwode der Moldau, der 1574 mit Unterstützung Báthorys an die Macht gekommen war, Stefan Báthory gegenüber der Hohen Pforte, da er als König von Polen kaum etwas gegen die Kosaken ausrichten könne, die erneut die Moldau überfallen hätten. Stefan könne sein Land nicht regieren, da die dortigen Herren ungehorsam seien und nur nach ihrem Gutdünken lebten[522].

Aber auch im siebenbürgisch-osmanischen Grenzgebiet kam es öfter zu Spannungen, die zu der Frage führten, welcher Herrscher für die Beziehungen Siebenbürgens zum Sultan verantwortlich sei. Darauf, dass der siebenbürgische Woiwode Christoph, der 1576 durch den Sultan in seinem Amt bestätigt worden war, sein rechtliches Verhältnis zum Osmanischen Reich neu interpretierte, lässt ein Bericht vom 26. Juli 1580 aus diplomatischen Kreisen Venedigs schließen. Vor dem Hintergrund eines Streits um zwei Grenzburgen zwischen dem Fürstentum Siebenbürgen und dem Osmanischen Reich habe Christoph dem Sultan geschrieben, dass er nur durch die Entscheidung seines Bruders Stefan, des Fürsten von Siebenbürgen, zum Woiwoden ernannt worden sei und sich deshalb nicht als Vasall des Sultans betrachte. Deshalb könne er nicht durch Befehle aus Konstantinopel verpflichtet werden. Darüber hinaus habe sich Christoph entschlossen gezeigt, betonte der Bericht, die Grenzen seines Landes zu verteidigen, vor allem weil er vor dem Hintergrund des

520 Da das Osmanische Reich großen wirtschaftlichen Vorteil aus der Handelsstraße zwischen dem polnischen Lemberg und Konstantinopel zog, war es im Grenzgebiet zwischen dem Chanat der Krim und der Moldau ökonomisch sehr verwundbar, zumal die Versorgung der Hauptstadt mit Lebensmitteln maßgeblich davon abhing: Beydilli, S. 10–15, 140–147.

521 Beydilli, S. 140–147. Nach Jablonowski lassen die polnisch-osmanischen Verträge kein Abhängigkeitsverhältnis Stefan Báthorys zum Sultan erkennen. In den zweideutigen Anreden durch den Sultan sieht Jablonowski lediglich Floskeln, die aus der Zeit vor 1575 stammten. Stefan Báthory akzeptierte sie aus pragmatischen Gründen, da er die osmanische Völkerrechtsdogmatik kannte und ihm an einem freundschaftlichen Verhältnis zur Hohen Pforte viel gelegen war: Jablonowski, S. 18–19.

522 Darüber berichtete der kaiserliche Gesandte in Konstantinopel, David Ungnad, am 25. November 1577 an seinen Herren: Documente, Hurmuzaki, Vol. III, Partea I, S. 5.

zeitgleich tobenden osmanisch-persischen Krieges keinen Einmarsch der Osmanen gefürchtet habe[523]. Für die Hohe Pforte war das Verhältnis zum Woiwoden Christoph eher zweitrangig, da sie im Befehlston seinen Bruder Stefan regelmäßig darauf hinwies, dass er nur dank ihrer Hilfe den polnischen Königsthron bestiegen habe und gleichzeitig als Fürst von Siebenbürgen ein Vasall des Sultans sei. Stefan reagierte auf die Rhetorik der Osmanen stets gelassen, ließ sich nicht provozieren und versuchte, heikle Forderungen der Hohen Pforte durch Ignorieren ins Leere laufen zu lassen. Um seine Ziele in den Auseinandersetzungen mit dem Kaiser und dem Zaren zu erreichen, war er darauf angewiesen, seine Friedenspolitik gegenüber dem Osmanischen Reich fortzusetzen[524]. Seine von Pragmatismus geleitete Politik, die sich auf wenige, dafür aber bedeutende Aufgaben zu konzentrieren versuchte, begründete Stefan mit der Einsicht, dass sich keines der Völker der Welt in einer Lage befinde, die es als zufriedenstellend erachte. Da das Glück in der Politik sehr wechselhaft sei, habe der Mensch die Aufgabe, mit seiner angeborenen Intelligenz das Gute zu suchen, das Schlechte zu meiden, Gott anzurufen und den Erfolg seiner Taten abzuwarten[525].

Die Politik Stefan Báthorys, sich durch Dritte nicht in einen Gegensatz zur Hohen Pforte bringen zu lassen, wirkte sich vor allem auf die Woiwoden der Moldau und Walachei aus. Seit Stefans Regierungsübernahme in Polen 1576 fanden sich die beiden Woiwodschaften ausschließlich zwischen einem polnisch-siebenbürgischen und einem osmanisch-tatarischen Machtblock wieder. Um vor diesem geostrategischen Hintergrund ihren Handlungsspielraum zu erweitern, waren die moldauischen und walachischen Woiwoden bzw. Thronprätendenten gezwungen, Verbindungen zu westlichen Mächten, wie der Habsburgermonarchie, Frankreich, England oder Venedig, aufzunehmen, um auf diese Weise die schon sprichwörtlich häufigen Thronwechsel in den beiden Woiwodschaften in ihrem Sinne beeinflussen zu können. Diese Politik erwies sich auf dem diplomatischen Parkett dann als erfolgreich, wenn sie durch entsprechende Geschenke und Zahlungen an Würdenträger der Hohen Pforte abgesichert worden war. Im entscheidenden Moment zählte jedoch nur die militärische Präsenz der großen Nachbarn, weshalb die polnisch-siebenbürgische Personalunion und das Osmanische Reich die dominierenden Kräfte an der unteren Donau blieben[526]. Diese Machtposition spiegelte auch der 1577 verlängerte polnisch-osmanische Friedens- und Freundschaftsvertrag wider, der mehrere die Moldau und Walachei betreffende Bestimmungen enthielt. Sie sollten den Fall verhindern, dass eine die beiden Woiwodschaften betreffende Angelegenheit einen Konflikt zwischen beiden Großmächten auslöst[527].

Bereits kurze Zeit nach dem Inkrafttreten des Vertrages musste sich die polnisch-osmanische Entente in den Wirren der moldauischen Thronkämpfe bewäh-

523 Căzan/Denize, S. 330–331.
524 Jablonowski, 18–22.
525 Sinkovics, S. 104–105.
526 Vgl. Căzan/Denize: S. 329–335.
527 Felezeu 2005, Cadrul politic internațional, S. 27.

ren. Als Ende des Jahres 1577 der Woiwode der Moldau, Petru Şchiopul, durch eine Intervention der unter polnischer Oberhoheit stehenden aber dennoch oft eigenmächtig handelnden Kosaken gestürzt wurde und sich Ioan Potcoavă des Thrones bemächtigte, versuchten osmanische Einheiten, dem alten Woiwoden wieder die Macht zu sichern. Dabei wurden sie in Gefechten jedoch vollkommen aufgerieben. In dieser Situation kamen König Stefan und dessen Bruder Christoph, der Woiwode Siebenbürgens, dem Sultan mit ihren Truppen zu Hilfe. Im Zusammenwirken mit walachischen Einheiten setzten sie im Januar 1578 den alten Woiwoden wieder ein. Dabei fiel Potcoavă in die Hände des polnischen Königs, der ihn am 16. Juni 1578 in Lemberg enthaupten ließ, obwohl die Osmanen seine Auslieferung gefordert hatten. Selbstbewusst trat König Stefan auch 1582 gegenüber der Hohen Pforte auf, als er die Absetzung des polenfeindlichen moldauischen Woiwoden Iancu Sasu forderte[528]. Unter osmanischem, siebenbürgischen und polnischem Druck stehend, versuchte Iancu ins habsburgische Ungarn zu fliehen, geriet aber in polnische Gefangenschaft und wurde ebenfalls auf Befehl Stefans am 28. September 1582 in Lemberg hingerichtet[529]. Mit den Hinrichtungen moldauischer Bojaren zeigte der polnische König und siebenbürgische Fürst, dass er nicht bereit war, sich durch die Ambitionen verschiedener Thronprätendenten in einen Konflikt mit der Hohen Pforte hineinziehen zu lassen. Seit dem Mittelalter wurde den meisten Woiwoden und Thronprätendenten, die beim Sultan in Ungnade gefallen waren, in Siebenbürgen oder Polen Asyl gewährt. Diese Praxis stellte Stefan ein, vor allem aus Rücksicht auf die Verwundbarkeit seiner Herrschaft in Siebenbürgen. Außerdem wollte er verhindern, dass ein zu großes politisches Chaos in der Moldau den Sultan hätte bewegen können, den Status der Moldau als autonomer Vasallenstaat einzuschränken oder gar aufzuheben. Damit wäre die Moldau als Pufferstaat sowohl für Polen als auch für Siebenbürgen verloren gewesen[530]. Im Zusammenwirken mit seinem Bruder Christoph und dessen Sohn Sigismund bemühte sich Stefan, von Südostpolen und Siebenbürgen aus einen stabilisierenden Einfluss auf die beiden Donaufürstentümer auszuüben[531]. Um von der starken Stellung der Báthorys zu profitieren, bemühte sich der 1583 mit französischer Hilfe an die Macht gekommene Woiwode der Walachei, Petru Cercel, um engere Beziehungen zum siebenbürgischen Nachbarn. Im Herbst 1584 sandte er den Italiener Franco Sivori an den siebenbürgischen Hof, um seine Vermählung mit einer Angehörigen der Báthory-Dynastie auszuhandeln. Über die Motivation des Woiwoden notierte Sivori, er fürchte sich davor, beim Sultan in Ungnade zu fallen, und da Frankreich weit sei, könne nur der mächtige Nachbar helfen, der über eine starke Armee und gut befestigte Burgen verfüge. Obwohl es nicht zur Verwirk-

528 Sultan Murat III. teilte im Herbst 1582 König Stefan mit, dass er den Woiwoden Iancu Sasu wegen dessen schlechter Herrschaft durch Petru Şchiopul ersetzt habe: Corfus 1979, S. 352–353.

529 Die Osmanen konnten angesichts dieses Fait accompli nur noch das Vermögen des Hingerichteten einfordern: Jablonowski, S. 22–27. Vgl. Căzan/Denize: S. 331. Vgl. Documente, Hurmuzaki, Vol. III, Partea I, S. 16.

530 Vgl. Căzan/Denize: S. 326, 328, 331.

531 1583 gewährte Stefan Báthory rumänischen Kaufleuten aus der Moldau und der Walachei Handelsprivilegien in Siebenbürgen.

lichung des von Cercel gewünschten Heiratsprojekts kam, legte auch die siebenbürgische Seite Wert auf eine gute Partnerschaft mit dem walachischen Woiwoden, dessen Bitten um Auslieferung flüchtiger Bojaren sie mit dem Argument nachkam, man wolle die Freundschaft dieses Woiwoden erhalten[532]. Dass Stefan Báthory versuchte, sich aus den Ränkespielen der moldauischen und walachischen Bojaren herauszuhalten, wenn sie geeignet waren, seine Beziehungen zur Hohen Pforte zu belasten, bekam Petru Cercel ein Jahr später am eigenen Leib zu spüren, als er 1585 beim Sultan in Ungnade fiel und dieser ihn als Woiwoden der Walachei absetzte. Als sich Petru Cercel nach Siebenbürgen flüchtete, ließ ihn Stefan verhaften und in der Festung Huszt einkerkern[533]. Ein osmanischer Bote forderte vom siebenbürgischen Woiwoden die Auslieferung Cercels und die von ihm aus dem Staatsschatz entwendeten 200.000 Dukaten[534]. Auch die französische Diplomatie interessierte sich für den prominenten siebenbürgischen Gefangenen. Im April 1587 erschienen einige französische Herren am siebenbürgischen Hof, die sich für die Freilassung ihres Protegés Cercel einsetzten[535]. Ihr Vorhaben blieb zwar erfolglos, doch gelang Cercel noch 1587 die Flucht aus der siebenbürgischen Festung. Seine Odyssee durch Polen, Deutschland, Italien und das Osmanische Reich wurde im März 1590 durch ein osmanisches Beil beendet.

Cercels Gegner, Mihnea Turcitul, konnte im Sommer 1585 die Gunst des Sultans gewinnen und damit eine zweite Amtszeit als Woiwode der Walachei antreten. Sigismund Báthory, der nach dem Tod seines Vaters Christoph 1581 von seinem Onkel Stefan als Woiwode von Siebenbürgen eingesetzt worden war, wurde nun vom Sultan aufgefordert, Mihnea zu unterstützen. Sigismund sandte im September 1585 seinen Vertrauten Georg Palaticz an den Hof der Walachei. Neben den üblichen Glückwünschen sollte der Gesandte vor allem den Vorschlag Sigismunds überbringen, einen intensiveren Informationsaustausch über osmanische Truppenbewegungen zu vereinbaren. Sigismund interpretierte die zunehmenden osmanischen Truppenbewegungen im Donau-Karpaten-Raum als Vorbereitung eines Feldzuges gegen Polen-Litauen, das sein Onkel Stefan regierte. Palaticz hatte deshalb den Auftrag erhalten, die Osmanen mit Hilfe des walachischen Woiwoden davon zu überzeugen, dass Siebenbürgen dem Sultan unter keinen Umständen Militärhilfe leisten könne, da an der Westgrenze „der Deutsche“ seit geraumer Zeit große Kriegsvorbereitungen

532 Andreescu 1980, S. 221–222.

533 Documente, Hurmuzaki, Vol. III, Partea I, S. 21. Vgl. Brătianu/Makkai, S. 46–47. Vgl. Căzan/Denize: S. 333–334.

534 Darüber berichtete der venezianische Gesandte in Konstantinopel, Lorenzo Bernardo, am 4. Juli 1585 an den Dogen: Documente, Hurmuzaki, Vol. IV, Partea II, S. 129.

535 Siehe den Brief des diplomatischen Agenten des Herzogs von Ferrara in Krakau, Lorenzo Giustimonti, an seinen Souverän: Documente, Hurmuzaki, Vol. XI, S. 196. Vgl. den Bericht des kaiserlichen Gesandten in Konstantinopel, Joachim von Sinzendorf, vom 24. Mai 1581 über die bereits 1581 versuchte Einsetzung Cercels durch eine Intervention des französischen Königs: Ebenda, S. 650.

treffe und den Habsburgern kein besserer Dienst erwiesen werden könne, indem die siebenbürgischen Truppen aus dem Land abgezogen würden[536].

d. Die Beilegung des Konflikts um die ostungarischen Partes mit der Habsburgermonarchie 1580–1586

Auch nach Stefan Báthorys Wahl zum König von Polen blieben seine Beziehungen zur Habsburgermonarchie gespannt. Wien und Prag blieben die Überlegungen Stefans nicht verborgen, eine Wiedervereinigung Ungarns mit Duldung der Osmanen und auf Kosten der Habsburger durchzusetzen. Die schwere Erkrankung Kaiser Rudolfs II. im Jahr 1580 heizte in Ungarn Spekulationen über potenzielle Nachfolger des kinderlosen Monarchen an. Die Anhänger Stefan Báthorys im königlichen Ungarn versuchten diese Lage um die Jahreswende 1580/1581 zu nutzen, um Stefan auch für den ungarischen Thron zu empfehlen[537]. In einem Brief an den Marmaroscher Grafen Kaspar Mágochy schilderte Stefan zwei Wege, um die Habsburger aus Ungarn zu verdrängen. Die erste Variante bedeute, nach dem Ableben König Rudolfs vom freien Wahlrecht Gebrauch zu machen und einen Nichthabsburger zum König zu wählen, wobei Stefan wohl an seine Wahl zum polnischen König gedacht haben dürfte. Da aber der Hochadel im westlichen Ungarn die Habsburger als Garanten einer effektiven Verteidigung gegen die Osmanen ansah, schien nur der zweite Weg Erfolg versprechend zu sein: die gewaltsame Verdrängung der Habsburger aus West- und Nordungarn. Aber auch diese Vorstellung war unrealistisch, da die Osmanen aufgrund ihres Perserkrieges genauso wie das Königreich Polen durch seine Feldzüge gegen Russland auf absehbare Zeit im Osten abgelenkt waren[538]. Obwohl der Pragmatiker Stefan Báthory stets darauf achtete, seine Kräfte nicht zu überschätzen und in Mehrfrontenkriegen zu zersplittern, konnte er nicht verhindern, dass die erwähnten Gerüchte über seine möglichen Ambitionen auf den ungarischen Thron und seine Verbindungen zum Adel im königlichen Ungarn das Misstrauen der Habsburger gegen ihn schürten. Stefan wiederum verdächtigte den Kaiser, den Zarenthron besteigen zu wollen, um Polen einzukreisen[539].

Dies mangelnde gegenseitige Vertrauen erschwerte die Lösung der wichtigsten Streitfrage, die zwischen dem Fürsten von Siebenbürgen und dem König von Ungarn bestand: Stefan Báthory beanspruchte weiterhin seine Familiengüter, vor allem die Stadt Sathmar und die Marktgemeinde Németi, die zusammen mit anderen ostungarischen Gebieten 1564–1567 von König Maximilian besetzt worden waren. Im Speyerer Vertrag von 1570 hatte Johann Sigismund Szapolyai auf diese Gebie-

536 Siehe die Instruktionen Sigismund Báthorys an seinen Gesandten und den Brief Sigismunds an Mihnea vom 20. September 1585: Veress, Documente, Vol. III, S. 49–58.

537 Besonders in Oberungarn konnte König Stefan auf Unterstützung hoffen: Pálffy 2009, S. 167.

538 Sinkovics, S. 103–104.

539 Gerüchte über polnische Truppenbewegungen an der ungarischen Grenze traten in Wien 1581 immer wieder auf: Jablonowski, S. 41–42, 48.

te zu Lasten der Báthorys gegenüber Maximilian verzichtet. Da die Habsburger die Stadt Sathmar mit ihrer Burg inzwischen zu einem mächtigen Bollwerk gegen Siebenbürgen und das Osmanische Reich ausgebaut hatten, weigerte sich König Rudolf, diese Festung aufzugeben[540]. Bis zu seiner Wahl als König von Polen fühlte sich Stefan nicht stark genug, um dieses Problem auf die Tagesordnung der habsburgisch-siebenbürgischen Beziehungen zu setzen.

Dieses änderte sich 1576. Nach dem Tod Kaiser Maximilians 1576 und der damit vorläufig endenden habsburgisch-siebenbürgischen Rivalität im Kampf um den polnischen Thron ergriff Papst Gregor XIII. die Chance, sich um einen Vergleich zwischen beiden Seiten zu bemühen. Er erhoffte sich nach einem Ausgleich der Differenzen zwischen Rudolf und Stefan, ein habsburgisch-polnisch-siebenbürgisches Bündnis gegen die Osmanen zustande bringen zu können. Für Stefan kam eine Verständigung mit dem Kaiser nur nach einer Lösung der Familiengüterfrage in Betracht. Das war für ihn eine Prestigefrage. Während des polnisch-russischen Krieges ließ er 1580 päpstliche Nuntien Kaiser Rudolf II seine Propositionen übergeben, in denen er eine Restitution von Sathmar und Németi forderte. Diese Aktion zeigte keine Auswirkungen, in den folgenden beiden Jahren herrschte Stillstand, vor allem aufgrund des bereits erwähnten gegenseitigen Misstrauens zwischen Kaiser Rudolf und König Stefan.

Trotzdem warf Stefan im Sommer 1582 der Kurie Verzögerungstaktik vor und erklärte eine weitere „Einmischung" Roms als unerwünscht[541]. Erst die Bitte des Papstes, die Vermittlung der Kurie weiterhin zu akzeptieren, ließ Stefan am 8. November einlenken[542]. Daraufhin trafen sich im November 1582 in Wien der päpstliche Sondergesandte Antonio Possevino und der von Stefan nach Wien befohlene Bischof von Cujavien, um einen neuen Verständigungsversuch zu unternehmen. Da Stefan bereit war, auf seine von den Habsburgern besetzten Güter für eine angemessene Entschädigung zu verzichten, ernannte der Kaiser eine bilateral zusammengesetzte Kommission, die geeignete Entschädigungen ausfindig machen sollte. Die Kommission begann mit ihren Beratungen am 4. Juni 1583 in Kaschau. Nachdem der Leiter der siebenbürgischen Kanzlei in Krakau, Martin von Berzeviczy, die Vorschläge der kaiserlichen Kommissare abgelehnt hatten, griff die kaiserliche Seite den Wunsch Stefans auf, die Stadt Frauenbach mit ihren angrenzenden Gebieten als Tauschobjekt ins Gespräch zu bringen. Die habsburgischen Kommissare boten am 15. August 1583 neben dem Dominium Frauenbach sechs weitere Ortschaften unter der Bedingung an, dass Stefan in den genannten Gebieten keine Befestigungen errichte und dass zwischen beiden Seiten das früher bestandene „freundschaftliche Verhältnis und Bündnis" wiederhergestellt werde. Diese Bedingungen lehnte Báthory über seinen Kanzler jedoch ab, und er forderte, die habsburgische Seite müsse ihm darüber

540 Sinkovics, S. 104. Vgl. Barta 1990, S. 261.

541 Vgl. den Bericht des venezianischen Gesandten in Wien, Giorolamo Lippomano vom 13. Juli 1582 über die Beziehungen Stefan Báthorys zu den Habsburgern: Documente, Hurmuzaki, Vol. III, Partea I, S. 15.

542 Jablonowski, S. 44.

hinaus drei Weiler anbieten. Diesen Wünschen entsprach eine kaiserliche Instruktion vom 23. Dezember 1583, die aber die Zugehörigkeit Frauenbachs als integraler Bestandteil des Königreichs Ungarn als Voraussetzung bezeichnete. Die Verhandlungen in Kaschau mussten im Januar 1584 abgebrochen werden, da der Gesandte Stefans für eine solch grundsätzliche Entscheidung persönlich das Votum seines Souveräns einholen wollte. Wenige Wochen später ließ Stefan über den polnischen Kanzler Jan Zamoyski dem päpstlichen Sondergesandten Possevino mitteilen, dass er bereit sei, die neuen kaiserlichen Vorschläge zu akzeptieren, sofern Rudolf ihm die Eidesleistung und die Steuerabgaben für Frauenbach erlasse[543]. Mit dieser Nachricht eilte Possevino zum kaiserlichen Hof nach Prag. Als der Kaiser am 2. Mai 1584 seine prinzipielle Einwilligung dazu erteilte, verlangte Possevino im Namen Stefans zusätzlich zu dem bereits Zugestandenen sieben weitere Güter. Diesen Vorstoß lehnte der Kaiser bereits am 5. Mai kategorisch ab. Ungeachtet dessen bat Kanzler Zamoyski den päpstlichen Sondergesandten, sich um die Ausstellung des kaiserlichen Investiturbriefs für Frauenbach und die anderen Besitzungen zu bemühen, in dem allen Zweigen der Familie Báthory von Somlyó das Erbfolgerecht eigens zugesichert werden sollte. Dazu wollte der Kaiser zunächst das Votum seiner Räte einholen.

Mitte August traf Possevino in Lublin mit dem polnischen König zusammen. Stefan ermächtigte den päpstlichen Sondergesandten, den Vertrag in seinem Namen in Prag abzuschließen, sofern der Kaiser bereit sei, zumindest fünf Güter, die in den Ortschaften Buj und Szinyérváralja lagen, zusätzlich zu den bereits zugestandenen Besitzungen, abzutreten und die weibliche Nachkommenschaft der Báthorys in die Erbfolge einzubeziehen. Nachdem es Possevino gelungen war, Kaiser Rudolf von der Rechtmäßigkeit der Forderungen Báthorys zu überzeugen, willigte Rudolf am 31. Januar 1585 unter der Bedingung ein, die Erbfolgeproblematik durch die Formulierung zu lösen, es sollten dieselben Gesichtspunkte maßgebend sein, welche vor der habsburgischen Inbesitznahme für die ehemaligen Báthory-Güter Sathmar und Németi galten. Nachdem Báthory zugestimmt hatte, genehmigte der Kaiser dessen Vertragsentwurf[544].

Am 22. Juni 1585 stellte Kaiser Rudolf II. in Prag eine Urkunde über die Belehnung Báthorys aus, die von ihm und seinem ungarischen Kanzler, Georg Draskovic, Erzbischof von Kalocsa, unterzeichnet wurde[545]. In dem Dokument übertrug Rudolf in seiner Eigenschaft als ungarischer König Stefan Báthory, den er als König von Polen[546], nicht aber als Fürst von Siebenbürgen titulierte, als Entschädigung für die Herrschaft über die Stadt Sathmar samt Burg und die Ortschaft Németi folgende Besitzungen: die Stadt Frauenbach samt Burg, die Dörfer Zazár, Bozonta, Tótfalu, Parlag und die Burg Szinyérváralja im Komitat Sathmar sowie die Ortschaft Buj im

543 Zum Stand der Verhandlungen siehe den Bericht G. Lippomanos vom 1. Mai 1584: Documente, Hurmuzaki, Vol. III, Partea I, S. 20.

544 Ausführlich zu den Verhandlungen: Gooss, S. 205–210.

545 Wortlaut des Vertrages (Abschrift) in: Gooss, S. 210–211.

546 Stefanum regem Poloniae, magnum ducem Lituaniae ac Russiae, Prussiae, Massoviae, Samogitiaeque etc.

Komitat Szabolcs. Diese Gebiete sollte Stefan als persönlichen Besitz innerhalb des Königreichs Ungarn erhalten. Allerdings war er nicht verpflichtet, den Treueid auf Rudolf in seiner Eigenschaft als König von Ungarn abzulegen. Außerdem war Stefan in diesen Gebieten als Grundbesitzer von allen Steuerabgaben befreit und zugleich berechtigt, diesen Besitz allen Mitgliedern der Familie Báthory von Somlyó samt der erwähnten Privilegien zu vererben. Erst nach dem Aussterben der Familie Báthory sollten die genannten Güter an die Habsburger zurückfallen.

Stefan Báthory ratifizierte das Abkommen am 26. Juli in Niepolomice und fügte seiner Urkunde – in der er sich nicht nur als König von Polen, sondern ausdrücklich auch als *princeps Transsilvaniae* titulierte – eine von Rudolf, den er mit vollem Titel ansprach, geforderte Assekurationsformel bei[547]. Die Unterhändler der beiden Seiten tauschten die Urkunden am 8. August 1585 in Kaschau aus. Die Investitur Stefans mit den oben erwähnten Gebieten erfolgte am 20. August 1585 in Frauenbach, indem beide Seiten jeweils eine Urkunde ausstellten. In der Urkunde der habsburgischen Seite wird Stefan Báthory wiederum nur als König von Polen, nicht aber als Fürst von Siebenbürgen erwähnt, während das Dokument der siebenbürgischen Seite sämtliche Titel Báthorys berücksichtigt[548]. Damit wurde deutlich, dass die Habsburger auch zehn Jahre nach der Annahme des siebenbürgischen Fürstentitels durch Báthory noch nicht bereit waren, diesen anzuerkennen und stattdessen ihn als König von Polen ansprachen, obwohl es sich um Grenzstreitigkeiten zwischen dem Königreich Ungarn und dem Fürstentum Siebenbürgen handelte.

Obwohl Stefan Báthory 1586 die Erneuerung des 1549 geschlossenen Bündnisses zwischen dem Kaiser und dem polnischen König, das inzwischen ausgelaufen war, plante, kam dieses nicht mehr zustande. Báthory wollte vor allem die Klausel über die gegenseitigen Hilfeleistungen gegen Aufständische streichen, die ihn dazu gezwungen hätten, die Habsburger bei der Niederschlagung eines Aufstandes des ungarischen Adels, zum Beispiel in Oberungarn, zu unterstützen[549].

Stefan Báthory ging aus dem Vergleich mit den Habsburgern gestärkt hervor, auch weil er dadurch gegenüber Russland und dem Osmanischen Reich Handlungsfreiheit gewann. Die 1585 gelösten Grenzstreitigkeiten mit der Habsburgermonarchie bescherten Siebenbürgen mehrere Jahre außenpolitischer Ruhe. Diese konnte Stefan Báthory jedoch nicht mehr erleben, da er am 12. Dezember 1586 in Grodno starb. Er wurde in der Krönungskirche der polnischen Könige auf dem Wawel in Krakau begraben[550]. Wegen seiner außenpolitischen und militärischen Erfolge gegenüber Russland ging Stefan Báthory als einer der großen Könige seiner Wahlheimat in die Geschichte ein[551].

---

547 Wortlaut der Ratifikationsurkunde (Original), die neben Báthory auch vom Leiter der siebenbürgischen Kanzlei in Krakau, Martin von Berzeviczy, unterzeichnet ist, in: Gooss, S. 211–214.

548 Wortlaut der beiden Urkunden (Abschriften), in denen die Exekution der Investitur festgehalten wird, in: Gooss, S. 215–218.

549 Jablonowski, S. 47.

550 Barta 1990, S. 260. Vgl. Arens 1990, S. 30–31.

551 Dazu trug zu einem großen Teil bereits sein wichtigster Gefolgsmann, Jan Zamoyski, bei: Leitsch, S. 694–695.

Durch seinen Tod und die Wahl Sigismunds III. Wasa zum polnischen König am 19. August 1587 endete die polnisch-siebenbürgische Personalunion[552]. Mit der Verbindung zu Polen verlor Siebenbürgen einerseits eine starke Schutzmacht, welche die Position des Landes gegenüber dem Kaiser und dem Sultan gestärkt hatte. Andererseits verschwanden auch gewisse indirekte Belastungen des siebenbürgisch-osmanischen Verhältnisses, die sich durch polnisch-osmanische Konflikte im nördlichen Schwarzmeerraum ergeben hatten. Trotz einiger Spannungen zwischen ihm und den Habsburgern bzw. den Osmanen war es Stefan Báthory in seiner Regierungszeit als polnischer König und Fürst von Siebenbürgen gelungen, im Karpatenbogen die innere und äußere Sicherheit zu erhalten.

Dies war ihm geglückt, obwohl er seit 1576 nicht mehr persönlich in Siebenbürgen präsent sein konnte. Stefan Báthorys Bruder Christoph hatte nach Stefans Wahl zum polnischen König dessen Stellvertretung in Siebenbürgen übernommen. Nachdem er am 23. März 1576 vom Klausenburger Landtag zum Woiwoden gewählt worden war, leitete er für seinen Bruder, der den Titel eines Fürsten von Siebenbürgen angenommen hatte, die Geschicke Siebenbürgens. Als Christoph 1581 tödlich erkrankte, bat er Stefan um die Erlaubnis, seinen neunjährigen Sohn, den Neffen Stefans, zu seinem Nachfolger zu ernennen. Nach dem Einverständnis Stefans wählte der Klausenburger Landtag am 17. Mai 1581 Sigismund Báthory zum Woiwoden[553]. Ihm wurde von Stefan ein Direktorium, das die Regierungsgeschäfte führen sollte, zur Seite gestellt[554]. Wenige Tage nach der Wahl Sigismunds verstarb sein Vater Christoph. Die Hohe Pforte versuchte das scheinbar entstandene Machtvakuum dafür zu nutzen, den siebenbürgischen Jahrestribut zu erhöhen. Sie drohte dem jungen Herrscher, den Thronprätendenten Paul Márkházy an die Macht zu bringen, falls er nicht ihren Forderungen nachkommen sollte. Der entschiedene Widerstand der siebenbürgischen Seite, insbesondere aber König Stefan Báthorys, gegen diesen Erpressungsversuch führte zum Einlenken der Hohen Pforte. Sie bestätigte die Wahl Sigismunds im August 1581, da sich damals die siebenbürgische Außenpolitik in einem ruhigen Fahrwasser bewegte[555].

Der Regentschaftsrat hatte die Aufgabe, die laufenden Regierungsgeschäfte zu führen, worunter auch die Pflege der auswärtigen Beziehungen fiel. In allen wich-

---

552 Siehe zur Wahl Sigismund Wasas zum König von Polen: Leitsch 2009, S. 688–691.

553 In seiner Korrespondenz mit einigen Herrschern führte Sigismund den Titel *Vaivoda Transylvaniae et Siculorum comite etc.*, zum Beispiel in einem Schreiben vom 20. September 1585 an den Woiowoden der Walachei, Mihnea: Veress, Documente, Vol. III, S. 51–58.

554 Der Regentschaftsrat bestand aus 12 Mitgliedern, von denen vier noch von Christoph mit der Umsetzung der Bestimmungen seines Testaments betraut worden waren: Sinkovics, S. 83.

555 Felezeu 2005, Statutul juridic, S. 57–59. Am 1. Juli 1581 berichteten die kaiserlichen Gesandten in Konstantinopel über die siebenbürgische Gesandtschaft, die vom Sultan die Anerkennung des „gerade siebenjährigen Jungen" erbaten: Butnariu 2004, S. 123–124. Im August 1581 reiste ein Bote der Pforte nach Siebenbürgen, um dem jungen Woiwoden die Einsetzungsstandarte des Sultans zu überbringen. Der kaiserliche Gesandte bei der Pforte, Preyner, berichtete Rudolf II. am 28. Juli 1581 über in Konstantinopel zirkulierende Gerüchte, der Sultan wolle Stefan Báthory für einige antiosmanisch empfundene Handlungen bestrafen und Siebenbürgen einem ungarischen Adligen namens Markhazi übertragen: Documente, Hurmuzaki, Vol. XI, S. 651.

tigen und grundlegenden Angelegenheiten der siebenbürgischen Politik musste der Rat das Votum des in Krakau residierenden Fürsten Stefan einholen, der bis zu seinem Tod die Richtlinien der Außenpolitik des Fürstentums Siebenbürgen bestimmte[556]. Dies machte einen regen Schriftverkehr nötig, weshalb aufgrund der Entfernungen – ein Bote benötigte damals etwa 10 bis 15 Tage vom siebenbürgischen Weißenburg ins polnische Krakau – Entscheidungen nur verzögert umgesetzt werden konnten. Um die Regierung Siebenbürgens effektiver zu organisieren, ernannte König Stefan 1583 drei der zwölf Mitglieder des Regentschaftsrates zu Exekutivbevollmächtigten, die auch den Kontakt mit den Gesandten fremder Mächte in Siebenbürgen aufrechterhalten sollten. Ihnen oblag es auch, über den Zugang der Diplomaten zum jungen Woiwoden zu entscheiden. Zwischen dem Landtag, der in Siebenbürgen traditionell einmal im Frühjahr und einmal im Herbst tagte, und den drei Statthaltern innerhalb des Regentschaftsrates ergaben sich jedoch bald Spannungen, vor allem bezüglich der Aufteilung der Kompetenzen sowie der finanziellen und militärischen Lasten zwischen den Ständen und der Zentrale. Deshalb entschied sich Báthory im Sommer 1585, Johann Ghiczy als Gouverneur einzusetzen, um in seinen Händen die Exekutivbefugnisse zu bündeln und um damit die Position der fürstlichen Macht zu stärken.

2. Die Herrschaft Sigismund Báthorys 1586–1598

a. Im Fahrwasser des Vorgängers 1586–1591

Nach Stefan Báthorys Tod folgte ihm als Herrscher Siebenbürgens sein noch minderjähriger Neffe Sigismund Báthory[557]. Gouverneur Johann Ghiczy vertrat das Fürstentum Siebenbürgen im Namen des jungen Herrschers völkerrechtlich[558]. Die Vormundschaft übten Dionysius Csáky, ein Cousin Báthorys, sowie Stefan Bocskai, ein Onkel mütterlicherseits, aus. Für die Erziehung Sigismunds waren Johann Gálfi und der Jesuit Johann Leleszi zuständig. Die Jesuiten wurden 1579 von Stefan und Christoph Báthory aus Polen in das inzwischen fast vollständig protestantisch gewordene Siebenbürgen gerufen, in dem sie sich – trotz mancher vom Landtag durchgesetzten Restriktionen – stark ausbreiteten[559]. Der junge Sigismund erhielt eine streng katholische Erziehung, die nicht ohne Auswirkungen auf seine Einstellung gegen-

556 Vgl. Barta 1990, S. 261.

557 Sigismund Báthory wurde 1572 oder 1573 geboren, er starb am 27. März 1613 in Prag: Evul Mediu românesc, S. 42.

558 Ausführlich zur Kompetenzverteilung innerhalb der Exekutive des Fürstentums Siebenbürgen zur Zeit der Personalunion Stefan Báthorys: Sinkovics, S. 85–99, 103.

559 Bereits 1581 zogen sie auch nach Klausenburg, wo sie das alte Franziskanerkloster restaurierten. Dort etablierten sie eine sehr erfolgreiche Schule, die 1585 durch eine philosophische Fakultät ergänzt wurde: Molnár 2004, S. 217–218. Ausführlich zur Ansiedlung und zum Einfluss der Jesuiten in Siebenbürgen nach 1579: Bíró, S. 57–64.

über den beiden benachbarten Großmächten, dem Habsburger und dem Osmanischen Reich, blieb[560].

Nach sieben Jahren der Regentschaft brach ein Machtkampf zwischen den Vormündern des jungen Herrschers einerseits und dem Gouverneur Ghiczy andererseits aus. Diesen Konflikt versuchten die drei Stände zu nutzen, um ihre Autonomie auf Kosten der Zentralmacht auszubauen. Der Landtag setzte als Gegenleistung für die Volljährigkeitserklärung Sigismund Báthorys am 8. Dezember 1588 die Ausweisung der Jesuiten durch[561]. Gleichzeitig erlaubte der Landtag aber den Adligen, einen katholischen Priester in ihrem Haushalt zu beschäftigen, die aber nicht das Recht hatten, ihren Bediensteten einen bestimmten Glauben aufzuzwingen[562]. Aus Protest gegen die Jesuitenausweisung trat der greise Gouverneur Johann Ghiczy zurück. Nun konnte Sigismund Báthory das Zepter selbst in die Hand nehmen[563]. Sigismund beugte sich zunächst dem Druck der Stände, rief die Jesuiten jedoch wenige Jahre später erneut ins Land, sodass Alfons Carillo als Beichtvater des Fürsten großen Einfluss auf die Politik Sigismunds ausüben konnte[564].

Der 1588 in Mediasch zusammengetretene Landtag diskutierte die Frage, ob Sigismund den Titel eines „Woiwoden von Siebenbürgen und Szeklergrafen" behalten oder den eines Fürsten annehmen sollte. Seit dem Tod seines Onkels Stefan zwei Jahre zuvor war der Fürstentitel vakant. Einerseits wurde auf das Beispiel Stefan Báthorys hingewiesen, der bei seinem Regierungsantritt 1571 lediglich den Woiwodentitel angenommen hatte, um damit eine leichtere Akzeptanz seiner Herrschaft bei Kaiser und Sultan zu erreichen, andererseits wollte der Landtag unterstreichen, dass Sigismund ein *absolutus princeps* war[565]. Obwohl die Entscheidung auf die Beibehaltung des Woiwodentitels fiel, begann Sigismund bereits 1589, siebenbürgische Silbertaler mit dem Titel *SIGISMVNDVs. BATHORI PRINCEPS TRANSYLVANIAE* zu prägen. Ein Jahr später erschien auf den Dukaten „Maria und Jesus" die Titulatur *SIGISMVND BATHORI PRINCEPS TRANSILVA.* In den Urkunden verwendete er weiterhin den Woiwodentitel[566], durch die Münzprägungen unterstrich Sigismund

---

560 Gooss, S. 218–219.

561 1589 mussten die Jesuiten das Land verlassen, aber bereits der Landtag von Weißenburg erlaubte 1595 die Rückkehr der Mitglieder der Gesellschaft Jesu, die bis 1607 in der siebenbürgischen Residenzstadt tätig war: Molnár 2004, S. 217–218. Vgl. Bíró, S. 63–64.

562 Makkai, S. 90.

563 Barta 1990, S. 294–295.

564 Die in den 1580er Jahren in Ungarn und Siebenbürgen einsetzende Gegenreformation führte bei den ungarischen protestantischen Theologen dazu, dass sie die Rückkehr zur „Götzendienerei" als eine Hauptsünde ansahen, weshalb Gott die Ungarn mit den Türken strafe: András Szabó, S. 279–280. Vgl. Gooss, S. 219.

565 Sinkovics, S. 99.

566 Auch in den internen Dokumenten, zum Beispiel in den Instruktionen an seine Gesandten, verwendete Sigismund den Woiwodentitel, zum Beispiel in seiner Instruktion an Pancratius Sennyei vom 18. September 1589: Veress, Documente, Vol. III, S. 191–198. Vgl. die Erneuerung des Kronstädter Handelsprivilegs vom 29. 1590 durch Sigismund *Vaivoda Transilvaniae*: Ebenda, S. 226–228.

Báthory aber nach außen seinen Anspruch auf den Fürstentitel, dessen Anerkennung er aber noch nicht einfordern konnte[567].

Nach seinem Regierungsantritt führte Sigismund die proosmanische Außenpolitik seines Onkels Stefan fort. Dadurch gelang es ihm, seine Herrschaft auch innenpolitisch zu festigen und sich mit Hilfe des Sultans vor habsburgischen Thronansprüchen zu schützen[568]. Anders als sein Onkel Stefan war Sigismund jedoch im Geiste der Gegenreformation erzogen worden, weshalb er für den Gedanken eines Kreuzzugs gegen das Osmanische Reich empfänglich war. Zunächst richteten sich Sigismunds Blicke aber auf Polen. Seine Kandidatur bei der polnischen Königswahl konnte das Ende der polnisch-siebenbürgischen Personalunion nicht abwenden. Sie wurde einerseits durch seine Minderjährigkeit, andererseits durch die fehlende osmanische Unterstützung erschwert, weshalb sie erfolglos blieb. Der aussichtsreichere schwedische Kandidat wurde als König Sigismund III. Wasa im August gewählt und im Dezember 1587 gekrönt[569]. Eine neue Gelegenheit, seine Aspirationen auf den polnischen Thron zu verwirklichen, bot sich für Sigismund im Jahr 1591. Damals erweckte der polnische Wasa-König, der ein Jahr später auch den schwedischen Thron bestieg, den Anschein, aufgrund der Intrigen der prohabsburgischen Partei auf den polnischen Thron verzichten zu wollen. Diese Aussicht beunruhigte den einflussreichen polnischen Krongroßhetman und Krongroßkanzler Jan Zamoyski, der von Stefan Báthory gefördert worden war. Um ein erneutes Interregnum zu verhindern, das den Habsburgern wieder Chancen bei der polnischen Thronfolge eröffnet hätte, hatte Zamoyski eine Heirat zwischen der Schwester des Wasa-Königs und Sigismund Báthory ins Gespräch gebracht. Dieser Plan wurde jedoch von einflussreichen Kreisen des polnischen Adels abgelehnt, die sich durch Stefan Báthorys Herrschaft in der Ausübung ihrer Freiheiten eingeschränkt gefühlt hatten[570]. Sigismund wollte die Chance auf die polnische Thronfolge dennoch nicht ungenutzt verstreichen lassen. Dafür benötigte er die Zustimmung des Sultans, der sie aber bereits 1587 verweigert hatte. Deshalb beauftragte Sigismund 1591 seine Gesandtschaft, die den Jahrestribut in Konstantinopel abliefern sollte, den englischen Gesandten in Konstantinopel, Edward Barton, aufzusuchen. Die Instruktionen Sigismunds hielten fest, Barton solle gebeten werden, sich bei der Hohen Pforte für eine mögliche Bewerbung des siebenbürgischen Herrschers um den polnischen Thron einzusetzen[571]. Auch

567 Veress, Documente, Vol. III, S. 94, 129, 191, 226. Vgl. Veress, Documente, Vol. IV, S. 1. Die erwähnten Silbertaler wurden 1589–1597 geprägt, um vor allem den Tibut an die Hohe Pforte zu entrichten und nach dem Ausbruch des „Langen Türkenkrieges" 1593 die in siebenbürgischen Diensten stehenden Söldner zu bezahlen: Butnariu 2004, S. 125–127. Vgl. ebenda S. 132.

568 Czettler, S. 99–100.

569 Felezeu 2005, Cadrul politic internațional, S. 28.

570 Butnariu 2004, S. 124.

571 In der Zeit des „Langen Türkenkrieges" wurde der englische Gesandte in Konstantinopel von europäischen Mächten oft als diplomatische Anlaufstation genutzt, um die Hohe Pforte im eigenen Sinne zu beeinflussen. Dem ersten englischen Gesandten bei der Hohen Pforte, William Harborne (1578–1588), folgte der einflussreiche Edward Barton (1588–1597) und danach Henry Lello (1597–1607): Coulter, S. 57–66.

der starke Mann Polens, Zamoyski, wirkte auf Barton ein, damit der Engländer die Thronansprüche Sigismunds in Konstantinopel unterstütze. Diese Pläne scheiterten jedoch mit der Entscheidung des polnischen Königs, nicht abzudanken[572]. Die geschilderte englisch-polnisch-siebenbürgische Zusammenarbeit konnte sich auf bewährtem Terrain bewegen. Nach der Wahl Stefan Báthorys zum polnischen König 1575 entwickelten sich enge wirtschaftliche Beziehungen zwischen Polen und England, da König Stefan englischen Kaufleuten Handelsprivilegien im Baltikum einräumte. Gleichzeitig intensivierten sich die englisch-osmanischen Beziehungen nach der Gründung der englischen Orient-Handelsgesellschaft 1579. Danach beobachtete London die politische und wirtschaftliche Entwicklung im östlichen Europa mit noch größerem Interesse. Auch deshalb setzte sich der englische Gesandte in Konstantinopel für die Beilegung 1590 aufgetretener polnisch-osmanischer Spannungen ein[573] und vermittelte 1591 die Erneuerung des polnisch-osmanischen Friedens- und Freundschaftsvertrages. In diesen Vertrag wurde auch das Fürstentum Siebenbürgen als osmanischer Vasall eingeschlossen. London hatte ein direktes Interesse an der Aufrechterhaltung dieses Friedens, da England auf die Rohstofflieferungen aus Polen angewiesen war, um seinen Krieg gegen Spanien fortzuführen[574]. Außerdem hatte England nach 1583 den Sultan ständig aufgefordert, spanische Mittelmeerhäfen anzugreifen[575]. Über die polnisch-siebenbürgische Personalunion kam es zu ersten direkten diplomatischen Kontakten zwischen England und Siebenbürgen, die vor allem in Konstantinopel geknüpft wurden, wo beide Mächte ständige Gesandtschaften unterhielten[576].

b. Der Beitritt Siebenbürgens zur Heiligen Liga 1591–1595

Der nahezu ein Vierteljahrhundert währende Friede zwischen der Habsburgermonarchie und dem Osmanischen Reich, der 1568 unterzeichnet und 1577, 1583 und zuletzt im November 1590 für acht Jahre erneuert worden war, zerbrach zwischen 1591 und 1593 schrittweise. Nachdem das Osmanische Reich 1590 seinen seit 1578 geführten Krieg gegen Persien beendet hatte, waren seine militärischen Ressourcen nicht mehr im Osten gebunden. Dadurch stiegen an der habsburgisch-osmanischen Militärgrenze in Ungarn die Häufigkeit und die Intensität der Grenzscharmützel deutlich an, zum Teil bedingt durch Versorgungsschwierigkeiten der aus Persien

---

572 Ausführlich zu den englisch-siebenbürgischen Beziehungen zwischen 1590 und 1598: Demény/Cernovodeanu, S. 66–74. Ebenso Kurucz 2002/2003, S. 13–31. Vgl. Kurucz 1998/1999, S. 47.

573 Über die Vermittlungsarbeit des englischen Gesandten, der durch den Vertreter des moldauischen Woiwoden an der Pforte, Bortolamio Brutti, unterstützt wurde, berichtete am 6. Juli 1590 der venezianische Gesandte in Konstantinopel, Hieronimo Lippomano, an den Dogen: Documente, Hurmuzaki, Vol. IV, Partea II, S. 152.

574 Coulter, S. 64.

575 Kurucz 1998/1999, S. 46.

576 Darüber hinaus residierten um 1590 an der Hohen Pforte die ständigen Gesandten Frankreichs, Venedigs, des Kaisers und Polens.

nach Ungarn zurückgekehrten osmanischen Truppen[577]. Bereits in den Jahrzehnten zuvor war es immer wieder zu Grenzzwischenfällen gekommen, da in den habsburgisch-osmanischen Friedensverträgen nach 1547 keine genauen Grenzen gezogen werden konnten. Lediglich der Besitz der Festungen wurde geregelt. Folglich definierte der Aktionsradius der Besatzungen in den Grenzfestungen den Verlauf der Demarkationslinie zwischen dem osmanischen und habsburgischen Einflussgebiet in Ungarn[578]. Der Sultan ließ den Beylerbeyi von Bosnien, Deli Hasan Pascha, darin gewähren, ab August 1591 die habsburgische Festung Sisak anzugreifen und mehrere Raubzüge in das kroatische Grenzgebiet zu unternehmen. Als Begründung dafür diente der Hohen Pforte das Ausbleiben der üblichen Geschenke der Habsburger an die osmanischen Würdenträger. Durch die Ernennung des energischen Sinân Pascha zum Großwesir gewann die Kriegspartei an der Hohen Pforte zunehmend die Oberhand[579]. Als das osmanische Ultimatum vom 7. Februar 1593 zur Überbringung der Geschenke ergebnislos verstrich, zog der Pascha von Bosnien erneut vor die strategisch wichtige Festung Sisak und erlitt dort am 22. Juni eine schwere Niederlage gegen die habsburgischen Truppen, bei der er selbst zu Tode kam. Der kaiserliche Gesandte Adam G. Popel von Lobkowitz, der den „Jahrestribut" der Habsburger an die Hohe Pforte überbringen sollte, kehrte deshalb im Juli 1593 bereits im ungarischen Komorn um[580]. Am 4. Juli fällten der Sultan und der erweiterte Diwan den Entschluss, den Krieg zu beginnen und sie ließen noch am selben Tag den kaiserlichen Gesandten in Konstantinopel, Friedrich von Kreckwitz, verhaften[581]. Der Pascha von Ofen erklärte dem Kaiser im Namen des Sultans am 13. August 1593 den Krieg[582]. Erzherzog Matthias erwiderte die Kriegserklärung im Namen seines kaiserlichen

577 Die ausgedehnte habsburgische Militärgrenze verlief über Oberungarn, die Donau, den Plattensee, die Kanischa-Grenze, die Windische Grenze bis zur kroatischen Grenze: Vocelka 1981, S. 221. Vgl. Zachar, S. 231.

578 Petritsch 2008/2009, S. 142.

579 Sinân Pascha stritt als Führer der „Kriegspartei" mit dem Anführer der „Friedenspartei", Ferhad Pascha, um das Amt des Großwesirs: Ivanics, S. 184–185, 189. Großwesir Cigala-zade Yusuf Sinân Pascha wurde 1545 als Scipione Cicala im neapolitanischen Messina geboren und starb 1605: Petritsch 2008/2009, S. 147.

580 Die Habsburger hatten bei einer Nichtunterbindung der Grenzscharmützel durch die osmanische Seite die Zahlung des „Jahrestributs" öfters unterbrochen, so dass sich Wien zwischen 1568 und 1592 insgesamt zwei Jahresraten ersparte: Petritsch 1993, S. 52–53. Ein Bericht des Hofkriegsrates von 1594 bezifferte die Zahl der 1582–1593 durch osmanische Überfälle auf kaiserliches Gebiet Getöteten auf 3.687. Schulze 1978, S. 98.

581 Zu den habsburgisch-osmanischen Konflikten 1591–1593: Zachar, S. 231–234. Zur Entscheidung der Hohen Pforte, dem Habsburger Reich den Krieg zu erklären: Kortepeter 1972, S. 217–218.

582 Hasan Pascha schrieb Erzherzog Matthias am 20. August 1593 aus Ofen, dass sich jede weitere Korrespondenz zwischen ihnen erübrige, wenn die Überbringung des Tributes auch nur eine weitere Stunde hinausgezögert werde. Der Brief ist, wie die meiste Korrespondenz zwischen den osmanischen Paschas auf ungarischem Boden und den deutschen Habsburgern auf Ungarisch verfasst: Bayerle 1972, S. 190–192.

Bruders am 22. August 1593[583]. In dem sich abzeichnenden Krieg konnte Kaiser Rudolf auf die Unterstützung Spaniens, des Papstes, Venedigs, Mantuas, Urbinos, der Toskana, Ferraras und mehrerer Reichsstände zählen[584]. Im August 1593 begann eine vom Großwesir Sinân Pascha angeführte Offensive der osmanischen Armee in Ungarn. Zu diesem Anlass wurde von Kreckwitz als Geisel in das ungarische Feldlager des Großwesirs gebracht, allerdings verstarb er schon zu Beginn des Feldzuges[585].

Nun erhielt auch Sigismund Báthory eine Aufforderung der Hohen Pforte, sich als Vasall des Sultans an dem Kampf gegen die Habsburger persönlich zu beteiligen und große Mengen an Kriegsmaterial und Lebensmittel der osmanischen Armee zur Verfügung zu stellen. Damit veränderten sich die Rahmenbedingungen der siebenbürgischen Außenpolitik fundamental, die in den vergangenen 25 Jahren versucht hatte, das Gleichgewicht zwischen der Habsburgermonarchie und dem Osmanischen Reich im Donau-Karpaten-Raum für die Ausweitung des eigenen Handlungsspielraums auszunutzen. Jetzt musste sich der siebenbürgische Herrscher zwischen Ost und West entscheiden. Den offenen Bruch mit dem Osmanischen Reich, den sich Sigismund gewünscht hätte, konnte er mit Rücksicht auf die proosmanischen Kräfte im siebenbürgischen Landtag nicht riskieren. Im September 1593 entschied sich der Weißenburger Landtag für eine Hinhaltetaktik gegenüber der Hohen Pforte, für die vor allem der Magnat Alexander Kendi eintrat. Sigismund bestand jedoch darauf, eine politische Grundsatzentscheidung so bald wie möglich zu treffen, und setzte sowohl gegenüber den Ständen als auch gegenüber dem Ausland ein sichtbares Zeichen. Den Krieg zwischen beiden benachbarten Reichen ausnützend, verwendete Sigismund Báthory ab September 1593 nun auch in seinen Urkunden durchgängig den Titel *Sigismundus Bathori de Somlyo Princeps Transylvaniae et Siculorum Comes etc.*, nachdem er dies schon seit vier Jahren auf den siebenbürgischen Münzen getan hatte[586].

Auch nach dem Ausbruch des „Langen Türkenkrieges" bewährte sich die englisch-polnisch-siebenbürgische Aktionsgemeinschaft. Als der Sultan den siebenbür-

---

583 In einem Memorandum aus dem Umfeld des Kaisers wurde befürchtet, dass – sollte sich Rudolf II. auf Verhandlungen mit der osmanischen Seite einlassen – die „Türggen" dieses als Schwäche des Kaisers interpretierten und in „Sibenburgen, Moldaw unnd Wallachey, Pollen, ja in die gantze Weldt aussgeschrien, publiciert und dahin angedeuttet" würden: Documente, Hurmuzaki, Vol. XI, S. 307–308.

584 Vgl. zur Hilfe Spaniens und der Staaten Reichsitaliens: Niederkorn 1993, S. 183–255, 386–448. Die Unterstützung durch den Papst, Spanien, Ferrara, Urbino und Mantua erbrachte 1595 insgesamt 14.000 Infanteristen und 3.100 Reiter: Vocelka 1981, S. 227, 231. Zur Unterstützung des Kaisers durch den Reichsadel im „Langen Türkenkrieg": Liepold, S. 282–309. Der Kaiser wies die Reichsstände darauf hin, dass die von der Adria bis nach Siebenbürgen verlaufende Grenze zum Osmanischen Reich nicht allein von den österreichischen Ständen gehalten werden könne. Ausführlich zur Bitte des Kaisers um „Türkenhilfe" auf dem Reichstag von 1594: Schulze 1978, S. 86–97.

585 Petritsch 2008/2009, S. 143. Vgl. Niederkorn 1993, S. 9–10.

586 Vgl. das Schreiben Sigismunds an die siebenbürgisch-sächsischen Geistlichen vom 28. September 1593 bzw. Sigismunds Brief an Stefan Bocskai vom 10. Dezember 1593: Veress, Documente, Vol. IV, S. 33–34, 43–44. Vgl. Butnariu 2004, S. 132.

gischen Fürsten aufforderte, einen höheren Tribut an die Hohe Pforte zu zahlen und sich mit seinen Truppen dem Großwesir in Ungarn anzuschließen, versuchte sich Fürst Sigismund diesen Verpflichtungen durch eine Hinhaltetaktik zu entziehen. Um diese abzusichern, bat er zwei Großmächte um Unterstützung, die zum Sultan gute Beziehungen unterhielten und über einen beträchtlichen Einfluss an der Hohen Pforte verfügten: Polen und England. Er entschied sich, seinen Vertrauten Stefan Kakas, einen reichen Klausenburger Kaufmann, dorthin zu senden. Zu diesem Zweck stellte er am 1. September 1593 eine ausführliche Instruktion und mehrere Geleitbriefe für Kakas' Reise aus. Kakas wurde befohlen, den polnischen Krongroßkanzler Zamoyski aufzusuchen, um ihn um Hilfe beim Abwenden einer Kriegsbeteiligung siebenbürgischer Truppen zu bitten. Sigismund trug dem Gesandten auf, den Kanzler davor zu warnen, dass Großwesir Sinân Pascha auch Polen im Visier habe und dass die Pforte die Tataren angewiesen habe, die Länder des polnischen Königs zu verwüsten und zu erobern. Darüber hinaus sollte der Kanzler dem Gesandten guten Rat und Hilfe auf dessen bevorstehende Reise nach England mitgeben. Zamoyski solle Kakas ein eigenes, an Königin Elisabeth gerichtetes Empfehlungsschreiben ausstellen, ihm Hinweise für sein Verhalten in England geben, ihn bei der Reiseplanung beraten und freies Geleit zusichern. In England angekommen, solle sich Kakas nach der Audienz mit der Königin auch mit dem Lordkanzler und den anderen Würdenträgern beraten. Insbesondere in der Audienz mit der Königin solle Kakas auf die Gefahr hinweisen, die der gerade ausgebrochene Krieg zwischen den Osmanen und „den Deutschen" für Siebenbürgen bedeute. Aber auch nach diesem Krieg werde Fürst Sigismund an der Pforte in eine Vielzahl von Angelegenheiten eingebunden sein, für deren Lösung er die Unterstützung der englischen Königin benötige. Am dringlichsten seien jedoch zwei Bitten. Erstens solle die Königin den Sultan dazu bewegen, die Beschwerden des siebenbürgischen Fürsten ernst zu nehmen und den schleichenden Landraub der osmanischen Armeebefehlshaber im siebenbürgisch-osmanischen Grenzgebiet abzustellen. Zweitens solle sich Elisabeth beim Sultan dafür einsetzen, dass der Jahrestribut Siebenbürgens unter keinen Umständen erhöht werde. Die Königin solle dies in einem Schreiben an den Sultan und den Großwesir formulieren und auch weiterhin ein offenes Ohr für alle Bitten des Fürsten von Siebenbürgen haben, dies erhoffe man sich auch von ihrem Gesandten in Konstantinopel[587].

Am 13. September 1593 verließ Kakas Weißenburg und reiste über Klausenburg in die Nähe von Lemberg, wo er Zamoyski in dessen Schloss aufsuchte. Von ihm erhielt er ein Empfehlungsschreiben für die siebenbürgische Mission in England, in dem er die siebenbürgischen Anliegen voll unterstützte. Über Krakau und Hamburg reiste Kakas weiter nach London, wo er im Januar 1594 eintraf. Dort wurde er vom englischen Kanzler John Pukering und danach, am 7. Februar 1594, von der englischen Königin Elisabeth zuvorkommend empfangen. Nach der Überreichung der Schreiben seines Fürsten und des polnischen Kanzlers trug Kakas in lateinischer

587 Wortlaut der Instruktion in: Veress, Documente, Vol. IV., S. 25–31.

Sprache die Anliegen seines Souveräns vor. Er ließ die Geschichte des Fürstentums Siebenbürgen nach der Schlacht von Mohács Revue passieren und ging insbesondere auf die siebenbürgisch-osmanischen Beziehungen ein. Er gab seinen Befürchtungen Ausdruck, die aktuellen Kriegsvorbereitungen der Osmanen könnten zur Besetzung Siebenbürgens führen und bat die englische Königin, ihren gesamten Einfluss bei der Hohen Pforte dafür einzusetzen, dass Siebenbürgen ein solches Schicksal erspart bleibe. Weiterhin bat er die englische Königin, über ihren Gesandten in Konstantinopel auf die Hohe Pforte einzuwirken, dass die Plünderungen der osmanischen Truppen im osmanisch-siebenbürgischen Grenzgebiet eingestellt würden. Darüber, dass die siebenbürgischen Grenzdörfer nach den Angriffen systematisch in das osmanische Verwaltungsgebiet inkorporiert würden, habe sich Fürst Sigismund bei der Hohen Pforte öfter beschwert, aber nur leere Versprechungen erhalten. Weiterhin bat der siebenbürgische Gesandte Königin Elisabeth, sich beim Sultan dafür einzusetzen, dass der siebenbürgische Tribut nicht mehr erhöht, sondern auf dem alten Stand eingefroren werde. Schließlich ersuchte Kakas die Königin, in jeweils einem Schreiben an den Sultan und den Großwesir die „gerechte Sache" des siebenbürgischen Fürsten zu vertreten und den englischen Gesandten bei der Hohen Pforte anzuweisen, sich für den Fürsten von Siebenbürgen einzusetzen, falls dieser ihn darum bitten sollte. Die englische Königin nahm sich der siebenbürgischen Bitten an und fertigte bereits am 9. Februar 1594 das Schreiben an den Sultan aus, indem sie ihn darum bat, die siebenbürgischen Beschwerden zu untersuchen und gerecht zu behandeln. Darüber hinaus erteilte Königin Elisabeth ihrem Vertreter in Konstantinopel die Anweisung, die siebenbürgischen Gesandten bei der Hohen Pforte nach Kräften zu unterstützen. Ebenfalls am 9. Februar ließ sie die Antwortschreiben an den Fürsten von Siebenbürgen und den polnischen Kanzler verfassen, in denen sie die Qualitäten des siebenbürgischen Gesandten lobte und ihre volle Unterstützung für die siebenbürgischen Forderungen zusagte. Stefan Kakas bedankte sich vor seiner Abreise bei Kanzler John Pukering, bei Lord William Cecil, Earl of Burghley und anderen Günstlingen der Königin für die erhaltene Unterstützung am englischen Hofe. Ende Februar 1594 verließ Kakas London und traf am 18. April in Klausenburg ein[588]. In einem Bericht an die englische Königin bestätigte der in Konstantinopel residierende englische Gesandte Edward Barton am 31. März 1594 die Klagen des Fürsten von Siebenbürgen. Er habe davon erfahren, dass der Pascha von Temeswar 400 Dörfer im südwestlichen Siebenbürgen besetzt habe und nur nach großen Opfern, die die siebenbürgische Seite auf sich genommen habe, sei die Hohe Pforte eingeschritten. Die Unruhe an der siebenbürgisch-osmanischen Grenze halte an. Um sich die Gunst des englischen Gesandten zu erhalten, ließ Fürst Sigismund über seine ständige Gesandtschaft bei der Hohen Pforte Edward Barton Geschenke zukommen. Im Gegenzug deckte Barton die Hinhaltetaktik des siebenbürgischen Fürsten.

Dieser hatte – um die Hohe Pforte zufriedenzustellen – im Herbst 1593 mit seinem Heer einige Scheinoperationen durchgeführt, ohne es mit den osmanischen

588 Demény/Cernovodeanu, S. 69–73. Vgl. Huttmann, S. 112–113.

Truppen vereinigt zu haben. Kurz darauf ließ er seine Truppen in die Winterquartiere führen. Fürst Sigismund war inzwischen fest entschlossen, den offenen Bruch mit der Hohen Pforte zu wagen. Im Juli 1594 wies er seinen ständigen Gesandten in Konstantinopel, Stefan Ováry, an, die osmanische Hauptstadt heimlich zu verlassen. Er solle darüber nur den englischen Gesandten informieren. Dieser konnte kurze Zeit später nach London berichten, dass Ováry den erwähnten Befehl Sigismunds auf seinem Tisch vergessen habe, sodass die osmanische Seite nach der Abreise des siebenbürgischen Gesandten einen unmissverständlichen Beweis für den Verrat des siebenbürgischen Fürsten vorfinden konnte[589].

England hatte den Fürsten von Siebenbürgen bislang unter der Prämisse unterstützt, seine autonome Stellung innerhalb des osmanischen Herrschaftsverbandes zu stärken, nicht aber ihm dabei zu helfen, diesen Verband zu verlassen, schon gar nicht mit Hilfe einer Koalition katholischer Mächte. Letztere warfen 1593 der englischen Königin vor, den Sultan zu einem Feldzug in Ungarn zu ermutigen[590]. Nach dem Ausbruch des „Langen Türkenkrieges" schöpfte England alle diplomatischen Mittel aus, um einen Anschluss Polens an die Heilige Liga zu verhindern[591], insbesondere nachdem sich der Kriegsgegner Spanien in der Liga zu engagieren begann[592].

Das Schmieden der antiosmanischen Heiligen Liga war vor allem das Werk von Papst Clemens VIII.[593]. Der Papst diente vor seiner Wahl zum Pontifex maximus als Nuntius in Polen und war deshalb auch mit den Verhältnissen in Ungarn, Siebenbürgen, der Moldau und Walachei gut vertraut. Nach der Dreiteilung Ungarns 1541 war der in Wien residierende Nuntius auch für das Gebiet des mittelalterlichen Ungarn zuständig und damit auch für das Fürstentum Siebenbürgen. Allerdings reichten die Verbindungen des Wiener Nuntius zu den katholischen Institutionen in Siebenbürgen nicht über ein paar sporadische Kontakte hinaus, zumal mit der Ausweisung des katholischen Bischofs von Weißenburg 1556 die katholische Kirchenorganisation im engeren Siebenbürgen – mit Ausnahme der Jahre 1597–1601 – ohne episkopale Führung auskommen musste[594]. Diese Kontakte intensivierten sich erst unter der Herrschaft Stefan Báthorys, der die Jesuiten ins Land rief und in seiner Eigenschaft als König von Polen enge Beziehungen nach Rom unterhielt. Ständige Gesandtschaften richtete der Heilige Stuhl in Siebenbürgen erst in der Amtszeit von

---

589 Demény/Cernovodeanu, S. 73.

590 Kurucz 1998/1999, S. 47.

591 Andreescu 1983, S. 107. Der päpstliche Nuntius am polnischen Hof beschwerte sich 1593 über die antikatholische Propaganda in der Moldau und Walachei, welche die an der Pforte wirkenden englischen Diplomaten betrieben: Siehe den Brief des Bischofs von San-Severo, Nuntius in Krakau, an den Bischof von Cremona, Nuntius in Prag, vom 26. Januar 1593 in: Documente, Hurmuzaki, Vol. XI, S. 309.

592 Ausführlich zur Beteiligung Spaniens am „Langen Türkenkrieg": Niederkorn 1993, S. 183–255.

593 Am 8. November 1593 hatte Papst Clemens der VIII. den König von Polen, den Kosakenhetman, die Woiwoden der Moldau und Walachei und den Fürsten von Siebenbürgen angeschrieben und dazu aufgerufen, der „Heiligen Liga" beizutreten. Vgl. Hurzmuzaki, Documente, III/1, S. 175.

594 Im späten 16. Jahrhundert hatte auch das klösterliche Leben im engeren Siebenbürgen einen Tiefpunkt erreicht. Lediglich ein Franziskanerkloster im Szeklerland (Csíksomlyó) war übriggeblieben: Molnár 2004, S. 217.

Papst Clemens VIII. ein, der in den Jahren seines Pontifikats (1592–1605) zu einem der wichtigsten Unterstützer der antiosmanischen Politik der Habsburger wurde. Im Jahr 1592 nahm Attilio Amalteo am siebenbürgischen Hof in Weißenburg seine Tätigkeit als Nuntius auf[595]. Dort fand er mehrere Italiener vor, die am fürstlichen Hof als Sekretäre, Offiziere, Architekten oder Kapellmeister tätig waren. Der italophile Fürst von Siebenbürgen, der italienische Lehrer hatte und sich nach der italienischen Mode richtete, unterhielt eine rege Korrespondenz mit Italien[596]. Bereits zum Jahresende 1591 sandte Sigismund seinen Vertrauten, Stefan Jósika, nach Rom, um die Beziehungen zum Heiligen Stuhl zu stärken, die für eine Annäherung an die Habsburgermonarchie entscheidend sein konnten. Im März 1592 bestärkte Papst Clemens VIII. den siebenbürgischen Herrscher darin, treu zur katholischen Sache zu stehen und nur eine katholische Prinzessin zur Ehefrau zu nehmen[597]. Sigismund hatte 1592 um die Hand der Prinzessin Leonora Orsini, Tochter des Fürsten von Bracciano und Nichte des Großherzogs der Toskana, angehalten. Die Verbindung kam jedoch nicht zustande, da die Prinzessin bereits dem Herzog von Segni versprochen war und der Sultan einer Ehe des Siebenbürgers mit einer italienischen Prinzessin ablehnend gegenüberstand. Nach dem Ausbruch des habsburgisch-osmanischen Krieges schickte der Papst seinen Sondergesandten, den Jesuitenabt Alexander Comuleo (Aleksandar Komulović) 1594 nach Siebenbürgen, Polen, Russland und in die Moldau, um zwischen diesen christlichen Mächten einen Interessenausgleich zu erzielen, der ein antiosmanisches Bündnis ermöglichen sollte. Die Mission scheiterte jedoch an den scheinbar unüberbrückbaren Gegensätzen der christlichen Staaten im östlichen Europa[598]. Ergebnisorientierter verliefen die Verhandlungen zwischen Fürst Sigismund und den katholischen Mächten. Im Herbst 1593 sandte er seinen Beichtvater, den Jesuiten Alfons Carillo, in geheimer Mission nach Rom, um mit dem Papst Möglichkeiten des Anschlusses Siebenbürgens an die Heilige Liga zu sondieren. Im Januar 1594 kehrte Carillo aus Rom und Prag, wo er auch entsprechende Verhandlungen mit dem Kaiser geführt hatte, mit ersten Vertragsentwürfen nach Siebenbürgen zurück. Das größte Hindernis auf dem Weg zum Abschluss eines habsburgisch-siebenbürgischen Bündnisses stellte die Forderung Sigismunds dar, Kaiser Rudolf solle ihn in seiner Eigenschaft als König von Ungarn als souveränen Herrscher über Siebenbürgen anerkennen[599].

---

595 Ihm folgte als Nuntius 1595–1598 Alfonso Visconti. Die Báthory-Fürsten waren nur durch Sondergesandte am Heiligen Stuhl sporadisch vertreten: Molnár 2004, S. 200–201.

596 Sigismund korrespondierte auch mit Franzosen, z. B. mit dem Humanisten Bongars, der neben Siebenbürgen – er unterhielt dort Kontakte zu sächsischen Patriziern – auch die Walachei bereiste: Iorga 1918, S. 47–49. Ungarische Zeitgenossen, wie Johann Kemény, beklagten die Verfremdung der ungarischen Mentalität des Fürsten durch dessen Konversation mit „Italienern und anderen Nationen": Kármán 2010, S. 562.

597 In seinem Antwortschreiben vom 2. März 1592 bezeichnet der Papst Sigismund mit dem Titel *Sigismundo Transilvaniae Principi, Dilecte fili nobilis vir*: Veress, Documente, Vol. III, S. 274–276.

598 Molnár 2004, S. 205.

599 Siehe den Wortlaut der 1594 von Sigismund zusammengestellten Anforderungen an einen Vertrag mit Rudolf: Hurzmuzaki, Documente, III/1, S. 199–200.

Noch am 6. Dezember 1593 hatte Rudolf in einem Schreiben Sigismund als „seinen Woiwoden“ (*Vojvoda noster*) bezeichnet, so wie sein Vater, Kaiser Maximilian II., 1571 die Unterordnung Stefan Báthorys als siebenbürgischer Woiwode unter den König von Ungarn ausgedrückt hatte[600]. Die Anerkennung des Titels eines Fürsten von Siebenbürgen kam für Rudolf allein aus staatsrechtlichen Gründen nicht infrage, zumal Sigismund den Zusatz *Illustrissimo* forderte[601].

Zunächst musste sich aber die siebenbürgische Seite intern darüber einig werden, in welcher Form ein Vertrag mit den Habsburgern angestrebt werden sollte. Ein Vetter Sigismunds, Kardinal Andreas Báthory, Bischof des preußischen Ermlandes, der vom Papst zusammen mit Comuleo nach Siebenbürgen beordert worden war, forderte einen offenen Bruch mit der Hohen Pforte, die Anerkennung der Oberhoheit der ungarischen Krone sowie eine vertragliche Regelung des rechtlichen Verhältnisses zum Königreich Ungarn. Sigismund, der sich schließlich mit seiner Auffassung durchsetzte, verlangte einen Familienvertrag mit dem Hause Habsburg, der neben dem Bündnis die Vermählung mit einer österreichischen Prinzessin einschließen sollte, auf der Grundlage der Gleichheit der Vertragspartner[602]. Auf diese Vorschläge antwortete Kaiser Rudolf dem siebenbürgischen Sondergesandten in Prag durch seine schriftliche Note vom 15. April 1594. Rudolf schlug vor, dass keine Seite ohne Konsultationen mit der anderen einen Krieg beginnen oder Frieden schließen dürfe. Der Kaiser willigte ein, den Titel eines siebenbürgischen *Princeps* anzuerkennen, sich für die Hochzeit Sigismunds mit einer österreichischen Prinzessin einzusetzen und die Verleihung des Goldenen Vlieses durch den spanischen König an Sigismund zu erwirken. Die Báthory-Erbfolge in Siebenbürgen könne er jedoch erst nach dem Einverständnis der ungarischen Stände anerkennen. Gegen die Osmanen sagte der Kaiser dem siebenbürgischen Herrscher Schutz und im Ernstfall Zuflucht zu, weigerte sich jedoch, ihm Gebiete des osmanischen Ungarn zu überlassen. Die von Sigismund geforderte Schutzerklärung des Heiligen Römischen Reiches durch Kaiser und Reichstag lehnte Rudolf jedoch ab. Er stimmte aber dem Vorschlag Sigismunds zu, die Legitimität und Akzeptanz des abzuschließenden Vertrages durch eine Billigung der jeweiligen Stände zu erhöhen[603].

Inzwischen stieß Fürst Sigismunds Hinhaltetaktik gegenüber der Hohen Pforte an ihre Grenzen, sodass er den Landtag aufforderte, Siebenbürgen vom Osmanischen Reich zu lösen und sich von der Oberhoheit des Sultans loszusagen. Beeinflusst von einer Gruppe oppositioneller Adliger, verweigerte im Mai 1594 die Mehrheit der siebenbürgischen Stände auf dem Thorenburger Landtag dem Herrscher in diesem Punkt die Gefolgschaft und stimmte gegen eine Aufkündigung des Suzeränitätsverhältnisses zum Osmanischen Reich. Handlungsleitend war die Überzeugung, dass

600 Gooss, S. 218–220. Vgl. Butnariu 2004, S. 120–121.

601 Vgl. den Bericht des päpstlichen Nuntius in Prag, Speziano, an den Kardinal San-Giorgio vom 12. Dezember 1594: Documente, Hurmuzaki, Vol. XII, S. 22.

602 Die Heiratsprojekte mit der Schwester des polnischen Königs bzw. einer Großherzogin der Toskana waren in den vergangenen Jahren gescheitert: Veress, Documente, Vol. III, S. 252, 267–273.

603 Siehe das Dekret Rudolfs vom 15. April 1594: Gooss, S. 220–221.

die umfangreichen Rechte der Stände gegenüber der Zentralmacht vor allem vom Osmanischen Reich garantiert wurden. Die Lektion der Jahre 1551–1556, als Siebenbürgen ein Bündnis mit der Habsburgermonarchie an den Rand des Abgrunds geführt hatte, war von den Vertretern der meisten Stände nicht vergessen worden[604]. Bemerkenswerterweise dominierte in der von Alexander Kendi geprägten Friedenspartei der katholische Adel, während sich in der habsburgtreuen Fraktion neben dem katholischen Landesfürsten auch dessen rechte Hand, der Calvinist Stefan Bocskai, befand. Diese Konstellation führt vor Augen, dass im Siebenbürgen des späten 16. Jahrhunderts noch keine zwangsläufige Deckungsgleichheit zwischen Konfession und außenpolitischer Einstellung existierte[605].

Als ein neuer Landtag im Juli 1594 wieder eine Beteiligung Siebenbürgens an einem Krieg gegen den Sultan ablehnte, trat Fürst Sigismund am 20. Juli unerwartet als Landesherr zurück. Der zu seinem Nachfolger bestimmte Vetter Balthasar Báthory, der in das Lager der Opposition gewechselt war, begann wochenlange Verhandlungen mit den wichtigsten Magnaten über die Neuformierung der Staatsspitze. Währenddessen überzeugte die prohabsburgische Adelsfraktion den wankelmütigen Sigismund, den Fürstenthron wieder einzunehmen. Dazu entschloss er sich Anfang August, stellte sich an die Spitze seiner Armee, zog mit seinem Onkel und Heerführer Stefan Bocskai am 8. August in Klausenburg ein und ließ die Stadt besetzen[606]. Der vom 17. August bis zum 1. September in Klausenburg einberufene Landtag stimmte am 27. August 1594 für eine Aufhebung des Suzeränitätsverhältnisses zum Sultan und für den Abschluss eines antiosmanischen Bündnisses mit dem Kaiser. Einen Tag später ließ Sigismund die Anführer der Adelsopposition verhaften und innerhalb der nächsten Tage hinrichten, darunter seinen Vetter Balthasar Báthory, wodurch der Widerstand des Adels zusammenbrach[607]. Die völkerrechtlichen Beziehungen zum Osmanischen Reich wurden im September 1594 abgebrochen[608].

Als sich die in Polen lebenden Brüder des ermordeten Balthasar Báthory, Stefan und Andreas, an die englische Königin wandten und um Hilfe gegen den siebenbürgischen Fürsten baten, antwortete London, es werde niemanden unterstützen, der einen Sturz Sigismunds plane und damit einen siebenbürgischen Bürgerkrieg riskiere[609]. Der englische Hof, der über keine genaue Kenntnis der Lage in Siebenbürgen verfügte, wollte seinen Einfluss auf das mehrheitlich protestantische Siebenbürgen nicht durch unzureichend abgesicherte Aktionen gefährden. Im späten 16. Jahrhun-

604 Czettler, S. 101.

605 Der siebenbürgische Landtag hatte 1588 sogar die Glaubensfreiheit der Unfreien gegenüber ihren Herren bestätigt: Makkai, S. 90.

606 Vgl. die Berichte der venezianischen Gesandten im Reich über die Vorgänge in Siebenbürgen vom 18. und 25. August 1594: Hurzmuzaki, Documente, III/2, S. 44–46.

607 Zu den Verurteilten gehörten neben Sigismunds Vetter auch der Kanzler Wolfgang Kovacsóczy und die Brüder Alexander, Franz und Gabriel Kendi: Czettler, S. 101. Vgl. Toderaşcu, S. 304–305. Erst auf dem übernächsten Landtag, der im April 1595 stattfand, thematisierte Sigismund sein Vorgehen gegen die Adelsopposition und ließ die Exekutionen legitimieren: Sîrbu, S. 60.

608 Butnariu 2004, S. 133. Vgl. Veress, Documente, Vol. IV, S. 123–125.

609 Demény/Cernovodeanu, S. 73.

dert versuchten England und Frankreich ihren – wenn auch bescheidenen – Einfluss auf Siebenbürgen, aber auch auf die Moldau und Walachei, vor allem als Druckmittel im Machtkampf der europäischen Gesandten in Konstantinopel einzusetzen.

Nach seinem Bruch mit der Hohen Pforte bemühte sich Fürst Sigismund um militärische und finanzielle Hilfe durch die katholischen Mächte. Dadurch, dass sich Spanien 1594 im Westen Europas in einem erbitterten Ringen mit England und Frankreich befand, konzentrierte der Fürst seine Werbeaktionen vor allem auf den Kaiser und die italienischen Staaten[610]. Eine zentrale Rolle spielten dabei die aus der Toskana stammenden Brüder Simon und Fabio Genga[611]. Simon befand sich bereits seit 1589 in den Diensten des siebenbürgischen Fürsten – 1594 wirkte er als fürstlicher Kämmerer – und hielt den schriftlichen Kontakt zu den oberitalienischen Fürsten aufrecht. Sein Bruder Fabio Genga wurde von Fürst Sigismund im Herbst 1594 nach Italien gesandt, um die Höfe des toskanischen Großherzogs, des Herzogs von Mantua und des Herzogs von Urbino sowie den Heiligen Stuhl in Rom aufzusuchen[612]. Dem Papst versicherte Fabio Genga die absolute Unterwürfigkeit und Treue seines Fürsten gegenüber dem Pontifex maximus, dessen Anweisungen er erwarte. Im Gegenzug bat der siebenbürgische Gesandte um päpstliche Subsidien, damit die von Fürst Sigismund versprochene antiosmanische Streitmacht (20.000 Mann Kavallerie und 12.000 Infanteristen aus Siebenbürgen sowie 30.000 Soldaten aus der Moldau und Walachei) aufgestellt werden könne[613]. Der Papst stockte seine erste, bereits im Sommer 1594 geleistete Finanzhilfe auf und sandte 1595 mit Alfonso Visconti, Bischof von Cervia, einen zweiten ständigen Nuntius nach Siebenbürgen[614], der rasch zu einem der wichtigsten Ratgeber des Fürsten aufstieg[615].

Fabio Genga bat Papst Clemens VIII. auch um Unterstützung bei den Verhandlungen mit dem Kaiser[616]. Die im Herbst 1594 fortgesetzten habsburgisch-sieben-

---

610 Zur allgemeinen Beteiligung der Staaten Reichsitaliens am „Langen Türkenkrieg“ ausführlich: Niederkorn 1993, S. 386–448.

611 Veress, Documente, Vol. III, S. 199–200. Vgl. Veress, Documente, Vol. IV, S. 303–304.

612 Genga hielt sich am längsten in Rom auf, von wo er erst im Herbst 1595 aufbrach: Documente, Hurmuzaki, Vol. XII, S. 72.

613 Siehe den Wortlaut der Instruktionen, die Fürst Sigismund für Genga 1594 ausstellte in: Documente, Hurmuzaki, Vol III/2, S. 387–390.

614 Siehe den Wortlaut der Instruktionen, die der Papst für seinen Nuntius „bei Sigismund, Fürst von Siebenbürgen“ 1594 ausstellte: Documente, Hurmuzaki, Vol III/2, S. 391–397. Über die Entsendung des Nuntius und dessen Gespräche, die er auf dem Weg nach Siebenbürgen am kaiserlichen Hof führte und die militärische und finanzielle Hilfeleistungen an den Fürsten von Siebenbürgen betrafen, berichtete der venezianische Gesandte in Prag am 4. und 11. April 1595 an den Dogen: Documente, Hurmuzaki, Vol III/2, S. 90–92. Nuntius Visconti wurde während seines Aufenthaltes am kaiserlichen Hof und danach vom Prager Nuntius, Cesare Speziano, nach Kräften unterstützt: Molnár 2004, S. 205.

615 Ausführlich zu den Beziehungen Siebenbürgens zu den italienischen Staaten im „Langen Türkenkrieg“: Lăzărescu/Stoicescu, S. 133–140.

616 Der Papst hatte sich bereits am 6. August 1594 beim König von Spanien für die Verleihung des Ordens zum Goldenen Vlies an Sigismund Báthory eingesetzt: Istoria politicii externe românești, S. 64. Vgl. zur Rolle des Papstes bei der Ausweitung der Heiligen Liga auf Siebenbürgen: Documente, Hurmuzaki, Vol. XII, S. 19.

bürgischen Gespräche stockten Ende des Jahres, auch weil der Fürst von Siebenbürgen und mit ihm die Woiwoden der Moldau und Walachei der militärischen und finanziellen Leistungsfähigkeit des Kaisers misstrauten, eine Beobachtung, die der Nuntius am Prager Hof am 24. Oktober 1594 notierte[617]. Er ergänzte sie mit der Bemerkung, die erwähnten Fürsten würden sofort und ohne Zweifel der Heiligen Liga beitreten, wenn dies zeitgleich der spanische König täte, da die katholische Majestät mächtig sei und ihr Wort halte[618]. Aber auch eine erneute päpstliche Sondergesandtschaft an den spanischen Hof und Bemühungen Kaiser Rudolfs II. konnten im Dezember 1594 und Januar 1595 ein über Subsidien hinausgehendes Engagement König Philipps II. nicht erreichen, da Spanien[619] zu dieser Zeit einen verlustreichen Krieg gegen die Niederlande, England und Frankreich[620] führte.

Am 10. Januar 1595 erreichte eine hochrangige siebenbürgische Gesandtschaft unter der Leitung von Stefan Bocskai[621] Prag, um dort die Hauptverhandlungen mit dem Kaiser zu führen[622]. Die habsburgische Delegation setzte sich hauptsächlich aus den ungarischen Räten des Kaisers zusammen[623]. Als Vermittler wurden der päpstliche Nuntius Cesare Speziano, Bischof von Cremona, der spanische Gesandte am Prager Hof, Don Guillen de San Clemente, und der kaiserliche Hofmarschall Paul Sixtus Trautson, Freiherr in Falkenstein sowie der Jesuit Carillo akzeptiert. Zu den Instruktionen der siebenbürgischen Gesandtschaft[624] gehörte die Forderung, der Kaiser solle die Leistungen des siebenbürgischen Fürsten bei der Bekämpfung des Sultans anerkennen, er solle seinen Krieg gegen die Osmanen fortführen und Siebenbürgen, die Moldau und Walachei in einen zukünftigen Frieden mit einschlie-

617 Diese Einschätzung bestätigte der venezianische Gesandte in Prag, der in seinen Berichten vom 18. und 25. Oktober 1594 über die Verhandlungen der siebenbürgischen Gesandten am Prager Hof dem Dogen berichtete: Hurzmuzaki, Documente, III/2, S. 53–56.

618 Dieses schrieb der Nuntius Speziani an den Kardinal von San Giorgio: Randa, S. 93.

619 Ebenda, S. 93–94. Der venezianische Gesandte im Reich betonte am 29. November 1594 ebenfalls die Hoffnung der gegen das Osmanische Reich verbündeten Monarchen auf spanische Unterstützung, zumal Madrid in dieser Frage nicht deutlich genug Stellung bezog: Hurzmuzaki, Documente, III/2, S. 61–62.

620 Der französische König wies zum Jahresende 1595 seinen Gesandten in Konstantinopel an, er solle gegenüber dem Sultan hervorheben, dass durch den erfolgreichen Kampf Frankreichs gegen den König von Spanien auch dem „König von Ungarn, der dem allerdurchlauchtigsten Imperator [Sultan] tributpflichtig ist" Schaden zugefügt wurde: Hurzmuzaki, Documente, IV/2, S. 210–211.

621 Bocskai unterhielt seit seiner Jugendzeit, die er am Kaiserhof verbrachte, enge politische Beziehungen nach Wien und Prag: Molnár 1983, S. 34–35.

622 Der siebenbürgischen Gesandtschaft gehörten neben Stefan Bocskai auch Vertreter der siebenbürgischen Stände an, zum Beispiel Gregor Csáky von Keresztszeg, Johann Frátay von Fráta und der Graf der sächsischen Nationsuniversität, Albert Huet: Gooss, S. 222. Zur Teilnahme des Kronstädter Vertreters, Michael Weiß, an der Delegation siehe: Philippi 1982, S. 27.

623 Zu den ungarischen Räten gehörten: Johann Kuthassy, Kanzler und Bischof von Raab; Stefan Szuhay, Bischof von Waitzen, der Ban Thomas Erdödy; Nikolaus Pálffy, Graf von Pressburg u. a.: Gooss, S. 224.

624 Neben der allgemeinen Instruktion wurde Bocskai auch eine geheime mitgegeben, die seinen Verhandlungsspielraum und seine Verhandlungstaktik festlegte, wonach er sich zuerst mit Carillo und dem päpstlichen Nunitus einigen und dann mit diesen gemeinsam vorgehen solle: Gooss, S. 223–224.

ßen[625]. Zu den wichtigsten Verhandlungspositionen der siebenbürgischen Delegation gehörte die Forderung, Rudolf solle in seiner Eigenschaft als König von Ungarn die Souveränität Siebenbürgens, also dessen Unabhängigkeit von der ungarischen Krone, anerkennen und vom ungarischen Reichstag bestätigen lassen. Das Bündnis mit dem Kaiser solle als „brüderlicher Vertrag" auf der Grundlage der Gleichheit der Vertragspartner abgeschlossen werden. Diesen Punkten widersprachen die habsburgischen Unterhändler in ihrem Gutachten vehement. Die Anerkennung der vollen Souveränität des siebenbürgischen Herrschers hätte aus ihrer Sicht fundamental dem Prinzip der Einheit der Länder der ungarischen Krone widersprochen. Das Ableisten eines Treueides durch Sigismund stellte für sie eine absolute Notwendigkeit dar. Um diesen Einheitsgedanken zu unterstreichen, forderten die ungarischen Räte den Austausch von „Oratoren" zwischen den Höfen in Prag und Weißenburg sowie die Einführung der im habsburgischen Ungarn geltenden Gesetze in Siebenbürgen. Nur unter diesen Bedingungen waren die ungarischen Räte bereit, Sigismund Siebenbürgen und die *Partes adnexae* als Lehen zu überlassen. Sollte seine Dynastie im männlichen Stamme erlöschen, sollten die genannten Gebiete an die ungarische Krone fallen. Unter diesen Umständen war die habsburgische Seite bereit, dem Wunsch Sigismunds zu entsprechen und seinen Titel *Serenissimus Princeps Transsylvaniae et partium regni Hungariae et utriusque Daciae* anzuerkennen[626].

Die siebenbürgische Seite war sich nicht nur der völkerrechtlichen Konsequenzen, sondern auch der Auswirkungen auf das ungarische Staatsrecht bewusst, wenn sie vom habsburgischen Ungarn die Anerkennung zweier „ungarischer" Staaten forderte. Deshalb bestand Sigismund auf der Ratifikation des Vertrags sowohl durch den siebenbürgischen Landtag als auch durch den ungarischen Reichstag. Sigismund reklamierte für sich und seine Nachkommen auch die Würde eines Reichsfürsten und das Führen des Reichsadlers in Verbindung mit seinem Familienwappen. Weiterhin forderte die siebenbürgische Seite, König Rudolf solle Sigismund ein Hilfsheer zur Verfügung stellen und alle von Sigismund eroberten ungarischen Gebiete dem siebenbürgischen Herrscher überlassen. Auch diese Forderung wiesen die ungarischen Räte des Kaisers vehement zurück. Die Verhandlungen stockten, und obwohl sich beide Seiten täglich trafen, konnte kein Fortschritt erzielt werden. Da die siebenbürgische Delegation vehement gegen einen Lehnseid Sigismunds gegenüber Rudolf Position bezog und auf einer Anerkennung der Souveränität des siebenbürgischen Fürsten und seiner männlichen Nachkommen bestand, blieb dem Kaiser nichts anderes übrig, als die Verhandlungen abzubrechen oder pragmatisch zu entscheiden, um auf diese Weise Siebenbürgen als Bündnispartner zu gewinnen[627]. Deshalb ignorierte Kaiser Rudolf II. die in der Frage des Lehnseides dogmatische Haltung der ungarischen Stände, und er schlug folgenden Kompromiss vor: Der siebenbürgische

625 Documente, Hurmuzaki, Vol. III/1, S.199–200. Vgl. Documente, Hurmuzaki, Vol. III/2, S. 45–46, 73–74.

626 Documente, Hurmuzaki, Vol. III./1, S. 218–219. Mit dem Titel eines Herrschers beider Dakiens waren die Woiwodschaften Moldau und Walachei gemeint: Gooss, S. 224–225.

627 Monumenta Comitialia Regni Transylvaniae, Bd. III, S. 342.

Fürst und seine Nachkommen sollten den Kaiser als legitimen König von Ungarn anerkennen und ihm den Treueid leisten, Siebenbürgen aber nicht als Lehen aus seiner Hand erhalten[628].

Durch das Ausklammern der Lehnspflicht kam der Kaiser den siebenbürgischen Forderungen soweit entgegen, dass es in den Friedensverhandlungen zum erwünschten Durchbruch kam. Am 28. Januar 1595 wurde in Prag das lang vorbereitete Bündnis unterzeichnet. Die Bestimmungen des Vertrages zwischen Rudolf, Römischer Kaiser, König von Ungarn und Böhmen (*Sacram C*^{eam} *R*^{iam}*que Hungariae et Bohemiae M*^{tem}) und dem Fürsten von Siebenbürgen, Sigismund Báthory von Somlyó (*ill*^{mum} *Transylvaniae principem d*^{num} *Sigismundum Bathori de Somlio*) enthielten zwölf Punkte. Es wurde vereinbart, dass der Krieg gegen das Osmanische Reich zusammengeführt werden sollte, partielle Friedensschlüsse waren beiden Parteien verboten. In dies Bündnis wurden explizit die Woiwoden der Moldau und Walachei eingeschlossen (Art. 1). Bei den Kriegshandlungen sollten sich die Vertragsparteien gegenseitig mit Subsidien, Material und Soldaten nach Bedarf unterstützen (Art. 6) sowie kriegswichtige Ortschaften befestigen und mit Soldaten besetzen (Art. 9). Artikel 2 bestimmte, dass Fürst Sigismund und seine männlichen Nachkommen Siebenbürgen und die *Partes adnexae* mit uneingeschränkten Herrschaftsrechten behalten sollten[629]. Im Gegenzug sollten der Fürst von Siebenbürgen und seine Nachfolger „Ihre kaiserliche und königliche Majestät“ samt Nachfolgern als legitime Könige von Ungarn anerkennen und ihnen Treue schwören, ohne dass daraus ein Vasallenverhältnis (*ius feudi*) entstehen durfte. Sollte Báthorys Stamm in der männlichen Linie aussterben, mussten Siebenbürgen und die *Partes adnexae* als integrale Bestandteile des Königreichs Ungarn an Rudolf II. und seine Nachfolger fallen. Dieser war aber verpflichtet, die Freiheiten und Privilegien der siebenbürgischen Stände zu achten. Das Land sollte im Namen des ungarischen Königs von einem durch die siebenbürgischen Stände gewählten Woiwoden verwaltet werden. Sollte Sigismund weibliche Erben hinterlassen, war der Kaiser bereit, jeder Prinzessin eine Aussteuer von 100.000 Rheinischen Gulden zukommen zu lassen. Der zwischen Kaiser Rudolf II. und Stefan Báthory abgeschlossene Vertrag vom 22. Juni 1585, in dem der Besitz von Frauenbach geregelt wurde, bestätigten beide Seiten (Art. 2). Als Lehen des ungarischen Königs sollte Fürst Sigismund lediglich die ungarischen Gebiete erhalten, die er aus eigener Kraft den Osmanen abnehmen werde. Die im Zusammenwirken mit habsburgischen Truppen gemachten Territorialgewinne sollten an die ungarische Krone fallen (Art. 8). Als Zeichen für dessen Souveränität erkannte „Ihre kaiserliche und königliche Majestät“ Sigismund als freien Fürsten (*recognoscet pro libero principe*) an, dessen Titel mit dem Zusatz *Illustrissimi* versehen wurde (Art. 3). Sollten Sigismund und seine Nachkommen aus dem Fürstentum Siebenbürgen vertrie-

628 Vgl. zum Verlauf der habsburgisch-siebenbürgischen Verhandlungen die Berichte des venezianischen Gesandten am Kaiserhof vom 17., 24. und 31. Januar 1595: Documente, Hurmuzaki, Vol. III/2, S. 72–74, 76–77.

629 […] *cum omni proventu iure et antiquo usu integra absolutaque ita maneat, ut semper merum mixtumque imperium liberamque iurisdictionem in ea habeat* […]: Gooss, S. 228.

ben werden, so musste der Römische Kaiser und König von Ungarn ihnen und ihren Anhängern innerhalb eines Monats Asyl und eine standesgemäße materielle Unterstützung gewähren (Art. 10). Außerdem erhielt Sigismund Báthory den Titel eines Reichsfürsten, jedoch ohne Sitz und Stimme im Reichstag (Art. 7). Der Kaiser versprach, sich beim König von Spanien um die Verleihung des Goldenen Vlieses an Sigismund zu bemühen (Art. 5) und eine Vermählung zwischen einer der Töchter des Erzherzogs Karl und Fürst Sigismund zu vermitteln (Art. 4). Erst diese Hochzeit sollte die beiden Vertragsparteien an die verhandelten Bestimmungen binden (Art. 12). Schließlich wurde festgelegt, dass sowohl die beiden Souveräne als auch die Stände des Königreichs Ungarn sowie jene des Fürstentums Siebenbürgen das Vertragswerk ratifizieren mussten (Art. 11)[630].

Am 5. März 1595 wurde vertragsgemäß die Ehekonvention zwischen Maria Christierna, Tochter der Erzherzogin Maria von Steiermark und des Erzherzogs Karl II. von Innerösterreich, und Fürst Sigismund unterzeichnet[631]. Die Hochzeit, die der päpstliche Nuntius zelebrierte, fand am 6. August 1595 in der siebenbürgischen Residenz Weißenburg statt[632]. Nachdem der am 8. Februar 1595 einberufene ungarische Reichstag das Vertragswerk gebilligt hatte, ratifizierte Kaiser Rudolf II. den Vertrag und die Ehekonvention am 14. März bzw. 11. Juni 1595 in Prag. Der Prager Vertrag wurde im Frühjahr 1595 als ungarischer Gesetzartikel 56 veröffentlicht. Danach ließ Sigismund den Vertrag durch den siebenbürgischen Landtag in Weißenburg (16. April bis 2. Mai 1595) genehmigen, der ihn als Gesetzartikel 4 des Jahres 1595 publizierte. Vor den Gesandten des Kaisers, die zum Landtag erschienen waren, beeideten Sigismund und die siebenbürgischen Stände den Vertrag, der von Fürst Sigismund am 2. Juli 1595 in seiner Residenz Weißenburg ordnungsgemäß ratifiziert wurde. Damit waren alle Vertragsbestimmungen erfüllt, und der Vertrag konnte völkerrechtlich in Kraft treten[633].

Die Ereignisse um den Vertragsabschluss fanden eine breite publizistische Rezeption, vor allem im deutschsprachigen Raum. Ein auf der Frankfurter Herbstmesse 1595 vorgestelltes Heft erschien als siebenbürgische Sonderausgabe, in welcher der

---

630 Unterzeichnet wurde der Vertrag von Rudolf, seinen bevollmächtigten ungarischen Räten, den bevollmächtigten siebenbürgischen Gesandten (von *Stephanus Bochkay de Kis Maria m.p.* bis zu *Albertus Syweg Judex Regius Cibiniensis m.p.*) sowie allen Vermittlern. Wortlaut des in lateinischer Sprache abgefassten Offensiv- und Defensivbündnisses (Orig.-Pap. Österreichisches Staatsarchiv) in: Gooss, S. 226–231. Die Vertragsbestimmungen wurden vom venezianischen Gesandten aus Prag in einem Schreiben an den Dogen weitergeleitet: Documente, Hurmuzaki, Vol III/2, S. 77–79, 82.

631 Stefan Bocskai reiste als Brautwerber des Fürsten nach Graz und unterzeichnete in dessen Namen die Ehekonvention: Randa, S. 98–99. Vgl. Vocelka 1981, S. 234. Vgl. die Berichte des venezianischen Gesandten in Prag von Februar bis Juli 1595 zum habsburgischen Heiratsprojekt Sigismund Báthorys: Documente, Hurmuzaki, Vol III/2, S. 82–102, 124–125. Vgl. zur Funktion von frühneuzeitlichen Heiratsverträgen als dynastische Friedensinstrumente: Peters 2008, Abschnitt 13–18.

632 Vgl. Gooss, S. 226. An der Hochzeit nahmen auch Vertreter der Moldau und Walachei teil. Vgl. Sîrbu, S. 131.

633 Gooss, S. 218.

Prager Bündnisvertrag und die ihm folgenden militärischen Ereignisse beschrieben wurden[634]. Auch der Text des Prager Vertrages wurde noch im gleichen Jahr mehrfach publiziert[635].

In einer separaten Urkunde bestätigte Kaiser Rudolf II. am 28. Januar 1595 in Prag die Erhebung Sigismunds in den Reichsfürstenstand und die Verleihung seines neuen fürstlichen Wappens. Sigismund, der in der Urkunde mit seinem neuen vollständigen Titel erwähnt wird (*Illustrissimus Sigismundus Bathory de Somlyo, Transilvaniae Princeps, Siculorum Comes et quarandam Hungariae partium Dominus, Princeps nostre Charissimus ex nostro Hungariae regno ducit*) und seine legitimen Nachkommen sollten den Reichsfürstentitel (*sacri Romani imperii principes*) fortan mit dem Prädikat *Illustrissimi* führen dürfen[636].

Die Anerkennung Sigismunds als souveräner Fürst von Siebenbürgen durch Kaiser Rudolf II. bewog Sigismund, den Fürstentitel ab 1595 durchgängig auch in seinem Schriftverkehr zu verwenden, nachdem er bereits seit 1589 Münzen geprägt hatte, die den Fürstentitel trugen[637]. Der Anspruch Sigismunds, als souveräner Herrscher anerkannt zu werden, manifestiert sich auch in den siebenbürgischen Silbertalern, die 1596 und 1597 geprägt wurden. Der Titel *PRINCEPs. REGNI. TRANSILVANIAE* nahm Bezug auf die bis 1570 währende rechtliche Stellung Siebenbürgens, dessen Herrscher den Titel eines Königs von Ungarn geführt und den ungarischen König aus dem Hause Habsburg nicht als Oberherren anerkannt hatte[638].

Die Art und Weise der Aushandlung sowie der Inhalt des Bündnisvertrages spiegelten die Gleichheit der Vertragspartner wider[639]. Sowohl dem Kaiser als auch dem Fürsten von Siebenbürgen stand als souveränen Herrschern das Recht zum Kriege zu, da sich das Fürstentum Siebenbürgen auch von der Hohen Pforte losgesagt hatte. Beide Seiten waren verpflichtet, dem anderen Vertragspartner militärisch beizustehen, genauso wie es ihnen verboten war, separate Friedensverträge abzuschließen. Das Bündnis mit dem Kaiser und die dynastische Verbindung mit dem Hause Habsburg bildeten die machtpolitische Grundlage, auf der sich Sigismund zum souveränen Herrscher („freien Fürsten"), der keinen „Höheren" anerkennt, aufschwingen konnte (Art. 2 und 3 des Prager Vertrages). Der Erhalt zukünftiger Eroberungen als kaiserliches Lehen und der Treueid dem Kaiser gegenüber (ohne Vasallenpflichten)

---

634 Der Titel des Heftes lautete: *Siebenbürgische, Crabatische, Ungarische und Türckische Handlung, Das ist Warhaffte Beschreibung, was sich mit dem groessen Treffen biss Weinmonats zugetragen*: Etényi, S. 271.

635 Der Titel der in der Augsburger Stadtbibliothek aufbewahrten Publikation lautet: *Vertrag und Bündniss zwischen den Römische Kaey. May. Rudolph II. und dem Fürsten in Siebenbürgen, so sich mit einander auff gewisse Condition und Articel vergliechen woder den Erbfeindt Christliches Namens und Geblüts, den Türckischen Sultan ritterlich zu streiten*: Ebenda, S. 271.

636 Wortlaut der in lateinischer Sprache abgefassten Erhebungsurkunde (Reichsregistratur) in: Gooss, 232–235. Bei Veress, der die Urkunde auch abdruckt, ist der Text mit dem Titel *Erectio principatus Transilvaniae* überschrieben: Veress, Documente, Vol. IV, S. 185–188.

637 Vgl. Randa, S. 96.

638 Bereits 1593 begann Sigismund mit der Prägung von Münzen, auf denen das Malteserkreuz als Symbol für den Kreuzzug gegen die „Ungläubigen" zu sehen war: Butnariu 2004, S. 125–126.

639 Vgl. Leitsch, S. 308.

stellten symbolische Zugeständnisse an die Habsburger und vor allem an den ungarischen Reichstag dar, da sich sowohl Rudolf II. als auch der Reichstag ursprünglich für eine Erneuerung des Speyerer Vertrages von 1570 eingesetzt hatten[640]. Im Gegenzug verpflichtete sich der Kaiser zur Erfüllung persönlicher Wünsche des Fürsten, deren wichtigster die Heiratsbestimmungen waren, die sogar für das Inkrafttreten des Vertrages entscheidend sein sollten.

Das Fürstentum Siebenbürgen hatte sich von 1571 bis 1576 in einem Zustand der doppelten Suzeränität befunden. Da der Prager Hof die einseitige Rücknahme des Lehnseides Stefan Báthorys gegenüber dem ungarischen König 1576 nicht anerkannt hatte, bestätigten die Habsburger erst durch den Prager Vertrag vom 28. Januar 1595 die Unabhängigkeit des Fürstentums Siebenbürgen vom Königreich Ungarn. Sowohl der ungarische Reichstag als auch der siebenbürgische Landtag ratifizierten das Vertragswerk. Das Abhängigkeitsverhältnis zum Osmanischen Reich war vom siebenbürgischen Landtag in seiner Eigenschaft als Vertretung „des Landes" am 27. August 1594 mit der gleichen Kompetenz aufgelöst worden, mit welcher der Thorenburger Landtag 1542 die Oberhoheit des Sultans anerkannt hatte.

c. Die Durchsetzung der siebenbürgischen Suzeränität über die Moldau und Walachei 1594–1595

Der Ausbruch des „Langen Türkenkrieges" veränderte die Beziehungen des Fürstentums Siebenbürgen zu den Woiwodschaften Moldau und Walachei fundamental. Zunächst versicherte Fürst Sigismund dem Großwesir, alles für die Verteidigung der benachbarten Woiwodschaften zu tun, als deren „Protektor" er sich verstehe[641]. Aber schon im Herbst 1593 registrierten auswärtige Beobachter Anzeichen, dass der Fürst von Siebenbürgen und die Woiwoden der Moldau und Walachei zur Heiligen Liga tendierten[642]. Die Springflut des beginnenden Krieges spülte in beiden Woiwodschaften zwei Männer an die Macht, die sich ihres Thrones auch durch die Hilfe des siebenbürgischen Fürsten bemächtigen konnten. Im Juni 1592 verdrängte Petru (genannt „der Kosake") den Woiwoden Aron (genannt „der Armenier" oder „der Tyrann") auf dem Thron der Moldau[643]. Auf Geheiß der Hohen Pforte ließ Sigismund seine Armee in die Moldau einmarschieren, die Mitte Oktober 1592 bei Jassy die Truppen des neuen Woiwoden Petru vernichtend schlug. Nun wurde Aron vom

640 Czettler, S. 101–102.

641 Vgl. Istoria politicii externe românești, S. 63–64.

642 Der venezianische Gesandte in Prag, Tomaso Contarini, gab am 9. November 1593 entsprechende Beobachtungen an den Dogen weiter: Hurzmuzaki, Documente, III/2, S. 35.

643 Aron wurde vom einflussreichen englischen Gesandten bei der Hohen Pforte, Edward Barton, und den Janitscharen, die Arons Gläubiger waren, unterstützt. Edward Barton sandte am 14. Dezember 1595 seinen Boten Francisc Marcio zu Fürst Sigismund, der inzwischen Aron verhaftet hatte, um einen Teil seines Geldes zurückzubekommen: Veress, Documente, Vol. IV, S. 319–320.

Kommandanten des siebenbürgischen Heeres[644] wieder auf den Thron gehoben[645]. Ähnliches spielte sich im darauf folgenden Jahr in der Walachei ab. 1593 entthronte der Sultan den kaum ein Jahr im Amt befindlichen Woiwoden der Walachei, Alexandru cel Rău, und befahl Fürst Sigismund, diesen gefangen zu nehmen und der Hohen Pforte auszuliefern[646]. In das ausbrechende Ringen um die Nachfolge des abgesetzten Woiwoden schaltete sich Fürst Sigismund ein, indem er den englischen Gesandten in Konstantinopel, Edward Barton, ersuchte, die Kandidatur des Bojaren Michael zu unterstützen, der sich im siebenbürgischen Exil aufhielt. Da die Machtkonstellationen Michael begünstigten, wurde er im September 1593 vom Sultan als Woiwode der Walachei eingesetzt, im Oktober desselben Jahres trat er seine Herrschaft an. Nun erneuerte Michael gegenüber Sigismund sein Versprechen, für den Fall der Thronbesteigung ein treuer Nachbar zu sein, der dem Fürsten im Bedarfsfalle als Freund zu Diensten sein werde[647]. Der Woiwode ging in die rumänische Historiografie als Michael der Tapfere (rum. „Mihai Viteazul") ein.

Mit Beginn des Krieges gerieten neben Siebenbürgen auch die Moldau und Walachei in das Visier der Heiligen Allianz, die sie als natürliche Bundesgenossen ansah. 1593 und 1594 reisten kaiserliche und päpstliche Gesandte an die untere Donau, um die Woiwoden mit dem Hinweis auf die ausgebrochenen antiosmanischen Aufstände der Albaner, Montenegriner, Serben und einiger Rumänen und Ungarn im osmanischen Banat zum Bruch mit dem Sultan aufzufordern[648]. Am 22. März 1594 traf der Sondergesandte des Papstes, der Jesuitenabt Alexander Comuleo, in der moldauischen Residenz ein. Aron, der Woiwode der Moldau, versprach ihm, sich der Heiligen Liga anzuschließen, sobald die Krimtataren auf dem Weg zum ungarischen Kriegsschauplatz durch die Moldau gezogen seien[649]. Der Vatikan drängte aber Comuleo, dafür Sorge zu tragen, dass die Moldau und Walachei sich unverzüglich „dem Siebenbürger" anschlössen, um die Tataren an ihrem Vorrücken Richtung Ungarn

644 Den Kommandanten der siebenbürgischen Truppen in der Moldau, Kaspar Sibrik, belohnte Sigismund am 1. Januar 1593 mit einem Gut. In diesem Dokument benutzte Sigismund noch die Titulatur „Woiuoda Transsylvaniae": Veress, Documente, Vol. IV, S. 1–2.

645 Sigismund legte Aron bei der Krönung das gute nachbarschaftliche Verhältnis zu Siebenbürgen ans Herz: Brătianu/Makkai, S. 47. Vgl. Niederkorn 1993, S. 45–46. Siehe den Bericht Sigismunds an Sultan Murat III. vom 27. Oktober 1592 in: Veress, Documente, Vol. III, S. 313–315.

646 Briefwechsel zwischen Sultan Murat III. und Fürst Sigismund im September 1593 in: Veress: Documente, Vol. IV, S. 31–33.

647 Michael an Sigismund, Bergaz bei Adrianopel, 11. Oktober 1593: Veress, Documente, Vol. IV, S. 37–39. Vgl. Coulter, S. 64.

648 Christliche Deputationen aus den von Serben und Bulgaren bewohnten Gebieten des Balkan baten in Prag um kaiserliche Subsidien für antiosmanische Aufstände: Heppner 1988, S. 209–210. Zur Rezeption Michaels in der frühneuzeitlichen griechischen Chronistik und zur literarischen Verfremdung seines Wirkens: Dinu, S. 28–149.

649 Comuleo wurde von der päpstlichen Diplomatie über die Bemühungen der habsburgischen Gesandten, Siebenbürgen, die Moldau und Walachei an den Kaiser zu binden, auf dem Laufenden gehalten. Vgl. Documente, Hurmuzaki, Vol. XI, S. 429–430. Aron versah Comuleo mit Empfehlungsschreiben für den polnischen und russischen Hof sowie für die Kosaken: Cazan/Denize, S. 350–351.

zu hindern[650]. Nach Comuleo traf im Sommer 1594 der kaiserliche Sondergesandte Giovanni de Marini Poli, der aus Ragusa stammte, in der Moldau ein[651]. Am 16. August 1594 schloss er in Jassy im Namen Rudolfs einen Bündnisvertrag mit dem moldauischen Woiwoden Aron ab. Noch am selben Tag bestätigte Aron dem Kaiser schriftlich die Unterzeichnung des Vertrages, und er erklärte in seinem Brief die sofortige Bereitschaft zum Beginn des Krieges gegen das Osmanische Reich[652]. Im Vertrag stellte sich der Woiwode unter das Protektorat des Königs von Ungarn, der damit an die seit dem Mittelalter bestehenden Ansprüche der Könige von Ungarn anknüpfte, die Lehnshoheit über die Moldau auszuüben. Aron ging es aber nicht nur um den Schutz gegen das Osmanische Reich, sondern vor allem um jenen gegen die Kosaken und Krimtataren. Aron verpflichtete sich im Gegenzug, den Kaiser und König beim Kampf gegen den Sultan – auch durch Informationsdienste – zu unterstützen. Im Falle seiner Vertreibung sollte er im Reich Asyl erhalten[653].

Nachdem es Fürst Sigismund im August 1594 gelungen war, die proosmanische Opposition in den Reihen des Adels auszuschalten, versuchte auch er die beiden benachbarten Woiwoden durch Bündnisverträge an sich und die Heilige Liga zu binden[654]. Unterstützt durch eine einflussreiche walachische Bojarenfraktion, sandte Michael seinen Vertrauten Radu Buzescu zu Bündnisverhandlungen nach Siebenbürgen[655]. Dort schloss er im Namen seines Herrschers mit Fürst Sigismund am 5. November 1594 einen Bündnisvertrag ab. Wenige Tage später, am 13. November 1594, kam ein siebenbürgisch-moldauischer Bündnisvertrag zustande. Der Wortlaut beider Bündnisverträge ist nicht überliefert. Die Existenz der Verträge erwähnte zum Jahresende 1594 der kaiserliche Gesandte Giovanni de Marini Poli in einem Bericht an Kaiser Rudolf II. Poli berichtete von seinem Zusammentreffen mit Buzescu am siebenbürgischen Fürstenhof. Poli und Buzescu planten den Abschluss eines habsburgisch-walachischen Bündnisses nach dem Vorbild des habsburgisch-moldauischen Vertrages. Beide Diplomaten verabredeten, dass ein Vertreter Michaels – mit

650 Documente, Hurmuzaki, Vol. XI, S. 431.

651 Marini Poli hatte sich mit dem Woiwoden Petru, einem Vorgänger Arons, wegen „Iniurien und Schmachreden", wie Erzherzog Ferdinand am 12. Januar 1594 notierte, überworfen: Documente, Hurmuzaki, Vol. XI, S. 400.

652 Tratatele internaționale, S. 91. Vgl. Leitsch 1972, S. 308. Vgl. Toderascu, S. 304.

653 Wortlaut des Vertrages in: Documente, Hurmuzaki, Vol. III, 1, S. 193–194. Erzherzog Maximilian, der nach seinem gescheiterten Versuch, den polnischen Thron zu besteigen, noch den Titel Electus Rex Poloniae führte, beglückwünschte den Woiwoden Aron am 14. Januar 1595 zum Abschluss des Bündnisvertrages: Ebenda, S. 208. Am 4. März 1595 forderte der Kaiser Aron in einem Schreiben auf, sich einer gemeinsamen militärischen Aktion mit seinem Verbündeten, dem Fürsten von Siebenbürgen, gegen die Tataren und Osmanen anzuschließen, für die er Aron Hilfstruppen versprach: Ebenda, S. 208–209.

654 Bereits im Juni 1594 hatte er seinen Vertrauten, den Bojaren Radu Buzescu, zum siebenbürgischen Hof gesandt, um die Möglichkeiten eines Anschlusses an die „Heilige Liga" zu sondieren: Vgl. Ionașcu, S. 116. Vgl. Toderașcu, S. 304.

655 Über den Entschluss der Woiwoden der Moldau und Walachei, sich der antiosmanischen Koalition anzuschließen, berichtete bereits am 15. November der venezianische Gesandte am Kaiserhof: Documente, Hurmuzaki, Vol. III/2, S. 59.

umfangreichen Vollmachten ausgestattet – zusammen mit dem Nuntius Alfons Carillo, der auch für die Walachei akkreditiert war, Verhandlungen mit der habsburgischen Seite aufnehmen sollte. Poli betonte, dass ihm Fürst Sigismund das Versprechen gegeben habe, unverzüglich mit den Woiwoden der Moldau und Walachei den Kampf gegen die Osmanen aufzunehmen. Poli erwähnte auch, dass zwischen dem walachischen Gesandten und dem siebenbürgischen Fürsten durch einen Schwur bekräftigt worden sei, zusammenzustehen und mit dem Kaiser sowie der gesamten Christenheit gemeinsam gegen die Osmanen zu kämpfen. Am Ende seines Berichts betonte Poli, dass er und Carillo – anders als ursprünglich geplant – nicht an den Hof des Woiwoden der Walachei gereist seien, obwohl dieser ausdrücklich darum gebeten habe, da ihnen die Lage in der Walachei wegen verräterischer Umtriebe zu unsicher und unübersichtlich erschienen sei[656].

Aufzeichnungen zweier zeitgenössischer Chronisten berichten darüber, dass vor dem Ausbruch des antiosmanischen Aufstands in der Walachei Michael eine Versammlung der Bojaren und kirchlichen Würdenträger anberaumt habe, um über den Anschluss an die „Heilige Liga" zu beraten. Um jeden Widerstand der proosmanischen Kräfte von Beginn an zu unterbinden, habe Fürst Sigismund – wohl aufgrund seiner im August 1594 gemachten Erfahrungen – ein Söldner-Kontingent zu dieser Versammlung beordert[657].

Die Integration der Moldau und Walachei in das westliche Bündnissystem zeigte unmittelbare politisch-militärische Auswirkungen. Der antiosmanische Kurs der beiden Woiwoden wurde von den moldauischen und walachischen Bojaren unterstützt, da sie nur in der Abschüttelung des „türkischen Jochs" eine Chance sahen, die Ende des 16. Jahrhunderts enorm gestiegene wirtschaftliche Ausbeutung der beiden Länder durch das unter einer schweren Wirtschaftskrise leidende Osmanische Reich und den zunehmenden Einfluss der levantinischen Kaufleute, die sich der Unterstützung der Hohen Pforte sicher sein konnten, zu beenden[658]. Deshalb be-

656 Wortlaut des auf Italienisch verfassten Berichts in: Documente, Hurmuzaki, Vol. III/1, S. 200–206. Siehe die rumänische Übersetzung des Berichts in: Mihai Viteazul în conştiinţa europeană, S. 74–75. Vgl. Tratatele internaţionale, S. 91. Vgl. Leitsch 1972, S. 308. Vgl. Panaitescu, S. 116. Vgl. Ionaşcu, S. 113–114, 132. Die Bündnisse zwischen Siebenbürgen einerseits sowie der Walachei und Moldau andererseits werden auch in einem Bericht des englischen Gesandten an der Hohen Pforte, der die Existenz der Verträge kannte, William Cecil, Earl of Burghley, vom 30. November 1594 erwähnt: Mihai Viteazul în conştiinţa europeană, S. 72–74.

657 Ionaşcu geht davon aus, dass Sigismund bereits im Herbst 1594 Kontakte zu den mächtigsten walachischen Bojaren geknüpft hatte, die er für seine Pläne im darauf folgenden Jahr nutzen konnte: Ionaşcu, S. 138–140.

658 Bis zum Ende des 16. Jahrhunderts nahm die wirtschaftliche Ausbeutung der beiden Woiwodschaften, vor allem der Steuerdruck, durch Konstantinopel ständig zu und verschäfte sich vor allem durch den Verfall der osmanischen Währung und des Timarsystems im letzten Viertel des 16. Jahrhunderts. Während die Moldau zum Beispiel bis zu diesem Zeitpunkt Vieh in den gesamten mitteleuropäischen Raum exportierte, kam der Fernhandel durch die restriktive Wirtschaftspolitik der Hohen Pforte zu einem großen Teil zum erliegen. Ausführlich zum Wandel der wirtschaftlichen und sozialen Gegebenheiten in der Moldau und Walachei im späten 16. Jahrhundert: Istoria Romȃniei, S. 227–229. Vgl. Giurescu 1968, S. 753–754. Die drückende Abgabenlast spürten erstmals unmittelbar die Bojaren, die nicht mehr in der Lage waren, die steigenden Belastungen

gann am 13. November 1594 der antiosmanische Aufstand an der unteren Donau mit der sogenannten „Bukarester Türkenvesper“, in deren Verlauf 4.000 „Griechen“ und osmanische Soldaten festgenommen und hingerichtet wurden[659]. Dem walachischen Beispiel folgte Aron in der Moldau, allerdings nicht in dieser Brutalität. Im Winter 1594/1595 nahm Aron im Zusammenwirken mit einer kosakischen Streitmacht mehrere osmanische Festungen im Schwarzmeerbereich ein[660]. Unterstützt durch siebenbürgische Hilfstruppen, versuchte das walachische Heer zeitgleich die osmanischen Grenzfestungen entlang der Donau zu erobern[661].

Nach dem Abschluss der Bündnisverträge zwischen dem Fürsten von Siebenbürgen und den beiden Woiwoden wies Sigismund in der geheimen Instruktion vom 21. November 1594 den Leiter seiner in Prag verhandelnden Delegation, Stefan Bocskai, an, dem Kaiser die beiden Vertragsabschlüsse mitzuteilen. Er solle Rudolf berichten, dass die Woiwoden der Moldau und Walachei sich auf Veranlassung Sigismunds vom Sultan losgesagt hätten und nun mit Unterstützung des siebenbürgischen Fürsten Krieg führten. Schließlich befahl Sigismund, Bocskai solle dafür Sorge tragen, dass die Woiwoden der Moldau und Walachei in das zukünftige habsburgisch-siebenbürgische Bündnis einbezogen werden[662]. Diese Forderung wurde im ersten Artikel des im Januar 1595 unterzeichneten habsburgisch-siebenbürgischen Vertrages berücksichtigt[663]. Nachdem ebendort die Souveränität des Fürsten von Siebenbürgen festgeschrieben worden war und sich Sigismund machtpolitisch auf das Bündnis und die dynastische Verbindung mit dem Hause Habsburg stützen konnte, gelangte der Fürst zur Überzeugung, die Voraussetzungen erfüllt zu haben, um sein nächstes großes außenpolitisches Vorhaben zu verwirklichen: die Durchsetzung seiner Oberhoheit über die Woiwoden der Moldau und Walachei.

Erste Anzeichen, die auf dies Vorhaben schließen lassen, waren bereits zum Jahresbeginn 1595 zu beobachten. Damals hielt Sigismund eine Gesandtschaft des walachischen Woiwoden, die sich auf dem Weg nach Prag befand, in Siebenbürgen auf. Er beorderte sie wieder zurück, um seinen Anspruch auf die alleinige völkerrechtli-

---

durch ihre Untergebenen zu kompensieren. Vgl. Constantiniu, S. 107–108. Darüber hinaus führten die sehr häufigen Herrscherwechsel in dieser Zeit zu einer hohen Verschuldung des Landes, da der jeweils neue Thronprätendent immense Bestechungsgelder und Geschenke aufbringen musste, um den Zuschlag zu erhalten: Niederkorn 1993, S. 41–42. Vgl. den Bericht des venezianischen Gesandten bei der Pforte an den Dogen über die Tributleistungen der Woiwoden der Moldau und Walachei um 1590: Documente, Hurmuzaki, Vol. XI, S. 214–215. Vgl. Heppner 1988, S. 212–213.

659 Vgl. den Bericht Sigismund Báthorys an Erzherzog Matthias vom 23. November 1594 über die Nachrichten aus Bukarest: Documente, Hurmuzaki, Vol. XII, S. 18, 23–24. Im Dezember 1594 erklärte der Sultan Michael für abgesetzt und er ernannte als neuen Woiwoden den neunjährigen Radu, Sohn des ehemaligen Woiwoden Mihnea (Turcitul): Ionaşcu, S. 114.

660 Niederkorn 1993, S. 46–47.

661 Brătianu/Makkai, S. 47. Vgl. Hurzmuzaki, Documente, III/2, S. 52–53.

662 Documente, Hurmuzaki, Vol. III/1, S.199–200. Vgl. Documente, Hurmuzaki, Vol. III/2, S. 45–46, 73–74. Vgl. Lupta pentru unitate, Constantinescu, S. 7.

663 Gooss, S. 227.

che Vertretung der beiden benachbarten Woiwodschaften zu unterstreichen[664]. Deshalb schickte Michael im April 1595 erneut – diesmal heimlich – einen Gesandten nach Prag, der Kaiser Rudolf II. über die militärischen Erfolge Michaels berichten und für die weiteren Aktionen Michaels Subsidien des Kaisers erbitten sollte. Doch Kaiser Rudolf vertröstete den Gesandten, ohne konkrete Hilfen zu versprechen. Er solle seinem Herrscher Michael eine enge Anlehnung an den Fürsten von Siebenbürgen empfehlen, der vom Kaiser materiell unterstützt werde, in dessen Bündnis mit dem Kaiser auch die Walachei eingeschlossen sei[665].

Ein deutlicherer Hinweis auf den Plan Sigismunds zur Etablierung seiner Oberhoheit über die beiden Nachbarn ging von einem Schreiben aus, in dem er am 27. März die Woiwoden der Moldau und Walachei sowie jeweils zwölf Bojaren aus den beiden Ländern einlud, am siebenbürgischen Landtag teilzunehmen, der am 16. April 1595 zusammentreten sollte. In diesem Einladungsschreiben verwendete Sigismund die Titulatur „Fürst von Siebenbürgen, der Moldau und der Transalpinen Walachei“[666]. Wenige Zeit später, am 8. Mai 1595, zeichnete Sigismund in einem Schreiben an seine Kanzlei als *Dei gratia Transylvaniae, Moldaviae, Valachiae Transalpine, Sacri Romani Imperii Princeps, partium regni Hungariae Dominus et Siculorum Comes etc.*[667].

Trotz dieser offen zur Schau getragenen Ansprüche hatten die Woiwoden keine Wahl. Es war abzusehen, dass die Wucht der anlaufenden osmanischen Gegenoffensive zuerst die Walachei treffen würde. Michael musste auf die Hilfe der Heiligen Liga und vor allem jene Siebenbürgens vertrauen. Sigismund machte Michael vor diesem Hintergrund deutlich, dass er dazu nur unter der Bedingung bereit sei, dass sich die Walachei enger an Siebenbürgen binde. Da der Fürst darauf bestand, dass diese Bindung weit über ein herkömmliches Bündnis unter Gleichen hinausreichen müsse, zeichnete sich die Durchsetzung der Oberhoheit des Fürsten von Siebenbürgen über die Woiwoden der Walachei und der Moldau im Frühjahr 1595 ab.

Michael erteilte Ende April 1595 einer Delegation, bestehend aus drei hohen Geistlichen und zwölf Bojaren, die nötigen Instruktionen für die anstehenden Verhandlungen in Siebenbürgen. Die Vollmachten der Delegation umfassten auch eine Anerkennung der Suzeränität des Fürsten von Siebenbürgen, wobei die Ausgestaltung der Rechte und Pflichten des Lehnsherren und des Vasallen vergleichbar dem frühreren Verhältnis zwischen Sultan und Woiwode ausfallen sollte. Als die Unterhändler am 12. Mai in Weißenburg eintrafen, begannen unverzüglich die Gespräche. In der darauffolgenden Verhandlungswoche offenbarte sich eine Spaltung der

664 Istoria politicii externe româneşti, S. 65.

665 Kaiser Rudolf II. an Aron, Prag, 4. März 1595: Documente, Hurmuzaki, Vol. III/1, S. 208–209. Vgl. Documente, Hurmuzaki, Vol. III/2, S. 92–93. Vgl. Veress, Documente, Vol. IV, S. 197. Vgl. Panaitescu, S. 115–116.

666 Monumenta Comitialia Regni Transylvaniae, Bd. III, S. 463–464. Ein persönliches Erscheinen der beiden Woiwoden auf dem Landtag ist nicht überliefert, allerdings kann davon ausgegangen werden, dass Gesandte aus beiden Woiwodschaften anwesend waren: Sîrbu, S. 143. Vgl. Butnariu 2004, S. 135.

667 Veress, Documente, Vol. IV, S. 216–217.

walachischen Delegation in zwei Lager. Die Mehrheit der Bojaren und die drei geistlichen Würdenträger setzten sich gegen die woiwodenfreundliche Fraktion durch und vereinbarten mit Sigismund eine sehr weitreichende Suzeränität des Fürsten von Siebenbürgen über den Woiwoden der Walachei. Letzterer musste nicht nur zentrale Rechte an den siebenbürgischen Fürsten, sondern auch an die Bojaren der Walachei abtreten[668]. Das Ergebnis der Verhandlungen wurde dem Woiwoden durch einen Kurier mitgeteilt[669], und nachdem die Zustimmung Michaels eingetroffen war, konnte der Vertrag am 20. Mai 1595 in Weißenburg unterzeichnet werden.

In der Präambel des Vertrages wird der Bruch Sigismunds mit den „Türken", sein Dienst an der christlichen Sache und die Befreiung mehrerer Länder und Provinzen erwähnt, denen er ihre alten Freiheiten wiedergegeben habe, womit die Walachei und Moldau gemeint waren. Danach wird die Michael zuteil gewordene Hilfe Sigismunds gewürdigt, mit der er die „transalpine" Woiwodschaft Sigismunds (!) vom Joch der Osmanen befreit und ihre alten Rechte restauriert habe. Erwähnt wird, dass Michael sich von der osmanischen Oberhoheit losgesagt habe, bevor er sich Sigismund unterworfen und ihm mit allen walachischen Ständen die Treue geschworen habe. Damit die von Sigismund wiederhergestellte Freiheit der Walachei leichter verteidigt werden könne, habe Sigismund die Entsendung der wichtigsten Bojaren des Landes an seinen Hof angeordnet, um mit ihnen aufgrund der Vollmachten des Woiwoden und der Stände eine Vereinbarung abzuschließen. Nach der Vorstellung der Bevollmächtigten Sigismunds, es waren der Kanzler Stefan Jósika und Georg Ravazdy, Fürstenrat und Kommandant der Festung Újvár, folgt die Nennung der 15 Mitglieder der walachischen Delegation.

Im ersten Artikel erklären die Delegierten der Walachei, dass sie sich im Namen des Woiwoden Michael und aller Bojaren und kirchlichen Würdenträger der Walachei von der Freundschaft und Herrschaft der „ungläubigen Türken" lossagen und sich Sigismund unterstellen, der daraufhin mit seinem vollen Titel genannt wird: „Von Gottes Gnaden Fürst von Siebenbürgen, der Moldau, der Walachei und des Heiligen Römischen Reiches, Herr über die *Partes adnexae* Ungarns und Graf der Szekler". Darüber hinaus betont die walachische Seite, dass sie Sigismund zu ihrem erblichen Fürsten mit uneingeschränkten exekutiven und judikativen Befugnissen wähle, damit er die Walachei vor der „Grausamkeit der Türken" schütze und sie im Einklang mit ihren alten Freiheiten genauso wie seine anderen Länder gerecht regiere. Im zweiten Artikel schwören die walachischen Delegierten, im Namen ihres Woiwoden Michael und des gesamten Landes, Sigismund und seinen Nachfolgern bis zu

668 Ionaşcu zählt zur woiwodenfeindlichen Gruppe den Metropoliten Eftimie, die Bischöfe Luca von Buzău und Teofil von Rîmnic sowie sieben Bojaren, die zu den älteren und mächtigen Familien aus der Großen Walachei gehörten, die vor allem der ehemalige Woiwode Mihnea Turcitul in die entscheidenden Staatsämter berufen hatte. Die anderen fünf Bojaren, die wie Michael vornehmlich aus der Kleinen Walachei stammten, werden der woiwodenfreundlichen Fraktion zugeordnet: Ionaşcu, S. 115, 136–139.

669 Die Antwort Michaels traf am 20. Mai in Weißenburg ein: Documente, Hurmuzaki, Vol. XII, S. 50.

ihrem Tode treue Untertanen zu sein. Der Vertrag bestimmt, dass dieser Schwur auch von Michael geleistet werden und in Zukunft von jedem neuen Woiwoden zusammen mit allen Ständen der Walachei erneuert werden müsse. Der siebenbürgische Fürst werde einen Statthalter in der Walachei mit dem Titel eines Woiwoden einsetzen, der die Sprache des Landes sprechen müsse und der die Walachei im Einklang mit ihren alten Rechten, Freiheiten und Gewohnheiten regieren und richten sowie den Befehlen des Fürsten von Siebenbürgen und seiner Nachfolger gehorchen werde (Artikel 3). Als Zeichen seiner im Namen des Fürsten von Siebenbürgen ausgeübten Herrschaft werde dieser dem Woiwoden die Herrschaftsinsignien übergeben: eine Standarte, ein Zepter und einen Säbel. Die Untertanen der Walachei sollten dem Woiwoden gehorsam in allem sein, wozu ihn der Fürst von Siebenbürgen ermächtigt habe (Artikel 4). Um leichter und besser im Einklang mit dem Willen des Fürsten von Siebenbürgen regieren zu können, werde dem Woiwoden ein Rat von zwölf in Regierungsgeschäften ausgewiesenen Bojaren zur Seite gestellt, auf deren Ratschläge der Woiwode in gerichtlichen und anderen öffentlichen Angelegenheiten hören solle. Diese Räte sollten nur vom Fürsten von Siebenbürgen und dessen Nachfolgern ernannt und entlassen werden können (Artikel 5). In der Frage der Landessteuern und Abgaben wird festgehalten, dass stets Delegierte der Walachei zu den siebenbürgischen Landtagen eingeladen werden sollten, um nach dem Verlangen des Fürsten und seiner Nachfolger in Fragen der Finanzen entscheiden zu können. Die Delegierten der Walachei sollten ebenso wie die anderen Landtagsmitglieder mit Sitz- und Stimmrecht und dem Recht, Eingaben zu machen, versehen werden. Der Woiwode und die Bojaren der Walachei sollten in der Rangordnung vor jenen der Moldau eingestuft werden und sich vor diesen zu Wort melden dürfen (Artikel 6). Die jährlichen Steuereinnahmen der Walachei sollten vom Woiwoden und den 12 Mitgliedern des Bojarenrates dem Fürsten offen gelegt werden. Nur vom Fürsten ausgewählten Bojaren war es gestattet, die Steuern des Landes einzutreiben. Sie sollten dem Fürsten in jedem Jahr eine genaue Ausgaben- und Einnahmenrechnung vorlegen (Artikel 7). Entsprechend den Vorschlägen der fürstlichen Schatzkammer und unter Anhörung der Bojaren werde der Fürst das dem Woiwoden zur Verfügung stehende Budget festlegen (Artikel 8). Die bislang von den Woiwoden erlassenen Privilegien, Urkunden und Bestätigungen sollten ihre Rechtsgültigkeit behalten. In Zukunft sollten diese aber nur mit der Einwilligung und dem Siegel des Fürsten und seiner Nachkommen erteilt werden können. Güterverleihungen sollten nur gegenüber Einheimischen erfolgen dürfen (Artikel 9). Vergehen gegen die bestehende Rechtsordnung sollten von nach altem Recht berufenen Richtern verhandelt werden, wobei der Woiwode und der zwölfköpfige Bojarenrat die höchste Appellationsinstanz bilden sollten. Urteile, die das Leben und das Eigentum der Bojaren betreffen, sollten nicht ohne das Wissen und die Zustimmung des siebenbürgischen Fürsten und seiner Nachfolger gefällt werden. Bei einer Verurteilung von Bojaren müssten deren Güter an ihre legitimen Erben fallen (Artikel 10). Diese Bestimmungen sollten auf dem historischen Gebiet der Walachei gelten, das in Artikel 11 beschrieben wird, und auf dem die Steuern eingezogen werden sollten. Eroberungen außerhalb dieser Grenzen, auch wenn sie gemeinsam erstritten würden, sollten unter die uneingeschränkte Herrschaft des Fürsten und seiner Nachfolger fallen (Artikel 11). In Artikel 12 wird die bestehende kirchliche Ordnung in der Walachei bestätigt. Alle orthodoxen Pfarreien auf dem Gebiete Siebenbürgens sollten der Rechtsprechung und Oberaufsicht des Erzbischofs der „Ungro-Walachei" in Târgovişte, des höchsten kirchlichen Würdenträgers der Walachei, unterstehen. Sie sollten weiterhin ihre gewohnten Einkünfte beziehen dürfen (Artikel 13). In Artikel 14 wird der Titel festgelegt, mit dem der Woiwode und alle Räte den Fürsten von Siebenbürgen anzusprechen haben. Ergänzend zu dem oben erwähnten Titel enthält er den Zusatz „unser allergnädigster Herr": *Serenissimus Princeps Dominus Sigismundus, Dei gratia Transsylvaniae, Moldaviae, Valachiae Transalpinae et Sacrii Romani Imperii Princeps, partium Regni Hungariae Dominus et Siculorum Comes etc. Dominus noster Clementissimus*. Der Woiwode der Walachei, Michael, sollte vom Fürsten und seinen Nachfolgern folgendermaßen tituliert werden: *Spectabilis Magnificus Dominus Michael, Vajvoda Regni nostri Transalpinensis etc. fidelis nobis dilectus* (Artikel 14). Allerdings war es dem Woiwoden fortan unter allen Umständen verboten, in seinem Titel den Zusatz „von Gottes Gnaden" zu verwenden und die Orte, in denen er Schriftstücke an den Fürsten ausstellen werde, als die Seinigen zu bezeichnen, ebenso alle anderen Orte der Walachei (Artikel 15). Dem Woiwoden war lediglich erlaubt, sein Familiensiegel mit rotem Wachs zu benutzen. Das Staatssiegel der Walachei musste er dem Fürsten von Siebenbürgen und seinen Nachfolgern aushändigen (Artikel 16). Die Würdenträger des Landes sollten fortan nicht mehr dem Woiwoden, sondern ausschließlich dem Fürsten unterstehen. Dies solle sich auch in ihren Titeln niederschlagen. Der Woiwode werde in die Reihen der Ratgeber des Fürsten von Siebenbürgen und seiner Nachfolger aufgenommen (Artikel 17). Dem Woiwoden war es fortan verboten, ohne die Zustimmung des siebenbürgischen Fürsten und seiner Nachfolger Gesandte zu ernennen und zu empfangen und in Verhandlungen mit auswärtigen Mächten und Souveränen zu treten. Im Falle entsprechender Notwendigkeiten musste sich der Woiwode an den Fürsten und seine Nachfolger wenden. Sie waren in dieser Situation angehalten, sich um die Angelegenheiten des Woiwoden und seines Landes zu kümmern, Verhandlungen zu führen und Entscheidungen zu fällen (Artikel 18). Sollte ein ungarischer oder anderer ausländischer Soldat ein Unrecht in der Walachei begehen, so sollte er vor Ort von einem vom Fürsten einzusetzenden Hauptmann gerichtet werden. Sollte ein Soldat oder Bewohner der Walachei ein Unrecht an einem Soldaten des Fürsten verüben, dann musste der Woiwode unverzüglich durch einen Vertreter (*Vornic*) Recht sprechen lassen. Sollte jemand das Leben und die Güter der Bojaren unrechtmäßig und gewaltsam angreifen, werde derjenige dafür geköpft (Artikel 19). Der Vertrag hielt fest, dass in den Kreis der zwölf Mitglieder des Bojarenrates kein „Grieche" aufgenommen werden und an der Verwaltung der Walachei ebenfalls kein „Grieche" beteiligt werden dürfe. Die „Griechen" sollten jedoch frei Handel treiben dürfen (Artikel 20). Die üblichen Festessen und Geschenke zu Ostern und am Dreikönigstag sollten aus den öffentlichen Einnahmen der Walachei bestritten werden (Artikel 21). In einen künftigen Frieden mit dem Osmanischen Reich sollte auch die Walachei einbezogen werden, gemäß der zwischen dem Fürsten von Siebenbürgen und Kaiser Rudolf II. geschlossenen Vereinbarung[670] (Artikel 22). Der Vertrag gewährte den Bojaren und dem Woiwoden das Recht, im Falle drohender Gefahr mit ihrem Vermögen Exil in Siebenbürgen zu nehmen und nicht an „die Türken" ausgeliefert zu werden. Dabei sollten sie frei über ihr Vermögen verfügen und ihre Ansprüche auf ihre Güter aufrechterhalten dürfen (Artikel 23). Die begüterten Bojaren waren davon befreit, dem Woiwoden oder Dritten Abgaben und Leibeigenendienste zur Verfügung zu stellen (Artikel 24). Auf andere Güter heimlich geflüchtete Bauern und Leibeigene sollten unverzüglich zurückgeschickt werden (Artikel 25). Schließlich wurde festgelegt, dass der Woiwode und alle Würdenträger der Walachei den Treueid auf den Fürsten und dessen Nachfolger im Moment der Übergabe der Einsetzungsstandarte an den Woiwoden zu leisten hätten (Artikel 26). Der Fürst von Siebenbürgen erklärte für sich und seine Nachfolger, die Walachei gegen alle Feinde mit Soldaten, Geld, Geschützen, Schießpulver und allen militärischen Mitteln zu verteidigen und sie entsprechend der geschlossenen Vereinbarung zu regieren. In den beiden letzten Punkten des Vertrages erklärten beide Seiten, dass sie die Gültigkeit der Vereinbarung durch ihre eigenhändigen Unterschriften und ihre Siegel für ihre Person und ihre Nachfolger bekräftigen[671].

Fürst Sigismund stellte in Weißenburg noch am Tag der Vertragsunterzeichnung seine Ratifikationsurkunde aus, in der er sich *Dei gratia Regnorum Transilvaniae, Moldaviae, Valachiae Transalpinae et sacri Romani impery Princeps, partium regni Hungariae dominus, et Siculorum Comes etc.* titulierte[672]. Am 27. Mai 1595 schworen die Delegierten der Walachei Fürst Sigismund vertragsgemäß die Treue und kehrten in ihre Heimat zurück. Kurz danach überbrachte Georg Palaticz, der Ban von Lugosch, Michael die Einsetzungsstandarte mit den übrigen Herrschaftsinsignien. Dem Ban übergaben Michael und die Bojaren ihre Treueerklärung gegenüber Sigismund sowie die von Michael ausgefertigte Ratifikation des Vertrages[673].

Damit musste Michael nahezu alle Vorrechte eines Herrschers an den Fürsten von Siebenbürgen abtreten. Der Fürst und der Landtag von Siebenbürgen erhielten das Recht, annähernd alle politischen Entscheidungen der Walachei mitzubestimmen.

---

670 Damit ist der Prager Vertrag vom Januar 1595 gemeint.

671 Das Original des Vertrages ist verloren gegangen. Eine lateinische Übersetzung des Vertrages wurde in zweiter Auflage in Hermannstadt 1783 vom siebenbürgischen Chronisten Wolfgang Bethlen in seiner Edition *Historia de rebus Transylvanicis* veröffentlicht. Diese Version ist ebenso von Hurmuzaki veröffentlich worden: Documente, Vol. III./1, S. 209–213. Siehe die rumänische Übersetzung und mit Kommentaren ausgestattete Version des lateinischen Textes, in denen auch ein Vergleich zum Wortlaut des siebenbürgisch-moldauischen Vertrages gezogen wird: Mihai Viteazul în conştiinţa europeană, S. 87–99.

672 Das Original der Ratifikation wurde nicht überliefert. Der italienische Diplomat Simon Genga schickte aus Weißenburg am 25. Mai 1595 eine lateinische Übersetzung der, wie Genga bemerkte „in griechischer Sprache, wie bei den Rumänen üblich" – also kirchenslawisch – abgefassten Ratifikation, an den Großherzog der Toskana. Die als „Kapitulation für die Walachei" verfasste Urkunde, welche die Vertragsbestimmungen wiedergab, war an Michael und die walachischen Bojaren gerichtet. Diese Version wurde von Esarcu im Archiv der Stadt Florenz gefunden und im Anhang der Hurmuzaki-Quellensammlung publiziert: Documente, Hurmuzaki, Vol. III/1, S. 472–476.

673 Sîrbu, S. 147.

Darunter fielen das Finanz- und das Steuersystem der Walachei. Dem Fürsten von Siebenbürgen oblagen die Verleihung von Gütern und die Verhängung der Todesstrafe für Bojaren. Kein Bojar durfte künftig ohne ein Gerichtsverfahren strafrechtlich belangt werden. Die Einrichtung einer ständischen Vertretung nach dem Vorbild des siebenbürgischen Landtages unterblieb jedoch. In den auswärtigen Beziehungen fielen alle maßgeblichen Kompetenzen des Woiwoden der Walachei an den siebenbürgischen Fürsten, ohne dessen Zustimmung Gesandte nicht ins Ausland geschickt werden durften. Als Gegenleistung verpflichtete sich Fürst Sigismund, den Schutz des Landes zu gewährleisten und im Kampf gegen die Osmanen militärische Hilfe zu leisten. Mit der Unterstellung der orthodoxen Kirchen der Rumänen Siebenbürgens unter die Jurisdiktion des Erzbischofs von Târgovişte sollte vor allem zum Schlag gegen die siebenbürgischen Calvinisten ausgeholt werden, die vor allem im Fogarascher Land erfolgreich unter den Rumänen zu missionieren begonnen hatten[674].

Mit der Ratifizierung dieses Vertrages musste Michael dem Druck des siebenbürgischen Fürsten und der dominierenden walachischen Bojarenfraktion nachgeben, die sich nach dem Vorbild der siebenbürgischen Stände einen beträchtlichen Grad an Selbstständigkeit gegenüber dem Woiwoden und eine Teilhabe an der Regierung des Landes sichern wollten[675]. Sie konnten auch darauf hoffen, durch den Fürsten in den siebenbürgischen Landtag berufen zu werden. Um sich vom Woiwoden und seinen ausländischen Günstlingen zu emanzipieren und in den Genuss der „goldenen Freiheiten" des ungarischen Adels zu gelangen, beschnitten die Bojaren die Macht ihres Landesherren beträchtlich. Michael äußerte sich zum Inhalt des Vertrages dahin gehend, dass in diesem „in weiten Teilen, über meine Erwartungen hinaus, meine frühere Würde gesunken ist und meine Position geschwächt wurde"[676]. Die Macht des Woiwoden tauschten die Bojaren gegen die Oberhoheit des weiter entfernt – jenseits der Karpaten – residierenden Fürsten von Siebenbürgen ein. Auf diese Weise profitierte Sigismund Báthory, dem es gelang, mit dem Weißenburger Vertrag ein Suzeränitätsverhältnis zwischen der Woiwodschaft Walachei und dem Fürstentum Siebenbürgen zu etablieren.

Noch während der siebenbürgisch-walachischen Verhandlungen geriet die Moldau in das Visier Sigismunds. Obwohl der Woiwode der Moldau, Aron, sich bereits

---

674 Brătianu/Makkai, S. 48–49. Vgl. Leitsch 1972, S. 308. Vgl. Documente, Hurmuzaki, Vol. III/2, S.103. Vgl. Ebenda, Vol. XII, S. 50–51. Vgl. Panaitescu, S. 114–115. 1596 erhielt Michael die Erlaubnis Sigismunds, in Weißenburg in der Nähe des fürstlichen Palastes ein Kloster mit orthodoxen Mönchen zu gründen, aus der später der Sitz des orthodoxen Metropoliten von Siebenbürgen hervorging: Pop, Ioan-Aurel, S. 86.

675 In einem Schreiben an den polnischen Gesandten Lubieniecki vom Juli 1595 betonte Michael, dass die Bojaren sich nicht an seine Instruktionen gehalten hätten, sondern nur an das, was zu ihrem Nutzen gewesen sei, um Privilegien zu erhalten. Gegenüber dem päpstlichen Nuntius am siebenbürgischen Hof erklärte die dominante Bojarenfraktion, sie habe den Vertrag unterzeichnet, um sich vor der Tyrannei Michaels zu schützen, der die einflussreichsten und wohlhabendsten Männer der Walachei unter Ausnutzung der kleinsten Gelegenheit beseitige, um sich zu bereichern: Ionaşcu, S. 115–117, 120.

676 Michael an Stefan Jósika, Bukarest, im Juni 1595: Veress, Documente, Vol. IV, S. 243–244. Vgl. Ionaşcu, S. 136–137.

im August 1594 unter die Oberhoheit Kaiser Rudolfs II. gestellt und im November 1594 das antiosmanische Bündnis mit Fürst Sigismund abgeschlossen hatte, war er nicht bereit, die Suzeränität des siebenbürgischen Nachbarn zu akzeptieren. Vor diesem Hintergrund alarmierte Sigismund die Nachricht, Aron habe im Frühjahr 1595 wieder den Kontakt zur Hohen Pforte aufgenommen und seine Verbindungen nach Polen intensiviert, um den siebenbürgischen Druck durch polnischen Gegendruck zu kompensieren. In dieser Situation zeigte sich der lediglich symbolische Charakter des Bündnisses, das Aron 1594 mit dem Kaiser geschlossen hatte. Aufgrund einer fehlenden gemeinsamen Grenze zwischen dem habsburgischen Ungarn und der Moldau, aber auch durch den eingeschränkten Radius der habsburgischen Truppen konnte der Kaiser einen effektiven Schutz der Moldau zu keinem Zeitpunkt gewährleisten[677]. Noch entscheidender war, dass Fürst Sigismund diplomatische Beziehungen zwischen dem moldauischen Woiwoden und dem Kaiser als einen Angriff gegen seinen Anspruch auf alleinige völkerrechtliche Vertretung der beiden Woiwodschaften interpretierte. Während der Verhandlungen mit der Walachei ließ Fürst Sigismund am 23. April 1595 mit Hilfe einer Verschwörung moldauischer Bojaren den Woiwoden Aron vom siebenbürgischen Hauptmann Kaspar Kornis[678] festnehmen und samt seiner Familie nach Kronstadt bringen. Er wurde wegen Konspiration mit dem Feinde[679], vor allem aufgrund angeblicher Kontakte zu „den Polen" – erwähnt wird ein reger Briefwechsel mit Kardinal Andreas Báthory, Vetter und damaliger Rivale des siebenbürgischen Fürsten, – angeklagt und in Winz ermordet[680]. Im Mai 1595 ließ Sigismund den Bojaren und Anführer des Komplotts, Stefan Răzvan, als Woiwoden der Moldau einsetzen. Răzvan hatte zuvor die ungarischen Söldnergarden des moldauischen Woiwoden befehligt[681]. Der neue Landesherr sandte bald darauf eine Delegation nach Weißenburg, um einen analogen Vertrag zum siebenbürgisch-walachischen Bündnis abzuschließen. Von Verhandlungen im eigentlichen Sinne kann keine Rede sein, da die moldauische Delegation[682] bereits drei Tage nach ihrer Ankunft den ihr von den siebenbürgischen Bevollmächtigten[683] vorgelegten Vertragsentwurf im Namen des Woiwoden der Moldau, aller moldauischen Bojaren und der gesamten Moldau unterzeichnen musste. Der am 3. Juni 1595 in Weißen-

677 Der Kaiser hoffte, durch das Bündnis mit der Moldau die Krimtataren von Ungarn fernhalten zu können: Leitsch 1972, S. 311, 317.

678 Kaspar Kornis befehligte seit Beginn des „Langen Türkenkrieges" Söldnertruppen des siebenbürgischen Fürsten. Vgl. Documente şi însemnări româneşti, S. 204–205.

679 Am 4. März hatte Kaiser Rudolf den Woiwoden Aron dazu aufgerufen, dem Bündnis mit ihm und dem Fürsten von Siebenbürgen treu zu bleiben und nicht auf die Versuche „des Türken" einzugehen, ihn aus der christlichen Allianz herauszulösen: Sîrbu, S. 134–135.

680 Siehe zwei Berichte an den Kaiser, Weißenburg, 12. Mai 1595 in: Lupta pentru unitate, Constantinescu, S. 22–24.

681 Brătianu/Makkai, S. 49. Bereits am 16. Mai 1595 berichtete der venezianische Gesandte in Prag an den Dogen über die Pläne Báthorys, sich die Moldau zu unterwerfen: Documente, Hurmuzaki, Vol III/2, S. 99–100, 112–113. Vgl. Niederkorn 1993, S. 46–47.

682 Die Delegation wurde von den Bojaren Ioan Călugărul im Range eines „Vistier" und Michael Aga, genannt „der Hetman", geleitet: Sîrbu, S. 147.

683 Diese waren der Kanzler Stefan Jósika und der Rat Pancratius Sennyei: Sîrbu, S. 147.

burg geschlossene Bündnisvertrag enthielt in fast identischer Form die Bestimmungen des siebenbürgisch-walachischen Vertrages. Lediglich zwei zusätzliche Artikel waren – verglichen mit dem Walachei-Vertrag – neu: Fürst Sigismund erhielt das ausschließliche Recht, die Kommandanten der in der Moldau liegenden Burgen zu ernennen, in denen er siebenbürgische Truppen stationieren durfte. Der zweite anderslautende Artikel legte fest, dass die „Bischöfe" der Moldau keine Rechte über die orthodoxen Pfarreien in Siebenbürgen ausüben dürften. Noch am selben Tag ratifizierte Sigismund den Vertrag, indem er der Moldau eine „Kapitulation" ausstellte, die – in Anlehnung an die „Kapitulationen" der Sultane – die Rechte und Pflichten des Landes gegenüber dem Fürstentum Siebenbürgen umriss[684]. Auch in dieser Urkunde verwendete Sigismund den Titel *Dei gratia Regnorum Transilvanie, Moldavie, Valachie Transalpine [!] e Sacri Romanii Imperii Princeps, Parum Regni Ungharie [!] dominus et Siculorum Comes etc.* Fürst Sigismund erteilte am 10. Juni Instruktionen an seinen Vertrauten Kaspar Kornis, der die Moldau im Auftrag des siebenbürgischen Fürsten reorganisieren und das Kommando der dort stationierten fürstlichen Truppen führen sollte. Die Aushändigung der Einsetzungsstandarte und des Zepters an den neuen Woiwoden der Moldau erfolgte am 27. Juni 1595 durch Kaspar Kornis[685].

Die vorläufige Bilanz des Fürsten konnte sich sehen lassen. Während Sigismund noch ein Jahr zuvor unter der Oberhoheit einer fremden Macht stand, hatte er sich 1595 nicht nur zum Souverän, der keinen über sich anerkennt, aufgeschwungen. Vielmehr übernahm er als Schutzherr das Protektorat über die Woiwodschaften Moldau und Walachei. Damit hatte er ein System von abhängigen Vasallen nach mittelalterlichem Vorbild geschaffen, das politisch und militärisch in der Lage sein sollte, die Unabhängigkeit Siebenbürgens gegenüber dem Osmanischen Reich zu verteidigen. Das etablierte Suzeränitätsverhältnis war aber weitreichender als viele Abhängigkeitsverhältnisse, die sich meistens auf die Außen- und Militärpolitik des in Schutz genommenen Staates beschränkten. Hier griffen die Bestimmungen viel weiter in die innerstaatliche Rechtshoheit der beiden Woiwodschaften ein und degradierten die dortigen Herrscher zu einfachen Statthaltern[686]. Ein solch intensiver Eingriff war weder unter osmanischer, noch unter ungarischer oder polnischer Oberhoheit erfolgt. Obwohl sich das Fürstentum mit dem politischen, wirtschaftlichen und militärischen Machtpotenzial der erwähnten Reiche noch nicht einmal ansatzweise vergleichen konnte, spielte es dennoch seinen Status als Referenzmacht

---

684 Das Original des Bündnisvertrages ist nicht überliefert. Sein Inhalt lässt sich aus der am gleichen Tag ausgestellten Ratifikation Sigismunds in lateinischer Sprache, die den Vertrag wiedergibt, erschließen. Wortlaut in: Documente, Hurmuzaki, Vol. III/1, S. 477–480. Der venezianische Gesandte am Prager Hof leitete am 11. Juli 1595 eine italienische Übersetzung des Weißenburger Vertrages vom 3. Juni 1595 an den Dogen weiter. Am Ende seines Schreibens verweist er darauf, dass ein gleicher Vertrag zu den gleichen Konditionen am 20. Mai 1595 mit dem Woiwoden der Walachei abgeschlossen worden sei: Documente, Hurmuzaki, Vol III/2, S. 119–121. Siehe den Vergleich zum Wortlaut des siebenbürgisch-walachischen Vertrages in den Anmerkungen: Mihai Viteazul în conştiinţa europeană, S. 97–99.

685 Sîrbu, S. 136, 149. Vgl. Istoria politicii externe româneşti, S. 66.

686 Vgl. Niederkorn 1993, S. 47.

gegenüber seinen kleineren und schwächeren Nachbarn effektiv aus. Dieser Status gründete sich auf seiner ökonomischen und militärischen Überlegenheit, bedingt durch eine bessere demografische Ausgangslage und ein differenziertes Ständesystem mitteleuropäischer Prägung sowie seine ranghöhere Stellung, die sich aus dem reklamierten Erbe des mittelalterlichen Königreichs Ungarn ergab. Dementsprechend wurde der siebenbürgische Fürst in den moldauischen und walachischen Quellen als *Crai* (König) bezeichnet.

Nach dem Bruch mit dem Osmanischen Reich waren insbesondere die Eliten der Walachei gezwungen, sich vollständig in die Arme des Fürsten von Siebenbürgen zu werfen, um der Gefahr einer Umwandlung ihres Landes in eine osmanische Provinz zu entgehen. Die Moldau konnte im Falle einer solchen Eventualität auf die Intervention des Königreichs Polen hoffen. Dass die Moldau dennoch in eine mit der Walachei vergleichbaren Lage geriet, lag neben der akuten Bedrohung durch die Osmanen und Tataren vor allem an der geschickten Ausnutzung der innenpolitischen Bruchlinien durch den siebenbürgischen Fürsten. Mit Hilfe der walachischen und moldauischen Bojaren gelang es Fürst Sigismund, die „christliche Verwandtschaft" und die historischen Verbindungen der Woiwodschaften zum Königreich Ungarn dafür einzusetzen, um eine gegenüber der osmanischen Oberhoheit deutlich restriktivere Suzeränität zu etablieren[687].

Trotz aller Parallelitäten zwischen beiden Woiwodschaften fällt auf, dass dem größeren politischen, wirtschaftlichen und militärischen Gewicht der Walachei Rechnung getragen wurde, indem diese rangmäßig über die Moldau erhoben wurde. Davon zeugen auch die beiden Zusatzartikel im siebenbürgisch-moldauischen Vertrag. Auf die Frage, warum sich die Walachei dennoch ein annähernd gleich straffes rechtliches Korsett durch Sigismund anlegen lassen musste, liefert ein venezianisches Dokument vom 9. Juni 1595 zwar keine umfassende Antwort, enthält aber einen aussagekräftigen Hinweis: Die allgemein sehr gut unterrichtete venezianische Diplomatie berichtete, dass kurz nach der Absetzung des moldauischen Woiwoden Aron auch der Woiwode der Walachei, Michael, dem Vorwurf des Verrats ausgesetzt gewesen sei und er Gefahr gelaufen sei, seinen Kopf aufgrund eines Befehls aus Siebenbürgen zu verlieren. Soweit sei es nicht gekommen, da auch Michael dem Fürsten Sigismund habe Treue schwören müssen[688]. Daraus kann geschlossen werden, dass Sigismund die ständig im Umlauf befindlichen Gerüchte über eine heimliche Zusammenarbeit Michaels mit der Pforte ausnützte und Michael vor die Wahl stellte, entweder seine Herrschaft wie Aron zu verlieren, oder die harten Bedingungen eines siebenbürgischen Vasallen zu akzeptieren. Angesichts des Krieges gegen die Osmanen und der starken Bojarenopposition im eigenen Lande blieb Michael keine andere Wahl, als auf diese Art seinen Thron zu retten.

Die von Sigismund Báthory errungene Machtposition repräsentieren die zwischen 1595 und 1598 in Siebenbürgen geprägten Münzen auf anschauliche Weise:

---

687 Constantiniu, S. 110.
688 Lupta pentru unitate, Constantinescu, S. 26–27.

Auf den Drei-Groschen-Münzen stand *SIG[ismundus] D[ei] G[ratia] TRAN[sylvaniae] MOL[daviae] WAL[achiae]. S[acri] R[omani] I[mperii] P[rinceps]*[689]. Damit wollte Fürst Sigismund gerade nach außen seinen Anspruch auf die beiden Woiwodschaften untermauern. Insbesondere in Mitteleuropa und in Italien wurde die Einbeziehung der Moldau und Walachei in das Herrschaftssystem des Fürsten von Siebenbürgen rezipiert[690]. Aus den Briefen des päpstlichen Nuntius in Prag, Speziano, die er am 25. und 27. Juni 1595 an Fürst Sigismund, dessen Beichtvater Carillo sowie an Alfonso Visconti, Bischof von Cervia und Nuntius am siebenbürgischen Hofe, schrieb, geht hervor, dass Kaiser Rudolf II. die Verträge des siebenbürgischen Monarchen mit den beiden Woiwoden billigte, wenngleich ihn die Übernahme des walachischen Herrschertitels durch Sigismund störte. Diesbezügliche Einwände wies Sigismund mit dem Hinweis zurück, er wolle nicht glauben, dass „diese Provinz" ein mit Siebenbürgen vergleichbares Land der ungarischen Krone darstelle[691].

Die veränderte völkerrechtliche Stellung des Fürstentums Siebenbürgen gegenüber den Woiwodschaften Moldau und Walachei wirkte sich umgehend auf dessen völkerrechtliche Praxis aus. Das Recht des Fürsten auf die alleinige völkerrechtliche Vertretung der Woiwodschaften äußerte sich darin, dass sich Sigismund darum bemühte, eine Weiterreise des kaiserlichen und königlichen Sondergesandten am siebenbürgischen Hofe, Marini Poli, in die Walachei zu unterbinden. Poli befand sich bereits seit Februar 1595 in Weißenburg und hatte vom Kaiser Anfang Dezember 1594 den Auftrag erhalten, von Siebenbürgen in die Walachei und Moldau zu reisen[692]. Am 10. April 1595 überredete der siebenbürgische Kanzler den habsburgischen Gesandten, nicht in die Walachei abzureisen, da auf dem bald stattfindenden Landtag die Vertreter der Walachei teilnehmen würden. Am 9. Juni schrieb der Fürst persönlich an den Kaiser, er habe dessen Gesandten überzeugen können, dass eine Weiterreise in die Walachei und Moldau für alle Seiten keinen Nutzen bringe. Aufgrund der in diesen beiden „Regionen" herrschenden „Wankelmütigkeit und Unbeständigkeit" könne der Besuch des kaiserlichen Gesandten vor Ort als Anlass für neue „Schwierigkeiten" ausgenutzt werden, welche die siebenbürgische Seite erst kürzlich habe überwinden können[693].

Die Klagen in der Walachei und Moldau über das Ausbleiben der kaiserlichen Gesandtschaft fanden in den folgenden Wochen dennoch einen Weg bis nach Prag. Am 15. August 1595 berichtete der venezianische Gesandte am kaiserlichen Hof über Beschwerden aus der Moldau und Walachei bezüglich der „Unterdrückung" durch „den Siebenbürger". Man beklage sich in den Woiwodschaften darüber, dass man nicht die osmanische Oberhoheit abgelegt habe, um unter die Herrschaft des Fürs-

---

689 Auf der Rückseite der Münzen befand sich das Wappen der Familie Báthory: Butnariu 2004, S. 136–137.

690 Siehe den Wortlaut einer Schrift des römischen Verlegers Luigi Zanetti von 1595 in: Documente, Hurmuzaki, Vol III/2, S. 495–496.

691 Documente, Hurmuzaki, Vol. XII, S. 72–73.

692 Documente, Hurmuzaki, Vol. XII, S. 20, 22.

693 Sîrbu, S. 152–153.

ten zu geraten, sondern um sich mit dem Kaiser gegen die Osmanen zu verbünden, notierte der Gesandte. Der benachbarte Siebenbürger habe durch unlautere Mittel und mit Hilfe der Bojaren in der Moldau einen Woiwoden an die Macht gebracht, der nur sehr eingeschränkt regieren dürfe. Danach hätten die Bojaren den Fürsten von Siebenbürgen als Herren über ihr Land eingesetzt und ihm die Macht übertragen, wozu ihnen aber die Vollmacht gefehlt habe. Gegen solche Vorwürfe habe sich der Fürst von Siebenbürgen mit dem Argument gewehrt, die Verhandlungen seien nach den üblichen Gepflogenheiten geführt worden und die Übereinkünfte seien rechtmäßig zustande gekommen. Darüber hinaus seien die den jeweiligen Verhandlungsführern ausgehändigten Schreiben und Bevollmächtigungen korrekt gewesen. Schließlich habe der Fürst betont, bemerkte der Venezianer, dass die mit den Verträgen Unzufriedenen eine kleine Minderheit darstellten und unter keinen denkbaren Umständen befriedigt werden könnten. Er habe aber keine Angst, dass diese Leute Unruhen hervorrufen könnten, und glaube, dass alle sehr bald im Frieden miteinander auskommen würden[694].

d. Die Bewährungsprobe des siebenbürgischen Bündnissystems 1595–1598

Das von Sigismund Báthory geschaffene Bündnissystem schwächte allein aufgrund seiner Existenz die Position des Osmanischen Reiches auf dem ungarischen Kriegsschauplatz. Nicht nur eine Einkreisung des osmanischen Verwaltungsgebiets in Zentralungarn drohte durch die Mitglieder der Heiligen Allianz, auch eine Unterbrechung der osmanisch-tatarischen Nachschubwege für Truppen und Material schien unmittelbar bevorzustehen. Nachdem die Osmanen schon 1593–1594 mehrere ungarische Festungen an die Habsburger verloren hatten, geriet die Kriegspolitik Großwesir Sinân Paschas in der osmanischen Hauptstadt nun zunehmend in die Kritik. Die osmanischen Truppen schienen den mit einer außergewöhnlich großen Feuerkraft ausgestatteten kaiserlichen Regimentern, die sich aus deutschen, wallonischen, französischen oder italienischen Söldnern zusammensetzten, zunächst weder auf dem Schlachtfeld noch im Festungskampf ebenbürtig zu sein[695]. Die Aufkündigung der osmanischen Oberhoheit durch den siebenbürgischen Fürsten und die moldauischen und walachischen Woiwoden wurden an der Hohen Pforte als dreiste Provokation empfunden. Die Botschaft, die von diesem Schritt ausging, war für die Repräsentation osmanischer Macht vernichtender als die bisherigen militärischen Rückschläge in der ungarischen Puszta. Sinân nutzte die Thronbesteigung Sultan Mehmets III. am 27. Januar 1595, um eine politische Kehrtwende vorzutäuschen.

694 Documente, Hurmuzaki, Vol. III/2, S. 127–128. In seinem Bericht vom 12. September 1595 betonte der venezianische Gesandte in Prag, dass die Moldauer (die Nachricht von der Absetzung des Woiwoden Ştefan hatte ihn noch nicht erreicht) und Walachen entschlossen seien, weiterhin gegen die Osmanen zu kämpfen, obwohl sie mit der Herrschaftsausübung des siebenbürgischen Fürsten nicht zufrieden seien: Ebenda, S. 130–131.

695 Kelenik, S. 154–156.

Im Februar 1595 wies der Großwesir seinen Sohn, den Pascha von Ofen, an, den Habsburgern ein Friedensangebot zu unterbreiten. Im Namen des neuen Sultans bot Sinân Pascha Frieden, vor allem den Verzicht auf einen Feldzug gegen Wien, und forderte dafür die Räumung aller ungarischen Gebiete durch die habsburgischen Truppen, eine deutliche Kampfansage an die Adresse Prags[696].

In seinem Antwortschreiben wies Kaiser Rudolf II. die osmanischen Friedensbedingungen zurück und forderte seinerseits die Räumung Zentralungarns durch die Osmanen. Er betonte die Legitimität seiner Herrschaft als König von Ungarn, hob seine militärischen Erfolge auf dem ungarischen Kriegsschauplatz hervor und wies triumphal darauf hin, dass die Moldau, die Walachei und Siebenbürgen inzwischen in „seinen Dienst" getreten seien[697]. Diese einkalkulierte Ablehnung versuchte Sinân Pascha dafür zu nutzen, um die Friedensbemühungen seines Rivalen Ferhad Pascha zu kompromittieren. Ferhad Pascha suchte während seiner kurzen Regierungszeit als Großwesir (Ende Februar bis Juli 1595) – durch Vermittlung der englischen Königin und des Dogen von Venedig – den raschen Friedensschluss mit der Habsburgermonarchie. Angesicht der immensen Kriegskosten in Ungarn zog er es vor, in Ungarn den Status quo ante wiederherzustellen, und dafür die abtrünnigen christlichen Vasallen erneut unter die Herrschaft des Padischah zu zwingen. Der Sultan befahl, dass der „siebenbürgische Woiwode" und die Herrscher der Moldau und Walachei abgesetzt werden sollten. Um zukünftige Illoyalitäten auszuschließen, schlug Ferhad Pascha im Frühjahr 1595 vor, die drei christlichen Herrscher durch osmanische Statthalter zu ersetzen, die eine Eingliederung Siebenbürgens, der Moldau und Walachei in die Provinzialverwaltung des Osmanischen Reiches vorbereiten sollten[698]. Ein von Ferhad Pascha angeordneter Angriff gegen die siebenbürgisch-walachisch-moldauische Allianz scheiterte jedoch bereits kurze Zeit später[699]. Die Politik des Großwesirs wurde vollkommen kompromittiert, als Ferhad danach Sigismund das Angebot unterbreitete, die Königskrone für Ungarn, Siebenbürgen, die Moldau und Walachei aus den Händen des Sultans zu empfangen, und der Fürst dieses Zuckerbrot zurückwies[700]. Ferhads Misserfolg hievte im Juli 1595 seinen Rivalen Sinân Pascha wieder auf den Posten des Großwesirs. Dieser wollte mit einem besser vorbereiteten Militärschlag die Überlegenheit des Osmanischen Reiches unter Beweis stellen. Er plante, durch einen Großangriff zuerst die Moldau und Walachei aus dem siebenbürgisch-habsburgischen Bündnissystem herauszubrechen.

696 Der Pascha von Ofen beruft sich in seinem Schreiben auf ein angebliches Friedensangebot des Kaisers, das der König von Portugal vermitteln sollte. Damals regierte der jüngste Bruder des Kaisers, Erzherzog Albrecht, als Vizekönig Portugal im Namen König Philipps II. von Spanien. Ebenda, S. 183–186.

697 Wortlaut der beiden Schreiben (das Schreiben des Kaisers wurde in Ofen ins Osmanische übersetzt): Ivanics, S. 189–195.

698 Butnariu 2004, S. 135.

699 Siehe den anonymen Bericht aus Kaschau vom 31. März 1595 in: Lupta pentru unitate, Constantinescu, S. 13.

700 Anonymer Bericht aus Venedig, 9. Juni 1595: Lupta pentru unitate, Constantinescu S. 24, 26–27.

Am 19. August 1595 begann die Offensive der osmanischen und krimtatarischen Streitkräfte an der unteren Donau. Um die Effektivität seines Schutzversprechens gegenüber der Walachei unter Beweis zu stellen – ohne die seine Lehnsherrschaft in ihrer Legitimität massiv beschädigt worden wäre – und um Siebenbürgen vor einer osmanischen Invasion zu bewahren, entschied Sigismund, dem bedrohten Woiwoden Michael rasch militärisch beizustehen. Während der Fürst im Banat die osmanischen Festungen belagern ließ und einen antiosmanischen Aufstand der Serben förderte, sandte er ein Szekleraufgebot unter Albert Király in die Walachei. Mit dessen Hilfe konnte Michaels Heer am 23. August 1595 einen osmanischen Angriff bei Călugăreni abwehren[701]. Allerdings war Michael danach gezwungen, sich vor der osmanischen Übermacht in die Karpaten zurückzuziehen, um das Eintreffen der siebenbürgischen Hauptstreitmacht abzuwarten. Nach der Besetzung fast der gesamten Walachei begannen die Osmanen mit der Einrichtung fester Garnisonen und der Umwandlung christlicher Kirchen in Moscheen – Maßnahmen, die als Anzeichen einer bevorstehenden Umwandlung des Landes in ein osmanisches Paschalik interpretiert wurden. Die Angst vor einer völligen Entmachtung durch den Sultan schweißte den Woiwoden und seine Bojaren wieder enger zusammen. Ende September 1595 sammelte sich das siebenbürgische Heer in Zeiden bei Kronstadt. Nach seiner Verstärkung durch die walachischen Truppen und durch deutsche Söldner wuchs es auf die für regionale Verhältnisse ungewohnte Größe von etwa 50.000 Mann an. Unter dem Oberbefehl des siebenbürgischen Fürsten marschierte es vor die walachische Residenzstadt Târgovişte, aus der sich das osmanische Heer, das unter dem Kommando des Großwesirs Sinân Pascha stand, in Richtung Donau zurückzog. Als die osmanische Armee den Strom bei Giurgiu überquerte, wurde sie am 25. Oktober 1595 vom siebenbürgisch-walachischen Heer angegriffen und vernichtend geschlagen. Danach überquerte es die Donau und stieß tief in osmanisches Gebiet vor[702].

Diese militärischen Erfolge führten im abendländischen Europa zu einem raschen Prestigegewinn des siebenbürgischen Fürsten, der mit mehreren Ehrungen überhäuft wurde. Dazu trugen maßgeblich die Berichte der den Fürsten begleitenden Jesuiten bei, die den Kreuzzugscharakter des Feldzuges herausstellten und die Sigismund Báthory als neuen David oder Judas Makkabaeus apostrophierten. Der Fürst verstärkte die Kreuzzugsymbolik durch das Mitführen großer Kreuz-Fahnen, durch das Ablegen des Glaubensbekenntnisses vor seinen Truppen und durch öffentliche Dankes-

701 Barta 1990, S. 296. Vgl. Brătianu/Makkai, S. 49. Sigismund verständigte den Kaiser am 28. August über den Sieg, den Rudolf II. umgehend an den spanischen König melden ließ: Lupta pentru unitate, Constantinescu, S. 32–33.

702 Der osmanische Chronist Kara-Celebi-Zade alias Abdul-Aziz efendi über den misslungenen osmanischen Feldzug in die Walachei 1595 in: Cronici turceşti, Vol. I, S. 550–551. Vgl. Czettler, S. 102–103. Vgl. Kortepeter 1972, S. 143. Vgl. Lupta pentru unitate, Constantinescu, S. 41.

gebete nach dem Empfang von Siegesmeldungen[703]. Papst Clemens VIII. sandte mit dem nach Weißenburg reisenden neuen Nuntius Ludovico Anguiscola ein geweihtes goldenes Schwert samt Helm an den siebenbürgischen *miles christianus*. In seinem Schreiben vom 20. Januar 1596 verwies der Papst auf das bei Paulus erwähnte Schwert und den Helm und er forderte den Fürsten zu weiteren Kämpfen gegen „die Mächte des Antichristen" auf[704]. Der König von Spanien nahm Sigismund in den Orden vom Goldenen Vlies auf, wofür sich auch Kaiser Rudolf II. aufgrund seiner aus dem Prager Vertrag resultierenden Verpflichtungen eingesetzt hatte. Darüber hinaus verfasste der spanische Dichter Lope de Vega zu Ehren Sigismunds 1596 das Drama *Prodigioso Principe de Transilvania*[705]. Auch in den zwischen 1595 und 1598 entstandenen mitteleuropäischen Flugschriften wurden Sigismunds Taten besungen und sein Bild samt Wappen abgedruckt[706]. Eine anonyme Chronik zum Leben und Werk der Römischen Kaiser im 16. Jahrhundert ging auch auf den antiosmanischen Kampf der Habsburgermonarchie und Siebenbürgens ein und feierte Fürst Sigismund vor dem Hintergrund der Erfolge der christlichen Koalition als neuen „Huniadi" und „Scanderbeg"[707]. Sigismunds Ruhm brachte ihm vor allem mehr Subsidien aus dem katholischen Europa ein.

Der Kirchenstaat unterstützte die habsburgisch-siebenbürgischen Kriegsanstrengungen während des gesamten „Langen Türkenkrieges" mit umfangreichen Subsidien, der Werbung von 30.000 Söldnern sowie der unmittelbaren Beteiligung päpstlicher Truppen an den Feldzügen von 1595, 1597 und 1601[708].

Auch der Großherzog der Toskana sandte Soldaten, die im September 1595 – erschöpft vom langen Ritt – in Siebenbürgen ankamen[709]. Dennoch nahmen sie an den wichtigsten Schlachten des Feldzuges von 1595 (Târgoviște und Giurgiu) unter ihrem Befehlshaber Silvio Piccolomini teil. Neben Subsidien stellte der italienische Herrscher auch Artilleristen zur Verfügung, die mit ihrer Erfahrung im Festungs-

---

703 Der päpstliche Nuntius in Polen, Germanico Malaspina, erwähnte, dass Fürst Sigismund sich sehr darum bemüht habe, vom Woiwoden der Moldau eine Fahne mit der Aufschrift *Sigismundus Rex* zu erhalten. Sie stammte wahrscheinlich aus der Regierungszeit des ungarischen Königs Sigismund von Luxemburg und stellte den vom Fürsten erwünschten Bezug zum Heiligen Sigismund her: Veress, Documente, Vol. V, S. 7.

704 Ausführlich zur propagandistischen Ausnutzung des Feldzuges durch Fürst Sigismund und die katholische Kirche: Kruppa, S. 45–55. Vgl. Schmidt-Rösler 2010, Abschnitt 76–79.

705 Niederkorn 1993, S. 44. Vgl. Randa, S. 123–129.

706 Vocelka 1981, S. 254–256, 293–294. Vgl. Etényi, S. 271.

707 Die aus der Wiener Hofbibliothek stammende Schrift ist abgedruckt in: Documente, Hurmuzaki, Vol. XI, S. 299–307.

708 Eine anonyme Denkschrift, die 1595 auf Italienisch für den Papst verfasst worden war, betonte die großen Dienste, die der Fürst von Siebenbürgen „der Christenheit" erbringen könnte, sollte der Papst die Bitten Sigismund Báthorys um Hilfe gegen „die Türken" erfüllen: Documente, Hurmuzaki, Vol III/2, S. 403–406. Die Truppen des Papstes standen unter dem Kommando seines Verwandten Giovanni Francesco Aldobrandini, nach dessen Tod im Jahr 1601 unter dem Befehl von Falminio Delfini: Molnár 2004, S. 206.

709 Fürst Sigismund und sein Vertrauter Simon Genga bedankten sich in ihren Briefen vom 22. und 30. September 1595 für das Eintreffen der Truppen in Klausenburg: Veress, Documente, Vol. IV, S. 283–286.

kampf vor allem zur Eroberung der osmanischen Donaufestung Giurgiu beigetragen haben. Fürst Sigismund bedankte sich aus seinem Feldlager in Giurgiu beim Großherzog der Toskana für den tapferen Einsatz der italienischen Ritter bei der Belagerung Giurgius und kündigte an, er werde seinen Vertrauten Simon Genga als Gesandten nach Rom schicken, so dass er auch die Möglichkeit haben werde, dem Großherzog persönlich über den Kampf gegen die Osmanen zu berichten[710]. Simon sollte seinen Bruder Fabio in Rom ablösen, der die Stadt im Herbst 1595 verließ[711].

Die Berichte, die die anwesenden italienischen Offiziere und Diplomaten nach Florenz und Rom sandten, beinhalten die detailliertesten Schilderungen dieses Feldzugs. Der anwesende florentinische Diplomat Filippo Pigafetta schrieb seinem Großherzog, er solle auch nach dem Sieg bei Giurgiu Siebenbürgen, die Moldau und Walachei in ihrem antiosmanischen Kampf unterstützen, da es der einzige Weg sei, „die Türken" aus Europa zu vertreiben[712]. Als Sigismund die Kampagne im November 1595 beendete, kehrte Pigafetta mit dem Fürsten nach Weißenburg zurück, wo der Italiener zum Mitglied des siebenbürgischen Landtags berufen wurde. Aus Kronstadt bedankte sich Fürst Sigismund beim toskanischen Großherzog für die Leistungen seiner Ritter und ihres Kommandanten Piccolomini. Allerdings musste Sigismund die Rückkehr der Ritter nach Italien ankündigen, da sie wegen des Nichtbeherrschens der ungarischen Sprache nicht in Siebenbürgen einsetzbar seien. Er beklagte sich über die mangelnde Unterstützung seines Feldzugs durch andere Souveräne, auch durch den Papst, den er in so kurzer Zeit leider nicht mittels eines Gesandten über seinen Bedarf an militärischer Hilfe habe informieren können. Er bekräftigte seine Entscheidung, Simon Genga mit einer Mission in Rom zu betrauen und bat den Großherzog, seinen Plan zu unterstützen, Genga der Kurie als Kardinal vorzuschlagen[713]. Die Voraussetzungen dafür waren günstig, da der Papst die Siege Sigismunds über den Sultan in höchsten Tönen lobte[714]. Neben dem Großherzog der Toskana unterstützte den Fürsten auch der Herzog von Mantua, der seine Gesandten

---

710 Sigismund dankte dem Großherzog der Toskana ausdrücklich für dessen Hilfe und hob die Leistungen seines Offiziers Piccolomini lobend hervor: Lăzărescu/Stoicescu, S. 144, 158. Vgl. den Brief Sigismunds an den Großherzog der Toskana, Târgovişte, 18. Oktober 1595 in: Veress, Documente, Vol. IV, S. 290–291.

711 Siehe den Brief Sigismunds an den Großherzog vom 1. November 1595, dem er eine Liste der verwundeten toskanischen Ritter beifügte: Veress, Documente, Vol. IV, S. 301–302.

712 Regelmäßige Berichte sind u. a. aus der Feder Piccolominis und Pigafettas bekannt, die wie Simon Genga und der Nuntius in Siebenbürgen, Alfonso Visconti, die italienischen Höfe informierten. Diese Berichte inspirierten italienische Dichter dazu, die Taten Sigismunds in Heldenerzählungen zu verarbeiten, in denen sie den siebenbürgischen Fürsten mit antiken Heroen verglichen. Giulio Cesare Croce verfasste ein in Italien sehr populär gewordenes Drama zu den christlichen Siegen über den Großwesir Sinân Pascha: Lăzărescu/Stoicescu, S. 141–144, 152–163.

713 Brief Fürst Sigismunds an den Großherzog der Toskana, Kronstadt, 20. November 1595 in: Veress, Documente, Vol. IV, S. 305–308.

714 Siehe den Brief des venezianischen Gesandten in Rom, Giovanni Dolfin, an den Dogen vom 25. November 1595 in: Veress, Documente, Vol. IV, S. 309.

Aluise Davilatta, Cesare Viadana und Luigi d'Avila nach Siebenbürgen schickte, um sich vor Ort über den Verlauf des Krieges informieren zu lassen[715].

Das Verhältnis der Seemacht Venedig zum Fürstentum Siebenbürgen während des „Langen Türkenkrieges" kann als ambivalent bezeichnet werden. Da sich Venedig aufgrund seiner latent antihabsburgischen Politik und seiner ökonomischen Abhängigkeit vom Osmanischen Reich weigerte, den Krieg des Kaisers gegen die Osmanen aktiv zu unterstützen, kam für den Dogen kein direktes Engagement und damit auch keine Hilfeleistung für den Fürsten von Siebenbürgen in Frage[716]. Auf der anderen Seite interessierte sich die Serenissima sehr für den Verlauf des Krieges, sodass die venezianischen Gesandten in Mitteleuropa, vor allem in Prag und Krakau, angehalten waren, die Politik des siebenbürgischen Fürsten genauestens zu beobachten und darüber an den Dogen zu berichten. Davon zeugen die ausführlichen Schilderungen der habsburgisch-siebenbürgischen Bündnisverhandlungen 1594–1595, die von den venezianischen Diplomaten am Kaiserhof erstellt wurden[717]. Für die Politik Venedigs gegenüber seinen mächtigsten Nachbarn, Kaiser und Sultan, war die von Siebenbürgen im habsburgisch-osmanischen Konflikt gespielte Rolle von nicht unerheblicher Bedeutung. Umgekehrt war sich der Fürst von Siebenbürgen des Gewichts Venedigs im diplomatischen Beziehungsgeflecht Europas bewusst, sodass er den Dogen in kritischen Momenten um Unterstützung für seine Politik bat[718]. Der Doge wiederum schickte nach den militärischen Erfolgen Sigismunds seinen Prager Gesandten nach Weißenburg, um dem siebenbürgischen Fürsten die Glückwünsche des Dogen für dessen Siege gegen die „Feinde der Christenheit" zu überbringen. Sigismund dankte dem Dogen und betonte, seine Erfolge hätten den Sultan so beeindruckt, dass er ihm die direkte Herrschaft über die Woiwodschaften Moldau und Walachei angeboten habe, deren Tribut er bereit sei, drastisch zu senken[719].

---

715 Davilatta berichtete dem Herzog am 13. November 1595 von einer Audienz, die ihm der Fürst in Kronstadt gewährt hatte, in deren Verlauf Sigismund ihn über die militärischen Ereignisse informierte: Veress, Documente, Vol. IV, S. 303–304. Viadana berichtete am 5. Dezember 1595 über ein Festbankett, das der Fürst in Weißenburg für die Gesandten der italienischen Staaten gegeben hatte: Ebenda, S. 316–317. Fürst Sigismund dankte am 12. Dezember 1595 dem Herzog von Mantua für die „schönen Geschenke", u. a. ein Pferd, und informierte ihn über den Donaufeldzug gegen die Osmanen und den Moldaufeldzug gegen die Polen: Ebenda, S. 317–319.

716 Ausführlich zur Haltung Venedigs im „Langen Türkenkrieg": Niederkorn 1993, S. 256–385.

717 Vgl. Documente, Hurmuzaki, Vol. III/2, S. 53–61, 72–77.

718 Siehe den Brief Sigismunds vom 3. November 1594 an den venezianischen Gesandten in Prag, Tomaso Contarini, den er durch seinen Gesandten Bocskai überbringen ließ: Documente, Hurmuzaki, Vol. III/2, S. 75–76.

719 Darüber berichtete der venezianische Gesandte in Prag am 27. Februar 1596 nach Venedig: Lăzărescu/Stoicescu, S. 144, 158.

Den Machtzuwachs des siebenbürgischen Fürsten empfand Polens starker Mann, Krongroßkanzler Jan Zamoyski, als direkte Bedrohung der polnischen Interessen[720]. Vor allem die neue Oberherrschaft des Fürsten über die Woiwoden der Moldau und Walachei wurde in Krakau als Provokation aufgefasst, da Polen den Raum östlich des Karpatenkamms als sein Einflussgebiet betrachtete. Der in dieser Frage ausgebrochene Konflikt konnte auch von den Sondergesandten, die der Papst im Sommer 1595 nach Polen beorderte, nicht durch Schlichtung beigelegt werden[721]. Darüber hinaus beunruhigten Zamoyski die von den Osmanen getroffenen Vorbereitungen zur Invasion der Moldau und Walachei[722]. So ärgerlich für Polen die Herrschaft des siebenbürgischen Vasallen in der Moldau war, ein osmanisches Besatzungsregime in der Woiwodschaft hätte Polen keinerlei Vorteile eingebracht. Das wäre nur dann der Fall gewesen, wenn es Polen gelungen wäre, einerseits die Moldau aus dem Einflussbereich Siebenbürgens herauszulösen und andererseits eine drohende Umwandlung der Moldau in eine osmanische Provinz zu verhindern[723].

Als im August 1595 der osmanische Großangriff auf die Walachei begann, entschied sich die polnische Regierung, die Ablenkung der siebenbürgisch-walachischen Truppen auszunutzen, um die Moldau zu besetzen und damit erneut zu einem polnischen Pufferstaat zu machen. Ende August 1595 marschierten polnische Truppen – gefolgt von krimtatarischen Einheiten – in die Moldau ein. Anstelle des prosiebenbürgischen Woiwoden Stefan Răzvan, der in der Walachei gegen die Osmanen kämpfte, wurde Ieremia Movilă am 25 August 1595 von den polnischen Kommandanten als neuer Herrscher eingesetzt[724]. Er unterstellte sich und sein Land am 27. August 1595 im Vertrag von Jassy dem König von Polen, schwor mit seinen Bojaren, dass die Moldau ein „treues und untrennbares Glied" der polnischen Krone sein werde, und bat den König, einen Frieden mit dem Osmanischen Reich zu vermitteln[725].

---

720 Das antihabsburgisch eingestellte Polen betrachtete bereits die Ausschaltung der proosmanischen Adelsopposition durch Fürst Sigismud als eine Bedrohung der polnischen Interessen: Vgl. Barta 1990, S. 295. Im Frühjahr und Frühsommer 1595 scheiterten erneute Bemühungen der kaiserlichen und päpstlichen Seite, Polen zu einem Beitritt zur Heiligen Liga zu bewegen, an den polnischen Forderungen, vor allem hinsichtlich der Moldau und Walachei: Documente, Hurmuzaki, Vol. III/2, S. 89–90, 112–113, 118–119.

721 Vgl. die Instruktionen des Papstes an den Nuntius in Krakau, Vescovo di San Severo, vom 22. und 29. Juli 1595: Documente, Hurmuzaki, Vol. III/2, S. 123–124, 125.

722 Am 14. Juni 1595 wurde Zamoyski vom kroatischen Konvertiten Mustafa über die osmanischen Pläne informiert: Căzan/Denize, S. 356.

723 Zamoyski setzte seinen antihabsburgischen Kurs gegen die zögerliche Haltung des polnischen Königs und den Widerstand Sigismund Báthorys durch: Kortepeter 1972, S. 144–146.

724 Rezachevici 1985, S. 16. Vgl. Ciobanu 1985, S. 115. Der venezianische Gesandte in Konstantinopel, Leonardo Donato, berichtete am 2. Dezember 1595 an den Dogen, Polen habe im Einvernehmen mit der Pforte und den Tataren einen neuen Woiwoden in der Moldau eingesetzt, um die Macht des „Siebenbürgers" einzuhegen: Documente, Hurmuzaki, Vol. IV/2, S. 209.

725 Siehe den Wortlaut des Treuschwurs in: Documente, Hurmuzaki, Supl. II, Vol. I, S. 344–345. Vgl. ebenso: Documente, Hurmuzaki, Vol. III/1, Nr. 48, S. 485. Irrtümlich wird hier als Datum der 22. August 1595 angegeben.

Das Eingreifen Polens führte zu erheblichen Spannungen mit dem Osmanischen Reich, zumal sich beide Truppen am Pruth bei Țuțora (Cecora) gegenüberstanden und sich kleinere Scharmützel lieferten[726]. Angesichts der erfolgreichen Gegenoffensive der christlichen Mächte in der Walachei sah sich der Sultan im Oktober zu einem Kompromiss mit dem polnischen König gezwungen. Im Abkommen von Țuțora (Cecora) einigten sich der polnische König, der Krim-Chan und der Sultan am 22. Oktober 1595 darauf, die Moldau als polnisch-osmanische Einflusszone zu neutralisieren und eine gleichzeitige Oberhoheit des Königs von Polen und des Sultans über die Woiwodschaft zu etablieren[727]. Mit der im Dezember 1595 erfolgten Bestätigung Movilăs durch die Hohe Pforte schied die Woiwodschaft Moldau endgültig aus dem antiosmanischen Bündnissystem aus[728]. Der Allianzwechsel Ieremia Movilăs löste auch das zwischen der Moldau und Siebenbürgen bestehende Suzeränitätsverhältnis. Im Dezember versuchte der abgesetzte prosiebenbürgische Woiwode Stefan Răzvan, seine Herrschaft in der Moldau wiederherzustellen. Seine Bemühungen endeten am 3. Dezember 1595 mit seiner Niederlage in der Schlacht bei Areni. Am darauffolgenden Tag wurde Stefan Răzvan von seinem Gegner gepfählt. Durch die militärische Intervention Polens war es Zamoyski gelungen, nicht nur den Einfluss des Fürstentums Siebenbürgen – und mittelbar auch jenen der Habsburgermonarchie – in der Moldau zu eliminieren, sondern auch die drohende Umwandlung der Moldau in eine osmanische Provinz zu verhindern.

Das Konzept einer geteilten Suzeränität war dem völkerrechtlichen Denken der polnischen Eliten nicht fremd. Polen beanspruchte seit dem 15. Jahrhundert die Oberhoheit über die Moldau, auch nachdem diese spätestens zu Beginn des 16. Jahrhunderts als Vasallenstaat ein Teil des osmanischen Herrschaftssystems geworden war. Seither setzte Polen eine geteilte Oberhoheit über die Moldau voraus, die aus polnischer Sicht sowohl zur eigenen Einflusssphäre wie auch zu jener des Osmanischen Reiches gehörte. Als sich Heinrich, Herzog von Anjou, 1572 um die polnische Krone bewarb, trug dessen Bruder, der französische König Karl IX., seinem Gesand-

---

726 Vgl den Bericht Stefan Kolosvárys vom 24. Oktober 1595: Documente, Hurmuzaki, Vol. XII, S. 132.

727 Der Sultan sollte Ieremia Movilă auf Wunsch der polnischen Seite als Woiwode bestätigen, der Woiwode dem Sultan im Gegenzug die Treue schwören und an den Sultan sowie den Tataren-Chan die üblichen Tribute entrichten. Dafür sollten sich die osmanischen und tatarischen Truppen innerhalb von drei Tagen aus der Moldau zurückziehen, die polnischen durften hingegen bleiben. Ein polnischer Gesandter sollte in Konstantinopel einen Grundlagenvertrag mit der Hohen Pforte aushandeln. Wortlaut des Vertrages von Țuțora (Cecora) in: Documente, Hurmuzaki, Supl. II, Vol. I, S. 353–354. Am Ende eines Schreibens, in dem Zamoyski am 24. Oktober seinem König das Abkommen von Țuțora (Cecora) erläuterte, betonte er, dass der „Woiwode von Siebenbürgen“ von weiteren Interventionen abgehalten werden müsse, da er damit nicht nur den Verlust der Moldau, sondern auch jenen Siebenbürgens herbeiführen könne wenn sich die Großmächte zu einer Invasion entschließen sollten. Wortlaut des Schreibens in: Documente, Hurmuzaki, Supl. II, Vol. I, S. 355–359.

728 Der polnisch-osmanische Friedensvertrag vom 25. Juli / 4. August 1598 schuf die Voraussetzung dafür, dass der Sultan Ieremia Movilă die erbliche Herrschaft in der Moldau zusicherte: Rezachevici 1985, S. 16.

ten auf, vor dem polnischen Sejm zu versprechen, dass der neue König die Rechte der polnischen Krone über die Moldau wiederherstellen und ein Mitspracherecht bei der Besetzung des Woiwodenamtes einfordern werde[729]. Obwohl die Hohe Pforte den Kandidaten aus Frankreich unterstützte, wies sie solche Ansprüche kategorisch zurück[730]. Die Schwäche des Osmanischen Reiches im „Langen Türkenkrieg“ führte dazu, dass Polen die beanspruchte Suzeränität über die Moldau mit militärischen Mitteln einfordern konnte. Der Hohen Pforte blieb nichts anderes übrig, als diese geteilte Oberhoheit vorläufig hinzunehmen. Völkerrechtlich sah das Osmanische Reich darin lediglich eine Kooperation mit dem Königreich Polen. Aus Sicht der Hohen Pforte hatte das Osmanische Reich im Einklang mit den Bestimmungen des islamischen Völkerrechts durch das Recht der Eroberung mit dem Schwert einen Herrschaftstitel über die Moldau erlangt. Dieses Recht sei älter als die Ansprüche des gegenwärtigen Königs von Polen, betonten die osmanischen Rechtsgelehrten. Schließlich habe Polen nur die Streitmacht des rebellischen Woiwoden Stefan Răzvan und nicht die des rechtmäßigen osmanischen Vasallen besiegt[731]. Für die Moldau stellte die Anerkennung einer doppelten Suzeränität nur die Fortführung einer althergebrachten völkerrechtlichen Praxis dar, die mit der zum Teil parallel existierenden Oberhoheit der mittelalterlichen Königreiche Polen und Ungarn ihren Anfang genommen hatte, und die sich bis ins 16. Jahrhundert fortsetzte[732].

Die Beziehungen zwischen Siebenbürgen und Polen hatten sich durch den polnischen Einmarsch in die Moldau drastisch verschlechtert. Vor diesem Hintergrund wandte sich Sigismund Báthory direkt an seine Unterstützer in Italien. In einem Brief an den Herzog von Mantua schrieb der Fürst im September 1595, er habe die Moldau und Walachei besetzt, um die osmanische Hauptstadt von ihrer Lebensmittelversorgung abzuschneiden, worüber sich der Sultan sehr beschwert habe. Als seine in der Moldau stationierte Armee das Land verlassen habe, um sich mit der siebenbürgischen und walachischen Hauptstreitmacht zu einem neuen Feldzug gegen die Osmanen zu vereinigen, habe der polnische Kanzler diese Situation schamlos ausgenutzt und einen neuen Woiwoden in der Moldau eingesetzt. Damit habe er den Plan einer vereinten Großoffensive Siebenbürgens, der Walachei und der Moldau zunichtegemacht und der christlichen Sache schwer geschadet. Falls der geplante Feldzug gegen die Truppen des Großwesirs scheitere, solle der Herzog von Mantua, dem er für seine Unterstützung danke, wissen, wessen Schuld dies sei[733]. Am selben Tag schrieb der Fürstenrat Simon Genga, ebenfalls aus Kronstadt, dem Großherzog

---

729 Der französische Gesandte in Konstantinopel setzte sich erfolgreich für Ion, genannt der Armenier, bei der Kandidatur um den Woiwodenthron der Moldau ein, der dort von 1572 bis 1574 regierte: Iosipescu, S. 13.

730 Oft wird die Moldau in den westlichen Quellen fälschlicherweise als „Walachei“ oder auch als „die andere Walachei“ bezeichnet. Vgl. Iorga 1918, S. 38–39.

731 Zur völkerrechtlichen Argumentation der Hohen Pforte in diesem Fall: Ciobanu 1994, S. 17–74.

732 Diese Abhängigkeitsverhältnisse äußerten sich in mehrfach abzuleistenden Tributzahlungen an die verschiedenen Oberherren. Vgl. Schuler von Libloy 1879, S. 35, 40–41.

733 Wortlaut des Briefes Fürst Sigismunds an den Herzog von Mantua, Kronstadt, 18. September 1595, in: Veress, Documente, Vol. IV, S. 277–279.

der Toskana und seinem in diplomatischer Mission beim Papst weilenden Bruder Fabio Genga, die Rechtfertigungsschrift des polnischen Kanzlers für die Besetzung der Moldau sei voller Verleumdungen und Lügen, da von einer verbrecherischen Herrschaft des von Sigismund installierten Woiwoden Stefan keine Rede sein könne. Dessen Nachfolger sei von moldauischen Exilbojaren mit dem Ziel eingesetzt worden, die Moldau unter polnische Oberhoheit zu zwingen. Er bat seinen Bruder, die tatsächlichen Hintergründe dem Heiligen Vater mitzuteilen[734]. Der polnische Kanzler Zamoyski hatte im September 1595 Fürst Sigismund und andere christliche Souveräne angeschrieben und betont, dass er seine Armee in die Moldau entsenden musste, bevor sie vom tatarisch-osmanische Heer besetzt worden wäre, das von dort aus leicht die südöstlichen polnischen Grenzgebiete hätte bedrohen können[735].

Die Moldau-Frage belastete auch das Verhältnis des Kaisers zum polnischen König nachhaltig, das bereits seit der gescheiterten Kandidatur Erzherzog Maximilians um den polnischen Thron 1587 notorisch gestört war[736]. Deshalb wirkten König Philipp II. von Spanien und Papst Clemens VIII. ab September 1595 verstärkt auf einen Interessenausgleich zwischen König Sigismund III. und Kaiser Rudolf II. hin, vor allem um einen Beitritt Polen-Litauens zur Heiligen Liga zu ermöglichen[737]. Davor galt es jedoch aus Sicht der Kurie, einen im Oktober und November 1595 drohenden habsburgisch-siebenbürgisch-polnischen Krieg zu verhindern, der sich aufgrund des Moldau-Konflikts abzeichnete[738]. Der Nuntius am siebenbürgischen Hof, Alfonso Visconti, Bischof von Cervia, setzte Kaiser Rudolf über seine Bemühungen in Kenntnis, Fürst Sigismund davon abzuhalten, den Konflikt mit Polen eskalieren zu lassen. Er bat den Kaiser, selbst Schritte zur Unterstützung dieser Deeskalations-

734 Veress gibt statt des Vornamens „Fabio“ fälschlicherweise „Gianbattista“ an: Veress, Documente, Vol. IV, S. 276–277, 279–280, 303–304.

735 Kanzler Zamoyski an Fürst Sigismund, Anfang September 1595, in: Corfus 2001, S. 86–87.

736 Erzherzog Maximilian war drei Tage nach Sigismund Wasa, am 22. August 1587, zum König von Polen gewählt worden. Kurz darauf marschierte er mit einem kleinen Heer nach Krakau, dessen Tore ihm aber verschlossen blieben. Danach zog er sich nach Schlesien zurück, wohin ihm der antihabsburgisch eingestellte polnische Krongroßkanzler Jan Zamoyski mit seinen Truppen folgte, den Habsburger dort besiegte und gefangen nahm. Zamoyski zwang Kaiser Rudolf II. 1589 im Vertrag von Bedzin-Bytom, für die Freilassung seines Bruders Maximilian das 1587 zustande gekommene Bündnis mit dem Zaren zu lösen. Erzherzog Maximilian gelang die Flucht aus der polnischen Gefangenschaft. Mit dem Führen des Titels eines Königs von Polen reizte er den Sejm weiterhin, so dass dieser 1592 jede weitere Kandidatur eines Mitglieds des Hauses Habsburg um den polnischen Thron verbot: Leitsch 2009, S. 690, 697–698, 703–704. Vgl. Căzan/Denize, S. 335–336.

737 Siehe die Instruktionen der Kurie an den Nuntius in Polen vom 16. September und 7. Oktober 1595: Documente, Hurmuzaki, Vol III/2, S. 131–132, 136.

738 In diesem Sinne schrieb am 22. Oktober 1595 der Nuntius in Prag, Speziano, an den Nuntius in Krakau, Vescovo di San Severo: Documente, Hurmuzaki, Vol XII, S. 132. Speziano schrieb auch über die Idee, einen Friedenskongress der beteiligten christlichen Mächte zur Lösung der Moldauischen Frage einzuberufen: Ebenda, S. 139.

politik zu unternehmen[739]. Gleichzeitig erhielten die päpstlichen Nuntien in Polen aus Rom die Weisung, „die Polen" zu beruhigen, damit sie „den Siebenbürger" in der Moldau und Walachei „nicht ärgerten"[740]. Trotz aller Vermittlungsversuche konnte die Kurie ihre Verärgerung über die Querschüsse aus Polen nicht verbergen. Im Dezember 1595 verurteilte der Papst ausdrücklich die militärische Intervention Zamoyskis an der unteren Donau, da er damit nicht nur „dem Siebenbürger", sondern der gesamten Christenheit schweren Schaden zugefügt habe, zumal die Armeen der Heiligen Liga danach nicht mehr in das osmanische Gebiet südlich der Donau vorstoßen konnten[741].

Die Bemühungen der Kurie, einen Ausgleich zwischen Polen, der Habsburgermonarchie und Siebenbürgen zu erzielen, wurden vor allem durch die miteinander konkurrierenden Ansprüche dieser drei Mächte auf die Oberhoheit über die Woiwodschaft Moldau erschwert. Der polnische König erkannte die Aufnahme der moldauischen und walachischen Herrschertitel in die Titulatur des siebenbürgischen Fürsten nicht an, insbesondere nachdem Sigismund im August 1595 de facto die Oberhoheit über die Moldau eingebüßt hatte[742]. Nach diesem Zeitpunkt meldete auch Kaiser Rudolf II. in seiner Eigenschaft als König von Ungarn Ansprüche auf die Oberhoheit über die Moldau an[743]. Aus den Vorverhandlungen mit allen drei Seiten waren der Kurie die unterschiedlichen Positionen wohl bekannt[744]. Die Instruktionen, die der päpstliche Legat, Bischof Benedetto Mandina, am 7. Januar 1596 für seine Mission im Königreich Polen erhielt, stellen die Rechtsauffassungen der polnischen, ungarischen und siebenbürgischen Kanzleien einander gegenüber. Demnach reklamierte der polnische Hof ein Vorrecht auf die Oberhoheit über die Moldau und die Walachei. Dies Vorrecht hätte die polnische Krone von Ungarn erhalten. Krakau verwies auf das Kondominium, das es seit dem späten 15. Jahrhundert zusammen

---

739 Siehe den Wortlaut des in Kronstadt am 13. November 1595 ausgestellten Schreibens in: Ebenda, S. 166–167.

740 Siehe einen Bericht vom 11. November 1595 aus Rom in: Lupta pentru unitate, Constantinescu, S. 40–41.

741 Siehe zwei nach Wien gesandte Berichte vom 9. Dezember 1595 aus Rom in: Lupta pentru unitate, Constantinescu, S. 45. Zur Kritik an Zamoyskis riskanter Machtpolitik an der unteren Donau: Leitsch 2009, S. 703, 725.

742 Lupta pentru unitate, Constantinescu, S. 46–48.Vgl. Veress, Documente, Vol. IV, S. 224, 240. Vgl. Ciobanu, La cumpana, S. 111.

743 Obwohl die habsburgische Seite in der moldauischen Frage zu den direkt betroffenen Mächten gehörte, versuchte der Prager Hof zwischen Fürst Sigismund und dem König von Polen zu vermitteln. Siehe die Berichte des venezianischen Gesandten in Prag vom 23. Januar 1596 an den Dogen: Documente, Hurmuzaki, Vol III/2, S. 164–165. Kaiser Rudolf forderte den polnischen König in einem Schreiben vom 15. Januar 1596 auf, sich mit seinem siebenbürgischen Verbündeten zu vergleichen: Ebenda, S. 165. Der Fürst von Siebenbürgen forderte im März 1596 den Kaiser auf, ihn nachdrücklicher bei der Durchsetzung seiner Interessen in der Moldau gegen Polen zu unterstützen: Ebenda, S. 182–186.

744 Vgl. die ausführliche Zusammenfassung der widerstreitenden Ansprüche Siebenbürgens und Polens über die Moldau und Walachei in der päpstlichen Instruktion für den Nuntius Cinzio Aldobrandini vom 2. Januar 1596 in: Lupta pentru unitate, Constantinescu, S. 46–48.

mit dem Osmanischen Reich über die beiden Woiwodschaften ausgeübt habe. Darüber hinaus betonte die polnische Seite, dass sich die Wappen der Moldau und Walachei auf der königlichen Standarte Polens befänden, nicht aber auf jener Ungarns. Um Gegenzug behaupteten die „Minister des Kaisers", die Wappen der Moldau und Walachei befänden sich offensichtlich auch auf der großen Standarte des Königs von Ungarn. Schon allein dadurch seien die historischen Rechte der ungarischen Krone über die beiden von ihr im Mittelalter lehnsabhängigen Woiwodschaften ausreichend dokumentiert[745]. Der Fürst von Siebenbürgen gab hingegen zu bedenken, dass Ungarn und Polen während der jahrelangen Herrschaft der Osmanen Zeit gehabt hätten, ihre Ansprüche geltend zu machen und durchzusetzen. Nun sollten die beiden anderen Seiten ihm seine Herrschaft über die beiden Provinzen nicht missgönnen, die er „mit der Waffe in der Hand, mit Macht und dem Willen des Volkes den Händen der Ungläubigen entrissen" und unter die Herrschaft der Christenheit geführt habe. Da der Fürst von Siebenbürgen die Habsburger als legitime Nachfolger der mittelalterlichen Könige von Ungarn im Prager Vertrag von 1595 anerkannt hatte, konnte er seinen Anspruch auf die Oberhoheit über die beiden Woiwodschaften nicht historisch herleiten, sondern nur über die von ihm 1594/1595 geschaffenen Tatsachen begründen[746].

Nach der erfolglosen Gesandtschaft des Bischofs Benedetto Mandina bereitete der Papst eine zweite Mission vor, die unter der Führung des Kardinals Enrico Caetani nach Polen geschickt werden sollte. Den am 3. April 1596 ausgestellten Instruktionen für den Legaten wurde eine Kopie des Vertrages von Lublau beigelegt. Dieser Vertrag war am 15. März 1412 zwischen dem König von Ungarn, Sigismund von Luxemburg sowie dem König von Polen und Großfürsten von Litauen, Wladislaus II. Jagiełło, abgeschlossen worden und sollte den Disput hinsichtlich der Oberhoheit über die Woiwodschaft Moldau klären. In diesem Vertrag verzichtete der ungarische König auf seinen Anspruch zugunsten der polnischen Suzeränität über die Moldau. Im Gegenzug sollte der polnische König die Moldau verpflichten, an den antiosmanischen Feldzügen des späteren Kaisers Sigismund von Luxemburg teilzunehmen. Sollte der Woiwode dies ablehnen, war eine Teilung der Moldau zwischen Polen und Ungarn so vorgesehen, dass Ungarn die Donaumündungen mit dem Schwarzmeerhafen Chilia und Polen den nördlicheren Hafen Akkerman erhalten sollten. Auf diesen Verzicht des ungarischen Königs in der Moldau-Frage zugunsten der polnischen Krone bezog sich die polnische Rechtsauffassung, von der in den päpstlichen Inst-

---

745 Am 3. Dezember 1594 betonte Erzherzog Matthias in einem Schreiben an den Kaiser, "das die Walachia, quod pars est Moldaviae, gehalten werde zu der Gros Hungern gehört haben [...]". In: Lupta pentru unitate, Constantinescu, S. 7–8.

746 Andreescu 1983, S. 115–119. Die Interpretation Andreescus, Báthory habe dadurch mit der Tradition des mittelalterlichen Königreichs Ungarn in Siebenbürgen gebrochen und Siebenbürgen als eine eigenständige politische Einheit etabliert, um Dakien wieder herzustellen, so wie es später Michael der Tapfere in der Vorwegnahme des Nationalstaatsprinzips getan habe, reißt die behandelte Quelle aus ihrem historischen Kontext, nimmt andere Quellen nicht zur Kenntnis und lässt sich in den nationalkommunistischen Tenor der rumänischen Historiografie der 1980er Jahren einordnen.

ruktionen vom 7. Januar 1596 die Rede war. Mit dem Rückgriff auf den Vertrag von Lublau bezweckte die Kurie, ihren Legaten einen größeren Spielraum bei der Erzielung eines habsburgisch-polnischen Ausgleichs in der Moldau-Frage zu eröffnen. Dies bedeutete jedoch nicht, dass der Papst eine Aufteilung der Moldau analog zu den Bestimmungen des Vertrags von Lublau ins Spiel gebracht hätte[747]. Ein Bericht der Kurie vom 13. April 1596 über ihre Verhandlungen mit Polen, der Habsburgermonarchie und Siebenbürgen betreffend den rechtlichen Status der Moldau lotete potenzielle Lösungsmöglichkeiten aus. Dem Bericht zufolge plante der Papst, die polnische Oberhoheit über die Moldau zu akzeptieren, um die Richtung der polnischen Expansion zum Schwarzen Meer zu lenken, also auf Kosten des Osmanischen Reiches und des Krim-Chanats. Dafür sollte Polen die Oberhoheit „des Siebenbürgers" über die Walachei akzeptieren. Erst nach dem Ende des Krieges gegen das Osmanische Reich sollte darüber befunden werden, wem die Moldau von Rechts wegen gehören solle[748]. Mit der Verschiebung einer endgültigen Regelung versuchte die Kurie, Rücksicht auf die Ansprüche des ungarischen Königs hinsichtlich der beiden Woiwodschaften zu nehmen. Für Rom stand die Lösung des habsburgisch-polnischen Konflikts im Vordergrund, zumal sich die Gespräche zwischen den habsburgischen und polnischen Unterhändlern 1596 festgefahren hatten[749]. Der kaiserliche Gesandte in Warschau schrieb am 18. April 1596 an Rudolf II., der polnische Sejm fordere als Preis für eine Teilnahme Polens an der Heiligen Liga die uneingeschränkte Herrschaft über die Moldau und die Stationierung polnischer Truppen in Siebenbürgen und der Walachei[750]. Im April und Mai 1596 versuchten Verhandlungen des siebenbürgischen Fürsten mit dem neuen Woiwoden der Moldau, Ieremia Movilă, die seit dem Sturz des siebenbürgischen Vasallen Stefan Răzvan abgebrochenen bilateralen Beziehungen wiederherzustellen. Fürst Sigismund forderte die Restauration jener völkerrechtlichen Stellung der Moldau, die durch den Weißenburger Vertrag vom 3. Juni 1595 etabliert worden war. Ieremia Movilă verlangte hingegen die Anerkennung seiner Herrschaft durch Siebenbürgen und die Habsburgermonarchie. Er warb für ein habsburgisch-siebenbürgisch-moldauisches Freundschaftsabkommen, das der Moldau einen Status als neutrale Macht zwischen den christlichen Staaten und dem Osmanischen Reich garantieren sollte[751]. Die damals in der Moldau tonangebende polnische Großmacht verhinderte jedoch einen Abschluss dieser Verhandlungen.

Als Enrico Kardinal Caetani mit dem polnischen Krongroßkanzler Zamoyski im Juni 1596 verhandelte, betonte Zamoyski, dass eine grundlegende Voraussetzung für einen Beitritt Polens zur Heiligen Liga die Anerkennung der „historischen Rechte der polnischen Krone", also der polnischen Oberhoheit, nicht nur über die Moldau,

---

747 Andreescu 1983, S. 115–116.

748 Documente, Hurmuzaki, Vol. XII, S. 246–247.

749 Documente, Hurmuzaki, Vol. XII, S. 209–211.

750 Documente, Hurmuzaki, Vol. XII, S. 249–250.

751 Der venezianische Gesandte in Prag berichtete dem Dogen über die moldauisch-siebenbürgischen Verhandlungen am 23. April und 7. Mai 1596: Documente, Hurmuzaki, Vol III/2, S. 192–193.

sondern auch über die Walachei durch die Habsburgermonarchie und das Fürstentum Siebenbürgen darstelle[752]. Für eine Oberhoheit des Königreichs Polen über die Walachei finden sich aber auch bezüglich des Mittelalters keine Belege. Im Gegensatz dazu ist aber ein ungarischer Rechtsanspruch auf beide Woiwodschaften seit dem 14. Jahrhundert überliefert[753]. Diesen Forderungen widersprach der siebenbürgische Fürst, der Prag und Krakau aufforderte, seine Suzeränität über die Woiwoden der Moldau und Walachei anzuerkennen, obwohl er nach dem Herbst 1595 de facto nur noch auf die Walachei Einfluss ausüben konnte. Angesichts der verfahrenen Situation schlug Caetani vor, die Verhandlungen über die Erweiterung der Heiligen Liga von jenen bezüglich Siebenbürgen, der Moldau und Walachei zu trennen[754]. Die gescheiterten Bemühungen der Kurie, den spanisch-französischen Konflikt beizulegen und Venedig der Heiligen Liga anzuschließen, schwächten die Argumentationsbasis der in Polen verhandelnden Legaten jedoch zusätzlich. Sie vermochten es nicht, den polnischen König – gegen den Willen des Krongroßkanzlers Zamoyski – zu einem Beitritt seines Landes zur Heiligen Liga zu bewegen[755]. Im darauffolgenden Jahr lehnte der polnische Sejm einen Krieg gegen das Osmanische Reich ab, und wiederum ein Jahr später – 1598 – wurde der polnisch-osmanische Frieden verlängert[756]. Auch die Mission des spanischen Sondergesandten in Polen, Don Francisco de Mendoza, blieb im Januar und Februar 1597 hinsichtlich eines Beitritts Polens zur Heiligen Liga erfolglos. Die polnische Seite versuchte dem Spanier vielmehr die Aussichtslosigkeit des Kampfes des siebenbürgischen Fürsten gegen das Osmanische Reich deutlich zu machen und sie unterstrich vor allem dessen staatsmännische und charakterliche Unzulänglichkeit. Dies begründete Krakau unter anderem mit einem Hinweis auf die Ermordung Balthasar Báthorys durch seinen Vetter Sigismund im Jahr 1594[757]. Dieser musste akzeptieren, dass Siebenbürgen und die anderen Mächte

---

752 Andreescu 1983, S. 110. Vgl. den Bericht Caetanis im Hofkriegsrat aus dem Spätsommer 1596: Documente, Hurmuzaki, Vol. XII, S. 275.

753 Zur Begründung der ungarischen Oberhoheit über die Moldau und Walachei in der Mitte des 14. Jahrhunderts: Cârciumaru, S. 46–47, 49–50. De facto endete die ungarische Oberhoheit über die Moldau und Walachei Ende des 14. Jahrhunderts. Bei der Wiederaufnahme der Kreuzugsidee im Kampf gegen das Osmanische Reich durch den siebenbürgischen Woiwoden und ungarischen Reichsverweser Johannes Hunyadi kam es in der Mitte des 15. Jahrhunderts zu weiteren Versuchen, die Woiwodschaften Moldau und Walachei unter der Oberhoheit des Königreichs Ungarn zu einem antiosmanischen Block zusammenzuschließen: Constantiniu, S. 109.

754 Siehe den Bericht Caetanis an den Prager Nuntius Speziano vom 6. September 1596 in: Documente, Hurmuzaki, Vol. XII, S. 275–276.

755 Der polnische König Sigismund III. Wasa versuchte sich in den ersten beiden Jahrzehnten seiner Herrschaft ständig gegen den „starken Mann Polens", Jan Zamoyski, durchzusetzen, oft ohne Erfolg: Leitsch 2009, S. 692–709.

756 Andreescu 1983, S. 113–115. Als eine zusätzliche Bedingung für den Beitritt Polens zur Heiligen Liga hatte der polnische Sejm 1595 die Sicherstellung des freien Handels zwischen dem Schwarzen Meer und der Adria gefordert, der vor allem den polnischen Kaufleuten zugute gekommen wäre: Istoria României, S. 227.

757 Balthasars Brüder, Stefan und Andreas Báthory, bekleideten hohe Ämter im Königreich Polen. Die politischen Ansichten am polnischen Hof hielt der spanische Gesandte in seinen Aufzeichnungen fest: Andreescu 1983, S. 107–109. Vgl. Toderaşcu, S. 307–311.

der Heiligen Liga keinen Einfluss mehr auf die Moldau ausüben konnten. Zamoyski baute hingegen die Stellung Polens in der Moldau bis 1604 kontinuierlich aus, um die Woiwodschaft ähnlich fest wie die baltischen Herzogtümer an die polnische Krone zu binden[758].

Solange Sigismunds Siegeszug anhielt, versuchte die Hohe Pforte ihn mit verlockenden Angeboten zu einem Seitenwechsel zu überreden. 1595 und 1596 versprach der Sultan dem Fürsten, „reichlich belohnt zu werden", sollte er unter die Oberherrschaft des Osmanischen Reiches zurückkehren[759]. Obwohl Sigismund diese Angebote selbstbewusst ablehnte, bat er dennoch den Kaiser – den er im April 1596 in Prag traf – um eine Herrschaft im Reich, für den Fall, dass er aus Siebenbürgen vertrieben werden sollte. Kaiser Rudolf bot ihm daraufhin das schlesische Herzogtum Oppeln an, das bereits Sigismund Szapolyai 1551 als Exilort wählen musste. Als Sigismund in Prag die Nachricht von einem großen osmanisch-tatarischen Feldzug gegen Siebenbürgen erreichte, kehrte er umgehend in sein Fürstentum zurück[760]. Die osmanische Offensive konzentrierte sich aber auf Zentralungarn. Dort gelang es dem Osmanischen Reich in der zweiten Jahreshälfte 1596, nach längerer Zeit wieder seine militärische Macht zu entfalten. Auf dem Kriegsschauplatz erschien Sultan Mehmet III. persönlich an der Spitze eines großen Heeres. Am 12. Oktober 1596 gelang Großwesir Ibrahim Pascha die Einnahme der wichtigen habsburgischen Festung Erlau[761]. Die größte Feldschlacht des gesamten Krieges fand vom 22. bis 26. Oktober 1596 zwischen den vereinigten habsburgisch-siebenbürgischen Heeren und der osmanischen Armee bei Mezőkeresztes statt. Nach drei Tagen hatten die Christen beinahe die Schlacht gewonnen, ließen sich aber zur Plünderung des osmanischen Heerlagers hinreißen und wurden anschließend aufgrund ihrer Disziplinlosigkeit von den osmanischen Truppen niedergemacht[762].

Nach dieser Niederlage nahm Fürst Sigismund Kontakt zum englischen Gesandten in Konstantinopel, Edward Barton, auf. Der Engländer hatte sich in dem um die Hohe Pforte gesponnenen Netzwerk der Diplomatie eine Schlüsselrolle erarbeitet. Bereits 1596, als er den Großwesir auf dessen Ungarn-Feldzug begleitete, versuchte

---

758 Butnariu 2004, S. 137. Durch die Überbringung einer regelmäßigen Geldsumme sowie verschiedener Geschenke an Polen bzw. polnische Würdenträge durch den moldauischen Woiwoden sowie die Entsendung von Vertretern in den polnischen Sejm versuchte der polnische Krongroßkanzler, die Moldau eng an Polen zu binden: Rezachevici 1985, S. 16.

759 Vgl. die Schreiben des Sultans an den Fürsten von Siebenbürgen vom Oktober 1595 und September 1596 in: Documente, Hurmuzaki, Vol III/2, S. 483–484, 505–506. Siehe den Brief Hassan Paschas an Sigismund vom August 1596 in: Documente, Hurmuzaki, Vol. XII, S. 274–275. Vgl. die Berichte des venezianischen Gesandten in Prag vom 2. und 7. September 1596 über die Verhandlungen der Osmanen mit dem Fürsten von Siebenbürgen: Documente, Hurmuzaki, Vol III/2, S. 210–212.

760 Auf dem Rückweg führte er in Pressburg Gespräche mit den Erzherzögen Matthias und Maximilian. Siehe den Wortlaut des anonymen französischen Berichts aus Frankfurt vom 16. April 1596 in: Documente, Hurmuzaki, Vol. XII, S. 247–248.

761 Kortepeter 1972, S. 147.

762 Niederkorn 1993, S. 13. Zu den militärischen Ereignissen auf dem ungarischen Kriegsschauplatz 1593–1606 ausführlich: Zachar, S. 235–242.

Barton den Fürsten von Siebenbürgen und den Woiwoden der Walachei zu einem Wechsel in das antihabsburgische Lager zu überreden[763]. Im Frühjahr 1597 bat Sigismund den englischen Gesandten, die Aufnahme von Waffenstillstandsverhandlungen mit der Hohen Pforte zu vermitteln[764]. Ein Informant der Kurie in Konstantinopel, Eustachio Fontana, schrieb nach Rom, Sigismund habe einen der beiden zu ihm gesandten osmanischen Boten als Geisel behalten, während der andere Briefe Sigismunds an den Sultan mitgebracht habe. Dem osmanischen Tschausch[765] sei ein Gesandter des siebenbürgischen Fürsten gefolgt, der am Sultanshof Vorschläge für einen Frieden unterbreitet habe, in den auch der Kaiser und der Woiwode der Walachei eingeschlossen werden sollten. Fontana berichtete von einer günstigen Gelegenheit zur Beendigung des Krieges, da die Hohe Pforte verhandlungsbereit sei und der Friede den Christen größere Vorteile einbringen werde als die Fortsetzung des Krieges, da die Mitglieder der Heiligen Liga weder die Macht, noch den Willen, die Soldaten, das Geld oder die Flotte für einen Sieg hätten[766].

Diese Einschätzung der Lage teilte Kaiser Rudolf II. nicht. Deshalb schrieb Sigismund im Frühjahr 1597 nach Prag, er habe Friedensvorschlägen, die ihm der Sultan über den englischen Gesandten unterbreitet habe, nur zum Schein zugestimmt. Der Kaiser schenkte ihm Glauben, erinnerte Sigismund aber an seine Bündnisverpflichtungen und die von der Habsburgermonarchie empfangenen Hilfen. Sein Ruhm sei es, zusammen mit der Christenheit deren Erzfeind zu bekämpfen, betonte der Kaiser. Rudolf kündigte eine neue Offensive gegen die Osmanen an, versprach Sigismund weitere Subsidien und forderte als Gegenleistung die Zusage, dem Reich beizustehen, falls es die Osmanen direkt angreifen sollten[767]. Erst als der Prager Hof Näheres über die diplomatischen Initiativen des Fürsten erfuhr, ließ der Kaiser seinen Verbündeten Sigismund wissen, er solle nicht mehr mit „den Türken" verhandeln und den falschen Versprechungen „der Engländer" glauben[768].

Angesichts der Schwächung der militärischen Position der Habsburger und des Fürsten von Siebenbürgen durch die im Herbst 1596 in Ungarn erlittenen Niederlagen gewann der Beitrag der Walachei zum Kampf gegen das Osmanische Reich an Bedeutung. Deshalb konzentrierte sich Fürst Sigismund darauf, den Verbleib der Walachei in seinem Bündnissystem sicherzustellen, zumal Siebenbürgen wichtigere

---

763 Barton hatte einen maßgeblichen Anteil daran, dass es in der Moldau-Frage nicht zu einer ernsten Auseinandersetzung zwischen Polen und dem Osmanischen Reich gekommen war. Er setzte damit eine Weisung erfolgreich in die Tat um, die er im Herbst 1595 aus London erhalten hatte. Die englische Regierung hatte ihm damals aufgetragen, einen osmanisch-polnischen Konflikt unter allen Umständen zu verhindern: Kurucz 1998/1999, S. 47.

764 Vgl. die im April und Mai 1597 erstellten Berichte des venezianischen Gesandten bei der Pforte an den Dogen: Documente, Hurmuzaki, Vol IV/2, S. 222–224.

765 Als Tschausch (*çavuş*) wurden die subalternen osmanischen Hofboten bezeichnet: Matuz 1994, S. 92.

766 Fontana an Kardinal Cinzio Albobrandini, Konstantinopel, 25. Mai 1597: Mihai Viteazul în conștiința europeană, S. 157–158.

767 Siehe den Brief Rudolfs an Sigismund vom 2. Mai 1597 in: Documente, Hurmuzaki, Vol. XII, S. 297.

768 Demény/Cernovodeanu, S. 73–74.

Interessen in der Walachei als in der benachbarten Moldau verfolgte[769]. Ungeachtet dessen nahm der Woiwode der Walachei, Michael der Tapfere, bereits im Oktober 1596 Geheimverhandlungen mit dem Sultan auf. Nachdem Michael heimlich unter die Suzeränität der Hohen Pforte zurückgekehrt war, empfing er zu Beginn des Jahres 1597 die Einsetzungsstandarte als Vasall des Sultans[770]. Durch seine Schaukelpolitik erreichte Michael eine Einstellung der Kampfhandlungen an der unteren Donau. Das zweijährige Schweigen der Waffen bot sowohl Michael als auch dem Sultan die Möglichkeit, neue Kräfte zu schöpfen. In dieser Zeitspanne befand sich Michael unter einer doppelten Suzeränität, erstens gegenüber dem Fürsten von Siebenbürgen aufgrund des Weißenburger Vertrages von 1595 und zweitens gegenüber dem Sultan, der Michael erstmals 1593 als Vasallen eingesetzt hatte.

Im Januar 1597 erreichte Sigismund ein Schreiben Hasan Paschas aus Belgrad, der den siebenbürgischen Fürsten aufforderte, er solle sich ebenso wie Michael dem Sultan unterwerfen. Auf diese Weise könne er der Vergebung des Sultans vertrauen, so wie Michael, dem er die Einsetzungsstandarte bereits zugesandt habe. Andernfalls werde Sigismund mit einer osmanischen Invasion in Siebenbürgen rechnen müssen[771]. Das Verhalten Michaels offenbarte die Grenzen der Möglichkeiten des siebenbürgischen Herrschers, seinen Anspruch, die alleinige Oberherrschaft über die Walachei auszuüben, mit politischen und militärischen Mitteln durchzusetzen. Deshalb befand sich der Fürst Anfang Januar 1597 auch nicht in der Position, Michael – der persönlich nach Weißenburg gereist war – den Wunsch abzuschlagen, einen seiner Vertrauten in die siebenbürgische Delegation aufzunehmen, die sich bereit machte, zum Kaiserhof nach Prag aufzubrechen[772]. Bis dahin hatte Sigismund, der sich auf den Weißenburger Vertrag berief, erfolgreich alle Versuche Michaels unterbunden, direkte diplomatische Beziehungen zum Kaiser aufzunehmen. Als Fürst Sigismund am 12. Januar 1597 seine Reise nach Prag begann, befanden sich in seiner Delegation auch der walachische Ban Mihalcea und der Kronstädter Ratsherr Markus Schunckabunck, die von Michael den Auftrag erhalten hatten, vom Kaiser Subsidien für den Kampf gegen den Sultan zu erbitten[773]. Zur Überraschung des Kaisers kündigte der zu Depressionen neigende Fürst Sigismund seinen Thronverzicht an[774]. Nur mit einiger Mühe und dem Griff in die habsburgische Schatzkammer gelang es dem kaiserlichen Hof, Sigismund von diesem Vorhaben abzubringen. Rudolf ver-

---

769 Eine umfangreiche, anonyme, nicht datierte Denkschrift in italienischer Sprache, die wahrscheinlich Ende des Jahres 1595 erstellt wurde, entwickelt Strategien, um die Walachei innerhalb des habsburgischen Machtbereichs zu erhalten und osmanische, tatarische sowie polnische Angriffe auf Siebenbürgen und Ungarn abzuwehren: Documente, Hurmuzaki, Vol IV/2, S. 10–19.

770 Istoria politicii externe româneşti, S. 69. Vgl. Brătianu/Makkai, S. 50. Vgl. Veress, Documente, Vol. V, S. 50–51. Vgl. Documente, Hurmuzaki, Vol. XII, S. 274.

771 Istoria politicii externe româneşti, S. 69.

772 Sîrbu, S. 249.

773 Vgl. Göllner 1959, S. 154–157.

774 Der venezianische Gesandte in Prag, Tomaso Contarini, berichtete nach einem Treffen mit dem siebenbürgischen Fürsten dem Dogen am 24. Februar 1597 über den Rücktrittswunsch Sigismund Báthorys: Documente, Hurmuzaki, Vol III/2, S. 231–232.

sprach Sigismund die Finanzierung von 6.000 Söldnern, darüber hinaus Subsidien zur Unterhaltung der siebenbürgischen Armee. Ein Teil dieses Betrags sollte aber den militärischen Anstrengungen der Walachei zugutekommen. Nur im Falle eines direkten Großangriffs der Osmanen auf Siebenbürgen durfte Sigismund auch auf die der Walachei zustehenden Mittel zurückgreifen[775]. Nach der Abreise der siebenbürgischen Delegation im März 1597 verblieb der Ban Mihalcea noch ein paar Tage in Prag, die er dafür nutzte, um vom Kaiser weitere Subsidien zu verlangen, die sein Woiwode für militärische Zwecke verwenden wolle, um im Dienste „der kaiserlichen Majestät" – mit oder ohne den Fürsten von Siebenbürgen – die „tatarischen und osmanischen Feinde" aufhalten zu können. Darüber berichtete der venezianische Gesandte in Prag, der am 24. März vermelden konnte, dass inzwischen auch der walachische Gesandte mit mehreren Zusagen abgereist sei, Geld und Soldaten für den Kampf gegen die Osmanen zu erhalten, und diese auch für eine Unterstützung aufständischer Balkanvölker zu verwenden[776]. Damit hatte Michael der Tapfere seine diplomatische Isolation durchbrochen und den völkerrechtlichen Alleinvertretungsanspruch Sigismunds erfolgreich in Frage gestellt. Als der Kaiser im April 1597 Fürst Sigismund schrieb, dass Subsidien nicht nur nach Siebenbürgen, sondern auch in die Walachei ausgezahlt würden, protestierte Sigismund energisch. Am 28. Mai und 2. Juni 1597 berichtete der venezianische Gesandte aus Prag, dass Fürst Sigismund dem Kaiser mitgeteilt habe, dass weder er, noch seine Ratgeber, noch die Stände Siebenbürgens es akzeptieren könnten, dass der Woiwode eine gesonderte Hilfe erhalte, sei es gegen die Tataren oder zur Unterstützung eines bulgarischen Aufstandes, da Michael sein Vasall sei und zu ihm gehöre. Deshalb forderte der siebenbürgische Fürst vom Kaiser auch die Auszahlung der Mittel, mit denen Michael 4.000 eigene Söldner finanzieren wollte. Über diese Ansprüche waren der Kaiser und seine Räte sehr verstimmt, „da der Fürst wolle, dass alle Dinge nach seinem Geschmack gemacht werden sollten". Da Prag eine Verständigung zwischen Sigismund und dem Sultan fürchtete, versprach der Kaiser – nach einigem Zögern – dem Siebenbürger die Erfüllung dieser Bitte. Auf der anderen Seite wollte der kaiserliche Hof keinen Bruch Michaels mit der Heiligen Liga provozieren. Um sicherzustellen, dass Michael trotzdem seinen Anteil erhielt, sandte der Kaiser seinen Vertrauten Adam G. Popel von Lobkowitz mit 60.000 Talern nach Weißenburg, der dort die Aufgabe hatte, die Verteilung der Mittel zu prüfen. Dagegen wehrte sich Fürst Sigismund, der darin eine Einmischung des Kaisers in innersiebenbürgische Angelegenheiten sah. Der Fürst schickte den kaiserlichen Gesandten wieder nach Prag zurück, obwohl dieser geplant hatte, während des Sommers über die Verwendung der Mittel zu wachen[777]. Die aufgetretenen Unregelmäßigkeiten bei der Weiterleitung der Mittel an Michael bewogen den Kaiser, seinen Gesandten Erich Lassota direkt in die Walachei zu schicken. Da Lassota erst am 15. Juli 1597 in der Hauptstadt Târgovişte eintraf, konnte

775 Documente, Hurmuzaki, Vol. III/1, S. 278.

776 Documente, Hurmuzaki, Vol. III/2, S. 237–238.

777 Popel kam am 13. Juni wieder in Prag an: Documente, Hurmuzaki, Vol. XII, S. 305. Vgl. Documente, Hurmuzaki, Vol. III/2, S. 238, 244–246.

die vollständige Auszahlung der Subsidien erst im August erfolgen[778]. Mit der Entsendung Lassotas in die Walachei zeigte der Kaiser, dass er nicht länger bereit war, den völkerrechtlichen Alleinvertretungsanspruch des siebenbürgischen Fürsten über die Walachei anzuerkennen.

Die Erosion seiner Macht südlich der Karpaten, das Scheitern einiger Friedensinitiativen und der Misserfolg der christlichen Truppen bei der Belagerung der osmanischen Festung Temeswar am Jahresende 1597 bewogen Fürst Sigismund, seine Abdankungspläne in die Tat umzusetzen[779]. Da der Krieg gegen das Osmanische Reich mit starken Belastungen für die siebenbürgischen Stände verbunden war, machte sich unter den Ständen 1596 und 1597 eine zunehmende Unzufriedenheit bemerkbar[780]. Diese innenpolitischen Widerstände trugen zu einem gewissen Teil auch zum Entschluss des Fürsten bei. Er bevollmächtigte den Jesuitenpater Carillo, in Prag Verhandlungen mit dem Kaiser über die Bedingungen seiner Abdikation aufzunehmen. Sigismund forderte die Beibehaltung des Fürstentitels, die Verleihung der Kardinalswürde durch den Papst, die Einkünfte der schlesischen Herzogtümer Oppeln und Ratibor samt einer Ergänzung von 100.000 Dukaten, das Recht, seinen Nachfolger zu bestimmen und die Scheidung seiner Ehe mit der österreichischen Erzherzogin Maria Christierna. Der Prager Hof erhob vor allem gegen die hohe Entschädigungszahlung und die Nachfolgeregelung Einspruch. Auch nachdem sich beide Seiten auf eine reduzierte Ausgleichszahlung geeinigt hatten, forderten die ungarischen Räte des Kaisers die Übergabe des Fürstentums Siebenbürgen an Kaiser Rudolf in seiner Eigenschaft als König von Ungarn, so wie es die Bestimmungen des Prager Vertrages vom 28. Januar 1595 vorsahen. Der Übergang der Herrschaft auf einen siebenbürgischen Adligen, etwa auf einen Verwandten Sigismunds, kam für die Habsburger unter keinen Umständen in Frage.

Nach dem Einlenken der siebenbürgischen Seite in dieser prinzipiellen Frage kam es am 23. Dezember 1597 in Prag zur Vertragsunterzeichnung. Das Abkommen bestimmte, dass angesichts des Krieges der christlichen Staatengemeinschaft gegen den „türkischen Erzfeind" Sigismund seine Herrschaft und sämtliche Rechte über das Fürstentum Siebenbürgen an „Ihre kaiserliche und königliche Majestät" abtre-

---

778 Lassota an Kaiser Rudolf II., Târgovişte, 31. Juli 1597: Veress, Documente, Vol. V, S. 78–82. Vgl. Căzan/Denize, S. 361–362. Vgl. Istoria politicii externe româneşti, S. 69. Vgl. Pop, Tudor, S. 133. Vgl. Sîrbu, S. 258–259.

779 Sigismund forderte Anfang Dezember die rasche Entsendung eines Erzherzogs, der die Regierung in Siebenbürgen zumindest provisorisch übernehmen sollte und die baldige Aufnahme von Friedensverhandlungen mit den Osmanen, die Frieden wünschten. Siehe den Bericht des am siebenbürgischen Hof weilenden Nuntius an den Prager Nuntius vom 11. Dezember 1597 in: Documente, Hurmuzaki, Vol. XII, S. 327. Zum Abdikationsentschluss trugen auch private Probleme bei, denn Sigismunds Ehe mit der österreichischen Erzherzogin Maria Christierna, die sich am siebenbürgischen Hof sehr langeweilte, wurde nicht vollzogen: Daugsch 1985, S. 115. Vgl. Niederkorn 1993, S. 13–14.

780 Der venezianische Gesandte in Prag berichtete am 14. Mai 1596 über die Unzufriedenheit der Siebenbürger Sachsen mit der Politik des Fürsten: Documente, Hurmuzaki, Vol. III/2, S. 193–194. Vgl. den Bericht des venezianischen Gesandten am Kaiserhof vom 10. September 1596 über die Aktivitäten der Adelsopposition in Siebenbürgen: Ebenda, S. 212.

ten werde. Als Entschädigung werde er die schlesischen Herzogtümer Oppeln und Ratibor sowie eine jährliche Rente von 50.000 Talern erhalten. Der Kaiser sagte zu, sich beim Papst für die Ernennung Sigismunds zum Kardinal und für die päpstliche Annullierung der Ehe mit Maria Christierna einzusetzen[781]. Siebenbürgen sollte im Namen Rudolfs zunächst von Maria Christierna und danach vom zukünftigen Statthalter Erzherzog Maximilian regiert werden. Der Vertrag sollte gegenüber der Hohen Pforte und den siebenbürgischen Ständen bis zum Eintreffen der habsburgischen Delegation unter Erzherzog Maximilian geheim gehalten werden[782]. Kaiser Rudolf II. ratifizierte den Vertrag am 31. Januar 1598 in Prag. Am gleichen Tag verlieh Rudolf in seiner Eigenschaft als Römischer Kaiser und König von Böhmen die beiden schlesischen Herzogtümer an Sigismund Báthory. Er war verpflichtet, als neuer Landesherr die Rechte der Stände in den Herzogtümern Oppeln und Ratibor zu achten[783].

Die Ankunft der kaiserlichen Delegation in Siebenbürgen verzögerte sich bis zum 2. April 1598. In der Residenzstadt Weißenburg tagten seit dem 23. März die siebenbürgischen Stände, die sowohl über den Geheimhaltungsversuch der Vertragspartner als auch über das lange Ausbleiben der kaiserlichen Delegation verärgert waren. Inzwischen hatte sich eine Adelsfraktion gebildet, die gegen den Übergang der Herrschaft auf das Haus Habsburg opponierte. Erst die Inhaftierung ihrer Anführer durch Fürst Sigismund machte den Weg für den Herrscherwechsel frei. Damit zeigte der Fürst, dass er ebenso wie im Jahr 1594 keine Skrupel hatte, jeden innenpolitischen Widerstand im Keim zu ersticken. Die in Weißenburg lagernden siebenbürgischen Truppen leisteten am 7. April 1598 den Treueid auf König Rudolf. An diesem Tag erließ Fürst Sigismund ein Patent, in dem er bekannt gab, dass alle Bewohner Siebenbürgens dem neuen Herrscher Treue zu schwören hatten, andernfalls drohten ihnen der Verlust ihrer Güter und die Todesstrafe. Nach der Vereidigung der siebenbürgischen Stände auf das Haus Habsburg am 8. April 1598 verpflichtete sich die habsburgische Delegation im Namen König Rudolfs, die ständischen Freiheiten und Rechte des Landes zu achten. Als der siebenbürgische Landtag die neue Rechtslage in Gesetzesform goss, ratifizierte auch Sigismund am 10. April in Weißenburg den Vertrag[784]. Danach verabschiedete er sich von den Ständen seines Heimatlandes. In seiner Ratifikationsurkunde verwendete Sigismund sämtliche Titel, die er nach 1595

781 Die Annullierung der Ehe verkündete der Papst 1599. Maria Christierna verließ Siebenbürgen im Frühjahr 1599: Veress, Documente, Vol. VI, S. 320. Petritsch 2008/2009, S. 147.

782 Wortlaut des in lateinischer Sprache abgefassten Vertrages (Abschrift k.u.k. Finanzarchiv) in: Gooss, S. 241–249.

783 Wortlaut der in lateinischer Sprache abgefassten Verleihungsurkunde in: Gooss, S. 250–251. Seit 1558 herrschten die Habsburger unmittelbar über die Fürstentümer Oppeln und Ratibor. Davor befanden sich beide Gebiete im Besitz der fränkischen Hohenzollern sowie zeitweise der ungarischen Königin Isabella aus dem Hause Szapolyai: Weber, S. 192.

784 Wortlaut der in lateinischer Sprache abgefassten Ratifikationsurkunde (Original Österr. Staatsarchiv) in: Gooss, S. 251–257.

geführt hatte und die er auch nach seiner Abdankung nicht ablegte[785]. Sigismund übertrug in der Urkunde das *regnum Transsylvaniae* seiner „Heiligen Kaiserlichen und Königlichen Majestät und deren Nachfolgern im Königreich Ungarn"[786]. Kaiser Rudolf hingegen sprach Sigismund in seiner Verleihungsurkunde vom 31. Januar 1598 nur mit jenen Titeln an, die der Siebenbürger vor 1595 geführt hatte[787], womit er deutlich machte, dass für ihn mit dem neuen Vertrag die Bestimmungen des Prager Vertrages von 1595 ihre Gültigkeit verloren hatten. Der Austausch der Ratifikationsurkunden zwischen Sigismund und den habsburgischen Kommissaren erfolgte am 13. April 1598 in Kisfalud bei Weißenburg. Dadurch wurde Kaiser Rudolf II. als König von Ungarn rechtmäßiger Herrscher über das Fürstentum Siebenbürgen[788]. Am 16. April 1598 dankte Sigismund Báthory als Fürst von Siebenbürgen ab und begab sich in die schlesischen Herzogtümer Oppeln und Ratibor, die ihm vom Kaiser verliehen worden waren[789]. Die Herrschaft der Familie Báthory in Siebenbürgen hatte damit ein – vorläufiges – Ende gefunden.

3. Zusammenfassung

Nach dem Aussterben der Szapolyai-Dynastie 1571 widersetzten sich die siebenbürgischen Stände den Bestimmungen des 1570 geschlossenen Speyerer Vertrages, der für diesen Fall die Thronfolge der Habsburger im Fürstentum Siebenbürgen vorgesehen hatte. Stattdessen wählte der siebenbürgische Landtag den Magnaten Stefan Báthory zum neuen Herrscher Siebenbürgens. Er begründete eine neue Dynastie, die in den folgenden drei Jahrzehnten das Land im Karpatenbecken regierte und eine Periode prägte, die mit den unterschiedlichsten Veränderungen der völkerrechtlichen Stellung Siebenbürgens verbunden ist. Zunächst ließ Stefan nicht nur seine Herrschaft durch den Sultan bestätigen, er nahm auch anstelle des im Speyerer Vertrag vorgesehenen Fürstentitels den geringeren Titel eines „Woiwoden von Sieben-

785 *Nos Sigismundus Dei gratia Transsylvaniae, Moldaviae, Valachiae, Transalpinae et Sacri Romani imperii princeps, partium regni Hungariae dominus, aurei velleris eques et Siculorum comes etc:* Gooss, S., 251.

786 *Et nihilominus dictum regnum nostrum seu provinciam Transsylvaniae cum omnibus suis pertnentiis, appendicibus et districtibus, oppidis, civitatibus, castris, castellis, curiis, comitatibus et sedibus quarumcunque nationum, Ungarorum scilicet, Saxonum, Siculorum, Valachorum, aliarumque gentium, nec non cum vicinis Moldaviae et Valachiae Transalpinae provinciis, item aliis locis, quae tam intra quam extra Transsylvaniam tam per successionem maiorum nostrorum, quam per arma, virtutem, industriamque nostram parta possedimus ac nunc possidemus, matura intra nos deliberatione praehabita ac ex certa scientia nostra praefatae Sacr*^{mae} *C*^{ae} *M*^{ti}*, augustissimo scilicet principi et d*^{no} *d*^{no} *Rudolpho secundo, electo Romanorum imperatori, veluti regi Ungariae suisque legitimis successoribus dandum, conferendum ac resignandum et renunciandum, […]:* Gooss, S. 256.

787 *Ill*^{mum} *Sigismundum Bathoreum de Somlio, Transylvaniae principem, Siculorum comitem et quarundam Hungariae partium d*^{num}: Gooss, S. 250.

788 Gooss, S. 235–257.

789 Czettler, S. 103–104. Gegen die Übertragung der beiden Herzogtümer an Sigismund Báthory protestierten die schlesischen und böhmischen Stände. Darüber berichtete der venezianische Gesandte am Prager Hof am 8. Juni 1598: Documente, Hurmuzaki, Vol. III/2, S. 285.

bürgen" an. Darüber hinaus versicherte Stefan sowohl dem Sultan als auch dem Kaiser, Siebenbürgen in ihrem Namen regieren zu wollen. Insgeheim schwor er als Vasall dem ungarischen König die Treue und stellte damit sicher, dass sich seine Herrschaft ohne Bedrohung von außen konsolidieren konnte. Erst als sich Stefan Báthory als siebenbürgischer und ab 1575 auch als polnischer Herrscher durchgesetzt hatte, machte er seinen Unterwerfungsakt von 1571 gegenüber dem ungarischen König rückgängig. Darüber hinaus nahm er eigenmächtig den im Vertrag von Speyer vorgesehenen siebenbürgischen Fürstentitel an, um seine Ebenbürtigkeit mit den Habsburgern auszudrücken.

Als Stefan Báthory 1586 starb, bestieg dessen minderjähriger Neffe Sigismund Báthory den siebenbürgischen Thron. Den Ausbruch des „Langen Türkenkrieges" 1593 nutzte Sigismund aus, indem er im August 1594 – zusammen mit dem siebenbürgischen Landtag – das Suzeränitätsverhältnis zum Osmanischen Reich beendete. Als Gegenleistung für das von Kaiser Rudolf II. geforderte antiosmanische Bündnis erhielt Sigismund die Anerkennung als „Fürst von Siebenbürgen" und jene der Unabhängigkeit Siebenbürgens vom Königreich Ungarn. Damit stellte der im Januar 1595 in Prag unterzeichnete habsburgisch-siebenbürgische Bündnisvertrag eine Premiere in der Geschichte des 16. Jahrhunderts dar. In allen vorherigen Verträgen hatten die Habsburger darauf bestanden, die Herrschaft über Siebenbürgen sofort anzutreten, oder die Suzeränität des ungarischen Königs über den siebenbürgischen Herrscher festzuschreiben. Im Prager Vertrag wurde ein Kompromiss zwischen beiden – zunächst als unvereinbar geltenden – Positionen gefunden: Kaiser Rudolf II. erkannte Sigismund und dessen männliche Nachkommen als „freie Fürsten" mit uneingeschränkten Herrschaftsrechten in Siebenbürgen und den Partes an. Die Bestimmung über die rechtliche Zugehörigkeit Siebenbürgens zum Länderkomplex der Stefanskrone wurde nicht mehr in den Vertrag aufgenommen. Im Gegenzug sollte Sigismund dem ungarischen König Treue schwören, ohne ein Vasallenverhältnis zum Habsburger einzugehen.

Mit dem Abschluss des Prager Vertrags war Sigismund zu einem Souverän emporgestiegen, der keinen „Höheren" über sich anerkannte. Von dieser Position aus begann er sein Verhältnis zu den Woiwoden der Moldau und der Walachei umzugestalten. Mit ihnen hatte er bereits im November 1594 jeweils einen antiosmanischen Bündnisvertrag abgeschlossen, dessen Wortlaut jedoch nicht überliefert ist. Diese Verträge bildeten den Ausgangspunkt für die Eröffnung der Kampfhandlungen durch die beiden Woiwoden zum Jahresende 1594. Als im Frühsommer 1595 die osmanische Gegenoffensive drohte, suchte der Woiwode der Walachei, Michael der Tapfere, einen engeren Anschluss an die Mächte der Heiligen Liga. Fürst Sigismund war nur bereit, die Walachei zu schützen, wenn sich der Woiwode unter seine Oberhoheit begeben würde. Im Mai 1595 wurde in Weißenburg ein siebenbürgisch-walachischer Bündnisvertrag unterzeichnet. Der Weißenburger Vertrag etablierte die Suzeränität des Fürsten von Siebenbürgen über den Woiwoden der Walachei. Michael musste fast alle Hoheitsrechte an Sigismund abtreten. Der Fürst und der Landtag von Siebenbürgen erhielten das Recht, annähernd alle politischen Entscheidungen der Walachei mitzubestimmen. In den auswärtigen Beziehungen fielen alle maßgeblichen Kompetenzen des Woiwoden an den siebenbürgischen Fürsten, ohne dessen Zustimmung Gesandte nicht ins Ausland geschickt werden durften. Als Gegenleistung verpflichtete sich Fürst Sigismund, den Schutz der Walachei zu gewährleisten und im Kampf gegen die Osmanen militärische Hilfe zu leisten.

Im Juni 1595 schloss Sigismund, ebenfalls in Weißenburg, mit einer moldauischen Delegation einen Bündnisvertrag, der nach dem Vorbild des mit der Walachei eingegangenen Abkommens konzipiert worden war. Dementsprechend wurde dadurch auch die Oberhoheit des Fürsten über den Woiwoden der Moldau etabliert. Obwohl Sigismund die Oberherrschaft über die Moldau nach einer militärischen Intervention des Königreichs Polen bereits im August 1595 verlor, gelang es ihm, zusammen mit dem Woiwoden der Walachei, Michael dem Tapferen, an der Donau spektakuläre Siege über die osmanische Armee zu erringen. Bis 1596 stellten Siebenbürgen und die Walachei in einem nicht unerheblichen Maße sicher, dass sich die Habsburgermonarchie gegen das Osmanische Reich in Ungarn behaupten konnte.

Allerdings schwand in den Jahren 1596 und 1597 das Kriegsglück der kaiserlichen und siebenbürgischen Armeen. Dies bewog den sprunghaften Fürsten, auf den siebenbürgischen Thron zugunsten der Habsburger zu verzichten. Im Dezember 1597 wurde in Prag ein Vertrag unterzeichnet, der den Übergang der Herrschaft im Fürstentum Siebenbürgen von Sigismund Báthory auf Kaiser Rudolf II. regelte. Sigismund Báthory trat sämtliche Hoheitsrechte über das Fürstentum Siebenbürgen an Kaiser Rudolf II. in seiner Eigenschaft als König von Ungarn ab. Im Gegenzug sollte er durch jährliche Rentenzahlungen Wiens und die Belehnung mit den beiden oberschlesischen Herzogtümern Oppeln und Ratibor entschädigt werden. Damit folgte dieser Zessionsvertrag dem Muster der 1541 und 1551 abgeschlossenen habsburgisch-siebenbürgischen Verträge. In Siebenbürgen sollte Erzherzog Maximilian als königlicher Statthalter regieren. Widerstandsversuche der siebenbürgischen Stände gegen den Herrschaftswechsel wurden gewaltsam unterdrückt. Nachdem der siebenbürgische Landtag König Rudolf im April 1598 die Treue geschworen hatte, dankte Sigismund Báthory als Fürst ab und reiste nach Schlesien ab. Damit hatte zum zweiten Mal nach 1551 ein siebenbürgischer Herrscher zugunsten der Habsburger abgedankt, um der Idee der Wiedervereinigung des Königreichs Ungarn Tribut zu zollen und um die Lösung unüberwindlich scheinender Probleme der mächtigsten europäischen Dynastie zu überlassen.

V. Ringen um den Erhalt der Autonomie während des „Langen Türkenkrieges“ 1598–1606

1. Versuche zur Restauration der Báthory-Herrschaft 1598–1599

Mit der Abdankung Sigismund Báthorys am 16. April 1598 als Fürst von Siebenbürgen zugunsten Kaiser Rudolf II. in seiner Eigenschaft als König von Ungarn fiel das Land im Karpatenbogen zum zweiten Mal seit 1551 unter die Herrschaft des Hauses Habsburg. Der Herrscher- und Dynastiewechsel wirkte sich vor allem auf die völkerrechtlichen Beziehungen Siebenbürgens – das nun de facto wieder zu einem Land der ungarischen Krone geworden war – zur Woiwodschaft Walachei aus, die de iure unter der Suzeränität des siebenbürgischen Herrschers stand.

Zur Klärung des Verhältnisses zwischen dem König von Ungarn und dem Woiwoden entsandte noch im April 1598 der in Siebenbürgen eingetroffene kaiserliche Kommissar Pezzen den Diplomaten Hödl[790] in die Walachei. Von dort kehrte er am 3. Mai mit einem Kurier des Woiwoden Michael in die siebenbürgische Residenzstadt Weißenburg zurück. Der Kurier brachte ein Schreiben des Woiwoden mit, in dem Michael erklärte, dass er der „Allianz und Konföderation“ treu bleibe, durch die er sich mit dem ehemaligen Fürsten von Siebenbürgen und dessen Land verbunden habe. Aus diesem Grund unterwerfe er sich „der kaiserlichen und königlichen Majestät“, und er versprach, dass der Kaiser – sollte er zeitig Hilfe schicken – sich kaum mehr um die „asiatischen und Konstantinopolitanischen Türken“ sorgen müsse. Schließlich kündigte Michael an, am 20. Mai zusammen mit den Bojaren und Kommandanten seines Landes Rudolf die Treue schwören zu wollen[791]. Am 29. Mai brach eine habsburgische Delegation, die aus den „Räten Ihrer Majestät und Kommissaren, bevollmächtigten Delegierten in Siebenbürgen und der Walachei“ bestand[792], von Weißenburg in die Walachei auf, wo sie etwa eine Woche lang mit „Michael, Woiwode der Transalpinen Teile Ungarns und Rat Ihrer heiligen kaiserlichen und königlichen Majestät“ und seinen „die gesamte Walachei repräsentierenden [...] Räte und Untertanen“[793] zäh verhandelte[794]. Obwohl das Vasallenverhältnis Michaels zum ungarischen König unmittelbar in der Rechtsnachfolge seines Verhältnisses zum Fürsten von Siebenbürgen stehen sollte, versuchten die walachischen Delegierten

790 Hödl wurde von den Habsburgern oft für die Auszahlung von Subsidien beauftragt, da er sehr gut Rumänisch, Polnisch und Osmanisch sprach: Sîrbu, S. 329.

791 Documente, Hurmuzaki, Vol. XII, S. 338, 347.

792 Die habsburgische Gesandtschaft bestand aus Stefan Szuhay, Bischof von Waitzen und Präfekt der Ungarischen Kammer, sowie Nikolaus Istvánffy, Burgkapitän von Ödenburg und Propalatin von Ungarn.

793 Zur walachischen Delegation gehörten Ieftimie (Metropolit von Târgovişte), Dimitrie (*Vornic*), Mihalcea (*Banus*), Radu (*Clucer*), Teodosie (*Logofăt*), Andronic (*Vistier* und *Postelnic*), Negre (*Spătar*), Miroslav (*Logofăt*) und Calotă (*Banus*).

794 Darüber berichtete Nikolaus Istvánffy am 10. Juni 1598 an den in Siebenbürgen weilenden Kommissar Pezzen: Documente, Hurmuzaki, Vol. III/1, S. 289–291. Vgl. Sîrbu, S. 319, 322.

mit viel Energie, restriktive Bestimmungen, vergleichbar dem Weißenburger Vertrag von 1595, zu vermeiden. Dabei machten sie sich das damals relativ gute Verhältnis Michaels zur Hohen Pforte – Michael hatte sich Ende 1596 dem Sultan unterworfen, so dass keine unmittelbare osmanische Invasion in die Walachei drohte – und das Interesse Rudolfs an einer Absicherung der noch ungefestigten habsburgischen Herrschaft in Siebenbürgen durch den südlichen Nachbarn zunutze. Deshalb waren die habsburgischen Delegierten genötigt, die „Ereignisse und die Umstände" in ihren Verhandlungen zu berücksichtigen, wie Istvánffy sich ausdrückte. Kurz vor seinem Aufbruch hatte er dem Kaiser gemeldet, er fürchte, dass Michael dem Druck des Sultans nachgeben werde, der von ihm Hilfe für den Bau zweier Donaubrücken bei Giurgiu und Brăila gefordert habe. Deshalb müssten Michael und sein gesamter Anhang unverzüglich durch einen Treueschwur an das Haus Österreich gebunden werden, und durch die Geiselnahme seines Sohnes sowie durch den Druck ungarischer Truppen zum Abschluss des geplanten antiosmanischen Bündnisses bewegt werden[795].

Am 9. Juni 1598 wurde in „der Kirche oder dem Kloster des gottfürchtigen Bischofs Nicolae auf dem Hügel der Stadt Târgovişte" der Bündnisvertrag unterzeichnet[796]. In der Präambel wurde der Kampf Michaels gegen das „über hundertjährige Joch der Türken" und seine Bereitschaft, die Walachei erneut unter die Oberhoheit der ungarischen Krone zu stellen, gewürdigt. Michael solle die „Heilige kaiserliche und königliche Majestät" als seinen rechtmäßigen Herrscher und König anerkennen, so wie es vor langer Zeit seine Vorgänger gegenüber den Königen von Ungarn getan hätten, um im Gegenzug Hilfe und Schutz zu erhalten. Im ersten Artikel versprach die habsburgische Seite dem Woiwoden Subsidien für 5.000 Söldner, die sein Land schützen sollten. Die Kommissare versprachen, sich beim Kaiser für die Bereitstellung weiterer 5.000 Söldner zu verwenden, und falls Michael diese Truppen nicht benötigen sollte, müsse er sie dort einsetzen, wo es der Kaiser oder dessen Bruder Maximilian wünsche. Diese Truppen dürfe Michael nur für die Verteidigung Siebenbürgens, der Walachei oder der ostungarischen *Partes adnexae* einsetzen. Sollte es die Situation erfordern, werde „Ihre Majestät" oder Erzherzog Maximilian, der im Namen seines Bruders Siebenbürgen regieren werde, dem Woiwoden der Walachei mit weiteren Truppen zu Hilfe eilen. Andererseits müsse im Falle einer Bedrohung Siebenbürgens und der *Partes* auf Verlangen des Kaisers oder Erzherzog Maximilians sich der Woiwode, gegebenenfalls auch persönlich, sowohl mit den habsburgisch finanzierten Truppen als auch mit seinem walachischen Heer dort einfinden, wo es als nötig erachtet werde.

---

795 Siehe den Bericht der beiden Kommissare vom 28. Mai 1598 aus Weißenburg an den Kaiser: Lupta pentru unitate, Constantinescu, S. 62–63.

796 Der Vertrag ist sowohl in der Version der habsburischen Komissare als auch in jener des Woiwoden Michael und seiner Bojaren überliefert. Der Wortlaut ist, mit Ausnahme einiger nebensächlicher Wörter und der Adressaten identisch. Siehe den Wortlaut des auf Latein abgefassten Vertrages in: Lupta pentru unitate, Constantinescu, S. 63–66. Siehe die lateinische Version mit einer rumänischen Übersetzung in: Mihai Viteazul în conştiinţa europeană, S. 190–193. Siehe die rumänische Übersetzung in: Relaţiile internaţionale, S. 174–179. Vgl. Hurmuzaki, Vol. III/1, S. 287–288.

Im zweiten Artikel erklärte der Kaiser und König, dass er Michael und seinen männlichen Nachkommen die Walachei mit all ihren Einkünften, Rechten und Gebieten als Vasallen und Lehnsmännern übertrage. Die Herrschaft über die Walachei mit ihren althergebrachten Rechten und Privilegien solle ihnen ohne die Zahlung eines Tributes oder eines Geschenkes zustehen. Dennoch sollten der Woiwode und seine Nachfolger „Ihrer Majestät“, nach der alten Gewohnheit gegenüber den Königen von Ungarn, als ihrem Herren und König jährlich ein Ehrengeschenk zukommen lassen. Ihre persönlichen Güter dürften Michael und sein Sohn frei vererben (Artikel 3). Für den Fall, dass Michaels Familie im männlichen Stamme aussterbe, wurde vereinbart, dass der Kaiser und König, oder seine Nachfolger, einen Woiwoden aus dem Kreis der einheimischen Bojaren ernennen sollten. Ohne dieses Recht zu beeinträchtigen, solle in der Regel jener Kandidat berücksichtigt werden, der vorher von den Bojaren und Würdenträgern der Walachei ausgewählt und designiert wurde (Artikel 4). Die Kommissare verpflichteten sich im Namen „Ihrer Majestät“, dem Woiwoden und seinen Nachfolgern ein Schloss in Ungarn oder Siebenbürgen zu übertragen, dessen Güter ein standesgemäßes Auskommen ermöglichen (Artikel 5). Artikel 6 legte fest, dass „Rechtsbrecher“ aus der Walachei, die sich nach Siebenbürgen oder Ungarn flüchteten, dort nicht geduldet sein sollten. Vielmehr solle Michael das Recht haben, diese überall hin zu verfolgen und zu verhaften. Weiterhin sollten alle Soldaten, die heimlich flüchteten, an die jeweilige Seite ausgeliefert werden. Die Kaufleute der Walachei sollten unter Begleichung der ortsüblichen Zölle freien Handel in Siebenbürgen treiben dürfen, ohne die Privilegien der siebenbürgischen Städte zu beeinträchtigen. Im Gegenzug sollten fremde Kaufleute unter Berücksichtigung der örtlichen Bedingungen freien Handel in der Walachei treiben dürfen, sowohl „Siebenbürger als auch Ungarn und Deutsche“ (Artikel 7). Im 8. Artikel verpflichtete sich der Kaiser und König, die kirchliche Ordnung in der Walachei nach Recht und Gewohnheit zu belassen und weder den Woiwoden noch seine Bojaren und Würdenträger zum Übertritt zu einem anderen Glauben zu nötigen. Schließlich wurde bestimmt, dass jene Bojaren und Soldaten der Walachei, die sich durch besondere Verdienste für „Ihre Majestät“ und die Christenheit auszeichneten und vom Woiwoden vorgeschlagen würden, angemessen bedacht werden sollten. Die vom Woiwoden entsandten Kuriere und Delegierten sollten vom Kaiser und König oder Erzherzog Maximilian umgehend in Audienz empfangen, mit Antworten versehen und angemessen untergebracht werden (Artikel 9). Am Ende des Vertrages sagten die Kommissare zu, dass sowohl „Ihre Majestät“ als auch Erzherzog Maximilian die Vereinbarungen ratifizieren würden. Auch Michael, sein Sohn und die unterzeichnenden Bojaren bestätigten die Gültigkeit der Vertragsbestimmungen im Namen ihrer Nachkommen und des gesamten Landes.

Noch am gleichen Tag schworen am Ort der Vertragsunterzeichnung der Metropolit von Târgovişte, Ieftimie, und die acht ranghöchsten Bojaren[797] der Walachei,

---

797 Dumitru (*Vornic* und Hauptrichter), Mihalcea (*Ban*), Radu (*Clucer*), Theodosie (*Logofăt* und Kanzler), Andronic (*Vistier* und *Postelnic*), Negrea (*Spătar*), Miroslav (*Logofăt*) und Calotă (*Ban*).

auch im Namen ihrer Nachkommen und des gesamten Landes, Kaiser und König Rudolf und seinen Nachfolgern ein Leben lang Treue und Gehorsam. Sie gelobten, Freunde seiner Freunde und Feinde seiner Feinde zu sein, niemals offen oder geheim, sei es mit Rat oder Tat, gegen ihn zu arbeiten und auch bei Gefahr für Leib und Leben nicht von der Seite des Kaisers und der Christenheit zu weichen. Der Schwur des Woiwoden stimmt mit jenem seiner Würdenträger fast wortwörtlich überein. Allerdings enthält er eine zusätzliche Passage, die in der Mitte des Textes zu finden ist. Michael schwor, die ihm von habsburgischer Seite anvertrauten Pläne niemandem zu verraten und dem Kaiser auf Anfrage ein nützlicher, guter und treuer Ratgeber zu sein sowie alle ihm bekannten Vorhaben der Feinde „Ihrer Majestät" mitzuteilen[798].

Der kaiserliche Kommissar Istvánffy bemerkte, die Schwörenden seien sichtlich von ehrlichen Gefühlen gegenüber dem Kaiser und der Christenheit geleitet gewesen. Allerdings habe sich Michael sehr über „die Siebenbürger" beschwert, die ihn seiner Herrschaft beraubt und unwürdig behandelt hätten. Die Kommissare hätten ihn daraufhin ermutigt, nur das Beste von Kaiser Rudolf II. und Erzherzog Maximilian zu hoffen und zu glauben[799]. Aus Târgovişte berichteten die Kommissare am 11. Juni dem Kaiser, dass sie es nur mit großem Zureden erreicht hätten, Michael dazu zu bewegen, den Schwur vor der Ratifikation des Vertrages durch den Kaiser abzuleisten. Als Grund dafür nannten sie die bitteren Beschwerden Michaels über „die Siebenbürger", die ihn an jeder glänzenden Tat gehindert und immer den Ruhm für sich eingefordert hätten. Außerdem hätten sie ihn bei der Verteidigung seines Landes allein gelassen. Wegen seiner Furcht, dass ihm dies erneut widerfahren könnte, sei es sehr schwer gewesen, ihn davon zu überzeugen, „den Siebenbürgern" ein zweites Mal zu vertrauen[800].

Diese Hinweise und der Umstand, dass Rudolf ausschließlich seine ungarischen Räte mit den Vertragsverhandlungen betraut hatte, zeigen, dass Rudolf diese Vereinbarung in seiner Eigenschaft als König von Ungarn und damit auch in seiner neuen Eigenschaft als Landesherr Siebenbürgens abschloss. Der oben erwähnte Titel Michaels knüpft an das spätmittelalterliche Vasallenverhältnis der Woiwoden der Walachei gegenüber den Königen von Ungarn an und drückt die Zugehörigkeit der Walachei zu den Ländern der ungarischen Krone aus: Woiwode der transalpinen Teile Ungarns. Dieser allgemeine Suzeränitätsanspruch des Königs von Ungarn wurde durchgesetzt, indem die Oberhoheit des Fürsten von Siebenbürgen, in dessen Rechte Rudolf als neuer Landesherr eingetreten war, auf den König von Ungarn überging. Verglichen mit Sigismund Báthory standen Rudolf als Souverän jedoch deutlich weniger Kompetenzen zu. Zu den Rechten, Gesandte mit fremden Mächten auszu-

---

798 Siehe den Wortlaut von Michaels Schwur in: Documente, Hurmuzaki, Vol. III/1, S. 289. Siehe den Wortlaut des Schwurs der Bojaren in: Ebenda, Vol. XII, S. 359. Siehe den lateinischen Wortlaut der beiden Schwüre mit rumänischer Übersetzung in: Mihai Viteazul în conştiinţa europeană, S. 193–195.

799 Istvánffy an Kaiser Rudolf II., Târgovişte, 10. Juni 1598: Ebenda, S. 195–196.

800 Siehe den Bericht der Kommissare vom 11. Juni und den Bericht Stefan Thordas an den Kommissar Pezzen vom 15. Juni 1598 in: Documente, Hurmuzaki, Vol. XII, S. 360–362. Vgl. Mihai Viteazul în conştiinţa europeană, S. 196–200.

tauschen, Krieg zu führen und Frieden zu schließen sowie völkerrechtliche Verträge zu unterzeichnen, enthält der Vertrag keine ausdrücklichen Regelungen. Er gibt lediglich die Verpflichtung wieder, die als zentraler Bestandteil der Treueschwüre der christlichen Vasallen gegenüber dem Sultan bekannt ist: Freund der Freunde und Feind der Feinde des Souveräns zu sein. Dies bedeutete, dass sich die Außenpolitik des Vasallen in Übereinstimmung mit jener des Suzeräns befinden musste. Im Gegensatz zum Sultan musste der Woiwode seinem neuen Suzerän jedoch keinen Jahrestribut entrichten, sondern nur durch ein jährliches Ehrengeschenk dessen Überordnung anerkennen. Ein zentraler Verhandlungserfolg der walachischen Seite stellte die Zurückgewinnung mehrerer innenpolitischer Kompetenzen des Woiwoden dar. Neben dem Erbfolgerecht für die Familie Michaels und dem Recht der Bojaren, im Falle eines Aussterbens der Dynastie einen Woiwoden aus ihrem Kreis zu wählen, waren es vor allem die Zusage des ungarischen Königs, die alte verfassungsrechtliche Ordnung in der Walachei zu akzeptieren und sich nicht in die Innenpolitik des Landes einzumischen. Bemerkenswert ist das Recht des Woiwoden, seine politischen Feinde im Hoheitsbereich des ungarischen Königs verfolgen zu dürfen. Die Personalunion zwischen dem Heiligen Römischen Reich und dem Königreich Ungarn spiegelt sich in der Bestimmung wider, dass nicht nur die Untertanen Rudolfs in seiner Eigenschaft als ungarischer König, also „Ungarn" und „Siebenbürger", von den Handelsfreiheiten profitieren sollten, sondern auch die Untertanen des Römischen Kaisers, also die „Deutschen".

Der Vertrag von Târgovişte ersetzte 1598 den 1595 in Weißenburg geschlossenen siebenbürgisch-walachischen Vertrag[801]. Damit hatte Michael sein Ziel erreicht, in ein direktes Vertragsverhältnis zum König von Ungarn treten zu können, das ihm bis dahin aufgrund des Weißenburger Vertrages verwehrt worden war.

Durch das Bündnis mit dem Kaiser abgesichert, brach Michael im August 1598 die eineinhalb Jahre währende Waffenruhe mit der Hohen Pforte[802]. Sein Feldzug gegen den Sultan, unter dessen Oberhoheit er sich zu diesem Zeitpunkt noch befand – parallel zum Suzeränitätsverhältnis gegenüber dem Kaiser und König –, führte ihn bis Oktober in die osmanischen Gebiete südlich der Donau[803].

---

801 Kein rechtlicher Akt hob bis zum Juni 1598 die Gültigkeit des Weißenburger Vertrages auf. Vgl. Sîrbu, S. 333.

802 Während Michael auf die habsburgische Unterstützung zählen konnte, fühlten sich die Osmanen nach dem am 4. August 1598 erneuerten Frieden mit Polen wieder in der Lage, militärische Maßnahmen gegen Michael zu ergreifen. Vgl. Ciobanu, La cumpănă de veacuri, S. 175.

803 In seinem Brief an Erzherzog Maximilian vom 16. Oktober 1598 schrieb Michael aus Caracal: „[...] Hernach haben wir die Stadt Nicapolin, darin bej 6000 Heuser gewesen, in Grundt verbrent, und die Drinigen alle nidergehaut. [...] Benebens furnehme türggische Städt, als Plewint, Vraczat, Florentint et Orehvawicha, alles verbrent, die Inwohnern, Turggen, nidergehaut; was aber in die Gegendt herumb belangt, von Transalpina an biss auf Zofia, haben wir uber 2000 Dörffer verbrent [...] und dasselbe Lanndt also gantz und gar verwust und verhört gelassen, – das wir nun mit den Unserigen wol eine Weil rasten khönnen. [...] Biss so lang mir der Allmechtig einen Athen in mir verleihet, will ich nit aufhören E.F.D. und der ganzen Christenheith, mit Darstreckung meines Leibs und Lebens, zu dienen": Mihai Viteazul în conştiinţa europeană, S. 214–216.

Während Michael an der unteren Donau kämpfte und in Siebenbürgen die kaiserlichen Kommissare vergebens auf die Ankunft des designierten kaiserlich-königlichen Statthalters, Erzherzog Maximilian, warteten, bereute im fernen Schlesien Sigismund Báthory seinen Entschluss, ins Exil zu gehen. Das Schloss in Oppeln war in einem schlechten Zustand, die Ernennung zum Kardinal blieb aus und die materiellen Zusagen wurden von Prag nicht eingehalten. Unter diesen Umständen entschied sich Sigismund, nach Siebenbürgen zurückzukehren. Da Erzherzog Maximilian, auch aufgrund des chronischen Geldmangels des Hauses Österreich, erst im August in Richtung Siebenbürgen aufbrach, kam ihm Sigismund zuvor, der sich heimlich auf die Reise nach Siebenbürgen gemacht hatte und am 20. August 1598 in Klausenburg eintraf. Dort söhnte er sich mit seiner habsburgischen Gemahlin Maria aus, und es gelang ihm, vor allem mit Hilfe seines früheren Heerführers Stefan Bocskai, sowohl die siebenbürgischen Truppen als auch die Stände des Landes auf seine Seite zu ziehen: Der Landtag wählte ihn bereits am 22. August 1598 erneut zum Fürsten. Die 1598 von Sigismund geprägten siebenbürgischen Münzen machen deutlich, dass er entschlossen war, seine Herrschaft nicht nur über Siebenbürgen, sondern auch über die zum Fürstentum Siebenbürgen gehörenden ostungarischen Komitate und die Woiwodschaften Moldau und Walachei wiederherzustellen. Auf den Goldmünzen erschien die Titulatur *SIGISMVNDVs. D[ei] G[ratia] TRAN[sylvaniae] MOL[daviae] WAL[achiae] TRANS[a]L[pine] S[acri] R[omani] I[mperii] PR[inceps]*. Auf der Rückseite umfasste die fortgesetzte Titulatur *PAR[tium] REG[-ni] HVN[gariae] DOMI[nus] AV[rei] – VEL[lerius] E[ques] ET SI[culorum] CO[mes]* das Familienwappen der Báthorys, den Reichsadler und eine Abbildung des Goldenen Vlieses. Die beiden letztgenannten Titel bezogen sich auf seine 1595 erhaltene Würde als Reichsfürst und die am 5. März 1597 verliehene Mitgliedschaft im Orden zum Goldenen Vlies[804].

Nach der Ausweisung der habsburgischen Kommissare ließ Sigismund dem Kaiser mitteilen, dass er am Prager Vertrag von 1595 und der antiosmanischen Allianz festhalten wolle, unter der Voraussetzung, dass der Kaiser ihm und den siebenbürgischen Ständen Amnestie gewähre. Während sich Sigismund gegenüber den Habsburgern weiterhin verständigungsbereit zeigte, schickte er Gesandte ins Feldlager des Großwesirs. Diese überbrachten seine Bedingungen für den Abschluss eines osmanisch-siebenbürgischen Friedens. Der Fürst forderte die Wiederherstellung der Grenzen des Fürstentums, wie sie zu Zeiten Sultan Süleymans bestanden hatten, da die Osmanen seither einen Teil der zu Siebenbürgen gehörenden ostungarischen Gebiete annektiert hatten. Darüber hinaus beanspruchte Sigismund das Eigentum über die ehemaligen siebenbürgischen Festungen Lippa und Jenö. Schließlich verlangte Sigismund von den Osmanen die Anerkennung seines 1595–1598 bestandenen Su-

---

804 Vgl. Documente, Hurmuzaki, Vol. XII, S. 294. König Philipp II. von Spanien hatte bereits am 10. Juli 1596 seine Einwilligung zur Aufnahme des siebenbürgischen Fürsten in den Orden erteilt. Zum Goldenen Vlies als Hausorden der Habsburger in der Zeit Rudolfs II.: Vocelka 1981, S. 142–145, 234. Vgl. Butnariu, S. 138–139. Vgl. Andreescu 1983, S. 109.

zeränitätsverhältnisses zum Woiwoden der Walachei[805]. In Konstantinopel erkannte der englische Gesandte die günstige Gelegenheit, Siebenbürgen aus der Heiligen Liga herauszulösen. Deshalb schickte er seinen Vertrauten Francesco Marcio nach Siebenbürgen und in die Moldau, um zwischen Sigismund und seinen antihabsburgisch eingestellten Nachbarn – der Moldau, Polen und vor allem dem Osmanischen Reich – einen Interessenausgleich zu vermitteln[806].

Die Nachrichten aus Siebenbürgen erreichten den überraschten Michael auf seinem Feldzug südlich der Donau, der ihn bis nach Sofia führte. Um nicht zwischen alle Fronten zu geraten, brach Michael den Feldzug im Oktober ab und schloss mit der Hohen Pforte einen Waffenstillstand[807]. Am 23. Oktober 1598 berichtete der venezianische Gesandte aus Prag, Michael halte an seinem Bündnisvertrag mit dem Kaiser fest. Er habe sich geweigert, einen anderen Herrscher als den Kaiser als seinen Oberherren anzuerkennen[808]. Damit machte er Sigismund deutlich, dass er nicht bereit war, an den rechtlichen Zustand anzuknüpfen, der durch den Weißenburger Vertrag von 1595 geschaffen worden war. Der prohabsburgische Kurs Michaels war in der Walachei aber nicht unumstritten. Der Woiwode musste auf die gewachsene Opposition innerhalb der walachischen Bojaren Rücksicht nehmen, die aus Angst vor einer osmanischen Invasion den polnischen Krongroßkanzler Zamoyski in einem Brief baten, Michael durch Simon Movilă, den Bruder des Woiwoden der Moldau, zu ersetzen. Sie erklärten, sich lieber dem polnischen König nach dem Vorbild der Moldau zu unterwerfen, als dem „Kaiser der Christen" zu huldigen, da „die Deutschen" im Gegensatz zu „den Türken" weit seien und die Walachei weder beschützen noch verteidigen könnten[809].

Obwohl der Kaiser die Verletzung des Prager Zessionsvertrages vom 23. Dezember 1597 nicht ohne Konsequenzen hinnehmen wollte, erlaubte er Sigismund Ende 1598, eine Gesandtschaft nach Prag zu schicken. Diese erhielt folgende Instruktionen des Fürsten: Sigismund forderte die Wiederherstellung des Status quo ante mit der Anerkennung seiner Herrschaft und aller seiner seit 1595 geführten Titel (auch jenem eines Fürsten der Moldau und Walachei) sowie den formellen Verzicht Erzherzog Maximilians im Namen des Hauses Habsburg auf Siebenbürgen und die Zusicherung von Subsidien im Kampf gegen die Osmanen. Sollte der Kaiser darauf nicht eingehen, wünschte sich Sigismund vom Kaiser eine jährliche Rente in der Höhe von 100.000 Gulden, eine standesgemäße Unterkunft in Böhmen oder den österreichischen Erblanden, eine Generalamnestie für Siebenbürgen und die Ernennung eines einheimischen Adligen zum Woiwoden. Als die siebenbürgische Gesandtschaft unter der Leitung Stefan Bocskais im Februar 1599 in Prag eintraf, ließ ihr der Kai-

805 Der moldauische Woiwode, Ieremia Movilă, an den König von Polen, Botoșani, 12. Oktober 1598: Mihai Viteazul în conștiința europeană, S. 213–214. Vgl. Moțu, S. 178.

806 Der venezianische Gesandte in Prag schickte die italienische Übersetzung der Instruktionen, die der englische Gesandte bei der Hohen Pforte, E. Gartor, am 14. Dezember 1598 für F. Marcio ausgestellt hatte, an den Dogen: Documente, Hurmuzaki, Vol. III/2, S. 304–305.

807 Istoria politicii externe românești, S. 71.

808 Documente, Hurmuzaki, Vol. III/2, S. 299.

809 Wortlaut des Briefes von 1598 in: Documente, Hurmuzaki, Suppl. II, Vol. 1, S. 487–490.

ser mitteilen, dass er nur auf der Grundlage des Prager Zessionsvertrages bereit sei, in Verhandlungen zu treten[810]. Diese konnten bereits am 6. April 1599 mit dem zweiten Prager Zessionsvertrag abgeschlossen werden, der die Prager Vertragswerke von 1595 und 1597 bestätigte. Sigismund sollte im Tausch für Siebenbürgen die südmährischen Güter Trebitsch und Leitomischl erhalten. Erzherzog Maximilian versprach, unverzüglich die Regierung Siebenbürgens zu übernehmen und dem Land eine Generalamnestie zu gewähren[811]. Als Zeichen dafür, dass Kaiser Rudolf II. die Rückkehr Sigismunds nach Siebenbürgen für illegitim hielt, ließ er den Vertrag nur durch seine Bevollmächtigten, Bartholomäus Pezzen und Johannes Barvitius, unterzeichnen. Sigismund wurde im Vertrag nicht mit seinen bis 1597 geführten Titeln genannt, sondern schlicht als *princeps Sigismundus* bezeichnet.

Zeitgleich zur siebenbürgischen Gesandtschaft hielt sich auch eine Delegation des Woiwoden der Walachei in Prag auf, um zwischen Kaiser Rudolf und Fürst Sigismund zu vermitteln. Insgeheim hatte Michael seine Delegation aber beauftragt, den Kaiser an die Erfüllung seiner im Vertrag von Târgovişte übernommenen Verpflichtungen zu erinnern. Sie sollte vor allem die vollständige Auszahlung der Subsidien zur Bezahlung der versprochenen Truppen und die Übertragung eines Schlosses als möglichen Exilort für Michael und dessen Familie erwirken. Als die walachischen Gesandten – kurz nach der siebenbürgischen Delegation – am 13. April 1599 Prag verließen, hatten sie die Auszahlung der versprochenen Subsidien und die Übertragung des schlesischen Schlosses Königsberg an Michael erreicht, allerdings unter der Bedingung, dass Michael dem Kaiser jederzeit in den „siebenbürgischen Angelegenheiten" voll zur Verfügung stehe[812].

Noch bevor die siebenbürgische und die walachische Delegation zurückkehren konnten, erreichte den kaiserlichen Hof am 17. April eine Eilmeldung: Sigismund hatte bereits am 17. März 1599 in einer schriftlichen Erklärung auf den siebenbürgischen Thron verzichtet, allerdings nicht zugunsten eines Habsburgers. Er hatte sich kurzfristig entschlossen, die Herrschaft in Siebenbürgen an seinen Vetter, Kardinal Andreas Báthory, Bischof des preußischen Ermlandes[813], abzutreten[814]. Eine Ratifizierung des zweiten Prager Vertrages blieb folglich aus, er konnte keine Rechtswirkung entfalten.

Kardinal Andreas Báthory war mit der politischen Elite Polens eng vernetzt. Der polnische Krongroßkanzler Jan Zamoyski war mit Griseldis, der Nichte des verstorbenen Königs von Polen Stefan Báthory, verheiratet. Andreas, ein Neffe Stefan Bá-

---

810 Über die Verhandlungen der siebenbürgischen Delegation am Prager Hof und die Forderung des Kaisers, Sigismund solle sich ihm unterwerfen, berichtete der venezianische Gesandte am 22. Februar, 1. und 8. März 1599 an den Dogen: Documente, Hurmuzaki, Vol. III/2, S. 308–309.

811 Wortlaut des in lateinischer Sprache abgefassten Vertrages (Original Österr. Staatsarchiv): Gooss, S. 261–264. Der Begriff „Generalamnestie" setzte sich in den mitteleuropäischen Friedensverträgen spätestens im frühen 17. Jahrhundert als terminus technicus durch: Fisch, S. 94–96.

812 Documente, Hurmuzaki, Vol. XII, S. 429. Vgl. Sîrbu, S. 430–433.

813 Das Bistum Ermland gehörte zu den Ländern der polnischen Krone: Armgart, S. 9.

814 Dass sich Sigismund mit seinem Vetter Andreas ausgesöhnt hatte, war in Prag bereits im März 1599 bekannt geworden: Documente, Hurmuzaki, Vol. III/2, S. 310–311.

thorys, hatte mit seinem Bruder Stefan den polnischen Indigenat erworben und sich in Polen niedergelassen[815]. Nachdem Andreas Báthory zum Bischof des unter polnischer Herrschaft stehenden preußischen Ermlandes geweiht worden war, wurde er 1584 – noch zur Regierungszeit seines Onkels – zum Kardinal ernannt. Als 1598 Sigismund Báthory zugunsten der Habsburger abdankte, waren nicht nur die in Polen lebenden Báthorys, sondern auch der polnische Hof alarmiert. Zamoyski weigerte sich, eine unmittelbare Herrschaft der Habsburger im Karpatenbogen zu dulden. Sein Ziel blieb die Wiederherstellung der Selbständigkeit Siebenbürgens unter osmanischer Oberhoheit. Die Verzichtserklärung Sigismunds zugunsten seines Vetters Andreas schien den von Zamoyski erhofften Übertritt Siebenbürgens in die polnische Einflusssphäre einzuleiten. Am 30. März 1599 wählten die siebenbürgischen Stände Andreas zum Fürsten. Sigismund begab sich ins polnische Exil[816].

Andreas hoffte auf die Hilfe des polnischen Königs, als er ihn bat, sich beim Papst für den Erhalt seiner kirchlichen Güter und Einkünfte in Preußen und Polen einzusetzen. Darüber hinaus bat er König Sigismund III., zwischen ihm und dem „Kaiser der Christen“ eine Übereinkunft zu vermitteln, die ihm Siebenbürgen und alle dazugehörigen Gebiete sichern sollte. Weiterhin bat Andreas den König von Polen, den er als seinen Protektor bezeichnete, seinem Vetter Sigismund das Niederlassungsrecht in „unserer Republik“, gemeint war das Königreich Polen, zu gewähren. In dieser Frage wollte sich König Sigismund III. zuerst mit den polnischen Senatsmitgliedern beraten, bezüglich der anderen Punkte signalisierte er Zustimmung, wenngleich er sich sehr skeptisch bezüglich der Beibehaltung der Ermländer Bischofswürde äußerte[817].

Die Wahl Andreas Báthorys zum Fürsten wurde in Prag als Kulminationspunkt einer Reihe von Provokationen der Familie Báthory an die Adresse des Kaisers gewertet. Um die massiv belasteten Beziehungen zur Habsburgermonarchie zu verbessern, sandte Andreas den noch nicht in Siebenbürgen angekommenen Stefan Bocskai wieder zurück nach Prag. Dort missfiel dem Kaiser nicht nur der erneute Bruch des Zessionsvertrages, sondern auch die Schaukelpolitik des Kardinals zwischen den drei an Siebenbürgen grenzenden Großmächten. Obwohl sich der Kaiser weigerte, Andreas Báthory als Fürsten von Siebenbürgen anzuerkennen, nahm der Woiwode der Walachei, Michael, bald Kontakt zum neuen siebenbürgischen Herrscher auf. Andreas Báthory bezeichnete sich seit seiner Wahl als „Fürst von Siebenbürgen, der Moldau und der Walachei“. Mit der Übernahme der Titulatur seines Vetters und Vorgängers drückte Andreas aus, dass er von Beginn an gewillt war, in alle Rechte Sigismunds, auch in jene bezüglich der Moldau und Walachei, einzutreten. Da Michael eine siebenbürgisch-osmanische Aktionsgemeinschaft fürchtete, die ihn leicht in die Zange hätte nehmen können, ließ er sich – auch um Zeit zu gewinnen – auf Bündnisverhandlungen mit dem neuen siebenbürgischen Fürsten ein[818].

---

815 Arens 2001, S. 59.
816 Gooss, S. 264–265.
817 Siehe den Briefwechsel von 1599 zwischen dem Fürsten von Siebenbürgen und dem König von Polen in: Documente, Hurmuzaki, Suppl. II, Vol. I, S. 572–574.
818 Documente, Hurmuzaki, Vol. IV/2, S. 232.

Am 26. Juni 1599 wurde in Târgovişte der neue Bündnisvertrag nach dem Muster des siebenbürgisch-walachischen Vertrages von 1595 unterzeichnet. Überliefert sind die Vertragstexte des Woiwoden und der Würdenträger der Walachei. In seiner Urkunde bestätigte Michael, dem „Fürsten von Siebenbürgen, der Moldau und Walachei" mit Treue und gutem Rat beizustehen. Er werde Andreas Báthory durch die gleiche Treue, Rechtschaffenheit und Untertänigkeit verbunden sein, die er seinem Vorgänger Sigismund entgegengebracht habe. Gegenüber den Vertretern „Ihrer Hoheit", es handelte sich um den Fürstenrat Georg Ravazdy und den Obergespan des siebenbürgischen Komitats Thorenburg, Nikolaus Vitéz, schwöre er als Woiwode der Walachei dem Fürsten Andreas Báthory Treue, ihn vor jeglicher Gefahr zu warnen sowie Freund seiner Freunde und Feind seiner Feinde zu sein. Von nun an werde er alle Bestimmungen seines Vertrages aus der Zeit des Fürsten Sigismund, die das gegenseitige Bündnis im Kriege betreffen, respektieren. Damit nahm Michael alle anderen Punkte des Vertrages von 1595 aus, die die Ausübung seiner Herrschaftsrechte nach innen und außen so schmerzhaft eingeschränkt hatten[819].

Auf denselben Tag sind auch die vom Metropoliten der „Ungrowalachei", Ieftimie und den walachischen Bojaren ausgestellten Beglaubigungen des Vertrages datiert. Darin taten die Würdenträger der Walachei[820] „allen kund", dass sie, ihr Herrscher Michael und ihr gesamtes Land sich früher dem ehemaligen Fürsten von Siebenbürgen, Sigismund, unterworfen und ihm Treue geschworen hätten. Nachdem „der allmächtige Gott Andreas als Fürsten von Siebenbürgen, der Moldau und Walachei" eingesetzt und Michael dem Fürsten einen Treueschwur geleistet habe, seien auch sie bereit, Andreas Treue, Rechtschaffenheit und Unterwerfung zu geloben, so wie sie es gegenüber Sigismund getan hatten. Die Würdenträger erklärten sich bereit, jede Neuigkeit, sei sie schlecht oder gut, Fürst Andreas mitzuteilen und seinen Freunden Freunde sowie seinen Feinden Feinde zu sein. Die Unterzeichneten baten Fürst Andreas, den Vertrag „aus der Zeit Sigismunds" nach allen Seiten hin zu respektieren: gegenüber ihrem Herrscher Michael, „seinem geliebten Sohn Pătraşcu", dessen Nachkommen sowie dem gesamten Land. Zum Schluss erklärten die Würdenträger der Walachei feierlich, alle Artikel des Vertrages zu achten[821].

Der Vertrag von Târgovişte hatte einen deklaratorischen Charakter, da er ausdrücklich festlegte, dass die Woiwodschaft Walachei wie zu den Regierungszeiten des Fürsten Sigismund unter der Suzeränität des Fürstentums Siebenbürgen stehen sollte. Durch diesen völkerrechtlichen Akt war Michael vertraglich sowohl an Kaiser Rudolf II. in seiner Eigenschaft als König von Ungarn (Vertrag vom 9. Juni 1598)

---

819 Wortlaut in: Documente, Hurmuzaki, Vol. III/1, S. 331–332. Siehe den ungarischen Text mit einer rumänischen Übersetzung in: Mihai Viteazul în conştiinţa europeană, S. 235–236. Vgl. Ciobanu, La cumpănă de veacuri, S. 209.

820 Dimitrie (*Vornic*), Mihalcea (*Ban*), Theodosie (*Logofăt*), Miroslav (*Logofăt*), Calotă (*Ban*), Radu (*Clucer*), Preda (*Postelnic*), Radu (*Comis*), Stroia (*Stolnic*), Andronic (*Vistier*), Sava (*Armaş*), Şerban (*Paharnic*) der Rat Aga Leca und Pană (*Vistier*).

821 Wortlaut des ungarischen Textes in: Documente, Hurmuzaki, Vol. III/1, S. 329–331. Lateinischer Text in: Ebenda, S. 332. Siehe den ungarischen Text mit einer rumänischen Übersetzung in: Mihai Viteazul în conştiinţa europeană, S. 236–237.

als auch an Andreas Báthory in seiner Eigenschaft als Fürst von Siebenbürgen (Vertrag vom 26. Juni 1599) gebunden. Dass Michael nun unter einer doppelten Suzeränität stand, meldete General Basta den Habsburgern, und er fügte hinzu, Michael habe bei der Unterwerfung unter den siebenbürgischen Fürsten „alle Schuld auf das Hauss Oesterreich“, insbesondere auf Basta selbst, geladen[822].

Im Juni, kurz vor dem Abschluss des Vertrages von Târgovişte, sandte Michael in großer Eile einen Vertrauten nach Prag, um dem Kaiser mitzuteilen, dass es zu einem Ausgleich zwischen dem Kardinal und dem Sultan gekommen sei: Fürst Andreas habe die Oberhoheit des Sultans anerkannt. Im Gegenzug müsse der Fürst von Siebenbürgen lediglich die reduzierte Summe von 10.000 Dukaten als Jahrestribut an den Sultan zahlen und erhalte politisch freie Hand. Allerdings habe ihm die Hohe Pforte verboten, Michael zu Hilfe zu kommen. Der Woiwode ließ den Kaiser wissen, dass er unter diesen Umständen die Walachei verlassen müsse, zumal der Sultan plane, einen neuen Herrscher in der Walachei einzusetzen. Deshalb bat er den Kaiser um die rasche Zusendung von 1.000 Reitern, die – ausgestattet mit einer Durchzugsgenehmigung des siebenbürgischen Fürsten – ihn verteidigen sollten. Für den Fall, dass dies nicht möglich sei, bat er um die Verleihung eines in der Habsburgermonarchie gelegenen Gutes, auf dem er in Sicherheit leben könne[823]. Schließlich erwähnte Michael gegenüber dem Kaiser, die Hohe Pforte habe ihm eine Standarte als Zeichen seiner Einsetzung durch den Sultan geschickt, die er aber nicht annehmen konnte, da ihm Fürst Andreas dies untersagt habe.

In der Tat beschwerte sich am 17. August 1599 Fürst Andreas Báthory bei Großwesir Ibrahim Pascha über den „groben Fehler“, den die Pforte mit der Zusendung der Standarte an Michael begangen habe, da der Woiwode der Walachei sein Vasall sei[824]. Andreas betonte, er habe im Mai 1599 die Oberhoheit des Sultans samt Tributzahlungen akzeptiert, um im Gegenzug seine Anerkennung als Fürst von Siebenbürgen zu erhalten. Auf dieser Grundlage vertrat Andreas die Vorstellung eines streng hierarchisch aufgebauten Verhältnisses zwischen dem Osmanischen Reich, dem Fürstentum Siebenbürgen und der Woiwodschaft Walachei. Aus seiner Sicht habe ihn der Sultan mit Siebenbürgen und der Walachei belehnt, worauf er Michael als seinen Vasallen in der Walachei eingesetzt habe. Andreas schwebte eine Wiederherstellung des von seinem Vetter Sigismund 1595 etablierten Lehnssystems vor, mit dem Unterschied, dass er bereit sein musste, die Oberhoheit des Sultans anzuerkennen, da angesichts der veränderten internationalen Lage ein Verbleib Siebenbürgens in der Heiligen Liga mit der restaurierten Herrschaft der Báthory-Dynastie nicht mehr vereinbar zu sein schien. Als Zeichen dafür, dass er bereit war, seinen Anspruch international durchzusetzen, mahnte Andreas den Woiwoden der Moldau, Ieremia Movilă, er dürfe den Woiwoden der Walachei nicht angreifen, da er

---

822 Siehe einen Bericht an Erzherzog Maximilian vom 28. September 1599 in: Documente, Hurmuzaki, Vol. XII, S. 459.

823 Siehe den Bericht des venezianischen Gesandten in Prag, Francesco Vendramin, an den Dogen vom 2. Juli 1599 in: Mihai Viteazul în conştiinţa europeană, S. 238–239.

824 Istoria politicii externe româneşti, S. 72.

und sein Land sich unter dem Schutz des Fürsten von Siebenbürgen befänden. Aufgrund des siebenbürgisch-walachischen Bündnisvertrages dürfe er nichts gegen Michael unternehmen, auch wenn er Groll gegen ihn hege, da es sich in diesen kriegerischen Zeiten nicht gehöre, dass ein christlicher Herrscher gegen einen anderen zu Felde zieht[825].

Die auf dem klassischen abendländischen Lehnsverständnis beruhende Vorstellung des Fürsten war jedoch nicht mit den Realitäten im Donau-Karpaten-Raum kompatibel, in dem die christlich-abendländischen Rechtsvorstellungen auf jene des byzantinischen und islamischen Rechtskreises stießen. Für den Sultan war es aufgrund des islamisch-osmanischen Völkerrechtsverständnisses undenkbar, einen christlichen Herrscher als Zwischeninstanz in einem Suzeränitätsverhältnis zu einem anderen christlichen Herrscher zu akzeptieren. Dass sich die Bestimmungen der verschiedenen, sich gegenseitig überlagernden Suzeränitätsverhältnisse aufgrund der gegebenen Mächtekonkurrenz im Donau-Karpaten-Raum nahezu vollständig gegenseitig ausschlossen und völkerrechtliche Konsequenzen ungeklärt blieben, gehört zu den häufig auftretenden Phänomenen an diesem Kreuzungspunkt der Rechtskulturen der Frühen Neuzeit.

Michael verkörperte in idealtypischer Weise den nach Macht und Ruhm strebenden frühneuzeitlichen Herrschertyp, dessen ausgeprägter Spürsinn für Veränderungen im Mächtegleichgewicht ihm ein ergebnisorientiertes Handeln auferlegte, das keine Rücksicht auf nach abendländischen Maßstäben rechtskonforme Verhaltensmuster nehmen konnte. Um die Herrschaft über die Walachei nicht zu verlieren, setzte er seit dem osmanisch-walachischen Waffenstillstand vom Herbst 1598 seine Schaukelpolitik zwischen der Habsburgermonarchie, dem Fürstentum Siebenbürgen und dem Osmanischen Reich fort. In seinen Verhandlungen mit der osmanischen Seite forderte Michael im August 1599 von Mahmut Pascha als Bedingungen für einen Frieden die Respektierung der Donau als osmanisch-walachische Grenze und die Aussetzung des Tributs für drei Jahre[826]. Obwohl Fürst Andreas es ihm verboten und er es gegenüber dem Kaiser bestritten hatte, nahm Michael am 27. August 1599 schließlich doch die Einsetzungsstandarte des Sultans aus der Hand eines osmanischen Tschausches entgegen. Damit befand sich Michael de iure in einem dreifachen Abhängigkeitsverhältnis: gegenüber dem Kaiser, dem Fürsten von Siebenbürgen und dem Sultan[827].

Die völkerrechtliche Stellung der Walachei war von Beginn an ein zentrales Thema der Verhandlungen, die Andreas nach seiner Wahl zum Fürsten mit der Hohen Pforte aufgenommen hatte. Ein Bote des Fürsten lotete im Frühjahr 1599 in Konstantinopel die Chancen eines siebenbürgisch-osmanischen Friedens aus. Die osmanischen Würdenträger reagierten sehr positiv auf diese Initiative des Siebenbürgers

825 Brief Fürst Andreas' an den Woiwoden Ieremia, Weißenburg, 2. August 1599: Veress, Documente, Vol. V, S. 244–246.

826 Capello an den Dogen, Konstantinopel, 4. September 1599: Mihai Viteazul în conştiinţa europeană, S. 245–248.

827 Vgl. Niederkorn 1993, S. 47–48.

und baten den Fürsten um die Entsendung eines bevollmächtigten Vertreters. Der venezianische Gesandte bei der Hohen Pforte, Girolamo Capello, berichtete dem Dogen, dass nach Einschätzung des siebenbürgischen Boten der Hauptpunkt der Verhandlungen ein Waffenstillstand für mindestens zwei Jahre sein werde. In dieser Zeit könnten bequem alle Streitfragen, insbesondere jene bezüglich des Woiwoden der Walachei, verhandelt werden. Der Bote sei überzeugt, schrieb Capello, dass der Fürst keinen Frieden mit den Osmanen schließen werde, in den nicht auch Michael eingeschlossen sein werde[828]. Nach der Unterstellung Michaels unter die Oberhoheit des siebenbürgischen Fürsten forderte dieser von der Hohen Pforte die Begnadigung und Bestätigung Michaels als Herrscher der Walachei und – wie bereits erwähnt – die Anerkennung der siebenbürgischen Suzeränität über die Walachei. Die Osmanen reagierten darauf mit dem lapidaren Hinweis, Andreas solle sich – wenn er aufrichtig den Frieden wünsche – nicht mehr um die Walachei kümmern, sondern vielmehr die Festung Lippa dem Sultan restituieren und den jahrelang nicht bezahlten Tribut entrichten. Die Hohe Pforte hatte zwar ein großes Interesse daran, Siebenbürgen wieder in den Herrschaftsverband des Sultans zu integrieren, auf der anderen Seite war sie darüber im Bilde, dass die Verhandlungen über einen habsburgisch-siebenbürgischen Ausgleich stockten und der Fürst somit erpressbar blieb. Zu den Haupthindernissen einer Verständigung zwischen Andreas und dem Kaiser gehörte die Forderung des Kardinals, Rudolf II. solle die freie Wahl des Fürsten durch die siebenbürgischen Stände anerkennen und die bis 1598 zu Siebenbürgen gehörenden ostungarischen Komitate dem Fürstentum zurückerstatten[829].

Das nicht geklärte Verhältnis des siebenbürgischen Fürsten zu den beiden benachbarten Großmächten versuchte dessen Vasall Michael auszunutzen. Wenige Tage nach dem Abschluss des siebenbürgisch-walachischen Bündnisvertrages von Târgovişte schlug ein walachischer Gesandter dem Kaiser am 5. Juli 1599 in Prag vor, Michael könne Siebenbürgen für die Habsburger auf eigene Faust erobern. Angesichts der Einkreisung der Walachei durch die Osmanen im Süden und den propolnischen Block im Norden erschien Michael diese Lösung als einziger Ausweg. Andernfalls müsse er wieder dem Sultan huldigen, betonte sein Gesandter[830]. Michael fürchtete, Fürst Andreas plane zusammen mit dem polnischen König seine Absetzung zugunsten von Simon Movilă, dessen Bruder Ieremia die Moldau regierte. Michaels Misstrauen wurde dadurch genährt, dass Andreas zum moldauischen Woiwoden Ieremia Movilă enge Beziehungen unterhielt, zumal beide als Exponenten einer polenfreundlichen Außenpolitik galten. Ieremia hatte im Mai und Juni 1599 auf Bit-

828 Capello an den Dogen, Konstantinopel, 18. April 1599: Mihai Viteazul în conştiinţa europeană, S. 229–230.

829 Die Osmanen weigerten sich aber, dem Kardinal militärische Hilfe für die Eroberung Großwardeins zur Verfügung zu stellen. Siehe die Berichte des venezianischen Gesandten bei der Hohen Pforte, Girolamo Capello, vom 18. April, 4. September und 30. Oktober 1599 an den Dogen: Documente, Hurmuzaki, Vol. IV/2, S. 230–231, 237–240. Vgl. Mihai Viteazul în conştiinţa europeană, S. 227–229, 245–248.

830 Istoria Politicii externe Româneşti, S. 72. Vgl. Leitsch, S. 315.

ten des siebenbürgischen Fürsten Verhandlungen zwischen Andreas und der Hohen Pforte vermittelt[831].

Da sich in dieser internationalen Konstellation eine natürliche Interessengemeinschaft zwischen dem Kaiser und dem Woiwoden ergab, stimmte der Prager Hof Michaels Plänen zu[832]. Danach nahm Michael Gespräche mit dem Kommandanten der habsburgischen Truppen in Oberungen, General Giorgio Basta, auf. Am 2. August 1599 schrieb Basta dem kaiserlichen Hof, dass er mit Michael beraten habe, wie Fürst Andreas aus Siebenbürgen vertrieben werden könne[833]. Obwohl Kaiser Rudolf akzeptieren musste, dass sich die Kurie durch gute Dienste in die Verhandlungen mit Kardinal Báthory einschaltete, rief er den Szeklern und Sachsen Siebenbürgens deren 1598 geleisteten Treueid auf das Haus Habsburg in Erinnerung. Der Papst hoffte, den Kardinal zu einem Bruch mit dem Sultan und zum Beitritt zur Heiligen Liga bewegen zu können. Dadurch versprach sich der Papst eine mögliche Anbindung des katholischen Polens an die Heilige Liga, da es auch in dieser Konstellation de facto die Schutzmacht des siebenbürgischen Fürsten geblieben wäre. Um dieses Ziel zu erreichen, sandte der Papst 1599 neben dem Jesuiten Carillo auch seinen früheren Vertreter in Polen, Germanico Malaspina, als Nuntius nach Siebenbürgen[834].

Solange Michael noch nicht losschlagen konnte, war der Kaiser – auch auf Druck der Kurie – bereit, dem siebenbürgischen Herrscher einen Waffenstillstand bis November 1599 zu gewähren, sofern Andreas die Investitur durch den Sultan nicht annehme und sich am Krieg gegen die Osmanen beteilige[835]. Spätestens im August 1599 waren die Habsburger jedoch entschlossen, auf ihre Ansprüche in Siebenbürgen nicht zu verzichten und Fürst Andreas gewaltsam zu stürzen. Zu diesem Zweck hatte der Prager Hof auch Kontakt mit dem ehemaligen Heerführer des Fürsten Sigismund, Stefan Bocskai, aufgenommen[836]. Die Stimmung gegen den Kardinal wurde vom Prager Hof durch das Gerücht angeheizt, er habe sich nicht nur mit dem Sultan verbündet, sondern wolle auf dem nächsten siebenbürgischen Landtag in einem türkischen Kaftan erscheinen[837].

Am 14. September sandte Andreas eine Delegation nach Prag, um dem Kaiser zu versichern, dass er nicht nach Siebenbürgen gekommen sei, um die Herrschaft zu übernehmen, sondern um sich mit seinem Vetter zu versöhnen. Allerdings habe ihn

831 Darüber berichtete der moldauische Woiwode dem polnischen König in seinen Schreiben vom 2. und 22. Juni 1599. Wortlaut der Briefe in: Documente, Hurmuzaki, Suppl. II, Vol I, S. 530–535.

832 Petritsch 2008/2009, S. 147–148.

833 Noch am gleichen Tag berichtete der Gesandte des Großherzogs der Toskana in Prag, Cosimo Concini, der päpstliche Nuntius Malaspina, der nach Siebenbürgen aufbrechen sollte, habe aus dem Umfeld des Erzherzogs Matthias erfahren, Michael wolle dem Kaiser den Kopf Kardinal Báthorys überbringen: Veress, Documente, Vol. V, S. 246–247.

834 Nach dem Tod des Kardinals verwies der neue Machthaber Michael den Nuntius umgehend des Landes. Zur Politik des Papstes in Siebenbürgen siehe: Molnár 2004, S. 205–206.

835 Gooss, S. 266–267.

836 Darüber berichtete der venezianische Gesandte am Prager Hof am 11., 16. und 30. August 1599: Documente, Hurmuzaki, Vol III/2, S. 322–323.

837 Vgl. den Bericht des toskanischen Gesandten in Prag, Cosimo Concini, an seinen Großherzog vom 9. August 1599 in: Veress, Documente, Vol. V., S. 248–249.

die vorgefundene Lage dazu gezwungen, den Fürstenthron zu besteigen, bevor es jemand getan hätte, der weder ihm noch dem Kaiser hilfreich gewesen wäre. Weiterhin betonte Andreas, dass er ein sehr vorteilhaftes osmanisches Friedensangebot aus Rücksicht auf den öffentlichen Frieden und den Kaiser abgelehnt habe. Er gab aber zu bedenken, dass er – bedingt durch die Interessen der siebenbürgischen Stände – eine gründlich vorbereitete Verständigung mit allen Seiten anstrebe, da früher Ähnliches nur durch Gewalt erreicht worden sei, womit er auf Sigismunds Coup vom August 1594 anspielte[838].

Diese Appelle richteten jedoch weder in Prag noch in der Walachei etwas aus. Michael bereitete weiterhin seine militärische Intervention vor, ein Vorhaben, das für ihn extrem gefährlich war. Noch nie hatte ein Woiwode der Walachei einen Großangriff auf Siebenbürgen ohne die Rückendeckung des Sultans unternommen. Viele der walachischen Bojaren befürchteten, ihr Land könne bei einer Niederlage zwischen den benachbarten Mächten zerrieben werden, weshalb sie zur Sicherheit ihre Familien auf den Feldzug mitnahmen[839]. Während der Kardinal am 18. Oktober mit dem siebenbürgischen Landtag Friedensbedingungen erörterte, erreichte ihn die Nachricht, dass der Woiwode losgeschlagen habe und bereits im Burzenland stehe. Das Aufgebot des Kardinals wurde am 28. Oktober 1599 in der Schlacht bei Schellenberg vollständig besiegt[840], Andreas wurde am 3. November auf der Flucht durch aufständische Szekler erschlagen[841].

2. Michael der Tapfere 1599–1601

a. Statthalter in Siebenbürgen 1599–1600

Michael zog am 1. November 1599 in der Residenzstadt Weißenburg ein und übernahm die Macht in Siebenbürgen als „Ihrer kaiserlichen Majestät Rat, Statthalter in Siebenbürgen und Generalfeldobrister“[842]. Obwohl er sich nicht der Fürstenwahl stellte, ließ er sich in Weißenburg vom siebenbürgischen Landtag (20.–28. November 1599) als Statthalter des Kaisers und Königs bestätigen, und übte als solcher die

---

838 Monumenta comitialia Regni Transylvaniae, Bd. IV, S. 318–320. Vgl. die an den Kaiser gerichtete Denkschrift des siebenbürgischen Fürsten, in der er betonte, dass Siebenbürgens Mission darin liege, Deutschland und Italien gegen die Osmanen zu verteidigen: Documente, Hurmuzaki, Vol. XII, S. 464.

839 Brătianu/Makkai, S. 51.

840 Vgl. Barta 1990, S. 296–297.

841 Die Szekler rächten sich für die wiederholten Versuche der Báthorys, ihre Privilegien aufzuheben: Barta 1990, S. 282–285, 297. Michael der Tapfere bestätigte am 29. November 1599 die Privilegien der mit ihm verbündeten Szekler. Wortlaut der Urkunde in: Lupaş 1940, Documente, S. 3–5.

842 Sein lateinischer Titel lautete: *Michael Valachiae Transalpinae Vaivoda, Sacr. C*^{ae} *R*^{iae}*que M*^{tis} *consiliarius, per Transsilvaniam locumtenens, eiusdemque cis Transsilvaniam partiumque eidem subiectarum fines exercitus generalis capitaneus*: Gooss, S. 268.

Rechte eines Landesherren aus. Im Gegenzug für den Treueschwur der Stände – ihm und dem Kaiser gegenüber – bestätigte er die verfassungsrechtliche Ordnung des Fürstentums Siebenbürgen und damit auch die Privilegien der ständischen Nationen, ausgenommen die von Fürst Sigismund erteilten Schenkungen. Am 28. November 1599 stellte Michael die 1562 entzogenen Privilegien der mit ihm verbündeten Szekler „im Namen des Kaisers" wieder her. Dies hatte Fürst Sigismund den Szeklern 1595 auf dem Zeidner Landtag versprochen, seine Zusage aber bereits Anfang 1596 wieder rückgängig gemacht[843]. Zur Wiederherstellung des Landfriedens und zur Fortführung des antiosmanischen Kampfes bewilligten die Stände dem neuen Machthaber Steuergelder[844]. Damit herrschte über das mehrheitlich protestantische Siebenbürgen erstmals ein orthodoxer Adliger als Statthalter des katholischen Königs von Ungarn[845]. Durch die Intervention in Siebenbürgen war er seinen Pflichten als Vasall des ungarischen Königs nachgekommen. Diese wiederum kollidierten aber mit seinen Verpflichtungen aus dem Vertrag mit Fürst Andreas, dem er ebenfalls als Lehnsmann Gehorsam und Bündnistreue geschworen hatte[846].

In seiner Korrespondenz mit dem Kaiser und König bezeichnete sich Michael stets als *consiliarius* oder *locumtenens* seines Souveräns, obwohl er nach innen die fürstlichen Rechte und, wie ausländische Beobachter berichteten, damit die Anrede „Hoheit" oder „Fürst" für sich in Anspruch nahm. In internen Dokumenten titulierte er sich oft als „din mila lui Dumnezeu, domn al Țării Ardealului", also „von Gottes Gnaden, Herrscher von Siebenbürgen". Der rumänische Ausdruck „domn" korrespondiert hier mit dem in der Walachei und der Moldau verwendeten Begriff für die Würde eines Woiwoden, auch Hospodar genannt, nicht aber mit jener eines Fürsten von Siebenbürgen, die in der Walachei oder Moldau mit dem Begriff *Crai* (König) bezeichnet wurden. Diese Titulatur entsprang der ungarischen Königswürde, die von den siebenbürgischen Herrschern bis 1570 beansprucht wurde. In der moldauischen und walachischen Rezeption übertrug sich diese ranghöhere Stellung des Königs von Ungarn auch nach 1570 auf die völkerrechtliche Stellung des Fürsten von Siebenbürgen[847]. Die Kanzlei der Walachei bezeichnete Michael in seiner Eigenschaft als Herrscher Siebenbürgens mit dem Ausdruck „domn al Țării Ardealului" [Herrscher des Landes Siebenbürgen], aber manchmal auch mit dem Titel *Mare crai al întregului Ardeal* [großer König des gesamten Siebenbürgen][848]. Im Jahr 1600

843 Lupaş 1940, Documente, S. 3–5.

844 Siehe die Bestätigung der Landtagsbeschlüsse durch Michaels lateinische Urkunde vom 28. November 1599 in: Lupaş 1940, Documente, S. 6–12.

845 Zur Einordnung der Herrschaft Michael des Tapferen in Siebenbürgen: Roth 2007, S. 60–61.

846 Am 20. Dezember 1599 bat Michael über einen Brief an den moldauischen Woiwoden Movilă beim polnischen König um Verständnis für sein Vorgehen gegen Andreas Báthory: Documenta Romaniae Historica, Vol. XI, S. 497–500.

847 Kurz nach seinem Einzug in Weißenburg schrieb Michael am 4. November 1599 an den Kaiser, er habe die Erniedrigungen, die „die Siebenbürger" und „ihre Könige" (*Craii*) dem Kaiser und dem gesamten Hause Österreich angetan hätten, gerächt: Pop, Ioan-Aurel, S. 90. Vgl. Rezachevici 1972, S. 762.

848 Pop, Ioan-Aurel, S. 90–91.

bezeichnete sich Michael in einem in Weißenburg erlassenen Schreiben als „Von Gottes Gnaden, Michael, Woiwode und Herrscher über ganz Siebenbürgen und die ganze Walachei, Sohn des großen und überaus guten Woiwoden Petraşcu"[849]. Die im Jahr 1600 mit dem Konterfei Michaels geprägte Zehn-Dukatenmünze enthält folgenden Titel: *MICHAEL VAL[achiae] TRANS[alpine] VAIW[oda], S[acrae] C[aesareae] R[egi] AE[que] M[aiestatis] CONS[iliarius] PER* (Fortsetzung auf der Rückseite) *TRANSYL[vaniam] LOCVMT[enens], CIS TRAN[sylvaniam] PAR[tesque] EI[usdem] SVP[remus] EXER[citus] GE[neralis] CAP[itaneus]*. Auf der Rückseite ist zu lesen: *A[uxilio] D[omini] VIGILANTIA, VIRTUTE ET ARMIS VICTORIAM NACTVS 1600*[850]. Folglich vermied Michael in Siebenbürgen und in der Korrespondenz mit auswärtigen Mächten die Selbstbezeichnung als „Fürst" oder „König" von Siebenbürgen. In seinen Schreiben an den Kaiser oder die Erzherzöge benutzte er meistens seinen alten Woiwoden-Titel[851].

Mit Michaels Herrschaftsübernahme in Siebenbürgen verschob sich das Gleichgewicht der Mächte im Donau-Karpaten-Raum wieder zugunsten des Kaisers. Diese Veränderung rechtfertigte Rudolf II. in einem Schreiben an den König von Polen. Er verwies darauf, dass Siebenbürgen seit „alten Zeiten" ein integraler Teil des Königreichs Ungarn sei, weshalb ihm Sigismund Báthory 1598 die unmittelbare Herrschaft in Siebenbürgen übertragen habe[852]. Darauf reagierte der polnische König indem er seinen Gesandten am Kaiserhof, Adrian Rembowski, anwies, Rudolf II. mitzuteilen, dass sich aus den ungarischen Ansprüchen auf Siebenbürgen keine bezüglich der Woiwodschaft Moldau ableiten ließen, die sich damals im polnischen Einflussgebiet befand[853]. Währenddessen versuchte der in Polen lebende Bruder des getöteten Kardinals Andreas, Stefan Báthory, in Verhandlungen mit dem polnischen Großkanzler Zamoyski und dem Woiwoden der Moldau ein Aktionsbündnis gegen Michael zu schmieden[854]. Der russische Zar begrüßte die Niederlage des Kardinals Báthory, die er als eine bedeutende Schwächung des polnischen Einflusses im Donau-Karpaten-Raum wertete. Deshalb schlug Zar Boris Godunow dem Kaiser ein antipolnisches Bündnis vor. Für die Eröffnung einer zweiten Front gegen Polen versprach der Zar dem Hochmeister des Deutschen Ordens, Erzherzog Maximilian, die Wiederherstellung des Ordensstaates im Baltikum. Dazu war der Kaiser jedoch mi-

---

849 Butnariu 2004, S. 139.

850 Es handelt sich um die einzige erhaltene Originalmünze dieser Art. Sie befindet sich in Wien: Butnariu 2004, S. 140.

851 Documente, Hurmuzaki, Vol. IV/1, S. 17–18.

852 Siehe das in Pilsen ausgefertigte Schreiben vom 4. Dezember 1599 in: Documente, Hurmuzaki, Vol. XII, S. 529–531. Bereits am 4. November 1599 hatte der Kaiser in einem Schreiben an den König von Polen die Intervention Michaels gegen Kardinal Báthory gerechtfertigt: Documente, Hurmuzaki, Vol. III/2, S. 440–441.

853 Siehe den in Pilsen geschriebenen Bericht vom 20. Januar 1600 in: Documente, Hurmuzaki, Vol. XII, S. 626–627.

854 Siehe den Bericht des kaiserlichen Gesandten am siebenbürgischen Hofe in Weißenburg, Giovanni Marinny da Aragussia, vom 3. Januar 1600 an Kaiser Rudolf II. in: Documente, Hurmuzaki, Vol. XII, S. 573–574.

litärisch nicht in der Lage, sodass auch dies habsburgisch-russische Bündnisprojekt die Planungsphase nicht überschritt[855].

Das antihabsburgisch eingestellte Venedig war bereit, die Herrschaft Michaels in Siebenbürgen zu akzeptieren, allerdings nur unter der Bedingung, dass er sich vom Kaiser löse und unter die Oberhoheit des Sultans zurückkehre[856]. Philipp III., König von Spanien, beglückwünschte hingegen den Kaiser für die Beendigung der Báthory-Herrschaft in Siebenbürgen und bestärkte ihn in seinen Bemühungen, das Land in den habsburgischen Länderkomplex zu integrieren[857]. Der spanische Gesandte in Prag, Guillen de San Clemente, hatte seinem König zuvor berichtet, Michael verwalte Siebenbürgen nach eigenem Gutdünken, obwohl er vorgebe, das Land für den Kaiser erobert zu haben. Außerdem paktiere Michael mit „den Türken"[858]. Das ungeklärte Verhältnis zum Kaiser hielt Michael jedoch nicht davon ab, San Clemente zu bitten, der spanische König möge ihm für seine Ergebenheit gegenüber den „Kaiserlichen und Katholischen Majestäten aus dem erhabenen Hause Österreich" Subsidien für die Fortführung seines antiosmanischen Kampfes zur Verfügung zu stellen[859]. Obwohl Spanien 1598 seinen kostspieligen Krieg in Frankreich beendet hatte, war es nicht bereit, sich in Siebenbürgen finanziell zu engagieren, solange die Kontrolle durch die deutschen Habsburger nicht garantiert war.

Die Entschlossenheit Michaels, sich in Siebenbürgen als Machthaber zu behaupten, zwang den Kaiser zum Jahresende 1599, seinen Plan zurückzustellen, in Siebenbürgen Erzherzog Maximilian als Gouverneur einzusetzen[860]. Im Januar 1600 bestärkten der kaiserliche Rat Rabus sowie die ungarischen Räte des Kaisers den Erzherzog, nach Siebenbürgen zu reisen und die Gouverneurswürde anzunehmen, damit Siebenbürgen unter Kontrolle gehalten und den „Turggen", „Poln" und „Wallachen", denen nicht zu trauen sei, „ain Schrekhen" eingejagt werde. Rabus schloss mit der Nachricht: „Eintzwischen möchten die Bathorischen, nach denen die Siebenbürger hefftig seufftzen, sich des Landts wider impatronirn.[861]"

Michael war bereit, alle ihm zur Verfügung stehenden Mittel einzusetzen, um Siebenbürgen weder an die Báthorys zu verlieren, noch von habsburgischen Truppen besetzen zu lassen. Mit dem kaiserlichen Generalfeldobristen von Oberungarn,

---

855 Ein konkretes Ergebnis erzielten die zwischen Wien und Moskau ausgetauschten Gesandtschaften jedoch nicht. Ausführlich dazu und zu den Versuchen, 1600–1605 ein Bündnis zwischen der Habsburgermonarchie und Persien zu schließen: Vocelka 1981, S. 235–239. Zu den Bündnisplänen christlicher Mächte mit Persien während des „Langen Türkenkrieges": Niederkorn 1996, S. 310–323.

856 Ciobanu 1991, S. 245–247.

857 Weisung des spanischen Königs aus dem Februar 1600 an seinen Gesandten in Prag: Lupta pentru unitate, Constantinescu, S. 97.

858 Bericht des spanischen Gesandten an seinen König vom 15. Januar 1600: Lupta pentru unitate, Constantinescu, S. 92.

859 Schreiben Michaels an San Clemente vom 3. Februar 1600: Lupta pentru unitate, Constantinescu, S. 96–97.

860 Vgl. Documente, Hurmuzaki, Vol. XII, S. 528.

861 Siehe den Brief Rabus' an den Erzherzog vom 7. Januar 1600 in: Documente, Hurmuzaki, Vol. XII, S. 590–591.

Giorgio Basta[862], hatte sich Michael darauf geeinigt, dass lediglich in der bedeutenden Festung Huszt, die an der siebenbürgisch-ungarischen Nordgrenze lag, neben den Soldaten Michaels auch 200 habsburgische Söldner stationiert werden sollten. Bereits im Oktober 1599 sandte Basta seinen Vertrauten Sigismund Forgách nach Siebenbürgen, der mit den kaiserlichen Kommissaren Freiherr David Ungnad von Weissenwolf und Sonnegg[863] und Peter Laszló die Lage beobachten sollte. Die Situation nach der Herrschaftsübernahme Michaels schilderte Forgách folgendermaßen:

> „Er [Michael] lest sich hören, er hette das Landt im Namen Ihrer Matt. eingenohmen, aber mit der That befindt sich das contrarium, denn ein jeder Chan abnehmen, was das für ein Ansehen hat, dass er mich, Herrn Ungnaden, und des Pabsten Pottschafft heut, da gleich der Landtag angehen sollen, weggeschickt hatt, damit wir nur nit wissen und sehen sollen, was darbei geschlossen wirdt.“

Forgách betonte, dass Michael vom Kaiser das Amt des „Gubernators“ für Siebenbürgen verlange, aber „in Wahrheit, Er wird Sibenburgen aus den Henden nit gern lassen wollen, wie es dann seine aigne Räth offentlich vermelden. Bei den Turggen sucht er grossen Gunst, [...]“ [864].

Die aus Siebenbürgen und Oberungarn eintreffenden Berichte des kaiserlichen Kommissars Ungnad[865] und des Generals Basta ließen die ungarischen Räte des Kaisers von einer verworrenen und widersprüchlichen Lage sprechen. In einem Gutachten vom 4. Dezember 1599 fassten sie ihre Einschätzung der Lage in Siebenbürgen folgendermaßen zusammen: Michael wolle Siebenbürgen behalten und solange „neutral“ bleiben, bis er dies Ziel erreichen könne. Er berufe sich darauf, dass er ohne kaiserliche Hilfe Siebenbürgen erobert habe, und wolle mit den von ihm unterhaltenen 20.000 Mann Siebenbürgen nicht verlassen. Von einer gewaltsamen Intervention des Kaisers in Siebenbürgen rieten die Gutachter ab, da zu befürchten sei, dass er zu den Türken überlaufe und einer der größten Feinde des Hauses Österreich würde. Deshalb empfahlen die Räte, ihn als „Freundt in Ihrer Kay. Mt. Devotion zu

---

862 Der Italiener Giorgio Basta betrat 1597 als Obrist eines spanischen Hilfskontingents den ungarischen Kriegsschauplatz und stieg dort rasch zum kaiserlichen General auf: Wilson, S. 99–100. Zur Biografie Bastas: Arens 2001, S. 49–50.

863 David Ungnad leitete als Präsident den kaiserlichen Hofkriegsrat in Wien von 1584 bis 1599: Regele, S. 73.

864 Forgách an Nikolaus Pállfy, Klausenburg, 20. November 1599: Michael Viteazul în conştiinţa europeană, S. 286–290.

865 Ungnad und Laszló erreichten die Residenz in Weißenburg am 12. November und wurden am 13. und 14. von Michael in Audienz empfangen. Michael zeigte den Kommissaren den Schädel Kardinal Báthorys, der folgendermaßen beschrieben wurde: „Ist eine schöne Persohn gewesen, hat vornen auf dem Linken auch einen Strich mit einer Hacken. Und miten auf dem Kopf dergleichen ein gehabt das die Hirnschale ghar zerspalten und man das Gehirn ghar ersehen hatt, einen kleinen dicken Bardt, umb dessen corper noch der Wayda geschicket solchen eherlich zu begraben, auch begehrt beide Herrn Commissarien bei der begräbnis blieben sollen.“ Die Kommissare äußerten sich folgendermaßen über den Zustand Weißenburgs: „Ist alles darinnen geplündert und sieht fast Raab gleich wie wirs dem Feind genommen, ligt sonst auf einem hohen berg aber gar nicht fest, sondern nur mit einer schlechten mauern verwahret.“ Vgl. den Bericht der kaiserlichen Delegation, Klausenburg, 29. November 1599: Lupaş 1940, Documente, S. 12–14.

erhalten" und eine Verbesserung der habsburgischen Position abzuwarten: „Das übrige Landt, darüber er Irer Mt. locumtenens sein wollte, khonndte darnach mitler Zeitt Irer M. haimbfallen". Zu dieser Einschätzung trug auch die von den Räten beobachtete „Wanckhelmüttigkait" Michaels bei, der zuerst Basta aus den siebenbürgischen Grenzgebieten verdrängt und ihn anschließend um Hilfe gegen Polen gebeten habe[866]. Lediglich der – neben Ungnad und Laszló – dritte nach Siebenbürgen beorderte kaiserliche Kommissar Michael Székely nahm Michael gegen üble Nachrede in Schutz und führte die Gerüchte über Michaels Unzuverlässigkeit auf Intrigen der Feinde des Hauses Österreich zurück:

> „Was die undterschidlihen Zeyttungen sein von Mihal Vayda erinder ich den Herrn, dass niht alles zu glauben isth. Das glaub ich well das so offt von dem hohloblich Hauss Österrych niht ein Gubernator in Siebenbyrgen geschickht wyrdth, so pretendiert ja Mihal Vayda das Gubernamento, wie ess dan billich auch wäre dan er sein Leyb und Leben daran gesseczth hatt, sein treue Eidts Pflicht dem Romischen Kheysser zuerhalten, [...]".

Gerade angesichts der verlockenden Angebote des Sultans[867] sollten die Habsburger daran interessiert sein, Michael nicht als ihren Verbündeten zu verlieren, da er in diesem Falle der schärfste Feind des Erzhauses werden könnte, vor allem durch seine geschickte und schnelle Kriegsführung. Eine größere Gefahr als die Machtgelüste Michaels stelle für das Haus Habsburg die Situation dar, in der es dem Kaiser nicht gelingen sollte, die den Siebenbürgern versprochenen Subsidien und Soldaten rechtzeitig zur Verfügung zu stellen[868].

Der Kommissar David Ungnad warnte den Kaiser, schlecht bezahlte Hilfstruppen nach Siebenbürgen zu schicken, da sich die Bewohner dagegen wehren würden, um

> „sich also wieder vom Wallachen und Teutschen befreyen, wasz khand, für ein gewundschter Spill der Sigismundus, der Pollnish Canzler, auch ire Anhang inn Sibenbirgen, Sonderlich wann der Wallach aus dem Lande wär haben, [...]"[869].

Für eine Beruhigung der in Siebenbürgen herrschenden Stimmung trat auch der Prager Hof ein, der an General Basta schrieb: „Wegen Bestrafung der Untreuen, wäre eine Verzeihung (Amnestie) zu stellen, damit die Siebenbürger oder Ungarn sich zu etwas entschliessen können, weil die Verbrecher und die verirrten Leuthe unterschiedlich sind.[870]"

---

866 Siehe den Wortlaut des in Wien erstellten Berichts des Ungarischen Rates an Rudolf in seiner Eigenschaft als König von Ungarn in: Documente, Hurmuzaki, Vol. XII, S. 531.

867 Vgl. den Bericht des kaiserlichen Gesandten in Weißenburg, Giovanni Marini d'Aragusia, an Kaiser Rudolf II., Weißenburg, 3. Januar 1600: Mihai Viteazul în conştiinţa europeană, S. 355–357.

868 Siehe die von Székely in Sathmar an den kaiserlichen Rat, Johann Barbitio, verfassten Berichte vom 14. Dezember 1599 und 10. Januar 1600 in: Documente, Hurmuzaki, Vol. III/1, S. 381–382, bzw. Vol. XII, S. 604–605. Vgl. Mihai Viteazul în conştiinţa europeană, S. 315–317.

869 Ungnad an Kaiser Rudolf II., Sathmar, 31. Dezember 1599: Mihai Viteazul în conştiinţa europeană, S. 332–337.

870 Siehe das Schreiben der kaiserlichen Räte an Basta vom 5. Januar 1600 in: Lupta pentru unitate, Constantinescu, S. 90–91.

Nachdem es Michael gelungen war, seine Position in Siebenbürgen zu konsolidieren, sandte er im Dezember 1599 eine siebenbürgisch-walachische Delegation unter der Leitung von Georg Rácz nach Böhmen, um sein rechtliches und politisches Verhältnis zu Kaiser Rudolf II. zu klären[871]. Am 16. Dezember 1599 übergab die Gesandtschaft dem kaiserlichen Hof Michaels Vorschläge für einen Bündnisvertrag mit der Habsburgermonarchie[872]. Am 10. und 11. Januar 1600 wurde Michaels Delegation in Pilsen von den kaiserlichen Räten Hornstein und Rudolf Coraduci empfangen, die den Räten folgende Forderungen übergab: Michael verlangte vom Kaiser für die aus eigener Kraft erreichte Herauslösung Siebenbürgens aus dem osmanischen Herrschaftsbereich und die Unterwerfung Siebenbürgens im Namen des „geehrten Kaisers“ die Übertragung der Herrschaft in Siebenbürgen auf seine Person und seine männlichen Nachfolger (Art. 1). Weiterhin forderte er die Wiederherstellung der siebenbürgisch-ungarischen Grenzen, so wie sie zu Zeiten des Kaisers Maximilian II. und des „Königs“ (*Craiului*) Johann Sigismund Szapolyai verlaufen waren – diese Frage betraf vor allem die Zugehörigkeit der Partes – (Art. 2). Weiterhin reklamierte Michael das Recht der Güterverleihung (Art. 3), den Status einer obersten Appellationsinstanz (Art. 4) und eine immerwährende militärische Unterstützung gegen die Osmanen, da eine Eroberung Siebenbürgens und der Walachei durch den Sultan „den Untergang der gesamten Christenheit bedeute“. Falls dies dennoch geschehen sollte, verlangte er Asyl und Güter im Königreich Ungarn (Art. 5), bei einer Gefangennahme durch die Osmanen solle er freigekauft werden (Art. 6). Michael forderte vom Kaiser den gleichen Titel, den Sigismund Báthory während seiner Herrschaft über Siebenbürgen geführt hatte (Art. 7) und im Falle einer Zurückdrängung der Osmanen reklamierte Michael alle Gebiete für sich, die früher zur Walachei oder zu Siebenbürgen gehört hatten (Art. 8)[873].

Zu diesen Propositionen erstellte der kaiserliche Hofkriegsrat[874] ein Gutachten, das sich vor allem dafür aussprach, unter keinen Umständen die zum Fürstentum Siebenbürgen gehörenden und seit 1598 von habsburgischen Truppen besetzten ostungarischen Komitate (Partes) zugunsten Michaels zu räumen:

> „[Die] Kay. Mt. ye und alleweeg auch noch bey der Bathori Zeiten die Mainung gehabt alle und jede Herrschafften, Spanschafften und Vestungen, so immediate der Cron Hungern zuegehörig und dem Landt Sibenbürgen mit nichts angehörig mit iren Khriegs Volkh zu besetzen […]“.

871 Bereits im November 1599 hatte Michael seinen Vertrauten Peter, genannt „der Armenier“, nach Prag geschickt, um dem Kaiser anzuzeigen, dass er Siebenbürgen im Auftrag der Habsburger eingenommen habe.

872 Lupta pentru unitate, Constantinescu, S. 93.

873 Den Inhalt des Gesandtenvortrags protokollierte Rudolf Coraduci: Documente, Hurmuzaki, Vol. XII, S. 605–609. Vgl. Documente și însemnări românești, S. 132–133.

874 Der Hofkriegsrat war für die Koordinierung der kaiserlichen Kriegführung und für alle außenpolitischen Fragen, die die Beziehungen zum Osmanischen Reich und dessen Vasallenstaaten, also auch Siebenbürgen, betrafen, zuständig: Regele, S. 22.

Darüber hinaus schlug der Kriegsrat vor, in ganz Siebenbürgen habsburgische Soldaten zu stationieren

> „damit durch solches Mitl, das wankhlmuetige und umbestendige Sibenburgerische Volkh bey Forcht und Gehorsamb hette erhalten werden khünnen, zuegeschweigen weil der Weida dasselbe Landt Irer Kay. Mt. eingenomben, deroselben es auch zuegehörig [...]".

Der Rat drängte darauf, die von Michael geforderte Militärhilfe schnell zur Verfügung zu stellen, „damit die Sibenbürger und er selbst in Zaumb erhalten" würden. Schließlich schlugen die Räte vor, falls der Kaiser die Statthalterschaft nicht seinem Bruder Maximilian – wie ursprünglich geplant – übertragen wolle, nicht Michael, sondern dessen Sohn zum Gouverneur zu bestimmen und ihm einen ungarischen und deutschen Rat zur Seite zu geben, „und auf den er ain Aug habe muesst"[875].

Nachdem der Kaiser dem Gutachten seiner Räte gefolgt war und die weitreichenden Forderungen Michaels abgelehnt hatte, wurden die Verhandlungen in Pilsen weitergeführt[876]. Am 11. Februar 1600 kam eine Einigung zustande, die aber lediglich die Walachei betraf. In einer Urkunde, die von Kaiser Rudolf II. am gleichen Tag ausgestellt wurde, unterstrich er den Dienst des „Illustris Michael, Transalpinae Vaivoda" zum Wohle der Christenheit durch seinen Kampf gegen die Türken und seine Verdienste bei der Ablösung der „nicht rechtmäßigen" Herrschaft Andreas Báthorys in Siebenbürgen. Der Kaiser stellte die Walachei unter seinen Schutz und verlieh die Woiwodschaft in seinem Namen wie auch in jenem der ihm nachfolgenden Könige von Ungarn an Michael und seine legitimen Nachkommen im männlichen Stamme. Im Gegenzug sollten Michael und seine Nachfolger Rudolf und den ihm nachfolgenden Königen von Ungarn Treue schwören[877].

Zu den Pilsener Verhandlungen bemerkte der spanische Gesandte in Venedig, Iñigo de Mendoza, der Doge habe seinen Prager Gesandten angewiesen, die Delegation Michaels darin zu bestärken, Siebenbürgen nicht dem Kaiser zu überlassen. In seinem Schreiben vom 26. Februar 1600 an den spanischen König Philipp III. fügte Mendoz hinzu, er wolle die angekündigten Gespräche einer walachischen Delegation mit der venezianischen Regierung verfolgen[878].

Parallel zu den Verhandlungen in Pilsen wurden die Gespräche zwischen Michael und den nach Siebenbürgen entsandten kaiserlichen Kommissaren David Ungnad von Sonnegg und Michael Székely fortgeführt. Während das Gespräch vom 10. Februar noch im Zeichen diplomatischer Höflichkeiten stand, kam es in den bis zum 19. Februar stattgefundenen Zusammenkünften zum Aufeinanderprallen der unterschiedlichen Positionen. Die Kommissare lernten am Weißenburger Hof einen

875 Gutachten des Wiener Hofkriegsrates vom 19. Januar 1600: Lupta pentru unitate, Constantinescu, S. 93–96.

876 Einer der habsburgischen Unterhändler, Fischer, schrieb am 31. Januar 1600 an Erzherzog Maximilian: „Der Weida in der Wallachei, weill er dieselbigen Lande mit dem Schwerdt erobert, will er, aintweder per amor, oder per forza, selbst Herr darin verbleibenn": Mihai Viteazul în conştiinţa europeană, S. 378.

877 Wortlaut der Urkunde in: Documente, Hurmuzaki, Vol. XII, S. 689–690.

878 Mihai Viteazul în conştiinţa europeană, S. 425–426.

selbstbewussten Machtpolitiker kennen, der danach trachtete, seine gewonnene Position mit allen Mitteln zu festigen. Bereits in den ersten Sitzungen stellte er die große Bandbreite seiner Verhandlungskunst unter Beweis, die von überschwänglichen Treue- und Zuneigungsbeteuerungen gegenüber dem Kaiser bis hin zu Wutausbrüchen und unverhohlenen Drohungen reichten. Die Erfahrung der Kommissare, dass Michael erzielte Verhandlungsergebnisse am folgenden Tag oft als „Missverständnisse" bezeichnete, ließ sie dazu übergehen, die Gespräche schriftlich festzuhalten. Ungnad und Székely reagierten mit Befremden darauf, dass Michael in einem ihnen vorgelegten Schreiben an den polnischen König „bei Gott bezeugt, nihts wieder die Moldau vor im zu haben", obwohl er den Kommissaren deutlich machte, so bald wie möglich die Moldau angreifen zu wollen. Mit Unbehagen nahmen die Kommissare auch den Vorschlag Michaels auf, ihm dabei behilflich zu sein, die wichtigsten Städte der Siebenbürger Sachsen, namentlich Kronstadt, Hermannstadt und Bistritz sowie die freie Stadt Klausenburg militärisch zu besetzen[879]. Schließlich erklärte Michael, er wolle unter den „meineidigen Siebenbürgern", die ihm nach dem Leben trachteten, nicht länger bleiben. Am nächsten Tag machten die Kommissare Vorschläge zur Verbesserung der äußeren und inneren Sicherheit, Verwaltung, Justiz und Wirtschaft Siebenbürgens, die Michael alle mit einem Hinweis auf seine bisherigen Erfolge abwies. Er stellte klar, dass er sich in erster Linie Geld, Soldaten und Waffen vom Kaiser erhoffte, um so schnell wie möglich in der Moldau einmarschieren zu können. Danach betonte Michael, dass er Siebenbürgen ohne die Hilfe aber mit Zustimmung des Kaisers erobert habe und deshalb als Gouverneur regieren wolle. Allerdings bestritt er gegenüber den Kommissaren, einem seiner Vertrauten mitgeteilt zu haben, dass er „possesor, gubernator und absolutus patronus" Siebenbürgens bleiben wolle.

Bereits zu diesem Zeitpunkt bemerkte Ungnad, dass Michael „sein Regiment" etwas „temperieren und moderiren" müsse, um einen Aufstand der Stände, der von „den Polen und Moldauern" geschürt werden könne, zu vermeiden, wenngleich er der geeignete Mann sei, um die Siebenbürger in Schach zu halten: „Sie zittern fur im und furhten sich vor seinem Schatten", notierte Ungnad. Nachdem Michael am 17. Februar 1600 „rauh, furioso und unhaltig gewest", habe er sich zwei Tage später

879 Kurze Zeit vorher noch, am 13. Januar 1600, hatte Michael in Weißenburg die alten Privilegien der Sachsen bestätigt und ihnen einen Steuererlass als Entschädigung für die Verwüstungen gewährt, die Michaels Soldateska auf dem Gebiet der Nationsuniversität der Sachsen angerichtet hatten: Mihai Viteazul în conştiinţa europeană, S. 363–364. Der Magnat Stefan Csáky schrieb Ende Februar 1600 an Georg Makó, der als Hauptmann im Dienste Michaels stand: „Glaubt mir, ich sey stets euer wohlwollender Freund gewesen, daher kann ich euch zuverlässig melden, das des Voivoden (Michel) ganzes Trachten dahingehe, alle geschlossenen Städte Siebenbürgens mit Wallachen ansiedeln zu lassen. Daher sollt ihr Sorge tragen auf keine Art zuzulassen, weill sonst das Land entweder den Türken, oder den Pohlen zufallen, oder für den Voivod Michel erblich werden wird. Es wäre gut dises auch den anderen Städten wissen zu lassen." Auf dem Schriftstück ist folgende Anmerkung zu finden: „Diss Aviso fiel laut Indorsat in Voivod Michels Hände". Lupta pentru unitate, Constantinescu, S. 98.

„diemüettig, devotissimo" gezeigt und seinen Ärger auf General Basta[880] zurückgeführt, mit dem er weder in Kriegs- noch in Friedenszeiten etwas zu tun haben wolle, da er sein Feind sei. Dem Kaiser wolle er hingegen „bis in sein Tod treülich dienen". Im Gegenzug erwarte er vom Kaiser die Ausstellung eines Erbbriefes für sich und seinen Sohn Nicolae Petraşcu, um in Siebenbürgen herrschen zu können. Die Kommissare versuchten Michael zu erklären, dass er Siebenbürgen im Namen des Kaisers und Königs von Ungarn eingenommen habe und deshalb könne Rudolf in dieser Frage nicht für sich allein, sondern nur im Einvernehmen mit dem Landtag entscheiden und auch nichts gegen den „Landesbrauch" unternehmen. Darüber hinaus verlangte Michael ausreichende Subsidienzahlungen, und falls er weder das eine noch das andere erhalten sollte, bat er den Kaiser, ihn seines Eides zu entbinden. Dass man von der erhofften Abtretung Siebenbürgens an die Habsburger sehr weit entfernt sei, führte Ungnad nicht auf die Arbeit der Kommissare, sondern auf die Person Michaels zurück. Dieser habe die Kommissare um einen Rat gebeten, wie er sich verhalten solle, falls er die Einsetzungsstandarte des Sultans und die Aufforderung zur Ableistung des Treueids als Woiwode von Siebenbürgen erhalten sollte. Ungnad verwies Michael auf dessen langjährige Erfahrung mit den Osmanen und bat ihn, die Osmanen darauf hinzuweisen, dass ein habsburgisch-osmanischer Friede allen Seiten am ehesten dienlich sei[881].

Einen neuen Anlauf zur Klärung seines Verhältnisses zu Michael unternahm der Kaiser indem er seinen Gesandten Carlo Magno mit neuen Vorschlägen nach Siebenbürgen schickte. Rudolf versprach Michael 4.000 Söldner, bat ihn aber, von einem Feldzug gegen die Moldau abzusehen, da man nicht gleichzeitig gegen beide Protektoren der Moldau, Polen und das Osmanische Reich, Krieg führen könne. Da Michael angekündigt habe, seinen Sohn zum „König in Siebenbürgen" zu erheben, schlug der Kaiser vor, dem jungen Mann zunächst einen seiner Räte zur Seite zu stellen, vor allem für die Zeit der kriegsbedingten Abwesenheit Michaels. Diesen Vorschlag lehnte Michael sogleich ab, und er teilte dem Gesandten mit, dass er sich nicht von seinem Sohn trennen lassen wolle. Carlo Magno ergänzte, dass sich der Kaiser beim Papst und den Königen von Frankreich und Spanien für Subsidien und Ehrungen eingesetzt habe, die Michael zuteilwerden sollten „alls wann er der ander Gross Alexander wär". Darüber hinaus forderte Kaiser Rudolf von Michael die Bestrafung jener Stände, die den Báthorys die Rückkehr nach Siebenbürgen ermöglicht

880 Zwischen Michael und General Basta hatte sich schon früh eine Antipathie und Rivalität ergeben, die auch aus einem Brief Bastas vom 20. März 1600 an Erzherzog Matthias hervorgeht. Darin warnte Basta vor Michael, der die Gesandten des Kaisers glauben mache, im Sinne Rudolfs zu handeln. In Wirklichkeit wolle er nur Zeit gewinnen und sich in dieser Provinz etablieren. Deshalb müsse der Kaiser einen Vertrauensmann nach Siebenbürgen schicken, der – mit einer gut bezahlten und ausgerüsteten Streitmacht im Rücken und die Konflikte Michaels mit den Ständen ausnutzend – Michael in persönlichen Gesprächen zum Rückzug zwingen müsse: Viteazul în conştiinţa europeană, S. 449–451.

881 Siehe den Wortlaut der von Ungnad formulierten ausführlichen Berichte an den Kaiser vom 11., 12. und 19. Februar 1600 in: Documente, Hurmuzaki, Vol. XII, S. 690–693, 695–698, 716–719.

hatten. Er verlasse sich auf Michael, Siebenbürgen nicht „veröden zu lassen" und wolle ihm Bergleute für die Ausbeutung der reichen Gold-, Silber- und Eisenbergwerke Siebenbürgens schicken. In den Religionsangelegenheiten erwarte der Kaiser, dass nur die katholische, orthodoxe und lutherische Konfession geduldet werde, betonte Carlo Magno. Deshalb solle Michael im unitarischen „verräterischen" Klausenburg eine starke Besatzung stationieren. Der Gesandte schloss seine Ausführungen mit dem Hinweis, dass der Kaiser vom „Moskowiter"[882], dem Papst und dem König von Spanien Ermunterungen erhalten habe, den Krieg gegen die Osmanen fortzusetzen, wofür er Hilfen in Aussicht gestellt bekommen habe[883].

Michael konnte und wollte die vom Kaiser geforderte Bestrafung der Stände nicht vornehmen, da sein Verhältnis zu denselben ohnehin durch unterschiedliche Interessen belastet und er auf ihre Unterstützung angewiesen war. Da die Bestimmungen des Pilsener Vertrags nur die Walachei betrafen, bat Michael den Kronstädter Landtag (12. – 15. März) um die Unterstützung seiner Positionen, die er in den Verhandlungen mit den Habsburgern einnahm. Vom ungarischen König forderte er nicht nur die Anerkennung seiner Herrschaft über Siebenbürgen und die zum Fürstentum gehörenden ostungarischen Komitate (*Partes adnexae)* sowie über alle seine zukünftigen Eroberungen, sondern auch Subsidien im Kampf gegen die Osmanen, den Titel eines Reichsfürsten und im Falle seiner Vertreibung Güter in Ungarn sowie ein jährliches Einkommen in der Höhe von 100.000 Goldgulden[884].

Diese Forderungen wiederholte er in seinen Gesprächen mit den kaiserlichen Kommissaren Ungnad und Székely. Michael gab zu bedenken, dass der Kaiser genug mit der Sicherung seiner weitläufigen Grenzen zu tun habe. Deshalb verstehe er nicht,

> „warrunben Ihm Eur Majestät nit wollten disz Landt zue regirn vertrauen, sondern In drausz Jagen vnndt stossen, wann er sich darzue nicht genuegsamb vnndt Teuglich erkhennet, So wole Er selbst draus ziehen, aber Er Traw Im also zuedienen, dasz Eur Majestät vnndt die Christenheit darmit zuefrieden sein werden"[885].

Die Kommissare beschwerten sich danach erneut beim Kaiser darüber, dass es nicht möglich sei, mit Michael redlich zu verhandeln, da er sich kaum festlegen las-

882 Michaels Vertreter war im November 1599 mit dem zeitgleich in Prag weilenden Gesandten des Zaren, Afanasie Vlasiev, zusammengetroffen, den er um Unterstützung für Michael bat. Vlasiev, der mit der kaiserlichen Seite wegen eines antiosmanischen Bündnisses verhandelte, würdigte den Erfolg Michaels gegen den „türkisch-litauischen" Vasallen Báthory und den Kampf der Christen gegen „die Heiden", wies aber darauf hin, dass der Zar Michael bereits durch eigene Mittel für die Wiederherstellung von Kirchen und Ikonen unterstützt habe, wofür sich Peter, genannt „der Armenier", bedankte. Siehe den Bericht des russischen Gesandten vom 20. November 1599 in: Mihai Viteazul în conştiinţa europeană, S. 285 – 286.

883 Siehe den Wortlaut des am 13. Februar 1600 in Weißenburg vom Sekretär der Kommissare erstellten Verhandlungsprotokolls: Documente, Hurmuzaki, Vol. XII, S. 699 – 701.

884 Vgl. Gooss, S. 268 – 269. Siehe die in lateinischer Sprache abgefasste Bestätigung Michaels der Kronstädter Landtagsbeschlüsse vom 15. März 1599 in: Lupaş 1940, Documente, S. 28 – 33.

885 Siehe den Wortlaut des an Kaiser Rudolf II. adressierten Briefes von Ungnad und Székely vom 31. März 1600: Documente, Hurmuzaki, Vol. IV/2, S. 29 – 33.

se, alle Punkte vermische, Zusagen mache, um diese kurz darauf zu widerrufen. Ungnad, der früher den Kaiser an der Hohen Pforte vertreten hatte, schrieb:

> „[...] so macht Er sich selbst vnndt vnnsz Irr, vnndt isst fur war, allergnedigister herr, der modus tractandi vasst ganz Turckhisch vnndt offt mier Vngnaden beschwärlicher, als den Ich nahend sechs Jahr zue Constantinopl halten vnndt brauchen hab muessen.[886]"

Michael wiederholte seinen Wunsch, „dasz Ihm Eur Majestät disz Landt auf Ihn, seinen Sohn, vnndt seine Nachkomben verschreiben solle[887]". Zur Art und Weise, in der er diesen Anspruch begründete, schrieben die Kommissare:

> „Inn disz Landt sey Er auch auf sein wagnus vnndt mit seinen Säbl ohne einige hülff khomben, vnnt bishero Eur Majestät gnadt standts vnndt ehren erhebung auch gelts hülffen gewart noch eines noch anderes Ja auch kein Trösstliche Andtwort erwardten khunnen.[888]"

Am Ende seines Gesprächs mit den Kommissaren kam Michael auf seine Forderung nach kaiserlicher Unterstützung durch Geld und Soldaten zurück, da das Land zugrunde gehe und

> „der Turckh, Moldawer, Polaggen vnndt Tartarn begern seiner, der Turg vnndt Polaggen Jeder auf sein Theil sey zuefrieden, dasz Er neben Siebenburgen vnndt Wallachey auch die Moldaw hab, wenn Er sich vnter des einen oder des Andern Theil schucz begeben [...]"[889].

Damit sprach Michael auch die Möglichkeit an, im Einklang mit dem Sultan und dem König von Polen die Moldau unter seine Herrschaft zu bringen, wenn er sich gleichzeitig unter den Schutz des Osmanischen Reiches und des Königreichs Polen stellte. Auf diese Aussage Michaels gingen die Kommissare in ihrem Bericht nicht weiter ein. Sie widerspiegelt aber die gängige völkerrechtliche Praxis der Herrscher Siebenbürgens, der Moldau und Walachei, sich gleichzeitig unter die Oberherrschaft zweier oder gar dreier benachbarter Großmächte zu stellen. Dies geschah oft heimlich, manchmal aber auch in offener Weise. Gegenüber dem einen Monarchen wurde das Argument ins Feld geführt, die Oberherrschaft des jeweils anderen Souveräns sei eine rein symbolische und lediglich temporären militärischen Zwängen geschuldet. In Wahrheit halte man in Treue an dem Untertanenverhältnis gegenüber dem Adressaten fest. Sicher ist, dass die kaiserlichen Kommissare Michael ständig verdächtigten, gleichzeitig mit dem Sultan zu verhandeln, um sich unter dessen Oberhoheit zu begeben. Ungnad schrieb in diesem Sinne an den Kaiser:

> „Auf khein neutralitet ist khein raitung zu machen denn Sibenbirgen mues entweder von Ir Matt starkh geschuczt oder dem Turkhen tributirt sein, welches zwar noch Inn des Michael Vaiuoda discretion vnd wilkhur stehet wohin er sich ex possesso vnd ex professo

886 Ebenda, S. 30.
887 Ebenda, S. 30.
888 Ebenda, S. 31.
889 Ebenda, S. 32.

wenden will. Gibt Sibenbirgen den Turkhen den tribut, so masste er sich nicht allein des Schuczes, sondern auch der gänzlichen subiection vnd derselbin allso an, […].[890]“

Damit machte Ungnad deutlich, dass eine rein symbolische Oberhoheit des Sultans unmöglich war. Das Selbstverständnis des Osmanischen Reiches erforderte es, seinen Herrschaftsbereich nicht mit „ungläubigen“ Souveränen zu teilen. Dies wusste Ungnad aus seinen an der Hohen Pforte verbrachten Jahren.

In der Tat hatte Michael bereits im Dezember 1599 den Sultan insgeheim um die Anerkennung seiner Herrschaft über Siebenbürgen ersucht[891]. Für den Fall seiner Wahl zum Fürsten von Siebenbürgen forderte Michael von der Hohen Pforte die Respektierung dieses alten Rechts der siebenbürgischen Stände, so wie es „dem Kardinal“ zuvor versprochen worden sei. Auf dieser Grundlage bat Michael um seine Investitur als Fürst und um die Ernennung seines Sohnes zum Woiwoden der Walachei durch den Sultan[892]. Dessen Zustimmung erfolgte im Januar 1600[893]. Michael wusste, dass die Herrschaft seiner Familie nur dann eine Chance auf Dauerhaftigkeit haben konnte, wenn sie sowohl in Prag als auch in Konstantinopel toleriert werden würde. Den Preis, den er dafür zahlen musste, war die Akzeptanz einer doppelten Oberherrschaft, jener des Sultans und des Kaisers. Nach der Anerkennung durch die Pforte, so fragil und reversibel sie auch sein mochte, hatte Michael einen zumindest kurzfristigen strategischen Vorteil erlangt. Aus diesem Grund kam Michael der Aufforderung des Kaisers, der im Frühjahr 1600 einen osmanischen Angriff an der unteren Donau erwartete, nicht nach, Siebenbürgen zu räumen und die Verteidigung der

890 Diese Worte schrieb der kaiserliche Kommissar David Ungnad am 19. Juni 1600 an Rudolf II.: Documente, Hurmuzaki, Vol. IV/1, S. 77.

891 Siehe den Bericht eines habsburgischen Agenten vom 9. Januar 1600: Lupta pentru unitate, Constantinescu, S. 91–92. Darüber war auch der spanische Gesandte in Prag, Guillén de San Clemente, informiert, der an König Phillip III. am 15. Januar 1600 schrieb, Michael verwalte Siebenbürgen nach eigenem Gutdünken, obwohl er vorgebe, das Land im Namen des Kaisers erobert zu haben. Außerdem paktiere er mit den Türken: Ebenda, S. 92.

892 Die venezianischen Gesandten bei der Hohen Pforte, Girolamo Capello und Vincenzo Gradenigo, berichteten am 24. Januar und 7. März 1600 dem Dogen über Friedensverhandlungen Michaels mit dem Sultan. Gleichzeitig versuchten die Gesandten des Woiwoden der Moldau in Konstantinopel eine Anerkennung Michaels durch die Pforte zu hintertreiben: Documente, Hurmuzaki, Vol. IV/2, S. 8, 20, 242–243. Berichte über Einigungsversuche zwischen Michael und der Pforte erreichten den Dogen auch vom Kaiserhof. Der venezianische Gesandte in Prag berichtete am 10. April 1600, aus Wien sei die Nachricht am Kaiserhof eingetroffen, dass Michael aus den Händen eines osmanischen Boten je eine Einsetzungsstandarte des Sultans für die Walachei und Siebenbürgen erhalten habe: Documente, Hurmuzaki, Vol. III/2, S. 349.

893 Im Februar 1600 schrieb der Sultan dem polnischen König, dass er Michael als Fürsten von Siebenbürgen anerkannt habe und dessen Sohn, Nicolae Pătraşcu, als Herrscher in der Walachei. Die Standarten des Sultans zur Einsetzung in die beiden Ämter nahm Michael am 9. März in Kronstadt durch eine osmanische Gesandtschaft in Empfang: Istoria Politicii externe Româneşti, S. 74–75.

Walachei zu organisieren[894]. Obwohl sich im Sommer 1600 Michaels Beziehungen zum Sultan so sehr verschlechterten, dass sein an der Pforte wirkender Gesandter inhaftiert wurde, blieb auch diesmal ein Angriff der osmanischen Armee aus, da sich der Sultan in einer militärisch schwachen Position befand. Der Hohen Pforte blieb zu diesem Zeitpunkt nichts anderes übrig, als ihre Hoffnungen auf eine Einigung Michaels mit dem polnischen Krongroßkanzler Zamoyski zu setzen, der – ebenso wie der Sultan – eine unmittelbare Herrschaft der Habsburger in Siebenbürgen unter allen Umständen zu verhindern versuchte[895].

Parallel zur Bitte Michaels, der Sultan möge seine Herrschaft über Siebenbürgen anerkennen, bat der „Statthalter des Kaisers“ im Dezember 1599 den polnischen König um dessen Zustimmung. Letzterer schickte als Gesandten Andreas Taranowski nach Siebenbürgen, der im Dezember 1599 erste Gespräche mit Michael führte[896]. In deren Verlauf kam Michael aber bald auch auf die Moldau zu sprechen. Für die Überlassung der direkten Herrschaft über die Moldau war Michael bereit, nicht nur die Moldau, sondern auch Siebenbürgen und die Walachei unter der Oberhoheit des polnischen Königs zu stellen. Allerdings forderte Michael für sich und seinen Sohn einen Sitz im polnischen Kronrat[897]. Obwohl Taranowski diese Vorschläge zunächst ablehnte, legte er im Namen seines Königs am 10. März 1600 in Kronstadt Michael den Entwurf eines Bündnisvertrages vor, der eine Konföderation der drei Karpatenländer unter der Oberhoheit Polens einschloss. Das Abkommen sah vor, dass Michael unmittelbar nach Vertragsschluss die Herrschaft in der Moldau antreten sollte. Sein Sohn Nicolae sollte das Indigenat Polens und Litauens sowie einen Sitz im Kronrat erhalten, dessen Mitglieder die einflussreichsten polnischen und litauischen Magnaten waren. Auch nach Michaels Tod sollten seine Länder und seine Familie unter dem Schutz der polnischen Krone stehen. Der König werde in diesem Fall Siebenbürgen, die Walachei und die Moldau Michaels Sohn Nicolae und dessen Nachkommen im Mannesstamme verleihen, nachdem diese dem polnischen Souverän den Treueid geschworen haben. Die drei Länder sollten die gleiche völkerrechtliche Stellung innerhalb des polnischen Länderkomplexes wie andere der polnischen Krone unterstehende Fürstentümer haben, zum Beispiel Kurland oder Livland. Michael hatte als Vasall mehrere Pflichten zu erfüllen: Er musste dem König von Po-

---

894 Erzherzog Matthias gab in seinem Brief vom 25. März dem Kaiser zu verstehen, dass die Kommissare Michael vor dem Hintergrund der habsburgisch-osmanischen Verhandlungen darüber informieren sollten, dass er in einen zukünftigen habsburgisch-osmanischen Frieden eingeschlossen werde, und „sambt allen den Seinigen vor dem Türkhen woll gesicherst sein werde“, damit er „allen Argenwohn, so er schöpffen mocht, durch genugsambe Information hinlegen khundt.“: Mihai Viteazul în conştiinţa europeană, S. 451–452.

895 Siehe den Bericht des Informanten der Kurie in Konstantinopel, Eustachio Fontana, an den Kardinal Cinzio Aldobrandini vom 29. Juli 1600 in: Mihai Viteazul în conştiinţa europeană, S. 542–543.

896 Taranowski war bereits von Stefan Báthory in den 1570er Jahren als Gesandter im Osmanischen Reich oder beim Chan der Krim eingesetzt worden: Corfus 1979, S. 350.

897 Bericht eines habsburgischen Agenten aus Posen vom 9. Januar 1600: Lupta pentru unitate, Constantinescu, S. 91–92.

len Freundschaft und gute Nachbarschaft schwören und ihn vor jeglicher Gefahr warnen. Es war ihm verboten, mit anderen Herrschern – christlichen und „heidnischen" – gegen die polnische Krone zu arbeiten. Darüber hinaus sollte Michael das Gebiet des Königreichs Polen und des Großfürstentums Litauen gegen die Tataren verteidigen. Im Kriegsfalle sollte er dem polnischen König 7.000 Soldaten samt Sold bis zur Beendigung des Krieges zur Verfügung stellen. Ohne die Einwilligung des polnischen Königs war es Michael verboten, mit fremden Herrschern, Christ oder „Heide", in Verbindung zu treten. Alle Eroberungen, die er – vor allem in den osmanischen Schwarzmeerprovinzen – machen sollte, musste er vertragsgemäß an die polnische Krone abtreten[898].

Eine entsprechende Einigung versuchte der Woiwode der Moldau mit allen Mitteln zu verhindern, vor allem indem er die Glaubwürdigkeit Michaels in Zweifel zog. Ieremia Movilă schickte eine Gesandtschaft an den polnischen Hof, die dort hervorhob, dass Michael mit den Moskowitern, den Kosaken, „den Deutschen und anderen" – alle Gegner König Sigismunds – Allianzen geschmiedet habe. Einerseits habe Michael Erzherzog Maximilian Bündnistreue geschworen, andererseits habe er Siebenbürgen und die Walachei unter die Oberhoheit des Sultans gestellt. Diesen habe er gebeten, einen griechischen Verwandten als Woiwoden in der Moldau einzusetzen[899].

Um Ieremias politischen Widerstand einzuhegen, sandte Michael am 23. März 1600 den in Siebenbürgen ansässig gewordenen Schweizer Arzt Dr. Johannes Muraltus in die moldauische Residenzstadt Suceava. Dort teilte dieser dem Woiwoden Ieremia Movilă mit, dass Michael Frieden wünsche und für seinen Sohn Nicolae Pătrașcu die Hand der moldauischen Woiwodentochter erbitte. Darüber hinaus war Michael bereit, seine Tochter mit dem Verbündeten des moldauischen Woiwoden, dem ehemaligen siebenbürgischen Fürsten Sigismund Báthory, zu vermählen[900]. Ziel dieses Vorschlags war es, durch eine gezielte Heiratspolitik die beiden gefährlichsten regionalen Gegner Michaels an sich zu binden und sie dem polnischen Einfluss zu entziehen. Ieremia Movilă hatte seine Herrschaft 1595 mit polnischer Hilfe erlangt und befand sich unter der Oberhoheit sowohl des Königs von Polen als auch des Sultans[901]. Die ihm unterbreiteten Vorschläge lehnte Ieremia ab, da er sich Rechenschaft darüber gab, dass er sich damit in die Abhängigkeit Michaels begeben würde, ein Zustand, den auch seine Suzeräne nicht dulden würden[902]. Da der moldauische Woiwode insbesondere auf die Unterstützung des polnischen Krongroßkanzlers Zamoyski zählen konnte, ließ er Dr. Muraltus inhaftieren. Darüber hinaus gewährte Ieremia

---

898 Siehe den Wortlaut des Vertragsprojekts in polnischer Sprache mit rumänischer Übersetzung in: Mihai Viteazul în conștiința europeană, S. 437–439.

899 Moțu, S. 181.

900 Huttmann, S. 110–113.

901 Zur Geschichte der moldauischen Bojarenfamilie Movilă: Lecca, S. 409–414.

902 Der polnische König Sigismund III. hatte am 26. Dezember 1599, nachdem ihn die Nachricht von der Eroberung Siebenbürgens durch Michael erreicht hatte, die moldauischen Bojaren an die Oberhoheit Polens über die Moldau erinnert und den Schutz der polnischen Krone für den Fall versprochen, dass Michael die Moldau bedrohe: Moțu, S. 180–181.

Movilă dem ehemaligen siebenbürgischen Fürsten Sigismund Báthory Exil in der Moldau und plante zusammen mit ihm den baldigen Sturz Michaels. Als dieser davon erfuhr, dass Sigismund Báthory das Ziel verfolge, von der Moldau aus mit Hilfe von 10.000 polnischen Söldnern und einigen Truppen des moldauischen Woiwoden in Siebenbürgen einzumarschieren und sich erneut zum Fürsten wählen zu lassen, war er entschlossen zu handeln. Durch einen neuen Feldzug versprach sich Michael auch die Lösung jener Konflikte, die mittlerweile sein Regime in Siebenbürgen gefährdeten: ein Bauernaufstand, der sich zuspitzende Konflikt mit den Ständen und seine sich auflösende und marodierende Söldnerarmee[903].

Die Verhandlungen Michaels mit Polen und der Moldau blieben der habsburgischen Seite nicht verborgen, ebenso wenig seine Pläne, die Moldau zu unterwerfen. Die kaiserlichen Räte Rabus und Unverzagt notierten, dass Michael von den in Siebenbürgen weilenden kaiserlichen Kommissaren nur mit großer Mühe von einem Feldzug gegen die Moldau abgehalten werden könne. Für diesen Fall habe der polnische König dem Kaiser mit einem Angriff auf Siebenbürgen und Schlesien gedroht. Darüber hinaus habe sich der polnische Krongroßkanzler Zamoyski in Konstantinopel für eine erneute Rückkehr Sigismunds nach Siebenbürgen eingesetzt[904].

Um diese zu verhindern, fiel Michael mit seinem Heer Anfang Mai 1600 in der Moldau ein, zwang den aus Polen – er nahm dort an einer Hochzeit teil – hastig zurückgeeilten Woiwoden Ieremia Movilă zum Rückzug an die polnische Grenze und schlug am 18. Mai 1600 das gemeinsame Aufgebot des moldauischen Woiwoden und des ehemaligen siebenbürgischen Fürsten Sigismund Báthory bei der Festung Hotin am Dnjestr. Danach zog Michael in der moldauischen Residenzstadt Suceava ein[905]. Sein Ziel, auch den Thron der Moldau zu besteigen, scheiterte am Widerstand des Kaisers und der moldauischen Bojaren, weshalb Michael lediglich einen Statthalter in der Moldau zurückließ, als er im Juni 1600 wieder nach Siebenbürgen zurückkehrte. Dies hinderte ihn aber nicht daran, sich fortan als Herrscher der Walachei, Siebenbürgens und der Moldau zu bezeichnen[906].

Die gleichzeitige Herrschaft Michaels über die Walachei, Siebenbürgen und die Moldau ab Mai 1600 führte u.a. dazu, dass die rumänische Nationalgeschichtsschreibung ihm den Beinamen „der Tapfere“ gab und ihn als ersten Vereiniger aller „drei rumänischen Länder“ darstellte. Diese Projizierung des Ideals des geeinten und unabhängigen Nationalstaats auf eine wenige Monate dauernde frühneuzeitliche Herrschaftsperiode ist auf die schwierigen Bemühungen der rumänischen Eliten zurückzuführen, in der zweiten Hälfte des 19. Jahrhunderts einen rumänischen Nati-

---

903 Istoria Politicii externe Românești, S. 75.

904 Documente, Hurmuzaki, Vol. XII, S. 719, 726–727. Auch die beiden kaiserlichen Kommissare Ungnad und Székely kündigten in ihrem Bericht vom 26. Februar 1600 Michaels Eroberungspläne in der Moldau an: Lupta pentru unitate, Constantinescu, S. 97.

905 Siehe den am 3. bzw. 7. Juni in Kaschau bzw. Pressburg erstellten Bericht eines habsburgischen Anhängers über Michaels Feldzug in der Moldau in: Lupaș 1940, Documente, S. 40–42.

906 Am 6. Juni 1600 verwendete er in Jassy erstmals den Titel *Io Mihai Voievod, din mila lui Dumnezeu domn al Țării Românești și al Ardealului și a toată Țara Moldovei.* In: Documenta Romaniae Historica, Vol. XI, S. 529, 553, 559, 565. Vgl. Brătianu/Makkai, S. 60.

onalstaat zu gründen. Besonders die nationalkommunistische Geschichtsschreibung der Ceauşescu-Periode versuchte, diese „Vereinigung“ gleichzeitig als Wiedererrichtung des antiken dakischen Reiches und als Vorwegnahme des „einheitlichen und zentralisierten Nationalstaates“ darzustellen[907]. Stellvertretend dafür soll hier das 1980 erschienene Werk „Restitutio Daciae“ des Historikers Stefan Andreescu erwähnt werden. Darin räumt der Autor den Fragen nach dem nationalen Aspekt und dem „Charakter des polititschen Organismus“ in Michaels Herrschaftsbereich eine besondere Bedeutung ein. Während er auf die „Unterstellungen“ der ungarischen Historiografie, die drei Länder Siebenbürgen, Walachei und Moldau seien nur von Michaels „persönlichen Ambitionen“ zusammengehalten worden, nicht weiter eingeht, verwirft er auch Argumente der rumänischen Geschichtsschreibung, die das Zustandekommen dieses „politischen Organismus“ aus den besonderen Umständen der Wirren des „Langen Türkenkrieges“ zu erklären versuchten: Michael habe Siebenbürgen und die Moldau besetzt, um seine Herrschaft in der Walachei abzusichern und zu stärken, um die Einheit der antiosmanischen Liga von 1594/95 wiederherzustellen oder um die lehnsrechtliche Verbindung zwischen den drei Staaten, die Fürst Sigismund 1595 unter seiner Führung etabliert hatte, zu erneuern. Aus Andreescus Sicht habe Michael die drei Staaten unter seine Herrschaft gebracht, weil er von deren Interdependenz überzeugt gewesen sei, eine Vorstellung, die sich nach Andreescus Meinung unter den „rumänischen“ Eliten im Laufe des 16. Jahrhunderts herausgebildet habe. Der Autor versucht nachzuweisen, dass die drei tragenden Säulen der modernen rumänischen Nationalideologie, nämlich das Wissen um die lateinische Abstammung, das Bewusstsein, einem einheitlichen Volk anzugehören und der Wille, das dakische Reich wiederherzustellen, bereits Michaels politische Leitgedanken gewesen seien. Der zweite Aspekt, der für Andreescu im Vordergrund steht, ist die Frage nach der staats- und völkerrechtlichen Qualität des von Michael geschaffenen „politischen Organismus“. Hier vertritt er die nicht überzeugende und kaum zu belegende These, Michael habe die drei Länder durch das aus dem byzantinischen Staatsrecht stammende Institut der „Assoziierten Herrschaft“ zu einem „zentralisierten Staat“ verbunden. Demnach habe der Monarch seine Söhne oder andere Angehörige der Dynastie als Nebenherrscher eingesetzt, die innenpolitisch die gleichen Vollmachten wie der Titularherrscher besaßen und sogar einen eigenen Hof unterhalten konnten. Lediglich außenpolitisch und völkerrechtlich habe der Titularherrscher den alleinigen Vertretungsanspruch für sein Gesamtreich gehabt. Michael habe demnach seinen minderjährigen Sohn, Nicolae Pătraşcu, als Nebenherrscher in der Walachei eingesetzt, der den Titel „Woiwode und Herr der ganzen Walachei, Sohn des großen und übergütigen Woiwoden Michael, König ganz Siebenbürgens und

907 Als ein Beispiel für die Ausnahmen sei hier Florin Constantiniu genannt, der 1975 unterstreicht, dass auch unter der Herrschaft Michaels die politische Eigenständigkeit der drei „rumänischen“ Länder stets erhalten geblieben sei und dass sich dessen Anspruch auf Zusammenführung der antiosmanischen Kräfte im Karpatenraum auf seine Herrschaft in Siebenbürgen gestützt habe, das gegenüber seinen beiden Nachbarn Moldau und Walachei ein größeres Gewicht besessen habe: Constantiniu, S. 110.

Herr über die ganze Moldau und Beherrscher der ganzen Walachei" führte. In der Moldau, wo seit Juni 1600 ein Statthalter im Namen Michaels herrschte, soll Michael im August 1600 seinen Neffen Marcu, den Sohn des früheren walachischen Woiwoden Petru Cercel, als Nebenherrscher eingesetzt haben, wofür es jedoch keinen Nachweis in den Quellen gibt, was auch der Autor eingestehen muss, nicht zuletzt deshalb, weil Michaels Herrschaft in der Moldau bereits im September 1600 endete. Auch die Tatsache, dass die drei Länder jeweils ihre eigenen Hofräte und ständischen Vertretungen behielten, deutet Andreescu mit dem Hinweis auf das erwähnte byzantinische Modell als Beweis eines „zentralisierten rumänischen Gesamtstaates", in dem die Mitglieder des Michael beratenden Gremiums höher gestellt gewesen seien, als die Mitglieder des „assoziierten Rates" seines Sohnes in der Walachei[908]. Letztendlich kann auch Andreescu keinen Nachweis gemeinsamer staatsrechtlicher Strukturen erbringen, welche die drei von Michael beherrschten Länder verbunden haben könnten, da seine Regierung auf jeweils drei unterschiedlichen Legitimationsgrundlagen beruhte, auch wenn Michael seine „ständige Hauptresidenz" in die Hauptstadt der siebenbürgischen Fürsten nach Weißenburg verlegt hatte. Überliefert ist lediglich, dass Michael seinen minderjährigen Sohn als Mitregenten in der Walachei zurückließ, damit dieser im Falle von Michaels Tod die nötige Legitimität besitzen konnte, um die Herrschaftstitel des Vaters zu beanspruchen. Es existierte aber keine einzige Institution, die eine koordinierende Funktion zwischen den drei Ländern hätte übernehmen können. Sie blieben politisch und administrativ drei historisch unterschiedlich geprägte und ausgeformte staatliche Einheiten. Auch die Funktionen, die Michael in den drei Ländern innehatte, waren unterschiedlich. Während er als Woiwode der Walachei unter der Suzeränität des Kaisers und ungarischen Königs stand, herrschte er in dessen Namen als Statthalter im Fürstentum Siebenbürgen. In der Moldau besaß er kein staatstragendes Amt, dort herrschte er rein faktisch mithilfe seiner Truppen. Die Tatsache, dass sich Michael darum bemühte, seinem Sohn die Herrschaft über alle drei Länder auch durch rechtliche Mittel, vor allem völkerrechtliche Verträge, zu sichern, machte aus der Personalunion keine Realunion.

Nachdem Michael die Moldau erobert hatte, erhöhte er im Juli 1600 die bis dahin an den Kaiser gestellten Forderungen. In seinen Verhandlungen mit den kaiserlichen Kommissaren David Ungnad und Michael Székely forderte Michael „die Verleihung" Siebenbürgens, der Moldau und der Walachei „für alle Zeiten" an ihn und seine männlichen Nachkommen, später reklamierte er auch die Thronfolge in der weiblichen Linie. Beim Aussterben seiner Familie solle „Siebenbürgen dem Kaiser anheimfallen", während in der Moldau und Walachei gewählte Woiwoden „dem Kaiser Dienste leisten" und von ihm „das Panier" empfangen sollten. Auch für diesen Fall bestand Michael darauf, dass die traditionellen Rechts- und Kirchenordnungen in der Moldau und Walachei unangetastet bleiben sollten.

Die Kommissare wandten sich vor allem gegen die Forderung nach einer dauerhaften Belehnung Michaels und seiner Nachkommen mit Siebenbürgen und der

908 Andreescu 1980, S. 5–21.

Moldau. Auf sein Verlangen, nach freiem Willen „Donationen und Inscriptionen“ zu verleihen, erwiderten die Kommissare, beides dürfe nur im Namen „Seiner Majestät“ und „nach alten Gesetz und Gebrauch“ erfolgen, „da der Voivod Gubernator ist, und Seiner Majestät Person repräsentirt“. Später forderte Michael auch das Recht, „frei Landtäge zu halten, wenn er will und es nöthig ist. Die Artikeln solle Seine Majestät dann konfirmieren“. Als Michael die Komitate Bihar, Äußeres Szolnok, Kraszna und Marmarosch sowie die Festungen Großwardein und Huszt – später auch die Komitate Mittleres Szolnok und Zarand – forderte und damit die *Partes adnexae* erneut Siebenbürgen anschließen wollte, nachdem sie 1598 mit Ungarn wiedervereinigt worden waren, antworteten die Kommissare:

> „Die äussern Komitate und Güter sind nach alten Gesetzen ausserhalb Siebenbürgen gelegen, müszen daher bleiben, wie und wo sie dermalen sind; und Siebenbürgen soll innerhalb seiner Grenze vom Voivoden gubernirt werden“.

Darüber hinaus forderte Michael alles Land, das er den Osmanen abnehmen sollte, für sich und seinen Sohn „auf alle Zeit“. Dazu waren die Kommissare nur eingeschränkt bereit: „Werden Städte, Burgen, Kastelle oder sonstige Orte die zur Krone Ungarns gehören okupirt; sollen selbe Seiner Majestät und der ungarischen Krone zurückgestellt werden. Unter Sigmund Bathori (dem ältern) war es auch so gehalten. Das übrige aber, was mit Gotteszulassung bekommen wird (ausser obigen), kann dem Voivod zugelaszen werden“. Danach verlangte Michael, dass Siebenbürgen, die Moldau und die Walachei in einen Friedensvertrag mit dem Sultan einbezogen werden sollten, wozu die Kommissare ihr Einverständnis gaben: „Seiner Majestät wird weder Vertrag noch Frieden mit den Türken ohne Rath des Voivoden und ohne Wiszen der Provinzen eingehen“. Weiterhin forderte Michael für sich und seinen Sohn den Titel, „wie ihn der Fürst Sigmund Bathory führte“ sowie die Aufnahme „in die Gesellschaft und Gerechtstame der Fürsten des heiligen römischen Reiches“. Kurze Zeit später wünschte er für sich und seinen Sohn auch das Goldene Vlies und dazu in Mähren oder Böhmen „ein in guter Lage befindliches Schlosz mox et de facto, damit der Voivode und sein Sohn mit göszerer Treue Seiner Majestät und der Christenheit dienen könne“.

Dazu empfahlen die Kommissare, er solle sich „bei Seiner Majestät darum bittlich bewerben“. Auch wollte Michael sicherstellen, dass des „Voivoden Botschafter am Hofe Seiner Majestät [...] von Seiner Majestät mit Speis und Trank versehen, auch von Seiner Majestät und den Räthen geachtet und geehrt werden [solle].“ Damit wollte er weiteren Klagen seiner Gesandten entgegenwirken, die sich in Prag schlecht und nicht wie Vertreter eines fremden Füsten behandelt sahen. Schließlich forderte der Woiwode vom Kaiser an Subsidien jeweils 100.000 Gulden für die Monate August, September und Oktober 1600[909].

909 Siehe den Wortlaut der Verhandlungsprotokolle der habsburgischen Kommissare mit Michael in: Documente, Hurmuzaki, Vol. IV/1, S. 213–218. Vgl. die ungarische Version samt rumänischer Übersetzung in: Documente, Hurmuzaki, Vol. XII, S. 955–962. Vgl. Michael Viteazul în conştiinţa europeană, S. 543–554.

Diese Mittel benötigte Michael dringend, da die in der Moldau dazugewonnenen Einkünfte nicht ausreichten, um sein Heer zu bezahlen. Dies brauchte er umso mehr, seitdem er sich die Gegnerschaft aller drei benachbarten Großreiche zugezogen hatte, da weder das Osmanische Reich, noch Polen oder die Habsburgermonarchie die Besetzung der Moldau gebilligt hatten. Michael war kaum noch in der Lage, den Teufelskreis vieler Militärunternehmer (teure Truppen, Zahlungsschwierigkeiten, Plünderungen, Desertion, Destabilisierung der eigenen Machtposition) durch die Eroberung neuer Gebiete zu durchbrechen. Er konnte als Landfremder, mit Ausnahme einiger Szeklerstühle, nicht auf die Hilfe der drei siebenbürgischen Stände zählen. So war Michael hauptsächlich auf sein extrem heterogen zusammengesetztes Heer angewiesen, das Siebenbürgen zunehmend destabilisierte[910].

Aufgrund der Ausplünderung der siebenbürgischen Landstriche durch seine Soldaten und die immensen Summen, die dem Land für die Aufrechterhaltung des Söldnerheeres auferlegt wurden, regte sich gegen Michael in den Reihen der siebenbürgischen Stände bald eine mächtige Opposition, zumal ein Ende des Krieges gegen das Osmanische Reich nicht absehbar war. Bereits im März 1600 illustrierten mehrere Schriften das Leiden der Bevölkerung, das durch die Disziplinlosigkeit und Grausamkeit der von Michael befehligten Soldaten hervorgerufen wurde. Es kursierten Nachrichten, Michael wolle alle Städte der Sachsen, die als kaisertreu galten, besetzen lassen und ihres Reichtums berauben[911]. Mit der Berufung zweier walachischer Bojaren in den siebenbürgischen Fürstenrat, der Einsetzung walachischer Festungskommandanten in Siebenbürgen, kleinen Vergünstigungen für rumänische Kleinadelige und dem Versuch, die orthodoxe Kirche in Siebenbürgen zu reorganisieren, zog sich Michael zunehmend den Zorn des ungarischen Adels zu, zumal Michael seine rumänischen und serbischen Gefolgsleute mit Dörfern aus dem Komitatsboden belehnte. Er übernahm persönlich die ehemaligen fürstlichen Güter, vor allem die Herrschaft des Fogarascher Bezirks im Süden des Landes[912]. Die Wahrnehmung Michaels und seiner Gefolgsleute als „Landfremde" bekam eine zusätzliche Konnotation durch das in Ungarn und Siebenbürgen präsente negative Bild der östlich und südöstlich der Karpaten lebenden Menschen. Dies lag zum einen an deren Distanz zum lateinisch geprägten westlichen Kulturkreis, der für die ungarischen und siebenbürgischen Eliten mit „Europa" gleichgesetzt wurde. Allgemein war im Siebenbürgen des 16. und 17. Jahrhundert das Stereotyp vom in der Moldau und Walachei vorherrschenden „bäuerlichen Barbarentum" weit verbreitet, das eng mit der Vorstellung von der fehlenden lateinischen Erziehung der örtlichen Eliten verbunden war[913].

---

910 Sein Heer setzte sich neben einigen walachischen Soldaten vor allem aus polnischen, kosakischen, raizischen und ungarischen Söldnern zusammen: Arens 2001, S. 41–42, 44.

911 Siehe den Bericht Paul Giorgios an General Basta vom 22. März 1600, den Basta umgehend an Erzherzog Maximilian weiterleitete: Documente, Hurmuzaki, Vol. XII, S. 797.

912 Michael war bereits durch sein Bündnis mit Sigismund 1594–1596 in den Genuss mehrerer Güterverleihungen in Siebenbürgen gekommen: Pop, Ioan-Aurel, S. 93–96.

913 Kármán 2010, S. 564–565, 568–569.

Die Streitigkeiten zwischen den Ständen und Michael beeinflussten auch die siebenbürgisch-habsburgischen Beziehungen, worauf ein Bericht des kaiserlichen Vertrauten, David Freiherr von Wagner, an Rudolf II. eingeht. Als die Stände zwei Gesandte an den Kaiser schicken wollten, habe Michael ihnen dies verboten. Seiner Überzeugung nach sei der eine Delegierte, „Cornisch Farkasch“, verdächtig, obwohl er dem Woiwoden eine „Werehrung bei 7000 Guld. Werth“ habe zukommen lassen; der andere Gesandte, „Lukas Drak“, sei schlicht unwürdig, notierte Wagner. Das gegenseitige Misstrauen und die angetroffenen Feindseligkeiten fasste Wagner folgendermaßen zusammen:

> „Die Siebenbürger sollen, da Ihre Majestät sich nit drein schlagen, willens sein, lieber alle zu sterben, oder ihme zu tod zu tod (sic!) zu schlagen, ehe sie die Tirannei in die länge leiden wollen, darumber er sie von niemand absondert und die Festung mit Wallachen besezt“[914].

Die meisten Stühle und Distrikte der Siebenbürger Sachsen unterstützten Michael nur solange, als er im Interesse des Kaisers zu handeln schien[915]. Lediglich die Szeklerstühle halfen Michael in ihrer Mehrheit, da sie ihm die Wiederherstellung ihrer Autonomie verdankten, und plünderten zusammen mit seinen Einheiten Gebiete der Sachsen, z. B. das Burzenland[916].

Im Spätsommer 1600 wandte sich im Namen der siebenbürgischen Stände der Magnat Stefan Csáky an Kaiser Rudolf II. und bat ihn um Hilfe beim Versuch, Michaels Herrschaft zu beenden[917]. Diese Gelegenheit versuchte Rudolf umgehend zu nutzen, um seinen eigenwilligen „Statthalter“ in Siebenbürgen loszuwerden, obwohl er zeitgleich mit dessen Gesandten in Prag über die Modalitäten einer dauerhaften Verleihung Siebenbürgens an Michael verhandelte[918]. Nachdem Basta, der kaiserli-

---

914 In seinem Bericht, der zu Beginn des Jahres 1600 angefertigt wurde, betonte Wagner, dass „der Waida entschlossen [sei] sich umb die Moldau anzunemben und noch ein Land Ihrer Majestät zu gewinnen […]“. Wagner fuhr fort: „Melde auch der Waida fürchte sich nicht dasz die Siebenbürger müchten aufrührerisch worden, dann er demselben alldings wohl fürkommen. Er Waida sei wie ein Vögl in Lüften, hab ihm ein Nest in Siebenbürgen gericht, aber nicht gar aus gemacht, denn er müsze mehr lands für Ihrer Majestät gewinnen“: Documente, Hurmuzaki, Vol. IV/1, S. 218–220.

915 David Ungnad berichtete dem Kaiser am 14. und 15. September 1600 von Plünderungen, Mord und Brandschatzungen der Truppen Michaels in der Gegend von Weißenburg und in den sächsischen Gemeinden Groß- und Kleinschelken. Diese Nachrichten hätten die siebenbürgischen Stände teils verängstigt, teils noch stärker gegen Michael aufgebracht: Documente, Hurmuzaki, Vol. IV/1, S. 132–135.

916 Vgl. den warnenden Brief des Kronstädter Stadtrichters Valentin Hirscher an den Hermanstädter Stadtrat vom 17. September 1600: Documente, Hurmuzaki, Vol. XII, S. 1035–1036.

917 Barta 1990, S. 297. Ausführlich zu den Konflikten zwischen Michael und seinen Gefolgsleuten aus der Walachei auf der einen sowie den siebenbürgischen Ständen auf der anderen Seite: Brătianu/Makkai, S. 51–55, 59–61.

918 Kaiser Rudolf II. übergab den Gesandten Michaels erst am 12. September seine Antwort. Darin betonte er, dass er es bevorzugt hätte, wenn Michael sich aus Siebenbürgen zurückgezogen, ihm Siebenbürgen vollständig übergeben und von der ihm verliehenen Walachei aus die Osmanen bekämpft hätte, wie es Michael wiederholt versprochen habe, wolle er die Ergebnisse der Verhandlungen seiner Kommissare mit Michael gutheißen und ihm die Statthalterschaft für Siebenbürgen

che Oberbefehlshaber in Oberungarn, Michael erfolglos zum Rückzug aus Siebenbürgen aufgefordert hatte, brach am 1. September 1600 in Thorenburg unter Csákys Führung der Aufstand des siebenbürgischen Adels aus, als sich die Nobilität weigerte, an dem vierten, von Michael diesmal nach Mühlbach einberufenen Landtag teilzunehmen[919]. Am 13. September 1600 forderten die siebenbürgischen Stände Aga Lega, den Kommandanten der von Michael befehligten Festungsgarnisonen in Siebenbürgen, auf, er solle das Land verlassen, da es früher nicht Michael, sondern „Ihrer Majestät, dem Römischen Kaiser und unserem Herren" gehört habe. Michael sei nur der Statthalter in diesem Land gewesen. Als der Kaiser gesehen habe, dass sich die Verwaltung Michaels zu seinem offensichtlichen Schaden entwickelt und zur Verwüstung des Landes geführt habe, sei der Kaiser zum Entschluss gekommen, Siebenbürgen wieder aus den Händen Michaels zu nehmen. Die Übergabe der Festungen verstoße folglich nicht gegen Treu und Ehre, da „wir alle", wie sich die Stände ausdrückten, dem Kaiser Treue schuldeten[920].

Als die siebenbürgischen Stände am 2. September die sächsische Stadt Bistritz aufforderten, sich dem Kampf gegen Michael anzuschließen, führten sie in ihrem Schreiben mehrere Argumente an: den Verrat Michaels am Kaiser, die Zerstörung der althergebrachten ständischen Freiheiten, die Missachtung der Landesgesetze, die Tötung der sächsischen und ungarischen Landbevölkerung und Michaels angeblichen Vorsatz, dies auch mit den Führungen der Städte zu tun. Rettung nahe aber durch den General „Ihrer Majestät", betonten die Unterzeichner[921]. In der Tat rückte zu diesem Zeitpunkt der kaiserliche Generalfeldobrist Basta in Siebenbürgen ein.

übertragen. Allerdings sollte Siebenbürgen nach altem Recht und alter Gewohnheit verwaltet und von Sondersteuern verschont werden. Michael solle die vom siebenbürgischen Landtag erlassenen Gesetze respektieren und im Einklang mit den ihm zur Seite gestellten Räten sowie dem Ersten Rat des Kaisers regieren, der ihm in Krieg und Frieden nicht von der Seite zu weichen und ihn bei Abwesenheit im Lande zu vertreten habe. Obwohl eine zeitliche Beschränkung der Statthalterschaft in christlichen Herrschaften üblich sei, wolle er Michael und seinem Sohn die Gouverneurswürde auf Lebenszeit verleihen, sofern beide dem Kaiser und König treue Untergebene sein werden. Siehe den Wortlaut des lateinischen Textes und der rumänischen Übersetzung in: Mihai Viteazul în conştiinţa europeană, S. 559–561. Vgl. Lupta pentru unitate, Constantinescu, S. 105. Am 21. September 1600 übergaben die kaiserlichen Räte Barvitius und Coraducci der walachischen Gesandtschaft eine Antwort des Kaisers auf die Gebietsforderungen Michaels. Der Kaiser lehnte jegliche Forderungen, die Ortschaften und Güter aus den Partes adnexae betrafen, kategorisch ab, auch mit dem Hinweis, der ungarische Reichstag werde sich aus staatsrechtlichen Gründen dagegen sprerren. Der Kaiser war aber bereit, Michael Temeswar als Lehen zu geben, sollte er es von den Osmanen erobern und gegen diese verteidigen können. Außerdem sollte Michael die von ihm verlangte Herrschaft Königsberg in Schlesien erhalten. In: Lupta pentru unitate, Constantinescu, S. 106–107.

919 Den dritten Landtag hatte Michael vom 20. bis 27. Juli 1600 in Weißenburg abgehalten. Er bestätigte die Beschlüsse, die vor allem die Wiederherstellung des Landfriedens behandelten, am 27. Juli in Weißenburg: Lupaş 1940, Documente, S. 53–61. Zum Zusammenschluss der siebenbürgischen Stände gegen Michael und dem Bündnis der Stände mit den Habsburgern im September 1600 siehe: Documente, Hurmuzaki, Vol. IV/1, S. 121–125.

920 Documente, Hurmuzaki, Vol. IV/1, S. 130–131.Vgl. die Briefe Csákys an Aga Leca vom 11. und 13. September 1600 in: Lupta pentru unitate, Constantinescu, S. 104–106.

921 Documente, Hurmuzaki, Vol. XII, S. 1019–1020.

Zusammen mit den Kontingenten des siebenbürgischen Adels schlug er am 18. September 1600 Michael bei Miriszló vernichtend. Am 20. September zogen die kaiserlichen Kommissare und General Basta in der Residenzstadt Weißenburg ein. Das vereinigte habsburgisch-ungarische Heer zog weiter vor die Tore der südsiebenbürgischen Festung Fogarasch. Dort vermuteten Michaels Gegner dessen Widerstand[922]. Damit hatten erstmals seit 1556 wieder habsburgische Truppen Siebenbürgen fast vollständig besetzt. Beinahe alle Verfügungen, die von Michael in Siebenbürgen erlassen worden waren, wurden kurze Zeit später vom siebenbürgischen Landtag kassiert. Die Herrschaft Michaels, die von den siebenbürgischen Ständen nur unter der Prämisse anerkannt worden war, dass es sich um die Statthalterschaft des Kaisers handele, war abrupt zu Ende gegangen[923].

Doch nicht nur die Kontrolle über Siebenbürgen entglitt Michaels Händen. Fast zeitgleich mit dem kaiserlichen Heer verdrängte eine polnische Invasionsarmee die Reste seiner Truppen aus der Moldau und Walachei. Bereits zur Jahreswende 1599/1600, als der kaiserliche Hof von Michaels Plänen zur Eroberung der Moldau erfuhr, lehnte er diese vehement ab, da er eine massive militärische Intervention Polens – vergleichbar mit jener aus dem Jahr 1595 – befürchtete[924]. Diese Gefahr wurde konkreter, als Michael noch während seines Moldau-Aufenthalts (im Mai und Juni 1600) einen Einfall in die südpolnische Provinz Podolien unternahm[925]. Michaels Provokation beantwortete der polnische König mit der Zusammenstellung eines Heeres, das er in der Moldau einzusetzen drohte. Obwohl der König indirekt den Kaiser für die Verwüstung seines Landes verantwortlich machte, versprach er, Siebenbürgen nicht anzugreifen[926]. Die entschlossene Haltung der Adelsrepublik ging vor allem auf die kompromisslose Einstellung des Krongroßkanzlers Zamoyski zurück, der nicht bereit war, den Verlust des polnischen Einflusses, zuerst in Siebenbürgen und dann in der Moldau, hinzunehmen. Er versuchte, den habsburgisch-osmanischen Konflikt auszunutzen, um die Moldau in die polnische Machthemisphäre zurückzuführen. Von diesem Vorhaben brachten ihn auch Michaels Rechtfertigungen nicht ab. In seinem Brief vom 21. Mai 1600 versuchte Michael den König von Polen davon zu überzeugen, dass er mit seiner Intervention nur einem Angriff des

922 Siehe die Berichte Ungnads an den Kaiser vom 21. und 22. September, aus denen auch die Furcht der Stände vor einem Einfall des ehemaligen Fürsten Sigismund Báthory mit polnischen, moldauischen, türkischen und tatarischen Truppen in Siebenbürgen hervorgeht: Documente, Hurmuzaki, Vol. IV/1, S. 136–139.

923 Arens 2001, S. 45–47.

924 Kaiser Rudolf II. an Michael, 22. Dezember 1599: Documente, Hurmuzaki, Vol. III/1, S. 397, 403. Bereits am 5. Januar 1600 schrieben die kaiserlichen Räte an Basta: „Das Vorhaben (des Voivod Michel die Moldau für S.M. zu erobern) sey löblich, derzeit ist's aber nicht thunlich, soll vom Kayserlichen Hof mehreren Bescheid erwarten." In: Lupta pentru unitate, Constantinescu, S. 90–91.

925 Vgl. Moțu, S. 183–184.

926 Schreiben König Sigismund III. and Kaiser Rudolf II., Warschau, 13. Juni 1600: Veress, Documente, Vol. VI, S. 127–128. Vgl. Lupaș 1940, Documente, S. 41.

moldauischen Woiwoden Ieremia Movilă[927] auf Siebenbürgen und die Walachei zuvorgekommen sei. Darüber hinaus bot Michael an, sich im Gegenzug für die Anerkennung seiner Herrschaft über die Moldau unter die Oberhoheit der polnischen Krone zu stellen. Dass der polnische Hof nicht bereit war, auf dieses Angebot einzugehen, zeigte er im Juni 1600, als sich der polnische König weigerte, eine Gesandtschaft Michaels in Warschau zu empfangen, die er auch dort festhalten ließ[928]. Im Juli ließ König Sigismund III. seinen Gesandten in Konstantinopel prüfen, ob Michael – wie dieser behauptete – die Moldau mit Zustimmung der Hohen Pforte erobert habe. Michael forderte der König ultimativ auf, die Moldau zu räumen und danach Friedensgespräche mit dem vertriebenen Woiwoden des Landes aufzunehmen[929]. Da sich Michael weigerte, diesen Forderungen nachzukommen, begann Zamoyski mit den Vorbereitungen einer militärischen Intervention, die noch im Sommer 1600 erfolgen sollte[930]. Der kaiserliche Kommissar und erwiesene Gegner Michaels, David Ungnad, kommentierte die Lage nach der Besetzung der Moldau durch Michael folgendermaßen: „[…] der Herr Waida zeuht im [Land] die Pollakhen, Turkhen, Tarttarn, Moldauer uber den Halls, ist heim im Landt ubel gewölt und verleuert bey Irer Mayestet und den christlichen Potentaten auch allen Credit […].[931]"

Michaels Gegnerschaft zu den benachbarten Großmächten[932] und die ihm entgegengebrachte Feindschaft der siebenbürgischen und moldauischen Stände führten dazu, dass im Herbst 1600 seine Herrschaft innerhalb weniger Wochen vollständig

---

927 Am 20. Dezember 1599 rechtfertigte Michael in einem Schreiben an den moldauischen Woiwoden die Besetzung Siebenbürgens folgendermaßen: Als Kardinal Báthory die Herrschaft von seinem Vetter, der weder wusste was er wollte, noch was er tun sollte, übernahm, habe ihm Michael Freundschaft angeboten. Fürst Báthory, der von Michael im Dokument als Crai, also König bezeichnet wird, habe ihm durch seinen Gesandten Thomas Ciomortany mitgeteilt, dass Báthory mit den Osmanen Frieden geschlossen und sich mit der Moldau, Polen, England und Frankreich verbündet habe. Er habe Michael befohlen, seine Herrschaft abzulegen und die Walachei zu verlassen, auch weil die Osmanen ihn nicht mehr als Woiwoden akzeptieren könnten. Als sich Michael auf sein Bündnis mit dem Fürsten von Siebenbürgen berufen habe, sei ihm geantwortet worden, er müsse das Land verlassen, sonst werde er an den Sultan ausgeliefert. Also habe er Báthory mit Gottes Hilfe bekämpfen und besiegen müssen. Er rief Ieremia auf, in guter Nachbarschaft zusammenzuleben und bat ihn, nicht der üblen Nachrede mancher Leute Glauben zu schenken und dem polnischen König, dessen Verärgerung er verstehe, seine Beweggründe für die Eroberung Siebenbürgens zu erläutern: Lupaş 1940, Documente, S. 16–19.

928 Bericht eines Informanten aus Danzig vom 29. Juni 1600 in: Lupta pentru unitate, Constantinescu, S. 102–103.

929 Siehe den Briefwechsel zwischen dem polnischen König und Michael von Mai bis Juli 1600 in: Documente, Hurmuzaki, Suppl. II, Vol. I, S. 600–621.

930 Bereits am 31. März 1600 betonte der polnische König in einem Brief an den Reichserzkanzler, Erzbischof und Kurfürsten von Mainz die polnischen Ansprüche und Rechte über die Moldau: Documente, Hurmuzaki, Vol. IV/1, S. 27–28.

931 Ungnad an Erzherzog Matthias, Klausenburg, 20. Juni 1600: Lupta pentru unitate, Constantinescu, S. 102.

932 An der Missbilligung der Besetzung der Moldau durch Michael durch den Sultan hatte auch die Überbringung des Tributes für Siebenbürgen, die Moldau und die Walachei am 1. September 1600 durch einen Gesandten Michaels in Konstantinopel nichts geändert: Istoria Politicii externe Româneşti, S. 76–77.

zusammenbrach. Am 4. September begann der Einmarsch der polnischen Truppen in die Moldau. Nach Michaels Niederlage in der Schlacht bei Kronstadt am 1. Oktober überschritt das polnische Heer auch die Grenze zur Walachei. Mithilfe tatarischer und osmanischer Einheiten wurde der in die Walachei geflüchtete Michael von Zamoyski bei Bukov (20. Oktober) und Argeş (25. November) geschlagen, worauf polnische Truppen die ganze Walachei okkupierten. In der Moldau wurde der von Michael vertriebene Woiwode Ieremia Movilă erneut als Herrscher eingesetzt. Damit wurde die kollektive Oberhoheit Polens und des Osmanischen Reiches über die Moldau restauriert. In der Walachei setzte Zamoyski als neuen Woiwoden Simon Movilă ein, der sich fortan – wie sein Bruder Ieremia – im außenpolitischen Fahrwasser Polens bewegte[933].

b. Rückkehrversuch nach Siebenbürgen 1600–1601

Gegen die Besetzung der beiden Woiwodschaften, vor allem der Walachei, protestierten General Basta und die in Siebenbürgen weilenden kaiserlichen Kommissare David Ungnad und Michael Szekely. In ihrem Schreiben an König Sigismund III. vom 22. Oktober 1600 forderten sie den sofortigen Abzug der polnischen Truppen aus der Walachei[934]. Der Kaiser bat in seinem Brief vom 25. Oktober 1600 den polnischen König, die Herrschaft der Habsburger in Siebenbürgen zu akzeptieren und die Kämpfe gegen Michael nicht auf siebenbürgisches Gebiet auszudehnen. Außerdem forderte er den polnischen Souverän auf, die Waffen nicht gegen Michael, sondern gegen „die Türken" zu erheben und Sigismund Báthory von einer Rückkehr nach Siebenbürgen abzuhalten[935]. Letzterer versuchte die unübersichtliche Lage

933 Leitsch, S. 318–320. Vgl. Arens 2001, S. 45–46, 66. Am 12. Oktober 1600 schlossen die beiden neu eingesetzten Woiwoden mit Zamoyski einen Vertrag, in dem sie die Oberherrschaft des polnischen Königs anerkannten und ihm Treue schworen: Condica tratatelor, S. 40. Beide Herrscher wurden in diesem Abkommen gezwungen, jeweils 40.000 Dukaten jährlich an das Königreich Polen abzuführen, jeweils 3.000 polnische Soldaten zu unterhalten und polnische Festungskommandanten zu akzeptieren. Im Gegenzug sollten beide Woiwoden die Tributzahlungen an die Hohe Pforte einstellen. Siehe den Bericht Zamoyskis an den polnischen König (12.–14. Oktober 1600) in: Documente, Hurmuzaki, Suppl. II, Vol. I, S. 639–647. Vgl. Corfus 1983, S. 1–2. Zamoyski und eine Reihe von polnischen Magnaten rechtfertigen am 5. Oktober 1600 ihre Intervention gegen Michaels Herrschaft in einem Schreiben an die siebenbürgischen Stände: Documente, Hurmuzaki, Vol III/2, S. 458–459. König Sigismund von Polen tat dies im September 1600 gegenüber dem Papst: Documente, Hurmuzaki, Vol. XII., S. 1017–1018.

934 Documente, Hurmuzaki, Suppl. II, Vol. I, S. 648.

935 Documente, Hurmuzaki, Vol. III/2, S. 459–460. Zwischen dem polnischen Gesandten am kaiserlichen Hof in Prag und Rudolf II. war es im Jahr 1600 zu einem grundsätzlichen Disput über die historischen Rechte der beiden Mächte über Siebenbürgen und die Moldau gekommen. Auf die Forderungen der polnischen Seite nach Wiederherstellung der Herrschaft Sigismund Báthorys in Siebenbürgen reagierte der Kaiser mit einer Rechtfertigung seiner über Michael ausgeübten Herrschaft in Siebenbürgen und der Moldau durch den Hinweis auf die historische Zugehörigkeit Siebenbürgens zu den Ländern der Stefanskrone und die Oberhoheit des Königreichs Ungarn über die Woiwodschaft Moldau: Documente, Hurmuzaki, Vol. IV/1, S. 210–213. Vgl. Documente, Hurmuzaki, Vol. IV/1, S. 185–186. Vgl. Documente, Hurmuzaki, Vol. XII., S. 1072.

nach Michaels Sturz auszunutzen und kündigte den siebenbürgischen Ständen seine Rückkehr an der Spitze polnischer und moldauischer Truppen an[936].

Der Briefwechsel zwischen dem polnischen König und dem Kaiser wurde bis in den November 1600 fortgesetzt. Beide Seiten warfen sich gegenseitig vor, Siebenbürgen bzw. die Moldau und Walachei unrechtmäßig unter ihre jeweilige Kontrolle gebracht zu haben[937]. Die polnische Intervention im September 1600 wies große Ähnlichkeiten zu jener vom September 1595 auf. In beiden Fällen hatte von Siebenbürgen aus ein mit den Habsburgern verbündeter Herrscher die Moldau im Frühjahr des jeweiligen Jahres unter seine Kontrolle gebracht und in die antiosmanische Koalition eingereiht. Polen wollte und konnte die Eliminierung seines dortigen Einflusses nicht hinnehmen und reagierte in beiden Fällen bereits nach fünf Monaten, bevor der Winter einen Feldzug unmöglich machen konnte, indem es die ihm ergebene Movilă-Dynastie an die Macht brachte.

Nach seiner vollständigen Niederlage gegen die polnische Armee in der Moldau und Walachei kehrte Michael mit seiner Familie nach Siebenbürgen zurück und bat dort die kaiserlichen Kommissare um Gnade. Ihm kam in dieser Lage sehr entgegen, dass die Habsburger nicht bereit waren, sich mit dem polnischen Einfluss in der Walachei abzufinden. Bald wurde Prag klar, dass nur Michael in der Lage sein würde, die Walachei als antiosmanische Bastion zu erhalten. Deshalb riet der Hofkriegsrat, dass Michael „durch alle Mitl und Weg in Devotion erhalten werden solle“, sodass der Kaiser seinen Kommissaren in Siebenbürgen befahl, sich Michael anzunehmen, damit er „nit etwo zu ainer Desperation gebracht werde“[938]. Den Anfang einer neuen Zusammenarbeit zwischen Michael und den Habsburgern markiert eine Vereinbarung, die er mit dem habsburgischen General Basta schon am 3. Oktober 1600 – unter dem Eindruck seiner herben Niederlage – schloss. Darin verpflichtete sich Michael, bis zum 7. Oktober Siebenbürgen zu verlassen, seine Familie innerhalb von sechs Tagen als Geiseln der habsburgischen Seite zu übergeben, dem Kaiser zu Diensten zu sein und zu helfen, einen möglichen polnischen Angriff auf Siebenbürgen zu verhindern, indem er 2.000 seiner Soldaten zur Verteidigung des in den Ostkarpaten gelegenen Oituz-Passes abzustellen hatte. Im Gegenzug verpflichtete sich Basta, Michael im Kampf gegen die polnischen Truppen zu unterstützen[939].

Am 12. und 13. Oktober 1600 schrieb Kommissar David Ungnad dem Kaiser über Michael:

„Ich binn der Mainung noch, man solle In nicht gar verlassen, noch ad Extremam desperationem bringen, Sondern so lang nur Immer mugglich In Inn der Wallachej des Turckhen feind mit Ratt, hulff vnd Beistand erhalten“. Diese Einstellung teilten im Prinzip auch die siebenbürgischen Stände, notierte Ungnad, obwohl er feststellen

936 Siehe das in der Moldau ausgestellte Schreiben Sigismunds an die Stände vom 15. September 1600 in: Documente, Hurmuzaki, Vol. XII, S. 1034–1035.

937 Documente, Hurmuzaki, Vol. XII., S. 1081–1082, 1085.

938 Documente, Hurmuzaki, Vol. XII, S. 1077, 1080, 1095.

939 Căzan/Denize, S. 372. Siehe die Schreiben Bastas und der siebenbürgischen Stände an Michael vom 25. und 30. September 1600: Documente, Hurmuzaki, Vol. IV/1, S. 140–142, 145.

musste: „Er Michal ist dem ganzen Land exosissimus“. Dennoch versuchte Ungnad, die Lage rational zu betrachten und den Hauptfeind nicht aus den Augen zu verlieren: „Occupirt der Turkh die Wallachej fur sich und sezt ein Bassa [Pascha] darein, so steht Sibenbirgen Inn höchster gefahr, vnd mag woll fur halb verlohrn gehalten werden. […] Gott verhiets alles gnedigkhlich“. Schließlich ging Ungnad auch auf die den Habsburgern feindlich gesinnten Teile des Adels in Siebenbürgen ein, die hofften, mit der Hilfe des siebenbürgischen Heerführers Moses Székely „auch die Teutschen aus dem Land zu Treiben“[940].

Während die siebenbürgischen Stände im Herbst 1600 debattierten, ob sie den habsburgtreuen Stefan Bocskai oder den mit einer großen siebenbürgischen Hausmacht versehenen Magnaten Stefan Csáky ihrem König Rudolf als Woiwoden und Statthalter in Siebenbürgen vorschlagen sollten[941], arbeitete im Windschatten der militärischen Erfolge Polens ein anderer Prätendent an der Machtübernahme in Siebenbürgen: Sigismund Báthory nutzte von seinem polnischen Exilort aus den Rückzug der habsburgischen Truppen in ihre west- und nordwestsiebenbürgischen Winterquartiere, um durch das Schüren der antihabsburgischen Stimmung seine Anhängerschaft, vor allem in den Reihen des ungarischen Adels und der Szekler, auszubauen[942]. Mächtige siebenbürgische Adlige, wie zum Beispiel Moses Székely und Stefan Csáky, liefen bis zum Jahresende 1600 mit ihren beträchtlichen Privatarmeen in sein Lager über.

Obwohl diese Entwicklung die Instabilität der habsburgischen Herrschaft in Siebenbürgen deutlich machte, führte zwischen Oktober 1600 und Januar 1601 Kaiser Rudolf II. mit seinen Brüdern Matthias und Maximilian die immer absurder anmutende Diskussion, ob Erzherzog Maximilian das Amt des Gouverneurs in Siebenbürgen übernehmen solle. Die kaiserlichen Räte drängten darauf, noch im Winter einen Erzherzog als Statthalter einzusetzen, der das Land für das Haus Österreich sichern, die Stände zu einem Landtag berufen, die Einkünfte des Landes zusammentragen und es gegen seine feindlichen Nachbarn verteidigen solle. Auch der Kaiser versuchte seinen Bruder Maximilian mit dem Hinweis auf die „Wanckhelmüettigkhai under dem sibenbürgischen Adel und gemainen Man“ und der von Sigismund Báthory sowie „den Moldauern“ ausgehenden Gefahr davon zu überzeugen, das Gouverneursamt bald anzutreten. Erzherzog Maximilian benutzte die vorgetragenen Argumente, um die Gefährlichkeit und Unmöglichkeit der Mission vor Augen zu führen, die seine reservierte Haltung zu begründen schienen. Vor einer Zusage wollte er von seinem Bruder die genauen Bedingungen seiner Mission erfahren, vor allem die ihm zur Verfügung stehenden Geldsummen und Soldaten. Diese Forderung unterstützte

940 Documente, Hurmuzaki, Vol. IV/1, S. 162–163.

941 Charakteristik Bocskais und Csákys bei: Arens 2001, S. 47–49.

942 Die Instabilität in Siebenbürgen wurde dadurch gefördert, dass die Szekler sich dem ungarischen König nur dann unterwerfen wollten, wenn er ihre alten Privilegien wiederherstellen sollte. Dagegen protestierte wiederum der ungarische Adel Siebenbürgens, so dass sich die Habsburger zwischen zwei Stühlen befanden. Siehe den Bericht Ungnads an den Kaiser vom 24. Oktober 1600: Documente, Hurmuzaki, Vol. IV/1, S. 186–187.

auch Erzherzog Matthias, der die Dringlichkeit der Angelegenheit betonte, und der hervorhob, dass nur mit Entschlossenheit „dem Türgkhen, Polakhen, Sigismundo und Moldauern" begegnet werden könne. Darüber hinaus müsse mit der nötigen Autorität und Sicherheit mit den siebenbürgischen Ständen verhandelt werden[943]. Die notwendigen Entscheidungen zögerte der Kaiser solange hinaus, bis eine siebenbürgische Gesandtschaft Mitte Dezember unverrichteter Dinge aus Prag heimkehren musste. Erzherzog Maximilian lehnte am 12. Januar 1601 den oben geäußerten Wunsch seines kaiserlichen Bruders schließlich ab, da die internationalen Rahmenbedingungen zu ungünstig und „die Ungarn" zu unzuverlässig seien. Er bat, der Kaiser solle ihn mit Siebenbürgen „gänzlich verschonen"[944].

Als Rudolf die Stände in der Statthalter-Frage weiter vertröstete, kippte die Stimmung in Siebenbürgen. Am 25. Januar 1601 beschlossen die drei Stände, Sigismund Báthory zum vierten Mal zum Landesherren zu wählen[945]. Da die habsburgischen Truppen durch Niederlagen auf den ungarischen Schlachtfeldern geschwächt waren, konnte Basta nicht mit der nötigen Unterstützung durch die Hauptarmee bezüglich einer raschen militärischen Lösung rechnen. Sigismund Báthory hingegen konnte auf die Hilfe der polnischen Großmacht zählen. Mit der erneuten Wahl Sigismunds zum Fürsten konnte das Königreich Polen zum zweiten Mal nach 1599 einen direkten Einfluss auf die Außenpolitik Siebenbürgens ausüben[946]. Damit hatte Polen die Rolle eines Hegemons übernommen, der erstmals sowohl in der Moldau, als auch in Siebenbürgen und in der Walachei ihm ergebene Herrscher auf den Thron gesetzt hatte, mit deren Hilfe er den Donau-Karpaten-Raum kontrollieren konnte. Obwohl die polnische Machtstellung gefestigt schien, beunruhigten den polnischen Hof die Bemühungen der Habsburger, Siebenbürgen zurückzuerobern. Gegen diese Pläne protestierte in Rom der polnische Gesandte bei der Kurie, die als eifrige Verbündete des Kaisers galt[947].

Bereits vor dem Verlust Siebenbürgens an das polnische Lager hatte sich die Habsburgermonarchie bemüht, die Walachei zurückzugewinnen. Am 16. Dezember 1600 forderte Rudolf „die treuen Stände des siebenbürgischen Teils seines Königreichs" (*statibus et Ordinibus partium Regni nostri Transiluanarum fidelibus*) auf, seinen Schutz anzunehmen, vor allem angesichts der Gefahr, in der sich nicht nur

---

943 Documente, Hurmuzaki, Vol. XII., S. 1070, 1075–1076, 1082–1083, 1093, 1095–1097, 1108–1112.

944 Randa, S. 278. Am 16. Januar bekräftigte er seine Ablehnung mit den Worten „[...] scheinett woll so wenig Hoffnung darbey, als wir Lusten darzu haben. Finden sich auch fast wenig dahie, die es darzu rhatten wollen." Siehe den Brief des Erzherzogs an den Rat Unverzagt vom 16. Januar 1601 in: Documente, Hurmuzaki, Vol. XII, S. 1138.

945 Ausführlich: Arens 2001, S. 51–56.

946 Als Sigismund in das antihabsburgische Lager gewechselt war, versuchte er über den englischen Gesandten in Konstantinopel seinen Kontakt zur Hohen Pforte wieder herzustellen. Doch die englische Seite nahm diesen Annäherungsversuch sehr zurückhaltend auf, da sie ihre Glaubwürdigkeit für die erwiesene Unzuverlässigkeit Báthorys nicht mehr einsetzen wollte: Kurucz 1998/1999, S. 48.

947 Documente, Hurmuzaki, Vol. XII, S. 1195.

Siebenbürgen, sondern auch die Walachei befände[948]. Damit wollte er die Notwendigkeit ausdrücken, die Walachei wieder in das prohabsburgische Lager zu führen, um mit Hilfe dieses Pufferstaates Siebenbürgen vor den Osmanen und Polen besser schützen zu können. In diesem Sinne warb auch der kaiserliche Gesandte am bayerischen Hof um Unterstützung für die militärische Absicherung Siebenbürgens und der Walachei, da deren strategisch wichtige Position den Sultan und den Tataren-Chan daran hinderten, ihre Armeen vollständig in Ungarn zu konzentrieren[949].

Um vor diesem strategischen Hintergrund dem Kaiser seine Dienste erneut anzubieten, reiste Michael zur Jahreswende 1600/1601 nach Wien und Prag. Im Dezember kündigte Ungnad dem Kaiser diese Reise mit den Worten an, dass er sich angesichts der Fehler und Verbrechen Michaels, welche die habsburgische Position in Siebenbürgen sehr belastet hätten, wundere, „mit was Angesicht oder Gewissen, er vor Eur M. wirt erscheinen dirffen“[950].

Als Michael mit seinem Gefolge nach Prag aufbrach, achtete er darauf, in Siebenbürgen nicht aufzufallen[951]. Als er gerade den Westen Siebenbürgens durchquerte, schrieb Michael am 6. Dezember 1600 an den Großwardeiner Kommandanten Paul Nyáry, dass er dem „Römischen Kaiser“ Treue geschworen und seinen Schutz ersucht habe, und dass er dem Kaiser weitaus wohler gesonnen sei als „die Siebenbürger“, welche Michaels Gefolgsleute „wie Türken“ umbringen sobald sie ihrer habhaft würden, obwohl seine Soldaten „vom Kaiser“ bezahlt seien[952]. Über Kaschau[953] reiste Michael nach Wien, wo er am 16. Januar 1601 eintraf. Dort verhandelte er mit den ungarischen Räten des Kaisers und übergab Erzherzog Matthias seine Petitionen, die vor allem Hilfen zur Wiedererlangung seiner Herrschaft über die Walachei und die Moldau betrafen. In Wien erreichte Michael die Nachricht von der Rückkehr Sigismund Báthorys nach Siebenbürgen. Darüber hinaus erfuhr er, dass neben Basta und den habsburgischen Würdenträgern auch seine Frau und sein Sohn in Weißenburg gefangen genommen wurden[954]. Ein Beobachter aus Wien beschrieb am 17. Februar 1601 diese Situation:

> „Darauf solle der Michael Weyda, wellicher dieses vorhin besorgt, und allezeit prophezeit, umb die seinigen wie ein Kind geweint haben. Der wirdet morgen dermalen eins nach Praag gelassen, alda man aus der Not ein Tugent machen, und weilen derzeit kein ander

948 Documente, Hurmuzaki, Vol. IV/1, S. 208–209.

949 Siehe den Wortlaut des am 17. Dezember 1600 verfassten Briefes in: Documente, Hurmuzaki, Vol. XII, S. 1113.

950 Siehe den Bericht Ungnads an den Kaiser, den er am 12. Dezember 1600 in Kaschau erstellt hatte: Documente, Hurmuzaki, Vol. XII, S. 1110–1112.

951 Documente, Hurmuzaki, Vol. XII, S. 1110, 1113.

952 Documente, Hurmuzaki, Vol. IV/1, S. 200–201.

953 Aus Kaschau schrieb Michael während seines dortigen Aufenthaltes vom 14. bis 23. Dezember 1600 an Großwesir Ibrahim Pascha, den er für seinen Plan gewinnen wollte, Siebenbürgen und die Walachei wieder unter seine Herrschaft zu bringen und bereit war, für osmanische Hilfe die Oberhoheit des Sultans zu akzeptieren: Lupta pentru unitate, Constantinescu, S. 110–111.

954 Vgl. den Bericht des venezianischen Gesandten aus Prag vom 19. Februar an den Dogen: Veress, Documente, Vol. VI, S. 318–319.

Haupt verhanden, so dieses Volks und Landts Art besser erfahren, Ihne Wyda zum General in Sibenbürgen wirdet machen miessen“[955].

Kurz darauf zog Michael weiter zum Kaiserhof nach Prag, wo er bis Anfang April verhandelte[956]. Nach der Freilassung Bastas[957] zwang der Kaiser seinen General und Michael zur Aussöhnung, um sowohl Siebenbürgen als auch die Walachei zurückzugewinnen. In einer Reihe von Gesprächen, die Michael im März und April 1601 mit dem Kaiser, Erzherzog Matthias und General Basta führte, wurden die Modalitäten für eine Wiedergewinnung Siebenbürgens festgelegt. Basta wurde zum Feldmarschall befördert und Michael erhielt das Versprechen, als weisungsgebundener Statthalter des ungarischen Königs in Siebenbürgen eingesetzt zu werden. Michael wurde gestattet, zuerst seine Frau, der das schlesische Gut Königsberg zugesprochen wurde, und seinen Sohn, der als Geisel am kaiserlichen Hof leben sollte, aus Siebenbürgen abzuholen. Danach wurde ihm aufgetragen, mit kaiserlichen Subsidien und Soldaten ausgestattet, die Walachei zurückzuerobern[958]. Um Unterstützung für seinen geplanten Feldzug bemühte sich Michael auch bei den Verbündeten des Kaisers. In seinen Schreiben an den spanischen König Philipp III. nahm er Bezug auf die Hilfen, die dessen Vater, König Philipp II., Fürst Sigismund bis 1598 in Aussicht gestellt hatte, und bat darum, sie ihm auszuzahlen[959]. Auch die Kurie ersuchte er um Subsidien, allerdings rief Papst Clemens VIII. Michael auf, sich im Gegenzug für eine Union der Orthodoxie mit der katholischen Kirche einzusetzen[960].

Währenddessen versuchte Sigismund Báthory, seine Macht in Siebenbürgen zu festigen. Ihren Beschluss vom 25. Januar 1601, Sigismund zum vierten Mal zum Fürsten zu wählen, setzten die siebenbürgischen Stände am 3. Februar 1601 auf dem Landtag von Klausenburg um[961]. Ende März übernahm Sigismund, der als Repräsentant der Báthory-Dynastie die Selbständigkeit Siebenbürgens symbolisierte, die Regierung des Fürstentums. De facto befand sich Sigismund jedoch in mehreren Abhängigkeiten. Innenpolitisch hing er von der Gunst der antihabsburgischen Adelsfraktion ab, die er 1594 zerschlagen hatte, um in den Krieg gegen den Sultan ziehen zu können. Außenpolitisch hatte er sich im Fahrwasser der nördlichen Adelsrepublik

955 Veress, Documente, Vol. VI, S. 317–318.

956 Documente, Hurmuzaki, Vol. XII, S. 1139–1140. Michael beschuldigte die siebenbürgischen Stände des Verrats an der christlichen Sache und führte seine Niederlage von Mirăslău darauf zurück, dass er als Christ nicht gelernt habe, gegen Christen zu kämpfen. Hätte er die Schlacht gegen die Feinde des Glaubens geführt, wäre sie für ihn siegreich ausgegangen, betonte Michael in seinen Gesprächen mit dem Kaiser: Brătianu/Makkai, S. 62–63.

957 Der kaiserliche Kapitän Erich Lassota meldete am 2. März 1601 aus Kaschau an Erzherzog Matthias die Freilassung Bastas: Veress, Documente, Vol. VI, S. 323.

958 Vgl. die Berichte aus Prag vom 18. März und 7. April 1601 in: Veress, Documente, Vol. VI, S. 339, 348.

959 Siehe die im März und April 1601 erstellten Berichte des venezianischen Gesandten in Prag an den Dogen in: Documente, Hurmuzaki, Vol. VIII, S. 209–213.

960 Vgl. das Schreiben des Papstes vom 28. April 1601 an Michael in: Documente, Hurmuzaki, Vol. VIII, S. 214. Bereits am 22. April 1600 hatte der Papst Michael aufgefordert, die Oberhoheit Roms in allen Kirchenfragen zu akzeptieren: Lupaş 1940, Documente, S. 38–39.

961 Gooss, S. 270–271.

zu bewegen, die seine Herrschaft zusammen mit den polonophilen Woiwoden in der Moldau und der Walachei aus dem Hause Movilă abzusichern schien. Bereits nach seiner Niederlage im Sommer 1600 hatte Sigismund seine Getreuen in Siebenbürgen aufgerufen, sich auf sichere Plätze zurückzuziehen, um ihm bei Gelegenheit zu Hilfe zu kommen. Sie sollten Hoffnung schöpfen, da sowohl der König von Polen als auch der Woiwode der Moldau sie unterstützen würden, da beide Siebenbürgen wohl gesinnt seien[962]. Dennoch vertraute Sigismund nach seiner erneuten Thronbesteigung nicht allein auf die Gunst Polens. Noch im Frühjahr 1601 schickte er eine Gesandtschaft zur Hohen Pforte, die einen Friedensvertrag mit Mehmet III. aushandeln sollte. Sigismund bot dem Sultan die Wiederherstellung des alten völkerrechtlichen Verhältnisses an, das bis 1594 zwischen Siebenbürgen und dem Osmanischen Reich bestanden hatte. Für die Einsetzung als Fürst durch den Sultan war er bereit, unter dessen Oberhoheit zurückzukehren[963].

Die Chancen zur Bildung einer mächtigen antihabsburgischen Koalition aus Polen, Siebenbürgen, der Moldau und Walachei sowie dem Osmanischen Reich und dem Chanat der Krim schienen zu steigen, und auch innenpolitisch zeichnete sich in Siebenbürgen keine Bildung einer prohabsburgischen Partei ab. Dennoch sandte Sigismund auch in Richtung Westen Friedenssignale aus. Ähnlich wie Michael zuvor, bemühte sich Sigismund um die Anerkennung seiner Herrschaft durch alle benachbarten Großmächte. Dass Sigismund dies Ziel angesichts der kriegerischen Konflikte zwischen der Habsburgermonarchie, dem Osmanischen Reich und Polen verfolgte, zeigt, wie instabil er seine Herrschaft einschätzte, die schon kleine Veränderungen im Gleichgewicht der Mächte hinwegfegen konnte. Bereits im März 1601 hatte Stefan Kakas im Namen der siebenbürgischen Stände dem Prager Hof die Wahl Sigismund Báthorys angezeigt und deren Gründe erläutert[964]. Im Mai 1601 traf eine von Franz Bornemisza und dem sächsischen Königsrichter Albert Huet geleitete siebenbürgische Delegation in Prag ein[965]. Sie forderte vom Kaiser die Anerkennung des Rechts der freien Fürstenwahl durch die siebenbürgischen Stände, die freie Ausübung der lutherischen, calvinistischen und unitarischen Konfessionen in Siebenbürgen, die Anerkennung der Privilegien und Güterverleihungen seit der Regierungszeit König Johann Szapolyais und ein Ende des Krieges gegen das Osmanische Reich. Für den

962 Brief des Fürsten Sigismund an König Sigismund III., Feldlager am Pruth, 16. September 1600: Veress, Documente, Vol. VI, S. 188–191. Vgl. Brief des Fürsten Sigismund an die siebenbürgischen Stände vom 15. September 1600: Documente, Hurmuzaki, Vol. XII, S. 1034.

963 Im August 1601 schloss Fürst Sigismund mit Sultan Mehmet III. in Konstantinopel ein Abkommen, in dem u. a. den Woiwoden der Moldau und Walachei verboten wurde, Burgen in Siebenbürgen zu erwerben: Documente, Hurmuzaki, Vol. IV/2, S. 40. Ziel dieser Vereinbarung war es, dass sich vom Sultan abtrünnige Herrscher nicht nach Siebenbürgen flüchten sollten, die sich dort auch gegen den Willen des siebenbürgischen Fürsten verschanzen konnten.

964 Veress, Documente, Vol. VI, S. 319–323.

965 Vgl. die Berichte des venezianischen Gesandten in Prag an den Dogen vom 8. Mai und 4. Juni 1601 in: Documente, Hurmuzaki, Vol. VIII, S. 214–216.

Fall, dass der Kaiser keinen Frieden mit dem Sultan abschließen könne, wurde er um eine gewissenhafte Verteidigung Siebenbürgens ersucht[966].

Rudolf II. lehnte diese Forderungen genauso wie jede andere Einigung auf der Grundlage der Wiederherstellung der Eigenständigkeit Siebenbürgens ab[967]. Im Juni 1601 gab er seine Zustimmung für den Beginn eines gegen Sigismund gerichteten Feldzuges, an dem auch Michael beteiligt werden sollte[968]. Das Ziel dieses Feldzuges war es, die Báthory-Dynastie aus Siebenbürgen gewaltsam zu vertreiben, die Selbständigkeit des Fürstentums zu beenden und es in den habsburgischen Länderkomplex zu integrieren, wobei die staatsrechtlichen Strukturen und damit die Macht der Stände in Siebenbürgen zur Disposition standen[969]. Im Juli 1601 marschierten im Auftrag Kaiser Rudolf II. die vereinigten Armeen Bastas und Michaels in Siebenbürgen ein. Dieser Akt stellte die erste militärische Intervention einer habsburgischen Armee gegen einen gewählten Fürsten von Siebenbürgen dar, der sich sogar auf die ehemals Báthory-feindlichen Szekler und die traditionell habsburgtreuen Sachsen stützen konnte. Deshalb gelang es Sigismund, das mit 35.000 Mann zweitstärkste siebenbürgische Heer in der Geschichte des Fürstentums aufzustellen. Dennoch unterlag es den 18.000 gegnerischen Soldaten am 3. August 1601 bei Goroszló vollständig. Die mehrheitlich besser ausgebildeten und ausgerüsteten habsburgischen Truppen hatten sich gegenüber den wenig gedrillten ständischen Aufgeboten, die sich vor allem aus irregulärer leichter Kavallerie zusammensetzten, als überlegen erwiesen[970]. Während Sigismund mit den Resten seines Heeres in die Moldau floh, verwüsteten die plündernden Truppen Bastas und Michaels die siebenbürgischen Landstriche[971]. Für ihren Abfall vom ungarischen König mussten die Stände hohe Strafgelder bezahlen. Mit diesen Geldern und siebenbürgischem Kriegsmaterial hoffte Michael, seine Herrschaft in der Walachei bald wiederherstellen zu können[972].

---

966 Siehe den Wortlaut der Forderungen in: Documente, Hurmuzaki, Vol. VIII, S. 234.

967 Arens 2001, S. 58–61, 66.

968 Siehe die Schreiben des Kaisers und General Bastas an Erzherzog Matthias vom 11. bzw. 12. Juni 1601 in: Documente, Hurmuzaki, Vol. XII, S. 1192–1193. Vgl. den Bericht des venezianischen Gesandten in Prag an den Dogen vom 25. Juni 1601 in: Documente, Hurmuzaki, Vol. VIII, S. 216.

969 Arens 2001, S. 56–58.

970 Am 12. August verständigte Erzherzog Matthias den Kaiser schriftlich über den Sieg in Siebenbürgen: Documente, Hurmuzaki, Vol. XII, S. 1215.

971 Innerhalb des siebenbürgischen Heeres kämpften auch Kontingente der verbündeten Polen und Moldauer. Die Verluste des fürstlichen Heeres sollen etwa 10.000 Mann betragen haben: Arens 2001, S. 62–63. Zur Zusammensetzung der siebenbürgischen Truppenaufgebote siehe auch: Wilson, S. 79, 93–94.

972 Arens 2001, S. 63–64. In einem Schreiben vom 1. Mai 1601 wandte sich Michael an die walachischen Bojaren, in dem er sie aufforderte, sich ihm in seinem Kampf und seinem Vorhaben anzuschließen, die Herrschaft über Siebenbürgen, die Moldau und die Walachei wiederzuerlangen. Diesen Anspruch drückte er in der von ihm verwendeten Titulatur aus: *Dei gratia Christianus Princeps Michaël Vaiuoda, totius Valachiae Transalpinae haereditarius Princeps, Regni Transyluaniae dominus, nec non Moldauiae Supremus Gubernator et dominus, quarundam partium regni Hungariae dominus, ac totius Christianitatis praecessor et Capitaneus etc.*: Documente, Hurmuzaki, Vol. IV/1, S. 249–250.

Bereits Ende des Jahres 1600 hatten in einer Denkschrift Bojaren aus der Kleinen Walachei General Basta gebeten, die Herrschaft Simon Moviläs zu beenden, zumal Simon mit Hilfe der sich in seinem Gefolge befindenden moldauischen Bojaren die lokalen Eliten unter Kontrolle hielt[973]. Nachdem ein Aufstand der walachischen Bojaren Simon Movilă im Juni 1601 aus dem Land vertrieben hatte, standen die Chancen für eine Restauration der Herrschaft Michaels sehr gut. Da Michael aber nicht bereit war, sich den Weisungen Bastas zu unterwerfen, brach der Konflikt zwischen ihnen erneut aus. Um Michael als Konkurrenten auszuschalten, der eine zentrale Machtposition in Siebenbürgen beanspruchte, ließ Basta ihn am 19. August 1601 in seinem Feldlager bei Thorenburg von wallonischen und deutschen Söldnern ermorden[974]. Kaiser Rudolf II. und sein Hofkriegsrat billigten diese Tat, nachdem Basta versichert hatte, Beweise für Michaels Unzuverlässigkeit zu besitzen. Er teilte dem Prager Hof mit, dass sich Michael dem Sultan unterworfen und damit eine latente Bedrohung dargestellt habe[975]. Die Gerüchte über Geheimverhandlungen Michaels mit der osmanischen Seite hatten im Sommer 1601 einen neuen Höhepunkt erreicht. Sigismund Báthory beteiligte sich daran, indem er Basta für Michael kompromittierende Briefe zuschickte. Basta antwortete, dass nur dem Kaiser ein Urteil über den angeblichen Verrat Michaels zustehe[976]. Tatsächlich hatte Michael 1601 in einem Brief an Großwesir Ibrahim Pascha dem Sultan in devotem Ton gehuldigt, die Hilfe der Hohen Pforte für die Wiederherstellung seiner Herrschaft über Siebenbürgen und die Walachei erbeten und sich als erklärten Feind der „Ungarn“ und „Deutschen“ bezeichnet[977].

Nach der Ermordung Michaels war aus den Reihen der siebenbürgischen Stände kein Protest zu vernehmen. Die 1599–1600 ausgeübte Herrschaft Michaels war von den siebenbürgischen Ständen nur vorübergehend akzeptiert worden, zumal er als ein der Orthodoxie angehörender Landfremder betrachtet wurde. Michael, der ab 1593 als Woiwode der Walachei, ab November 1599 als königlicher Statthalter von Siebenbürgen und ab Mai 1600 als Machthaber über die Moldau herrschte, verlor die Kontrolle über dieses ausgedehnte und sehr heterogene Gebiet im September 1600, als sich die hauptsächliche Stütze seiner Herrschaft, sein Heer, nach einigen Niederlagen auflöste. Mit Michaels Ermordung im August 1601 wurde die Wiedererrichtung seiner Herrschaft verhindert. Die Sachsen, Szekler und die meisten ungarischen Adligen fügten sich den neuen Machtverhältnissen und waren bereit, König Rudolf erneut die Treue zu schwören[978].

---

973 Constantiniu, S. 113.

974 Zur Ermordung Michaels siehe den Bericht eines unbekannten Zeitzeugen aus dem Feldlager Bastas bei: Arens 2001, S. 264–266.

975 Vgl. den Wortlaut des am 23. August 1601 im Feldlager von Thorenburg abgefassten Briefes Bastas in: Documente, Hurmuzaki, Vol. IV/1, S. 266–267.

976 Siehe den Wortlaut der in italienischer Sprache abgefassten Briefe vom 15. bzw. 19. Juni 1601 in: Documente, Hurmuzaki, Vol. IV/1, S. 255, 257.

977 Documente, Hurmuzaki, Vol. IV/1, S. 278–279.

978 Im Gegenzug forderten sie die Zusage eines effektiven Schutzes gegen auswärtige Feinde: Arens 2001, S. 67–68.

3. Projekte zur Eingliederung Siebenbürgens in den habsburgischen Reichsverband 1601–1604

Nach Michaels Tod konnte General Basta Siebenbürgen ungestört für den König von Ungarn in Besitz nehmen. Zu Bastas dringlichsten Aufgaben gehörten die Befriedung des Landes, der Aufbau königlicher Verwaltungsstrukturen und die Neuordnung der siebenbürgischen Finanzen. Der Feldzug des Jahres 1601 hatte etwa den dreifachen Betrag der Jahreseinnahmen des Fürsten von Siebenbürgen im Friedensjahr 1590 gekostet. Aus diesem Grund musste Basta im Spätherbst 1601 einen Großteil seiner Truppen entlassen und sich in den stark befestigten Nordwesten Siebenbürgens zurückziehen, dessen Nähe zum habsburgischen Oberungarn von strategischem Vorteil war. Bis er im Frühjahr seine Armee wieder auf Kriegsstärke aufstocken und auch in den Süden und Osten Siebenbürgens vorrücken konnte, nutzten die Gegner der Habsburger mit ihren leichten und weniger kostenintensiven Truppen die Wintermonate, um den größten Teil Siebenbürgens wieder unter ihre Kontrolle zu bringen. Dies Wechselspiel wiederholte sich bis zum Ende des Krieges jedes Jahr mit verheerenden Folgen für das Land, aus dem sich die durchziehenden Truppen ernährten[979].

Nach seiner schweren Niederlage bei Goroszló floh Sigismund Báthory in die Moldau. Trotz dieses Misserfolgs wurde er – auch aus Mangel an Alternativen – weiterhin von den siebenbürgischen Ständen, dem Königreich Polen und dem Osmanischen Reich als legitimer Landesherr angesehen. Angesichts der außen- und innenpolitischen Wirren zwischen 1598 und 1601 galt er immer noch als ein Garant der Selbständigkeit des Fürstentums und dessen ständischer Verfassung. In der Moldau zog Sigismund eilig einige bewaffnete Haufen (Polen, Kosaken, Moldauer, Ungarn) zusammen[980] und tauchte damit bereits im September 1601 im südöstlichen Siebenbürgen auf. Die bedeutende Handelsmetropole Kronstadt schloss sich ihm an, da sie unter einer habsburgischen Herrschaft fürchtete, von ihren Absatzgebieten und Handelspartnern im südöstlichen Europa abgeschnitten zu werden[981].

Die Rückkehr Sigismunds nach Siebenbürgen führte zu neuen Artikulationen des polnischen Machtstrebens im Donau-Karpaten-Raum. König Sigismund III forderte den Sultan auf, den Anspruch auf Siebenbürgen und einige Festungen in Ungarn an die polnische Krone abzutreten[982]. Doch das Osmanische Reich hatte trotz seiner temporären Schwäche kein Interesse, Polen – nach dem moldauischen Vorbild – an

979 Den Winter nutzte Basta für Verhandlungen mit dem kaiserlichen Hof, dessen notorische Zahlungsschwierigkeiten eine ständige Präsenz in allen wichtigen siebenbürgischen Städten und Festungen unmöglich machten: Arens 2001, S. 68–71, 73–75.

980 Wortlaut des Bittschreibens Báthorys aus seinem Exil in Jassy an das Königreich Polen vom 26. August 1601: Arens 2001, S. 266–267.

981 Kronstadt verfolgte – im Gegensatz zu Hermannstadt – seit den 1530er Jahren eine Politik der Stärkung der Selbständigkeit des Fürstentums Siebenbürgen und lehnte die Vereinnahmung Siebenbürgens durch die benachbarten Großmächte, insbesondere durch die Habsburgermonarchie, konsequent ab: Philippi 1982, S. 32–33.

982 Siehe den Brief vom 16. Oktober 1601 in: Documente, Hurmuzaki, Vol. IV/1, S. 267–269.

einer Herrschaft über Siebenbürgen zu beteiligen. Die Hohe Pforte wusste um die Abhängigkeit des polnischen Einflusses von der Machtstellung der Familie Báthory in Siebenbürgen, die großen Schwankungen unterworfen war. Am 2. Oktober 1601 erhielt Sigismund aus den Händen eines osmanischen Tschauschs die auf den 11. September datierte Bestallungsurkunde des Sultans, die seine Einsetzung zum Fürsten von Siebenbürgen anzeigte. Die Investitur wurde durch die Überreichung der übrigen Insignien, wie Säbel und Standarte, abgerundet[983]. Es handelte sich um die erste in aller Form vollzogene Fürsteninvestitur durch einen Sultan seit Sigismund 1594 die Lossagung Siebenbürgens von der osmanischen Oberhoheit durchgesetzt hatte. Nun musste Sigismund anerkennen, dass er sich in Siebenbürgen nur mit Hilfe seines früheren Erzfeindes würde behaupten können.

Mit den Truppen des Paschas von Temeswar, die von Südwesten nach Siebenbürgen eindrangen, und den Privatarmeen einiger ungarischer Adliger übernahm Sigismund im Spätherbst 1601 die Kontrolle über das südliche Siebenbürgen. Nur das stark befestigte habsburgtreue Hermannstadt konnte sich halten. Da Sigismund aber das Geld fehlte, seine Soldaten zu bezahlen, litten die betroffenen Landstriche unter den immer dreister werdenden Plünderungen sehr. Im Winter 1601/1602 konnte er auch die mittelgroßen siebenbürgischen Städte Bistritz, Schässburg und Mediasch einnehmen, scheiterte jedoch vor Klausenburg. Von den Verheerungen des Landes konnte sich Sigismund inzwischen ein immer realistischeres Bild machen. Überliefert ist, dass er von den Ausschreitungen seiner Soldaten entsetzt war[984]. Diese Eindrücke könnten dazu geführt haben, dass er im Februar 1602 bereit war, Waffenstillstandsverhandlungen mit der habsburgischen Seite aufzunehmen. Sigismunds Kanzler, Nikolaus Bogáthy, schloss am 8. Februar 1602 in General Bastas Feldlager bei Bistritz einen Waffenstillstandsvertrag, den Kaiser Rudolf II. am 2. März genehmigte. Rudolf war aber weiterhin nicht bereit, die Herrschaft in Siebenbürgen abzutreten[985]. Deshalb befand sich Sigismund in einer festgefahrenen Situation, aus der keine schnelle Lösung herauszuführen schien. Wie in früheren Jahren zeigte der Fürst in einer solchen Lage keine Standhaftigkeit, sondern äußerte in seinem engsten Beraterkreis erneut Rücktrittsgedanken. In dieser Krisensituation wandte sich Sigismund wieder den Jesuiten zu, denen es gelang, ihren Einfluss auf den Herrscher stark auszubauen. Der fürstliche Beichtvater Marcus Antonius Marietti bestärkte Sigismund in seinem Vorhaben, mit den Habsburgern in Verhandlungen über die Zukunft Siebenbürgens einzutreten. Gleichzeitig entließ Sigismund seine moldauischen, kosakischen und tatarischen Einheiten, denen er die schlimmsten Plünde-

---

983 Der osmanische Diwan hatte die siebenbürgische Gesandtschaft unter Stefan Torma und Stefan Tóldi wohlwollend empfangen: Arens 2001, S. 79–80.

984 Ausführlich zum Winterfeldzug Sigismunds: Arens 2001, S. 81–87.

985 Die habsburgische Seite wollte einen Frieden mit Fürst Sigismund nur unter der Bedingung einer Übergabe Siebenbürgens an den König von Ungarn schließen. Sie befürchtete, Sigismund könnte, nachdem sich Siebenbürgen unter osmanischem Schutz drei bis vier Jahre lang erholt hätte, zu einem unvorhersehbaren Zeitpunkt die Habsburger in Ungarn angreifen und überraschen. Siehe den Brief des habsburgischen Unterhändlers Stefan Kakas an den kaiserlichen Rat Zacharias Gaitzkovler vom März 1602: Documente, Hurmuzaki, Vol. IV/1, S. 292–294.

rungen anlastete. Dies und die Entscheidung, mit dem Erzhaus in Verhandlungen einzutreten, schwächte die Position Sigismunds bei seinen Anhängern merklich[986].

Der Kaiser stimmte der Aufnahme von Friedensverhandlungen zu und stattete Basta mit weitreichenden Vollmachten aus[987]. Dieser hatte zusätzlich zu seinen Befugnissen als militärischer Oberbefehlshaber nun auch de facto die Rechte eines königlichen Gouverneurs in Siebenbürgern erhalten. Er nutzte diesen Spielraum aus und führte die Verhandlungen, die sich zwischen Februar und Juni 1602 hinzogen, mit großem Geschick. Basta war es nicht verborgen geblieben, dass mit dem wachsenden jesuitischen Einfluss auf Sigismund die Einwirkungsmöglichkeiten der mächtigen calvinistischen und unitarischen Magnaten auf die fürstliche Politik schrumpften, obwohl Sigismunds militärische Stärke von den Privatarmeen dieser Adligen abhing. Basta gelang es, die antihabsburgische Partei zu spalten und einige der Magnaten auf seine Seite zu ziehen, zum Beispiel Stefan Csáky[988]. Parallel zum schleichenden Machtverlust Sigismunds konnte Basta die Forderungen der siebenbürgischen Seite schrittweise herunterhandeln.

Im April wurden die Gespräche in Sathmar fortgeführt, wohin sich Basta zurückgezogen hatte. Zu Beginn der Verhandlungen forderten der siebenbürgische Kanzler und andere ungarische Magnaten noch die Belehnung Sigismunds mit Siebenbürgen – er sollte dem ungarischen König den Vasalleneid schwören –, einen separaten Friedensvertrag Siebenbürgens mit dem Osmanischen Reich, den Abzug der habsburgischen Armee aus Siebenbürgen und eine Generalamnestie für die siebenbürgischen Stände[989]. Basta wollte auf diese Bedingungen auf keinen Fall eingehen. Er ließ den siebenbürgischen Delegierten mitteilen, der Kaiser sei bereit, Sigismund für dessen Verzicht auf Siebenbürgen die Herzogtümer Oppeln und Ratibor, ein jährliches Einkommen von 50.000 Gulden und das väterliche Erbe zu überlassen[990]. Dabei handelte es sich im Wesentlichen um die gleichen Bedingungen, unter denen Sigismund 1597 Siebenbürgen den Habsburgern überlassen hatte. Sigismund, der sich mittlerweile zum erneuten Thronverzicht durchgerungen hatte, schickte an den

---

986 Arens 2001, S. 87–88.

987 Siehe den Wortlaut der Instruktionen des Kaisers an General Basta vom 19. April 1602 für die Verhandlungen mit Sigismund Báthory: Documente, Hurmuzaki, Vol. IV/1, S. 297–298. Am 7. Mai bevollmächtigte der Kaiser seinen General, nach eigenem Ermessen Sigismund Báthory anzugreifen, falls sich vorteilhafte Situationen ergeben sollten: Ebenda, S. 299.

988 Csáky handelte ein eigenes Abkommen mit der habsburgischen Seite aus, das am 5. Juni 1602 in Sathmar von Csáky und Basta unterzeichnet wurde. Darin erhielt Csáky, der reichste und mächtigste Magnat Siebenbürgens, Zusagen Bastas in mehreren strittigen Besitzfragen und verpflichtete sich im Gegenzug, aktiv gegen Moses Székely zu kämpfen, den letzten großen antihabsburgisch gebliebenen siebenbürgischen Heerführer: Arens 2001, S. 76.

989 Arens 2001, S. 76. Der in habsburgischen Diensten stehende Graf Tomaso Cavriolo schrieb am 18. März 1602 dem venezianischen Gesandten in Prag, Piero Duodo, über die Verhandlungen Bastas mit Fürst Sigismund, der bereit war, auf die früher zu Siebenbürgen gehörenden ostungarischen Komitate zu verzichten: Documente, Hurmuzaki, Vol. VIII, S. 236. Vgl. zu den habsburgisch-siebenbürgischen Verhandlungen die Berichte des venezianischen Gesandten in Prag an den Dogen vom 15. und 29. April 1602: Ebenda, S. 237–239.

990 Gooss, S. 272–274.

Kaiser ein Schreiben ab, in dem er ihn um Verzeihung für das Geschehene bat und eine Fortsetzung der Verhandlungen verlangte. Diese führte die habsburgische Seite getrennt mit dem Fürsten und den Ständen. Beide Verhandlungen konnten am 29. Juni 1602 in Klausenburg, wo der siebenbürgische Landtag tagte, beendet werden.

Im Vertrag mit Sigismund Báthory, den der Kaiser nachträglich billigte, musste der Fürst zugunsten des ungarischen Königs abdanken und sich verpflichten, Siebenbürgen und Ungarn zu verlassen. Im Gegenzug wurde Sigismund eine jährliche Rentenzahlung in der Höhe von 50.000 Talern und Gutsbesitz in Böhmen zugestanden[991]. Die von Sigismund ursprünglich geforderte Verpflichtung des Kaisers, sich beim Papst für seine Ernennung zum Kardinal zu verwenden, wurde nicht mehr in den Vertrag aufgenommen[992].

Der Vertrag mit den siebenbürgischen Ständen kam am 29. Juni 1602 zustande, als Basta die letzten Propositionen der siebenbürgischen Seite angenommen hatte. Seine Antwort umfasste zwölf Punkte: „Ihre Kaiserliche und Königliche Majestät“ gewährt die im Frühjahr vorgeschlagenen Entschädigungen für einen Verzicht Sigismunds auf Siebenbürgen (Punkt 1), die siebenbürgischen Stände erhalten das Recht, ungehindert Abgeordnete an den kaiserlichen und königlichen Hof zu entsenden, um damit an den König in allen Landesangelegenheiten direkt appellieren zu können (Punkt 2), die Rechte und Freiheiten der Stände, insbesondere die Religionsfreiheit der drei rezipierten protestantischen Konfessionen, sollen auch unter der habsburgischen Herrschaft erhalten bleiben (Punkt 3), den ungarischen Adligen wird der Zuzug in die Städte und der Wegzug aus denselbigen gestattet (Punkt 4), die Militärangehörigen sollen ihren Besitz behalten (Punkt 5) und in den siebenbürgischen Festungen sollen keine deutschen oder andere landfremde Truppen stationiert werden (Punkt 6). Im 7. Punkt versprach Basta, die von „den Türken“ besetzten Festungen Jenö und Lippa zu befreien, um damit die vom osmanischen Paschalik Temeswar ausgehende Gefahr zu verringern. Basta kündigte im Namen des Kaisers an, die den Raizen[993] (Serben) und Walachen (Rumänen) von Michael (*Michaelem Valachum*) gewährten Schenkungen zurückzunehmen (Punkt 8). Die Soldaten „Ihrer Majestät“ würden sich so verhalten, dass sie keinen Anlass für Unzufriedenheit böten (Punkt 9). Basta stellte in Aussicht, er werde Sigismund eine vertrauliche Zusammenkunft in Weißenburg gewähren (Punkt 10), wobei Sigismund im Gegenzug die bei Déva zusammengezogenen Truppen der Stände entlassen müsse (Punkt 11). Im letzten Punkt versprach Basta, sich für die Interessen der Stände bei „Ihrer Heiligen Kaiserlichen Majestät“ einzusetzen[994].

---

991 Wortlaut des Abkommens mit Sigismund Báthory: Monumenta comitialia Regni Transylvaniae, Bd. V, S. 123–124.

992 Arens 2001, S. 77.

993 In Michaels Armee kämpfte eine große Anzahl Serben, deren Anführer zum Teil zum engsten Beraterkreis Michaels gehörten: Pop, Tudor, S. 135.

994 Wortlaut des in lateinischer Sprache abgefassten Klausenburger Übereinkommens (Abschrift k.u.k. gemeinsames Finanzarchiv): Gooss, S. 276–278. Vgl. Monumenta comitialia Regni Transylvaniae, Bd. V, S. 124–126.

Nach der Akzeptanz dieser Punkte durch die siebenbürgische Seite trafen die Weisungen Kaiser Rudolfs II. in Siebenbürgen ein, die den Weg für die Umsetzung des Abkommens freimachten[995]. Nach dem vereinbarten Treffen zwischen Basta und Sigismund in Mühlbach verließ Letzterer am 26. Juli 1602 Siebenbürgen zum vierten und letzten Mal, diesmal in Richtung seiner zugewiesenen böhmischen Landgüter. Dort lebte er vergleichsweise unter ärmlichen Bedingungen, da die Ländereien verkommen waren und die Renten des kaiserlichen Hofes nur spärlich eintrafen. Sigismund starb vereinsamt 1613[996]. Damit wurde die Herrschaft der katholischen Linie der Báthory von Somlyó in Siebenbürgen endgültig beendet. Ihre ausgedehnten Güter in Siebenbürgen und Ostungarn fielen an die calvinistische Báthory-Linie[997].

Nachdem Basta die Kontrolle der Habsburger über Siebenbürgen wiederhergestellt hatte, versuchte er, diese auch auf die Walachei auszudehnen. Bereits nach Michaels Tod hatte sich Basta bemüht, unter dessen Gefolgsleuten antiosmanisch eingestellte Bojaren zu finden, die bereit waren, einen prohabsburgischen Woiwoden in der Walachei durchzusetzen[998]. Ein solcher konnte in der Person Radu Şerbans gefunden werden, der als wohlhabender Großgrundbesitzer und Obermundschenk des Woiwoden Michael über genügend Macht und Einfluss verfügte, um dem Hause Movilă die Stirn zu bieten. Nachdem die Walachei im Sommer 1601 von Statthaltern aus den Reihen von Michaels Gefolgschaft regiert worden war, wählte die antiosmanische Bojarenfraktion Radu Şerban im September 1601 in Curtea de Argeş zum Woiwoden. Im Herbst 1601 erlitt er jedoch eine vernichtende Niederlage gegen Simon Movilă, der aus dem Moldauer Exil zurückgekehrt war. Radu flüchtete ins siebenbürgische Desch, wo General Basta sein Lager aufgeschlagen hatte. Bis zum Frühjahr 1602 stritten zwei Herrscher um das Amt des Woiwoden der Walachei: Simon Movilă, der vom Königreich Polen unterstützt wurde, und Radu Mihnea, ein Sohn des ehemaligen Woiwoden Mihnea Turcitul, den die Osmanen als Woiwoden eingesetzt hatten. Mit dem Hinweis, General Basta plane von Siebenbürgen aus einen Einmarsch in die Moldau und Walachei, versuchte der polnische Gesandte in Konstantinopel den eigenen Kandidaten durchzusetzen. Die Hohe Pforte blieb aber hart, weshalb es fast zu einer militärischen Konfrontation zwischen Polen und dem Osmanischen Reich gekommen wäre[999].

---

995 Gooss, S. 275.

996 Sigismund versuchte am 19. Juli 1606 bei einer Audienz in Prag ein letztes Mal Kaiser Rudolf II. davon zu überzeugen, ihm die Herrschaft in Siebenbürgen zu übertragen, damit er im Bündnis mit dem walachischen Woiwoden Siebenbürgen befreien könne. Darauf ging der Kaiser nicht weiter ein: Istoria politicii externe româneşti, S. 81. Auf weitere Angebote der calvinistischen Adelsfraktion, die Herrschaft in Siebenbürgen zu übernehmen, reagierte Sigismund nicht mehr. Die erhoffte Kardinalswürde blieb ihm versagt: Arens 2001, S. 91–92. Vgl. Barta 1990, S. 298.

997 Arens 2001, S. 88.

998 Basta schlug den jungen Bojaren Marcu, Sohn Petru Cercels und Neffe Michaels vor, der angeblich von Michael für den Thron der Moldau vorgesehen war. Er wurde aber von den Bojaren der Moldau nicht akzeptiert: Stoy 1995, S. 53.

999 Stoy 1995, S. 51–55.

Den Winter 1601/1602 verbrachte Radu in Siebenbürgen. Am 6. November 1601 teilte Basta Erzherzog Matthias mit, dass Radu in seinem Lager den Lehnseid auf Kaiser Rudolf II. geschworen und eine Delegation nach Prag geschickt habe. Basta hob die Bedeutung, die ein Bündnis mit der Walachei für die Absicherung der habsburgischen Herrschaft in Siebenbürgen darstellte, besonders hervor. Am 21. Dezember 1601 unterstellte in Prag die walachische Delegation ihr Land dem Kaiser[1000]. Im Gegenzug verlieh Rudolf II. die Walachei an Radu Şerban und dessen Nachkommen. Mit der Etablierung eines klassischen Lehnsverhältnisses zwischen ihm und Radu knüpfte der Habsburger an eine Tradition der Könige von Ungarn an. Diese leiteten aus der zeitweisen Lehnsabhängigkeit der Walachei vom Stefansreich im 14. und 15. Jahrhundert einen Rechtstitel auf eine ungarische Oberherrschaft ab. Dieser Anspruch manifestierte sich auch bei den ungarischen Königskrönungen der Frühen Neuzeit durch das Tragen der Banner der zehn zur Heiligen Stefanskrone gehörenden Nebenländer. Darunter befand sich auch das Wappen der Woiwodschaft Walachei, die in diesem Zusammenhang meistens als Kumanien bezeichnet wurde[1001].

Am 20. März 1602 wies der Kaiser – nach entsprechenden Bitten der walachischen Seite – General Basta an, Radu Şerban mit kaiserlichen Fahnen auszustatten und ihn in der Walachei als Woiwoden einzusetzen[1002]. Darüber hinaus sagte der Kaiser Radu erhebliche Summen für die Aufstellung einer Söldnerarmee zu. Noch bevor diese Subsidien aus Prag eintreffen konnten, scheiterte im März und April 1602 ein weiterer Rückkehrversuch Radus in der Walachei an den Truppen Simon Movilăs und der Tataren, sodass sich Radu ins siebenbürgische Belényes zurückziehen musste[1003]. Allerdings wendete sich schon im Juli 1602 das Blatt für Radu Şerban, als es ihm gelang, Simon Movilă zu vertreiben und Anfang August die Kontrolle über die Walachei zu übernehmen. Am 14. September schrieb Radu an Rudolf II., dass er dank Gottes Hilfe und der kaiserlichen Subsidien die Walachei zurückgewinnen konnte und von nun an dem Kaiser und der gesamten Christenheit dienen werde[1004].

Mit der Integration der Walachei in den Herrschaftsbereich Kaiser Rudolfs II. erhielt der habsburgische Machtradius im östlichen Europa seine größte Ausdehnung, da er entlang des Karpatenbogens von Ungarn über Siebenbürgen bis an die unte-

---

1000 Die Delegation wurde vom Bojaren Stroe Buzescu angeführt, der am Prager Hof einen guten Eindruck machte, so dass der Kaiser ihn am 25. Februar 1602 in Audienz empfing: Stoy 1995, S. 56. Stroe Buzescu war ein enger Vertrauter Michael des Tapferen, für den er mehrere diplomatische Missionen übernommen hatte: Moţu, S. 82.

1001 Das Gebiet der Walachei gehörte im 12. und 13. Jahrhundert zum Reich der Kumanen: Arens 2001, S. 71–72. Zur Begründung der ungarischen Oberhoheit über die Walachei im 14. Jahrhundert: Cârciumaru, S. 45–47, 49–50.

1002 Stoy 1995, S. 57.

1003 Im Frühjahr 1602 versuchte eine Bojarenopposition in der Moldau den propolnischen Woiwoden Ieremia Movilă mit Hilfe des Kaisers zu stürzen. Rudolf hielt sich jedoch zurück, um Polen nicht zu provozieren: Stoy 1995, S. 57–62.

1004 Stoy 1995, S. 63–64. Vgl. Rezachevici 1985, S. 6.

re Donau reichte. Weil der prohabsburgische Länderblock die Moldau nun vom osmanischen Kernland abschnitt, verstärkte sich dort der polnische Einfluss[1005]. Der Kaiser drängte Radu, seine Pflicht als Vasall zu erfüllen, die darin bestand, die habsburgischen Truppen in Ungarn und Siebenbürgen zu entlasten. Mit Hilfe professioneller habsburgischer Truppen und kaiserlicher Subsidien griff Radu Şerban auf Weisung Prags im März 1603 die osmanischen Festungen an der unteren Donau an, die er überschritt und den militärischen Nachschub der Osmanen für den ungarischen Kriegsschauplatz bis nach Belgrad empfindlich störte[1006]. Um weitere kaiserliche Hilfe zu erhalten und um das rechtliche Verhältnis des Woiwoden der Walachei zum Kaiser in seiner Eigenschaft als König von Ungarn und Landesherr Siebenbürgens zu klären, sandte Radu erneut eine Gesandtschaft nach Prag, die dort Anfang April eintraf.

Auf die Propositionen der Gesandtschaft vom 15. April antwortete der Kaiser am 26. April 1603, indem er zuerst Radu für die bei der Eroberung Siebenbürgens geleistete Hilfe dankte, um dann prinzipielle Fragen des völkerrechtlichen Verhältnisses zwischen beiden Seiten anzuschneiden[1007]. Der Kaiser billigte die Huldigung Radus, verwies aber darauf, dass er die Walachei lieber in ruhigeren Zeiten unter seinen Schutz gestellt hätte. Radu solle ihn in seiner Eigenschaft als König von Ungarn als alleinigen Oberherrn anerkennen. Darüber hinaus dürfe er mit keiner anderen Macht, weder dem Osmanischen Reich noch dem Chanat der Krim, ein Bündnis schließen oder gegen den Kaiser paktieren. Gegenüber Polen und der Moldau dürfe er sich nur verteidigen, aber keinen Krieg anzetteln. Rudolf II. versprach, den König von Polen darum zu bitten, die Einfälle in die Walachei zu unterbinden. Für diesen Fall solle sich Radu Polen gegenüber freundlich verhalten. Auch nach einem künftigen Friedensschluss habe Radu dem Kaiser jährlich seine Referenz durch Geschenke zu erweisen. Nach seinem Tod seien Radus Erben berechtigt, den Kaiser um eine Belehnung mit der Walachei zu bitten. Radu durfte – nach einer eventuellen Vertreibung aus der Walachei – in Siebenbürgen Zuflucht suchen, notfalls sollte er sich in das habsburgtreue Hermannstadt flüchten. Der Kaiser stellte Radu die jährliche Zahlung von 50.000 Talern in Aussicht, die er für seine Kriegführung zu verwenden hatte. Die von Radu erbetenen kaiserlichen Fahnen würden ihm übergeben, wenn er und seine Bojaren schwörten, sie im Kampf mit dem Feind zu gebrauchen. Am Ende seines Schreibens betonte der Kaiser, dass er nicht daran zweifle, dass Radu die Walachei mit seinen Hauptleuten bis zum letzten Blutstropfen verteidigen werde[1008]. Für die versprochenen Subsidien musste Radu ein Suzeränitätsverhältnis zum Kaiser akzeptieren, das sich nicht nur rein formal äußerte, sondern konkrete Einschränkungen seiner völkerrechtlichen Handlungsfähigkeit nach sich zog. Auch im

1005 Ausführlich zur Einflussnahme der Großmächte auf die Moldau, Walachei und Siebenbürgen zu Beginn des 17. Jahrhunderts: Ciobanu 1994, S. 17–74.

1006 Arens 2001, S. 147. Vgl. Stoy 1995, S. 66–68.

1007 Documente, Hurmuzaki, Vol. IV/1, S. 338–339.

1008 Am 18. Mai 1603 versprach der Kaiser dem walachischen Woiwoden, 100.000 Taler für die Kriegführung zur Verfügung zu stellen: Ebenda, Vol. IV/1, S. 341.

symbolischen Bereich erinnern seine Vasallenpflichten, vor allem die Zahlung eines jährlichen Tributes, an das Suzeränitsverhältnis zwischen der Walachei und dem Osmanischen Reich. Obwohl keine ausdrückliche, schriftliche Annahme der kaiserlichen Bedingungen durch Radu überliefert ist, kann von einer konkludenten Willenserklärung des Woiwoden ausgegangen werden, der bereits wenige Wochen nach der Ausfertigung des kaiserlichen Schreibens für seinen Lehnsherren in den Krieg zog[1009].

In Siebenbürgen hatten der Abschluss des Klausenburger Vertrages vom 29. Juni 1602 und die Abdankung Sigismund Báthorys zu einer vorläufigen Beruhigung des Landes geführt. Der Vertrag erreichte im Wesentlichen einen Ausgleich zwischen den Interessen der Stände, die eine Garantie ihrer wichtigsten überlieferten Rechte erhielten, und jenen des Hauses Habsburg, das seine unmittelbare Herrschaft in Siebenbürgen wiederherstellen konnte. Die Teile des siebenbürgischen Adels, die das Abkommen mit den Habsburgern ablehnten, scharten sich um den ehemaligen Heerführer des Fürsten, den antitrinitarischen Adeligen Moses Székely[1010]. Sein Heer wurde unmittelbar nach der Unterzeichnung des Klausenburger Vertrages in der Nähe von Weißenburg gestellt und am 2. Juli 1602 bei Dreikirchen von den überlegenen Streitkräften Bastas geschlagen. Székely konnte mit den Resten seiner Einheiten auf walachisches bzw. osmanisches Gebiet fliehen und musste sich vorerst im Exil einrichten[1011]. Diese Episode führte der habsburgischen Seite aber erneut vor Augen, dass sie von der Existenz einer permanenten antihabsburgischen Opposition ausgehen musste, die jede Schwäche der kaiserlichen Herrschaft sofort ausbeuten würde. Das Bild von den notorisch rebellischen Ständen verfestigte sich durch diese Einsicht bei Basta und Rudolf II.[1012]. Allerdings war auch das Erzhaus auf das in Klausenburg erzielte Abkommen mit den Ständen angewiesen, da es aufgrund des Mangels an zentralstaatlichen Strukturen, Geld und Personal nicht in der Lage gewesen wäre, gegen den Willen der Stände ein absolutistisches Regime durchzusetzen[1013].

1009 Im September 1603 erneuerte eine Gesandtschaft Radus seine Forderungen in Prag, auf die der Kaiser am 29. Oktober 1603 antwortete, und zwar im Sinne seines Schreibens vom 26. April 1603. Vgl. die Forderungen Radus in: Veress, Documente, Vol. VII, S. 160–164. Die Antwort des Kaisers ist abgedruckt in: Documente, Hurmuzaki, Vol. IV/1, S. 348–349.

1010 Székely entstammte der mittleren Szeklerschicht, trat 1576 in den militärischen Dienst des Fürsten Stefan Báthory ein, begleitete diesen auf seinen Feldzügen gegen den russischen Zaren und stieg nach seiner Rückkehr nach Siebenbürgen 1591 kraft Ernennung in den Hochadel auf. Danach diente er als Heerführer Fürst Sigismunds, ab 1599 als Oberkommandierender der Streitkräfte Michael des Tapferen und nach 1601 wieder als Feldherr Báthorys. Ausführlich zur Biografie Székelys: Arens 2001, S. 141–143. Vgl. Tóth 2007, Religiöser Fundamentalismus, S. 274.

1011 Arens 2001, S. 78–79, 141.

1012 In seiner an den Kaiser gerichteten Denkschrift vom 20. Dezember 1602 riet Basta, das Land lieber rechtzeitig aufzugeben, als es bis zu seiner völligen Zerstörung zu behalten, vor allem vor dem Hintergrund der von ihm errechneten riesigen Summen, die der Prager Hof für den Erhalt des Besitzes Siebenbürgens ausgeben müsse. Den größten Anteil stellten dabei die Militärausgaben, da das Land angesichts der renitenten Stände nur mit militärischer Gewalt zu halten sei. Wortlaut der Denkschrift in: Monumenta comitialia Regni Transylvaniae, Bd. V, S. 175–180.

1013 Arens 2001, S. 78–79.

Obwohl die Herrschaft der Habsburger auf der Kooperation mit den Ständen basierte, kontrollierte das Haus Österreich erstmals seit 1556 wieder ganz Siebenbürgen militärisch und administrativ. Bis zum Eintreffen der Kommissare Johann Freiherr von Molart und Nikolaus Istvánffy in Siebenbürgen am 23. Dezember 1602 übte General Basta die königlichen Hoheitsrechte alleine aus. In seinen Instruktionen wies König Rudolf die Kommissare an, die Anhänger der antihabsburgischen Bewegung zu bestrafen, ihr Vermögen der königlichen Kammer zuzuführen, die Verwaltung, die Finanzen und die Wirtschaft des Landes zu reformieren, die Ansiedlung katholischer Deutscher aus dem Reich in den verödeten Gebieten Siebenbürgens zu prüfen und den nahezu verschwundenen Katholizismus in Siebenbürgen wieder zur dominanten Konfession zu erheben. Um keine Aufstände zu provozieren, hatten die Kommissare, gerade bezüglich des letzten Punktes, die Anweisung erhalten, behutsam vorzugehen[1014]. Auf dem Landtag von Weißenburg konnten sich am 15. Januar 1603 die Stände davon überzeugen, dass Kaiser Rudolf II. in seiner Eigenschaft als König von Ungarn und neuer Landesherr über Siebenbürgen nicht gewillt war, die ständischen Freiheiten unangetastet zu lassen. Ein Regierungsrat sollte gebildet werden, der in die Selbstverwaltung der siebenbürgischen Komitate, Stühle, Distrikte und Städte massiv hätte eingreifen können. Insbesondere das auch gegen die katholischen Báthory[1015] stets verteidigte Recht auf Religionsfreiheit schien durch die gegenreformatorischen Bestrebungen der Habsburger ernsthaft gefährdet, die eine Wiederherstellung des katholischen Bistums von Weißenburg mit dessen vorreformatorischen Besitzungen forderten. Vor allem sollte der neue Landesherr mit Hilfe von Dekreten Landtagsbeschlüsse umgehen können[1016].

In dieser Situation sahen die siebenbürgischen Stände keinen anderen Ausweg, als ihr Recht auf direkte Appellation an den König, das ihnen im Klausenburger Vertrag zugesichert worden war, in Anspruch zu nehmen. Der Klausenburger Landtag stattete die Vertreter der drei ständischen Nationen am 28. Februar 1603 mit Instruktionen aus. Da die Frage der Statthalterschaft bislang nur provisorisch gelöst worden war, sollte die ständische Abordnung Rudolf II. um die Entsendung seines Bruders, Erzherzog Maximilians, Hochmeister des Deutschen Ordens, als Gouverneur oder Woiwode nach Siebenbürgen bitten. Sollte sich der Erzherzog weiterhin weigern, nach Siebenbürgen zu kommen, sollte General Basta die Stelle des Gouverneurs auch offiziell erhalten. Eine weitere zentrale Forderung der Stände war die Bestätigung ihrer verbrieften Religionsfreiheiten durch den Souverän, bedingt durch die Furcht vor den Rekatholisierungsbestrebungen Bastas. Bemerkenswert ist, dass sich die Stände nicht auf den Klausenburger Vertrag von 1602, sondern auf die ver-

---

1014 Wortlaut der Instruktionen Rudolfs II. an seine Kommissare vom 8. September 1602 in: Documente, Hurmuzaki, Vol. 4/1, S. 313–315. Vgl. Arens 2001, S. 101–102.

1015 Sigismund Báthory verdammte am 2. Juni 1597 öffentlich die reformatorischen Ideen innerhalb seiner Truppen mit der Bemerkung, sie hätten schon in Konstantinopel sein können, wenn sie sich mit dem Eifer ihrer militärischen Ausbildung gewidmet hätten, den sie beim Studium der Reformation zeigten: Király 1975, S. 205.

1016 Alexandrescu-Dersca Bulgaru, S. 254.

traglichen Vereinbarungen nach der ersten Herrschaftsübernahme durch die Habsburger im Jahre 1598 beriefen. Die Deputation wurde vom Landtag ausdrücklich damit beauftragt, nicht nur in den Religionsangelegenheiten auf eine Wiederherstellung des Rechtszustandes von 1598 hinzuwirken, der in den Verträgen zwischen König Rudolf, Fürst Sigismund und den drei ständischen Nationen festgeschrieben worden war. Die Intention der Stände lag darin begründet, den Status quo vor Beginn der politischen Wirren herzustellen, da diese Krisenzeit an den Rechts- und Besitzverhältnissen in Siebenbürgen nicht spurlos vorbeigegangen war. Darüber hinaus sollte sich die Deputation um die Anerkennung einiger Gesetze und Verordnungen bemühen, die seit 1598 in nichthabsburgischen Herrschaftsphasen erlassen und von Rudolf II. zurückgenommen worden waren. Neben der Bestätigung der ständischen Privilegien sollte die Delegation auch den Verbleib der *Partes adnexae* beim Fürstentum Siebenbürgen fordern, da die ostungarischen Komitate erneut unter die Verwaltung des königlichen Ungarn gestellt werden sollten[1017]. Mit diesen Instruktionen brach die siebenbürgische Gesandtschaft Mitte März 1603 nach Prag auf[1018].

Basta konnte die Entsendung der Delegation nicht verhindern. Wenige Tage vor dem Abgang der Gesandtschaft, am 24. Februar 1603, schickte Basta eine ausführliche Denkschrift an Kaiser Rudolf II., in der er konkrete Vorschläge zur Reorganisation des Fürstentums Siebenbürgen machte und alle wichtigen Erfahrungen der vergangenen Jahre zusammenfasste, die er und die kaiserlich-königlichen Kommissare in Siebenbürgen gemacht hatten[1019]. Darin empfahl Basta seinem Souverän, die ständischen Nationen getrennt zu empfangen und gegeneinander auszuspielen. Sollten sich die Stände auf die Bestimmungen des Klausenburger Vertrages berufen, riet Basta, diese Vereinbarung als gegenstandslos zu bezeichnen, da sich die Stände unmittelbar nach der Vertragsunterzeichnung nicht eindeutig vom „Rebellen“ Moses Székely distanziert, beziehungsweise ihn sogar unterstützt hätten. Die notorische Unzuverlässigkeit der Stände führte Basta zu einem großen Teil auf die mehrheitliche Verbreitung des Protestantismus in Siebenbürgen zurück. Deshalb riet er Kaiser Rudolf II., in Siebenbürgen langfristig den Katholizismus einzuführen und dabei bei den Sachsen des Hermannstädter Stuhls zu beginnen, der sich am habsburgfreundlichsten erwiesen hätte. Außerdem sollten katholische Deutsche aus dem Reich in den verödeten Landstrichen Siebenbürgens angesiedelt und die Autonomie der Stände, vor allem der Städte, deutlich beschnitten werden[1020]. Das Schreiben zeigt, dass Basta das ständische System in seiner vorgefundenen Form nur vorübergehend zu dulden bereit war. Die im Geiste des Frühabsolutismus entstandenen Pläne zur Umgestaltung und Eingliederung Siebenbürgens in den habsburgischen Herrschaftsverband

1017 Alexandrescu-Dersca Bulgaru, S. 255.

1018 Basta stattete die Delegation gemäß seiner Verpflichtungen aus dem Klausenburger Vertrag mit einem persönlichen Empfehlungsschreiben aus: Arens 2001, S. 135–136.

1019 Die Denkschrift wurde vom Generalfeldobristen Giorgio Basta, dem Wiener Kriegsrat und Artilleriegeneral Johann von Molart und dem kaiserlichen Kommissar Nikolaus Burghausen verfasst: Arens 2001, S. 119–126.

1020 Arens 2001, S. 97, 131–135.

machen deutlich, dass jede Möglichkeit zur Ausbeutung der wirtschaftlichen Ressourcen des Landes erwogen wurde, mit dem Ziel, eine direkte Herrschaftsausübung des Monarchen mit Hilfe administrativer und militärischer Mittel durchzusetzen.

Während die Gesandtschaft der siebenbürgischen Stände in Prag auf eine kaiserliche Audienz wartete, nutzte Moses Székely die Spannungen zwischen den Ständen und General Basta aus. Er hatte das Abdikationsabkommen Sigismund Báthorys mit dem Kaiser vom 29. Juni 1602 nicht anerkannt und suchte beim Sultan Unterstützung für die Vertreibung der Habsburger aus Siebenbürgen. Nach seiner Niederlage bei Dreikirchen zog er sich ins osmanische Temeswar zurück, wo er den Winter 1602/1603 dafür nutzte, mit Hilfe der Osmanen, Krimtataren, Polen, Kosaken und Moldauer eine bunt zusammengewürfelte Streitmacht aufzustellen. Székelys Ziel war es, mit leichten und schnellen Einheiten Basta zu überraschen und bis zum Herbst aus den meisten Garnisonen Siebenbürgens zu vertreiben. Seine Überrumpelungstaktik ging zunächst auf. Von Temeswar kommend, marschierte er Anfang April in den Südwesten Siebenbürgens ein und übernahm von dort aus bald die Kontrolle über Siebenbürgen[1021]. Eilig rief er im Mai 1603 einen Landtag in der zerstörten siebenbürgischen Residenzstadt Weißenburg zusammen, der allerdings nur von seinen Anhängern aus den Reihen des Adels und der Szekler beschickt wurde. Es fehlten fast alle Vertreter der sächsischen Stühle und Distrikte sowie der ost- und nordungarischen Komitate. Dennoch ließ er sich am 8. Mai 1603 vom Landtag zum Fürsten wählen[1022]. Ein Tschausch des Sultans überreichte ihm vor dem versammelten Landtag feierlich die osmanische Einsetzungsurkunde. Der Jahrestribut an die Hohe Pforte wurde vom Sultan auf 15.000 Gulden festgelegt, es handelte sich um einen Bruchteil der Summen, die jährlich als Steuereinnahmen an den Kaiser flossen. Schließlich gelobte Székely, dem Sultan Heeresfolge zu leisten[1023]. Trotz seiner Wahl führte Székely nicht den Fürsten-, sondern den Woiwodentitel: *Nos Moise Zekely de Semienfalva, Vaiuvoda Transiluaniae et Siculorum Comes et cetera*. Wie sein Vorgänger Stefan Báthory, dessen Machtposition 1571 vergleichbar schwach war, bezweckte er damit eine Herausstellung seiner Unterordnung unter die Autorität des Sultans[1024]. Bis zum Juni 1603 gelang es Székely, ganz Siebenbürgen mit Ausnahme des äußersten Nordwestens, des Südostens, Hermannstadts und Schässburgs unter seine Kontrolle zu bringen. Um seinen Herrschaftsanspruch über das gesamte Fürstentum symbolisch zu untermauern, gab Székely eigene 10-Golddukaten-Münzen heraus, die mit der Inschrift *MOISES ZEKEL DE SEMIENFALVA VAIVODA TRANSILVANIAE ET SICVLORVM COMES* versehen waren[1025].

Als Landesherr wurde Székely, der damals als einziger europäischer Herrscher der unitarischen Konfession angehörte, nicht nur vom Sultan, sondern auch vom Chan der Krimtataren, dem Woiwoden der Moldau und dem König von Polen an-

---

1021 Stoy 1995, S. 72–73.
1022 Beschlüsse dieses Landtags sind nicht überliefert: Arens 2001, S. 155. Vgl. Barta 1990, S. 298.
1023 Arens 2001, S. 155.
1024 Veress, Documente, Vol. VII, S. 121–122.
1025 Butnariu 2004, S. 141.

erkannt[1026]. Da die osmanische Hauptarmee am zentralungarischen Kriegsschauplatz gebunden war, bat die Hohe Pforte den König von Polen, Székely die nötige militärische Unterstützung zukommen zu lassen[1027]. Dieser Bitte kam Sigismund III. umgehend nach. Er schickte im Juni 1603 insgesamt 4.000 Söldner nach Siebenbürgen. Damit stellten das Osmanische Reich, das Chanat der Krim und das Königreich Polen erneut unter Beweis, dass sie in der Lage waren, in entscheidenden Momenten eine Aktionsgemeinschaft zur Bekämpfung habsburgischer Interessen in Siebenbürgen, der Moldau und Walachei zu bilden. Am 15. Mai 1603 bot Sultan Mehmet III. König Sigismund III. sogar ein formelles Bündnis gegen die Habsburgermonarchie an, das als Grundlage für einen gemeinsamen Feldzug zur Vertreibung der kaiserlichen Truppen aus Siebenbürgen dienen sollte. Die polnische Krone war hingegen gezwungen, dies Angebot aufgrund ihres Engagements im Baltikum abzulehnen[1028]. Polen hatte den Geschehnissen an seiner Südgrenze seit 1595 stets eine besondere Aufmerksamkeit gewidmet. Mit dem Ausbruch des polnisch-schwedischen Krieges um den Besitz Estlands und Livlands (1600–1629) verlagerte sich der Schwerpunkt der polnischen Außenpolitik zunehmend an die Ostsee und nach dem Eingriff Polens in die russischen Thronwirren 1609 weiter nach Osten[1029]. Als der Sultan in einem weiteren Schreiben des Jahres 1603 den polnischen König aufforderte, Székely mit zusätzlichen Truppen gegen „die Deutschen" in Siebenbürgen zu unterstützen, lehnte Sigismund III. dies ab[1030].

General Basta registrierte mit Aufmerksamkeit, dass es Székely nicht gelang, sein Heer durch eine größere Zahl polnischer oder osmanischer Truppen zu verstärken. Der kaiserliche Befehlshaber hatte sich inzwischen nach Oberungarn zurückgezogen, von wo aus er eine neue schlagkräftige Armee aufbaute und in Briefen die noch nicht in das Lager Székelys gewechselten siebenbürgischen Städte zum Durchhalten aufrief. Darüber hinaus erinnerte Basta den Woiwoden der Walachei, Radu Şerban, an seine Pflicht, dem Kaiser als Vasall Heerfolge zu leisten. Nach seiner Wahl zum Fürsten von Siebenbürgen hatte Moses Székely Radu Şerban bereits am 9. Mai 1603 aufgefordert, die Oberhoheit des siebenbürgischen Fürsten anzuerkennen. Damit bezweckte Székely die Wiederherstellung des 1595 von Sigismund Báthory durchgesetzten Suzeränitätsverhältnisses zwischen Siebenbürgen und der Walachei. Nachdem Székely von Radu mit vagen Versprechungen drei Monate lang hingehalten

---

1026 Die ihn anerkennenden Herrscher waren alle Nichtprotestanten: Arens 2001, S. 171.

1027 Sultan Mehmet III. wiederholte seine Bitte, Moses Székely mit allen Mitteln zu unterstützen, in einem Schreiben an den polnischen König vom 15. Mai 1603. Wortlaut des in lateinischer Sprache abgefassten Briefes in: Arens 2001, S. 268–271.

1028 Arens 2001, S. 147–148, 159, 187–188.

1029 Armgart, S. 9–10. Um Polen unter Druck zu setzen, nahm Kaiser Rudolf II. Verbindungen mit Moskau auf, zum Beispiel durch den Erzbischof von Tirnovo, Dionysios Rhali, im Jahre 1604. Ein konkretes Ergebnis erzielten die gegenseitig ausgetauschten Gesandtschaften jedoch nicht: Niederkorn 1995, S. 871–873. Vgl. Vocelka 1981, S. 235–236.

1030 Der Sultan benutzte für Székely den Titel *Principatum Regni Transyluaniae, ex gratiae nostra Illustrissimo et Magnifico, Domino Moysi Zekell, Transyluaniensi*: Documente, Hurmuzaki, Vol. IV/1, S. 357–359.

worden war, in denen Radu Siebenbürgen im Süden von osmanischer Hilfe abgeschnitten hatte, marschierte der Woiwode im Juli mit seiner Hauptstreitmacht in das siebenbürgische Burzenland ein. Bei Rosenau gelang es ihm, Székely am 17. Juli 1603 eine vernichtende Niederlage zuzufügen. Székely starb auf der Flucht[1031].

Trotz dieses Erfolgs blieb Radu seinem kaiserlichen Lehnsherren treu, indem er sich wieder in die Walachei zurückzog. Das Schicksal Michaels hatte ihm vor Augen geführt, wie konkurrierende Herrschaftsansprüche bezüglich Siebenbürgen seine Stellung in der Walachei gefährdet hätten. An diesem Beispiel wurden die Gemeinsamkeiten und Unterschiede zwischen Radu und seinem Vorgänger Michael deutlich. Beide waren bestrebt, eine Einkreisung der Walachei durch Siebenbürgen und das Osmanische Reich zu verhindern, indem Siebenbürgen durch ein habsburgisch-walachisches Bündnis in die Zange genommen wurde. Dadurch wurde ein Übergewicht der osmanisch-polnischen Entente verhindert, zumindest aber ein Gleichgewicht der Mächte im Donau-Karpaten-Raum ermöglicht. Anders als Michael beschränkte sich Radu aber auf defensive Maßnahmen, um die Walachei vor einer feindlichen Invasion zu schützen und seinen dortigen Machterhalt zu gewährleisten[1032]. Mit dieser Strategie erwies sich Radu als einer der zuverlässigsten Verbündeten der Habsburger im Donau-Karpaten-Raum. Durch ihn reichte der Herrschaftsbereich des Hauses Österreich erneut bis an die untere Donau, wenngleich die Verbindungslinien in diesem überdehnten Raum sehr fragil blieben[1033].

Angesichts dieser günstigen Konstellation gelang es General Basta, der von Oberungarn aus in Siebenbürgen einmarschierte, das Land rasch unter seine Kontrolle zu bringen[1034]. Dabei wurde ihm kein größerer Widerstand entgegengesetzt, vor allem weil Székely keinen Nachfolger hinterlassen hatte, der eine Oppositionsbewegung hätte anführen können, und weil ein Großteil der habsburgfeindlichen Adligen in der Schlacht bei Rosenau gefallen war. Das sich auflösende Heer der Aufständischen und die einrückende Armee Bastas verwüsteten erneut das Land. Im Zuge dieser Wirren wurde die Residenz der siebenbürgischen Fürsten, Weißenburg, vollständig zerstört. Deshalb richtete sich Basta in Klausenburg ein, dessen protestantische Bevölkerung für ihren Abfall vom habsburgischen König drastisch bestraft wurde. Der Feldherr der Habsburger war nun, im August 1603, bis auf Weiteres der unumstrittene Herr über Siebenbürgen. Kaiser Rudolf II. nutzte seine starke Stellung aus und forderte in seinen an Basta gerichteten Instruktionen vom 20. August und 4. September 1603 eine grundlegende Umgestaltung der politischen, rechtlichen, wirtschaftlichen und sozialen Verhältnisse in Siebenbürgen. Alle Anhänger der Aufständischen sollten enteignet und dafür die habsburgische Partei belohnt werden, darüber hinaus aber auch landfremde Kommissare und Offiziere. Die zu bestrafenden Städ-

---

1031 Istoria politicii externe româneşti, S. 80. Stoy 1995, S. 72–79. Vgl. die am 4., 11. und 18. August erstellten Berichte des venezianischen Gesandten in Prag über die am Kaiserhof eingetroffenen Meldungen zur Niederlage Székelys: Documente, Hurmuzaki, Vol. VIII, S. 270–272.

1032 Rezachevici 1972, S. 762–763.

1033 Arens 2001, S. 159–160, 168–169, 171, 180, 188.

1034 Ausführlich: Arens 2001, S. 159–160, 165–169. Vgl. Barta 1990, S. 298.

te, Dörfer, Adelssitze und Komitate sollten aber nicht geplündert werden, sondern ordnungsgemäß Strafgelder an die habsburgischen Kommissare abliefern. Die politischen und wirtschaftlichen Schlüsselpositionen sollten an Deutsche vergeben werden, habsburgtreue Siebenbürger Sachsen und anzusiedelnde katholische Deutsche aus dem Reich. Der Kaiser und König verfügte, die Privilegien der Stände sollten infolge der wiederholten Aufstände gegen den „legitimen Landesherren“ prinzipiell als verwirkt angesehen werden, wobei die habsburgtreuen Stühle der Sachsen und Szekler davon ausgenommen sein sollten. Eine im absolutistischen Geist auszuarbeitende neue Landesverfassung sollte anstelle des historisch gewachsenen Staatsrechts treten. Diese staatsrechtliche Umgestaltung betraf auch die *Partes adnexae*, die in die Verwaltungsstrukturen des aus Pressburg regierten königlichen Ungarn integriert werden sollten. Diese ostungarischen Komitate, die seit den 1540er Jahren staatsrechtlich zum *Regnum Transsylvaniae* gehörten, hatten nach 1598 ihre Abgeordneten nicht nur in den siebenbürgischen Landtag, sondern zum Teil auch in den ungarischen Reichstag entsandt, den sie als ihre legitime politische Vertretung ansahen[1035]. Damit ging Rudolf II. über Bastas Plan vom 24. Februar 1603 hinaus, indem er eine umfassende Umorganisation des Landes im absolutistischen Sinne in Angriff nahm.

Basta rief im September 1603 den Landtag in Diemrich zusammen und ließ dort ein „Strafregiment“ über die abtrünnigen Stände ergehen. Aus Furcht vor Bestrafungen erschienen nur wenige Vertreter der Komitate, die nichtanwesenden Adeligen verloren ihren Besitz an die Stützen der habsburgischen Macht, vor allem an den aus dem Heiligen Römischen Reich stammenden Dienstadel und die habsburgtreuen Vertreter der Siebenbürger Sachsen, vor allem aus Hermannstadt. Die auf die Seite Székelys gewechselten Städte Klausenburg, Kronstadt und Bistritz hatten hohe Geldstrafen zu entrichten[1036]; alle vom König abgefallenen Ortschaften mussten habsburgische Besatzungen aufnehmen und verpflegen. Am 12. und 16. Januar 1604 erteilte Kaiser Rudolf seinen zum Aufbruch nach Siebenbürgen bereiten Kommissaren neue Instruktionen zur Einleitung umfangreicher Maßnahmen in Siebenbürgen. Demnach sollte das Land durch die offene Bevorzugung der römisch-katholischen Kirche wieder zum „alten Glauben“ zurückgeführt werden und die entvölkerten Gebiete mit katholischen deutschen Kolonisten aus dem Heiligen Römischen Reich oder habsburgischen Söldnern aufgesiedelt werden. Öffentliche Ämter sollten ebenfalls mit Deutschen aus dem Reich oder mit habsburgtreuen Siebenbürger Sachsen besetzt und der ungarische Adel sowie das ungarische Bürgertum politisch entmachtet werden. Außerdem war vorgesehen, dass die ungarische Bevölkerung alle von Deutschen gegründeten Städte des Komitatsbodens, z. B. Klausenburg, verlassen musste; ihr Platz sollte von deutschen Bürgern eingenommen werden. Auf dem von Sachsen bewohnten Gebiet des sogenannten ‚Königsbodens‘ sollte darauf geachtet werden, dass „die Walachen“ die Deutschen nicht zahlenmäßig überflügelten. Diese Maß-

---

1035 Arens 2001, S. 180–183.

1036 In seinem Strafbefehl vom 22. Dezember 1603 erlegte Kaiser Rudolf Kronstadt „vmb derer vnbestendigkeit vnnd abfallswillen von vnns in 80.000 Taller straf“ auf: Documente, Hurmuzaki, Vol. IV/1, S. 353.

nahmen verfolgten das Ziel, weitere Aufstände gegen die Herrschaft der Habsburger unmöglich zu machen. Die Regierung des habsburgischen Königs in Siebenbürgen sollte von einem Gouverneur geführt werden. Nachdem Erzherzog Maximilian endgültig auf diese Würde verzichtet hatte, wurde Basta auch offiziell in dieses Amt berufen, nachdem er es bereits über drei Jahre lang de facto ausgeübt hatte. Der Gouverneur sollte bei der Verwaltung des Landes von einem zwölfköpfigen Rat unterstützt werden, dessen Zusammensetzung so gewählt war, dass der ungarische Adel durch die Vertreter des Königs, der Szekler und der Sachsen leicht überstimmt werden konnte. Die Kontrolle über alle Festungen und Städte Siebenbürgens musste auf den Gouverneur übergehen, lediglich Hermannstadt und Schässburg sollten wegen ihrer Habsburg-Treue davon ausgenommen werden. Einem zukünftigen Aufstand sollte damit jede Entfaltungsmöglichkeit genommen werden.

Weiterhin erklärte Rudolf in seiner Eigenschaft als König von Ungarn und Landesherr über Siebenbürgen alle Rechtsakte, die seit der ersten Abtretung Siebenbürgens an die Habsburger im Januar 1598 von nichthabsburgischen Regierungen erlassen worden waren, für ungültig[1037]. Auf die Bitte der drei ständischen Nationen hin hatte Rudolf bereits im April 1603 explizit alle für Siebenbürgen erlassenen Rechtsakte Michaels aufgehoben. Die Gold-, Eisen- und Salzbergwerke sollten unter der Kontrolle der Landesverwaltung stehen und vorzugsweise von Deutschen reorganisiert werden. Schließlich sollten nur die habsburgtreuen Szeklerstühle ihre alten Privilegien von vor 1562 zurückerhalten und die nach Siebenbürgen geflohenen Moldauer, Walachen und Polen (Ruthenen) nur eingeschränkt das Niederlassungsrecht erhalten, und dann vor allem in abgelegenen Landesteilen, da sie eine „unruhestiftende" Bevölkerungsgruppe seien[1038].

Auf dem Höhepunkt habsburgischer Machtentfaltung in Siebenbürgen rief Basta den siebenbürgischen Landtag in Klausenburg zusammen, der auf seinen Tagungen im Januar und Februar 1604 das erwähnte politische Programm des habsburgischen Landesherren umsetzen sollte. Damit musste der Landtag der weitgehenden Entmachtung der drei ständischen Nationen sowie der geplanten Gegenreformation zustimmen[1039]. Die Stände leisteten keinen nennenswerten Widerstand gegen die politischen Vorstellungen des Kaisers und Königs, sondern forderten vor allem ein Ende der Plünderungen durch die Söldnertruppen in Siebenbürgen, die jede Form der wirtschaftlichen Erholung zunichtemachten[1040]. Das Land war zu erschöpft, um sich erneut gegen die Durchdringung seiner politischen und rechtlichen Strukturen durch die Kräfte des habsburgischen Frühabsolutismus zu wehren. Die Bemühungen zur Einbeziehung Siebenbürgens in den Herrschaftsverband der habsburgischen

1037 Davon waren alle Verfügungen von Kardinal Andreas Báthory, Michael, Moses Székely und Sigismund Báthory in seiner vierten und fünften Regierungszeit betroffen: Arens 2001, S. 195–199.

1038 Ausführlich zu den Instruktionen des Kaisers: Arens 2001, S. 195–199.

1039 Ausführlich: Alexandrescu-Dersca Bulgaru, S. 260–263.

1040 Die ungarische Hofkammer konnte diese Missstände erst im Laufe des Frühjahrs 1604 zum Teil abstellen, indem sie vorzugsweise besonders stark wütende Einheiten auflöste, ausbezahlte und abmusterte: Arens 2001, S. 199–200.

Länder waren offensichtlich, auch wenn man nicht von Zentralisierungstendenzen sprechen kann, da gerade Rudolf mit der Verlegung seiner Residenz nach Prag die Regierungsorgane und deren Kompetenzen auf die habsburgischen Seitenlinien in Innsbruck, Graz und Wien aufteilte[1041]. Die gegenreformatorischen Bestrebungen glichen jedoch denen in den anderen habsburgisch beherrschten Ländern, vor allem in Oberungarn. Die Versuche Rudolfs, eine weitgehende Kontrolle über alle siebenbürgischen Städte zu erlangen, gingen einher mit seinen Bemühungen, die prosperierenden protestantischen Freistädte in Oberungarn 1604 zum Eigentum des Königs zu erklären[1042]. Vor diesem Hintergrund gewann der alte Spruch aus dem 16. Jahrhundert „Der Türk ist der Lutherischen Glück“ erneut an Aktualität[1043]. Alle genannten Maßnahmen König Rudolfs in den Ländern der ungarischen Krone hatten das Ziel, die Herrschaft des Hauses Habsburg zu sichern, insbesondere vor dem Hintergrund des anhaltenden Türkenkrieges.

Zur Absicherung Ungarns, Siebenbürgens und der verbündeten Walachei waren starke Söldnereinheiten nötig, die mehr kosteten, als die Hofkammer in Wien einnehmen konnte. Subsidien zur Aufrechterhaltung der überdehnten Frontlinie entlang des Karpatenkamms erhielt der Kaiser sowohl von den mittlerweile erschöpften aber sich durch die Osmanen direkt bedroht gefühlten Stände der österreichischen und böhmischen Länder als auch durch die Mitglieder der Heiligen Liga, der sich der König von Spanien, der Papst, der Großherzog der Toskana oder der Herzog von Mantua angeschlossen hatten[1044].

Die umfangreichste Türkenhilfe gewährten jedoch die Stände des Heiligen Römischen Reiches Deutscher Nation auf dem Regensburger Reichstag (21. März – 3. Juli 1603). Da sich die Reichsstände vor allem während des „Langen Türkenkrieges“ vom Osmanischen Reich bedroht fühlten, profitierte der Kaiser von ihrer hohen Zahlungsmoral. Dies war im dreiviertel Jahrhundert davor nicht immer der Fall gewesen, obwohl mit dieser Hilfe seit Mitte des 16. Jahrhunderts insbesondere das antiosmanische Befestigungssystem im Königreich Ungarn finanziert wurde. Von den Militärausgaben des Kaisers, die zum Beispiel im Friedensjahr 1578 insgesamt 1.422.000 Gulden betrugen, stammten lediglich 80.000 aus dem Königreich Ungarn. Dafür wandten zum Beispiel die österreichischen und böhmischen Länder 596.000 Gulden, die übrigen Reichsstände immerhin 600.000 Gulden auf[1045]. Die aus Prager Sicht notorische Aufstandsbereitschaft des ungarischen Adels gegen

---

1041 Benda 1974, S. 98–99.

1042 Gegen diese Rechtsauffassung protestierte der ungarische Reichstag, der argumentierte, die königlichen Freistädte seien nicht Eigentum des Königs, sondern der Krone, und die Krone werde von König und Ständen gemeinsam gebildet: Benda 1974, S. 112. Vgl. Winkelbauer, Bd. 2, S. 78.

1043 Makkai, S. 87.

1044 Ausführlich dazu: Niederkorn 1993, S. 386–448. Vgl. den Bericht des habsburgischen Generals Basta an den toskanischen Gesandten beim kaiserlichen Hof in Prag, Castiglia Damiano, vom 29. Mai 1604 über die Lage in Siebenbürgen. Wortlaut in: Arens 2001, S. 302.

1045 Ausführlich zur Reichshilfe im „Langen Türkenkrieg“: Winkelbauer, Bd. 1, S. 423–448, 481–486, 514. Vgl. Tătar 2003, 118–119.

die habsburgische Herrschaft erschwerte die kaiserliche Argumentation bei den Verhandlungen um die „Türkenhilfe" des Reiches erheblich. Noch bevor die Habsburger die Herrschaft in Siebenbürgen übernommen hatten, forderte die kritische Haltung der deutschen Reichsstände von der kaiserlichen Seite eine durchdachte Argumentationsstrategie. Neben der Betonung der „Türkengefahr" für das Reich[1046], die hohe Militärausgaben nach sich ziehe, bemühte sich der Kaiser, die völkerrechtliche Ausnahmestellung des Osmanischen Reiches hervorzuheben. Da gerade die protestantischen Fürsten dem Kaiser vorwarfen, er provoziere mit seiner offensiven „Türkenpolitik" die Angriffe des Sultans, wiesen die kaiserlichen Reichstagspropositionen darauf hin, dass der Sultan „wider alle völkerrechts regeln" die laufenden Friedensverhandlungen abgebrochen, den kaiserlichen Gesandten festgenommen und eine Rückgabe der eroberten Festungen abgelehnt habe[1047]. Mit dem Verweis auf die angebliche Unzuverlässigkeit und Unberechenbarkeit des osmanischen Handelns positionierte der Kaiser das Osmanische Reich bewusst außerhalb der sich ausbildenden europäischen Völkerrechtsfamilie. Diese allgemeinen Warnungen in Verbindung mit dem Hinweis auf die konkrete Bedrohung des Heiligen Römischen Reichs durch die osmanische Einnahme der Festungen Raab[1048] und Erlau hatten wichtige Reichsfürsten von der Gefährdung Deutschlands überzeugt, sodass die Reichstage von 1594, 1597/98 und 1603 bis dahin noch nicht erreichte Summen für die „Türkenabwehr" genehmigten[1049]. Die bewilligten Mittel („Römermonate") und die zugesagten Truppenkontingente wurden dem Kaiser in der Regel auch zur Verfügung gestellt, der sie danach zügig in Ungarn einsetzen konnte[1050]. Mit 86 Römermonaten stellte die Bewilligung des Regensburger Reichstages von 1603 die höchste je auf einem Reichstag genehmigte „Türkenhilfe" dar[1051]. Damit konnten die 6.245 „deutschen Soldaten" bezahlt werden, die 1604 neben den 11.947 „ungarischen Soldaten" im königlichen Ungarn stationiert waren[1052]. Durch die Beteiligung des Reiches und verschiedener katholischer Monarchen an den Kriegskosten gelang es dem Kaiser, während des „Langen Türkenkrieges" zahlreiche deutsche, wallonische, französische oder italie-

1046 Der Kaiser betonte 1597, dass sich die letzte vor Wien liegende Festung in Besitz der Habsburger, Altenburg, nicht mehr in Ungarn, sondern bereits auf Reichsboden befinde: Schulze 1978, S. 100–101, 255–264, 364–370.

1047 Schulze 1978, S. 98.

1048 Nach dem Verlust der Festung Raab (Györ) im Jahre 1594 gelang den Habsburgern die Wiedereroberung bereits 1598: Vocelka 1985, S. 180, 186.

1049 Trotz der Abhängigkeit von den Bewilligungen der „Türkenhilfe" durch die Reichsstände, berief Rudolf II. in seiner Regierungszeit lediglich vier Reichstage (1582, 1594, 1597/98 und 1603): Vocelka 1981, S. 146, 221.

1050 Von den 20 Millionen Gulden, die der Reichstag als „Türkenhilfe" im Laufe des Krieges genehmigt hatte, erreichten die Reichsschatzkammer mindestens 80 Prozent der Summe: Wilson, S. 98.

1051 Durch die Zurückstellung der Behandlung der offenen Religionsangelegenheiten (Calvinistenfrage) kam der bis 1663 letzte erfolgreiche Reichsabschied zustande: Schulze 1978, S. 360–363. Vgl. Niederkorn 1993, S. 49–57.

1052 Die Truppen teilten sich auf die Oberhauptmannschaften von Kanischa, Raab, Neuhäusel und Oberungarn auf: Czigány, S. 283.

nische Regimenter in seinen Dienst zu stellen, die mit einer außergewöhnlich großen Feuerkraft ausgestattet waren, und die die Kriegführung in Ungarn nachhaltig revolutionierten[1053]. Im Laufe des „Langen Türkenkrieges“ soll Kaiser Rudolf II. ca. 16–17 Millionen Gulden vom Reichstag, 7–8 Millionen von den Reichskreisen, 20 Millionen von den österreichischen, böhmischen und ungarischen Ländern sowie 7,1 Millionen vom König von Spanien, vom Papst und anderen italienischen Herrschern für seine Kriegführung erhalten haben. Dadurch habe er die kaiserliche Feldarmee auf etwa 20.000 Mann anheben können, ergänzt durch ca. 10.000 ungarische Soldaten. Ihnen stand aber eine überlegene osmanische Feldarmee gegenüber, die je nach Kriegsphase zwischen 60.000 und 100.000 Mann stark war[1054].

Für ihre Unterstützung forderten die Reichsstände vom Kaiser Gegenleistungen bei den Verhandlungen um die Höhe der „Türkenhilfe“. Eroberungen auf Kosten des Osmanischen Reiches, die mit Hilfe von Reichsaufwendungen zustande kämen, sollten dem Reich zugutekommen. Mit der Besetzung Siebenbürgens und einiger ungarischer Gebiete war 1603 eine Situation entstanden, die auf den Reichstagen des 16. Jahrhunderts für Gesprächsstoff gesorgt hatte. Da aber nicht das Reich, sondern das Königreich Ungarn unmittelbar an das Gebiet des Osmanischen Reiches angrenzte, mussten komplizierte Regelungen getroffen werden, die sich in der Praxis nicht bewähren konnten. Im Jahr 1542 hatte sich der Reichstag darauf geeinigt, dass alle von den Osmanen zurückeroberten ungarischen Gebiete dem Hause Habsburg zufallen sollten, alle anderen Territorien dem Reich. Anlässlich des Türkenfeldzugs von 1566 musste sich Kaiser Maximilian in seiner Eigenschaft als König von Ungarn gegenüber dem Reichstag verpflichten, dem Reich mit ungarischen Soldaten oder Subsidien zu Hilfe zu kommen, sollte es durch andere äußere Gefahren bedroht werden. Auf dem Reichstag von 1597/98 klagten insbesondere die protestantischen Stände, dass die Eroberungen in Ungarn doch nur den Habsburgern und nicht dem Reiche zugutekämen[1055]. Sie monierten, die Reichshilfen dienten dazu, dass der Kaiser die Festungen in Besitz nehme und die Güter den ungarischen Adligen zurückgebe, allein das Reich erhalte nichts. Um solchen Klagen entgegenzuwirken, hatte der Reichspfennigmeister Geizkofler in einem anlässlich des Reichstages von 1594 erstellten Gutachten vorgeschlagen, man solle in Ungarn und Siebenbürgen Kolonien

1053 Die Bewaffnung der Truppen wurde vor allem durch die Waffenschmieden der deutschen Reichsstädte sichergestellt. Zur Rekrutierung und Ausstattung der „westlichen“ Regimenter ausführlich: Kelenik, S. 130–158. Vgl. zum ungarischen Kriegsbeitrag: Winkelbauer, Bd. 1, S. 420–422.

1054 Trotz der während des Krieges eingenommenen ca. 55 Millionen Gulden stiegen Kaiser Rudolfs Schulden auf 12 Millionen an: Wilson, S. 98, 105–106.

1055 Zu Beginn des „Langen Türkenkrieges“ hatten die lutherischen Reichsstände, insbesondere der obersächsische Reichskreis, dem Kaiser eine beträchtliche „Türkenhilfe“ zukommen lassen. Brandenburgische und sächsische Truppen beteiligten sich an der Belagerung und Einnahme der bedeutenden Festung Gran 1595. Erst die Rückschläge der christlichen Seite nach der verlorenen Schlacht von Mezökersztes 1596, an der auch 1.000 Reiter des obersächsischen Reichskreises unter Fürst Bernhard von Anhalt teilgenommen hatten, und die zögerliche Kriegsführung der Habsburger ließen eine verstärkte Kritik der lutherischen Reichsstände an den Forderungen des Kaisers aufkommen. Vgl. Schwarz 1989, S. 268–269.

gründen, um so die Reichsstände leichter für eine Unterstützung gegen die Osmanen zu gewinnen[1056]. Zehn Jahre später fanden sich diese Ideen in Form der bereits erwähnten Instruktionen des Kaisers für die Umgestaltung Siebenbürgens wieder.

Aus der starken Stellung der Habsburger in Siebenbürgen und der Walachei konnte die kaiserliche Armee jedoch keine langfristigen Erfolge in Ungarn ableiten. Bereits im Herbst 1603 rieben sich die habsburgischen und osmanischen Einheiten im Festungskampf gegenseitig auf. Um Siebenbürgen nicht erneut zu verlieren, genehmigte der Prager Hof die Überwinterung einer relativ großen Streitmacht in Siebenbürgen, die jedoch wichtige Ressourcen für den Krieg in Ungarn band[1057]. Der habsburgischen Armee gelang es auch nach mehreren Versuchen nicht, die alte Hauptstadt Ofen zu erobern. Trotz der günstigen außenpolitischen Lage und der erhaltenen Subsidien konnte das Erzhaus lediglich seinen Besitzstand aus dem Vorjahr halten. Für die mangelnde Bündelung der militärischen und finanziellen Ressourcen der Habsburgermonarchie waren nicht zuletzt die innerdynastischen Zwistigkeiten im Hause Österreich verantwortlich.

Aber auch das Osmanische Reich litt unter den Folgen einer inneren Krise. Es wurde durch heftige Aufstände in Anatolien, den sogenannten ‚Celali-Aufständen', erschüttert und musste aufgrund des 1603 ausgebrochenen Krieges mit dem persischen Safawidenreich, das unter Schah Abbas I. den Osmanen Bagdad abnahm, einen Zweifrontenkrieg gegen seine mächtigsten Nachbarn führen[1058]. Der Chan der Krim, Ghazi II. Girai, hatte wegen verschiedener Rangstreitigkeiten und Intrigen an der Hohen Pforte im Juni 1603 Ungarn mit fast seinem gesamten Heer verlassen. Die zunehmende wirtschaftliche Schwäche und die durch Korruption ineffektiv gewordenen Verwaltungsstrukturen verstärkten die Handlungsunfähigkeit des Riesenreiches. Der englische Gesandte in Konstantinopel, Henry Tello, brachte die Krise des Osmanischen Reiches in seinem Schreiben vom 27. Dezember 1603 auf den Punkt, als er die Demoralisierung und Hoffnungslosigkeit der aus Ungarn in die Hauptstadt heimkehrenden osmanischen Truppen schilderte, den Freikauf der reichen und fähigen Offiziere vom Frontdienst kritisierte und den ständigen Geldmangel der Hohen Pforte sowie die Misswirtschaft am Sultanshof hervorhob. Wegen der militärischen Erfolge Persiens und der Aufstände in Anatolien rechne die politisch-militärische Führung des Osmanischen Reiches mit keinen weiteren Erfolgen auf dem ungarischen Kriegsschauplatz und kalkuliere den dauerhaften Verlust Siebenbürgens und der Walachei ein, schrieb der Engländer. Tello betonte zum Schluss,

---

1056 Schulze 1978, S. 309. Im ausgehenden 16. Jahrhundert setzte sich die Bevölkerung, die auf dem Gebiet des ehemaligen mittelalterlichen Ungarn lebte, etwa zur Hälfte aus Lutheranern und zu einem Viertel aus Calvinisten zusammen. Das verbleibende Viertel bestand aus Orthodoxen, Katholiken und Unitariern: Molnár 2004, S. 199.

1057 In Siebenbürgen und Ostungarn überwinterten 1603/04 insgesamt 16.500 habsburgische Soldaten: Arens 2001, S. 189–191.

1058 Petritsch 2008/2009, S. 149. Die von Schah Abbas I. um 1600 an den Papst, den Kaiser, den Dogen von Venedig oder die Königin von England geschickten Freundschaftsschreiben blieben ohne Folgen: Lewis 2002, S. 20–21.

dass der Kaiser, falls der osmanisch-persische Krieg anhalten sollte, einen sehr vorteilhaften Frieden abschließen könne[1059].

Da die in der Habsburgermonarchie herrschende Geldknappheit auch die Handlungsfähigkeit der kaiserlichen Seite stark einschränkte, erhofften sich nach über zehnjährigem Ringen beide Großmächte keine durchschlagenden Erfolge mehr in Ungarn. Diese Einsicht mündete im November und Dezember 1603 in habsburgisch-osmanische Verhandlungen bei Ofen. Durch französische Vermittlung hatte Prag der Hohen Pforte Vorschläge unterbreitet, die aufgrund unüberbrückbarer Meinungsverschiedenheiten, insbesondere den Status Siebenbürgens betreffend, nicht weiter verfolgt werden konnten[1060].

Als Sultan Mehmet III. zum Jahresende 1603 starb, startete sein Nachfolger, Sultan Ahmet I., kurz darauf eine neue Friedensinitiative. Im März 1604 kam es zu ersten Verhandlungen in Pest, die aber – nach tatarischer Vermittlung – im Sommer 1604[1061] ergebnislos abgebrochen werden mussten, da die Ausgangspositionen beider Seiten immer noch zu weit auseinanderlagen. Als Lala Mehmet Pascha das Amt des Großwesirs übernahm, versuchten die Osmanen die Gegenseite mit der Rückeroberung der wichtigen Festung Gran in die Knie zu zwingen, ein Ziel, das aber im Herbst 1604 vorerst aufgegeben werden musste[1062]. Für die Habsburger kam die Rückgabe Siebenbürgens an die Osmanen als Gegenleistung für einen Frieden weiterhin nicht in Frage. Sie sahen ihre Herrschaft in Siebenbürgen, nicht zuletzt durch ihr Bündnis mit dem Woiwoden der Walachei, Radu Şerban, als gut abgesichert an[1063].

Um die Position des Hauses Habsburg an dieser Stelle zu schwächen, intensivierte die polnisch-osmanische Aktionsgemeinschaft ihre Versuche, den Bruder des moldauischen Woiwoden Ieremia Movilă, Simon, vor allem mit Hilfe krimtatarischer Truppen auf den Thron der Walachei zu setzen[1064]. Gegen die ab Oktober 1603 fast ununterbrochen einfallenden Krimtataren konnte sich Radu Şerban kaum noch behaupten. Um ihre wertvolle Stütze nicht zu verlieren, schickten Kaiser Rudolf II. und Basta im Oktober bzw. November 1603 Hilfstruppen in die Walachei, die dem Woiwoden einen Großteil der ausgehandelten Subsidien sowie die Insignien

1059 Documente, Hurmuzaki, Vol. XVI, S. 1–2.

1060 Der venezianische Gesandte in Prag, Francesco Soranzo, berichtete am 3. November und 29. Dezember 1603 über die habsburgisch-osmanischen Verhandlungen und schlug dem Dogen vor, sich „zum Wohle der ganzen Christenheit" an der Vermittlung eines Friedens zwischen Kaiser und Sultan zu beteiligen: Documente, Hurmuzaki, Vol. VIII, S. 272–273. Vgl. Wilson, S. 100.

1061 Vgl. die Berichte des venezianischen Gesandten in Prag vom 23. August und 3. September 1604 an den Dogen: Documente, Hurmuzaki, Vol. VIII, S. 283.

1062 Zachar, S. 241–242.

1063 Arens 2001, S. 178–180, 187.

1064 Der polnische König mahnte den moldauischen Woiwoden zur Vorsicht, um durch unüberlegte Aktionen nicht sein eigenes Land zu gefährden: Brief Sigismund III. an Ieremia, Krakau, 6. Mai 1604: Corfus 1983, S. 42–43. Die in der Moldau herrschende Dynastie der Movileşti genoss auch in den folgenden Jahrzehnten die Gunst der polnischen Krone, zumal die Moldau in der polnischen Schwarzmeerpolitik eine Schlüsselrolle spielte: Arens 2001, S. 88, 107.

als Lehnsmann des ungarischen Königs überbrachten[1065]. In einer feierlichen Zeremonie wurde Radu in Câmpulung die kaiserliche Standarte, eine rote Damast-Fahne, überreicht. Diesem Ereignis folgte eine Truppenparade mit mehrtägigen Feierlichkeiten[1066]. Am 10. Dezember bestätigte der Kaiser die Verleihung der Walachei an Radu Şerban und dessen Nachkommen[1067]. Zwei Tage später würdigte er in einem gesonderten Schreiben die besonderen Verdienste des Woiwoden für die Christenheit und dessen Treue dem Hause Habsburg gegenüber, weshalb er ihn unter seinen besonderen Schutz stellte. Aber der Kaiser betonte auch, Radu solle angesichts der ihm zur Verfügung gestellten Subsidien nicht an der Freigiebigkeit des Kaisers zweifeln, sondern die hohen Ausgaben des diesjährigen Feldzuges in Ungarn bedenken[1068].

Da die materiellen Hilfen des Kaisers nicht so umfangreich wie dessen Repräsentation ausfielen, sah sich der Woiwode der Walachei im Dezember 1603 gezwungen, Friedensverhandlungen mit dem Krim-Chan aufzunehmen. Radu rechtfertigte gegenüber den Habsburgern diesen Schritt mit militärischen Zwängen, und er beteuerte, Tributzahlungen an die Osmanen abgelehnt zu haben, da er dem Kaiser verpflichtet bleibe[1069]. Am 25. Dezember 1603 schrieb er dem Kaiser, dass er gemäß den Anordnungen Bastas mit den Tataren verhandelt und danach einen Frieden geschlossen habe. Für die Zahlung von 15.000 Talern habe der tatarische Gesandte Kaya Beg ein Ende der Feldzüge des Chans in die Walachei versprochen[1070]. Radu betonte, dass sich der Gesandte angeboten habe – auf Bitten des Woiwoden – dem Chan zu raten, einen Delegierten an den kaiserlichen Hof zu schicken, um Verhandlungslösungen auszuloten[1071].

Diese Verhandlungen lösten zwischen Radu, den habsburgischen Kommissaren in Siebenbürgen und dem Kaiser Diskussionen aus, die der Frage nachgingen, ob Radu sich durch einen Frieden mit dem Krim-Chan auch der Oberhoheit des Sultans unterwerfe und ob er dessen Standarte annehmen dürfe. Auf diese Erörterungen soll im Folgenden eingegangen werden, da sie einen Einblick in völkerrechtliche Bewer-

---

1065 Documente, Hurmuzaki, Vol. IV/1, S. 348–349, 349–350.

1066 Die kaiserliche Delegation wurde von Camillo Cavrioli angeführt: Stoy 1995, S. 85–86.

1067 Documente, Hurmuzaki, Vol. IV/1, S. 350–351.

1068 Ebenda, S. 351.

1069 Ebenda, S. 353–355. Vgl. Rezachevici 1985, S. 8.

1070 Nicht nur in der Moldau und Walachei schädigten die Feldzüge der Tataren in außergewöhnlicher Weise die wirtschaftlichen Ressourcen der Länder. Auch die Einquartierung der krimtatarischen Truppen in Winterlagern, die im osmanischen Ungarn lagen, stellte für die osmanische Provinzverwaltung und vor allem für die Bevölkerung eine bis an ihre ökonomischen Grenzen gehende Belastungsprobe dar: Koller, S. 168–169.

1071 Der bei den Verhandlungen anwesende osmanische Gesandte habe erklärt, wenn Radu die Standarte des Kaisers angenommen und ihn als Oberherren anerkannt habe, brauche er „keine weiteren Fahnen" in Empfang nehmen. Da der Sultan aber Frieden mit dem Kaiser wünsche, habe der osmanische Würdenträger die Reise einer tatarischen Delegation nach Prag begrüßt: Documente, Hurmuzaki, Vol. IV/1, S. 355–356. Am 19. Januar 1604 schrieb Radu an den Kaiser, er habe während der Verhandlungen erklärt, es sei nicht notwendig, dass er die Fahne des Sultans annehme, da es in erster Linie um einen Friedensschluss gehe: Stoy 1995, S. 88.

tungen der Akteure bieten, die auch Aspekte der völkerrechtlichen Stellung Siebenbürgens berühren. Kaiser Rudolf II. hatte General Basta zum Jahresende 1603 ermächtigt, in Abstimmung mit seinem Bruder, Erzherzog Matthias, dem Statthalter und Oberbefehlshaber in Ungarn, Verhandlungen mit den Krimtataren aufzunehmen[1072]. Im Januar 1604 teilte der Kaiser seinem in Siebenbürgen weilenden Kommissar Paul von Krausenegg mit, dass unter bestimmten Bedingungen ein Friede des Kaisers mit dem Krim-Chan geschlossen werden könne. Wenn sich der Chan vom Sultan lossagen sollte und die kaiserlichen Länder nicht mehr angreife, wäre Rudolf II. bereit, dem Tataren-Chan eine jährliche Summe von 10.000 Dukaten als „Verehrung“ für die Verschonung Siebenbürgens anzubieten, während der Woiwode der Walachei weitere 10.000 Dukaten für sein Land zahlen werde. Darüber hinaus erklärte der Kaiser, man dürfe dem Woiwoden Verhandlungen mit den Osmanen erlauben, solange diese nicht zu einer Anerkennung der Oberhoheit des Sultans mit einem anschließenden Feldzug der Walachei gegen Siebenbürgen führten[1073]. Am 14. Februar empfahl Radu dem Kaiserhof, die Entsendung eines tatarischen Bevollmächtigten nach Prag zu akzeptieren, um einen Frieden mit dem Chan besser in die Wege leiten zu können, der auch gegenüber dem Kaiser verhandlungswillig sei[1074]. Im Juni 1604 erschien ein Gesandter des Krim-Chans in der Walachei, den Radu durch eine walachische Delegation zu den habsburgischen Kommissaren nach Klausenburg geleiten ließ[1075]. Diesen schlug der Gesandte vor, gegen die Zahlung von 10.000 Gulden jährlich die tatarischen Feldzüge gegen Ungarn und Siebenbürgen sowie gegen weitere 10.000 Gulden jährlich auch die Angriffe auf die Walachei für die Dauer des habsburgisch-osmanischen Krieges einzustellen[1076]. Der Gesandte forderte von der kaiserlichen Seite auch die Erlaubnis für die Entgegennahme der osmanischen Standarte durch Radu. Sollte dies nicht bewilligt werden, solle Radu wenigstens die Standarte des Krim-Chans empfangen dürfen. Der tatarische Gesandte mahnte zur Eile, da der Sohn des Chans auf Befehl des Sultans bereits nach Ungarn aufgebrochen sei. Die walachische Gesandtschaft sondierte bei den kaiserlichen Kommissaren, ob der Woiwode die Standarte des Sultans nur zum Schein annehmen dürfe. Die Kommissare antworteten, Rudolf II. werde dies billigen, sofern es zum Wohl des Landes sei und wirklich zur zum Schein erfolge. Da aber alle aufgeworfenen Fragen nach Meinung der Kommissare einen zu grundsätzlichen Charak-

---

1072 Vgl. den Briefwechsel zwischen Basta und Erzherzog Matthias vom 5. und 17. Januar 1604 in: Documente, Hurmuzaki, Vol. IV/1, S. 361–364.

1073 Siehe die Instruktionen Rudolfs II. vom 6. und 20. Januar 1604: Documente, Hurmuzaki, Vol. IV/1, S. 362–363.

1074 Stoy 1995, S. 85.

1075 Die ersten unmittelbaren diplomatischen Kontakte zwischen der habsburgischen und der tatarischen Seite auf siebenbürgischem Boden während des „Langen Türkenkrieges“ stellten die Ausgangsbasis für den häufigen Austausch von Sondergesandtschaften zwischen 1633 und 1683 dar: Augustynowicz 2005, S. 323–325.

1076 Vgl. das Schreiben des Generals Basta an den Kommissar von Krausenegg über den Stand der Verhandlungen zum Zeitpunkt seiner Abreise aus Siebenbürgen (Sathmar, 18. Juni 1604): Documente, Hurmuzaki, Vol. IV/1, S. 375–376.

ter hatten, legten sie diese dem Kaiser zur Entscheidung vor[1077]. Während die kaiserlichen Kommissare eine eher dogmatische Haltung einnahmen und gegenüber Radu keine Zugeständnisse machen wollten, auch nicht bezüglich einer symbolischen Unterwerfung gegenüber dem Sultan, verhielten sich der Kaiser und seine Prager Räte flexibler und pragmatischer[1078], um die Herrschaft des verlässlichen Verbündeten an der unteren Donau nicht zusätzlich zu gefährden. Ihr Plan lief auf eine zweifache Oberhoheit über die Walachei hinaus, nämlich die – zumindest formale – Suzeränität des Königs von Ungarn und jene des Sultans oder des Krim-Chans. Die kaiserlichen Kommissare, die Radu Şerban misstrauten, rieten dem Prager Hof von einem solchen Vorgehen prinzipiell ab. Dennoch unterzeichneten die Kommissare mit dem krimtatarischen Gesandten am 30. Juni 1604 in Klausenburg ein Abkommen, in das auch die Walachei eingeschlossen wurde. Darin verpflichtete sich die krimtatarische Seite, für die Zeit des habsburgisch-osmanischen Krieges keine Einfälle in die habsburgischen Länder (erwähnt werden Siebenbürgen, Ungarn, Kroatien und Dalmatien) sowie in die Walachei zu unternehmen und einen habsburgisch-osmanischen Frieden zu vermitteln. Das Abkommen blieb jedoch ein Vorvertrag, da es von den beiden betroffenen Herrschern nie ratifiziert wurde[1079].

Von einer Gleichsetzung der geteilten Suzeränität über die Moldau mit einer mehrfachen Oberhoheit über die Walachei kann jedoch keine Rede sein, wie es Ciobanu andeutet. Während sich das Osmanische Reich und das Königreich Polen-Litauen seit dem frühen 16. Jahrhundert als strategische Partner ansahen und über mehrere Jahre hinweg de facto eine geteilte Oberhoheit über die Moldau ausübten, standen sich die Habsburgermonarchie und die Hohe Pforte wegen des unüberbrückbaren Gegensatzes in Ungarn prinzipiell unversöhnlich gegenüber. Deshalb hätte eine parallele Suzeränität über die Walachei nur insgeheim existieren können, da der walachische Woiwode eine habsburgische Oberhoheit gegenüber der Hohen Pforte immer hätte bestreiten müssen. Diese doppelte Oberhoheit kam über ein Anfangsstadium nie hinaus, weshalb auch nicht von einer gemeinsam ausgeübten Suze-

1077 Vgl. die Berichte der Kommissare an den Kaiser und Erzherzog Matthias vom Juni 1604: Documente, Hurmuzaki, Vol. IV/1, S. 376–378, 378–382.

1078 Stoy 1995, S. 86. Vgl. Arens 2001, S. 200–202.

1079 Vom Vorvertrag existieren zwei Versionen. Die erste ist umfangreicher, datiert auf den 30. Juni, in der auch Achmet Celebi als Gesandter des Chans bei den Unterschriften namentlich erwähnt wird. In diesem Vertrag ist von einer Zahlung von 20.000 Gulden an die Tataren die Rede. Wortlaut des in lateinischer Sprache abgefassten Vertrags in: Documente, Hurmuzaki, Vol. IV/1, S. 362–363, S. 376–378, S. 378–381. In einer zweiten, kürzeren und undatierten Version, ist die Rede von lediglich 10.000 ungarischen Gulden, die an den Chan zu zahlen seien. Siehe den Wortlaut dieses lateinischen Textes in: Studii şi documente, Iorga, Vol. IV, S. 151–153. Eine Erklärung für die inhaltliche Diskrepanz zwischen beiden Texten könnte der Bericht des an den Verhandlungen maßgeblich beteiligten Kommissars Paul von Krausenegg an Erzherzog Matthias vom 30. Juni 1604 bieten. Darin schreibt er, dass es ihm gelungen sei, die zwanzigtausend Dukaten „weit auf ein Ringere Summa“ heruntergehandelt zu haben. Auch Krausenegg mahnt eine schnelle Ratifikation des Dokumentes an, das mit einem Eilboten nach Deutschland gebracht werden soll: Documente, Hurmuzaki, Vol. IV/1, S. 381–382. Vgl. Arens 2001, S. 200–201.

ränität der Habsburgermonarchie und des Osmanischen Reiches über die Walachei gesprochen werden kann[1080].

Im Juni 1604 berief Kaiser Rudolf II. General Giorgio Basta in Siebenbürgen ab und ließ ihn nach Prag kommen, wo er ihn am 20. Juli zum stellvertretenden Oberbefehlshaber aller gegen das Osmanische Reich kämpfenden habsburgischen Truppen beförderte. Zum Nachfolger Bastas als Generalfeldobrist und Gouverneur Siebenbürgens wurde der aus Norditalien stammende Graf Tomaso de Cavriolo berufen. Er sollte zukünftig zusammen mit den Kommissaren Krausenegg, Im Hoff und Hoffman für die Regierung Siebenbürgens verantwortlich sein. Basta konnte sich im Sommer 1604 auf seinem neuen Kommando in Zentralungarn gegen die Hauptarmee des Sultans behaupten, allerdings musste er einige kleinere Festungen aufgeben. Auch die Mehrzahl der in Siebenbürgen stationierten habsburgischen Einheiten mussten dafür nach Ungarn abgezogen werden. In der Folge hatte Cavriolo kaum noch Truppen zur Verfügung, um ein wirtschaftlich völlig ruiniertes Land zu kontrollieren, dessen Stände mehrheitlich die Regierung des Hauses Habsburg als illegitime Gewaltherrschaft ansahen[1081]. Bereits am 13. Januar 1604 hatte eine Gruppe einflussreicher siebenbürgischer Adliger den König von Polen gebeten, den Kaiser davon zu überzeugen, die Truppen Bastas aus Siebenbürgen abziehen zu lassen und Siebenbürgen die freie Fürstenwahl zu ermöglichen, damit ein neuer Fürst in die früheren Verträge mit der Habsburgermonarchie eintreten könne. Obwohl der polnische König diese Bitte in seinem Brief an den Kaiser vom 24. Mai 1604 ansprach, reagierte Rudolf II. in keiner Weise darauf[1082].

Als Graf Cavriolo im Spätsommer 1604 den Einmarsch der osmanischen Hauptarmee in Siebenbürgen befürchtete und deshalb die vollständige Räumung des Landes in Erwägung zog, schrieb ihm General Basta, dass ein Verlust Siebenbürgens im Ernstfall verkraftbar sei, da es dem Prager Hof inzwischen nur noch sehr geringe Einnahmen garantiere[1083]. Basta, der 1603–1604 im Auftrag des Kaisers und ungarischen Königs nahezu absolutistisch in Siebenbürgen geherrscht hatte, war sich im Klaren, dass angesichts der innen- wie außenpolitischen Lage der Habsburgermonarchie Siebenbürgen vom Erzhaus nur noch unter größten finanziellen Anstrengungen gehalten werden konnte. Diese Anstrengungen erschienen vor dem Hintergrund des vollständigen wirtschaftlichen Ruins des Landes immer fragwürdiger. Inzwischen reichten die siebenbürgischen Einnahmen noch nicht einmal dafür, 1.500 habsburgische Söldner im Feld zu halten[1084]. Das Land war sechs Jahre lang von plündernden kaiserlichen, ungarischen, moldauischen, walachischen, kosakischen, heiduckischen, tatarischen und osmanischen Truppen durchzogen worden. Die Brandschatzungen, Einquartierungen, Abgaben und Strafgelder, Missernten, Hungersnöte und Seuchen

1080 Vgl. Ciobanu 1994, S. 17–74.
1081 Arens 2001, S. 202–204. Zum Widerstand der ungarischen Stände gegen das Haus Habsburg nach 1604 siehe: Benda 1974, S. 87, 106–113.
1082 Documente, Hurmuzaki, Suppl. II, Vol. II, S. 324–326.
1083 Arens 2001, S. 206–207.
1084 Höbelt, S. 23.

trafen Siebenbürgen und das östliche Ungarn in einer bis dahin noch nicht gekannten Häufigkeit und Intensität[1085]. Die eintretende demografische Katastrophe und die damit einhergehenden Verschiebungen der ethnischen Gegebenheiten in Siebenbürgen und Ostungarn zulasten der Magyaren und Deutschen, die vor allem in den Städten und entlang der Heerstraßen lebten, waren seit dem 14. Jahrhundert ohne Beispiel[1086]. Durch diese dramatische Entwicklung wurde der Erfolg der Bemühungen der Habsburger, die ständischen Strukturen des Landes durch zentralstaatliche zu ersetzen, die protestantischen Konfessionen zugunsten der katholischen auszulöschen und ein westliches Defensionswerk einzurichten, massiv infrage gestellt. Eine Überforderung der habsburgischen Ressourcen wurde von Jahr zu Jahr in dem Maße offensichtlicher, wie die Verwüstung des Landes und die Verbitterung seiner ständischen Eliten zunahmen.

4. Stefan Bocskai 1604–1606

a. Der Aufstand gegen die Habsburger 1604–1605

Die von unterschiedlichen Heeren – auch habsburgischen – verursachten Verwüstungen Siebenbürgens ließen die Stände erkennen, dass die Habsburger auch zukünftig nicht in der Lage sein würden, das Land gegen fremde Truppen zu schützen und ihr primäres Kriegsziel, die Vertreibung der Osmanen aus Ungarn, zu erreichen. Darüber hinaus zeigten nicht nur die 1603/1604 von den Habsburgern ergriffenen gegenreformatorischen Bestrebungen die Intention des Kaisers, das staatsrechtliche und konfessionelle Gefüge Siebenbürgens nachhaltig zu verändern[1087]. Dabei verband sich die Erkenntnis, die dominante Rolle der Osmanen auf lange Sicht akzeptieren zu müssen, mit jener, die Herrschaft der Habsburger so bald wie möglich abzuschütteln.

Obwohl die habsburgische Machtposition in Siebenbürgen zunehmend erodierte, brach der von allen Seiten erwartete Aufstand nicht hier, sondern in Oberungarn aus, wo die antiständischen und gegenreformatorischen Maßnahmen des Kaisers im Laufe des Jahres 1604 zu einer explosiven Stimmung geführt hatten[1088]. Nachdem im Januar 1604 der Oberbefehlshaber der habsburgischen Truppen die Kaschauer Stadtpfarrkirche gewaltsam an die Katholiken zurückgegeben hatte, fügte die Prager ungarische Kanzlei den 21 Artikeln des Pressburger Reichstages willkürlich einen 22.

1085 Basta beschreibt in seinem Brief vom 19. März 1604 an Erzherzog Maximilian eindringlich die Zerstörungen, den Hunger und die Armut, unter denen die Bevölkerung Siebenbürgens leiden musste: Studii şi documente, Iorga, Vol. IV, S. 150–151.

1086 Zu den demografischen Folgen der Kriegsjahre 1600–1605 für Siebenbürgen ausführlich: Arens 2001, S. 207–223.

1087 Király 1975, S. 205–206.

1088 Zur Bedrohung der protestantischen Stände Ostmitteleuropas durch die Gegenreformation Anfang des 17. Jahrhunderts: Schramm, S. 178–182.

Artikel hinzu, der es dem König erlauben sollte, dem ungarischen Reichstag die Behandlung von Religionsangelegenheiten zu verbieten[1089]. Diese offensichtlichen Versuche der katholischen Kirche, mithilfe der Krone das Königreich Ungarn, dessen Bevölkerung zu etwa 90 Prozent zum Luthertum oder Calvinismus konvertiert worden war, zu rekatholisieren, heizte die antihabsburgische Stimmung in den Reihen der Protestanten Ungarns und Siebenbürgens weiter an[1090].

Im Sommer 1604 unternahm der Pascha von Temeswar mit einigen ins Osmanische Reich emigrierten ungarischen Adligen einen erfolglosen Versuch, den Anführer der antihabsburgischen Adelspartei, Gabriel Bethlen, gewaltsam auf den siebenbürgischen Fürstenthron zu setzen[1091]. Als der kaiserliche Kavalleriegeneral Henri du Val, Graf von Dampierre, und der in kaiserlichen Diensten stehende Haiduckenkapitän Ludwig Rákóczi am 14. September das Lager der proosmanischen Exilanten bei Temeswar angriffen, fielen der habsburgischen Seite Schriftstücke in die Hände, die Kontakte des ehemaligen siebenbürgischen Feldherrn Stefan Bocskai[1092] zum Exilantenkreis um Gabriel Bethlen offenlegten[1093]. Aus Angst, wegen Hochverrats angeklagt zu werden, versuchte Bocskai den Kontakt zur Bethlen-Gruppe abzubrechen. Ende September 1604 zitierte General Giovanni G. Barbiano, Graf Belgiojoso, Oberbefehlshaber über die habsburgischen Truppen in Siebenbürgen und Oberungarn, Bocskai zu sich ins Feldlager. Bocskai, der seit 1602 zurückgezogen auf seinen Gütern im Biharer Komitat lebte, weigerte sich, diesem Befehl Folge zu leisten, zumal er sich seit Monaten mit dem habsburgischen General befehdete. Als habsburgische Truppen seine Burgen angriffen, entschloss er sich zum offenen Widerstand

1089 Czettler, S. 104–105. Die oberungarischen Stände beschlossen vor dem Hintergrund der harten gegenreformatorischen Maßnahmen am 8. September 1604 in Gálszécs, zukünftig Gewalt mit Gegengewalt zu beantworten: Gooss, S. 281.

1090 Makkai, S. 86–87. Vgl. Pálffy 2009, S. 212–213.

1091 Vgl. einen venezianischen Bericht vom 4. Oktober 1604 aus Prag: Documente, Hurmuzaki, Vol. VIII, S. 284.

1092 Stefan Bocskai entstammte einer Familie, die sich aus kleinadeligen Verhältnissen in die Reihen des ungarischen Hochadels emporgearbeitet hatte. Er wuchs am Kaiserhof auf und zählte zu den wichtigsten Heerführern und Beratern von Fürst Sigismund Báthory. Dessen Mutter Elisabeth war Stefans ältere Schwester, die den siebenbürgischen Woiwoden Christoph Báthory geheiratet hatte. Als loyaler Anhänger der habsburgischen Könige von Ungarn hatte Bocskai zwischen 1594 und 1599 die Einbeziehung Siebenbürgens in das prohabsburgische Lager und die Abdankung Fürst Sigismunds zugunsten König Rudolfs maßgeblich betrieben. Auf Betreiben von Fürst Andreas Báthory und danach Michael dem Tapferen verlor Bocskai alle seine Ämter. Der Landtag von Lécfalva konfiszierte am 25. November 1600 Bocskais Ländereien in Siebenbürgen und verbannte ihn aus dem Land. Danach folgte ein Zwangsaufenthalt am Prager Hof. Erst 1602 erlaubte ihm der Kaiser die Rückkehr auf seine ostungarischen Güter: Arens 2001, S. 226–227. Vgl. Gyulai, S. 34–35. Vgl. Molnár 1983, S. 36–38. Vgl. Dáné, S. 100–101. Siehe Bocskais Kurzbiografie in: Toifl/Leitgeb, S. 46–47.

1093 Bereits im März 1604 war es zu Geheimverhandlungen zwischen Bocskai, Bethlen sowie den Paschas von Temeswar und Belgrad über die mögliche Besteigung des siebenbürgischen Thrones durch Bocskai gekommen: Pálffy 2009, S. 214. Siehe auch: Papp 2003, S. 117–118. Vgl. Molnár 1983, S. 37, 64–65, 71.

und besiegte am 15. Oktober mit einem Aufgebot von Haiducken[1094] die Einheiten des Königs zwischen Álmosd und Diószeg[1095]. Nachdem Bocskai am 12. November 1604 in Kaschau eingezogen war, erhoben sich unter seiner Führung die mehrheitlich calvinistischen oberungarischen Adligen, Städte und Haiducken gegen die Herrschaft des Hauses Österreich und feierten Bocskai als *defensor religionis*[1096]. Bocskais Kampf gegen die habsburgischen Soldaten hatte sich zu einem allgemeinen Aufstand zur Verteidigung der „ungarischen Freiheit" gegen den „fremden" König von Ungarn ausgeweitet[1097]. Nach den ersten Erfolgen Bocskais, der innerhalb weniger Wochen das gesamte östliche Oberungarn unter seine Kontrolle brachte, proklamierten ihn die proosmanische Adelsfraktion und die Haiducken[1098] Ende Oktober 1604 zum Fürsten von Siebenbürgen. Diesen Titel führte Bocskai schon in seinen Briefen, die er im November 1604 aus Kaschau schrieb[1099].

Bis zum Jahresende 1604 musste der Kaiser alle beweglichen Einheiten aus Siebenbürgen abziehen, um diese in Oberungarn gegen Bocskai einzusetzen, wodurch die habsburgischen Garnisonen keine sicheren Verbindungslinien mehr zum königlichen Ungarn aufrechterhalten konnten. Obwohl Basta den Aufständischen im November zwei Niederlagen zufügte, misslang ihm im Dezember 1604 die Belagerung Kaschaus[1100]. Vielmehr musste sich das habsburgische Heer zum Jahresbeginn 1605

1094 Die Haiducken, eine mit den Kosaken vergleichbare Gruppe, bildete sich im südöstlichen Europa aus verarmten Hirten, Bauern und Kleinadeligen. Die ungarischen Haiducken, zum größten Teil Calvinisten, dienten als leichte Kavallerie im Dienste des Hauses Habsburg oder in den Privatarmeen ungarischer Magnaten. Auch als Viehtreiter standen sie in Dienstverhältnissen zum ungarischen Adel. Die sogenannten freien Haiducken leben von Raub, Fischfang und der Jagd: Arens 2001, S. 226–227. Der Begriff „Haiducke" leitet sich höchstwahrscheinlich vom ungarischen Wort „hajto" ab, das Ochsenknecht oder Ochsentreiber bedeutet: Toifl/Leitgeb, S. 4. Durch die Unterstützung Bocskais erhofften sich die Haiducken einen den Szeklern vergleichbaren Rechtsstatus. Bocskai wiederum band die Haiducken an sich, indem er im Jahre 1605 9.254 Haiducken kollektive Adelsrechte verlieh und sie auf seinen Gütern ansiedelte: Fata 2000, S. 135.

1095 Pálffy 2009, S. 214–215.

1096 Fata 2000, S. 134–135.

1097 Bocskai versuchte in einem Schreiben vom 26. März 1605 den westungarischen Adel für sich zu gewinnen. Vgl. Molnár 1983, S. 329. Vgl. Winkelbauer, Bd. 2, S. 78.

1098 Da Bocskais militärische Erfolge zu einem großen Teil auf seinen – ursprünglich irregulären – Haiduckeneinheiten beruhten, stattete er die Haiducken mit umfangreichen Privilegien aus. Der Karpfener Schenkungsbrief vom 12. Dezember 1605 leitete die Integration der Haiducken in das politische und soziale System Ostungarns ein, gefolgt von der Privilegierung der Kölesérer Haiducken (März 1606) und der Szoboszlóer Haiducken (September 1606) sowie der Anlage der Haiduckenstädte in den Komitaten Bihar und Szabolcs: Gebei, S. 137–138. Vgl. Orosz, S. 115–116, 121–122. Vgl. Nyakas, S. 127–129, 134–136.

1099 Die Osmanen und die antihabsburgische Partei des ungarischen Adels im osmanischen Temeswar bemühten sich bereits ab April 1604, Bocskai zu einem Seitenwechsel zu bewegen. Sie versicherten Bocskai, der Sultan werde die freie Fürstenwahl in Siebenbürgen akzeptieren. Im August 1604 versprach der Großwesir, das Osmanische Reich werde Siebenbürgen und Bocskai als dessen potentiellen Fürsten beschützen, falls er sich dem Sultan unterwerfe: Molnár 1983, S. 65–66, 70–72. Vgl. Oborni 2007, S. 64.

1100 Niederkorn 1993, S. 17–18.

nach Pressburg zurückziehen. Basta, dessen Hauptsorge immer noch der osmanischen Armee in Ungarn galt, schickte im Januar 1605 Stefan Csáky und Sigismund Rákóczi zu Bocskai, um mit diesem auf dem oberungarischen „Nebenkriegsschauplatz" einen Waffenstillstand abzuschließen. Als Bocskai aber die Herrschaft über Siebenbürgen forderte, ließ Basta die Verhandlungen abbrechen. Da es dem Prager Hof in den folgenden Wochen und Monaten nicht gelang, die prohabsburgischen Stände in Ungarn und Siebenbürgen wirkungsvoll zu unterstützen, wechselten im Frühjahr 1605 auch Csáky und Rákóczi auf Bocskais Seite[1101]. Bocskai hatte bereits am 12. Dezember 1604 die siebenbürgischen Stände aufgerufen, sich seiner Erhebung anzuschließen. Ohne einen Fuß nach Siebenbürgen gesetzt zu haben, benutzte Bocskai in seinem Aufruf bereits folgenden Titel: *Stefanus Boczkay de Kis-Mária, diuina miseratione Transsilvaniae princeps, partium regni Hungariae dominus et Siculorum comes*[1102]. Als im Januar 1605 der von Bocskai zum Gouverneur Siebenbürgens ernannte Ladislaus Gyulaffy mit einem 4.000 Mann starken Haiduckenheer den Karpatenbogen erreichte[1103], griff auch dort der Aufstand um sich. Im Januar und Februar 1605 schlossen sich die meisten Adelskomitate[1104] und Szeklerstühle[1105] der Opposition an und wählten Bocskai am 21. Februar 1605 auf dem Partikularlandtag von Nyárádszereda zum Fürsten von Siebenbürgen. Bereits vor den Wahlen, am 15. Februar 1605, verwendete Bocskai ein neues Siegel, auf dem er sich als *Princeps Regni Transilvaniae, Partium Regni Hungariae Dominus et Siculorum comes* bezeichnete[1106].

Danach setzte er mit seinem Haiduckenheer den Vormarsch im königlichen Ungarn fort[1107]. Am 20. April 1605 wurde Bocskai in Szerencs – im Beisein des Großwesirs – vom Kleinadel Oberungarns und einiger zisdanubischen Komitate zum „Fürsten von Ungarn" gewählt[1108]. Dieser Titel stellte in der ungarischen Verfassungsgeschichte ein absolutes Novum dar, er wurde offensichtlich in Anlehnung an den siebenbürgischen Fürstentitel gewählt, um auszudrücken, dass Bocskai damit nicht eine Entthronung des Hauses Habsburg im Königreich Ungarn bezweckte, sondern einen Rahmen suchte, um die Macht der Stände zu bündeln und zu personalisieren. Aus diesen Gründen lehnte Bocskai seine Krönung zum Fürsten von Un-

---

1101 Papp, Klára, S. 207–208.

1102 Gyulai, S. 37.

1103 Wilson, S. 101.

1104 Zeitgleich schlossen sich ihm die mächtigen ungarischen Magnaten Stefan Illésházy, Stefan Báthory, Sigismund Rákóczi, Valentin Drugeth von Hommonay, Franz Magochy, Georg Szechy, Paul Nyara, Nikolaus Dersffy und Nikolaus Thurzo an: Toifl/Leitgeb, S. 7. Vgl. Molnár 1983, S. 83.

1105 Zu den Verbündeten Bocskais in den Kreisen der Szekler siehe: Balogh 2007, S. 105, 108–111.

1106 Gyulai, S. 37.

1107 Am 2. April 1605 richtete Bocskai ein Manifest an die oberungarischen Stände, in dem er seine Motive für den Aufstand gegen die Habsburger darlegte: Documente, Hurmuzaki, Vol. IV/1, S. 412–414.

1108 Pálffy 2009, S. 217. Die Stände beschlossen auch die Gleichberechtigung der protestantischen Konfessionen mit dem Katholizismus und die Einberufung des militärischen Adelsaufgebotes: Niederkorn 1993, S. 18.

garn ab, die ebenfalls ohne historisches Beispiel gewesen wäre[1109]. Sein wichtigster politischer Berater, der Magnat und Staatsmann Stefan Illésházy, lehnte den ungarischen Fürstentitel aus staatsrechtlicher Sicht jedoch ab. Er schrieb Bocskai im Sommer 1606, dass „der Princeps in Ungarn nie etwas anderes war, als nur der Sohn der Könige“[1110]. Den siebenbürgischen Bezug des ungarischen Fürstentitels betonten die in Szerencs versammelten ungarischen Stände in einem Schreiben an den Landtag Siebenbürgens, in dem sie Bocskai als den „allen gemeinsamen Fürsten“ bezeichneten und ihre Hoffnung ausdrückten, dass alle Teile des Königreichs Ungarn zu einer Einheit zusammengefügt würden[1111]. Dieser Wunsch erwies sich als völlig utopisch, da sich – anders als es die nationalromantische ungarische Geschichtsschreibung des 19. und 20. Jahrhunderts suggerierte – die Mehrheit der ungarischen Stände nicht Bocskais „Freiheitskampf“ anschloss[1112]. Lediglich in Oberungarn konnte Bocskai sich einer breiten ständischen Unterstützung sicher sein. In den anderen Landesteilen schlossen sich ihm die Adeligen nur an, solange die Truppen der Aufständischen und des Sultans durch ihre Güter zogen, vor allem um diese vor Plünderungen zu schützen. Die Angehörigen des Hochadels – mehrheitlich Protestanten – und der katholischen Geistlichkeit, vor allem jene, die im Regierungs- und Verwaltungsapparat des Königreichs Ungarn tätig waren, sowie die meisten Kommandanten der Grenzfestungen hielten König Rudolf die Treue. Dadurch, dass sich viele Adelige mit ihren Privatarmeen den Söldnern des Königs und dessen Festungsmannschaften anschlossen, um den Bocskai-Aufstand niederzuschlagen, kann für die Jahre 1605 und 1606 von einem regelrechten ungarischen Bürgerkrieg gesprochen werden[1113].

Auch die siebenbürgischen Stände waren weiterhin in der Frage gespalten, ob sie sich Bocskai anschließen, oder dem Haus Habsburg die Treue halten sollten. Da die Vertreter der Nationsuniversität der Siebenbürger Sachsen nicht am Landtag von Nyárádszereda teilgenommen hatten, auf dem Bocskai am 21. Februar 1605 zum Fürsten von Siebenbürgen gewählt worden war, bestritten die Sachsen die Rechtsgültigkeit der Wahl, weil die erforderliche Stimme des dritten Standes fehlte. Zu diesem Zeitpunkt konnte sich die habsburgische Seite im östlichen Ungarn und in Siebenbürgen nur noch auf die Besatzung der Festung Großwardein und die Streitkräfte der Nationsuniversität der Siebenbürger Sachsen stützen[1114]. Letztere setzte

---

1109 Der Gegenangriff der Habsburger unter Graf Tilly im Oktober 1605 machte eine Krönung Bocskais auch aus machtpolitischen Gründen hinfällig: Barta 1990, S. 299. Das Ziel der aufständischen ungarischen Stände bestand im 17. Jahrhundert vor allem darin, das aus ihrer Sicht verletzte Gleichgewicht zwischen ihnen und dem Herrscher wiederherzustellen, das Herrscherhaus dabei aber nicht abzusetzen: Szakály, 42–44.

1110 Oborni 2007, S. 70.

1111 Monumenta comitialia Regni Transylvaniae, Bd. V, S. 379.

1112 Mit Verweisen auf die zeitgenössische Korrespondenz mehrerer einflussreicher ungarischer Adliger, die Bocskais Gefolgsleute als „gottlose Rebellen, Insurgenten und Verräter“ bezeichneten, betont Pálffy, wie umstritten Bocskais Aufstand innerhalb der ungarischen Elite war, weshalb er nicht als „nationaler Unabhängigkeitskrieg“ bezeichnet werden könne, zumal er das Ziel verfolgte, Siebenbürgen und Ungarn unter die Oberhoheit des Sultans zu stellen: Pálffy 2009, S. 220.

1113 Pálffy 2009, S. 217–219.

1114 Arens 2001, S. 228–233.

ihren Kampf für die Sache des Kaisers – mit Hilfe des walachischen Woiwoden Radu Şerban und dessen Heerführers Georg Rácz – bis zum September 1605 fort. Nachdem die übliche Sommerkampagne der habsburgischen Armee ausgeblieben und stattdessen ein moldauisch-osmanisch-krimtatarisches Heer im August 1605 in Siebenbürgen eingefallen war, sah die Führung der Sächsischen Nationsuniversität die Aussichtslosigkeit ihres verlustreichen Widerstandes und die Unfähigkeit der Habsburger, ihre Verbündeten zu unterstützen, ein[1115]. Bocskai stellte die Hilfe, die er vom Sultan erhalten habe, der Hilflosigkeit des Hauses Österreich entgegen, um mit diesem propagandistischen Druckmittel die sächsische Seite zur Aufgabe zu bewegen[1116]. Kronstadt, das einerseits auf seine Unterstützung der antihabsburgischen Kräfte unter Sigismund Báthory und Moses Székely verweisen konnte, andererseits beim Adel um Verständnis für die Eidestreue der prohabsburgischen sächsischen Stühle warb, vermittelte einen Ausgleich zwischen der Nationsuniversität der Sachsen und Stefan Bocskai[1117]. Da Letzterer sich nun auf alle drei siebenbürgischen Stände stützen konnte, berief er im September 1605 einen neuen Landtag nach Mediasch ein. Dort wurde er am 14. September mit den Stimmen aller drei ständischen Nationen zum Fürsten von Siebenbürgen gewählt. Die Stände schworen ihm Treue, er gelobte, deren alte Rechte und Privilegien zu respektieren[1118].

Die beiden Fürstentitel widerspiegelten sich auch in den von Bocskai ab September 1605 geprägten Münzen. In Übereinstimmung mit dem von ihm seit dem Frühjahr 1605 verwendeten Titel *Nos Stephanus Dei gratia Hungariae Transilvaniaque Princeps et Siculorum Comes et cetera* war auf den Dukaten die Prägung *STEPHA. BOCSKAI. PR. TRAN. SYL* zu finden, auf den Goldtalern die Titulatur *HVNG. DOMINVs. ET SICVLORVM STEPHANVs. BOCSKAI. DE KIs. MARIA. PRIN. TRAN. SYLVA. PARTIVM. REGNI COMES* sowie auf den Groschen *STEPH. D. G. HVN. TRAN. D. ET SIC. CO*[1119].

1115 Neben der unsicheren Nachrichtenlage trug zum langen Ausharren der Sachsen im habsburgischen Lager auch die Unbeliebtheit Bocskais bei, dem die Einbeziehung Siebenbürgens in den Krieg gegen das Osmanische Reich mit all seinen Folgen angelastet wurde: Barta 1990, S. 299–300. Ausführlich zum Ausharren der kaisertreuen sächsischen Städte und habsburgischen Beamten in Siebenbürgen: Arens 2001, S. 230–235. Vgl. Niederkorn 1993, S. 18. Vgl. Pálffy 2009, S. 220.

1116 Felezeu 2005, Cadrul politic internaţional, S. 32. Darüber hinaus hatte Radu Şerban am 5. August 1605 einen Bündnisvertrag mit Bocskai abgeschlossen, so dass die kaiser- und königstreue Fraktion vollständig eingekesselt war.

1117 Eine zentrale Rolle spielte dabei der Kronstädter Notarius Michael Weiß, der früher zusammen mit Bocskai diplomatische Missionen des Füsten Sigismund Báthory ausgeführt hatte, und der im Sommer 1605 mehrere Rechtfertigungsschreiben der Sachsen an Bocskai und den Adel versandte: Quellen zur Geschichte der Stadt Brassó, Bd. V, S. XXXIII–XXXVI, 172–190.

1118 Vgl. die Berichte des venezianischen Gesandten in Prag an den Dogen vom 31. September und 10. Oktober 1605: Documente, Hurmuzaki, Vol. VIII, S. 296–297.

1119 Butnariu 2004, S. 145–146. Auf den in Frauenbach 1605 geprägten Goldtalern findet sich auch die Inschrift: STEPHANUS BOCHKAY DE KIS MARIA PRIN[CEPS] TRANSYL[VANIAE] PARTIVM REGNI DOMINVS ET SICVLOR[UM] COMEs. Von Bocskai angefertigte Portraits aus den Jahren 1605/1606 tragen ebenfalls den Titel *Stephanus Bochkay, D G Hungar et Transylvan princeps et Siculorum comes etc.*: Gyulai, S. 35–37.

Die Beschlüsse des Mediascher Landtags stellten die rechtlichen Gegebenheiten vor der ersten Machtübernahme der Habsburger 1598 wieder her und schufen den verfassungsrechtlichen Rahmen für die Neukonstituierung des Fürstentums Siebenbürgen, das nach 1598 – nach mittelalterlichem Vorbild – als Woiwodschaft in den ungarischen Reichsverband eingegliedert worden war[1120]. Damit wurden auch die Voraussetzungen für die Wiederherstellung der inneren Ruhe und Ordnung geschaffen. In einer Vereinbarung mit Georg Rácz wurde ihm und seinen Heerhaufen der freie Abzug in die Walachei beziehungsweise nach Polen garantiert. Gleichzeitig zogen die Moldauer, Tataren und Osmanen mit großer Beute aus Siebenbürgen ab. Als Statthalter setzte Fürst Stefan Bocskai in Siebenbürgen Ladislaus Gyulaffy und danach Sigismund Rákóczi ein, er hielt sich fortan vor allem in Oberungarn auf[1121]. Obwohl der ungarische König die Beschlüsse des Mediascher Landtags und damit die Wahl Bocskais zum Fürsten von Siebenbürgen erst ein Jahr später anerkannte, endete im September 1605 de facto die Herrschaft des Hauses Österreich in Siebenbürgen. Die Versuche der Habsburger, Siebenbürgen nach 1598 in ihren Reichsverband einzubeziehen, endeten mit einem völligen politischen und militärischen Misserfolg. Mit unzureichenden Mitteln, Kenntnissen über die lokalen Gegebenheiten und Führungsfähigkeiten ausgestattet, versuchten die Habsburger gleichzeitig die Osmanen aus Ungarn zu vertreiben, Siebenbürgen in ihr Reich einzugliedern, die Macht der Stände zu brechen und den Katholizismus wieder einzuführen. Die Überschätzung der eigenen Möglichkeiten und vor allem die – wenn auch geschwächte – Macht des Osmanischen Reiches verhinderten eine nachhaltige Herrschaft der Habsburger in Siebenbürgen und damit auch die Umgestaltung der dort etablierten rechtlichen, politischen und konfessionellen Ordnung[1122]. Aus der Rückschau betrachtet, sollte ein halbes Jahrhundert vergehen, bis ein habsburgisches Heer erneut siebenbürgischen Boden betrat und das Land durch den Größenwahn seines Fürsten wieder im Chaos versank.

Die antihabsburgisch eingestellten europäischen Mächte verfolgten die Entwicklung des Bocskai-Aufstands mit großer Aufmerksamkeit und entsprechendem Wohlwollen[1123]. Vor allem englische und niederländische Agenten, die sich im Umfeld Bocskais als Kaufleute tarnten, berichteten sehr ausführlich über die Lage in Ungarn und Siebenbürgen. Auch die englischen Gesandten am Kaiserhof und in Konstanti-

1120 Vgl. Oborni 2007, S. 66.

1121 Gooss, S. 284. Vgl. Arens 2001, S. 228–233. Vgl. Molnár 1983, S. 84.

1122 Zum Scheitern der habsburgischen Pläne, den Absolutismus in Ungarn und Siebenbürgen im späten 16. und frühen 17. Jahrhundert einzuführen: Pálffy 2006, S. 280–300. Vgl. Arens 2001, S. 235–236.

1123 Eine Gesamtanalyse von Bocskais Außenpolitik im Kontext der internationalen Beziehungen fehlt. Erst in den vergangenen zwei Jahrzehnten hat die ungarischsprachige Historiografie Teilaspekte von Bocskais Außenpolitik, die über das Verhältnis zur Habsburgermonarchie hinausgehen, eingehender untersucht. Várkonyi bezeichnet als eine Aufgabe zukünftiger Forschungsarbeit, Bocskais Briefwechsel mit ausländischen Mächten systematischer zu untersuchen und herauszugeben. Vgl. Várkonyi 2007, S. 15–18, 29. Zur Haltung der französischen Außenpolitik gegenüber dem Bocskai-Aufstand siehe: Sahin-Tóth, S. 123–130.

nopel schrieben über den Aufstand Bocskais und analysierten dessen Auswirkungen auf die politische Situation in Ungarn. Die englische Regierung verharrte aber auf ihrer Position des passiven Beobachters[1124].

Im Gegensatz dazu handelte das Osmanische Reich sofort, das früh die Möglichkeiten erkannte, den Aufstand für seine Zwecke zu nutzen. Für die Hohe Pforte waren die völkerrechtlichen Verbindungen Siebenbürgens zum Osmanischen Reich durch den Lossagungsakt des siebenbürgischen Landtages von 1594 nicht unterbrochen worden. Diese Sichtweise stellte die Pforte während der antihabsburgischen Aufstände nach 1598, zum Beispiel im Falle Moses Szekelys 1603, immer unter Beweis. Auch im Herbst 1604 versuchte der Sultan unverzüglich, an das genau zehn Jahre zuvor unterbrochene Suzeränitätsverhältnis anzuknüpfen. Auf Betreiben der proosmanischen ungarischen Adelspartei unter Gabriel Bethlen rief der Großwesir bereits Ende Oktober 1604 die siebenbürgischen Stände auf, sich unter das Kommando Bocskais, den er bereits als „Fürst“ bezeichnete, zu stellen, wobei er hervorhob, dass dieser ein „Untergebener des Sultans und Feind des Kaisers“ sei[1125]. Zwischen dem 5. und 14. November 1604 proklamierte der Großwesir im Namen des Sultans Bocskai zum Fürsten von Siebenbürgen und „König von Mittelungarn“ (*Orta Macar kîralî*). Dem Fürstentum wurde für zehn Jahre der Tribut erlassen, dafür durfte es aber nur mit Zustimmung des Sultans Frieden mit den Habsburgern schließen. Am 19. oder 20. November 1604 überbrachte ein osmanischer Tschausch Bocskai die Bestallungsurkunde des Sultans sowie die von ihm gesandten Herrschaftsinsignien[1126]. Kurze Zeit später trafen auch die ersten osmanischen und tatarischen Hilfstruppen in Bocskais Lager ein, die er – anders als Moses Székely – nicht in Siebenbürgen einsetzte[1127]. Bocskai unterhielt eine rege Korrespondenz mit der Hohen Pforte. Am 25. März 1605 versicherte er dem Großwesir seine Treue gegenüber den Osmanen, da sie das Fortbestehen seines Landes garantierten[1128]. Den Osmanen war es gelungen, den Kampf der oberungarischen Stände für Religionsfreiheit und gegen die „kaiserliche Unterdrückung“ für die Wiederherstellung der osmanischen Oberhoheit über das Fürstentum Siebenbürgen und die Stärkung ihrer Position in Ungarn auszunutzen. Am 8. April 1605 bedankte sich Bocskai für die Intervention des Sultans beim polnischen König, den Ahmet I. aufgefordert hatte, die Aufständischen zu unterstützen.

Obwohl die Erhebung den Interessen der Adelsrepublik zu entsprechen schien, verhielt sich der polnische Hof zunächst abwartend, da die Erinnerung an den geschei-

1124 Kurucz 1998/1999, S. 48. Vgl. Toifl/Leitgeb, S. 6.

1125 Die Osmanen und die antihabsburgische Partei des ungarischen Adels im osmanischen Temeswar bemühten sich bereits ab April 1604, Bocskai zu einem Seitenwechsel zu bewegen: Molnár 1983, S. 65–66, 70–72.

1126 Pálffy 2009, S. 216–217. Vgl. Papp 2003, S. 261–263. In seiner Bestallungsurkunde nahm der Sultan Bezug auf Bocskais Verwandtschaft mit der vormals regierenden Familie Báthory: Felezeu 2005, Cadrul politic internațional, S. 31–32. Vgl. Gooss, S. 282. Vgl. Gyulai, S. 37. Vgl. Butnariu 2004, S. 142–143.

1127 Rezachevici 1985, S. 146.

1128 Oborni 2007, S. 64.

terten Szekely-Aufstand von 1603 noch sehr präsent war[1129]. Einen gewissen Einfluss könnte auch die Haltung des Papstes zu dieser Frage gehabt haben, der kurz nach dem Ausbruch des Aufstandes König Sigismund III. ermahnte, den Frieden mit dem Kaiser zu bewahren und die „Rebellen" nicht zu unterstützen[1130]. Bocskai hatte bereits am 19. Januar 1605 den polnischen Krongroßkanzler Jan Zamoyski um Rat und Hilfe gebeten, nachdem er die Gründe für seinen Aufstand dargelegt hatte. Dabei hob er das traditionell gutnachbarschaftliche Verhältnis zwischen den Königreichen Polen und Ungarn und das seit König Stefan Báthory anhaltende Wohlwollen Zamoyskis gegenüber der „ungarischen Nation" hervor. Bocskai beschwor auch das gemeinsame Schicksal, welches das Fürstentum Siebenbürgen und das Königreich Polen teilten, da sie „zwischen die beiden Reiche", also die Habsburgermonarchie und das Osmanische Reich, gelangt seien. Der Kaiser wolle „unter dem Vorwand des Türkenkrieges auch Polen in den Krieg schicken" schrieb Bocskai, um sich die Unterstützung Zamoyskis zu sichern. Aber auch „die Türken" bedrohten Polen, weshalb Bocskai mit der Einnahme Kaschaus, das die Osmanen begehrten, „dem ganzen Christentum und der polnischen Republik keinen kleinen Gefallen getan" habe[1131]. Erst als Bocskais Machtbasis gefestigt schien, unterbreitete im April 1605 ein polnischer Gesandter den in Szerencs versammelten ungarischen Ständen das Angebot König Sigismunds III., zwischen Bocskai und dem Kaiser einen Frieden zu vermitteln[1132].

Während das Osmanische Reich und allmählich auch das Königreich Polen Bocskais Partei ergriffen, blieb der Woiwode der Walachei, Radu Şerban, seinem kaiserlichen Lehnsherren zunächst treu[1133]. Als es Bocskai gelang, Siebenbürgen und das östliche Ungarn fast vollständig zu besetzen und die Krimtataren ihre Einfälle in die Walachei verstärkten, war der Woiwode gezwungen, die neuen machtpolitischen Realitäten im Donau-Karpaten-Raum zu akzeptieren. Der kaiserliche Kommissar Johann von Rhener berichtete an Rudolf II., Radu Şerban habe ihm versichert, dass er den auf den Kaiser geleisteten Eid bis an sein Lebensende einhalten wolle. Aufgrund der großen Entfernungen sei er jedoch nicht mehr in der Lage, den kaiserlichen Armeen zu Hilfe zu kommen, zumal seine nach Prag gesandten Briefe „von dem Siebenbürger aufgefangen, erbrochen vnd gelesen worden". Im Falle seiner Vertreibung erbat Radu vom Kaiser ein Gut, z. B. in Schlesien. Radu wünschte, dass die Walachei in einen großen Frieden zwischen dem Kaiser und dem Sultan einbezogen werde, „damit nicht wegen seiner der Christenhait trewgelaisten dienst, Er vil vnzehlig Vnglückh erleiden, hören vnd auszstehen müeste". Zum Schluss bat Radu darum, seine Wünsche geheim zu halten, damit weder der „Türckhe" noch der „Sibenbürger" davon erfahre[1134].

1129 Felezeu 2005, Cadrul politic internaţional, S. 32. Vgl. Ciobanu 1994, S. 15–17.

1130 Siehe das Schreiben Clemens VIII. an den polnischen König vom 11. Dezember 1604 in: Documente, Hurmuzaki, Vol. VIII, S. 290.

1131 Molnár 1983, S. 89–92, 111–115, 120, 334. Vgl. Várkonyi 2007, S. 26–27.

1132 Monumenta comitialia Regni Hungariae, Bd. XI, S. 143.

1133 Stoy, S. 91–92.

1134 Undatiertes Schreiben in: Documente, Hurmuzaki, Vol. IV/1, S. 359–360.

Die Schaukelpolitik Radus zwischen Kaiser und Sultan widerspiegelte sich auch in seiner Haltung gegenüber den Sachsen, den letzten Verbündeten der Habsburger auf siebenbürgischem Boden[1135]. Mit der nach Hermannstadt wichtigsten politischen Größe innerhalb der Sächsischen Nationsuniversität, Kronstadt, hatte Radu Şerban bereits 1604 einen Bündnis- und Freundschaftsvertrag geschlossen, der die Konflikte zwischen dem Woiwoden und dem Vorort des Burzenländer Distrikts beilegte[1136]. Kronstadt repräsentierte die Fraktion innerhalb der sächsischen Stühle und Distrikte, die dem Kaiser skeptisch bis distanziert gegenüberstand[1137]. Für seine antihabsburgische Einstellung musste Kronstadt 1603 insgesamt 20.000 Taler Strafe an General Basta bezahlen. Dieses Geld sollte an den Woiwoden der Walachei weitergeleitet werden, dessen Soldaten nach der siegreichen Schlacht gegen Moses Székely bei Kronstadt geplündert und Schäden verursacht hatten[1138]. Die Stadt forderte 1604 die Rückgabe aller geraubten Güter, auch jener, die sich im persönlichen Besitz Radus befanden[1139]. Nach der Lösung dieses Konflikts baute Radu Şerban zum Kronstädter Stadtrichter Michael Weiß freundschaftliche Beziehungen auf, und es entwickelte sich in den folgenden Jahren ein reger Gesandtenaustausch. Auch Michael Weiß reiste öfters als Sondergesandter der siebenbürgischen Fürsten an den Hof der Walachei nach Târgovişte, und Radu Şerban verweilte mehrmals als Gast innerhalb der Kronstädter Stadtmauern. Dieser Austausch führte lediglich die seit dem Mittelalter bestehende Tradition enger Beziehungen der Woiwoden der Moldau und Walachei zu den großen freien Städten der Sachsen, vor allem Hermannstadt, Kronstadt und Bistritz, fort, um Grenzregulierungen vorzunehmen, Streitigkeiten bei der Nutzung der Weiden in den Karpaten beizulegen und Handelsprivilegien zu erteilen[1140].

Neben den freundschaftlichen Beziehungen zu Kronstadt versuchte Radu Şerban auch sein gutes Verhältnis zu den habsburgfreundlichen Städten der Siebenbürger Sachsen, vor allem Hermannstadt, fortzuführen. Im Februar 1605 griff eine 700 Mann starke Söldnereinheit des Woiwoden auf der Seite der habsburgtreuen sächsischen Streitkräfte in die Kämpfe gegen Bocskais Truppen ein und übernahm im April die Verteidigung Mediaschs[1141]. Dies führte dazu, dass Bocskai am 25. März 1605 vom Großwesir die Absetzung des Woiwoden forderte, da dieser die osmanische Oberhoheit nur zum Schein angenommen habe. Als Nachfolger schlug er Si-

---

1135 Rezachevici 1985, S. 8.

1136 Der Vertrag von 1604 wird in der Chronik des Popen Vassilie, des Oberpfarrers der orthodoxen Kirchengemeinde der Kronstädter Oberen Vorstadt erwähnt. Dessen Vater Michael wurde vom Kronstädter Rat zum Hof des Woiwoden Radu nach Târgovişte gesandt, um Bündnisverhandlungen einzuleiten. Diese führte Radu bis zum Vertragsabschluss persönlich in Kronstadt zu Ende: Quellen zur Geschichte der Stadt Brassó, Bd. V, S. 4.

1137 Philippi 1982, S. 32–33.

1138 Documente, Hurmuzaki, Vol. IV/1, S. 353.

1139 Stoy 1995, S. 88–89.

1140 Zu den Beziehungen zwischen der Walachei und der Stadt Kronstadt zu Beginn des 17. Jahrhunderts siehe die Urkunden in: Veress, Documente, Vol. VII, S. 273, 280, 292, 294–295, 302, 304–306. Vgl. Rezachevici 1972, S. 764.

1141 Documente, Hurmuzaki, Vol. XV/2, S. 821–822. Vgl. Andreescu, S. 86.

mon Movilă vor, dessen Bruder Ieremia die Moldau regierte[1142]. Damit spielte Bocskai auf die bereits erfolgte Unterstellung Radus unter die Oberhoheit des Sultans an. Bereits im Dezember 1604 überbrachte ein osmanischer Tschausch dem Woiwoden der Walachei die Einsetzungsstandarte des Sultans. Der neue Jahrestribut der Walachei betrug nur noch 32.000 Dukaten, etwa ein Fünftel der Summe, die der Woiwode Michael noch vor Ausbruch des Krieges zahlen musste[1143]. Die Nachricht von der Anerkennung der osmanischen Oberhoheit durch Radu wirkte auf Wien und Prag wie ein Schock. Sein Versprechen, die Sache des Kaisers insgeheim weiter zu fördern, erfüllte Radu 1605 mit seiner Februar-Intervention in Siebenbürgen, auch weil er auf eine Frühjahrsoffensive der habsburgischen Truppen hoffte. Als diese jedoch ausblieb, schickte der Woiwode im April 1605 eine Delegation walachischer Bojaren nach Konstantinopel, die das Land dem Sultan unterwarfen und im Gegenzug die Belassung Radus auf dem Thron der Walachei sowie den benötigten Frieden forderten[1144]. Ende April verlangte Bocskai von der Pforte erneut die Entfernung Radus aus der Walachei, da dessen Truppen weiterhin in Siebenbürgen auf habsburgischer Seite operierten, worauf der Sultan den moldauischen Woiwoden damit beauftragte, in die Walachei einzufallen, um den als unzuverlässig eingestuften Radu zu ersetzen[1145]. Die Ende Juni und Anfang Juli mit Bocskais Rückendeckung erfolgte militärische Intervention der Moldauer in der Walachei konnte zwar von Radu abgewehrt werden. Er musste dennoch erkennen, dass nur ein Ausgleich mit Bocskai den benötigten Frieden mit dem Osmanischen Reich einleiten würde. Ein klarer Bruch mit den Habsburgern und ein Rückzug der walachischen Truppen aus Siebenbürgen waren der Preis, den er für seinen Thron zahlen musste. Die Entscheidung, einen raschen Ausgleich mit Bocskai zu suchen, wurde dadurch erleichtert, dass im Sommer 1605 die Sachsen ihren Widerstand gegen den neuen Landesherren aufgaben[1146].

Erste Gespräche zwischen den Vertrauten Stefan Bocskais und Radu Şerbans ergaben die Entsendung einer siebenbürgischen Delegation, der Gabriel Haller, Johannes Kálnoki, Markus Schunckabunck und Michael Weiß angehörten[1147], nach Târgovişte. Die in der walachischen Residenzstadt geführten Verhandlungen[1148] wurden am 5. August 1605 mit dem Abschluss eines Bündnisvertrages zwischen Stefan Bocskai und Radu Şerban beendet. Beide Seiten gelobten einander gute Nachbarschaft und versprachen sich gegenseitige militärische Unterstützung. Radu Şerban verpflichtete sich in der von ihm ausgestellten Vertragsurkunde, seine Truppen unter Georg Rácz

---

1142 Stoy 1995, S. 91–92. Am gleichen Tag schrieb Bocskai an den moldauischen Woiwoden, dem er die siebenbürgische Intervention zugunsten seines Bruders mitteilte, und forderte von ihm militärische Unterstützung gegen den walachischen Woiwoden: Andreescu, S. 86.

1143 Documente, Hurmuzaki, Vol. IV/2, S. 279–280.

1144 Documente, Hurmuzaki, Vol. IV/2, S. 283.

1145 Felezeu 2005, Cadrul politic internaţional, S. 32.

1146 Andreescu, S. 86–87.

1147 Nägler/Philippi 1979, S. 197. Vgl. Lupaş 1940, Documente, S. 78.

1148 Vgl. zu den Verhandlungen zwischen Bocskai und Radu: Documente, Hurmuzaki, Vol. IV/1, S. 407.

unverzüglich aus Siebenbürgen abzuziehen[1149], und er erklärte zusammen mit seinen Bojaren, dass sie als Verbündete des Fürsten von Siebenbürgen „Freund seiner Freunde und Feind seiner Feinde“ blieben solange er lebe. In dem von der siebenbürgischen Delegation ausgestellten Vertragsdokument schworen die Unterhändler im Namen Bocskais dem Woiwoden Freundschaft, und sie verpflichteten sich, falls der Bruder des moldauischen Woiwoden, Simon Movilă, plane, die Walachei erneut anzugreifen, ihn davon abzubringen oder den siebenbürgischen Fürsten dazu zu bewegen, der Woiwodschaft Walachei Hilfe zu leisten. Die siebenbürgische Seite versprach, sich bei der Hohen Pforte für eine lebenslange Herrschaft Radu Şerbans in der Walachei einzusetzen. Sollte der Woiwode mit den Bojaren dennoch vertrieben werden, so verpflichtete sich Bocskai, sie in Siebenbürgen aufzunehmen[1150]. Bereits zehn Tage nach Abschluss des Vertrages berief sich Radu Şerban auf ihn, als er Stefan Bocskai um militärische Hilfe gegen den erwähnten Simon Movilă bat[1151]. Um seine Verbundenheit mit der siebenbürgischen Seite auszudrücken, sandte Radu eine größere walachische Delegation zum Mediascher Landtag, der am 14. September 1605 Stefan Bocskai mit den Stimmen aller drei Stände zum Fürsten von Siebenbürgen wählte[1152].

Der gemeinsame Bündnisvertrag stärkte sowohl Siebenbürgen als auch die Walachei in ihren Beziehungen zu Prag und Konstantinopel. Aus Mediasch schrieb Bocskai am 4. September 1605 an seinen Vertrauten Illésházy, der gerade mit den Unterhändlern des Kaisers verhandelte: „Auch der Woiwode aus der Walachei Radu [...] will mit uns leben oder sterben“[1153]. Das Abwerben des langjährigen Verbündeten des Erzhauses sollte den Habsburgern als Trumpf präsentiert werden. Aber auch Radu war bemüht, den Vertrag gezielt für seine Interessen zu nutzen. Um seine Stellung an der Hohen Pforte zu festigen, bat er den siebenbürgischen Gesandten in Konstantinopel, dem Sultan sofort und schriftlich die Unterzeichnung des neuen siebenbürgisch-walachischen Bündnisvertrages mitzuteilen[1154]. Die neue Allianz führte in der Tat dazu, dass die Hohe Pforte bereit war, Radu als Woiwoden der Walachei zu dulden. Am 28. Oktober 1605 wies der Sultan Simon Movilă an, seine noch in Siebenbürgen operierenden Truppen aufzulösen und an den Hof seines Bruders, des

1149 Rácz übergab Schässburg am 9. September 1605 und verließ daraufhin Siebenbürgen: Quellen zur Geschichte der Stadt Brassó, Bd. V, S. 185.

1150 Wortlaut des aus den in lateinischer Sprache abgegebenen Erklärungen Radu Şerbans und der siebenbürgischen Delegation zusammengesetzten Vertragswerkes in: Lupaş 1940, Documente, S. 77–79. Der Gelehrte Wolfgang Bethlen veröffentlichte im sechsten Band seiner Quellensammlung *Historia de rebus Transsylvanicis*, die in zweiter Auflage in Hermannstadt 1793 erschienen war, den Vertrag nach der Überlieferung durch den Chronisten Stefan Szamosközy. Vgl. Rezachevici 1972, S. 763.

1151 Lupaş 1940, Documente, S. 79–80.

1152 Neben den walachischen Delegierten erwiesen auch die Gesandten des moldauischen Woiwoden und die Vertreter der Hohen Pforte dem neu gewählten Fürsten ihre Reverenz: Andea 2005, S. 122. Vgl. Jeney-Tóth, S. 89.

1153 Várkonyi 2007, S. 24.

1154 Am 9. September 1605 antwortete der Zweite Wesir der Pforte, Hidir Pascha, der sich über den Abschluss des neuen Bündnisvertrages sehr zufrieden zeigte: Andreescu 1989, S. 117.

moldauischen Woiwoden, zurückzukehren, ohne „Ärgernisse" in der Walachei hervorzurufen. Simon Movilă fügte sich Ende November 1605 dem Befehl der Pforte.

Der von Stefan Bocskai angeführte Aufstand gegen die Herrschaft des Hauses Habsburg und seine Wahl zum Fürsten von Siebenbürgen bzw. Ungarn warfen vielfache Fragen nach der Legitimität dieser Handlungen auf, die sich in unterschiedlichen zeitgenössischen transnationalen Diskursen niederschlugen. Seit dem Mittelalter verlieh der Wille „des Volkes" in Gestalt der Ständevertretungen dem jeweiligen Herrscher die erforderliche Legitimität[1155]. Die Reformation hatte der mittelalterlichen Diskussion über das Widerstandsrecht gegen den Herrscher neue theologisch fundierte Impulse verliehen[1156]. Dennoch stützte Stefan Bocskai seine Begründung nicht auf die in Ungarn populäre Widerstandslehre Johann Calvins, wobei die neuere Forschung den Nachweis erbracht hat, dass von einem genuin calvinistischen Widerstandsrecht nicht gesprochen werden kann[1157]. Für Bocskais Legitimation diente als Hauptquelle die Goldene Bulle König Andreas II. von 1222, die überkonfessionell akzeptiert war und in Artikel 31 § 2 den privilegierten Ständen, also einem kleineren Kreis von Adel und Geistlichkeit, das Recht einräumte, dem König Widerstand zu leisten[1158]. Dieser Fall sollte eintreten, wenn der König die in der Goldenen Bulle festgeschriebenen Vorrechte des Adels, deren Einhaltung er in seinem Krönungseid versicherte, nicht achtete. Dabei war es sowohl jedem Einzelnen als auch der ganzen Gruppe des zum Widerstand berechtigten Adels erlaubt, Maßnahmen gegen den König zu ergreifen (ausgeschlossen waren die *jobagiones castri* und die *servientes regi*)[1159]. Als zweite „ungarische" Quelle galt das *Tripartitum* von 1514, das als

1155 Zum *ius resistendi* in der Frühen Neuzeit in Mitteleuropa und zum aktuellen Forschungsstand ausführlich: v. Friedeburg, S. 26–34, 37–47. Zum Widerstandsrecht der Stände gegen den Herrscher im Alten Reich und in den habsburgischen Ländern: Schulze 1991, S. 164–174. Ausführlich zu den Erscheinungsformen des ständischen Widerstands in den österreichischen Erbländern zwischen 1550 und 1650: Strohmeyer 2001, S. 212–223. Zu den spätmittelalterlichen Wurzeln des Widerstandsrechts in Ostmitteleuropa siehe: v. Puttkamer, S. 207–210, 212–216.

1156 Die Wittenberger Reformatoren Luther, Melanchthon, Bugenhagen und Amsdorf vertraten in der Frage eines Widerstandsrechtes der Fürsten unterschiedliche Auffassungen, argumentierten jedoch ausschließlich aus der Bibel heraus und rezipierten die spätmittelalterliche Diskussion über Möglichkeiten und Formen des Widerstandes in keiner Weise. Jeder der vier Reformatoren äußerte seine Ansichten in einem Gutachten 1522/1523 zur Frage, ob der sächsische Kurfürst dem Kaiser Widerstand leisten dürfe: Lohse, S. 218–226.

1157 Zur Abgrenzungsproblematik bezüglich calvinistischer und lutheranischer Aspekte der Widerstandslehre siehe: v. Friedeburg, S. 38–41. Johann Calvin beschäftigte sich ausführlich mit dem ständischen Widerstandsrecht. Für ihn war jeder Fürst, der seine Rechte überschritt, ein Tyrann. Der rechtswidrigen Herrschaft dürfe der Einzelne aber nur dann den Gehorsam verweigern, wenn sie dem „göttlichen Gebote" entgegenstehe. Das aktive Widerstandsrecht sprach Calvin den Ständen zu, deren Pflicht darin bestünde, die Volksrechte auch mit Gewalt zu wahren. Molnár 1983, S. 22–25.

1158 Ferenc Eckhart und Imre Révész stellten fest, daß sich die ständischen Maßnahmen gegen Kaiser Rudolf II. und besonders Bocskais Aufstand nicht auf Calvins Widerstandslehre gründeten, sondern sich auf andere Rechtsquellen bezogen: Benda 1974, S. 117. Vgl. Molnár 1983, S. 25–27.

1159 Bereits 1231 wurde Art. 31 der Goldenen Bulle dahingehend verändert, daß sich der König bei Nichteinhaltung der Adelsrechte fortan der Kontrolle des Erzbischofs von Gran unterwerfen offizielle Sammlung die verschiedenen königlichen Dekrete und staatlichen Rechtspraktiken kodifizierte. Die Bedeutung des *Tripartitums* lag vor allem darin, dass es die Widerstandsbestimmungen im neunten Teil des ersten Buches allgemeiner als in der Goldenen Bulle von 1222 abfasste, das individuelle Widerstandsrecht des Adels hervorhob und den Ständen durch das Verbreiten dieser Rechte in der Öffentlichkeit ein gehobenes Selbstbewusstsein gab[1160]. Darüber hinaus zeigen Bocskais Wahlsprüche, wie stark sein Bedürfnis war, die von ihm angeführte Erhebung als einen Dienst am Vaterland darzustellen. Auf einem von ihm 1605 in Auftrag gegebenen Taler sind folgende Sprüche zu lesen: *PRO DEO ET PATRIA* und *DVLCE EST PRO PATRIA MORI*[1161].

Obwohl sich Bocskai in seiner Argumentation nicht explizit auf Calvins Widerstandslehre berief, ist der Einfluss der Schriften Calvins, insbesondere des von ihm propagierten Herrscherideals, auf Bocskais Denken und Handeln unverkennbar. Dies entsprach dem Rechtsdenken in der Frühen Neuzeit, da sich zu dieser Zeit Rechtsordnungen aus unterschiedlichen Rechtsquellen (Göttliches Recht, Naturrecht, Gemeinrechte und Römisches Recht) speisten und sich jede Ordnung an ihrer Durchsetzung von Glauben und Recht messen lassen musste[1162]. Die breite Rezeption von Calvins Schriften in Ungarn führte dazu, dass Bocskai von den Ständen als von Gott gesandter Befreier, als „Moses von Ungarn" und als *defensor religionis* bezeichnet wurde, der das Volk von der „sündigen Herrschaft" befreit und die alte – von Gott gewollte – Ordnung wiederherstellt[1163]. In enger Anlehnung an Calvin erklärte sich Bocskai selbst zum Abgesandten Gottes, der sein Volk von der Tyrannei befreien werde. Damit erhielten die ständischen Emanzipationsbestrebungen eine deutliche calvinistische Prägung[1164]. Aus Bocskais Überzeugung heraus hatte Kaiser Rudolf II. die Würde eines Königs von Ungarn durch Wahl und Krönung rechtmäßig erhalten, und auch die Übernahme der Herrschaft über das Fürstentum Sieben-

---

sollte: Haselsteiner, S. 132–133. Erst 1687 entfernte der ungarische Reichstag unter dem Druck der Habsburger den § 2 des Artikels 31 aus der Goldenen Bulle: Benda 1991, S. 128.

1160 Haselsteiner, S. 130–131. Vgl. Pálffy 2009, S. 180–181.

1161 Gyulai, S. 38–39.

1162 Die Durchsetzung der eigenen Glaubensdeutung war für die Menschen in der Frühen Neuzeit unverzichtbar: v. Friedeburg, S. 42–43, 50, 52–56.

1163 Vgl. Fata, S. 135.

1164 Da Ungarn und Siebenbürgen stark calvinistisch geprägt waren, besonders die Adelskreise, verbreiteten sich Calvins Schriften ab 1550 sowohl bei den protestantischen Priestern, als auch in einer protestantischen Öffentlichkeit, die bis in die untersten Schichten reichte (zum Beispiel zu den entwurzelten Haiducken). Anders als im habsburgisch beherrschten Westungarn begann man im östlichen Ungarn Stellen zum Widerstandsrecht in Calvins Schriften und jenen seiner Anhänger zu streichen. Die von seinem Schüler Theodor de Bèze 1562/1563 verfaßte „Confessio christianae fidei" dient als Beispiel dafür, daß die ungarische reformierte Kirche entsprechende Lehren Calvins wegließ, wenn sie nicht in die gesellschaftlichen Verhältnisse Ungarns passten. Dies waren vor allem die Auszüge zum Widerstandsrecht und dem „von Gott gesandten Befreier". Dennoch waren die Thesen Calvins in Ungarn sehr bekannt, vor allem die Vorstellung über einen von Gott gesandten Befreier, der den wahren Glauben gegenüber dem „das göttliche Gebot nicht achtenden Tyrannen" verteidigt und die von Gott gewollte Ordnung wiederherstellt, also die Rechte der Stände restauriert: Benda 1974, S. 117–121.

bürgen 1598 in seiner Eigenschaft als ungarischer König sei aufgrund der mit Fürst Sigismund Báthory geschlossenen Verträge auf legitime Art und Weise erfolgt. Aus der Sicht Bocskais und des ungarischen Adels hatte sich Rudolf erst durch seine rechtswidrige Gewaltherrschaft zum „Tyrannen" entwickelt. Dadurch hatte er die von ihm beschworenen Rechte des ungarischen Adels in Ungarn und Siebenbürgen verletzt und war als Monarch seinen Schutzpflichten nicht nachgekommen. Durch seinen einseitigen Verstoß gegen die mit den Ständen geschlossenen Vereinbarungen seien diese zum Widerstand berechtigt gewesen[1165]. Die Begründungen Bocskais und seiner Anhänger bestätigen, dass die Berufung auf die schriftlich überlieferten Quellen des Widerstandsrechts nur einen Teil des viel facettenreicheren verfassungspolitischen Lebens darstellten. In ihrer Argumentation beriefen sich die ungarischen und siebenbürgischen Stände auf das Schutz- und Treueverhältnis zwischen Herrscher und Ständen. Im Zuge eines auf Gegenseitigkeit beruhenden vertraglichen Rechtsverhältnisses sei „Rat und Hilfe" für „Schutz und Schirm" gewährt worden. Darüber hinaus argumentierten die Stände historisch, indem sie sich auf unbestimmte Rechtsbegriffe bezogen, wie zum Beispiel auf das „gute alte Herkommen", also die Rechte und Gewohnheiten eines Landes, gegen die der Herrscher verstoßen habe, oder das „Gemeinwohl", gegen das der „eigennützige" Monarch gehandelt habe, und schließlich das Gewissen, das stark auf der neuen protestantischen Theologie fußte. Alle vier Argumente sollten eine bestehende verfassungsrechtliche Ordnung beschreiben, die gegen die Angriffe des tyrannischen Herrschers verteidigt werden müsse[1166].

Bereits im Spätherbst 1604 hatte Bocskai von Kaschau aus Aufrufe an die böhmischen, mährischen und österreichischen Stände sowie an die Reichsstände gerichtet, in denen er die Legitimität seiner Sache betonte, so auch in seinem an die gesamte Christenheit gerichteten Aufruf *Querelae excusationes cum protestatione regni Hungariae*. Er unterstrich seine Beweggründe, indem er die Schlagworte „Selbstverteidigung, Freiheit des Landes, Schutz der Verfassung, Gesetzlichkeit, freie Religionsausübung, Selbstbestimmung, ein ruhiges, ungestörtes Leben und die Sicherheit für die Zukunft" verwendete. Die humanistisch gebildete protestantische Öffentlichkeit sprach er auch durch die Verwendung der Begriffe „allgemeines Interesse", „allgemeine Angelegenheit", das „einfache Gute" und den Bezug auf das Naturrecht „*lex naturae*" gezielt an. Auf diese Weise erhoffte er sich den Abschluss eines international garantierten Friedens mit der Habsburgermonarchie[1167].

In einem Schreiben an König Sigismund III. von Polen, das Bocskai kurz nach seiner Wahl zum Fürsten von Ungarn verfasst hatte, legte er die Motive dar, die

---

1165 Diese Argumentation verwendete auch der moldauische Woiwode Dimitrie Cantemir, als er sich 1711 von der osmanischen Oberhoheit lossagte: Subtelny, S. 293–297.

1166 Insbesondere die beiden letztgenannten Begriffe wurden oft herangezogen, um die Religionsfreiheit zu begründen. Allerdings machten sich die Habsburger gerade das Gewissensargument zunutze, um aus ihrer Religion heraus gewisse Handlungen abzuleiten: Strohmeyer 2001, S. 212–213, 224–239.

1167 Várkonyi 2007, S. 20–21.

ihn zum Aufstand gegen das Haus Habsburg bewegt hatten. In dem persönlichen Brief dankte Bocskai dem König für die Aufrechterhaltung der polnisch-ungarischen Freundschaft und für die Wiederaufnahme des Bündnisses zwischen beiden Seiten. Er sagte König Sigismund zu, dass die an Oberungarn angrenzenden polnischen Gebiete nicht durch seinen Feldzug in Mitleidenschaft gezogen würden. Dem Brief, den der siebenbürgische Herrscher mit *Stefanus Princeps m. p.* unterschrieb, legte er eine fast vierseitige Denkschrift in lateinischer Sprache bei, die in Bocskais Kanzlei verfasst worden war. Im ersten Teil ging das Memorandum auf die allgemeinen Gründe des ungarischen Adels für dessen Aufstand gegen die Herrschaft der Habsburger ein. Zuerst wurde die Missachtung der alten Rechte und Privilegien der ungarischen und siebenbürgischen Stände, insbesondere die Angriffe auf die persönlichen und kollektiven Freiheiten des Adels angeführt. Danach wurde die Verletzung des ungarischen Krönungseides erwähnt, da Ungarn von „Fremden“ regiert werde und der König gegen die beschworene Einhaltung der Religionsfreiheit verstoßen habe. Danach wurden die Ausbeutung der gesamten Bevölkerung und die Verwüstung Siebenbürgens durch die „deutschen“ Soldaten, die widerrechtlich die Grenzfestungen besetzt hielten, ins Feld geführt. Schließlich wurde General Bastas „Schreckensherrschaft“ im Fürstentum Siebenbürgen betont, das ebenso wie Ungarn unter allgemeiner Gesetzlosigkeit leide. Da der Kaiser, der persönlich die Schuld für die „Vernichtung der ungarischen Nation“ trage, Ungarn ins Verderben gestürzt habe, sei der Adel zum bewaffneten Widerstand getrieben worden. Im zweiten Teil der Denkschrift wurde betont, dass sich Bocskai nicht aus persönlicher Machtgier, sondern aus reiner Selbstverteidigung gegen den Kaiser erhoben habe. Dadurch, dass General Barbiano Stefan Bocskais Burgen besetzt und ihm nach dem Leben getrachtet habe, sei ihm keine Alternative geblieben. Seine Wahl zum Fürsten von Ungarn sei ein Zeichen für die „Dankbarkeit der Nation“, da er als erster für ihre Freiheit die Waffen mutig erhoben habe. Schließlich stehe ihm die Fürstenwürde zu, da er alle Herrschertugenden in sich vereine: moralische Integrität, Intelligenz, Gerechtigkeitssinn, Güte und die Fähigkeit, gerechte Strenge walten zu lassen. Unter ihm sei die ungarische Nation entschlossen, für die Wiederherstellung ihrer Freiheit, insbesondere der Religionsfreiheit, zu kämpfen[1168].

Bocskai hatte alle wesentlichen Tatbestände aufgezählt, die die Goldene Bulle und das *Tripartitum* als Gründe für den berechtigten Widerstand nannten[1169]. Er stützte sich nicht nur auf das in diesen beiden Rechtsquellen verankerte individuelle Widerstandsrecht. Als einer der wohlhabendsten und mächtigsten Magnaten der ostungarischen Partes gehörte Bocskai zur privilegierten Adelsschicht, der die Goldene Bulle das kollektive Widerstandsrecht zugestand. So konnte er sich als Führer des Aufstands gegen das Haus Habsburg rechtmäßig profilieren. Die Korrespondenz Bocskais mit auswärtigen Mächten zeugt von seinem ständigen Bemühen, die eigene Le-

---

1168 Der Brief wurde am 29. April 1605 in Kaschau geschrieben. Siehe den Wortlaut in: Molnár 1983, S. 119–122. Vgl. Toifl/Leitgeb, S. 5.

1169 Haselsteiner sieht in Artikel 31 lediglich das Recht des Adels auf Selbsthilfe, nicht aber ein Dethronisationsrecht festgeschrieben: Haselsteiner, S. 133.

gitimität als Herrscher nachzuweisen, um von den fremden Souveränen als Fürst von Siebenbürgen anerkannt zu werden. Seiner Argumentation folgten – nicht zuletzt aus machtpolitischen Gründen – sowohl das Königreich Polen als auch das Osmanische Reich[1170].

Nachdem es Bocskai gelungen war, den Großteil der habsburgischen Truppen aus Siebenbürgen und Oberungarn zu vertreiben und der Herrschaft Rudolfs in diesen Landstrichen de facto ein Ende zu bereiten, startete er eine Offensive, die den Kaiser in seinen Kernländern treffen sollte. Ab Ende April 1605 drangen die Truppen Bocskais unter dem Befehl Franz Rhédeys bis weit in das westliche Ungarn vor und begannen im Mai, die östlichen Landstriche Mährens, Niederösterreichs und der Steiermark zu plündern. Die militärische Lage der Habsburger war so schwierig, dass sie sich auf die Verteidigung der Städte und der zahlreichen Grenzfestungen beschränkten, aber keine offene Feldschlacht anstrebten, zumal zahlreiche ungarische Einheiten zu Bocskai übergelaufen waren[1171]. Darüber hinaus verloren die Habsburger 1604/1605 die Festungen Pest, Hatvan, Waitzen, Visegrád, Veszprém, Palota und Gran an die Osmanen. Damit gingen ihre wichtigsten Eroberungen verloren[1172].

Diese militärische Zwangslage nötigte den Kaiser zu einem Ausgleich mit Fürst Stefan Bocskai. Um eine einheitliche außenpolitische Haltung des Erzhauses zu erreichen, begaben sich die Erzherzöge Matthias, Maximilian und Ferdinand nach Prag. Nach zähen Verhandlungen mit Kaiser Rudolf II. setzten sie am 28. Mai die Beauftragung des Erzherzogs Matthias mit dem militärischen Oberbefehl in Ungarn und die Aufnahme von Friedensverhandlungen mit Bocskai durch[1173]. Erzherzog Matthias sandte am 4. Juni 1605 zwei Bevollmächtigte an Bocskais Hof nach Kaschau[1174], die Friedensverhandlungen einleiten und ihn bitten sollten, auch die Vermittlung eines allgemeinen Friedens mit dem Osmanischen Reich zu übernehmen[1175].

Mit seinen militärischen Erfolgen hatte Stefan Bocskai die Voraussetzungen geschaffen, um mit den Habsburgern von einer Position der Stärke aus einen Frieden aushandeln zu können[1176]. Dabei half ihm der aus dem königlichen Ungarn geflüchtete einflussreiche Magnat Stefan Illésházy, der unterschiedliche ungarische

---

1170 Molnár 1983, S. 89–90, 94–95, 100–101.

1171 Ein erster militärischer Erfolg gelang den kaiserlichen Truppen erst im Juli in Mähren. Ausführlich zur Verwüstung der habsburgischen Erblande durch die Truppen Bocskais und die von den österreichischen Ländern getroffenen Abwehrmaßnahmen: Toifl/Leitgeb, S. 8–31, 33–36.

1172 Petritsch 2008/2009, S. 149–152.

1173 Innerhalb des Kaiserhauses hatte sich damit Erzherzog Matthias gegen seinen Bruder, Kaiser Rudolf II., durchgesetzt: Toifl/Leitgeb, S. 31. Vgl. Vocelka 1981, S. 313.

1174 Das oberungarische Kaschau stellte zwischen November 1604 und Dezember 1606 die Hauptresidenz Stefan Bocskais, zumal die alte Residenzstadt der siebenbürgischen Fürsten, Weißenburg, in den Kriegsjahren zerstört worden war: Jeney-Tóth, S. 85–89.

1175 Bei den Gesandten handelte es sich um Sigismund Forgách und Benedikt Pogrányi, denen sich am 3. Juli Georg Thurzó und Paul Nyáry anschlossen: Gooss, S. 284–285. Vgl. Papp, Klára, S. 208.

1176 Über den Beginn der Friedensverhandlungen berichtete der venezianische Gesandte in Prag an den Dogen am 9. Juni und 4. Juli 1605: Documente, Hurmuzaki, Vol. VIII, S. 294–296. Vgl. Arens 2001, S. 145–148.

Staatsämter bekleidet hatte und dem Bocskai das Amt des ersten Rates und Schatzmeisters übertragen hatte[1177]. Trotz seiner negativen Erfahrungen mit König Rudolf hielt Illésházy weiterhin am langfristigen Ziel einer Wiedervereinigung Siebenbürgens mit dem Königreich Ungarn unter dem Zepter der Habsburger fest. Um aber die Position der Stände gegenüber der Dynastie zu stärken, riet er Bocskai, so viele Gebiete wie möglich unter seine Kontrolle zu bringen, da „die Deutschen" die Stände nicht unterdrücken könnten, solange eine starke „ungarische" Herrschaft in Siebenbürgen existiere[1178]. Mitte Juli reisten die beiden habsburgischen Gesandten mit den Forderungen Bocskais aus Kaschau ab. Er reklamierte vor allem die Anerkennung seiner Herrschaft über das Fürstentum Siebenbürgen sowie über die Orte Sathmar und Kálló, die früher zum habsburgischen Königreich Ungarn gehört hatten[1179]. Vor Beginn der Hauptverhandlungen gelang dem kaiserlichen Diplomaten Cavriani und Bocskais Bevollmächtigtem Illésházy am 11. Oktober 1605 der Abschluss eines bis zum 15. November befristeten Waffenstillstands. Darüber hinaus vereinbarten beide Seiten die Übergabe der habsburgischen Festung Neuhäusel an Bocskais Truppen, da Neuhäusel von der osmanischen Armee akut bedroht wurde. Illéshazy verpflichtete sich, die Festung auf Wunsch des ungarischen Königs jederzeit an diesen zurückzugeben, was bis zum 19. Dezember 1605 auch geschah[1180].

Um in direkte Friedensverhandlungen mit der Habsburgermonarchie eintreten zu können, musste Fürst Bocskai zunächst das Einverständnis der Hohen Pforte einholen. Nach seiner Wahl zum Fürsten von Siebenbürgen auf dem Mediascher Landtag begab sich Stefan in das osmanische Heerlager auf dem Rákoser Feld bei Ofen, auf dem im Mittelalter die Reichstage des Königreichs Ungarn abgehalten worden waren. Dort traf er am 11. November 1605 Großwesir Lala Mehmet Pascha, der die Aushandlung eines habsburgisch-siebenbürgischen Friedens und die Vermittlung eines entsprechenden habsburgisch-osmanischen Abkommens durch Stefan billigte. Im Auftrag des Sultans überreichte der Großwesir Stefan Bocskai die Krone eines „Königs von Ungarn" samt Säbel. Damit unterstrich der Sultan, der auch den Titel „Kronenspender der Welt" führte, seinen Anspruch auf die Herrschaft oder zumindest die Oberhoheit über das gesamte Königreich Ungarn[1181]. Stefan nahm beide Insignien als Geschenk, nicht aber als Zeichen seiner Königswürde an, und er behielt den Titel eines „Fürsten von Ungarn", den er seit April 1605 führte. Er entschied

---

1177 Illésházy war einer der mächtigsten Magnaten im habsburgischen Ungarn und diente dem König als Oberhofmeister und Mitglied des ungarischen Rates. 1603 wurde er wegen Landesverrats und Majestätsbeleidigung zum Tode sowie zum Verlust seines gesamten Vermögens verurteilt. Noch vor der Urteilsvollstreckung floh er nach Krakau und 1604 zu Bocskai: Várkonyi 2007, S. 13. Vgl. Toifl/Leitgeb, S. 48.

1178 Oborni 2007, S. 65. Vgl. Pállfy 2009, S. 221–222.

1179 Papp, Klára, S. 209. Ausführlich zu den Forderungen Bocskais: Gooss, S. 285–286.

1180 Die Habsburger befürchteten, dass Neuhäusel ebenso wie Gran, das am 3. Oktober von den osmanischen Truppen erobert worden war, in die Hände des Sultans fallen könnte. Beide Vereinbarungen genehmigte Erzherzog Matthias am 14. Oktober 1605. Der Inhalt der Abkommen erschließt sich aus einem Briefwechsel zwischen Matthias und Forgách: Gooss, S. 287.

1181 Vgl. Molnár 1983, S. 84–85.

sich für diese ambivalente Haltung, um nicht die „heilige“ Königskrone Ungarns aus den Händen des Sultans empfangen zu müssen. In seiner Außendarstellung verschwieg Bocskai jedoch, dass er noch im März 1605 das Dokument, in dem Johann Szapolyai 1528 die Oberhoheit des Sultan anerkannt hatte, an die Hohe Pforte gesandt und im Begleitschreiben den Sultan um die ungarische Königskrone gebeten hatte. Das Bestätigungsschreiben des Sultans erreichte Bocskai erst Ende Oktober 1605 in Sárospatak[1182]. Mit dem Überreichen der Königskrone hatte die Hohe Pforte Bocskai das Mandat erteilt, den habsburgisch regierten Teil Ungarn zu erobern und ihn im Namen des Sultans zu beherrschen. Bocskai versprach dem Sultan im Gegenzug, weitere zehn Jahre gegen den Kaiser zu kämpfen und die den Habsburgern abgenommenen Gebiete mit den Osmanen zu teilen[1183]. Bocskai wählte sehr bewusst unterschiedliche Kommunikationsformen und entsprechend variierte Inhalte, die er dem entsprechenden Empfängerhorizont anpasste. Er war sich im Klaren, dass er den Sultan, die ungarischen Stände oder den Kaiser auf sehr unterschiedliche Art und Weise ansprechen musste, um seine Ziele zu erreichen. Dies trug ihm, vor allem in Wien, den Ruf eines Wendehalses ein, der den unterschiedlichen Seiten nach dem Mund rede und der sich deshalb nicht an seine Versprechungen halten könne. In diesem Zusammenhang erkannte Bocskai, der sich den christlich-abendländischen Traditionen seiner Familie und jenen Ungarns immer noch sehr verbunden fühlte, dass er es sich angesichts seiner zahlreichen Gegner innerhalb der ungarischen politischen Elite nicht hätte leisten können, eine „osmanische“ Königskrone zu tragen. Auch eine Entthronung des Hauses Habsburg stand nicht zur Debatte, da Stefan wusste, dass der Sultan keine reale Wiedervereinigung des alten Königreichs Ungarn dulden würde[1184]. Eine Verleihung der ungarischen Königswürde durch den Sultan hätte auch die Beziehungen zu den Habsburgern so stark belastet, dass eine Friedenslösung fast unmöglich geworden wäre. Stefan Bocskais Gratwanderungen zwischen den christlichen und den islamischen Rechtsauffassungen führten aber dazu, dass ihm die Hohe Pforte die Entrichtung des siebenbürgischen Tributes für zehn Jahre erließ. Im Gegenzug musste Stefan die Rückerstattung mehrerer entlang des Mieresch gelegenen Grenzburgen zusichern, die Sigismund Báthory von den Osmanen ein Jahrzehnt zuvor in den Partes erobert hatte[1185].

1182 Anders als in seiner Propaganda behauptet, weigerte sich Bocskai nicht, die osmanische Königskrone in Empfang zu nehmen. Papp 2003, S. 125–128, 264–286. Vgl. Pálffy 2009, S. 220–221.

1183 Căzan 2009, S. 47–48.

1184 Die Begegnung Bocskais mit dem Großwesir wurde von Johannes Bocatius protokolliert und in seiner Schrift *Opera quae exstant omnia* verarbeitet. Darin erwähnt er die von Bocskai geäußerten Beweggründe für die Ablehnung einer Königskrönung durch den Sultan, vor allem um die westlichen Adressaten dieser Schrift von seiner Distanz gegenüber dem Sultan zu überzeugen. Zur quellenkritischen Betrachtung dieser Schrift: Várkonyi 2007, S. 23–24. Pálffy 2009, S. 221. Vgl. Czettler, S. 106.

1185 Es handelte sich vor allem um die Burgen Jenő und Lippa: Gooss, S. 288. Vgl. das Abkommen zwischen Bocskai und dem Sultan vom 19. Mai 1605 in: Recueil d'actes internationaux, S. 30.

b. Der Wiener Frieden 1606

Zwei Wochen nach der Genehmigung des Großwesirs zur Aufnahme habsburgisch-siebenbürgischer Friedensverhandlungen eröffnete Fürst Bocskai eine Ständeversammlung im oberungarischen Karpfen (Korpona, Komitat Hont). Bereits am 23. Oktober 1605 hatte er alle in seinem Machtbereich befindlichen ungarischen Stände dazu geladen, um die Bedingungen für einen Friedensschluss mit den Habsburgern zu beraten. Neben den Delegierten von 22 ungarischen Komitaten, den Vertretern der ungarischen Freistädte und der Haiducken nahmen an der Versammlung auch die Mitglieder des Fürstenrates sowie die Gesandten aus Siebenbürgen teil. Erzherzog Matthias schickte Sigismund Forgách mit seinen Friedensbedingungen nach Karpfen, wo Forgách vom 19. November bis zur Eröffnung der Versammlung am 23. November Vorgespräche führen konnte[1186]. Matthias hatte seine Forderungen bereits am 12. November in einem Schreiben an Stefans Vertrauten Illésházy zusammengefasst: Stefan Bocskai solle das Fürstentum Siebenbürgen samt Fürstentitel erhalten, so wie ihn Fürst Sigismund Báthory geführt hatte. Den Titel „Fürst von Ungarn“ müsse Stefan abgeben, da die „Provinz“ (gemeint ist Siebenbürgen) ein Teil des Königreichs Ungarn bleiben müsse. Stefan Bocskai und seine Nachfolger sollten die Oberhoheit des ungarischen Königs anerkennen und Steuern an ihn abführen. Vertreter Siebenbürgens sollten an den Sitzungen des ungarischen Reichstages teilnehmen. Nach Stefans Tod müssten alle an Siebenbürgen angegliederten ostungarischen Komitate (*Partes adnexae*) wieder an den ungarischen König fallen. Sollte Stefan ohne einen legitimen Nachfolger sterben, müsse auch das engere Siebenbürgen unter die Herrschaft des Königs von Ungarn zurückkehren[1187]. Bevor die Friedensverhandlungen in Karpfen begannen, wurde der Mitte November ausgelaufene Waffenstillstand bis Ende Dezember 1605 verlängert[1188].

Stefan Bocskai stellte der Ständeversammlung zuerst seine Friedensbedingungen vor[1189], dann wurden die Antworten des Erzherzogs Matthias verlesen. Vom 24. bis 26. November wurden die einzelnen Punkte von den Ständen diskutiert. Am 3. Dezember einigten sich die Stände auf ein 15-Punkte-Grundlagenprogramm für die bevorstehenden Friedensverhandlungen mit den Habsburgern. Die Stände forderten einen raschen Friedensschluss des ungarischen Königs mit den Osmanen, die Freiheit der protestantischen Konfessionen im Königreich Ungarn und größere politische Entfaltungsmöglichkeiten für die Stände. Forgách war im Namen des Erzherzogs bereit, Stefans Herrschaft als Fürst von Siebenbürgen anzuerkennen, nicht aber die Ausdehnung der Grenzen des Fürstentums bis zur Theiß und die Herauslösung mehre-

1186 Papp, Klára, S. 209. Vgl. Pálffy 2009, S. 222–223.

1187 Siehe den Wortlaut des Schreibens in: Monumenta comitialia Regni Hungariae, Bd. XI, S. 426–430.

1188 Die Informationen über einen Waffenstillstand bis zum Jahresende 1605 sind einem Schreiben Forgáchs an die ungarischen Stände, einer Meldung des Prager venezianischen Gesandten Soranzo an den Dogen (28. Nov.) und einem Schreiben des Kardinals Dietrichstein an Erzherzog Matthias zu entnehmen: Gooss, S. 289–290.

1189 Siehe den Wortlaut der Forderungen in: Documente, Hurmuzaki, Vol. VIII, S. 297–298.

rer oberungarischer Komitate aus dem habsburgischen Ungarn. Diese Ambitionen Stefan Bocskais unterstützten viele Adelige und die Haiducken. Auch die Karpfener Ständeversammlung plädierte für eine Ausdehnung der sogenannten *Partes adnexae*, mit dem Argument, die Zerstörung Siebenbürgens durch den langen Krieg erfordere eine entsprechende Kompensation für die Machtbasis des Fürsten, die nur auf Kosten der Habsburgermonarchie erfolgen könne[1190]. Am Ende der Beratungen erstellten die ungarischen Stände ein Memorandum, das an den Reichstag des Heiligen Römischen Reiches und an den König von Polen gerichtet war, in dem eine Garantie des auszuhandelnden Friedensvertrages erbeten wurde[1191]. Geplant war auch, die Stände Österreichs und der böhmischen Länder um eine Garantie des zukünftigen Friedens zu bitten[1192]. Um sich während der Wiener Friedensverhandlungen außenpolitisch abzusichern und um einen engen Kontakt mit seinen wichtigsten Verbündeten halten zu können, sandte Fürst Bocskai zum Jahresbeginn 1606 seinen Kanzler Michael Káthay nach Polen und seinen Vertrauten Michael Czobor an die Hohe Pforte[1193].

Ausgestattet mit den oben erwähnten Friedensvorschlägen begaben sich die ungarisch-siebenbürgischen Unterhändler Stefan Illésházy, Paul Aponyi und Peter Mladosevith-Horváth nach Wien, wo sie am 7. Januar 1606 eintrafen. Dort verlängerten sie zunächst die Ende Dezember ausgelaufene Waffenruhe und schlossen mit Erzherzog Matthias am 15. Januar 1606 ein Waffenstillstandsabkommen, das bis zum 24. Juni galt[1194]. Bevor Matthias den Waffenstillstand unterzeichnen konnte, musste er Rudolf II. vom Plan abbringen, den vereinsamt im Exil lebenden ehemaligen Fürsten von Siebenbürgen, Sigismund Báthory, als Thronkandidaten gegen Stefan Bocskai in Stellung zu bringen[1195]. Trotzdem versuchte der Kaiser bis Juli 1606, den Exilanten Sigismund als Drohkulisse gegen Stefan aufrechtzuerhalten. Erst nach Friedensschluss ließ Rudolf II. den sichtlich enttäuschten Sigismund während einer Audienz in Prag fallen[1196].

Im Vordergrund der habsburgisch-ungarisch-siebenbürgischen Verhandlungen in Wien standen die Forderungen der Stände aus dem königlichen Ungarn nach freier Religionsausübung der protestantischen Konfessionen und nach Stärkung der staatsrechtlichen Position der Stände gegenüber dem Königtum. Der Friede zwi-

---

1190 Ausführlich zu den Verhandlungen: Papp, Klára, S. 209–213. Vgl. Oborni 2007, S. 67–68.

1191 Die 15 Punkte beruhten vor allem auf den von Bocskai im Sommer 1605 formulierten Vorschlägen: Gooss, S. 290–291.

1192 Eine wichtige innenpolitische Unterstützung für seine Friedenspläne erhielt Bocskai durch die wohlhabenden, gebildeten, protestantischen Adligen und Kaufleute des nördlichen und östlichen Ungarn: Várkonyi 2007, S. 24.

1193 Várkonyi 2007, S. 22.

1194 Gooss geht davon aus, dass zwischen dem 1. und 15. Januar 1606 eine Waffenruhe galt, deren Existenz aber nicht überliefert ist. Siehe den Wortlaut des Waffenstillstandes vom 15. Januar in: Gooss, S. 292–294.

1195 Siehe das am 29. Dezember 1605 in Wien ausgestellte Schreiben des Erzherzogs an den Kaiser: Gooss, S. 292. Vgl. Papp, Klára, S. 208.

1196 Über die Instrumentalisierung Sigismund Báthorys durch den Kaiserhof berichtete der venezianische Gesandte in Prag an den Dogen am 17., 24. und 31. Juli sowie 28. August 1606: Documente, Hurmuzaki, Vol. VIII, S. 304–306.

schen Kaiser und Fürst Bocskai sollte zugleich mit jenem zwischen Kaiser und Sultan geschlossen werden. Die Herrschaft Fürst Bocskais über Siebenbürgen sollte anerkannt werden. Die vom König an Stefan zu verleihenden ungarischen Komitate sollten staatsrechtlich weiterhin ein Teil des Königreichs Ungarn bleiben. Stefans Delegationsleiter, Illésházy, vertrat den Standpunkt, dem Fürstentum Siebenbürgen sollten so viele oberungarische Komitate wie möglich angegliedert werden. Als Orientierung empfahl er das Herrschaftsgebiet des ungarischen Gegenkönigs Johann Szapolyai (1526–1540), der die Territorien östlich der Theiß samt Kaschau besessen hatte[1197]. Die Unterhändler Fürst Bocskais waren nicht bereit, sich mit dem Angebot Erzherzog Matthias' zufriedenzugeben, das er bereits am 12. November der Karpfener Ständeversammlung unterbreitet hatte. Mit dem Hinweis auf die völlige demografische und ökonomische Erschöpfung des Landes forderte die ungarisch-siebenbürgische Delegation das gesamte Ungarn östlich der Theiß unter Einschluss der Komitate Sathmar und Tokaj. Stefan schrieb Anfang Februar an seine Delegation, er könne sich nicht mit den *Partes adnexae* zufriedengeben, über die Sigismund Báthory geherrscht hatte (es handelte sich um die Komitate Bihar, Közép-Szolnok, Kraszna und Marmarosch), zumal das von ihm besetzte ungarische Gebiet deutlich größer sei[1198]. Für die Einhaltung des Friedens sollten die Stände des Heiligen Römischen Reiches, die böhmischen und österreichischen Stände sowie der König von Polen bürgen[1199]. Im Umfeld des Erzherzogs Matthias besaß die friedenswillige Partei eindeutig das Übergewicht, nur der Bischof von Neutra, Franz Forgách, lehnte jeden Kompromiss ab. Erst nachdem Illésházy, der sich flexibler als sein Fürst erwies und deshalb manche Meinungsverschiedenheiten mit Stefan in Kauf nehmen musste[1200], neue Wege zu einer Verständigung gesucht hatte, und nachdem sich beide Seiten auf den konfessionellen Status quo geeinigt hatten, der unter Maximilian II. in Ungarn gegolten hatte, konnte die Vertragsurkunde am 9. Februar 1606 in Wien von beiden Seiten unterzeichnet werden. Der Vertrag regelte vier große Themenkomplexe. Im ersten Artikel gewährte der ungarische König den Ständen des Königreichs Ungarn Religionsfreiheit. Die Frage eines habsburgisch-osmanischen Friedensvertrages wurde im zweiten Artikel angeschnitten. Demnach sollte der Kaiser gleichzeitig mit „den Türken" und „den Ungarn" Frieden schließen. Das staatsrechtliche Verhältnis zwischen dem König von Ungarn und den Ständen im habsburgischen Königreich Ungarn wurde in 13 Artikeln geregelt. Danach wurde in weiteren 16 Artikeln das rechtliche Verhältnis zwischen Stefan Bocskai bzw. dem Fürstentum Siebenbürgen einerseits und dem Königreich Ungarn bzw. der Habsburgermonarchie andererseits definiert. Zum Schluss wurde vereinbart, dass beide Seiten gemeinsam den Krieg ge-

---

1197 Bis zum Juni 1606 blieb die Zugehörigkeit Kaschaus ungeklärt, da König Rudolf eine Abtretung der Stadt mit dem Argument verweigerte, Bocskai erhalte damit die Kontrolle über das gesamte Oberungarn: Oborni 2007, S. 65–66.

1198 Papp, Klára, S. 213.

1199 Gooss, S. 295–297.

1200 Auf der habsburgischen Seite übernahm Erzherzog Matthias die Rolle des kompromissbereiteren Partners: Barta 2007, S. 193.

gen die Osmanen aufnehmen sollten, falls mit dem Sultan kein annehmbarer Friede geschlossen werden könne[1201].

Obwohl es Erzherzog Matthias gelungen war, seinen Standpunkt in einigen staatsrechtlichen und religionspolitischen Punkten durchzusetzen, stand die schwierigste Hürde in Form der kaiserlichen Ratifikation noch bevor. Unterstützt von der ultrakatholischen Fraktion um den ungarischen Bischof Forgách, den spanischen Gesandten Don Guillen de Clemente und den päpstlichen Nuntius weigerte sich Kaiser Rudolf II., der seinem Bruder großes Misstrauen entgegenbrachte, zunächst vehement, den Vertrag zu unterzeichnen. Der Kaiser wehrte sich vor allem gegen die Gleichberechtigung zwischen Lutheranern, Calvinisten und Katholiken, gegen die Wahl eines Palatins im Königreich Ungarn und die Abtretung Siebenbürgens an Stefan Bocskai, obwohl er dies bereits zu Beginn der Verhandlungen zugesagt hatte[1202]. Rudolf II. und ein mächtiger Teil seines Umfeldes waren entschlossen, die Interessen des Erzhauses mit harter Hand durchzusetzen.

Als der Kaiserhof erfuhr, dass Stefan den Kaschauer Hauptrichter Johannes Bocatius[1203] als Gesandten an die Höfe der protestantischen Reichsfürsten senden wollte, beauftragte Prag den habsburgischen Geheimagenten Anton Schlieff, Bocatius zu observieren. Schlieff heftete sich an die Fersen des siebenbürgischen Gesandten und berichtete ab Januar 1606 über dessen Bewegungen an den Kaiserhof. Bocatius, der von Stefan Bocskai noch auf der Karpfener Ständeversammlung mit der Mission beauftragt worden war, verließ Kaschau am 29. Dezember 1605, um im Auftrag Stefans die Höfe der „drei christlichsten Fürsten" des Heiligen Römischen Reiches, Kurfürst Friedrich IV. von der Pfalz, Kurfürst Christian II. von Sachsen und Kurfürst Joachim Friedrich von Brandenburg zu besuchen, um für eine internationale Garantie des zukünftigen Friedens zwischen Fürst Bocskai und dem Kaiser zu werben[1204]. Zu diesem Zweck hatte Bocatius mehrere Propagandaschriften mitgenommen, u. a. den Aufruf *Querelae Hungariae* in deutscher und französischer Überset-

---

1201 Siehe den Wortlaut des in lateinischer Sprache abgefassten Vorvertrages vom 9. Februar 1606 in: Gooss, S. 298–302, 303–315.

1202 Rudolf II. kritisierte die Verhandlungsführung seines Rivalen und Bruders Matthias als zu kompromissbereit und empfand noch 1607 die erreichten Friedensbedingungen als zu demütigend für den Kaiser: Vocelka 1981, S. 313–314.

1203 Der humanistisch gebildete Schriftsteller, Pädagoge und Politiker Johannes Bocatius wurde als Johannes Bock 1569 in Vetschau (Markgrafschaft Niederlausitz) geboren. Nachdem er ab 1593 im oberungarischen Eperies vor allem als Schulrektor tätig gewesen war, wechselte er 1599 auf die Kaschauer Rektorenstelle und wurde 1603 zum Stadtrichter gewählt. Er öffnete für Bocskai Ende Oktober 1604 die Tore Kaschaus. Als Stadtrichter nahm er 1605 an den Ständeversammlungen von Szerencs und Karpfen teil. Bocatius wurde von Bocskai für seine Mission nicht nur wegen seiner guten Kontakte zu den protestantischen Fürstenhöfen in Deutschland, sondern auch wegen seiner vielfältigen Sprachkenntnisse und seiner künstlerischen Ausdrucksfähigkeit ausgewählt, mit der er Bocskais politischen Willen eindringlich formulieren konnte: Kónya, S. 54–58. Vgl. Várkonyi 2007, S. 22–23.

1204 Ursprünglich sollten auch der Diplomat und Sekretär des Fürsten, Johann Rimay, und der Oberstuhlrichter des Komitats Sáros, Johann Meltzer, Bocatius begleiten. Ihr Rücktritt von der Reise ist jedoch ungeklärt: Várkonyi 2007, S. 22.

zung. Damit sollte die Öffentlichkeit Mittel- und Westeuropas davon überzeugt werden, dass Stefan Bocskai und seine Anhänger keine rebellischen Arianer und osmanische Söldner waren, sondern zu achtende Mitglieder der christlichen Gemeinschaft, die ihr legitimes Widerstandsrecht in Anspruch genommen hatten. Damit sollten die Reichsfürsten davon abgehalten werden, die Habsburger bei der Niederschlagung des Bocskai-Aufstandes materiell zu unterstützen und dafür gewonnen werden, die protestantische Sache bei der Aushandlung eines Friedens zu unterstützen. Obwohl während Bocatius' Reise der habsburgisch-siebenbürgische Vorvertrag vom 9. Februar unterzeichnet wurde, bemühte sich Stefan Bocskai um die Unterstützung der protestantischen Fürsten und der protestantischen Öffentlichkeit. Er hoffte, dass der Druck auswärtiger Mächte den Kaiser davon abbringen würde, die Vertragsbestimmungen zulasten der protestantischen Stände abzuändern. Zunächst konnte Bocatius den Landgrafen von Hessen für Stefans Anliegen gewinnen. Der Landgraf stellte eine Verbindung nach Paris her, wohin die französische Übersetzung der Propagandaschrift *Querelae Hungariae* gelangte. Damit sollte der französische König für die Belange der ungarischen Stände sensibilisiert werden, da bekannt war, dass er an Verbindungen zu den ständischen Bewegungen Mitteleuropas interessiert war, solange sie seiner gegen das Haus Habsburg gerichteten Politik dienlich erschienen. In Hanau verhandelte Bocatius drei Tage lang mit dem Gesandten des Reichsverwesers der Niederlande, Pieter Brederode, der Bocatius an den Heidelberger Hof weitervermittelte. Nachdem er mit dem Kurfürsten von der Pfalz Kontakt aufgenommen hatte, verhandelte Bocatius im Schloss Schwetzingen in der Nähe von Heidelberg mit den Gesandten des Kurfürsten von Brandenburg. Danach reiste Bocatius zum Herzog von Braunschweig. Auf dessen Gebiet, in Northeim, wurde der Gesandte Stefan Bocskais auf Betreiben des kaiserlichen Agenten Schlieff am 27. Februar 1606 verhaftet. Kaiser Rudolf erwirkte die rasche Auslieferung Bocatius', der umgehend nach Prag überführt wurde[1205]. Im kaiserlichen Gewahrsam wurde der Gesandte gefoltert und über seine Verhandlungen mit den deutschen Reichsfürsten befragt, um die außenpolitischen Pläne Stefan Bocskais zu erfahren und um dessen internationale Verbindungen kennenzulernen. Sämtliche Weisungen, Briefe, Propagandaschriften, Notizen und Berichte wurden ihm abgenommen und untersucht. Sie wurden später dem kaiserlichen Hofarchiv übergeben. Darunter befanden sich auch Werke von Justus Lipsius und Hugo Grotius[1206]. Danach wurde Bocatius

1205 Illésházy hatte Bocatius noch vor dessen Abreise mit dem Hinweis verabschiedet, er brauche sich vor dem ungarischen König nicht zu fürchten, da er „das internationale Recht nicht verletzen“ werde: Várkonyi 2007, S. 13–14, 18–19, 25–26.

1206 Über das Verhör Bocatius' berichteten der kaiserliche Rat Heinrich von Pissnitz und der böhmische Vizekanzler Andreas Pico an den Prager Hof. Der Magnat, Politiker im Dienste der ungarischen Könige und humanistische Geschichtsschreiber Nikolaus Istvánffy gelangte in den Besitz der von Bocatius angefertigten Aufzeichnungen und verarbeitete sie in seinem 1622 in Köln erschienenen Werk „Historiarum de Rebus Ungaricis Libri XXXIV“: Várkonyi 2007, S. 15–16, 23. Während die Verhandlungen in Wien im Gange waren, bat Bocskai seinen Unterhändler Illésházy: „Vergessen Euer Gnaden Bocatius nicht! […] Er leidet in Gefangenschaft wegen unserer Heimat!“ Ebenda, S. 28.

zu lebenslanger Haft verurteilt, aus der er sich im November 1610 durch Flucht befreien konnte[1207].

Zumindest zum Teil auf die Mission Bocatius' zurückzuführen ist die Weigerung der Kurfürsten von Brandenburg und von der Pfalz sowie des Herzogs von Württemberg „*ad opressiorum Hungarorum*" dem Kaiser Subsidien und Soldaten zur Verfügung zu stellen[1208]. Als auch der Papst und der König von Spanien keine weitere materielle Kriegsunterstützung gewähren konnten, gelang es dem kaiserlichen Rat Ernst von Molart, Rudolf II. von der Notwendigkeit der Ratifikation des Vertrages zu überzeugen. Mit der Ratifikation, die am 21. März 1606 erfolgte, ernannte Rudolf seinen Bruder Matthias formell zum Gouverneur des Königreiches Ungarn und stattete ihn mit den erforderlichen Vollmachten zur Umsetzung des Friedensvertrages aus[1209].

Die habsburgische Seite war zuversichtlich, dass auch Fürst Bocskai die Vereinbarungen ratifizieren würde, zumal Erzherzog Matthias den Rechtsstandpunkt vertrat, Stefan Bocskai sei dazu verpflichtet. Matthias begründete seine Auffassung mit dem Argument, Illésházy und Mladosevith hätten die Vereinbarungen mit absoluter Vollmacht unterzeichnet, und er stützte sich auf Artikel 16 des Vertrages, in dem festgelegt worden war, dass Stefan bis zum 24. April die Ratifikation vorzunehmen und an Erzherzog Matthias zu schicken habe. Doch dem Gesandten des Erzherzogs, Johann Lippay, gelang es nicht, eine rasche Bestätigung der Verhandlungsergebnisse durch Stefan zu erreichen und bis zum „Heiligen Georgs Tage" nach Wien zurückzukehren[1210]. Stefan Bocskai und sein Umfeld vertraten den Standpunkt, die beiden Unterhändler seien von der Karpfener Ständeversammlung nur mit einer *auctoritas agendi, tractandi et mitigandi,* nicht aber mit einer Vollmacht ausgestattet worden. Dementsprechend empfanden Fürst Bocskai und die Stände die im Vertragstext vorgefundene Formulierung *cum pleno et sufficienti mandato* als zu weitgehend[1211]. Stefan argumentierte auch mit dem 16. Artikel des Vertrages, in dem festgelegt worden war, dass erst dessen Ratifikation durch beide Seiten zum Inkrafttreten der Vereinbarungen führe. Besonders bei der Regelung der konfessionellen Fragen sah Stefan Bocskai Korrekturbedarf. Darüber hinaus wollte er sich nicht mit den ostungarischen Komi-

---

1207 Nach seiner Flucht kehrte Bocatius nach Kaschau zurück, wo er 1613–1619 wieder als Schulrektor tätig war. Anschließend wirkte er als Berater des siebenbürgischen Fürsten Gabriel Bethlen. Er starb am 31. Oktober 1621 auf dem Weg nach Nikolsburg, wo habsburgisch-siebenbürgische Friedensverhandlungen stattfinden sollten: Kónya, S. 59.

1208 Várkonyi 2007, S. 26–27.

1209 Rudolf fasste seine Einwände gegen die Vertragsbestimmungen, die vor allem die Religionsangelegenheiten, die Überführung der ungarischen Krone nach Pressburg, die Überlassung der Festungen Großwardein, Tokaj, Sathmar und Ecsed an Bocskai und die Anerkennung der Donationen und Inskriptionen Bocskais betrafen, in einer Instruktion zusammen, die der Kaiser seinem Rat Leopold von Stralendorf am 3. April 1606 ausstellte und die Stralendorf Erzherzog Matthias in Wien übergab: Gooss, S. 302–303. Siehe den Wortlaut der auf Latein verfassten Bevollmächtigung vom 21. März 1606 in: Gooss, S. 316–317.

1210 Papp, Klára, S. 214.

1211 Die beiden ungarisch-siebenbürgischen Unterhändler hatten in Karpfen lediglich ein Kredential Bocskais und der Ständeversammlung erhalten: Monumenta comitialia Regni Hungariae, Bd. XI, S. 539–551, 843–844.

taten zufriedengeben, die seinerzeit Fürst Sigismund Báthory besessen hatte. So ließ der siebenbürgische Fürst Erzherzog Matthias am 16. März 1606 mitteilen, dass er die Wiener Vereinbarungen den ungarischen und siebenbürgischen Ständen zur Genehmigung vorzulegen gedenke. Am 14. April erhielt der in Klausenburg[1212] tagende siebenbürgische Landtag den zweiten Teil des Vertrages, der auf Siebenbürgen und die Stellung des Fürsten einging. Der Landtag äußerte sich jedoch nur grundsätzlich. Er beschloss, die Selbständigkeit des Fürstentums Siebenbürgen und die freie Fürstenwahl zu erhalten[1213]. Er entschied, eine eigene Delegation zu der am 16. April 1606 einberufenen Versammlung der ungarischen Stände nach Kaschau zu senden und Fürst Bocskai die Regelung der Detailfragen zu überlassen[1214]. Innerhalb der Kaschauer Versammlung zeichnete sich eine friedensfreundliche Mehrheit ab, die sich gegenüber den Gegnern einer Verständigung mit den Habsburgern, zu denen die siebenbürgischen Delegierten, die Haiduckenkapitäne, Kanzler Káthay und die Delegierten Kaschaus gehörten, durchsetzte[1215]. Die mehrheitlich calvinistischen Stände bestanden darauf, dass im ersten Artikel, der die Religionsfreiheit im Königreich Ungarn regelte, die Katholiken, Lutheraner und Calvinisten namentlich genannt werden sollten. Der Antrag der siebenbürgischen Delegierten, die Unitarier auch namentlich aufzuführen, wurde von der Ständeversammlung abgelehnt. Neben mehreren kirchenpolitischen Punkten erregten vor allem einige staatsrechtliche Vertragsbestimmungen den Widerspruch der Stände. Sie wehrten sich vor allem gegen die Artikel 3 und 11, die festlegten, dass der auf dem nächsten Reichstag zu wählende Palatin dem vom ungarischen König ernannten Gouverneur (Erzherzog Matthias) unterstehen solle. Die Stände forderten, dass der Palatin allein den König zu vertreten habe und dass die Reichsverwaltung, wie in früheren Zeiten, allein in den Händen des Palatins liegen sollte. Außerdem protestierten die Stände gegen den Artikel vier, der eine Überführung der ungarischen Krone aus Prag in einen österreichischen Ort vorsah, der in der Nähe der ungarischen Grenze lag. Sie forderten, dass die Heilige Krone in die ungarische Hauptstadt Pressburg gebracht und dort von Ungarn bewacht werden müsse[1216]. Darüber hinaus forderten die Stände, dass die Grenzgarnisonen nur von ungarischen Kommandanten befehligt werden sollten und der Kai-

---

1212 In Klausenburg hatte sich in der zweiten Hälfte des 16. Jahrhunderts der unitarische Glauben durchgesetzt, so dass die Stadt latent antihabsburgisch eingestellt war, zumal die habsburgischen Kommissare zeitweilig von Klausenburg aus Siebenbürgen regierten und in das konfessionelle Gefüge der Stadt eingriffen. Erst unter Bocskai konnte die dominante Stellung der Protestanten in der Stadtregierung wiederhergestellt werden: Kiss 2007, S. 78–82.

1213 Der siebenbürgische Landtag legte am 17. Mai 1606 im 6. Gesetzesartikel fest, dass die in Siebenbürgen geprägten Münzen als Zeichen der Souveränität des siebenbürgischen Fürsten ausschließlich Bocskais Wappen tragen durften, womit die siebenbürgischen Stände eine Forderung der Habsburger zurückwiesen, die verlangt hatten, der Name und das Wappen der „kaiserlichen und königlichen Majestät" solle als Zeichen ihrer Oberhoheit über Siebenbürgen auf den siebenbürgischen Münzen erscheinen: Gyulai, S. 43–44.

1214 Monumenta comitialia Regni Transylvaniae, Bd. V, S. 410.

1215 Monumenta comitialia Regni Transylvaniae, Bd. V, S. 402. Vgl. Gooss, S. 317–318.

1216 Erst nachdem Kaiser Rudolf II. als König von Ungarn am 25. Juni 1608 abgedankt hatte, konnte die ungarische Königskrone nach Pressburg überführt werden.

ser die Besoldung der Haiducken für zwei Monate übernehmen müsse. Die Stände warnten auch davor, dass „die Deutschen mit den Türken irgendwelche heimliche Transaktionen haben" könnten[1217]. In den freien Königsstädten Ungarns sollten die deutschen und die ungarischen Bürger in religiösen und politischen Belangen gleichberechtigt sein. Kritik übten die Stände auch daran, dass der Vertrag nur durch die böhmischen und österreichisch-steirischen Stände garantiert werden sollte. Von einer Garantie durch den polnischen König sahen die ungarischen Stände zwar ab, forderten aber eine Berücksichtigung der Stände des Heiligen Römischen Reiches. Laut Illésházy habe Kaiser Rudolf II. eine Garantie durch Polen vehement abgelehnt, das sich während des „Langen Türkenkrieges" den Habsburgern gegenüber immer reserviert bis feindlich verhalten hatte. Gegen eine Befassung der Reichsstände habe sich der Kaiser mit dem Argument gewehrt, er sehe keine Möglichkeit, diese in absehbarer Zeit einzuberufen[1218]. Aber die Stände gingen noch weiter und trugen der ungarisch-siebenbürgischen Delegation in Wien auf, für Stefan Bocskai den Reichsfürstentitel zu fordern, jedoch ohne Sitz im Reichstag (*sine sessione princeps Imperii*). Die meisten anderen Vertragspunkte erhielten die Zustimmung der Stände, auch die Amnestieregelung, obwohl sie bzgl. des Geschehenen nur den Begriff des „Vergessens", nicht aber den des „Verzeihens" benutzte[1219]. Allerdings schlugen die Stände vor, der König solle eine spezielle Versicherung ausstellen, dass er wegen des Aufstandes keine Rache nehmen und die Gesetze und Freiheiten des Landes achten werde. Die Verwendung der obigen Amnestieklausel entsprach der allgemeinen europäischen Praxis. Im 17. Jahrhundert wurde sie zum Bestandteil fast aller Friedensverträge, wodurch die Abkehr von der mittelalterlichen Lehre vom gerechten Krieg besonders deutlich wurde. Der Wiener Vertrag wich von der Entwicklung im übrigen christlich-abendländischen Europa jedoch dadurch ab, dass dort Stände, die sich gegen ihren Herrscher erhoben hatten, ab dem späten 16. Jahrhundert zunehmend von der Amnestieregelung ausgeschlossen wurden; ein Indiz für die Monopolisierung des Rechts zur Kriegführung durch den Souverän[1220].

Die Stände machten ihre Zustimmung zu den Siebenbürgen betreffenden Vertragsbestimmungen vollkommen von Stefan Bocskais Haltung abhängig, der auch die Komitate Bereg und Ugocsa vom König forderte. Am 12. Mai billigten die Stände die Textfassung ihrer Stellungnahme zum Wiener Vertrag[1221]. Drei Tage später wurde Illésházy mit einer absoluten Vollmacht der Stände und einem speziellen Beglaubigungsschreiben ausgestattet, um in Wien die Vertragsänderungen durchzusetzen[1222].

1217 Papp, Klára, S. 215.

1218 Monumenta comitialia Regni Hungariae, Bd. XI, S. 701–706.

1219 Jörg Fisch weist nach, dass in den europäischen Friedensverträgen des späten 16. und frühen 17. Jahrhunderts die Bedeutung des „Vergebens" nachlässt und jene des „Vergessens" zunimmt: Fisch, S. 92–97.

1220 Lesaffer 2004, Peace treaties, S. 38–39.

1221 Siehe den Wortlaut des Beschlusses der Stände in: Monumenta comitialia Regni Hungariae, Bd. XI, S. 809–825 Vgl. Papp, Klára, S. 217. Vgl. Gyulai, S. 43.

1222 Bocskai stattete Illésházy auch mit einem eigenen Kredential und speziellen Instruktionen aus: Gooss, S. 325–326.

Die neuen Verhandlungen in Wien begannen am 6. Juni[1223]. Zuerst wurde der am 24. Juni auslaufende Waffenstillstand bis zum 25. Juli 1606 verlängert[1224]. Illéshazy und die anderen Mitglieder der ungarisch-siebenbürgischen Delegation, die auf der Grundlage der Kaschauer Beschlüsse verhandelten[1225], versuchten die Habsburger unter Druck zu setzen, indem sie eine Billigung der ständischen Vorschläge durch den König vor dem Zusammentritt des nächsten ungarischen Reichstages forderten. Sollten ihre Bedingungen nicht erfüllt werden, erklärten die sich im Herrschaftsbereich Bocskais befindenden ungarischen Stände, nicht auf dem Reichstag zu erscheinen.

Diese Propositionen wurden von der habsburgischen Seite als Affront aufgefasst, aber angesichts der desolaten militärischen wie finanziellen Lage, in der sich die Habsburgermonarchie befand, verblieben der kaiserlichen Delegation nur noch wenige Möglichkeiten, Druck auf Stefan Bocskai und seine Unterhändler auszuüben[1226]. Aus Geldmangel konnte nicht einmal der geplante Reichstag einberufen werden[1227]. Trotz der Weigerung der habsburgischen Delegation, die religiösen Fragen und die Berücksichtigung der Ungarn in den militärischen und politischen Strukturen des Königreiches im Sinne der Kaschauer Ständeversammlung zu regeln, gelang unter dem Druck der Umstände eine Annäherung. Während der Verhandlungen über die persönlichen Forderungen Fürst Bocskais in Ostungarn und Siebenbürgen erreichte Illéshazy eine konziliantere Haltung der Gegenseite, indem er auf die schwere Krankheit Stefan Bocskais hinwies, die der kinderlose Fürst nicht überleben werde. Am 23. Juni 1606 unterzeichneten die Delegierten der beiden Seiten den Vertragstext, der in die Sammlung der ungarischen Reichsgesetze aufgenommen wurde und als „Wiener Frieden" Eingang in den Kreis der siebenbürgisch-habsburgischen Grundlagenverträge fand[1228].

Der Vertrag wurde von Matthias (*Dei gratia archidux Austriae, dux Burgundiae, Styriae, Carinthiae, Carniolae et Viertembergae etc. comes Tyrolis, Habspurgi etc.*) im Namen „Ihrer Heiligen Kaiserlichen und Königlichen Majestät" (*Sacra C^{ea} R^{ia}que*

1223 Zur ungarisch-siebenbürgischen Delegation gehörten außer Illésházy: Andreas Oztrosyth, Thomas Vizkelethi und Paul Appony. Die habsburgische Delegation setzte sich aus Paul Trautson, Karl Liechtenstein, Ernst von Molard, Siegfried Breuner, Thomas Erdödy, Georg Thurzó und Sigismund Forgách zusammen. Gegen die Anwesenheit des Bischofs von Neutra, Franz Forgách, hatte Illésházy erfolgreich protestiert: Gooss, S. 326.

1224 Der Text der Waffenstillstandsverlängerung ist nicht überliefert worden, deren Inhalt geht jedoch aus einem Schreiben Illésházys an Franz Rédey vom 16. Juni 1606 hervor. Dieses bestätigte am 19. Juni der venezianische Gesandte in Prag, Soranzo: Gooss, S. 327.

1225 Siehe die Auflistung der Kaschauer Beschlüsse in: Gooss, S. 329–330.

1226 Gestützt auf die in Ungarn lagernden osmanischen Truppen und das enge Bündnis mit der Hohen Pforte, gelang es der ungarisch-siebenbürgisch Delegation, die Verhandlungen in Wien zu beschleunigen: Feneşan 1985, S. 148.

1227 Papp, Klára, S. 214.

1228 Wortlaut des in lateinischer Sprache verfassten Wiener Friedens zwischen Kaiser und König Rudolf und Fürst Stefan Bocskai vom 23. Juni 1606 in: Gooss, S. 341–367. Der Vertragstext wurde in fünf Exemplaren ausgestellt. Der lateinische und der ungarische Text wurden in die Gesetzsammlungen des Königreichs Ungarn aufgenommen. Vgl. Várkonyi 2007, S. 27.

*M^tas^*) mit den ungarisch-siebenbürgischen Kommissaren, die im Namen Stefan Bocskais handelten (*d^ni^ Stephani Bochkay de Kys Maria*), geschlossen. Im ersten Artikel verpflichtete sich der ungarische König gegenüber den Ständen, namentlich den Magnaten, Edelleuten, königlichen Freistädten, den der Krone unterstehenden Marktgemeinden und den ungarischen Soldaten der Grenzorte, die freie Religionsausübung – ohne Nachteil für die römisch-katholische Kirche – zu gewährleisten[1229]. Eine Nennung der einzelnen Konfessionen unterblieb[1230]. Die im Zuge des Aufstandes konfiszierten Kirchen sollten der jeweiligen Seite zurückgegeben werden. Der 1604 vom König eigenmächtig eingefügte Artikel 22 zur Einschränkung der Kompetenzen des Reichstages im Bereich der Religionsangelegenheiten wurde aufgehoben. Im zweiten Artikel wurde der gleichzeitige Friedensschluss des Kaisers mit den „Ungarn" und den „Türken" vereinbart. Im dritten Artikel wurde für den nächsten Reichstag die Wahl eines Palatins angesetzt, der mit allen historischen Rechten dieses Amtes ausgestattet sein sollte. Matthias sollte das Königreich Ungarn mit dem Palatin und den ungarischen Räten Rudolfs regieren. Das Amt des Gouverneurs von Ungarn wurde im Gegensatz zum Vorvertrag nicht mehr erwähnt. Der aktuelle Inhaber des *Personalis*-Amtes[1231] sollte nicht ausgetauscht werden. Im vierten Artikel verpflichtete sich der König, die Heilige Krone in ruhigeren Zeiten nach Pressburg zu überführen. Damit setzten die Stände die Nennung der ungarischen Hauptstadt durch. Der fünfte Artikel regelte die Besetzung des *Thesaurarius*-Amtes durch einen ungarischen Adligen. Im sechsten Artikel wurde das Recht des Königs zur Ernennung von Bischöfen bestätigt. Die Bekleidung weltlicher Ämter durch Geistliche sollte auf dem nächsten Reichstag entschieden werden. Der Fortbestand der geistlichen Gerichtshöfe im Königreich Ungarn wurde im siebten Artikel festgeschrieben, deren Missbrauch sollte aber auf dem nächsten Reichstag abgestellt werden. Im achten Artikel wurden die gegensätzlichen Auffassungen der Stände und des Königs hinsichtlich eines Aufenthaltsrechtes der Jesuiten in Ungarn wiedergegeben. Im neunten und zehnten Artikel wurde die Verleihung der Ämter und Würden, einschließlich der Grenzkommandantenposten, im Königreich an gebürtige Ungarn – ungeachtet deren Konfession – bestimmt. Lediglich zwei Grenzkommandantenstellen an der Donau durfte der König an verdiente Ausländer aus den benachbarten Ländern vergeben. Der elfte Artikel bestimmte, dass niemand ohne Verhör und Gerichtsurteil bestraft werden durfte. Die Gesetze sollten auf dem nächsten Reichstag reformiert werden. Die Bestimmungen zur Gouverneurswürde, wie sie im elften Artikel der Vertragsfassung vom 9. Februar festgelegt worden waren, entfielen in der Endfassung vom 23. Juni vollständig.

1229 Das Einfügen der Floskel „ohne Nachteil der katholischen Religion" war eine Hauptbedingung, die Kaiser Rudolf II. für seine Zustimmung gestellt hatte: Höbelt, S. 23.

1230 Bocskai hatte in den Friedensverhandlungen eine explizite Nennng der beiden großen protestantischen Konfessionen sowie der römisch-katholischen Konfession gefordert. In einer Weisung an seine Unterhändler von 1605 verwendete er die Formulierung „die lutherische und die helvetische Konfession sollen frei sein, ebenso der römische Glauben in diesem Lande unter allen Ständen": Péter 2007, S. 151–153.

1231 Der *Personalis* war Vorsitzender Richter des königlichen Gerichtshofes und Präsident des Unterhauses im Ungarischen Reichstag: Pálffy 2009, S. 180, 189.

Der baldige Abschluss der privatrechtlichen Prozesse wurde im zwölften Artikel angemahnt. Darüber hinaus wurde die Güterrückerstattung in 16 Fällen geregelt. Eine Restitution der während der Kämpfe verschleppten Mobilien schloss der dreizehnte Artikel aus Gründen der Undurchführbarkeit – im Gegensatz zur Vorvertragsfassung – aus. Schadensersatzforderungen aus den nach dem Aufstand ausgebrochenen Kampfhandlung sollten gegenseitig ausgeschlossen werden. Der vierzehnte Artikel bestimmte, dass die von Stefan Bocskai vollzogenen Schenkungen auf dem nächsten Reichstag überprüft werden sollten, die von ihm vorgenommenen Nobilitierungen sollten auf dem Reichstag veröffentlicht werden. In diesem Punkt setzten sich Stefans Anhänger gegenüber der Vorvertragsfassung deutlich durch, die noch eine Ungültigkeit der von Fürst Bocskai erlassenen Rechtsakte vorsah. Der fünfzehnte Artikel bestimmte, dass Ungarn an Ausländer verpfändeten Besitz mit Zustimmung des Königs zurückerwerben dürften. Es wurden die Privilegien der königlichen Freistädte bestätigt und die Gleichberechtigung der „ungarischen mit den deutschen und böhmischen [gemeint waren die Slowaken] Einwohnern“ festgelegt. Beschwerden gegen die Freistädte sollten auf dem nächsten Reichstag vorgebracht werden. Damit endeten die das Verhältnis zwischen dem Monarchen und den Ständen im Königreich Ungarn betreffenden Bestimmungen des Wiener Vertrages.

Im zweiten Teil des Vertrages wurden die Stefan Bocskai betreffenden Punkte geregelt. Die Bestimmungen wurden nicht mehr in Artikel gegliedert. Stefan erhielt Siebenbürgen und die dazugehörenden Teile Ungarns (*Ad Transylvaniam cum partibus Hungariae*), wie sie bereits von Sigismund Báthory regiert worden waren. Darüber hinaus erhielt er für seine Person die Komitate Ugocsa, Bereg und Sathmar, einschließlich der Festung Sathmar, sowie die Festung Tokaj samt Grundbesitz[1232]. Die Marktgemeinden Tarczal und Keresztúr, die an Sigismund Rákóczi und Sebastian Thököly verpfändet worden waren, durfte der Fürst auslösen. Stefan sollte den Zehnten des Erlauer Bistums östlich der Theiß behalten. Die genannten Rechte und Verleihungen durfte Stefan Bocskai vererben. Sollte er jedoch ohne männlichen Nachfolger sterben, sollten die zuletzt genannten Rechte und Gebiete automatisch an den legitimen König von Ungarn fallen. Stefans Familienangehörigen war es verboten, weder Ansprüche auf die Herrschaft über das Fürstentum Siebenbürgen noch auf die ost- und nordungarischen Gebiete zu erheben. Sollte Stefan eine Tochter bekommen, müsste sich diese mit den ihr zustehenden gesetzlichen Ansprüchen zufriedengeben. Weiterhin wurde festgelegt, dass die Marktgemeinde Liszka Fürst Bocskai überlassen werde. Die Verwaltung der an Stefan abgetretenen oberungarischen Gebiete musste durch Ungarn erfolgen. Die Aufrechterhaltung des Erlauer Kapitels sollte vom König und den Ständen auf dem nächsten Reichstag garantiert werden.

Stefan Bocskai sollte jenen Titel führen, den bereits Sigismund Báthory innehatte: Reichsfürst und Fürst von Siebenbürgen, Graf der Szekler und Herr einiger Teile des Königreichs Ungarn (*principem imperii Transylvaniae, Siculorum comitem et*

1232 Bocskai bestand während der Friedensverhandlungen auf dem Erhalt der Herrschaft Tokaj, da er deren Güter den Hajduken versprochen hatte: Nyakas, S. 128. Vgl. Papp, Sándor 2007, S. 262.

partium regni Hungariae dominum). Zusätzlich zu seinem Familienwappen durfte er die Insignien des Fürstentums Siebenbürgen wie zu Zeiten Sigismund Báthorys verwenden. Damit verzichtete Stefan auf seinen Titel als Fürst von Ungarn und auf die weitere Verwendung des Wappens des Königreichs Ungarn. Das von Sigismund Báthory verwendete Fürstenwappen legte Stefan als offizielles Wappen des Fürstentums Siebenbürgen fest – es wurde von seinen Nachfolgern übernommen[1233]. Kommissare des Kaisers und Königs sollten die an Bocskai verliehenen Gebiete übergeben und die Bewohner Siebenbürgens vom Eid auf den Kaiser und König entbinden. Die von Bocskai beherrschten oberungarischen Komitate sollten Delegierte zu den Sitzungen des ungarischen Reichstages entsenden. Die Magnaten und Edelleute, sowohl in den von den Habsburgern als auch in den von Stefan beherrschten ungarischen Gebieten, sollten in den Genuss einer gegenseitigen Güterrestitution kommen. Flüchtige Verbrecher auf königlichem oder siebenbürgischem Gebiet sollten gegenseitig ausgeliefert werden. Nach der Ratifikation des Friedens sollten sämtliche Städte, Burgen, Marktflecken u.a. in den Besitz des Königs übergehen, sofern sie nicht an Stefan Bocskai abgetreten wurden. Die Gefolgsleute der Habsburger in Siebenbürgen sollten ihre Güter zurückerhalten und nicht wegen ihrer Treue gegenüber dem Kaiser- und Königshaus Nachteile erleiden. Ausdrücklich wurden in diesem Zusammenhang Balthasar Kornis und Pankratius Sennyey erwähnt. Stefan Bocskai musste erklären, dass er die vom Großwesir ausgehändigte Krone nicht angenommen habe, weil er das Ansehen des Königs, des Königreichs und der alten Heiligen Krone nicht schmälern wollte. Der Kaiser und König musste sich verpflichten, die in Siebenbürgen durch seine Kommissare eingenommen Mittel sukzessive zurückzuzahlen. Schließlich wurde vereinbart, dass der Erzherzog aufgrund der ihm von Rudolf übertragenen Vollmachten eine Generalamnestie für alle nach dem 15. Oktober 1604 begangenen Verbrechen und Vergehen auszustellen habe. Im Gegenzug sollte Stefan die Bewohner des königlichen Ungarn von ihren Eiden entbinden.

Die vom ersten Abschnitt abweichende Form des zweiten Vertragsteils erweckt den Eindruck, als handele es sich bei diesen Bestimmungen allein um die Befriedigung der persönlichen Interessen Stefan Bocskais und seiner Gefolgsleute. Obwohl die von diesen Bestimmungen direkt betroffenen Stände Siebenbürgens dem Fürsten eine nahezu absolute Verhandlungsvollmacht erteilt hatten, lag es vor allem im Interesse der habsburgischen Seite, den auf die Person des Fürsten zugeschnittenen provisorischen Charakter der Regelungen hervorzuheben. Der Besitz der oberungarischen Komitate samt Siebenbürgen durch Stefan Bocskai sollte auch formell als Übergangslösung dargestellt werden[1234].

Schließlich wurde die Garantiefrage des Friedensvertrages geregelt. Es wurde vereinbart, dass der Kaiser und König sich zur Einhaltung des Vertrages in einer eige-

---

1233 Bocskai hatte im Vorfeld des Vertragsabschlusses Illésházy damit beauftragt, in den Verhandlungen die Weiterverwendung des vollständigen Wappens Ungarns, zumindest aber die Verwendung des Doppelkreuzes zu erreichen. Dieses sollte zusammen mit seinem Familienwappen und dem siebenbürgischen Wappen das neue Fürstenwappen bilden: Gyulai, S. 44–45.

1234 Vgl. Oborni 2007, S. 68.

nen Urkunde verpflichten sollte. Eine Garantie des Friedens sollte durch die Stände Ober- und Niederösterreichs, Böhmens, Mährens, Schlesiens, der Lausitz sowie durch Erzherzog Ferdinand und die Stände der Steiermark erfolgen. Diesen Ländern mussten die ungarischen Stände im Gegenzug einen Versicherungsbrief ausstellen und ihre Treue gegenüber dem ungarischen König und seinen legitimen Nachfolgern beschwören. Einen Einschluss der überwiegend protestantischen Stände des Heiligen Römischen Reiches in die Reihe der Friedensgaranten konnte die habsburgische Seite verhindern[1235]. Schließlich vereinbarten beide Seiten, dass sie mit vereinten Kräften den Kampf gegen die Osmanen aufnehmen sollten, falls mit dem Sultan kein ehrbarer Friede zustande käme. Der Vertrag ist von Erzherzog Matthias und seinen Kommissaren sowie von Stefan Illésházy und den anderen Mitgliedern der ungarisch-siebenbürgischen Delegation unterzeichnet.

Die Struktur des Friedensvertrages blieb im Vergleich zum Vorvertrag unverändert. Zwei Themenbereiche betrafen das Verhältnis zwischen dem König und den Ständen im habsburgischen Ungarn: die Frage der Religionsfreiheit und verfassungsrechtliche Fragen, vor allem bezüglich der Staatsorganisation. Dabei verfolgten die ungarischen Stände das Ziel, die staatsrechtliche Integration des Königreichs Ungarn in die Strukturen des habsburgischen Länderkomplexes zu lockern oder gar rückgängig zu machen[1236].

Völkerrechtliche Bedeutung besaßen vor allem die anderen beiden Themenbereiche: der zukünftige habsburgisch-osmanische Frieden und das völkerrechtliche Verhältnis zwischen Stefan Bocskai bzw. Siebenbürgen einerseits und dem Königreich Ungarn bzw. der Habsburgermonarchie andererseits. Hinsichtlich der zweiten Frage ergaben sich zwischen dem Vorvertrag vom 9. Februar und dem Vertrag vom 23. Juni grundlegende Unterschiede. Im Folgenden werden die Bestimmungen der 16 Artikel des Vorvertrages dargestellt, welche die Oberhoheit des Königs von Ungarn über den Fürsten von Siebenbürgen und die rechtliche Zugehörigkeit Siebenbürgens zum Königreich Ungarn regelten. Der erste Artikel behandelte die Inkorporation Siebenbürgens in das Königreich Ungarn, der zweite die jährlichen Geschenke des Fürsten an seinen Oberherren, den ungarischen König. Artikel vier bestimmte die automatische Integration Siebenbürgens und der dazugehörenden ostungari-

---

1235 Die Forderung, den Frieden auch durch den polnischen König zu garantieren, lehnten die Vertreter der Habsburgermonarchie bereits im Vorfeld strikt ab: Várkonyi 2007, S. 27–28.

1236 Das traditionsreiche Amt des Palatins, der als Stellvertreter des Königs umfangreiche Befugnisse besaß, wurde nach 1562 nicht mehr besetzt, die ungarische Kanzlei wurde nach Wien versetzt. Die Ungarische Kammer wurde der Wiener Hofkammer untergeordnet und weite Teile Westungarns gerieten in die finanzielle Zuständigkeit der niederösterreichischen Kammer. Darüber hinaus unterstand die Militärverwaltung in Ungarn seit 1556 dem Wiener Hofkriegsrat. Vor diesem Hintergund sahen die ungarischen Adligen ihre Forderung, der König möge an den ungarischen Reichstagen persönlich teilnehmen und Ungarn als Offiziere in den Anlagen der Militärgrenze einsetzen, als eine legitime Rückgewinnung des ungarischen Einflusses auf die Politik der Habsburger in Ungarn. Außerdem bedeutete die Religionsfreiheit auch die Freiheit vor dem Zugriff des Staates auf die Kirche und damit auf wesentliche Bereiche der ungarischen Kultur: Barta 2007, S. 196, 198–199.

schen Komitate in das Königreich Ungarn, falls Stefan Bocskai ohne männliche Erben sterben sollte. Im fünften Artikel hatte der König entsprechende Versicherungen Stefans und seiner Verwandten gefordert. Rudolf II. verlangte in der alten Vertragsversion von den siebenbürgischen und ostungarischen Ständen sowie den Burgkapitänen, dass sie auf dem Landtag – in Anwesenheit habsburgischer Kommissare – dem ungarischen König Treue und Gehorsam schwören, falls Stefan Bocskai ohne Nachfolge im Mannesstamm sterben sollte (Art. 6). Stefan Bocskai war es verboten, aus seinem persönlichen Besitz ungarischer Komitate Ansprüche auf andere ungarische Gebiete abzuleiten (Art. 8). Weiterhin durfte Ungarn nicht durch zusätzliche siebenbürgische Befestigungen bedroht werden (Art. 12). Auf den von Fürst Bocskai geprägten Münzen musste das Bild des ungarischen Königs zu sehen sein, wodurch dessen Oberhoheit über den Fürsten von Siebenbürgen symbolisiert werden sollte (Art. 9). Artikel 13 machte den siebenbürgischen Fürsten für den Verbleib des Woiwoden der Walachei unter der Oberhoheit des Königs von Ungarn verantwortlich. Schließlich untersagte der Vorvertrag Fürst Bocskai, ohne das Wissen des Königs Vereinbarungen mit den Osmanen einzugehen. Stefan Bocskai sollte sich verpflichten, einen Frieden zwischen Kaiser und Sultan zu vermitteln und bis April 1606 eine Friedenserklärung der Osmanen erwirken (Art. 15). Artikel 16 stellte nur jenen ungarischen Ständen eine Amnestie in Aussicht, die bereit sein würden, sich auf dem nächsten Reichstag dem ungarischen König zu unterwerfen. Schließlich sollten die ungarischen Stände geloben, nie wieder eine Rebellion gegen den König anzuzetteln oder gegen ihn zu konspirieren.

Von den 16 Artikeln des Vorvertrages ließ Stefan Bocskai 11 Artikel vollkommen streichen oder gänzlich modifizieren. Lediglich die Artikel 3 (Beschickung der ungarischen Reichstage durch siebenbürgische Delegierte), 7 (gegenseitige Auslieferung von Verbrechern), 10 (Räumung der Fürst Bocskai nicht zugesprochenen Ortschaften), 11 (Verschonung der habsburgtreuen Untertanen in Siebenbürgen) und 14 (Annahme der osmanischen Krone als Geschenk und nicht als Zeichen der ungarischen Königswürde) wurden – zum Teil mit geringen Veränderungen – in den Vertragstext vom 23. Juni übernommen. Entsprechend der von Stefan modifizierten Vertragsversion musste er die Oberherrschaft des ungarischen Königs nur für jene oberungarischen Komitate akzeptieren, mit denen er persönlich belehnt worden war. Die Suzeränität der ungarischen Krone erstreckte sich dementsprechend nicht über das Fürstentum Siebenbürgen und seine *Partes adnexae*. Lediglich die Entsendung siebenbürgischer Delegierter zum ungarischen Reichstag blieb als ein Zeichen der historischen Zugehörigkeit Siebenbürgens zum Königreich Ungarn erhalten[1237]. Dies stellte eine Gegenleistung für die Anerkennung der Unabhängigkeit des Fürstentums Siebenbürgen durch das Königreich Ungarn bzw. die Habsburgermonarchie dar.

Die radikale Modifizierung der erwähnten 16 Artikel des Vorvertrages durch Fürst Bocskai und die konfessionspolitischen Bestimmungen des Vertrages führten dazu, dass es Erzherzog Matthias und den kaiserlichen Räten, vor allem Ernst von

1237 Gooss, S. 300–302, 309–315. Vgl. Pálffy 2009, S. 231–232.

Molart, nur durch eindringliches Zureden gelang, Kaiser Rudolf II. dazu zu bewegen, den Wiener Vertrag zu ratifizieren. Dies geschah am 6. August 1606 in Prag[1238]. Obwohl Fürst Bocskai am 17. August 1606 in Kaschau die Vereinbarungen des Wiener Vertrages ratifizierte[1239], legte er zeitgleich schriftlich nieder, welche nachträglichen Änderungen einzelner Artikel er wünschte: Im ersten Artikel sollten die drei Konfessionen ausdrücklich genannt und den Katholiken, Lutheranern und Calvinisten namentlich die freie Religionsausübung garantiert werden. Im dritten Artikel sollte ausdrücklich festgelegt werden, dass der zu wählende Palatin nicht Erzherzog Matthias untergeordnet sein dürfe. Stefan forderte die genaue Bezeichnung aller ostungarischer Komitate, die unter seiner Herrschaft stehen sollten, wozu er auch das Komitat Szabolcs zählte. Außerdem beanspruchte er die unumschränkte Jurisdiktion in diesen Gebieten[1240]. Seine Änderungswünsche betrafen auch die von ihm zu führenden Titel. Stefan forderte die Berücksichtigung der Reichsfürstenwürde in seinem Titel, so wie sie von Fürst Sigismund Báthory nach 1595 geführt worden war. Darüber hinaus wollte er nicht als „Herr“, sondern als „Fürst“ der Siebenbürgen angeschlossenen Teile Ungarns bezeichnet werden. Sein Titel sollte demnach lauten: *Stephanus dei gratia Transylvaniae partiumque Regni Hungariae ac sacri romani imperii princeps et Siculorum comes etc.* [Stefan, von Gottes Gnaden Fürst von Siebenbürgen, der Teile des Königreichs Ungarn und des Heiligen Römischen Reiches, Graf der Szekler etc.][1241]. Dementsprechend unterzeichnete er seine Ratifikationsurkunde nicht mit dem ihm vertraglich zugewiesenen Titel, sondern mit seinem bisherigen Titel, der die Würde eines „Fürsten von Ungarn“ einschloss: *Nos Stephanus, Dei gratia Hungariae Transylvaniaeque princeps et Siculorum comes etc.* Schließlich verlangte Fürst Bocskai eine unbestimmtere Formulierung des Artikels, der einen gemeinsa-

1238 Siehe den Wortlaut der in lateinischer Sprache abgefassten Ratifikation des Wiener Vertrages durch den Kaiser und König (*Nos Rudolphus, Dei gratia electus Romanorum imperator semper augustus ac Germaniae, Hungariae, Bohemiae, Dalmatiae, Croatiae, Sclavoniae etc. rex, archidux Austriae, dux Burgundiae, marchio Moraviae, comes Tyrolis etc.*) in: Gooss, S. 353–354. Rudolf ließ in einem separaten Schreiben fixieren, dass er die Bestimmungen des Wiener Friedens so interpretieren müsse, dass sie nicht seinem Krönungseid als König von Ungarn entgegenliefen und dass er darauf bestehe, dass die offen gebliebenen Fragen auf dem nächsten Reichstag gelöst werden müssten: Gooss, S. 335.

1239 Siehe den Wortlaut der in lateinischer Sprache abgefassten Ratifikation des Wiener Vertrages durch Stefan Bocskai in: Gooss, S. 354–355.

1240 Für Bocskai war es wichtig, dass Siebenbürgen seinen Herrscher frei wählen konnte, falls er ohne einen männlichen Erben sterben sollte. In dieser Frage konnte er sich auf einen früheren Beschluss des Klausenburger Landtages stützen: Monumenta comitialia Regni Transylvaniae, Bd. V, S. 310–312. In den Verhandlungen um den Wiener Frieden wurde der Begriff *jure haereditario* durch die Formulierung *jure perennali* ausgetauscht: Papp, Sándor 2007, S. 262.

1241 Als eine weitere von ihm gewünschte Version seines Titels schlug Bocskai vor: *Stephanus dei gratia Transylvaniae ac Sacri romani imperii princeps, partium Regni Hungariae dominus hereditarius et Siculorum comes etc.* [Stefan, von Gottes Gnaden Fürst Siebenbürgens und des Heiligen Römischen Reiches, erblicher Herrscher über die Teile des Königreichs Ungarn und Graf der Szekler etc]: Oborni 2007, S. 70.

men Feldzug gegen die Osmanen für den Fall ankündigte, dass kein annehmbarer Friede mit dem Sultan zustande kommen sollte[1242].

Die Änderungswünsche Stefan Bocskais zum ersten Teil des Vertragswerks zeigen die Bedeutung, die er diesen staatsrechtlichen Fragen entgegenbrachte, nicht nur als in Oberungarn begüterter Magnat, sondern auch als Fürst von Siebenbürgen. Für den siebenbürgischen Adel, aber auch andere protestantische Eliten des Fürstentums Siebenbürgen, hatten die Religionsfreiheit und die staatsrechtliche Partizipation der Stände im Königreich eine Bedeutung, die den Bereich der inneren Angelegenheiten Ungarns überschritt. Sie waren überzeugt, dass je stärker die Stände im Königreich Ungarn die absolutistischen Tendenzen des Herrscherhauses in die Schranken weisen könnten, die Habsburger umso weniger in der Lage sein würden, die Selbständigkeit des benachbarten Fürstentums und die Freiheiten der dortigen Stände zu gefährden. Mit seinen Vorschlägen zum zweiten Teil des Vertrages wollte Stefan Bocskai vor allem die Unabhängigkeit seiner Länder gegenüber dem Königreich Ungarn unterstreichen, ein Gedanke, den er besonders in seiner September-Korrespondenz mit Stefan Illésházy äußerte. Die Verbundenheit zwischen den beiden Teilen der Heiligen Ungarischen Krone plante Fürst Bocskai durch ein „ewiges Bündnis" zu stärken, das auf der Grundlage der Gleichrangigkeit geschlossen werden sollte.

Stefan Illésházy und neun weitere Delegierte der ungarisch-siebenbürgischen Deputation überbrachten am 10. September 1606 Erzherzog Matthias die Ratifikationsurkunde Stefan Bocskais zusammen mit den Änderungsvorschlägen des Fürsten. Nach einigem Zögern fertigte Erzherzog Matthias am 25. September eine gesonderte „Explication" aus, die den ersten Vertragsartikel betraf, in der er versicherte, dass sowohl die freie Religionsausübung als auch die ungestörte Nutzung der protestantischen Kirchen gewährleistet werde[1243]. Bezüglich der anderen Änderungsvorschläge Stefan Bocskais einigten sich beide Seiten darauf, dass sie auf einem künftigen Reichstag behandelt werden sollten[1244]. Darüber hinaus forderten Stefans Unterhändler vom Kaiser die Ausstellung eines allgemeinen Amnestieerlasses für die Stände, die sich gegen ihn in Ungarn und Siebenbürgen erhoben hatten. Rudolf II. kam dieser Bitte am 24. September 1606 in Prag nach. Um seiner „herrschaftlichen Güte" Ausdruck zu verleihen, sicherte er allen Anhängern Stefan Bocskais in Ungarn und Siebenbürgen Straffreiheit für ihre nach dem 15. Oktober 1604 begangenen Taten zu[1245].

Die weiteren Forderungen Stefans erfüllte der Kaiser in einer Versicherung, die er ebenfalls am 24. September ausstellte. Darin bestätigte er die den Fürsten direkt

1242 Der Text dieser Änderungen sollte so lauten, wie Illésházy von den Ständen angewiesen worden sei: siehe das Schreiben *Relatio cuiusdam fide digna eorum quae Cassoviae vidit et intellexit*: Gooss, S. 336.

1243 Siehe den Wortlaut der am 25. September 1606 in Wien abgegebenen lateinischen Erklärung des Erzherzogs Matthias zur Interpretation des letzten „Paragraphen" des ersten Vertragsartikels in: Gooss, S. 362–363.

1244 Gooss, S. 337.

1245 Siehe den Wortlaut des Amnestieerlasses Kaiser Rudolfs II., ausgefertigt in lateinischer Sprache am 24. September 1606 in Prag: Gooss, S. 358–359.

betreffenden Bestimmungen des zweiten Vertragsteils vom 23. Juni, jedoch mit einer wesentlichen Abweichung. Der Kaiser und König verfügte, dass Stefan Bocskai ganz Siebenbürgen (*totalem et integram provinciam Transsilvaniam*) erhalten solle, wie es früher Fürst Sigismund Báthory besessen hatte, einschließlich der *Partes adnexae*, die er – entsprechend Stefans Wünschen – einzeln aufführte: die Festungen Großwardein und Huszt sowie die ungarischen Komitate Marmarosch, Bihar, Kraszna und Mittel-Szolnok. Darüber hinaus verlieh ihm der König für seine Person die Komitate Sathmar (samt der gleichnamigen Festung), Bereg und Ugocsa sowie die Festung Tokaj im Komitat Zemplén. Der König erlaubte Fürst Bocskai, sämtliche aufgezählte Gebiete an seine männlichen Nachkommen zu vererben. Sollten diese fehlen, mussten die erwähnten Territorien an den ungarischen König und dessen legitime Nachkommen fallen. Anders als im Vertrag festgelegt, sollte diese Regelung nun nicht mehr für „Siebenbürgen und die ihm von früher zustehenden Komitate, Burgen und Stützpunkte“ gelten[1246].

Darüber hinaus schlossen die Unterhändler Stefan Bocskais mit den in Wien versammelten Vertretern der Stände Böhmens, Mährens, Schlesiens sowie der Ober- und Niederlausitz einen Bündnis- und Freundschaftsvertrag. Am 23. September versicherten in Wien die Delegierten der königlich-ungarischen Stände, den Wiener Vertrag treu einzuhalten und eine gute Nachbarschaft mit den angrenzenden habsburgischen Ländern zu pflegen. Die Garantieerklärung der Stände Nieder- und Oberösterreichs und der Steiermark folgte am 25. September, jene der Stände Böhmens, Mährens, Schlesiens sowie der Ober- und Niederlausitz am 26. September 1606[1247]. Damit war der Ratifikationsprozess abgeschlossen[1248].

Der Text des Wiener Friedens wurde auf Latein, Deutsch und Ungarisch in mehreren mitteleuropäischen Städten veröffentlicht, darunter in Prag, Nürnberg, Frankfurt am Main und Leipzig. In der deutschsprachigen Publizistik wurde der Vertrag – im Gegensatz zum danach geschlossenen Frieden mit dem Sultan – mehrheitlich als „guter Frieden“ bewertet. Die offiziösen Prager Blätter, die bereits ab Ende September 1606 über den Wiener Vertrag berichteten, druckten auf ihren Titelblättern die Porträts von Kaiser Rudolf II., Erzherzog Matthias und Fürst Stefan Bocskai sowie Bilder, die die Verhandlungen zwischen den Habsburgern und den ungarischen Ständen veranschaulichen sollten, ab. Eine Leipziger Abhandlung von 1608 gab den Disput über die Reichweite der ständischen Freiheiten in Glaubensfragen wieder und stellte ihren Lesern frei, selbst aufgrund der habsburgischen und ungarischen Argumentationen über deren Rechtmäßigkeit zu urteilen[1249].

1246 Siehe den Wortlaut des Versicherungsdiploms Kaiser Rudolfs II., ausgefertigt in lateinischer Sprache am 24. September 1606 in Prag: Gooss, S. 359–362.

1247 Siehe den Wortlaut der in lateinischer Sprache abgefassten Approbation durch die ungarischen Stände sowie jenen der vier Garantieerklärungen der übrigen Stände in: Gooss, S. 355–357, 363–367. Vgl. Pálffy 2009, S. 223–224.

1248 Gooss, S. 336–338.

1249 Zum Beispiel das Flugblatt: *Abdruck Der Reconciliation und Vergleichung mit den Hungerischen Stenden, geschehen zu Wien in Osterreich, den 23 Junij, Anno 1606. Aus Lateinischer sprach, ins Teutsche gebracht*: Etényi, S. 273–274.

Verglichen mit dem Vorvertrag vom 9. Februar wies die Endfassung des Wiener Friedens mehrere Verbesserungen zugunsten der ungarisch-siebenbürgischen Seite auf, da die meisten Forderungen der Kaschauer Ständeversammlung durchgesetzt werden konnten. Damit trat Siebenbürgen nicht nur als Wahrer der ständischen Freiheiten in Ungarn auf, es erreichte auch die Garantie der Unabhängigkeit der ungarischen Regierungsstellen gegenüber den Wiener Zentralbehörden[1250] und eine weitreichende Absicherung der Glaubensfreiheit im königlichen Ungarn[1251]. Der Wiener Friede beendete im Königreich Ungarn eine fast sieben Jahrzehnte dauernde Auseinandersetzung, in der die katholische Kirche bzw. die protestantischen Konfessionen der jeweils anderen Seite die Existenzberechtigung absprachen. Ähnlich wie 1555 im Augsburger Religionsfrieden und 1598 im Edikt von Nantes wurden die Konfessionen gezwungen, einander zu dulden, auch wenn alle Parteien den Kompromiss nur akzeptierten, weil sie ihn als Provisorium betrachteten[1252].

Nachdem der Mediascher Landtag im September 1605 das Fürstentum Siebenbürgen verfassungsrechtlich so wiederhergestellt hatte, wie es bis 1598 konstituiert war, erfolgte dessen völkerrechtliche Anerkennung im Wiener Frieden sowie kurze Zeit später im habsburgisch-osmanischen Frieden von Zsitvatorok. Stefan Bocskai war es durch den Wiener Frieden gelungen, den Status quo wiederherzustellen, der 1595–1598 das völkerrechtliche Verhältnis zwischen dem Fürstentum Siebenbürgen und der Habsburgermonarchie definierte. Während der Friedensverhandlungen hatte Stefan das Ziel verfolgt, mit Hilfe der Osmanen die Selbständigkeit des Fürstentums Siebenbürgen wiederherzustellen. Da der König von Ungarn die Unabhängigkeit des Fürstentums anerkennen musste, hatte Stefan sein wichtigstes Verhandlungsziel erreicht, genauso wie sein Vorhaben, die Habsburger von der Erbfolge in Siebenbürgen auszuschließen. Die wiederholten Versuche des Erzhauses, sein Erbfolgerecht einzulösen, hatten immer wieder blutige Konflikte mit dem Osmanischen Reich hervorgerufen, die nach Stefans Überzeugung auf Dauer den sicheren Untergang Ungarns zur Folge haben würden[1253]. Die fast vollständig erreichte staats- und völkerrechtliche Trennung zwischen dem Königreich Ungarn und dem Fürstentum Siebenbürgen war, ähnlich wie 1594/1595, auf große Widerstände in den Reihen der königlich-ungarischen Stände gestoßen, sowohl der protestantischen als auch der katholischen. Darunter befanden sich auch jene Adligen, die sich Stefan Bocskais Aufstand angeschlossen hatten. Die kaiserlichen Räte und Erzherzog Matthias hatten große Mühe, die ungarischen Stände davon zu überzeugen, dass diese Trennung für Fürst Bocskai eine Conditio sine qua non darstellte, und dass davon der Erfolg der Friedensverhandlungen überhaupt abgehangen habe. Allerdings musste Sieben-

1250 Dafür stand die Wiedereinführung der seit 1562 nicht mehr berücksichtigten Palatinswürde: Vocelka 1981, S. 313.

1251 Die konfessionellen und politischen Freiheiten der Stände im königlichen Ungarn wurden somit zu bestimmenden Elementen des künftigen habsburgisch-siebenbürgischen Verhältnisses: Király 1975, S. 206, 208.

1252 Zum Vergleich zwischen dem Wiener Frieden und dem Edikt von Nantes siehe: Tóth 2007, Religiöser Fundamentalismus, S. 276–279.

1253 Oborni 2007, S. 69.

bürgen – anders als 1595 – die osmanische Suzeränität anerkennen[1254]. Diese erfreute sich in den Reihen der siebenbürgischen Stände – ein Jahrzehnt nach der Aufkündigung der Oberhoheit des Sultans – einer breiten Zustimmung, da die Macht der Hohen Pforte als Voraussetzung angesehen wurde, dass die Pläne der Habsburger zur radikalen Umgestaltung der staatsrechtlichen und konfessionellen Strukturen Siebenbürgens nicht umgesetzt werden konnten[1255].

Die Stefan Bocskai im September 1606 gemachten Zugeständnisse des Kaisers – die erst nach der Ratifikation des Vertrages durch den Fürsten erfolgt waren – gingen auf das Dreiecksverhältnis Habsburgermonarchie-Siebenbürgen-Osmanisches Reich zurück. Gemäß den Bestimmungen des Wiener Vertrages begann Fürst Bocskai kurz nach dessen Unterzeichnung mit der Vermittlung eines Friedens zwischen Kaiser und Sultan. Nach dem Abschluss eines habsburgisch-osmanischen Waffenstillstands am 15. Juli 1606 versuchten die kaiserlichen Gesandten, direkt mit den Osmanen in Friedensverhandlungen einzutreten. Gegen diesen Versuch, die siebenbürgische Seite auszuschalten, konnte sich Fürst Bocskai erfolgreich wehren, indem er auf seiner Vermittlerrolle bestand. Die Vermittlung eines habsburgisch-osmanischen Friedens hatte auch der König von Polen angeboten. Diesen Vorschlag ließ er im April 1606 der Hohen Pforte durch seinen Gesandten unterbreiten, der auch betonen sollte, dass Polen freiwillig Stefan Bocskai gegen den Kaiser unterstützt habe und nicht aufgrund einer Verpflichtung durch die polnisch-osmanischen Friedensverträge[1256]. Obwohl das polnische Angebot von den Kriegsparteien nicht angenommen wurde und sich Polen zunehmend auf seine baltischen Kriege konzentrieren musste, verfolgten die Könige von Polen auch in den folgenden Jahrzehnten durch ihre diplomatischen Vertreter aufmerksam die Entwicklungen in Siebenbürgen, der Moldau und Walachei[1257].

Nachdem es zu ersten habsburgisch-osmanischen Gesprächen im Grenzgebiet zwischen Komorn und Gran gekommen war, wurden im Herbst 1606 die Unterredungen an der Mündung des Flusses Zsitva fortgesetzt. In der entscheidenden Verhandlungsphase vermittelte die ungarisch-siebenbürgische Delegation unter Stefan Illésházy zwischen den Gesandten der beiden Großmächte – eine Premiere in der sechzigjährigen Geschichte der habsburgisch-osmanischen Friedensverhandlungen[1258]. Damit konnte Stefan Bocskai die wiedergewonnene, weitgehend eigenständige Rolle des Fürstentums Siebenbürgen auf der europäischen Bühne unterstreichen und vor allem Nachbesserungen des Wiener Friedens durchsetzen, indem er mit Maximalforderungen des Sultans drohte[1259]. Auch am 3. Oktober 1606 beschwerte sich

1254 Czettler, S. 107. Vgl. Fata, S. 136.

1255 Zum Scheitern der habsburgischen Politik in Siebenbürgen: Arens 2001, S. 235–236.

1256 Siehe die Instruktionen an den polnischen Gesandten bei der Hohen Pforte vom 3. April 1606: Corfus 1983, S. 43–45.

1257 Serwanski, S. 170.

1258 Petritsch 2008/2009, S. 152.

1259 Zachar, S. 242–243. Vgl. Feneşan 1985, S. 147–150. Im Oktober 1606 unterstrich der siebenbürgische Gesandte an der Hohen Pforte in einem Gespräch mit dem französischen Gesandten in Konstantinopel die Vermittlerrolle des Fürsten von Siebenbürgen in den laufenden habsbur-

Fürst Bocskai in einem Brief an Illésházy über den Wiener Vertrag. Er störte sich an der Bestimmung, wonach die ihm persönlich verliehenen oberungarischen Komitate, die staatsrechtlich ein Teil des Königreichs Ungarn geblieben waren, nach seinem Tode an den ungarischen König fallen mussten. Sollte diese Eventualität eintreten, würden die Osmanen dies nicht zulassen und den Frieden aufkündigen, betonte der Fürst. Somit startete er den Versuch, die von Illésházy moderierten habsburgisch-osmanischen Friedensgespräche in Zsitvatorok für eine Neuverhandlung dieses Punktes zu nutzen. Mit Hilfe der Osmanen versuchte Stefan Bocskai, vom ungarischen König das volle Erbrecht über diese nordostungarischen Komitate zu erhalten. Als *absolutus princeps* habe er Anspruch auf sämtliche Herrschaftsrechte in den erwähnten Komitaten, das der ungarischen Krone vorbehaltene *ius fisci* eingeschlossen, forderte Stefan Bocskai. Illésházy, der als Delegationsleiter die Verhandlungen mit den Habsburgern geführt hatte, stand diesen nachträglichen Forderungen erwartungsgemäß ablehnend gegenüber, da ihm die großen Widerstände noch gegenwärtig waren, gegen die er das bestehende Verhandlungsergebnis erzielt hatte. Darüber hinaus war er sich bewusst, dass ein erneutes nachträgliches Aufschnüren des Wiener Friedens die damals von ihm mühsam moderierten habsburgisch-osmanischen Friedensverhandlungen zusätzlich belastet hätte[1260].

Nicht zuletzt durch Stefan Illésházys Einsatz konnte am 11. November 1606 der als Vertrag von Zsitvatorok in die Geschichte eingegangene habsburgisch-osmanische Frieden unterzeichnet werden, der den „Langen Türkenkrieg" beendete. Durch seine häufige Erneuerung erlangte er den Status eines Grundlagenvertrages, auf den sich die habsburgisch-osmanischen Beziehungen über ein halbes Jahrhundert lang stützten[1261]. Der Friede von Zsitvatorok bestätigte den Wiener Vertrag und stellte damit die neue völkerrechtliche Stellung des Fürstentums Siebenbürgen auf eine breitere Rechtsgrundlage[1262].

Nach dem Abschluss des Friedens von Zsitvatorok, am 11. November 1606, drängte Stefan Bocskai Erzherzog Matthias, die Umsetzung des Wiener Friedens, vor allem die gegenseitige Übergabe der Territorien, vorzunehmen. Zwei Tage vorher hatte Stefan geschrieben: „Dieser Frieden wird zum Vorteil nicht nur Ungarns, sondern der ganzen christlichen Welt gereichen"[1263]. Dennoch berief Fürst Bocskai am 13. Dezember 1606 die ungarischen Stände, in deren Reihen die Kritik am Frieden nicht abgerissen war, nach Kaschau, um den Wortlaut des Wiener Vertrages, trotz dessen Ratifikation, doch noch einmal zu beraten. Die Ständeversamm-

---

gisch-osmanischen Friedensverhandlungen. Der Franzose berichtete, der siebenbürgische Gesandte habe vorausgesagt, Erzherzog Matthias werde die ungarische Krone übernehmen und den Frieden direkt mit dem Sultan abschließen. Siehe den Bericht des französischen Gesandten Salaygnac an König Heinrich IV vom 31. Oktober 1606 in: Documente, Hurmuzaki, Suppl. I, Vol. 1, S. 123.

1260 Oborni 2007, S. 69–70.

1261 Die Verhandlungen beschreibt ausführlich ein Bericht des Unterhändlers Illésházy: Bayerle 1980, S. 11–17. Vgl. Csáky 1983, S. 188. Vgl. Petritsch 2014, S. 39–52.

1262 Der Wiener Vertrag wurde in Artikel 6 bestätigt: Bayerle 1980, S. 10, 19–21.

1263 Várkonyi 2007, S. 28.

lung beschloss, die Vertragsbestimmungen zu respektieren, allerdings sollten an einigen Artikeln des ersten Vertragsteils (Artikel 1–15), der sich auf das staatsrechtliche Verhältnis zwischen Monarch und Ständen im Königreich Ungarn bezog, auf dem nächsten ungarischen Reichstag mehrere Änderungen vorgenommen werden[1264]. Weiterhin wurde eine Neuausstellung des Amnestieerlasses durch Rudolf gefordert, in dem die Ursachen des Aufstandes deutlicher bezeichnet werden sollten, da Stefan Bocskai und die sich ihm angeschlossenen Stände nie „Rebellen“ gewesen seien[1265]. Darüber hinaus forderte die Ständeversammlung den Abschluss eines „ewigen und unverletzlichen“ Bündnisses zwischen dem Königreich Ungarn und dem Fürstentum Siebenbürgen, in einer Form, wonach keines der beiden Länder dem Herrscher des jeweils anderen Landes Treue geloben müsse. Das Bündnis solle sich in erster Linie gegen auswärtige Feinde und „Ruhestörer“ richten, gegen die man sich gegenseitig unterstützen werde. Zu diesem Vorhaben sollten die ungarischen Stände auf dem nächsten Reichstag, der entsprechend dem Wiener Vertrag auch von siebenbürgischen Delegierten zu beschicken war, einen eigenen Beschluss fassen. Fürst Bocskai, der diese Entscheidung ausdrücklich begrüßte, betonte, dass Ungarn und Siebenbürgen, zumindest solange sich die ungarische Krone in den Händen der Habsburger befände, zwei Länder seien, die einander nicht untergeordnet seien und die sich gegen auswärtige Feinde gegenseitig zur Hilfe kommen sollten. Damit sollte sowohl der ungarische König als auch der Fürst von Siebenbürgen dem anderen gegenüber unabhängig und souverän sein. Die Gegenposition vertrat Stefan Bocskais wichtigster politischer Berater, Stefan Illésházy. Er lehnte diesen Gedanken mit dem Hinweis auf die Idee der Einheit der Länder der Heiligen Krone vehement ab. Verzweifelt schrieb er am 9. Dezember 1606 an seinen Herren, das Land würde zugrunde gehen, wenn es von zwei Herrschern regiert und in zwei Teile zerrissen werde, denn das bedeute seine Schwächung und sein Auseinanderbrechen[1266].

Weiterhin bestimmte die Kaschauer Ständeversammlung, dass die Beschlüsse der 1605–1606 stattgefundenen Ständeversammlungen von Szerencs, Kaschau und Karpfen in die ungarischen Reichsgesetze aufgenommen werden müssten. Ebenso sollten die von den Ständen der böhmischen und österreichischen Länder abgegebenen Garantieerklärungen zum Wiener Frieden und das vom ungarischen König am 24. September 1606 für Fürst Bocskai ausgestellte Versicherungsdiplom wortwörtlich in die ungarischen Reichsgesetze aufgenommen werden. Die Versammlung forderte, dass in den vier oberungarischen Komitaten, die Stefan Bocskai persönlich verliehen wurden, die Gesetze des Königreichs Ungarn und das sogenannte *Tripartitum* weiterhin Gültigkeit haben sollten. Die Beschlüsse des ungarischen Reichstages sollten künftig nicht mehr in lateinischer, sondern in ungarischer Sprache publiziert werden. Schließlich verfügte die Kaschauer Ständeversammlung, dass ihre Beschlüsse den beteiligten Ständen als bindende Weisung für den nächsten ungarischen Reichstag dienen sollten. Stefan Bocskai gelang es nicht, die Stände von der

---

1264 Siehe die Vorschläge bei: Gooss, S. 338–340.
1265 Gooss, S. 338.
1266 Oborni 2007, S. 71–72.

Notwendigkeit zu überzeugen, für ihn den Titel eines „Fürsten von Ungarn" nachträglich bei den Habsburgern einzufordern[1267]. Dennoch billigte er die Beschlüsse der Kaschauer Ständeversammlung am 23. Dezember 1606[1268].

Wenige Tage später, am 29. Dezember 1606, erlag Stefan Bocskai seiner Krankheit in Kaschau. Am 22. Februar 1607 wurde er im Weißenburger Dom, der Grablege der siebenbürgischen Fürsten, beigesetzt. Wirkmächtiger als den Beginn des „Langen Türkenkrieges" in Siebenbürgen hatte Stefan Bocskai den Ausgang des Krieges geprägt. Sein erfolgreicher Aufstand zeigte den Habsburgern jene Grenzen auf, in denen die ungarischen und siebenbürgischen Stände bereit waren, dem Herrscherhaus zu folgen. Seine militärischen Erfolge, die erstmals im Donau-Karpaten-Raum bewiesen, dass sich auch leichte und wendige Aufgebote der Stände und Haiducken gegen die habsburgischen Söldnerheere durchsetzen konnten, wurden durch seine politisch-diplomatischen Erfolge ergänzt. Mit dem Wiener Vertrag, der auf dem großen Pressburger Reichstag von 1608 bestätigt wurde[1269], und dem Zsitvatoroker Frieden war Fürst Bocskai an der politischen Neuordnung des Donau-Karpaten-Raumes maßgeblich beteiligt, die ein dreiviertel Jahrhundert lang bestehen sollte. Stefan Bocskai setzte durch, dass die Einheit des mittelalterlichen Königreichs Ungarn nicht mehr nur durch eine Inkorporation des Fürstentums Siebenbürgen in das habsburgisch beherrschte Königreich Ungarn unter Beweis gestellt werden konnte. Aus seiner Sicht garantierte ein vom Königreich Ungarn staats- und völkerrechtlich getrenntes Fürstentum Siebenbürgen, als zweiter „ungarischer" Staat, die Einhaltung der Rechte und Freiheiten der Stände im Königreich Ungarn gegenüber den Habsburgern und diente auf diese Weise dem Zusammengehörigkeitsgefühl der Stände dies und jenseits der Theiß.

In seinem Testament rief Stefan Bocskai die Bewohner Siebenbürgens und Ungarns dazu auf, ihre guten gegenseitigen Beziehungen nicht zu beenden. Allerdings betonte er, dass solange sich die Krone Ungarns in den Händen „einer stärkeren Nation" befinde, nämlich „der Deutschen", sei es notwendig und hilfreich, einen „ungarischen Fürsten" in Siebenbürgen zu erhalten, der „die Ungarn" verteidigen könne. Sollte Gott die Krone Ungarns in Zukunft einem Ungarn in die Hände legen, ermahnte Fürst Bocskai für diesen Fall die Siebenbürger, sich nicht von den Ungarn zu separieren oder gegen sie zu kämpfen. Vielmehr sollten sie diesem König mit all' ihrer Macht behilflich sein und sich der Heiligen Krone unterstellen, gemäß den alten Gebräuchen. Solange diese Eventualität aber ausgeschlossen sei, müsse Siebenbürgen die Rolle eines Gegengewichts zum Kaiser übernehmen, der andere Interessen als jene der „ungarischen Nation" verfolge. Der Pragmatiker Stefan Bocskai bat

---

1267 Oborni 2007, S. 70–71.

1268 Gooss, S. 340–341.

1269 Ausführlich zum Pressburger Reichstag von 1608: Pálffy 2009, S. 225–230. In Pressburg wurde auch eine Neuorganisation des Grenzgebietes zum osmanischen Ungarn vorgenommen, die eine stärkere Berücksichtigung ungarischer Adliger bei der Besetzung der Festungskommandantenstellen zur Folge hatte: Czigány, S. 290. Gleichzeitig aber forderten die ungarischen Stände die fortdauernde Beteiligung der österreichischen Stände an der Finanzierung des ungarischen Grenzverteidigungssystems: Pálffy 2009, S. 226–227.

in seinem Testament einerseits den Kaiser um Vergebung, von dem er nur abgefallen sei, weil er von dessen Untergebenen zur Selbstverteidigung gezwungen worden sei, andererseits dankte er dem Sultan für dessen Hilfe und bat diesen, Siebenbürgen auch in Zukunft zu beschützen[1270]. Damit erinnerte Fürst Bocskai seine Nachfolger daran, dass das Fürstentum Siebenbürgen eine eigenständige Rolle in der europäischen Politik nur spielen werde, solange es zu den benachbarten Großmächten gute und stabile Beziehungen unterhalte bzw. solange das Gleichgewicht zwischen den Großmächten eine Existenz des Fürstentums ermögliche. Die Erfahrungen des „Langen Türkenkrieges" hatten auch die siebenbürgischen Stände gelehrt, dass die Habsburger die Religionsfreiheit und den ständischen Charakter ihres Landes weitaus stärker gefährdeten als die Osmanen, weshalb eine Schaukelpolitik zwischen Wien und Konstantinopel attraktiver als eine Wiedervereinigung Ungarns unter einem habsburgischen König erschien[1271].

Stefan Bocskai stellte nicht nur die Beziehungen des Fürstentums Siebenbürgen zur Habsburgermonarchie auf eine neue völkerrechtliche Grundlage, sondern auch jene zu den Woiwodschaften Moldau und Walachei. Um Konflikte im siebenbürgisch-walachischen und siebenbürgisch-moldauischen Grenzgebiet zu verhindern, beriefen Fürst Bocskai und die benachbarten Woiwoden im Frühjahr 1606 gemischte bilaterale Kommissionen. Die siebenbürgisch-walachische Kommission traf sich im Beisein der Edelleute aus dem Hatzeger Land, aus Karansebesch, Hermannstadt und Broos sowie der walachischen Bojaren am 28. Mai 1606 im Schiel-Tal, um einen Vertrag zur guten Nachbarschaft zwischen beiden Ländern zu unterzeichnen, wofür sich besonders Fürst Bocskais Statthalter in Siebenbürgen, Sigismund Rákóczi, einsetzte. In dem Vertrag verzichteten die Vertragsparteien auf jede Gewalt in ihrem zwischenstaatlichen Verkehr und verpflichteten sich, jede gewaltsame Handlung zwischen ihren Untergebenen sofort zu unterbinden sowie die Schuldigen mit dem Verlust des Lebens und Vermögens zu bestrafen. Dies solle vor Ort und ohne Rücksicht auf Stand und Herkunft der Betroffenen geschehen. Mit diesem Abkommen bezweckten die Vertragspartner, vor allem Konflikte im Bereich der Viehzucht des Grenzlandes zu vermeiden[1272]. Ein zweites Treffen der bilateralen Kommission fand am 3. Oktober 1606 in Kronstadt statt. Eine siebenbürgisch-moldauische gemischte Kommission traf sich im Sommer 1606, um die Konflikte im Karpatengrenzland zwischen der Südwestmoldau und den sogenannten „Drei Stühlen" des siebenbürgischen Szeklerlandes beizulegen[1273].

Diese Vereinbarungen standen genauso wie der am 5. August 1605 zwischen Siebenbürgen und der Walachei geschlossene Bündnisvertrag von Târgovişte für eine

1270 Kármán 2005, S. 153–154. Vgl. Pálffy 2009, S. 232–233.

1271 Zu den außenpolitischen Auswirkungen der Religionsfreiheit und der Konfessionalisierung in Siebenbürgen: Zach 1999, S. 373–377. Vgl. auch Daugsch 1985, S. 115–116.

1272 Unterzeichnet wurde der Vertrag von Gabriel Bethlen und Paul Keresztesi für die siebenbürgische sowie von Stoica (Logofăt) und Nicola (Armaş) für die walachische Seite. Siehe den Wortlaut der Vereinbarung in: Lupaş 1940, Documente, S. 80–82. Vgl. Veress, Documente, Vol. VII, S. 273–274.

1273 Andreescu 1989, S. 88.

neue Kultur der Zusammenarbeit zwischen Siebenbürgen und den benachbarten Woiwodschaften, die nicht auf der Grundlage der Unterwerfung unter die Oberhoheit des Fürsten von Siebenbürgen beruhte. Obwohl zwischen Siebenbürgen und der Moldau kein Bündnisvertrag zustandegekommen war, erfüllte Fürst Bocskai 1606 die Bitte des moldauischen Woiwoden Ieremia Movilă, indem er 6.000 Reiter unter dem Kommando Gabriel Bethlens in das Nachbarland schickte, um einen Aufstand moldauischer Bauern niederzuschlagen[1274].

Die von Fürst Bocskai geschlossenen Abkommen mit der Walachei kamen im Gegensatz zu den Verträgen Michaels mit den Fürsten Sigismund und Andreas Báthory (1595 bzw. 1599) auf der Grundlage der Gleichheit zustande. Der Fürst von Siebenbürgen war nicht länger der Suzerän der beiden Nachbarn, er führte nicht mehr den Titel eines „Fürsten der Moldau und Walachei", sondern fungierte nur noch als Primus inter Pares innerhalb eines Systems miteinander verbündeter Vasallen des Osmanischen Reiches[1275].

5. Zusammenfassung

Die Jahre des „Langen Türkenkrieges" stellen sicherlich die ereignisreichste Periode in der Geschichte des Fürstentums Siebenbürgen dar. In keiner anderen Zeitspanne wechselten Herrschaften so häufig, nahm die völkerrechtliche Stellung des Fürstentums so unterschiedliche Formen an, fand sich Siebenbürgen mal als völkerrechtliches Subjekt, dann erneut als Objekt wieder, kamen die siebenbürgischen Eliten zu so schnellem Ruhm und musste die Bevölkerung des Landes so unendliches Elend ertragen. Kriegszeiten verdichten bekanntlich Strukturen, beschleunigen Entwicklungen und bringen Personen und Persönlichkeiten hervor, die sich als Helden bzw. Antihelden nationaler Geschichtsschreibung eignen. Den „Antihelden" der rumänischen und ungarischen Historiografie, Fürst Sigismund Báthory und General Giorgio Basta stehen die „Helden" Michael der Tapfere, Woiwode der Walachei, und Fürst Stefan Bocskai gegenüber.

Unmittelbar nach der Abdankung Sigismund Báthorys schloss Michael der Tapfere im Juni 1598 einen Bündnisvertrag mit den Gesandten Kaiser Rudolfs II. in dessen Eigenschaft als König von Ungarn und neuer Landesherr Siebenbürgens ab. Bezug nehmend auf das mittelalterliche Vasallenverhältnis der walachischen Woiwoden zu den Königen von Ungarn, aber auch auf den siebenbürgisch-walachischen Vertrag von 1595, unterstellte sich Michael der Tapfere der Suzeränität des Habsburgers. Im Gegenzug verlieh König Rudolf die Walachei an Michael und dessen männliche Nachkommen und versprach substanzielle militärische Hilfe gegen die Osmanen.

Durch die Rückkehr Sigismund Báthorys nach Siebenbürgen im August 1598 und die im März 1599 erfolgte Übertragung seiner Herrschaft auf seinen Vetter, Kardinal Andreas Báthory, musste Michael den veränderten Machtkonstellationen

---

1274 Rezachevici 1985, S. 18.
1275 Rezachevici 1972, S. 763. Vgl. Brătianu/Makkai, S. 64.

Rechnung tragen. Da er sich nicht gleichzeitig gegen die Osmanen und die Báthorys behaupten konnte, schloss er im Juni 1599, ebenfalls in Târgovişte, einen Bündnisvertrag mit dem neuen Fürsten Andreas Báthory. Darin wurde ausdrücklich Bezug auf das mit Sigismund Báthory geschlossene Abkommen von 1595 genommen, das eine deutlich restriktivere Oberherrschaft über die Walachei vorsah als es im Vertrag von 1598 der Fall gewesen war. Obwohl Michael und die Würdenträger der Walachei als Vasallen dem Fürsten von Siebenbürgen Treue schworen, versuchte Michael sich der Umsetzung des Suzeränitätsverhältnisses zu entziehen. Dadurch geriet er in einen unüberbrückbaren Gegensatz zu Fürst Andreas Báthory, der die traditionelle Schaukelpolitik der siebenbürgischen Herrscher zwischen den Habsburgern und Osmanen aufnahm und die Walachei als Verfügungsmasse betrachtete. Der Wiener Hof war nicht bereit, Andreas Báthory auf dem siebenbürgischen Fürstenthron zu akzeptieren, da eine Delegation seines Vorgängers Sigismund Báthory noch im April 1599 ein Abkommen unterzeichnet hatte, das den erneuten Verzicht Sigismunds auf Siebenbürgen zugunsten des Kaisers festlegte. Als Muster für diese Vereinbarung diente der Prager Zessionsvertrag von 1597. Noch bevor die Tinte unter dem Vertrag trocknen konnte, hatte der siebenbürgische Landtag aber bereits Kardinal Andreas Báthory zum neuen Fürsten von Siebenbürgen gewählt. Da dieser sich der Oberhoheit des Sultans unterstellte, entschied der Prager Hof, ihn durch eine Intervention des Woiwoden der Walachei aus Siebenbürgen vertreiben zu lassen. Nach seinem Sieg über den Fürsten, der kurz darauf den Tod fand, nahm Michael Siebenbürgen offiziell als Statthalter des Kaisers in Besitz.

Die Eroberung Siebenbürgens durch einen walachischen Woiwoden, der darüber hinaus Herrschaftsambitionen entwickelte, stellte in der Geschichte Siebenbürgens eine Premiere dar. So erwuchs Michael schnell die Gegnerschaft der siebenbürgischen Stände, die ihn als landfremd empfanden und sich gegen die Übergriffe seiner Söldner wehrten. Als Nationalheld fand Michael der Tapfere Eingang in die rumänischen Geschichtsbücher, weil er nach der Besetzung der Moldau im Mai 1600 zum ersten Mal die Kontrolle über alle drei Karpatenfürstentümer ausübte. Kaiser Rudolf II. war aber nicht bereit, die Macht in Siebenbürgen mit Michael zu teilen. Deshalb beendete im Sommer 1600 ein Feldzug des kaiserlichen Generals Basta gewaltsam das siebenbürgische Intermezzo des Woiwoden.

Da die habsburgische Herrschaft aber kaum in Siebenbürgen Fuß fassen konnte, gelang Sigismund Báthory im darauffolgenden Winter erneut die Rückkehr nach Siebenbürgen. Obwohl auch ihn im Sommer 1601 eine habsburgische Militärintervention aus dem Fürstentum vertrieb, kehrte er im Herbst 1601 nach Siebenbürgen zurück, nachdem sich General Basta zurückgezogen hatte. Allerdings musste Sigismund feststellen, dass seine gesellschaftliche Basis im Fürstentum deutlich abgenommen hatte, so dass er zum wiederholten Mal bereit war, Siebenbürgen an Kaiser Rudolf II. abzutreten. Der in Klausenburg im Juni 1602 unterzeichnete Vertrag bestimmte die Abtretung seiner Herrschaft über das Fürstentum Siebenbürgen an den König von Ungarn. Die habsburgische Seite hatte durchgesetzt, dass erneut der Zessionsvertrag von 1597 als Muster diente. Sigismund Báthory kehrte nicht mehr nach Siebenbürgen zurück, das er durch seine politische Sprunghaftigkeit, persönliche Ruhmsucht und charakterliche Labilität in die schwerste Krise seit dem Mongoleneinfall von 1241 gestürzt hatte.

Der Teufelskreis von winterlichen Aufständen des ungarischen Adels und sommerlichen Interventionen des kaiserlichen Söldnerheeres sowie Seuchen und Hungersnöten brachte Siebenbürgen zwischen 1600 und 1605 an den Rand des politischen, wirtschaftlichen und demografischen Abgrunds. Eine eigenständige Außenpolitik und völkerrechtliche Praxis des Fürstentums Siebenbürgens konnte während der Kriegsjahre 1598–1606 nur punktuell erfolgen. Die Regierungsperioden aufständischer Fürsten, zum Beispiel Moses Székelys im Jahr 1603, die die Herrschaft der Habsburger unterbrachen, dauerten zu kurz, um signifikante Akzente einer eigenständigen Außenpolitik und völkerrechtlichen Praxis erkennen zu lassen. In der Regel dominierte die „Große Politik" des Kaisers und ungarischen Königs. Die meisten Kräfte des Landes band der Kampf der siebenbürgischen Stände zur Verteidigung ihrer Freiheiten gegen Ambitionen der Habsburger, ihre Herrschaft bis auf die regionale Ebene hinab durchzusetzen.

Der Gegensatz zwischen den Habsburgern und den siebenbürgischen Ständen wuchs mit der Erkenntnis der letzteren, dass der Kaiser nicht in der Lage sein würde, die äußere und innere Sicherheit Siebenbürgens zu gewährleisten. Grundsätzlich wurde das Bewusstsein der Stände und des Herrscherhauses, gemeinsam dem christlich-abendländischen Kulturkreis anzugehören, von zahlreichen Fremdheitserfahrungen überlagert. Die Habsburger konnten sich nicht in die kleinräumige ständische Welt Siebenbürgens und deren jahrhundertealten Handlungsmuster hineindenken. Westliche Beobachter reagierten mit Fassungslosigkeit auf die zahllosen Wechsel der politischen Standpunkte und Allianzen eines Sigismund Báthory oder Michael des Tapferen. Die politische Kultur der Eliten in den christlichen Vasallenstaaten des Osmanischen Reiches wurde durch die Konstanz der Unbeständigkeit geprägt, die sich vor allem in der Moldau und Walachei in häufigen Herrscherwechseln und fehlenden Möglichkeiten zur Dynastiebildung manifestierte. Die Schaukelpolitik zwischen den Großmächten wurde zum bestimmenden Merkmal der auswärtigen Beziehungen, die vom schnellen Wechsel der Oberherrschaften und dem Eingehen gleichzeitiger Suzeränitätsverhältnisse geprägt waren. Dabei war oft die augenblickliche Stärke der benachbarten Großmächte ausschlaggebend. Ein Vasallenverhältnis zu einer schwächelnden Großmacht konnte sich auf die Herrscher und ihr Land schnell fatal auswirken. Eine günstige außenpolitische Konstellation herrschte aus der Sicht Siebenbürgens, der Moldau und der Walachei dann vor, wenn die benachbarten Großmächte gleich schwach waren und durch eine gegenseitige Paralysierung dem jeweiligen Fürstentum einen größtmöglichen Handlungsspielraum eröffneten. Die gleichzeitige Anerkennung mehrerer Oberherrschaften war für die Fürsten kräfteschonender als die Treue zu einer nahestehenden Großmacht oder die Aufrechterhaltung des eigenen Anspruchs, als souveräne Macht in Erscheinung zu treten. Kaiser Rudolf, der am spanischen Hof erzogen und von der politischen Kultur Westeuropas geprägt worden war, und seine Prager Räte empfanden das politische Handeln der siebenbürgischen, moldauischen oder walachischen Fürsten aus den oben genannten Gründen oft als reinen Verrat. Die Erfahrungen, die sowohl die

Habsburger als auch die siebenbürgischen Stände zwischen 1598 und 1605 machten, müssen als ein Schlüssel zum Verständnis der Außenpolitik der beiden Seiten während des gesamten 17. Jahrhunderts begriffen werden, zumal in den Jahren des „Langen Türkenkrieges“ fast alle denkbaren außenpolitischen Orientierungsmuster und bündnispolitischen Konstellationen zur Anwendung kamen, mit zum Teil katastrophalen Folgen für alle Beteiligten.

Einen für das 17. Jahrhundert wegweisenden Charakter nahmen auch die beiden großen Friedensschlüsse des Jahres 1606 an, die den „Langen Türkenkrieg“ beendeten. Sowohl der habsburgisch-siebenbürgische Frieden von Wien als auch der habsburgisch-osmanische von Zsitvatorok, die von den Vertragsparteien zum Zeitpunkt ihres Abschlusses noch als ungeliebte Kompromisse und Provisorien angesehen worden waren, entwickelten sich zu wirkmächtigen Referenzpunkten des 17. Jahrhunderts. Der Aufstand Stefan Bocskais gegen die Herrschaft der Habsburger in Siebenbürgen brach im Herbst 1604 in Oberungarn aus und dehnte sich im Laufe des nächsten Jahres auf das gesamte Gebiet Siebenbürgens aus. Da Bocskai rasch die Unterstützung des Osmanischen Reiches suchte und die Oberhoheit des Sultans anerkannte, schuf er sich eine stabile auswärtige Machtbasis, die es ihm erlaubte, seine Herrschaft bald im Inneren zu konsolidieren. Da ihn sowohl die ungarischen als auch siebenbürgischen Stände zum Fürsten wählten und er mit seinem Heer bis nach Wien vorstieß, fand er als Nationalheld Eingang in die ungarischen Geschichtsbücher.

Aus einer Position der Stärke handelte Fürst Stefan Bocskai mit Kaiser Rudolf II. den im Juni 1606 in Wien unterzeichneten Friedensvertrag aus. Der erste Teil des Vertrages regelte das staatsrechtliche Verhältnis zwischen Monarch und Ständen innerhalb des Königreichs Ungarn. Darin garantierte der ungarische König den Ständen die freie Ausübung ihrer jeweiligen Religion. Es wurde die Vergabe der Staatsämter geregelt; Bestimmungen zum System der Grenzfestungen und zum kriegsbedingten Schadensersatz sowie andere Punkte folgten. Der zweite Teil des Vertrages enthielt die Stefan Bocskai und Siebenbürgen betreffenden Regelungen. Bezüglich des völkerrechtlichen Verhältnisses zwischen dem Fürstentum Siebenbürgen und dem Königreich Ungarn kamen beiden Seiten überein, dass Bocskai Siebenbürgen und die (namentlich aufgeführten) Partes mit allen Rechten beherrschen sollte, die bereits Sigismund Báthory inne gehabt hatte. Er durfte dessen Insignien und dessen Titel „Reichsfürst und Fürst von Siebenbürgen, Graf der Szekler und Herr einiger Teile des Königreichs Ungarn“ führen. Von einer rechtlichen Zugehörigkeit des Fürstentums Siebenbürgen zu den Ländern der ungarischen Krone war keine Rede mehr. Siebenbürgen blieb, wie es im Prager Vertrag von 1595 festgelegt worden war, ein von Ungarn unabhängiges Fürstentum. Bekräftigt wurden die Bestimmungen des Wiener Vertrages im habsburgisch-osmanischen Frieden von Zsitvatorok, der im November 1606 durch siebenbürgische Vermittlung zustande gekommen war. Nach 1606 verblieb der Fürst von Siebenbürgen nur noch unter der Suzeränität des Sultans. Bocskai hatte seinen Nachfolgern als Vermächtnis aufgegeben, dass es für die Sache „der Ungarn“ vorteilhafter sei, einen von Ungarn rechtlich getrennten „zweiten ungarischen Staat“ zu erhalten, der über die Wahrung der ständischen Rechte im Königreich Ungarn besser wachen könne, als ein mit dem habsburgischen Königreich wiedervereinigtes Siebenbürgen. Damit fiel dem Fürstentum Siebenbürgen erstmals ausdrücklich die Rolle eines Garanten ständischer Freiheiten im königlichen Ungarn zu.

VI. Dynastische Wechsel im Windschatten der Hohen Pforte 1607–1629

1. Die Herrschaft Sigismund Rákóczis und Gabriel Báthorys 1607–1613

Fürst Stefan Bocskai hatte in seinem Testament verfügt, den als antihabsburgisch geltenden Magnaten Bálint Drugeth Homonnai zu seinem Nachfolger auf dem Fürstenthron zu wählen und hatte dafür bereits die Zustimmung der Pforte eingeholt. Nach Stefan Bocskais Tod weigerten sich die siebenbürgischen Stände, den letzten Willen des Fürsten zu erfüllen und wählten am 12. Februar 1607 auf dem Klausenburger Landtag den in den ostungarischen Komitaten reich begüterten Magnaten Sigismund Rákóczi zum neuen Fürsten. Rákóczi hatte sich bereits als Gouverneur Siebenbürgens – für den meistens in Kaschau residierenden Stefan Bocskai – mit einer Politik des Interessenausgleichs einen guten Namen gemacht. Die Stände wollten mit ihrer Entscheidung ein Zeichen dafür setzten, dass sie ihr altes Recht auf freie Fürstenwahl hoch hielten und bereit waren, es gegen Familieninteressen und osmanische Herrschaftsansprüche zu verteidigen. So war der in Siebenbürgen eintreffende osmanische Gesandte Mustafa Aga gezwungen, den Namen Homonnais in der Ernennungsurkunde des Sultans durch jenen Rákóczis zu ersetzen. Rákóczi schrieb selbstbewusst an den Sultan, niemand solle ohne das Wissen und das Einverständnis des Landes die Einsetzungsinsignien durch den Sultan erhalten. Erst nach der Wahl des Fürsten solle die Pforte diesen bestätigen[1276]. Da die Osmanen Ruhe an ihrer Westgrenze wünschten, akzeptierten sie die neuen Verhältnisse. Für sie war es entscheidend, dass überhaupt ein Adliger gefunden werden konnte, der nach Stefan Bocskais Vorbild die Autorität des Sultans über Siebenbürgen und Ungarn anerkennen würde.

Die Niederlagen der Habsburger zwischen 1604 und 1606 gegen die militärtechnisch schwächeren Haiducken und die Aufgebote des ungarischen Adels führten die Krise des Kaiserhauses vor Augen, das von innerdynastischen Zerwürfnissen und Konflikten mit den Ständen in den Erb- und Kronländern sowie im Reich geschwächt war. Bevor sich der Wiener Frieden zu einem Grundlagenvertrag in den Beziehungen zwischen dem Hause Habsburg, den ungarischen Ständen und dem

---

1276 Butnariu 2004, S. 164.

Fürstentum Siebenbürgen für das gesamte 17. Jahrhundert entwickeln und zum Referenzpunkt für alle folgenden habsburgisch-siebenbürgischen Verträge werden konnte, nutzten die Habsburger alle Gelegenheiten, um den Vertrag in Frage zu stellen und dessen Umsetzung zu behindern. Der ungarische König beanspruchte nach Fürst Bocskais Tod Siebenbürgen und sah den Verlust des Landes im Zuge des Bocskai-Aufstands als einen „Unfall" an. Vor allem erkannten die Habsburger das Recht der siebenbürgischen Stände auf freie Fürstenwahl nicht an. Unmittelbar nach Stefan Bocskais Tod erreichte die siebenbürgischen Stände ein Schreiben Erzherzog Matthias', in dem er sie aufforderte, mit der Wahl eines neuen Fürsten solange zu warten, bis Kaiser Rudolf II. „im Sinne des Wiener Friedens" die nötigen Schritte unternommen habe. Da im Wiener Frieden kein Mitspracherecht des Königs von Ungarn bei der Bestimmung der Fürsten von Siebenbürgen vorgesehen war, beeilten sich die siebenbürgischen Stände erst recht, mit der Wahl Rákóczis die Habsburger vor vollendete Tatsachen zu stellen[1277]. Prag weigerte sich, Rákóczi als „Fürsten" zu akzeptieren, scheute aber eine militärische Intervention. Habsburgtreue katholische Kreise in Siebenbürgen dachten im Einklang mit der Auffassung der habsburgischen Eliten an die Ernennung eines „Woiwoden" oder Statthalters, der Siebenbürgen unter die Oberhoheit des ungarischen Königs zurückführen sollte[1278]. Eine Gruppe ungarischer Magnaten um Erzherzog Matthias forderte gar die Annexion Siebenbürgens. Damit reaktivierten jene Kreise des ungarischen Adels und des Wiener Hofes, die für die Wiederherstellung der Einheit Ungarns vehement eintraten, ihr Verhaltensmuster von 1571, als ein Dynastiewechsel in Siebenbürgen die Gelegenheit geboten hatte, eine Zurückführung Siebenbürgens unter die Oberhoheit der ungarischen Krone zu erzwingen. Damals hatte sich Stefan Báthory, der Kandidat der Stände, gegen den habsburgischen Kandidaten durchgesetzt, begnügte sich aber vorsichtshalber bis 1576 mit dem Woiwodentitel.

Sigismund Rákóczi machte deutlich, dass er diesem Präzedenzfall keine Bedeutung zukommen lassen wollte, indem er sich sowohl in seinen Urkunden als auch auf den von ihm geprägten Münzen selbstbewusst als „Fürst von Siebenbürgen, Herr über die angeschlossenen Teile Ungarns und Graf der Szekler" titulierte[1279].

Mit dem gleichen Selbstbewusstsein begann er, die von seinem Vorgänger Stefan Bocskai auf eine neue Grundlage gestellten Beziehungen zur Woiwodschaft Walachei zu reaktivieren. Ein Gesandter des walachischen Woiwoden Radu Şerban unterzeichnete am 22. Juni 1607 in Klausenburg einen Vertrag mit Fürst Rákóczi[1280]. In dieser Erneuerung des Bündnisses von 1605 verpflichtete sich der Woiwode Radu Şerban, persönlich mit seinem ganzen Heer Fürst Rákóczi im Kriegsfall beizustehen.

1277 Péter 1990, S. 305.

1278 Ausführlich zum Streit um die Nachfolge Bocskais sowie zur Haltung der Habsburgermonarchie und der Hohen Pforte: Papp 2008, S. 807–847.

1279 TRANSSYLVANIAE PRINCEPS PARTIVM REGNI HVNGARIAE DOMINVS ET SICVLORVM COMES: Butnariu 1993, S. 283–284. Zu den von Rákóczi erlassenen Münzprägungen siehe auch: Butnariu 2004, S. 164–165.

1280 Andreescu 1989, S. 89–90. Vgl. Rezachevici 1972, S. 763.

Der Vertrag enthielt aber eine Klausel, in der ausdrücklich festgehalten wurde, dass er erst nach der offiziellen Abfassung durch den walachischen Woiwoden rechtliche Gültigkeit erlangen sollte[1281]. Zum einen wollte Radu Şerban damit die Wiederholung der Situation aus dem Jahre 1595 verhindern, als eine walachische Delegation ihre Vollmachten überschritten und die Walachei zum Vasallen Siebenbürgens gemacht hatte. Zum anderen wollte er abwarten, ob Fürst Rákóczi tatsächlich die Anerkennung durch die Habsburger erlangen würde, da Radu mit dem Kaiser immer noch in loser Verbindung stand[1282]. Diese Vorsichtsmaßnahme erwies sich als klug.

Entsprechend den Bestimmungen des Wiener Friedens übernahmen die königlichen Kommissare Georg Thurzó, Sigismund Forgách und Andreas Dóczy im Februar 1607 jene ostungarischen Komitate für die Habsburger, die Stefan Bocskai als persönlichen Besitz auf Lebenszeit erhalten hatte[1283]. Dies führte bald zu einem Aufstand der dort von Fürst Bocskai angesiedelten und mit Freiheiten ausgestatteten Haiducken. Der Aufstand richtete sich auch gegen die Verzögerung der Ratifikation des Wiener Vertrages, der die Privilegien der Haiducken bestätigen sollte. In dieser Krisensituation schlug Erzherzog Matthias dem in Pressburg 1608 versammelten ungarischen Reichstag ein Bündnis der ungarischen und österreichischen Stände gegen die Osmanen vor, die sich anschickten, den Haiduckenaufstand für ihre Zwecke zu nutzen. Die an das gemeinsame Vorgehen geknüpften Bedingungen der ungarischen Stände, darunter die schnelle Umsetzung des Wiener Friedens, akzeptierte Erzherzog Matthias, der sich an die Spitze dieser neuen ständischen Bewegung stellte. Im Februar 1608 unterzeichnete er ein Bündnis mit den österreichischen Ständen, dem sich die mährischen und ungarischen Stände anschlossen. Nach dem Verzicht Kaiser Rudolfs II. auf die ungarische Krone im Vertrag von Libno am 24. Juni 1608 wurde Matthias zum ungarischen König gewählt und trat seine Regierung in Ungarn Anfang Juli 1608 an. Auf dem Pressburger Reichstag hatte Matthias die Forderungen der Stände zum größten Teil erfüllen müssen, darunter deren „althergebrachtes Wahlrecht". Ohne Zustimmung des ungarischen Reichstages konnte der König – wie in Polen – fortan keinen Krieg erklären und keinen Frieden schließen[1284]. Die Religionsfreiheit für die Gruppen in Ungarn, die unter der direkten Jurisdiktion der Krone standen, musste vom neuen König sanktioniert werden. Ausgedehnt wurde die Religionsfreiheit auf die Dörfer, die korporativ die Konfession wählen sollten – eine Entscheidung des einzelnen Bauern wurde jedoch ausgeschlossen[1285]. Matthias

1281 Wortlaut der Vereinbarung in: Lupaş 1940, Documente, S. 82–83.

1282 Vgl. Stoy 1995, S. 92–93.

1283 Pálffy 2009, S. 232.

1284 Benda 1991, S. 126–127. Vgl. Benda 1974, S. 123–124. Vgl. Király, S. 206–208. Vgl. Brandis, S. 126.

1285 Fata, S. 134–137. De facto hatten die grundhörigen Dörfer keine Möglichkeit, ihre Konfession frei zu wählen. Sowohl die katholischen als auch protestantischen Adeligen beriefen sich auf ihre Herrschafts- und Patronatsrechte und setzten Pfarrer und Lehrer ein, die ihrer Konfession angehörten. Die Beschlüsse des Pressburger Reichstages veränderten die Religionsbestimmungen des Wiener Friedens auch indem sie den Satz „ohne Beeinträchtigung der Rechte des römisch-katholischen Glaubens" aus dem Text strichen, da in der Praxis Rechte der Protestanten kaum umsetzerneuerte die Zusagen bezüglich der Religionsfreiheit anlässlich seiner am 19. November 1608 in Pressburg erfolgten Krönung zum König von Ungarn. Damit zeigte er, dass er im Gründungsjahr der Protestantischen Union[1286] in Deutschland die Bedrohung der habsburgischen Herrschaft durch eine protestantisch geprägte ständische Bewegung nicht nur im Reich, sondern auch in den Erbländern und in Ungarn erkannt hatte. Am 19. März 1609 unterzeichnete Matthias einen Ausgleich mit der protestantischen Liga von Horn, um die Erbhuldigung von den österreichischen Ständen zu erhalten[1287].

Durch die Stabilisierung der Herrschaft des neuen ungarischen Königs Matthias mithilfe seiner Kompromisspolitik gegenüber den Ständen geriet Sigismund Rákóczi in Siebenbürgen unter Druck. Der Verlust der Stefan Bocskai persönlich verliehenen ostungarischen Komitate und die beharrliche Weigerung der Habsburger, Rákóczi als Fürst anzuerkennen, schwächten seine Stellung in Siebenbürgen zusätzlich. Diese Schwäche nutzte der junge Magnat Gabriel Báthory, ein Neffe des ehemaligen Fürsten und Kardinals Andreas Báthory, aus[1288]. Zum Schein verhandelte er während des Jahres 1607 mit dem Haiduckenkapitän Andreas Nagy, um Siebenbürgen vor einem Einfall der Haiducken zu bewahren, um dann, am 5. Februar 1608 einen Bündnisvertrag mit diesen abzuschließen. Er sicherte den Führern der Haiducken Güter und eine Beteiligung an der Macht im Fürstentum Siebenbürgen zu, falls sie seine Wahl zum Fürsten unterstützen sollten[1289]. Mit dieser Streitmacht im Rücken erpresste Báthory die Stände und Fürst Rákóczi, die einen Bürgerkrieg in Siebenbürgen unter allen Umständen verhindern wollten. Nach dem Rücktritt des Fürsten wählte der siebenbürgische Landtag bereits am 5. März 1608 Báthory zum neuen Fürsten[1290].

---

bar waren, ohne Rechte der Katholiken zu beeinträchtigen: Tóth 2007, Religiöser Fundamentalismus, S. 277–278, 282–283. Vgl. Winkelbauer, Bd. 2, S. 79.

1286 Siehe die Gründungsdokumente der protestantischen Union (1608) und der katholischen Liga (1609) in: Ernst, S. 343–371.

1287 Butnariu 2004, S. 168. Am 3. Oktober 1608 hatten sich die protestantischen Stände Österreichs in Horn mit dem Ziel gegen Matthias verbündet, von ihm die freie Religionsausübung vor der Huldigung seiner Person garantiert zu bekommen. Als Matthias dieser Forderung am 19. März nachgekommen war, huldigten ihm die niederösterreichischen evangelischen Stände am 29. April, die oberösterreichischen am 17. Mai 1609. Für sein Nachgeben belegte ihn Papst Paul V. mit dem Kirchenbann, der erst nach massivem Einsatz in Rom wieder gelöst werden konnte. Zu den militärischen Auseinandersetzungen zwischen Kaiser Rudolf II., König Matthias und den protestantischen Ständen 1608–1611 siehe ausführlich: Tepperberg, S. 162–180. Zu den politischen Ereignissen ausführlich: Reingrabner, S. 183–205. Zum ständischen Widerstandsrecht in der Frühen Neuzeit: v. Friedeburg, S. 26–32. Vgl. Lohse, S. 226–229. Zum ständischen Widerstand in den östlichen österreichischen Ländern 1608/1609: Strohmeyer 2001, S. 222–239. Vgl. Schulze 1991, S. 170–171. Zum Widerstandsrecht der ungarischen Stände: Benda 1974, S. 121–123. Vgl. Haselsteiner, S. 124–133. Vgl. Puttkamer, S. 200–203.

1288 Gabriel Báthory bekannte sich zur reformierten Konfession, die Fürsten Stefan und Sigismund Báthory waren hingegen Katholiken geblieben.

1289 Péter 1990, S. 306–307.

1290 Gabriel Báthory ließ auf seine Münzen die Titulatur „D. G. PRINCEPS TRANSYLVANIAE PARTIVM REGNI HVNG. DOMINVS ET SICVL. COMES" prägen: Butnariu 2004, S. 165–167.

Sogleich versuchte er, die Beziehungen zur Habsburgermonarchie zu stabilisieren und erwirkte am 27. März eine Generalamnestie für die aufständischen Haiducken sowie im Vertrag von Szerencs (12. April 1608) die Abgrenzung des Selbstverwaltungsgebiets des „Haiduckenkapitäns" in den ostungarischen Komitaten. Im habsburgisch-siebenbürgischen Vertrag von Kaschau verpflichtete sich Gabriel Báthory am 20. August 1608, die rechtliche Einheit der Länder der ungarischen Krone nicht aufzugeben, keine Ansprüche auf ungarisches Territorium zu erheben, die Bestimmungen des Wiener Vertrages zu achten, nichts Feindseliges gegen den König von Ungarn zu unternehmen und ihm bei allen Feldzügen beizustehen, ausgenommen solchen, die das Osmanische Reich betrafen. König Matthias sagte Báthory auch seinen Beistand im Kriegsfalle zu. In einer zweiten Urkunde wurde die Haiduckenfrage geregelt. Der Vertrag wurde am 22. September vom Klausenburger Landtag und vom siebenbürgischen Fürsten ratifiziert. Am 6. Dezember 1608 ratifizierte der ungarische Reichstag den Vertrag und nahm ihn in die ungarischen Reichsgesetze auf. Zwei Tage zuvor hatte bereits König Matthias das Vertragswerk ratifiziert[1291]. Auffällig ist, dass in den Vertragsurkunden der siebenbürgischen Seite Báthory als „Fürst von Siebenbürgen, Herr über die angeschlossenen Teile Ungarns und Graf der Szekler" bezeichnet wird, in den Ratifikationen der habsburgischen Seite erscheint er als *fidelis nostri illustris principis d^ni^ Gabrielis Bathory de Somlio, waywodae Transsylvaniae, Siculorum comitis, quarundam partium regni nostri Hungariae d^ni^ etc.* Der Unterschied zu Fürst Stefan Bocskai wird deutlich, wenn man den Kaschauer mit dem Wiener Vertrag von 1606 vergleicht, in dem Bocskai der Titel *principem imperii Transylvaniae, Siculorum comitem et partium regni Hungariae dominum* zugestanden worden war. Nach den dynastischen Wechseln in der Nachfolge Stefan Bocskais waren die Habsburger nur bereit, Báthory als „Woiwode von Siebenbürgen" zu bezeichnen.

Die habsburgische Seite sah auch in den Bestimmungen des Kaschauer Vertrags, der die Aufrechterhaltung der juristischen Einheit des alten Königreichs Ungarn beschwor, ein Korrektiv zum habsburgisch-osmanischen Friedensvertrag von Zsitvatorok. Die Habsburgermonarchie setzte ihre Politik, die Bestimmungen des Zsitvatoroker Vertrages durch bilaterale Abkommen mit den Fürsten von Siebenbürgen zu unterlaufen, fort, als sie Franz Daróczy an den siebenbürgischen Hof schickte, der die königlichen Ratifikationsinstrumente überbringen sollte, diese aber nur aushändigen durfte, wenn Fürst Báthory einer Modifikation des Vertrages zustimmen sollte. Am 28. April 1609 präsentierte Daróczy folgende Forderungen: Siebenbürgen solle einer antiosmanischen Liga der Habsburgermonarchie beitreten, der Fürst solle dem König von Ungarn jährlich eine bestimmte Summe als „Ehrengeschenk" zahlen und sich zu einer bestimmten Truppenstärke verpflichten, die er dem Kaiser in einem zukünftigen Krieg gegen das Osmanische Reich zur Verfügung stellen solle[1292]. Báthory ging auf diese Forderungen, die eine Anerkennung der habsburgischen Oberhoheit und die Loslösung vom Osmanischen Reich bedeutet hätten, ebenso wenig ein wie

1291 Siehe den Wortlaut der in lateinischer und ungarischer Sprache verfassten Vertragsurkunden in: Gooss, S. 374–384.

1292 Gooss, S. 386.

auf jene, die ihm der neue Palatin des Königreichs Ungarn, Georg Thurzó[1293], am 9. Juni 1610 anlässlich eines Treffens auf dem Felde von Király-Darócz unterbreitete. Der Palatin schlug vor, die siebenbürgischen Stände sollten sich der Union zwischen den ungarisch-österreichisch-böhmischen Ständen anschließen, die eine Klausel zur gegenseitigen militärischen Hilfeleistung und eine Entsendung von Vertretern der siebenbürgischen Stände in den ungarischen Reichstag umfassen sollte. Báthory solle auch dafür sorgen, dass die Woiwodschaften der Moldau und Walachei in das habsburgisch-siebenbürgische Bündnis eingeschlossen werden. Mit Ausnahme des Suzeränitätsverhältnisses zum Osmanischen Reich solle sich Siebenbürgen verpflichten, keinerlei Beziehungen zu Drittstaaten zu unterhalten. Darüber hinaus sollte die Vereinbarung ein Bekenntnis zum Wiener Friedensvertrag und die Überwachung der Haiducken umfassen. Die Bestrebungen der ungarischen Stände, Mittel und Wege zu finden, die staatsrechtliche Einheit des alten Königreichs Ungarn wiederherzustellen, ohne die Existenz eines selbständigen siebenbürgischen Staates auszublenden, wurde erneut sichtbar. Der Realität trug der Vorschlag Rechnung, Siebenbürgen solle weiterhin der Hohen Pforte seinen Tribut entrichten, um den seit 1606 herrschenden habsburgisch-osmanischen Frieden nicht zu gefährden. Dennoch sollte das von Thurzó vorgeschlagene Bündnis eine klar antiosmanische Spitze enthalten, indem die Klausel des Kaschauer Vertrages, wonach das Osmanische Reich aus der Bündnisverantwortung Siebenbürgens ausgenommen bleiben sollte, annulliert und die Woiwoden der Moldau und Walachei in die Allianz einbezogen werden sollten[1294].

Mit diesen hatte Fürst Gabriel bereits 1608 Defensivbündnisse abgeschlossen. Eine siebenbürgische Gesandtschaft[1295], die im Auftrag des Fürsten und des Klausenburger Landtages in die Walachei gereist war, erneuerte die Bündnisse von 1605 und 1607 am 31. Mai 1608 in der Residenz des walachischen Woiwoden, Curtea de Argeş, wo sie mit einer Delegation Radu Şerbans zusammentraf. Beide Delegationen schworen sich im Namen ihrer Herrscher gegenseitige Bündnistreue[1296]. Am 18. Juli 1608 unterzeichnete eine siebenbürgische Delegation unter Johann Imrefi in Jassy den von Fürst Báthory angestrebten Bündnisvertrag mit dem moldauischen Woiwoden Constantin Movilă. Dieser Vertrag sah neben der Allianz auch die Zusicherung vor, Constantin Movilă im Falle einer Vertreibung Asyl zu gewähren[1297]. In beiden

1293 Nach dem Tod des Palatins Illésházy 1609 wurde der Calvinist Georg Thurzó von den ungarischen Ständen aus einer Vierer-Vorschlagsliste des Königs gewählt. Er agierte auf der Grundlage des Kompromisses zwischen Souverän und Ständen aus dem Jahr 1608.

1294 Gooss, S. 387.

1295 Ihr gehörten als Vertreter der Stände Johann Imrefi, Sigismund Sarmasági, Johann Gáspár und Michael Weiß an: Ebenda, S. 373.

1296 Der Wortlaut des Bündnisvertrages ist nicht überliefert. Der Woiwode der Walachei, Radu Şerban, berichtete Kaiser Rudolf II. in einem Schreiben vom 5. Juni 1608 über den Abschluss des siebenbürgisch-walachischen Bündnisses. Wortlaut des Schreibens in: Veress, Documente, Vol. VIII, S. 46–47. Vgl. Tratatele internaţionale, S. 97. Butnariu 2004, S. 168. Stoy 1995, S. 93.

1297 Nach seiner ersten Aufforderung vom 25. Oktober rief Fürst Báthory auch in seinem Schreiben vom 14. November 1608 den Hermannstädter Königsrichter auf, im Rahmen des geschlossenen siebenbürgisch-moldauischen Vertrages dem Woiwoden der Moldau die Bündnistreue zu schwören. Es sei erforderlich, dass der Bürgermeister und ein Senator Hermannstadts den Ver-

Fällen schworen die Woiwoden dem siebenbürgischen Fürsten, ihm bei Gefahr treu zur Seite zu stehen. Der 13jährige Constantin Movilă musste sich darüber hinaus verpflichten, dem Fürsten von Siebenbürgen durch die Zahlung einer Jahressteuer in der Höhe von 8.000 Gulden zu huldigen[1298].

Dieses Bündnissystem wurde durch einen fehlgeschlagenen Staatsstreich einer siebenbürgischen Adelsfraktion unter der Führung des Kanzlers Stefan Kendi und des Generals Balthasar Kornis gegen die autoritäre Herrschaft des Fürsten im März 1610 stark belastet. Kornis wurde verhaftet, Kendi konnte mit anderen Verschwörern ins Ausland fliehen; viele gingen in die Moldau und Walachei. In Wien tauchte ein von zwölf Vertretern der geflüchteten oppositionellen Adligen unterzeichneter Plan auf, in dem aufgerufen wurde, Báthory durch ein Bündnis zwischen Habsburgern, Sachsen, Szeklern und den Woiwoden der Moldau und Walachei zu stürzen[1299]. Báthory befürchtete vor diesem Hintergrund eine Erneuerung des Bündnisses zwischen den Habsburgern und dem Woiwoden der Walachei, Radu Şerban. Um ein Exempel zu statuieren, ließ Báthory in Anwesenheit der moldauischen und walachischen Gesandten in Klausenburg den gefangenen Kornis am 11. Juli 1610 enthaupten. Bei dieser Gelegenheit erneuerte Báthory sein Bündnis mit dem Woiwoden der Moldau[1300].

Für Báthory blieben die von den Habsburgern aufgestellten Forderungen unannehmbar, da sie auf eine weitere Begrenzung der durch die osmanische Oberhoheit eingeschränkten Souveränität Siebenbürgens hinausgelaufen wären. Darüber hinaus lehnte er im Ratifikationsdokument des ungarischen Königs die seinem Titel vorangestellte Formulierung *fidelis noster* ab und forderte deren Ersetzung durch den Begriff *illustrissimus*. Schließlich bestand Báthory auf der Auslieferung der sich nach Ungarn geflüchteten Adligen des Kendi-Kornis Putsches. Kurz bevor es zu einer militärischen Auseinandersetzung zwischen Siebenbürgen und der Habsburgermo-

---

trag bald in Gegenwart des moldauischen Gesandten bestätigen, da die Sachsen einen wichtigen Landstand bildeten. Darüber hinaus hätten nicht nur der Fürst, sondern auch die übrigen Stände Siebenbürgens diesen Akt bereits vollzogen, ebenso 24 Bojaren der Moldau. Siehe den Wortlaut des in ungarischer Sprache abgefassten Schreibens in: Veress, Documente, Vol. VIII, S. 53–54. Vgl. Documente, Hurmuzaki, Vol. XV/2, S. 840–841. Eine Delegation der Nationsuniversität der Sachsen reiste daraufhin zum fürstlichen Hof, um Báthory deutlich zu machen, dass die geforderte Eidesformel gegenüber dem Woiwoden den Freiheiten der Sächsischen Nation wie auch jenen des gesamten Landes widerspreche. Erst als der Fürst eingewilligt hatte, dass die Eidesformel von den sächsischen Delegierten in Zusammenarbeit mit dem Kanzler des Fürstentums, Stefan Kendi, überarbeitet werde, stimmte die Nationsuniversität der Siebenbürger Sachsen dem Bündnisvertrag am 22. November 1608 zu und leistete in Hermannstadt die Eidesformel auf den Bündnisvertrag. Siehe das Schreiben der sächsischen Delegierten aus Weißenburg an die Nationsuniversität vom 21. November 1608 in: Veress, Documente, Vol. VIII, S. 54–56. Siehe den Eid der Nationsuniversität auf den Bündnisvertrag vom 22. November in: Documente, Hurmuzaki, Vol. XV/2, S. 841. Vgl. Condica tratatelor, S. 41. Vgl. Tratatele internaţionale, S. 97. Vgl. Andreescu 1989, S. 91–95.

1298 Vgl. Gooss, S. 373. Vgl. Péter 1990, S. 307. Vgl. Rezachevici 1972, S. 763.

1299 Darüber berichtete der apostolische Nuntius in Wien, Placido de Mara, am 15. Mai 1610: Andreescu 1989, S. 93.

1300 Ebenda, S. 94.

narchie kam – die Haiducken hatten Anfang August mit Raubzügen ins königliche Ungarn begonnen – wurde der Verhandlungsweg eingeschlagen[1301]. Am 15. August 1610 wurde der zweite Kaschauer Vertrag abgeschlossen. Die Ausklammerung des Osmanischen Reiches aus den siebenbürgischen Bündnisverpflichtungen blieb bestehen, die Bestrafung der aufständischen Haiducken wurde vereinbart, gegenseitige Handelserleichterungen festgelegt, das Recht der siebenbürgischen Fürsten, Münzen wie zu Zeiten Stefan Báthorys zu prägen, von den Habsburgern akzeptiert und die Einbeziehung der Moldau in das siebenbürgisch-habsburgische Bündnis erklärt[1302]. Nach der prinzipiellen Zustimmung des Fürsten ratifizierte der siebenbürgische Landtag am 6. September 1610 den Vertrag, der am 29. September in die Landesgesetze aufgenommen wurde[1303].

Der Wiener Hof lehnte den Vertrag jedoch ab, da er die von Daróczy und Thurzó vorgetragenen Forderungen zur Revision des ersten Kaschauer Vertrages nicht enthielt. Vor allem die Weigerung der siebenbürgischen Seite, sich an einem Krieg gegen die Osmanen zu beteiligen, war für König Matthias unannehmbar, sodass er die siebenbürgische Delegation am 1. November 1610 ungnädig aus Wien entließ[1304]. Von einem weiteren Engagement in der siebenbürgischen Angelegenheit wurde König Matthias durch den Zwist mit Kaiser Rudolf II. um die böhmische Krone abgehalten.

Als die oppositionellen siebenbürgischen Adligen erkannten, dass die Habsburgermonarchie nicht fähig oder willens war, Báthory aus Siebenbürgen zu vertreiben, wandten sie sich dem polnischen König zu. Bereits im Juli 1610 hatte sich der Woiwode der Walachei, Radu Şerban, aus Furcht vor dem siebenbürgisch-moldauischen Bündnis, der Oberhoheit des polnischen Königs unterstellt[1305]. Die Habsburger beunruhigte die Tatsache, dass sich ihr alter Verbündeter Radu Şerban in polnisches Fahrwasser begeben hatte, und noch mehr befürchteten sie die Eroberung Siebenbürgens durch polnische Truppen. Deshalb schickte König Matthias im Dezember 1610 seinen Gesandten Cesare Gallo auf eine Mission in die Walachei, um Radu Şerban mit Versprechungen auf hohe Subsidienzahlungen und die Gewährung von Titeln für ein Bündnis gegen den siebenbürgischen Fürsten zu gewinnen, das auch für einen Beitritt der Moldau offen gehalten werden sollte[1306]. Die alte habsburgisch-polnische Rivalität im Donau-Karpaten-Raum schien erneut ihre Wirkung zu entfalten.

Gleichzeitig versuchte Gabriel Báthory, die osmanische Karte zu spielen. Der Fürst ließ den Sultan über seinen Gesandten wissen, die Habsburgermonarchie wolle Siebenbürgen erneut in ihren Einflussbereich ziehen. Er prophezeite der Hohen Pforte

---

1301 Gooss, S. 386–388.

1302 Siehe den Wortlaut des Vertrages in: Gooss, S. 388–401.

1303 Ebenda, S. 389.

1304 Gooss, S. 389–391.

1305 Ein walachischer Gesandter schwor im Namen seines Woiwoden dem polnischen König in Smolensk die Treue: Studii şi documente, Iorga, Vol. IV, S. 80. Vgl. Andreescu 1989, S. 94.

1306 Die Instruktion an Cesare Gallo wurde am 1. Dezember 1610 vom ungarischen Palatin Georg Thurzó ausgefertigt: Veress, Documente, Vol. VIII, S. 104–109.

ein Ende des Friedens und versuchte sie für seinen Plan zu gewinnen, die beiden benachbarten Woiwoden abzusetzen und ihn als deren Nachfolger einzusetzen, da er nur auf diese Weise ein wirksames Bollwerk gegen die habsburgischen Expansionsgelüste schaffen könne[1307]. Begleitet von einem osmanischen Boten traf der siebenbürgische Gesandte Johann Petki am 4. Dezember 1610 wieder in Siebenbürgen ein und überbrachte den Befehl des Sultans: Der Fürst solle nicht die Ruhe stören[1308].

Das Gegenteil geschah. Als Sigismund Sarmaságy, ein Mitglied der adligen Opposition, im November aus Polen nach Siebenbürgen zurückkehrte und Báthory um Gnade bat, teilte er dem Fürsten mit, dass der Woiwode der Walachei und die Siebenbürger Sachsen in die Verschwörung Kendis eingeweiht gewesen seien. Dieses nahm Báthory zum Anlass, um einen Bürgerkrieg gegen die Sachsen zu beginnen. Zuerst ließ er den Sitz der „Nationsuniversität der Sachsen", Hermannstadt, am 17. Dezember 1610 durch eine List besetzen. Nachdem er dort seine neue Residenz aufgeschlagen hatte, verwüstete er das Burzenland. Die neue Konstellation ermöglichte es dem siebenbürgischen Fürsten, seine Kriegspläne gegen den Woiwoden der Walachei – die er bereits im April 1608 entwickelt hatte, aber vom Kronstädter Stadtrichter Michael Weiß und im Mai 1608 vom siebenbürgischen Fürstenrat an ihrer Verwirklichung gehindert worden war – umzusetzen[1309]. Báthory überquerte am 27. Dezember 1610 die verschneiten Karpatenpässe und fiel unter Verletzung des Bündnisvertrags von 1608 in der Walachei ein[1310]. Radu Şerban, dem der siebenbürgische Fürst nun offen vorwarf, die Verschwörer unterstützt zu haben, wurde von diesem militärischen Coup überrascht und musste in die Moldau fliehen[1311]. Ab Januar 1611 benutzte Báthory den Titel *Dei gratia Transilvaniae, Valachiae Transalpinaeque Princeps, partium regni Hungariae Dominus et Siculorum Comes etc.*[1312]. Auch auf den siebenbürgischen Münzen der Jahre 1612 und 1613 erscheint die Titulatur *GAB. D. G. P. TR. VAL. TRANs. PAR. RE. HV. DO. ET SIC. CO.*[1313].

Am 7. Januar 1611 sandte der siebenbürgische Fürst seinen Vertrauten Paul Keresztesy, Ban von Lugosch, zu Sultan Ahmet I. um seine Aktionen zu rechtfertigen und um die Genehmigung des Sultans für die Herrschaft seines Hauses in der Wala-

1307 Siehe den Bericht des venezianischen Gesandten an der Hohen Pforte, Simon Contarini, an den Dogen vom 16. Oktober 1610: Documente, Hurmuzaki, Vol. IV/2, S. 309–310.

1308 Butnariu 2004, S. 172.

1309 Péter 1990, S. 307. Der Kronstädter Stadtrichter Michael Weiß hatte die Walachei oft auch als Gesandter im Auftrag der siebenbürgischen Fürsten besucht. Zu den engen Beziehungen zwischen Michael Weiß und dem Woiwoden Radu Şerban: Rezachevici 1972, S. 763–764.

1310 Ausführlich: Stoy 1995, S. 95–97.

1311 Andreescu 1989, S. 94.

1312 Siehe das Schreiben Gabriel Báthorys an den Adel des Fogarascher Bezirks vom 9. Februar 1611 in: Veress, Documente, Vol. VIII, S. 132–133. Die gleiche Titulatur verwendete Báthory in seinem Brief an den polnischen Magnaten Stanislaw Golski vom 15. Februar 1611 in: Ebenda, S. 136–139.

1313 Butnariu 2004, S. 167. Vgl. Butnariu 1993, S. 284.

chei einzuholen[1314]. Dort plante er, seinen Halbbruder Andreas als Woiwoden einzusetzen[1315]. Keresztesy erhielt auch den Auftrag, in Konstantinopel mit dem moldauischen Thronprätendenten Stefan Bogdan Kontakt aufzunehmen, um ihm die Woiwodenwürde der Moldau anzubieten[1316]. Keresztesys Mission in Konstantinopel erzielte jedoch nicht das von Báthory gewünschte Ergebnis. Da die Hohe Pforte entschlossen war, die Moldau und Walachei wieder unter ihre direkte Kontrolle zu bringen, lehnte der Sultan den Wunsch des siebenbürgischen Fürsten ab und ernannte den proosmanischen Bojaren Radu Mihnea zum neuen Woiwoden der Walachei. Als die Hohe Pforte mit einer massiven Intervention in der Walachei drohte, gab Gabriel Báthory klein bei und räumte die Walachei im März 1611. Der siebenbürgische Fürst ließ es sich aber nicht nehmen, am 10. März 1611 noch aus der Walachei einem hohen osmanischen Würdenträger zu schreiben, dass er es nicht verstehe, wie früher der Sultan jenem „Verbrecher" Michael, Woiwode der Walachei, eine solch „ruhmreiche" Provinz wie Siebenbürgen verleihen konnte, und nun es ihm, einem Fürsten königlicher Herkunft, verwehre, die „unfähigen Walachen" (*impotentes Walachos*) zu regieren. Daran sehe man, dass jenem „Verbrecher" mehr gegeben worden sei als nun dem „Ehrenmann" zustehe. Báthory erinnerte daran, dass nicht die Macht des Sultans, sondern jene der Ungarn Michael aus Siebenbürgen vertrieben habe und seine antiosmanischen „Überreste" in der Walachei (gemeint war Michaels Nachfolger Radu Şerban) habe niemand vertreiben können, bevor er aus Siebenbürgen in die Walachei aufgebrochen sei[1317].

Obwohl sich die Siebenbürger aus der Walachei zurückziehen mussten, sahen Báthory und sein Kanzler Johann Imrefi den neuen Woiwoden der Walachei als einen Herrscher von Báthorys Gnaden an. Der siebenbürgische Hof verfolgte weiterhin den Plan, mit Stefan Bogdan einen Vasallen auch in der Moldau einsetzen zu können[1318]. Chronisten wie Franz Mikó deuteten an, dass Radu Mihnea verpflichtet worden sei, dem siebenbürgischen Fürsten ein jährliches Geschenk zukommen zu lassen[1319]. Johann Imrefi erwähnte in einem Schreiben vom 19. April 1611 eine Vereinbarung zwischen dem neuen Woiwoden und dem siebenbürgischen Fürsten[1320]. Aus der Korrespondenz zwischen Gabriel Báthory und Radu Mihnea geht jedoch hervor, dass ein Bündnisvertrag erst zum Jahresende 1611 zustandegekommen und am siebenbürgischen Hof in Weißenburg ratifiziert worden war. In dem Abkommen sicherten sich die Herrscher gegenseitigen Beistand gegen auswärtige Bedrohungen

1314 Das Schreiben des siebenbürgischen Fürsten an den Sultan ist in einem Brief des venezianischen Gesandten in Konstantinopel an den Dogen überliefert: Documente, Hurmuzaki, Vol. IV/2, S. 313–315. Vgl. Veress, Documente, Vol. VIII, S. 114.

1315 Czettler, S. 108. Vgl. Documente, Hurmuzaki, Vol. IV/2, S. 311.

1316 Veress, Documente, Vol. VIII, S. 115. Vgl. Andreescu 1989, S. 95.

1317 Andreescu 1989, S. 95–96.

1318 Veress, Documente, Vol. VIII, S. 157.

1319 Andreescu 1989, S. 97.

1320 Veress, Documente, Vol. VIII, S. 157.

zu, wobei der Sultan ausdrücklich ausgenommen war[1321]. Diese zum ersten Mal in den siebenbürgisch-walachischen Bündnisverträgen auftauchende Klausel stand für die neu gestärkte Position des Osmanischen Reiches an der unteren Donau.

Aber auch die Stellung des großen Rivalen der Hohen Pforte im Donau-Karpaten-Raum verbesserte sich. Im Januar 1611 gelang es dem ungarischen König Matthias, seinem Bruder, Kaiser Rudolf II., auch die böhmische Krone zu entreißen, sodass er unter seiner Herrschaft alle habsburgischen Gebiete in Mitteleuropa vereinen konnte. Da Matthias auf diese Weise den habsburgischen Bruderzwist für sich entschieden hatte, konnte er sich wieder verstärkt außenpolitischen Fragen zuwenden. Um Gabriel Báthory zu isolieren, schickte Matthias den Gesandten Cesare Gallo in die Moldau. Dort unterzeichnete er in Roman am 20. Februar 1611 im Namen des ungarischen Königs einen gegen Báthory gerichteten Beistandspakt mit dem im moldauischen Exil befindlichen Woiwoden der Walachei, Radu Şerban (*Radulius Dei gratia Vaiuoda haeresque legitimus Regni Valachiae Transalpinae*). Diesem Bündnis schloss sich auch der moldauische Woiwode Constantin Movilă (*Constantinus Dei gratia Princeps haeresque perpetuus regni Moldauiae etc.*) an, der am 28. Februar 1611 in Jassy nach Verhandlungen mit Cesare Gallo einen ähnlichen Vertrag mit König Matthias II. einging. Movilă wollte sich damit vor der Expansionspolitik Báthorys, mit dem er noch im Juli des vorangegangenen Jahres einen Bündnisvertrag erneuert hatte, schützen[1322]. König Matthias II. ratifizierte am 10. Mai 1611 die beiden Bündnisverträge vor einer walachisch-moldauischen Gesandtschaft in Prag[1323].

Während die Habsburger einen Ring aus Allianzen um das Fürstentum Siebenbürgen schlossen, schrieb König Matthias am 23. Februar 1611 an den siebenbürgischen Fürsten, er wolle den zweiten Kaschauer Vertrag erst dann ratifizieren, wenn eine siebenbürgische Gesandtschaft neue Ratifikationsurkunden der siebenbürgischen Stände und des Fürsten nach Wien brächten[1324]. Diese wurden am 28. April 1611 in Hermannstadt ausgestellt[1325]. Anstoß nahm der Wiener Hof an der Verwendung des Titels „Fürst der Walachei“, den der siebenbürgische Fürst in seiner Ratifikationsurkunde benutzt hatte[1326]. Am 9. Juni 1611 betonte der ungarische Palatin Thurzó in einem Brief an den Kaiser, dass es nicht geduldet werden dürfe, dass im

---

1321 Der Vertrag wurde auch von den walachischen Ständen ratifiziert, deren Vertreter die entsprechende Urkunde der Walachei dem siebenbürgischen Fürsten in Weißenburg aushändigten: Andreescu 1989, S. 97, 125.

1322 Siehe den Wortlaut der beiden Verträge in: Documente, Hurmuzaki, Vol. IV/1, S. 429–430 und S. 431–432. Vgl. Condica tratatelor, S. 41. Am 4. Mai 1611 bestätigte Radu Şerban gegenüber König Matthias II. den Vertrag vom 20. Februar 1611 und versicherte dessen unverzügliche Umsetzung: Veress, Documente, Vol. VIII, S. 159.

1323 Siehe den Wortlaut der von König Matthias II. am 10. Mai 1611 in Prag ausgestellten Ratifikation der beiden Bündnisverträge in: Veress, Documente, Vol. VIII, S. 160–162. Vgl. Stoy 1995, S. 98–99.

1324 Gooss, S. 389–391.

1325 Siehe den Wortlaut der in ungarischer und lateinischer Sprache formulierten Dokumente in: Ebenda, S. 392–401.

1326 Der Titel lautete *Nos Gabriel, Dei gratia Transsylvaniae, Valachiae Transalpinaeque princeps, partium quarundam regni Hungariae d*[nus] *et Siculorum comes*: Gooss, S. 399.

Text des Bündnisvertrages mit dem siebenbürgischen Fürsten der walachische Herrschertitel (*Principis Valachiae Transalpinae*) von Báthory verwendet werde[1327]. König Matthias teilte diese Ansicht und schrieb am 14. Juli aus Prag: Die Woiwodschaften der Moldau und Walachei müssten unter Führung des Königreichs Ungarn das Fürstentum Siebenbürgen angreifen und Báthory absetzen[1328].

Dieses war zum genannten Zeitpunkt bereits im Gange. Im Juni drang Radu Şerban mit einem Heer aus seinem moldauischen Exil in die Walachei ein und vertrieb seinen Nachfolger Radu Mihnea. Am 19. Juni 1611 verständigte Radu Şerban den ungarischen Palatin Georg Thurzó, dass er Siebenbürgen angreifen werde und deshalb – auf den mit ihm abgeschlossenen Bündnisvertrag Bezug nehmend – einen habsburgischen Entlastungsangriff fordere[1329]. Der habsburgische Generalkapitän von Oberungarn, Sigismund Forgách, brach am 29. Juni nach Siebenbürgen auf. Am 10. Juli 1611 fügte Radu Şerban in der Nähe Kronstadts, mit dessen Stadtrat er sich verbündet hatte, Báthorys Heer eine empfindliche Niederlage zu, sodass sich der Fürst nach Hermannstadt zurückziehen musste.

Der ungarische Palatin schrieb dem habsburgischen Gesandten Cesare Gallo, er solle die Woiwoden der Moldau und der Walachei aufsuchen und sie von einer Zusammenarbeit mit „den Polen" abhalten. In seinen Instruktionen für Gallo schärfte er diesem ein, er solle Radu Şerban deutlich machen, dass er keinen Rechtsanspruch auf Siebenbürgen habe, da dieses dem König von Ungarn zustehe[1330]. Obwohl Şerban bereits 1603 seine Kaisertreue unter Beweis gestellt und nach seinem Sieg über Moses Szekely aus Siebenbürgen wieder abgezogen war, befand man es auf der habsburgischen Seite für nötig, eine Situation, wie sie von Michael 1599 geschaffen worden war, von vornherein zu verhindern. Nachdem die habsburgische Streitmacht Klausenburg Ende Juli eingenommen hatte, traf sie mit dem Heer Radu Şerbans vor den Mauern Hermannstadts zusammen, hinter denen sich der siebenbürgische Fürst verschanzt hatte und die im August der Belagerung standhielten[1331]. Der habsburgische Oberkommandierende Sigismund Forgách und Radu Şerban riefen die siebenbürgischen Stände für den 25. August zu einem Landtag nach Mediasch zusammen, von dem sich die habsburgische Seite einen Anschluss Siebenbürgens an das Königreich Ungarn, ähnlich jenem des Jahres 1598, erhoffte. Der Landtag sollte eine Liste mit drei Kandidaten aufstellen, von denen einer vom ungarischen König zum neuen Gouverneur Siebenbürgens ernannt werden sollte[1332].

Diese Situation alarmierte die Hohe Pforte in besonderem Maße. Da sie nicht nur eine Erneuerung der habsburgischen Herrschaft in Siebenbürgen, sondern auch ein polnisches Protektorat über die Moldau und Walachei fürchtete, entschied sich Sultan Ahmet I. unter anderem aus diesen Gründen, den seit 1603 währenden Krieg ge-

---

1327 Veress, Documente, Vol. VIII, S. 170 – 171.
1328 Veress, Documente, Vol. VIII, S. 186 – 189.
1329 Veress, Documente, Vol. VIII, S. 171 – 172.
1330 Andreescu 1989, S. 99.
1331 Gooss, S. 402 – 403.
1332 Rezachevici 1985, S. 9 – 10. Vgl. Andreescu 1989, S. 100.

gen die Perser zu beenden. Für die Hohe Pforte schien es an der Zeit zu sein, den Unruheherd im Donau-Karpaten-Raum zu beseitigen, der aus ihrer Sicht mit allen drei Herrschern verbunden war. Die in der Moldau herrschende Dynastie der Movilă war 1595 vom polnischen König etabliert worden, zumal sie auch im südöstlichen Polen reich begütert war. Der seit 1603 mit Unterbrechungen in der Walachei regierende Radu Şerban gelangte als Anhänger der Habsburger an die Macht und musste vom Sultan später anerkannt werden. Obwohl auch Gabriel Báthory am Sultanshof vor allem wegen seiner früheren Abkommen mit den Habsburgern und seines Walachei-Abenteuers als sehr unzuverlässig galt, musste der wegen seiner Dreistigkeit von den osmanischen Chronisten „Deli Kiral" (der verrückte König)[1333] genannte Báthory als kleineres Übel vom Osmanischen Reich unterstützt werden[1334]. Die Entscheidung zur Intervention muss auch vor dem Hintergrund des habsburgisch-osmanischen Disputs über die Ratifikation des Friedensvertrages von Zsitvatorok bewertet werden. Im Verlauf dieses Streits wurde immer wieder die Frage des rechtlichen Status' Siebenbürgens angeschnitten. Während die Habsburger ihre rechtlichen Ansprüche auf Siebenbürgen geltend machten, betonte die Hohe Pforte in Anspielung auf den Wiener Frieden von 1606, dass Siebenbürgen niemals Bocskais Eigentum gewesen sei, über das er frei verfügen konnte[1335].

Mit einer beträchtlichen Streitmacht besetzte das Osmanische Reich im Spätsommer 1611 die Walachei, sodass Radu Şerban gezwungen war, die Belagerung Hermannstadts aufzugeben und sich letztlich ins moldauische Exil zu flüchten. Mit den osmanischen Truppen kehrte Radu Mihnea wieder in die Walachei zurück[1336]. Am 26. November 1611 ernannte der Sultan den Bojaren Stefan II. Tomşa zum neuen Woiwoden der Moldau, der den teils unter polnischem teils unter habsburgischem Einfluss stehenden Constantin Movilă im Juli 1612 verdrängte[1337]. Mit osmanischen Hilfstruppen gelang es Báthory, die vom Nachschub abgeschnittenen habsburgischen Truppen aus Siebenbürgen zu vertreiben. Er unterdrückte einen Aufstand der Szekler und ging mit Hilfe der ostungarischen Haiducken am 22. Oktober 1611 zum Gegenangriff auf das Königreich Ungarn über. Bevor es zu einem Zusammenstoß mit einem königlich-ungarischen Aufgebot kam, wurden am 20. November Verhandlungen in Tokaj aufgenommen, die im Dezember 1611 abgeschlossen wurden. Im Tokajer Vertrag, dessen Inhalt nur durch die Ratifikationsurkunden überlie-

---

1333 Felezeu 2005, Cadrul politic internaţional, S. 34.

1334 Stoy 1995, S. 95–101.

1335 Siehe das Schreiben des Großwesirs an Kaiser Matthias vom 12. Januar 1613 in: Documente, Hurmuzaki, Vol. IV/1, S. 484–485.

1336 Radu Mihnea schloss am 12. September 1612 einen Bündnisvertrag mit der freien Stadt Kronstadt, in dem sich die Vertragspartner gegenseitig Hilfe gegen auswärtige Mächte aber auch gegen den vertriebenen Woiwoden Radu Şerban zusicherten. Radu Mihnea sollte im Falle seiner Vertreibung Asyl in Kronstadt erhalten und die Kronstädter sollten auf die Unterstützung des Woiwoden zählen können, falls die Stadt eingenommen werde. Wortlaut der in rumänischer Sprache abgefassten Vertragsurkunde des Woiwoden in: Lupaş 1940, Documente, S. 96–98. Ebenso in: Documente, Hurmuzaki, Vol. XV/2, S. 856. Vgl. Condica tratatelor, S. 42.

1337 Ciobanu 1994, S. 112. Vgl. Andreescu 1989, S. 101.

fert ist, wurde eine sofortige Waffenruhe vereinbart, besetzte Güter sollten restituiert werden, die Verbrechen der Haiducken, die Báthory auf seinen Besitzungen ansiedeln sollte, mussten geahndet werden. Schließlich sollte Báthory Gesandte nach Wien und zum nächsten ungarischen Reichstag schicken. Die Vereinbarungen wurden dem siebenbürgischen Fürsten in Großwardein vorgelegt, wo er am 21. Dezember den Tokajer Vertrag unter Verwendung der umstrittenen Titulatur „Fürst von Siebenbürgen und der transalpinen Walachei" ratifizierte. In seinem Dokument verpflichtete er sich, nichts Feindliches gegen den König von Ungarn zu unternehmen und sich keinem antihabsburgischen Bündnis anzuschließen. Am gleichen Tag ratifizierten die siebenbürgischen Stände das Abkommen. Beide Dokumente wurden den ungarischen Ständen übermittelt, die am 27. Dezember 1611 in Tokaj ihrerseits den Vertrag billigten[1338].

König Matthias, der nach dem Tod seines Bruders Rudolf im Januar 1612 auch die Kaiserwürde übernahm, versuchte fortan – ohne Verbündete in der Moldau und Walachei – den siebenbürgischen Fürsten mit nichtmilitärischen Mitteln zu bekämpfen. Es kam zu einer Interessengemeinschaft zwischen Habsburgern und der Nationsuniversität der Siebenbürger Sachsen, die sich seit der Besetzung ihrer Hauptstadt Hermannstadt durch den Fürsten und dessen Versuch, ihre staatsrechtliche Position als gleichberechtigter Stand zu erschüttern, in offener Opposition zu ihm befanden[1339]. Nachdem Báthory im März 1612 einen erfolglosen Feldzug ins Burzenland unternommen hatte, sandte er Andreas Ghiczy an die Hohe Pforte. Ghiczy reiste über Kronstadt und verbündete sich mit der Stadtführung gegen den Fürsten. In Konstantinopel angekommen, arbeitete er zusammen mit einer Kronstädter Gesandtschaft und dem kaiserlichen Residenten Matthias Starzer an der Absetzung Gabriel Báthorys. Ghiczy empfahl sich der Pforte als Thronkandidat und kehrte mit der Zusage auf osmanische Truppenhilfe nach Kronstadt zurück. Am 11. Juni wiesen die Kronstädter ein Amnestieangebot Báthorys zurück und prägten als Zeichen ihrer Lossagung von Báthory eigene Münzen[1340]. Ghiczy forderte Báthory mit dem Hinweis auf dessen Absetzung durch den Sultan zum Thronverzicht auf. Dieser Entschluss der Hohen Pforte widerspiegelt auch ein Schreiben vom 12. Mai 1612, in dem sie der habsburgischen Seite mitteilte, den siebenbürgischen Fürsten absetzen und hinrichten zu wollen[1341]. Báthory berief noch im Juni einen Landtag nach Weißenburg, der ihm ein Heeresaufgebot zur Verfügung stellte und ihn politisch stützte. Báthorys Plan, es seinem Vetter Sigismund Báthory gleichzutun und die Oberhoheit des Osmanischen Reiches aufzukündigen, wurde vom Landtag jedoch abgelehnt, da im kollektiven Gedächtnis der Stände die für das Land furchtbaren Konsequen-

1338 Siehe den Wortlaut des Tokajer Vertrages in: Gooss, S. 403–410.

1339 Gündisch 1998, S. 93–95. Vgl. Philippi 1982, S. 67–68. Siehe den Brief des Kronstädter Stadtrichters Michael Weiß an Fürst Gabriel Báthory vom 27. Januar 1612: Wagner 1976, S. 151–152.

1340 Die zwischen 1612 und 1614 in Kronstadt geprägten Münzen erhielten die Prägungen „NOS IN DOM. CONFIDEMVS" oder „DEVs. PROTECTOR. NOSTER": Butnariu 2004, S. 178–179.

1341 Recueil des traités, Tome IX, S. 22. Vgl. Condica tratatelor, S. 41.

zen der Ereignisse von 1594 noch sehr präsent waren[1342]. Als die Ghiczy vom Sultan zugesagten Hilfstruppen ausblieben, zog Báthory erneut ins Burzenland und schlug das Aufgebot des Kronstädter Stadtrichters Michael Weiß am 12. Oktober 1612 bei Marienburg vernichtend. Eine Einnahme Kronstadts gelang dem Fürsten jedoch nicht[1343].

Der Erfolg gegen die Kronstädter Truppen verschaffte Báthory die benötigte Atempause, um das Verhältnis Siebenbürgens zur Habsburgermonarchie zu klären. Bislang konnten alle in seiner Regierungszeit geschlossenen habsburgisch-siebenbürgischen Verträge wegen der ausstehenden Ratifikation des ungarischen Königs bzw. des fehlenden Austauschs der Ratifikationsinstrumente völkerrechtlich nicht in Kraft treten. Am 11. Februar 1613 reise eine siebenbürgische Delegation nach Pressburg und führte dort ab dem 6. März Verhandlungen mit Kaiser Matthias und dem dort tagenden ungarischen Reichstag. Die größten Schwierigkeiten löste die Forderung der habsburgischen Unterhändler aus, der Fürst von Siebenbürgen solle sich im Vertrag zu militärischer Hilfe gegen das Osmanische Reich verpflichten. Der gefundene Kompromiss sah vor, dass Fürst Báthory in einem separaten geheimen Dokument die geforderte Hilfeleistung versprechen sollte[1344].

Am 11. April 1613 wurde der habsburgisch-siebenbürgische Friedensvertrag unterzeichnet, der in Artikel 3 den Wiener Frieden von 1606 bestätigte. Der ungarische König verpflichtete sich, Báthory als Fürsten von Siebenbürgen und die freie Fürstenwahl an sich anzuerkennen (Artikel 1). Im zweiten Artikel sagte der siebenbürgische Fürst zu, keine Feindseligkeiten gegen die Habsburgermonarchie zu unternehmen, das Fürstentum Siebenbürgen nicht aus dem Kreis der Länder der ungarischen Krone zu entfernen und dem ungarischen König gegen alle Feinde, die Osmanen ausgenommen, beizustehen. Im 4. Artikel bestätigte der König Báthorys Herrschaft über Siebenbürgen und die *Partes adnexae* und sagte ihm Hilfe gegen alle Feinde zu. Der König erhielt in Artikel 5 das Recht, nach vorheriger Konsultation des Fürsten, seine Truppen nach Siebenbürgen zu führen. Im 6. Artikel verpflichtete sich der Fürst, sich mit der freien Stadt Kronstadt zu vergleichen. Schließlich wurde die Sicherstellung des freien Handels zwischen Siebenbürgen und dem Königreich Ungarn (Artikel 7) und die Befriedung der Haiducken vereinbart (Artikel 8)[1345].

König Matthias ratifizierte noch am selben Tag den Vertrag. Eine siebenbürgisch-habsburgische Delegation begab sich daraufhin nach Siebenbürgen, dessen Landtag am 10. Mai 1613 den Vertrag ratifizierte. Am gleichen Tag überreichte auch Fürst Báthory seine in Hermannstadt ausgestellte Ratifikationsurkunde sowie seine geheime Versicherungserklärung zur Beistandspflicht gegen das Osmanische Reich den habsburgischen Gesandten. Damit konnte der Pressburger Vertrag völkerrechtlich in Kraft treten. Er stellte den wichtigsten habsburgisch-siebenbürgischen Vertrag nach dem Abschluss des Wiener Friedens von 1606 – auf den er Bezug nahm – dar.

1342 Barta 1990, S. 313.
1343 Gooss, S. 412–413.
1344 Gooss, S. 413–414.
1345 Siehe den Wortlaut des Pressburger Vertrages in: Gooss, S. 414–420.

Gleichzeitig wurde er zu einem Werkzeug der Habsburger für dessen Unterminierung. Anders als im Wiener Vertrag wurde die Zugehörigkeit Siebenbürgens zum Länderkomplex der ungarischen Krone hier besonders betont und das Fürstentum in ein antiosmanisches Bündnis eingebunden, das auch die Stationierung habsburgischer Truppen auf dem Gebiet des Fürstentums nach sich ziehen konnte. Gabriel Báthory hatte erstmals seit 1611 auf die Intitulation *Valachicae Transalpine princeps* verzichtet[1346] und erhielt dafür zum ersten Mal die Anerkennung des ungarischen Königs als „Fürst von Siebenbürgen“ (*D^nus^ Gabriel Bathory maneat princeps Transylvaniae, et partium regni Hungariae eidem subiectarum d^nus^, et Siculorum comes*)[1347].

Der Hohen Pforte blieb die habsburgisch-siebenbürgische Annäherung nicht verborgen, ein Zustand, den der Sultan nicht dulden konnte und wollte. Unter der Führung Gabriel Bethlens[1348] hatte sich in Konstantinopel eine immer stärker werdende Fraktion oppositioneller ungarischer Adliger gebildet, die Gabriel Báthory absetzen wollte und die aus diesem Grund mit der „Nationsuniversität“ der Sachsen eine Aktionsgemeinschaft einging[1349]. Bethlen überzeugte den osmanischen Großwesir Nasuf Pascha von der Notwendigkeit einer Intervention in Siebenbürgen, worauf der Sultan Báthory als Fürst absetzte[1350]. Diesem Akt ging eine Verständigung zwischen Bethlen und der Hohen Pforte zu Beginn des Jahres 1613 voraus. Bethlen forderte die Anerkennung des Selbstbestimmungsrechts Siebenbürgens in der Thronfolgefrage sowie wegen der Zerstörung des Landes die Aussetzung des Tributs für 15 Jahre und für die Zeit danach dessen Fixierung auf 10.000 Gulden. Im Gegenzug war er bereit, an der Spitze eines Haiduckenheeres die habsburgischen Gebiete nach Bocskais Vorbild anzugreifen[1351].

1346 Zu diesem Zeitpunkt herrschte Báthory bereits seit zwei Jahren de facto nicht mehr über die Walachei, die sich wieder ganz im Einflussbereich der Hohen Pforte befand.

1347 Gooss, S. 417.

1348 Gabriel Bethlen, der einer siebenbürgischen Adelsfamilie entstammte, wurde 1580 geboren. Sein Vater diente Sigismund Báthory als Fürstenrat. Im Alter von 13 Jahren begann Gabriel Bethlens Erziehung am Weißenburger Hof, im Alter von 17 Jahren seine militärische Karriere in der Armee des Fürsten Sigismund Báthory. In der Schlacht von Goroszló 1601 wurde er schwer verwundet und flüchtete vor den habsburgischen Truppen nach Konstantinopel. Dort lernte er den osmanischen Militär- und Verwaltungsapparat kennen und konnte erste Netzwerke mit osmanischen Würdenträgern knüpfen. Als Gefolgsmann Stefan Bocskais kehrte er nach Siebenbürgen zurück. Von Fürst Gabriel Báthory wurde Bethlen mit verschiedenen Gesandtschaften an der Hohen Pforte betraut. Als es zum Zerwürfnis zwischen dem Fürsten und Gabriel Bethlen kam, ging Bethlen am 12. September 1612 mit 50 Anhängern ins osmanische Exil: Péter 1990, S. 310–319. Vgl. Căzan 2009, S. 55–56.

1349 Gemeinsam mit Bethlen setzten sich die Gesandten der Sächsischen Nationsuniversität bei der Hohen Pforte für eine Dethronisation Báthorys ein: Feneşan 1978, S. 340–341. Vgl. Felezeu 2005, Statutul juridic, S. 61–63, 66–67.

1350 Der osmanische Chronist Kara-Celebi-Zade (Abdul-Aziz Efendi) schrieb, dass sich der Sultan der Klagen der Siebenbürger, die unter Báthory unverhältnismäßig stark gelitten hätten, angenommen und den siebenbürgischen Fürsten deshalb abgesetzt habe: Cronici turceşti, Vol. I, S. 554–555. Zur Biografie und zu den Reiseberichten Celebis aus Siebenbürgen, der Moldau und Walachei: Călători străini, Vol. VI, S. 311–753.

1351 Felezeu 2005, Cadrul politic internațional, S. 35.

Während Bethlen mit einem Heer unter Iskender Pascha nach Siebenbürgen unterwegs war, sandte Báthory Boten nach Konstantinopel, um die Hohe Pforte umzustimmen oder zumindest Zeit zu gewinnen. Gleichzeitig bat er die Habsburgermonarchie um Hilfe, indem er sich auf den Pressburger Vertrag berief. Die ungarischen Stände verhielten sich passiv. Der Kommandant der Festung Sathmar weigerte sich, Báthory zu Hilfe zu kommen. In Wien setzten sich der ungarische Palatin und der Kanzler gegen die Kriegsbefürworter um den kaiserlichen Rat Hans von Molart durch[1352]. Ein erneuter großer Krieg gegen das Osmanische Reich schien für das Königreich Ungarn unabsehbare Folgen zu haben, weshalb die Habsburgermonarchie nichts tat, um das Ende des immer noch als unzuverlässig geltenden Gabriel Báthorys aufzuhalten. Angesichts der osmanischen Interventionsstreitmacht, an der neben krimtatarischen Einheiten auch die Woiwoden der Moldau und Walachei mit zusammen 9.000 Soldaten[1353] sowie das ungarische Exil aus Konstantinopel teilnahmen, fielen der siebenbürgische Adel und die Szekler von Báthory ab, der sich immer noch im Bürgerkrieg mit den Sachsen befand. Allseits isoliert, zog sich der Fürst in die Festung Großwardein zurück. Erst jetzt sandte der habsburgische Generalkapitän von Oberungarn, Sigismund Forgách, Báthory 2.000 Haiducken zu Hilfe, da er fürchtete, die osmanischen Truppen könnten die wichtige Festung Großwardein einnehmen. Allerdings wurde Gabriel Báthory von bestochenen Haiducken am 27. Oktober 1613 in der Festung ermordet[1354]. Mit Gabriel Báthory starb der letzte regierende Spross der Báthory-Dynastie. So wie er mit Hilfe der Hohen Pforte den Fürstenthron fünf Jahre zuvor bestiegen hatte, so verlor er ihn durch den Befehl des Sultans.

2. Die Herrschaft Gabriel Bethlens 1613–1629

a. Konsolidierung fürstlicher Macht 1613–1619

Der Sultan ließ seinen Günstling Gabriel Bethlen, den Anführer der proosmanischen ungarischen Adelsopposition, im Heerlager Iskender Paschas zum neuen Fürsten von Siebenbürgen ausrufen. Am 23. Oktober 1613 wählten die siebenbürgischen Stände in Klausenburg Gabriel Bethlen zum Landesfürsten. Am 25. Oktober empfing Bethlen die vom Sultan zugesandte Bestätigung samt der Einsetzungsinsignien, die Szekler und Sachsen schworen am 28. Oktober dem neuen Fürsten die Treue und beendeten damit den Bürgerkrieg[1355]. Bereits am 26. Oktober 1613 schworen sich der neue siebenbürgische Fürst sowie die von den Osmanen eingesetzten Woiwoden Radu Mihnea und Stefan II. Tomşa gegenseitige Treue, „als Brüder zu leben und sich

1352 Documente, Hurmuzaki, Vol. IV/1, S. 503–506. Vgl. Veress, Documente, Vol. VIII, S. 318–320.
1353 Andreescu 1989, S. 102, 128.
1354 Vgl. Gooss, S. 415–416.
1355 Gooss, S. 421–422.

bis zum Tode nicht zu verlassen". Bündnisverträge des Fürstentums Siebenbürgen mit den beiden benachbarten Woiwoden sind aus der Regierungszeit Gabriel Bethlens, bis auf eine Ausnahme, nicht überliefert[1356].

Indem er Bocskais Konzept einer Gleichgewichtspolitik im Donauraum, gestützt auf ein gutes Verhältnis zum Osmanischen Reich, wieder aufnahm, bemühte sich Bethlen, den außenpolitischen Spielraum des Fürstentums kontinuierlich zu erweitern[1357]. Die temporäre Schwäche der beiden Großmächte im Donauraum[1358] erlaubte dem neuen Fürsten, das Land innerlich zu stabilisieren und außenpolitisch in einen gesamteuropäischen Kontext einzubringen[1359]. Im Gegensatz zu den Fürsten des 16. Jahrhunderts war Bethlen Calvinist[1360] und unterhielt gute persönliche Beziehungen zu osmanischen Würdenträgern in Konstantinopel. Beides belastete seine Beziehungen zu den Habsburgern erheblich. Seine außenpolitischen Grundüberzeugungen legte Bethlen in einem Schreiben nieder, das er bereits am 19. Juli 1611 während des Feldzuges gegen Gabriel Báthory in Diemrich verfasst hatte. Damals sah er die Habsburgermonarchie als unfähig an, Siebenbürgen auf Dauer gegen das Osmanische Reich behaupten zu können. Die Habsburger sollten Siebenbürgen „in Ruhe lassen", denn wenn sie es zu Zeiten König Ferdinands (1551–1556) nicht halten konnten, dann könnten sie es derzeit noch weniger tun. Er bewertete den Status eines autonomen Fürstentums als besonders vorteilhaft für Siebenbürgen. Durch einen in freier Wahl von den Ständen bestimmten Fürsten regiert, sah er Siebenbürgen am besten in die Lage versetzt, eine tatsächliche Autonomie sowohl gegenüber den „Deutschen" als auch gegenüber den „Türken" zu erreichen[1361].

Nach seiner Wahl zum Fürsten nahm Bethlen den Titel *Princeps Transylvaniae et partium regni Hungariae dominus et Siculorum comes* an, und begann, die politischen Verhältnisse vor Báthorys Thronbesteigung wieder herzustellen. Innenpolitisch suchte er den Ausgleich mit den Sachsen, denen er Hermannstadt im Februar 1614 zurückerstattete. Eine Politik der Konsolidierung der inneren Lage verfolgte er auch gegenüber dem Adel und den Szeklern. Seine Herrschaftszeit kennzeichnete eine systematische merkantilistische Wirtschaftspolitik[1362] und die Reformierung des Heerwesens[1363]. Darüber hinaus förderte er das Kulturleben in Siebenbürgen, indem er das Studium der künftigen siebenbürgischen Eliten an protestantischen Universitäten Englands, Hollands und Deutschlands unterstützte und das Gymnasium sei-

1356 Andreescu 1989, S. 103.
1357 Czettler, S. 108–109.
1358 Der Grund dafür waren die osmanisch-persischen Kriege 1603–1612, 1623–1639 beziehungsweise der Dreißigjährige Krieg 1618–1648.
1359 Nägler/Philippi 1979, S. 202–203.
1360 Alle Fürsten, die Siebenbürgen zwischen 1605 und 1690 regierten, waren Calvinisten.
1361 Andreescu 1989, S. 102.
1362 Zur merkantilistischen Politik Fürst Bethlens: Luca, S. 206–210.
1363 Bethlen warb für die siebenbürgische Armee erstmals systematisch schottische, englische, niederländische und deutsche Söldner an, mit deren Hilfe er ein moderneres Heer formte: Căzan 2009, S. 39. Zur Innenpolitik Bethlens: Péter 1990, S. 317–319. Vgl. Andea 2007, S. 124–127.

ner Residenzstadt Weißenburg zu einer Hochschule ausbaute, an der kurzzeitig auch der Dichter Martin Opitz lehrte[1364].

Die nach den Kriegs- und Krisenjahren der Báthory-Herrschaft nötig gewordene außenpolitische Stabilisierung trachtete er durch eine stärkere Anlehnung an die Hohe Pforte zu erreichen. Am 1. Juli 1614 erließ Sultan Ahmet I. eine „großherrliche Vertragsurkunde" (*'ahd-nâme-i hümâyûn*) für die Stände Siebenbürgens, in der er nicht nur die herkömmlichen politischen und religiösen Autonomierechte des Landes bestätigte, sondern auch den Erwerb siebenbürgischer Festungen durch die Woiwoden der Moldau und Walachei sowie den polnischen König verbot. Außerdem durften die Siebenbürger beim Sultan in Ungnade gefallenen benachbarten Woiwoden keinen Durchzug oder Asyl gewähren[1365]. Damit wollte die Hohe Pforte gegen sie gerichteten Bündnissen ihrer Vasallen einen Riegel vorschieben.

Obwohl die Habsburgermonarchie Báthory – trotz des Pressburger Vertrages von 1613 – nicht zu Hilfe gekommen war, da sie ihn als ein unzuverlässiges Element betrachtete und einen großen Krieg mit den Osmanen scheute, beunruhigten die neusten Entwicklungen in Siebenbürgen den Kaiserhof sehr. Die offensichtliche Nähe Bethlens zum Osmanischen Reich belastete sein Verhältnis zu den Habsburgern vom ersten Tag seiner Herrschaft an. Wien bezeichnete ihn als „Sklaven des Feindes der Christenheit" und es war entschlossen, Gegenmaßnahmen zu ergreifen. Im Dezember 1613 besetzten habsburgische Truppen Festungen in den zu Siebenbürgen gehörenden ostungarischen Komitaten. Kurz darauf sandte Bethlen eine Delegation unter Stefan Kassai und Johann Benkner nach Österreich, die seine Anerkennung als Fürst durch den Kaiser und König von Ungarn sondieren sollte. Unter Verweis auf die Gefahr eines osmanischen Angriffs sollten die Gesandten Kaiser Matthias eine Erneuerung des habsburgisch-siebenbürgischen Vertrages vorschlagen, der noch unter Fürst Báthory 1613 in Pressburg geschlossen worden war. Die Aufnahme der Delegation fand unter wenig freundschaftlichen Vorzeichen statt. Erzherzog Ferdinand, der mit den ungarischen Angelegenheiten betraut war, weigerte sich gar, die siebenbürgische Gesandtschaft in Wiener Neustadt zu empfangen. Erst am 13. Januar 1614 wurde ihnen vom Kaiser eine Audienz in Linz gewährt. Den Wunsch Bethlens, die habsburgisch-siebenbürgischen Beziehungen auf der Grundlage des Pressburger Vertrages weiterzuführen, lehnte der Kaiser ab[1366].

Für die Aushandlung eines neuen Vertrages stellte der Kaiser mehrere Bedingungen, die er im Frühjahr 1614 in einer „Generalinstruktion" für seine Unterhändler zusammenfasste. Er forderte von Bethlen die Abtretung der Festung Großwardein, die Anerkennung der königlichen Oberhoheit nach dem Abzug der osmanischen Truppen aus Siebenbürgen und eine Hilfszusage für einen eventuellen Krieg gegen

1364 1629 berief Bethlen drei Professoren der aufgelösten Herborner Universität nach Weißenburg. Der Enzyklopädiker Johannes Alsted sowie der Gelehrte und Diplomat Johannes Bisterfeld blieben bis an ihr Lebensende am siebenbürgischen Hof: Péter 1990, S. 347.

1365 Ebenda. Am 17. Juli 1614 stellte der Sultan eine entsprechende Urkunde für Gabriel Bethlen aus, die er 1624 erneuerte: Recueil d'actes internationaux, S. 41, 45. Vgl. Condica tratatelor, S. 42.

1366 Căzan 2009, S. 56.

den Sultan. Als eine habsburgische Delegation im Mai 1614 auf dem Mediascher Landtag von Bethlen die Unterzeichnung der geheimen Erklärung verlangte, in der Gabriel Báthory dem Kaiser auch gegen die Osmanen militärischen Beistand zugesagt hatte, protestierte Bethlen, da aus seiner Sicht ein solcher Schritt vor der Hohen Pforte nicht geheim zu halten war. Schließlich erklärte er sich bereit, den Inhalt dieser Erklärung vor einer vertrauenswürdigen Person mündlich zu beschwören. Beide Seiten konnten sich vorerst nur auf den Abschluss eines dreimonatigen Waffenstillstandes einigen, der am 23. August 1614 für die Dauer der aufzunehmenden Verhandlungen verlängert wurde[1367].

Konservative katholische Kreise um den Wiener Bischof Melchior Khlesl und Erzherzog Ferdinand setzten sich für eine gewaltsame Ablösung Bethlens ein, dem eine zu große Nähe zum Sultan vorgeworfen wurde, zumal er den Osmanen im Oktober 1614 die Abtretung der strategisch bedeutsamen Grenzfestungen Lippa und Jenő zugesagt hatte. Aus diesem Grund unterstützte Wien den zum Katholizismus konvertierten ungarischen Magnaten Georg Drugeth Homonnai als Kandidaten für den siebenbürgischen Thron. Die ungarischen Räte sollten für diese Intervention mit dem Hinweis gewonnen werden, der Sultan bezeichne Siebenbürgen als sein „Patrimonium" und Bethlen als seinen „Gubernator". Dennoch sprachen sich die Räte um den ungarischen Palatin Georg Thurzó, einem Calvinisten, sowie später der ungarische Reichstag gegen eine gewaltsame Intervention in Siebenbürgen aus, da die ungarischen Stände einen Ausgleich mit Bethlen als Vorbedingung für eine Verlängerung des Friedens mit dem Osmanischen Reich sahen[1368].

Sowohl die habsburgische als auch die siebenbürgische Seite waren zu einem Arrangement gezwungen, das mit dem Abschluss des ersten Vertrages von Tyrnau am 6. Mai 1615 zustande kam. Der Vertrag enthielt zwei Dokumente. In der ersten, öffentlichen Vertragsurkunde wurde im Wesentlichen der rechtliche Status zwischen Ungarn und Siebenbürgen wiederhergestellt, der im Pressburger Vertrag von 1613 vereinbart worden war. König Matthias verpflichtete sich, die im Dezember 1613 besetzten siebenbürgischen Grenzfestungen in den Partes bis auf Frauenbach zurückzuerstatten, die Freiheiten des Fürstentums Siebenbürgen, insbesondere das Recht auf freie Fürstenwahl und freie Religionsausübung zu respektieren und den Wiener Vertrag einzuhalten. Eine ausdrückliche Anerkennung der Fürstenwürde Gabriel Bethlens war darin jedoch nicht enthalten. Die siebenbürgische Seite erklärte sich dazu bereit, sich weiterhin als ein Teil der Länder der ungarischen Krone zu betrachten, keine Feindseligkeiten gegen das Haus Habsburg zu unternehmen und den Kaiser gegen alle Feinde, die Osmanen ausgenommen, zu unterstützen. Zum Schluss verständigten sich beide Parteien darauf, ihre diplomatischen Beziehungen und den gegenseitigen Handel zu normalisieren, politische Gefangene freizulassen und besetzte Güter zu restituieren. Privatrechtliche Streitfragen und Grenzfragen sollten auf einer eigenen Konferenz in Nagykároly geregelt werden.

1367 Gooss, S. 423–436. Vgl. Monumenta Comitialia Regni Transylvaniae, Bd. VII, S. 153–157.
1368 Gooss, S. 437–438. Vgl. Czettler, S. 109.

In der zweiten, geheim zu haltenden Vertragsurkunde erkannte das Fürstentum Siebenbürgen die Oberhoheit des Königreichs Ungarn an. Die Herrschaft Gabriel Bethlens und seiner rechtmäßigen Nachkommen über das Fürstentum Siebenbürgen wurde von den Habsburgern akzeptiert. Der Fürst von Siebenbürgen verpflichtete sich im Falle einer habsburgischen Einnahme Mittelungarns (genannt wurden die Städte Ofen und Erlau), die Eingliederung seines Landes in das Königreich Ungarn vorzunehmen, das von königlichen Beamten regiert werden sollte. Ebenso verpflichtete sich Bethlen dazu, das Haus Habsburg im Falle eines Krieges gegen das Osmanische Reich zu unterstützen und die Aufteilung der eroberten Gebiete mit dem König einvernehmlich zu lösen. Darüber hinaus sollten die Kommandanten der wichtigsten siebenbürgischen Festungen dem ungarischen König die Treue schwören. Beide Seiten bekannten sich zur Geheimhaltung dieses Dokumentes[1369].

Damit wählte Bethlen den Weg, den Stefan Báthory in einer ähnlichen Situation 1571 gewählt hatte. Um nach einem dynastischen Wechsel die Anerkennung seiner Herrschaft durch beide benachbarten Großmächte zu erreichen, war eine demonstrative Annäherung an diese notwendig geworden, wobei jene an die Habsburgermonarchie im Geheimen abzulaufen hatte, solange sie nicht in der Lage war, Siebenbürgen gegen das Osmanische Reich militärisch zu beschützen. Obwohl Gabriel Bethlen in seinen Vertragsurkunden den Titel *Dei gratia princeps Transylvaniae, partium regni Hungariae d^nus^ et Siculorum comes etc.* verwendete, verweigerte ihm der König von Ungarn explizit die Anerkennung des Fürstentitels. Hervorzuheben ist, dass das Fürstentum Siebenbürgen zum ersten Mal seit dem Wiener Frieden die Suzeränität des Königreichs Ungarn anerkennen musste und damit wieder unter doppelter Suzeränität stand. Allerdings war die Oberhoheit des ungarischen Königs über den Fürsten von Siebenbürgen nicht mit einem ausdrücklichen Treueid verbunden. Ein Novum stellte auch die Aufgabe der Selbständigkeit Siebenbürgens infolge einer Eroberung Zentralungarns durch die Habsburger dar[1370].

Die von Kaiser Matthias einerseits und Fürst Gabriel Bethlen sowie den siebenbürgischen Ständen andererseits ausgestellten Ratifikationen konnten Ende Juni 1615 in Klausenburg ausgetauscht werden. Bethlen stellte am 26. Juni einen Amnestieerlass und Kaiser Matthias eine Urkunde aus, in der er Bethlen Entschädigungen für den Fall seiner Vertreibung durch die Osmanen zusagte. Noch stand die Aufnahme des Vertrages in die ungarischen Reichsgesetze durch den ungarischen Reichstag aus, die Umsetzung des Vertrags wurde aber schon im Juli vollzogen[1371].

Der Abschluss des Vertrages führte nicht zu dem postulierten Frieden. Georg Drugeth Homonnai versuchte mit der Hilfe Wiener Kreise, polnischer Kräfte, des ehe-

---

1369 Wortlaut des Vertrages in: Gooss, S. 439–460. Um das Wohlwollen König Matthias II. zu gewinnen, garantierte Fürst Bethlen jene Rechte, die die Katholiken Siebenbürgens zur Zeit der Herrschaft Sigismund Báthorys gehabt hatten. Darüber hinaus restituierte er einige siebenbürgische Kirchen an die Katholiken: Boros, S. 77.

1370 Czettler, S. 109. Der Kaiser bezeichnete Bethlen im Vertrag lediglich als „electus“ oder „dominus“. Vgl. Oborni 2013, Between Vienna and Constantinople, S. 85–87.

1371 Gooss, S. 439–440. Vgl. Kubinyi, S. 93.

maligen Woiwoden der Walachei, Radu Şerban[1372], und osmanischer Würdenträger, die er mit großen Versprechungen für sich gewonnen hatte, Gabriel Bethlen zu stürzen. Seine Bemühungen, im Juni und Oktober 1616 in Siebenbürgen mit Haiduckentruppen einzufallen und sich militärisch gegen Bethlen durchzusetzen, misslangen, auch weil Bethlen sich das Wohlwollen der Hohen Pforte durch die vom Sultan lange geforderte Übergabe der Festung Lippa am 14. Juni gesichert hatte. Bethlen nahm im Oktober 1616 nur halbherzig die Verfolgung der gegnerischen Einheiten nach Ungarn auf, um einen offenen Bruch mit der Habsburgermonarchie zu verhindern[1373]. Der Konflikt wurde mit einer Waffenstillstandserklärung beider Seiten am 31. Dezember 1616 in Großwardein beendet, die der militärischen Pattsituation Rechnung trug[1374]. In den folgenden Verhandlungen, für die der Waffenstillstand verlängert werden musste, stellte sich die habsburgische Seite auf den Standpunkt, Homonnai habe auf eigene Faust und ohne Rücksprache mit Wien gehandelt[1375].

Zu einem Durchbruch in den Gesprächen kam es erneut in Tyrnau, wo am 31. Juli 1617 ein neuer Vertrag abgeschlossen wurde. Der sogenannte zweite Tyrnauer Vertrag enthielt im Wesentlichen die Bestimmungen des ersten Vertrages von 1615. Veränderungen bzw. Ergänzungen betrafen folgende Punkte: Es wurde festgelegt, dass allen Untertanen, die gegen den ersten Tyrnauer Vertrag gehandelt hatten, Amnestie zugesichert wurde. Künftige Verstöße gegen beide Verträge sollten jedoch als Hochverrat zu bestrafen sein. Es wurde die Rückerstattung der Güter an diejenigen beschlossen, die ihren Besitz bei den letzten Kriegshandlungen verloren hatten. Ferner einigte man sich auf den Grenzverlauf zwischen dem Fürstentum Siebenbürgen und dem Königreich Ungarn, wonach die Grenze so wie zu Zeiten von Fürst Sigismund Báthory vor Beginn des „Langen Türkenkrieges" verlaufen sollte. Die bereits im ersten Tyrnauer Vertrag geplante Konferenz zur Regelung der noch ausstehenden privatrechtlichen Fragen in Nagykároly solle nachgeholt werden[1376]. Auch in diesem Vertrag fehlte die ausdrückliche Anerkennung Bethlens als Fürst durch den König von Ungarn. Im Vorfeld der Vertragsunterzeichnung hatte der habsburgische Unter-

---

1372 Rezachevici 1985, S. 152. Nachdem Radu Şerban im Juni 1611 vom Sultan als Woiwode der Walachei abgesetzt und im Oktober desselben Jahres von Fürst Gabriel Báthory in Siebenbürgen besiegt worden war, floh er ins ungarische Tyrnau, wo er mit einer – sehr unregelmäßig ausgezahlten – kaiserlichen Rente als Exilant lebte. 1616 unternahmen die Habsburger den erfolglosen Versuch, Radu mit einer Summe von 12.000 Gulden auszustatten. Damit sollte er eine Söldnerarmee anwerben, um mit deren Hilfe auf den Thron der Walachei zurückzukehren. Radu Şerban starb am 13. März 1620 verarmt in Wien: Căzan 2009, S. 189–191.

1373 Die fehlende Bereitschaft der oberungarischen Stände, sich einer antihabsburgischen Aufstandsbewegung anzuschließen, trug auch zur zurückhaltenden Vorgangsweise Bethlens bei: Czettler, S. 109.

1374 Der Text des vierzigtägigen Waffenstillstandes, der am 16. März 1617 bzw. 9. Mai 1617 von beiden Monarchen verlängert wurde, ist nicht überliefert. Vgl. Gooss, S. 460–462.

1375 Siehe den Wortlaut der Waffenstillstandsverträge in : Gooss, S. 463–466.

1376 Siehe den Wortlaut der Vertragsurkunden in: Gooss, S. 467–474. Vgl. Monumenta Comitialia Regni Transylvaniae, Bd. VII, S. 472–473.

händler Peter Pázmány[1377] versprochen, sich beim Kaiser und König für die Verleihung des Fürstentitels an Bethlen einzusetzen, wenn dieser bereit sei, die Lage der katholischen Kirche in Siebenbürgen zu verbessern. Der Vertrag wurde vom Kaiser am 2. September, von Bethlen am 8. November 1617 ratifiziert[1378].

Mit der ausdrücklichen Grenzfestlegung musste die siebenbürgische Seite den Verlust der ostungarischen Komitate akzeptieren, die Bocskai im Wiener Frieden 1606 als persönlichen Besitz erhalten hatte. Obwohl die Habsburgermonarchie diese Gebiete nach Bocskais Tod rechtmäßig in Besitz genommen hatte, kam es immer wieder zur Artikulation siebenbürgischer Gebietsansprüche. Zunächst schob die habsburgische Seite die noch ausstehende Aufnahme des Vertrages in die ungarischen Reichsgesetze hinaus, u. a. weil auf dem Pressburger Reichstag die Krönung Erzherzog Ferdinands zum König von Ungarn im Vordergrund stand (26. Mai 1618)[1379].

Als der Böhmische Aufstand im Mai 1618 ausbrach, fürchtete Wien eine ähnliche Entwicklung bei den protestantischen Ständen Ungarns, weshalb die offenen Vertragsangelegenheiten mit Siebenbürgen keinen Aufschub mehr duldeten. Am 26. März 1619 wurden in Nagykároly die Verhandlungen über die privatrechtlichen Ansprüche beider Seiten in den ostungarischen Komitaten und Grenzfragen erfolgreich abgeschlossen. Der Austausch der Ratifikationen erfolgte zu Beginn der Verhandlungen von Nagykároly. Da Kaiser Matthias am 20. März 1619 verstorben war, bestätigte sein Nachfolger Ferdinand[1380] am 2. April die Ratifikation des alten Kaisers. Am 11. April wurde Gabriel Bethlen vom Kaiser verständigt, dass er ihm ein Diplom ausgestellt habe, in dem er seinen Fürstentitel mit dem Zusatz *Serenissimus* anerkannt habe. Damit löste der Kaiser das Bethlen gegebene Versprechen Pázmánys von 1617 ein. Bethlen nahm den neuen Titel unverzüglich an[1381].

Dieser Akt des Kaisers wandelte die durch beide Verträge stillschweigend vorgenommene Anerkennung Gabriel Bethlens als Fürst in eine ausdrückliche Anerkennung um. Er stellte eine Gegenleistung für die vertragliche Bestätigung Bethlens dar, das Fürstentum Siebenbürgen weiterhin als einen Teil der Länder der ungarischen Krone zu betrachten, keine Feindseligkeiten gegen das Haus Habsburg zu unternehmen und den legitimen Königen von Ungarn gegen deren Feinde mit seiner gesamten militärischen Macht zu Hilfe zu eilen. Noch entscheidender für Ferdinand wa-

1377 Peter Pázmány wurde 1570 in Großwardein geboren, konvertierte 1583 zum katholischen Glauben, schloss sich 1587 den Jesuiten an und wurde 1616 zum Erzbischof von Gran gewählt. 1629 wurde er zum Kardinal ernannt und starb 1637 in Pressburg als ein führender Vertreter der ungarischen Gegenreformation. Vgl. Kortepeter 1985, S. 63.

1378 Gooss, S. 467–468.

1379 Gooss, S. 475. Auf dem Reichstag kam es zu einem Kräftemessen zwischen dem Haus Habsburg und den ungarischen Ständen. König Matthias hatte den ungarischen Reichstag einberufen, um Ferdinand als König von Ungarn „zu proklamieren, anzuerkennen und zu krönen". Von einer Wahl war nicht die Rede. Auf Druck der Stände musste König Matthias ein eigenes Diplom ausstellen, das die alten Rechte der Stände, u. a. das Recht, den König zu wählen, anerkannte: Căzan 2009, S. 26–27.

1380 Ferdinand wurde am 26. August 1619 zum Kaiser gewählt. Die Wahl zum ungarischen König durch den ungarischen Reichstag war bereits am 26. Mai 1618 erfolgt.

1381 Siehe den Wortlaut des Abkommens von Nagykároly in: Gooss, S. 475–484.

ren die Bestimmungen der geheimen Urkunde, in der Bethlen die Oberhoheit des Königs von Ungarn über das Fürstentum Siebenbürgen anerkannt hatte und sich zu einer militärischen Unterstützung des Königs, auch gegen den Sultan, verpflichtet hatte[1382]. Nun stand nur noch die Aufnahme des Tyrnauer Vertrages in die ungarischen Reichsgesetze durch den Pressburger Reichstag aus. Die Eskalation des Konflikts zwischen Katholiken und Protestanten, der sich zu einem dreißigjährigen Krieg ausweitete, verhinderte die geplante „Inartikulation" des Vertrages[1383].

b. Siebenbürgens Teilnahme am Dreißigjährigen Krieg 1619–1627

Bethlen erkannte früh die Möglichkeiten, die sich durch die Ereignisse im Reich für ihn boten. Als sich der Bruch zwischen den Aufständischen und dem Haus Habsburg abzeichnete, schickte Fürst Bethlen Marcu Cercel als Gesandten zu den böhmischen Ständen, um seine Chancen, zum König von Böhmen gewählt zu werden, auszuloten und um ein gemeinsames Vorgehen gegen den Kaiser abzustimmen[1384]. Am 31. Juli 1619 schlossen sich die böhmischen, mährischen, schlesischen und Lausitzer Stände zu einer Konföderation zusammen, der sich die österreichischen Stände am 16. August anschlossen. Nach der Entthronung Ferdinands von Habsburg, der 1617 zum König von Böhmen gewählt worden war, erhoben die böhmischen Stände den Anführer der deutschen Calvinisten, Kurfürst Friedrich von der Pfalz, zu ihrem neuen König. Zu diesem Zeitpunkt verhandelte Fürst Bethlen bereits mit dem Anführer der böhmischen Stände, Heinrich Matthias Graf von Thurn, über ein antihabsburgisches Bündnis. Auf die Bitte der Böhmen um militärische Unterstützung gegen die Habsburger antwortete Bethlen in seinem Schreiben vom 18. August 1619. Darin teilte er mit, dass er die Zustimmung des Sultans für ein militärisches Eingreifen gegen Ferdinand II. erhalten habe, und dass zwischen ihm und dem Kaiser kein Friedenszustand herrsche[1385].

Trotz seines gespannten Verhältnisses zum Sultan – Bethlen weigerte sich 1618, die an der westsiebenbürgischen Grenze gelegene Festung Jenő an das Osmanische Reich abzutreten – bemühte sich der siebenbürgische Fürst, der Hohen Pforte deutlich zu machen, dass er die Oberhoheit des Sultans zu keinem Zeitpunkt infrage stellen und sich im Einklang mit der Generallinie der osmanischen Außenpolitik verhalten werde. Am 21. April 1619 sandte er seinen Vertrauten Franz Mikó nach Konstantinopel, der Ende Juni in der osmanischen Hauptstadt eintraf. Ihm gelang

1382 Vgl. Gooss, S. 439–460.

1383 Vgl. Gooss, S. 485–486. Zum Begriff des "Dreißigjährigen Krieges": Repgen, S. 98–101.

1384 Marcu Cercel, der Sohn des ehemaligen Woiwoden der Walachei, Petru Cercel (1583–1585), hatte im siebenbürgischen Exil die reiche Adelige Drusiana Bogáthi geheiratet. Er begleitete 1602 den ehemaligen Fürsten von Siebenbürgen, Sigismund Báthory, in dessen böhmisches Exil. Nach dessen Tod kehrte er 1613 nach Siebenbürgen zurück. Für die Prager Mission hatte ihn Bethlen ausgewählt, da Cercel wertvolle Kontakte zum böhmischen Adel aufgebaut hatte: Căzan 2009, S. 58.

1385 Schmidt-Rösler 2006, Abschnitt 84. Vgl. Czettler, S. 110.

es, den Großwesir zu einem Verzicht der osmanischen Forderungen auf Jenő zu bewegen. Dies brachte Bethlen in den Reihen des ungarischen Adels einen zusätzlichen Prestigegewinn ein, den er für seine außenpolitischen Pläne einzusetzen verstand. Mikó weihte den Großwesir in die böhmischen Interventionspläne seines Fürsten ein und erhielt dafür die Zustimmung der Hohen Pforte[1386].

Bethlen war bestrebt, das herannahende Kräftemessen mit der Habsburgermonarchie so gut wie möglich vorzubereiten. Bereits im Mai 1619 hatte Bethlen die Südflanke Siebenbürgens durch den Abschluss des Bündnisvertrages von Târgovişte gesichert, den er mit dem Woiwoden der Walachei, Gavril Movilă, ausgehandelt hatte[1387]. Gleichzeitig nahm der Fürst Verbindungen zu den Führern der protestantischen Stände im königlichen Ungarn auf, um sich deren Unterstützung zu versichern.

Der Kaiserhof war entschlossen, Bethlen auf der Grundlage des Tyrnauer Vertrages in die Pflicht zu nehmen. Er beauftragte den Kaschauer Kommandanten Andreas Dóczy, mit Fürst Bethlen die Beistandsleistung der siebenbürgischen Seite auszuhandeln. Bethlens Dissimulationsstrategie bestand nicht nur darin, eine Vermittlung zwischen dem Kaiser und den böhmischen Aufständischen in Aussicht zu stellen, sondern einen Feldzug nach Böhmen anzukündigen, um die Rebellion niederzuschlagen. Allerdings forderte Bethlen für diesen Dienst die Festung Tokaj. Bethlens Haltung wurde in Wien mit großem Misstrauen aufgenommen, das auch die Gesandten des Kaisers an der Hohen Pforte, Ludwig von Molart und Starzer, teilten. Ihnen waren die Bemühungen Bethlens um die Zustimmung des Sultans zu seinen Feldzugsplänen nicht verborgen geblieben. Allerdings war ihr Handlungsspielraum durch das Fehlen finanzieller Mittel und sicherer Kommunikationsverbindungen nach Wien sehr eingeschränkt. Kaum hatte Fürst Bethlen die Einwilligung der Hohen Pforte erhalten, marschierte er am 26. August 1619 unter dem Vorwand, seinen legitimen Ansprüchen auf die Festung Tokaj Geltung zu verschaffen, mit einem bis zu 40.000 Mann starken siebenbürgischen Heer in das Königreich Ungarn ein[1388]. Es war der Tag der Wahl Friedrichs von der Pfalz zum König von Böhmen. Gegen den Bruch des Zsitvatoroker und Wiener Friedens durch Bethlens Angriff protestierten die habsburgischen Gesandten in Konstantinopel vehement, und obwohl der Sultan Bethlens Vorgehen gebilligt hatte, distanzierte er sich von der siebenbürgischen Intervention und betonte sein Interesse an der Wahrung des Friedens von Zsitvatorok[1389]. Allerdings bemerkte nicht nur die habsburgische Seite, dass in Bethlens Armee zahlreiche osmanische Soldaten „freiwillig" dienten, zum Beispiel Reiter des Paschas von Erlau. Auch die venezianische Diplomatie zog daraus den Schluss, dass

1386 Die Pforte stellte auch Truppenhilfe in Aussicht: Depner, S. 38. Vgl. Lupaş 1940, Principele transilvan Gavriil Bethlen, S. 203. Vgl. Căzan 2009, S. 58–59. Vgl. Wilson, S. 289.

1387 Siehe den Wortlaut des Vertrages von Târgovişte vom 5. Mai 1619 in: Lupaş 1940, Documente, S. 150–159.

1388 Căzan 2009, S. 59–61.

1389 Ausführlich Depner, S. 36–46. Vgl. Heinisch 1974, S. 158–165. Vgl. Gooss, S. 485.

Bethlen mit der Zustimmung der Hohen Pforte handele, die plane, den Fürsten auch gegen Polen einzusetzen[1390].

Am 9. September 1619 richteten die böhmischen Stände ein Schreiben an Fürst Bethlen, in dem sie die Entthronung König Ferdinands rechtfertigten, den sie des Bruchs des böhmischen Krönungseides und des Verrats an Kaiser Matthias, der für ein Auskommen der konfessionellen Parteien eingetreten sei, bezichtigten. Ferdinand habe die Stände hintergangen und mit dem spanischen König einen Vertrag geschlossen, wonach sämtliche Länder der böhmischen und ungarischen Kronen sowie die österreichischen Erbländer an die Katholische Majestät in Madrid fallen sollten, falls Ferdinand keinen Erben hinterlassen sollte. Schließlich baten die böhmischen Herren im Namen der Konföderation der Stände der böhmischen und österreichischen Länder den Fürsten von Siebenbürgen, die Freiheiten und den Glauben ihrer Länder zu beschützen. Um dem übermächtigen Feind trotzen zu können, baten die Stände den Fürsten, ihre Streitkräfte mit den seinigen schon vor Winteranbruch vereinigen zu können, um mit „zusammen gebrachter Hülffe / durch göttlichen Beystand den Feind auß unserm Lande vertreiben können [...]“[1391].

Zunächst besaß aber Ungarn für Bethlen oberste Priorität. Unterstützt von den protestantischen oberungarischen Ständen, die sich an mehreren Stellen erhoben, eroberte Fürst Bethlen am 5. September 1619 Kaschau und ließ sich dort von einer Ständeversammlung am 21. September zum „Führer und Verweser“ wählen. Zu seinen neuen Befugnissen gehörte die Wehrhoheit, die Gerichtshoheit, das Verfügungsrecht über freigewordene Güter und das Recht, Gesandtschaften zu ernennen und Beziehungen mit fremden Mächten zu unterhalten. Damit übernahm Bethlen wesentliche Souveränitätsrechte vom – nicht abgesetzten – König Ferdinand II[1392]. Dessen „heilige“ Krone überreichte der ungarische Palatin Fürst Bethlen, als der Siebenbürger am 14. Oktober die Hauptstadt Ungarns, Pressburg, einnahm. Ende November 1619 erschien Bethlens Heer vor Wien. Dessen Bürgern blieb eine längere Belagerung erspart, weil der Kaiser unerwartete Hilfe von den Feinden seines Feindes erhielt.

Der polnische König Sigismund III., der eine Schwester des Kaisers geheiratet hatte, und der Senat Polens hatten sich bereits im September 1619 darauf geeinigt, der Habsburgermonarchie nach Bedarf Hilfe zu leisten, jedoch keine vertraglichen Verpflichtungen als Bündnispartner einzugehen[1393]. Am 15. November 1619 schickte der polnische König einen Gesandten an den siebenbürgischen Hof, der von Fürst Bethlen eine Erklärung für die starke Konzentration siebenbürgischer Truppen in der Nähe der polnischen Grenze forderte. In seinem Schreiben an den Fürsten beton-

1390 Auch der apostolische Nuntius in Wien, Carlo Caraffa, kritisierte die offensichtliche Beteiligung osmanischer Truppen am Feldzug Bethlens gegen den Kaiser, der aus einer Position der Schwäche heraus gezwungen gewesen sei, die ständigen Verletzungen des habsburgisch-osmanischen Friedens – auch an der Militärgrenze – zu dulden: Căzan 2009, S. 60, 78–82.

1391 Siehe den Wortlaut in: Antwortschreiben an den Fürsten in Siebenbürgen.

1392 Depner, S. 40–43.

1393 Warschau hatte im September 1619 gewarnt, es werde einen siebenbürgischen Angriff auf die österreichischen Erbländer nicht tolerieren: Butnariu 2004, S. 186.

te der polnische König, dass er aufgrund seiner Verträge mit dem Kaiser gezwungen sei, sich für die Lage in Ungarn zu interessieren. Der König erlaubte den Habsburgern nicht nur, auf seinem Gebiet Söldner zu werben, sondern stellte ihnen auch ein aus dem Russlandfeldzug heimgekehrtes marodierendes Söldnerregiment zur Verfügung, in dem hauptsächlich Kosaken dienten. Dessen Kommando übernahm Bethlens ehemaliger Gegenspieler im Kampf um den Fürstenthron, Georg Drugeth Homonnai[1394]. Mit diesem 6.000 Mann umfassenden Regiment griff Homonnai von Südpolen aus Bethlens Nachschublinien in Oberungarn an, schlug dessen von Georg Rákóczi befehligte Truppen (4.000 Mann) am 21. November 1619 bei Zemplén und begann mit der Belagerung Kaschaus[1395]. Fürst Gabriel Bethlen wurde dadurch gezwungen, sich am 29. November von Wien nach Ungarn zurückziehen, wo es ihm gelang, Homonnai Anfang Dezember zu vertreiben[1396]. In Ungarn setzte Bethlen die Etablierung seiner Macht mit der Wahl zum „Fürsten des Königreichs Ungarn" fort, die am 8. Januar 1620 durch den Pressburger Reichstag erfolgte. Mit der Bestätigung der Reichstagsartikel begann Bethlen, die Souveränitätsrechte des ungarischen Königs auszuüben[1397].

Aus der militärischen Pattsituation heraus wurden in Wien Waffenstillstandsverhandlungen zwischen der ungarisch-siebenbürgischen und der habsburgischen Seite aufgenommen, die am 16. Januar 1620 erfolgreich abgeschlossen wurden[1398]. Der Waffenstillstand sollte für Ungarn und Polen, wohin sich Homonnai mit seinen Truppen zurückziehen musste, gelten. Damit bezweckte der Kaiser vor allem eine Trennung Siebenbürgens und Ungarns von den böhmischen Aufständischen. In seiner Ratifikation des Waffenstillstandes vom 16. Januar verwendete Bethlen bereits den neuen Titel „Fürst von Ungarn" (*Nos Gabriel, Dei gratia regnorum Hungariae et Transylvaniae princeps et Siculorum comes etc.*)[1399]. Dem Waffenstillstand folgte am

---

1394 Bereits 1615 hatte Bethlen den polnischen König Sigismund III. gebeten, seine Gegner nicht zu unterstützen. Siehe den Wortlaut des Briefes vom 16. April 1615 in: Lupaş 1940, Documente, S. 134–136. Vgl. Démeny/Cernovodeanu, S. 75–77.

1395 Stoy 2004, S. 309. Vgl. Wisner, S. 409–410. Polnische Historiker machten diese militärische Intervention dafür verantwortlich, dass Fürst Gabriel Bethlen an der Hohen Pforte Intrigen gegen Polen gesponnen habe, die zum osmanischen Angriff auf Polen 1620 geführt hätten: Leitsch 2009, S. 725–726. Vgl. Wilson, S. 292–293.

1396 Stoy weist darauf hin, dass Bethlen sich auch deshalb nach Ungarn und Siebenbürgen zurückgezogen haben könnte, weil ihn der Woiwode der Moldau, Gaspar Graţiani, ein Anhänger Polens und der Habsburgermonarchie, mit einem Angriff auf Siebenbürgen bedroht habe, den er eventuell mit Hilfe der Siebenbürger Sachsen umzusetzen plante: Stoy 2004, S. 311–314.

1397 In den Beschlüssen des Pressburger Reichstages hieß es: „Die Stände des Königreiches … setzen und ernennen seine fürstliche Hoheit auf einhelligen Wunsche und nach einstimmigem Beschluss zum Fürsten und beschließen, dass bei ihm die ganze Regierung und Verwaltung dieses Königreichs, nicht anders als wenn er selbst König wäre, vollkommen sein und bleiben soll": Depner, S. 50.

1398 Der Waffenstillstand sollte bis zum 29. September gültig sein. Bethlen und der Kaiser ratifizierten ihn am 16. Januar, der Kaiser modifizierte seine Ratifikation am 4. Februar 1620, um deutlich zu machen, dass die ungarisch-siebenbürgische Seite die böhmischen Aufständischen nicht unterstützen dürften. Siehe den Wortlaut in: Gooss, S. 488–493.

1399 Gooss, S. 489.

23. Januar 1620 ein Vorvertrag, in dem der Kaiser Bethlens Forderungen weitgehend erfüllen musste, da die militärische Bedrohung Wiens durch die protestantischen Stände anhielt. Dass der Kaiser in seiner Urkunde Bethlen erstmals mit dem Titel *Ill. Principem Gabrielem, Hungariae et Transilvaniae principem ac Siculorum comitem* ansprach und damit Bethlens eigene Titulatur übernahm, zeigt die verzweifelte Lage, in der sich Ferdinand II. wähnte. In seinem Diplom belehnte er Bethlen und seine legitimen Erben mit den schlesischen Herzogtümern Oppeln und Ratibor und erhob ihn als Herzog in den Reichsfürstenstand. Für die Beilegung des böhmischen Aufstandes versprach der Kaiser Bethlen böhmische Güter im Werte von 200.000 ungarischen Goldgulden. In seiner Eigenschaft als König von Ungarn verlieh Ferdinand Bethlen und seinen Nachkommenn die ungarischen Komitate Sathmar, Szabolcs, Ugocsa und Bereg, die im Bereger Komitat gelegene Burg Munkács sollte dem Fürstentum Siebenbürgen angeschlossen werden. Die oberungarischen Komitate Zips, Sáros, Abaújvár, Zemplén, Ungvár, Borsod, Torna, Heves und Gömör wurden Bethlen zur Verwaltung, einschließlich sämtlicher Einkünfte, übertragen. Bethlen verpflichtete sich in seinem Diplom, die unter der Verwaltung des Palatins verbliebenen aber von siebenbürgischen Truppen besetzten ungarischen Komitate bis zum Ablauf des Waffenstillstands im Namen des Königs treu zu verwalten. Weiterhin versprach Bethlen, sich für eine Aussöhnung zwischen dem Kaiser und den böhmischen Ständen einzusetzen. Schließlich erklärte er, auf dem für den 31. Mai einzuberufenden Reichstag von Neusohl die noch ausstehende Aufnahme des zweiten Tyrnauer Vertrages in die ungarischen Reichsgesetze vornehmen zu lassen[1400]. In Neusohl sollten auch die Waffenstillstandsbedingungen vom 16. Januar und der Vertrag vom 23. Januar von den ungarischen Ständen ratifiziert werden[1401].

Anders als in seinem Diplom versprochen, nutzte Fürst Bethlen die Waffenruhe nicht für eine Verständigung zwischen Habsburgern und Böhmen, sondern um ein antihabsburgisches Vertragsnetzwerk aufzubauen. Deshalb bemühte er sich, den Waffenstillstand auch auf die protestantischen böhmischen und österreichischen Stände auszudehnen, was der Kaiser allerdings strikt ablehnte. Bereits 1619 hatten sich in Prag mehrere siebenbürgische Gesandtschaften in Bethlens Auftrag für ein engeres Bündnis zwischen Siebenbürgen und Böhmen eingesetzt, das ein gemeinsames Friedensabkommen mit dem Kaiser und eine Defensivallianz gegen Polen enthalten sollte. Mehr als ein gemeinsames militärisches Vorgehen der böhmischen und siebenbürgischen Truppen bei der Belagerung Wiens kam nicht zustande[1402]. Während der Waffenstillstandsverhandlungen mit der Habsburgermonarchie schloss Bethlen am 15. Januar 1620 in Pressburg einen „ewigen" Bündnisvertrag mit den Gesandten des neuen Königs von Böhmen, Friedrich von der Pfalz, ab. An seiner Krönung, die am 4. November 1619 in Prag stattfand, hatte auch eine siebenbürgische Delegation

1400 Siehe den Wortlaut der Vereinbarungen in Gooss, S. 494–501. Vgl. Depner, S. 51–52.
1401 Gooss, S. 502.
1402 Schmidt-Rösler 2006, Abschnitt 85.

teilgenommen. Der Bündnisvertrag enthielt jedoch keine genauen Hilfszusagen[1403]. Am 30. März 1620 traf eine weitere siebenbürgische Gesandtschaft unter Emmerich Thurzó in Prag ein. Obwohl er zum Aushandeln eines neuen antihabsburgischen Bündnisvertrages gekommen war, mahnte Thurzó die Böhmen „wegen der Bedrohung der Christenheit durch die Türken" einen Ausgleich mit dem Kaiser zu finden. Unter den österreichischen und böhmischen Protestanten hatte es Bedenken gegen eine Allianz mit den Osmanen gegeben, aber der Führer der österreichischen Protestanten, Georg Erasmus von Tschernembl, empfahl Verhandlungen mit den Osmanen, unter anderem weil „die Türken" durch ein Bündnis mit den Protestanten „zur Erkenntnis des Christentums" gelangen könnten. Er befürwortete eine Konföderation aller Stände der Habsburgermonarchie unter einem protestantischen Fürsten. Diese Konföderation sollte unter dem Schutz des Osmanischen Reiches stehen, da Tschernembl die Ansicht vertrat, dass der Gott der Christen auch der Gott der „Heiden" sei, die der Allmächtige am Leben erhalte, um gegen die „Papisten" Hilfe leisten zu können[1404]. Die Vorstellung eines gemeinsamen Gottes von Christen und Muslimen teilten auch protestantische deutsche Reichsfürsten. Aus ihrer Sicht waren die Anhänger des Islam zwar Häretiker, jedoch weniger schuldhaft als die „Papisten". Die Päpste hätten jahrhundertelang die gesamte Christenheit im Kampf gegen die Muslime angeführt und dabei überwiegend Misserfolge erzielt. Deshalb sei es gerechtfertigt, wenn sich die rechtgläubigen Protestanten mit den Muslimen gegen den größten „Antichristen", den Papst, verbündeten[1405].

Am 25. April 1620 unterzeichnete die siebenbürgisch-ungarische Delegation in Prag das Abkommen zwischen Fürst Bethlen und den Ständen des Königreichs Ungarn mit dem böhmischen König Friedrich und den Ständen Böhmens, Mährens, Schlesiens, der Lausitz sowie Ober- und Niederösterreichs. Der siebenbürgische Landtag beschloss am 28. August 1620 den Beitritt der Stände des Fürstentums Siebenbürgen zum Prager Vertrag[1406]. Er schrieb die „ewige Zusammenarbeit" und den gegenseitigen militärischen Beistand der Vertragspartner fest. Die böhmischen und österreichischen Stände versprachen dem siebenbürgischen Fürsten konkrete Geld- und Truppenhilfen. Mittelfristig wurde eine Konföderation mit gemeinsamer Außenpolitik ins Auge gefasst. Eine gemeinsame ständische Vertretung sollte alle fünf Jahre tagen und auch gemeinsame Münzen prägen lassen. Auf Bethlens Vorschlag wurde die Zusammenstellung einer gemeinsamen Gesandtschaft beschlossen, die in Konstantinopel die Unterstützung des Sultans für die Protestanten erwirken soll-

---

1403 Im Pressburger Vertrag verwendete Bethlen den Titel *rex vel princeps Hungariae [...] princeps Transylvaniae*: Setton, S. 34. Depner, S. 49–54. Vgl Gooss, S. 487. Vgl. Europäische Friedensverträge der Vormoderne online.

1404 Heinisch 1975, S. 93–94. Lupaş 1940, Principele transilvan Gavriil Bethlen, S. 204. Vgl. Wilson, S. 294.

1405 Căzan 2009, S. 74–75. Zur Beurteilung der „Türkenfrage" durch die ungarischen calvinistischen Theologen: Szabó, András, S. 276–281.

1406 Der Text des Vertrages ist unbekannt: Schmidt-Rösler 2006, Anmerkung 48. Vgl. Heinisch 1975, S. 110.

te[1407]. Obwohl die Hilfe des Sultans als eine wichtige Voraussetzung für einen Sieg über den Kaiser angesehen wurde, kamen am Prager Hof Skrupel über ein Bündnis mit dem „Erzfeind der Christenheit" auf. Erst nach einigen Verzögerungen konnte der Gesandte des böhmischen Königs, Johannes von Köln, am 19. Mai 1620 nach Konstantinopel aufbrechen, um an der Hohen Pforte für die Anliegen seines Herren zu werben. Diese erste böhmische Gesandtschaft kehrte im Juli in Begleitung des Boten Mehmet Aga nach Prag zurück, der die Glückwünsche des Sultans zur Krönung König Friedrichs überbrachte. Friedrich gab ihm ein Schreiben mit, das er am 12. Juli 1620 für den Sultan verfasst hatte. Darin bot er Osman II. an, sich unter dessen Oberherrschaft zu stellen, sollte er von ihm substanzielle Militärhilfe erhalten[1408].

Vertreter der böhmischen und österreichischen Stände reisten zeitgleich ins ungarische Neusohl, wo der ungarische Reichstag am 31. Mai 1620 zusammentrat. Ziel dieses Treffens waren Verhandlungen mit den Bevollmächtigten des Kaisers, die sich auch in Neusohl einfanden. Die habsburgischen Unterhändler forderten für eine Verlängerung des Waffenstillstandes die Auflösung des siebenbürgisch-ungarisch-böhmischen Bündnisses und einen Treueid auf den Kaiser. Als dies abgelehnt wurde, erklärten sie am 13. August im Namen des ungarischen Königs den Reichstag für aufgelöst und sämtliche Beschlüsse für ungültig[1409]. Nach dem Eklat ließ sich Fürst Bethlen durch die Stände am 25. August 1620 in Neusohl zum König von Ungarn wählen (*Gabriel Dei gratia electus Hungariae Dalmatiae Croatiae Sclavonia Ram. Serv. Gall. Lodom. Cumaniae Bulgariaeque rex*)[1410]. Bethlen verwendete nun in den von ihm ausgefertigten Urkunden und auf den von ihm geprägten Münzen den Titel *ELECTVS HVNGARIAE DALM. CRO. SCL. REX. TRAN. PRINC. ET SIC. COM* (Erwählter König Ungarns, Dalmatiens, Kroatiens, Slawoniens, Fürst von Siebenbürgen und Graf der Szekler)[1411]. Für den nächsten Schritt, die Krönung zum König von Ungarn, musste Bethlen die Genehmigung des Sultans einholen. Damit beauftragte er seine Gesandten bei der Hohen Pforte, Franz Balássy und Stefan Korláth[1412]. Nach langem Zögern erteilte die Pforte ihre Zustimmung, aber nur unter der Bedingung, dass Bethlen auf den Besitz Siebenbürgens verzichte, da „dieses Land eine Erfindung Süleymans sei". Obwohl der zu krönende König von Ungarn – ebenso wie der Fürst von Siebenbürgen – die osmanische Suzeränität anerkennen sollte, da sich nach osmanischem Verständnis das gesamte Ungarn der Oberhoheit Sultan Süleymans unterworfen hatte, kam für die Pforte eine Wiedervereinigung Ungarns nicht in Frage[1413]. Angesichts dieser ungeklärten Lage verschob Bethlen die Krö-

1407 Ausführlich zu den Verhandlungen in Prag: Heinisch 1975, S. 93–94. Vgl. Cernovodeanu 1973, S. 17–18.

1408 Wilson, S. 294. Vgl. Căzan 2009, S. 63–64.

1409 Der Waffenstillstand wurde nur für 10 Tage verlängert: Gooss, S. 503. Vgl. Wilson, S. 294.

1410 Depner, S. 66.

1411 Butnariu 2004, S. 188.

1412 In seinem Schreiben an den Sultan verwendete Bethlen den Titel *Rege Serenissimo Gabriele Bethlen*, in einem Brief an die Siebenbürger Sachsen vom 5. April 1621 *Gabriel Dei Gratia Electus Hungariae Rex, Transsylvaniae Princeps*: Schmidt-Rösler 2006, Abschnitt 97.

1413 Czettler, S. 110–111. Vgl. Felezeu 2005, Cadrul politic internațional, S. 37.

nung, da er diesen Schritt erst nach einem Friedensvertrag mit den Habsburgern und unter Wahrung aller traditionellen Formen vornehmen wollte[1414]. Unter diesen Umständen erhoffte er sich eher eine Situation herbeiführen zu können, die den Sultan gezwungen hätte, einer Real- oder zumindest Personalunion zwischen Ungarn und Siebenbürgen zuzustimmen[1415].

Um die Hohe Pforte für eine militärische Beteiligung im Kampf gegen die Habsburgermonarchie zu gewinnen, brach am 27. August 1620 vom ungarischen Reichstag in Neusohl eine mehr als hundertköpfige Gesandtschaft der siebenbürgischen, ungarischen, böhmischen und protestantischen österreichischen Stände nach Konstantinopel auf, wo sie am 14. November 1620 eintraf. Am 6. Dezember wurde sie von Sultan Osman II. empfangen, der mit den konföderierten Ständen einen Bündnisvertrag abschloss[1416]. Auch der Fürst von Siebenbürgen setzte sich für ein stärkeres Engagement des Osmanischen Reiches an der Seite der Protestanten ein[1417]. Das Bündnis mit den protestantischen Ständen hatte für die Hohe Pforte jedoch vor allem einen politisch-symbolischen Wert, da die Kriege mit Polen und Persien sowie innere Unruhen das Osmanische Reich von einem ernsthaften militärischen Vorgehen gegen die Habsburgermonarchie abhielten[1418]. Mit einer effektiven militärischen Unterstützung durch das Osmanische Reich konnte Bethlen auch wegen anhaltender Spannungen zwischen den osmanischen Paschas in Ungarn nicht rechnen, zumal sich darüber hinaus der Diwan in Konstantinopel oft als uneinig und sprunghaft erwies. Lediglich die polnische Unterstützung für den Kaiser wurde durch den Feldzug des Sultans gegen Polen 1621 in Mitleidenschaft gezogen. Bethlen musste erkennen, dass die Hohe Pforte die habsburgische Macht durch die Aufständischen lediglich untergraben wollte, der entscheidende Schlag sollte jedoch gegen Polen erfolgen[1419].

Deshalb sah sich Bethlen nach weiteren potenziellen Allianzen gegen den Kaiser um. Siebenbürgische Gesandtschaften sondierten Bündnismöglichkeiten mit den Niederlanden, Dänemark, England oder protestantischen Reichsfürsten, jedoch ohne Ergebnis. Darüber hinaus versuchte Bethlen, über die siebenbürgischen und venezianischen Gesandtschaften in Konstantinopel ein Bündnis mit dem Dogen gegen den Kaiser zu schmieden. Obwohl eine Allianz mit Venedig nicht zustande kam, schickte er 1621 erstmals eine siebenbürgische Gesandtschaft nach Venedig, die in geheimer Audienz – die Habsburger sollten davon nichts erfahren – vom Dogen empfangen wurde. Aus diesem diplomatischen Kontakt ergaben sich weitere Reisen siebenbürgischer Gesandtschaften in die Lagunenstadt sowie gewinnbringende Geschäfte für

1414 Eine improvisierte Krönung lehnte Bethlen ab: Péter 1990, S. 322–323.

1415 Zur Schaukelpolitik Bethlens zwischen Wien und Konstantinopel 1619 und 1621: Papp 2013, S. 109–128.

1416 Im Vertrag beschworen die Stände die freundschaftlichen Beziehungen der Protestanten mit den Osmanen: Heinisch 1975, S. 110–121.

1417 Veress, Documente, Vol. IX, S. 210–212. Vgl. Documente, Hurmuzaki, Vol. VIII, S. 395–396.

1418 Tadra, S. 30–38. Das Osmanische Reich fürchtete auch die Bildung einer breiten europäischen Allianz gegen den Sultan: Ciobanu 1994, S. 220–221. Vgl. Matuz, S. 165–178.

1419 Feneşan 1978, S. 342–346.

beide Seiten, die ihre Handelsbeziehungen während der 1620er Jahre beträchtlich ausbauen konnten[1420].

Unterstützt vom Königreich Spanien und anderen katholischen Mächten konnte sich der Kaiser in der zweiten Jahreshälfte 1620 allmählich aus der tödlichen Umklammerung durch die protestantischen Aufständischen lösen und zum Gegenangriff übergehen. Mit dem katholischen Sieg in der Schlacht am Weißen Berge am 8. November 1620 verschoben sich die militärischen Kräfteverhältnisse in Mitteleuropa zugunsten der Habsburger[1421]. Schon am 10. Dezember annullierte Kaiser Ferdinand in seiner Eigenschaft als König von Ungarn sämtliche Beschlüsse der unter Bethlen abgehaltenen ungarischen Ständeversammlungen. Bethlen, dem er jegliche Titulatur verweigerte, beschuldigte er, im Auftrag des Osmanischen Reiches gehandelt und die Tyrnauer Verträge gebrochen zu haben. Obwohl der Kaiser einen Straffeldzug gegen Bethlen ankündigte, konnte er gegen den Fürsten wenig ausrichten, da es Bethlen gelang, die Kontrolle über fast das gesamte westliche und nördliche Königreich Ungarn zu behalten. Dennoch geriet auch der Fürst unter Druck als zur Jahreswende 1620/1621 die Nachricht von der Niederlage der Protestanten in Böhmen die osmanische Hauptstadt erreichte und die Hohe Pforte den vom Sultan bereits ratifizierten Bündnisvertrag mit König Friedrich von Böhmen ad acta legte[1422]. Um Friedensverhandlungen zu ermöglichen, schlossen Kaiser Ferdinand und Fürst Bethlen am 12./13. Januar einen Waffenstillstand, den sie am 24. Januar, 3. Februar und 3. März erneuerten. Diesmal übernahm der Kaiser nicht die von Bethlen benutzte Titulatur. Während Bethlen den ungarischen Königstitel verwendete, bezeichnete ihn der Kaiser in seiner Urkunde lediglich als Fürsten[1423].

Für die Vermittlung eines habsburgisch-siebenbürgischen Friedens boten sich die drei Gesandten des französischen Königs, der Herzog von Angoulême, der Graf de Béthune und der Graf de Préaux-Château-Neuf, an, die durch Deutschland reisten und Einfluss auf die Ereignisse im Reich zu nehmen versuchten. Sie hatten bereits am 18. Oktober 1620 Bethlen in Pressburg getroffen und erfolglos versucht, zwischen ihm und dem Kaiser zu vermitteln[1424]. Der apostolische Nuntius Carlo Caraffa, der 1620 bis 1628 in Wien die Interessen des Heiligen Stuhls vertrat, verfolgte die Aktivitäten der französischen Gesandten mit größtem Misstrauen. Er erwähnt in seinem Werk *Commentaria de Germania sacra restaurata*[1425], der Kaiser habe den Grafen von Fürstenberg nach Paris gesandt, um Hilfe gegen die Protestanten zu erbitten. König Ludwig XIII. habe stattdessen die drei erwähnten Gesandten nach Deutschland beordert. Statt den Habsburgern zu helfen, hätten sie sich damit begnügt, das Unglück des Kaisers als Zaungäste zu verfolgen. Caraffa beschuldigte die Franzosen

---

1420 Szabó 1968, S. 159–163.

1421 An der Schlacht nahmen auch 5.000 leichte ungarische und siebenbürgische Reiter teil. Bethlen hatte weitere 9.000 Soldaten nach Böhmen gesandt, die aber zu spät in Böhmen eintrafen. Zur Schlacht: Wilson, S. 303–308. Vgl. Depner, S. 47–48, 53, 90–92.

1422 Dennoch nahm der Pascha von Ofen die ungarische Grenzfestung Waitzen ein: Wilson, S. 308.

1423 Schmidt-Rösler 2006, Abschnitte 87, 97–98. Péter 1990, S. 323–324.

1424 Schmidt-Rösler 2006, Abschnitt 87.

1425 Das Werk erschien 1630 in Aversa und 1639 in Köln: Căzan 2009, S. 76–79.

auch, Fürst Bethlen, den er unter den Souveränen Europas aufführte, bewusst von einer Verständigung mit dem Kaiser abgehalten zu haben, anstatt diese zu fördern. Am 25. Januar 1621 begannen in Hainburg – erneut unter französischer Vermittlung – habsburgisch-siebenbürgische Friedensgespräche. Sie scheiterten unter anderem an den Forderungen, die der Kaiser an Bethlen richtete: Modifikation des 1606 geschlossenen Wiener Vertrages und Verzicht auf den ungarischen Königstitel. Der siebenbürgische Fürst war jedoch nicht bereit, auf seinen Einfluss in Ungarn zu verzichten, auch nicht auf der Ebene der Repräsentation. Er forderte die Erweiterung des siebenbürgischen Wappens durch das ungarische Königswappen, war aber bereit, sich mit dem Titel eines „Fürsten von Ungarn" zu begnügen. Nachdem die Hainburger Verhandlungen am 22. April 1621 endgültig gescheitert waren, flammten die Kriegshandlungen wieder auf[1426].

Am 6. Mai nahmen die Habsburger die ungarische Residenzstadt Pressburg wieder ein, Bethlens Vorstöße nach Mähren blieben ohne Erfolg[1427]. Da sich im königlichen Ungarn Kriegsmüdigkeit breitmachte, wurden die Verhandlungen nach dem 11. Oktober 1621 in Nikolsburg weitergeführt. Oft befanden sich die Gespräche am Rande des Scheiterns, insbesondere wegen Titelfragen. Bethlen forderte als Titel *Sacri Romani imperii nec non Hungariae Transylvaniaeque princeps, dux Oppoliae et Ratiboriae comes Siculorum*, bzw. *Serenissimus Romani Hungariaeque Princeps*, der Kaiser wollte unter keinen Umständen einen ungarischen Fürsten- oder gar Königstitel Bethlens dulden. Die Titulatur blieb bis zum Schluss die am meisten umstrittene Frage, zumal die habsburgische Seite für den Vertrag einen Verweis auf die unrechtmäßige Aneignung des ungarischen Königstitels durch Bethlen forderte[1428]. Erst nachdem über alle Fragen ein Kompromiss gefunden worden war, aber die kaiserliche Seite wegen des ungarischen Fürstentitels die Verhandlungen scheitern lassen wolle, lenkte Bethlen ein, nachdem ihm der Kaiser am 30. Dezember für den Verzicht auf den Titel eine Entschädigung von 100.000 Gulden angeboten hatte, die für den Rückkauf der Tokajer Güter verwendet werden konnten. Dadurch konnte am 31. Dezember 1621 in Nikolsburg eine Einigung erzielt werden[1429]. Fürst Gabriel Bethlen musste im Vertrag auf den Titel eines erwählten Königs von Ungarn und damit auf alle Herrschaftsansprüche bezüglich des Königreiches Ungarn verzichten. Alle Würdenträger des Königreiches sollten von ihrem Treueid gegenüber Bethlen entbunden werden, der die ungarische Königskrone so bald wie möglich nach Pressburg überführen musste. Ferner wurde die Räumung aller von Bethlen er-

---

1426 Zu den Hainburger Verhandlungen ausführlich: Gooss, S. 11–17. Vgl. Depner, S. 73–81.

1427 Zur Kriegführung Bethlens im Jahr 1621 siehe: Wilson, S. 323–324.

1428 Zum Verhandlungsverlauf siehe: Gooss, S. 517–540. Der Kaiser war jedoch nur bereit, den Fürstentitel bezüglich der zu Siebenbürgen gehörenden ostungarischen Komitate zu dulden und schlug *Princeps aliquarum partium Hungariae* vor. Im Verlauf der Nikolsburger Verhandlungen protestierten die kaiserlichen Unterhändler regelmäßig gegen die Verwendung der Titel *Princeps Hungariae* oder *Rex electus Hungariae* durch Bethlen: Schmidt-Rösler 2006, Abschnitt 89–90, 98.

1429 Die endgültige Formulierung des Vertragstextes stand erst am 4. Januar fest. Wortlaut der Vertragsurkunden in: Gooss, S. 544–562.

oberten Gebiete in Ungarn und die Freilassung aller Gefangenen beschlossen. Darüber hinaus musste Bethlen versprechen, keine feindselige Handlungen gegen das Haus Habsburg zu unternehmen. Fürst Bethlen sollte vom Kaiser als Gegenleistung die schlesischen Fürstentümer Oppeln und Ratibor für sich und seine Nachkommen verliehen bekommen. Damit nahm er den Titel eines Herzogs und Reichsfürsten des Heiligen Römischen Reiches an, ohne jedoch Sitz und Stimme im Reichstag zu haben. Vergleichbar mit dem von Sigismund Báthory ab 1595 geführten Titel lautete jener Bethlens *Gabriel Dei gratia Sacri Romani imperii et Transilvaniae princeps, partium regni Hungariae dominus, Siculorum comes ac Opoliae Ratiboriaeque dux*[1430]. Nach dem Vorbild Stefan Bocskais erhielt Bethlen sieben Komitate in Oberungarn als lebenslänglichen Besitz mit allen ordentlichen Einkünften, und zwar Sathmar, Szabolcs, Ugocsa, Bereg, Zemplén, Borsod und Abaújvár samt Kaschau. Diese Komitate sollten dem Königreich Ungarn weiterhin staatsrechtlich inkorporiert bleiben und hatten somit die Gesetze des Königreichs und die Verordnungen des Palatins weiterhin zu achten, behielten aber ihre Religionsfreiheit. Weiterhin waren die Komitate zur Teilnahme an den ungarischen Reichstagen sowie dem ungarischen König zur Heeresfolge verpflichtet, auch im Falle eines Krieges gegen den Sultan. Geistliche Güter durften nur vom König verliehen werden. Im Gegenzug verpflichtete sich Kaiser Ferdinand II., die Grenzfestungen dieser Komitate mit einer jährlichen Zahlung von 50.000 Gulden instand zu halten. Es wurde vereinbart, dass nach Fürst Bethlens Tod jeder Anspruch Siebenbürgens auf diese Komitate erlöschen sollte. Darüber hinaus wurden dem Fürstentum Siebenbürgen die Städte Ecsed, Tokaj und Munkács angegliedert, Letztere gehörte der Familie Esterházy, die mit Eisenstadt und Forchtenstein entschädigt wurde[1431]. Im Falle eines osmanischen Angriffs auf das Fürstentum Siebenbürgen sicherte der Kaiser Beistand durch die Erbländer, das Reich und Spanien zu und versprach Gabriel Bethlen Asyl und Güter in Böhmen.

In einem am 7. Januar erlassenen Diplom verpflichtete sich König Ferdinand gegenüber den ungarischen Ständen, deren althergebrachte Freiheiten und Privilegien zu erhalten und zu respektieren, ebenso den Wiener Frieden von 1606 samt seinen Bestimmungen zur Religionsfreiheit, die Wahlkapitulation seines Vorgängers, König Matthias, von 1608 sowie die eigene von 1618. Für das Königreich Ungarn wurde gegen die Ableistung eines Treueides gegenüber König Ferdinand II. eine Generalamnestie für die Zeit nach dem März 1619 erlassen[1432]. Die Einhaltung des Friedens mit dem Osmanischen Reich wurde garantiert. Die Ratifizierung des Vertrages durch Fürst Bethlen erfolgte am 6. Januar 1622, die durch den Kaiser am 7. Januar 1622, in der er Bethlen Güter in Böhmen versprach, sollte dieser vom Sultan aus Siebenbürgen vertrieben werden. Als die Ratifikationsurkunden am 10. Januar 1622 in Nikolsburg hinterlegt wurden, konnte der Vertrag völkerrechtlich in Kraft treten[1433].

1430 Bethlen behielt diesen Titel bis zu seinem Tode. Vgl. Gooss, S. 545.
1431 Schmidt-Rösler 2006, Anmerkung 66.
1432 Das Amnestiepatent erließ der Kaiser am 12. Januar 1622: Gooss, S. 559.
1433 Gooss, S. 544.

Es war offensichtlich, dass dieser Kompromissfriede für beide Seiten einen Verzicht auf die Erfüllung zentraler Kriegsziele bedeutete. Der Kaiser konnte zwar seinen Besitzstand im Königreich Ungarn zu einem großen Teil wiederherstellen, musste den Ständen des Königreichs Ungarn – im Gegensatz zu Böhmen – die alten Freiheiten und Privilegien zusichern, womit er das Königreich Ungarn nicht so stark wie seine anderen Kronländer an Wien binden konnte. Dafür gelang es ihm, die Siebenbürger aus dem Bündnis der mitteleuropäischen Protestanten zu lösen. Darüber hinaus ermöglichte die wiedergewonnene Kontrolle über das Königreich Ungarn dem Kaiser, ungarische und kroatische Regimenter für den Krieg in Deutschland auszuheben – zu Lasten der Militärgrenze in Ungarn[1434]. Fürst Gabriel Bethlen musste den Plan einer Vereinigung des Königreichs Ungarn unter seinem Zepter aufgeben. Die nicht zustande gekommene Krönung zum ungarischen König nach seiner Wahl durch die ungarischen Stände erleichterte ihm den Verzicht auf den ungarischen Thron zumindest ein wenig[1435]. Auf der anderen Seite enthielt der Vertrag, im Gegensatz zum ersten Tyrnauer Vertrag, keine rechtliche Oberhoheit des Königreiches Ungarn über das Fürstentum Siebenbürgen mehr, so wie es der Wiener Vertrag von 1606, auf den ausdrücklich Bezug genommen wurde, festgelegt hatte. Beide Seiten begegneten sich auf Augenhöhe und schlossen einen Vertrag im Sinne des Gleichheitsgrundsatzes ab. Lediglich für die Person Gabriel Bethlens ergaben sich weitere Abhängigkeitsverhältnisse aufgrund seiner Stellung als Reichsfürst (gegenüber dem Kaiser des Heiligen Römischen Reiches) sowie aufgrund des Besitzes der sieben oberungarischen Komitate (gegenüber dem König von Ungarn). Neben den sieben Komitaten in Oberungarn entwickelten sich auch die ständischen Freiheiten und Privilegien des Königreichs Ungarn zum ständigen Zankapfel zwischen dem Fürstentum Siebenbürgen und der Habsburgermonarchie. Konfessionelle Spaltung und ständischer Dualismus ergaben Bindungen, die fast zwangsläufig zu einer Intervention des einen Staates in die „inneren Angelegenheiten" des anderen führten. Der „gerechte Grund" der Intervention genoss gegenüber der Art und Weise eines solchen Eingriffs Priorität. Führenden Rechtsgelehrten im 16. und frühen 17. Jahrhundert galt das Recht auf religiöse Intervention höher als das Verbot der Einmischung in die inneren Angelegenheiten fremder Mächte. Neben Franciscus de Vitoria, Alberico Gentili und indirekt auch Hugo Grotius bezog in dieser Frage besonders Junius Brutus 1579 vor dem Hintergrund der französischen Glaubenskriege klar Stellung und erhob die religiöse Intervention im Falle bedrängter Glaubensbrüder sogar zur Pflicht[1436].

Trotz des Nikolsburger Friedensschlusses verfolgte Bethlen weiterhin das Ziel, das habsburgische Ungarn unter seine Herrschaft zu bringen. 1623 schickte Bethlen den ehemaligen Anführer der böhmischen Protestanten, Heinrich Matthias Graf von Thurn, nach Konstantinopel. Dort sollte er die Gründe erläutern, die den siebenbürgischen Fürsten zum Abschluss des Friedens von Nikolsburg gezwungen hatten.

1434 Wilson, S. 103–104.
1435 Depner, S. 92–93.
1436 Grewe, S. 211–216.

Bethlen ließ dem Sultan ausrichten, dass er die Kampfhandlungen sofort wieder aufnehmen werde, sobald der Pascha von Ofen ihm mit 30.000 Soldaten zur Hilfe kommen sollte. Der Großwesir, dem Thurn wertvolle Geschenke Bethlens überreichte, erteilte daraufhin dem siebenbürgischen Fürsten die Erlaubnis für zukünftige antihabsburgische Feldzüge[1437]. Im August 1623 erreichte Bethlen die Zustimmung des Sultans, der ihm die geforderten 30.000 osmanischen und tatarischen Hilfstruppen in Aussicht stellte. Bethlen versprach, die Suzeränität des Osmanischen Reiches über die Königreiche Ungarn und Böhmen anzuerkennen, falls er deren Throne besteigen sollte[1438]. Da das Osmanische Reich zwischen 1617 und 1623 durch Thronwirren und rasche Wechsel im Amt des Großwesirs geschwächt war, hatte die Hohe Pforte ein Interesse daran, die Habsburgermonarchie durch Bethlens Interventionen von einem Angriff auf das osmanische Zentralungarn abzuhalten, zumal die osmanische Armee an anderen Fronten engagiert war. Der Fürst von Siebenbürgen erhielt vom Sultan außenpolitisch freie Hand, solange er sich nicht mit dem Kaiser oder dem König von Polen verbündete.

Folglich begann Bethlen im westlichen Europa mit der Sondierung möglicher Allianzen gegen den Kaiser. Er hoffte auf die Verwirklichung einer großen antihabsburgischen Koalition, bei der das Königreich England, das Königreich Frankreich, das Herzogtum Savoyen, Venedig und die Vereinigten Niederlande Spaniens Kräfte binden und die protestantischen Kräfte Mitteleuropas das Haus Österreich niederzwingen sollten[1439]. Eine siebenbürgische Gesandtschaft reiste nach Den Haag und konferierte dort auch mit dem im Exil lebenden Friedrich von der Pfalz. Sie forderte im Namen Bethlens von den Niederlanden, keinen Frieden mit Spanien abzuschließen und das Heer Tillys von Böhmen und Ungarn abzulenken, um auf diese Weise einen siebenbürgischen Feldzug in beide Gebiete zu ermöglichen[1440]. Die niederländische Mission blieb aber – wie auch jene nach Frankreich[1441] und Venedig – erfolglos. Eine Unterstützung durch England kam nicht infrage, allein schon wegen des schlechten Verhältnisses der siebenbürgischen Seite zum englischen Gesandten an der Hohen Pforte, Thomas Roe. Lediglich Christian von Braunschweig sagte zu, mit

---

1437 Thurn berichtete auch Friedrich von der Pfalz über seine Gespräche an der Hohen Pforte, der Thurn auftrug, Bethlen nicht von der Seite zu weichen, vor allem nicht während eines neuen Feldzuges gegen den Kaiser: Tadra, S. 3–5.

1438 Wilson, S. 346.

1439 Dieses Bündnisprojekt schlug Bethlen 1625 dem französischen Gesandten bei der Hohen Pforte vor, der im Winter 1625/26 darauf einging und einen französisch-siebenbürgischen Bündnisvertrag ins Gespräch brachte, aufgrund dessen bis zu 40.000 von Frankreich subventionierte Soldaten des siebenbürgischen Fürsten die Habsburgermonarchie angreifen sollten: Iosipescu, S. 14.

1440 Dieses notierte Franz Christoph Khevenhüller, Geheimer Rat und Oberhofmeister in Wien, der bis 1630 als kaiserlicher Gesandter in Madrid wirkte, in seinem *Annalium Ferdinandorum*, Band IX (Leipzig 1724): Schmidt-Rösler 2006, Anmerkungen 20 und 73.

1441 Fünf Jahre später sandte Fürst Bethlen seinen Neffen, den Grafen Bethlen, an den Pariser Hof, um die diplomatischen Beziehungen zu Frankreich zu festigen. Am 6. April 1628 bedankte sich der französische König bei Fürst Bethlen für die erhaltenen Briefe und versicherte dem Fürsten seine Freundschaft. Konkrete Ergebnisse erzielte die Mission Bethlens nicht: Recueil de Documents, S. 45. Vgl. Iosipescu, S. 14.

seinen Truppen nach Schlesien und Böhmen zu ziehen, um sich dort mit dem Heer des siebenbürgischen Fürsten zu vereinigen[1442].

Mitte August 1623 begann Bethlen mit etwa 20.000 Soldaten seinen zweiten Feldzug gegen die Habsburgermonarchie, an dem sich etwa 10.000 osmanisch-tatarische Hilfstruppen beteiligten. Als Rechtfertigung seines Angriffs führte Bethlen die Verletzung des Nikolsburger Friedens durch den Kaiser ins Feld, vor allem weil er die versprochenen jährlichen Zahlungen für die ungarischen Grenzfestungen nicht geleistet habe und die Restitutionspraxis im königlichen Ungarn auf unrechtmäßige Weise erfolgt sei. Trotz der Niederlage Herzog Christian von Braunschweigs am 6. August bei Stadtlohn gegen den kaiserlichen General Johann Graf von Tilly gelang es Bethlen, das Königreich Ungarn zu besetzen und Anfang November nach Mähren vorzudringen. Im mährischen Göding kesselte er ein unterlegenes kaiserliches Heer ein, das unter dem Kommando Albrecht von Wallensteins stand. In falscher Einschätzung der militärischen Lage – die kaiserlichen Truppen standen kurz vor der Kapitulation – ging er auf ein Verhandlungsangebot seines Widersachers, Stanislau Thurzó, Palatin von Ungarn, ein[1443]. Am 20. November 1623 wurde in Göding ein Waffenstillstand abgeschlossen, der schon einige Punkte des zukünftigen Friedensvertrages enthielt[1444]. Unter anderem sollten die osmanischen Truppen den geordneten Rückzug antreten und ein künftiger habsburgisch-osmanischer Frieden nur noch unter Beteiligung des siebenbürgischen Fürsten geschlossen werden. Der Kaiser lehnte den Waffenstillstand ab, unter anderem weil dessen lange Laufzeit (bis zum 29. September 1624) für ihn inakzeptabel war. Ein neuer Waffenstillstandsvertrag wurde am 16. Januar vom Kaiser unterzeichnet, in dem er sich in fast allen Punkten gegen Bethlen durchsetzen konnte, der den neuen Vertrag am 20. Januar 1624 annahm. Bethlen musste die osmanischen Truppen unverzüglich entlassen, der Kaiser war aber befugt, zukünftig auch ohne die Beteiligung Bethlens Frieden mit den Osmanen zu schließen[1445]. Zu diesem Einlenken sah sich Bethlen genötigt, da seine Position durch die schlechter gewordene militärische Lage der Protestanten in Deutschland und die Weigerung Englands, einer antispanischen Koalition beizutreten, geschwächt wurde. Dazu trug auch das undisziplinierte Verhalten der osmanischen Hilfstruppen bei[1446].

Die eigentlichen Friedensverhandlungen begannen im Januar 1624 in Wien und standen unter anderen Vorzeichen als die Nikolsburger Gespräche. Der Kaiser lehnte die siebenbürgische Forderung ab, der Nikolsburger Vertrag solle die ausschließliche Verhandlungsgrundlage bilden, da sich seine militärische Position im Vergleich zur

---

1442 Schmidt-Rösler 2006, Abschnitt 92.

1443 Der Kaiser erwog in dieser Situation sogar, von Wien nach Innsbruck zu flüchten: Wilson, S. 346–347.

1444 Siehe den Wortlaut der Vertragsurkunden in: Gooss, S. 569–574.

1445 Der neue Waffenstillstand galt bis zum 1. März 1624. Wortlaut in: Gooss, S. 579–582.

1446 Czettler, S. 112. Die osmanischen und tatarischen Truppen wurden von den örtlichen Paschas unkoordiniert eingesetzt und plünderten manchmal mehr als sie kämpften. Darüber hinaus musste sie Bethlen spätestens im November in ihre Winterquartiere entlassen: Feneşan 1978, S. 344–348. Vgl. Căzan 2009, S. 68–69.

Lage von 1621/1622 verbessert hatte. Darüber hinaus hatte sich unter den ungarischen Ständen nicht nur Kriegsmüdigkeit ausgebreitet, sondern auch eine einflussreiche Partei ungarischer Katholiken um Nikolaus Esterházy (Palatin 1625–1645) und Peter Pázmány (Erzbischof von Gran bis 1637) gebildet, die Bethlens Bestrafung forderte[1447].

Nachdem die osmanische Seite Wien signalisiert hatte, dass sie nicht mehr bereit sei, Bethlens Westfeldzüge zu unterstützen[1448], teilte der Kaiser der siebenbürgischen Delegation am 15. März 1624 mit, er betrachte den Nikolsburger Frieden wegen Bethlens rechtswidrigem Verhalten als nichtig und orientiere sich am Zustand von 1619. Als die ungarischen Stände Bethlen zu einer Beendigung des Krieges drängten, zeigte sich der siebenbürgische Fürst kompromissbereiter, sodass eine Einigung am 8. Mai 1624 in Wien möglich wurde. Wie durch ein Wunder war es den siebenbürgischen Unterhändlern gelungen, einen Großteil der Bestimmungen des Nikolsburger Vertragswerkes in den sogenannten zweiten Wiener Frieden zu übertragen. Abweichend vom Nikolsburger Vertrag musste Fürst Gabriel Bethlen auf den Besitz der Herzogtümer Oppeln und Ratibor verzichten, durfte aber den herzoglichen Titel behalten. Als Entschädigung erhielt er zusätzlich zu den sieben ihm bereits als Privatbesitz verliehenen ungarischen Komitaten noch die Besitzungen Ecsed, Felső und Frauenbach, die in ihrem Wert jedoch nicht den Gütern in Schlesien entsprachen. Ferner musste sich Fürst Bethlen damit begnügen, dass Kaiser Ferdinand II. nur noch 30.000 statt 50.000 Gulden jährlich für die Instandsetzung der Grenzfestungen in den oberungarischen Komitaten Bethlens zu zahlen bereit war.

Ein Ratifikationsinstrument des siebenbürgischen Fürsten ist nicht überliefert, was möglicherweise darauf zurückzuführen ist, dass die Einigung vom 8. Mai auf Bethlens Ratifikationsentwurf vom 22. April 1624 zurückging. Auch vom Kaiser ist keine gesonderte Ratifikationsurkunde bekannt. Dass aber beide Seiten den Vertrag als rechtsgültig ansahen, zeigten sie, indem sie Kommissare ernannten, die für die Umsetzung der Vertragsbestimmungen Sorge tragen sollten[1449].

Die Bestimmungen des zweiten Wiener Friedens machten deutlich, dass sich der Kaiser – verglichen mit 1621 – einen gewissen Vorteil gegenüber dem siebenbürgischen Fürsten verschaffen konnte, die auf seine Erfolge gegen die protestantischen Stände im Reich zurückzuführen waren[1450]. Allerdings war es Bethlen gelungen, die völkerrechtliche Stellung des Fürstentums Siebenbürgen, so wie sie im Vertrag von Nikolsburg festgelegt worden war, auch in diesem Vertrag zu verankern.

Die günstige Position der Habsburger im Reich führte Bethlen 1625 vor Augen, dass seine ursprünglich eingeschlagene Strategie, mit Hilfe des Osmanischen Reiches und der protestantischen Kräfte in Mitteleuropa das Königreich Ungarn den

---

1447 Zur Politik der Rekatholisierung im Königreich Ungarn im 17. Jahrhundert: Molnár 2004, S. 209–216.

1448 Schmidt-Rösler 2006, Abschnitt 94.

1449 Die siebenbürgischen Stände ratifizierten den Vertrag am 7. Juli 1624 in Weißenburg. Siehe den Wortlaut des Vertrages in: Gooss, S. 596–609.

1450 Depner, S. 120–123.

Habsburgern entreißen zu können, falsch gewesen ist. Im Sinne seiner pragmatischen Politik zog er in Erwägung, die Seiten zu wechseln, und mit den erstarkten Habsburgern die Osmanen zu bekämpfen und aus Ungarn zu vertreiben. Aus diesem Grund bat er 1625 Kaiser Ferdinand, nach dem Vorbild von Fürst Sigismund Báthory, eine habsburgische Erzherzogin heiraten zu dürfen. Mehrere siebenbürgische Gesandtschaften des Jahres 1625 versuchten den Kaiser für dieses Eheprojekt zu gewinnen und versprachen einen Freundschaftsvertrag, einen Treueid des siebenbürgischen Fürsten und die Lossagung von der Oberhoheit des Osmanischen Reiches. Im Gegenzug forderte Bethlen die Ernennung zum „Gubernator" von Ungarn und die Bestätigung seiner Herrschaft über Siebenbürgen. Obwohl die spanische Diplomatie diesen Plan aus taktischen Gründen zu unterstützen schien, scheiterte er an Ferdinands Haltung, der den Calvinisten Bethlen als Ehemann einer Habsburgerin prinzipiell ablehnte[1451]. Die vom Kaiser angebotene Ehe mit der Herzogin von Mantua lehnte Fürst Bethlen als nicht standesgemäß ab[1452]. Nach dem Tod Erzherzog Carls versuchte im September 1625 eine siebenbürgische Gesandtschaft in Wien, die Rückübertragung der Herzogtümer Oppeln und Ratibor an den siebenbürgischen Fürsten zu erreichen, allerdings ohne Erfolg. Im Gegenzug genehmigte der Kaiser dem siebenbürgischen Fürsten, den Titelzusatz *Serenissimus* führen zu dürfen, und er sicherte der Delegation freies Geleit für die Brautwerbung nach Brandenburg zu. Bethlen hatte gezeigt, dass er – ähnlich wie Stefan Báthory ein halbes Jahrhundert zuvor – trotz seiner grundsätzlich proosmanisch orientierten Außenpolitik bereit war, sich der politischen Großwetterlage in Europa anzupassen und scheinbare Ungleichgewichte im Verhältnis der benachbarten Imperien für eine Wiedervereinigung Ungarns unter seinem Zepter pragmatisch auszunutzen[1453]. Zum Pragmatismus Bethlens gehörte auch seine Einstellung Rom gegenüber. Als er sein habsburgisches Heiratsprojekt verfolgte, bemühte er sich um ein gutes Verhältnis zum Heiligen Stuhl. Über den in Wien residierenden Nuntius Carlo Caraffa, der Bethlen als einen „perfiden Feind der Christenheit" ablehnte, versuchte der siebenbürgische Fürst, Kommunikationskanäle zum Papst zu öffnen. Caraffa wunderte sich, dass sich Bethlen ihm gegenüber immer wohlwollend gezeigt habe, und auf sein Drängen hin auch die Lage der Katholiken in Siebenbürgen verbessert habe. Caraffa verurteilte die aus seiner Sicht innigen Beziehungen Bethlens zum Sultan. Die Investitur Bethlens als Fürst von Siebenbürgen durch die Hohe Pforte kritisierte der Nuntius als eine Verletzung der habsburgisch-osmanischen Friedensverträge. Nach Caraffas Ansicht, die von der Wiener Lesart der völkerrechtlichen Beziehungen Siebenbürgens

---

1451 Wilson, S. 347. Vgl. Höbelt, S. 46. Bereits 1623 hatte Bethlen ein habsburgisch-siebenbürgisches Heiratsprojekt ins Gespräch gebracht. Dafür forderte der Kaiser zunächst einen besseren Schutz der katholischen Kirche in Siebenbürgen und eine Erbfolge der Erzherzogin in Siebenbürgen: Schmidt-Rösler 2006, Abschnitt 95.

1452 Der Kaiser plante 1624/1625 zur Entlastung seiner Südostgrenze eine Erneuerung des von Siebenbürgen geführten antiosmanischen Bündnisses mit den Woiwodschaften Moldau und Walachei und deren Anbindung an die Habsburgermonarchie, ein Vorhaben, das aber am Widerstand der Hohen Pforte und Bethlens Vorsichtigkeit früh scheiterte: Andreescu 1989, S. 103.

1453 Schmidt-Rösler 2006, Abschnitt 95. Vgl. Czettler, S. 112.

zur Habsburgermonarchie geprägt war, erforderte es die Rechtslage, dass der Sultan gemeinsam mit dem Kaiser und König von Ungarn die Suzeränität über das Fürstentum Siebenbürgen ausübe. Deshalb dürfe eine Fürsteninvestitur nur im Einvernehmen zwischen den beiden Imperien erfolgen[1454].

Das Scheitern seines habsburgischen Heiratsprojekts führte Bethlen wieder in die Reihen der protestantischen Allianzen. Um die Wiedereingliederung Siebenbürgens in eine antihabsburgische Allianz zu ermöglichen, setzte sich der englische Hof für eine Aufhebung der osmanisch-siebenbürgischen Friedensverträge mit der Habsburgermonarchie von 1624 beziehungsweise 1625 ein[1455]. Nachdem das spanische Heiratsprojekt Londons nicht zustande gekommen war, schloss der König von England mit den Niederlanden und Dänemark am 9. Dezember 1625 den Bündnisvertrag von Den Haag, der die Grundlage für das dänische Eingreifen in den deutschen Bürgerkrieg bildete. In diesem Vertrag sagten sich die Signatarmächte gegenseitigen militärischen und finanziellen Beistand zu und verpflichteten sich, keinen Separatfrieden ohne die Zustimmung der Verbündeten zu schließen. Artikel 14 des Vertrages enthielt die Einladung an das Fürstentum Siebenbürgen, sich dieser Allianz anzuschließen, obwohl es unter den protestantischen Mächten große Zweifel an der Zuverlässigkeit des siebenbürgischen Fürsten gab. Der in niederländischen Diensten stehende Heerführer Fürst Moritz von Nassau scherzte sogar, er bezweifele, dass es sich bei Bethlen um eine reale Person handele[1456].

Die Eintrittskarte Siebenbürgens in das Bündnis der nordeuropäischen Mächte stellte die vom englischen Hof vermittelte Heirat Fürst Gabriel Bethlens mit Katharina von Brandenburg dar, die am 2. März 1626 stattfand. Über seinen Schwager, den Kurfürsten von Brandenburg, und dessen Verwandtschaft mit den Königshäusern von Schweden und Dänemark ergab sich eine unmittelbarere Verbindung Siebenbürgens zu den anderen protestantischen Mächten[1457]. Die Beitrittsverhandlungen Siebenbürgens zum Haager Bündnis wurden auf zwei Schauplätzen geführt. Während Bethlens Gesandter, der Kapitän Matthias Quadt, die nord- und westeuropäischen Höfe bereiste, wurden die finanziellen Beitrittsbedingungen von den Gesandten Siebenbürgens und der protestantischen Mächte in Konstantinopel ausgehandelt[1458]. Ein Zeichen für die völkerrechtliche Aufwertung Siebenbürgens bestand darin, dass König Karl I. von England den siebenbürgischen Gesandten persönlich in London empfing und damit ausdrückte, dass er die von seinem Vater Jakob I. den „ungarischen Rebellen“ gegenüber geübte Zurückhaltung aufzugeben bereit war. Ein formelles Bündnis mit Siebenbürgen gegen den „rechtmäßigen König von Ungarn“

1454 Căzan 2009, S. 81–84.

1455 Demény/Cernovodeanu, S. 83–86.

1456 Wilson, S. 391.

1457 Zu den siebenbürgisch-brandenburgischen Beziehungen unter Fürst Bethlen: Kisch, S. 169.

1458 Während des Dreißigjährigen Krieges bot sich Konstantinopel den kriegführenden Mächten als einziges funktionierendes diplomatisches Zentrum an, in dem Bündnis- und Friedensverhandlungen unabhängig von wechselnden politischen und militärischen Konstellationen geführt werden konnten: Hiller 1998, S. 394–399.

aus dem Hause Habsburg einzugehen wurde bislang von allen englischen Königen abgelehnt[1459].

Nachdem die Verhandlungen weit gediehen waren, bemühte sich Bethlen im Sommer 1626 um eine Verbesserung seines Verhältnisses zur Hohen Pforte, deren Zustimmung er für den Beitritt Siebenbürgens zum neuen antihabsburgischen Bündnis benötigte[1460]. Zur Annäherung zwischen Siebenbürgen und dem Osmanischen Reich trug maßgeblich die Habsburgermonarchie bei. Wien protestierte gegen Bethlens Wunsch, seine neue Gemahlin als potenzielle Nachfolgerin auf dem siebenbürgischen Fürstenthron einzusetzen. Als Bethlen die Zustimmung der Pforte und der Stände erhalten hatte, wählte der siebenbürgische Landtag von Weißenburg am 24. Mai 1626 Katharina von Brandenburg zur siebenbürgischen Thronfolgerin[1461]. Dagegen protestierte im Juni der kaiserliche Gesandte in Konstantinopel, weil sich das königliche Ungarn durch die Wahl einer Frau in seinen Rechten betroffen sah. Da die Hohe Pforte jeden Rechtsanspruch der Habsburgermonarchie auf Siebenbürgen scharf zurückwies, deutete sie den habsburgischen Protest als einen erneuten Versuch, in Siebenbürgen intervenieren zu wollen. Deshalb erteilte sie Bethlen die Genehmigung für den Beitritt Siebenbürgens zum Haager Bündnis[1462]. Der in England weilende siebenbürgische Gesandte Matthias Quadt unterzeichnete am 30. November 1626 in Westminster das Abkommen zum Beitritt Fürst Bethlens zum Haager Bündnis. Am 10. Dezember 1626 unterschrieb der englische König den Vertrag, in dem er dem siebenbürgischen Fürsten zusagte, bis Juni 1627 Subsidien in der Höhe von 10.000 Pfund Sterling bei der Hohen Pforte zu hinterlegen. Insgesamt sollte Siebenbürgen von seinen Verbündeten England, den Niederlanden und Dänemark 40.000 Taler Subsidien und 12.000 Soldaten erhalten, mit denen sich Bethlens Truppen in Schlesien vereinigen sollten[1463].

Noch vor der Unterzeichnung des Vertrags von Westminster nutzte Bethlen die Sommermonate des Jahres 1626, um Anfang August seinen Feldzug gegen die Habsburgermonarchie zu beginnen. Nach der entscheidenden Niederlage des protestantischen Heeres unter König Christian IV. von Dänemark gegen die Truppen des kaiserlich-katholischen Befehlshabers Tilly am 27. August 1626 bei Lutter am Barenberge, gelang es Wallenstein Ende September 1626 in Schlesien, die Vereinigung des protestantischen Hilfskontingents unter General Graf Ernst von Mansfeld

1459 Kurucz, 1998/1999, S. 52. Vgl. Demény/Cernovodeanu, S. 86–88. König Jakob I. maß dem Prinzip der Legitimität eine solch hohe Bedeutung zu, dass er sich weigerte, seinem Schwiegersohn, dem böhmischen „Winterkönig“, gegen Kaiser Ferdinand II. beizustehen: Czettler, S. 113. Vgl. Lupaş 1940, Principele transilvan Gavriil Bethlen, S. 203.

1460 Bethlen bemühte sich um das grundsätzliche Einverständnis der Hohen Pforte zu siebenbürgischen Kriegszügen gegen die Habsburger: Brandis, S. 132–134.

1461 Péter 1990, S. 327.

1462 Feneşan 1985, S. 152.

1463 Ausführlich zu den Verhandlungen in England: Demény/Cernovodeanu, S. 88–89. Der Originaltext des Vertrages von Westminster ist unbekannt. Die Niederlande ratifizierten den Vertrag am 9. Februar 1627 in Den Haag, Dänemark am 28. Februar 1627 in Stade. Vgl. Schmidt-Rösler 2006, Abschnitt 95.

und Johann Ernst von Sachsen-Weimar mit dem siebenbürgischen Heer zu verhindern[1464]. Bethlen musste erkennen, dass er diesmal nicht nur militärisch eindeutig unterlegen war, sondern auch politisch keinen Nutzen aus seinem Einmarsch ins königliche Ungarn ziehen konnte. Die ungarischen Stände, die bereits am 26. November 1625 in Ödenburg Ferdinand III. zum König von Ungarn gewählt hatten, erhoben sich nicht gegen die Habsburger und auch die siebenbürgischen Stände waren kriegsmüde[1465]. Obwohl das Haager Bündnis einen Separatfrieden untersagte, nahm er Mitte November 1626 in Pressburg Friedensverhandlungen mit der Habsburgermonarchie auf, zumal fast alle Mitglieder der Haager Allianz inzwischen eigene Wege gegangen waren[1466]. Am 20. Dezember 1626 wurden mit der Unterzeichnung des sogenannten Pressburger Friedens die Gespräche abgeschlossen. Der Vertrag bezog sich ausdrücklich auf den zweiten Wiener Frieden und den ihm vorausgegangenen Nikolsburger Frieden (Art. 11). Fürst Bethlen durfte seinen Titel *Gabriel Dei gratia Sacri Romani imperii et Transilvaniae princeps, partium regni Hungariae d^nus^, Siculorum comes ac Opoliae Ratiboriaeque dux*[1467] behalten, ebenso den in den vorherigen Verträgen verliehenen Besitz auf Lebenszeit (Art. 9); er musste aber auf die 30.000 jährlichen Gulden des Kaisers zur Instandhaltung der Grenzfestungen in Oberungarn verzichten (Art. 11). Fürst Bethlen war weiterhin verpflichtet, die Untertanen des ungarischen Königs vom Treueid auf seine Person zu entbinden (Art. 8). Schließlich musste Fürst Bethlen versichern, seine ehemaligen Verbündeten nicht mehr zu unterstützen (Art. 3), keine Feindseligkeiten mehr gegen das Haus Habsburg zu hegen (Art. 1), bei Rückgabe aller Güter und des Kriegsmaterials sich nach Siebenbürgen zurückzuziehen (Art. 2) und die Stände seines Herrschaftsbereichs samt Haiducken zur Einhaltung und Durchführung dieses Friedens zu verpflichten (Art. 4)[1468].

Fürst Gabriel Bethlen ratifizierte den Vertrag bereits am 28. Dezember 1626, Kaiser Ferdinand II. hatte die Ratifikation schon kurz nach dessen Unterzeichnung vorgenommen. Am 11. Januar 1627 kam es in Pressburg zum Austausch der Ratifikationsinstrumente, die am 13. Januar erneut vollzogen wurde, nachdem der Kaiser den Forderungen der ungarischen Stände nachgekommen war und eine umfassende Amnestie für das königliche Ungarn erlassen hatte[1469]. Detailbestimmungen zur Umsetzung des Pressburger Vertrages wurden in der Tokajer Vereinbarung vom 19. Mai 1627 geregelt, unter anderem der Verzicht Bethlens auf ausstehende Zahlungen des Kaisers für die Grenzfestungen[1470]. Obwohl sich die militärische Stärke des Kaisers – verglichen mit den vorherigen Verträgen – in einigen finanziellen Vorteilen niederschlug, gelang es Gabriel Bethlen dennoch, den bis 1626 erworbenen Besitz-

---

1464 Vgl. Depner, S. 107 – 108.
1465 Schmidt-Rösler 2006, Abschnitt 96. Obwohl es in Ungarn nach 1620 keine mit Böhmen vergleichbare gewaltsame Rekatholisierungspolitik gab, konvertierte in den folgenden Jahren ein großer Teil der ungarischen Magnaten: Höbelt, S. 361 – 362.
1466 Höbelt, S. 43.
1467 Gooss, S. 623.
1468 Siehe den Wortlaut des Vertrages in: Gooss, S. 623 – 630.
1469 Ebenda, S. 621 – 622.
1470 Gooss, S. 630 – 637.

stand im Wesentlichen zu halten[1471]. Trotzdem empfand er den Pressburger Frieden als Schmach[1472].

Die Bestimmungen des Pressburger Friedens, die Fürst Bethlen verpflichteten, sich von seinen protestantischen Bündnispartnern zu trennen, führten zu massiven Protesten dieser Staaten, besonders des Königreichs England, das Fürst Bethlen bei der Hohen Pforte des Verrates bezichtigte[1473]. Die englischen Vorwürfe, Fürst Bethlen habe durch den Frieden von Pressburg das Abkommen von Westminster gebrochen, wies dieser mit der Begründung entschieden zurück, die vertraglich zugesicherte Subsidienzahlung nicht erhalten zu haben[1474]. Zwischen der Vertragsunterzeichnung des englischen Königs am 10. Dezember und dem Abschluss des Friedens von Pressburg am 20. Dezember 1626 lagen aber nur zehn Tage! Bethlen wandte auch ein, die Hohe Pforte habe ihn zum Frieden gedrängt, sodass er keine andere Wahl gehabt habe[1475].

Nach der Resolution der drei siebenbürgischen Landesstände vom April 1627, keine Kampfhandlungen mehr gegen die Habsburgermonarchie vorzunehmen[1476], zog sich Fürst Bethlen aus seinem antihabsburgischen Engagement zurück. Nun wandte er sich einem neuen Projekt zu: dem Erlangen der polnischen Krone. König Gustav II. Adolf von Schweden führte seit 1621 in Livland Krieg gegen Polen[1477]. Deshalb hoffte Fürst Gabriel Bethlen, mit König Gustav Adolf, Russland und den Kosaken ein Bündnis gegen das katholische Polen eingehen zu können[1478]. Mit Hilfe einer schwedischen Intervention bei der Hohen Pforte glaubte Bethlen, die Zustimmung des Sultans zu einer Wahl als polnischer König erhalten zu können. Sein Tod am 15. November 1629 verhinderte den Versuch, diese Pläne umzusetzen[1479]. Bethlens Witwe, Katharina von Brandenburg, folgte ihm auf dem Fürstenthron. Sie war von den siebenbürgischen Ständen zur Thronfolgerin gewählt und am 25. März 1627 vom Sultan in dieser Funktion bestätigt worden[1480]. Dagegen protestierte der habsburgische Gesandte in Konstantinopel, da Wien diesen Akt als einen Eingriff

1471 Depner, S. 126.

1472 Schmidt-Rösler 2006, Abschnitt 97.

1473 Als besonders gefährlich für Fürst Bethlen erwies sich in dieser Angelegenheit der englische Gesandte bei der Hohen Pforte, Thomas Roe, der sich früher oft für Gabriel Bethlens antihabsburgische Außenpolitik beim Sultan eingesetzt hatte: Demény/Cernovodeanu, S. 83–85.

1474 Der englische König hatte Bethlen versprochen, für den siebenbürgischen Feldzug bis Juni 1627 insgesamt 10.000 Pfund in Konstantinopel zu hinterlegen, wo das Geld jedoch nie übergeben wurde.

1475 Kurucz 1998/1999, S. 52–53. Vgl. Demeny/Cernovodeanu, S. 90–93.

1476 Wortlaut der Erklärung der drei ständischen Nationen gegenüber der Habsburgermonarchie vom 22. April 1627 in: Lupaş 1940, Documente, S. 169–171.

1477 Gemil 1979, S. 63–64.

1478 Zu diesem Zweck führte Bethlen auch Gespräche mit dem russischen Zaren und dem König von Frankreich: Péter 1990, S. 325. Vgl. Iosipescu, S. 14. Vgl. Depner, S. 128–134.

1479 Zu den Ambitionen Bethlens bezüglich des polnischen Throns: Rusu, 233–234. Vgl. Demény/Cernovodeanu, S. 95.

1480 Recueil d'actes internationaux, S. 46. Vgl. Condica tratatelor, S. 43. Zum Verhältnis zwischen Katharina und dem Osmanischen Reich: Feneşan 1980, Relaţiile Transilvaniei, S. 400–423.

in die Rechte des Königs von Ungarn bewertete, der den Anspruch aufrechterhielt, über die Thronfolge in Siebenbürgen, vor allem bei dynastischen Wechseln, mitzuentscheiden. Nach der Thronbesteigung der Hohenzollerin bevorzugten die Habsburger eine Vermählung der siebenbürgischen Fürstin mit einem deutschen Fürsten, der wiederum das Thronfolgerecht erhalten sollte. Dieser Vorschlag wurde von den siebenbürgischen Ständen abgelehnt, zumal er gegen das politische Testament Bethlens verstoßen hätte, das eine Teilung der Macht zwischen Katharina und seinem Bruder Stefan Bethlen vorsah, der das Amt des Gouverneurs von Siebenbürgen innehatte. Beide versuchten unmittelbar nach Bethlens Tod die Gunst der Habsburgermonarchie zu gewinnen, indem sie die unverzügliche Rückerstattung der sieben oberungarischen Komitate an die ungarische Krone in Aussicht stellten, die Bethlen im Frieden von Nikolsburg (1621) als lebenslangen persönlichen Besitz zugesprochen bekam. Bis Mitte März 1630 wurde die Übernahme der Komitate durch habsburgische Kommissare vollzogen[1481]. Da es zu Rivalitäten zwischen Katharina und Stefan Bethlen kam, in deren Verlauf Katharina sich auf die Habsburgermonarchie stützte, beschloss der siebenbürgische Landtag in Klausenburg, ihre Politik durch einen zehnköpfigen Exekutivrat der Stände kontrollieren zu lassen. Außerdem musste Katharina sich verpflichten, keine weitere Ehe einzugehen[1482]. Da Katharina immer mehr in das Fahrwasser prokatholischer und prohabsburgischer Kreise geriet, kam es im Sommer 1630 zum Eklat mit den Ständen[1483]. Die Fürstin floh im August nach Kaschau und hoffte – vergeblich – auf die militärische Hilfe des dort residierenden habsburgischen Generalkapitäns Bornemisza. Die Herrschaft Katharinas endete am 28. September 1630 mit ihrer Entthronung durch den siebenbürgischen Landtag, der Stefan Bethlen zum Fürsten wählte[1484].

Zusammenfassend kann Gabriel Bethlens außenpolitische und völkerrechtliche Konzeption am besten mit Ausführungen des Gelehrten Justus Lipsius (1547–1606) beschrieben werden, der unterstrich, dass ein kleiner Staat, gelegen zwischen zwei größeren und stärkeren Nachbarn, nur durch eine aktive Bündnispolitik überleben könne. Mit einer passiven Neutralitätshaltung werde er früher oder später einem der beiden Nachbarn zum Opfer fallen[1485]. Da die Habsburgermonarchie nach 1606

1481 Stefan Bethlen gelang es, eine bewaffnete Intervention der Hohen Pforte zur Verhinderung der Rückerstattung abzuwenden: Gooss, S. 639–640.

1482 Die Rivalität zwischen Katharina und Stefan Bethlen äußerte sich auch darin, parallel Münzen zu prägen, wobei Bethlen die Fürstin durch die von ihm benutze Titulatur *STEPHA. BET. D. G. PRIN. TRA. PAR. REG. HVN. DOM. ET SIC. COM.* besonders deutlich provozierte. Auf den Münzen der Fürstin erschien die Titulatur *CATH(arina) D(ei) G(ratia) N(ata) M(archionissa) B(randenburgica) S(acri) I(mperi) ET TRAN(sylvaniae) PRINC(ipissa) PAR(tium) R(egni) H(ungariae) D(omina) SIC(ulorum) CO(mitissa) I(n) B(orussiae) I(uliaci) C(liviae) M(ontium) D(ucissa)*: Butnariu 2004, S. 192–194.

1483 Vgl. Boros, S. 79–80.

1484 Zur politischen Rolle Katharinas von Brandenburg vor und nach ihrer Abdankung: Szilágyi 1883, S. 3–5. Vgl. Butnariu 2004, S. 194–195. Vgl. Péter 1990, S. 327.

1485 Lipsius setzt sich mit Fragen der Staatsklugheit im 4. Buch (hier Kapitel 9) seines Werkes *Politicorum sive civilis doctrinae libri sex, qui ad principatum maxime spectant* auseinander: Oestreich, S. 112, 135, 215. Zur Lipsius-Rezeption in Ungarn: Várkonyi 1987, S. 151–154.

von den Folgen des Bruderzwistes, der Auseinandersetzung zwischen den Ständen und dem Monarchen sowie des katholisch-protestantischen Konflikts im Reich geschwächt war, musste sie auf Versuche zur Einbeziehung Siebenbürgens in ihren Herrschaftsverband verzichten und sich darauf beschränken, ihre Rechtsansprüche auf Siebenbürgen zu verteidigen. Für die Hohe Pforte galt es, Siebenbürgen dabei zu unterstützen, die Habsburgermonarchie aus dem Donau-Karpaten-Raum fernzuhalten, ohne einen großen habsburgisch-osmanischen Krieg zu riskieren oder ein Anwachsen der Macht der siebenbürgischen Fürsten zu dulden, die es ihnen erlaubt hätte, sich der osmanischen Oberhoheit zu entziehen. Auf diese Weise erfüllte das Fürstentum Siebenbürgen aus osmanischer Sicht auch die Funktion eines Sicherheitsgaranten für die Moldau und Walachei[1486]. Die Verbindungen Siebenbürgens zu den protestantischen Ständen Ungarns ermöglichten der Hohen Pforte, indirekt Einfluss auf die inneren Verhältnisse im habsburgischen Ungarn auszuüben. Bethlen nutzte sein enges Verhältnis zum Osmanischen Reich, um seine Machtposition gegenüber den Ständen zu stärken. Angesichts zweier benachbarter Großmächte, die mit innenpolitischen Schwierigkeiten zu kämpfen hatten und politisch sowie militärisch außerhalb des Donau-Karpaten-Raumes engagiert waren, gelang es Bethlen, in seiner Außenpolitik und völkerrechtlichen Praxis die Grenzen und Möglichkeiten eines osmanischen Vasallenstaates weiter als jeder seiner Vorgänger auszudehnen. Insbesondere die ältere ungarische Historiografie idealisierte Bethlen als Vorkämpfer für die Wiederherstellung der Einheit Ungarns, während die jüngere ungarische Geschichtsschreibung durchaus auf die Konflikte zwischen dem königlichen Ungarn und dem Fürstentum Siebenbürgen im 17. Jahrhundert hinweist[1487]. Die ältere österreichische Historiografie kritisierte Bethlens Nähe zum Osmanischen Reich und seine Rolle als Verträge brechender Machtpolitiker[1488]. Die rumänische Geschichtsschreibung bemühte sich stets, Bethlens Politik als Kampf für ein selbständiges – von Ungarn losgelöstes – Fürstentum Siebenbürgen im Kontext der „drei rumänischen Länder“ (Siebenbürgen, Moldau, Walachei) zu interpretieren[1489].

Die Antwort auf die Frage nach seinem politischen Vermächtnis gab Bethlen nach dem Vorbild Stefan Bocskais in seinem Testament. Er betonte, dass das Land erblüht sei, solange der König von Ungarn aus dem Kreis der „ungarischen Nation“ gewählt worden sei. Nachdem jedoch Fremde den Thron bestiegen hätten, sei Zwietracht gesät worden. Stärker als Bocskai betonte Bethlen die freundschaftlichen Bande Siebenbürgens zum Sultan, dem Bethlen mehr als jeder seiner Vorgänger die Fürstenwürde verdankte. Er bezeichnete die Osmanen sogar als einen Schutzschild, den Gott gegen die Verfehlungen fremder Herrscher gesandt habe. Bethlen rief dem Leser die Folgen der Verbindung zwischen der „ungarischen Nation“ und „den Deutschen“ in Erinnerung, vor allem bezüglich der Glaubensfreiheit, der Position und der Freiheiten der „ungarischen Nation“. Für ihn waren sie so verheerend, dass er

---

1486 Vgl. Felezeu 2005, Cadrul politic internațional, S. 36.
1487 Vgl. Szakály 1985, S. 35–55.
1488 Siehe vor allem Brandis.
1489 Siehe insbesondere Buntu.

sich eines zusätzlichen Kommentars enthielt. In diesem Zusammenhang sah er es als notwendig an, die Wahl seiner „deutschen Frau" Katharina, der Tochter des brandenburgischen Kurfürsten, zu seiner Nachfolgerin und Fürstin von Siebenbürgen zu begründen. Bethlen betonte, dass es entscheidend sei, dass die Verwaltung und die Einhaltung der Gesetze des Landes in den Händen von Gouverneuren lägen, die der „eigenen Nation" entstammten. Damit wollte Bethlen ausdrücken, dass für Siebenbürgen keine Gefahr ausgehe, solange die Macht des „fremden" Herrschers beschränkt bleibe und er nicht in der Lage sei, das Land in den Dienst auswärtiger Interessen zu stellen. Bethlens Nähe zum Osmanischen Reich wurde nicht nur in Teilen der Geschichtsschreibung des 19. und frühen 20. Jahrhunderts kritisiert. Mit dieser Kritik konfrontierten ihn auch viele seiner Zeitgenossen. Deshalb unterstrich Bethlen in seinem Testament, dass es zweifellos ehrenhafter gewesen wäre, unter einem christlichen Herrscher zu leben und zu dienen. Da aber von denjenigen, von denen das Beste erwartet worden sei, das Schlechteste empfangen wurde – gemeint waren die Habsburger –, habe es keine Alternativen gegeben. Deshalb begründete Bethlen ausführlich die Notwendigkeit einer Anlehnung Siebenbürgens an die Hohe Pforte, und er gab konkrete Ratschläge, wie sich zum Beispiel die Gesandtschaften in Konstantinopel verhalten müssten. Ungeachtet dessen riet Bethlen seinen Nachfolgern, auch mit den christlichen Herrschern gute Nachbarschaft zu pflegen. Deren Vertrauen könne man gewinnen, indem man ihnen geheime Pläne der Osmanen verrate, die sich gegen den betreffenden Herrscher richteten. Außerdem solle man ihnen in allen Bereichen behilflich sein, die nicht die Sicherheit Siebenbürgens gefährdeten. Sollte Siebenbürgen aber von christlichen Monarchen angegriffen werden, solle man nicht zögern, die Hilfe der Osmanen sofort anzufordern. Darüber hinaus müsse darauf geachtet werden, dass die Kampfhandlungen nicht auf siebenbürgischem Gebiete stattfänden. Sollte sich der Kriegsschauplatz im königlichen Ungarn befinden, käme der Vorteil hinzu, dass unter diesen Umständen der ungarische Adel leichter als Bündnispartner gewonnen werden könne. In diese Ratschläge flossen nicht nur Bethlens persönliche Erfahrungen ein; sie repräsentieren vielmehr das kollektive siebenbürgische Trauma des „Langen Türkenkrieges", dessen Lehren das politische Handeln der siebenbürgischen Eliten im gesamten 17. Jahrhundert bestimmten. Dennoch können gewisse Unterschiede zwischen Bethlen und Bocskai festgestellt werden, die vor allem ihr Verhältnis zum königlichen Ungarn und zum Osmanischen Reich betrafen. Dadurch, dass Bocskai große Ländereien in den ostungarischen Komitaten, den Partes, besaß, fühlte er sich dem ungarischen Adel bedeutend stärker verbunden als es bei Bethlen der Fall war, da dessen Familie fast ausschließlich im engeren Siebenbürgen begütert war. Schließlich verdankte Bocskai seine Herrschaft einem Aufstand des nord- und ostungarischen Adels, während Bethlen vor allem aufgrund der Macht des Sultans den siebenbürgischen Fürstenthron besteigen konnte[1490].

1490 Zum Testament Bethlens: Kármán 2005, S. 154–156.

3. Zusammenfassung

Die Jahrzehnte nach dem Ende des „Langen Türkenkrieges" wurden in der ungarischen Historiografie als das „Goldene Zeitalter" des Fürstentums Siebenbürgen dargestellt. Obwohl in dieser Zeitspanne die enormen wirtschaftlichen und demografischen Schäden des vorangegangenen Krieges die innere Entwicklung des Fürstentums erschwerten und häufige, von der Hohen Pforte beeinflusste Herrscherwechsel stabile politische Verhältnisse zunächst verhinderten, wurden dennoch die Grundlagen für die außenpolitisch aktivste Periode in der Geschichte des Fürstentums geschaffen. Nach der kurzen Herrschaft Sigismund Rákóczis bestieg 1608 Gabriel Báthory den siebenbürgischen Fürstenthron. Noch im gleichen Jahr gelang es ihm, sich mit den Habsburgern – vor allem in der Haiduckenfrage – zu vergleichen. Dies ermöglichte ihm, den Plan in die Tat umzusetzen, die benachbarten Woiwodschaften unter seine Oberherrschaft zu zwingen. Nachdem ein siebenbürgisches Heer im Winter 1610/11 den Woiwoden der Walachei, Radu Şerban, vertrieben hatte, nahm Báthory den Titel „Fürst von Siebenbürgen und der transalpinen Walachei" an. Mit diesem Akt brachte der Fürst die Hofburg und vor allem die Hohe Pforte gegen sich auf, so dass er sich nach Siebenbürgen zurückziehen musste. Mit dem neuen Woiwoden der Walachei, Radu Mihnea, schloss Báthory zum Jahresende 1611 einen Bündnisvertrag ab.

Diese Rückendeckung benötigte der Fürst, da er seit 1610 einen Bürgerkrieg gegen die Nationsuniversität der Siebenbürger Sachsen führte. Die gleichzeitig wachsende Opposition in den Reihen des ungarischen Adels gegen den als Despoten wahrgenommenen Báthory bewog den Fürsten, einen neuen Interessensausgleich mit Wien zu suchen. Da die in Kaschau 1608 und 1610 zustande gekommenen habsburgisch-siebenbürgischen Verträge nicht ratifiziert wurden, regelte erst der im April 1613 in Pressburg unterzeichnete Vetrag das bilaterale Verhältnis zwischen König und Fürst. Báthory sah sich gezwungen, auf Forderungen der Habsburger einzugehen, die sie im Wiener Frieden 1606 nicht hatten durchsetzen können. Obwohl die Gültigkeit des Wiener Vertrags festgeschrieben wurde, musste Báthory die rechtliche Zugehörigkeit Siebenbürgens zum Länderkomplex der ungarischen Krone ausdrücklich anerkennen und mit dem ungarischen König ein geheimes Bündnis gegen den Sultan eingehen. Im Gegenzug erkannte der König von Ungarn Báthory als „Fürsten von Siebenbürgen" an, nachdem dieser auf den Titel eines „Fürsten der Walachei" verzichtet hatte. Obwohl der Pressburger Vertrag völkerrechtlich in Kraft trat, nutzte er Gabriel Báthory wenig. Die Hohe Pforte war inzwischen entschlossen, die Schaukelpolitik des Fürsten nicht mehr zu dulden und den innenpolitischen Unruhestifter abzusetzen. Der Führer der Adelsopposition, Gabriel Bethlen, kehrte an der Spitze eines osmanischen Heeres nach Siebenbürgen zurück. Unter dem Druck der osmanischen Truppenpräsenz wählte der siebenbürgische Landtag Bethlen 1613 zum neuen Fürsten. Sein Widersacher Báthory wurde vier Tage nach dem Wahlgang ermordet.

Nach der von Bürgerkriegen und außenpolitischen Abenteuern geprägten Regierungszeit Gabriel Báthorys gelang es Gabriel Bethlen, das Land außen- und innenpolitisch zu konsolidieren. Bethlen wusste um die temporäre Schwäche der beiden benachbarten Imperien, widerstand aber der Versuchung, den osmanischen Koloss zu provozieren, sondern weitete durch eine der Pforte gefällige Außenpolitik seinen Handlungsspielraum nach Westen aus. Durch eine erfolgreiche Wirtschaftspolitik auf merkantilistischer Grundlage schuf er die finanziellen Voraussetzungen für die aktive Außenpolitik des Fürstentums Siebenbürgen in den 1620er Jahren. Vorher sicherte Bethlen seine Herrschaft durch die 1615 und 1617 in Tyrnau mit den Habsburgern geschlossenen Verträge ab. Auf der Grundlage des Wiener und Pressburger Vertrages akzeptierte der ungarische König die Herrschaft Gabriel Bethlens und seiner männlichen Nachkommen in Siebenbürgen, nicht jedoch dessen Fürstentitel. Bethlen erkannte die rechtliche Zugehörigkeit des Fürstentums Siebenbürgen zum Länderkomplex der Stefanskrone an und verpflichtete sich, dem Kaiser gegen alle Feinde, die Osmanen ausgenommen, militärisch beizustehen. In einer geheimen Vertragsurkunde ging Bethlen über die oben genannten Punkte weit hinaus. Er erkannte die Oberhoheit des Königs von Ungarn an, dehnte seine Beistandspflicht auch auf einen möglichen Krieg gegen die Osmanen aus und erklärte sich bereit, nach einer Eroberung Mittelungarns durch habsburgische Truppen die Herrschaft seiner Familie in Siebenbürgen aufzugeben und das Fürstentum an den König von Ungarn abzutreten. Im zweiten Tyrnauer Vertrag musste Bethlen darüber hinaus die ungarisch-siebenbürgische Grenze von 1593 anerkennen, wodurch er auf seinen Anspruch verzichtete, die 1606 an Stefan Bocskai verliehenen und 1607 vom König wieder eingezogenen oberungarischen Komitate zu verwalten. Obwohl er dem König gegenüber keinen Vasalleneid geleistet hatte, so wie es 1571 Stefan Báthory getan hatte, war Gabriel Bethlen deutlich über die Verpflichtungen seines Vorgängers Gabriel Báthory hinausgegangen. Damit befand sich erstmals seit 1571 wieder ein siebenbürgischer Herrscher unter der gleichzeitigen Suzeränität des Königs von Ungarn und des osmanischen Sultans.

Allerdings streifte Gabriel Bethlen – erneut nach dem Vorbild Stefan Báthorys – die Suzeränität der Habsburger ab, sobald er seine Herrschaft im Inneren ausreichend konsolidiert hatte und eine günstige internationale Konstellation eingetreten war. Eine entsprechende Gelegenheit ergab sich durch den Ausbruch des Dreißigjährigen Krieges, in den Fürst Bethlen als Bündnispartner der Protestanten eingriff, nachdem er im Mai 1619 seine Südflanke durch ein Bündnis mit dem Woiwoden der Walachei gesichert hatte. Im August 1619 fiel Bethlen in das Königreich Ungarn ein und stieß mit seinen Truppen bis nach Wien vor. In Pressburg unterzeichnete er im Januar 1620 mit den Gesandten des neuen Königs von Böhmen, Friedrich von der Pfalz, einen antihabsburgischen Bündnisvertrag, dem die Stände Siebenbürgens, Ungarns, Böhmens und Österreichs im April 1620 in Prag beitraten. Die im November 1620 erlittene Niederlage der Protestanten in der Schlacht am Weißen Berg beendete diese Episode des siebenbürgischen Engagements im antihabsburgischen Lager. Erst ein halbes Jahrzehnt später ging Fürst Bethlen erneut ein formelles Bündnis mit den protestantischen Mächten ein. Mit Erlaubnis der Hohen Pforte trat Bethlen durch den im November 1626 geschlossenen Vertrag von Westminster dem Haager Bündnis bei, das England, die Niederlande und Dänemark im Dezember

1625 geschmiedet hatten. Die Verbündeten sicherten Bethlen Subsidien und Truppen zu, die sich mit dem siebenbürgischen Heer in Schlesien vereinigen sollten, um die dänische Armee in Deutschland zu entlasten. Diese wurde nach herben Niederlagen von den kaiserlichen Heerführern Tilly und Wallenstein nach Norden zurückgedrängt, so dass sich Fürst Bethlen auf verlorenem Posten wiederfand. Nachdem Bethlen auch die ungarischen und siebenbürgischen Stände nur noch bedingt gegen die Habsburger mobilisieren konnte, schloss er im Dezember 1626 mit dem Kaiser Frieden und beendete sein Engagement im Dreißigjährigen Krieg.

Seit der Schlacht am Weißen Berg hatte die militärische Durchsetzungskraft des katholischen Bündnisses Bethlen bereits 1621 und 1624 zum Friedensschluss mit Kaiser Ferdinand II. gezwungen. In den Friedensverträgen von 1621, 1624 und 1626 musste sich Bethlen verpflichten, die von ihm besetzten Gebiete Ungarns zu räumen und auf den Titel eines erwählten ungarischen Königs sowie auf sämtliche Herrschaftsansprüche bezüglich des Königreichs Ungarn zu verzichten. Als Gegenleistung wurden Bethlen und seine Nachkommen vom Kaiser mit den oberschlesischen Herzogtümern Oppeln und Ratibor, die von den Habsburgern seit 1551 als Kompensationsobjekte in siebenbürgischen Angelegenheiten benutzt wurden, belehnt (nur 1621). Nach dem Vorbild Stefan Bocskais erhielt Gabriel Bethlen vom König sieben oberungarische Komitate auf Lebenszeit. Folglich wurde Bethlen in Personalunion sowohl ein Fürst des Heiligen Römischen Reiches als auch ein Magnat des Königreichs Ungarn.

Gabriel Bethlen musste in den Friedensverträgen zwar das Ziel, Ungarn und Siebenbürgen unter seinem Zepter zu vereinigen aufgeben. Im Gegenzug wurde nicht nur das Suzeränitätsverhältnis des siebenbürgischen Fürsten zum ungarischen König, sondern auch die rechtliche Zugehörigkeit des Fürstentums zum Stefansreich beendet. Die im Wiener Frieden von 1606 etablierten völkerrechtlichen Beziehungen zwischen Siebenbürgen und Ungarn wurden wiederhergestellt. Der Fürst von Siebenbürgen stand danach nur noch unter der Oberhoheit des Sultans. Darüber hinaus war es Bethlen gelungen, für die ungarischen Stände eine Garantie der Religionsfreiheit und eine Generalamnestie zu erwirken, wodurch das Fürstentum Siebenbürgen seine 1606 übernommene Funktion als Garant der ständischen Freiheiten im Königreich Ungarn erneuerte.

Bethlens Tod 1629 verhinderte, dass der Fürst neue außenpolitische Vorhaben in Angriff nehmen konnte, zum Beispiel die Besteigung des polnischen Königsthrones. Nach der kurzen Herrschaft seiner Frau, Katharina von Brandenburg, vollzog sich im Jahr 1630 ein erneuter dynastischer Wechsel im Fürstentum Siebenbürgen.

VII. Machtentfaltung unter der Rákóczi-Herrschaft 1630–1660

1. Konsolidierung fürstlicher Macht unter Georg I. Rákóczi 1630–1648

Die Wahl Stefan Bethlens durch den Landtag zum Fürsten von Siebenbürgen wurde von einflussreichen Mitgliedern des siebenbürgischen Adels nicht anerkannt. Sie forderten den Sohn des ehemaligen Fürsten Sigismund, Georg Rákóczi, auf, mit Hilfe der Haiducken um den Thron zu kämpfen. Beide Kontrahenten einigen sich darauf, erneut den Landtag entscheiden zu lassen. Da die Hohe Pforte für keinen der beiden Kandidaten Partei ergreifen wollte und für beide jeweils eine Einsetzungsurkunde nach Siebenbürgen sandte, gelang es der ehemaligen siebenbürgischen Fürstin Katharina von Brandenburg, die Mehrheit der siebenbürgischen Stände für eine Unterstützung Georg Rákóczis zu gewinnen, um die Thronbesteigung ihres Schwagers und Gegners, Stefan Bethlen, zu verhindern. Georg Rákóczi wurde vom Schässburger Landtag am 1. Dezember 1630 zum Fürsten gewählt[1491]. Innenpolitisch gelang es Georg I. Rákóczi, eine Fülle von Kompetenzen auf seine Person und seinen eng gefassten Beraterkreis zu konzentrieren, wodurch er mehr Machtmittel zum Betreiben einer effektiven Außenpolitik akkumulieren konnte[1492]. Außenpolitisch versuchte er Gabriel Bethlens Kurs – in einer behutsameren Weise – weiterzuführen. Die mit Bethlen verbündeten protestantischen Mächte versuchten Siebenbürgen erneut in ihr Bündnissystem einzubeziehen, als 1630 mit dem Eintritt Schwedens in den Krieg gegen den Kaiser eine neue Phase im Ringen der beiden feindlichen europäischen Mächtegruppierungen begann. Bereits zur Regierungszeit Gabriel Bethlens war es nach 1626 zu diplomatischen Beziehungen zwischen Siebenbürgen und Schweden gekommen. Im Auftrag des schwedischen Königs Gustav II. Adolf war dessen Gesandter Paul Strassburg[1493] bereits 1628–1630 an den siebenbürgischen Hof gereist, um eine protestantische Zusammenarbeit gegen die katholischen Mächte Europas einzufädeln[1494]. Seine Missionen setzte Strassburg auch nach dem Regierungsantritt

---

1491 Georg I. Rákóczi entstammte dem oberungarisch-protestantischen Adel und war als siebenbürgischer Heerführer maßgeblich am Feldzug von 1619 bis 1621 beteiligt: Depner, S. 139. Vgl. Péter 1990, S. 327–328.

1492 Zur Innenpolitik Rákóczis: Péter 1990, S. 328–331. Vgl. Andea 2007, S. 129–130. Vgl. Depner, S. 139–141. Vgl. Gooss, S. 641–642.

1493 Zur Biografie und zu den Reiseberichten Strassburgs aus Siebenbürgen: Călători străini, Vol. V, S. 59–68. Im 17. Jahrhundert stammten 44 Prozent aller Diplomaten, die im Dienste der schwedischen Krone standen, aus dem Heiligen Römischen Reich: Droste, S. 86–90.

1494 Um katholische Einflüsse auf Schweden zu unterbinden, wurde 1617 schwedischen Untertanen die Zugehörigkeit zur römisch-katholischen Kirche mit der Todesstrafe verboten. Zur Außenpolitik Schwedens im 17. Jahrhundert: Droste, S. 57–72. Zur siebenbürgisch-schwedischen diplomatischen Korrespondenz 1626–1630 vgl.: Szilágyi 1882, S. 33–75. Vgl. Szabó 1968, S. 153–157. Vgl. Wibling, S. 2–4.

Georg Rákóczis 1630 fort, um mit dem siebenbürgischen Fürsten über ein mögliches Bündnis gegen das Haus Habsburg zu verhandeln[1495]. Fürst Rákóczis Forderungen und Bedingungen wurden vom schwedischen König jedoch als zu umfangreich abgelehnt[1496]. Die 1632 mit den englischen, französischen und niederländischen Gesandten in Konstantinopel geführten Verhandlungen des siebenbürgischen Vertreters scheiterten ebenfalls an den weitreichenden Forderungen des siebenbürgischen Fürsten[1497]. Die hohen Subsidienforderungen Rákóczis waren zu einem großen Teil auf seine ungefestigte Stellung als Herrscher zurückzuführen, da er nach seiner Wahl zum siebenbürgischen Fürsten von beiden benachbarten Großmächten nicht anerkannt wurde. Die Habsburgermonarchie betrachtete die freie Fürstenwahl Rákóczis durch den Landtag, die ohne das Einverständnis des Königs stattgefunden hatte, als einen Eingriff in die Rechte der ungarischen Krone. Die Hohe Pforte war verstimmt, da ihr eigentlicher Wunschkandidat Bethlen von den Ständen nicht berücksichtigt worden war. Der Krieg gegen Schweden bzw. Persien hielt die beiden Großmächte jedoch von einer Intervention in Siebenbürgen ab[1498].

Auch einflussreiche katholische Kreise des Königreichs Ungarn um den Palatin Nikolaus Esterházy versuchten den Calvinisten Rákóczi auf dem siebenbürgischen Fürstenthron zu verhindern, weshalb es am Jahresbeginn 1631 zu Truppenbewegungen im siebenbürgisch-ungarischen Grenzgebiet um Großwardein kam. An einer Eskalation der Grenzscharmützel hatten angesichts der schwedischen Erfolge in Deutschland weder die Habsburger noch der auf Anerkennung seiner Herrschaft bedachte Rákóczi ein Interesse, sodass im März 1631 Verhandlungen aufgenommen wurden[1499]. Am 28. März stellte Rákóczi in Großwardein eine Versicherungserklärung über seinen Rückzug aus dem königlichen Ungarn und eine Waffenruhe aus[1500]. Am 3. April 1631 stellte in Kaschau Palatin Esterházy aufgrund der ausgehandelten Bedingungen das Hauptfriedensinstrument aus. Laut Vertrag musste sich Georg I. Rákóczi verpflichten, keine Feindseligkeiten gegen die Habsburgermonarchie zu unternehmen und sich nicht mit den Osmanen und Tataren zu verbünden, sondern den Kaiser vielmehr über deren Intentionen zu informieren. Alle bisherigen habsburgisch-siebenbürgischen Verträge sollten weiterhin gültig bleiben (Art. 8) und der Fürst sollte den Kaiser und König unverzüglich über drohende Gefahr unterrichten (Art. 9). Weiterhin wurde der Austausch der Gefangenen vereinbart (Art. 11). Gegenseitige Gewalt samt dem dadurch verursachten Schaden werde der „Vergessenheit“ überantwortet (Art. 15). Der Kaiser und König nahm Rákóczi unter seinen besonderen Schutz und garantierte ihm und seiner Gemahlin den gesamten privaten Besitz im königlichen Ungarn (Art. 16). Darüber hinaus versicherte er, den

1495 Szilágyi 1883, S. XII–XIV.
1496 Neben Subsidien und Hilfstruppen forderte Rákóczi von den potentiellen Verbündeten feste Zusagen für siebenbürgische Gebietsgewinne auf Kosten der Habsburgermonarchie: Depner, S. 142.
1497 Demény/Cernovodeanu, S. 97–99.
1498 Butnariu 2004, S. 195–196.
1499 Gooss, S. 645–647.
1500 Wortlaut des lateinischen Textes in Gooss, S. 651–652.

Fürsten weder in Siebenbürgen noch im Besitz seiner ungarischen Güter „zu stören" (Art. 17)[1501]. In einem geheim gehaltenen Zusatz versprach der Fürst von Siebenbürgen, jede Bestimmung des Kaschauer Vertrages einzuhalten, alle antihabsburgischen Pläne der Osmanen unverzüglich dem Kaiser und König oder dem Palatin zu melden und kein Gebiet Siebenbürgens oder der Partes an die Osmanen abzutreten[1502].

Nach der Ratifikation des Vertrages durch Fürst Georg I. Rákóczi (7. April 1631)[1503] und König Ferdinand II. (8. April 1631) sowie dem Austausch der Ratifikationsinstrumente konnte der Kaschauer Friedensvertrag völkerrechtliche Gültigkeit erlangen[1504]. Allerdings ergaben sich bei der Umsetzung des Vertrages verschiedene Schwierigkeiten, sodass erneut verhandelt werden musste. Zum Ende des Jahres 1632 trafen sich die Delegationen beider Seiten in Eperies. Am 6. Mai 1633 konnte ein erster Vertragstext in Eperies aufgesetzt werden[1505]. Darin wurden hauptsächlich Fragen der Grenzfestungen und Grenzgarnisonen sowie die rechtliche Stellung einzelner Dörfer und Güter geregelt. Beide Seiten einigten sich darauf, dass in allen Grundsatzfragen der Kaschauer Vertrag von 1631 zu gelten habe. Nach mehreren Modifikationen der Vertragstexte, die auch einen Vergleich zwischen der ehemaligen Fürstin Katharina von Brandenburg und Fürst Georg Rákóczi einschlossen, wurden die Vereinbarungen von Eperies am 5. September 1633 durch König Ferdinand II. und nach dem 28. September 1633 durch Fürst Georg I. Rákóczi ratifiziert[1506].

Der Kaschauer Vertrag regelte das rechtliche Verhältnis zwischen dem neuen siebenbürgischen Fürsten und dem König von Ungarn, der Rákóczi als Herrscher in Siebenbürgen anerkannte. Der auf der Grundlage der Gleichberechtigung ausgehandelte Vertrag enthielt – anders als nach dem Herrschaftsantritt Gabriel Bethlens – keine Klausel, die ein Vasallenverhältnis des siebenbürgischen Fürsten zum König von Ungarn festgeschrieben hätte. Das Schutzversprechen des Kaisers bezog sich auf die Rákóczi zugedachte Hilfe gegen osmanische Angriffe und Rákóczis Recht, Asyl im Königreich Ungarn zu erhalten. Zentral war für Rákóczi die Anerkennung der Fürstenwürde und seines territorialen Besitzstandes durch den König von Ungarn[1507].

1501 Wortlaut des Kaschauer Vertrages in: Monumenta Comitialia Regni Transylvaniae, Bd. IX, S. 255–259. Vgl. Gooss, S. 645–648.

1502 Rákóczi hatte sich bereits am 28. März 1631 in Großwardein in einem entsprechenden Dokument gegenüber dem König zur Einhaltung der drei geheimen Punkte verpflichtet: Ebenda, S. 652–653.

1503 Siehe den Wortlaut der Ratifikation des siebenbürgischen Fürsten in: Ebenda, 653–658.

1504 Ergänzt wurde das Vertragswerk durch eine Vereinbarung zum Sohn Stefan Bethlens (Stefan jun.) und zu den Haiducken: Ebenda, S. 646, 649–650.

1505 Ebenda, S. 666–667.

1506 Wortlaut der Eperieser Vertragsurkunden in: Ebenda, S. 670–698.

1507 In seiner Ratifikationsurkunde sprach Kaiser Ferdinand seinen Vertragspartner als „*ill*^{mo} *Georgio Rakoczy, Transylvaniae principe, et quarundam regni Hungariae partium d*^{no} *ac Siculorum comite*" an: Ebenda, S. 686.

Nachdem Rákóczi seine Herrschaft im Westen abgesichert hatte, bemühte er sich um die Konsolidierung seiner Beziehungen zu den Woiwodschaften Moldau und Walachei. Dies war nach zwei Herrscherwechseln erforderlich geworden: 1632 bestieg Matei Basarab den Thron der Walachei, 1634 trat Vasile Lupu seine Herrschaft in der Moldau an.

Aus dem gemeinsamen Interesse heraus, ihre jeweilige Herrschaft abzusichern, schlossen Fürst Rákóczi und der Woiwode Basarab 1633 eine erste Vereinbarung zur Etablierung guter nachbarschaftlicher Beziehungen[1508]. Rákóczis Gesandter Stefan Szalánczi, der sich auf dem Weg zur Hohen Pforte befand, unterzeichnete mit dem Woiwoden der Walachei am 17. Juli 1633 den Vertrag, in dem der Woiwode versprach, dem Fürsten jährlich 5.000 Gulden als Entschädigung für den Zehnten der siebenbürgischen Hirten, die ihre Herden in der Walachei weideten, zu zahlen. Darüber hinaus versicherten sich beide Herrscher ihrer gegenseitigen Freundschaft[1509]. Beide fühlten sich durch den Umstand miteinander verbunden, dass die Hohe Pforte den Antritt ihrer Herrschaft nicht gewünscht hatte, diese zwar vorerst duldete, aber insgeheim andere Kandidaten in der Reserve behielt. Lediglich Vasile Lupu, der Woiwode der Moldau, besaß einen starken Rückhalt am Hof des Sultans, der ihn ermunterte, Basarab den Thron der Walachei streitig zu machen. Ein erster Versuch Lupus scheiterte im Frühjahr 1635[1510]. Dieser Vorfall stärkte die siebenbürgisch-walachische Interessengemeinschaft, die schließlich in ein Bündnis mündete. Am 16. März 1635 stellte Fürst Rákóczi in Weißenburg seine Vertragsurkunde aus. Darin versprach er dem Woiwoden der Walachei gute Nachbarschaft und Freundschaft und er verpflichtete sich, ihm und seinem Land keinen Schaden zuzufügen. Sollte er von gefährlichen Entwicklungen erfahren, werde er den Woiwoden umgehend davon in Kenntnis setzen und wenn dieser ihn um Hilfe bitte, werde er alles in seiner Macht Stehende unternehmen, um ihm gegen alle Feinde zu helfen. Von allen genannten Punkten wurde der Sultan ausdrücklich ausgenommen. Schließlich betonte der siebenbürgische Fürst, alle Bestimmungen des Bündnisses gewissenhaft zu erfüllen, sofern der Woiwode seine Versprechen treu einhalte[1511].

Mit dem ausdrücklichen Ausschluss des Sultans aus der Reihe der Feinde, gegen die er Matei Basarab beistehen wollte, war der Woiwode der Walachei nicht einverstanden. Im Mai 1635 sandte er zwei Vertreter zum Weißenburger Hof, die vom Fürsten forderten, den Woiwoden im Bedarfsfalle auch gegen das Osmanische Reich bedingungslos zu verteidigen und das Bündnis auch gegen einen potenziellen Rivalen auszurichten, sollte dieser vom Sultan auf den Thron der Walachei gesetzt werden. Die beiden Gesandten betonten gegenüber dem Fürsten, dass alle Bojaren der Walachei Matei Basarab geschworen hätten, nicht zu dulden, dass er abgesetzt werde

---

1508 Ausführlich zur Zusammenarbeit zwischen Fürst Rákóczi und dem Woiwoden Matei Basarab: Brătianu/Makkai, S. 70–76. Ebenso: Şerban, S. 1941–1949.

1509 Stoicescu, S. 138. Vgl. Rezachevici 1982, S. 1010. Siehe die Instruktion des Fürsten für seinen Gesandten, die er am 5. Juli 1633 ausgestellt hatte, in: Veress, Documente, Vol. IX, S. 323–326.

1510 Butnariu 2004, S. 198.

1511 Wortlaut in: Veress, Documente, Vol. IX, S. 343–344. Ausführlich: Sîrbu 1992, S. 43.

und „fremde" Woiwoden über ihr Land herrschten[1512]. Obwohl sich Rákóczi weigerte, diesen Forderungen nachzukommen, stellte Matei Basarab in Bukarest am 9. Juli 1635 in Anwesenheit einer siebenbürgischen Gesandtschaft seine Vertragsurkunde in der ursprünglich geplanten Form aus. Er verpflichtete sich, dem siebenbürgischen Fürsten bei Gefahr persönlich mit seinem Heer gegen jeden Feind beizustehen, ihn über die Absichten der Feinde zu informieren und ihm jedes Jahr zwei Pferde, darunter ein türkisches, als Ehrengeschenk zu machen. Damit wurde der Höherrangigkeit und Führungsrolle des siebenbürgischen Fürsten Rechnung getragen, ohne dass ein Suzeränitäts- und Tributärverhältnis zwischen den beiden Herrschern etabliert worden wäre. Anders als zur Zeit Sigismund Báthorys musste der Woiwode nicht vom siebenbürgischen Fürsten bestätigt werden. Auf diese Weise vermied der Fürst eventuelle Anschuldigungen seitens der Hohen Pforte, er maße sich Rechte des Sultans an[1513]. Darüber hinaus bestätigte der Woiwode seine im Vertrag von 1633 übernommene Pflicht, dem Fürsten jährlich 5.000 Gulden als Entschädigung für den Zehnten der siebenbürgischen Hirten in der Walachei zu zahlen. Sollte die walachische Seite die vereinbarten Leistungen nicht erbringen, war auch die siebenbürgische Seite von allen Verpflichtungen des Vertrages entbunden, bestätigte der Woiwode[1514]. Der Dissens bezüglich einer Beistandspflicht im Falle eines Angriffs des Osmanischen Reiches konnte bis zum Schluss nicht behoben werden. Er spiegelt sich in den Urkunden der beiden Herrscher wider. Während Matei Basarab in seinem Dokument keine Einschränkung seiner Bündnispflicht festhielt, wollte Rákóczi unter allen Umständen verhindern, dass sein ohnehin distanziertes Verhältnis zur Hohen Pforte nicht zusätzlich belastet würde. Seine Bündnisverpflichtung verstieß also zumindest theoretisch nicht gegen die außenpolitischen Richtlinien des Osmanischen Reiches, zumal der Sultan Rákóczi im Frühjahr 1631 angehalten hatte, in Freundschaft mit den Woiwoden der Moldau und Walachei zu leben und diesen im Bedarfsfalle militärisch zu helfen[1515].

In Begleitung der siebenbürgischen Gesandtschaft reiste eine walachische Delegation an den siebenbürgischen Hof, um dem Fürsten das Dokument des Woiwoden zu übergeben. Obwohl Fürst Rákóczi mit dem Abschluss des Vertrages sehr zufrieden war, wünschte er ein entsprechendes Dokument „des Landes". Diesem Wunsch kam Matei Basarab nach. Am 30. Juli 1635 schworen in Bukarest der „Metropolit und alle Bischöfe" sowie alle Bojaren ihrem Woiwoden und dem Fürsten von Siebenbürgen die Treue, letzterem für die Dauer seines Bündnisses mit dem Woiwoden, und bestätigten den Vertrag[1516]. Ein identisches Dokument unterzeichneten am

---

1512 Siehe den Wortlaut des Schreibens, das die Gesandten Zaharia (Sluger) und Sima (Logofăt) am 24. Mai 1635 dem Fürsten in Weißenburg überreichten in: Veress, Documente, Vol. IX, S. 345–347. Vgl. Rezachevici 1982, S. 1011.

1513 Brătianu/Makkai, S. 71. Vgl. Nägler/Philippi 1979, S. 206.

1514 Wortlaut in: Török-magyarkori állam-okmánytár, Bd. II, S. 239–240. Siehe auch: Studii şi documente, Iorga, Vol. IV, S. CLXXVII–CLXXVIII. Ausführlich: Sîrbu 1992, S. 41–42. Vgl. Tratatele internaţionale, S. 101.

1515 Sîrbu 1992, S. 43.

1516 Sîrbu 1992, S. 42.

3. August 1635 die Heerführer im Namen der gesamten Infanterie und Kavallerie der Walachei, um dem Fürsten mit ihren Waffen gegen jeden Feind beizustehen[1517]. In einer am 2. August 1635 ausgestellten Urkunde bestätigte Matei eine Vereinbarung mit dem Fürsten von Siebenbürgen, wonach „Diebe und Banditen" an ihrem jeweiligen Aufenthaltsort verurteilt werden sollten. Den Geschädigten sollten die gestohlenen Sachen zurückerstattet und die Übeltäter „vernichtet" werden. Schwerverbrecher und diejenigen, die ihren Ehepartner verlassen, sollten ausgeliefert werden[1518]. Fürst Rákóczi ratifizierte das Vertragswerk am 16. September 1635 in Weißenburg[1519].

Die Gefahr, die im darauffolgenden Jahr für den siebenbürgischen Fürsten heraufzog, ging bezeichnenderweise gerade vom Sultan aus. Nach Erfolgen auf den persischen Schlachtfeldern sah sich das Osmanische Reich wieder in der Lage, seinen ursprünglichen Kandidaten Stefan Bethlen für den siebenbürgischen Thron zu unterstützen und aktiv gegen Rákóczi vorzugehen. Mit Hilfe der Paschas von Ofen, Temeswar und Bosnien fiel Stefan Bethlen in Siebenbürgen ein[1520]. In dieser Situation bat Rákóczi nicht nur Matei Basarab um Hilfe, sondern auch den Woiwoden der Moldau. Lupu hingegen erfüllte ganz die ihm von der Hohen Pforte zugedachte Rolle, die Herrscher Siebenbürgens und der Walachei zu überwachen. Er schrieb am 30. September 1636 dem Kronstädter Stadtrat, Siebenbürgen werde von osmanischen, tatarischen, moldauischen und walachischen Truppen verwüstet, falls Rákóczi Siebenbürgen nicht freiwillig verlassen sollte. Er rate dem Fürsten deshalb zur Abdankung[1521]. Matei Basarab stand zu seinem Bündnis mit dem Fürsten[1522]. Er bot ihm an, einen gemeinsamen Plan zur Abwehr seiner Feinde auszuarbeiten und riet ihm, dem Sultan in Erinnerung zu rufen, dass er stets seine Pflichten der Hohen Pforte gegenüber erfüllt habe, wie zum Beispiel die regelmäßige Zahlung des Jahrestributs. Sollte der Sultan weiterhin an seinen Plänen festhalten, solle er ihm deutlich machen, dass er bereit sei, die Freiheiten seines Landes zu verteidigen[1523]. Auf das Angebot Basarabs, sich durch Bündnisse mit dem König von Polen und dem Kaiser abzusichern, ging Rákóczi jedoch nicht ein. Unmittelbar bevor es zur Konfrontation mit den osmanischen Truppen kam, erneuerte Fürst Georg I. Rákóczi das Bündnis mit dem Woiwoden der Walachei. In der Urkunde der siebenbürgischen Seite

1517 Wortlaut in: Studii şi documente, Iorga, Vol. IV, S. CLXXVIII–CLXXX. Vgl. Sîrbu 1992, S. 42. Vgl. Tratatele internaţionale, S. 101.

1518 Sîrbu 1992, S. 42–43.

1519 Török-magyarkori állam-okmánytár, Bd. II, S. 260–261. Vgl. Stoicescu, S. 140–141. Vgl. Sîrbu 1992, S. 43.

1520 Ibrahim, Pascha von Temeswar, hatte im Namen des Sultans Stefan Bethlen am 3. Dezember 1629 als Gouverneur von Siebenbürgen bestätigt: Lupaş 1940, Documente, S. 183–185.

1521 Veress, Documente, Vol. IX, S. 370–371. Um die Moldau zu neutralisieren, bat Rákóczi die Kosaken und den polnischen König um Unterstützung: Stoicescu, S. 142, 144.

1522 Dieses versicherte er dem Gesandten des Fürsten, Michael Tholdalaghy, am 4. Juli 1636: Sîrbu 1992, S. 54–55.

1523 Die Einschätzungen des Woiwoden überbrachte der siebenbürgische Gesandte Martin Pap seinem Fürsten: Veress, Documente, Vol. IX, S. 371–374.

sicherten der Fürst und die siebenbürgischen Stände, im Geiste der guten nachbarschaftlichen Beziehungen und vor dem Hintergrund der gefährlichen Absichten „der Türken", dem Woiwoden in jeder Lage und bei jeder Gelegenheit umfassende Hilfe zu. Im Falle einer Vertreibung sollten er und seine Familie Asyl in den befestigten Städten und Burgen Siebenbürgens erhalten. Außerdem solle er in einen zukünftigen Frieden mit dem Osmanischen Reich einbezogen werden. Die siebenbürgische Urkunde händigte der Fürst am 3. Oktober 1636 im Feldlager von Keresztes einem Gesandten des walachischen Woiwoden aus[1524]. Der Woiwode, die Bojaren und Heerführer der Walachei beglaubigten am 22. Oktober 1636 in Bukarest den Bündnisvertrag mit dem Fürsten von Siebenbürgen. Sie schworen, zusammen mit der siebenbürgischen Armee gegen alle Feinde Siebenbürgens bis zu ihrem Tod und dem Verlust aller ihrer Güter zu kämpfen. Im Falle ihrer Vertreibung erbaten sie Asyl in Siebenbürgen[1525].

Die Hohe Pforte erklärte am 16. September 1636 Fürst Rákóczi für abgesetzt, rief die Stände zur Wahl eines neuen Fürsten auf (empfohlen wurden Stefan Bethlen oder Moses Székely) und befahl den Woiwoden der Moldau und Walachei, sich den osmanischen Truppen beim Einmarsch in Siebenbürgen anzuschließen[1526]. Kurz darauf setzten sich die Truppen der Paschas von Ofen und Temeswar zusammen mit jenen Stefan Bethlens in Bewegung und wurden von Sigismund Kornis, dem Befehlshaber der siebenbürgischen Truppen, in den ersten Oktobertagen bei Szalonta, südwestlich von Großwardein, vernichtend geschlagen. Die Truppen Kornis' verfolgten die gegnerische Armee bis zur osmanischen Festung Lippa, vor der sich auch das Heer Rákóczis Mitte Oktober einfand[1527]. Inzwischen rückte eine osmanische Armee unter dem Befehl des Paschas von Silistra nach Bukarest vor, um von dort aus in Siebenbürgen einzufallen. Mitte November 1635 stellte sich der Woiwode Matei dieser Streitmacht mit seinem Heer entgegen und mit Drohungen und Geschenken bewog er Kenaan Pascha zum Rückzug über die Donau[1528].

Bereits Ende Oktober bot der Pascha von Ofen Rákóczi Friedensverhandlungen an. Die Hohe Pforte musste sich mit dem Status quo in Siebenbürgen abfinden und – bestärkt durch die Fürsprache des englischen Gesandten in Konstantinopel, Peter Wiche[1529] – akzeptierte sie Rákóczi als Fürsten. Am 2. Dezember 1636 einigten sich Rákóczi und der Pascha von Ofen über die Friedensbedingungen und tausch-

---

1524 Wortlaut der Urkunde in ungarischer Sprache: Török-magyarkori állam-okmánytár, Bd. II, S. 406. Vgl. Tratatele internaţionale, S. 102.

1525 Wortlaut des Textes in ungarischer Sprache in: Török-magyarkori állam-okmánytár, Bd. II, S. 410–412. Vgl. Tratatele internaţionale, S. 102. Vgl. Sîrbu 1992, S. 55.

1526 Sîrbu 1992, S. 52.

1527 Sîrbu 1992, S. 55–56.

1528 Matei Basarab schrieb gleichzeitig dem Sultan, wegen des hohen Schnees sei die Überquerung der siebenbürgischen Karpatenpässe unmöglich: Sîrbu 1992, S. 57. Stoicescu, S. 143–144. Vgl. Butnariu 2004, S. 200–201.

1529 Demény/Cernovodeanu, S. 99–100.

ten am 13. Dezember ihre Vertragsurkunden in Temeswar aus[1530]. Demnach mussten sich der Fürst und die Stände von Siebenbürgen verpflichten, keine Bündnisse mit der Habsburgermonarchie oder Polen zu schließen[1531]. Rákóczi erhielt vom Sultan im Gegenzug die Anerkennung seiner Herrschaft über Siebenbürgen auf Lebenszeit. Dafür musste Fürst Rákóczi dem Sultan eine Entschädigung in Höhe von 40.000 Talern für die Schäden, die dem Pascha von Ofen entstanden waren, zahlen und im folgenden Jahr eine Erhöhung des regulären Jahrestributes auf 15.000 Gulden in Kauf nehmen[1532]. Die Hauptgründe für die Kompromissbereitschaft der Hohen Pforte lagen im Aufstand der Krimtataren gegen den Sultan und im fortdauernden Krieg gegen Persien, die die Ressourcen des Osmanischen Reiches 1636–1637 vollkommen in Anspruch nahmen[1533]. Erneut war es einem Fürsten nach einem dynastischen Wechsel gelungen, sich gegen einen Thronprätendenten durchzusetzen, der auf die Unterstützung einer der benachbarten Großmächte zählen konnte. Wie seinen Vorgängern Stefan Báthory und Gabriel Bethlen gelang es Rákóczi, sich mit Unterstützung der siebenbürgischen Stände, die ihr Recht auf freie Fürstenwahl verteidigten, zu behaupten. Im Gegenzug hat Georg I. Rákóczi während seiner verbleibenden Regierungszeit einen offenen Konflikt mit der Hohen Pforte stets vermieden.

Die Behauptung Rákóczis in Siebenbürgen stärkte die Position des Fürsten und des Woiwoden der Walachei nicht nur gegenüber der Hohen Pforte, sondern auch bezüglich des Woiwoden der Moldau, Vasile Lupu. Aufgrund seiner proosmanischen Haltung und seiner fortbestehenden Ambitionen auf den Thron der Walachei betrachtete der Fürst den Woiwoden weiterhin als Bedrohung[1534]. Im November 1637 unternahm Lupu einen erneuten Versuch, den walachischen Thron gewaltsam zu besteigen. Um Lupu einzukreisen, schloss der Fürst mit dem moldauischen Thronprätendenten Ioan Movilă am 30. November 1637 in Schässburg einen Bündnisvertrag[1535]. Darin verpflichtete sich Movilă, im Falle einer Thronbesteigung dem siebenbürgischen Fürsten jährlich 4.000 Gulden Tribut zu zahlen und ihm vier Pferde zu schenken. In der Moldau sollte ein stehendes Söldnerheer aus Deutschen und Kosaken aufgebaut werden. Weiterhin wurde eine Förderung des Bergbaus, des Handels

---

1530 Der Sultan ratifizierte den Frieden mit Siebenbürgen am 19. Dezember 1636: Sîrbu 1992, S. 57. Stoicescu, S. 144.

1531 In der Mitte der 1630er Jahre zeichnete sich eine habsburgisch-polnische Entente ab, die 1637 ihren Ausdruck in der Eheschließung zwischen dem polnischen König Wladislaus IV und der Erzherzogin Renata Cecilia fand. Vgl. Butnariu 2004, S. 206, 210.

1532 Stoicescu, S. 144. Vgl. Gemil 1984, S. 233–235. Vgl. Kubinyi 1996, S. 93. Die endgültige Anerkennung durch die Hohe Pforte erreichte Rákóczi erst im Sommer 1642 mit deren Zustimmung zur Wahl seines Sohnes als Thronfolger: Feneşan 1983/1984, S. 132–134.

1533 Ciobanu 1993, S. 308–309.

1534 Bereits im September 1635 wies Rákóczi den siebenbürgischen Gesandten bei der Pforte an, zusammen mit dem polnischen Gesandten eine Ablösung Lupus zu erwirken. Für seine proosmanische Haltung erhielt Lupu 1636 das Erbfolgerecht in der Moldau: Butnariu 2004, S. 199–201. Ausführlich zu den Ambitionen Lupus auf den Thron der Walachei: Stoicescu, S. 145–172.

1535 Studii şi documente, Iorga, Vol. IV, S. CLXXXIX. Ungarischer Vertragstext in: Török-magyarkori állam-okmánytár, Bd. II, S. 506–509. Vgl. Tratatele internaţionale, S. 102.

und die Aufteilung des Vermögens von Vasile Lupu vereinbart[1536]. Die Intervention einer siebenbürgischen Streitmacht zugunsten des Woiwoden der Walachei machte Lupus Pläne, die auch der Sultan missbilligte, zunichte[1537]. Als Lupu im Frühsommer 1638 einen erneuten Versuch unternahm, Matei Basarab gewaltsam vom Thron der Walachei zu verdrängen, schaltete sich Fürst Rákóczi als Schiedsrichter ein und vermittelte einen Waffenstillstand[1538].

Diese Haltung stand für einen Kurswechsel in der Politik des Fürsten gegenüber den benachbarten Woiwodschaften. Da sich die osmanisch-siebenbürgischen Beziehungen inzwischen normalisiert hatten, war Rákóczi darauf bedacht, dem osmanischen Bedürfnis nach Ruhe an der unteren Donau zu entsprechen. Zu diesem Zeitpunkt führte der Sultan Krieg gegen Persien und wurde in neue Auseinandersetzungen zwischen Kosaken und Krimtataren hineingezogen. Ein offen gegen die Moldau gerichtetes siebenbürgisch-walachisches Bündnis hätte neue Krisenherde aufbrechen lassen und wäre osmanischen Interessen zuwidergelaufen. Fortan schlug sich der siebenbürgische Fürst nicht mehr eindeutig auf die Seite Matei Basarabs, sondern versuchte, die Ambitionen der beiden benachbarten Woiwoden zu temperieren und die Stabilität jenseits der Karpaten zu fördern.

Im Herbst 1638 schloss Rákóczi mit dem moldauischen Woiwoden Vasile Lupu einen Bündnisvertrag ab. In seiner Urkunde, die der siebenbürgische Fürst am 29. September 1638 in Weißenburg ausstellte, berief er sich auf die frühere gute und friedliche Nachbarschaft und Freundschaft zwischen beiden Ländern, die aufgrund „einiger Vorkommnisse“ gestört worden sei. Rákóczi erklärte sich bereit, dem mit entsprechenden Vollmachten ausgestatteten Boten des Woiwoden seine Erklärung über das gemeinsame Bündnis auszuhändigen. *Sub bona fide christiana* versprach der Fürst, dem Woiwoden und seinem Land keinen Schaden zuzufügen, sich nicht gegen ihn mit fremden Mächten zu verbünden, ihn über Gefahr im Verzug schnellstmöglich zu informieren und ihm – sollte er rechtzeitig um Hilfe ansuchen – mit den in seiner Macht stehenden Mitteln beizustehen. Von den genannten Punkten wurde der Sultan ausdrücklich ausgenommen. Rákóczi erklärte, zusammen mit seinem Vertragspartner dem Sultan gegenüber treu zu bleiben und mit allen Nachbarn im guten Einvernehmen zu verbleiben. Schließlich durfte der moldauische Woiwode keine militärischen Aktionen gegen den walachischen Woiwoden Matei Basarab ohne das Wissen und die Zustimmung des siebenbürgischen Fürsten unternehmen[1539].

1536 Die Hohe Pforte ließ dem siebenbürgischen Gesandten in Konstantinopel, Stefan Szalánczy, mitteilen, Rákóczi solle aufhören, den moldauischen Prätendenten ohne die Zustimmung des Sultans zu unterstützen: Butnariu 2004, S. 202–203.

1537 Am 4. Dezember 1637 informierte der siebenbürgische Fürst den Wiener Hof über den zwischen der Moldau und Walachei geschlossenen Frieden: Documente, Hurmuzaki, Vol. IV/1, S. 635–636.

1538 Ausführlich: Sîrbu 1992, S. 71–77. Butnariu 2004, S. 204.

1539 Siehe den Wortlaut des ungarischen Textes samt rumänischer Übersetzung des Vertrages in: Veress, Documente, Vol. X, S. 40–42. Siehe die zeitgenössische Übertragung des ungarischen Originals in die lateinische Sprache in: Studii şi documente, Iorga, Vol. IV, S. 209–210. Vgl. Relaţiile internaţionale, S. 179–181. Vgl. Condica tratatelor, S. 43. Vgl. Europäische Friedensverträge der Vormoderne online.

Am 26. Oktober 1638 stellte Vasile Lupu seine Urkunde des Bündnisvertrages in Jassy aus und übergab sie den siebenbürgischen Gesandten[1540]. Noch am selben Tag bestätigten die moldauischen Bojaren und der Metropolit der Moldau den Bündnisvertrag[1541]. Ergänzt wurde das Vertragswerk durch ein Schreiben des moldauischen Woiwoden an den siebenbürgischen Fürsten, ebenfalls in Jassy am 26. Oktober 1638 ausgestellt, das die gegenseitige Auslieferung flüchtiger Leibeigener und Verbrecher bestätigte[1542].

Fast gleichzeitig wurde der siebenbürgisch-walachische Bündnisvertrag von 1635 erneuert. Am 23. Oktober 1638 stellten in Bukarest der Woiwode der Walachei, Matei Basarab[1543], und die Bojaren der Walachei[1544] jeweils eine Urkunde aus, in der die Vertragsbestimmungen bestätigt wurden.

Auch in den beiden folgenden Jahren versuchte der Fürst von Siebenbürgen, die von ihm gewählte Rolle eines Schiedsrichters auszufüllen, wenngleich ihm die Bündnisverträge mit beiden Woiwoden eine Schaukelpolitik abnötigten[1545]. Mit Enttäuschung wurde in der Walachei zur Kenntnis genommen, dass Georg Rákóczi seinem Bündnispartner Matei Basarab nicht zur Hilfe gekommen war, als dessen Land im Herbst 1639 – mit Billigung des Sultans – von den Truppen des Woiwoden der Moldau angegriffen wurde[1546]. Obwohl sich Teile des siebenbürgischen Adels an den Beistandspakt mit dem Woiwoden der Walachei gebunden fühlten, verweigerte der Fürst ein Eingreifen zugunsten des Woiwoden Matei Basarab, da er dessen Annäherungsversuche an die Habsburgermonarchie entschieden missbilligte[1547]. Die siebenbürgische Verweigerungshaltung wurde offen in den Bedingungen des Woiwoden der Walachei zur Erneuerung des siebenbürgisch-walachischen Bündnisses angesprochen. Am 10. Mai 1640 übergaben die Gesandten der Walachei, Marcu und Sava (Logofeții), ein Schreiben, in dem der Woiwode und die Bojaren der Walachei den Fürsten und die Stände Siebenbürgens baten, das alte Bündnis zu erneuern. Es sollte sich ex-

---

1540 Siehe den Wortlaut des lateinischen Urkundentextes: Veress, Documente, Vol. X, S. 49–51.

1541 Siehe den Wortlaut der beiden auf Latein abgefassten Urkunden in: Veress, Documente, Vol. X, S. 52–56.

1542 Siehe den Wortlaut des lateinischen Textes in: Veress, Documente, Vol. X, S. 51–52.

1543 Siehe den Wortlaut des lateinischen Urkundentextes des Woiwoden in: Veress, Documente, Vol. X, S. 48–49. Vgl. Condica tratatelor, S. 43.

1544 Siehe den Wortlaut des Urkundentextes der Bojaren in: Relațiile internaționale, S. 182–183.

1545 Während Rákóczi Hilfstruppen für Matei Basarab im Burzenland stationierte, ließ er im November 1639 seinen Gesandten Achatius Barcsai in Jassy verkünden, Siebenbürgen werde dem Woiwoden der Walachei nicht beistehen: Documente, Hurmuzaki, Vol. XV/2, S. 1058–1059.

1546 Am 3. und 27. Dezember 1639 schrieb der am Weißenburger Hof lebende Gelehrte Johannes Bisterfeld an den französischen Diplomaten Baron d'Avaugour, dass Matei Basarab den moldauischen Woiwoden ohne die Hilfe des Fürsten von Siebenbürgen vertrieben habe. Er glaube nicht, fuhr Bisterfeld fort, „que pour l'amour de lui, notre Prince veuille perdre la bonne grâce du Grand Seigneur". Matei Basarab konnte sich, obwohl er beim Sultan in Ungnade gefallen war, auf seinem Thron behaupten: Documente, Hurmuzaki, Vol. XVI, S. 3.

1547 Obwohl sich Matei Basarab auch 1641 um eine Schutzerklärung des Kaisers gegen die Osmanen bemühte, ging er während des Feldzuges Rákóczis gegen den Kaiser 1644 nicht auf Versuche der habsburgischen Seite ein, ihn gegen den Fürsten von Siebenbürgen in Stellung zu bringen: Brătianu/Makkai, S. 74–76.

plizit gegen den Woiwoden der Moldau richten, aber auch gegen Einmischungen der Hohen Pforte, vor allem bei einer Absetzung des Woiwoden durch den Sultan. Der Forderung der walachischen Seite, der Fürst von Siebenbürgen möge die Walachei gegen jede erdenkliche äußere Gefahr beschützen[1548], kam die siebenbürgische Seite nicht nach. Am 14. Mai 1640 erneuerten der siebenbürgische Fürst und die siebenbürgischen Stände in Weißenburg das Bündnis mit der Walachei. Allerdings bezieht sich die Urkunde der Stände ausdrücklich auf die Verträge des Jahres 1636, das Dokument des Fürsten spricht nur allgemein von früheren Vereinbarungen, von denen der Sultan stets ausgenommen war[1549]. Als es im Sommer 1640 erneut zu militärischen Auseinandersetzungen zwischen der Moldau und Walachei kam, ergriff der Fürst von Siebenbürgen nicht Partei für einen seiner Bündnispartner, sondern zwang beide Woiwoden zu einem Vergleich[1550]. In seiner Residenz vermittelte Rákóczi zwischen Matei Basarab und Vasile Lupu einen Friedensvertrag, der am 16. Juli 1640 in Weißenburg unterzeichnet wurde und dem auch der Fürst von Siebenbürgen beitrat[1551].

Die Woiwoden der Moldau und der Walachei trachteten in den 1640er Jahren danach, sich des Bündnisses mit Siebenbürgen zu versichern, gleichzeitig aber Partner zu finden, die ihnen helfen sollten, ihre ambitionierten Pläne zu verwirklichen[1552]. Am 4. April 1646 verlängerte Fürst Rákóczi in Weißenburg das siebenbürgisch-moldauische Bündnis. Im Vertrag wurde die gute Nachbarschaft der beiden Herrscher beschworen und die gegenseitige Auslieferung von Flüchtlingen und Gesetzesbrechern geregelt. Allerdings betonte Rákóczi in seiner Urkunde, dass aus der gegenseitigen Beistandspflicht ein Krieg gegen das Osmanische Reich ausgeschlossen bleibe[1553]. Ein Jahr danach erneuerte Matei Basarab am 22. April 1647 in Târgovişte den

---

1548 Siehe das in ungarischer Sprache angefertigte Schreiben samt rumänischer Übersetzung in: Veress, Documente, Vol. X, S. 72–75.

1549 Wortlaut der beiden in ungarischer Sprache abgefassten siebenbürgischen Urkunden in: Studii şi documente, Iorga, Vol. IV, S. 217–222. Vgl. Condica tratatelor, S. 43. Siehe zur Vertragsverlängerung: Sîrbu 1992, S. 92–93.

1550 Siehe das Schreiben des siebenbürgischen Fürsten vom 13. Juli 1640 an den französischen Diplomaten Baron d'Avaugour in: Documente, Hurmuzaki, Vol. XVI, S. 3–4.

1551 Den Abschluss des Vertrages erwähnt Johannes Bisterfeld in seinem Brief an Baron d'Avaugour vom 16. Juli 1640: Documente, Hurmuzaki, Vol. XVI, S. 4. Zum moldauisch-walachischen Krieg 1637–1640 ausführlich: Costin, Chronik, S. 150–158. Vgl. Andreescu 1989, S. 135–137.

1552 Nachdem Matei Basarab beim Fürsten von Siebenbürgen keine Unterstützung für eine offensive Politik gegenüber Vasile Lupu fand, wandte er sich an die Habsburgermonarchie, die aber außer Versprechungen nichts bieten konnte und wollte. Siehe den Briefwechsel zwischen Matei Basarab und Kaiser Ferdinand III. vom Frühjahr 1641 in: Veress, Documente,Vol. X, S. 83–85, 91–92. Siehe die Forderungen Matei Basarabs an Kaiser Ferdinand III. im August 1643 in: Documente, Hurmuzaki, Vol. IV/1, S. 676. Vasile Lupu näherte sich – mit ähnlich geringem Erfolg – Polen an: Butnariu 2004, S. 211.

1553 Wortlaut der in lateinischer Sprache abgefassten Urkunde Rákóczis, von der auch eine zeitgenössische ungarische Abschrift existiert, in: Veress, Documente, Vol. X, S. 191–192. Vgl. Condica tratatelor, S. 45. Vgl. Relaţiile internaţionale, S. 188–189. In einer gesonderten Urkunde, die ebenfalls am 4. April 1646 ausgestellt wurde, sicherte Rákóczi dem Woiwoden der Walachei die Auslieferung nach Siebenbürgen geflüchteter Leibeigener und Straftäter zu. Wortlaut in: Studii şi documente, Iorga, Vol. IV, S. 233–234. Vgl. Europäische Friedensverträge der Vormoderne online.

siebenbürgisch-walachischen Bündnisvertrag[1554]. 1648 schickte der siebenbürgische Fürst seinen Vertrauten Johann Kemény in die Moldau, der im September 1648 das siebenbürgisch-moldauische Bündnis in Jassy verlängerte. Vasile Lupu gestattete seinem Vertragspartner den Durchzug siebenbürgischer Truppen durch die Moldau und verpflichtete sich, die Freundschaft zum siebenbürgischen Fürsten auch gegen die Hohe Pforte aufrechtzuerhalten[1555]. Auch eine Heirat zwischen der Woiwodentochter und dem zweitgeborenen Fürstensohn, Sigismund Rákóczi, wurde ins Auge gefasst. Sie sollte der Familie Rákóczi die Herrschaft in der Moldau und Vasile Lupu die erhoffte Hilfe gegen Matei Basarab sichern[1556].

Auf diese Weise füllte Rákóczis Bündnissystem das vom Osmanischen Reich hinterlassene sicherheitspolitische Vakuum im Donau-Karpaten-Raum, ohne dass es zu einer offenen Provokation der Hohen Pforte kam[1557]. In diesem Zusammenhang stehen auch die im Herbst 1642 verabredeten gegenseitigen Hilfszusagen zwischen dem Fürsten von Siebenbürgen und dem Chan der Krim, ebenfalls Vasall des Sultans[1558]. Das osmanische Wohlwollen bezweckte Rákóczi vor allem aus zwei Gründen: Rákóczis Sohn, Georg II., wurde im Frühjahr 1642 vom siebenbürgischen Landtag zum Thronfolger gewählt. Dieser Wahl stimmte die Hohe Pforte zu. Darüber hinaus genehmigte die Hohe Pforte die Bitte des Fürsten, die Woiwoden der Moldau und Walachei anzuweisen, ihm mit Hilfskontingenten bei dem geplanten Feldzug gegen die Habsburgermonarchie beizustehen[1559].

2. Siebenbürgens Teilnahme am Dreißigjährigen Krieg 1642–1648

a. Das Bündnis mit Schweden und Frankreich 1642–1645

Mit dem Eintritt Frankreichs in den Dreißigjährigen Krieg 1635 wurde die Position Schwedens und der Protestantischen Union deutlich gestärkt. Nachdem Fürst Rákóczi seine Herrschaft in Siebenbürgen 1636 konsolidiert hatte, nahm er Kontakt zur antihabsburgischen Koalition auf, auch weil sich nach dem Pressburger Reichstag (Dezember 1637) die protestantische Opposition im Königreich Ungarn nach

---

1554 Wortlaut der Urkunde des Woiwoden in: Veress, Documente, Vol. X, S. 199–201. Ebenso in: Studii şi documente, Iorga, Vol. IV, S. 26–27. Vgl. Gemil 1979, S. 87–88. Vgl. Condica tratatelor, S. 45.

1555 Der Vertrag konnte keine rechtliche Wirkung entfalten, da Fürst Georg I. Rákóczi am 10. Oktober 1648 verstarb, bevor er den Vertrag ratifizieren konnte: Tratatele internaţionale, S. 107. Vgl. Szilágyi 1890, S. 7.

1556 Butnariu 2004, S. 207–208.

1557 Felezeu 2005, Cadrul politic internaţional, S. 38.

1558 Butnariu 2004, S. 208.

1559 Dieses tat sie, obwohl der habsburgisch-osmanische Frieden von Zsitvatorok erst im März 1642 erneuert worden war. Vgl. Gemil 1979, S. 111.

Jahren der Agonie neu formierte. 1638 schickte Rákóczi seinen Vertrauten Johannes Bisterfeld als Gesandten nach Paris[1560]. Die dort geführten Verhandlungen erbrachten keine Ergebnisse, allerdings entschloss sich der König von Frankreich, einen Gesandten an den siebenbürgischen Hof zu schicken. Charles de Bretagne-Dubois, Baron d'Avaugour, traf im November 1638 in Siebenbürgen ein, um mit Rákóczi eine antihabsburgische Allianz zu schmieden. Diese scheiterte vorerst an den von Fürst Rákóczi geforderten umfangreichen Hilfen und Sicherheiten für einen Feldzug gegen die Habsburger[1561]. Bisterfeld begab sich unterdessen zu den englisch-französisch-schwedischen Bündnisverhandlungen nach Hamburg. Obwohl sich der englische Delegierte Thomas Roe, ehemaliger Gesandter in Konstantinopel, sehr für eine Einigung Siebenbürgens mit seinen Verhandlungspartnern einsetzte, verliefen die Gespräche ergebnislos[1562].

Da Rákóczi nicht bereit war, seine Forderungen zu reduzieren, wartete er ab. Erst im Juli 1642, als Graf Lennart Torstenson, seit 1641 Generalissimus der schwedischen Truppen in Deutschland, mit seinem Heer in Mähren, nahe der ungarischen Grenze stand, kam es zur Wiederaufnahme der Gespräche zwischen Siebenbürgen und der antihabsburgischen Allianz. Rákóczi machte den an seinen Hof gesandten schwedischen Unterhändlern klar, dass er nur aufgrund eines von den Souveränen Frankreichs und Schwedens ratifizierten Bündnisvertrages, der seinen Forderungen entspreche, bereit sei, gegen den Kaiser in den Krieg zu ziehen. Die schwedische Regierung akzeptierte die Bedingungen Rákóczis. Im Einvernehmen mit dem französischen Gesandten in Stockholm, de Rorté, stellte die schwedische Regierung für Torstenson eine Vollmacht aus, um ein Bündnis mit Siebenbürgen auszuhandeln. Als er im Februar 1643 die Vollmacht erhielt, sandte er als seinen Unterhändler den Oberstleutnant Jakob Rebenstock an den siebenbürgischen Hof[1563]. In Weißenburg unterzeichnete er, auch im Namen Frankreichs, den Bündnisvertrag mit dem Fürsten von Siebenbürgen am 26. April 1643[1564].

Die Verbündeten Siebenbürgens, Schweden und Frankreich, verpflichteten sich im ersten Artikel, für den Krieg Siebenbürgens gegen den Kaiser nicht nur im Falle eines siebenbürgischen Angriffs die Zustimmung der Hohen Pforte zu erlangen, sondern auch deren Bereitschaft, Siebenbürgen gegen einen möglichen Angriff des Kaisers zu verteidigen. Darüber hinaus versprachen sie, den „Frieden" zwischen Siebenbürgen und dem Osmanischen Reich zu erhalten (Art. 9). Die beiden alliierten Mächte verpflichteten sich und ihre Verbündeten, den Fürsten, seine Nachkommen und Freunde vor jeglicher Bedrohung durch das Haus Österreich zu beschützen (Art. 2) und sie bei Verlust des Fürstentums bis zu ihrer Rückkehr nach Siebenbürgen mit

1560 Zu den siebenbürgisch-französischen Beziehungen 1637–1638: Hudita 1927, S. 41–47. Vgl. Iosipescu, S. 14–15.

1561 Zu den Forderungen ausführlich: Depner, S. 145–150. Vgl. die vom Baron d'Avaugour im Dezember 1638 erstellte Denkschrift über seine Verhandlungen am siebenbürgischen Hof in: Recueil de Documents, S. 73–77.

1562 Demény/Cernovodeanu, S. 100.

1563 Depner, S. 150–153.

1564 Hudita 1927, S. 69, 73.

40.000 Reichstalern zu unterhalten (Art. 3). Im vierten Artikel stellten Schweden und Frankreich das Fürstentum Siebenbürgen und das Königreich Ungarn unter ihren Schutz und verpflichteten sich, in Ungarn für die Respektierung der Glaubensfreiheit einzutreten, insbesondere für die Rückgabe der seit 1618 konfiszierten Güter der Protestanten. Allerdings verzichteten Frankreich und Schweden auf jegliche Ansprüche bezüglich des Fürstentums Siebenbürgen und des Königreichs Ungarn (Art. 5). Weiterhin verpflichteten sich die beiden alliierten Mächte, Siebenbürgen im ersten Kriegsjahr 200.000 Reichstaler und in jedem weiteren Jahr bis zum Ende des Krieges 150.000 Reichstaler zu zahlen (Art. 6). Die schwedische Seite versprach, die Truppen Torstensons mit jenen Rákóczis in Ungarn zu vereinigen und dem siebenbürgischen Fürsten für die gesamte Dauer des Krieges 3.000 Mann Infanterie zur Verfügung zu stellen und zu bezahlen. Rákóczi versprach, in Ungarn Krieg zu führen und, soweit möglich, in die habsburgischen Erbländer einzumarschieren. Sobald die schwedische Armee die Theiß überschritten habe, werde ihr der siebenbürgische Fürst 3.000 leichte Reiter zur Verfügung stellen (Art. 7). Ferner einigten sich die Signatarmächte, keinen Waffenstillstand oder Frieden mit dem Kaiser ohne die ausdrückliche Zustimmung der anderen Bündnispartner zu schließen. Sollte der Kaiser nach Friedensschluss einen neuen Angriff starten, werde das schwedisch-französisch-siebenbürgische Bündnis erneut in Kraft treten. Ein zukünftiger Friede solle Fürst Rákóczi das Eigentum an den von ihm während des Krieges eroberten Gebieten sichern (Art. 8). Abschließend wurden in Artikel 10 die Ratifikation des Vertrages durch den König von Frankreich und die Königin von Schweden geregelt und die mit den genannten Souveränen verbündeten Mächte (Niederlande, Landgrafschaft Hessen-Kassel u. a.) zum Vertragsbeitritt durch Ratifikation aufgefordert[1565].

Am 4. Mai 1643 verlangte Fürst Rákóczi von General Torstenson, die Ratifikation des Vertrages durch die schwedischen und französischen Kronen sowie deren ausdrückliches Bekenntnis zur Umsetzung der Vertragsbestimmungen sicherzustellen[1566]. Am 10. Juli 1643 ratifizierte General Torstenson alle Punkte des Vertrages (ohne der Entscheidung des Königs von Frankreich vorgreifen zu wollen) und versprach dem siebenbürgischen Fürsten, ihm so schnell wie möglich die „authentische und feierliche" Ratifikation des schwedischen Hofes zukommen zu lassen. Torstenson drückte gegenüber dem Fürsten, den er als „Beschützer des Evangeliums" bezeichnete, seine Hoffnung aus, dass dieser Krieg „für die Verteidigung der Freiheit und des Evangeliums" in die Erbländer der Kaisers getragen werde[1567]. Am 11. Juli

---

1565 Wortlaut des Vertrages in: Dumont, Corps universel diplomatique, Vol. VI/1, S. 273–274. Zusammenfassung des Inhalts in: Hudita 1927, S. 69–71 und Depner, S. 152–154. Vgl. Rumänische Zusammenfassung in: Tratatele internaţionale, S. 104. Vgl. Condica tratatelor, S. 44.

1566 Dumont, Corps universel diplomatique, Vol. VI/1, S. 274. Ebenso abgedruckt in: Actes et documents, Szilágyi, S. 50–52.

1567 Wortlaut der Ratifikation Torstensons in: Dumont, Corps universel diplomatique, Vol. VI/1, S. 275. Vgl. das Begleitschreiben Torstensons vom 8. Juli 1643 in: Ebenda, S. 274–275.

sandte er Jakob Rebenstock erneut an den siebenbürgischen Hof, der bei der Umsetzung des Bündnisvertrages behilflich sein sollte[1568].

Fürst Rákóczi ratifizierte den Vertrag am 16. November 1643 in Weißenburg[1569]. Noch am selben Tag gab Rebenstock ebendort im Namen der schwedischen Krone eine Zusatzerklärung ab, in der sich die schwedische Seite verpflichtete, Siebenbürgen, über die bereits zugesagten Subsidien hinaus, weitere 100.000 Reichstaler zu zahlen, die Hälfte davon im ersten Halbjahr 1644, weitere 36.000 Reichstaler sobald der siebenbürgische Fürst vom Sultan die Erlaubnis erhalten habe, in den Krieg gegen den Kaiser einzutreten. Falls Schweden die im Vertrag versprochenen 3.000 Infanteristen nicht sofort zur Verfügung stellen könne, solle die Gesamtsumme von 136.000 Reichstalern bereits innerhalb von drei Monaten nach Beginn der Kampfhandlungen durch Rákóczi an denselben ausgezahlt werden[1570]. Nachdem Rebenstock in einer ausführlichen Denkschrift seinen Herren Torstenson über die mit Rákóczi getroffenen Abmachungen informiert hatte[1571], reiste er mit einer siebenbürgischen Gesandtschaft nach Konstantinopel ab, wo er am 4. Dezember 1643 eintraf. Nachdem der siebenbürgische Jahrestribut und mehrere Geschenke an der Hohen Pforte abgeliefert worden waren, erlangte die Delegation mit umfangreichen Bestechungssummen die Erlaubnis der Hohen Pforte für die Beteiligung Siebenbürgens am Krieg gegen die Habsburgermonarchie, die im Januar 1644 erteilt wurde. Darüber hinaus wies der Sultan die Woiwoden der Moldau und Walachei an, sich am Feldzug des Fürsten mit Hilfskontingenten zu beteiligen[1572]. Die Erlaubnis der Pforte wurde aber nur erteilt, weil es ihr kurz zuvor gelungen war, die von Spannungen belasteten Beziehungen zu Polen neu zu ordnen[1573]. Als die Erlaubnis Sultan Ibrahims eintraf, griff Rákóczis Armee samt Hilfstruppen[1574] – ohne die Ratifikation der schwedischen und französischen Souveräne abzuwarten – in den Krieg gegen die Habsburger ein. Am 2. Februar 1644 setzte Rákóczi seine Armee in Weißenburg in Bewegung, die zunächst die gefrorene Theiß überquerte, dann den von seiner

---

1568 Wortlaut der auf Deutsch verfassten Instruktion Torstensons an Rebenstock vom 11. Juli in: Actes et documents, Szilágyi, S. 69–71. Siehe das Empfehlungsschreiben Torstensons für Rebenstock vom 11. Juli in: Dumont, Corps universel diplomatique, Vol. VI/1, S. 275–276. Vgl. Hudita 1927, S. 71–72, 80. Vgl. Depner, S. 153.

1569 Wortlaut der Ratifikation in: Actes et documents, Szilágyi, S. 104–110. Hudita 1927, S. 75, 80. Vgl. Depner, S. 154.

1570 Wortlaut der drei Urkunden Rebenstocks vom 16. November in: Actes et documents, Szilágyi, S. 110–112, 116–118. Fürst Rákóczi bestätigte die Bestimmungen der schwedischen Zusatzerklärung in einer eigenen Urkunde, die auch auf den 16. November 1643 datiert ist. Wortlaut in: Ebenda, S. 112–115. Vgl. Höbelt, S. 212–213.

1571 Wortlaut der auf Deutsch verfassten Denkschrift vom 18. November 1643 in: Ebenda, S. 120–127.

1572 Hudita 1927, S. 75–76. Vgl. Gemil 1979, S. 144. Vgl. Höbelt, S. 219.

1573 Dem Sultan lag viel daran, gegenüber der polnischen Seite seine uneingeschränkte Autorität über das Fürstentum Siebenbürgen zu demonstrieren, sodass er erklärte, dass weder Polen noch andere Mächte Siebenbürgen bedrohen dürften: Ciobanu 1993, S. 310–312.

1574 Der Woiwode der Moldau, Vasile Lupu, zog sein Kontingent im Sommer 1644 ab und nahm Geheimverhandlungen mit Polen und der Habsburgermonarchie auf: Butnariu 2004, S. 211.

eigenen Mannschaft gefesselten habsburgischen Stadtkommandanten von Tokaj in Empfang nahm, am 11. März Kaschau und am 16. März schließlich Sathmar besetzte[1575]. Am 17. Februar publizierte Rákóczi von der Burg Kálló aus eine Schrift, in der er die Ungarnpolitik der Habsburger verdammte[1576]. Seine Vorwürfe wiederholte er in einem Schreiben an den Kaiser, das Rákóczi am 27. März 1644 in Kaschau verfasste. Darin rechtfertigte der siebenbürgische Fürst die Eröffnung der Kriegshandlungen in Ungarn mit der andauernd feindseligen Haltung des Kaisers Siebenbürgen gegenüber, der Vereitelung aller Verständigungsversuche, der „allgemein bekannten" Unterdrückung der Religionsfreiheiten in den habsburgischen Ländern und der dort lebenden Bevölkerung. Dies habe ihn gezwungen, zum Schutz seines Landes und seines Glaubens die Waffen zu ergreifen[1577]. In Oberungarn erhoben sich zwar die protestantischen Stände gegen den König, allerdings bremsten einige zum Katholizismus konvertierten Magnaten[1578] mit ihren Privatarmeen den Vormarsch der siebenbürgischen Streitmacht nach Mähren, wo diese die kaiserliche Armee von einer größeren Aktion gegen die schwedischen Truppen abhielt[1579]. Da Torstenson 1643/1644 mit einem großen Teil der schwedischen Streitkräfte den Südosten des Reiches verlassen hatte, um gegen Dänemark Krieg zu führen, banden die siebenbürgischen Truppen starke Einheiten des Kaisers. Die im Kontext des Weißenburger Vertragsschlusses geplante Vereinigung der schwedischen Hauptarmee mit dem siebenbürgischen Heer in Mähren, die den Kaiser im Zentrum seiner Macht treffen sollte, um ihn zum Frieden zu zwingen, konnte jedoch nicht umgesetzt werden[1580].

Obwohl Rákóczis Feldzug schon angelaufen war, hatten weder Schweden noch Frankreich den Vertrag ratifiziert und umgesetzt. Beides mahnte Fürst Rákóczi in seinem Schreiben vom 20. Februar 1644 an den Diplomaten d'Avaugour an, der dem schwedischen Oberbefehlshaber Torstenson als Militärattaché Frankreichs beigeordnet war. Auch Torstenson bat d'Avaugour, sich in Paris für eine Ratifikation

---

1575 Siehe den Wortlaut der ungarischen Kapitulationsurkunde der habsburgischen Garnison Sathmars vom 16. März in: Goooss, S. 705–714. Jakob Rebenstock berichtete am 25. März 1644 aus Kaschau General Torstenson über das Vordringen der siebenbürgischen Streitkräfte und über ein Angebot des polnischen Königs, zwischen dem siebenbürgischen Fürsten und dem Kaiser zu vermitteln: Recueil de Documents, S. 78–79. Der französische Agent in Hamburg, de Meules, berichtete der französischen Gesandtschaft bei den Friedensverhandlungen in Münster gar, Pressburg und Wien würden bald vom siebenbürgischen Heer bedroht werden: Ebenda, S. 80.

1576 Höbelt, S. 219.

1577 Siehe den Wortlaut des in lateinischer Sprache verfassten Briefes in: Documenta Bohemica, S. 82–84. Der Kaiser hatte im Februar 1644 auf die Eröffnung der Feindseligkeiten durch den Fürsten von Siebenbürgen mit einer Proklamation reagiert, die auch den Zweck verfolgte, die Delegierten des westfälischen Friedenskongresses zu beeinflussen: Repgen, S. 738.

1578 Bereits bei der Thronbesteigung König Ferdinand III. im Jahr 1637 waren 74 von 99 Magnatenfamilien in Ungarn katholisch: Höbelt, S. 361–362.

1579 Zum siebenbürgischen Feldzug: Ruppert, S. 74–75. Vgl. Wilson, S. 696. Zu den im Herbst 1644 vom siebenbürgischen Heer in Mähren verursachten Verwüstungen: Kraus, Teil 1, S. 152–156.

1580 APW II B 1, S. XXX. Vgl. Depner, S. 163–164. Der französische Gesandte im Haag, La Thuillerie, berichtete dem französischen Diplomaten d'Harcourt am 11. Januar 1644, Schweden hoffe wegen seines Krieges gegen Dänemark darauf, dass Rákóczi es im Kampf gegen den Kaiser entlaste: Recueil de Documents, S. 78.

einzusetzen[1581]. Nachdem die Ratifikation des Vertrages durch die schwedische Königin Christine immer wieder hinausgeschoben worden war, hieß sie in ihrem Brief vom 12. April 1644 an den Fürsten von Siebenbürgen den Bündnisvertrag zwar gut, dessen formelle Ratifikation unterblieb jedoch[1582]. Weil Rákóczi seinen Feldzug bereits begonnen hatte, wollte sich die schwedische Krone alle Optionen offen halten und nach Bedarf – nicht aufgrund zwingender Verpflichtungen – entscheiden, ihre Versprechungen zu erfüllen. Der schwedische Reichskanzler Axel Oxenstierna betrachtete einen schwedisch-siebenbürgischen Bündnisvertrag sehr skeptisch, da er überzogene Forderungen Rákóczis an die habsburgische Seite befürchtete, die die allgemeinen Friedensverhandlungen mit dem Kaiser hätten behindern können. Ihm kam es entgegen, dass die Kopie der Ratifikation des siebenbürgischen Fürsten, die Rebenstock im November 1643 nach Schweden geschickt hatte, schwere formale Mängel aufwies[1583].

In der Ratifikationsfrage hielt sich der Pariser Hof bedeckt. Die französischen Delegierten bei den im April 1644 eröffneten Friedensverhandlungen in Münster, die drei Botschafter[1584] Heinrich II. d'Orléans, Herzog de Longueville, Claude de Mesmes, Graf d'Avaux und Abel Servien, Graf de la Roche des Aubiers[1585], vertraten die Meinung, Frankreich könne den Vertrag zwar umsetzen, jedoch ohne Ratifikati-

1581 Recueil de Documents, S. 85–86.

1582 Servien berichtete dem französischen Hof über seine Gespräche mit der schwedischen Seite in Osnabrück, in deren Verlauf Siebenbürgen eine wichtige Rolle gespielt hatte. Servien beklagte, dass es ihm nicht gelungen sei, im Vorfeld der gelante Reise Croissys nach Siebenbürgen, einen realistischen Überblick über die ausstehenden Zahlungen der schwedischen Seite an Fürst Rákóczi zu bekommen, da die schwedischen Unterhändler ihn letztlich an Torstenson verwiesen hätten, „[...] qui a fait le traitté, que la Reyne de Suède ne l'a pas ratiffié par un acte formel, mais qu'elle s'est engagée à l'exécuter par une lettre escritte audit Prince dont ilz nous ont donné la coppie que nous vous envoions [...]". Das Schreiben der schwedischen Königin Christine an den Fürsten von Siebenbürgen vom 12. April 1644 wurde als Kopie dem Brief der französischen Unterhändler in Münster, d'Avaux und Servien, an den französischen Außenstaatssekretär Brienne vom 10. September 1644 beigelegt. Da die Postkutsche überfallen wurde, legten die Unterhändler eine zweite Kopie ihrem Brief an Brienne vom 8. Oktober 1644 bei, in dem sie Fragen erörterten, die mit Form und Umfang der Vollmacht des nach Siebenbürgen zu entsendenden Croissy zusammenhingen: APW II B 1, S. XXXI, 501–504, 541–544.

1583 Während in Siebenbürgen die vollständige Version verblieb, fehlte der Kopie, die nach Schweden geschickt wurde, die Präambel: Kármán 2008, S. 76.

1584 Der Botschafter stand bereits im 17. Jahrhundert an der Spitze der diplomatischen Hierarchie (ambassadeur, legatus). Er konnte nur einen souveränen Herrscher bei einem ebenfalls souveränen Herrscher repräsentieren, z. B. den französischen König beim Kaiser. Der Botschafter wurde entsandt, wenn eine höchstrangige Vertretung eines Souveräns erforderlich schien bezüglich bestimmter, in einer Instruktion festgelegter Ziele. Zur Diskussion über Fragen der Rangordnung der Diplomaten auf dem Westfälischen Friedenskongress: Tischer 1999, S. 65–78, 91.

1585 Zu den Biografien der drei Botschafter siehe: Tischer 1999, S. 99–126. Da Longueville mit dem französischen Königshaus verwandt war, leitete er die französische Delegation. Ihm folgte im Rang d'Avaux, der Günstling der französischen Königin, sowie Servien, der Vertraute Mazarins. Deshalb gab bei den zahlreichen Streitfällen zwischen d'Avaux und Servien in der Regel Longueville den Ausschlag. Ausführlich: Cross, S. 51–55.

on[1586]. In einem langen Schreiben an den französischen Hof sprachen sich die französischen Unterhändler am 13. Mai 1644 dafür aus, den Vertrag mit dem Fürsten von Siebenbürgen nicht zu ratifizieren. Bei seiner Unterzeichnung sei kein Franzose anwesend gewesen, das Königreich Schweden werde immer an erster Stelle genannt und die Verpflichtung der französischen Krone, die Zustimmung des Sultans zum antihabsburgischen Krieg Rákóczis sicherzustellen, widerspreche der Frömmigkeit des französischen Königs. Darüber hinaus solle „der Türke" keinen Anteil an den Angelegenheiten „der Christenheit" nehmen. Deshalb empfahlen die Unterhändler, den Vertrag teilweise umzusetzen, indem Fürst Rákóczi gewisse Summen gezahlt würden, und dem Fürsten zu versichern, auch ohne schriftliche Verpflichtung seine Interessen an der Hohen Pforte zu vertreten[1587]. Die französische Königin Anna, die nach dem Tod König Ludwig XIII. am 14. Mai 1643 die Regentschaft für den vierjährigen Ludwig XIV. übernommen hatte, stimmte am 28. Mai diesen Vorschlägen zu und beauftragte den Diplomaten Antoine de Croissy, zum siebenbürgischen Hof zu reisen[1588]. Ein wichtiger Grund der französischen Weigerung, den Bündnisvertrag zu ratifizieren, stellte die Sorge dar, ein militärischer Erfolg des Fürsten von Siebenbürgen käme lediglich dem Königreich Schweden zugute, dessen Streitkräfte in Mähren und Schlesien, nahe der ungarischen Grenze, operierten.

Obwohl sich Frankreich vom Weißenburger Vertrag distanzierte, verteidigte der französische Gesandte Claude de Mesmes, Graf d'Avaux[1589], am 14. Juni 1644 vor der Frankfurter Versammlung der katholischen Reichsstände den „zwischen den Gesandten der schwedischen Krone" und dem Fürsten von Siebenbürgen geschlossenen Bündnisvertrag gegen kaiserliche Anschuldigungen, „die Franzosen und Schweden" hätten den „Türken" ins Reich gegen den Kaiser und „die gesamte Christenheit" gerufen, indem der Fürst von Siebenbürgen die Erlaubnis erhalten habe, den Kaiser in dessen Königreich Ungarn anzugreifen. Graf d'Avaux fuhr mit einer Äußerung über den Fürsten von Siebenbürgen fort:

> „C'est un prince chrestien qui a receu beaucoup de preiudice et de mauvais traittement de l'Empereur. Ce qui est dict du Turc, est une fausseté toute pure et une indignité si grande que le Roy ne croit pas que les Commissaires de l'Empereur ayent eu ordre d'escrire si insolemment. Sa Majesté n'a pas seulement sceu le traitté que les Suedois ont fait avec le Prince de Transilvanie que depuis six semaines[1590], et n'a eu aucune part en cette affaire ny

---

1586 Siehe den Brief der französischen Unterhändler an d'Avaugour vom 3. Mai 1644 in: Recueil de Documents, S. 87–88.

1587 Schreiben d'Avauxs und Serviens vom 13. Mai 1644 an Königin Anna in: APW II B 1, S. 182–192.

1588 Recueil de Documents, S. 88–89. Vgl. Schreiben der Königin an d'Avaux und Servien vom 28. Mai 1644 in: APW II B 1, S. 214–225. Croissy galt als die rechte Hand des französischen Botschafters in Münster, d'Avaux: Sonnino, S. 220–221.

1589 Zur französischen Diplomatie im Reich: Tischer 1999, S. 157–158.

1590 D'Avaux spielte damit auf das bereits erwähnte Schreiben der schwedischen Königin an den siebenbürgischen Fürsten vom 12. April 1644 an, in dem Christine den Bündnisvertrag zwar guthieß, eine formelle Ratifikation aber unterließ, was d'Avaux aber nicht wusste, da ihm der Inhalt des Schreibens erst später vorlag: APW II B 1, S. XXXI und 544.

directement ny indirectement. Mais elle l'assistera volontiers pour obliger enfin les Imperiaux d'entendre à la paix [...]"[1591].

Obwohl Graf d'Avaux eine Beteiligung des französischen Königs am Bündnisvertrag mit dem Fürsten von Siebenbürgen vehement abstritt, gab er zu, dass der Vertragsschluss mit Unterstützung der französischen Krone zustande gekommen war, um den Kaiser zum Frieden zu zwingen. Die französischen Botschafter in Münster kamen zu dem Schluss, dass ein Bündnis mit dem osmanischen Vasallen Siebenbürgen deshalb zulässig sei, weil es sich um ein christliches Land mit einem christlichen Herrscher handele, der lediglich seine Interessen verteidige, was allseits anerkannt werden solle. Paris erkannte diese Argumentation als Legitimation für ein französisch-siebenbürgisches Bündnis nicht nur an, sondern betonte, dass es die vornehmste Pflicht der französischen Krone sei, einem christlichen Fürsten zu helfen, der unter dem Osmanischen Reich zu leiden habe. In diesem Sinne erhielt der französische Gesandte bei der Hohen Pforte, de la Haye, die Weisung aus Paris, die Interessen des Fürsten gegenüber dem Sultan zu vertreten. Allerdings solle er sicherstellen, dass er den Krieg gegen den Kaiser ohne Hilfe osmanischer Truppen fortführen könne, da sich die französische Seite „vor Gott wie vor der Welt" rechtfertigen müsse, die Osmanen nicht auf die Christenheit gehetzt zu haben[1592]. Im Vordergrund der französischen Politik stand das Streben nach einem „guten und gerechten Frieden", dem sich die Mittel der französischen Diplomatie unterordnen mussten. Dazu gehörten die Bündnisse mit den protestantischen Mächten, und auch ein Zusammengehen mit dem Osmanischen Reich, dem „l'ennemy du nom crestien" legitimierte der französische Hof[1593].

Da der Fürst von Siebenbürgen dem schwedischen Oberbefehlshaber Torstenson immer offener drohte, sich mit dem Kaiser zu vergleichen[1594], falls Schweden nicht bald seine Hilfszusagen erfülle[1595], schrieb Kardinal Mazarin am 18. Juni 1644 den

---

1591 Siehe die Eingaben der kaiserlichen Kommissare an die Frankfurter Reichsversammlung vom 9. Juni 1644 und die Antwort des französischen Gesandten vom 14. Juni 1644 in: Recueil de Documents, S. 80–81. Vgl. das Schreiben d'Avauxs an Mazarin vom 22. Juli 1644 in: APW II B 1, S. 373–382.

1592 Siehe das Schreiben des französischen Staatssekretärs für auswärtige Beziehungen, Henri-Auguste de Loménie, Graf de Brienne, an die französischen Unterhändler in Münster vom 30. Juli 1644 in: Recueil de Documents, S. 83. Siehe auch: APW II B 1, S. 402.

1593 Beides rechtfertigte die französische Königin Anna in ihrem Schreiben an d'Avaux und Servien vom 28. Mai 1644: APW II B 1, S. 216. Vgl. Tischer 1999, S. 51. Zum „guten Frieden" als Kriegsziel im Westfälischen Frieden: Tischer 2006, Abschnitt 102. Ausführlich zu den Rechtfertigungsstrategien der französischen Politik gegenüber Anschuldigungen, mit den Osmanen zusammen zu arbeiten: Poumarède 1997, S. 217–246.

1594 Zu diesem Zeitpunkt war die Hohe Pforte aber noch nicht der Ansicht, dass Rákóczi mit dem Kaiser Frieden schließen solle. Vielmehr schrieb der französische Gesandte aus Konstantinopel am 7. Januar 1645 nach Münster, der Sultan habe Rákóczi bei Bedarf osmanische Hilfstruppen versprochen: Hudita 1927, S. 106, 109.

1595 Vgl. den Brief d'Avauxs und Serviens vom 16. April 1644 an Brienne in: APW II B 1, S. 93–99. Der schwedische Unterhändler in Osnabrück, Salvius, hatte während der ersten schwedisch-französischen Konferenz des Friedenskongresses, die vom 29. Juni bis 3. Juli 1644 in Münster stattfranzösischen Unterhändlern in Münster: „Nous n'avons rien á présent de plus important á désirer que la fin de cette guerre de Danemark, parce que Ragosky s'accomode [...]"[1596].

Also sah sich die französische Seite in die Pflicht genommen, dem Fürsten von Siebenbürgen über die französische Gesandtschaft in Venedig Subsidien zukommen zu lassen[1597]. Vor der Auszahlung sollte sich – nach Ansicht der Pariser Regierung – Rákóczi jedoch verpflichten, mit dem Kaiser nicht ohne die Zustimmung Frankreichs Waffenstillstand oder Frieden zu schließen[1598]. Allerdings war der französische Hof nicht bereit, dem Fürsten von Siebenbürgen ein Mitspracherecht in der Frage eines zukünftigen französisch-habsburgischen Friedensschlusses einzuräumen[1599], wenngleich die Unterhändler in Münster die Befürchtung äußerten, dieses werde bei Rákóczi Misstrauen hervorrufen und ihn dazu treiben, Sonderverhandlungen mit dem Kaiser aufzunehmen[1600]. Der französische Außenstaatssekretär Brienne[1601] blieb jedoch bei seiner Ansicht, ein Veto des siebenbürgischen Fürsten in der Frage eines französischen Friedens mit dem Kaiser nicht zu akzeptieren. Frankreich solle Rákóczi lediglich versprechen, ihn über die Vertragsverhandlungen auf dem Laufenden zu halten und Siebenbürgen in einen allgemeinen Frieden einzuschließen. Die Ungleichbehandlung der beiden Vertragspartner begründete Brienne damit, dass jener, der das Geld gebe, eine privilegiertere Position haben müsse, als jener, der das Geld empfange[1602].

Erst im September 1644 entschied sich der französische Hof, Antoine de Croissy, der sich in Münster aufhielt, nach Siebenbürgen reisen zu lassen[1603]. Am 15. Septem-

---

fand, der französischen Seite angeboten, die Hälfte der von Frankreich an Schweden zu zahlenden Subsidien dafür zu verwenden, die finanziellen Verpflichtungen Schwedens gegenüber Siebenbürgen zu begleichen, nachdem Frankreich die Auszahlung seiner nächsten Subsidienrate davon abhängig machen wollte, dass das Geld nicht gegen Dänemark, sondern gegen den Kaiser eingesetzt werde. Dazu kam es aber nicht, da Torstenson die von Frankreich geforderten Garantien nicht abgab: APW II B 1, S. XXIX. Vgl. das Schreiben von d'Avaux und Servien vom 2. Juli 1644 an Mazarin in: APW II B 1, S. 308–328.

1596 Hudita 1927, S. 93.

1597 Zu diesem Zweck erhielt der Gesandte in Venedig einen Wechsel über 100.000 Reichstaler. Schreiben Briennes an d'Avaux und Servien vom 16. Juli 1644 in: APW II B 1, S. 349. Siehe den Brief d'Avaugours an Brienne vom 17. Juli 1644 in: Recueil de Documents, S. 82–83. Vgl. den Brief Kardinal Mazarins an d'Avaux und Servien vom 15. August 1644 in: Ebenda, S. 84–85. Ebenso in: APW II B 1, S. 451–452. Vgl. Recueil de Documents, S. 94.

1598 Schreiben Briennes an d'Avaux und Servien vom 13. August 1644 in: APW II B 1, S. 436–440.

1599 Schreiben Briennes an d'Avaux und Servien vom 15. Oktober 1644 in: APW II B 1, S. 545–550.

1600 Brief von d'Avaux und Servien an Brienne vom 5. November 1644 in: APW II B 1, S. 592–603.

1601 Erst 1626 war das Amt eines „Secrétaire d'Etat aux Affaires Etrangères" geschaffen worden: Tischer 1999, S. 52. Henri-Auguste de Lomenie, Graf de Brienne (1595–1666) übte das Amt von 1643 bis 1663 aus, stand aber ganz unter dem Einfluss Mazarins: Croxton/Tischer: S. 38. Ausführlich zum langjährigen Wirken Briennes: Dictionnaire des ministres, S. 53–63. Zum Einfluss Mazarins auf die westfälischen Friedensverhandlungen: Cross, S. 51–52.

1602 Schreiben Briennes an d'Avaux und Servien vom 26. November 1644 in: APW II B 1, S. 665–671.

1603 D'Avaux und Servien hatten am 18. Juni 1644 Brienne davon abgeraten, ein Mitglied des Parlaments nach Siebenbürgen reisen zu lassen, da in diesem Land „un homme d'espée pourroit beaucoup mieux réussir qu'un homme des lettres": APW II B 1, S. 279. Vgl. Tischer 1999, S. 76.

ber stellten ihm die französischen Unterhändler in Münster eine umfangreiche Instruktion aus[1604]. Der Grund für die Verzögerung lag bei den Vorbehalten des französischen Hofes, direkt mit Fürst Rákóczi zu verhandeln, da die Gegner Frankreichs Gespräche mit dem Vasallen des Sultans als einen Versuch verurteilten, die Osmanen zu einem Angriff „auf die Christenheit" zu bewegen. Deshalb riet der Pariser Hof seinen Delegierten in Münster am 14. August, in den Antworten auf die kaiserlichen Anschuldigungen nicht den Namen Rákóczis zu erwähnen[1605].

Inzwischen war Rákóczi, der immer noch nicht die versprochenen Truppen und Gelder erhalten hatte, gezwungen, im November 1644 Friedensverhandlungen mit der habsburgischen Seite in Tyrnau aufzunehmen, da er ohne die Subsidien nur eingeschränkte Operationen durchführen konnte und er befürchtete, seine Eroberungen in Oberungarn nicht aus eigener Kraft halten zu können[1606]. Dennoch versuchte er, den Feldzug in Ungarn auch über den Winter 1644/45 fortzuführen und forderte am 9. Oktober 1644 über seinen Gesandten in Konstantinopel, der Sultan möge dem Woiwoden der Walachei verbieten, seine Truppen in die Winterquartiere abzuziehen und dem Woiwoden der Moldau befehlen, seine bereits abgezogenen Truppen wieder nach Ungarn zu entsenden[1607].

Derweil hatte Croissy Münster verlassen. Bevor er nach Siebenbürgen aufbrach, besuchte er Torstenson in dessen Feldlager am 10. November 1644. Auf die Frage Croissys, ob Schweden die im Vertrag von 1643 versprochenen Subsidien an den Fürsten von Siebenbürgen gezahlt habe, antwortete Torstenson, er habe die Zahlungen stets verschoben, in der Hoffnung, sie bei einem Treffen zwischen den schwedischen und siebenbürgischen Streitkräften nachholen zu können, woran er aber durch die kaiserliche Armee gehindert worden sei. Den französischen Plan, einen Artikel in das auszuhandelnde französisch-siebenbürgisches Bündnis aufzunehmen,

---

1604 Die Instruktion wurde aufgrund der Anweisungen des französischen Hofes vom 3. September 1644 erstellt. Croissy erhielt darin den Auftrag, dem siebenbürgischen Fürsten deutlich zu machen, dass Frankreich den Vertrag von 1643 nicht ratifizieren könne und den Abschluss eines neuen französisch-siebenbürgischen Bündnisses wünsche. Gegen die Akzeptanz des alten Vertrages stünden die Verpflichtungen Frankreichs, beim Sultan die Erlaubnis zur Kriegführung Siebenbürgens sicher zu stellen, und die Forderungen der protestantischen Stände Oberungarns gegen die Katholiken zu unterstützen. Darüber hinaus solle Croissy dem Fürsten die Verpflichtung abringen, keinen Frieden mit dem Kaiser ohne die Zustimmung Frankreichs zu schließen, aber zu vermeiden, dass Frankreich einen Frieden nur mit der Zustimmung Siebenbürgens schließen dürfe. Aufgrund der osmanischen Oberhoheit über das Fürstentum Siebenbürgen könnten Frankreichs Gegner einwenden, der Frieden innerhalb der Christenheit werde vom Votum der „Heiden" abhängig gemacht. Aus ähnlichen Gründen wurde Croissy nahegelegt, die freie Entfaltung des römisch-katholischen Glaubens für die Gebiete zu fordern, die von siebenbürgischen Truppen erobert werden sollten. Ausführlich zur Instruktion: Hudita 1927, S. 100–102. Die Instruktion wurde als Kopie dem Brief der französischen Unterhändler in Münster, d'Avaux und Servien, an den französischen Außenstaatssekretär Brienne vom 8. Oktober 1644 beigelegt: APW II B 1, S. LXXXIII und 544.

1605 Hudita 1927, S. 98.

1606 Depner, S. 153–163. Vgl. Ruppert, S. 75. Ausführlich zu den Tyrnauer Verhandlungen vom 1. November 1644 bis zum 29. März 1645: Gooss, S. 722–745.

1607 Hudita 1927, S. 108.

in dem der Schutz der Katholiken in den von Rákóczi eroberten ungarischen Gebieten festgeschrieben werden solle, beurteilte Torstenson als unrealistisch, da Rákóczi unter solchen Umständen die Fortführung des Aufstands der calvinistischen Stände Ungarns gegen die Habsburger nicht mehr gewährleisten könne. Croissy wandte ein: „ [...] l'on ne faisait point une guerre de religion mais purement politique et que l'honneur du Roy et l'interest de sa conscience prevauldroit tousjours a toutte consideration“[1608]. Obwohl Croissy einem „rein politischen“ Krieg das Wort redete, sah er Torstensons Einwand als so gewichtig an, dass er diesbezüglich die französischen Delegierten in Münster um neue Instruktionen bat[1609].

Im Januar 1645 traf Croissy in Siebenbürgen ein, wo er unverzüglich die Verhandlungen mit Fürst Rákóczi aufnahm. Während Croissy einen neuen französisch-siebenbürgischen Vertrag aushandeln sollte, hielt Rákóczi zunächst am Ziel einer vollständigen Umsetzung des Weißenburger Vertrages sowohl durch Frankreich als auch durch Schweden fest. Darüber hinaus forderte der Fürst die Erstattung von 30.000 Reichstalern, die er der Pforte für deren Zustimmung zu seinem Feldzug hatte zahlen müssen. Außerdem war der Fürst nicht bereit, von seinem Veto bezüglich eines Sonderfriedens Frankreichs oder Schwedens mit dem Kaiser abzurücken (Art. 8 des Weißenburger Vertrages)[1610]. Einen Durchbruch erreichten die Verhandlungen erst, als die kaiserlichen Truppen am 6. März 1645 bei Jankau eine herbe Niederlage gegen die Schweden erlitten[1611]. Am 29. März beendete Rákóczi die parallel seit November 1644 geführten Gespräche mit den kaiserlichen Unterhändlern in Tyrnau[1612]. Diese Verhandlungen hatte Rákóczi stets als Druckmittel gegen Croissy versucht einzusetzen[1613], obwohl ihre Erfolgsaussichten in Paris als sehr gering eingeschätzt wurden[1614].

1608 Zur Motivation der französischen Kriegsführung: Burkhardt 2000, S. 80–83.

1609 Croissy betonte, dass er nicht glaube, dass Torstenson jemals seinen finanziellen Verpflichtungen dem Fürsten gegenüber nachkommen werde. Siehe den Wortlaut des ausführlichen Berichts Croissys an die Delegierten in Münster d'Avaux und Servien vom 22. November 1644 in: Répertoire des Documents, S. 80–83. Vgl. Hudita 1927, S. 104–105.

1610 Croissy notierte über die Verhandlungsführung Rákóczis: „Il disputte toutes les silables des autres articles avec une opiniastreté incroyable et m'allègue sans cesse ou un passage de la Bible, ou un texte de droit, comme une décision dans les affaires que je traitte avec luy“. Siehe den Wortlaut des Berichts Croissys an d'Avaux und Servien vom 12. März 1645 in Répertoire des Documents, S. 85–87. Vgl. Recueil de Documents, S. 87.

1611 Zur Schlacht ausführlich: Wilson, S. 692–696. Vgl. Croxton/Tischer: S. 144.

1612 Am 14. Januar 1645 hatte im Zusammenhang mit den Tyrnauer Verhandlungen G. B. Formarini aus Linz an O. Piccolomini irrtümlicherweise gemeldet, durch die Vermittlung des Königs von Polen sei mit Rákóczi der Friede geschlossen worden. Nun müsse der Kaiser noch das letzte Wort sprechen, da „verschiedenerseits eingewendet werde, es sei des Kaisers unwürdig, mit seinem Vasallen Verträge abzuschließen, wenn überdies die Hoffnung bestanden habe, dieser werde selbst um Pardon bitten“. Gerüchte deuteten darauf hin, dass die siebenbürgischen Stände Rákóczi zum Friedensschluss gezwungen hätten, so dass der Fürst aus dem Vertrag mehr Vorteile als der Kaiser ziehen werde: Documenta Bohemica, S. 168.

1613 Depner, S. 160–166.

1614 Schreiben Briennes an d'Avaux und Servien vom 22. April 1645 in: APW II B 2, S. 288–290.

Am 22. April 1645 konnten die Verhandlungen in Munkács erfolgreich abgeschlossen werden[1615]. Ein Original des Vertrages wurde vom Fürsten, das zweite von Croissy unterzeichnet. In der Präambel wurde festgehalten, dass der Vertrag auf Wunsch des Fürsten von Siebenbürgen zustande gekommen sei und dass Frankreich diesem Wunsch entsprochen habe, um das Haus Österreich zum Frieden zu zwingen. Frankreich versprach im 1. Artikel dem Fürsten von Siebenbürgen, seinen Nachkommen und allen seinen Untertanen Schutz, falls sie von der Habsburgermonarchie oder deren Verbündeten angegriffen werden sollten. Im 2. Artikel verzichtete Frankreich auf sämtliche Ansprüche gegenüber Siebenbürgen und Ungarn. In Artikel 3 verpflichtete sich das Königreich Frankreich, der Familie Rákóczi im Falle einer Vertreibung 20.000 Reichstaler jährlich zu zahlen und im 4. Artikel dem Fürsten von Siebenbürgen im ersten Kriegsjahr 100.000 Reichstaler und in den folgenden Kriegsjahren 75.000 Reichstaler als Subsidien zu zahlen. Frankreich versprach weiterhin, in jedem Kriegsjahr 48.000 Reichstaler für die Unterhaltung von 1.500 Soldaten zur Verfügung zu stellen (Art. 5), die Fürst Rákóczi unterstellt werden sollten (Art. 13). Im Gegenzug versprach Fürst Rákóczi, den Kampf gegen den Kaiser und seine Verbündeten bis zum Abschluss eines allgemeinen Friedens („paix générale") fortzuführen (Art. 9), eine Bestimmung, die auch für seine Nachfolger gelten sollte (Art. 15). Ferner verpflichtete sich Fürst Rákóczi in Artikel 12 zur Gewähr der freien Ausübung des katholischen Glaubens sowie der Freiheiten und des Besitzstandes der katholischen Kirche in den von ihm beherrschten Gebieten. Dieselben Rechte sollten die lutherischen und die reformierten Kirchen genießen. Frankreich verpflichtete sich in Artikel 6, keinen Frieden oder Waffenstillstand mit dem Haus Österreich oder seinen Verbündeten zuungunsten des Fürsten von Siebenbürgen und seiner Nachfolger, deren Stellungnahme vorher einzuholen war, einzugehen. Auch nach dem Abschluss eines allgemeinen Friedens war Frankreich bereit, sollte Siebenbürgen von der Habsburgermonarchie angegriffen werden, für die Sicherheit des Fürstentums zu garantieren (Art. 7). Im 8. Artikel versprach Frankreich, sich für einen Frieden Siebenbürgens mit seinen Nachbarn, auch nach dem Abschluss eines allgemeinen Friedens, einzusetzen. Artikel 10 hielt fest, dass weder der Fürst von Siebenbürgen noch seine Nachfolger ohne die Zustimmung Frankreichs Frieden mit den Habsburgern schließen dürften. Erlaubt war lediglich der Abschluss eines höchstens drei Wochen langen Waffenstillstandes. Allerdings durfte der Fürst Frieden mit dem Haus Österreich schließen, falls „die Türken" es ihm verböten, den Krieg fortzuführen, und ihm, trotz seiner Bemühungen an der Hohen Pforte, mit einem Angriff drohten. Laut Artikel 11 versprach der Fürst für diese Eventualität, nichts gegen die Interessen Frankreichs oder seiner Verbündeten zu unternehmen. Frankreich verpflichtete sich, auch im Falle eines Sonderfriedens mit dem Kaiser, den Fürsten in den Abschluss eines allgemeinen Friedens einzubeziehen. Artikel 14 legte fest, dass der Munkácser Vertrag keine Auswirkungen auf den „Vertrag mit Schweden", also

---

1615 Hudita 1927, S. 109–111. Vgl. APW II B 2, S. XXVII–XXIX. Vgl. Iosipescu, S. 15. Vgl. Croxton/Tischer: S. 198.

den Weißenburger Vertrag von 1643, haben solle. Die französische Seite versprach in Artikel 16, alle Bestimmungen des Vertrages gewissenhaft umzusetzen und die Ratifikation des Munkácser Vertrages durch den französischen König vier Monate nach Vertragsunterzeichnung zu hinterlegen[1616]. Dieses geschah am 31. Juni 1645, und da Fürst Rákóczi den Vertrag schon am 22. April 1645 persönlich unterzeichnet hatte, konnte der Vertrag damit völkerrechtlich in Kraft treten[1617].

Croissy bat Kardinal Mazarin, für eine rasche Ratifikation des Vertrages durch den französischen Hof zu sorgen, um die profranzösische Partei in Siebenbürgen zu stärken, die nicht nur von der Fürstin[1618] und vom Thronfolger, sondern vor allem vom Berater des Fürsten, Johannes Bisterfeld, unterstützt werde. Der Protestant Bisterfeld sei der erklärteste Gegner der Habsburger am siebenbürgischen Hof, weshalb der Kaiser sein Vermögen in Deutschland eingezogen habe. Gegen den Widerstand der „korrupten" prohabsburgischen Räte habe es Bisterfeld verstanden, seinen Herren seit mehr als zehn Jahren auf antikaiserlichem Kurs zu halten und habe deshalb bereits zwei Reisen nach Frankreich unternommen. Vor allem weil es am siebenbürgischen Hofe Personen gäbe, „qui ne sçavent encore s'ils sont François ou Imperiaux", müsse man jene, die sich offen an die Seite Frankreichs stellten mit Gratifikationen belohnen. Croissy kündigte an, der Bitte Rákóczis zu entsprechen und nach Abschluss des Vertrages eine Zeit lang am siebenbürgischen Hof zu verweilen, da nach den Worten des Franzosen „la vie d'un conseiller á la Cour ne s'accomode pas fort bien á la Hongroise et que cet employ demande une personne d'une autre profession"[1619]. Von den französischen Delegierten in Münster erbat Croissy die Erlaubnis, Johannes Bisterfeld eine jährliche Gratifikation auszahlen zu dürfen, da er von der Fürstin und dem Kronprinzen wie ein Prophet verehrt werde und das Ohr eines Fürsten besitze, der nicht beständig sei „et qui n'est conseillé que par des personnes laches ou gaignées par l'Empereur [...]". Auf diese Weise könne sichergestellt werden, dass das Bündnis mit Siebenbürgen fortgeführt werde[1620].

Der Munkácser Vertrag basierte im Wesentlichen auf dem Weißenburger Vertrag von 1643, enthielt aber auch eine Reihe neuer Bestimmungen. Croissy hatte erreicht, dass die Subsidienleistungen der französischen Seite geringer als im Weißenburger Vertrag ausgefallen waren und dass statt einer Erwähnung der ungarischen Protestanten der Schutz der katholischen Kirche im Herrschaftsbereich des siebenbürgischen Fürsten festgeschrieben wurde. Weiterhin hatte Frankreich es vermieden, sich ausdrücklich bei der Hohen Pforte für die Genehmigung eines siebenbürgischen

---

1616 Siehe den Wortlaut des französischen Originals in: Dumont, Corps universel diplomatique, Vol. VI/1, S. 310–311. Ebenso in: Actes et documents, Szilágyi, S. 256–263. Siehe den Inhalt des Vertrages in: Hudita 1927, S. 111–113. Siehe die rumänische Übersetzung des Vertrages in: Relațiile internaționale, S. 183–188. Vgl. Condica tratatelor, S. 44.

1617 Hudita 1927, S. 118.

1618 Susanna Lórántffy, seit 1616 Gattin Georg Rákóczis, gest. 1660.

1619 Siehe den Bericht Croissys an Mazarin vom 1. Mai 1645 in: Répertoire des Documents, S. 87–89.

1620 Siehe den Bericht Croissys an d'Avaux und Servien vom 1. Mai 1645 in: Répertoire des Documents, S. 89–91.

Feldzuges gegen den Kaiser einsetzen zu müssen. Damit sollte der „Allerchristlichste König" in Paris gegen Vorwürfe der Habsburger und des Papstes[1621] abgesichert werden, er arbeite bedingungslos mit den „Heiden" und den Protestanten gegen den Kaiser zusammen. Außerdem besaß der Fürst von Siebenbürgen im 6. Artikel kein Veto mehr gegen einen Friedensschluss zwischen dem französischen König und dem Kaiser.

Ein Novum stellte auch Artikel 10 dar, der zwar eine Zustimmung Frankreichs zu einem habsburgisch-siebenbürgischen Frieden vorsah, gleichzeitig aber einer zentralen Forderung der siebenbürgischen Seite nachkam, indem er den Weg für einen Sonderfrieden des Fürsten mit dem Kaiser vorzeichnete. Damit hatte sich Rákóczi gegen fast alle Eventualitäten abgesichert[1622]. Eine zentrale Bedeutung kam den Artikeln 7 und 8 zu, da in ihnen zum ersten Mal vom Abschluss eines allgemeinen Friedens die Rede war, der den „Dreißigjährigen Krieg" beenden sollte. Dadurch, dass sich das Königreich Frankreich verpflichtete, den Fürsten von Siebenbürgen in einen solchen allgemeinen Frieden einzubeziehen, konnte sich Fürst Rákóczi eine Beteiligung an den seit April 1644 in Münster geführten Friedensverhandlungen erhoffen[1623].

Die eigentlichen Verhandlungen in Münster und Osnabrück hatten erst nach dem Austausch der Beglaubigungsschreiben zwischen den Gesandten Schwedens, Frankreichs, des Kaisers und Spaniens im Dezember 1644 begonnen. Die Vertreter Frankreichs und Schwedens setzten sich mit dem Beschluss, Einladungen an alle reichsunmittelbaren Stände zu versenden, gegen den Kaiser durch[1624]. Lange hatte sich die Hofburg gegen den Beginn der Friedensverhandlungen in Westfalen gewehrt, da sie einen Frieden nur unter „ehrenhaften" Bedingungen abschließen wollte. Dazu gehörte die habsburgische Forderung, dass der Kaiser das Reich allein völkerrechtlich vertreten sollte, also ohne Beteiligung der Reichsstände. Erst die empfindlichen militärischen Niederlagen der Jahre 1644 und 1645, das gemeinsame Vorrücken der

1621 Die Päpste Gregor XV. und Urban VIII. waren erwiesene Gegner der antihabsburgischen Feldzüge des Fürsten Gabriel Bethlen. Die Mission des ungarischen Kardinals Peter Pázmány, Erzbischof von Gran, im Auftrag des Kaisers den Eintritt des Papstes in den Dreißigjährigen Krieg an der Seite Österreichs und Spaniens zu erreichen, scheiterte 1632. Genauso scheiterte die Mission des ungarischen Bischofs Jakusics 1644/45 in Rom, der im Auftrag der ungarischen Stände und des Kaisers vom Papst finanzielle Hilfen für die Verteidigung des Königreichs Ungarn gegen den Angriff des siebenbürgischen Fürsten erbat. Dennoch duldeten die Fürsten Bethlen und Rákóczi Missionen der Jesuiten und Franziskaner in Siebenbürgen. Der Bischofsstuhl in Siebenbürgen konnte aber zwischen 1618 und 1712 nicht besetzt werden: Molnár 2004, S. 207, 218–219. Vgl. Handbuch der historischen Stätten, Siebenbürgen, S. 241.

1622 Croissy versuchte in einer Denkschrift die engen Schranken zu betonen, innerhalb derer ein Sonderfrieden für Rákóczi möglich sein sollte. Entsprechend seiner Interpretation sei der Fürst verpflichtet, eine Sonderdeklaration darüber abzugeben, welche notwendigen Interventionen er unternommen habe, um das Wohlwollen der Hohen Pforte, auch durch entsprechende Geschenke, zu erhalten: Hudita 1927, S. 114–115. Vgl. Ruppert, S. 120–121.

1623 Depner, S. 165–166.

1624 Am Westfälischen Friedenskongress nahmen bis zu 109 europäische Diplomaten teil, darüber hinaus bis zu 66 Vertreter der Reichsstände: Cross, S. 50–51.

schwedischen und siebenbürgischen Armeen auf Wien 1645 und die Kriegsmüdigkeit seiner Verbündeten im Reich zwangen den Kaiser dazu, einen „unehrenhaften" Frieden einer „unehrenhaften" Niederlage vorzuziehen[1625]. Die schwedischen Botschafter in Osnabrück, Johan Axelsson Oxenstierna, Sohn des schwedischen Reichskanzlers, und Johan Adler Salvius, schrieben im Einklang mit der Stockholmer Regierung dem siebenbürgischen Fürsten, der auf eine Teilnahme Siebenbürgens an den Friedensverhandlungen drängte, dass diese Entscheidung noch ausstehe[1626].

Am 11. Juni 1645 präsentierten die französischen und schwedischen Unterhändler in Münster und Osnabrück schriftlich ihre Friedensbedingungen[1627]. Zunächst führten nur die Schweden Fürst Rákóczi neben der Landgräfin von Hessen unter ihren Verbündeten auf, verlangten die Erfüllung seiner Forderungen und kritisierten die Franzosen für ihr Unterlassen. Erst nachdem am 14. Juni 1645 die Nachricht des Vertragsschlusses von Munkács in Münster eingetroffen war, veränderten die Franzosen die Formulierung des 14. Artikels ihrer Deklaration, indem sie den Fürsten namentlich als ihren Verbündeten anführten und für seine Vertreter einen kaiserlichen Pass verlangten[1628]. Die Delegierten des Kaisers[1629] warfen Frankreich vor, nicht ernsthaft den Frieden zu wollen, da in den Hamburger Vereinbarungen[1630] über die Verhandlungsführung in Münster und Osnabrück vom siebenbürgischen Fürsten keine Rede gewesen sei. Darüber hinaus repräsentiere der Fürst von Siebenbürgen keinen Stand des Heiligen Römischen Reiches. Man könne sich in Münster nicht mit den Angelegenheiten Ungarns befassen, betonten die kaiserlichen Vertreter, da Ungarn ein vom Reich vollkommen getrenntes Königreich sei, mit dem es nichts

1625 Kampmann macht vor allem das Streben der Kriegsparteien nach einem „ehrenhaften" Frieden für die außergewöhnlich lange Dauer des Krieges verantwortlich: Kampmann, S. 205–210.

1626 Kármán 2008, S. 98. Adler Salvius, ein Kaufmann und Vertrauter der schwedischen Königin, verfolgte auf dem Kongress eine Strategie der moderaten Forderungen an die Kriegsgegner Schwedens, weshalb er mit Johan Oxenstierna in Konflikt geriet. Salvius betonte, dass Schweden den Krieg ohne französisches Geld und deutsche Söldner nicht fortsetzen könne: Cross, S. 56–58. Nach den Friedensverhandlungen kehrte Salvius 1649 an den schwedischen Hof zurück, der ihn aufgrund seiner Verdienste 1648 zum schwedischen Reichsrat ernannt und 1651 in den Freiherrenstand erhoben hatte. Salvius verlies Stockholm aber bald mit einem neuen Auftrag, der ihn nach Hamburg führte, wo er sich dauerhaft niederlies: Droste, S. 94, 378.

1627 Zur französischen Proposition ausführlich: Tischer 1999, S. 227–238.

1628 In der Deklaration hieß es „[…] les plénipotentiaires de France déclarent qu'entre les Alliés et adhérents de deux couronnes qui sont aujourd'hui en armes conjointement avec elles, M. le Prince de Transylvanie est particulièrement compris, en conséquence de quoi les dits plénipotentiaires demandent un passeport de l'Empereur pour les Députés que le dit Sieur Prince veut envoyer en l'Assemblée. Fait á Munster le 14 juin 1645". Siehe die Erklärung des französischen Botschafters in: Recueil de Documents, S. 89. Vgl. Hudita 1927, S. 117–118. Vgl. Tischer 1999, S. 228.

1629 Die kaiserliche Delegation wurde von Maximilian Reichsgraf von und zu Trauttmansdorff-Weinsberg geleitet; darüber hinaus gehörten ihr auch die Gesandten Johann Maximilian Reichsgraf von Lamberg und Johannes Krane an: Cross, S. 59–60.

1630 Im Hamburger Vertrag vom 15./25. Dezember 1641 war festgelegt worden, dass jeder Verbündete Frankreichs oder Schwedens an den Friedensgesprächen teilnehmen könne. Darauf beriefen sich im Gegenzug auch die französischen Botschafter. Zur Teilnahme Siebenbürgens an den westfälischen Friedensverhandlungen: Kármán 2008, S. 97–111.

gemein habe („[...] Hongrie, estant un royaume hors de l'Empire avec lequel il n'a rien de commun"). Die französischen Gesandten hätten daraufhin erklärt, dass der Krieg des Fürsten von Siebenbürgen gegen den Kaiser „est aussy bien que le nostre", weshalb die Interessen des Fürsten als Verbündeter der schwedischen und französischen Kronen gemeinsam mit jenen Schwedens und Frankreichs behandelt werden müssten. Die französischen Unterhändler in Münster baten Paris um eine schnelle Ratifikation des Munkácser Vertrages, da sie sehr zufrieden mit dem Verhandlungsergebnis Croissys waren. Es sei sowohl bezüglich der Würde des Königs, der Vorteile Frankreichs als auch der Bewahrung der katholischen Religion als überaus positiv zu bewerten. Vor allem die Vereinbarung, wonach Rákóczi weder einen Waffenstillstand noch einen Frieden ohne die Zustimmung des Königs von Frankreich schließen könne, hoben die französischen Unterhändler besonders hervor. Die Unterhändler drängten Paris, eine schnelle Umsetzung aller Vertragsbestimmungen sicherzustellen, da der Fürst von Siebenbürgen von Beratern umgeben sei, die vom Kaiser korrumpiert worden seien, weshalb es ratsam sei, den einflussreichsten unter ihnen Gratifikationen zukommen zu lassen. Man solle auch Geschenke an die Fürstin und ihren Sohn in Betracht ziehen, da sie der Sache Frankreichs sehr dienlich gewesen seien. Eine rasche Aushändigung des von Croissy unterzeichneten Originals des Vertrages zusammen mit der Ratifikationsurkunde des französischen Königs sei ratsam, da Rákóczi sehr schlecht auf die Schweden zu sprechen sei, die ihm weder Soldaten noch Geld geschickt hätten, weshalb die schwedischen Unterhändler gedrängt werden sollten, die von Schweden übernommenen Verpflichtungen Siebenbürgen gegenüber zu erfüllen[1631]. Der Gesandte der Republik Venedig, Alvise Contarini, der zusammen mit dem päpstlichen Nuntius Fabio Chigi in Münster als Vermittler zwischen Frankreich und dem Kaiser auftrat[1632], war wegen des Verhaltens der Franzosen verstimmt und bat sie, nicht auf einer Teilnahme Siebenbürgens an den Verhandlungen zu bestehen. Er glaube, betonte Contarini, Rákóczi werde unter dem Deckmantel seiner Vertreter nach Münster „wahrhaftige Spione" entsenden, um den Sultan, seinen Suzerän, über die Angelegenheiten der Christen zu informie-

1631 Bericht der französischen Unterhändler aus Münster an Brienne, 18. Juni 1645 in: Répertoire des Documents, S. 91–94. Siehe den Brief von d'Avaux und Servien an Brienne vom 20. Juni 1645 in: APW II B 2, S. 451–465.

1632 Vgl. Kampmann, S. 200. In der Präambel des Vertrags von Münster wird zu Venedig festgehalten, dass es an dessen „dem öffentlichen Wohl und dem Frieden dienenden Ratschlägen in den gefahrvollsten Zeiten des christlichen Erdkreises niemals gemangelt" habe: Ziegler 2008, Westfälischer Frieden, S. 316. Contarini vermittelte auch zwischen Frankreich und Spanien: Cross, S. 59–61. Contarini und die Nuntien der Kurie beschränkten sich in Münster vor allem darauf, die Propositionen der Parteien weiterzureichen, konkrete Friedensvorschläge wurden von ihnen eher inoffiziell in die Verhandlungen eingebracht. Duchhardt konnte feststellen, dass bei der Entwicklung des völkerrechtlichen Instituts der Friedensvermittlung die Völkerrechtsliteratur des 17. Jahrhunderts der Völkerrechtspraxis eher hinterherhinkte (vor allem bei Grotius). Lediglich Pufendorf gab der Mediation eine mit der Völkerrechtspraxis einigermaßen im Einklang befindliche Bedeutung: Duchhardt 1979, S. 89–99, 115–117.

ren[1633]. Diese Äußerungen machte Contarini nicht zufällig vor dem Hintergrund der zunehmenden venezianisch-osmanischen Spannungen im östlichen Mittelmeer. Die französischen Unterhändler informierten Croissy über die Vorgänge in Münster und baten, dem Fürsten von Siebenbürgen nahezulegen, einen ihm treu ergebenen Katholiken in den Kreis seiner nach Münster zu entsendenden Vertreter aufzunehmen[1634]. Am 9. Juli 1645 sandte Kardinal Mazarin die Ratifikationsurkunde vom 30. Juni an Croissy, zusammen mit Dankesbriefen an Bisterfeld und Fürst Rákóczi, in denen er vor allem auf die Umsetzung jener Bestimmungen drängte, die die Religionsfreiheit der Katholiken betrafen[1635]. Die Lösung der Frage nach einer gleichberechtigten Teilnahme Siebenbürgens an den westfälischen Friedensverhandlungen wurde durch den Vorschlag der Franzosen vorerst aufgeschoben, man solle zuerst die genauen Vorstellungen Rákóczis einholen und sich um einen Geleitbrief des Kaisers für einen siebenbürgischen Gesandten einsetzen[1636].

Nach der Ratifizierung des Munkácser Vertrages unternahm Fürst Rákóczi im Sommer 1645 einen erneuten Feldzug ins königliche Ungarn und führte in Abstimmung mit dem schwedischen Heer einen Angriff auf Mähren und Schlesien durch, womit er den Aktionsradius des siebenbürgischen Heeres noch weiter als zu Bethlens Zeiten ausdehnen konnte. Torstenson plante, die Donau bei Krems zu überschreiten, von da aus nach Osten Richtung Wien zu marschieren, während Rákóczi bei Pressburg den Donauübertritt vornehmen und sich vor Wien mit der schwedischen Armee vereinigen sollte. Dieser Plan misslang, weil Rákóczi langsamer vorrückte als geplant und Torstensons Streitmacht, als sie vor Wien erschien, zu klein war, um die Stadt allein einzunehmen[1637].

Der Kaiser versuchte, seiner militärischen Zwangslage zwischenzeitlich mit diplomatischen Mitteln zu begegnen[1638]. Bereits im Herbst 1644 schickte der Kaiser Hermann Freiherr von Czernin als Sondergesandten nach Konstantinopel, um den Sultan davon zu überzeugen, Rákóczi die weitere Teilnahme am Krieg zu untersagen[1639].

1633 Hudita 1927, S. 118. Vgl. den Brief von d'Avaux und Servien an Rorté vom 18. Juni 1645 in: APW II B 2, S. 443–446.

1634 Schreiben der französischen Unterhändler aus Münster an Croissy, 27. Juni 1645 in: Répertoire des Documents, S. 98–100.

1635 Schreiben Mazarins an Croissy vom 9. Juli 1645 in: Répertoire des Documents, S. 100–101. Nach der Ratifikation wies der französische Hof die Auszahlung der ersten Subsidienrate an den Fürsten von Siebenbürgen an: Hudita 1927, S. 117–119.

1636 Kármán 2008, S. 101.

1637 Höfer, S. 29–30.

1638 Zuvor war am 15. März 1644 Stefan Csáky vom Kaiser mit einer Mission in Polen betraut worden. Das Vorhaben, ein polnisches Hilfsheer gegen Rákóczi zu erhalten, scheiterte nach einem halben Jahr des Verhandelns an den profranzösisch und prosiebenbürgisch eingestellten polnischen Senatoren: Hiller 1992, S. 89–93. Vgl. den Brief von d'Avaux und Servien an Mazarin vom 23. April 1644 in: APW II B 1, S. 130–135.

1639 Kurz davor war der kaiserliche Gesandte in Konstantinopel verhaftet worden. Die französische Diplomatie argwöhnte, ein Ausgleich zwischen Kaiser und Sultan könne Rákóczis Teilnahme am Krieg beeinflussen. Siehe das Schreiben von d'Avaux und Servien an den schwedischen Kanzler Oxenstierna und dessen Gesandten in Osnabrück, Salvius, vom 28. November 1644 in: APW II B 1, S. 683–684.

Der Primas von Ungarn, Erzbischof Lippay, der 1644 fast den siebenbürgischen Truppen in die Hände gefallen war, hatte Czernin sogar aufgetragen, beim Sultan die Absetzung des Calvinisten Rákóczi zu erwirken, als dessen Nachfolger er sich den in der Zips begüterten ungarischen Grafen Stefan Csáky wünschte, dessen Liebesverhältnis zu Katharina von Brandenburg die Fürstin u. a. 1630 den siebenbürgischen Thron gekostet hatte[1640]. Czernin fand an der Pforte eine für ihn günstige Interessenlage vor. Obwohl Sultan Ibrahim noch zu Jahresbeginn 1644 seine Einwilligung für einen antihabsburgischen Feldzug des siebenbürgischen Fürsten erteilt hatte, entschied er sich kurze Zeit später dafür, den habsburgisch-osmanischen Frieden von Szőny zu ratifizieren, der im März 1642 für die Dauer von 20 Jahren geschlossen worden war. Czernin gelang es, den Sultan davon zu überzeugen, dass die noch ausstehende Ratifikation des Kaisers bald erfolgen werde[1641]. In den Verhandlungen, die im November 1644 zwischen dem Sultan und Czernin begannen, bot der kaiserliche Gesandte für die Neutralität des Osmanischen Reiches und Siebenbürgens jene sieben oberungarischen Komitate an, die Fürst Bethlen bereits zwei Jahrzehnte zuvor erhalten hatte, und die nun auch an Fürst Rákóczi als persönlicher Besitz verliehen werden sollten[1642]. Der Sultan schien geneigt zu sein, das Angebot anzunehmen. Fürst Rákóczi hatte ihm bereits für den Fall einer Eroberung Oberungarns 20.000 Golddukaten als Jahrestribut versprochen. Daraufhin hatte die Hohe Pforte dem Fürsten mitteilen lassen, dass er nach der ersten Jahresrate das Verleihungsdiplom für Oberungarn erhalten werde. Auch wenn es in diesem Fall nicht ganz Oberungarn betreffen und Rákóczi das Lehen aus der Hand des Königs von Ungarn empfangen sollte, sah der Sultan immer noch die Möglichkeit, sich den Machtzuwachs seines Vasallen durch eine Erhöhung des siebenbürgischen Jahrestributes vergolden zu lassen[1643]. Diese habsburgisch-osmanische Verständigung steht exemplarisch für die eingeschränkte Souveränität des Fürsten von Siebenbürgen.

Im Grunde kam diese Verhandlungslösung zustande, weil einerseits der Kaiser durch den Dreißigjährigen Krieg in Deutschland gebunden war, der Sultan andererseits seine außenpolitischen Prioritäten änderte. Im Januar 1644 hatte er seinen fähigen Großwesir Kara Mustafa Kemankeş Pascha töten lassen, dessen Nachfolger an der Erhaltung des Friedens in Ungarn und guten Beziehungen zu Polen interessiert war, zumal ein Landkrieg die Macht der Janitscharen in Konstantinopel weiter zulasten der Hohen Pforte vergrößert hätte. Ein Zwischenfall im östlichen Mittelmeer diente als Anlass dafür, dass zeitgleich mit Czernins Gesprächen an der Pforte im Frühjahr 1645 der vom Großwesir gewünschte Krieg gegen Venedig beschlossen wurde[1644]. Als am 24. Juni 1645 der Feldzug mit einer großen Landung osmanischer

1640 Georg Lippay profilierte sich ab 1638 in seiner Eigenschaft als ungarischer Hofkanzler und ab 1642 als in Tyrnau residierender Erzbischof von Gran als machtbewusster Politiker: Höbelt, S. 220, 362–363.

1641 Hiller 1998, S. 401. Vgl. Wilson, S. 697.

1642 Hiller 1998, S. 400–401. Vgl. Hudita 1927, S. 106.

1643 Köhbach 1984, S. 239–240. Vgl. Höbelt, S. 235.

1644 Höfer, S. 29–30. Vgl. Höbelt, S. 219–220.

Truppen auf Kreta begann, erhielt Rákóczi den Befehl des Sultans, unverzüglich die Kampfhandlungen gegen die Habsburgermonarchie einzustellen. Drei Boten des Paschas von Ofen überbrachten dem Fürsten im Sommer 1645 immer deutlichere Aufforderungen, mit seinem Heer nach Siebenbürgen zurückzukehren[1645]. Im August beschuldigte der neue Großwesir Semiz Mehmet Pascha den siebenbürgischen Fürsten, seine Kompetenzen als osmanischer Vasall überschritten zu haben. Der Großwesir bestritt das Recht des siebenbürgischen Fürsten, völkerrechtliche Verträge mit fremden Mächten ohne die Zustimmung des Sultans abzuschließen. Diese Äußerung bezog sich auf die antihabsburgischen Bündnisverträge Siebenbürgens mit Schweden und Frankreich, die eine Erneuerung des habsburgisch-osmanischen Friedens und die Neutralität Wiens im beginnenden osmanisch-venezianischen Krieg gefährdeten[1646]. Darüber hinaus fürchtete die Hohe Pforte, dass sie aufgrund ihres Engagements im Mittelmeerraum nicht in der Lage sein würde, den Machtgewinn des siebenbürgischen Fürsten einzuhegen und die Einhaltung des vom Sultan vorgegebenen außenpolitischen Rahmens durch den Fürsten kontrollieren zu können[1647].

b. Vom Linzer zum Westfälischen Frieden 1645–1648

Als Fürst Rákóczi die ersten osmanischen Rückzugsbefehle erreichten, nahm er im Juni 1645 die im März abgebrochenen Tyrnauer Friedensverhandlungen wieder auf[1648]. Sein Ziel bestand darin, durch schnelle militärische Erfolge den Preis für einen Frieden mit dem Kaiser so hoch wie möglich zu schrauben und gleichzeitig den Sultan so lange wie möglich hinzuhalten. Da sich ein Ende des schwedisch-dänischen Krieges abzeichnete, war der Kaiser sehr daran interessiert, mit Siebenbürgen so schnell wie möglich Frieden zu schließen, um seine Truppen ganz dem erwarteten schwedischen Großangriff entgegenwerfen zu können[1649]. Bereits zu Jahresbeginn 1645 hatte der Kaiser die Stellungnahme der Mitglieder seines Geheimen Rates zur Frage eingeholt, wie am schnellsten der Friede hergestellt werden könne. Dabei stimmten fast alle Räte darin überein, so rasch wie möglich einen Sonderfrieden mit dem Fürsten von Siebenbürgen erreichen zu müssen, um sich auf die beiden Hauptziele konzentrieren zu können: die Rettung der alten Stellung des Kaisers im Reich und die Behauptung seiner Machtposition in den habsburgischen Ländern des Reiches[1650]. Konzessionen in Ungarn erschienen vor diesem Hintergrund als ein geringeres Übel. Obwohl im kaiserlichen Umfeld gelästert wurde, Czernin habe

1645 Höbelt, S. 236.

1646 Felezeu 2005, Cadrul politic internațional, S. 40.

1647 Ruppert, S. 119–121. Vgl. Depner, S. 155–177.

1648 Zu den habsburgisch-siebenbürgischen Verhandlungen zwischen Juni und August 1645 ausführlich: Gooss, S. 747–759.

1649 Der schwedisch-dänische Krieg (1643–1645) wurde am 13. August 1645 durch den Frieden von Brömsebro, der vor allem von französischen Diplomaten vermittelt wurde, beendet: Croxton/Tischer: S. 38.

1650 Auer 1998, S. 153–154, 172.

„seines herrn reputation an der porten prostituirt", war Ferdinand III. mit dem Verhandlungsergebnis seines Gesandten überaus zufrieden, da er dadurch seine Handlungsfreiheit im Osten der Habsburgermonarchie in absehbarer Zeit wiedererlangen konnte[1651].

Je schneller die schwedisch-siebenbürgischen Truppen im Sommer 1645 durch Mähren Richtung Wien marschierten und je enger der protestantische Belagerungsring um Brünn gezogen wurde, desto eher musste der Kaiser dem Fürsten in den parallel verlaufenden Verhandlungen ein Angebot unterbreiten, das dieser nicht abschlagen konnte. Rákóczi verhandelte gleichzeitig mit den Schweden, von denen er mehr Subsidien forderte, und den Habsburgern, die ihm zusätzlich zu den bereits erwähnten sieben oberungarischen Komitaten mehrere Güter abtreten sollten, für die sie ihnen ergebene Magnatenfamilien, wie die Esterházys, Csákys und Homonnais, hätten entschädigen müssen[1652].

Am 8. August 1645 stellte Kaiser Ferdinand III. in Wien eine Präliminarassekuration betreffend die Privatforderungen Rákóczis und die Religionsfreiheiten in Ungarn aus. In seiner ersten Urkunde verpflichtete sich Ferdinand III., die sieben oberungarischen Komitate, die schon Gabriel Bethlen auf Lebenszeit besessen hatte, nun auch an Fürst Rákóczi zu den gleichen Konditionen zu verleihen[1653]. Allerdings sollten die Komitate Szabolcs und Sathmar auch an die Nachkommen Fürst Rákóczis auf Lebenszeit übergehen, sofern sie den Fürstenthron besteigen sollten. Für die Zugehörigkeit der ostungarischen *Partes adnexae* zum Fürstentum Siebenbürgen wurde ebenfalls eine königliche Garantie erwirkt. Schließlich verlieh König Ferdinand III. weitere Besitzungen im Königreich Ungarn an Fürst Rákóczi, womit dieser für seine Person die Magnatenwürde und damit Sitz und Stimme im ungarischen Reichstag erhielt[1654]. Sollte der Fürst von der Hohen Pforte angegriffen werden, so musste ihm der König Beistand und Schutz gewähren[1655]. In einer zweiten Urkunde, die ebenfalls am 8. August in Wien ausgestellt wurde, bestätigte der ungarische König alle im Wiener Frieden festgelegten Religionsfreiheiten der ungarischen Stände. Darüber hinaus wurden die Religionsfreiheiten auch auf die abhängigen Bauern ausgedehnt. Demnach konnten sie, unabhängig von der Konfession ihres Grundherren, ihr Bekenntnis selbst bestimmen. Bislang waren nach den Bestimmungen des Wiener Friedens von 1606, die durch den Pressburger Reichstag von 1608 bestätigt worden waren, nur ungarische Adlige, die ungarischen Grenztruppen sowie die königlichen Freistädte und Marktstädte in den Genuss der freien Ausübung ihrer

1651 Höbelt, S. 235.

1652 Höbelt, S. 236–237.

1653 Es handelte sich um die Komitate Abaúj, Zemplén, Borsod, Bereg, Ugocsa, Szabolcs und Sathmar. Vgl. Depner, S. 175–176.

1654 Rákóczi erhielt die Distrikte von Tokaj, Tarcal und Regecz. Darüber hinaus sollten Stadt und Festung Sathmar-Németi einen Teil des Fürstentums Siebenbürgen bilden, solange die Dynastie der Rákóczi das Fürstentum regierte.

1655 Wortlaut in: Gooss, S. 765–769.

Konfession gekommen[1656]. Nachdem die Rechte der Protestanten ausgebaut werden konnten, wurde festgelegt, dass alle nicht geklärten Fragen betreffend die Stände des Königreichs Ungarn auf einem kurz darauf folgenden Reichstag zu behandeln seien. Zuletzt sicherte der König allen Untertanen im Königreich Ungarn Generalamnestie und Güterrückgabe zu[1657].

Angesichts der immer bedrohlicher werdenden Aufforderungen der Hohen Pforte, den Krieg gegen den Kaiser zu beenden, konnte Rákóczi den habsburgischen Vorschlag nicht mehr ablehnen, zumal am 15. August 1645 die Erstürmung Brünns durch schwedische und siebenbürgische Truppen scheiterte. Als Rákóczi seine Truppen am 18. August von Brünn abzog, waren seine schwedischen Verbündeten schockiert, da die Kehrtwende des Fürsten die Aufgabe der Belagerung Brünns bedeutete[1658]. Von seinem Entschluss konnte ihn auch der nach Mähren geschickte französische Gesandte Croissy nicht abhalten, der im Namen Kardinal Mazarins versprach, die Zustimmung der Hohen Pforte für den Verbleib Siebenbürgens im Krieg unverzüglich einzuholen[1659]. Auch ein Versuch des französischen Gesandten bei der Hohen Pforte, Jean de la Haye, die Genehmigung des Großwesirs für die Fortführung des Krieges durch Rákóczi zu erhalten, scheiterte am „schlechten Eindruck" den „das Bündnis der Schweden mit Rákóczi auf den Sultan gemacht habe", der durch Briefe des Paschas von Ofen an den Sultan verstärkt worden sei[1660]. Schließlich setzte sich Rákóczi auch gegen Widerstände in seinem persönlichen Umfeld durch, die einen Bruch mit den westlichen Verbündeten kritisch sahen. Sein jüngerer Sohn, Sigismund Rákóczi, bezweifelte die lange Dauer eines siebenbürgisch-habsburgischen Friedens und mahnte an, zwischen zwei Stühlen bliebe Siebenbürgen auf dem Boden[1661].

Nachdem sich das siebenbürgische Heer vom schwedischen am 16. August getrennt hatte, wurde Fürst Rákóczi am 20. August im mährischen Eisgrub vom schwedischen Generalissimus Torstenson empfangen. In Anwesenheit des französischen Gesandten Croissy, des Landgrafen von Hessen und des Herzogs von Württemberg begründete der siebenbürgische Fürst eingehend seinen Entschluss, mit dem Kaiser

---

1656 Der Pressburger Reichstag hatte 1608 die Religionsfreiheit auch auf die Dörfer im Königreich Ungarn ausgedehnt, nicht aber auf den individuellen Bauern: Tóth 2007, Religiöser Fundamentalismus, S. 282–283. Vgl. Molnár 2004, S. 199. Vgl. Winkelbauer, Bd. 2, S. 80.

1657 Wortlaut in: Gooss, S. 769–770.

1658 Die 6.000 etwas undiszipliniert agierenden Soldaten des siebenbürgischen Generals Gabriel Bákos wurden vor Brünn am 9. Juli durch weitere Truppen und Artillerieeinheiten verstärkt, die vom Sohn des Fürsten, Sigismund, befehligt wurden. Die Belagerung Brünns vom 5. Mai bis 19. August 1645 brachte den schwedischen und siebenbürgischen Truppen einen Verlust von 8.000 Mann ein: Croxton/Tischer: S. 40. Vgl. Wilson, S. 697.

1659 Siehe den ausführlichen Bericht Croissys, den er Ende August 1645 aus Mähren an Mazarin geschickt hatte in: Répertoire des Documents, S. 106–109.

1660 De la Haye empfahl dringend die Entsendung eines schwedischen Gesandten nach Konstantinopel. Siehe die Schreiben de la Hayes an Croissy vom 22. Juli und 18. August 1645 in: Recueil de Documents, S. 90–92.

1661 Dies schrieb Sigismund am 7. August 1645 aus dem Lager Lampersdorf an Susanna Lorántffy. Vgl. Kármán 1998, S. 41, 83.

Frieden zu schließen, vor allem durch den Hinweis auf die Haltung der Hohen Pforte[1662]. Am 22. August 1645 stellte Rákóczi seine Friedensurkunde aus, die er noch am selben Tag in seinem Feldlager bei Lampersdorf der kaiserlichen Delegation aushändigte, worauf der Frieden mit Trompeten verkündet wurde[1663]. In seiner Urkunde verpflichtete sich Rákóczi, die Kampfhandlungen gegen das Haus Habsburg endgültig einzustellen, seine Truppen aus dem Königreich Ungarn abzuziehen und die ihm nicht zugesprochenen Gebiete zu räumen, das Bündnis mit den Königreichen Schweden und Frankreich zu beenden und sich nicht mehr in die Angelegenheiten des Königreichs Ungarn einzumischen[1664].

Die Ratifikation des Vertragswerkes erfolgte am 20. Oktober 1645 durch Fürst Georg I. Rákóczi in Weißenburg[1665] und am 16. Dezember 1645 durch Kaiser Ferdinand III. in Linz[1666], weshalb sich die Bezeichnung „Linzer Friede" einbürgerte. Um den Frieden durch die ungarischen Stände ratifizieren zu lassen, wurde, wie im Vertrag vorgesehen, der Reichstag am 24. August 1646 nach Pressburg einberufen, wo er bis zum 17. Juni 1647 tagte und damit als längster ungarischer Reichstag der Frühen Neuzeit in die Geschichte einging. Auf größten Widerstand stießen bei den katholischen Adligen die persönliche Glaubensfreiheit der Bauern und die Rückgabe konfiszierter protestantischer Kirchen, so dass diese Themen zu einer Spaltung der katholischen Reichstagsmitglieder führten. Zähe Verhandlungen führten schließlich dazu, dass der Linzer Vertrag vom ungarischen Reichstag am 22. Oktober 1646 ratifiziert und am 17. Juni 1647 in die Reichsgesetze aufgenommen wurde[1667]. Nun kehrten die sieben oberungarischen Komitate wieder in den Herrschaftsbereich des siebenbürgischen Fürsten – für die Dauer seiner Lebenszeit – zurück, nachdem sie 1629 mit Bethlens Tod gemäß dem Pressburger Frieden an das Königreich Ungarn zurückgefallen waren. Zwei der sieben Komitate, Szabolcs und Sathmar, konnten an Rákóczis Sohn zu den gleichen Konditionen verliehen werden, falls er seinem Vater als Fürst nachfolgen sollte[1668]. Der Linzer Friede übernahm viele Bestimmungen der

---

1662 Siehe den Brief Croissys an Kardinal Mazarin vom Ende August 1645 in: Répertoire des Documents, S. 106–109.

1663 Gooss, S. 761. Vgl. Condica tratatelor, S. 44.

1664 Wortlaut in: Gooss, S. 770–771. Vgl. Depner, S. 175–176.

1665 Wortlaut in: Gooss, S. 772. Ebenso in: Dumont, Corps universel diplomatique, Vol. VI/1, S. 348–350. Dumont gibt fälschlicherweise das Jahr 1646 als Datum der Ratifikation an. Vgl. Gooss, S. 719.

1666 Wortlaut der auf Latein abgefassten kaiserlichen Ratifikation in: Gooss, S. 772–782. Ebenso in: Dumont, Corps universel diplomatique, Vol. VI/1, S. 329–331. Kaiser Ferdinand III. stellte am 16. Dezember 1645 in Linz auch einen Amnestieerlass aus. Wortlaut in: Gooss, S. 782–784. Ebenso in: Dumont, Corps universel diplomatique, Vol. VI/1, S. 331–332. Vgl. Condica tratatelor, S. 44. Vgl. Croxton/Tischer: S. 169.

1667 Péter 1991, S. 262–266. Von den 400 Kirchen, die die Protestanten zurückforderten, wurden lediglich 90 restituiert: Höbelt, S. 364. Vgl. Tóth 2005, Reformation und katholische Erneuerung, S. 312.

1668 Am 18. Januar 1648 wurde in Eperies eine habsburgisch-siebenbürgische Vereinbarung über die Durchführung einiger Bestimmungen des Linzer Friedens geschlossen. Auf denselben Tag bzw. auf den 27. Januar und 20. März 1648 sind eine Versicherung der siebenbürgischen Kommissare, eine Eidesformel der Komitatsbeamten sowie eine Versicherungserklärung der siebenbürgischen vorherigen siebenbürgisch-habsburgischen Verträge. Beide Seiten sicherten sich Beistand gegen die Hohe Pforte zu, gegenseitige Nichteinmischung wurde gelobt und es wurden alle Bestimmungen des Wiener Friedens von 1606 bezüglich der ständischen Rechte im Königreich Ungarn bekräftigt. Die Gleichheit der Vertragspartner widerspiegelte sich – wie im Jahre 1606 – im Linzer Vertrag. Etwas Neues bedeutete die Zusicherung der Habsburgermonarchie, im Königreich Ungarn die Religionsfreiheit auch für die nicht privilegierte Bevölkerung zuzulassen. Damit wurde der seit dem Augsburger Religionsfrieden von 1555 praktizierte Grundsatz *cuius regio, eius religio* für das Königreich Ungarn aufgehoben[1669].

Der Abschluss des Linzer Friedens und das Ausscheiden Siebenbürgens aus der antihabsburgischen Koalition führten zu heftiger Kritik auf der französischen und schwedischen Seite, die nun nicht mehr verpflichtet waren, Vertretern des siebenbürgischen Fürsten den Status von bevollmächtigten, mit allen Rechten an den Friedensverhandlungen teilnehmenden Gesandten zu garantieren. Diese Entwicklung kam der habsburgischen Seite sehr entgegen, da eine gleichberechtigte Teilnahme Siebenbürgens an den Friedensverhandlungen die Forderungen Frankreichs nach Teilnahme Portugals unterstützt hätte, dessen wiederhergestellte Unabhängigkeit von 1640 von den Habsburgern nicht anerkannt wurde[1670]. Anders als im Falle Portugals spielten bezüglich Siebenbürgen dessen Zugehörigkeit zum Herrschaftsbereich des Sultans und damit einhergehende kulturelle Konnotationen eine wesentliche Rolle. Die Stereotypen, die über Siebenbürgen im westlichen Europa zirkulierten, waren nicht nur auf der habsburgischen Seite, sondern auch bei den Verbündeten Frankreich und Schweden anzutreffen. Bereits 1642, als der Vorschlag einer Allianz mit Siebenbürgen beim schwedischen Kanzler Axel Oxenstierna auf dem Tisch lag, bemerkte dieser, eine Zusammenarbeit mit jenem fernen Land und seinen „barbarischen Einwohnern", die „nur halbwegs als Christen bezeichnet" werden könnten, erscheine ihm sehr riskant. Einer der Gastgeber des Friedenskongresses, Franz Wilhelm von Wartenberg, Bischof von Osnabrück, notierte in sein Tagebuch, die Einladung des Fürsten von Siebenbürgen zum westfälischen Friedenskongress komme einer Teilnahme des Sultans gleich, zumal Rákóczi eigentlich ein „Halb-Türke" sei[1671]. Damit wurde das Hauptproblem der Einbeziehung Siebenbürgens in die Verhandlungen angesprochen: das Verhältnis des Osmanischen Reiches zum europäischen Staatensystem der Frühen Neuzeit. Die Verstrickung des Osmanischen Reiches in andere auswärtige Konflikte, aber auch innere Unruhen hatten den Sultan von einer aktiven Teilnahme am Dreißigjährigen Krieg abgehalten. Deshalb kamen Frankreich und Schweden nicht in die Verlegenheit, sich mit den öffentlichen Auswirkungen eines möglichen

Stände datiert, die sich auf die sieben oberungarischen Komitate bezogen, die Rákóczi auf Lebenszeit verliehen worden waren: Gooss, S. 796–805.

1669 Péter 1991, S. 262–263. Vgl. Czettler, S. 115.

1670 Vgl. das Schreiben Briennes an d'Avaux und Servien vom 26. November 1644 in: APW II B 1, S. 665–671. Portugal schloss bereits 1641 in Den Haag Frieden mit den Niederlanden. Vgl. Fahl, S. 126–127.

1671 Kármán 2008, S. 110.

Bündnisses mit dem Sultan auseinandersetzen zu müssen. Der Präzedenzfall, die Zusammenarbeit zwischen dem französischen König Franz I. und Sultan Süleyman dem Prächtigen gegen die Habsburger in der ersten Hälfte des 16. Jahrhunderts, war in Europa nicht vergessen. Dass Siebenbürgen, neben der Stadtrepublik Ragusa, der einzige christliche Vasallenstaat des Osmanischen Reiches war, der dem abendländischen Kulturkreis angehörte, kam nur gelegentlich in den öffentlichen Debatten zur Sprache. Bemerkenswerterweise führten weniger die protestantischen schwedischen, sondern vor allem die katholischen französischen Diplomaten Diskussionen, warum das – mehrheitlich protestantische – Fürstentum Siebenbürgen, obwohl es ein Vasallenstaat des Osmanischen Reiches sei, trotzdem das Recht habe, seine Interessen als Staat zu verteidigen. Die Debatten über rechtliche und politische Aspekte der osmanischen Oberherrschaft über Siebenbürgen vermischten sich mit den bereits erwähnten Stereotypen, die über das Land im westlichen Europa zirkulierten, und trugen auch dazu bei, dass weder Frankreich noch Schweden bereit waren, mit dem Fürsten von Siebenbürgen auf Augenhöhe zu verhandeln. Nach dem Sonderfrieden Rákóczis mit dem Kaiser wurden Vorwürfe der Vertragsbrüchigkeit, notorischen Unzuverlässigkeit und Doppelzüngigkeit auf der schwedischen und französischen Seite in Richtung des Fürsten laut, die sich mit allgemeinen westlichen Vorstellungen über „Orientalen" oder „Levantiner" deckten. Als die französischen Unterhändler in Münster die Regierung in Paris um Rat baten, welche Rolle man dem siebenbürgischen Fürsten auf dem westfälischen Friedenskongress zukommen lassen solle schrieben sie: „Il dict que c'estoit un prince avare et peu fidelle qui n'avoit autre dessein que d'avoir de l'argent et non pas de s'attacher au bon parti"[1672]. Diese Vorstellungen korrespondierten mit den Vorwürfen, denen die Fürsten von Siebenbürgen seit Jahrzehnten vonseiten der Habsburgermonarchie ausgesetzt waren[1673], und die französische und schwedische Diplomaten bestätigt sahen, als sie in den 1630er Jahren vergeblich mit Fürst Rákóczi über dessen Teilnahme am Dreißigjährigen Krieg verhandelt hatten. Misstrauen und der Mangel an Vertrauen überschritten das übliche Maß, das in den internationalen Beziehungen der Frühen Neuzeit üblich war und erwiesen sich zum Teil als berechtigt, zum Teil aber als sich selbsterfüllende Prophezeiung. Frankreichs Befürchtungen, seine Subsidien könnten wirkungslos versickern, waren so stark, dass die Auszahlung der Subsidien an den Fürsten entweder ganz unterblieb oder an immer neue Bedingungen geknüpft und hinausgezögert wurde[1674].

1672 Longueville, d'Avaux und Servien an Brienne, 7. April 1646 in: APW II B 3/2, S. 695–699.

1673 Das Bild der „türkenfreundlichen", vertragsbrüchigen und unzuverlässigen siebenbürgischen Fürsten Gabriel Bethlen und Georg I. Rákóczi findet seinen Niederschlag in der deutschsprachigen Historiografie vor allem im 1937 erschienenen Band „Die Habsburger und die Stefanskrone": Brandis, S. 132–135. Siehe vor allem auf S. 135: „Der einzige ‚Erfolg', den die Fürsten von Siebenbürgen beim König zu buchen hatten, war die leider gründliche Diskreditierung der Treue und Verläßlichkeit der Nation, also leisteten sie dieser wirklich keinen guten Dienst."

1674 Ausführlich Kármán 2008, S. 99–111. Angehörige der ungarischen Eliten, die in protestantische Länder, wie zum Beispiel Brandenburg oder England, reisten, konnten einerseits über das vor Ort vorhandene Wissen über die „Mission" Ungarns und Siebenbürgens als „Bollwerke des Abendlandes" berichten, andererseits auch über die Wahrnehmung ihrer Landsleute in west-

Der französische Außenstaatssekretär Brienne drückte die Haltung des Pariser Hofes gegenüber Rákóczi im Vorfeld des Abschlusses des westfälischen Friedenskongresses folgendermaßen aus:

> „la légèreté de l'esprist de ce prince donne tousjours des inquiétudes. Aysément il prend les armes, avec la mesme facilité il les pose, parce que son but n'est que d'obtenir quelque comté en la Hongrie, ou quelque liberté en l'exercise de la religion pour les Calvinistes schismatiques dont il fait profession, et l'Empereur est assez libéral de ces choses [...] et de s'estre fait voir seulement en campagne luy donne lieu de demander de l'argent, et d'estre compris dans le traitté général comme allié"[1675].

Der schwedische Hof weigerte sich, den Weißenburger Vertrag überhaupt zu ratifizieren. Beides lieferte Rákóczi wichtige Argumente, den Sonderfrieden von Linz zu rechtfertigen[1676].

Die französische Regierung musste zugeben, dass die Allianz mit dem siebenbürgischen Fürsten auch gescheitert war, weil dessen Abhängigkeit von der Hohen Pforte von der französischen Diplomatie falsch eingeschätzt worden war[1677], ein Fehler, den die kaiserliche Seite nicht begangen hatte. Sie hatte den Freiherrn von Czernin gezielt nach Konstantinopel gesandt, um über die Hohe Pforte Rákóczis Engagement im Dreißigjährigen Krieg auszuhebeln.

Croissy wollte sich mit dem Ende der schwedisch-französisch-siebenbürgischen Allianz nicht abfinden und hoffte, durch eine Reise zur Hohen Pforte, die Zustimmung des Sultans für den Wiedereintritt Siebenbürgens in den Krieg zu erlangen. Die französischen Unterhändler in Münster sahen das Projekt kritischer und empfahlen ihrem König, zunächst mit Rákóczi alle Details – vor allem die finanziellen – bezüglich einer Wiederaufnahme seines Feldzuges in Ungarn zu klären, und dann Croissy zusammen mit einem schwedischen Gesandten nach Konstantinopel zu beordern[1678]. Eine Vollmacht der schwedischen Königin für Croissy, wie von diesem

---

lichen Ländern als fremd, wild und barbarisch. Oft suchten diese Reisenden nach Vergleichspunkten, wie zum Beispiel Ladislaus Cseffei, der während seines England-Aufenthalts notierte, die englischen Städte und Dörfer erinnerten ihn an jene der „unter uns lebenden Sachsen". Der 1657 durch Ungarn und Siebenbürgen reisende schwedische Diplomat Claes Rålamb spottete über die fehlende Repräsentation der örtlichen Eliten im Sinne einer Zurschaustellung barocker Kultur: Kármán 2010, S. 559–563.

1675 Brienne an Longueville, d'Avaux und Servien, 21. September 1646 in: APW II B 4, S. 460–463.

1676 Kármán 2008, S. 99–111.

1677 Der französische Außenstaatssekretär Brienne wandte ein, er habe den Befehl der Hohen Pforte als nicht so dringlich angesehen, als dass der Fürst zum Friedensschluss mit dem Kaiser gezwungen sei. Der französische Gesandte in Konstantinopel, de La Haye, habe den Großwesir zumindest in diesem Sinne verstanden. Brienne interpretierte die Reaktion des Sultans als Ausdruck seiner Furcht, parallel zum Krieg mit Venedig auch in Ungarn kämpfen zu müssen. Dass der Kaiser dazu ohnehin nicht in der Lage sei, wisse der Sultan jedoch nicht („[...] mais le Grand-Seigneur n'a pas assez de connoissance des affaires de la chrestienté pour en juger comme nous"): Schreiben Briennes an Longueville, d'Avaux und Servien vom 28. Oktober 1645 in: APW II B 2, S. 782–784.

1678 Auch Brienne bezweifelte einen möglichen Erfolg der von Croissy geplanten Mission und sah die Chancen für eine Wiederaufnahme der Kriegshandlungen durch Rákóczi als sehr gering an, vorgeschlagen, sahen die Unterhändler als nicht ausreichend an. Vorzugsweise solle der Gesandte „Suedois de nation" sein[1679]. Anders als Frankreich, Venedig, das Heilige Römische Reich, England und – seit 1610 – auch die Niederlande unterhielt Schweden keine ständige Gesandtschaft an der Hohen Pforte. Grundsätzlich und insbesondere im Kontext des Dreißigjährigen Krieges bestanden am schwedischen Hof auch große Vorbehalte gegen die Entsendung von Sondervertretern an den Hof des „Erzfeindes der Christenheit"; die Sondergesandtschaft Rebenstocks im Dezember 1643 stellte eine Ausnahme dar. Daran konnte auch das Drängen der französischen und siebenbürgischen Diplomaten nichts ändern[1680].

In einer Denkschrift an die französischen Unterhändler in Münster beschwerte sich Croissy darüber, dass sich Rákóczi auf die Artikel 10 und 11 des Vertrages von Munkács nur aus formellen Gründen berufen habe, um mit dem Kaiser einen so vorteilhaften Frieden abzuschließen, wie ihn kein Fürst von Siebenbürgen je unterzeichnet habe. Rákóczi habe nur 15 Tage nach Abschluss des Munkácser Vertrages den kaiserlichen Gesandten empfangen und sei danach mit ihm ständig in Kontakt geblieben. Weiterhin habe Rákóczi nur den Befehl der Pforte erhalten, sich von den Schweden zu trennen, von einem Friedensschluss mit dem Kaiser sei nicht ausdrücklich die Rede gewesen. Es habe die Hoffnung bestanden, diesen Befehl rückgängig zu machen, wenn schwedisch-osmanische Verhandlungen zustande gekommen wären. Die Berufung Rákóczis auf Artikel 10, wonach ein osmanischer Angriff auf Siebenbürgen im Falle der Nichtbeachtung des Befehls der Hohen Pforte bevorgestanden hätte, fand Croissy abwegig. Die von Rákóczi erwähnten 2.000 osmanischen Soldaten an den Grenzen Siebenbürgens hätten nichts bewirken können, da nur 1.200 siebenbürgische Soldaten vonnöten gewesen wären, um die gut geschützten Pässe Siebenbürgens, das vollkommen von hohen Bergen umgeben sei, zu verteidigen („Car ces 2000 Turcs ne pouvoient rien entreprendre contre un pays fort de sa nature [...]"). Darüber hinaus habe Rákóczi keine tauglichen Versuche unternommen, die Hohe Pforte umzustimmen, und er habe die Stellungnahme des französischen Königs nicht abgewartet, beides im Bündnisvertrag festgelegte Bedingungen[1681].

Die siebenbürgische Seite wehrte sich gegen diese Anschuldigungen mit dem Hinweis, dass insgesamt Schweden 136.000 und Frankreich lediglich 27.000 Reichstaler gezahlt[1682] und damit gegen Artikel 6 und 7 des Weißenburger bzw. Artikel 5 des

---

obwohl er den Fürsten nicht als vom Willen des Sultans absolut abhängig einschätzte: Brienne an Longueville, d'Avaux und Servien, 25. November 1645 in: APW II B 3/1, S. 1–4.

1679 Denkschrift der französischen Unterhändler in Münster an den König vom 21. November 1645 in: Répertoire des Documents, S. 112–117. Vgl. Longueville, d'Avaux und Servien an Brienne, 25. November 1645 in: APW II B 3/1, S. 7–16.

1680 Kárman 2008, S. 93.

1681 Siehe den Wortlaut der zur Jahreswende 1645/1646 verfassten Denkschrift in: Recueil de Documents, S. 93–96. Vgl. Hudita 1927, S. 137.

1682 Vgl. die Aufstellung der zwischen dem 28. Dezember 1644 und dem 22. August 1645 an Rákóczi ausgezahlten Subsidien, die von der französischen Gesandtschaft in Konstantinopel am 15. Juni 1646 zusammengestellt wurde, in: Répertoire des Documents, S. 122–123.

Munkácser Vertrages verstoßen hätten[1683]. Darüber hinaus bestand der Fürst auf seinem Recht auf einen Sonderfrieden mit der Habsburgermonarchie gemäß den Artikeln 10 und 11 des Munkácser Vertrages[1684].

Obwohl Croissy im Januar 1646 entschlossen war, „ce pais barbare" umgehend zu verlassen, dessen Fürst von der französischen Regierung als extrem wankelmütig und unzuverlässig eingestuft wurde, blieb Croissy am siebenbürgischen Hof, um für Frankreich alle Möglichkeiten bezüglich einer neuen Einigung mit Rákóczi offen zu halten[1685]. Noch bevor der Linzer Friede vom ungarischen Reichstag genehmigt wurde, versuchte sich Fürst Rákóczi erneut mit Frankreich zu arrangieren. Croissy und Fürst Rákóczi gaben zwei Erklärungen ab, die am 22. Februar 1646 im siebenbürgischen Fogarasch ausgetauscht wurden[1686]. In seiner Urkunde bezog sich Fürst Rákóczi ausdrücklich auf die vorangegangenen Verträge mit Frankreich und Schweden und stellte seine Leistungen bei der Erfüllung dieser Vereinbarungen heraus. Grundsätzlich bekundete er die Bereitschaft des Fürstentums Siebenbürgen zum erneuten Kriegseintritt gegen den Kaiser. Dafür nannte er zwei Bedingungen: erstens die Umsetzung der mit Frankreich und Schweden geschlossenen Verträge durch die beiden Königreiche und zweitens die Beschaffung der Erlaubnis der Hohen Pforte zum Wiedereintritt in den Krieg gegen den Kaiser. Ein Viertel der dafür notwendigen Bestechungssumme war der siebenbürgische Fürst bereit zu übernehmen, der versprach, spätestens drei Monate nach dem Erhalt der osmanischen Erlaubnis ins Feld zu ziehen. Im französischen Dokument bestätigte der Gesandte Croissy im Namen seines Königs, dass Fürst Georg I. Rákóczi nur aufgrund des osmanischen Zwangs den Frieden von Linz geschlossen habe und folglich immer noch an guten Beziehungen zu Frankreich interessiert sei. Weiterhin versprach Croissy im Namen seines Souveräns, dass im Falle eines erneuten Kriegseintritts des Fürstentums Siebenbürgen alle Bestimmungen des Bündnisvertrages zur vollen Ausführung kommen sollten und dass sich Frankreich um die Beibehaltung der polnischen Neutralität bemühen werde. Croissy vermied jede schriftliche Verpflichtung des „Roi très chretien", sich beim Sultan für einen siebenbürgischen Kriegseintritt gegen den Kaiser einzusetzen. Beide Seiten vereinbarten bis zur Umsetzung ihrer Erklärungen absolutes Stillschweigen[1687]. In einem ausführlichen Brief wandte sich Fürst Rákóczi am 23. Februar 1646 an Kardinal Mazarin, in dem er seine Gründe für den Abschluss des Sonderfriedens mit dem Kaiser darlegte. Darüber hinaus bat er Mazarin, die Siebenbürgen im Bündnisvertrag zugesagten französischen Subsidien auszuzahlen. Schließ-

---

1683 Depner, S. 174. Vgl. Kármán 2008, S. 86, 89–91, 94.

1684 Vgl. Ruppert, S. 120.

1685 Brief Croissys an Mazarin vom 8. Januar 1646 in: Répertoire des Documents, S. 117–118. Vgl. Brienne an Longueville, d'Avaux und Servien, 6. Januar 1646 in: APW II B 3/1, S. 194–199.

1686 Ausführlich: Hudita 1927, S. 138–140. Vgl. Iosipescu, S. 16.

1687 Wortlaut der beiden Dokumente in: Dumont, Corps universel diplomatique, Vol. VI/1, S. 333–335. Ebenso: Actes et documents, Szilágyi, S. 344–346. Rumänische Zusammenfassung in: Tratatele internaționale, S. 105–106. Vgl. Condica tratatelor, S. 44.

lich beteuerte er, niemals die katholische Konfession in Siebenbürgen unterdrückt zu haben, so wie es ihm seine Feinde vorgeworfen hätten[1688].

Der französische Hof blieb dennoch über den Linzer Friedensschluss Rákóczis verärgert und sah sich auch außerstande, eine Einwilligung der Hohen Pforte für einen neuen antihabsburgischen Krieg Siebenbürgens zu organisieren. Wegen der provenezianischen Politik Frankreichs hatten sich die französisch-osmanischen Beziehungen nach 1645 deutlich abgekühlt[1689]. Gleichzeitig verschlechterten sich die siebenbürgisch-osmanischen Beziehungen. Nach dem von der Pforte ausgesprochenen Verbot, den antihabsburgischen Feldzug über den Sommer 1645 hinaus zu führen, forderte der Sultan im Sommer 1646, den siebenbürgischen Jahrestribut von 10.000 auf 15.000 Dukaten zu erhöhen. Darüber hinaus sollte Rákóczi für die ihm im Linzer Frieden persönlich verliehenen oberungarischen Komitate eine Entschädigung von 20.000 Talern an den Sultan zahlen, da sich aus Sicht des Osmanischen Reiches die Oberhoheit des Sultans auf alle Gebiete des mittelalterlichen Königreichs erstreckte[1690]. Diese Forderungen lehnte Fürst Rákóczi vehement ab, weshalb es zu einem heftigen Streit zwischen dem Großwesir und dem siebenbürgischen Residenten in Konstantinopel kam. Kurzerhand ließ die Pforte den siebenbürgischen Gesandten in den Kerker werfen und entließ ihn erst nach einem Jahr, im Juni 1647, als die schwierige militärische Lage im Krieg gegen Venedig dem Osmanischen Reich eine konziliantere Haltung aufzwang[1691].

Der osmanisch-venezianische Krieg wirkte sich auch auf die Beziehungen Siebenbürgens zu den Mächten aus, die in Westfalen Friedensverhandlungen führten. Drei Wochen nach der Unterzeichnung des Fogarascher Abkommens erschien ein Bote des siebenbürgischen Fürsten in Münster[1692], der den französischen Unterhändlern erklärte, dass sein Herr geneigt sei, wieder in den Krieg gegen den Kaiser einzutreten, sofern er alle im Vertrag von Munkács versprochenen französischen Subsidien ausgezahlt bekäme. Obwohl die Unterhändler erst entscheiden wollten, nachdem Croissy sie in Münster über den Stand der französisch-siebenbürgischen Beziehungen informiert haben würde, behielten sie den Vertreter des siebenbürgischen Fürsten mehrere Monate lang in Münster, um die Tür für neue Verhandlungen mit Fürst Rákóczi offen zu halten und um damit den kaiserlichen Delegierten zu demonstrieren, dass Frankreich jederzeit in der Lage sei, der Habsburgermonarchie in Ungarn Schwierig-

1688 Dumont, Corps universel diplomatique, Vol. VI/1, S. 335.

1689 Hudita 1927, S. 141–148.

1690 Vgl. das Schreiben des Sultans an Rákóczi vom Juli 1646 in: Recueil d'actes internationaux, S. 49. Vgl. Condica tratatelor, S. 45.

1691 Butnariu 2004, S. 213–215. Vgl. Andreescu 1989, S. 194–195.

1692 Auch wenn Rákóczi durch den Linzer Frieden, nach Ansicht der schwedischen und französischen Unterhändler, sein Recht, bevollmächtigte Delegierte zur Teilnahme an den Friedensgesprächen zu entsenden, verwirkt hatte, besaß er aber immer noch das Recht, Gesandte zu Konsultationszwecken nach Münster und Osnabrück zu schicken: Kármán 2008, S. 97–99. Bei dem Boten handelte es sich vermutlich um den Standartenträger des Fürsten, Maxfeld: APW II B 5/2, S. 857.

keiten zu bereiten[1693]. Der schwedische Gesandte in Osnabrück, Johan Adler Salvius[1694], machte seinen französischen Kollegen deutlich, dass Schweden kein Vertrauen mehr in Rákóczi habe. Paris war sich darüber im Klaren, dass der Fürst von Siebenbürgen nicht frei in seinen Entscheidungen war, die Beziehungen mit auswärtigen Mächten betrafen, und dass ein Wiederaufleben der Allianz mit Siebenbürgen Verhandlungen an der Hohen Pforte zur Voraussetzung gehabt hätten. Croissy, der am 6. Mai 1646 in Münster eintraf und neun Tage später nach Osnabrück weiterreiste, um die schwedische Seite über seine Mission in Siebenbürgen zu informieren, wurde vom Gesandten des Fürsten von Siebenbürgen, Franz Jármi, begleitet. Zwar hatte der Fürst von Siebenbürgen seinen Anspruch auf die Entsendung eines bevollmächtigten Gesandten zur Teilnahme an den Friedensverhandlungen verloren, er hatte aber weiterhin das Recht, einen gewöhnlichen Gesandten nach Westfalen zu schicken, der mit den Delegierten der in Münster und Osnabrück vertretenen Mächte Gespräche führen konnte[1695]. Ziel dieser Gespräche sollte es sein, die Erfüllung der von Schweden und Frankreich in den Bündnisverträgen von Weißenburg und Munkács gegebenen Hilfszusagen einzufordern und die Zustimmung des Sultans sicherzustellen. Für diesen Fall sollte Jármi den Wiedereintritt Siebenbürgens in den Krieg gegen den Kaiser garantieren. Im September 1646 verließ Jármi Westfalen, dessen Präsenz von den französischen Botschaftern als Druckmittel gegen die kaiserliche Seite genutzt wurde, ohne konkrete Zusagen erhalten zu haben[1696].

Derweil befürwortete Croissy noch immer eine Intervention Frankreichs an der Hohen Pforte, da ein Kriegseintritt Siebenbürgens oder gar des Osmanischen Reiches gegen die Habsburgermonarchie den Kaiser gezwungen hätte, in Westfalen rasch die französischen Friedensbedingungen anzunehmen. Danach wäre Paris in der Lage gewesen, Venedig gegen das Osmanische Reich zu unterstützen, womit der Sache der Christenheit gedient gewesen wäre[1697]. Der französische Gesandte in Venedig, de Grémonville, bekämpfte vehement diesen Plan Croissys, da seiner Meinung nach eine französische Intervention zugunsten Siebenbürgens an der Hohen Pforte überhaupt keinen Effekt hätte haben können, dafür aber die Gegner Frankreichs auf den Plan gerufen hätte, wie den kaiserlichen Gesandten in Rom, der gegenüber dem Papst erklärt habe, Frankreich wolle „die Türken“ drängen, den Fürsten von Sieben-

1693 Vgl. das Schreiben von Longueville, d'Avaux und Servien an Brienne, 17. März 1646 in: APW II B 3/1, S. 611–617. Dieses Vorhaben unterstützte der französische Hof ausdrücklich. Siehe das Memorandum des französischen Hofes für Longueville, d'Avaux und Servien vom 22. Juni 1646 in: APW II B 4, S.77–90.

1694 Tischer 2006, Abschnitt 106.

1695 Ausführlich zur Rolle des siebenbürgischen Gesandten während der westfälischen Friedensverhandlungen: Kármán 2013, S. 163–184.

1696 Sowohl die schwedische Königin als auch Graf Brienne lehnten die Auszahlung von Subsidien an den Fürsten von Siebenbürgen im Juni bzw. September 1646 kategorisch ab: Kármán 2008, S. 102–103.

1697 Schreiben Croissys aus Münster an Mazarin vom 14. Mai 1646 in: Répertoire des Documents, S. 118–119. Vgl. den Brief von Longueville, d'Avaux und Servien an Brienne vom 14. Mai 1646 in: APW II B 3/2, S. 921–926.

bürgen gegen den Kaiser in Marsch zu setzen[1698]. Der venezianische Vermittler in Münster, Contarini, bemühte sich, einen raschen Frieden in Westfalen zu erzielen, um christliche Militärhilfe für sein Land zu ermöglichen[1699]. Deshalb hatte Kardinal Mazarin bereits im Frühjahr 1646 seinen Unterhändlern in Münster geraten, den venezianischen Vermittlern zu versprechen, falls sie die kaiserliche Seite dazu bringen könnten, den Frieden bald abzuschließen, würde Frankreich Venedig umfangreiche Hilfe gegen die Osmanen in Aussicht stellen. Auch den kaiserlichen Unterhändlern in Münster versprach Frankreich, falls sie die französischen Bedingungen akzeptierten, militärische Hilfe in einem zukünftigen Krieg gegen den Sultan. Diesem blieb vor allem die provenezianische Haltung Frankreichs nicht verborgen, sodass sich der französische Gesandte an der Hohen Pforte, de la Haye, im April 1646 bereits mit dem Gedanken trug, aus Konstantinopel zu fliehen, bevor ihn der Zorn des Sultans treffen würde. Unter diesen Umständen kam eine prosiebenbürgische Intervention Frankreichs bei der Hohen Pforte nicht infrage. Deshalb folgte der Pariser Hof auch nicht dem erneuten Rat Croissys, die Verhandlungen mit Fürst Rákóczi fortzuführen, und wies die französischen Unterhändler in Münster an, den siebenbürgischen Vertreter so lange wie möglich hinzuhalten, ohne ihm eine Antwort zu geben[1700]. Ende August baten die französischen Unterhändler, den seit März in Münster weilenden siebenbürgischen Boten entlassen zu dürfen, da er sehr darauf dränge, endlich mit Antwortschreiben auf die von Croissy mitgebrachten Briefe Rákóczis – dessen Wohlwollen Frankreich gegenüber erhalten werden solle – die Heimreise anzutreten[1701]. Erst Mitte September konnte der siebenbürgische Bote Münster verlassen, mit Briefen des französischen Königs voller Höflichkeiten und Nichtigkeiten an Rákóczi und dessen ältesten Sohn[1702]. Frankreich bedurfte nicht mehr des Bündnisses mit Siebenbürgen, da seine Unterhändler in Münster kurz zuvor einen Durchbruch in den Gesprächen mit den kaiserlichen Gesandten erreicht hatten. Eine Intervention an der Hohen Pforte hätte Frankreich nun unnötigen Anschuldigungen durch die kaiserliche Seite ausgesetzt, es habe seine Hilfszusagen gegen die Osmanen nicht ernst gemeint. Nun war Paris vor allem darauf bedacht, seine Verbündeten auf Friedenskurs zu bringen, da der Kaiser die schwedischen Forderungen immer noch als zu überzogen ansah.

1698 Siehe die Schreiben Grémonvilles vom 6. Januar 1646 und 20. Januar 1646 in: Répertoire des Documents, S. 117–118.

1699 Zu den Versuchen Venedigs, während des Candia-Krieges militärische Hilfe von den Donaufürstentümern zu erhalten: Andreescu 1998, S. 159–169.

1700 Siehe das ausführliche Schreiben Croissys aus Münster an Mazarin vom 5. Juni 1646 in: Répertoire des Documents, S. 119–122. Vgl. den Brief Briennes an Longueville, d'Avaux und Servien vom 22. Juni 1646 in: APW II B 4, S. 72–77. Siehe das Memorandum des französischen Königs für Longueville, d'Avaux und Servien vom 22. Juni 1646 in: APW II B 4, S.77–90.

1701 Longueville, d'Avaux und Servien an Brienne, 27. August 1646 in: APW II B 4, S. 371–373.

1702 Brienne sandte am 7. September 1646 die entsprechenden Depeschen des französischen Hofs nach Münster, in der Hoffnung, die französischen Kontakte nach Siebenbürgen könnten den Kaiser friedenswilliger machen: APW II B 4, S. 413–418. Vgl. Ebenda, S. 448–449.

Unter diesen Umständen zeigte auch die schwedische Seite kein Interesse mehr an einer Wiederbelebung des Bündnisses mit Siebenbürgen. Daran konnte auch ein Gesandter des siebenbürgischen Fürsten nichts ändern, der im Januar 1647 in Stockholm eintraf. Er bot den Kriegseintritt Siebenbürgens an, falls Schweden seine Zahlungen aus dem Weißenburger Vertrag von 1643 leisten sollte[1703]. Da Rákóczi mit der kaiserlichen Umsetzung des Linzer Friedens in Ungarn nicht zufrieden war, bat er die schwedische Seite, nicht nur Siebenbürgen als schwedischen Verbündeten in den allgemeinen Frieden einzubeziehen, sondern auch die Rückgabe der protestantischen Kirchen in Ungarn durch die Habsburger vertraglich festzuhalten. Die schwedische Regierung antwortete dem siebenbürgischen Gesandten, dass Fürst Rákóczi auch bei einem erneuten Kriegseintritt auf kein neues Bündnis mit Schweden hoffen könne, dass er aus der Allianz mit Schweden im Linzer Frieden genügend Vorteile gezogen habe und deshalb im zukünftigen allgemeinen Frieden auf keine weiteren Zugeständnisse als die ihm versprochene Einbeziehung hoffen könne[1704].

Im März 1647 drängte in Konstantinopel der Gesandte des Fürsten den französischen Gesandten, de la Haye, den Sultan zu überzeugen, die Erhöhung des siebenbürgischen Jahrestributs zurückzunehmen, und der Fürstenrat Bisterfeld erkundigte sich bei der niederländischen Gesandtschaft an der Pforte, ob de la Haye Weisung aus Paris erhalten habe, sich für einen Kriegseintritt Rákóczis einzusetzen, was jener verneinte.

Unzufrieden mit der Hinhaltetaktik seiner Verbündeten, entschloss sich Rákóczi am 25. Februar 1647, den Diplomaten Franz Jármi erneut zunächst nach Münster[1705] und dann an den französischen Hof zu senden, um seine beiden Hauptforderungen vorzubringen: erstens die Einbeziehung Siebenbürgens in den allgemeinen Frieden als *confoederatus* und nicht nur als *amicus* sowie zweitens die Auszahlung der ausstehenden Subsidien[1706]. Nach Gesprächen im Mai mit der schwedischen Friedensdelegation in Osnabrück traf Jármi am 25. Mai in Münster ein. Dort versprachen ihm die französischen Unterhändler, dass Fürst Rákóczi im Vertrag mit dem Kaiser „mit den anderen Fürsten, die mit Frankreich befreundet und verbündet seien", genannt werde. Sie betonten, wie auch die schwedischen Botschafter zuvor, dass der Fürst als *confoederatus* genannt werde, und teilten dieses auch Georg Rákóczi in ihrem Schreiben vom 7. Juni 1647 mit[1707]. Bezüglich der Subsidien machten sie Jár-

1703 Vgl. das Schreiben Briennes an Longueville und d'Avaux, 18. Januar 1647 in: APW II B 5/1, S. 322–328.

1704 Siehe die Briefe des französischen Gesandten in Stockholm, Pierre Chanut, nach Münster und Paris vom 26. Januar, 9. Februar und 16. Februar 1647 in: Répertoire des Documents, S. 124–125.

1705 In Münster traf bereits im März 1647 ein Bote des siebenbürgischen Fürsten ein, vermutlich der Standartenträger des Fürsten, Maxfeld, der Briefe des Fürsten und des Thronfolgers mit Höflichkeitsadressen an den französischen Hof überbrachte: Longueville an Brienne, 18. März 1647 in: APW II B 5/2, S. 854–857.

1706 Siehe den Wortlaut der Instruktion Fürst Rákóczis an Franz Jármi vom 25. Februar 1647 in: Actes et documents, Szilágyi, S. 390–396. Siehe das am selben Tag ausgestellte Beglaubigungsschreiben des Fürsten für den französischen Hof in: Ebenda, S. 400–401.

1707 Kármán 2008, S. 103–104.

mi klar, dass jedes Bestehen auf dieser Forderung zwecklos sei. Am 15. Juni 1647 schrieb der französische Staatssekretär für auswärtige Beziehungen, Henri-Auguste de Loménie, Graf de Brienne, an die französischen Unterhändler in Münster, dass sie Jármi deutlich machen sollten, dass es nicht selbstverständlich sei, dass der Fürst von Siebenbürgen in den Kreis der Verbündeten Frankreichs und Schwedens aufgenommen worden sei, nachdem er so leichtfertig die gemeinsame Sache verraten und diverse Summen von Frankreich in Anspruch genommen habe, die ihn in die Lage versetzt hätten, vom Kaiser Gebiete in Ungarn zu erhalten[1708]. In ihrem Antwortschreiben an Brienne revidierten die Botschafter ihre ursprüngliche Haltung, indem sie erklärten, Jármi nur versprochen zu haben, seinen Fürsten lediglich als *amicus* und nicht als *confoederatus* in den allgemeinen Frieden einzubeziehen[1709]. Da die französischen Diplomaten in Münster die Weiterreise des siebenbürgischen Gesandten nach Paris nicht verhindern konnten, begab sich Jármi am 14. Juni 1647 auf den Weg in die französische Hauptstadt, wo er zwar höflich empfangen wurde – in Amiens auch mit dem König zusammentraf – aber am 15. Juli 1647 unverrichteter Dinge nach Siebenbürgen zurückkehren musste, wo er im Januar 1648 eintraf. Am 10. Juni 1648 mahnte Fürst Rákóczi in einem Schreiben an Croissy erneut die Auszahlung der Subsidien durch den französischen Hof an[1710].

Der am 24. Oktober 1648 in Münster geschlossene Friedensvertrag zwischen dem Kaiser und dem König von Frankreich sah vor, dass beide Parteien innerhalb von sechs Monaten nach Vertragsschluss weitere in den Vertrag einzubeziehende Staaten – bei Zustimmung der jeweils anderen Seite – benennen konnten (§ 119 IPM)[1711]. Im Gegensatz dazu führte der am selben Tag in Osnabrück zwischen dem Kaiser und der Königin von Schweden geschlossene Friedensvertrag diejenigen Mächte namentlich auf, die der Kaiser (Art. XVII § 10 IPO) und die Königin (Art. XVII § 11 IPO) in den Friedensvertrag einschließen wollten[1712]. Damit ergaben sich drei Kategorien von Mächten, die am Westfälischen Frieden beteiligt waren. Zur ersten

1708 Siehe das Schreiben Briennes an Longueville und d'Avaux vom 15. Juni 1647 in: APW II B 5/2, S. 1474–1480. Derselbe an dieselben am 16. Juni 1647 in: Recueil de Documents, S. 99.

1709 Longueville und d'Avaux an Brienne, 24. Juni 1647 in: APW II B 5/2, S. 1547–1549. Brienne sah im Aufenthalt des siebenbürgischen Gesandten in Paris dennoch einen Vorteil, sowohl für den Fürsten von Siebenbürgen als auch für den König von Frankreich, nämlich beim Kaiser Unsicherheiten hervorzurufen und eine entgegenkommendere Haltung Wiens zu erzwingen: Brienne an Longueville und d'Avaux am 22. Juni 1647 in: APW II B 5/2, S. 1521–1526. Ebenso in: Répertoire des Documents, S. 125. Vgl. den Brief Briennes an Longueville und d'Avaux vom 13. Juli 1647 in: APW II B 6, S. 109–111. Der kaiserliche Delegierte Georg Ulrich von Wolkenstein schrieb am 4. Juni 1647 Kaiser Ferdinand III., der siebenbürgische Gesandte führe lange Gespräche mit den französischen Botschaftern und reise ständig in ihrer Kutsche. Daraufhin schickte der Wiener Hof ein Exemplar des Linzer Vertrags nach Münster: Kármán 2008, S. 104.

1710 Ausführlich: Hudita 1927, S. 140–153 sowie Kármán 2008, S. 102–104, 110–111.

1711 Wortlaut des Friedensvertrages zwischen dem Kaiser und dem König von Frankreich vom 24. Oktober 1648 zu Münster in: APW III B 1/1, S. 1–49. Ebenso in: Fontes historiae iuris gentium, S. 183–188.

1712 Wortlaut des Friedensvertrages zwischen dem Kaiser und der Königin von Schweden vom 24. Oktober 1648 zu Osnabrück in: APW III B 1/1, S. 95–170. Ebenso in: Fontes historiae iuris gentium, S. 188–201.

Gruppe gehörten die Vertragspartner, nämlich der Kaiser, der König von Frankreich und die Königin von Schweden. Ihre Gesandten handelten den Vertrag aus, unterzeichneten ihn an erster Stelle und versprachen dessen Ratifikation durch die jeweiligen Souveräne, die unmittelbare Träger der sich aus dem Vertragswerk ergebenden völkerrechtlichen Pflichten und Rechten waren. Zur zweiten Gruppe gehörten die Verbündeten (*foederates et adhaerentes*), die an den Verhandlungen in Münster und Osnabrück beteiligt waren, nämlich die Könige von Frankreich und Spanien im Vertrag von Osnabrück, die Königin von Schweden im Vertrag von Münster sowie bedingt die Reichsstände in beiden Verträgen[1713]. Die Verbündeten spielten jedoch keine eigenständige rechtliche Rolle, da sie weder den Vertrag unterzeichneten noch ratifizierten[1714]. Die dritte Gruppe bildeten die weiteren in den Frieden einbezogenen Mächte. Wie bereits erwähnt, wurden im Vertrag von Münster keine Namen genannt. Ob Frankreich sein Versprechen eingelöst hat und gemäß § 119 IPM den Fürsten von Siebenbürgen in den allgemeinen Frieden einbezogen hat, ist – wie im Falle der anderen Mächte – nicht überliefert. Anders verhält es sich mit dem Vertrag von Osnabrück. Dort wird in Art. XVII §§ 10 und 11 IPO der Fürst von Siebenbürgen sowohl vom Kaiser als auch von der schwedischen Königin zusammen mit den Königen von England, Polen und Dänemark sowie Venedig, den niederländischen Generalstaaten und den Kantonen der Schweiz und Graubündens namentlich in den Frieden einbezogen[1715]. In beiden Artikeln wird der Fürst von Siebenbürgen als Letzter – nach der Nennung der Vereinigten Niederlande und der Schweiz – erwähnt, ein Umstand, der auf die Teilsouveränität Siebenbürgens als osmanischer Vasallenstaat hindeutet[1716].

Obwohl die schwedische Krone den Weißenburger Vertrag von 1643 nie formell ratifiziert hatte, stand es für die schwedische Seite immer außer Frage, dass der Fürst von Siebenbürgen in den allgemeinen Frieden einbezogen werden sollte, obwohl im 8. Artikel des Weißenburger Vertrages von 1643 nur geregelt war, dass der Friede mit dem Kaiser nicht ohne die Zustimmung der Vertragspartner geschlossen werden dürfe. Von einem „allgemeinen Frieden", in den Siebenbürgen aufgenommen werden sollte, war noch nicht die Rede. Bemerkenswerterweise führte auch der Kaiser den Fürsten von Siebenbürgen namentlich auf, obwohl im Linzer Frieden von 1645 ebenfalls kein Einschluss Rákóczis in einen zukünftigen „allgemeinen Frieden" verabredet worden war.

Seit dem 15. Jahrhundert gehörte es in Europa zur völkerrechtlichen Praxis, dass die Vertragsparteien dritte Mächte als „Verbündete" oder „Freunde" in Bündnis- oder Friedensverträge einbeziehen konnten, die als solche ausdrücklich in den Ver-

---

1713 Der König von Spanien fehlte im Vertrag von Münster, da der französisch-spanische Krieg bis 1659 dauerte.

1714 Die beiden ersten Gruppen werden in den Präambeln der beiden Verträge genannt (Art. I. IPO bzw. § 1 IPM).

1715 Der Kaiser erwähnte noch die Herzöge von Savoyen und Lothringen sowie alle Fürsten und Republiken Italiens, die schwedische Königin nannte den König von Portugal und den Großfürsten von Moskau.

1716 Vgl. Ziegler 2008, Westfälischer Frieden, S. 306–307. Vgl. Várkonyi 1999, S. 22.

trägen genannt wurden. Zunehmend setzte sich die Übung durch, auch nach Vertragsschluss innerhalb einer bestimmten Frist Dritte benennen zu können. Obgleich nicht immer die Zustimmung aller Vertragspartner zur Einbeziehung Dritter als Voraussetzung festgelegt wurde, die einbezogene dritte Macht musste stets ausdrücklich ihr Einverständnis dazu erklären. Lesaffer bestreitet die These, dass die eingeschlossenen Mächte durch diesen Akt zu vollen Vertragspartnern wurden, da die meisten speziellen Klauseln von allen dritten Mächten ohne weitere Verhandlungen nicht hätten umgesetzt werden können, zumal sich im 16. Jahrhundert die Praxis etabliert hatte, fast alle europäischen Mächte unter den Einbezogenen aufzuführen[1717]. Vielmehr sollte der Einschluss die Akzeptanz der zwischen den Hauptvertragspartnern ausgehandelten Vereinbarungen durch Dritte ausdrücken. Dadurch zeichnete sich vor allem eine politische Funktion dieses Akts ab, der aber durch die Verwendung des Begriffs *amicitia* auch mit einer rechtlichen Bedeutung aufgeladen wurde. Diese Wendung schloss den Wunsch der Vertragspartner ein, miteinander freundschaftliche Beziehungen auf der Grundlage des Rechts zu unterhalten und die Feinde des Partners nicht zu unterstützen[1718].

Bei den Einbezogenen des Jahres 1648 handelte es sich ausschließlich um souveräne oder teilsouveräne Mächte, die das *ius belli ac pacis* innehatten und ausübten. Bemerkenswert ist, dass Siebenbürgen, wie auch die anderen genannten Mächte, zum Zeitpunkt des Vertragsschlusses weder Verbündeter der einen oder anderen Partei noch am Krieg in Deutschland beteiligt war, aber in die damit zusammenhängenden Konflikte zeitweilig direkt oder indirekt involviert war. Diese Praxis stellte im frühneuzeitlichen Europa keine Ausnahme dar, obwohl immer wieder Zweifel aufkamen, ob nichtkriegführende Verbündete zu gleichberechtigten Vertragspartnern werden konnten[1719].

Durch die oben erwähnte Öffnung präsentierte sich der Osnabrücker Frieden universaler und europäischer als der Münsteraner. Die mit Siebenbürgen genannten Mächte waren in der Regel nicht auf dem Friedenskongress vertreten oder schickten lediglich zeitweise Gesandte dorthin, die aber nicht an den Verhandlungen beteiligt waren, wie es sich im Falle Siebenbürgens verhielt. Keine der in den Frieden eingeschlossenen Mächte hat den Vertrag von Osnabrück unterzeichnet oder ratifiziert. Beitrittserklärungen oder vergleichbare Rechtsakte der Einbezogenen liegen ebenfalls nicht vor. Darüber hinaus äußern sich der Osnabrücker Vertrag oder zeitgenössische Schriften nicht über eventuelle Rechtswirkungen, die sich aus diesem Einschluss in den allgemeinen Frieden hätten ergeben können. Die Funktion der Einbeziehung der genannten Mächte lag vermutlich darin, eine europäische Dimen-

---

1717 Duchhardt betont zu Recht, dass eine detaillierte Analyse der Kriterien für eine Einbeziehung dritter Mächte in europäische Friedensverträge der Frühen Neuzeit bislang fehlt: Duchhardt 2004, S. 52–56.

1718 Dass die Verwendung des Begriffs *amicitia* im Laufe der Frühen Neuzeit zu einer Standardfloskel innerhalb der völkerrechtlichen Verträge verkam, verdeutlicht nach Lesaffer den Verlust der Einheit innerhalb der *respublica christiana:* Lesaffer 2004, Peace treaties, S. 35–37.

1719 Duchhardt 2004, S. 56. Vgl. Steiger 2009, Die Träger des ius belli ac pacis, S. 581–590.

sion des Vertragswerkes zu schaffen, da außer dem Papst, der gegen den Vertrag protestierte, und dem Sultan alle Herrscher und Republiken des Kontinents einbezogen waren. Wie bereits im Zusammenhang mit der Anwesenheit des siebenbürgischen Gesandten in Münster erläutert, wurde in katholischen Diplomatenkreisen der Vorwurf laut, der Sultan werde über seinen siebenbürgischen Vasallen zumindest indirekt an den Friedensverhandlungen der *respublica christiana* beteiligt. Darüber, dass er zum Kreis dieser Staatengemeinschaft nicht gehörte, waren sich alle Vertreter der europäischen Mächte einig, auch wenn anerkannt war, dass der Sultan rechtsfähig im völkerrechtlichen Sinne war, also Verträge schließen und Gesandte austauschen konnte. Die Präambeln der Verträge von Münster und Osnabrück sprachen von der Begründung einer *pax christiana* für den Kreis der europäischen Mächte, der *respublica christiana*. Damit sollte ein gewisses Minimum an religiöser Kontinuität gewahrt werden und eine Abgrenzung gegenüber nicht-christlichen Mächten erfolgen, was die Diskussionen der Unterhändler in Münster und Osnabrück über das Verhältnis des Osmanischen Reiches zum europäischen Staatensystem zeigen[1720].

Durch die Einbeziehung des Fürstentums Siebenbürgen in den Westfälischen Frieden stellt sich die Frage nach den Rechtswirkungen, die sich daraus ergaben. Die Verträge von Münster und Osnabrück stellten gemäß § 1 IPM bzw. Art I IPO den Rechtszustand des Friedens zwischen den Vertragspartnern, ihren Verbündeten und Anhängern her, in den die in Art. XVII §§ 10 und 11 IPO und § 119 IPM genannten Mächte eingeschlossen wurden und zwar zu dem Zeitpunkt der Vertragsunterzeichnung. Allerdings befand sich keine der einbezogenen Mächte zu diesem Zeitpunkt im Kriegszustand mit einer anderen Macht. Der Kriegszustand war bis 1648 durch eigene Friedensverträge beendet worden[1721], im Falle Siebenbürgens durch den siebenbürgisch-habsburgischen Frieden von Linz 1645. Der Einschluss in den Frieden begründete also keinen Friedenszustand, da es am Krieg fehlte. Lediglich die Stellung der nicht am Krieg Beteiligten, soweit für sie das Neutralitätsrecht galt, änderte sich durch den Wegfall der Neutralität, wobei dafür der namentliche Einschluss in den Westfälischen Frieden keine Voraussetzung darstellte. Er bedeutete auch nicht, dass die Verträge von Münster und Osnabrück rechtlich den Linzer Frieden tangierten, oder dass der Vertrag von Linz Rechtswirkungen für alle am Westfä-

---

1720 Der Begriff *pax christiana* tauchte erstmals im Prager Frieden von 1635 auf. Die Verträge von Münster und Osnabrück wurden „im Namen der hochheiligen und unteilbaren Dreifaltigkeit" geschlossen und standen auf dem Boden der Einheit der christlichen Vertragspartner, die nicht durch die konfessionelle Spaltung Europas aufgehoben worden war. Der Begriff der *respublica christiana* drückte die Einheit der Christenheit auch hinsichtlich einer gewissen inneren Ordnungsvorstellung aus, die sich nach außen abgrenzte. 1648 war die Vorstellung der Einheit der Christenheit noch so stark, dass eine Unterscheidung vom Rest der Welt durch die in der Präambel vorkommende Wendung „zur Ehre Gottes und zum Heil der Christenheit" deutlich gemacht wurde. Obwohl die rechtliche Verbindlichkeit der mit dem Osmanischen Reich geschlossenen Verträge außer Frage stand, grenzten sich die christlichen Staaten vom Sultan durch eine besondere Friedensgemeinschaft ab. Ausführlich: Steiger 2009, Friedensschluss und Amnestie, S. 438–439, 443.

1721 Lediglich zwischen Polen und Schweden galt der Waffenstillstand von Stuhmsdorf vom 2. September 1635.

lischen Frieden direkt oder indirekt beteiligten Mächte entfaltete. Er galt weiterhin nur für den Kaiser und König sowie für den Fürsten von Siebenbürgen[1722] und begründete einen besonderen Frieden zwischen Siebenbürgen und der Habsburgermonarchie, während zwischen Siebenbürgen und den anderen am Westfälischen Frieden beteiligten Mächten ein allgemeiner Frieden herrschte. Allerdings erhoffte sich Fürst Rákóczi durch seinen Einschluss in die Westfälischen Verträge französischen und schwedischen Schutz vor einem eventuellen Angriff des Kaisers nach dem Abschluss des Friedens im Reich. Vor einem solchen Angriff hatte General Torstenson den siebenbürgischen Fürsten gewarnt, als er vom Abschluss des Linzer Vertrages erfahren hatte[1723]. Fürst Rákóczi sollte folglich durch die in Westfalen geschlossene *pax perpetua* vor dieser Eventualität geschützt werden[1724]. Andererseits deutet der Einschluss des siebenbürgischen Fürsten in den Vertrag von Osnabrück durch den Kaiser darauf hin, dass Letzterer nach dem Friedensschluss im Reich einen militärischen Konflikt mit dem Fürsten von Siebenbürgen und vor allem mit dessen Suzerän, dem Sultan, vermeiden wollte, zumal das Osmanische Reich gegen den habsburgischen Nachbarn Venedig seit 1645 Krieg führte.

Darüber hinaus führte die Einbeziehung Siebenbürgens und der anderen Mächte dazu, dass die sie nicht betreffenden Regelungen des Westfälischen Friedens, zum Beispiel für das Reich, gegen Ablehnung aus diesem Kreis besser abgesichert wurden, zumindest ein Protest dagegen erschwert wurde. Für die Einbezogenen ergaben sich aus den Bestimmungen der Verträge von Münster und Osnabrück keine konkreten Rechte oder Pflichten, soweit keine Sonderregeln das Gegenteil festlegten. Dennoch entfaltete die Einbeziehung jener Mächte, deren völkerrechtlicher Status in der europäischen Mächteordnung unsicher war, völkerrechtliche Wirkung. Dazu zählten das 1640 von der spanischen Krone getrennte und noch nicht allseits anerkannte Königreich Portugal, der Großfürst von Moskau (der selbst gewählte Zarentitel wurde nicht anerkannt), bedingt auch die niederländischen Generalstaaten und die schweizerischen Kantone, die 1648 ihre volle Souveränität erhielten, sowie der Fürst von Siebenbürgen. Diese Mächte wurden durch die Einbeziehung als Glied des europäischen Staatensystems anerkannt, auch wenn die Benennung nur von einem der Vertragspartner erfolgte, da die Zustimmung der Gegenseite erforderlich war. Im Falle des Fürsten von Siebenbürgen erfolgte die ausdrückliche Benennung sowohl von kaiserlicher als auch von schwedischer Seite. Seine völkerrechtliche Stellung wurde dadurch nicht nur gegenüber der Habsburgermonarchie, sondern indirekt auch gegenüber dem Osmanischen Reich, dem Suzerän, aufgewertet, zumin-

1722 Allerdings korrespondierten die weitreichenden Bestimmungen des Linzer Friedens zur Religionsfreiheit mit der Bewertung des Westfälischen Friedens als eines Vertragswerkes, das erstmals den Schutz religiöser Minderheiten auf eine breitere völkerrechtliche Ebene hob: Pieper, S. 993.

1723 Fürst Georg II. Rákóczi wies am 28. Juli 1650 seine Gesandten Franz Bethlen und Johann Pálóczi Horváth an, auf ihrer Reise nach Wien Kaiser Ferdinand III. für die Einbeziehung Siebenbürgens in den Osnabrücker Vertrag zu danken: Kármán 2008, S. 106–107, 205–206.

1724 Die Garantieregelung der Verträge von Osnabrück und Münster (Art. XVII §§ 4–6 IPO/ §§ 114–116 IPM) sollten verhindern, dass über die in Westfalen geregelten Streitfragen neue Kriege ausbrechen: Steiger 2009, Friedensschluss und Amnestie, S. 446–447.

dest aber gestärkt. Die Einbeziehung änderte aber nicht die Unterschiedlichkeit der rechtlich-politischen Stellungen der genannten Mächte, unter denen sich souveräne und halbsouveräne Staaten befanden. Die Gleichheit im Status und die volle Souveränität waren 1648 jedoch keine Voraussetzung für die Völkerrechtsfähigkeit und die Mitgliedschaft im europäischen Staatensystem. Soweit die Staaten in der Position waren, am völkerrechtlichen Leben durch eine gewisse Eigenständigkeit teilzunehmen, wies das frühneuzeitliche Völkerrecht ihnen gleichermaßen die Völkerrechtssubjektivität zu. Dazu zählte die prinzipielle rechtliche Fähigkeit zur Kriegsführung, zum Abschluss von Friedensverträgen oder sonstigen Verträgen und Gesandte entsenden oder empfangen zu dürfen. Dafür war die Souveränität im Sinne einer völligen Unabhängigkeit nach innen und außen in der Frühen Neuzeit noch nicht maßgeblich. Eine begrenzte außenpolitische Handlungsfähigkeit war dafür ausreichend. Das – wenn auch eingeschränkte – Bündnis-, Kriegs-, Friedens- und Gesandtenrecht des Fürsten von Siebenbürgen, vergleichbar mit jenem der Reichsstände, war für die Teilhabe an der Völkerrechtsgemeinschaft hinreichend[1725]. Die Einbeziehungsklauseln des Art. XVII §§ 10 und 11 IPO erwähnen folglich nur Mächte, die dazu fähig sind. Indem diese Mächte unabhängig von ihrem Status in diesen Vertrag einbezogen wurden, wurden sie alle als Glieder der europäischen Staatenordnung anerkannt. Darüber entschieden nun die bisherigen Glieder der *respublica christiana* und nicht wie im Mittelalter Kaiser und Papst. Die europäische Staatengemeinschaft definierte ihren Status selbst, genauso wie jedes ihrer Mitglieder für sich entschied, ob es eine neue Macht als Mitglied anerkennen wollte. Der Einschluss aller europäischen Mächte in den Westfälischen Frieden hatte nach Heinhard Steigers Ansicht die Wirkung, dass damit die neue europäische Staatenordnung zum ersten Mal positiv-völkerrechtlich dargestellt wurde, ohne daraus ein System kollektiver Sicherheit zu etablieren, da nur die Vertragspartner und deren Verbündete, nicht aber die einbezogenen Mächte, Garanten der Verträge von Münster und Osnabrück waren. Mit dem Westfälischen Frieden kam auch die Entwicklung eines Friedens im und durch Recht zum Abschluss, da in einer konfessionell gespaltenen Welt das Vertragsrecht für den Frieden in Europa die einzige gemeinsame konkrete Grundlage geworden war[1726]. Die neuere Forschung bezweifelt allerdings die dem Westfälischen Frieden in der älteren Völkerrechtshistoriografie zugemessene Bedeutung als zentraler Wendepunkt der Geschichte der internationalen Beziehungen, indem zum Beispiel Heinz Duchhardt darauf hinweist, dass der Frieden keine dauerhafte politische Ordnung in Europa etablieren und nur im Alten Reich eine nachhaltige Wirkung entfalten

1725 Zur Verhandlung des Bündnisrechts teilsouveräner Mächte, wie der Reichsstände, auf dem Westfälischen Friedenskongress: Asch, S. 331–336.

1726 Zur Einbeziehung der europäischen Mächte, darunter Siebenbürgens, in die durch die westfälischen Verträge angestrebte *pax universalis* der *respublica christiana*: Steiger 1998, S. 36–39, 45–55, 67–74, 78–80. Ebenso: Steiger 2009, Friedensschluss und Amnestie, S. 445. Ebenso: Kármán 2008, S. 105–107. Vgl. Depner, S. 178–180. Vgl. Hudita 1927, S. 151–155. Vgl. Várkonyi 1987, S. 154–156. Vgl. Várkonyi 2000, S. 176–177. Vgl. Croxton/Tischer: S. 297.

konnte[1727]. Randall Lesaffer betont, dass keiner der in Westfalen geschlossenen Verträge die dem modernen Völkerrecht zugrunde liegenden Prinzipien Souveränität, Gleichheit, religiöse Neutralität und Gleichgewicht der Mächte als solche enthält. Allerdings schuf der Westfälische Frieden die politischen und religiösen Bedingungen, die den europäischen Mächten erlaubten, eine neue völkerrechtliche Ordnung aufzubauen[1728].

Die Unterzeichnung des Westfälischen Friedens erlebte Fürst Georg I. Rákóczi nicht mehr, da er zwei Wochen zuvor, am 11. Oktober 1648, verstarb[1729]. In den Monaten vor seinem Tod hatte ihn ohnehin bereits ein anderes Thema ganz in Anspruch genommen. Nach dem Tod des polnischen Königs Wladislaus IV. am 20. Mai 1648 und der Absetzung Sultan Ibrahims am 8. August 1648 hoffte Fürst Rákóczi, das Interregnum für die Besteigung des polnischen Throns nutzen zu können, der ihm von einigen Ständen Polens angeboten wurde. Der Angriff der kosakisch-tatarischen Koalition auf polnisches Gebiet im Herbst 1648 ließ ihn hoffen, die seit der Wahl Stefan Báthorys zum König von Polen im Jahr 1575 traditionell gewordenen Aspirationen der siebenbürgischen Fürsten auf den polnischen Thron zu verwirklichen[1730]. Frankreich und Schweden unterstützten hingegen den Bruder des verstorbenen Königs, Fürst Johann II. Kasimir aus der Wasa-Dynastie, der sich nach Rákóczis Tod gegen den österreichischen Kandidaten, Herzog Karl von Lothringen, durchsetzen konnte[1731].

1727 Duchhardt 2004, S. 46.

1728 Lesaffer 2004, Peace treaties, S. 9–10.

1729 Der siebenbürgische Gesandte Johann Daniel wurde im März 1649 von Fürst Georg II. Rákóczi nach Westfalen gesandt, um die Nachricht vom Tod seines Vaters bekannt zu geben und sein Interesse an einer Fortführung der Kooperation mit Frankreich und Schweden zu bekunden. Daniel reiste nach Osnabrück und Münster, wo noch einige Diplomaten bis Juli 1650 mit der Umsetzung des Friedens beschäftigt waren, danach nach Kleve, wo er den Kurfürsten von Brandenburg traf, und Mitte Juni nach Hessen-Kassel. Anfang August 1649 traf er wieder in Siebenbürgen ein: Kármán 2008, S. 172–174. Vgl. Ziegler 2008, Westfälischer Frieden, S. 308–309. Die in den Vertragswerken von Münster und Osnabrück offen gebliebenen Punkte, die vor allem die Umsetzung der Bestimmungen des Westfälischen Friedens betrafen, wurden 1649–1650 auf einem Folgekongress in Nürnberg ausgehandelt. Die Vertreter Schwedens, Frankreichs, des Kaisers und der Reichsstände verabschiedeten dort am 21. September 1649 einen Interimsrezess und am 2. Juli 1650 den Hauptrezess. Zur Rezeption des Westfälischen Friedenskongresses und des Nürnberger Exekutionstages in den zeitgenössischen Medien: Mayer-Gürr, S. 149–168. Zur Restitutionsfrage auf dem Nürnberger Exekutionstag: Fuchs, S. 255–316.

1730 Der Kosakenhetman spielte in seinem Schreiben an Rákóczi vom 27. November 1648 auf König Stefan Báthory an, als er dem siebenbürgischen Fürsten – von dessen Tod er noch keine Kenntnis hatte – seine Unterstützung in der polnischen Thronfolgefrage anbot: Szilágyi 1890, S. 6.

1731 Hudita 1927, S. 154–155. Ausführlich Kármán 2008, S. 113–132. Siehe auch: Rusu, 234–235. Vgl. die Briefe des französischen Gesandten in Warschau, Nicolas de Flécelles, Graf de Brégy, an Mazarin und Servien vom 7. August, 9. Oktober und 11. Dezember 1648 in: Répertoire des Documents, S. 125–127. Vgl. Studii şi documente, Iorga, Vol. IV, S. CCXXIII–CCXXV.

3. Die Herrschaft Georgs II. Rákóczi 1648–1660

Nach dem Tode Georgs I. Rákóczi bestieg dessen Sohn Georg II. Rákóczi den siebenbürgischen Fürstenthron[1732]. Er war bereits 1642 vom siebenbürgischen Landtag zum Nachfolger seines Vaters gewählt worden[1733]. Die Bestätigungsurkunde der Hohen Pforte *('ahd-nâme-i hümâyûn)* erhielt Georg II. Rákóczi am 8. Juli 1649[1734]. Der neue Fürst übergab die fünf seinem Vater auf Lebenszeit verliehenen oberungarischen Komitate samt der Stadt Kaschau im November 1648 an den König von Ungarn, Szabolcs und Sathmar behielt er gemäß den Bestimmungen des Linzer Friedens auf Lebenszeit. Ein siebenbürgischer Gesandter überbrachte dem Kaiser die Versicherung Georgs II. Rákóczi, dem Hause Habsburg treu verbunden zu sein. In seiner Eigenschaft als König von Ungarn akzeptierte der Kaiser den jungen Rákóczi als neuen Fürsten von Siebenbürgen[1735].

Während der Regierung Fürst Georgs II. Rákóczi erreichte das Fürstentum Siebenbürgen den Höhepunkt seiner Macht und Reputation in Europa. Das als mittlere Macht im Donau-Karpaten-Raum geltende Fürstentum unterhielt ein dichtes Netz diplomatischer Beziehungen zu allen wichtigen europäischen Mächten, ausgenommen Spanien. Zusätzlich zur ständigen Gesandtschaft bei der Hohen Pforte entsandte das Fürstentum Siebenbürgen im Jahrzehnt zwischen 1648 und 1658 Vertreter in die Kurfürstentümer Brandenburg und Mainz, an den Hof des römischen Kaisers und Königs von Ungarn, in die Königreiche Frankreich und Polen, nach Schweden, Dänemark, die Niederlande und England, zum russischen Zaren, zum Chan der Krimtataren und zu den Zaporoger Kosaken[1736]. Der Schässburger Stadtschreiber Georg Kraus berichtete in den 1650er Jahren über osmanische, tatarische, kosakische, moskowitische, polnische, französische, deutsche und ungarische Gesandte am Fürstenhofe zu Weißenburg, die alle keine ständigen Vertreter ihres Souveräns in Siebenbürgen waren[1737]. Fürst Georg II. versuchte, andere außenpolitische Schwerpunkte als sein Vater zu setzen, war aber auch gezwungen, angesichts der sich verändernden internationalen Rahmenbedingungen die Grundsätze der siebenbürgischen Außenpolitik zu überdenken. Das Ende des Zeitalters der Religionskriege führte zu einer Auseinandersetzung des neuen Fürsten mit den außenpolitischen Traditionen

---

1732 Wie sein Vater ließ er folgende Titulatur auf die siebenbürgischen Münzen prägen: PR(IN). TR(A). PAR. RE. HVNG(A). DO(M). ET SIC(VL). COM. Ausführlich zur Münzprägung der Rákóczi-Fürsten: Butnariu 2004, S. 230–234.

1733 Georg II. war seit 1643 mit Sophia Báthory verheiratet, der Nichte des Kardinals Andreas Báthory, Fürstbischof des unter polnischer Oberhoheit stehenden preußischen Ermlandes und 1599 Fürst von Siebenbürgen. Vgl. Depner, S. 140.

1734 Wortlaut in: Babinger, S. 123–124. Vgl. Lupaş 1940, Documente, S. 246–249.

1735 Gooss, S. 806–807. Siehe die Übersicht aller siebenbürgischer Gesandtschaften, die ab 1648 zum Kaiser und König geschickt wurden: Horváth, S. 506–508.

1736 Horváth, S. 506–515. Vgl. Czettler, S. 116. Ein Austausch von Sondergesandtschaften mit dem Heiligen Stuhl, wie er unter den katholischen Báthory-Fürsten im späten 16. Jahrhundert üblich war, entfiel, da nach 1605 alle Fürsten Siebenbürgens Calvinisten (nicht Lutheraner, wie es Molnár behauptet) waren: Molnár 2004, S. 201.

1737 Kraus, Teil 1, S. 222–223.

seiner beiden Vorgänger, die sich dem konfessionellen Element in den internationalen Beziehungen gegenüber ambivalent verhalten hatten. Auf der einen Seite hatte Fürst Georg I. Rákóczi, wie sein Vorgänger Gabriel Bethlen, versucht, konfessionelle Argumente im Krieg gegen die Habsburgermonarchie in den Hintergrund treten zu lassen und bemühte sich nicht nur um die Protestanten, sondern auch um die politische Elite der Katholiken im Königreich Ungarn. Er rückte das Argument der ständischen Freiheiten in den Vordergrund, die auch das Recht auf Religionsfreiheit einschlossen. Auf der anderen Seite setzte er das konfessionelle Element kühl berechnend als politisches Mittel ein, vor allem zur Entfachung antihabsburgischer Aufstände in Ungarn. Dennoch kann das Fürstentum Siebenbürgen nicht als klassischer konfessioneller Staat im Sinne der Konfessionalisierungstheorie bezeichnet werden, wenngleich es gezwungen war, sich in einem um das konfessionelle Element formierenden internationalen Staatensystem zu positionieren[1738].

In diesem Sinne versuchte Fürst Georg II. Rákóczi, die alten protestantischen Netzwerke seines Vaters für seine politischen Ziele zu nutzen. Die 1648 von Georg I. Rákóczi gebildeten Allianzen mit den protestantischen Ständen Polens, die ein Gegengewicht zum katholischen Block bilden wollten, und den Kosaken nutze sein Sohn in den 1650er Jahren weiter[1739]. Auch die Verbindungen zum calvinistischen Europa versuchte Georg II. zu stärken, indem er seinen Sohn Sigismund mit Prinzessin Henriette Marie von der Pfalz, der Schwester des Kurfürsten von der Pfalz, Karl Ludwig, verheiratete. Um das Prestige seiner Familie durch eine eheliche Verbindung mit der calvinistischen Elite Europas zu erhöhen, nahm Fürst Georg II. langwierige Verhandlungen in Kauf – die Prinzessin sträubte sich heftig gegen das Eheprojekt mit dem Siebenbürger. Kurz nach der Hochzeit, die am 4. April 1651 in Sárospatak stattfand, starb die Prinzessin am 18. September 1651 in ihrem 25. Lebensjahr unerwartet und kinderlos in Siebenbürgen, ein Jahr später starb auch ihr Mann, Prinz Sigismund, dreißigjährig[1740]. Vor ihrem Tod hatte die Prinzessin ihrem Bruder, dem Kurfürsten von der Pfalz, noch aus Siebenbürgen berichtet:

> „Die gutte leütt haben wohl grosse sorg undt wolten es wohl gerren alles gar gutt machen undt muss ich sagen, das sie von mich bis auff den geringsten meiner diener sorg vordragen, das sie mit allem versehen mögen sein, ich beken das ich bei der nation, welche mich allezeit wie eine barbarische ist beschreiben worden, so vill sivilite nicht gesugt hatte, als ich hie bey ihnen sehe.“[1741]

Ungeachtet dieser Familienpolitik verlor das konfessionelle Element in der Außenpolitik der Fürsten weiter kontinuierlich an Bedeutung. Dies manifestierte sich vor allem im stabilen siebenbürgisch-habsburgischen Verhältnis nach 1647, als die Bestimmungen des Linzer Vertrages Eingang in die ungarischen Staatsgrundgeset-

1738 Diese Ansicht vertritt vor allem Gábor Kármán: Kármán 2008, S. 29–66. Zur Relativierung der Definition des Dreißigjährigen Krieges als Religionskrieg, in dem das „konfessionelle Argument“ das „wichtigste Nebenmotiv“ gewesen sei: Burkhardt 2000, S. 76.

1739 Siehe dazu: Kármán 2008, S. 153–171.

1740 Ausführlich: Kármán 2008, S. 172–192. Vgl. Kraus, Teil 2, S. 143–144.

1741 Ruppel, S. 217.

ze fanden. Für Nervosität am siebenbürgischen Hof sorgte allerdings die 1649 begonnene Verlegung großer Teile des stehenden kaiserlichen Heeres aus Deutschland nach Ungarn. Wien wollte mit dieser Geste den Osmanen gegenüber Stärke demonstrieren, und es setzte auch Kommissionen ein, die sich mit der Eventualität eines neuerlichen „Türkenkrieges" beschäftigten. Die ungarischen Eliten, die die zahlreichen neuen landfremden Truppen aus dem Reich mit Argwohn betrachteten[1742], versuchten sich dennoch einen positiven Reim auf diese Entwicklung zu machen, da manche von der baldigen Befreiung Ungarns vom „Türkenjoch" träumten. Sogar Fürst Georg II. Rákóczi sondierte 1650 in Wien die Chancen für einen habsburgisch-siebenbürgischen Feldzug gegen das Osmanische Reich. Als Georg II. erkannte, dass der Wiener Hof dies Ziel nicht entschlossen verfolgen wollte und eine undurchsichtige Haltung annahm, versicherte sich der siebenbürgische Fürst 1651 des osmanischen Schutzes für den Fall eines neuen Krieges zwischen Hofburg und Hoher Pforte. Ein ähnlich ambivalentes Verhältnis hatte Fürst Georg II. zur ungarischen Elite des Königreichs. Einerseits arbeiteten erbitterte Gegner, wie Erzbischof Lippay und die Magnaten Stefan Csáky sowie Franz Wesselényi, an seinem Sturz, andererseits unterhielt er enge freundschaftliche Beziehungen zum neuen Palatin, Graf Paul Pálffy sowie zu weiteren einflussreichen Repräsentanten des katholischen Hochadels im Königreich Ungarn. Pálffy warf bereits 1650 Csáky und Wesselényi vor, gegen den siebenbürgischen Fürsten zu intrigieren. Pálffy hoffte auf einen gemeinsamen Türkenkrieg Ungarns und Siebenbürgens, weshalb er sich 1652 massiv für die Einberufung des ungarischen Reichstages einsetzte, mit dem Argument, die protestantischen Stände Ungarns würden sich andernfalls Siebenbürgen anschließen[1743]. Trotz der Forderungen aus den Reihen der ungarischen Stände, die Wirren im Osmanischen Reich auszunutzen und Zentralungarn zurückzuerobern, verfolgte der Kaiser strikt eine Politik der Deeskalation an der Militärgrenze. Davon hielten ihn auch die gegenseitigen Raubzüge der ungarischen und osmanischen Grenzkommandanten nicht ab, deren Scharmützel im August 1652 in der Schlacht bei Vezekény gipfelten, die für die ungarischen und deutschen Truppen günstig verlief. Da die Habsburger Frieden an ihrer Ostgrenze wünschten, konnte die Verbannung der Jesuiten aus Siebenbürgen 1653 das Verhältnis Fürst Georg II. zum Wiener Hof belasten, aber keine ernsthafte Krise in den habsburgisch-siebenbürgischen Beziehungen auslösen[1744].

Die stabilen Grenzen zu seinen wichtigsten Nachbarn, der Habsburgermonarchie und dem Osmanischen Reich, ermöglichten es dem siebenbürgischen Fürsten, eine aktive Politik gegenüber den benachbarten Woiwodschaften Moldau und Wala-

1742 Der ungarische Palatin Graf Pálffy scheiterte mit seinem Versuch, die deutschen Einheiten den ungarischen Kommandanten der Grenzabschnitte zu unterstellen: Höbelt, S. 366–369.

1743 Graf Pálffy beschwerte sich 1652 bitter über die passive Haltung des Kaisers in Ungarn. Man könne glauben, schrieb der Palatin, Ferdinand III. wolle Ungarn am liebsten von den Osmanen besetzen lassen, damit er es nachher als eine Kriegsbeute einkassieren könne, die nicht mehr in der Lage wäre, historische Rechte geltend zu machen: Höbelt, S. 369.

1744 Zu den Beziehungen des siebenbürgischen Fürsten zum Königreich Ungarn 1648–1656: Kármán 2008, S. 142–151, 193–219, 264–290. Vgl. Höbelt, S. 367–374.

chei zu betreiben[1745]. Zunächst erneuerte er das noch von seinem Vater geschlossene Bündnis mit dem Woiwoden der Walachei. Am 18. Februar 1650 händigte in Kronstadt eine Gesandtschaft des Woiwoden die Urkunde Matei Basarabs aus, in der er das siebenbürgisch-walachische Bündnis erneuerte und dem siebenbürgischen Fürsten seine Treue versicherte[1746]. Am selben Tag stellte auch der siebenbürgische Fürst in Kronstadt eine Urkunde über die Erneuerung des Bündnisvertrages aus[1747]. Die Allianz richtete sich vor allem gegen den Woiwoden der Moldau, Vasile Lupu, der den siebenbürgisch-moldauischen Vertrag von 1638 nach der Thronbesteigung Georgs II. Rákóczi nicht erneuerte. Der siebenbürgische Fürst sah den Woiwoden der Moldau zunehmend als Rivalen an, weshalb er auf ein Bündnisangebot des Kosakenhetmans Bogdan Chmel'nyc'kyj einging, mit dessen Gesandten er im Frühjahr 1650 in Weißenburg einen Bündnisvertrag abschloss[1748]. Aus diesen Gründen duldete er die Verwüstung der Moldau durch ein krimtatarisch-kosakisches Heer im September 1650 und erneuerte am 25. April 1651 in Weißenburg seine Allianz mit dem Woiwoden der Walachei. Der Vertrag sah militärische Hilfe ausdrücklich auch gegen das Osmanische Reich und das Chanat der Krimtataren für den Fall vor, dass die Hohe Pforte die Verträge mit ihren Vasallen verletzen sollte. Die Vereinbarungen der vorangegangenen Verträge, insbesondere die Entschädigung für den Zehnten der Schafherden und die Ehrengabe an den Fürsten sollten bestehen bleiben[1749]. Der Woiwode der Walachei wollte sich dadurch vor einem eventuellen kosakisch-krimtatarischen Einfall schützen, da er davon ausging, die Verwüstung der Moldau sei auf Befehl der Hohen Pforte erfolgt. Davon ging auch der Woiwode der Moldau aus, der sich Schutz durch engere Beziehungen zu Siebenbürgen versprach. Im Herbst 1651 schlug er Georg II. Rákóczi vor, seine Tochter Ruxandra mit dem Sohn des siebenbürgischen Fürsten, dem gerade verwitweten Prinz Sigismund, zu verheiraten – ein Plan, den Georg II. jedoch ablehnte[1750].

Durch die Krise des tatarisch-kosakischen Bündnisses ermuntert, verbesserte der Woiwode der Moldau seine Beziehungen zum früheren Gegner, den Zaporoger Kosaken. Das neue Bündnis wurde 1652 durch die Heirat des Sohnes des Kosakenhetmans, Tymiš Chmel'nyc'kyj, mit der moldauischen Woiwodentochter Ruxandra besiegelt[1751]. Mit Hilfe der Kosaken versuchte Vasile Lupu im Frühjahr 1653 den Thron der Walachei gewaltsam an sich zu reißen, nachdem er zum wiederholten

---

1745 Ausführlich: Kármán 2008, S. 220–263.

1746 Veress, Documente, Vol. X, S. 217–218.

1747 Wortlaut in: Lupaş 1940, Documente, S. 250. Ebenso in: Studii şi documente, Iorga, Vol. IV, S. 28–29. Ebenso in: Monumenta Comitialia Regni Transylvaniae, Bd. XI, S. 68–69.

1748 Sîrbu 1992, S. 130–132. Vgl. Butnariu 2004, S. 218.

1749 Wortlaut des lateinischen Textes in: Monumenta Comitialia Regni Transylvaniae, Bd. XI, S. 133–134. Vgl. Tratatele internaţionale, S. 108–109. Vgl. Butnariu 2004, S. 218–219.

1750 Butnariu 2004, S. 218–220. Der venezianische Gesandte bei der Hohen Pforte schrieb dem Dogen bereits am 3. Dezember 1650, der Woiwode der Moldau plane, sich mit dem Woiwoden der Walachei und dem Fürsten von Siebenbürgen zu verbünden, um die Oberhoheit der Hohen Pforte gewaltsam abzuschütteln: Documente, Hurmuzaki, Vol. IX/1, S. 2.

1751 Wünsch, S. 35–36.

Male die Hohe Pforte darum gebeten hatte[1752]. Da der siebenbürgische Fürst entschlossen war, das moldauisch-kosakische Bündnis nicht zu dulden, sandte er das siebenbürgische Heer unter dem Kommando von Johann Kemény, das von walachischen Einheiten verstärkt wurde, in die Moldau und vertrieb im April 1653 Vasile Lupu. Beeinflusst vom protestantischen deutschen Gelehrten Johannes Heinrich Bisterfeld, der am siebenbürgischen Hof wirkte, wurde Fürst Rákóczi zu einem Anhänger der Lehre vom legitimen Präventivkrieg. Dementsprechend rechtfertigte der siebenbürgische Fürst seinen Feldzug mit der Begründung, der Angriff des moldauischen Woiwoden auf Siebenbürgen habe unmittelbar bevorgestanden[1753]. Als neuen Woiwoden der Moldau ließ Fürst Rákóczi den Bojaren und hohen Würdenträger Gheorghe Ştefan einsetzen. Die Pforte bestätigte den neuen Woiwoden, indem sie das Recht der „Bewohner" der Moldau anerkannte, einen Vertreter aus ihren Reihen zum Herrscher zu wählen[1754]. Diese Intervention führte zum Konflikt zwischen dem Fürsten von Siebenbürgen und dem Kosakenhetman Bogdan Chmel'nyc'kyj, dessen Sohn Tymiš seinem Schwiegervater Vasile Lupu zu Hilfe eilte[1755]. Im Mai 1653 kehrte Vasile Lupu mit seinem Schwiegersohn und dessen Heer in die Moldau zurück und vertrieb Gheorghe Ştefan. Allerdings begnügte sich Lupu nicht mit diesem Erfolg, sondern versuchte mit der Armee der Kosaken, Matei Basarab vom walachischen Thron zu vertreiben. Das walachisch-siebenbürgische Heer schlug aber das moldauisch-kosakische am 27. Mai 1653 in Finta entscheidend, worauf der siebenbürgische Heerführer Johann Kemény erneut in die Moldau eindrang und Vasile Lupu ein zweites Mal vertrieb[1756]. Tymiš Chmel'nyc'kyj zog sich mit seinen Truppen in die Hauptstadt Suceava zurück, bei deren Belagerung er im September 1653 zu Tode kam[1757]. Die siebenbürgische Intervention in der Moldau rief in Polen, das die Moldau immer noch als sein Einflussgebiet betrachtete, Misstrauen hervor. Dieses versuchte der Fürst von Siebenbürgen zu zerstreuen, indem er den König und die Stände Polens darauf hinwies, dass durch das Bündnis Vasile Lupus mit den Kosa-

1752 Dieses führte am 13. Juni 1653 wiederum zu einem energischen Protestschreiben Rákóczis an die Hohe Pforte: Şerban, S. 1955–1956.

1753 Rákóczis Rechtfertigungen seines Präventivkrieges finden sich in fürstlichen Chroniken, in den Briefen an seine Mutter und den König von Polen sowie in den Präambeln der 1654 erlassenen Gesetze Siebenbürgens. Ausführlich zur *bellum iustum*-Argumentation Rákóczis im Kontext seines Moldau-Feldzuges von 1653: Kármán 2006, S. 23–42.

1754 Gemil 1979, S. 145.

1755 Siehe das 1653 versandte Protestschreiben des Kosakenhetmans an den Fürsten von Siebenbürgen, in dem er Rákóczi aufforderte, gute nachbarschaftliche Beziehungen mit Lupu aufrecht zu erhalten: Corfus 1983, S. 171. Vgl. Documente, Hurmuzaki, Vol. V/1, S. 2. Vgl. Wünsch, S. 35–36. Ausführlich zum Krieg gegen Vasile Lupu: Costin, Chronik, S. 186–240. Ebenso: Şerban, S. 1953–1955. Vgl. Gemil 1979, S. 140–149.

1756 Siehe eine zeitgenössische Beschreibung des Kriegsverlaufs in: Corfus 1983, S. 183–185.

1757 Gheorghe Ştefan verständigte am 18. September 1653 die polnische Seite über den Tod Tymiš': Corfus 1983, S. 206–208.

ken auch für die Südostflanke Polens Gefahr ausgehe[1758]. Da die krisengeschüttelte Adelsrepublik Polen sich nur mit Mühe gegen das kosakisch-tatarische Bündnis behaupten konnte, musste sie die siebenbürgische Einflussnahme in der Moldau akzeptieren und ging mit dem Fürsten von Siebenbürgen eine Aktionsgemeinschaft gegen die Kosaken ein[1759]. Am 4. September 1653 verständigte der König von Polen, Johann II. Kasimir, den siebenbürgischen Fürsten, dass er Hilfstruppen in die Moldau geschickt habe, die zusammen mit den siebenbürgischen Einheiten und jenen des neuen Woiwoden der Moldau, Gheorghe Ştefan, operieren sollten, auch um den Kosakenhetman daran zu hindern, Verstärkungen in die Moldau zu schicken[1760]. Die polnisch-siebenbürgische Aktionsgemeinschaft endete, nachdem die Kosaken am 8. Juni 1654 die Oberhoheit des russischen Zaren anerkannt hatten, da den beiden Mächten fortan ein gemeinsamer Feind fehlte[1761]. Die Moldau verblieb im Einflussbereich Georgs II. Rákóczi, der den Woiwoden der Moldau, Gheorghe Ştefan, 1655 zwang, in einem Bündnisvertrag die Oberhoheit des Fürsten von Siebenbürgen anzuerkennen[1762].

1654 verstarb der Woiwode der Walachei, Matei Basarab, nach 22 Regierungsjahren. Ihm folgte Constantin Şerban auf dem Thron der Walachei[1763]. Nach einem Aufstand seiner Palastgarde sandte Constantin Şerban eine Abordnung von Bojaren nach Siebenbürgen, die am 20. Mai 1655 im Rákóczi-Schloss zu Radnuten den Fürsten von Siebenbürgen (*Craiul Ardealului*) im Namen des Woiwoden um Hilfe gegen die Söldner bat[1764]. Daraufhin schlug im Juni 1655 ein siebenbürgisches Heer die Revolte der Söldner bei Şoplea nieder. Als Gegenleistung schloss Şerban zum Jahresende 1655 mit Georg II. Rákóczi einen Bündnisvertrag ab, der die Oberherrschaft des siebenbürgischen Fürsten über den walachischen Woiwoden begründete. In seiner in Târgovişte ausgestellten Urkunde unterwarf sich Constantin Şerban der Suzeränität des siebenbürgischen Fürsten und seiner Nachfolger und schwor ihnen, auch im Namen seiner Untertanen, Treue. Der Woiwode verpflichtete sich, den Fürsten vor eventuellen Gefahren unverzüglich zu warnen, Feind seiner Feinde zu sein, ihm mit seinem Heer jederzeit persönlich beizustehen und keine Verträge gegen ihn ab-

1758 Siehe die Schreiben Georgs II. Rákóczi an die polnischen Stände und den König von Polen zwischen dem 20. Mai und dem 14. September 1653 in: Corfus 1983, S. 181–183, 187–188, 199–201, 202–206.

1759 Zu den außenpolitischen Akteuren Polens und zu den Methoden der polnischen Diplomatie im 17. Jahrhundert: Serwański, S. 168–175.

1760 Wortlaut des Schreibens in: Corfus 1983, S. 198–199.

1761 Ausführlich zu den siebenbürgisch-moldauisch-kosakisch-polnischen Beziehungen 1653–1654: Kármán 2008, S. 230–247. Die Kosaken engagierten sich nach 1654 nur noch selten in der Moldau: Wünsch, S. 35–36.

1762 Genaue Angaben zum Inhalt, zum Datum und zum Ort des Bündnisvertrages sind nicht überliefert. Brătianu/Makkai, S. 77. Vgl. Nägler/Philippi 1979, S. 209. Vgl. Czettler, S. 115–116.

1763 Er war der Sohn des langjährigen walachischen Woiwoden Radu Şerban. Zum Aufstand in der Walachei: Costin, Chronik, S. 244–250.

1764 Wortlaut in: Studii şi documente, Iorga, Vol. IV, S. 33–36. Unter diesen Umständen musste Constantin Şerban seine Pläne, den Woiwoden der Moldau durch Michael Pătraşcu zu ersetzen, aufgeben: Butnariu 2004, S. 223. Vgl. Condica tratatelor, S. 45.

zuschließen. Über die Ankunft Gesandter auswärtiger Mächte in der Walachei und die Verwendung walachischer Gesandter im Ausland sollte der Fürst informiert werden. Die siebenbürgisch-walachische Grenze sollte wie zu Zeiten seines Vorgängers, des Woiwoden Matei Basarab, verlaufen. Es sollte gute Nachbarschaft herrschen, die siebenbürgischen Hirten auf walachischem Territorium nicht gestört und die jährlichen Entschädigungen für den Zehnten erhöht werden, wofür der Begriff „Ehrenabgabe des Nachbarlandes" benutzt wurde. Ferner sollte Fürst Rákóczi ein Mitspracherecht bei der Besetzung wichtiger Staatsämter in der Walachei erhalten[1765].

Nach dem Vorbild der Fürsten Sigismund Báthory und Gabriel Báthory etablierte Georg II. Rákóczi in einer Phase politisch-militärischer Machtentfaltung die siebenbürgische Oberherrschaft über die Woiwodschaften der Moldau und der Walachei, deren Herrschertitel er fortan führte[1766]. Die Woiwoden unterwarfen sich der siebenbürgischen Herrschaft, da sie ihre Throne Georg II. Rákóczi verdankten und weil sie in Konstantinopel keinerlei Rückhalt besaßen, zumal ihre Regierungsübernahmen mit der Vertreibung der aus der osmanischen Hauptstadt stammenden einflussreichen Gruppe der Griechen verbunden war[1767]. Aus der Etablierung der siebenbürgischen Suzeränität an der unteren Donau entstand ein verschachteltes System von Vasallenverhältnissen, da sowohl Siebenbürgen als auch die Moldau und die Walachei unter der Oberherrschaft des Osmanischen Reiches verblieben. Auffallend ist, dass die Pflichten der Woiwoden gegenüber dem Fürsten jenen der drei Herrscher gegenüber dem Sultan entsprachen: Tributzahlungen, Heeresfolge, Warnung vor Gefahr und die Zusage, nichts gegen die Sicherheit des Suzeräns zu unternehmen. Das siebenbürgische Bündnissystem sollte ein Gegengewicht zur Hohen Pforte schaffen, ohne mit dieser offen zu brechen. Der Sultan war gezwungen, die vom siebenbürgischen Fürsten aufgebauten Parallelstrukturen zu dulden, solange der Kreta-Krieg gegen Venedig (1645–1670) und Celali-Revolten (1647–1655) in Anatolien seine Kräfte banden[1768]. In dieser Zeit konnte Georg II. Rákóczi seine Machtposition mit-

---

1765 Wortlaut des Vertrages von Târgoviște, dessen genaues Datum nicht überliefert ist, in: The Consolidated Treaty Series, Vol. 3, S. 405–409. Ebenso: Lupaş 1940, Documente, S. 268–270. Überliefert sind die Treueschwüre der walachischen Reiter und Kleinbojaren gegenüber dem Woiwoden der Walachei (Domnu nostru lu Ion Costandin Şărban Voivod) und dem Fürsten von Siebenbürgen (*Măriei Sale lu Racoț Ghiorghie, Craiul Ardealului şi părților țărai ungureşti domnu şi Săcuilor şpan*) vom Dezember 1655, die nach dem Abschluss des siebenbürgisch-walachischen Bündnisvertrages abgegeben wurden. Wortlaut in: Studii şi documente, Iorga, Vol. IV, S. 37–42. Vgl. zu den siebenbürgisch-walachischen Beziehungen 1655: Kármán 2008, S. 248–253.

1766 Rákóczi rechtfertigte seine Feldzüge gegen die Moldau und Walachei mit dem Konzept des „Präventivkriegs", das im politischen Denken der Frühen Neuzeit sehr umstritten war, um 1650 allerdings an Popularität gewann: Kármán 2008, S. 253–263. Ausführlich zur Rechtfertigung seines Moldau-Feldzuges von 1653: Kármán 2006, S. 23–42.

1767 Brătianu/Makkai, S. 77–78. Ausführlich zum Einfluss der „Griechen" aus Konstantinopel auf die Politik der Moldau und Walachei in der Mitte des 17. Jahrhunderts: Constantiniu, S. 121–128.

1768 Vgl. Matuz, S. 171–172, 179–182.

hilfe der benachbarten Woiwoden ausbauen und seine ambitionierten außenpolitischen Pläne in Angriff nehmen[1769].

Anders als Sigismund Báthory richtete Georg II. sein Bündnissystem nicht gegen das Osmanische Reich aus, sondern plante, es gegen Polen einzusetzen. Der Fürst von Siebenbürgen verfolgte das ehrgeizige Ziel, den seit 1648 regierenden schwachen polnischen König Johann II. Kasimir, gegen den sein Vater kandidiert hatte, zu stürzen und selbst den polnischen Thron zu besteigen. Seine Ansprüche untermauerte er durch seine Ehe mit Sophia Báthory, der Nichte des Kardinals und Fürsten Andreas Báthory und Verwandte des polnischen Königs und Fürsten von Siebenbürgen Stefan Báthory. Um seine Pläne zu verwirklichen, betrieb er ein Doppelspiel. Die erste Möglichkeit, die sich ihm bot, bestand darin, sich mit Schweden zu verbünden, dessen König Karl X. Gustav die treibende Kraft eines Krieges gegen Polen darstellte[1770]. Georg II. plante eine große protestantische Allianz, die ihm die nötige internationale Absicherung für seine Polen-Politik bieten sollte, vor allem im Hinblick auf die Habsburgermonarchie. Das Herzstück dieses Bündnisses sollte eine Allianz mit dem König von Schweden bilden, zu dem Fürst Rákóczi 1654 Kontakt aufnahm. Für diese Mission wählte der Fürst seinen Sekretär Constantin Schaum aus, ein Mitglied böhmischer Gelehrtenkreise, der nicht nur zu Comenius Verbindungen unterhielt, sondern dem siebenbürgischen Fürsten Zugang zu einem Netzwerk radikaler Protestanten verschaffte, das Georg II. für seine Interessen zu nutzen trachtete[1771].

Am 24. Dezember sandte der Fürst diesen Gelehrten über Polen nach Schweden, Dänemark, die Niederlande und England[1772]. Nachdem Schaum am 8. Januar 1655 Gespräche mit dem polnischen König geführt hatte, lotete er am 23. Februar 1655 in Stockholm den Beitritt Siebenbürgens zu einer möglichen englisch-schwedischen Allianz aus. In der zweiten Märzhälfte besuchte Schaum den dänischen König bevor er – über Hamburg und die Niederlande kommend – im Mai 1655 in London eintraf. Dort versuchte Schaum herauszufinden, ob eine englisch-schwedisch-niederländische Allianz vorbereitet werde und wie die Chancen für einen siebenbürgischen Beitritt stünden. Nach erfolglosen Verhandlungen mit Oliver Cromwell, u. a. am 4. Mai, verließ Schaum am 9. Juni 1655 London Richtung Siebenbürgen[1773]. Ebenfalls zur Jahresmitte 1655 reisten die siebenbürgischen Gesandten Stefan Székely und

1769 Péter 1990, S. 353–354.

1770 In Konflikte mit den Kosaken und dem Zaren verstrickt, überschätzte der seit 1648 regierende polnische König Johann II. Kasimir seine Kräfte und bestritt die Legitimität Karls X. Gustav aus dem Haus Pfalz-Zweibrücken, zu dessen Gunsten seine Cousine, Königin Christine, im Juni 1654 abgedankt hatte: Lockhart, S. 91–93.

1771 Ausführlich zur Rolle Schaums in Rákóczis außenpolitischem Konzept: Kármán 2008, S. 349–357.

1772 Vgl. Czettler, S. 116. Vgl. Horváth, S. 506–510.

1773 Ausführlich zur Mission Schaums: Demény/Cernovodeanu, S. 133–140. Cromwell antwortete auf den von Schaum überbrachten Brief Rákóczis vom 16. November 1654 am 31. Mai 1655, den er Schaum vor dessen Abreise übergab. Siehe den Wortlaut der auf Latein verfassten Briefe, in denen sich die beiden Absender ihrer gegenseitigen Zuneigung versicherten und sich in der Verteidigung des Protestantismus bestärkten, in: Miller, S. 436–440.

Gregor Rácz zum Chan der Krim, um ein gemeinsames Vorgehen gegen das Königreich Polen auszuloten. Da der Chan eine Interessengemeinschaft mit dem König von Polen gegen die Kosaken eingegangen war, zerschlugen sich die siebenbürgischen Bemühungen. Auch die Gespräche, die der schwedische Gesandte Gottfried Welling im Sommer 1655 mit dem Fürsten von Siebenbürgen in Weißenburg führte, verliefen ergebnislos, da die Forderungen Rákóczis an die schwedische Seite dieser als zu hoch erschienen und sich der König von Schweden stark genug fühlte, seine Ziele in Polen auch ohne siebenbürgische Hilfe zu erreichen[1774].

Im Juni 1655 begann der Angriff des schwedischen Königs auf Polen[1775]. Zum Jahresende 1655 traf eine Delegation des polnischen Königs und Adels am siebenbürgischen Fürstenhof ein, um die sofortige Hilfe Rákóczis gegen die Schweden zu erbitten. Als Gegenleistung bot der polnische König Rákóczi eine Mitregentschaft an. Nach dem Tod König Johanns II. Kasimir sollte der Fürst von Siebenbürgen als alleiniger König Polen beherrschen, und sein Sohn Franz sollte – nach dem Übertritt zum römisch-katholischen Glauben – als Thronfolger gewählt werden[1776]. Rákóczi hielt sich zunächst noch zurück. Zu Beginn des Jahres 1656 musste der König von Schweden erkennen, dass der polnische Widerstand hartnäckiger ausfiel, als er es vermutet hatte. Mit dem Vertrag von Marienburg trat das Kurfürstentum Brandenburg am 25. Juni 1656 in den Krieg gegen Polen ein; beide Verbündete fügten der polnischen Armee vor Warschau (28. – 30. Juli 1656) eine herbe Niederlage zu[1777]. Gleichzeitig verbesserte sich die Lage Polens an seiner Ostfront, da sich der Zar, nachdem er sich nicht mit dem schwedischen König auf eine Aufteilung Polens hatte einigen können, aus dem Krieg gegen Polen zurückzog[1778]. Im Sommer 1656 stellte der Chan der Krimtataren der polnischen Krone ein Hilfsheer zur Verfügung, da er ein handlungsfähiges Polen als Gegengewicht zum Zaren benötigte. Er warnte Warschau vor dem Doppelspiel des siebenbürgischen Fürsten[1779]. Dieser versuchte den Druck auf die beiden gegnerischen Lager zu erhöhen, indem er am 7. September 1656 einen Bündnisvertrag mit dem Kosakenhetman schloss. Beide Seiten versprachen sich „immerwährenden Beistand“[1780]. Zunächst befürwortete der Zar als neuer Suzerän der Kosaken die Bündnisse Bogdan Chmel'nyc'kyjs mit Siebenbürgen und dessen Vasallen, der Moldau und Walachei. Als sich die Kosaken und das Fürstentum Siebenbürgen mit Schweden gegen Polen verbündeten, missbilligte Moskau den außenpolitischen Kurs des Hetmans[1781]. Obwohl der polnische König noch im August 1656

1774 Zum Leben und zur Mission Wellings siehe: Conrad Jacob Hiltebrandt's Gesandtschaftsreise, S. XVII, XXVII – XXX.

1775 Zum Polen-Krieg des schwedischen Königs: Lockhart, S. 93 – 97.

1776 Gooss, S. 809.

1777 Schwarz, S. 270.

1778 Am 24. Oktober 1656 wurde der russisch-polnische Friedensvertrag in Wilna unterzeichnet: Butnariu 2004, S. 226.

1779 Felezeu 2005, Cadrul politic internațional, S. 41.

1780 Zum Briefwechsel Rákóczis mit dem Kosakenhetman: Wünsch, S. 37 – 38.

1781 Bogdan Chmel'nyc'kyj war nicht bereit, seine eigenständige Außenpolitik aufzugeben, weshalb er sich 1654 unter die vermeintlich schwache Oberhoheit des Zaren gestellt hatte. Ausführlich dem Fürsten von Siebenbürgen für sofortige Truppenhilfe die polnische Krone und Teile Ostgaliziens abzutreten bereit war, entschied sich Rákóczi im September für die schwedische Karte. Im Sommer 1656 war eine Delegation des schwedischen Königs, die aus dem Wismarer Gerichts-Assistenz-Rat Heinrich Coelestinus von Sternbach und dem Kurländer Gottfried Welling, der bereits im Sommer des vorherigen Jahres nach Siebenbürgen gereist war, bestand, nach Klausenburg aufgebrochen, wo sie am 7. August eintraf. Dort führte sie die ersten Verhandlungen mit dem Fürsten von Siebenbürgen, die anschließend in Weißenburg und danach im Rákóczi-Schloss von Radnuten fortgesetzt wurden[1782]. Obwohl sich in den Reihen der siebenbürgischen Stände eine starke Opposition gegen den geplanten Polenfeldzug gebildet hatte[1783], gelang es Fürst Rákóczi, die Bündnisverhandlungen mit Schweden erfolgreich zum Abschluss zu bringen. Der am 16. November vom König von Schweden und am 6. Dezember 1656 vom Fürsten in seinem siebenbürgischen Schloss Radnuten unterzeichnete Vertrag sah folgende Aufteilung Polens vor: Kleinpolen und Litauen sowie der Titel eines Königs von Polen und Großfürsten von Litauen sollten an Fürst Georg II. Rákóczi fallen, das polnische Westpreußen wurde dem Königreich Schweden zugesprochen. Ferner sollten die Kosaken die ukrainisch besiedelten Teile Ostpolens und das Kurfürstentum Brandenburg Großpolen erhalten[1784].

Seit dem Herbst 1656 bemühte sich Fürst Rákóczi – allerdings etwas halbherzig – um die Zustimmung der Hohen Pforte für das Bündnis mit Schweden und den geplanten Polen-Feldzug. Dafür benötigte er die Unterstützung der protestantischen Höfe Europas und die Hilfe des französischen Königs sowie deren Gesandten in Konstantinopel. In dieser Angelegenheit konnte Fürst Rákóczi vor allem auf die Unterstützung des englischen Lordprotektors Oliver Cromwell zählen, den er bereits sehr früh als Souverän Englands anerkannt hatte[1785]. Die diplomatische Intervention der westlichen Gesandten konnte keine für Siebenbürgen günstige Haltung der Hohen Pforte herbeiführen[1786]. Nach der schweren Niederlage, die die osmanische Flotte am 26. Juni 1656 in den Dardanellen gegen die Venezianer hinnehmen musste,

---

zur völkerrechtlichen Stellung der Kosaken in der Mitte des 17. Jahrhunderts und ihrer Beziehungen zu den Nachbarmächten: Fleischhacker, S. 176–196.

1782 Die schwedische Delegation wurde vom jungen Gesandtschaftsprediger Conrad Jacob Hiltebrandt begleitet, der als Hauslehrer von Sternbachs gearbeitet hatte. Seine Tagebuchaufzeichnungen anlässlich der Gesandtschaftsreise nach Siebenbürgen, der zwei Reisen in die Ukraine und nach Konstantinopel 1656–1658 folgten, arbeitete er später als Pfarrer im pommerschen Bahn zu einer umfangreicheren Darstellung aus: Conrad Jacob Hiltebrandt's Gesandtschaftsreise, S. XI–XIII, XVIII–XXI, 1–60, 174.

1783 Demény/Cernovodeanu, S. 148. Vgl. Péter 1990, S. 355–356. Vgl. Czettler, S. 116.

1784 Zu den Bestimmungen des Radnutener Vertrages: Frost, S. 85. Siehe den Wortlaut des Vertrages in: Szilágyi 1891, S. 190–196. Ausführlich zum Zustandekommen des Vertrages von Radnuten im Kontext der schwedisch-siebenbürgischen Beziehungen 1655–1656: Kármán 2008, S. 305–341. Vgl. dazu Gebei 1996, S. 86–192.

1785 Zu den Aktivitäten der englischen Diplomatie in Konstantinopel zugunsten Siebenbürgens: Demény/Cernovodeanu, S. 148–155.

1786 Vor allem die französisch-osmanischen Beziehungen waren durch die Unterstützung der Venezianer durch Paris belastet: Soreanu, S. 70–72.

gefährdete die nun folgende venezianische Blockade die Versorgung Konstantinopels mit Lebensmitteln. In dieser Krisensituation ernannte am 14. September 1656 Sultan Mehmet IV. den energischen Pascha Mehmet Köprülü zum Großwesir, der das Amt erst annahm, nachdem der Sultan und dessen Mutter ihn mit Sondervollmachten ausgestattet hatten. Innerhalb kürzester Zeit gelang es dem neuen Großwesir, die einstige Macht der Hohen Pforte – vor allem innerhalb des Reiches – wiederherzustellen und eine eigene Dynastie von Großwesiren zu etablieren[1787]. Damit endete am Bosporus eine Periode der politischen Instabilität, die von 44 Wechseln im Amt des Großwesirs zwischen 1604 und 1656 gekennzeichnet war[1788]. Unter diesen Bedingungen konnte Konstantinopel wieder die Initiative ergreifen und das Gesetz des Handelns bestimmen.

Großwesir Mehmet Köprülü lehnte die Pläne des siebenbürgischen Fürsten in Polen ab. Er erteilte dem osmanischen Kommandanten an der unteren Donau, Melek Ahmet Pascha, und dem Chan der Krimtataren den Befehl, Siebenbürgen, die Moldau und Walachei „genau im Auge zu behalten" und im Falle eines Angriffs auf Polen Siebenbürgen und seine Verbündeten anzugreifen und deren Allianz aufzulösen[1789]. Den Fürsten von Siebenbürgen wies er im November 1656 an, jegliche militärische Aktion gegen Polen zu unterlassen[1790]. Rákóczi war jedoch nicht mehr von seinem Vorhaben abzubringen. Er ignorierte die Warnungen seines Ratgebers Achatius Barcsai, der bereits am 6. September 1656 unter dem Eindruck der Machtverschiebungen an der Hohen Pforte dem Fürsten schrieb, der Sultan werde Siebenbürgen mit Feuer und Schwert strafen, sollte der Polen-Feldzug ohne sein Einverständnis erfolgen. Auch die siebenbürgischen Gesandten an der Hohen Pforte, Mathias Balogh und Jakob Harsányi, wiesen Georg II. in mehreren Briefen darauf hin, dass die Hohe Pforte ein Eingreifen Siebenbürgens in die polnischen Wirren, unerheblich ob an der Seite des polnischen oder schwedischen Königs, nicht dulden werde. Sie boten sich an, zusammen mit den polnischen Gesandten an der Pforte vor den Sultan zu treten, und um dessen Einverständnis zu bitten, so wie es Stefan Báthory getan habe. In der Tat lehnte die Hohe Pforte eine Wiederherstellung der polnisch-siebenbürgischen Personalunion nicht prinzipiell ab. Entscheidend war für den Großwesir, dass dieser Schritt durch die Initiative und unter der Kontrolle des Osmanischen Reiches

---

1787 Zur Wiederherstellung der Machtposition des Osmanischen Reiches durch die Großwesirsdynastie der Köprülü: Matuz, S. 180–183. Köprülü Mehmet, der aus Albanien stammte und 1661 starb, folgten im Amt des Großwesirs Köprülüzâde Fazil Ahmet Pascha (1661–1676), Merzifonlu Kara Mustafa Pascha (1676–1683), Abaza El Hac Siyavuş Pascha (1687–1688), Köprülüzâde Fazil Mustafa Pascha (1689–1691), Amcazâde Hüseyin Pascha (1697–1702) und Köprülüzâde Numan Pascha (1710). Ausführlich zum Wirken dieser Dynastie im Donau-Karpaten-Raum: Soreanu, S. 44–283.

1788 Matuz 1994, S. 165–180.

1789 Darüber berichtete der venezianische Gesandte in Wien am 23. September 1656: Documente, Hurmuzaki, Vol. IX/1, S. 79. Vgl. Felezeu 2005, Cadrul politic internațional, S. 41–42.

1790 Am 11. November 1656 schrieb der venezianische Gesandte aus Wien, die Hohe Pforte habe den Herrschern von Siebenbürgen, der Walachei und der Moldau den Befehl erteilt, sich nicht mit Schweden zu verbünden: Documente, Hurmuzaki, Vol. IX/1, S. 80.

erfolgte. Fürst Georg II. und seine Ratgeber hofften hingegen darauf, durch eine militärische Intervention vollendete Tatsachen zu schaffen, die von der Pforte hätten anerkannt werden müssen. Das Misstrauen des Sultans gegenüber dem Fürsten steigerte sich, als Georg II. seine Vasallen, die Woiwoden der Moldau und Walachei, die auch der osmanischen Oberhoheit unterstanden, aufforderte, ihm in Polen Heeresfolge zu leisten[1791]. Auch die Warnungen des Chans der Krim, der im Dezember 1656 einen Gesandten nach Siebenbürgen schickte, richteten nichts mehr in Weißenburg aus[1792].

Die politische Isolation des Fürsten nahm zu, als Georg II. seine neuen Verbündeten verärgerte. Aufgrund der immer umfangreicheren territorialen Forderungen, die Rákóczi nach Abschluss des Vertrages von Radnuten stellte, verzögerte sich dessen Ratifikationsprozess erheblich. Eine Ratifizierung des Radnutener Vertrages kam nie zustande, sodass einer der ersten Teilungsverträge in der Geschichte Polens völkerrechtlich nicht in Kraft trat.

Während Rákóczi bis 1655 politische Kontakte hauptsächlich zu den protestantischen Ständen Polens unterhalten hatte, gelang es ihm im Vorfeld seiner Intervention, gute Beziehungen zu den katholischen Magnaten Polens aufzubauen. Deshalb vermied er in seiner politischen Propaganda, seinen geplanten Feldzug als antikatholische Bewegung erscheinen zu lassen. Er stellte deshalb nicht den Schutz der Protestanten in Polen in das Zentrum seiner Argumentation, sondern vor allem die Verteidigung der allgemeinen Glaubensfreiheit als legitimes Kriegsziel. Dabei spielte die Bitte der polnischen Stände an den siebenbürgischen Fürsten, ihre alten Rechte zu verteidigen, eine zentrale Rolle. Rákóczis persönlichen Ziele lagen vielmehr darin, politische und wirtschaftliche Macht zu akkumulieren und seine Dynastie im Kreis der gekrönten Souveräne Europas zu verankern. Dass er diese Pläne so zielstrebig verfolgen konnte, lag vor allem daran, dass zu dieser Zeit die Stände Siebenbürgens zu schwach waren, die fürstliche Macht effektiv kontrollieren und gegebenenfalls einschränken zu können, und die Stände Polens zu stark waren, um durch eine Zentralmacht in die Schranken gewiesen zu werden[1793]. Im Gegensatz zur Staatsraison spielten in der Außenpolitik Georgs II. Konfessionsinteressen eine geringere Rolle als bei seinem Vater. Sie stellten für Georg II. nur ein ergänzendes politisches Mittel dar, um seine dynastischen Interessen zu verfolgen und seine Machtpolitik umzusetzen. Damit hatte das konfessionelle Element in der Außenpolitik Siebenbürgens jenen Stellenwert eingenommen, der für die zweite Hälfte des 17. Jahrhunderts für ganz Europa zu beobachten war: Es verschwand nicht, verlor aber seine bestimmende Rolle und wurde vor allem als ergänzendes Mittel zur Legitimierung des politischen Handelns genutzt[1794].

1791 Soreanu, S. 49–50.

1792 Kraus, Teil 2, S. 187–188. Vgl. Butnariu 2004, S. 227.

1793 Ausführlich zu Rákóczis außenpolitischen Motiven und Legitimationsstrategien im Zusammenhang mit seinem Polen-Feldzug 1657: Kármán 2008, S. 357–373.

1794 Vgl. Kármán 2008, S. 374–381. Vgl. zum Verhältnis von Staatsraison und Religion: Münkler, S. 78–126.

Am 6. Januar 1657 setzte Fürst Rákóczi sein 41.000 Mann starkes Heer in Richtung Polen in Bewegung. Die Woiwoden der Moldau und Walachei leisteten ihrem Suzerän die in den Verträgen von 1655 festgelegte Heeresfolge[1795]. Er ernannte am 17. Januar für die Zeit seiner Abwesenheit u. a. Franz Rhédey und Achatius Barcsai zu Statthaltern in Siebenbürgen. Einen Befehl des Großwesirs, den Feldzug abzubrechen und zurückzukehren, ignorierte der Fürst Ende Januar 1657. Daraufhin sandte die Hohe Pforte einen Boten nach Weißenburg, der am 6. Februar 1657 den siebenbürgischen Ständen das Verbot des Sultans überbrachte, den Feldzug des Fürsten weiterhin zu unterstützen[1796]. Dessen Aufmarsch befand sich gerade in voller Entfaltung. Das Vermittlungsangebot, das der ungarische Kanzler Georg Szelepchényi im Auftrag des Kaisers und Königs dem siebenbürgischen Fürsten am 23. Februar in Torky unterbreitete, lehnte Rakóczi ebenso ab wie einen erneuten Kompromissvorschlag der polnischen Seite. Nachdem Georg II. am 28. März Krakau eingenommen hatte, erreichte ihn dort am 2. April der ausdrückliche Befehl des Sultans, mit seinem Heer sofort nach Siebenbürgen zurückzukehren. Der Fürst, der am 11. April mit dem schwedischen König zusammentraf, glaubte nach der Eroberung der alten polnischen Hauptstadt in der Lage zu sein, mit dem Sultan verhandeln zu können. Ein siebenbürgischer und ein schwedischer Bote wurden an die Pforte gesandt. Dort übergab der Siebenbürger am 29. Mai das Schreiben seines Fürsten, der dem Sultan einen Jahrestribut in der Höhe von 40.000 Talern versprach, zahlbar drei Jahre im Voraus, falls er ihn als König von Polen anerkennen sollte. Am selben Tag überreichte auch der schwedische Bote dem Sultan einen Brief seines Königs, in dem Karl X. Gustav den Sultan aufforderte, ein gemeinsames Vorgehen schwedischer und tatarischer Truppen gegen die polnische Armee zu billigen. Er machte den Sultan darauf aufmerksam, dass sich der Kaiser mit dem Zaren gegen das Osmanische Reich verbündet habe. Deshalb schlug der König ein enges schwedisch-osmanisches Bündnis vor, das vom siebenbürgischen Fürsten vermittelt werden sollte. Auf dies Angebot reagierte der Sultan mit dem Rat, Schweden solle umgehend Frieden mit Polen schließen, und er erneuerte seinen Befehl an den Fürsten, sofort nach Siebenbürgen zurückzukehren. Georg II. dachte jedoch nicht daran, diesem Befehl Folge zu leisten. Vielmehr erklärte der Fürst, wenn ihm die Pforte die Unterstützung verweigere, werde er von einer anderen Seite Hilfe zu suchen wissen[1797].

Das vereinte schwedisch-siebenbürgische Heer nahm am 13. Mai die Festung Brest und am 9. Juni 1657 Warschau ein. Inzwischen hatte den schwedischen König die Nachricht vom dänischen Angriff ereilt. Am 23. Juni zogen auch die letzten bei Rákóczi verbliebenen schwedischen Truppen zur Abwehr der dänischen Invasion nach Nor-

1795 Ausführlich zum Angriff auf Polen, an dem sich auch kosakische Hilfstruppen beteiligten: Frost, S. 85–92. Ebenso: Jónás, S. 110–119. Ebenso: Rusu, 238–246. Der Fürst hatte den schwedischen Gesandten Gottfried Welling zu den Kosaken geschickt, um sie über seinen Angriff in Kenntnis zu setzen: Gooss, S. 810. Vgl. Felezeu 2005, Cadrul politic internațional, S. 41.

1796 Soreanu, S. 50.

1797 Soreanu, S. 50–51.

den ab[1798]. Rákóczis Heer konnte den polnischen Widerstand, der immer mehr guerillaähnliche Züge annahm, alleine nicht mehr brechen[1799]. Inzwischen trat auch die Habsburgermonarchie auf den Plan. Besorgt, dass Polen unter den protestantischen Mächten aufgeteilt werden könnte, trat sie in den Krieg gegen Schweden ein und mobilisierte Truppen an der ungarisch-siebenbürgischen Grenze. In seinem Kriegsmanifest, das 1657 im Vorfeld der anstehenden Kaiserwahl veröffentlicht wurde, betonte Leopold I. die Notwendigkeit, das westfälische Friedenswerk zu retten, zumal die östliche Reichsgrenze durch eine Aufteilung Polens und den Kriegseintritt des Fürstentums Siebenbürgen bedroht werde[1800]. Am 27. Mai 1657 schloss Leopold I. einen Bündnisvertrag mit dem König von Polen ab, in dem er Subsidien und 16.000 Mann unter Feldmarschall Graf Hatzfeld der polnischen Seite in Aussicht stellte[1801]. Am 19. September 1657 vermittelte die Habsburgermonarchie den Abschluss des polnisch-brandenburgischen Vertrages von Wehlau, in dem Polen seine Suzeränität über das Herzogtum Preußen aufgab, worauf sich Brandenburg aus dem Krieg zurückzog[1802].

Georg II. Rákóczi war vollkommen in die Isolation geraten. Als der Fürst erfuhr, dass der Großwesir einen Straffeldzug gegen Siebenbürgen vorbereitete, schloss er mit den Vertretern der polnischen Stände am 22. Juli 1657 in Czarny Ostrów einen Separatfrieden ab[1803]. Rákóczi musste eine hohe Kriegsentschädigung (1,2 Millionen Gulden) zahlen und sein Heer auf einer vorgeschriebenen Strecke umgehend aus Polen führen. Auf ihrem Rückzug wurde die siebenbürgische Armee am 31. Juli bei Trembowla vom Heer des Tataren-Chans – der im Auftrag des Sultans handelte – eingekreist und vernichtend geschlagen. Unter ihrem Generalissimus Johann Kemény[1804] gerieten die siebenbürgischen Einheiten fast vollständig in tatarische Gefangenschaft. Nachdem die Woiwoden der Moldau und Walachei mit ihren Truppen den Rückzug angetreten hatten, war es auch Fürst Georg II. und einigen Getreuen gelungen, sich verkleidet von der Truppe zu entfernen und nach Siebenbürgen zu

1798 Gooss, S. 810–811.

1799 Zum abrupten Abzug der schwedischen Truppen hatte auch die Verärgerung des schwedischen Königs über eigenmächtiges Verhalten des siebenbürgischen Fürsten geführt. Karl X. Gustav bemühte sich fortan um engere Verbindungen zum Chanat der Krimtataren, zu den Zaporoger Kosaken und zum Osmanischen Reich: Wünsch, S. 39–40.

1800 Tischer 2008, S. 205–206.

1801 Zur Polenpolitik Wiens 1656/1657 ausführlich: Höbelt, S. 399–406.

1802 Schwarz, S. 270. Vgl. Armgart, S. 10.

1803 Wortlaut der Dokumente des siebenbürgisch-polnischen Friedens von Czarny Ostrów, wo die siebenbürgische Armee am 20. Juli eine Niederlage erlitten hatte, in: The Consolidated Treaty Series Vol. 4, S. 415–433.

1804 Kemény wurde nach langen Verhandlungen durch hohe Zahlungen seiner Familie und des Fürsten aus der tatarischen Gefangenschaft freigekauft. Nachdem Kemény im August 1659 nach Siebenbürgen zurückgekehrt war, verfasste er seine Memoiren aufgrund früherer Tagebuchaufzeichnungen, die auch detailliert auf seine Zeit in tatarischer Gefangenschaft eingehen: Kemény, S. 14–17. Vgl. Lupaş 1940, Documente, S. 282–285, 302–304. Ausführlich zur Gefangenschaft der Siebenbürger auf der Krim, unter denen sich auch der spätere Fürst Michael Apafi bis 1660 befand, und von denen noch 1673 einige als Gefangene auf der Krim lebten: Ivanics 2007, S. 204–219. Zu gefangenen Westeuropäern in der osmanischen Sklaverei in der Frühen Neuzeit: Müller, Ralf 2005, Franken im Osten, S. 353–464.

flüchten. Als letzte Verbündete fielen die Kosaken nach dem Tod ihres Hetmans im August 1657 vom siebenbürgischen Fürsten ab, der sich nun – politisch vollkommen isoliert – vor dem Scherbenhaufen seiner Außenpolitik befand[1805].

In dieser ausweglos erscheinenden Lage sandten die siebenbürgischen Stände Vertreter an die Höfe des Sultans und des Krim-Chans, um eine Schonung ihres Landes bzw. die Auslösung der Kriegsgefangenen zu erreichen. Der Großwesir machte deutlich, dass nur eine Neuwahl des Fürsten Siebenbürgen vor großem Unheil bewahren könnte. Rákóczi versuchte vergeblich, ein Einlenken des Sultans zu erreichen. Seine Gesandtschaft, die den siebenbürgischen Tribut für das Jahr 1658 an der Hohen Pforte überreichen wollte, wurde eingekerkert. Am 25. Oktober traf in Weißenburg ein osmanischer Tschausch ein, der bekannt machte, dass der Sultan Georg II. Rákóczi als Fürsten von Siebenbürgen entthront habe. Diese Reaktion der Hohen Pforte entsprang nicht nur ihrem Anspruch, einen Vasallen abzusetzen, der ihren Befehlen nicht mehr gehorchte, sondern auch der Furcht, Rákóczi könnte die Lossagung Siebenbürgens von der Oberhoheit des Sultans planen[1806].

Unter osmanischem Druck wählte am 3. November 1657 der siebenbürgische Landtag in Weißenburg Franz Rhédey, Obergespan des Komitates Marmarosch, zum neuen Fürsten. Allerdings musste er sich verpflichten, zurückzutreten, falls Rákóczi die Gunst des Sultans wiedererlangen sollte. Rákóczi, der zunächst seine Abdankung in Aussicht stellte, diese aber nicht formell vollzog, verschanzte sich im Westen des Landes. Als der Landtag von Mediasch (9.–31. Januar 1658) auf Befehl des Großwesirs die Festung Jenő an das Osmanische Reich abtreten sollte, versagte die Rákóczi-Partei dem neuen Fürsten Rhédey ihre Unterstützung. Am 24. Januar gelang Rákóczi mit Hilfe seiner Anhänger die Erstürmung Mediaschs. Aufgrund seines Versprechens, sich nicht den Drohungen des Sultans zu beugen, setzte eine Mehrheit der Stände Rákóczi wieder als Fürsten ein – Rhédey dankte ab[1807]. Ende Januar 1658 wurde das Bündnis zwischen Rákóczi und dem Woiwoden der Walachei, Constantin Şerban, erneuert. Die Bestimmungen dieses Vertrages deckten sich mit dem Bündnisvertrag von 1655[1808].

Das Festhalten Rákóczis an der Fürstenwürde betrachtete der Großwesir als offene Provokation, weshalb er unverzüglich militärische Maßnahmen gegen Siebenbürgen einleitete. Zuerst stellte die Hohe Pforte ihre Autorität in den Woiwodschaften Moldau und Walachei wieder her. Sowohl Gheorghe Ştefan (Moldau) als auch Constantin Şerban (Walachei) hatten ihren Suzerän, Georg II., vor einem Polen-Feldzug ohne osmanische Genehmigung gewarnt. Dennoch folgten sie seinem Befehl und beteiligten sich mit jeweils 2.000 Soldaten an den Kämpfen in Polen[1809]. Als der

1805 Wünsch, S. 41–42. Vgl. Soreanu, S. 52. Vgl. Nägler/Philippi 1979, S. 211–212.

1806 Soreanu, S. 53–55. Vgl. Cronici turceşti, Vol. II, S. 110, 172, 292.

1807 Gooss, S. 812.

1808 Siehe den Wortlaut des in Târgovişte von Constantin Şerban ausgestellten ungarischen Vertragstextes samt rumänischer Übersetzung in: Veress, Documente, Vol. X, S. 322–326.

1809 Constantin Şerban äußerte sich am 7. Dezember 1656 aus Angst vor Angriffen der Krimtataren skeptisch über die polnischen Pläne des siebenbürgischen Fürsten: Tratatele internaţionale, S. 110.

Konflikt zwischen Sultan Mehmet IV. und Fürst Georg II. 1657 eskalierte, wurden jene Widersprüche besonders deutlich, die aus der doppelten Suzeränität über die beiden Woiwodschaften resultierten. Die dem siebenbürgischen Fürsten geschworene Vasallentreue kollidierte nun mit den Verpflichtungen der beiden Woiwoden, die sich aus der Oberhoheit des Sultans über die Woiwodschaften Moldau und Walachei ergaben. Ohne sich auf Verhandlungen mit Gheorghe Ştefan (Moldau) und Constantin Şerban (Walachei) einzulassen, setzte der Sultan beide Woiwoden 1658 ab[1810].

In ihrer Not wandten sich die siebenbürgischen Stände auch an den Kaiser. Den siebenbürgischen Gesandten, die nach Frankfurt am Main gereist waren, um die Habsburger um Hilfe gegen den Sultan zu bitten, erteilte Kaiser Leopold am 30. April 1658 eine ausweichende Antwort, da die Habsburgermonarchie einen großen Krieg gegen die Osmanen vermeiden wollte. Dennoch kam es Ende Juni 1658 zu einer Vereinbarung zwischen Fürst Rákóczi und Kaiser Leopold, der dem Fürsten für den Fall einer Vertreibung durch die Osmanen den Besitz seiner oberungarischen Güter garantierte. Rákóczi verpflichtete sich und seine Nachkommen, kein antihabsburgisches Bündnis mit auswärtigen Mächten einzugehen und dem König von Ungarn ein guter und treuer Nachbar zu sein[1811].

Im Mai 1658 untermauerten die Osmanen ihre Drohungen mit einem Angriff auf die Festungen im Südwesten des Fürstentums. Bevor Rákóczi ins Feld zog, stellte er einen Regentschaftsrat aus drei Vertretern der siebenbürgischen Stände zusammen, dem Achatius Barcsai (Adel, Ban von Lugosch), Stefan Petki (Szekler) und Michael Hermann (Sachsen) angehörten. Der anhaltende Widerstand der Festung Jenő und erfolgreiche Aktionen Rákóczis gegen den Pascha von Ofen Ende Juni und Anfang Juli 1658 führten im August 1658 zu einem Großangriff auf Siebenbürgen, der aus allen Himmelsrichtungen erfolgte[1812]. Ein kampfstarkes osmanisches Heer unter dem persönlichen Kommando des Großwesirs, die krimtatarische Armee unter dem Oberbefehl des Chans sowie kosakische und polnische Einheiten[1813] fielen in Siebenbürgen ein, das bis Oktober 1658 flächendeckend verwüstet und in seiner Kampfkraft deutlich geschwächt wurde[1814]. Die neuen, 1658 vom Sultan eingesetzten Woiwoden Gheorghe Ghica (Moldau) und Mihnea III. Radu (Walachei) mussten sich an der Spitze ihrer Heere ebenfalls am osmanischen Feldzug gegen Siebenbürgen beteiligen[1815].

Eine Delegation der siebenbürgischen Stände unter Achatius Barcsai fand sich im September 1658 im Heerlager des Großwesirs vor Jenő ein, um dessen Friedens-

---

1810 Soreanu, S. 49–55. Vgl. Andea 1997, S. 146–149.

1811 Wortlaut in: Gooss, S. 813–816.

1812 Butnariu 2004, S. 236–237. Vgl. Gooss, S. 814.

1813 Der Krongroßmarschall von Polen, Fürst Georg Lubomirski, dessen Güter die siebenbürgischen Truppen geplündert hatten, führte eine Streitmacht von 14.000 Soldaten nach Siebenbürgen, die für Rákóczis Invasion Vergeltung übte: Eickhoff, S. 199–201.

1814 Czettler, S. 116. Siehe die Beschreibung des Türkeneinfalls in das Burzenland aus dem Jahre 1658: Wagner 1976, S. 156.

1815 Ausführlich zum Verlauf des Feldzuges von 1658 und zur Beteiligung der beiden Woiwoden: Borcea, S. 103–118.

bedingungen zu empfangen. Da Mehmet Köprülü Pascha nach Anatolien aufbrechen musste, um einen Aufstand zu unterdrücken, ernannte er Achatius Barcsai kurzerhand zum neuen Fürsten von Siebenbürgen. Barcsai musste am 13. September die Erhöhung des Jahrestributs auf 40.000 Gulden und die Zahlung einer Kriegsentschädigung von 500.000 Talern akzeptieren sowie am 14. September dem Sultan Treue schwören. Außerdem musste der neue siebenbürgische Fürst osmanischen Kaufleuten Handelsfreiheit in seinem Land gewähren[1816]. Der Schässburger Landtag bestätigte Achatius Barcsai am 7. Oktober 1658 als Fürsten, allerdings sah eine der Wahlkapitulationen die Befristung seiner Regierung bis zu dem Zeitpunkt der Begnadigung Rákóczis durch den Sultan vor[1817]. Rákóczi beherrschte immer noch die nördlichen Partes um die Festung Großwardein[1818]. Durch ein Bündnis mit der Habsburgermonarchie oder Venedig, das seit über einer Dekade einen blutigen Krieg gegen die Osmanen auf Kreta führte, hoffte er, seine Isolation zu durchbrechen. Er sandte Vertraute nach Wien, denen es zwar nicht gelang, den Kaiser in einen Konflikt mit dem Sultan hineinzuziehen, aber eine Vereinbarung mit Venedig zu schließen. Am 29. November 1658 unterzeichneten der siebenbürgische und der venezianische Gesandte in Wien, Aloise Molin, eine Offensiv- wie auch Defensivallianz gegen das Osmanische Reich. Venedig war bereit, dem siebenbürgischen Fürsten 200.000 Dukaten jährlich für die Aufstellung von Truppen zu bezahlen. Keiner der Partner sollte ohne den anderen einen Frieden mit der Hohen Pforte schließen[1819]. Eine Ratifikation und Umsetzung des Vertrages ist nicht bekannt. Das lag mit großer Wahrscheinlichkeit daran, dass Rákóczi eine Machtposition nach der anderen verlor. Der Landtag von Neumarkt (6.–11. November) konfiszierte unter osmanischem Druck die Güter des abgesetzten Fürsten, der am 30. Januar 1659 für die Belassung seiner Familiengüter auf die Beherrschung der Gebiete im Westen des Fürstentums verzichtete. Im Juni 1659 musste Rákóczi aufgrund eines in Szerencs geschlossenen Abkommens mit dem kaiserlichen Gesandten Klemens Baron Radolt auch auf die beiden ihm auf Lebenszeit verliehenen Komitate im königlichen Ungarn, Szabolcs und Sathmar, zugunsten des Königs von Ungarn verzichten und für die Gewährung eines sicheren Zufluchtsortes die Stationierung habsburgischer Truppen in den Festungen der beiden Komitate dulden[1820].

Die fürchterliche Verwüstung Siebenbürgens führte jedoch nicht zu einer Beruhigung des Donau-Karpaten-Raumes, wie es sich der Großwesir erhofft hatte. Nach dem Rückzug der osmanischen Streitmacht, die zur Niederschlagung eines neuen Aufstandes in Anatolien benötigt wurde, regte sich erneut Widerstand gegen die

1816 Soreanu, S. 59–60. Rákóczi hatte dem Sultan die gleichen Summen geboten, falls er ihn erneut als Fürsten akzeptieren sollte: Butnariu 2004, S. 238.

1817 Monumenta Comitialia Regni Transylvaniae, Bd. XII, S. 68–76.

1818 Achatius Barcsai ließ Gulden,Taler und Dukaten mit folgender Intitulation prägen: ACHA. BAR. D. G. PR. TR. und auf der Kehrseite PA. REG. HVN. DO. ET. SI. CO: Butnariu 2004, S. 254.

1819 Siehe das Schreiben des venezianischen Gesandten an den Dogen vom 29. November 1658: Documente, Hurmuzaki, Vol. IX/1, S. 108–109.

1820 Gooss, S. 817–820.

von der Pforte aufgezwungenen Verhältnisse, insbesondere die hohen finanziellen Forderungen des Sultans, an denen Fürst Barcsai letztlich scheiterte. Er musste sich am 25. August bei Gorbó den Truppen Rákóczis geschlagen geben und sich über Diemrich ins osmanische Temeswar zurückziehen, als ihn der bei Thorenburg zusammengerufene siebenbürgische Landtag Ende August 1659 absetzte. Fürst Georg II. Rákóczi gelang auf diese Weise die Rückkehr auf den siebenbürgischen Thron; der Neumarkter Landtag wählte ihn am 29. September 1659 erneut zum Fürsten. Um den nächsten osmanischen Ansturm zu überstehen, ging Rákóczi mit dem Woiwoden der Walachei, Mihnea III. Radu, am 4. Oktober 1659 in Neumarkt am Mieresch einen Bündnisvertrag ein, der auch vom Thorenburger Landtag empfohlen worden war. Beide Seiten sicherten sich ewige Freundschaft zu. Mihnea III. Radu sollte dem Fürsten von Siebenbürgen militärische Hilfe leisten, wann immer Rákóczi sie von ihm verlange. Beide Herrscher verpflichteten sich, relevante Informationen miteinander auszutauschen. Der Vertrag solle auch von den Bojaren der Walachei bestätigt werden. Die Verpflichtungen des Woiwoden der Walachei gegenüber Fürst Georg II. Rákóczi sollten nach dessen Tod auf seinen Sohn Franz übergehen[1821]. Eine Delegation der walachischen Bojaren, die vom Woiwoden angeführt wurde, bestätigte am 15. Oktober 1659 im Grenzort Rucăr den neun Punkte umfassenden Vertrag. Anwesend waren neben Georg II. Rákóczi auch der ehemalige Woiwode der Walachei, Constantin Şerban und der ehemalige Woiwode der Moldau, Gheorghe Ştefan[1822].

Im Gegensatz zum Vertrag von 1655 war nun keine Rede mehr von einer Oberhoheit des Fürsten von Siebenbürgen über den Woiwoden der Walachei. Das Suzeränitätsverhältnis zwischen den beiden Herrschern war gegenstandslos geworden. Der neue Vertrag trug den veränderten Rahmenbedingungen Rechnung. Rákóczi setzte Anfang November 1659 den ehemaligen walachischen Woiwoden Constantin Şerban als Herrscher der Moldau ein, wo sich dieser aber nur drei Wochen lang halten konnte[1823].

Das rasche Entgleiten Siebenbürgens und der beiden Woiwodschaften aus dem osmanischen Einflussbereich alarmierte die Hohe Pforte, die ein Bündnis der drei Staaten mit der Habsburgermonarchie nach dem Vorbild des Jahres 1595 fürchtete. Um eine solche Entwicklung im Keim zu ersticken, liquidierte das Osmanische Reich zuerst die schwächsten Glieder der antiosmanischen Allianz. Bis zum Jahresende 1659 beendete eine erneute Intervention der osmanischen und krimtatarischen

1821 Wortlaut in: Török-magyarkori állam-okmánytár, Bd. III, S. 456–457. Vgl. Tratatele internaţionale, S. 110–111. Vgl. Condica tratatelor, S. 46. Vgl. Europäische Friedensverträge der Vormoderne online.

1822 Veress, Documente, Vol. X, S. 340–341. Vgl. Monumenta Comitialia Regni Transylvaniae, Bd. XII, S. 413–415. Tratatele internaţionale, S. 110–111.

1823 Constantin Şerban wurde am 22. November 1659 vom Chan der Krimtataren geschlagen und musste anschließend die Moldau verlassen. Vgl. Costin, Chronik, S. 271–282. Miron Costin konnte die Wirren der Jahre 1657–1663 aus eigener Anschauung beschreiben, da er in dieser Zeit an einigen moldauischen Heereszügen nach und durch Siebenbürgen teilnahm: Andea 1997, S. 146–148.

Armeen die Herrschaft der Woiwoden in der Moldau und der Walachei[1824]. Nach einer Niederlage Rákóczis gegen osmanische Truppen in der Nähe des Eisernen Tores musste sich der Fürst ins Landesinnere zurückziehen. Achatius Barcsai zog sich mit osmanischen Hilfstruppen nach Hermannstadt zurück, das von Rákóczi während des ganzen Winters 1659/1660 belagert wurde. Im Frühjahr 1660 marschierte das osmanisch-tatarische Heer auf Siebenbürgen zu, um dessen verbliebene Widerstandskraft zu brechen[1825]. Barcsai hoffte erneut, mit Hilfe der osmanischen Armee als Fürst eingesetzt zu werden. Georg II. Rákóczi leistete noch erbitterten Widerstand, gab am 14. Mai die Belagerung Hermannstadts auf, um sich der osmanischen Invasionsarmee zu stellen. Am 22. Mai 1660 wurde er von den Truppen des Ofener Paschas zwischen Sächsisch-Fenesch und Julmarkt entscheidend geschlagen. Schwer verwundet zog sich Rákóczi in die Festung Großwardein zurück, wo er am 7. Juni 1660 seinen Verletzungen erlag[1826].

Mit den osmanischen Truppen kehrte Achatius Barcsai wieder auf den siebenbürgischen Thron zurück und festigte seine Herrschaft nach der Niederschlagung der Schässburger Unruhen im Juni 1660. Am 25. September 1660 musste er eine neue osmanische Vertragsurkunde (*'ahd-nâme-i hümâyûn*) akzeptieren, die eine Abtretung großer Teile der zu Siebenbürgen gehörenden *Partes adnexae* an das Osmanische Reich vorsah[1827]. Dazu gehörte auch die bedeutende Stadt und Festung Großwardein, die am 27. August 1660 von den Osmanen nach langer Belagerung eingenommen worden war[1828]. Mit den annektierten Festungen Großwardein, Lugosch, Karansebesch und Jenő errichtete das Osmanische Reich einen Sperrgürtel, der Siebenbürgen unter Kontrolle und die Habsburgermonarchie vom Karpatenbecken fernhalten sollte[1829]. Die Hohe Pforte hatte eindrucksvoll ihre Autorität im Fürstentum Siebenbürgen wiederhergestellt.

4. Zusammenfassung

Die Herrschaften der beiden Rákóczi-Fürsten unterschieden sich nicht nur voneinander, weil ihnen verschiedene internationale Rahmenbedingungen zugrunde lagen, sondern vor allem durch die unterschiedliche völkerrechtliche Praxis der Fürsten, die

---

1824 In der Moldau wurde Constantin Şerban von Ştefăniţă Lupu (1659–1661) ersetzt, in der Walachei folgte Gheorghe Ghica (1659–1660) auf Mihnea III. Radu.

1825 Aus der Furcht vor einer Aufteilung Polens entstand während des Nordischen Krieges 1655–1660 eine kurzfristige Interessengemeinschaft zwischen dem Chanat der Krimtataren und der Habsburgermonarchie. 1660 bat der tatarische Gesandte Meydan Ghazi Beg den Wiener Hof ausdrücklich, Fürst Georg II. Rákóczi nicht zu unterstützen: Augustynowicz 2005, S. 324–325.

1826 Kurz vor seinem Tod hatte Rákóczi noch versucht, einen polnisch-russisch-kosakischen Ausgleich herbeizuführen. Darüber berichtete der apostolische Vikar in Warschau, Gabriel Tomasii, dem Papst am 23. Mai 1660: Lupaş 1940, Documente, S. 296–298.

1827 Butnariu 2004, S. 243.

1828 In Großwardein wurde das fünfte neben den in Ungarn bereits bestehenden Paschaliks Ofen, Temeswar, Erlau und Kanizsa errichtet: Eickhoff, S. 190, 202.

1829 Felezeu 2005, Cadrul politic internaţional, S. 43–44.

sich auf die völkerrechtliche Stellung Siebenbürgens auswirkte. Für Georg I. Rákóczi stand zunächst die Absicherung seiner Stellung als Herrscher gegenüber innenpolitischen Gegnern und außenpolitischen Einflussnahmen der Habsburger und Osmanen im Vordergrund. Anschließend erwarb er sich die Position eines Schiedsrichters im moldauisch-walachischen Verhältnis, die er jedoch nicht missbrauchte, um eine formale Oberhoheit Siebenbürgens über die beiden Woiwodschaften zu begründen. Georg I. schloss Verträge mit den Woiwoden der Moldau 1637, 1638, 1640, 1646, 1648 und mit jenen der Walachei 1633, 1635, 1636, 1638, 1640, 1647. Die Abkommen enthielten Bestimmungen zum bilateralen Nachbarschaftsverhältnis und zum gegenseitigen Beistand bei Angriffen dritter Mächte. Zum ersten Themenkomplex gehörte die allgemeine Zusicherung guter Nachbarschaft. Zum zweiten Themenkomplex gehörten Allianzen, die militärische Hilfe gegen dritte Mächte, mit Ausnahme der Hohen Pforte, vorsahen, und die eine gegenseitige Informationspflicht bei Gefahr im Verzug einschlossen (Walachei 1635, 1636, 1638, 1640, 1647 und Moldau 1638, 1646, 1648). Der Woiwode der Walachei, Matei Basarab, und jener der Moldau, Vasile Lupu, verpflichteten sich 1635 bzw. 1648, dem Fürsten auch gegen osmanische Angriffe beizustehen. In der Hoffnung, dass Georg I. diese Verpflichtung auch für ihn übernehme, bot Matei Basarab 1635 an, dem Fürsten als jährliches Ehrengeschenk zwei Pferde zukommen zu lassen. Der Fürst war aber nur dann bereit, in das Bündnis auch die osmanische Bedrohung einzuschließen, als der Sultan plante, Georg I. abzusetzen (Walachei 1636). Nach 1638 bemühte sich der Fürst um einen politischen Ausgleich zwischen den beiden Woiwoden. Dieser gelang ihm 1640, als Georg I. zwischen Vasile Lupu und Matei Basarab einen Friedensvertrag vermittelte, dem er ebenfalls beitrat. Mit der Position eines *Primus inter Pares* wollte er an der Ost- und Südgrenze seines Fürstentums stabile Verhältnisse schaffen, die ihm eine offensive Westpolitik ermöglichen sollten.

Nachdem Georg I. seine Herrschaft in Siebenbürgen konsolidiert hatte, griff er nach dem Vorbild seines Vorgängers Bethlen in den Dreißigjährigen Krieg ein, um seine Machtbasis und seinen außenpolitischen Spielraum zu erweitern, ohne die ihm von der Hohen Pforte gesetzten machtpolitischen Grenzen zu überdehnen. Während Fürst Bethlen aufgrund schwacher westlicher Bündnispartner nur zeitlich und räumlich begrenzt am Krieg gegen den Kaiser teilnehmen konnte, standen Georg I. im antihabsburgischen Lager nun zwei Großmächte zur Seite, die eine effektivere Unterstützung für militärische Aktionen versprachen. Dennoch zögerte der Fürst lange, bis er sich auf Allianzen mit den Königreichen Frankreich und Schweden einließ. In Weißenburg schloss er 1643 mit beiden Mächten einen Bündnisvertrag gegen den Kaiser. Dieser Vertrag wurde durch zwei siebenbürgisch-französische Bündnisse ergänzt, die 1645 in Munkács und 1646 in Fogarasch unterzeichnet wurden. Das Hauptziel dieser Vereinbarungen bestand darin, eine militärische Aktionsgemeinschaft gegen die Habsburgermonarchie zu bilden. Eine Voraussetzung dafür bestand darin, die Zustimmung der Hohen Pforte für ein siebenbürgisches Engagement einzuholen. Dazu verpflichteten sich die schwedischen und französischen Partner, die auch den osmanischen Schutz für den Fall eines kaiserlichen Gegenangriffs erbitten sollten (1643). Die beiden Westmächte versprachen, den Fürsten vor der Habsburgermonarchie zu beschützen (1643, 1645) und dabei keine Ansprüche auf Siebenbürgen und Ungarn zu erheben (1643, 1645). Ein zweiter Themenkomplex betraf die Hilfestellung der Königreiche durch die Bereitstellung von Subsidien und Soldaten für die Feldzüge des Fürsten. Die Höhe der jährlich auszuzahlenden Subsidien bewegte sich zwischen 200.000 und 150.000 Reichstalern (1643) bzw. 100.000 und 75.000 Reichstalern (1645). Im Gegenzug versprach Georg I., mit seiner Armee in Ungarn und – falls möglich – auch im Reichsgebiet Krieg zu führen. Der Fürst versicherte, bis zum Abschluss eines allgemeinen Friedens gegen den Kaiser zu kämpfen (1645). Der dritte Themenbereich widmete sich der Frage eines zukünftigen Friedens. Separatfriedensschlüsse mit dem Kaiser sollten ohne die Zustimmung der Vertragspartner nicht möglich sein (1643). Zwei Jahre später versicherte der König von Frankreich, keinen Waffenstillstand oder Frieden mit dem Kaiser zuungunsten Siebenbürgens abzuschließen. Allerdings untersagte Ludwig XIV. dem Fürsten, ohne seine Zustimmung den Krieg mit dem Kaiser zu beenden, es sei denn, die Hohe Pforte nötige ihn zu einem solchen Schritt (1645). Auch für den Fall eines so zustande gekommenen Sonderfriedens garantierte Frankreich dem Fürstentum Siebenbürgen, in einen allgemeinen Frieden einbezogen zu werden (1645). Das gemeinsame Bündnis sollte auch nach diesem allgemeinen Frieden in Kraft bleiben, wenn ein kaiserlicher Angriff erfolgen sollte (1643, 1645). Ein zukünftiger Friede sollte Rákóczi mögliche Gebietsgewinne bestätigen (1643). Schließlich wurde bestimmt, dass der Vertrag von allen drei beteiligten Monarchen ratifiziert werden müsse, und dass die anderen Verbündeten der beiden Westmächte auch eine Einladung zum Vertragsbeitritt durch Ratifikation erhalten sollten (1643). Da weder der französische König noch die schwedische Königin den Weißenburger Vertrag ratifizierten, konnte er völkerrechtlich nicht in Kraft treten. Dies gelang erst im Falle des Munkácser Vertrages 1645. Weil Fürst Rákóczi 1645 einen Separatfrieden mit dem Kaiser schloss, kam 1646 ein französisch-siebenbürgischer Geheimvertrag in Fogarasch zustande, der einen möglichen Wiedereintritt Siebenbürgens in den Krieg regelte. Fürst Georg I. forderte für diese Eventualität die Erfüllung der aus den bisherigen Verträgen erwachsenden Verpflichtungen durch Frankreich und Schweden sowie die Erlangung der Zustimmung der Hohen Pforte. Im französischen Dokument wurde ersteres zugesagt, letzteres nicht, da der französische Unterhändler seinen König nicht dem Vorwurf aussetzen wollte, er kooperiere mit dem „Erzfeind der Christenheit“ gegen den Kaiser. Dafür versprach er, dass sich Paris für eine Beibehaltung der polnischen Neutralität einsetzen werde. Obwohl es zu keinem erneuten Kriegseintritt des siebenbürgischen Fürsten kam, wurde er 1648 in den Westfälischen Frieden von der schwedischen Königin, dem Kaiser und – mutmaßlich – dem französischen König einbezogen.

Die Einbeziehung in den Friedensvertrag von Osnabrück durch den Kaiser war auf der Grundlage des 1645 zustande gekommenen siebenbürgisch-habsburgischen Friedens von Linz möglich geworden. Er beendete den zwischen beiden Monarchen herrschenden Kriegszustand und stellte die in den Friedensverträgen von 1606, 1621, 1624 und 1626 festgelegten völkerrechtlichen Beziehungen zwischen dem Königreich Ungarn und dem Fürstentum Siebenbürgen wieder her. Auch das in den vorhergehenden habsburgisch-siebenbürgischen Friedensverträgen bestimmte staatsrechtliche Verhältnis zwischen dem König und den Ständen Ungarns wurde bestätigt, mit einer Ausnahme: Der Geltungsbereich der Religionsfreiheit wurde auf die nicht privilegierte Bevölkerung, also auch auf die Bauern, ausgedehnt. Fürst Rákóczi wurde wie schon sein Vorgänger Bethlen durch sieben oberungarische Komitate belehnt, die er auf Lebenszeit besitzen sollte. Zwei dieser Komitate durfte der Fürst an seinen Sohn zu den gleichen Bedingungen vererben, falls dieser den siebenbürgischen Fürstenthron besteigen sollte.

Diese Eventualität trat nach dem Tod Fürst Georgs I. zum Jahresende 1648 ein. Sein Sohn, Fürst Georg II., konnte bereits zu Beginn seiner Regierungszeit auf eine gefestigte Machtgrundlage zurückgreifen. Er nutzte diese und die temporäre Schwäche des Osmanischen Reiches, um die Suzeränität des Fürstentums Siebenbürgen über die beiden benachbarten Woiwodschaften zu etablieren. Zunächst erneuerte der Fürst die Bündnisverträge seines Vaters mit dem Woiwoden der Walachei 1650 und 1651, die gegen den Woiwoden der Moldau, den Krim-Chan aber auch gegen den Sultan gerichtet waren. Wechsel auf den Thronen der Moldau und Walachei nutzte der Fürst von Siebenbürgen 1655, um die beiden neuen Woiwoden unter seine Oberhoheit zu zwingen, wie es sechs Jahrzehnte zuvor Sigismund Báthory getan hatte. Die Woiwoden waren dem Fürsten zur Heeresfolge und zu Tributzahlungen verpflichtet, mussten ihren Suzerän vor Gefahren warnen und durften keine gegen seine Sicherheit gerichteten Handlungen unternehmen.

Da mit dem Ende des Dreißigjährigen Krieges die Habsburgermonarchie als Kriegsgegner ausgeschieden war, richtete Georg II. seine Ambitionen auf Polen, um im Zusammenwirken mit Schwedens expansiver Außenpolitik das von vielen siebenbürgischen Fürsten erträumte aber nie verwirklichte Ziel zu erreichen, dem Beispiel Stefan Báthorys zu folgen und die polnische Königskrone zu erlangen. Dafür schloss Georg II. im September 1656 eine Allianz mit dem Kosakenhetman und im Dezember 1656 den Bündnisvertrag von Radnuten mit dem König von Schweden, der eine Aufteilung des Königreichs Polen vorsah. Im Gegensatz zur Lage des Jahres 1575 besaß Rákóczi weder die Zustimmung der Hohen Pforte noch die Unterstützung der mächtigsten innenpolitischen Kräfte Polens. Seine Fehleinschätzung der Situation in Polen sowie der internationalen Lage kostete Siebenbürgen nicht nur die Oberherrschaft über die Moldau und Walachei, seinen Wohlstand und die Einschränkung der Autonomie im Verhältnis zum Osmanischen Reich, sondern auch die Herrschaft der Familie Rákóczi.

VIII. Niedergang unter Michael I. Apafi und Eingliederung in die Habsburgermonarchie 1661–1699

1. Die Herrschaft Michaels I. Apafi 1661–1683

a. Fürst von Sultans Gnaden 1661–1674

Die Habsburgermonarchie war nicht bereit, die neuen politisch-militärischen Gegebenheiten in Siebenbürgen und die massive Präsenz osmanischer Truppen im siebenbürgisch-habsburgischen Grenzgebiet zu akzeptieren. Außerdem befürchtete Wien eine Integration Siebenbürgens, der Moldau und Walachei in das osmanische Verwaltungssystem. Innenpolitisch sah sich Fürst Achatius Barcsai, der von den Osmanen entwürdigend behandelt wurde, einer wachsenden Oppositionsbewegung gegenüber, die ihn für den Verlust der wichtigen Festungen im Westen des Fürstentums sowie für die erbarmungslosen Steuereintreibungen zur Begleichung der gestiegenen osmanischen Tributforderungen verantwortlich machten[1830]. Mit habsburgischer Unterstützung drang der ehemalige Heerführer Fürst Georgs II., Johann Kemény[1831], von Oberungarn aus in Siebenbürgen ein, wo er am 22. November 1660 eine Proklamation verkündete, in der er die Wiederherstellung der Einheit des Landes und dessen Befriedung verkündete. Barcsais Stellung gegenüber den Ständen war inzwischen so geschwächt, dass er nicht mehr über ausreichende eigene Mittel verfügte, Kemény Widerstand zu leisten.

Am 11. Dezember erklärte sich Barcsai anlässlich eines Treffens mit Kemény bereit, unter gewissen Bedingungen als Fürst abzudanken. Das tat er dann am 24. Dezember 1660 vor dem in Sächsisch-Regen einberufenen Landtag, der Kemény am 1. Januar 1661 zum neuen Fürsten wählte. Eine der 24 Wahlkapitulationen, die der neue Fürst akzeptieren musste, sah vor, dass das völkerrechtliche Verhältnis zum Osmanischen Reich unangetastet bleiben sollte, falls ihn die Pforte zu den bis 1658 geltenden Konditionen als Herrscher anerkennen sollte. Spätestens im Mai 1661 machte die Pforte dem siebenbürgischen Fürsten klar, dass der Sultan im Herrscherwechsel eine Infragestellung seiner Autorität sehe und er sich weigere, unter diesen Umständen das freie Wahlrecht der siebenbürgischen Stände, wie es in den alten „großherrlichen Urkunden“ der Sultane garantiert worden war, anzuerkennen. Kemény hatte zu diesem Zeitpunkt bereits den in Bistritz tagenden siebenbürgischen Landtag (23. April bis 5. Mai 1661) gezwungen, den Kaiser und König von Ungarn

1830 Gooss, S. 822–824. Vgl. Butnariu 2004, S. 240, 242–243.

1831 Zur Biografie und zu den Erinnerungen Keménys: Kemény, S. 12–17, 299. Vgl. Călători străini, Vol. V, S. 128–144.

anstelle des Sultans als Suzerän anzuerkennen[1832]. Auf dem Mediascher Landtag (2. bis 6. Juni 1661) klagte Kemény den ehemaligen Fürsten Achatius und seinen Bruder Andreas Barcsai des Hochverrats an. Ihnen wurde vorgeworfen, mit den Osmanen konspiriert zu haben – bei Achatius Barcsai wurden Briefe des Ofener Paschas gefunden. Nachdem der Mediascher Landtag beide für vogelfrei erklärt hatte, ließ sie der Fürst töten und lähmte damit die proosmanische Adelsfraktion.

Obwohl die Habsburgermonarchie nicht zu einem großen „Türkenkrieg" bereit war – sie fürchtete neue Konflikte in West- und Nordeuropa – schloss sie am 26. Juni 1661 mit den Gesandten Keménys in Wien ein Defensivbündnis ab. Zunächst gab die siebenbürgische Delegation im Namen des Fürsten und der Stände Siebenbürgens eine Erklärung ab, keine Feindseligkeiten gegen das Haus Habsburg zu hegen und keine Bündnisse mit fremden Mächten abzuschließen. Der Kaiser und König von Ungarn versprach, Kemény durch habsburgische Infanterie effektive militärische Hilfe zu leisten und drei Festungen in Siebenbürgen zu besetzen[1833].

Fast zeitgleich begann Ende Juni der von der Pforte angekündigte osmanisch-tatarische Angriff auf Siebenbürgen. Kemény zog sich Ende Juli mit seinen Truppen in die Marmarosch zurück und wartete auf das Eintreffen der kaiserlichen Truppen. Währenddessen besetzte der osmanische Oberbefehlshaber (*Serdar*), Köse Ali Pascha, Zentralsiebenbürgen und berief am 7. September einen Landtag nach Neumarkt am Mieresch, der aber nur von den Sachsen und am Ende auch von einigen oppositionellen Adligen beschickt wurde. Angesichts der dritten Verwüstung Siebenbürgens seit 1658 war kaum ein Magnat mehr freiwillig bereit, sich zum Fürsten von Sultans Gnaden wählen zu lassen. Darauf ließ Ali Pascha den jungen Adligen Michael Apafi von Apanagyfalu von seinen Landgütern in das osmanische Heerlager bei Neumarkt am Mieresch holen und rief ihn dort am 14. September 1661 zum neuen Fürsten von Siebenbürgen aus. Zwei Tage später stattete er ihn mit den vom Sultan gesandten Herrschaftsinsignien aus.

Währenddessen war Kemény mit den habsburgischen Truppen, die unter dem Befehl des Feldmarschallleutnants Graf Raimund Montecuccoli standen, nach Siebenbürgen einmarschiert. Da Montecuccoli aber eine offene Feldschlacht mit den osmanischen Truppen vermeiden wollte, ließ er habsburgische Besatzungen u. a. in Klausenburg stationieren und zog sich Ende September in die Partes zurück[1834].

Apafi übernahm ein Land, dessen Wirtschaft aufgrund der Kriegszerstörungen am Boden lag, das aus diesem Grund wenige Steuern abwarf, dessen Adel in eine proosmanische und eine prohabsburgische Fraktion gespalten war und dessen Festun-

---

1832 Der habsburgische Vorschlag, die Oberhoheit über Siebenbürgen zwischen Wiener Hofburg und Hoher Pforte zu teilen, wurde in Konstantinopel scharf zurückgewiesen: Ciobanu 1997, S. 78–79.

1833 Siehe den Wortlaut der Erklärungen des Kaisers und Königs sowie der siebenbürgischen Delegation von 1661 in: Gooss, S. 826–829. Ebenso in: The Consolidated Treaty Series, Vol. 6, S. 337–342.

1834 Es waren darüber hinaus die Festungen Neuschloss, Bethlen, Kővár, Déva, Görgen, Székelyhíd, Fogarasch: Eickhoff, S. 203–206. Vgl. Gooss, S. 831–832, 839. Vgl. Várkonyi 1990, S. 359–360.

gen zu einem großen Teil von habsburgischen Truppen besetzt waren. Deshalb stationierte Köse Ali Pascha in Siebenbürgen 10.000 Janitscharen, die „den Schutz des Landes" vor den Habsburgern gewährleisten sollten, die ihre Truppenpräsenz wiederum damit rechtfertigten, die Privilegien und Rechte Siebenbürgens gegen die Osmanen zu verteidigen[1835].

Aufgrund osmanischen Druckes wählte der vom 20. bis 23. November 1661 in Kleinschelken tagende und von fast allen Ständen beschickte siebenbürgische Landtag Apafi zum Fürsten, der die umfangreichen Wahlkapitulationen akzeptieren musste, um die verschiedenen politischen Strömungen der Stände zu befriedigen[1836]. Ebenfalls im November 1661 erhielt Apafi die „großherrliche Vertragsurkunde" des Sultans, der ihn als Fürsten bestätigte. Allerdings musste Apafi die Eingliederung einiger in den Partes gelegenen Komitate, in denen die wichtige Festung Großwardein lag, in das osmanische Verwaltungsgebiet akzeptieren[1837]. Diese Entscheidung rückgängig zu machen und den erhöhten Jahrestribut an die Hohe Pforte zu reduzieren, gelang auch nicht mit Hilfe des englischen Gesandten in Konstantinopel, Lord Winchilsea[1838].

Eine Stabilisierung seiner Herrschaft, auch gegenüber der Hohen Pforte, erhoffte sich Apafi durch den Abschluss von Bündnisverträgen mit dem Woiwoden der Walachei, Grigore Ghica (Dezember 1661) und dem Woiwoden der Moldau, Eustrație Dabija (März 1662)[1839].

Nach dem Abzug des osmanisch-tatarischen Hauptheeres in die Winterquartiere drang am 3. Januar 1662 Kemény mit seinen Truppen, die durch habsburgische Söldner verstärkt wurden, in Siebenbürgen ein. Apafi, der sich nach Schässburg zurückgezogen hatte, gelang es, seine Truppen mit einem osmanischen Entsatzheer zu vereinigen und Kemény am 22. Januar 1662 bei Großalisch zu schlagen. Da Johann Kemény in dieser Schlacht fiel, brach der Widerstand der Kemény-Partei bald zusammen[1840]. Der Tod Keménys festigte Apafis Position, ebenso wie die am 2. März 1662 erfolgte Bestätigung seiner Herrschaft für die Dauer seines Lebens durch den Sultan[1841]. Der Beruhigung der Lage in Siebenbürgen stand vor allem die anhaltende Besetzung siebenbürgischer Festungen durch habsburgische Truppen entgegen.

1835 Butnariu 2004, S. 245, 247. Vgl. Monumenta Comitialia Regni Transylvaniae, Bd. XIII, S. 21, 101–102.

1836 Beschreibung der Umstände, die zur Einsetzung des Fürsten Apafi führten, in: Kraus, Teil 2, S. 180–183.

1837 Monumenta Comitialia Regni Transylvaniae, Bd. XIII, S. 6, 77–84.

1838 Veress, Documente, Vol. XI, S. 6–7.

1839 Monumenta Comitialia Regni Transylvaniae, Bd. XIII, S. 126. Am 7. November 1661 überbrachte der walachische Gesandte, Draghici (Mare Paharnic), dem Fürsten die Vertragsbedingungen seines Woiwoden: Butnariu 2004, S. 246. Im November 1662 debattierte der siebenbürgische Landtag Fragen, die die Grenzen zur Moldau und Walachei betrafen: Ebenda, S. 249.

1840 Die Anhänger Keménys baten ab Februar 1662 den Kaiser wiederholt – allerdings ohne Erfolg –, sie militärisch zu unterstützen. Sie konnten sich nur auf die in Siebenbürgen stationierten habsburgischen Festungsgarnisonen verlassen: Gooss, S. 832–834. Die Wirren von 1658 bis 1661 ausführlich dargestellt in: Péter 1990, S. 357–358 und Várkonyi 1990, S. 359–362.

1841 In seinem Schreiben erließ der Sultan dem Fürstentum Siebenbürgen auch einen Teil seines Jahrestributes: Andea 1996, S. 168.

Fogarasch, Diemrich und Görgen ergaben sich im Februar 1662 Apafi, Klausenburg wurde ab dem 23. April 1662 von osmanischen, walachischen und szeklerischen Truppen belagert. Der vor den Toren Klausenburgs nach dem 22. Mai abgehaltene siebenbürgische Landtag appellierte an den Kaiser und König, seine Festungsgarnisonen abzuziehen, da Ali Pascha drohte, andernfalls Siebenbürgen erneut mit einem osmanisch-tatarischen Heer zu verwüsten. Wien antwortete darauf mit dem Hinweis, dass die habsburgischen Truppen in Siebenbürgen belassen würden, solange noch keine generelle Vereinbarung mit der Hohen Pforte getroffen worden sei[1842]. Dem im Auftrag des Kaisers nach Klausenburg gereisten Waitzner Bischof Franz Szentgyörgyi gelang es, am 15. Juni 1662 je einen Waffenstillstand mit Apafi und dem Befehlshaber der osmanischen Belagerungstruppen abzuschließen[1843]. Auf dem siebenbürgischen Landtag von Radnuten wurde der Waffenstillstand mit den Kommandanten der habsburgischen Garnisonen am 16. August bis Ende September 1662 verlängert[1844].

Die Waffenruhe erlaubte es Fürst Apafi, die innenpolitische Lage in Siebenbürgen zu stabilisieren und Verbindungen zu den protestantischen Ständen im königlichen Ungarn aufzunehmen. Diese verweigerten im Frühjahr 1662 König Leopold die Gefolgschaft, dem sie vorwarfen, den 1657 versprochenen Abzug der kaiserlichen Soldaten aus Ungarn und die Ernennung eines Palatins verhindert zu haben. Sie forderten die Einhaltung des Linzer Friedens von 1645, der die Gleichbehandlung mit den Katholiken festlegte, lehnten eine Kriegserklärung ab und verließen den Reichstag[1845].

Im Januar 1663 erhielt Apafi von Großwesir Köprülü Fâzıl Ahmet Pascha, der sich in seinem Belgrader Feldlager befand, den Befehl, sich mit seiner gesamten Streitmacht in Ungarn einzufinden. Die Aussicht eines habsburgisch-osmanischen Krieges besorgte den siebenbürgischen Hof sehr, der bemüht war, die Verhältnisse im Land wieder zu ordnen und die Kriegsfolgen zu beseitigen[1846]. Deshalb bat Apafi die Hohe Pforte, keinen Durchzug der moldauischen und walachischen Truppen, auf deren Weg nach Ungarn, durch Siebenbürgen zu erlauben[1847].

Ab dem Frühjahr 1663 versuchten in Belgrad und Temeswar die habsburgischen Delegierten Johann Freiherr von Goës und Johann Philipp Beris mit dem Vertreter des Sultans, Ali Pascha, einen großen Krieg am Verhandlungstisch zu verhindern.

1842 Gooss, S. 834.

1843 Siehe den Wortlaut des Waffenstillstandes in: The Consolidated Treaty Series, Vol. 7, S. 187–191. Die Texte beider Dokumente sind ebenfalls abgedruckt in: Gooss, S. 836–837.

1844 Dieser Text ist nicht überliefert: Gooss, S. 836.

1845 Butnariu 2004, S. 248–250. Die ungarischen Stände hatten bereits 1655 vom Kaiser die Entsendung eines ungarischen Residenten nach Konstantinopel gefordert, der dort neben dem kaiserlichen Internuntius die Interessen Ungarns vertreten sollte. Deshalb sollte er nur vom Ungarischen Rat Instruktionen erhalten: Căzan 2009, S. 202.

1846 Veress, Documente, Vol. XI, S. 34. Vgl. Soreanu, S. 85–88.

1847 Dieser Wunsch wurde ihm nicht erfüllt, da sich im Sommer 1663 die moldauischen, walachischen und tatarischen Truppen auf unterschiedlichen Routen durch Siebenbürgen in Richtung Ungarn bewegten: Butnariu 2004, S. 250.

Die osmanische Seite forderte nicht nur die Räumung der habsburgisch besetzten Festungen in Siebenbürgen, sondern auch die Schleifung der vor dem osmanischen Kanizsa neu errichteten habsburgischen Festung in Westungarn sowie die Zahlung von 30.000 Gulden. Die habsburgische Seite lehnte insbesondere die letzte Forderung der Hohen Pforte ab. Da dieselbe zu keiner Kompromisslösung bereit war, die osmanische Kriegsmaschinerie war bereits angelaufen, begann im Sommer 1663 der Großangriff des Osmanischen Reiches auf das Königreich Ungarn.

Im September fanden sich die Woiwoden der Moldau und Walachei im osmanischen Feldlager vor der belagerten Festung Neuhäusel/Érsek ein. Nach mehrmaliger Aufforderung durch den Sultan traf auch Apafi am 18. Oktober 1663 mit seinen Truppen vor Neuhäusel ein. Dort hielt der Großwesir die beiden Woiwoden an, den siebenbürgischen Fürsten mit Ehrerbietung zu empfangen, um dessen protokollarische Vorrangstellung zu unterstreichen. Apafi musste im Gegenzug eine von den Osmanen vorbereitete Proklamation unterzeichnen, in der er als „König von Ungarn" die ungarischen Stände aufrief, sich von den Habsburgern loszusagen[1848]. Nachdem diese Erklärung kaum Wirkung gezeigt hatte, zog sich Apafi bereits Mitte November in seine Winterquartiere nach Siebenbürgen zurück.

Im Februar 1664 beschloss der ungarische Reichstag, Kaiser Leopold die geforderten finanziellen und militärischen Mittel für einen Krieg gegen die Osmanen zu genehmigen. Darüber hinaus entstand eine breite antiosmanische Allianz europäischer Mächte. Vor allem die Mitglieder der Rheinischen Allianz unter der Federführung des Mainzer Kurfürsten Johann Philipp von Schönborn und die Reichskreise stellten ihre Kontingente zur Verfügung, von denen die brandenburgischen, sächsischen und bayerischen die wichtigsten waren[1849]. Bereits auf der Sitzung der Rheinischen Allianz, die am 31. Oktober 1663 in Regensburg stattgefunden hatte, wurde eine Kriegsvorlage diskutiert, die Siebenbürgen eine strategische Schlüsselposition in der Region zuschrieb[1850]. Der Papst, Venedig und Spanien stellten Subsidien in Aussicht, auch Dänemark und Polen versprachen Hilfe. Sogar König Ludwig XIV. beorderte 6.000 französische Soldaten nach Ungarn, in erster Linie in seiner Eigenschaft als Mitglied der Rheinischen Allianz[1851]. Ab Frühjahr 1664 fiel dem Fürsten von Siebenbürgen, der einzige Vasall des Sultans, der dem christlich-abendländischen Kulturkreis angehörte, die Rolle eines geheimen Vermittlers zwischen beiden Lagern zu. Die kaiserliche und die französische Regierung[1852] informierten Apafi über das Zustandekommen der antiosmanischen Liga und luden ihn ein, dem Bündnis beizutreten[1853]. Da sich Apafi neuen Gebietsforderungen des Ofener Paschas ausgesetzt

1848 Andea 1996, S. 175–182. Vgl. Gooss, S. 839.

1849 Zur Beteiligung der brandenburgischen Truppen am „Türkenkrieg" 1663/1664: Schwarz, S. 271–272.

1850 Várkonyi 1999, S. 23.

1851 Butnariu 2004, S. 252–253.

1852 Nikolaus Bethlen überbrachte im Frühjahr 1664 ein entsprechendes Schreiben des französischen Ministers Hugues de Lionne und des kommandierenden Generals der französischen Hilfstruppen, Henri de Latour d'Auvergne Turenne: Várkonyi 1990, S. 361.

1853 Zur Rolle Siebenbürgens beim Ausbruch des Krieges 1663/1664: Roth 1989, S. 84–86.

sah[1854], wollte er eine weitere Eskalation der Ereignisse vermeiden. Er bat die französische Regierung und den englischen Gesandten in Konstantinopel, auf die Hohe Pforte mäßigend einzuwirken und führte geheime Verhandlungen mit habsburgischen Delegierten in Sathmar, die ihn zum Abschluss eines Bündnisvertrages mit dem Kaiser drängten, was Apafi jedoch ablehnte. Das Verhältnis zum Kaiser hatte sich ab Februar 1664 zusätzlich kompliziert, als die nicht ausbezahlten kaiserlichen Garnisonen von Klausenburg und Székelyhíd meuterten und sich Fürst Apafi unterstellten. Er sandte im März den Komandanten von Kővár, Michael Teleki, zu Verhandlungen mit der habsburgischen Seite nach Sathmar, die sich ohne Ergebnisse bis Juli hinzogen. Währenddessen erreichte Apafi anlässlich der osmanischen Frühjahrskampagne 1664 der Befehl der Pforte, sich mit seinem Heer auf dem ungarischen Kriegsschauplatz einzufinden. Obwohl Apafi entschlossen war, sich neutral zu verhalten, sah er sich im Juni genötigt, seine Truppen in Bewegung zu setzen. Dieses provozierte einen kürzeren Einfall habsburgischer Truppen ins nördliche Siebenbürgen, so dass der Großwesir Apafi auftrug, mit seinem Heer vorerst doch in Siebenbürgen zu verbleiben, um sein Land zu verteidigen[1855]. Apafi konnte auch erreichen, dass die Truppen des Sultans und seiner Vasallen über die Walachei[1856] und nicht Siebenbürgen den Weg nach Ungarn nahmen, um sein geschundenes Land zu schonen[1857].

Im Mai 1664 startete Großwesir Köprülü eine neue Offensive im westlichen Ungarn, die von den Truppen des Kaisers, der deutschen Fürsten und des französischen Königs aufgehalten wurde[1858]. Obwohl die verbündeten Heere unter dem kaiserlichen Oberbefehlshaber Raimund Montecuccoli am 1. August 1664 in der Schlacht bei St. Gotthard an der Raab die osmanische Armee entscheidend schlugen, weigerten sich die Habsburger, den Krieg fortzusetzen, u. a. weil sich die französischen Truppen vom Kriegsschauplatz zurückzogen und Wien eine Verstärkung der französischen Präsenz am Rhein befürchtete[1859]. Die unverzüglich mit den Osmanen aufgenommenen Verhandlungen wurden mit dem Abschluss des Eisenburger Friedens am 10. August 1664 beendet[1860].

Als Fürst Apafi vom Sieg über die osmanische Armee erfuhr, schickte er einen Gesandten zum Grafen Rottal nach Sathmar um die Einbeziehung Siebenbürgens in den habsburgisch-osmanischen Friedensvertrag zu erbitten. Doch von der habsburgischen Seite kamen nur ausweichende Antworten, zumal Wien auf der Bestra-

1854 Andea 1996, S. 188.
1855 Gooss, S. 839–840.
1856 Der Woiwode der Walachei, Grigore Ghica, nahm mit dem Kaiser Geheimverhandlungen auf: Veress, Documente, Vol. XI, S. 50–51.
1857 Andea 1996, S. 188.
1858 Zum Ungarn-Feldzug des Großwesirs ausführlich: Soreanu, S. 85–90.
1859 Dieser Entschluss wurde von der Publizistik europaweit heftig kritisiert. Insbesondere die öffentliche Meinung in Deutschland hatte sich auf einen neuen „Kreuzzug“ gegen die Osmanen eingestellt: Köpeczi 1983, Staatsräson, S. 116–123. Vgl. Căzan 2009, S. 214–217.
1860 Wortlaut des Friedens von Eisenburg in: Recueil d’actes internationaux, S. 50, 121–124.

fung der meuternden Garnisonen von Klausenburg und Székelyhíd bestand[1861]. Außerdem war die Tinte auf dem Eisenburger Vertrag schon längst getrocknet, als die Siebenbürger ihre Wünsche vorbrachten. Der Vertrag bestätigte den politisch-militärischen Status quo im Donau-Karpaten-Raum. Das Fürstentum büßte durch den Verlust großer Teile der ostungarischen Komitate (Partes) und die Zahlung des drastisch erhöhten Jahrestributes an die Hohe Pforte seine bisherige Rolle als mittlere Macht im Donau-Karpaten-Raum ein[1862]. Entscheidend zu dieser Entwicklung hatten jedoch die schweren Kriegsverwüstungen 1658–1662 beigetragen, die ähnliche katastrophale ökonomische wie demografische Folgen nach sich zogen, wie es die Kriegsjahre 1599–1605 getan hatten.

Die Habsburgermonarchie nahm zwar eine deutliche Schwächung des Fürstentums hin, erreichte aber die Bewahrung seiner Staatsqualität und seiner autonomen Stellung innerhalb des osmanischen Reichsverbandes. Dennoch hatte das Fürstentum seinen Status als einflussreicher Akteur in den internationalen Beziehungen Ostmittel- und Südosteuropas zu einem großen Teil eingebüßt. Damit verbunden wirkte sich nach 1658 das bilaterale Verhältnis zwischen der Habsburgermonarchie und dem Osmanischen Reich unmittelbarer auf die völkerrechtliche Stellung und die Völkerrechtspraxis Siebenbürgens aus. Die Habsburgermonarchie gewann mit dem Frieden von Eisenburg ihre Handlungsfreiheit zurück, die sie für die erwarteten Thronfolgekriege in Polen und Spanien benötigte. Der schnelle Friedensschluss der Habsburgermonarchie mit den Osmanen wurde nicht nur in europäischen Hauptstädten (Venedig[1863], Warschau), sondern auch in Siebenbürgen mit großer Enttäuschung aufgenommen und als eine ungenutzte Chance zur Zurückdrängung der Osmanen aus Ungarn bewertet.

Die Verhandlungen zwischen der siebenbürgischen Seite und den Habsburgern über einen Rückzug der kaiserlichen Festungsgarnisonen zogen sich bis ins Frühjahr 1665 hin. Am 7. Februar 1665 fertigten sowohl der siebenbürgische Landtag von Eppeschdorf als auch Fürst Apafi jeweils ein Versicherungsdokument aus, in denen sie versprachen, die habsburgisch besetzten Festungen zu übernehmen und alles in ihrer Macht stehende zu tun, diese Orte der Christenheit zu erhalten. Darüber hinaus baten sie den Kaiser und König, sich für die Rückerstattung der an die Osmanen abgetretenen siebenbürgischen Gebiete in den Partes und eine Grenzregulierung zugunsten Siebenbürgens einzusetzen. Obwohl der habsburgische Kommissar Graf Rottal die Entgegennahme der beiden Dokumente verweigerte, leitete er die Übergabe der habsburgisch besetzten Festungen in Siebenbürgen an die Kommissare des

1861 Gooss, S. 840–841.

1862 Mit dem Frieden von Eisenburg musste Apafi seine Versuche aufgeben, unter Verweis auf die osmanischen Einsetzungsurkunden der früheren Fürsten von Siebenbürgen, bei der Hohen Pforte eine Verbesserung jener Bedingungen zu erreichen, die der Sultan in seiner Einsetzungsurkunde vom November 1661 dem Fürsten und seinem Land aufgebürdet hatte: Andea 1996, S. 76–78. Vgl. Daugsch 1990, Osmanisches Reich, S. 11.

1863 Siehe den Bericht des venezianischen Gesandten in Wien, Giovanni Sagredo, an den Dogen vom 5. Oktober 1664, in dem er den Friedensschluss scharf verurteilt: Documente, Hurmuzaki, Vol. IX/1, S. 215.

Fürsten in die Wege und zog die wegen Meuterei in Ungnade gefallenen Söldnertruppen aus Siebenbürgen ab. Apafi berief daraufhin die Stände zu einem Landtag nach Fogarasch, der am 19. März 1665 eine neue Versicherungserklärung für den Kaiser ausstellte, in der er dem Habsburger für die Restituierung der Festungen dankte und das Versprechen abgab, die Festungen nicht in die Gewalt der osmanischen Armee fallen zu lassen. Schließlich sicherten die siebenbürgischen Stände dem Kaiser und König ihre Treue und Devotion in dem Rahmen zu, der ihnen durch das Vasallenverhältnis zum Sultan vorgegeben sei[1864]. Der Landtag beschloss darüber hinaus die Entsendung des Delegierten Dénes Bánffy nach Wien, der den Kaiser verpflichten sollte, sich für die Rückerstattung der siebenbürgischen Gebietsverluste in den Partes beim Sultan einzusetzen. Darüber hinaus sollte er den Kaiser bitten, Franz Rákóczi, dem im königlichen Ungarn lebenden Sohn Fürst Georg II. Rákóczi, das Führen des siebenbürgischen Fürstentitels zu verbieten. In der Instruktion, die Bánffy erhielt, wurde betont, dass er, sollte sich der Kaiser den siebenbürgischen Bitten verweigern, im Namen der siebenbürgischen Stände erklären solle, dass der Friede von Eisenburg das Fürstentum Siebenbürgen nicht nur seiner alten Rechte beraubt, sondern „dem Verderben preisgegeben" habe[1865]. Der Kaiser ließ die siebenbürgischen Stände wissen, dass er in der Grenzziehungsfrage ein Entgegenkommen des Sultans vermitteln wolle und sich in der Titelfrage bezüglich Franz Rákóczi für eine einvernehmliche Lösung einsetzen werde, dafür aber eine Verbesserung der Rechte der Katholiken in Siebenbürgen erwarte[1866]. Doch weder die Bemühungen der kaiserlichen noch die der siebenbürgischen Gesandten an der Hohen Pforte konnten ein Entgegenkommen des Sultans bewirken. Diese Erfahrungen machten der siebenbürgischen Politik deutlich, wie sehr nach den Kriegsjahren 1658–1664 der Machtverlust des Fürsten vorangeschritten war und die Abhängigkeit des Fürstentums von den beiden benachbarten Großmächten zugenommen hatte.

Um ihren eingeschränkten außenpolitischen Handlungsspielraum wieder auszuweiten, versuchten der Fürst von Siebenbürgen und sein neuer Kanzler, der politisch begabte und mächtige Michael Teleki, das außenpolitische Fahrwasser der Hohen Pforte nicht zu verlassen, die Beziehungen zu den Woiwodschaften Moldau und Walachei zu stabilisieren und neue Verbindungen zu den nord- und westeuropäischen Mächten aufzunehmen. Durch engere Beziehungen zu den Königreichen Polen und England erhoffte sich die siebenbürgische Seite, einflussreiche Fürsprecher an der Hohen Pforte zu gewinnen[1867]. Vor allem das aufstrebende Frankreich Ludwig XIV. bot sich als außenpolitische Referenzmacht an, da es machtpolitisch ein beträchtliches Gewicht in die Waagschale werfen konnte und nicht zu den Gegnern

1864 *Pro praestitis itaque erga nos affictissimos beneficiis Sacr^{mam} Romanorum imperatoriam M^{tem} ut et Christianos principes, qui pia pro conservandis nobis cum Sua M^{te} univerant arma, assecuramus in omnibus occurentius (quantum sub alieno iugo praestari poterit) fideles et devotos nos permansuros.* Wortlaut in : Gooss, S. 844–845.

1865 Zur Weisung, die Bánffy am 25. März 1665 erteilt worden war: Gooss, S. 845–846.

1866 Bánffy übergab am 10. September 1665 den in Radnuten versammelten siebenbürgischen Ständen die kaiserliche Antwort: Ebenda, S. 846.

1867 Demény/Cernovodeanu, S. 168–173.

des Sultans gehörte. Die Wiederaufnahme der siebenbürgisch-französischen Verbindungen aus der Zeit des Dreißigjährigen Krieges musste also nicht zwangsläufig zu einer Provokation der Hohen Pforte führen. Erste direkte Kontakte Frankreichs zum Fürstentum Siebenbürgen und den Ständen des Königreichs Ungarn kamen bereits 1664 zustande.

Der schnelle habsburgisch-osmanische Friedensschluss hatte vor allem in den Reihen der ungarischen Stände große Unzufriedenheit hervorgerufen. Bereits in der ersten Hälfte des 17. Jahrhunderts wurde es der ungarischen Elite und den Soldaten bewusst, dass durch die Pattsituation zwischen der Habsburgermonarchie und dem Osmanischen Reich die Wiederherstellung der Einheit Ungarns für lange Zeit nicht mehr auf der Tagesordnung stehen würde. Der Magnat Nikolaus Esterházy, Palatin von Ungarn 1625–1645, drückte das Dilemma der ungarischen Politik folgendermaßen aus: „Es ist ein Wahnsinn, dass wir nichts tun, auch wenn wir nicht alles tun können"[1868]. Die ungarischen Stände protestierten 1664 in Kaschau vehement gegen den Abschluss des Eisenburger Friedens, der ohne die Zustimmung des ungarischen Reichstages unterzeichnet worden war und damit von den Ständen wegen des Verstoßes gegen die ungarischen Verfassungsgesetze als ungültig angesehen wurde. Vor dem Hintergrund dieser antihabsburgischen Stimmung bildete sich ein Kreis unzufriedener ungarischer Magnaten um den Palatin Ungarns, Graf Franz Wesselényi und Graf Peter Zrinyi heraus, der sich anfänglich nur für die Respektierung der verfassungsrechtlichen Ordnung Ungarns durch die herrschende Dynastie einsetzen wollte, zunehmend aber auf eine Herauslösung Ungarns aus dem Länderkomplex der Habsburger hinarbeitete[1869]. Bereits 1664 informierte die Frau des Grafen Peter Zrinyi den französischen Diplomaten, de Bonsy, ihr Mann und dessen Bruder seien mit dem Wiener Hof so unzufrieden, dass sie Ungarn unter den Schutz des Königs von Frankreich zu stellen wünschten und deshalb den Abschluss eines Geheimvertrages an der kroatischen Küste anregten[1870]. König Ludwig XIV. bevorzugte einen Briefwechsel für den Abschluss einer französisch-ungarischen Vereinbarung, um den Frieden mit dem Kaiser nicht durch einen entsprechenden Vertrag zu gefährden[1871]. Auch der siebenbürgische Kanzler Teleki, der in Verbindung mit den unzufriedenen Ständen Ungarns stand, unterhielt ab 1664 intensive Kontakte zum Hofe Ludwigs XIV., der sich – wie andere französische Könige vorher – die Option offen halten wollte, das Fürstentum Siebenbürgen und die antihabsburgische Opposition im Königreich Ungarn als Werkzeug einer gegen den Kaiser gerichteten Politik zu benutzen[1872].

1868 Zur Unzufriedenheit der ungarischen Elite und zum Vertrauensverlust der Habsburger in Ungarn: Hiller 2001, S. 572–574.

1869 Ausführlich: Toma, S. 185–196.

1870 Siehe den Brief de Bonsys an König Ludwig XIV. vom 27. September 1664 in: Hudita 1927, S. 202–203.

1871 Ausführlich zu den Beziehungen der „Unzufriedenen" im Königreich Ungarn mit auswärtigen Mächten 1663/1664: Várkonyi 1975, S. 21–30.

1872 Hudita 1927, S. 202. Vgl. Czettler, S. 118.

Der französische König versprach dem Fürsten von Siebenbürgen am 3. Oktober 1664, sich bei der Pforte für eine Reduktion des siebenbürgischen Tributes einzusetzen. Nachdem der französische Gesandte Grémonville, der im August 1664 nach Wien beordert worden war, von Nikolaus Bethlen über die Verhältnisse in Ungarn informiert worden war, hielt er den französischen Hof über die Forderungen der Unzufriedenen in Ungarn nach militärischer und finanzieller Unterstützung Frankreichs auf dem Laufenden. Eine direkte Unterstützung des Fürstentums Siebenbürgen und der unzufriedenen Stände des Königreichs Ungarn kamen für den französischen König jedoch nicht in Frage, genauso wenig Ansprüche auf den ungarischen Thron zu erheben. Ludwig XIV. wollte keinen Konflikt mit dem Osmanischen Reich riskieren, weshalb er den Geheimagenten du Pressoire nach Konstantinopel sandte, wo dieser im Januar 1665 eintraf, um dem Sultan auszurichten, dass er dem Kaiser in der Schlacht bei St. Gotthard nur in seiner Eigenschaft als Mitglied der „Rheinischen Allianz" militärische Hilfe geleistet habe, aber keine Absicht hege, mit der Pforte zu brechen[1873]. Die „Rheinische Allianz" war auf Initiative des Mainzer Kurfürsten Johann Philipp von Schönborn zur Erhaltung der durch den Westfälischen Frieden begründeten Ordnung ins Leben gerufen worden. Um die Macht der Habsburger einzuhegen, hatte der Mainzer Erzbischof sogar Verbindungen zu den protestantischen Mächten Schweden und Siebenbürgen aufgenommen[1874]. Da die Allianz vor allem gegen den Kaiser gerichtet war, trat ihr auch der französische König bei, für den der westeuropäische Raum die zentrale Arena der Auseinandersetzungen mit den beiden Linien des Hauses Habsburg darstellte. Mit der Besteigung des spanischen Thrones durch den kinderlosen Habsburger Karl II. 1665 brach der Streit über die zukünftige Aufteilung des „spanischen Erbes" zwischen den deutschen Habsburgern und Frankreich aus. Da König Ludwig XIV. nicht bis zum Aussterben der spanischen Linie der Habsburger warten wollte, stellte er schon vorher Ansprüche auf spanische Nebenländer in Westeuropa, die im Mai 1667 zum Ausbruch des sogenannten ‚Devolutionskrieges' zwischen Frankreich und den Habsburgern führten.

Am 22. September 1667 schrieb der französische König seinem Diplomaten Grémonville, er solle dafür Sorge tragen, dass im kommenden Frühjahr der Kaiser durch die ungarischen Verschwörer in seinen eigenen Ländern mit Unruhen konfrontiert werde[1875]. Die vom französischen König angeordneten Verhandlungen zwischen Grémonville und den ungarischen Aufständischen scheiterten jedoch an der Weigerung Frankreichs, 3.000 Söldner in Ungarn zu bezahlen. Bereits im Januar 1668 kam es zu einer geheimen Einigung zwischen dem französischen König und dem Kaiser über die Aufteilung des „spanischen Erbes" nach dem Ableben des letzten Habsburgers auf dem Throne Spaniens, worauf die französische Diplomatie ihr Engagement in Ungarn und Siebenbürgen beendete. Grémonville betonte gegenüber den ungarischen Verschwörern, dass der französische König nichts mehr für sie tun könne, solange der Kaiser den neuen Frieden respektiere.

1873 Hudita 1927, S. 204–207.
1874 Vgl. Căzan 2009, S. 212.
1875 Hudita 1927, S. 224–225.

Nun wandten sich die oppositionellen ungarischen Stände mit ihren Bitten um Hilfe an den Sultan[1876]. Nachdem im Frühjahr 1666 Franz I. Rákóczi, Sohn des Fürsten Georg II. Rákóczi, zum Kreis der Unzufriedenen gestoßen war[1877], intensivierten sich die Verbindungen zwischen dieser Gruppe und dem siebenbürgischen Hof, vor allem über die siebenbürgischen Magnaten Nikolaus Bethlen und Michael Teleki. Im März 1667 schickte Fürst Apafi seinen Vertrauten Ladislaus Baló zum Großwesir, der ihn am 1. Juni vor der osmanisch belagerten venezianischen Festung Candia auf Kreta empfing. Auf die Bitten des siebenbürgischen Fürsten, die Unzufriedenen in Ungarn militärisch zu unterstützen, reagierte der Großwesir evasiv und er vermied auch in den kommenden Monaten jede konkrete Zusage. Da der osmanische Krieg gegen Venedig noch nicht abgeschlossen war, verweigerte der Großwesir auch einer möglichen Intervention des Fürstentums Siebenbürgen zugunsten der Unzufriedenen seine Zustimmung, vor allem um den Frieden von Eisenburg nicht zu gefährden[1878]. Einer gewissen Brisanz entbehrte es nicht, dass Wien über seine im Osmanischen Reich wirkenden Dolmetscher bald von der Mission Balós erfuhr[1879]. Dies hielt Apafi jedoch nicht davon ab, eine zweite Gesandtschaft zum Großwesir zu schicken, die im Februar 1668 erneut mit einer Absage in Siebenbürgen eintraf. Obwohl Teile der ungarischen Unzufriedenen planten, Fürst Apafi durch Franz I. Rákóczi zu ersetzen, richteten sie einen direkten Appell an Apafi, ihnen noch vor Jahresende militärischen Beistand zu leisten. Dieses Ansinnen lehnten Apafi und seine Räte am 9. September 1668 mit dem Argument ab, Siebenbürgen könne ohne die Zustimmung der Hohen Pforte keinen Waffengang gegen die Habsburgermonarchie wagen[1880]. Der Respekt vor dem Osmanischen Reich war auch ein Jahrzehnt nach der Abstrafung Fürst Rákóczis gehörig. Deshalb unternahm Fürst Apafi einen dritten Versuch, von der Hohen Pforte Hilfe für die Unzufriedenen in Ungarn zu erbitten. Als die Hohe Pforte erneut den Vorstoß des Fürsten ablehnte, zeigten sich Apafi und die Unzufriedenen bereit, auf einen Vorschlag der Habsburger einzugehen, die bestehenden Divergenzen im Rahmen einer ungarischen Ständeversammlung beizulegen, die sich am 14. April 1669 in Eperies konstituierte[1881]. Die Vertreter des ungarischen Königs, u. a. Graf Johann Rottal und der Kanzler Ungarns und Bischof von Waitzen, Franz Szegedi, erhielten die Instruktion, mit den siebenbürgischen Unterhändlern strikt nur siebenbürgische Angelegenheiten zu verhandeln und diesen kein Mitspra-

---

1876 Vgl. Bély 1991, S. 140–141, 201–202.

1877 Rákóczi heiratete am 1. März 1666 in Sáros-Patak Helena aus der einflussreichen Magnatenfamilie der Zrinyis. Anlässlich der Hochzeit beschlossen die Unzufriedenen, Fürst Apafi um die Vermittlung eines Bündnisses mit dem Sultan und dem französischen König zu bitten. Diese Bestrebungen mündeten am 5. April 1666 in ein Geheimabkommen zwischen Wesselényi und Zrinyi: Gooss, S. 847.

1878 Soreanu, S. 114–115.

1879 Gooss, S. 847–848.

1880 Die Zustimmung der Hohen Pforte hoffte die siebenbürgische Seite nun mit 40.000 Talern erkaufen zu können: Gooss, S. 848–849.

1881 An dieser Versammlung nahmen die Vertreter von 13 Komitaten und der sieben in ihnen gelegenen Freistädten teil: Gooss, S. 849.

cherecht in den Angelegenheiten der unzufriedenen ungarischen Stände einzuräumen. Am 17. April bestimmten die siebenbürgischen Stände eine vierköpfige Delegation unter der Leitung Michael Telekis und gaben ihr eine 23 Punkte umfassende Instruktion[1882] sowie Vorgaben für die Besprechungen mit den unzufriedenen Ständen Ungarns mit. Diese enthielten auch Weisungen für einen möglichen Abschluss eines Defensivbündnisses mit dem Kaiser gegen osmanische Angriffe auf Siebenbürgen und als deren Folge weitere Gebietsverluste. Nachdem sich die Unterhändler des Königs mit den unzufriedenen Ständen nicht einigen konnten und Letztere die am 12. Mai in Eperies eingetroffene siebenbürgische Delegation um die Vermittlung einer osmanischen Invasion ansuchte, begannen die habsburgisch-siebenbürgischen Verhandlungen in einer wenig friedvollen Atmosphäre. Nachdem die siebenbürgischen Delegierten ihre Forderungen vorgetragen hatten, übergab Graf Rottal der siebenbürgischen Seite am 29. Mai 1669 eine 30 Punkte umfassende Resolution, die in weiten Teilen den Forderungen der siebenbürgischen Stände entsprach. Der ungarische König nahm die während der siebenbürgischen Wirren von ihm auf dem Gebiet des Fürstentums erteilten Donationen zurück, die ungarischen und siebenbürgischen Beamten sollten sich auf ihren jeweiligen staatlichen Wirkungskreis beschränken, sich aber im Falle einer osmanischen Bedrohung heimlich austauschen. Verhaftungen ungarischer und siebenbürgischer Adliger waren untersagt, durch ungarische Könige nobilitierte Adlige aus Siebenbürgen sollten auch in Ungarn als solche anerkannt sein, Nobilitierungen der siebenbürgischen Fürsten mussten vom ungarischen Reichstag genehmigt werden. Flüchtige Bauern und Bedienstete sollten gegenseitig ausgeliefert werden, Verbrecher mussten ihrer rechtmäßigen Strafe zugeführt und Handelswege gesichert werden. Die habsburgischen Delegierten versprachen, sich beim Kaiser dafür einzusetzen, die Forderungen der siebenbürgischen Seite bei der Hohen Pforte vorzutragen. Darüber hinaus verpflichtete sich die habsburgische Delegation, keine kaiserlichen Truppen in den Partes zu stationieren. Die übrigen Bestimmungen betrafen vor allem privatrechtliche Streitfragen im ungarisch-siebenbürgischen Grenzgebiet. Dass im habsburgischen Dokument die von der siebenbürgischen Seite mit Nachdruck vorgebrachten Religionsangelegenheiten ausgeklammert blieben, wie es der letzte Punkt des Dokuments betonte, erregte in besonderer Weise den Unmut der siebenbürgischen Delegierten.

Da Rottal noch am selben Tag den Verhandlungsort verließ, reisten auch die siebenbürgischen Unterhändler ab. Obwohl diese Vereinbarung nicht von den jeweiligen Souveränen ratifiziert wurde, stellte sie wichtige Werkzeuge zur Normalisierung der nachbarschaftlichen Beziehungen zwischen dem Königreich Ungarn und dem Fürstentum Siebenbürgen zur Verfügung, die auf der Grundlage der Nichteinmischung in die inneren Angelegenheiten der jeweils anderen Seite anzuwenden waren[1883].

1882 Zum Inhalt der Instruktionen ausführlich: Gooss, S. 850–851.

1883 Wortlaut der Vereinbarung in: The Consolidated Treaty Series, Vol. 11, S. 127–133. Ebenso in: Gooss, S. 854–858.

Nach der Einnahme des kretischen Candia durch die osmanische Armee im September 1669 und der siegreichen Beendigung des 25-jährigen Krieges gegen Venedig, schien der Sultan seine Handlungsfreiheit wiedergewonnen zu haben. Nun lebten die Hoffnungen der ungarischen Protestanten wieder auf, der Sultan werde ihre Unterwerfung akzeptieren und sich in Ungarn militärisch gegen die Habsburgermonarchie engagieren[1884]. Auch in Siebenbürgen keimte wieder Hoffnung in den Reihen des Adels auf, die protestantischen Verbündeten in Ungarn gegen den Kaiser wie zu Zeiten des Fürsten Gabriel Bethlen unterstützen zu können. Der siebenbürgische Gesandte bei der Hohen Pforte, David Rozsnay, erhielt am 8. Oktober 1669 die Instruktion seines Fürsten, dem Sultan vorzuschlagen, Apafi den Oberbefehl über die vereinten siebenbürgisch-osmanisch-walachisch-moldauischen Streitkräfte zu übertragen, mit denen er die Oberherrschaft des Sultans über das königliche Ungarn ausdehnen wollte[1885]. Zum Jahresende 1669 bot Graf Zrinyi im Namen der Unzufriedenen der Hohen Pforte an, im Gegenzug für substanzielle Hilfe zur Beseitigung der „Tyrannei der Deutschen und Jesuiten" die Oberhoheit des Sultans zu akzeptieren und diesem einen Jahrestribut in Höhe von 60.000 Talern zu zahlen[1886]. Aber die Hohe Pforte ging auf alle Versuche, sie in einen Konflikt mit der Habsburgermonarchie zu ziehen, nicht ein, da der Sultan entschlossen war, seine Streitkräfte in den Norden des Schwarzen Meeres zu lenken, um seine Autorität in den tatarischen Gebieten wieder herzustellen.

Unter den antihabsburgisch eingestellten Adligen des Königreiches Ungarn, die sich mittlerweile zu einer Verschwörergruppe formiert hatten, war die Unzufriedenheit über die absolutistischen Bestrebungen des Wiener Hofes[1887] und dessen Desinteresse an einer Überwindung der Teilung Ungarns so groß, dass sie entschlossen waren, auf eigene Faust loszuschlagen. Ihr Ziel war es, durch eine allgemeine Erhebung nicht nur die ungarische Krone jemandem aus ihren Reihen zu übertragen, sondern auch Franz I. Rákóczi auf den siebenbürgischen Thron zu setzen, der den wenig geschätzten Apafi ersetzen sollte. Aber auch Apafi war entschlossen, aus einem antihabsburgischen Aufstand in Ungarn Profit zu ziehen, da er die Annexion oberungarischer Komitate durch das Fürstentum Siebenbürgen plante, um die Gebietsverluste der Jahre 1660–1662 in den Partes wettzumachen.

Nach dem Tod des Palatins Wesselényi brach anlässlich eines Zwischenfalls auf der in der Banschaft Kroatien gelegenen Burg Graf Peter Zrinyis 1670 der Aufstand der Verschwörer aus. Die Miliztruppen Zrinyis in Kroatien sowie die Söldnertruppen Rákóczis in Ungarn wurden von den Regimentern des Kaisers rasch zerschlagen. Nach der Niederringung der Verschwörung konnte sich Rákóczi, der 1676 starb, durch den Rücktritt von allen Ämtern und der Zahlung einer hohen Geldstrafe vor

1884 Monumenta Comitialia Regni Transylvaniae, Bd. XV, S. 83–84.

1885 Monumenta Comitialia Regni Transylvaniae, Bd. XIV, S. 429–431.

1886 Ausführlich zu den Verhandlungen der Aufständischen mit Frankreich und dem Osmanischen Reich: Hudita 1927, S. 225–235.

1887 Zu den absolutistischen Bestrebungen der Habsburger in Ungarn und ihren Schwierigkeiten im 16. und 17. Jahrhundert: Pálffy, S. 279–300.

einem Hochverratsprozess bewahren. Die übrigen Verschwörer, darunter Graf Zrinyi, wurden wegen Hochverrats und staatsfeindlicher Beziehungen zum Fürstentum Siebenbürgen, dem Osmanischen Reich und dem Königreich Frankreich zum Tode verurteilt und am 30. April 1671 hingerichtet[1888].

Nach Ansicht des Wiener Hofes hatten die ungarischen Stände ihre Freiheiten durch die „Magnatenverschwörung" verwirkt, weshalb die Habsburger vor allem den ungarischen Adel mit einer Welle von Schauprozessen, Enteignungen und Rekatholisierungsmaßnahmen überzogen. Während es in den 1570er Jahren lediglich drei katholische Familien des ungarischen Hochadels gab, bekannten sich fast hundert Jahre danach nur noch vier Magnatenfamilien zum Protestantismus. Während des sogenannten protestantischen „Trauerjahrzehnts" (1671–1681) wurden Hunderte lutherische und calvinistische Geistliche und Lehrer wegen Hochverrats angeklagt, zur Emigration gezwungen oder zu Galeerenstrafen verurteilt[1889]. Ein großer Teil des betroffenen Adels floh nach Siebenbürgen und formierte sich unter der Führung des Lutheraners Emmerich Thököly[1890], dem Sohn eines getöteten Verschwörers, neu. Von Siebenbürgen aus schickten sie im Juni 1671 eine Delegation zum Sultan, die im Gegenzug für osmanische Hilfe die Anerkennung der Oberherrschaft des Sultans über Ungarn anbot. Die Hohe Pforte lehnte diese Vorschläge ebenso kategorisch ab, wie die erneut über seinen Gesandten Ladislaus Baló vorgetragenen Bitten des siebenbürgischen Fürsten um Unterstützung gegen den Kaiser[1891]. Der Großwesir wies aber den Fürsten von Siebenbürgen an, die geflüchteten Adligen in Siebenbürgen, „dem Eigentum des Sultans", zu beherbergen. Die Forderungen der Osmanen an die Habsburger, die kaiserliche Armee aus den kurz zuvor den ungarischen Einheiten abgenommenen Festungen Oberungarns zurückzuziehen, und umfangreiche Truppenbewegungen der Osmanen an der unteren Donau ließen in Wien Befürchtungen aufkommen, die ungarischen „Rebellen" könnten Unterstützung durch die Hohe Pforte und den Fürsten von Siebenbürgen erhalten[1892]. Diese Ängste waren unbegründet, da sich das Osmanische Reich zum Jahresbeginn 1672 auf einen Krieg gegen Polen konzentrierte, dem der Sultan durch den Frieden von Buczacz (17. Oktober 1672) harsche Bedingungen auferlegte[1893].

Das osmanische Engagement in Polen führte dem ungarischen und siebenbürgischen Adel vor Augen, dass er nur auf eigene Faust aktiv werden konnte. Unter dem

---

1888 Lediglich Graf Tattenbach wurde erst am 1. Dezember 1671 hingerichtet. Vgl. Czettler, S. 118. Vgl. Hudita 1927, S. 235.

1889 Winkelbauer, Bd. 2, S. 80–82.

1890 Ausführlich zur Karriere Thökölys nach seiner Flucht nach Siebenbürgen: Bóka 1989, S. 53–58. In den zeitgenössischen französischen Quellen wird er meistens als Tékéli bezeichnet: Bély 1991, S. 203–206.

1891 Baló kehrte Mitte August 1670 mit dem eindeutigen Befehl des Großwesirs nach Siebenbürgen zurück, den Frieden mit dem Kaiser nicht zu verletzen. Eine Gesandtschaft der Aufständischen erhielt im März 1672 von der Hohen Pforte eine erneute Absage auf ihre Forderungen, militärische Unterstützung gegen die Habsburger zu erhalten: Gooss, S. 859.

1892 Hudita 1927, S. 241–243.

1893 Vgl. Soreanu, S. 101–114.

Oberbefehl des siebenbürgischen Kanzlers, Michael Teleki, überschritt Mitte September 1672 ein Heer, das aus siebenbürgischen Truppen und Einheiten des ungarischen Adels bestand, die Grenze des Fürstentums Siebenbürgen zum Königreich Ungarn. Die zusammengezogenen habsburgischen Truppen schlugen dieses Heer bereits bei Sathmar, so dass Teleki weitere Aktionen aufgeben und sich nach Siebenbürgen zurückziehen musste[1894]. Damit wurde deutlich, dass dem Fürstentum Siebenbürgen die militärischen Möglichkeiten fehlten, den Kampf gegen die Habsburgermonarchie wie zu Zeiten Bethlens und Rákóczis aufzunehmen. Die Reduzierung der militärischen Kapazitäten Siebenbürgens durch die Ereignisse 1658–1662 hatte zu einem Verlust der Offensivkraft der siebenbürgischen Armee, insbesondere gegenüber der Habsburgermonarchie, beigetragen. Ende 1672 sandte der Fürst von Siebenbürgen Balthasar Macskássy nach Wien, um das siebenbürgische Vorgehen, das gegen den Geist des Vertrages von Eperies verstieß, zu entschuldigen. Der Hofkriegsrat verurteilte Anfang Dezember 1672 gegenüber Macskássy die Unterstützung der Aufständischen durch das Fürstentum Siebenbürgen[1895].

Der anlässlich der siebenbürgisch-ungarischen Invasion im Herbst 1672 ausgebrochene Aufstand der Protestanten in Ungarn wurde von den kaiserlichen Truppen niedergeschlagen, die Verfassung des Königreichs Ungarn am 27. Februar 1673 außer Kraft gesetzt und die ungarischen Festungsgarnisonen durch habsburgische aus dem Reich ersetzt. Trotz dieser Niederlage des vom siebenbürgischen Hof unterstützten ungarischen Adels hielt Fürst Apafi 1674 an seinem antihabsburgischen Kurs fest. Vielmehr vertrat er ihn umso offensiver, als er die prohabsburgische Opposition, die vor allem die Entlassung des Kanzlers Teleki forderte, zerschlug und deren Anführer, Dénes Bánffy, wegen Hochverrats verurteilen und enthaupten ließ[1896].

b. Das Bündnis mit Frankreich 1674–1683

Den antihabsburgischen Kurs des Fürsten bestärkte die französische Diplomatie, vor allem ab 1674, nach Kräften[1897]. Nachdem es König Ludwig XIV. nicht gelungen war, 1672–1674 die Niederlande zu unterwerfen, hatte sich 1674 eine mächtige europäische Koalition zur Eindämmung der französischen Expansionspolitik gebildet, an der neben den Niederlanden das Heilige Römische Reich[1898], Spanien, England, Brandenburg und Dänemark teilnahmen. Darüber hinaus stritten nach dem Tod des polnischen Königs Michael Korybut Wiśniowiecki (11. November 1673) habsburgische und französische Kandidaten um den Warschauer Thron. Im November 1673 bat der polnische Krongroßhetman Johann Sobieski Fürst Apafi und den französi-

1894 Czettler, S. 118.
1895 Gooss, S. 859–860.
1896 Várkonyi 1990, S. 362–364.
1897 König Ludwig XIV. hatte Fürst Apafi nach 1672 bestärkt, im habsburgischen Ungarn zu intervenieren, allerdings eine direkte militärische und finanzielle Unterstützung seinerseits verweigert: Hudita 1927, S. 244–251.
1898 Der Regensburger Reichstag beschloss am 28. Mai 1674 den Reichskrieg gegen Frankreich.

schen König, einen Frieden mit dem Osmanischen Reich zu vermitteln. Nach dem Verlustfrieden von Buczacz 1672 hatte Polen die Feindseligkeiten gegen das Osmanische Reich erneut aufgenommen, konnte sich aber gegen die osmanische Militärmacht im nördlichen Schwarzmeerraum nicht behaupten.

Mit massiver französischer Hilfe gelang es Johann Sobieski, am 21. Mai 1674 zum König von Polen gewählt zu werden. Frankreich hoffte nun auf ein antihabsburgisches Bündnis mit Polen. Der neue polnische König lehnte dieses jedoch ab, solange sich sein Land noch im Krieg gegen das Osmanische Reich befand.

Folglich konzentrierte sich die französische Diplomatie darauf, mit Siebenbürgen und den unzufriedenen Ständen Ungarns habsburgische Gegner zu finden, die als Verbündete Frankreichs im Rücken des Kaisers operieren sollten. Die Verbindungslinien zur französischen Politik liefen über die französischen Gesandten in Wien, Warschau und Konstantinopel. Im Auftrag des französischen Gesandten in Warschau reiste 1674 Oberst Nikolaus Beaumont über Siebenbürgen, wo er Gespräche mit Kanzler Teleki führte, nach Konstantinopel, um die Einwilligung der Hohen Pforte zu einem Kriegseintritt Siebenbürgens gegen die Habsburgermonarchie zu erwirken, jedoch ohne Erfolg[1899].

König Ludwig XIV. lehnte noch 1674 einen Bündnisvertrag mit dem Fürstentum Siebenbürgen und den Aufständischen in Ungarn ab. Er war lediglich bereit, beiden eine gewisse Summe an Subsidien zu zahlen, die vor allem die Aufständischen ermuntern sollte, ihren Kampf gegen die Habsburger fortzuführen. Außerdem stimmte der französische König zu, den Danziger Residenten Frankreichs, Roger du Fresne Akakia, mit einer Mission nach Siebenbürgen zu schicken, zu der er im Februar 1675, in Begleitung Beaumonts und des polnischen Gesandten Ghiza, aufbrach[1900]. Akakia wurde in Fogarasch von Fürst Apafi mit großen Ehren empfangen. Aus den Gesprächen, die er mit dem Fürsten und den Vertretern der Aufständischen in Ungarn führte, entstand der Entwurf eines Bündnisvertrages zwischen dem Fürsten, den Aufständischen und dem König von Frankreich. Der von Teleki in Fogarasch vorgestellte Vertragsentwurf, der auf den 28. April 1675 datiert ist, wurde nach Frankreich geschickt, um dafür die Zustimmung des Königs einzuholen. Der Vertrag sah die Unterstützung Frankreichs durch die Zahlung von Subsidien (15.000 Talern) und die Finanzierung einer in Polen zu rekrutierenden Söldnerarmee von 6.000 Mann vor. Mit einer Armee von 12.000 Mann, zusammengesetzt aus sieben-

---

1899 Gooss, S. 860. Frankreich war nach 1660 bestrebt, das nordische Gleichgewicht zwischen Dänemark, Schweden und Polen zu erhalten und über Polen Einfluss auf Siebenbürgen auszuüben, um die Position des Kaisers in Ostmitteleuropa zu schwächen: Kantorska, S. 227–230.

1900 Der Marquis de Béthune, Gesandter des französischen Königs in Warschau, schlug dem polnischen König in einer Denkschrift (datiert auf den 21. Dezember 1674) vor, sich an der geheimen Mission Akakias, der mit Fürst Apafi und den Aufständischen im Namen des französischen Königs verhandeln solle, zu beteiligen. Der Name des polnischen Königs solle nicht ins Spiel gebracht werden und wenn dieses nicht vermieden werden könne, solle als Vorwand u. a. angegeben werden, dass man die Vermittlung Apafis, „der ein christlicher Fürst sei", in den Verhandlungen zur Herstellung des Friedens mit der Hohen Pforte benötige: Recueil de Documents, S. 226–227.

bürgischen Truppen und Einheiten der ungarischen Aufständischen, sollte Teleki, der den Oberbefehl übernehmen sollte, die Habsburger in Ungarn angreifen und dort eine allgemeine Erhebung gegen das Königshaus auslösen, die Zustimmung der Hohen Pforte vorausgesetzt[1901]. Um diese zu erhalten, sollte sich der französische König beim Sultan für den Fürsten von Siebenbürgen verwenden. Während Akakia nach Konstantinopel reiste, um das Einverständnis der Hohen Pforte einzuholen, begab sich der französische Gesandte am polnischen Hof, Forbin-Janson, Bischof von Marseille und Beauvais, mit dem Vertragsentwurf zu König Ludwig XIV. Forbin-Janson schlug dem zögernden König vor, einen geheimen Artikel in den Vertrag einzubauen, wonach Frankreich den Vertrag erst an dem Tag umsetzen müsse, an dem die Zustimmung der Hohen Pforte für einen Kriegseintritt Siebenbürgens vorliege. Diese könne Frankreich beschleunigen, indem es dem Osmanischen Reich deutlich mache, dass es keine anderen Ziele verfolge, als den Kaiser in Ungarn abzulenken, so wie es 1645 durch Fürst Rákóczi geschehen sei. Doch der französische König bestand auf seiner Weigerung, eine schriftliche Vereinbarung mit dem Fürsten von Siebenbürgen oder den Aufständischen in Ungarn einzugehen. Akakia solle lediglich dafür sorgen, dass es zu keiner Einigung zwischen den Aufständischen und den Habsburgern komme, solange der polnisch-osmanische Krieg nicht beendet sei. Für die Zeit nach einem solchen Frieden erhoffte sich König Ludwig XIV. einen Kriegseintritt Polens gegen die Habsburgermonarchie und das Kurfürstentum Brandenburg, mit denen er sich im Kriegszustand befand. Als Fürst Apafi über drei Monate lang keine Antwort aus Paris erhalten hatte – innerhalb dieser Zeitspanne sollte ihm die Entscheidung des französischen Hofes bekannt gegeben werden – sandte er Ende August Daniel Absolon zum französischen Gesandten nach Warschau, um zu betonen, dass die siebenbürgisch-ungarische Seite weiterhin an einem Bündnisvertrag mit Frankreich interessiert sei. Forbin-Janson gab Absolon zu verstehen, dass Ludwig XIV. keinen Vertrag unterzeichnen könne, solange ihm nicht die Einverständniserklärung der Hohen Pforte vorliege, zumal er eine Situation wie im Jahr 1645 vermeiden wolle, als Rákóczi das Bündnis mit Frankreich mit dem Hinweis auf die Haltung der Pforte abrupt verließ[1902]. Diese Antwort verärgerte Fürst Apafi und vor allem seinen Kanzler Teleki, den Wortführer der profranzösischen Adelsfraktion, sehr. Obwohl das Ziel der siebenbürgisch-ungarischen Seite und der französischen Diplomaten, einen Vertrag abzuschließen, nicht erreicht wurde, führte der Aufenthalt der französischen Gesandten in Siebenbürgen zu einer spürbaren Beunruhigung in Wien. Dem habsburgischen Gesandten in Konstantinopel gelang es sogar, im Juni 1675 für den Kaiser ein Exemplar des am 28. April projektierten Bündnisvertrages zu beschaffen. Nachdem die Hohe Pforte erneut ihre Zustimmung für einen siebenbürgischen Kriegseintritt verweigert hatte, konnten sich die Truppen der Aufständischen in Ungarn nicht mehr gegen die kaiserlichen Einheiten behaupten. Bis zum Abschluss des osmanisch-polnischen Friedens im Oktober 1676

1901 Wortlaut in: Monumenta Comitialia Regni Transylvaniae, Bd. XVI, S. 123–124.

1902 Siehe den Brief Forbin-Jansons an den König vom 13. September 1675: Répertoire des Documents, S. 140.

kam es zu keinen weiteren diplomatischen Kontakten zwischen Siebenbürgen und Frankreich[1903].

Da ein rascher Frieden zwischen Polen und dem Osmanischen Reich nicht in Sicht schien, schloss Frankreich mit Polen am 11. Juni 1675 in Iaworow einen Bündnisvertrag ab. Aufgrund hoher französischer Subsidienzahlungen sollte der polnische König die Habsburgermonarchie in Ungarn oder das Kurfürstentum Brandenburg in Preußen angreifen.

Nach der Niederlage des mit Frankreich verbündeten schwedischen Königs bei Fehrbellin gegen die Armee des Kurfürsten von Brandenburg konzentrierte sich der polnische König wieder auf seinen Krieg mit den Osmanen. Unter französischer und siebenbürgischer Vermittlung kam schließlich der polnisch-osmanische Frieden von Zurawna (16. Oktober 1676) zustande[1904]. Frankreich erwartete nun den schon lange geplanten Kriegseintritt Polens gegen die Habsburgermonarchie und die Anwerbung der für Siebenbürgen bestimmten Söldnerarmee[1905]. Der polnische König setzte seine Prioritäten jedoch nicht im Sinne Frankreichs und schloss am 24. April 1677 mit dem Kaiser einen Nichtangriffspakt ab, so dass Polen für Frankreich als Bündnispartner ausfiel. Nun musste die französische Diplomatie ihre Ostpolitik ganz auf ein Bündnis mit Siebenbürgen stützen[1906].

Die Verhandlungen zwischen den französischen Diplomaten sowie den Vertretern des siebenbürgischen Fürsten und den ungarischen Aufständischen wurden in Krakau und Warschau geführt[1907]. In Warschau unterzeichneten am 27. Mai 1677 der 1676 neu ernannte französische Gesandte beim polnischen König, Marquis François Gaston de Selles Béthune[1908], im Namen des Königs von Frankreich und eine siebenbürgisch-ungarische Delegation[1909] einen französisch-siebenbürgischen Bündnisvertrag[1910]. Es wurde vereinbart, dass der Fürst von Siebenbürgen und die mit ihm

---

1903 Ausführlich zum Fogarascher Vertrag von 1675: Hudita 1927, S. 262–270.

1904 Zum Jahresende 1675 wurde Fürst Apafi erneut um die Vermittlung eines polnisch-osmanischen Friedens gebeten: Butnariu 2004, S. 279. Der Krieg des mit Polen verbündeten Russland gegen das Osmanische Reich wurde erst 1681 durch den Waffenstillstand von Bagçesaray beendet.

1905 Frankreich erhoffte sich auf diese Weise eine schnelle Durchsetzung seiner Friedensbedingungen: Hudita 1927, S. 277–278.

1906 Der Vertrag kam unter großem Druck der päpstlichen und kaiserlichen Diplomatie zustande, da Rom und Wien einen osmanischen Angriff auf die Habsburgermonarchie befürchteten. Die öffentliche Meinung in Polen nahm die Einigung mit dem Kaiser sehr positiv auf. Vgl. Hudita 1927, S. 289–290.

1907 Die Aufständischen hatten sich seit 1676 mit wechselndem militärischem Erfolg Gefechte mit den habsburgischen Truppen in Ungarn geliefert und mit dem Fürsten von Siebenbürgen am 25. September 1676 in Weißenburg ein gemeinsames Vorgehen gegen die Habsburger verabredet: Gooss, S. 861.

1908 Zur Biografie und zu den Berichten Béthunes über Siebenbürgen: Călători străini, Vol. VII, S. 399–415.

1909 Im Namen des Fürsten von Siebenbürgen unterschrieb Balthasar Macskássy, im Namen der Aufständischen aus Ungarn unterzeichneten Fabian Farkas, Peter Faigel und Daniel Absolon. Vgl. Hudita 1927, S. 293.

1910 Béthune betonte gegenüber dem französischen König, dass ohne eine Beteiligung Siebenbürgens keine französisch-ungarische Verständigung zu erreichen sei, da nur Fürst Apafi in der Lage verbündeten ungarischen Stände ein Heer von 15.000 Mann aufstellen, unterhalten und mit entsprechendem Kriegsmaterial ausstatten sollten. Es sollte im Juli 1677 einsatzbereit sein und gegen den Kaiser eingesetzt werden (Art. I). Oberbefehlshaber dieses siebenbürgisch-ungarischen Heeres sollte Kanzler Teleki werden, unterstützt von einem siebenbürgisch-ungarisch-französischen Stab, bestehend aus zehn Personen (Art. II). Dieses Heer durfte nur nach Kriegsende oder nach der Zustimmung des französischen Königs verkleinert werden (Art. V) und musste entsprechend den Wünschen Ludwigs XIV. eingesetzt werden (Art. XI), da die französische Seite den Verbündeten dafür 100.000 Taler jährlich zahlen sollte (Art. X). Darüber hinaus sollte der französische Gesandte in Warschau ein Söldnerheer in Polen anwerben, das unter dem Kommando französischer Offiziere an der Seite der Verbündeten im Königreich Ungarn kämpfen sollte. Zu diesem Zweck musste es durch das Fürstentum Siebenbürgen marschieren, wo es im Notfall auch Winterquartier beziehen sollte (Art. I). Für den Fall, dass die Hohe Pforte dem siebenbürgischen Fürsten die Erlaubnis für eine Teilnahme am Krieg gegen die Habsburgermonarchie verweigern sollte, verpflichtete sich Fürst Apafi, die Aufständischen in Ungarn über Teleki heimlich zu unterstützen (Art. VII). Für eine solche Situation versprach die französische Seite, ihren Gesandten in Konstantinopel anzuweisen, im Sinne der siebenbürgischen Interessen bei der Hohen Pforte zu intervenieren. Die Vertragspartner verpflichteten sich, alles zu unternehmen, damit dieser Vertrag in keiner Weise zu einer Beeinträchtigung der Beziehungen des Fürstentums Siebenbürgen zur Hohen Pforte führe (Art. IX). In Artikel VIII wurde vereinbart, dass ohne die Zustimmung des französischen Königs kein Friede zwischen der siebenbürgisch-ungarischen Seite und dem Kaiser geschlossen werden dürfe. Sollte der französische König mit dem Kaiser Frieden schließen, so mussten sowohl der Fürst von Siebenbürgen als auch die aufständischen ungarischen Stände im entsprechenden Vertrag erwähnt werden. Bis zur Erfüllung dieser Bedingung hatten die Verbündeten im Donau-Karpaten-Raum Anspruch auf die volle französische Unterstützung (Art. VIII). Abschließend wurde festgehalten, dass der französische König den Einsatz der Truppen nach eigenem Gutdünken befehlen könne, in Ungarn, Mähren oder Schlesien, und dass der Vertrag so lange geheim gehalten werden müsse, wie es der König wünsche (Art. XI). Nach der Bekräftigung der Einhaltung der Vertragsbestimmungen durch die Signatare (Art. XII) wurde festgelegt, dass die Ratifikation durch die französische Seite innerhalb von fünfzehn Wochen, die der beiden anderen Partner innerhalb von zehn Wochen nach Vertragsunterzeichnung erfolgen sollten (Art. XIII)[1911].

---

sei, die Adelsopposition zu einer einheitlichen Aktion gegen die Habsburgermonarchie zusammen zu führen. Siehe das Schreiben Forbin-Jansons und Béthunes vom 2. Juni 1677 an den König in: Répertoire des Documents, S. 155–157. Vgl. Hudita 1927, S. 279–280. Vgl. Várkonyi 1990, S. 364. Ausführlich zu den ungarisch-französischen Beziehungen 1677–1682: Bóka 1989, S. 60–70.

1911 Wortlaut des Vertragstextes in: Török-magyarkori állam-okmánytár, Bd. V, S. 413–419. Wiedergabe der einzelnen Artikel des Vertragstextes in: Hudita 1927, S. 291–293. Vgl. Condica tratatelor, S. 48.

Der französischen Seite kam in diesem Vertrag eine deutlich stärkere Position zu, als es noch im Munkácser Vertrag von 1645 der Fall gewesen war. Darüber hinaus war es dem französischen Unterhändler auch gelungen, eine Aktionsgemeinschaft zwischen den unzufriedenen Ständen im königlichen Ungarn und dem Fürstentum Siebenbürgen zu formen[1912]. Beide Seiten standen sich ursprünglich distanziert gegenüber und handelten unkoordiniert, was auch der militärische Misserfolg von 1672 vor Augen geführt hatte. Die französische Diplomatie hatte die Komplikationen bei der Erfüllung der siebenbürgischen Bündnispflicht im Jahre 1645 nicht vergessen, als die Hohe Pforte Fürst Georg I. Rákóczi die Erlaubnis entzogen hatte, den Krieg gegen Habsburg weiterzuführen, und sich der Fürst aufgrund des Artikels 10 aus der Affäre ziehen konnte. Nun wurde auch diese Möglichkeit bedacht und Fürst Apafi sollte folglich in einer solchen Situation geheime Unterstützung leisten, weshalb über die Existenz des Vertrages Stillschweigen vereinbart wurde. Darüber hinaus kann festgestellt werden, dass nicht nur die politischen Bedingungen und die militärischen Komponenten des Bündnisses präziser geregelt waren, dem französischen König kam auch eine deutlich privilegiertere Stellung zu.

Dass, anders als 1645, keine absolute Gleichheit zwischen den Vertragspartnern herrschte, zeigt auch die Klausel über die erforderliche Genehmigung eines Separatfriedens mit dem Kaiser durch den französischen König, ein Recht, über das der Fürst von Siebenbürgen im Falle eines französisch-habsburgischen Friedens nicht verfügte. Diese Ungleichheit widerspiegelte die veränderten Machtverhältnisse nach 1645, aufgrund derer Frankreich zur halbhegemonialen Macht Europas aufgestiegen war, das Fürstentums Siebenbürgen nach 1658 aber einen deutlichen Machtverfall hinnehmen musste.

König Ludwig XIV. ratifizierte den Fogarascher Vertrag am 10. Juli 1677 gemäß Artikel XIII[1913]. Die Ratifikation durch die Aufständischen aus Ungarn verzögerte sich. Sie konnte erst im November 1677 ausgestellt werden, so dass die Aufständischen gegen Artikel XIII verstießen[1914]. Fürst Apafi konnte den Vertrag vorerst ebenfalls nicht ratifizieren. Zwar sicherte er den Aufständischen Mitte Juli in Weißenburg schriftlich seine Unterstützung zu, vor Beginn eines Angriffs auf die Habsburgermonarchie, der für den 27. Juli verabredet wurde, musste er aber um die Erlaubnis der Hohen Pforte ansuchen. Diese wurde ihm vom neuen Großwesir Merzifonlu Kara Mustafa Pascha (1676–1683) kategorisch verwehrt, der von Apafi forderte, er solle den ungarischen Aufständischen untersagen, ausländische Hilfe anzunehmen[1915].

1912 Vgl. Hudita 1927, S. 293.

1913 Wortlaut in: Monumenta Comitialia Regni Transylvaniae, Bd. XVI, S. 363–364. Siehe das Begleitschreiben Simon Arnauld de Pomponnes, Staatssekretär für auswärtige Beziehungen, vom 12. Juli 1677 an Béthune in Warschau: Répertoire des Documents, S. 158. Vgl. Hudita 1927, S. 296.

1914 Monumenta Comitialia Regni Transylvaniae, Bd. XVI, S. 417–418. Vgl. Tratatele internaţionale, S. 114.

1915 Soreanu, S. 151. Zur ablehnenden Haltung des Großwesirs soll der kaiserliche Gesandte in Konstantinopel, Johann Christopher Kindsberg, maßgeblich beigetragen haben: Gooss, S. 861.

Dieser Sachlage zum Trotz griff Oberst Boham mit den von ihm in Polen rekrutierten Söldnern, die über französische Subsidien bezahlt wurden, das habsburgische Oberungarn an und besiegte am 10. Oktober 1677 den habsburgischen General Schmidt bei Nyalab. Aufgrund des von der Hohen Pforte erteilten Interventionsverbots erlaubte Fürst Apafi nur dem jungen ungarischen Magnaten Emmerich Thököly, mit den Kontingenten der nach Siebenbürgen geflüchteten Aufständischen Ende November 1677 in das Kampfgeschehen in Ungarn einzugreifen, und hielt seine Unterstützung im Verborgenen[1916].

Da die Hohe Pforte den wachsenden Einfluss Frankreichs auf das Fürstentum Siebenbürgen und die Aufständischen in Ungarn mit großer Skepsis verfolgte, baute sie in Siebenbürgen heimlich eine osmanenfreundliche Opposition um den Kleinadligen Paul Béldi auf. Als dieser mit Hilfe der Szekler einen Aufstand gegen den Fürsten anzettelte, wurde Apafi nun im eigenen Land mit inneren Unruhen konfrontiert. Apafi gelang es jedoch bis zum Jahresende 1677, den Aufstand niederzuschlagen. Béldi und sechs weitere Adlige flüchteten über die Walachei nach Konstantinopel, wo sie in Ungnade fielen und eingekerkert wurden[1917].

Diese Ereignisse hatten Apafi davon abgehalten, die Ratifikationsurkunde des Warschauer Vertrages im vorgeschriebenen Zeitraum von zehn Wochen nach Vertragsunterzeichnung zu hinterlegen, wodurch er gegen Art. XIII verstieß. Deshalb schloss der französische Diplomat Forval mit dem siebenbürgischen Kanzler Teleki am 17. Februar 1678 in Kővár einen neuen Vertrag, der alle Bestimmungen des Warschauer Vertrages vom 27. Mai 1677 bestätigte. Darüber hinaus verpflichtete sich die französische Seite, Teleki Schutz zu gewähren, falls er gezwungen werde, Siebenbürgen zu verlassen. Für die Dauer des Krieges werde Frankreich Teleki eine monatliche Pension von 1.000 Gulden zahlen. Der französische Gesandte in Warschau, Béthune, bestätigte diese Vereinbarung am 16. April[1918].

Als sich im Frühjahr 1678 an der Hohen Pforte inoffiziell Unterstützung für Apafis Kriegspläne abzeichnete, ratifizierte der Fürst den Warschauer Vertrag am 13. April 1678, unter dem Vorbehalt, eine offizielle Erlaubnis des Sultans für den Kriegseintritt Siebenbürgens gegen die Habsburgermonarchie zu erhalten[1919]. Der Sultan, der

---

1916 Recueil de Documents, S. 250–251. Vgl. Gooss, S. 861–862.

1917 Über den Aufstand Béldis informierte der französische Gesandte in Siebenbürgen, der Abt Révérend, den französischen Gesandten in Konstantinopel, Nointel, in einer Denkschrift (Fogarasch, 31. Januar 1678) über die Vorgänge in Siebenbürgen: Recueil de Documents, S. 245–251. Siehe auch ein Schreiben de la Hayes vom 23. März 1678 in: Ebenda, S. 253. Nointel benachrichtigte König Ludwig XIV. am 27. April 1678 über die Verhaftung von sechs der sieben „Rebels de Transilvanie“: Recueil de Documents, S. 254. Vgl. Várkonyi 1990, S. 364.

1918 Inhalt des Vertrages von Kővár: Hudita 1927, S. 313–314. Vgl. das Schreiben Béthunes an den König vom 23. Februar 1678 in: Répertoire des Documents, S. 171–172. Béthune leitete den Vertragstext am 15. März an den König weiter: Ebenda, S. 173.

1919 Wortlaut der Ratifikation in: Monumenta Comitialia Regni Transylvaniae, Bd. XVI, S. 497–498. Teleki hatte den Warschauer Vertrag am 8. März 1678 bestätigt: Hudita 1927, S. 314. Die Ratifikationen Apafis und der Aufständischen überbrachte der siebenbürgische Gesandte Absolon dem französischen König Anfang September 1678. Siehe die Schreiben des Köngis an Béthune vom 8. September und 21. Oktober 1678 in: Répertoire des Documents, S. 191, 194–195.

weiterhin Krieg gegen den Zaren führte, erlaubte immer noch keinen regulären Krieg Siebenbürgens gegen die Habsburgermonarchie und damit auch keine „offizielle" Beteiligung der siebenbürgischen Armee am Feldzug der Aufständischen.

Gemäß Artikel VII des Warschauer Vertrages begann Apafi nun, die Aufständischen heimlich zu unterstützen. Eine Wiederholung der Ereignisse von 1657/58 wollte er unter allen Umständen vermeiden. Die Hohe Pforte duldete lediglich, dass der siebenbürgische Kanzler Graf Teleki am 27. April 1678 den Oberbefehl über die Streitkräfte der aufständischen ungarischen Stände übernahm[1920]. Am 11. Mai vereinigten sich die „inoffiziellen" Kontingente Telekis mit den Einheiten der Aufständischen und stießen Ende Mai zu den von Frankreich finanzierten Söldnertruppen General Bohams[1921]. Als sich der Angriff zu entfalten begann, verkündete Teleki am 4. Juni 1678 eine Proklamation an die Stände des Königreichs Ungarn, in der er zum Kampf für die Unabhängigkeit des Landes aufrief und die Unterstützung des Fürsten von Siebenbürgen, des Sultans und des französischen Königs betonte. Die Proklamation erzielte kaum einen Effekt[1922]. Dennoch gelang es den Einheiten der Aufständischen, den siebenbürgischen Hilfskontingenten und der von den französischen Diplomaten in Polen geworbenen Söldnerarmee General Bohams[1923], bis zum Sommer 1678 die Kontrolle über das habsburgische Oberungarn zu gewinnen. Für die französische Diplomatie eröffnete sich die Perspektive einer Krönung des siebenbürgischen Fürsten zum König von Ungarn, der beide Länder unter der Oberhoheit des Sultans beherrschen würde[1924].

Als die Kampfhandlungen in Westeuropa nach dem französisch-holländischen Sonderfrieden von Nimwegen vom 10. August 1678 abzuflauen begannen, verringerte sich das französische Engagement in Ungarn. König Ludwig XIV. wies seinen Gesandten in Warschau, Marquis François Gaston de Selles Béthune, an, die Beziehungen zum Fürsten von Siebenbürgen und den Aufständischen pro forma aufrechtzuerhalten, aber einen eleganten Weg zu finden, sich den französischen Verpflichtungen aus dem Warschauer Vertrag vom 27. Mai 1677 zu entziehen[1925]. Den passenden Anlass dazu bot die vehement vertretene Forderung der prohabsburgischen Partei

---

1920 Siehe das Schreiben Béthunes an den König vom 10. Mai 1678 in: Répertoire des Documents, S. 182. Vgl. Hudita 1927, S. 319–320.

1921 Gooss, S. 862.

1922 Gooss, S. 862. Hudita datiert die Proklamation Telekis auf den 4. Juli: Hudita 1927, S. 320.

1923 Siehe die Aufstellung der in Ungarn operierenden französischen Söldnertruppen und ihrer Kosten in: Répertoire des Documents, S. 200.

1924 Diese Konstellation wäre nach Béthunes Meinung als einzige geeignet, die Eingliederung des Königreichs Ungarn in das osmanische Provinzialsystem zu verhindern. Siehe das Schreiben Béthunes an den König vom 24. Juli 1678 in: Répertoire des Documents, S. 190–191. Vgl. den ausführlichen Bericht Béthunes an den Pariser Hof vom 15. Juli 1678 in: Répertoire des Documents, S. 186–189.

1925 Siehe das Schreiben des Königs an Béthune vom 20. März 1679 in: Répertoire des Documents, S. 204–205. Am 6. Oktober 1678 befahl König Ludwig XIV. den Abzug der französischen Offiziere von der in Ungarn operierenden Söldnerarmee und schrieb, Béthune solle aber dafür Sorge tragen, dass es stets eine im Verborgenen agierende antihabsburgische Opposition im Königreich Ungarn geben werde: Répertoire des Documents, S. 193–194.

Polens, die in Polen geworbenen französischen Söldnertruppen aus Ungarn abzuziehen, nachdem der Versuch des polnischen Königs gescheitert war, die ungarischen Aufständischen von einer Union Ungarns mit Polen zu überzeugen[1926].

Unterdessen belagerte Teleki die Stadt Eperies. Als ein kaiserliches Entsatzheer anrückte, zog er sich am 15. August nach Siebenbürgen zurück. Aufgrund einer Krankheit konnte Teleki nicht mehr auf das Schlachtfeld zurückkehren und trat den Oberbefehl über die ungarisch-siebenbürgische Streitmacht an Emmerich Thököly ab, der in Oberungarn einige Erfolge gegen die habsburgischen Truppen erzielen konnte[1927]. Nach der Niederlage bei Heiligenkreuz gegen die habsburgische Armee zog sich Thököly mit den Truppen General Bohams in das Fürstentum Siebenbürgen zurück und schloss im November 1678 durch seinen Unterhändler Paul Szalay einen Waffenstillstand mit dem Kaiser und König von Ungarn ab, der bis Ende Februar 1679 dauern sollte[1928]. Der Marquis de Selles Béthune empfahl Ludwig XIV. Rentenzahlungen an den Fürsten von Siebenbürgen und den Grafen Teleki auch nach Friedensschluss zu veranlassen, damit Frankreich stets auf eine antihabsburgische Partei in Siebenbürgen und Ungarn zurückgreifen könne[1929]. Die französische Diplomatie war sich sicher, dass auch die anhaltenden Kämpfe in Ungarn den Kaiser in den Friedensverhandlungen in Nimwegen gefügig machen würden[1930].

Am 17. Februar 1679 informierte König Ludwig XIV. seinen Warschauer Gesandten Béthune darüber, dass am 5. Februar 1679 in Nimwegen mit dem Kaiser Frieden geschlossen werden konnte[1931]. Einer der Hauptartikel verpflichte ihn, weder direkt noch indirekt die Feinde des Kaisers zu unterstützen. Deshalb sei er gezwungen, die offene Hilfe für „die Ungarn" einzustellen und die unter seinem Namen kämpfenden Truppen aus Ungarn abzuziehen[1932].

Der Friedensvertrag zwischen Frankreich und dem Heiligen Römischen Reich bestätigte im zweiten Artikel den Frieden von Münster aus dem Jahr 1648, in den auch der Fürst von Siebenbürgen eingeschlossen worden war; spezielle siebenbürgisch-ungarische Interessen fanden im Vertragswerk von Nimwegen jedoch keine Berücksichtigung[1933]. Am 20. März 1679 schärfte der französische König seinem Warschauer Gesandten Béthune ein, er solle den bei ihm eingetroffenen Gesandten des Fürsten

1926 Ausführlich: Hudita 1927, S. 323–340.

1927 Várkonyi 1990, S. 364–365. Anlässlich seiner Siege ließ Thököly im Herbst 1678 Gedenkmünzen mit den Inschriften TÖKÖLI PRINCEPS, PARTIVM HVNGARIAE DOMINVS sowie LVDOVICVS XIV GALLIAE REX, DEFENSOR HVNGARIAE prägen: Butnariu 2004, S. 281.

1928 Hudita 1927, S. 322.

1929 Béthune an den König am 24. Oktober und 30. Dezember 1678 in: Répertoire des Documents, S. 195, 199.

1930 Ebenda. Vgl. Répertoire des Documents, S. 198.

1931 Zu den Verhandlungen der französischen und kaiserlichen Diplomaten in Nimwegen siehe: Livet, S. 182–201, 216–218. Ebenso: Pillorget, S. 225–234.

1932 Répertoire des Documents, S. 201.

1933 Siehe den Wortlaut des Vertrages in: The Consolidated Treaty Series, Vol. 15, S. 3–54. Vgl. Major Peace Treaties, Vol. I, S. 139–143. Am 19. April 1679 wurden die Ratifikationsinstrumente ebenfalls in Nimwegen ausgetauscht. Vgl. Bély 1992, S. 260–263.

von Siebenbürgen und „der Ungarn“ mitteilen, der kürzlich geschlossene Frieden mit dem Kaiser verhindere jede weitere Verpflichtung der französischen Seite in Ungarn[1934]. Eine vergleichbare Instruktion erhielt der neue französische Gesandte bei der Hohen Pforte, Gabriel de Guilleragues, der am 3. November 1679 seinen Dienst in Konstantinopel antrat[1935]. Laut Artikel 33 des Vertrages von Nimwegen konnten die Vertragspartner weitere Mächte benennen, die in den Friedensvertrag von Nimwegen nachträglich einbezogen werden sollten. Nach der Zustimmung der Vertragspartner sollte dies vor dem Austausch der Ratifikationsinstrumente, die am 19. April 1679 stattfand, oder spätestens sechs Monate danach erfolgen. Am 13. April 1679 erteilte Ludwig XIV. seinem Gesandten Béthune die Erlaubnis, dem Fürsten von Siebenbürgen zu versprechen, dass er in den Frieden von Nimwegen eingeschlossen werde. Béthune erachtete diesen Akt als notwendig „pour sortir honnestement d'affaire avec ce Prince“. Die Einbeziehung dieses Fürsten in den Friedensvertrag, um die Apafi mit Nachdruck gebeten habe, erscheine nicht nur gerecht, sondern diene auch dazu, dass er Frankreich gegenüber gewogen bleibe. Darüber hinaus könnten auf diese Weise indirekt „die Ungarn“ einbezogen werden, unabhängig davon, dass sich der Kaiser darüber beschweren werde[1936]. Der König antwortete Béthune am 16. Juni, indem er ihm ankündigte, er habe ihm vor acht Tagen das Dokument zugesandt, mit dem er den Fürsten von Siebenbürgen in den Friedensvertrag mit dem Kaiser eingeschlossen habe. Er bat Béthune, dieses Dokument an den Fürsten weiterzuleiten und ihm sowie den Aufständischen die Zuneigung des Königs zu versichern. Sie sollten wissen, dass sie sich stets unter dem Schutz des französischen Königs befänden, wobei die Umstände nicht dem Friedensvertrag mit dem Kaiser entgegenstehen dürften. Schließlich sagte der König Pensionszahlungen an einige „chefs“ zu, die ihm Béthune empfehlen solle[1937]. Am 15. September 1679 bestätigte der Abt Dominique Révérend[1938] dem Marquis de Béthune den Empfang der „actes de ratiffication et d'inclusion pour le Prince dans le traitté de paix générale“, die er kürzlich dem Fürsten ausgehändigt habe. „Ganz Siebenbürgen“ freue sich über die Vorstellung, weiterhin unter dem Schutz des französischen Königs zu stehen und über die positiven Effekte, die man sich von der Einbeziehung in den allgemeinen Frieden verspreche. Graf Teleki habe Révérend gleich gefragt, ob der Marquis de Béthune im Namen des

1934 Béthune solle den Gesandten mitteilen, dass ihren Herren auch weiterhin die Zuneigung des Königs sicher sei: Répertoire des Documents, S. 204–205.

1935 Siehe die Instruktion des Königs an Guilleragues vom 10. Juni 1679 in: Bóka 1992, S. 66–69.

1936 Siehe das Schreiben Béthunes an den König und an dessen Sekretär Pomponne vom 15. Mai 1679 in: Répertoire des Documents, S. 207–208.

1937 Répertoire des Documents, S. 210.

1938 Der Marquis de Béthune hatte den Abt Révérend zu Beginn des Jahres 1677 als seinen Vertreter an den siebenbürgischen Hof entsandt. Dementsprechend berichtete Révérend in dieser Zeit nie direkt nach Paris sondern immer nur nach Warschau, manchmal auch nach Konstantinopel. Für den französischen Hof war seine Gesandtschaft in Warschau für die Beziehungen zum Fürstentum Siebenbürgen zuständig, solange sich kein direkt von Paris entsandter Vertreter in Siebenbürgen aufhielt. Vgl. das Schreiben Béthunes vom 22. Oktober 1679 in: Répertoire des Documents, S. 213.

französischen Königs in Wien erklären könne, dass der Fürst als Verbündeter Frankreichs in den Friedensvertrag einbezogen worden sei, um sich bei dieser Gelegenheit über die Feindseligkeiten der kaiserlichen Truppen in Siebenbürgen zu beschweren[1939]. Béthune informierte den König über diese Entwicklungen und wies darauf hin, dass in Siebenbürgen und Ungarn weiterhin eine starke profranzösische Partei aktiv sei und dass der Krieg in Ungarn anhalte[1940]. Über diese positiven Nachrichten, insbesondere über die am siebenbürgischen Hofe beobachtete freudige Aufnahme der Einbeziehung Siebenbürgens in den Vertrag von Nimwegen, zeigte sich Ludwig XIV. sehr zufrieden und kündigte die baldige Entsendung der Pensionszahlungen für führende Persönlichkeiten der siebenbürgischen Politik an[1941].

Im Gegensatz zur Äußerung Graf Telekis wurde der Fürst von Siebenbürgen nicht als „Verbündeter" des französischen Königs in den Frieden von Nimwegen einbezogen, sondern nur als „weitere Macht" nach dem Vorbild des Westfälischen Friedens von 1648. Die Friedensverträge des Kaisers mit dem König von Frankreich bzw. dem König von Schweden vom 5. Februar 1679 nahmen unmittelbar Bezug auf ihre Vorgängerverträge, den Vertrag von Münster bzw. den Vertrag von Osnabrück, die jeweils bestätigt wurden. Beide Verträge blieben also erhalten und die in ihnen festgelegten Bestimmungen wurden wiederhergestellt, sofern sie nicht ausdrücklich durch neue Vereinbarungen ersetzt wurden. Der Frieden von Nimwegen stellt also eine Erneuerung des Westfälischen Friedens dar, der als dessen „solideste Grundlage" bezeichnet wurde[1942]. Mit der Einbeziehung des siebenbürgischen Fürsten in den Vertrag zwischen dem Kaiser und dem König von Frankreich wurde auch die Anerkennung des Fürstentums Siebenbürgen als ein Mitglied der europäischen Völkerrechtsordnung 1679 bestätigt.

Nachdem Béthune seinen Vertreter Révérend aus Siebenbürgen zum Bericht nach Warschau zitiert hatte, um ihn über den „wahren Stand der Dinge in Ungarn und Siebenbürgen" zu informieren[1943], erstellte Révérend eine Denkschrift über die Situation vor Ort. Darin relativierte er das von ihm noch am 15. September so positiv gezeichnete Bild über die französisch-siebenbürgischen Beziehungen. Der Rückzug der französischen Hilfstruppen aus Ungarn kurz nach dem Friedensschluss zwischen dem König von Frankreich und dem Kaiser habe bei „den Siebenbürgern", die gewöhnlich sehr argwöhnisch seien, ein großes Misstrauen gegenüber Ludwig XIV. und seiner Einstellung gegenüber den Aufständischen in Ungarn ausgelöst. Man sei überzeugt davon, dass der Schutz, den der König den Aufständischen versprochen habe, nur den Zweck gehabt habe, den Kaiser für eine bestimmte Zeit abzulenken. Der König habe sich in dem Moment aus seinem Engagement in Ungarn zurückgezogen, in dem es ihm nicht mehr nützlich erschienen sei. Man sei ebenfalls der Mei-

---

1939 Répertoire des Documents, S. 213.

1940 Schreiben Béthunes an den König vom 4. Oktober 1679 in: Répertoire des Documents, S. 213.

1941 Brief des Königs an Béthune vom 17. November 1679 in: Répertoire des Documents, S. 215.

1942 Steiger 1998, S. 59–60. Vgl. Ziegler 2008, Westfälischer Frieden, S. 306.

1943 Siehe die Briefe Béthunes vom 22. und 29. Oktober 1679 in: Répertoire des Documents, S. 213–214.

nung, dass der Fürst von Siebenbürgen sich in dieser Angelegenheit nur in der Hoffnung engagiert habe, Vorteile aus seinen Beziehungen zu Frankreich zu ziehen und sich die Anerkennung und Freundschaft des französischen Königs zu sichern. Dieses sei laut Révérend vor allem deshalb nötig gewesen, da Fürst Apafis Verhältnis zum Kaiser nachhaltig gestört sei. Deshalb sei nicht zu erwarten, dass Apafi jemals aufhören werde, die Interessen des französischen Königs zu vertreten. Die fähigsten Berater des Fürsten und insbesondere die Fürstin von Siebenbürgen, die ungarische Magnatentochter Anna Bornemisza, hätten die wahren Interessen Siebenbürgens stets im Auge. Die Fürstin, ohne deren Meinung ihr Ehemann keine wichtige Entscheidung treffe, habe Révérend gebeten, Béthune zu versichern, dass sie stets die Interessen des französischen Königs im Blick haben werde. Gleichzeitig habe sie ihm aber auch deutlich gemacht, dass sie von der „generosité de Sa Majesté" die Erstattung jener Kosten erwarte, die ihr und ihrem Mann durch die Unterstützung der Aufständischen in Ungarn entstanden seien[1944].

Trotz des Friedens von Nimwegen gab Apafi seine Ansprüche auf vollständige Erfüllung der finanziellen Zusagen, die ihm von der französischen Seite im Bündnisvertrag von 1677 gemacht worden waren, nicht auf, und wies König Ludwig XIV. wiederholt, zuletzt im Februar 1682, darauf hin[1945]. Äußerst negativ wurde der Friedensschluss von Nimwegen von den Aufständischen in Ungarn, die sich unter dem Schutz Frankreichs wähnten, aufgenommen. Vor allem aufgrund des Abzugs der französischen Hilfstruppen und der eingestellten Subsidien wandten sich die Aufständischen voller Enttäuschung sowohl von Frankreich als auch vom Fürstentum Siebenbürgen ab und setzten ihre Hoffnungen in das Osmanische Reich[1946]. Es kam zum Zerwürfnis zwischen dem Anführer des aufständischen ungarischen Adels, Emmerich Thököly, und der siebenbürgischen Regierung[1947].

Am 17. November 1679 teilte König Ludwig XIV. seinem Gesandten in Warschau, Marquis de Selles Béthune, mit, dass er entschieden habe, dessen Vertreter Révérend nicht mehr in Siebenbürgen einsetzen zu wollen. Vielmehr plane er dem Fürsten von Siebenbürgen einen deutlicheren Beweis seiner Zuneigung zu erbringen, indem er Roger du Fresne Akakia erneut an den siebenbürgischen Hof befehlen werde, da dieser in Danzig nicht mehr benötigt werde. Von der Anwesenheit eines persönlichen Gesandten beim Fürsten von Siebenbürgen erwartete Ludwig XIV., von diesem über alle Schwierigkeiten informiert zu werden, die dem Kaiser immer noch von den Aufständischen in Ungarn bereitet würden, ohne dass sich Wien über den Aufenthalt Akakias am siebenbürgischen Hof beschweren könne. Schließlich solle Akakia einen engeren Kontakt zu den Anführern der ungarischen Aufständischen knüpfen und ihnen das Wohlwollen des französischen Königs ausdrücken, ohne ihnen Hoffnungen auf Hilfsleistungen zu machen, die ihm der Friede von

1944 Siehe die Denkschrift des Abtes Révérend vom 29. Oktober 1679 in: Répertoire des Documents, S. 214–215.
1945 Hudita 1927, S. 386–387.
1946 Bóka 1989, S. 70–72.
1947 Czettler, S. 119. Vgl. Felezeu 2005, Cadrul politic internațional, S. 46.

Nimwegen verbiete[1948]. Béthune sandte im April 1680 den Abt Révérend noch einmal nach Siebenbürgen, um die Ankunft Akakias anzukündigen, eine Einigung der Aufständischen mit dem Kaiser zu verhindern, vor allem aber um die Politik des siebenbürgischen Fürsten im französischen Fahrwasser zu erhalten und bei den ungarischen Aufständischen die Hoffnung zu nähren, dass der König von Frankreich insgeheim alles zu ihrer Unterstützung unternehme, was nicht gegen den Vertrag von Nimwegen verstoße, zumal sich ein erneuter Bruch mit dem Wiener Hof abzeichne, der es Paris erlauben werde, den Aufständischen offener und effektiver Hilfe zukommen zu lassen[1949].

Angekommen in Siebenbürgen, kündigte Akakia König Ludwig XIV. an, dass der siebenbürgische Gesandte Daniel Absolon[1950] sich auf dem Weg nach Paris befinde, um dem König den Dank des siebenbürgischen Fürsten sowohl für die Ehre, die ihm durch die Einbeziehung in den Frieden von Nimwegen zuteilgeworden sei, als auch für alle anderen Zeichen der königlichen Gunst auszusprechen. Akakia berichtete, er habe die Verhandlungen der Aufständischen mit dem Wiener Hof verzögern können und hoffe auf deren Rückkehr unter die Kontrolle des Fürsten von Siebenbürgen, der dem französischen König weiterhin sehr gewogen sei. Allerdings müsse man die Aufständischen unterstützen, da sie sonst gezwungen seien, mit dem Kaiser Frieden zu schließen[1951].

Doch die Bemühungen der französischen Diplomatie, die antihabsburgischen Kräfte in Siebenbürgen und Ungarn 1680/1681 zu einen und erneut gegen den Kaiser einzusetzen, scheiterten, ebenso die Bemühungen Frankreichs, das sich abzeichnende habsburgisch-polnische Bündnis zu verhindern. Beide Maßnahmen hatten den Zweck, die Reunionspolitik des Sonnenkönigs am Rhein abzusichern, und die Kräfte des Kaisers im Osten abzulenken. Fürst Apafi erklärte sich gegenüber den französischen Diplomaten zwar prinzipiell bereit, einen Krieg gegen den Kaiser zu beginnen, allerdings nur mit der Zustimmung der Pforte und den im Warschauer Vertrag von 1677 versprochenen französischen Subsidien[1952]. Die erhoffte Erlaubnis des Sultans rückte in greifbare Nähe, als der seit 1673 dauernde osmanisch-russische Krieg durch den Friedensvertrag von Radzin am 11. Februar 1681 beendet wurde. Damit hatte das Osmanische Reich die Stabilisierung seiner Nordgrenze abgeschlossen und war bereit, seine Militärmaschinerie wieder gegen die Habsburgermonarchie zu richten.

1948 Brief des Königs an Béthune vom 17. November 1679 in: Répertoire des Documents, S. 215. Ludwig XIV. wies in seiner Instruktion für Akakia vom 23. Februar 1680 darauf hin, dass er genaue Informationen über die Haltung des siebenbürgischen Fürsten und des Grafen Teleki gegenüber den Aufständischen in Ungarn erwarte: Répertoire des Documents, S. 217.

1949 Instruktion Béthunes an Révérend vom 5. April 1680 in: Répertoire des Documents, S. 218.

1950 Absolons Missionsreise nach Frankreich dauerte vom September 1678 bis zum Dezember 1680: Horváth, S. 508.

1951 Im Brief Akakias an den König vom 21. August 1680 schreibt er den Grafen Thököly fälschlicherweise „Tekeli". Wortlaut in: Répertoire des Documents, S. 221.

1952 Butnariu 2004, S. 285.

Ludwig XIV. war weiterhin bestrebt, jede Einigung zwischen den Aufständischen und dem König von Ungarn zu verhindern. Im Sommer 1681 ersetzte der französische König seinen Gesandten in Siebenbürgen, Akakia, durch den Diplomaten du Vernay-Boucault, der die Mission Akakias fortführen, die Zusammenarbeit zwischen Fürst Apafi und Graf Thököly gewährleisten und die Aufständischen in Ungarn an einem möglichen Ausgleich mit den Habsburgern hindern sollte. Akakia übergab seinem Nachfolger eine Denkschrift, in der er betonte, dass in den Fürsten Apafi kein Vertrauen gesetzt werden könne, eine Person „peu de merite et de capacité", die von seinem Kanzler Teleki gesteuert werde, der wiederum unter dem Einfluss der Habsburger stehe. Akakia empfahl, unabhängig vom Fürstentum Siebenbürgen direkt mit den Aufständischen in Ungarn zu verhandeln. Da aber der französische König darauf bestehe, die Beziehungen zum Fürstentum aufrechtzuerhalten und der Meinung sei, nicht direkt mit Graf Thököly verhandeln zu können, sei Frankreich gezwungen, die Pensionen an Teleki und andere Adlige am siebenbürgischen Hof weiter zu bezahlen[1953]. Du Vernay-Boucault beschwerte sich in seiner Korrespondenz mit Paris schon bald über die feindliche Stimmung, die in Siebenbürgen sowohl gegenüber den Aufständischen in Ungarn als auch gegenüber Frankreich herrsche. Der Gesandte verschwieg allerdings, dass diese Stimmungslage aus den enttäuschten Hoffnungen der siebenbürgischen Adligen resultierte, die sie in den vergangenen eineinhalb Jahrzehnten in Frankreich gesetzt hatten.

Am siebenbürgischen Hof konnte man sich nicht des Eindrucks erwehren, Siebenbürgen stelle für Frankreich eine Manövriermasse dar, die von Paris nach Belieben gegen den Kaiser eingesetzt werde. Nicht unerheblich war auch die Erfahrung, dass die von Frankreich zugesagten Geldzahlungen oft nicht erfolgt waren, und wenn, dann verspätet eintrafen, zum Beispiel die vom König versprochenen Mittel zur Bezahlung der Winterquartiere, die Bohams Söldnerarmee in Siebenbürgen 1678/1679 bezogen hatte[1954].

Neben Frankreich versuchte auch das Osmanische Reich, jede Einigung zwischen den Aufständischen in Ungarn und den Habsburgern zu vereiteln. Im Mai 1681 versprach der Pascha von Ofen den Aufständischen die Erfüllung ihrer Forderungen durch die Hohe Pforte und sofortige militärische Hilfe gegen die Habsburger. Aus Sicht der Hohen Pforte hatte der Fürst von Siebenbürgen seine Schlüsselstellung in der Bekämpfung der Habsburgermonarchie im Donau-Karpaten-Raum an Thököly verloren. Die Hohe Pforte kannte nicht die Skrupel des französischen Königs, völkerrechtliche Beziehungen mit den Aufständischen ohne die Einbeziehung eines Herrschers, in diesem Falle des siebenbürgischen Fürsten, einzugehen, da für den Sultan die völkerrechtlichen Normen des christlichen Abendlandes kaum von Bedeutung waren. Die Osmanen hofften, der Anführer der Aufständischen könne ihnen darin behilflich sein, ihren Herrschaftsanspruch über ganz Ungarn durchzu-

1953 Wortlaut der Denkschrift in: Répertoire des Documents, S. 242.

1954 Hudita 1927, S. 370–372. Vgl. den Brief Béthunes an den Pariser Hof vom 6. Januar 1679 in: Répertoire des Documents, S. 199–200.

setzen[1955]. Zu diesem Zweck sollte die bislang von Siebenbürgen gebildete Pufferzone zwischen den beiden Imperien nach Westen verschoben werden und sich aus Komitaten des Königreichs Ungarn zusammensetzen, die den Habsburgern von Thököly entrissen werden sollten[1956].

Zunächst gelang es, am 30. September 1680 in Somlyó einen Ausgleich zwischen Thököly und Apafi zu erzielen. Thököly versprach, keine Verhandlungen mit den Habsburgern ohne das Wissen Apafis aufzunehmen und die siebenbürgischen Interessen nicht zu verletzen[1957]. Als Apafi im April 1681 die lang erbetene Erlaubnis der Hohen Pforte für einen Feldzug gegen die Habsburgermonarchie erhielt, ernannte er Teleki zum Oberbefehlshaber, was zunächst den Widerstand Thökölys hervorrief. Erst im August 1681 gelang es, einen gemeinsamen Feldzug gegen das habsburgische Ungarn in Gang zu setzen, der von der Hohen Pforte unterstützt wurde, obwohl sie im selben Monat mit dem kaiserlichen Gesandten in Konstantinopel den Frieden von Eisenburg erneuerte[1958]. Im November 1681 musste der siebenbürgisch-ungarische Angriff wegen des eskalierenden Konflikts zwischen Thököly und Teleki abgebrochen werden. Apafi und sein Kanzler Teleki sahen in Thököly zunehmend einen gefährlichen Gegner, der Aspirationen auf den siebenbürgischen Thron entwickeln konnte. Das Zerwürfnis verhärtete sich als Fürst Apafi, auf Anraten seines Kanzlers Teleki, die in Siebenbürgen liegenden Güter Thökölys konfiszierte[1959].

Der Rückzug der siebenbürgischen Streitkräfte aus Ungarn im Herbst 1681 rief nicht nur in Ungarn, sondern auch in Frankreich herbe Kritik hervor. Obwohl Ludwig XIV. es seinem Gesandten in Siebenbürgen, du Vernay-Boucault, freistellte, Siebenbürgen zu verlassen, und seinen Gesandten in Warschau anwies, erstmals direkte Verhandlungen mit Thököly aufzunehmen, war der französische König auch 1682 bemüht, die diplomatischen Beziehungen zu Siebenbürgen aufrechtzuerhalten und eine Einigung zwischen Thököly und Apafi weiterhin zu fördern. Diese Pläne versuchte der polnische König Johann Sobieski zu durchkreuzen, der ein Bündnis mit Wien plante. Er schob einer weiteren, von polnischem Gebiet ausgehenden, Einmischung Frankreichs in Ungarn einen Riegel vor, indem er im April 1682 dem französischen Gesandten in Polen, Marquis de Vitry, und du Vernay-Boucault, der von Weißenburg nach Warschau gereist war, untersagte, mit Siebenbürgen und den ungarischen Aufständischen zu korrespondieren, da er nach dem Verlustfrieden von 1676 keine weitere Stärkung der osmanischen Position an der polnischen Südgrenze wünschte[1960].

1955 Siehe zum Anspruch des Sultans über ganz Ungarn das Schreiben des französischen Gesandten in Konstantinopel, Nointel, an den Gesandten in Warschau, de Béthune, vom 8. Mai 1678 in: Recueil de Documents, S. 255.

1956 Felezeu 2005, Cadrul politic internaţional, S. 44–45.

1957 Gooss, S. 863.

1958 Wortlaut in: Recueil des traités, Tome IX, S. 52–54.

1959 Butnariu 2004, S. 285.

1960 Hudita 1927, S. 385–388. Zu den Versuchen der polnischen Staatsorgane, den Einfluss auswärtiger Mächte auf die polnische Politik Ende des 17. Jahrhunderts einzudämmen: Serwański, S. 168–170.

Kaiser Leopold I. erkannte die vom Osmanischen Reich ausgehende Gefahr und war bemüht, die wesentlichen Forderungen der ungarischen Stände zu erfüllen. Als König von Ungarn versuchte er zunächst, die schwelende Unruhe unter den Ständen zu beenden, indem er den ungarischen Reichstag nach langer Pause für den 28. April 1681 nach Ödenburg berief. Allerdings kam es nicht zum in Wien erhofften Ausgleich mit Thököly, der sich mit den aufständischen Adligen weigerte, am Reichstag teilzunehmen und seine 20.000 Soldaten zu entlassen[1961]. Fortschritte stellten sich ein, als der König am 9. November 1681 die Religionsbestimmungen des Wiener Friedens von 1606[1962] bestätigte und damit die Gleichbehandlung von Protestanten und Katholiken in Ungarn. Am 30. November 1681 setzte der König die ungarische Verfassung erneut in Kraft, besetzte die Staatsämter des Königreichs wieder mit ungarischen Adligen und sagte die Berücksichtigung des ungarischen Staatsrates in allen das Königreich betreffenden Fragen zu. Darüber hinaus sollten die kaiserlichen Truppen in den Festungen Ungarns durch einheimische Soldaten ersetzt, ein ungarischer Diplomat solle dem kaiserlichen Gesandten an der Hohen Pforte zur Seite gestellt und die Prozesse gegen die Wesselényi-Verschwörer sollten überprüft werden[1963].

Doch diese Beschlüsse bestärkten den Großwesir umso mehr, Thököly dabei zu helfen, die ungarische Königskrone an sich zu reißen und auch das westliche und nördliche Ungarn der Oberhoheit des Sultans zu unterstellen. Im Januar 1682 forderten die Aufständischen in Konstantinopel den Beginn des Krieges gegen den Kaiser, der immer mehr Gestalt annahm. Durch das direkte Bündnis der ungarischen Aufständischen mit den Osmanen waren sie nicht mehr auf die Hilfe der Franzosen und Siebenbürger angewiesen[1964].

Am 28. April 1682 verabredeten Thököly und der Pascha von Ofen einen gemeinsamen Feldzug gegen Wien. Als „Fürst von Ungarn" unterstellte sich Thököly der Oberhoheit des Sultans und versprach die Zahlung eines Jahrestributs von 40.000 Talern an die Hohe Pforte. Am 10. August 1682 stellte der Sultan die Einsetzungsurkunde für Thököly aus und dehnte seinen „Schutz" auf das nördliche und westliche Ungarn aus, das nach osmanischer Rechtsauffassung bereits seit den Tagen Sultan Süleyman des Prächtigen vollständig unter der Oberhoheit des Sultans stand[1965]. Bei der Eingliederung Oberungarns in den osmanischen Reichsverband griff die Hohe Pforte auf das bewährte Konzept der indirekten Herrschaft zurück, das die Sultane auch im Falle Siebenbürgens angewandt hatten. Damit war das vierte Staatsgebilde auf dem Gebiet des mittelalterlichen Königreichs Ungarn entstanden. Thökölys os-

---

1961 Várkonyi 1990, S. 365.

1962 Mit dem Verweis auf den Wiener Frieden von 1606 wurden die noch weitergehenden Religionsbestimmungen des Linzer Friedens von 1645, der auch eine individuelle Religionsfreiheit für die Bauern vorsah, zurückgenommen: Winkelbauer, Bd. 2, S. 82.

1963 Vgl. Várkonyi 1990, S. 365.

1964 Soreanu, S. 153–155. Vgl. Bóka 1989, S. 72.

1965 Hudita 1927, S. 392. Vgl. Csáky 1983, S. 191. Vgl. Bély 1991, S. 203–206.

manisches Vasallenfürstentum umfasste nun Oberungarn von der nördlichen Grenze Siebenbürgens bis an die Festung Gran[1966].

Nachdem Thököly am 24. Juni 1682 den mit dem König von Ungarn abgeschlossenen Waffenstillstand gekündigt hatte, eroberte er ab August 1682 mit osmanischen Hilfskontingenten die Stadt Kaschau, in der er seine Residenz einrichtete, und andere oberungarische Städte sowie die gesamte Zips. Nach dem Fall der habsburgischen Festung Fülek wurde vor deren zerstörten Mauern eine ungarische Ständeversammlung einberufen, in deren Rahmen am 16. September 1682 Ibrahim Pascha Thököly feierlich die vom Sultan ausgestellte Einsetzungsurkunde als „Fürst von Ungarn" samt Herrschaftsinsignien überreichte. Thököly musste im Gegenzug die Oberhoheit des Sultans über ganz Ungarn anerkennen und ihm künftig als Vasall einen Jahrestribut zahlen. Dieses interpretierte die kaiserliche Seite auch als Versuch der Osmanen, erneut die Praxis eines „Ehrengeschenks" seitens der Habsburger für deren Herrschaft in Ungarn einzufordern, so wie es zwischen 1547 und 1606 üblich gewesen war[1967].

Die Würde eines Fürsten/Königs von Ungarn war zu Bocskais, Bethlens und Rákóczis Zeiten stets den Fürsten von Siebenbürgen vorbehalten, weshalb der Protest des siebenbürgischen Hofes gegen diesen Akt nicht lange auf sich warten ließ[1968]. Er fruchtete jedoch überhaupt nicht. Vielmehr wurde der sich ebenfalls im Lager von Fülek aufhaltende Fürst Apafi von Ibrahim Pascha auf eine entwürdigende Weise behandelt[1969]. Am 1. Oktober 1682 schrieb der französische Gesandte aus Warschau an Ludwig XIV., „die Siebenbürger" schrien wie aus einer Kehle, dass sie keinen anderen König von Ungarn als Leopold akzeptierten, und dass sie nicht bereit seien, einen Krieg zu führen, um einen neuen König durchzusetzen, sehr wohl aber um ihre Privilegien und Freiheiten zu verteidigen[1970].

Nachdem sich im Oktober 1682 fast das gesamte habsburgische Ungarn in der Hand Thökölys befand, starteten die Habsburger einen letzten Versuch, sich mit dem Sultan auf dem Verhandlungswege einig zu werden. Die in Adrianopel geführten Gespräche scheiterten jedoch am 21. Dezember 1682 an der kompromisslosen Haltung der Hohen Pforte, die bedeutende Gebietsgewinne in Ungarn zulasten der Habsburger forderte[1971]. Großwesir Kara Mustafa Pascha sah den Augenblick gekommen, um erneut nach dem „Goldenen Apfel", der Kaiserstadt Wien, zu grei-

1966 Tóth 2005, Zwischen Kaiser und Sultan, S. 281–282. Vgl. Wheatcroft, S. 109.

1967 Bóka 1992, S. 94–95. Vgl. Bóka 1989, S. 71–73.

1968 Die Bemühungen Apafis, selber die ungarische Krone zu erlangen, wurden von der Hohen Pforte ab 1677 vollkommen ignoriert: Ciobanu 1997, S. 118–119.

1969 Gooss, S. 863.

1970 Hudita 1927, S. 392.

1971 Butnariu 2004, S. 290–291.

fen[1972]. Am 2. Januar 1683 erklärte der Sultan den Eisenburger Frieden[1973] für nicht mehr gültig und befahl den Beginn des Krieges gegen den Kaiser. Dieser schloss am 31. März 1683 den in Polen lang umstrittenen Bündnisvertrag mit König Johann Sobieski ab, der sich nur gegen das Osmanische Reich richtete[1974].

2. Siebenbürgen im „Großen Türkenkrieg" 1683–1699

Fürst Apafi musste sich ebenso wie die Woiwoden der Moldau und der Walachei am Feldzug gegen die Habsburgermonarchie beteiligen. Zu der Belagerung Wiens, die am 13. Juli 1683 begann, stießen die siebenbürgischen Truppen erst am 22. August und versuchten sich so passiv wie möglich zu verhalten. Nach der Schlacht auf dem Kahlenberg und den folgenden Siegen der 1684 konstituierten Heiligen Liga[1975] begann Fürst Apafi, eine Schaukelpolitik zu betreiben.

Auf der einen Seite hielt er mit der Hohen Pforte engen Kontakt, an die er seinen Jahrestribut weiterhin ordnungsgemäß ablieferte, um sich im Falle des Scheiterns der habsburgischen Offensive abzusichern, aber auch um seine Beziehungen mit dem Sultan als Gegengewicht zu einer übermächtig auftretenden Habsburgermonarchie in die Waagschale werfen zu können[1976]. Nach dem Verlust ihres Einflusses auf die Stände des Königreichs Ungarn sah die Hohe Pforte Siebenbürgen wieder als wichtigstes Bollwerk zur Eindämmung der habsburgischen Macht im Donau-Karpaten-Raum. Der siebenbürgische Gesandte bei der Hohen Pforte erreichte am 22. und 27. Juli 1684 die Anerkennung des Sohnes Michaels I. Apafi als dessen Nachfolger auf dem Fürstenthron durch Sultan Mehmet IV., und ein osmanischer

1972 Die Eroberungen der beiden „goldenen Äpfel", Wien und Rom, stellten das übergeordnete Ziel der osmanischen Expansionspolitik dar. Nach den erfolgreichen Kriegen gegen Venedig (1669), Polen (1676) und Russland (1681) glaubte die Hohe Pforte, die Süd- und Nordgrenzen des Reiches gesichert zu haben und damit in der Lage zu sein, die Kräfte auf die Expansion im Westen konzentrieren zu können. Vgl. Soreanu, S. 157–161.

1973 Die Osmanen sahen in der Errichtung der Festung Leopoldstadt, die gegenüber der 1664 an die Osmanen abgetretenen Burg Neuhäusel lag, einen Bruch des Eisenburger Friedens: Butnariu 2004, S. 289.

1974 Mit Hilfe des Heiligen Stuhls setzte sich die prohabsburgische Fraktion im Sejm durch, vor allem nachdem ein Komplott des französischen Gesandten de Vitry gegen den polnischen König bekannt geworden war. Der Sejm ratifizierte den Bündnisvertrag am 17. April, der Kaiser am 2. Mai 1683. Dem Vertrag entsprechend sollte nach einem Sieg jede Seite die osmanischen Gebiete erhalten, die vor der osmanischen Eroberung zum jeweiligen Land gehört hatten. Der Abschluss von Separatfrieden war verboten. Der Kaiser verpflichtete sich, mit 60.000 Mann den Krieg in Ungarn zu führen und den König von Polen mit Subsidien zu unterstützen: Butnariu 2004, S. 291–292.

1975 Der durch die Vermittlung des Papstes zustande gekommenen Heiligen Liga gehörten der Kaiser, der König von Polen, die Republiken Venedig und Genua, die Könige von Spanien und Portugal, der Großherzog der Toskana, der Herzog von Savoyen, die Herzöge und Kurfürsten von Sachsen und Bayern sowie die Reichskreise Schwaben und Franken an. König Ludwig XIV. erklärte die Neutralität Frankreichs.

1976 Vgl. Csáky 1983, S. 187–188, 191–192.

Bote überreichte dem Thronfolger am 17. September in Weißenburg Standarte und Zepter[1977].

Der 1684 in Siebenbürgen weilende französische Diplomat Forval informierte in einer Denkschrift den französischen Hof über die Verhältnisse in Siebenbürgen, das er als strategisch bedeutsam einstufte. Die drei Stände gehörten mehrheitlich protestantischen Konfessionen an, weshalb sie eine „wahrhaftige Aversion" gegen die Herrschaft der Habsburger hegten, zumal sie ihre Regierungsform durch Wien bedroht sähen, betonte Forval, der mit diesen Schilderungen offensichtlich Paris beruhigen wollte[1978].

Trotz siebenbürgischer Vorbehalte gegenüber den Habsburgern nahm Apafi Verbindungen zu den Mächten der Heiligen Liga auf, so dass ihn der Kaiser am 11. April 1684 aufforderte, sich den übrigen christlichen Heeren anzuschließen. Innerhalb der Heiligen Liga traten schon 1684 die alten Differenzen zwischen der Habsburgermonarchie und Polen im Donau-Karpaten-Raum zutage, da beide Mächte ihre auf frühere Jahrhunderte zurückgehenden Rechtsansprüche auf Siebenbürgen, die Moldau und die Walachei offensiv reklamierten. Auch die Versuche des polnischen Königs, einen Ausgleich zwischen dem Kaiser und Thököly zu vermitteln, wurden in Wien als Einmischung in die inneren Angelegenheiten der Habsburgermonarchie gewertet. Dieser Konflikt spitzte sich zu, als die Aufständischen am 14. Dezember 1684 bei Igló von habsburgischen Truppen besiegt wurden und dabei die Korrespondenz Thökölys mit dem polnischen König in die Hände des Kaisers fiel. Auch der Heilige Stuhl sah darin eine Gefährdung der Liga und empfahl der polnischen Seite, ihre Ansprüche auf Siebenbürgen und die Walachei aufzugeben und sich stattdessen auf die Kämpfe in Podolien und der Moldau zu konzentrieren. Diese verliefen, im Gegensatz zu jenen an der ungarischen Front, für die Osmanen und Tataren erfolgreich[1979].

Die anhaltenden militärischen Erfolge der Habsburger deuteten auf ein baldiges Ende der osmanischen Herrschaft in Ungarn hin[1980]. Diese grundlegend zugunsten des Kaisers veränderte politisch-militärische Lage zwang den Fürsten von Siebenbürgen, das Verhältnis seines Landes zur Habsburgermonarchie neu zu bestimmen. Seine Versuche, zwischen Kaiser und Sultan zu vermitteln, erfuhren in Wien eine kühle

---

1977 Vgl. Butnariu 2004, S. 295. Vgl. Gemil 1984, S. 367–368. Die Urkunde des Sultans wurde am 2. August 1684 ausgestellt: Felezeu 2005, Statutul juridic, S. 79.

1978 „Il faut remarquer que la Transilvanie est composée de trois nations qui forment l'Estat, la Hongroise, la Sicule et la Saxonne. La derniere est la plus puissante et la plus riche, et possede toutes les bonnes villes de la Province, qui sont en grand nombre, outre cela, elle fait toute, profession de la religion lutherienne […]." Siehe den Wortlaut der Denkschrift in: Recueil de Documents, S. 272–275. Vgl. den Bericht des Franziskaners Modesto an Papst Innozenz XI. aus dem Jahr 1677 über die konfessionelle Zersplitterung Siebenbürgens und die schwierige Lage der katholischen Kirche Siebenbürgens in: Relationes missionariorum, S. 394–397.

1979 Butnariu 2004, S. 294–295.

1980 Zur Legitimierung des „Langen Türkenkrieges" als „Rückeroberungskrieg" durch Kaiser Leopold I., der im ungarischen Kontext eine aggressivere Rechtfertigungsstrategie als im Zusammenhang der Reichskriege gegen Frankreich wählte: Tischer 2008, S. 196–203.

Ablehnung[1981]. Ende Februar 1685 traf der Gesandte des Kaisers, der Jesuitenpater Antide Dunod[1982], im siebenbürgischen Fogarasch ein, wo er Fürst Apafi die Bedingungen Leopolds I. vortrug[1983]. Diese sahen vor: die Lossagung von der Oberhoheit des Sultans und die Annahme der Suzeränität des Königs von Ungarn, die Stationierung und Verpflegung habsburgischer Truppen in Siebenbürgen und den Abschluss eines antiosmanischen Bündnisvertrages mit dem Woiwoden der Walachei, Şerban Cantacuzino. Das Bündnis sollte unter dem Schutz des Königs von Ungarn stehen, gegenseitige Handelserleichterungen einschließen, und sowohl der Fürst als auch der Woiwode sollten Verträge mit auswärtigen Mächten nicht ohne das Wissen des Königs von Ungarn abschließen. Fürst Apafi und die siebenbürgischen Stände stuften das Projekt zutreffenderweise als einen Versuch ein, Siebenbürgen in den habsburgischen Länderkomplex zu integrieren, weshalb sie dem kaiserlichen Gesandten einen 29 Punkte umfassenden Gegenentwurf präsentierten[1984].

Vor seiner Abreise aus Siebenbürgen schloss Antide Dunod am 14. April 1685 in Kerz einen Geheimvertrag mit Teleki ab, der von nun an ganz auf die habsburgische Karte setzte. Darin wurde Teleki Amnestie, Güterrestitution in Ungarn, eine Jahresrente des Kaisers und Asylrecht im Reich sowie die Geheimhaltung der Vereinbarung zugesagt. Teleki sollte im Gegenzug den antiosmanischen Kampf des Kaisers unterstützen und in der ungarischen Öffentlichkeit propagieren sowie zur Verpflegung der habsburgischen Truppen beitragen[1985].

Fürst Apafi griff den Vorschlag des kaiserlichen Gesandten auf, einen Bündnisvertrag mit dem Woiwoden der Walachei, Şerban Cantacuzino, abzuschließen, allerdings nicht, um damit habsburgischen Interessen zu dienen, sondern um sich auf diese Weise besser gegen die Ambitionen der Großmächte behaupten und ihrem Druck widerstehen zu können.

Eine Delegation walachischer Bojaren reiste nach Fogarasch, wo sich der Fürst mit seinem Hof aufhielt, und schloss dort am 1. Juni 1685 mit den siebenbürgischen Unterhändlern einen 12 Artikel umfassenden Bündnisvertrag ab, der die gutnachbarschaftlichen Beziehungen garantierte, gegenseitigen Beistand gegen jeden Feind festlegte, einen „ehrlichen" Austausch von Informationen der „Christen" und „Türken" verabredete und die gegenseitige Gewähr des Asylrechts einschloss[1986]. Ebenfalls am 1. Juni ratifizierte Fürst Apafi den Vertrag in einer an den Woiwoden der

---

1981 Vgl. Gooss, S. 863–864.

1982 Zur Biografie und zu den Reiseberichten Dunods aus Siebenbürgen: Călători străini, Vol. VIII, S. 27–43.

1983 Siehe den Wortlaut der vom Kaiser am 15. Februar 1685 ausgestellten Vollmacht für Dunod in: Lupaş 1940, Documente, S. 411.

1984 Andea 1996, S. 327–328.

1985 Ebenda, S. 328. Vgl. Gooss, S. 864.

1986 Siehe den Wortlaut des in lateinischer Sprache verfassten Vertrages in: Monumenta Comitialia Regni Transylvaniae, Bd. XVIII, S. 341–344. Vgl. Tratatele internaţionale, S. 115. Die Delegation der Walachei wurde von Matei Cantacuzino (Mare Stolnic), Barbu Milescu (Mare Ban) und Vintilă Corbean (Spătar) angeführt: Andea 1996, S. 332–333. Vgl. Lascu, S. 232–236, 242–243. Vgl. Iorga, S. 69–73.

Walachei und seine Bojaren adressierten Urkunde[1987]. Doch angesichts der Erfolge des Kaisers auf dem Schlachtfeld konnte dieser Vertrag wenig an der internationalen Lage, in der sich das Fürstentum befand, ändern.

Nach der Eroberung des gesamten nördlichen Teils Ungarns durch die habsburgischen Armeen wurde Thököly im Oktober 1685 vom Ofener Pascha verhaftet und an die Hohe Pforte geschickt, was den Verfall der osmanischen Machtposition in Ungarn weiter beschleunigte. Rasch rückten die habsburgischen Truppen in die nordöstlichen Partes ein, um das Fürstentum unter Kontrolle zu bringen, aber auch um den polnischen König vor vollendete Tatsachen zu stellen.

Der nach Siebenbürgen zurückgekehrte kaiserliche Gesandte Antide Dunod legte dem am 24. Oktober 1685 in Weißenburg einberufenen siebenbürgischen Landtag am 27. erneut die kaiserlichen Propositionen vor: Der Fürst und die Stände sollten ein Eindringen polnischer Einheiten nach Siebenbürgen verhindern, jeglichen Kontakt – die Tributzahlungen und den Briefverkehr eingeschlossen – zur Hohen Pforte unterbrechen, die Unterbringung und Verpflegung von 13.000 kaiserlichen Soldaten in Siebenbürgen sicherstellen und die Versorgung der habsburgischen Belagerer der Festung Großwardein mit Getreide übernehmen. Darüber hinaus sollte sich Siebenbürgen unter den Schutz des Königs von Ungarn stellen[1988]. Nachdem der kaiserliche General Graf Friedrich Veterani[1989] weitere Einquartierungen, u. a. im Komitat Marmarosch, angekündigt hatte, sahen die Stände und Apafi keinen anderen Ausweg, als mit Dunod den am 27. November 1685 abgeschlossenen Vertrag von Eppeschdorf auszuhandeln. Siebenbürgen verpflichtete sich zur Zahlung von 100.000 Talern und zur Lieferung von 10.000 Kübeln Weizen, damit die habsburgischen Soldaten in den Partes bleiben, dort Winterquartiere beziehen und verpflegt werden konnten. Im Gegenzug versprach Dunod im Namen des Kaisers und Königs, Siebenbürgen unter keinen Umständen besetzen zu lassen[1990].

Als wenige Tage nach Vertragsschluss Graf Ladislaus Csáky, ein Gegner Fürst Apafis, vom habsburgischen Ungarn aus in Siebenbürgen einfiel, beschwerte sich Apafi beim kaiserlichen General Caraffa darüber. Caraffa teilte dem Vertreter des Fürsten, Franz Gyulay, mit, dass er nicht daran denke, sich an die von Dunod abgeschlossene Vereinbarung zu halten. Allerdings werde er dafür sorgen, betonte der General, dass Csáky sich aus Siebenbürgen zurückziehe[1991].

Zur Jahreswende 1685/1686 trachteten die Habsburger danach, einen Bündnisvertrag mit dem Woiwoden der Walachei, Şerban Cantacuzino, abzuschließen, der sich angesichts der habsburgisch-polnischen Rivalität für den Kaiser entschied und

1987 Siehe den Wortlaut der in ungarischer Sprache verfassten Ratifikation in: Veress, Documente, Vol. XI, S. 223–224.

1988 Andea 1996, S. 335.

1989 Zur Biografie und zu den Berichten Veteranis aus Siebenbürgen: Călători străini, Vol. VII, S. 464–478.

1990 Der Fürst sollte 20.000, die Stände 80.000 Taler aufbringen. Siehe den Wortlaut des in lateinischer Sprache verfassten Vertrages in: Gooss, S. 866–868. Ebenso in: The Consolidated Treaty Series, Vol. 17, S. 381–385. Ebenso in: Lupaş 1940, Documente, S. 412–414.

1991 Gooss, S. 868.

bereit war, am Krieg gegen den Sultan mit 20.000 Mann teilzunehmen. Um diese Entscheidung militärisch abzusichern und in eine Vertragsform zu gießen, befahl der Kaiser seinem General Graf Scherffenberg, die Walachei zu besetzen[1992]. Dieser Umstand allarmierte Fürst Apafi, der nun versuchte, durch Kontakte zu den beiden benachbarten Großmächten im Norden und Süden den auf ihm lastenden Druck der Habsburger auszugleichen. Zunächst schicke er seinen Gesandten Balthasar Macskássy mit dem Jahrestribut zur Hohen Pforte und ließ den Großwesir davor warnen, dass der Woiwode der Walachei in die Fußstapfen Michael des Tapferen treten wolle[1993]. Apafi befürchtete durch das Zustandekommen eines habsburgisch-siebenbürgischen Bündnisses eine dem Jahr 1599 vergleichbare Machtkonstellation, die zum Sturz des siebenbürgischen Fürsten geführt hatte. Danach nahm Apafi mit dem polnischen König Verhandlungen auf und bat ihn um Schutz vor der drohenden Besetzung Siebenbürgens durch kaiserliche Truppen. Da Johann Sobieskis Truppen keine der habsburgischen Armee vergleichbaren militärischen Erfolge vorweisen konnten, verzichtete der polnische König auf jegliche Ansprüche über Siebenbürgen, um wenigstens jene bezüglich der Moldau und Walachei aufrechterhalten zu können[1994].

Damit sahen sich der Fürst und die Stände Siebenbürgens der Habsburgermonarchie ausgeliefert. Um zumindest die Modalitäten der habsburgischen Einflussnahme mitzubestimmen, sandten sie im November 1685 eine aus einflussreichen Persönlichkeiten zusammengesetzte Delegation unter der Leitung von Graf Johann Haller nach Wien, um mit Leopold I. direkt zu verhandeln[1995]. Noch während der Verhandlungen mit dem Kaiser, die mit einer Audienz am 16. Januar 1686 begannen[1996], marschierte am 24. März 1686 ein habsburgisches Armeekorps unter General Graf Scherffenberg in das Fürstentum ein, wo es nur auf geringen militärischen Wider-

---

1992 Der venezianische Gesandte in Wien, Federigo Cornaro, berichtete in der ersten Jahreshälfte 1686 regelmäßig dem Dogen über die in Wien mit größtem Argwohn beobachteten Ansprüche Polens auf die Moldau und Walachei, denen der Kaiser durch militärische Stärke begegnen wollte: Documente, Hurmuzaki, Vol. IX/1, S. 327–328.

1993 Andea 1996, S. 344–345.

1994 Butnariu 2004, S. 297–298.

1995 Die auf den 15. November 1685 datierte Hauptinstruktion für die Delegation umfasste folgende Forderungen der siebenbürgischen Seite an den Kaiser: den Schutz Siebenbürgens durch den Kaiser und König, die Anerkennung der Zugehörigkeit der Partes zum Fürstentum Siebenbürgen, die Bestätigung der Fürstenwürde Apafis und seines Sohnes durch den König von Ungarn, die Anerkennung der ständischen Freiheiten, der Verzicht auf Einquartierungen habsburgischer Truppen in Siebenbürgen, das Nichtausüben des Ius patronatus in Siebenbürgen, die Wiederherstellung der alten Landesgrenzen Siebenbürgens (gemeint war, die Gebietsverluste 1658–1664 rückgängig zu machen) und die Einbeziehung Siebenbürgens in einen zukünftigen habsburgisch-osmanischen Frieden: Gooss, S. 869.

1996 Als größtes Hindernis auf dem Weg zu einer vertraglichen Einigung erwies sich die Forderung des Kaisers, das Fürstentum Siebenbürgen solle jährlich 100.000 Reichstaler an ihn abführen. In einer geheimen Instruktion wurde die in Wien weilende siebenbürgische Delegation informiert, dass sie im äußersten Falle die Zahlung von jährlich 80.000 Reichstaler zusagen solle, wenn gleichzeitig sichergestellt sei, dass es zu keinen Einquartierungen kaiserlicher Truppen in Siebenbürgen oder weiteren materiellen Leistungen kommen werde. Zu den Verhandlungen ausführlich: Gooss, S. 869–870.

stand traf. Ohne Erfolg bat Apafi Polen, das Osmanische Reich und die Walachei um militärische Hilfe zur Verhinderung der Besetzung Siebenbürgens[1997]. Die Verhandlungsposition des Fürstentums Siebenbürgen hatte sich schlagartig verschlechtert[1998]. Deshalb musste die in Wien weilende siebenbürgische Delegation mehrere Verhandlungspositionen des Kaisers akzeptieren. Am 28. Juni 1686 wurde in Wien ein habsburgisch-siebenbürgischer Vertrag unterzeichnet, der auch unter dem Namen „Hallersches Diplom" bekannt wurde.

Es wurde vereinbart, dass Kaiser und König Leopold I. (*Sacra C*^{ea} *R*^{ia}*que Hungariae et Boemiae M*^{tas}), wenn erforderlich, die Verteidigung des Fürstentums Siebenbürgen und den Sold für die entsprechenden Truppen sicherstellen solle, der Fürst hingegen solle den Oberbefehl und die Verpflegung der Soldaten übernehmen (Art. 1). Eventuelle Eroberungen im osmanischen Ungarn sollten dem Eroberer zustehen. Gebiete, die zum Fürstentum Siebenbürgen gehörten, sollten unter siebenbürgische Jurisdiktion zurückkehren und dem Fürsten als Lehen des Königs von Ungarn restituiert werden (Art. 2 und 17). Die Rechte des Fürsten und der Stände sollten im gesamten Staatsgebiet des Fürstentums (Siebenbürgen und Partes) vom König respektiert werden. Die Religionsfreiheit der vier rezipierten Konfessionen wurde vom König von Ungarn anerkannt (Art. 3, 6). Der Kaiser und König von Ungarn erkannte Apafi als Fürsten von Siebenbürgen mit samt seinen Titeln und Insignien an, ebenso seinen Sohn als vom Landtag gewählten Thronfolger. Nach dem Tod der beiden Apafis sollten die siebenbürgischen Stände ihr Recht auf freie Fürstenwahl ausüben können (Art. 7, 9). Weiterhin durften der siebenbürgische Fürst und seine Nachfolger nur dann Bündnisse mit ausländischen Mächten eingehen, wenn sie nicht gegen die Interessen der Christenheit, insbesondere jene des Hauses Habsburg, gerichtet waren (Art. 8). Der Kaiser akzeptierte, dass es dem Fürstentum Siebenbürgen zum Zeitpunkt des Vertragsschlusses nicht möglich war, sich offen dem Kampf der Heiligen Liga gegen das Osmanische Reich anzuschließen. Dieses solle erst geschehen, wenn die von den Osmanen gehaltenen Städte Großwardein und Temeswar von den kaiserlichen Truppen erobert seien. Dazu solle die siebenbürgische Seite mit Getreide- und Lebensmittellieferungen an die kaiserlichen Belagerer beitragen (Art. 14). Nach Art. 15 sollte das kaiserliche Heer nur dann in Siebenbürgen und den Partes Winterquartier beziehen, wenn es die militärische Lage erforderte. Siebenbürgische Gesandte sollten in Wien angemessen empfangen werden (Art. 16). Das Fürstentum Siebenbürgen akzeptierte, dem Kaiser und König „für immer" jährlich 50.000 Reichstaler bzw. 25.000 Golddukaten zu zahlen, falls erforderlich ihm auch Getreide und Lebensmittel zu liefern. Für die Dauer des Krieges stimmten der Fürst und die Stände Siebenbürgens zu, dass zwei Drittel der Besatzungen der Festungen Klausenburg und Diemrich von der kaiserlichen Armee gestellt würden (Art. 19). Schließlich sollten das Fürstentum Siebenbürgen sowie die Woiwodschaften Moldau und Walachei in einen zukünftigen Frieden mit der Hohen Pforte einbezogen werden.

1997 Butnariu 2004, S. 298.
1998 Duldner 1897, S. 415.

Anlässlich eines Friedensschlusses mit dem Sultan solle sich der Kaiser für die Beendigung der siebenbürgischen Tributzahlungen an die Hohe Pforte einsetzen (Art. 18). Der Wiener Vertrag solle selbst nach dem Abschluss eines habsburgisch-osmanischen Friedens vor dem Sultan geheim gehalten werden (Art. 20). Die Ratifikation des Vertrages müsse spätestens nach Ablauf eines Monats erfolgen (Art. 21)[1999].

Die zentralen Vertragsbestimmungen verdeutlichen, dass der Wiener Vertrag nicht mehr eine Vereinbarung war, die aufgrund einer rechtlichen Gleichheit der Vertragspartner geschlossen wurde – so wie es unter Gabriel Bethlen und den Rákóczi-Fürsten der Fall gewesen war. Die Dominanz der habsburgischen Seite trat hier deutlich in Erscheinung. Obwohl die Selbständigkeit und die verfassungsrechtliche Ordnung des Landes gewahrt blieben und Fürst Apafi als Herrscher bestätigt wurde, lässt sich aus den kaiserlichen Schutzversprechungen ein Protektorat der Habsburgermonarchie über das Fürstentum ableiten. Die bisherige Souveränität des Fürstentums Siebenbürgen gegenüber der Habsburgermonarchie wurde dadurch beschränkt, dass der Fürst das Recht auf Krieg und Eroberung aufgrund Artikel 17 nicht mehr unabhängig von Wien ausüben konnte (Eroberungen als königlich-ungarisches Lehen). Ebenso wurde sein Recht eingeschränkt, Bündnisse mit anderen Mächten einzugehen (Vetorecht des ungarischen Königs). Ferner bedeutete die Überlassung zweier Festungen an die habsburgische Seite sowie die nach Einschätzung des Kaisers vorzunehmende Wintereinquartierung seiner Truppen einen klaren Eingriff in die Herrschaftsrechte des Fürsten und die Rechte der Stände Siebenbürgens. Aus diesem Grund hatte sich die siebenbürgische Delegation vehement geweigert, die Belegung Klausenburgs und Diemrichs mit kaiserlichen Truppen zu akzeptieren. Da der Kaiser die Ratifikation der übrigen Vertragspunkte von der Anerkennung des Artikels 19 abhängig gemacht hatte, musste die siebenbürgische Seite schließlich nachgeben[2000]. Insbesondere die auf unbestimmte Zeit zu zahlende Jahressteuer an den Kaiser und König von Ungarn zeigte, dass das Fürstentum Siebenbürgen in einen habsburgischen Tributär- und Vasallenstaat umgewandelt werden sollte. Um nicht öffentlich die Oberhoheit der Hohen Pforte in Frage zu stellen, legte der Fürst auf die Geheimhaltung des Vertrages besonderen Wert.

Kaiser Leopold I. ratifizierte den Vertrag am 29. Juni 1686, allerdings sollte der Austausch der Ratifikationsinstrumente nach dem Willen des Kaisers erst nach der Belegung der beiden Festungen durch kaiserliche Garnisonen erfolgen. Die sieben-

---

1999 Weniger bedeutsame Bestimmungen enthielten folgende Artikel: Güterrestituierungen sollten vom Kaiser und König rechtmäßig erfolgen (Art. 4), Graf Ladislaus Csáky werde den Fürsten und die Stände Siebenbürgens nicht mehr behelligen (Art. 5), gegenseitige Handelsfreiheit sollte gewährt werden (Art. 10), der Kaiser und König werde das Ius patronatus nicht in Siebenbürgen ausüben (Art. 11), Überläufer und geflüchtete Leibeigene sollten nicht vom Vertragspartner aufgenommen werden (Art. 12), für das Fürstentum Siebenbürgen bzw. das Königreich Ungarn erlassene Rechtsakte müssten gegenseitig anerkannt werden (Art. 13): Wortlaut des Wiener Vertrages von 1686 in: Gooss, S. 873–876. Ebenso in: The Consolidated Treaty Series, Vol. 18, S. 13–19. Ebenso in: Dumont, Corps universel diplomatique, Vol. VII/2, S. 130–131. Vgl. Condica tratatelor, S. 48.

2000 Gooss, S. 872.

bürgische Seite betonte im Gegenzug, dass die Ratifikation des Vertrages nur vom siebenbürgischen Landtag beschlossen werden könne[2001].

Am 7. August 1686 schlossen General Graf von Scherffenberg und eine siebenbürgische Delegation in Apahida eine Vereinbarung, in der die Zahlung der ersten Jahresrate und der Austausch der Ratifikationsurkunden geregelt wurden. Darüber hinaus wurde festgelegt, dass die „Ergebenheitserklärung" des Fürsten und der Stände Siebenbürgens gegenüber dem König von Ungarn innerhalb von sechs Tagen erfolgen sollte[2002]. Fürst Apafi und der siebenbürgische Landtag, der am 12. August 1686 in Hermannstadt zusammentrat, stellten noch am selben Tag die geforderte Erklärung aus, in der sie das Bündnis mit dem Kaiser als Mittel zur Abschüttelung des „türkischen Jochs" priesen und dem Kaiser ihre Devotion versicherten[2003].

Doch die Delegation der siebenbürgischen Stände weigerte sich am 27. September zu Fogarasch, den Wiener Vertrag in seiner bestehenden Form zu ratifizieren, da sie an den Artikeln 15 und 19 Anstoß nahm. Dem Kaiser die Möglichkeit zu bieten, Winterquartiere für seine Truppen in Siebenbürgen und den Partes einzufordern, und die Belegung Klausenburgs und Diemrichs mit kaiserlichen Truppen kamen für die Stände nicht in Frage. Sie sahen darin eine Beschränkung ihrer Eigenständigkeit und wollten dem Land keine weiteren materiellen Belastungen zumuten[2004]. Eine neue Gesandtschaft unter Franz Gyulay wurde nach Wien geschickt, um die geforderte Jahreszahlung zu überbringen und um eine Modifikation des Vertrages auszuhandeln[2005]. Noch bevor es zu Verhandlungen kommen konnte, erreichte Apafi am 22. November ein Schreiben des Kaisers, in dem er Winterquartiere für seine Truppen in den Partes einforderte. Die Details solle Apafi mit dem kaiserlichen Oberkommandierenden, General Anton Graf Caraffa, aushandeln. Am 12. Dezember 1686 unterzeichneten die siebenbürgischen Delegierten mit Caraffa in Sathmar ein Abkommen, das die Unterbringung und Verpflegung von 10.000 Soldaten in den Partes regelte. Die siebenbürgische Seite konnte durchsetzen, dass der Vertragspartner die Herrschaft und Jurisdiktion des Fürsten von Siebenbürgen in den Partes anerkannte[2006]. Die in Fogarasch am 28. Dezember 1686 tagende Delegation der siebenbürgischen Stände weigerte sich jedoch, das Abkommen mit Caraffa zu ratifi-

---

2001 Gooss, S. 868, 872, 877.

2002 In einer Versicherungserklärung garantierte der General der siebenbürgischen Seite, die habsburgischen Truppen aus Siebenbürgen und den Partes abzuziehen und die Abgabenleistungen der in den Partes gelegenen Komitate an die kaiserlichen Truppen nicht mehr einzufordern. Wortlaut des Vertrages in: Gooss, S. 878–880.

2003 Wortlaut der Erklärung in: Ebenda, S. 881–882. Als General Scherffenberg die Erklärung ausgehändigt wurde, stellte er, sich auf dem Weg zur Belagerung Ofens befindend, am 26. August 1686 in Szolnok eine Erklärung aus, die die Bestimmungen der Vereinbarung von Apahida vom 7. August 1686 bestätigten. Wortlaut in: Ebenda, S. 882–884. Die Texte der habsburgisch-siebenbürgischen Vereinbarungen vom August 1686 sind auch abgedruckt in: The Consolidated Treaty Series, Vol. 18, S. 57–65.

2004 Duldner 1902, S. 178–181.

2005 Ebenda, S. 182–183.

2006 Wortlaut in: Gooss, S. 886–889. Ebenso in: The Consolidated Treaty Series, Vol. 18, S. 101–106. Ebenso in: Lupaş 1940, Documente, S. 415–418.

zieren, auch mit dem Hinweis, die siebenbürgischen Unterhändler hätten dafür keine entsprechende Vollmacht besessen. Caraffa bestand allerdings auf der Vereinbarung und legte ein Schreiben des Fürsten in seinem Sinne aus. Die siebenbürgische Seite musste zur Kenntnis nehmen, dass sich die Position der Habsburger nach der Eroberung Ofens am 2. September 1686 durch kaiserliche Truppen so verbessert hatte, dass dem Fürsten und den Ständen Siebenbürgens kaum Spielräume mehr übrig blieben, ihre Interessen gegen Wien durchzusetzen[2007]. Vielmehr mussten sie die geforderte Überwinterung der habsburgischen Armee 1686/1687 in den Partes hinnehmen. Der Woiwode der Walachei verfolgte diese Entwicklung mit gemischten Gefühlen, da er sich einerseits wegen der Zurückdrängung des Osmanischen Reiches aus dem Donau-Karpaten-Raum erleichtert zeigte, auf der anderen Seite aber eine zu dominante Position des Kaisers fürchtete[2008]. Währenddessen hoffte Apafi immer noch auf eine Räumung Siebenbürgens durch die habsburgischen Truppen. Daher schickte er im November 1686 erneut Boten nach Warschau, um den polnischen König um Schutz und – für den Fall seiner Flucht – Asyl zu bitten[2009], jedoch erneut ohne Erfolg, der Johann Sobieski auch 1687 auf dem Schlachtfeld versagt blieb.

Am 25. Februar 1687 kehrte die von Gyulay geleitete siebenbürgische Gesandtschaft aus Wien zurück. Sie hatte weder eine Modifizierung des Wiener Vertrages erreicht, noch war der Kaiser gewillt, das Sathmarer Abkommen mit Caraffa zu kassieren. Leopold bestand auf der Notwendigkeit der Einquartierung seiner Truppen in den Partes, so wie es ihm Artikel 15 des Wiener Vertrages – der immer noch nicht von der siebenbürgischen Seite ratifiziert worden war – ermöglichen sollte[2010]. Vor-

2007 Duldner 1897, S. 447.

2008 Siehe die Berichte des venezianischen Gesandten in Wien, Federigo Cornaro, an den Dogen zur Jahreswende 1686/1687: Documente, Hurmuzaki, Vol. IX/1, S. 332. Obwohl Şerban Cantacuzino von der habsburgischen Seite sehr dazu gedrängt wurde, der Heiligen Liga beizutreten – sie hatte ihm im Februar 1687 den Ehrentitel eines kaiserlichen Generals verliehen – trachtete der Woiwode der Walachei danach, durch russische Unterstützung ein Gegengewicht zum Kaiser aufzubauen, dem er sich nicht vollständig ausliefern wollte. Außerdem versuchte er die Ansprüche der polnischen Krone auf die Walachei abzuwehren. Am 14. August 1688 schrieb der französische Gesandte in Warschau, Marquis François Gaston de Selles Béthune, an den französischen Diplomaten Croissy, der König von Polen habe auf die Nachricht, dass der Woiwode der Walachei mit dem Wiener Hof einen Vertrag abschlossen habe, einen Wutanfall bekommen, zumal ihm sowohl der kaiserliche Gesandte als auch der päpstliche Nuntius noch kurz zuvor versichert hätten, die Habsburgermonarchie beanspruche weder die Moldau noch die Walachei: Documente, Hurmuzaki, Vol. XVI, S. 199. Der Tod des Woiwoden der Walachei am 19. Oktober 1688 verhinderte die Lossagung von der osmanischen Suzeränität und die Anerkennung der ungarischen Oberhoheit durch die Walachei. Eine Delegation des Woiwoden befand sich bereits auf dem Weg nach Wien, wo sie die Anerkennung des neuen Suzeräns und den Beitritt der Walachei zur Heiligen Liga erklären sollte: Butnariu 2004, S. 300, 305. Zum Bild der Habsburger im späten 17. Jahrhundert in der Walachei: Duţu, S. 47–51. Zu den Wirtschaftsbeziehungen zwischen der Walachei und der Habsburgermonarchie im 17. und 18. Jahrhundert: Giurescu 1968, S. 745–759.

2009 Monumenta Comitialia Regni Transylvaniae, Bd. XIX, S. 4, 60–67.

2010 Der siebenbürgische Landtag bevollmächtigte am 14. März 1687 Johann Donath, beim Kaiser erneut eine Modifikation des Wiener Vertrages zu erreichen: Gooss, S. 889–890.

erst konnte Apafi am 8. April 1687 mit der Zusicherung der Zahlung von 50.000 Gulden und der Lieferung von 2.000 Ochsen die Forderungen der Habsburger befriedigen.

Nach der Schlacht von Mohács vom 12. August 1687, die zu einer Vernichtung des osmanischen Heeres und daraufhin zur Entthronung Sultan Mehmets IV. führte[2011], kontrollierte der Kaiser fast ganz Ungarn. Der Kaiser machte am 27. September 1687 dem in Wien weilenden Gesandten des Fürsten, Franz Gyulay, deutlich, dass der Bezug von Winterquartieren durch habsburgische Truppen im gesamten Fürstentum Siebenbürgen unabwendbar geworden sei. Noch während eine siebenbürgische Delegation mit dem Oberkommandierenden der kaiserlichen Truppen, Herzog Karl von Lothringen, Anfang Oktober verhandelte, drang die habsburgische Armee in Siebenbürgen ein und besetzte den Norden und das Zentrum des Landes. Eine neu zusammengestellte Delegation des Fürsten und der Stände unter der Leitung von Georg Bánffy begann am 22. Oktober Verhandlungen mit den Bevollmächtigten des Herzogs, General Graf Scherffenberg und dem Freiherrn von Falkenhain, zu führen. Der am 27. Oktober 1687 vom Herzog von Lothringen im Namen des Kaisers und der siebenbürgischen Delegation im Namen des Fürsten unterzeichnete Blasendorfer Vertrag trug aufgrund der militärischen Machtverhältnisse erneut die Handschrift der habsburgischen Seite.

Im ersten Kapitel des Vertrages wurden die Unterbringung und Verpflegung der habsburgischen Truppen in ihren Winterquartieren geregelt. Folgende zwölf Orte sollten kaiserliche Besatzungen aufnehmen: Hermannstadt, Klausenburg, Bistritz, Weißenburg, Mühlbach, Broos, Neumarkt am Mieresch, Diemrich, Neuschloss, Szilágysomlyó, Monostor und Dreikirchen. Neben der Ablieferung von Naturalien, zum Beispiel Getreide, Wein und Stroh, an die einquartierten Soldaten solle das Fürstentum Siebenbürgen noch 700.000 Rheinische Gulden in sieben jährlichen Raten an den Kaiser zahlen (Art. 4). In Artikel 5 wurde festgelegt, dass diese Bestimmungen nicht für die Partes gelten sollten, da die ostungarischen Komitate eine besondere Steuer an den König von Ungarn zahlen mussten. Die Hoheitsrechte des Fürsten über die in den Partes gelegenen Komitate sollten nicht tangiert werden.

Im zweiten Kapitel versprach die habsburgische Seite, dass dem Fürsten, seiner Gemahlin, seinem Sohn, den Fürstenräten, Landtagsabgeordneten, Adligen und Soldaten freier Abzug aus Hermannstadt, hinter dessen Mauern der fürstliche Hof beim Einmarsch der habsburgischen Armee Zuflucht gesucht hatte, gewährt werde (Art. 1), in den Wohnungen der genannten Personen und der Hermannstädter Beamten keine habsburgischen Soldaten einquartiert werden (Art. 2), das Privateigentum in den Orten mit kaiserlicher Besatzung nicht zu Schaden kommen solle und die Jurisdiktion des Fürsten und der Stände respektiert werde (Art. 9, 13), der erwähnte Personenkreis in den Orten mit kaiserlichen Garnisonen vor feindlichen An-

2011 Großwesir Seyavus Pascha versprach einer siebenbürgischen Gesandtschaft am 7. Februar 1687 sofortige militärische Hilfe zur Befreiung des Landes von der habsburgischen Besatzung, und er garantierte die autonome Stellung Siebenbürgens innerhalb des Osmanischen Reiches: Gemil 1984, S. 378–379.

griffen geschützt (Art. 11), seine Bewegungsfreiheit garantiert (Art. 10) und er solle von den Truppen weder behelligt noch zu kostenlosen Dienstleistungen gezwungen werden (Art. 18, 21). Ferner sollten der Fürst und sein Sohn ihre Hoheitsrechte in vollem Maße behalten (Art. 4), der Landtag vom Fürsten weiterhin ungehindert einberufen werden (Art. 27), die Rechtsakte der früheren Fürsten von Siebenbürgen ihre Gültigkeit behalten und das Donationsrecht der Fürsten unberührt bleiben (Art. 6). Die Beamten des Fürsten und der Stände sollten ihre Ämter behalten (Art. 5). Die freie Religionsausübung der vier rezipierten Konfessionen und die Freiheiten der geistlichen Kapitel sollten garantiert werden (Art. 3, 7), auch eine Generalamnestie für das gesamte Fürstentum Siebenbürgen erlassen werden (Art. 15). Die Einkünfte der Bewohner Siebenbürgens sollten frei von jeglicher Einmischung bleiben (Art. 8), die Handelsfreiheit in Siebenbürgen garantiert werden (Art. 17). Auf die Kriegsvorräte dürfe nur im äußersten Notfalle zugegriffen werden (Art. 20), die Verteilung des Getreides habe nur nach den Vorgaben des Fürsten zu erfolgen (Art. 28), von den kaiserlichen Truppen genutztes Fuhrwerk solle zurückerstattet werden (Art. 14). Menschen, die Gerüchte in die Welt setzten, sollten dem Fürsten und seinen Räten genannt werden (Art. 12), kein Untertan des Fürsten dürfe aufgrund falscher Informationen gezüchtigt werden (Art. 23), Überläufer sollten an die jeweils andere Seite ausgeliefert werden (Art. 24). Die Hoheit über die Tore in den Städten der Sachsen solle bei den Stadträten verbleiben, allerdings sollten diese auf Befehl des kaiserlichen Stadtkommandanten geöffnet und geschlossen werden können (Art. 22). Die Mannschaftsstärke der kaiserlichen Garnisonen dürfe nicht die notwendige Größe überschreiten (Art. 16), die nicht im Vertrag genannten Orte Siebenbürgens sollten solange keine kaiserlichen Garnisonen aufnehmen, bis eine andere vertragliche Regelung erfolgt sei (Art. 25). Gemäß Artikel 19 mussten die habsburgischen Garnisonen im Frühjahr 1688 ausnahmslos das Land verlassen. Sollte die militärische Lage dies nicht gestatten, waren „freundschaftliche" Verhandlungen zwischen dem Kaiser und dem Fürsten vorgesehen. Schließlich versprach der Kaiser in Artikel 26, das Fürstentum Siebenbürgen in einen eventuellen Frieden mit dem Osmanischen Reich einzubeziehen[2012].

Ein Ratifikationsverfahren wurde nicht festgelegt. Herzog Karl von Lothringen, der Oberkommandierende der kaiserlichen Truppen in Ungarn, stellte für die habsburgische Seite eine Versicherungserklärung über die strikte Einhaltung der Vertragspunkte aus[2013]. Die im zweiten Teil des Dokuments enthaltenen Vertragsbestimmungen widerspiegelten den Inhalt des Wiener Vertrages von 1686, den der Kaiser und

---

2012 Artikel 26 verwies auf Einzelheiten, die am 27. September 1687 in Wien dem Gesandten des Fürsten, Franz Gyulay, in einer kaiserlichen Deklaration mitgeteilt worden waren. Wortlaut des Blasendorfer Vertrages in: Gooss, S. 894–901. Ebenso in: The Consolidated Treaty Series, Vol. 18, S. 173–182. Ebenso in: Monumenta Comitialia Regni Transylvaniae, Bd. XIX, S. 29–33.

2013 Kutschera 1988, S. 76.

König bereits ratifiziert hatte. Die Unterbringung und Verpflegung der habsburgischen Truppen in Siebenbürgen wurde in drei weiteren Abkommen detailliert geregelt[2014].

Am 4. Januar 1688 wurde der siebenbürgischen Delegation unter Franz Gyulay in Pressburg ein kaiserliches Schreiben überreicht, in dem Leopold I. betonte, dass die von der siebenbürgischen Seite weiterhin geforderte Modifizierung des Wiener Vertrags von 1686 (Hallersches Diplom) für ihn nicht mehr in Frage komme, da sich die politisch-militärischen Verhältnisse seither grundlegend verändert hätten[2015].

Für die habsburgische Seite stellte der Blasendorfer gegenüber dem Wiener Vertrag eine deutliche Verbesserung dar, weil dort die Besetzung fast aller wichtigen Ortschaften Siebenbürgens durch die Truppen des Kaisers festgeschrieben wurde. Siebenbürgen wurde in vier habsburgische Militärbezirke (Hermannstadt, Klausenburg, Weißenburg und Bistritz) aufgeteilt. Im Februar 1688 zog Anton Graf Caraffa als kommandierender General der kaiserlichen Truppen in Hermannstadt ein.

Die siebenbürgische Seite musste erkennen, dass sie die Dynamik der politischen und militärischen Entwicklung falsch eingeschätzt hatte. Statt den Wiener Vertrag zu ratifizieren, musste sie nun viel ungünstigere Bedingungen akzeptieren. Als der Vertrag umgesetzt wurde, spürte das Land sehr bald die daraus resultierenden finanziellen und materiellen Lasten, die entsprechende Unzufriedenheit unter den Ständen schürten[2016]. Obwohl dem Fürsten und den Ständen die Beibehaltung ihrer Rechte und Privilegien versichert wurde, stellten die Bestimmungen de facto die territoriale Integrität des Fürstentums in Frage. Die Ansicht des Fürsten und vieler Landtagsmitglieder, die Besetzung des Fürstentums müsse bis zum Abzug der kaiserlichen Armee im Frühjahr 1688 als ein Provisorium hingenommen werden, erwies sich als Fehler. Die Erfahrung der vergangenen 150 Jahre hatte die Siebenbürger gelehrt, dass sich die habsburgische Herrschaft in Siebenbürgen nur temporär gegen die Macht des Sultans halten konnte. Deshalb pflegte der siebenbürgische Hof wei-

2014 Wortlaut des Fogarascher Abkommens vom 12. November 1687 zu Fragen der Soldzahlungen und Proviantlieferungen zwischen dem kaiserlichen Kriegskommissar Paul Karl Komornik und einer siebenbürgischen Delegation unter Ladislaus Székely in: Gooss, S. 902–904. Ebenso in: The Consolidated Treaty Series, Vol. 18, S. 183–187. Wortlaut des Fogarascher Abkommens vom 8. Januar 1688 zu Fragen der Lebensmittellieferungen und der Kooperation zwischen dem kaiserlichem Militär und der Zivilbevölkerung Siebenbürgens zwischen dem kaiserlichen Kriegskommissar Paul Karl Komornik und einer siebenbürgischen Delegation unter Ladislaus Székely in: Gooss, S. 905–908. Ebenso in: The Consolidated Treaty Series, Vol. 18, S. 203–208. Wortlaut des Hermannstädter Abkommens vom 20. Februar 1688 zu Fragen der siebenbürgischen Lieferungsrückstände (93.953 Gulden), zur Ablösung der Lebensmittellieferungen durch Geldzahlungen und zu Veränderungen in der kaiserlichen Truppenzusammensetzung zwischen dem kaiserlichen kommandierenden General Anton Graf Caraffa und einer siebenbürgischen Delegation unter Michael Teleki in: Gooss, S. 909–912. Ebenso in: The Consolidated Treaty Series, Vol. 18, S. 221–226.

2015 Gooss, S. 909.

2016 Duldner 1902, S. 203.

terhin seine Beziehungen zur Hohen Pforte[2017] und zum Königreich Polen[2018]. Der polnische König sah sich aufgrund der Besetzung Siebenbürgens durch die Truppen des Kaisers vor vollendete Tatsachen gestellt und er fürchtete, auch in der Moldau und Walachei den Habsburgern den Vortritt überlassen zu müssen.

Für eine realistische Einschätzung der Situation hätte es genügt, wenn der Fürst und die Stände Siebenbürgens ihren Blick auf Pressburg gerichtet hätten. Wenige Tage nach der Unterzeichnung des Blasendorfer Vertrages, am 31. Oktober 1687, hatte sich der ungarische Reichstag mit einer Reihe von Verfassungsänderungen zu befassen, die Kaiser Leopold I. in seiner Eigenschaft als König von Ungarn eingebracht hatte. Die wesentlichsten Änderungen, die der Reichstag unter dem Druck der militärischen Erfolge der Habsburger vornehmen musste, war die Abschaffung des Widerstandsrechts des Adels im Falle der Verletzung seiner Privilegien durch den Souverän durch den Gesetzartikel IV/1687, ein Recht, das in der „Goldenen Bulle" von 1222 (Artikel 31, § 2) niedergelegt war[2019]. Darüber hinaus mussten die ungarischen Stände auf das Recht, ihren König zu wählen, verzichten und die Erbfolge der Habsburger in der männlichen Linie anerkennen[2020]. Aus dieser Position der Stärke heraus lehnte der Kaiser ein vom neuen Sultan durch niederländische Vermittlung unterbreitetes Verhandlungsangebot ab.

Vielmehr drängte der kommandierende kaiserliche General in Siebenbürgen, Graf Anton Caraffa, Ende April 1688 gegenüber den in Fogarasch versammelten Delegierten der siebenbürgischen Stände auf eine formelle Loslösung des Landes von der Hohen Pforte und eine Anerkennung der Oberhoheit des ungarischen Königs. Nach längerem Zögern gaben Fürst und Stände dem habsburgischen Druck nach. Fürst Apafi schickte aus Fogarasch eine Delegation aller drei siebenbürgischen Stände zu General Caraffa nach Hermannstadt, deren Ziel es sein sollte, eine vertragliche Regelung auf der Grundlage des Wiener Vertrages von 1686 zu erzielen. Der General setzte in den Verhandlungen seinen Standpunkt schnell durch und legte der siebenbürgischen Delegation eine Huldigungserklärung vor. Am 9. Mai 1688 unterzeichnete die siebenbürgische Delegation[2021] in Hermannstadt die Urkunde im Namen der drei „Nationen" Siebenbürgens. In der Erklärung stellten sich der Fürst

---

2017 Noch am 7. Dezember 1687 versprach der Sultan den siebenbürgischen Ständen eine Reduktion des Jahrestributs und die Aufbietung aller Kräfte zur Verteidigung Siebenbürgens gegen „die Deutschen": Recueil d'actes internationaux, S. 55. Vgl. Condica tratatelor, S. 48.

2018 Duldner 1902, S. 198–200.

2019 Haselsteiner, S. 131–133.

2020 Im Gegenzug erkannte König Leopold die Privilegien des ungarischen Adels an und erließ eine allgemeine Amnestie, um den Konflikt mit der Fraktion der unzufriedenen Adligen zu beenden. Am Ende des Reichstages wurde Leopolds erstgeborener Sohn, Josef I., am 9. Dezember 1687 zum König von Ungarn gekrönt.

2021 Die Delegation bestand aus elf Mitgliedern: die Fürstenräte General Michael Teleki von Szék, Gregor und Alexius von Bethlen, Ladislaus Székely von Boros Jenő, Königsrichter Valentin Frank und der Consul (Bürgermeister) von Hermannstadt Christian Schneider (Szabó), die Abgesandten des Fürsten und der Stände Nikolaus von Bethlen, Stephan Apór von Alsó Torja, die Magistri Protonotäre Peter Alvinczi und Johannes Sárosi sowie der Kronstädter Stadtrichter Michael Filstich: Kutschera 1985, S. 321. Vgl. Gooss, S. 913–914.

und die Stände Siebenbürgens unter den Schutz Kaiser Leopolds I. und seiner Nachfolger auf dem ungarischen Königsthron[2022]. Das Fürstentum verpflichtete sich, aus „Begeisterung für die Sache der Christenheit" der osmanischen Oberhoheit und jeder Verbindung mit der Hohen Pforte oder anderen Feinden des Kaisers zu entsagen, in weiteren vier befestigten Orten des Fürstentums, Kővár, Huszt, Görgen und Kronstadt, kaiserliche Besatzungen aufzunehmen und am Krieg gegen das Osmanische Reich teilzunehmen. Als Gegenleistung für diese lose Integration Siebenbürgens in den habsburgischen Länderkomplex garantierte der ungarische König die alten Rechte und Privilegien des Fürsten und der Stände, insbesondere das Recht der vier rezipierten Konfessionen auf freie Religionsausübung. Bis zur Ratifikation der Erklärung sollte der Blasendorfer Vertrag von 1687 in Kraft bleiben[2023].

Ein Vertrag, der am gleichen Tag in Hermannstadt vom kaiserlichen General Caraffa und der Delegation der drei siebenbürgischen Stände unterzeichnet wurde, regelte die Modalitäten der Stationierung der kaiserlichen Truppen in den vier erwähnten Festungen[2024].

Nach der einstimmigen Annahme der Hermannstädter Deklaration durch den Fogarascher Landtag vom 13. Mai 1688 und der Ratifikation durch Kaiser Leopold I. am 17. Juni 1688 trat der Hermannstädter Vertrag völkerrechtlich in Kraft. In seiner Ratifikation stellte Leopold Siebenbürgen unter seinen „Kaiserlich-Königlichen Schutz" und versprach „Sicherheit gegen alle Unternehmungen und Überfälle der Barbaren". Darüber hinaus garantierte er die „Freiheit des Gewissens" und der in Siebenbürgen anerkannten und geduldeten Religionen und versicherte dem Land, dass seine Truppen die nötige militärische Zucht einhalten werden[2025]. Bemerkenswert ist, dass Fürst Apafi diesen Grundlagenvertrag nicht in einer eigenen Ratifikationsurkunde bestätigte.

Danach wurden die in den Verträgen erwähnten vier Städte bzw. Festungen von kaiserlichen Truppen besetzt. Gegen die Übergabe der freien Stadt Kronstadt an die kaiserlichen Truppen wehrten sich die Handwerker der Stadt, die am 11. Mai 1688 das Stadtregiment an sich rissen und den Stadtrat einkerkerten. Nach der Befreiung des Stadtrates, der sich für eine kampflose Übergabe der Stadt ausgesprochen hatte, gelang es General Caraffa, den Aufstand der Zünfte niederzuschlagen und die Stadt

---

2022 *[...] validissimam protectionem augustissimi Leopoldi I. Romanorum imperatoris et Hungariae regis haereditarii [...] eiusdemque successorum moderni ser^{mi} regis Josephi [...] et futurorum haereditariorum Hungariae regum [...].* Leopold I. hatte es durchgesetzt, dass sein Sohn Joseph I. am 9. Dezember 1687 zum König von Ungarn gekrönt wurde. Vgl. Radvánszky, S. 76–78.

2023 Wortlaut der Hermannstädter Erklärung in: Gooss, S. 914–917. Ebenso in: Kutschera 1985, S. 319–324. Ebenso in: The Consolidated Treaty Series, Vol. 18, S. 227–234. Ebenso in: Dumont, Corps universel diplomatique, Vol. VII/2, S. 155–156. Ebenso in: Lupaş 1940, Documente, S. 423–426. Vgl. Recueil d'actes internationaux, S. 55.

2024 Wortlaut in: Gooss, S. 917–918. Ebenso in: The Consolidated Treaty Series, Vol. 18, S. 235–236.

2025 Wortlaut der kaiserlichen Ratifikation in: Kutschera 1985, S. 325–327. Ebenso in: Lupaş 1940, Documente, S. 426–427. Auf Anraten General Caraffas beantworteten die Stände Siebenbürgens das Reskript des Kaisers vom 17. Juni mit einem eigenen Schreiben vom 8. Oktober 1688: Gooss, S. 920.

einzunehmen[2026]. Caraffa übergab das Oberkommando über die in Siebenbürgen stationierten Truppen Ende Dezember 1688 in Hermannstadt an General Veterani. Dessen Kriegskommissar Karl Komornik und der Sekretär des Kriegskommissariats, Daniel Absolon, schlossen am 20. Januar 1689 mit Fürst Apafi und den in Schässburg versammelten Ständen Siebenbürgens eine Konvention ab, in der die Kontributionen Siebenbürgens für das Kriegsjahr 1689 festgelegt wurden[2027]. Die allgemeine Erschöpfung des Landes führte jedoch dazu, dass die siebenbürgische Seite mit den Proviantlieferungen für die kaiserliche Armee im Laufe des Jahres 1689 in Rückstand geriet.

Weitreichende Folgen hatte die Loslösung des Fürstentums von der Oberhoheit des Osmanischen Reiches. Nach 1688 bestand das Fürstentum Siebenbürgen zwar als Völkerrechtssubjekt weiter, es musste aber die Suzeränität des Königs von Ungarn anerkennen, die die Autonomie des Fürstentums stärker einschränkte als es die Oberhoheit des Sultans getan hatte. Die gewahrte Position als Völkerrechtssubjekt erlaubte es dem Fürstentum Siebenbürgen jedoch weiterhin, als Vertragspartner der Habsburgermonarchie in Erscheinung zu treten, zum Beispiel beim Abschluss einer Vereinbarung zum Salzhandel im Komitat Marmarosch, die am 16. Februar 1690 in Kaschau zustande kam[2028].

Ein am 1. Mai 1690 in Fogarasch abgeschlossenes Abkommen zwischen dem kaiserlichen Unterhändler Matthias Adam von Bröseck und einer siebenbürgischen Delegation stellte den Handel zwischen Siebenbürgen und der Habsburgermonarchie auf eine neue Grundlage. Den siebenbürgischen Exporten (u. a. Salz, Wachs, Vieh, Quecksilber) sollten die Märkte Ungarns und Österreichs geöffnet werden. Im Gegenzug sollte Siebenbürgen seine aus den Niederlanden oder Italien importierten Waren künftig über die Wiener Hofkammer beziehen[2029].

Obwohl die Habsburgermonarchie durch den Ausbruch des Pfälzischen Erbfolgekrieges 1689 gezwungen war, Elitetruppen an den Rhein zu verlegen, siegten ihre Truppen am 25. September bei Niş über die osmanische Armee. Nach der Besetzung der Walachei durch die habsburgischen Einheiten wurde der Woiwode der Walachei, Constantin Brâncoveanu, gezwungen, am 28. November 1689 vertraglich die Oberhoheit des Kaisers und ungarischen Königs anzuerkennen[2030]. Am 15. Februar 1690 folgte der Woiwode der Moldau, Constantin Cantemir, der – für den Fall, dass

---

2026 Die Aufständischen aus Kronstadt baten den walachischen Woiwoden Şerban Cantacuzino um die Entsendung „einiger tausend Mann" Hilfstruppen: Philippi 1972, S. 81–86.

2027 Die Leistungen hatten den Gesamtwert von 955.707 Rheinischen Gulden. Wortlaut des Vertrages in: Gooss, S. 921–923. Ebenso in: The Consolidated Treaty Series, Vol. 18, S. 333–337.

2028 Wortlaut der Vereinbarung in: Gooss, S. 925–928. Ebenso in: The Consolidated Treaty Series, Vol. 19, S. 33–38. Nach der Ratifikation durch Leopold I. ratifizierte der siebenbürgische Landtag das Abkommen am 20. April 1690 zu Fogarasch. Fürst Apafi hatte mündlich seine Zustimmung zum Abkommen erteilt, die Ratifikationsurkunde konnte er jedoch nicht mehr unterzeichnen, da er am 15. April 1690 starb: Gooss, S. 924–925.

2029 Wortlaut des Fogarascher Abkommens in: Gooss, S. 929–930. Ebenso in: The Consolidated Treaty Series, Vol. 19, S. 39–42.

2030 Brunner, S. 309.

kaiserliche Truppen die Südmoldau erreichen sollten – sich verpflichtete, die Oberhoheit Leopolds I. anzuerkennen und ihm Treue zu schwören[2031]. Damit hatte der Einfluss der Habsburgermonarchie im Donau-Karpaten-Raum seinen vorläufigen Höhepunkt erreicht. Nach der Niederlage der kaiserlichen Truppen bei Kotschanik am 2. Januar 1690 und ihrem Rückzug aus Südserbien und der Walachei weigerten sich die Woiwoden der Moldau und der Walachei, ihre mit dem Kaiser geschlossenen Verträge umzusetzen[2032].

Am 15. April 1690 starb Fürst Apafi. Obwohl der Zweifrontenkrieg der Habsburgermonarchie zu einer Schwächung ihrer militärischen Präsenz im Donau-Karpaten-Raum geführt hatte, war sie entschlossen, Siebenbürgen in ihren Reichsverband einzugliedern. Als die siebenbürgischen Stände den König von Ungarn baten, den bereits 1681 zum Thronfolger gewählten Sohn Apafis, Michael II. Apafi, als Fürsten von Siebenbürgen zu bestätigen, verweigerte Leopold I. seine Zustimmung. In dieser Lage richteten sich die Hoffnungen des siebenbürgischen Hofes auf den fernen Westen. Um seine Verbundenheit mit dem protestantisch geprägten Land und der calvinistischen Familie Apafi auszudrücken, übernahm der Statthalter der Niederlande und König von England, Schottland und Irland, Wilhelm III. von Oranien-Nassau, die Vormundschaft über Michael II. Seine Bemühungen, die Selbständigkeit des Fürstentums zu erhalten, waren nicht von Erfolg gekrönt, da Wilhelm auf das antifranzösische Bündnis mit dem Kaiser angewiesen war[2033]. Nun intervenierte auch der Sultan, der den siebenbürgischen Ständen vorschlug, wieder unter die osmanische Oberhoheit zurückzukehren. Er war bereit, die althergebrachten Rechte und Privilegien der Stände und des Fürsten Siebenbürgens anzuerkennen und einen so niedrigen Jahrestribut zu fordern, wie ihn Siebenbürgen zu Beginn des 17. Jahrhunderts gezahlt hatte. Aber auch die Hohe Pforte setzte nicht auf Michael II. Apafi, sondern ernannte am 8. Juni 1690 den im osmanischen Exil weilenden Emmerich Thököly zum Fürsten von Siebenbürgen[2034]. Die durch den Pfälzischen Erbfolgekrieg bedingte Schwäche der habsburgischen Offensivkraft in Ungarn versuchte Thököly auszunutzen, indem er im August in den Südosten Siebenbürgens eindrang. Nach seinem Sieg in der Schlacht bei Zernescht, in der Kanzler Michael Teleki fiel und General Heissler gefangen genommen wurde, ließ sich Thököly im August 1690 in der Kir-

2031 Den habsburgisch-moldauischen Vertrag unterzeichneten die Unterhändler des Woiwoden der Moldau, Ioan Buhuş und Petru Iuraşcu, in Hermannstadt. Im Vertrag kündigte der Woiwode der Moldau an, die Oberhoheit des Sultans abzulegen und die habsburgischen Truppen für die Dauer des Krieges zu verpflegen. Im Gegenzug versprach der Kaiser dem Woiwoden Schutz gegen alle auswärtigen Feinde. Darüber hinaus erkannte er die Herrschaft Constantin Brâncoveanus und die Thronfolge seines Sohnes in der Walachei an, den er zum Grafen ernannte: Giurescu 1910, S. 277–280.

2032 Erst 1711 sagte sich der moldauische Woiwode Dimitrie Cantemir, mit dem Hinweis auf das Widerstandsrecht der Moldau, vom Sultan los und unterstellte sich Zar Peter dem Großen: Subtelny, S. 293–297.

2033 Zeitgenössische Quellen berichten von einer großen Popularität des englischen Königs bei den calvinistischen Eliten Siebenbürgens. Vgl. Várkonyi 1999, S. 25.

2034 Thökölys Versuch, die Herrschaft in Siebenbürgen zu übernehmen, wurde von der westeuropäischen Publizistik ausführlich kommentiert: Köpeczi 1983, Staatsräson, S. 206–220.

chenburg von Neustadt bei Kronstadt zum Fürsten von Siebenbürgen ausrufen und vom Landtag von Großau zum Fürsten wählen[2035]. Dennoch konnte sich Thököly nicht auf Dauer gegen die habsburgischen Truppen in Siebenbürgen behaupten. Er wurde von einer kaiserlichen Armee unter Markgraf Ludwig von Baden aus Siebenbürgen vertrieben, verließ das Land am 25. Oktober 1690 und ging nach Konstantinopel ins Exil[2036].

Nun befand sich das Fürstentum Siebenbürgen de facto unter der Herrschaft Kaiser Leopolds I. und hörte auf, als eigenständig handelnde Macht zu bestehen. Um diesen Schwebezustand zu beenden und um einen Bürgerkrieg zwischen prohabsburgischen und proosmanischen Kräften von vornherein zu vermeiden, drängten sowohl die siebenbürgischen Stände als auch Wien darauf, dem Land eine stabile Regierung zu geben und den Übergang des Fürstentums Siebenbürgens zu einem Mitglied des habsburgischen Länderkomplexes rechtlich zu regeln. Darüber hinaus wollten die siebenbürgischen Stände eine Übereinkunft erzielen, solange die Stellung des Kaisers durch den Zweifrontenkrieg der Habsburgermonarchie geschwächt war. Der siebenbürgische Regentschaftsrat, der die Geschäfte für den noch minderjährigen Michael II. Apafi führte, beauftragte Graf Nikolaus Bethlen, die Leitung einer siebenbürgischen Delegation zu übernehmen, die mit dem Kaiser einen entsprechenden Vertrag aushandeln sollte[2037]. Unterstützung erhielt Bethlen bei seinen Bemühungen, die Autonomie des Fürstentums zu bewahren, von den englischen und brandenburgischen Gesandten, Lord William Paget bzw. Gothetridus Dankellmann[2038]. Die Verhandlungen wurden am 16. Oktober 1690 in Wien erfolgreich abgeschlossen. Am selben Tag stellte Kaiser Leopold I. das sogenannte *Diploma Leopoldinum prius* aus. Das Dokument wurde an den siebenbürgischen Landtag überwiesen, der es mit absoluter Mehrheit genehmigte. Ungeklärt war aber die Herrscherfrage geblieben. Der Landtag hoffte, Michael II. Apafi, der 1690 aus Siebenbürgen geflohen war, werde vom Kaiser als Fürst von Siebenbürgen bestätigt. Der von den Ständen nach Wien entsandten Delegation gelang es jedoch nicht, dieses Ziel zu erreichen. Erneut rächte sich der Versuch der siebenbürgischen Seite, in Verkennung der politisch-militärischen Entwicklung Nachverhandlungen zu beginnen. Markgraf Ludwig von Baden trug mit seinem Sieg am 19. August 1691 bei Slankamen entscheidend zur militärischen Absicherung der habsburgischen Herrschaft über Siebenbürgen bei. Thököly und die osmanischen Truppen mussten sich weiter zurückziehen. Leopold I. handelte den Vertrag mit den siebenbürgischen Ständen neu aus und erweiterte sogar seine Rechte. Eine Bestätigung Apafis verweigerte er erfolgreich. Die endgültige Fassung des sogenannten ‚Leopoldinischen Diploms‘ wurde

---

2035 Felezeu 2005, Statutul juridic, S. 48. Vgl. Várkonyi 1990, S. 369–370. Während seines kurzen Aufenthaltes in Siebenbürgen ließ Thököly 1690 als Zeichen der von ihm beanspruchten Fürstenwürde Dukaten prägen: Butnariu 2004, S. 308, 316.

2036 Kutschera 1988, S. 77–78.

2037 Kármán 2005, S. 156–157.

2038 Vgl. Várkonyi 1999, S. 26.

vom Kaiser am 4. Dezember 1691 in Wien unterzeichnet und der siebenbürgischen Delegation am 21. Januar 1692 ausgehändigt[2039].

Der Kaiser und König bestätigte in seinem Diplom die vier rezipierten Konfessionen des Landes (Katholiken, Lutheraner, Calvinisten und Unitarier), die ihre Rechte und Kirchengüter in vollem Umfang behalten durften (Art. 1). Im 2. Artikel erkannte er die von den ungarischen Königen und siebenbürgischen Fürsten erlassenen Rechtsakte sowie die von ihnen verliehenen Privilegien und Titel an. Die bisherigen Gesetzessammlungen, zum Beispiel die sogenannten ‚Approbaten' und ‚Compilaten', das ‚Tripartitum' oder der Sachsen ‚Eigenlandrecht' sollten ihre Gültigkeit als Rechtsquellen behalten. Streitigkeiten zwischen Ständen oder Kirchen sollten vom Landesherren geschlichtet und entschieden werden (Art. 3). Die Organe der Rechtsprechung, die öffentliche Verwaltung und die Landtage sollten in ihrer Verfasstheit und in ihrer Arbeitsweise unberührt bleiben (Art. 4). Die höheren Staatsämter sollten in der Regel auch weiterhin von Siebenbürgern ausgeübt werden, allerdings blieb dem Herrscher das Recht vorbehalten, Ämter auch an Vertraute zu vergeben, die nicht aus Siebenbürgen stammten (Art. 5). An die Krone heimgefallene Güter durften ausschließlich an Siebenbürger verliehen werden (Art. 6), der Siebenbürgen als Statthalter des Herrschers regierende Gubernator sollte dem einheimischen Adel entstammen. Ebenso wie alle anderen hohen Würdenträger sollte der Gubernator, der keiner bestimmten rezipierten Konfession angehören musste, vom Herrscher bestätigt werden (Art. 7, 8). Ferner sollten dem zwölfköpfigen Gubernium mindestens drei Katholiken und der Hermannstädter Königsrichter, kraft seines Amtes als sogenannter ‚Sachsengraf', angehören (Art. 9). Die Landtage sollten in den gewohnten Zeitabständen abgehalten (Art. 10) und ihre Beschlüsse dem Landesherren[2040] zur Bestätigung vorgelegt werden. Der Gubernator sollte auf die Landesgesetze vereidigt und wie die Gubernialräte und Mitglieder der Gerichtstafel aus den Fiskal- und Kammereinkünften bezahlt werden. Das Land musste in Friedenszeiten 50.000 Reichstaler, in Kriegszeiten aber 400.000 Rheinische Gulden jährlich an den Landesherren abführen, wobei den Ständen die Aufteilung und Erhebung der Steuern obliegen sollte (Art. 12). Weitere finanzielle Forderungen durften vom Herrscher nicht an das Land gestellt werden (Art. 13). Die zum Kriegsdienst verpflichteten Szekler mussten keine Abgaben leisten (Art. 14). Die Privilegien des Adels wurden vom Herrscher garantiert (Art. 15, 16). Der kommandierende General durfte nicht aus Siebenbürgen stammen. Er sollte die militärischen Angelegenheiten des Landes im Einvernehmen mit dem Gubernium regeln (Art. 17). Schließlich wurden in Arti-

2039 Kutschera 1988, S. 77–79.

2040 Nach der Ausstellung des Leopoldinischen Diploms herrschten Kaiser Leopold und seine Nachfolger unabhängig ihrer Eigenschaft als Könige von Ungarn über das Fürstentum Siebenbürgen; nach 1696 führten sie auch den Titel eines Fürsten von Siebenbürgen: Kutschera 1985, S. 147, 195–197.

kel 18 die Sächsische Nationsuniversität und alle anderen Betroffenen von den kostenlosen Diensten befreit, die sie dem kaiserlichen Militär geleistet hatten[2041].

Mit der Ausstellung dieses Diploms nahm Kaiser Leopold I. die letzte Hürde auf dem Weg der staatsrechtlichen Eingliederung des Fürstentums Siebenbürgen in den Länderkomplex der deutschen Habsburger. Bereits der Wortlaut der Präambel macht deutlich, dass dem Kaiser und König von Ungarn alle wesentlichen Hoheitsrechte über das Fürstentum Siebenbürgen zustanden[2042]. Das Diplom sicherte dem Land zwar eine gewisse innere Autonomie und schützte die historisch gewachsenen Privilegien der Stände. Der Kaiser und König von Ungarn bündelte allerdings in seiner Person die Ämter eines obersten Gerichtsherren, Verwaltungschefs und Oberbefehlshabers der Armee. Artikel 3 unterstrich, dass sich der Landesherr als letzte juristische Instanz mit den Rechtsstreitigkeiten zwischen den Ständen zu befassen hatte und selber den Streit entscheiden konnte. Als oberstem Verwaltungschef oblag es dem Herrscher, Steuern einzuziehen und auch nichtsiebenbürgische Kandidaten für hohe Staatsämter vorzuschlagen (Art. 5), die in ihrem Amt genauso wie der Gubernator von der kaiserlichen Bestätigung abhingen. Schließlich war der Kaiser in seiner Eigenschaft als siebenbürgischer Landesherr auch Oberbefehlshaber der Armee und durfte den kommandierenden General in Siebenbürgen frei bestimmen, womit er den Schutz des Staates nach außen und innen effektiv zu gewährleisten hatte[2043]. Am deutlichsten zeigte das Recht des Kaisers, Landtagsbeschlüssen durch seine Unterschrift Rechtsgültigkeit zu verschaffen, dass Leopold I. zum tatsächlichen Souverän des Fürstentums Siebenbürgen geworden war[2044].

Um dieses sicherzustellen, hatte Kaiser Leopold I. eine Bestätigung des Thronfolgers Michael II. Apafi immer mit der Begründung verweigert, dieser sei noch nicht volljährig und ihn unter seine Vormundschaft gestellt. Als Michael II. Apafi, der erst am 10. Januar 1692 wieder nach Siebenbürgen zurückgekehrt war, 1696 mit seinem 20. Geburtstag die Volljährigkeit erreicht hatte, musste er sich in Wien niederlassen und auf den Titel eines Fürsten von Siebenbürgen verzichten[2045]. Es wurde ihm die Würde eines Reichsfürsten samt Pension verliehen. Durch seine Hochzeit mit Katharina Bethlen fiel er in kaiserliche Ungnade und verstarb 1713 kinderlos in Wien[2046]. Den Titel eines Fürsten von Siebenbürgen führten nach 1696 Kaiser Leopold I. und seine Nachfolger – unabhängig von ihrer Würde als Könige von Un-

2041 Wortlaut des Leopoldinischen Diploms in: Kutschera 1985, S. 327–342. Ebenso in: Lupaş 1940, Documente, S. 439–446. Vgl. Duldner 1902, S. 248–252.

2042 Roth 1999, S. 6–8.

2043 Effektivität als Voraussetzung für legitime Herrschaft bestand als Grundsatz fort. Er findet sich in der Schutzerklärung (Ratifikation der Hermannstädter Erklärung) des Kaisers vom 17. Juni 1688 wieder: Kutschera 1985, S. 325–327.

2044 Zu den Kompetenzen des Landtages: Ebenda, S. 18–19.

2045 Michael II. Apafi, geboren am 13. Oktober 1676, war bereits am 10. Juni 1681 vom siebenbürgischen Landtag zum Thronfolger des Fürstentums Siebenbürgen gewählt worden: Ebenda, S. 7.

2046 Kutschera 1988, S. 78.

garn[2047]. Damit mussten einflussreiche Kreise der politischen Elite Siebenbürgens ihren Irrtum erkennen, der darin bestand, dass sie davon ausgegangen waren, das Leopoldinische Diplom habe lediglich die Funktion eines Provisoriums bis zum Regierungsantritt Michaels II. Apafi zu erfüllen[2048].

Bereits nach der Ausstellung der ersten Fassung des Diploms hatte der Fogarascher Landtag am 7. Februar 1691 Graf Georg Bánffy zum Gubernator[2049] und Graf Nikolaus Bethlen zum Obersten Kanzler gewählt[2050]. Nach der Aushändigung der neuen Version des Diploms am 21. Januar 1692 an die in Wien weilenden siebenbürgischen Delegierten wurden die übrigen hohen Staatsämter besetzt. Am 9. April 1692 nahm der kommandierende General in Siebenbürgen, Graf Friedrich Veterani, auf dem Hermannstädter Landtag die Einführung der neuen Würdenträger vor[2051]. Damit befand sich die Regierungsgewalt des Landes in den Händen der Habsburger. Der Aufbau der neuen siebenbürgischen Regierungsstrukturen wurde mit der Einrichtung der Siebenbürgischen Hofkanzlei in Wien am 31. Oktober 1695 zum größten Teil beendet[2052]. Danach versuchte der Kaiserhof, das Fürstentum Siebenbürgen über die Hofkanzlei direkt von Wien aus zu regieren, wobei sich diese Tendenzen besonders in der zweiten Hälfte des 18. Jahrhunderts bemerkbar machten. Das Leopoldinische Diplom erfüllte bis 1848 seine Funktion als Verfassung des Fürstentums Siebenbürgen[2053]. Die Aushandlung des Leopoldinischen Diploms war der letzte Akt der eigenständigen siebenbürgischen Außenpolitik[2054]. Mit der Ausstellung des Leopoldinischen Diploms hörte das Fürstentum Siebenbürgen auf, außenpolitisch und völkerrechtlich eigenständig in Erscheinung zu treten[2055].

2047 Die beibehaltene staatsrechtliche Trennung Siebenbürgens von Ungarn symbolisierte die 1695 eingerichtete Siebenbürgische Hofkanzlei in Wien, die mit der Ungarischen Hofkanzlei nicht verbunden war. Das 1691 etablierte Gubernium Siebenbürgens war Wien direkt unterstellt. Vgl. Kutschera 1985, S. 141–147, 195–197. Vgl. Várkonyi 1990, S. 379 und Várkonyi 2000, S. 213.

2048 Duldner 1902, S. 252.

2049 Zur Entstehungsphase und Arbeitsweise des Guberniums ausführlich: Kutschera 1985, S. 141–152.

2050 Kutschera 1985, S. 212–213. Vgl. Kármán 2005, S. 157.

2051 Müller 1907, S. 55.

2052 Müller 1907, S. 51.

2053 Kutschera 1988, S. 78–79.

2054 Vgl. Czettler, S. 119–120.

2055 Eine gewisse Ausnahme stellte der Versuch Franz II. Rákóczi dar, während der sogenannten ‚Kurutzenkriege' 1704–1711 die Herrschaft der Habsburger in Siebenbürgen abzuschütteln, die Autonomie des Fürstentums Siebenbürgen wiederherzustellen und sich als Fürst von Siebenbürgen zu etablieren. Ausführlich dazu: Köpeczi 1971, S. 35–321. Köpeczi 1983, Hongrois et Français, S. 143–269. Várkonyi 1987, S. 156–161. Várkonyi 1990, S. 372–379. Várkonyi 2000, S. 172–225. Franz II. Rákóczi war ein Sohn des in der Wesselényi-Bewegung aktiven Franz I. Rákóczi, dessen Vater als Fürst Georg II. Rákóczi Siebenbürgen 1648–1660 regiert hatte. Franz II. Rákóczi ließ sich am 8. Juli 1704 in Weißenburg zum Fürsten von Siebenbürgen wählen. Auf Betreiben Rákóczis wurde am 8. März 1706 das Fürstentum Siebenbürgen mit dem Königreich Ungarn staatsrechtlich durch eine Konföderation verbunden. Da es den Aufständischen nicht gelang, die habsburgischen Truppen vollständig aus Siebenbürgen zu vertreiben, scheiterte der Plan Rákóczis, die Unabhängigkeit des Fürstentums Siebenbürgen mit Hilfe

Nach dem Regierungsantritt des neuen Sultans Mustafa II. 1695 erlangte das Osmanische Reich seine Handlungsfähigkeit auf dem Schlachtfeld für kurze Zeit zurück, die es durch Siege, u. a. im Banat 1695 und 1696, unter Beweis stellte. Diese Phase beendete Prinz Eugen von Savoyen bald, der die osmanische Armee am 11. September 1697 bei Zenta vernichtend schlug. Im September 1697 war ein militärisch und finanziell erschöpftes Frankreich gezwungen, mit der Liga von Augsburg in Rijswijk Frieden zu schließen. Die im Westen frei gewordenen Truppen konnte der Kaiser zwar wieder gegen das Osmanische Reich einsetzen, sein Reich benötigte aber nach eineinhalb Jahrzehnten Krieg ebenfalls den Frieden. Unter Vermittlung der englischen und niederländischen Gesandten an der Hohen Pforte, Lord William Paget[2056] und Jakob Coleyr, begannen im Frühjahr 1698 die Friedensgespräche zwischen der Heiligen Liga und dem Osmanischen Reich[2057]. Ende Dezember 1697 hatte die Hohe Pforte Wien vorgeschlagen, in Siebenbürgen ein habsburgisch-osmanisches Kondominium einzurichten[2058]. Als der Kaiser am 8. Februar 1698 einen Bündnisvertrag mit dem russischen Zaren abschloss und eine Verlängerung des Krieges drohte, rückte die Hohe Pforte von diesem Vorschlag rasch ab.

Im Friedensvertrag von Karlowitz vom 26. Januar 1699 musste das Osmanische Reich seine Rechte über das Fürstentum Siebenbürgen an die Habsburgermonarchie abtreten[2059]. Damit erlangte der Kaiser einen völkerrechtlichen Titel über Sieben-

---

Frankreichs, das im Rahmen des Spanischen Erbfolgekrieges (1700–1713/14) u. a. gegen die Habsburgermonarchie kämpfte, in einem internationalen Friedensabkommen absichern zu lassen. Der Vertrag von Sathmar vom 29. April 1711 zwischen den Habsburgern und den aufständischen „Kurutzen" stellte in Ungarn und Siebenbürgen den Rechtszustand von 1703 wieder her. Wortlaut des Friedens von Sathmar in: The Consolidated Treaty Series, Vol. 27, S. 87–105. Der in Frankreich ausgebildete Graf Nikolaus Bethlen, 1691 zum Obersten Kanzler Siebenbürgens gewählt, verfasste nach dem Ausbruch der Kurutzenkriege 1704 die Denkschrift *Columba Noe*, in der er die Wahl eines calvinistischen deutschen Fürsten – verheiratet mit einer österreichischen Prinzessin – zum neuen Herrscher Siebenbürgens vorschlug. Nach der Niederschlagung des Aufstandes wurde er von den Habsburgern bis zu seinem Tode 1716 in Wien unter Hausarrest gestellt, auch weil er für eine gleichzeitige Oberhoheit des Kaisers und des Sultans über ein autonomes Fürstentum Siebenbürgen geworben hatte: Köpeczi 1983, Hongrois et Français, S. 55–56, 60–62. Vgl. Kármán 2005, S. 157–158.

2056 Zur Biografie und zu den Berichten Lord Pagets über den Donau-Karpaten-Raum: Călători străini, Vol. VIII, S. 217–224. Über Paget hatte der junge Michael II. Apafi versucht, von der Friedenskonferenz eine internationale Garantie für ein selbständiges Fürstentum Siebenbürgen zu erwirken. Dabei führte Apafi auch innenpolitische Gründe auf, wie die Absicherung der protestantischen Kirchen und Schulen in Siebenbürgen: Vgl. Várkonyi 1999, S. 26–27.

2057 Zum gesamteuropäischen Kontext: Setton, S. 390–392. Vgl. Kinderfreund, S. 51–59.

2058 In diesem Sinne äußerte sich der englische Vermittler, Lord Paget, am 28. Januar 1698 in einem Brief an den venezianischen Diplomaten Carlo Ruzzini: Documente, Hurmuzaki, Vol. V/2, S. 295. Am 23. Januar 1698 berichtete Paget über einen entsprechenden Vorschlag des osmanischen Unterhändlers Mavrocordat, den er ihm gegenüber am 31. Dezember 1697 unterbreitet hatte: Documente, Hurmuzaki, Vol. IX/1, S. 352.

2059 Siehe den Wortlaut des lateinischen Textes der kaiserlichen Fassung des Friedensvertrages in: Documente, Hurmuzaki, Vol. V/2, S. 329–335. Ebenso in: Recueil d'actes internationaux, S. 182–193. Vgl. die französische Zusammenfassung der osmanischen Vertragsurkunde in: Ebenda, S. 193–196.

bürgen, das nun auch de iure in die Habsburgermonarchie eingegliedert wurde. Die durch die osmanische Militärmacht verhinderte Herrschaft der Habsburger über den östlichen Teil Ungarns, einschließlich Siebenbürgens, das als autonomes Staatsgebilde eine „Erfindung“ Sultan Süleymans war, wie sich die Urkunden der Sultane über 150 Jahre lang ausdrückten, wurde in dem Moment Wirklichkeit, in dem sich der osmanische Schutzschirm nicht mehr über Siebenbürgen spannen konnte.

3. Zusammenfassung

Die letzten Jahrzehnte des teilsouveränen Fürstentums Siebenbürgen waren geprägt von einer deutlichen Einschränkung seiner völkerrechtlichen Handlungsfähigkeit durch die nach 1656 einsetzende Machtentfaltung des Osmanischen Reiches. Die Großwesirsdynastie der Köprülü achtete streng darauf, dass die Außenpolitik der christlichen Vasallenstaaten in von der Hohen Pforte kontrollierten Bahnen verlief. Dementsprechend bewegte sich die Außenpolitik des Fürsten Michael Apafi (1661–1690) im osmanischen Fahrwasser. Der Fürst stabilisierte nach der Beendigung des habsburgisch-osmanischen Krieges 1663/1664, der anlässlich der siebenbürgischen Thronwirren ausgebrochen war, zunächst die innenpolitischen Verhältnisse, um den Wiederaufbau des Landes zu fördern, das in den Kriegsjahren 1658–1664 ähnlich stark gelitten hatte wie zu Zeiten des „Langen Türkenkrieges“ sechs Jahrzehnte zuvor. Der sich im Königreich Ungarn zuspitzende Konflikt zwischen den Habsburgern und den unzufriedenen ungarischen Ständen bot dem siebenbürgischen Fürsten ein neues außenpolitisches Betätigungsfeld. In der Tradition seiner protestantischen Vorgänger ging Fürst Michael I. Apafi im Mai 1677 ein Bündnis mit dem französischen König ein. Das Hauptziel dieser in Warschau unterzeichneten Vereinbarung bestand darin, gemeinsame militärische Aktionen der ungarischen und siebenbürgischen Truppen an der Ostgrenze der Habsburgermonarchie zu organisieren, die Frankreich auf dem westlichen Kriegsschauplatz entlasten und die Macht der Habsburger in Ungarn zurückdrängen sollten.

Wie in den 1640er Jahren galt es, zunächst die Zustimmung der Hohen Pforte für ein siebenbürgisches Engagement gegen den Kaiser einzuholen. Für den Fall, dass die diesbezüglichen Bemühungen der siebenbürgischen Seite erfolglos bleiben sollten, war der Fürst von Siebenbürgen verpflichtet, die Aufständischen in Ungarn heimlich zu unterstützen. Im Gegenzug für den Erhalt französischer Subsidien (jährlich 100.000 Taler) musste der Fürst versprechen, zusammen mit den ungarischen Aufständischen ein Herr von 15.000 Mann auszurüsten und in Ungarn gegen den Kaiser aufmarschieren zu lassen. Der dritte Themenkomplex widmete sich der Frage eines zukünftigen Friedens. Der französische König musste einem Frieden zwischen der siebenbürgisch-ungarischen Seite und dem Kaiser vorher seine Zustimmung erteilten. Falls König Ludwig XIV. mit Kaiser Leopold I. Frieden schließen sollte, war er verpflichtet, den Fürsten von Siebenbürgen und die ungarischen Aufständischen in diesem Friedensvertrag zu erwähnen. Als 1679 in Nimwegen der habsburgisch-französische Frieden zustande kam, zog sich Ludwig XIV. aus seiner Allianz mit Fürst Apafi zurück. Allerdings ließ er dem siebenbürgischen Fürsten mitteilen, dass er ihn zusammen mit den Aufständischen in den allgemeinen Frieden einbezogen habe.

Um den Widerstand des Kaisers gegen die französische Reunionspolitik am Rhein zu schwächen, unterstützte der französische König auch in den frühen 1680er Jahren heimlich antihabsburgische Aktionen des siebenbürgischen Fürsten und der ungarischen Aufständischen. Die Hohe Pforte ließ die siebenbürgisch-ungarischen Nadelstiche gegen den Kaiser zu, solange sie nicht geeignet waren, einen großen habsburgisch-osmanischen Krieg auszulösen. Als das Osmanische Reich sich entschloss, die bislang vermiedene große Konfrontation mit Wien zu suchen, ernannte der Sultan nicht wie in den Jahrzehnten zuvor den siebenbürgischen Fürsten zum König von Ungarn, um sich von diesem auch das westliche und nördliche Ungarn zu Füßen legen zu lassen. Vielmehr versuchte die Hohe Pforte, den bereits seit mehreren Jahren schwelenden Aufstand in Oberungarn für ihre Zwecke einzuspannen, weshalb sie 1682 den Anführer der „Rebellen", Emmerich Thököly, zum „Fürsten von Ungarn" ernannte und einen neuen ungarischen Vasallenstaat schuf, der neben Siebenbürgen bestehen sollte. Damit spielte der Sultan Thököly und Apafi, dem er seine Gunst entzogen hatte, geschickt gegeneinander aus. Dennoch musste der Fürst von Siebenbürgen mit seinem Heer 1683 vor die Tore Wiens ziehen, wo er mit den Woiwoden der Moldau und der Walachei Zeuge der vernichtenden Niederlage des Großwesirs wurde. Nur zögerlich reagierten Fürst Apafi und die siebenbürgischen Stände nach 1684 auf die Siege der kaiserlichen Armee in Ungarn. Die in eineinhalb Jahrhunderten gemachten Erfahrungen der siebenbürgischen Eliten mahnten zur Vorsicht. Zu oft hatte sich ein antiosmanisches Bündnis mit den Habsburgern als vorschnelle Entscheidung erwiesen, mit katastrophalen Folgen für Siebenbürgen. Darüber hinaus war der Gedanke einer Wiedervereinigung des alten Königreichs Ungarn unter dem Zepter der Habsburger in Siebenbürgen kaum noch präsent. Schließlich hatte die erbarmungslose Rekatholisierungspolitik Wiens, das den Einfluss der Stände in Ungarn gewaltsam zurückzudrängen versuchte, die siebenbürgischen Eliten gründlich verschreckt. Doch mit der sukzessiven Besetzung Siebenbürgens durch habsburgische Truppen begann eine Welle von Verträgen, Siebenbürgen schrittweise in den Einflussbereich der Habsburgermonarchie zu ziehen. Der Fürst und die Stände Siebenbürgens schlossen mit den kaiserlichen Unterhändlern im November 1685, August 1686 und Dezember 1686 Verträge ab, die vor allem Geldzahlungen und Proviantlieferungen für die Verpflegung der kaiserlichen Truppen zum Gegenstand hatten. Das völkerrechtliche Verhältnis des Fürstentums Siebenbürgen zum Königreich Ungarn bzw. zum Habsburgerreich regelten der Wiener Vertrag vom Juni 1686 und der Blasendorfer Vertrag vom Oktober 1687. Zwar bestätigten diese Abkommen die verfassungsrechtliche Ordnung des Fürstentums samt ihrer ständischen Freiheiten sowie die Herrschaft Michael Apafis, doch mehrere Bestimmungen waren geeignet, die völkerrechtliche Handlungsfähigkeit des Fürsten einzuschränken. Apafi durfte zum Beispiel keine gegen die Habsburger gerichteten Bündnisse abschließen, sein Fürstentum sollte dem Kaiser und König fortan, zusätzlich zu den Lebensmittellieferungen, eine Jahressteuer in der Höhe von 50.000 Reichstalern entrichten. Erst die fast vollständige Besetzung des Fürstentums durch habsburgische Truppen führte im Mai 1688 zur Aufkündigung der osmanischen Oberhoheit durch den siebenbürgischen Landtag in Hermannstadt und zur Unterstellung Siebenbürgens unter die Suzeränität des Kaisers und ungarischen Königs. Als die Osmanen 1689 die Ablenkung der kaiserlichen Truppen nach dem Ausbruch des Pfälzischen Erbfolgekrieges ausnutzten und mit den Kräften der Aufständischen unter Emmerich Thököly 1690 Siebenbürgen bedrohten, bemühte sich der Wiener Hof um einen Ausgleich mit den siebenbürgischen Ständen. Ihre historischen Rechte und Freiheiten, darunter die Religionsfreiheit, sowie die Autonomie des Fürstentums innerhalb des habsburgischen Länderkomplexes garantierte Kaiser Leopold I. in dem nach ihm benannten Diplom, das er 1691 ausstellte und das vom siebenbürgischen Landtag angenommen wurde. Dadurch fielen dem Kaiser alle wesentlichen Hoheitsrechte des Fürstentums zu; den Titel eines Fürsten von Siebenbürgen führte er aber erst nach 1696. Mit der Ernennung des ersten siebenbürgischen Gouverneurs durch den Kaiser im Jahr 1691 endete die völkerrechtliche Praxis des Fürstentums Siebenbürgen. Die Umwandlung Siebenbürgens von einem Subjekt in ein Objekt des Völkerrechts wurde mit dem Frieden von Karlowitz 1699 abgeschlossen, der den Verzicht des Osmanischen Reiches auf alle Rechte bezüglich des Fürstentums zugunsten der Habsburgermonarchie festschrieb.

IX. Das Fürstentum Siebenbürgen zwischen islamisch-osmanischer und christlich-abendländischer Völkerrechtsordnung

1. Das völkerrechtliche Verhältnis des Fürstentums Siebenbürgen zum Osmanischen Reich

Wie in der Einleitung bereits ausgeführt, steht die völkerrechtliche Praxis des Fürstentums Siebenbürgen gegenüber den christlichen Mächten Europas im Vordergrund dieser Studie. Das völkerrechtliche Verhältnis Siebenbürgens zum Osmanischen Reich[2060] ist sowohl von der älteren als auch von der jüngeren Forschung bereits ausführlich untersucht worden. Auf der Grundlage dieses Forschungsstandes sollen im Folgenden zunächst die siebenbürgisch-osmanischen Beziehungen aus völkerrechtlicher Sicht zusammengefasst werden. Darauf aufbauend wird die gleichzeitige Zugehörigkeit Siebenbürgens zur christlich-abendländischen und islamisch-osmanischen Völkerrechtsordnung im Spiegel der völkerrechtlichen Beziehungen zwischen der Habsburgermonarchie und dem Osmanischen Reich herausgearbei-

2060 Zur Durchsetzung des Begriffs „Osmanisches Reich" in der jüngeren Historiografie gegenüber der älteren Bezeichnung „Türkisches Reich": Petritsch 1991/1992, S. 135–136.

tet. Diese Einbindung Siebenbürgens in zwei Rechtskreise charakterisiert die völkerrechtliche Stellung des Fürstentums in besonderer Weise.

Rechtliche Beziehungen zwischen christlichen und islamischen Herrschern sind bereits aus jener Zeit überliefert, in der sich die ersten Berührungen zwischen beiden Seiten ergaben. Trotz theoretischer Ablehnung von Rechtsbeziehungen mit der anderen Glaubensgemeinschaft bis zum Ausgang des Mittelalters, sowohl auf christlicher als auch auf islamischer Seite, kamen diese aus pragmatischen Gründen zwangsläufig zustande[2061]. Sie konnten nur durch Verträge aufgenommen werden, da keine gemeinsamen Normensysteme existierten. Es wurden sowohl Handelsverträge als auch politische Verträge geschlossen, zum Beispiel der 1229 zwischen Kaiser Friedrich II. und Sultan Malik al Kamil von Ägypten ausgehandelte Vertrag[2062].

Im Laufe des Mittelalters nahmen solche Verträge an Zahl weiter zu. Eine neue Qualität erreichten die christlich-islamischen Beziehungen im 16. Jahrhundert, als das Osmanische Reich begann, sich an europäischen Bündnissen zu beteiligen[2063]. Da den Sultan und den König von Frankreich nach 1526 die gemeinsame Gegnerschaft zur Habsburgermonarchie einte, nahm Frankreich als erste europäische Großmacht völkerrechtliche Beziehungen zum Osmanischen Reich auf und bezog es in die Gleichgewichtspolitik der europäischen Mächte ein, vor allem um dessen expansiven Drang in Richtung Wien zu leiten. Die ersten französisch-osmanischen Verträge, der Freundschafts- und Handelsvertrag von 1535[2064] und der Bündnisvertrag von 1553[2065], weisen Vertragsformen auf, die sich aus Stilelementen der beiden Rechtstraditionen zusammensetzen. Michael Hochedlinger hat überzeugend nachgewiesen, dass es in der Frühen Neuzeit weder zu einer dauerhaften Allianz noch zu einer echten Freundschaft zwischen den beiden so ungleichen Mächten gekommen war[2066]. Einerseits genoss der französische Gesandte am Bosporus eine bevorzugte Stellung unter den europäischen Diplomaten, andererseits fiel der tatsächliche Einfluss Frankreichs auf politische Entscheidungen der Hohen Pforte deutlich gerin-

---

2061 Vgl. Janssen, S. 45–46.

2062 Steiger 2009, Religion, S. 89–90. Zur Rechtsqualität und Technik fränkisch-islamischer Verträge im Vorderen Orient im 12. und 13. Jahrhundert: Köhler 1991, S. 370–417. Zu den Verträgen der Mamlukenherrscher mit christlichen Herrschern 1260–1290 siehe: Holt, S. 32–151. Ausführlich zu den Verträgen der nordafrikanischen „Barbareskenstaaten" Algier, Tripolis und Tunis mit christlichen Mächten zwischen 1518 und 1830: Mössner, S. 89–147.

2063 Zur neuen Weltmachtrolle des Osmanischen Reiches: Inalcik 1996, S. 81–88.

2064 Wortlaut der osmanischen Kapitulation vom Februar 1535 in französischer Übersetzung: Fontes historiae iuris gentium, S. 71–80. Ebenso in: Recueil des traités, Tome I, S. 15–21. Vgl. Ziegler 1996, S. 181.

2065 Wortlaut des französisch-osmanischen Bündnisvertrages vom 1. Februar 1553 gegen Kaiser Karl V. in der französischen Fassung: Recueil des traités, Tome I, S. 42–45. Zu den Auswirkungen der Kooperation Frankreichs und Venedigs mit den Osmanen auf das europäische Staatensystem im 16. Jahrhundert: Kohler 1999, S. 397–402.

2066 Ausführlich zu den französisch-osmanischen Beziehungen im 16. und 17. Jahrhundert: Hochedlinger 1994, S. 109–129. Vgl. Höfert, S. 99–103, 142–150. Zur Rezeption des Osmanischen Reiches durch französische Diplomaten im 16. Jahrhundert: Jensen, S. 451–470. Zu den französisch-osmanischen Beziehungen im 16. Jahrhundert und ihrer Wahrnehmung durch die französische Öffentlichkeit: Malettke 2000, S. 376–394.

ger aus als früher angenommen worden war. Einerseits sprach der Sultan den französischen König in seinen „Kapitulationen"[2067], die er dem „mächtigsten unter den christlichen Fürsten" gewährte, als „Kaiser von Frankreich" an, ein Umstand, der dazu führte, dass die französischen Könige im völkerrechtlichen Verkehr mit islamischen Staaten den Kaisertitel verwendeten[2068]. Andererseits ließ der Sultan den König spüren, dass er nur einer von vielen „ungläubigen" Herrschern war, die ihre Gesandte an die „Schwelle der Glückseligkeit" senden mussten, um Zugeständnisse des Sultans „zu erflehen". Dass der König von Frankreich vom Sultan nicht als gleichrangiger Vertragspartner anerkannt wurde, zeigte sich auch daran, dass die Hohe Pforte von Paris 1553 eine Bezahlung für das Bündnis forderte, mit der Begründung, Frankreich habe das Osmanische Reich um Hilfe gebeten. Darüber hinaus wünschte der osmanische „Kronenspender der Welt" dem französischen Herrscher, sein Leben möge „im Guten", also als Muslim enden[2069]. Einerseits stellte Frankreich seit dem Mittelalter das geistige Zentrum der Kreuzzugsideologie, andererseits führte die französisch-osmanische Aktionsgemeinschaft dazu, dass die französischen Souveräne ihren Titel „allerchristlichster König" in heftigen publizistischen Abwehrschlachten gegen Angriffe aus dem restlichen Europa verteidigen mussten[2070].

Ähnlich ambivalent gestaltete sich das Verhältnis des Osmanischen Reiches zu England, das aufgrund der gemeinsamen Gegnerschaft zur Habsburgermonarchie und eines ansteigenden Handelsaufkommens in der Regel positiv war[2071]. Dies implizierte aus Sicht der Hohen Pforte jedoch keine Gleichrangigkeit. Königin Elisa-

---

2067 Die sogenannten „Kapitulationen", die der Sultan den französischen Königen im Bereich des Handels gewährte, die auch Privilegien im Bereich der Rechtsprechung einschlossen, begründeten auf Jahrhunderte den französischen Vorrang in der osmanisch beherrschten Levante: Ziegler 1996, S. 181. Diese „Kapitulationen" wurden 1569, 1581, 1597, 1604, 1673 und 1740 erneuert. Ausführlich dazu: Poumarède, S. 71–85. Vgl. Ziegler 2008, The peace treaties of the Ottoman Empire, S. 230–232, 235–236. Zu den französisch-osmanischen Handelsbeziehungen in der Frühen Neuzeit siehe auch: Hochedlinger 1994, S. 133–135. Vgl. Majoros/Rill, S. 238–241. Vgl. Matschke, S. 269–272. Zu den französischen Konsulaten im Osmanischen Reich im 17. und 18. Jahrhundert: Mézin, S. 37–49.

2068 Ziegler 1996, S. 181–182.

2069 Komatsu, S. 133–134. Vgl. Strohmeyer 2005, S. 159-160. Die gängigen Formulierungen lauteten: „Allâh lasse ihm die Rechtleitung zuteil werden!" oder „Allâh lasse sein Ende gut sein!": Kissling 1974, S. 13–14.

2070 Viele französische Adlige traten dem Malteserorden bei, um im Mittelmeer gegen die Osmanen und deren nordafrikanische Vasallen zu kämpfen. Die französische Seite verteidigte sich auch mit dem Hinweis auf die Versuche des Kaisers, ein Bündnis mit dem Schah von Persien gegen den Sultan zu schmieden und erinnerte den Papst an das von habsburgischen Truppen angerichtete „Sacco di Roma" von 1527. Darüber hinaus betonte Paris die Vorteile für die Katholiken, über die Frankreich das Kultusprotektorat im Osmanischen Reich ausübte. Vgl. Hochedlinger 1994, S. 111–115, 135–136. Zur Auseinandersetzung zwischen Kaiser Karl V. und König Franz I. in der Frage der „Türkenbündnisse" ausführlich: Göllner 1978, S. 79–136. Kaiser Karl V. hatte bereits 1518 und 1529 Gesandte an den Hof des Schahs von Persien geschickt, um miteinander abgestimmte antiosmanische Aktionen zu planen: Anderson 1998, S. 224–225, 244.

2071 Die erste „Kapitulation" nach französischem Vorbild erteilte die Hohe Pforte England 1580, sie wurde 1675 erneuert: Ziegler 2008, The peace treaties of the Ottoman Empire, S. 232–233, 236.

beth wurde zum Beispiel in einem osmanischen Schreiben als „Königin des *vilâyet* von England" angesprochen. Mit der Verwendung des Begriffs *vilâyet*, der Bezeichnung für eine osmanische Großprovinz, wollte die Hohe Pforte ausdrücken, dass England keinen Anspruch erheben konnte, als souveräne Macht behandelt zu werden. In diesem Sinne befahl der Sultan der Königin, sich „[...] mit unbeirrbarem Schritt auf dem Weg der Lehnspflicht und des Gehorsams [...] und Loyalität und Unterwürfigkeit" ihm gegenüber zu zeigen[2072].

Auch der oft mit der Anrede „König von Wien" (*Beç krali*) oder „König von Ungarn" (*Macar krali*) herabgesetzte Herrscher des Heiligen Römischen Reiches Deutscher Nation und König von Ungarn musste im 16. Jahrhundert die Dominanz des Sultans hinnehmen, die sich nicht nur auf den Schlachtfeldern, sondern auch in den Kanzleistuben bemerkbar machte. Die Weigerung des Sultans, den Habsburgern die Kaiseranrede zukommen zu lassen, lässt sich auf dessen Weltherrschaftsanspruch zurückführen[2073]. Dieser speiste sich nicht nur aus der islamisch-arabischen Vorstellung von der Universalität des Kalifenamtes, sondern auch aus türkisch-mongolischen Überlieferungen von der Auserwähltheit des eigenen Volkes und dem byzantisch-römischen Gedankengut. Nach der osmanischen Eroberung Konstantinopels 1453 betonte Sultan Mehmet II., dass das Oströmische Reich im Osmanischen Reich aufgegangen sei und letzteres die Nachfolge der Byzantiner angetreten habe. Zwar wurde die alte byzantinische Hauptstadt umgangssprachlich Istanbul (*Istimboli*) genannt, offiziell behielt sie aber unter den Osmanen den Namen Konstantinopel (*Qustantînîya*). Die Sultane griffen jene byzantinische Tradition auf, die bestimmte, dass derjenige Herrscher der rechtmäßige Kaiser sei, der den Sitz des Kaiserreiches, also Konstantinopel, innehabe[2074]. Aus der Würde eines „Kaisers der Römer" leitete sich der byzantinische Herrschaftsanspruch über die gesamte Welt ab. Dementsprechend akzeptierte der Sultan, der für sich den alten Kaisertitel *basileús* in Anspruch nahm, keinen anderen „Weltkaiser". Folglich lebte mit der Eroberung Konstantinopels 1453 das alte Zweikaiserproblem wieder auf, mit der Konsequenz, dass die Sultane die Kaiser des Heiligen Römischen Reiches als Usurpatoren betrachteten[2075].

Da die Habsburger ab Mitte des 16. Jahrhunderts bereit waren, fast um jeden Preis Frieden mit den Osmanen zu schließen, akzeptierten sie die formale Einseitigkeit der Verträge[2076]. Erst mit dem Abschluss des habsburgisch-osmanischen Friedens von

---

2072 Lewis 2002, S. 21, 36. Vgl. Coulter, S. 82–83. Zum Türkenbild in der englischen Literatur des 16. Jahrhunderts: Deitz, S. 395–407.

2073 Vgl. Black, S. 204–207.

2074 Der Weltfriedensplan des französischen Schriftstellers Eméric Crucé aus dem Jahr 1623 schlug für die diplomatische Rangordnung der Gesandten der Weltmächte vor: „1. Der Papst, 2. der Kaiser der Türken, 3. der christliche Kaiser, 4. der König von Frankreich, 5. der König von Spanien". Auf dem sechsten Platz rangierten gleichzeitig die Herrscher von Russland, China und Persien. Der Vorrang des Sultans vor dem Kaiser begründete Crucé mit der Tatsache, dass der „Türkische Kaiser" die Kaiserstadt Konstantinopel beherrsche: Ziegler 1996, S. 183.

2075 Ausführlich zum Zweikaiserproblem: Thorau, S. 318–334.

2076 Ferdinand sah sich 1542 gezwungen, für seine Anerkennung als König von Ungarn der Hohen Pforte eine jährliche Zahlung von 50.000 bis 100.000 ungarischen Gulden in Aussicht zu stel-

Zsitvatorok 1606[2077], der den „Langen Türkenkrieg" beendete, erkannten die Osmanen das Kaisertum der Habsburger prinzipiell an. Bis dahin blieb die osmanische Seite der faktisch stärkere und damit vertragsbestimmende Teil, der von einer Position der Überordnung aus keine gemeinsame Vertragsform mit dem christlichen Staat zuließ und die Vorschriften der islamischen Völkerrechtstheorie einhielt. Durch den Abschluss mehrerer Verträge kamen zeitlich befristete völkerrechtliche Bindungen zustande, deren Einhaltung von den jeweiligen politischen und religiösen Interessen abhing[2078], womit aber die osmanische Seite im Laufe des 17. Jahrhunderts de facto, aber nicht de iure die andere Völkerrechtsordnung anerkannte[2079]. Dennoch wurde in osmanischen politischen Schriften auch die Herstellung von Frieden als ein zentrales Ziel der Reichspolitik formuliert. Der Bruch eines Friedensvertrages mit fremden Mächten, auch nichtmuslimischen, wurde von manchen Autoren sogar als ein schweres Vergehen bezeichnet, vor allem im 17. und 18. Jahrhundert, als die osmanische Gesellschaft die Erfahrung militärischer Unterlegenheit machen musste[2080].

Völkerrechtliche Beziehungen zwischen christlichen und islamischen Staaten waren im europäischen Abendland des Spätmittelalters äußerst umstritten. Der Papst brandmarkte Verträge, insbesondere Allianzen, mit „den Ungläubigen" als „ruchlose Bündnisse"[2081]. Dennoch ging die völkerrechtliche Praxis über solche Vorbehalte hinweg und ebnete den Weg dafür, dass die christlich-abendländische Seite in der Frühen Neuzeit das Ideal des „ewigen Friedens" auch auf die Beziehungen mit islamischen Staaten übertrug[2082], vom Grundsatz der Gleichheit der Vertragspartner ausging und sich dabei auf das Naturrecht berief[2083]. Die weitgehende Durchsetzung dieses Prinzips im völkerrechtlichen Verkehr mit der Hohen Pforte gelang den Habsburgern jedoch erst 1606[2084]. Das christliche Naturrecht und das säkularisierte europäische Vertragsrecht eröffneten aufgrund ihrer universellen Geltung den christlichen Staaten die Möglichkeit, mit dem Osmanischen Reich dauerhafte

---

len: Austro-Turcica, S. 17. Vgl. Petritsch 1993, S. 49–50. Zu den habsburgisch-osmanischen Beziehungen im 16. Jahrhundert: Höfert, S. 104–114, 151–160. Zur osmanischen Perspektive auf die habsburgisch-osmanischen Beziehungen in der zweiten Hälfte des 16. Jahrhunderts siehe: Işıksel, S. 51–62.

2077 Wortlaut des Friedens von Zsitvatorok vom 11. November 1606 in: Recueil des traités, Tome IX, S. 15–21.

2078 Khadduri, S. 45. Vgl. Petritsch 1985, S. 56–58.

2079 Kruse, S. 236. An einem internationalen Schiedsverfahren beteiligte sich das Osmanische Reich erstmals durch den Frieden von Karlowitz 1699: Lingens, S. 60–61, 65–66.

2080 Koller, S. 23–24.

2081 Vgl. Ziegler 2008, The peace treaties of the Ottoman Empire, S. 228. Zu den Versuchen der Päpste, sich auch im Zeitalter der Glaubensspaltung als *padre commune* in Szene zu setzen und ihre Funktion als Vertreter der christlichen Welt zu behaupten: Niederkorn 2005, S. 207–212.

2082 Fisch, S. 355–359, 384–388.

2083 Insbesondere einige protestantische Autoren des 17. Jahrhunderts vertraten die Ansicht, dass das Osmanische Reich das gleiche Existenzrecht wie die christlichen Staaten besitze und dass Kriege gegen den Sultan aus rein religiösen Gründen nicht gerechtfertigt seien, solange die Hohe Pforte eine friedliche Politik gegenüber ihren christlichen Nachbarn verfolge: Anderson 1998, S. 228–231. Vgl. Komatsu, S. 130–131, 140. Vgl. Kissling 1974, S. 16.

2084 Ziegler 1996, S. 177–178.

völkerrechtliche Beziehungen zu unterhalten. Obwohl es sich dabei um vertragliches, positives zwischenstaatliches Recht handelte, besaß das *ius publicum europaeum* im innereuropäischen Bereich aufgrund der gemeinsamen Rechtsvorstellungen eine andere Qualität als die völkerrechtlichen Beziehungen zwischen den europäischen Staaten und dem Osmanischen Reich[2085]. Da das Osmanische Reich nicht am *ius*

2085 Komatsu, S. 143–144. Die These, dass das Osmanische Reich bereits im 16. Jahrhundert zu einem integralen Bestandteil des europäischen Mächtesystems geworden sei, versucht Holger Gräf dadurch zu begründen, dass die den christlich-muslimischen Gegensatz hervorhebenden europäischen Schriften zum überwiegenden Teil ein Ausfluss gezielter Propaganda christlicher Mächte in Kriegszeiten gewesen seien. Diese Schriften stünden im Gegensatz zur völkerrechtlichen Praxis, die von einem pragmatischen, interessensgeleiteten Umgang der europäischen Mächte, namentlich wird auch Siebenbürgen erwähnt, mit dem Osmanischen Reich geprägt gewesen sei. Gräf stellt heraus, dass das europäische Gesandtschafts- und Vertragswesen wesentlich im Austausch mit dem Osmanischen Reich entwickelt worden sei; hier weist er insbesondere auf das christliche Gesandtenmilieu in Konstantinopel und die am Bosporus betriebene europäische Mächtepolitik hin. Die Vertragsfähigkeit von Nichtchristen habe den Entwurf „säkularer Friedensordnungen" und die Unberührtheit des Gesandtschaftsrechts durch konfessionelle Fragen im 17. Jahrhundert erleichtert: Gräf 2005, S. 38–49. An dieser Stelle sei auf die Schwierigkeit hingewiesen, die Frage zu beantworten, ob das säkularisierte europäische Vertragsrecht in erster Linie auf den Austausch der christlichen Akteure mit dem Osmanischen Reich bzw. anderen islamischen Mächten zurückgeht, oder vor allem auf genuin abendländische Entwicklungen, die der zunächst christlich dominierten europäischen Völkerrechtsordnung zugrunde lagen. Vgl. Bély 1992, S. 56–57. Zumindest kann festgehalten werden, dass das christlich-abendländische Völkerrechtssystem deutlich früher und flexibler als das islamisch-osmanische auf die Herausforderungen reagierte, die sich aus dem Aufeinandertreffen der beiden Rechtsordnungen ergeben hatten. Einen Grund für den unterschiedlichen Umgang mit diesen Herausforderungen stellte auch der pluralistische Aufbau der ständisch geprägten westlichen Gesellschaften dar, dem die – zumindest theoretisch – uneingeschränkte Machtfülle des Sultans orientalischer Prägung gegenüberstand. Damit korrespondierte das in der Frühen Neuzeit ansteigende Interesse der europäischen Eliten am Osmanischen Reich und der islamischen Welt insgesamt, das von der osmanischen Seite nicht erwidert wurde, die der abendländischen Kultur – die als unterlegen eingeschätzt wurde – mit Desinteresse begegnete. Vgl. Anderson 1998, S. 229–230. Darüber hinaus war das Osmanische Reich kein Bestandteil der Gleichgewichtstheorien des 16. und frühen 17. Jahrhunderts, die sich ausdrücklich auf die christliche Staatenwelt bezogen. Dies lag zum einen am christlich-islamischen Gegensatz, der auch das politische Denken durchdrang, zum zweiten am negativ besetzten „Türkenbild" und drittens an der militärischen Macht des Osmanischen Reiches, die wegen ihrer Größe alle europäischen Konstruktionen von Gleichgewicht sprengte. Erst als sie aufgrund der osmanischen Niederlagen zum Ende des 17. Jahrhunderts auf ein europäisches „Normalmaß" geschrumpft, die „Türkenfurcht" gewichen war und die Aufklärung den religiösen Gegensatz langsam aufgebrochen hatte, konnte eine Integration des Osmanischen Reiches in die Mechanismen des europäischen Gleichgewichts der Mächte erfolgen: Strohmeyer 2005, S. 150, 154–156. Vgl. zu den freundschaftlichen Aspekten in den habsburgisch-osmanischen Beziehungen der Frühen Neuzeit: Strohmeyer 2013, S. 223–238. Bezogen auf die Frage, wann das Osmanische Reich zu einem Bestandteil der modernen Völkerrechtsordnung geworden sei, hebt Tetsuya Toyoda hervor, dass das Reich der Sultane bereits vor dem Pariser Friedensvertrag von 1856 automatisch dem universellen Naturrecht unterworfen gewesen sei, das zusammen mit dem europäischen positiven Recht die beiden Säulen des modernen Völkerrechts im 19. Jahrhundert gebildet habe. Entscheidend sei nicht die explizite Zulassung nichteuropäischer Staaten zur modernen Völkerrechtsordnung durch das europäische Konzert der Mächte gewesen (z. B. durch den Pariser Kongress von 1856), sondern der Wille der *publicum europaeum* teilnahm, existierten die beiden Völkerrechtssysteme nebeneinander[2086]. Das lag auch daran, dass die osmanische Völkerrechtslehre überwiegend von islamischen Rechtsgrundsätzen geprägt war, insbesondere von der *siyar*, die als Teil des islamischen Rechts, der *shari'a*, das Verhältnis zu den Nichtmuslimen regelte[2087]. Die Osmanen beriefen sich auf die sogenannte hanefitische Rechtsschule, die innerhalb der vier sunnitischen Rechtsschulen den Sultanen den größten Spielraum eröffneten[2088]. Daneben besaß das völkerrechtliche Gewohnheitsrecht osmanischer Prägung, das sich aus der Übung der Hohen Pforte herausbildete[2089], eine große Bedeutung. Die osmanische Völkerrechtslehre ging von einer homogenen islamischen Staatenwelt aus. Obwohl ihr Prinzipien wie die universelle Gültigkeit von Recht und damit auch die Rechtsverbindlichkeit geschlossener Verträge, die Stellung Neutraler in bewaffneten Konflikten oder die Immunität diplomatischer Vertreter nicht fremd waren, sah diese Völkerrechtstheorie keine völkerrechtlichen Beziehungen zwischen den einzelnen islamischen Staaten vor, die mit jenen zwischen den christlichen Staaten vergleichbar gewesen wären[2090]. Das osmanische Ideal einer gesellschaftlichen und politischen Ordnung der islamischen Staaten ließ sich auf die hochmittelalterlichen Staatskonzeptionen des Nahen Ostens zurückführen, die vom Prinzip des Gehorsams gegenüber dem religiösen und weltlichen Recht sowie der Vorstellung von der Gerechtigkeit des Herrschers bestimmt waren. Diesem Ideal entsprechend konnte nur eine gerechte innerstaatliche Ordnung den für den Unterhalt einer starken Armee nötigen Wohlstand schaffen, und nur eine große militärische Schlagkraft konnte die Kontrolle des Staates sicherstellen[2091].

Die Welt wurde nach der hanefitischen Rechtsschule in den *dâr al-Islam*, das „Haus des Islam" und in den *dâr al-harb*, das „Haus des Krieges", unterteilt. Das „Haus des Islam" umfasste die von einem Muslim regierten Gebiete in der die *shari'a* galt, das „Haus des Krieges" bezeichnete alle anderen Gebiete, die den Islam „noch" nicht angenommen hatten. Grundsätzlich war die islamische Gemeinschaft schon

---

außereuropäischen Staaten, die Normen des internationalen Naturrechts für sich als verbindlich zu erklären. Dies hätten sowohl die Schriften der Begründer der europäischen Völkerrechtstheorie als auch die völkerrechtliche Praxis der europäischen Staaten unter Beweis gestellt: Toyoda, S. 19–37. Zur Rolle des Osmanischen Reiches im System des Gleichgewichts der europäischen Mächte siehe auch: Bóka 2013, S. 333–342.

2086 Das Osmanische Reich lehnte es entschieden ab, die völkerrechtlichen Kontakte mit dem christlichen Abendland als Teil einer gemeinsamen Rechtsordnung anzusehen: Preiser, S. 56–60.

2087 Zur Rolle der *shari'a* im osmanischen Rechtssystem: Inalcik 1996, S. 157–165.

2088 Diese Rechtsschule wurde vom Gelehrten Abu Hanifah gegründet, der im Jahr 768 starb. Vgl. Khadduri, S. 271. Vgl. Istanbuli, 109–112.

2089 Ausführlich: Panaite, S. 381–390.

2090 Vgl. Severi, S. 283. Vgl. Ziegler 2008, The peace treaties of the Ottoman Empire, S. 227–228. Vgl. Janssen, S. 45. Vgl. Kruse, S. 222–223. Der Fall eines innermuslimischen Krieges war nach islamischem Recht nicht zulässig: Kissling 1974, S. 10. In der Staatenpraxis des 16. und 17. Jahrhunderts standen sich die drei islamischen Großmächte, das Osmanische Reich, Persien und das Reich der indischen Großmogule, ebenso distanziert bis feindlich gegenüber, wie es zum Beispiel im Verhältnis zwischen protestantischen und katholischen Mächten der Fall war. Vgl. Black, S. 193–195.

2091 Koller, S. 143.

immer dazu verpflichtet, ihren Glauben mit Hilfe des *djihâd* (der „Bemühung"), also durch Wort und Tat, zu verbreiten und sich dabei nach dem islamischen Recht der *shari'a* zu richten. Das Ziel sollte es sein, solange den Islam mit Hilfe des *djihâd*, in diesem Fall des „Heiligen Krieges"[2092], zu verbreiten, bis der Zustand einer *Pax Islamica* erreicht ist[2093].

Durch die Nichtanerkennung fremder Rechtssysteme konnte nach islamischer Auffassung auch keine Gleichheit unter den Völkerrechtssubjekten bestehen[2094]. Für die islamische Rechtslehre war ein für alle Staaten gleichermaßen gültiges Völkerrecht nicht vorstellbar. Lediglich unilaterale Normen, die für das Verhalten der Muslime mit der Außenwelt gelten sollten, wurden aufgestellt. Die Außenwelt mit ihren Rechtsnormen waren für einen Muslimen bedeutungslos, da aus seiner Sicht dort nur faktische Gegebenheiten herrschten[2095]. Dauerhafter Frieden zwischen einem islamischen Staat und einem Staat des *dâr al-harb* war nach islamischem Recht nicht möglich. Deshalb schloss die Hohe Pforte bis ins 17. Jahrhundert hinein mit „Ungläubigen" auch keine Friedensabkommen im christlichen Sinne, sondern nur Waffenstillstände ab[2096]. Prinzipiell akzeptierte das Osmanische Reich den gewohnheitsrechtlichen Grundsatz *pacta sunt servanda,* auch wenn Verträge mit „Ungläubigen" geschlossen wurden[2097]. Allerdings erlaubten einige Rechtstexte (*fetvâs*) den islamischen Herrschern einen Vertrag zu brechen, wenn es die Interessen des islamischen Staates erforderten[2098]. Irritierend wirkte folglich auf die christliche Seite das dem Begriff *mudârâ* (die „Verstellung") zugrunde liegende Prinzip, wonach ein Vertragsbruch nach islamischen Gesetzen rechtlich sanktioniert war, sofern dieser dem *djihâd* diente[2099].

Trotz aller unilateralen Elemente, welche die völkerrechtlichen Beziehungen zwischen christlichen und islamischen Staaten charakterisierten, wies die völkerrechtliche Praxis durchaus auch Akte der Gegenseitigkeit auf, wie zum Beispiel die Erfordernis, dass ein Vertrag sowohl vom muslimischen, als auch vom christlichen Herrscher ratifiziert werden musste[2100].

Um den andauernden Konfliktzustand zwischen inner- und außerislamischer Welt etwas zu entschärfen und um Friedens- und Handelsverträge zu ermöglichen, legten islamische Rechtsgelehrte bereits im 8. und 9. Jahrhundert Bedingungen fest, unter denen friedliche Beziehungen mit nichtmuslimischen Staaten möglich sein

---

2092 Vgl. Matei 1972, S. 68–71. Es wurde zwischen einem offensiven und einem defensiven *djihâd* unterschieden, letzterer wurde vor allem ab dem 18. Jahrhundert bemüht: Panaite, S. 125–131.

2093 Vgl. Kissling 1974, S. 9–10.

2094 Khadduri, S. 45. Vgl. Komatsu, S. 138.

2095 Kruse, S. 223–224.

2096 Severi, S. 283. Vgl. Spuler, S. 314–315.

2097 Der Grundsatz der Vertragstreue gegenüber „Ungläubigen" geht unmittelbar aus dem Koran hervor: Komatsu, S. 136.

2098 In diesen Fällen berief sich die Hohe Pforte auf die *shari'a*: Panaite, S. 229–238.

2099 Ausführlich zu den unterschiedlichen Facetten dieses oft missverstandenen Prinzips: Kissling 1974, S. 7–14.

2100 Severi, S. 283.

sollten. Der Krieg sollte durch einen „ewigen Frieden“ beendet werden, wenn die „Ungläubigen“ zum Islam konvertierten oder sich dem Sultan als Tributzahler unterwarfen. Sollte keine der beiden Bedingungen erfüllt sein, dann durften islamische Staaten lediglich zeitlich beschränkt den „Heiligen Krieg“ unterbrechen, und auch dann nur wenn das Interesse der „Gemeinschaft der Gläubigen“ (*Umma*), also des Osmanischen Reiches, es erforderte[2101].

Allerdings unterschied die Hohe Pforte zwischen jenen „Ungläubigen“, die mit ihr Verträge abgeschlossen hatten und jenen, bei denen das nicht der Fall war. Die christlichen Staaten, die über Vertragsurkunden (*'ahd-nâme-i hümâyûn*), also einen Waffenstillstand, Friedens- oder Handelsvertrag mit dem Sultan verbunden waren, genossen als *muahidîn* eine privilegiertere Stellung als diejenigen, mit denen noch keine Verträge abgeschlossen wurden (genannt *harbî*)[2102]. Der Rechtsstatus des „Fremden“ (*müste'min*), der sich als Händler oder Gesandter auf islamischem Gebiet aufhielt, wurde sowohl durch die *shari'a* als auch durch großherrliche Vertragsurkunden (*'ahd-nâme-i hümâyûn*) des Sultans geregelt. Letztere wurden einem christlichen Staat als Friedens- oder Handelsvertrag erteilt und schützten das Leben und den Besitz seiner Angehörigen auf dem Gebiet des Osmanischen Reiches[2103].

Besiegte Völker hatten die Wahl, den Islam anzunehmen oder sich zu unterwerfen und als sogenannte Raja (*reaya*) der islamischen Oberschicht zu dienen[2104]. Dem sogenannten *'urf*-Prinzip entsprechend verfügte der Sultan über Möglichkeiten, unabhängig von der *shari'a* „öffentliches“ Recht zu erlassen, das das Leben der Untertanen regeln sollte und *kânûn* genannt wurde[2105]. In dieses duale Prinzip eingebettet war das sogenannte *millet*-System, wonach vom Sultan direkt beherrschte Anhänger von Buchreligionen (*dhimmîs*) das Recht hatten, nach ihren eigenen Religionsgesetzen zu leben und ihre Angelegenheiten autonom zu regeln[2106]. Jeder Glaubensgemeinschaft (*millet*) stand ein *millet-başi* vor, im Falle der Orthodoxen war es der Patriarch von Konstantinopel, der durch diese Funktion eine wichtige Rolle im osmanischen Herrschaftsapparat übernahm[2107]. Für das von den Osmanen 1541 in ihr Provinzialsystem integrierte Zentral- und Südungarn bedeutete dies, dass sich die Vertreter der Hohen Pforte offiziell nicht in die „törichten Riten“ der Christen einmischten, solange die Steuern pünktlich gezahlt wurden. Für die eingeschränkte Ausübung ihres

---

2101 Ausführlich: Panaite, S. 158–187. Zu den einen Friedensschluss befürwortenden Argumenten im islamisch-osmanischen Völkerrecht vgl.: Kurz, S. 343–360.

2102 Ebenda, S. 397.

2103 Einem nicht steuerzahlenden „Ungläubigen“ erlaubte die *shari'a* auf islamischem Gebiet ursprünglich nur einen zeitlich beschränkten Aufenthalt bis zu einem Jahr: Ebenda, S. 241–242.

2104 Heppner 1988, S. 204–207. Vgl. Daugsch 1990, Osmanisches Reich, S. 4. Vgl. Sugar, S. 43–49. Vgl. Faroqhi 2010, S. 48–51. Vgl. Kreiser 2001, S. 77–78.

2105 Die Geistlichen der *'ulemâ'* bekämpften jedoch das duale Rechtssystem des Staates und forderten die alleinige Gültigkeit der *şarî'a*: Inalcik 1978, S. 108–110. Zur Rolle des Sultans als Gesetzgeber: Lybyer, S. 152–159. Vgl. Schulze 1998, S. 348. Vgl. Kreiser 2001, S. 64–66. Vgl. Black, S. 199–201, 210–215. Vgl. Hallaq, S. 178–193.

2106 Neben dem *millet* der Muslime gab es noch dasjenige der griechisch-orthodoxen Konfession, der Armenier und der Juden: Shaw, S. 167, 169–170. Vgl. Kandler, S. 268–269.

2107 Dazu: Panaite, S. 168–176.

Glaubens mussten die Christen eine Kopfsteuer, die *Cizye* (türkisch), entrichten[2108]. Die Freiheit der religiösen Praxis der Christen stieß dort an ihre Schranken, wo „die Demonstration der Überlegenheit des Islams" begann, wobei diese Freiheit in Ungarn, in dem kaum Muslime lebten – die osmanischen Grenztruppen sollen etwa 10.000 Mann betragen haben –, etwas weitreichender als auf dem Balkan ausfiel[2109]. In den Städten wurden alle größeren Kirchen in Moscheen umgewandelt; wurde eine Moschee in der Nähe einer Kirche erbaut, musste letztere geschlossen werden. Neubauten von Kirchen wurden selten genehmigt, das Läuten der Kirchenglocken war ebenso wie alle anderen lauteren religiösen Praktiken verboten. Das öffentliche Trinken von alkoholhaltigen Getränken war untersagt, Nichtmuslime durften unverhüllte Kreuze und Schweine nicht an den Häusern der Moslems vorbeiführen und Christen war in den Städten das Reiten auf Pferden ebenfalls nicht erlaubt. Darüber hinaus war es ihnen verboten, gewisse Kleiderfarben oder Waffen zu tragen. Diese Bestimmungen dienten nicht nur dazu, die Überlegenheit des Islam herauszustellen; sie sollten vor allem die nötigen Anreize für eine Konversion bieten[2110].

Am stärksten wirkte sich die osmanische Eroberung auf die katholische Kirche aus, deren Strukturen – auch durch die Flucht der hohen Geistlichkeit – zusammenbrachen und deren Angehörige unter der Konfrontation des Sultans mit Kaiser und Papst besonders zu leiden hatten. Darüber hinaus behinderte das kirchliche Leben die Konkurrenz zwischen den von den Habsburgern ernannten Diözesanbischöfen, die ihre Gemeinden aus dem Exil zu leiten versuchten, und den von der Kurie ernannten Missionsbischöfen, die eine direkte Betreuung der Katholiken im osmanischen Ungarn sicherstellen sollten. Letztere konnten in der alten Hauptstadt Ofen keinen Sitz beziehen, da die Osmanen nach dem „Langen Türkenkrieg" in der Residenzstadt des Paschas sogar die Präsenz von einfachen katholischen Pfarrern verboten[2111]. Unter der osmanischen Herrschaft konnten sich vor allem die protestantischen Konfessionen und die orthodoxe Kirche ausbreiten[2112]. Neben der reformierten Kirche bevorzugten die osmanischen Behörden, sofern sie sich überhaupt in die innerchristlichen Auseinandersetzungen einmischten, vor allem die unitarischen (antitrinitarischen) Gemeinden, deren Ablehnung der Heiligen Dreifaltigkeitslehre mit dem strengen Monotheismus des Islam die größten Schnittmengen aufzuwei-

---

2108 Zusätzlich zur Entrichtung der Kopfsteuer waren die „Schutzgenossen" verpflichtet, die muslimischen Truppen mit Lebensmitteln zu versorgen sowie Muslime bis zu drei Tage lang zu beherbergen und sie mit Pferden zu versorgen: Petritsch 1991/1992, S. 137–139.

2109 Der Anteil der Muslime im osmanischen Zentralungarn soll zu keinem Zeitpunkt 30 Prozent der Gesamtbevölkerung überstiegen haben: Petritsch 1991/1992, S. 138–139, 148.

2110 Petritsch benutzt deshalb in diesem Zusammenhang den Begriff „formale Toleranz": Petritsch 1991/1992, S. 138–139. Vgl. Petritsch 2005, S. 18–19. Vgl. Sugar, S. 50–54.

2111 Ausführlich zu den katholischen Missionsbischöfen im osmanischen Ungarn im 17. Jahrhundert: Tóth 2007, Katholische Erneuerung, S. 215–221. Vgl. Petritsch 2005, S. 18. Das Feindbild des christlichen Häretikers verleitete Kardinal Alexander Farnese zum Ausspruch: „Die Türken sind besser als die Protestanten: denn wenn sie die Christen leben lassen, so erlauben sie ihnen als Katholiken zu leben": Göllner 1978, S. 195.

2112 Vgl. Höbelt, S. 360. Vgl. Gaiduk, S. 89–91. Im 16. und 17. Jahrhundert wuchs die Zahl der serbisch-orthodoxen Bistümer im osmanischen Ungarn auf 15 an: Winkelbauer, Bd. 2, S. 75–76.

sen schien[2113]. Aber auch das Augsburger Bekenntnis profitierte von der Präsenz der Osmanen, direkt in Zentralungarn und indirekt in Siebenbürgen, auf das die Habsburger keinen unmittelbaren Einfluss ausüben konnten, so dass die Redewendung „Der Türke ist der Lutherischen Glück" auch für den Donau-Karpaten-Raum zutraf[2114]. Da die Osmanen kaum Kirchenneubauten genehmigten, mussten sich in gemischtkonfessionellen Orten die Kirchengemeinden ein Gotteshaus teilen – in Ofen und Pest durften die Christen lediglich jeweils eine Kirche behalten[2115]. Trotz aller Benachteiligungen der christlichen Bevölkerung durch die osmanische Verwaltung funktionierte letztere auch aufgrund eines ausgefeilten Zusammenspiels zwischen muslimischen und lokal-christlichen Strukturen. Markus Koller konnte dies anhand der Stellung der ungarischen Richter (*bíró*) innerhalb des osmanischen Verwaltungsapparats nachweisen[2116].

In diesem Zusammenhang stellt sich die Frage, wie das Zusammenspiel zwischen den christlichen Vasallenstaaten und der Hohen Pforte auf der obersten Reichsebene funktionierte, also die Frage nach dem Platz, den ein christlich-abendländischer Staat wie das Fürstentum Siebenbürgen im osmanischen Staats- und Rechtsgefüge einnehmen konnte. Unabhängig von der Kreuzzugspropaganda des Mittelalters begannen einige christliche Staaten im frühen 16. Jahrhundert, der Hohen Pforte gegenüber einen realpolitischen Kurs einzuschlagen, um sie als Bündnispartner für eigene machtpolitische Zwecke zu gewinnen – zum Beispiel Frankreich. In diesem Prozess spielte das spätere Fürstentum Siebenbürgen eine Vorreiterrolle, die ihm die Eigenstaatlichkeit überhaupt erst einbrachte[2117].

Nach seiner Wahl zum König von Ungarn am 10. November 1526 in Stuhlweißenburg bekam Johann Szapolyai die militärische Überlegenheit der Habsburger zu spüren, so dass er bei seinem Schwiegervater, dem König von Polen, Zuflucht suchen musste. Im polnischen Exil nahm Johann Szapolyai 1528 Verbindung mit Sultan Süleyman auf, um sich dessen Unterstützung gegen Ferdinand von Habsburg zu versichern. Der Preis der am 29. Februar 1528 abgeschlossenen Vereinbarung war die Unterwerfung Ungarns samt Siebenbürgen unter die Oberhoheit des Osmani-

---

2113 Unter dem Heidelberger Flüchtling Adam Neusser bildete sich in den 1570er Jahren in Konstantinopel eine antitrinitarische Lobbygruppe, die vom Pfortendolmetscher Mahmut aktiv in ihrem Kampf gegen den Calvinismus unterstützt wurde: Ács, S. 314. Zu den antitrinitarischen Glaubensflüchtlingen im Osmanischen Reich: Müller, Ralf 2005, Franken im Osten, S. 216–231.

2114 Petritsch 2005, S. 20–21. Nicht wenige lutherische Prediger rühmten im 16. Jahrhundert, dass die Osmanen, im Gegensatz zu Kaiser und Papst, den Protestanten in Ungarn eine freie Religionsausübung ermöglichten: Kissling 1964, S. 13–15. Vgl. Petritsch 1991/1992, S. 140–141. Zur Auseinandersetzung Luthers mit der „Türkenfrage": Göllner 1978, S. 188–195. Vgl. Varga, S. 55–56. Vgl. Matschke, S. 249–252. Vgl. Vocelka 1988, S. 22–23, 25–26.

2115 Dennoch mussten auch unitarische Geistliche mit der Todesstrafe rechnen, wenn sie in den Verdacht gerieten, den Koran herabgewürdigt zu haben. Vgl. Bitskey, S. 173–180. Im Rahmen sogenannter „Religionsgespräche" konnten sich die christlichen Geistlichen leicht dem Vorwurf der Beleidigung des Islam aussetzen: Petritsch 1991/1992, S. 138–139, 143.

2116 Koller, S. 122–142.

2117 Ausführlich: Csáky, S. 178–179, 185–188.

schen Reiches[2118]. Ergänzt wurde die Vereinbarung von 1528 durch eine 1529 vom Sultan einseitig angefertigte Vertragsschrift, die die Bezahlung der ungarischen Jahressteuer an die Hohe Pforte festlegte sowie durch eine Vertragsurkunde von 1530, in der Sultan Süleyman König Johann Szapolyai und das Königreich Ungarn unter seinen Schutz stellte[2119]. Der freiwillige Akt Johann Szapolyais wird in der Forschung als wichtiger Grund für die weitreichende Autonomie Siebenbürgens innerhalb des osmanischen Herrschaftsverbandes angesehen[2120]. Bedingt durch die politisch-militärischen Ereignisse bezog sich die Vereinbarung von 1528 nach 1541 de facto nur noch auf Siebenbürgen und die zu Siebenbürgen gehörenden östlichen ungarischen Komitate[2121]. Neben den Verträgen von 1528 bis 1530 besiegelte die Unterstellung des Säuglings Johann Sigismund Szapolyai unter den Sultan 1540/1541 das Schutz- und Abhängigkeitsverhältnis Siebenbürgens gegenüber der Hohen Pforte. Den neuen Bedingungen trugen die Stände mit der Anerkennung der osmanischen Oberhoheit auf dem Thorenburger Landtag von 1542 Rechnung. Damit etablierte sich das Osmanische Reich als Schutzmacht und Siebenbürgen wurde als Tributär- und Vasallenstaat von der Hohen Pforte abhängig[2122].

Diese neue Rechtsstellung als christlicher Vasallenstaat konnte jedoch weder über eine Zugehörigkeit zum „Haus des Krieges" (als *harbî* oder *muahidîn*) noch über eine zum „Haus des Islam" (als *müste'min* oder *dhimmîs)* definiert werden. Zwei islamische Rechtsschulen hatten jedoch Konzepte entwickelt, die auf die Rechtsstellung Siebenbürgens anwendbar waren. Die Shafi'î-Schule entwarf als Zwischenform den *dâr al-'ahd*, das „Haus des Paktes". Die von den Osmanen rezipierte hanefitische Schule entwickelte zwei Existenzformen, die zwischen dem „Haus des Krieges" und dem „Haus des Islam" standen: das „Haus des Waffenstillstandes" (*dâr al-muwâda'a*) und das „Haus des Tribut-Schutzbefohlenen" (*dâr ad-dhimma*). Panaite geht davon aus, dass Siebenbürgen beziehungsweise Ostungarn von 1528 bis 1541 Ersterem, nach 1541 Letzterem angehörten[2123]. Siebenbürgen verließ also das „Haus des Krieges", ohne in das „Haus des Islam" einzutreten. Dieser Übergang kann nicht an einem bestimmten Datum festgemacht werden. Der Prozess begann 1528 mit der Unterwerfung Johann Szapolyais unter Sultan Süleyman. Kurz vor dem Tode Johann Szapolyais wurde die Zahlung des *harâç* vereinbart[2124]. Als weitere Station dieses Prozesses ist die Bestätigung der Herrschaft des jungen Johann Sigismund Szapolyai

2118 Der Form nach soll die Vereinbarung von 1528 eine auf Gegenseitigkeit beruhende Vertragsurkunde *('ahd-nâme-i hümâyûn)* gewesen sein, die dem damals noch unabhängigen Königreich Ungarn Rechnung trug: Papp 2003, S. 144. Vgl. Recueil d'actes internationaux, S. 28.

2119 Papp 2003, S. 144. Wortlaut des *'ahd-nâme-i hümâyûn* von 1530 in: Ebenda, S. 156–161.

2120 Zach 1980/1981, S. 85.

2121 Vgl. Felezeu 1994, S. 18–19. Nach osmanischem Verständnis galt die Vereinbarung von 1528 weiterhin für das gesamte Königreich Ungarn.

2122 Müller 1923, S. 9–27.

2123 Ebenda, S. 415–421.

2124 Daugsch 1990, Osmanisches Reich, S. 5–6.

durch den Sultan 1540/1541 anzusehen[2125]. Die siebenbürgisch-osmanischen Beziehungen entwickelten sich fortan innerhalb eines Systems von gegenseitigen Rechten und Pflichten.

1541 versprach der Sultan dem jungen siebenbürgischen Herrscher Schutz und Unterstützung gegen jegliche Angriffe auf seine Person[2126]. In der großherrlichen Vertragsurkunde (*'ahd-nâme-i hümâyûn*) von 1566 verpflichtete Süleyman sich und seine Nachfolger, den siebenbürgischen Fürsten und dessen Land samt Freiheiten, besonders die der freien Fürstenwahl, zu beschützen und zu erhalten[2127]. 1576 betrachtete der Sultan Siebenbürgen als sein „Eigentum", woraus seine Schutzpflicht für das Land und dessen Stände abgeleitet wurden[2128]. Neben dem Schutz des Gebietsumfanges und der Gebietshoheit erstreckte sich die Schutzpflicht der Hohen Pforte auch auf die Unterstützung Siebenbürgens bei dessen Verteidigungskriegen. Dadurch waren die benachbarten osmanischen Befehlshaber (zum Beispiel 1574) und die Woiwoden der Moldau und Walachei zu Truppenentsendungen verpflichtet worden, letztere in den *'ahd-nâme-i hümâyûn* von 1573, 1614[2129] und 1631[2130]. Ferner gewährte der Sultan dem siebenbürgischen Fürsten Schutzbriefe für dessen Person, Familie und Besitz (zum Beispiel 1624[2131], 1644, 1645 und 1661). Weiterhin bot man ihm Asyl im Falle einer Vertreibung an (1604 und 1605). Diese Schutzversprechungen waren sowohl gegen ausländische Mächte[2132], als auch gegen benachbarte osmanische Beamte gerichtet, festgehalten unter anderem 1607, 1614 und 1631[2133]. Andererseits versprach der Sultan den Ständen Schutz gegen gewaltsame Eingriffe durch den Fürsten, zum Beispiel 1613 gegen Gabriel Báthory nach dessen Versuch, die innere staatliche Ordnung zu zerstören[2134]. Demnach ermöglichte das Suzeränitätsverhältnis zur Hohen Pforte auch die Erweiterung und Sicherung der ständischen Rechte gegenüber den Fürsten.

Eines der wichtigsten Rechte übte die Hohe Pforte in Siebenbürgen durch ihre Mitsprache bei der Wahl des Fürsten aus. Obwohl den ständischen Nationen 1566

2125 Abgeschlossen wurde diese Entwicklung mit der Unterwerfung Szapolyais 1566 im Heerlager Sultan Süleymans. Die Ausprägung des gewohnheitsrechtlichen Aspektes bedurfte einer längeren Übung: Panaite, S. 302–313, 384–394.

2126 Nach der Eroberung Ofens erhielt Johann Sigismund als „Untertan" der Hohen Pforte erstmals eine Bestallungsurkunde (*berât-i hümâyûn*) für Siebenbürgen: Papp 2003, S. 58–60, 144. Vgl. Schuler v. Libloy 1867, S. 122.

2127 Papp bezweifelt die Echtheit des *'ahd-nâme-i hümâyûn* von 1566: Papp 2003, S. 47–52, 60.

2128 Ein osmanischer Würdenträger soll sich folgendermaßen dazu geäußert haben: „Siebenbürgen ist eine Erfindung Sultan Süleymans und das Eigentum des mächtigsten Herrschers": Szakály, S. 40.

2129 Siehe die für Fürst Bethlen bestimmte Kapitulation der Hohe Pforte vom 17. Juli 1614 in: Recueil d'actes internationaux, S. 41.

2130 Die dem siebenbürgischen Fürsten in den Kriegen gegen die Habsburger zur Seite gestellten osmanischen Hilfstruppen nutzten diese Feldzüge ihrerseits zur Besetzung von Festungen, so zum Beispiel 1605 Gran und 1620 Waitzen: Ebenda, S. 45.

2131 Vgl. Recueil d'actes internationaux, S. 45.

2132 Vgl. Panaite: S. 353–359.

2133 Müller 1923, S. 10–12. Muslimen war es allgemein verboten, Güter in Siebenbürgen und anderen christlichen Vasallenstaaten zu besitzen oder zu erwerben: Maxim 1993, S. 242.

2134 Daugsch 1990, Osmanisches Reich, S. 9.

die freie Fürstenwahl vom Sultan zugesichert worden war, mussten bestimmte Bedingungen erfüllt werden, um dieser Wahl Rechtsgültigkeit zu verschaffen[2135]. Allem voran bestand die Hohe Pforte auf der Landes- und Adelszugehörigkeit des Kandidaten, so in den *'ahd-nâme-i hümâyûn* von 1550, 1607 und 1642. Eine besondere Herausforderung stellte vor diesem Hintergrund die Entscheidung Fürst Gabriel Bethlens dar, seine Frau Katharina von Brandenburg zu seiner Nachfolgerin zu bestimmen, zumal dies auch das Recht der Stände auf freie Fürstenwahl beeinträchtigte. Die Tatsache, dass die Hohe Pforte dieser Forderung Bethlens 1627 nachkam, verleitete den osmanischen Chronisten Mustafa Naima zur Bemerkung, im Falle Siebenbürgens handele es sich um ein „unabhängiges Königreich"[2136]. Generell forderte die Hohe Pforte eine Benachrichtigung von der bevorstehenden Wahl (zum Beispiel 1601) und das Recht der Bestätigung des gewählten Fürsten (zum Beispiel 1575, 1607 und 1631). Eine Verweigerung bedeutete die Rechtsungültigkeit der Wahl, so dass im 17. Jahrhundert die Gewohnheit aufkam, Bestätigungstaxen an den Sultan zu zahlen, erwähnt 1682 und 1684[2137].

Anders als oft in der älteren Literatur dargestellt, vollzog sich die Ernennung des siebenbürgischen Herrschers nicht nur in der Form der sogenannten großherrlichen Vertragsurkunde (*'ahd-nâme-i hümâyûn*). Das *'ahd-nâme-i hümâyûn* war das feierlichste Dokument der osmanischen Diplomatie, ging oft aus Verhandlungen hervor und war gewöhnlich an souveräne Herrscher adressiert. Darüber hinaus wurden *'ahd-nâme-i hümâyûn* auch an andere teilsouveräne Vasallen des Sultans, wie den Chan der Krim, den siebenbürgischen Fürsten und manchmal auch die Woiwoden der Moldau und Walachei verliehen. Aber das *'ahd-nâme-i hümâyûn* bezeichnete nicht nur Urkunden aus der Kanzlei des Sultans, es diente auch als Form für Verträge zwischen osmanischen Vasallen[2138] oder für Schriftstücke der osmanischen Provinzialbehörden, die an ihre Untertanen ein Privileg verliehen. Sándor Papp konnte für die Periode 1541–1606 ein osmanisches System für die Ernennung des siebenbürgischen Fürsten rekonstruieren, das sich in vier Schritte gliederte.

Zunächst wurde eine Botschaft an den Sultan gesandt, die den Tod des alten Herrschers bekanntgab und den Namen seines Nachfolgers enthielt. Der großherrliche Diwan traf eine Entscheidung und sandte einen Tschausch mit dem Verleihungsdokument (*hükm-i hümâyûn)* nach Siebenbürgen. In einem zweiten Schritt schickte der Sultan einen „hochwürdigen Hofmann" mit folgenden Verleihungsinsignien zum neuen Herrscher: großherrliches Banner, Zepter, Schwert, Fürstenhut und Reitpferd[2139]. Diesen Insignien wurde eine Begleitungsurkunde beigegeben, ebenfalls in der Form eines *hükm-i hümâyûn.* Nach der Verleihung wurde in einem drit-

2135 Zur Ausformung der ständischen Rechte bei der Fürstenwahl: Feneşan 1997, S. 234–243.

2136 Auf diesen Präzedenzfall berief sich Fürst Georg II. Rákóczi 1652 als er vom Sultan die Bestätigung seines Sohnes Franz als Nachfolger auf dem Fürstenthron forderte: Felezeu 2005, Statutul juridic, S. 68–70.

2137 Vgl. Felezeu 2005, Statutul juridic, S. 79.

2138 Als Beispiel dient eine Vereinbarung zwischen dem Chan der Krimtataren und Fürst Sigismund Báthory von 1598: Papp 2003, S. 143.

2139 Müller 1923, S. 32–45. Vgl. Feneşan 1997, S. 243–245.

ten Schritt vom Diwan der siebenbürgischen Gesandtschaft in Konstantinopel die Bestallungsurkunde (*berât-i hümâyûn)* ausgehändigt, die die Investitur endgültig bestätigte[2140]. Die darin enthaltenen Bestimmungen mahnten den neuen Fürsten, unter anderem die Steuern regelmäßig zu zahlen, gemäß dem Willen der Pforte zu regieren und ihr aufrichtig über jede Neuigkeit Bericht zu erstatten[2141]. Schließlich wurde nach einigen Verhandlungen in einer Vertragsurkunde, die in die Form eines *'ahd-nâme-i hümâyûn* gegossen war, das grundsätzliche Verhältnis beider Länder geregelt und besonders die freie Wahl des Herrschers hervorgehoben[2142]. Im Rahmen weiterer „Befehle" wurde der Fürst öfters an diese Pflichten erinnert[2143]. Ferner musste er auch gegenüber den siebenbürgischen Ständen seine Treue zur Hohen Pforte erklären. Dieses geschah zum Beispiel in der Wahlkapitulation Michaels I. Apafi, festgehalten in der dritten Bedingung, worin es unter anderem heißt, dass der Fürst niemals von der Pforte abfallen dürfe[2144]. Es kam jedoch vor, dass der Fürst vor seiner Wahl durch den Landtag de facto von der Pforte ernannt wurde, so geschehen 1604 bei Stefan Bocskai, 1661 bei Michael I. Apafi und 1690 bei Emmerich Thököly. Ferner setzte die Pforte auch von ihr anerkannte Fürsten militärisch und formal ab, wie zum Beispiel Gabriel Báthory 1613 und Georg II. Rákóczi 1657[2145]. Meistens wurden die Maßnahmen durch rechtswidriges Verhalten seitens der Fürsten ausgelöst, im Falle Gabriel Báthorys war es die geplante und versuchte Zerstörung der Ständefreiheiten[2146].

Das Tributärverhältnis Siebenbürgens zur Pforte äußerte sich in der jährlich (meistens am 26. Oktober) zu entrichtenden „Türkensteuer", dem *harâç*[2147]. Diese Abgabe wurde 1541 von Sultan Süleyman auf 10.000 Goldgulden festgelegt[2148], ab 1575 betrug sie 15.000 Goldgulden. Wegen der Wirren zu Beginn des 17. Jahrhunderts erließ die Pforte dem Fürstentum zwischen 1603 und 1613 die Steuer, 1616 dessen gesamte angehäufte Steuerschuld. Danach betrug die Steuer wieder 10.000, nach 1648 bereits 15.000 Goldgulden[2149]. Ab 1658, nach dem Konflikt zwischen Georg II. Rákóczi und der Pforte, stieg sie auf 40.000 Goldgulden[2150].

Gegen eine Erhöhung der Steuer protestierten die Stände vor allem zwischen 1642 und 1647, da sie die Höhe der Steuer als den Freiheiten des Landes zugehörig

---

2140 Anlässlich der Bestätigung der siebenbürgischen Fürsten durch den Sultan wurde das *ahd-nâme-i hümâyûn* meistens in das *berât-i hümâyûn* eingeschlossen: Matei 1973, S. 86. Vgl. Zach 1980/1981, S. 85.

2141 Babinger, S. 123–124.

2142 Papp 2003, S. 144–145.

2143 Beydilli, S. 53–54, 62, 64.

2144 Schuler v. Libloy 1867, S. 145–146.

2145 Müller 1923, S. 36–40.

2146 Daugsch 1990, Osmanisches Reich, S. 9.

2147 Vgl. Panaite, S. 332–336.

2148 Vgl. Recueil d'actes internationaux, S. 30. Vgl. Tratatele internaţionale, S. 81.

2149 Müller 1923, S. 12–18. Vgl. Petritsch 2005, S. 21–22.

2150 Felezeu 2005, Statutul juridic, S. 73–78. Vgl. Zach 1980/1981, S. 86. Zusammensetzung, Überbringung und Verwendung des siebenbürgischen *harâç* ausführlich beschrieben bei: Feneşan 1997, S. 224–234.

ansahen[2151]. Diese als Pauschalsumme angeforderte Steuer war im Vergleich zu den Zahlungen der beiden Woiwodschaften Moldau und Walachei, die ökonomisch nur einen Bruchteil Siebenbürgens in die Waagschale werfen konnten, verhältnismäßig gering[2152]. Bemerkenswert ist, dass die Habsburger während ihrer Besatzungszeiten 1551–1556 und 1601–1604 die „Türkensteuer" für das Fürstentum Siebenbürgen weiterhin zu entrichten versuchten[2153]. Zusätzlich zu der Jahressteuer war es üblich, der Hohen Pforte Geschenke zukommen zu lassen, die etwa dem Wert der jeweiligen Jahressteuer entsprachen, und zwar in Form von Bargeld und Silber, goldenen und silbernen Gefäßen, Waschbecken und Leuchtern sowie mehreren Falken. Solche Geschenke waren vor allem für den Sultan, dessen Gemahlin, den Großwesir, den Kaimakam (Stellvertreter des Großwesirs) und mehrere Wesire und Paschas bestimmt, aber auch geringere Würdenträger und Beamte wurden zum Beispiel 1663 als Empfänger aufgeführt[2154]. Jakob Harsányi Nagy, der als Dolmetscher des siebenbürgischen Fürsten Georg II. Rákóczi in Konstantinopel wirkte, fasste seine in der Mitte des 17. Jahrhunderts gemachten Erfahrungen folgendermaßen zusammen: „Die Mühle des Türken wird durch Geschenke angetrieben". Und er ergänzte: „Ohne Geschenke bleiben die Augen des Türken blind, sein Mund stumm"[2155].

Weitere Hauptpflichten legten fest, dass Siebenbürgen den Grundlinien der osmanischen Außenpolitik folgen[2156] und vor allem seiner Kriegsdienstpflicht nachkommen musste, die schon zu Zeiten Sultan Süleymans festgelegt worden war.

Die persönliche Anwesenheitspflicht des siebenbürgischen Fürsten bei den Truppen erfüllte Gabriel Bethlen 1614 und 1617. Michael I. Apafi wurde von der Pforte 1663 ausdrücklich aufgefordert, dieser Pflicht nachzukommen. Hatte der Fürst während eines Feldzuges den Oberbefehl über alle osmanischen Truppen samt Verbündeten inne, so sollte er mit den Insignien Schwert, Zepter, Kaftan und Reitpferd ausgestattet werden. Die siebenbürgischen Fürsten waren verpflichtet, den benachbarten osmanischen Paschas, den Woiwoden der Moldau und der Walachei sowie dem Chanat der Krim militärisch beizustehen[2157]. Gegenüber christlichen Staaten sollte dieses nur im Falle eines Verteidigungskrieges verbindlich sein[2158]. Im Gegen-

---

2151 Müller 1923, S. 18.

2152 Zach 1980/1981, S. 86.

2153 Dazu: Feneşan 1997, S. 218. Vgl. Daugsch 1990, Osmanisches Reich, S. 5–6.

2154 Müller 1923, S. 19–24.

2155 Kármán 2010, S. 565–566.

2156 Maßgeblich war das Prinzip „Sei meines Freundes Freund und meines Feindes Feind" (*dostumuza dost ve düşmenimize düşmen olduğun*): Panaite, S. 336–339. Vgl. Matei 1972, S. 73–74. Dies führte auch zu einer Einflussnahme des Sultans auf die Heiratspolitik des siebenbürgischen Herrschers: Feneşan 1997, S. 249–264. Desgleichen findet sich diese Formulierung in christlich-abendländischen Bündnisverträgen als *amicus amicorum* beziehungsweise *inimicus inimicorum* wieder: Rill, S. 113.

2157 Müller 1923, S. 25–27, 67–69. Die siebenbürgischen Fürsten waren auch verpflichtet, flüchtige Gefangene aus diesen Gebieten oder aufständische Bojaren aus der Moldau und Walachei wieder auszuliefern: Vgl. Maxim 1993, S. 243.

2158 In diesen Fällen wurde öfters versucht, die militärischen Anstrengungen mit der Jahressteuer aufzurechnen: Vgl. Panaite, S. 339–342.

satz zum westlichen Europa lag dem Vasallenverhältnis zwischen Sultan und Fürst auch im 17. Jahrhundert die mittelalterliche Vorstellung einer persönlichen Verbindung zugrunde[2159].

Zur Rangstellung des Fürsten innerhalb des osmanischen Herrschaftsverbandes ist zu bemerken, dass diese eine der Unter-, Neben- und Überordnung war. Entsprechend seiner Vasallenstellung war der siebenbürgische Fürst dem Sultan untergeordnet, wobei dieses Verhältnis vom Sultan als verwandtschaftlich (1566) und sogar als Vater-Sohn-Beziehung (1550) bezeichnet wurde. Dementsprechend kamen dem Fürsten beim Empfang in Konstantinopel 1566 außerordentliche Ehrungen zu[2160]. Im *'ahd-nâme-i hümâyûn* für Georg II. Rákóczi im Jahre 1649 wird der Fürst auch als „Stolz der christlichen Großfürsten, Auserlesener [...] des Messias-Volkes, Schlichter der [...] Nazarenergemeinde" bezeichnet[2161]. Weitere, dem siebenbürgischen Fürsten übergeordnete Personen waren der Großwesir, der Kaimakam, der Chan der Krim und der während eines Feldzuges vom Sultan über die siebenbürgischen Truppen eingesetzte Oberbefehlshaber[2162]. Die Stellung des Krim-Chans geht besonders aus osmanischen Briefen und Befehlen zwischen 1572 und 1576 hervor, in denen dem Krim-Chan, im Gegensatz zum Fürsten, die Ehrenformel zuteil wurde, während der Fürst in ausdrücklicher Befehlsform angesprochen wurde[2163]. Die herausgehobene Stellung des Krim-Chans ergab sich aus der außerordentlich großen militärischen Schlagkraft der tatarischen Reiterei, dem ausgedehnten und exponierten Territorium des Chanats im Norden des Schwarzen Meeres und vor allem der Zugehörigkeit der Krimtataren zum islamischen Kulturkreis[2164].

Dem siebenbürgischen Fürsten gleichgeordnet waren die meisten Paschas, wie zum Beispiel der Ofener, der Temeswarer, der Großwardeiner oder der Erlauer Pascha. Im übergeordneten Rangverhältnis stand der siebenbürgische Fürst gegenüber niederen und mittleren Paschas und osmanischen Beamten. Wurde der Fürst zum Oberbefehlshaber einer Armee der Hohen Pforte ernannt, waren ihm alle im Kriegslager anwesenden Paschas und Würdenträger samt Truppen untergeordnet, zum Beispiel 1662 und 1664[2165].

Im Rang dem Fürsten untergeordnet waren auch die Woiwoden der Moldau und Walachei, da sie nicht über die gleiche wirtschaftliche und militärische Stärke so-

---

2159 Vgl. Bély 1992, S. 53.

2160 Müller 1923, S. 45–47.

2161 Von Georg II. Rákóczi sind sowohl seine großherrliche Bestallungs- als auch seine großherrliche Vertragsurkunde bekannt: Babinger, S. 123. Vgl. Matei 1972, S. 74.

2162 Müller 1923, S. 47–49.

2163 Beydilli, S. 52–54, 74.

2164 Die größte Autonomie innerhalb des osmanischen Reichsverbandes besaß das Krim-Chanat im späten 16. Jahrhundert und frühen 17. Jahrhundert. Damals erhielt der Chan Tributzahlungen vom Zarenreich, Polen-Litauen, der Moldau und Walachei sowie den Tscherkessen. Im Rahmen seiner weitreichenden außenpolitischen Autonomie unterhielt der Chan weitreichende diplomatische Kontakte, u.a. zur Habsburgermonarchie. Erst im 17. Jahrhundert setzte eine politische und kulturelle Osmanisierung ein: Augustynowicz 2005, S. 322–323.

2165 Müller 1923, S. 49–54.

wie ein vergleichbares Ansehen verfügten[2166]. Die besondere Sorge des Sultans, Siebenbürgen im Kreis seiner „wohlbehüteten Länder" zu erhalten, äußerte sich in einer Reihe von Unterschieden gegenüber den beiden Woiwodschaften. Im Gegensatz zu diesen kam Siebenbürgen in der Regel in den Genuss des feierlichsten Dokuments der osmanischen Diplomatie, der sogenannten großherrlichen Vertragsurkunde (*'ahd-nâme-i hümâyûn*)[2167]. Während die Pforte die beiden Woiwoden lediglich als *vayvoda* oder *bey* bezeichnete, wurde der siebenbürgische Fürst in osmanischen Urkunden mit dem höherrangigen Titel eines *kraï/kiraly* [König] angesprochen[2168]. Darüber hinaus besaßen die siebenbürgischen Gesandten an der Hohen Pforte einen rechtlichen Status, der mit jenem Vertreter souveräner Mächte vergleichbar war (*elči*), während die Gesandten der Woiwoden mit den Vertretern der osmanischen Provinzgouverneure gleichgestellt waren[2169]. Im Gegensatz zu den Gesandten der Moldau und der Walachei besaßen die siebenbürgischen Diplomaten das Recht, Unterhaltszahlungen von der Hohen Pforte für die Zeit ihres Aufenthaltes am Bosporus zu erhalten und bei der Gewährung von Audienzen durch den Sultan oder den Großwesir bevorzugt zu werden[2170]. Schließlich wurde der Fürst, den die Osmanen als legitimen Nachfolger der ungarischen Könige ansahen, mit Formeln angesprochen, die auch im Schriftverkehr mit den christlichen Souveränen gebräuchlich waren[2171].

Um die eigenen politischen Vorstellungen durchsetzen zu können, war es für die siebenbürgische Seite unerlässlich, sich mit dem Behördenaufbau und der Regierungspraxis im Machtzentrum des Osmanischen Reiches eingehend auseinander zu setzen. Das wichtigste Entscheidungsorgan war der Großherrliche Diwan, der als Ort der Beratschlagung sowohl eine Behörde der Zentralverwaltung, als auch das höchste Forum der Gerichtsbarkeit und der Rahmen für die Entgegennahme der Anliegen des Volkes war[2172].

Vorsitzender des Diwans und wichtigster Ansprechpartner der europäischen Gesandten war der Großwesir (*wezîr-i a'zam*), der mächtigste Mann nach dem Sultan. Insbesondere in Kriegszeiten vertrat der Kaimakam (*qâ'im maqâm*) den Großwesir mit nahezu absoluten Vollmachten. Der Privatsekretär des Großwesirs, der *ketchu-*

2166 In den Jahren 1595, 1599 und 1655 mussten die beiden Woiwoden dem siebenbürgischen Fürsten huldigen: Vgl. Felezeu 1994, S. 9–10, 40. Maxim 1993, S. 241.

2167 Während die der Moldau, Walachei und der Stadtrepublik Ragusa gewährten *'ahd-nâme-i hümâyûn* eine einfache Ausführung aufwiesen, hatten jene für Siebenbürgen – vor allem im 17. Jahrhundert – einen besonders großen Umfang: Matei 1972, S. 72–73.

2168 Auch die Woiwoden der Moldau und Walachei bezeichneten sich selbst als *Voievod*, den siebenbürgischen Fürsten hingegen als *Crai*: Documenta Romaniae Historica, S. 497–500. Vgl. Zach 1980/1981, S. 86. Vgl. Müller 1923, S. 54. Vgl. Matei 1973, S. 86–87.

2169 Vgl. Malița, S. 349–352. Vgl. Matei 1972, S. 73–74.

2170 Vgl. Matei 1972, S. 73–74. Dies hing auch von dem Wert der vom Fürsten an die Hohe Pforte geschickten Geschenke ab. Außerdem hatten sie, im Gegensatz zu den moldauischen und walachischen Gesandten, das Recht, Asyl am Hof des Sultans zu beantragen: Felezeu 2005, Statutul juridic, S. 71–72.

2171 Vgl. Felezeu 2005, Statutul juridic, S. 51–53, 60–61, 64.

2172 Der Sultan nahm nur selten an seinen Sitzungen teil, manchmal lauschte er ihnen hinter einem Vorhang: Papp 2003, S. 15–17.

dâ bey, betreute den Geschäftsbereich der Inneren Politik und war für die Eingaben und Pfortenbefehle zuständig[2173]. Der *re'îs efendi* stand der Staatskanzlei vor und kümmerte sich um die auswärtigen Angelegenheiten. Der Hof- und Reichsmarschall (*çavuş başî*) war gleichzeitig für das Justizwesen zuständig und empfing die ausländischen Gesandten[2174]. Der *muftî* (Rechtsgutachter) erteilte als Haupt der Geistlichkeit die *fatwâ's*, die als Interpretationen der *şarî'a* für die Entscheidungen der Regierung eine wichtige Rolle spielten[2175]. Für die ausländischen Gesandten war weiterhin das Hofamt des obersten Torwächters (*kapîcî başî*) relevant, der als Zeremonienmeister die Geschenke der Gesandten ordnete und die Gäste über die Gebräuche und Zeremonien am Hofe unterrichtete. Eine der wichtigsten Personen für die Gesandten war der Pfortendolmetscher, der als erster Übersetzer eines der einflussreichsten Staatsämter inne hatte. Er verhandelte mit den Gesandten, überreichte ihnen Noten des Sultans und verschaffte ihnen Audienzen bei Hofe. Ursprünglich versahen dieses Amt christliche und jüdische Renegaten, ab Mitte des 17. Jahrhunderts Angehörige mächtiger Fanariotenfamilien[2176].

Zu den Privilegien des Fürstentums Siebenbürgen gehörte das *ius legationis*, also das Recht, Gesandte an auswärtige Mächte zu schicken und Vertreter dieser Mächte zu empfangen. Im Rahmen dieses Rechts durften der Fürst und die Stände Siebenbürgens durch eine ständige Gesandtschaft an der Hohen Pforte vertreten werden[2177]. Dieses Recht war üblicherweise nur ausländischen Mächten vorbehalten, wobei gewisse rechtliche Unterschiede zwischen siebenbürgischen und anderen christlichen Gesandten bestanden[2178]. Ständige Vertretungen am Bosporus unterhielten zum einen die christlichen Vasallen des Sultans. Neben dem Fürstentum Siebenbürgen handelte es sich um die Woiwodschaften Moldau und Walachei[2179] so-

---

2173 Insgesamt drei Sekretariate waren für die Ausfertigung der Entscheidungen des Großherrlichen Diwans zuständig. Die großherrlichen Vertragsurkunden (*'ahd-nâme-i hümâyûn*) wurden im *beglikci qalemi*, die Bestallungsurkunden (*berât-i hümâyûn*) im *tahvîl qalemi* und die Ernennungsurkunden der besoldeten Würdenträger im *rü'ûs qalemi* erstellt: Papp 2003, S. 17–18.

2174 Zur Zusammensetzung des Diwans: Inalcik 1996, S. 189–198. Für ausländische Gesandte war ein gutes Einvernehmen mit den Mitgliedern des Diwans entscheidend. König Ferdinand wies seinen Gesandten 1542 an, bei Erfolg seiner Mission den Wesiren eine jährliche Zahlung von 10.000 bis 20.000 Gulden zu versprechen: Austro-Turcica, S. 17.

2175 Zwischen dem Sultan und der hohen islamischen Geistlichkeit, der *Ulemâ*, die auch die führenden Juristen stellte, kam es regelmäßig zu Machtkämpfen, vor allem in Fragen der Interpretation des „Glaubenskampfes": Kissling 1974, S. 16–17.

2176 Vgl. Gautier, S. 91–94. Für das Ende des 16. und den Anfang des 17. Jahrhunderts sind auch zwei Ungarn belegt. Zwischen 1673 und 1724 haben ausschließlich Mitglieder der Familie Mavrocordato diese Stellung inne gehabt. Nach ihrem Dienst regierten sie als Hospodare der Moldau und Walachei: Spuler, S. 171–175. Ausführlich zur Karriere von Christen an der Hohen Pforte im 17. Jahrhundert: Maner, S. 665–670.

2177 Zach 1980/1981, S. 85.

2178 Ursprünglich wurde den christlichen Gesandten der Kontakt miteinander untersagt, erst im 17. Jahrhundert sind regelmäßige Treffen belegt: Spuler, S. 219–220.

2179 Nachdem die Woiwoden der Moldau und Walachei im 14. und 15. Jahrhundert gelegentlich Sondergesandte an fremde Herrscher geschickt hatten, wurde ihnen das *ius legationis* vom wie um die Stadtrepublik Ragusa[2180]. Zum anderen waren der Kaiser und König von Ungarn (seit 1547), die Könige von England (seit 1583) und Frankreich (seit 1535) sowie die Niederlande (seit 1612) und Venedig durch ständige Gesandtschaften an der Hohen Pforte vertreten[2181]. Die Königreiche Polen-Litauen und Schweden unterhielten zwar keine eigenen Vertretungen, schickten aber relativ häufig Repräsentanten an den Hof des Sultans[2182].

Die Sondergesandten des Fürsten von Siebenbürgen waren seinen ständigen Gesandten in Konstantinopel übergeordnet[2183] und wurden als Hauptgesandte oder Legaten bezeichnet[2184]. Diese Hauptgesandten, deren Zahl von einem bis zu vier betragen konnte, wurden teils vom Landtag, teils vom Fürsten ernannt. So erwähnte

---

osmanischen Suzerän um das Jahr 1500 entzogen. 1531 schrieb Sultan Süleyman an den König von Polen, dass die beiden Woiwoden seine Tributzahler und Diener seien, und dass er ihnen den ausdrücklichen Befehl erteilt habe, keine Gesandten an fremde Mächte zu schicken. Dies geschah zukünftig nur noch heimlich oder in Kriegszeiten, wie zum Beispiel unter der Herrschaft des Woiwoden Michael des Tapferen. Unter diesen außenpolitischen Umständen, aber auch aufgrund des häufigen Herrscherwechsels und des chronischen Geldmangels, konnten die Woiwoden keine ständigen Gesandtschaften unterhalten. Lediglich an der Hohen Pforte richteten die beiden Woiwoden ständige Gesandtschaften ein. Ihre Leiter führten den Titel *qapukehayā*, der den ständigen Vertretern der osmanischen Provinzgouverneure in der osmanischen Hauptstadt vorbehalten war. Damit wollte die Hohe Pforte das administrative bzw. innenpolitische Verhältnis zwischen dem Osmanischen Reich und den beiden Woiwodschaften herausstellen. Obwohl der Alltag der walachischen und moldauischen Vertreter mehr von administrativen als von politischen Angelegenheiten bestimmt war und ihre Tätigkeit eher jener von Konsuln als von Diplomaten entsprach, knüpften sie dennoch heimlich Kontakte zu den Vertretern der auswärtigen Mächte am Bosporus. Die Gesandtschaft der Walachei hieß *Vlah-Sarayı* bzw. *Eflak-Sarayı* und lag im Stadtteil Fanar, jene der Moldau wurde *Bogdan-Sarayı* genannt und befand sich im Stadtteil Duraman. Zu Leitern dieser Gesandtschaften berief der Woiwode in der Regel hochrangige Bojaren, oft ehemalige Inhaber des *Mare Postelnic*-Amtes (Marschall). Es handelte sich um den mächtigsten Hofbeamten, der auch für die auswärtigen Beziehungen der jeweiligen Woiwodschaft zuständig war und der auch ein bis zwei Stellvertreter hatte. Auf die Ausübung des *ius legationis* durch die Woiwoden der Moldau und Walachei geht Mircea Malița in einem Aufsatz ein, der allerdings im Geiste der nationalkommunistischen Geschichtsschreibung die absolute Souveränität der beiden „rumänischen Staaten" Moldau und Walachei herauszustellen versucht und damit eine tatsächlich nicht vorhandene Kontinuität eines unabhängigen rumänischen Staatswesens vom Mittelalter bis ins späte 19. Jahrhundert konstruiert: Malița, S. 344–354. Sachlicher und inhaltsreicher fallen die beiden Beiträge von Ion Matei aus: Matei 1972, S. 73–74; Matei 1973, S. 86–88.

2180 Mit Venedig bildete Ragusa (Dubrovnik) dank seiner intensiven Handelsbeziehungen die zentrale Nachrichten-Drehscheibe zwischen dem Orient und dem abendländischen Europa: Petritsch 2007, S. 352. Den Status eines christlichen Vasallenstaates besaßen bis ins 17. Jahrhundert auch einige ägäische Inseln: Matei 1972, S. 66. Vgl. Matei 1973, S. 87–91.

2181 Vgl. Gautier, S. 86–90. Vgl. Anderson 1993, S. 30–31. Vgl. Anderson 1998, S. 56–57, 218. Zu den venezianisch-osmanischen Beziehungen im 16. Jahrhundert: Höfert, S. 94–98, 124–141.

2182 Hiller 1998, S. 396. Vgl. Ziegler 2008, The peace treaties of the Ottoman Empire, S. 234–235, 239. Zur Rezeption „der Türken" in der polnischen Literatur des 16. Jahrhunderts: Milewska-Waźbińska, S. 437–442.

2183 1554 wurde der erste Hauptgesandte, 1560 der erste ständige Gesandte des Fürstentums Siebenbürgen bei der Hohen Pforte erwähnt: Müller 1923, S. 71, 73.

2184 Szabó 1968, S. 98.

man 1629 lediglich einen Hauptgesandten des Fürstentums bei der Pforte, während 1649 einer vom Landesfürsten und drei von den ständischen Nationen (je einer für den Adel, die Sachsen und die Szekler) bei der Pforte weilten. Für die Gesandten der ständischen Nationen war die Landtagsmitgliedschaft verpflichtend[2185]. Die Hauptaufgabe dieser Gesandten bestand vornehmlich darin, die Jahressteuer mit den zusätzlichen Geschenken zu überbringen und politische Gespräche bei der Hohen Pforte zu führen. Reise und Unterhaltskosten wurden sowohl vom Fürstentum Siebenbürgen, als auch von der Hohen Pforte übernommen, die auch für das Geleit und die Sicherheit des Hauptgesandten zuständig war[2186]. In Konstantinopel wurde die Gesandtschaft von Hofbeamten empfangen und ausgefragt. Anschließend durften sie während einer Audienz beim Sultan ihre Geschenke und Botschaften übergeben und mussten sich dabei einer gründlichen Befragung durch die Wesire unterziehen[2187].

Im Gegenzug schickte die Hohe Pforte nichtständige Gesandtschaften nach Siebenbürgen, insbesondere nach Fürstenwahlen, um die Schreiben und Geschenke des Sultans zu überbringen. Ständige Gesandtschaften unterhielt die Hohe Pforte grundsätzlich nicht, so dass sie ihre Informationen über Befragungen von Reisenden und Kreuzverhöre der Gesandten in Konstantinopel erhielt. Bei größeren Kriegszügen kam es auch zu Treffen zwischen dem Sultan und dem siebenbürgischen Herrscher, zum Beispiel im Zimonyer Militärlager zwischen Sultan Süleyman und Johann Sigismund Szapolyai im Jahr 1566. Wie bei dieser Zusammenkunft war es allgemein im 16. und 17. Jahrhundert üblich, sich des Ungarischen als Diplomatensprache bei Zusammenkünften mit osmanischen Würdenträgern zu bedienen[2188].

Der ständige Gesandte Siebenbürgens, auch Kapitiha, Residens oder Internuntius genannt[2189], wurde meistens vom Fürsten persönlich ernannt. 1658 und 1682 wird er als ein vom Fürsten und vom Lande bestellter Gesandter bezeichnet. Er entstammte meistens dem niederen Adel und residierte im sogenannten ‚Siebenbürgischen Haus', gelegen im Stadtteil Galata in Konstantinopel[2190]. Erst nach einer längeren Ausbildungszeit an der siebenbürgischen Gesandtschaft in Konstantinopel, zum Beispiel als Schreibkraft, konnte sich der zukünftige Kapitiha durch das Erlernen des Osmanischen und dem Kennenlernen der örtlichen Gewohnheiten für diese Stelle qualifizieren[2191]. Seine einjährige Amtszeit begann mit der Diensteinführung durch den Hauptgesandten, sie konnte aber auch von seinem Vorgänger oder durch

2185 Müller 1923, S. 74–80.

2186 In den Jahren 1557 und 1563 legte der Landtag die Verteilung der Kosten für die Gesandtschaft fest: Feneşan 1997, S. 275.

2187 Müller 1923, S. 90–96, 111–113.

2188 Ausführliche Schilderung der Zusammenkunft bei: Szabó 1968, S. 120–125.

2189 Müller 1923, S. 98.

2190 Das Haus wurde von Sultan Süleyman dem siebenbürgischen Staat geschenkt, mit der Auflage, es selber instand zu halten: Ebenda, S. 100–101. Vgl. Feneşan 1997, S. 269–270. Zum „Deutschen Haus", der Residenz der kaiserlichen Gesandten in Konstantinopel, ausführlich: Kaiserliche Gesandtschaften, S. 208–245.

2191 Szabó 1968, S. 111.

ein fürstliches Empfehlungsschreiben vorgenommen werden[2192]. Längere und vor allem kürzere Amtszeiten sowie Amtsüberschneidungen waren dabei keine Ausnahme, so zum Beispiel 1658–1664 und 1677[2193]. Der ständige Gesandte sollte alleine seinem Lande verpflichtet sein[2194]. Seine Hauptaufgabe bestand vor allem in dem Aufrechterhalten des diplomatischen Verkehrs mit der Pforte, Verhandlungen aufgrund von fürstlichen Instruktionen zu führen, Kontakte mit anderen christlichen Gesandten zu pflegen und den siebenbürgischen Fürsten über alles zu informieren. Der ständige Gesandte war zur Wahrung der Staatsgeheimnisse verpflichtet, ebenso zur Treue gegenüber dem Fürsten und zur Aufmerksamkeit im Dienste bei absoluter persönlicher Anspruchslosigkeit[2195]. Die Rechtsstellung des ständigen Gesandten wurde zwar in mehreren Vertragsurkunden (u. a. 1603) geregelt, deren Einhaltung oblag jedoch ausschließlich der Hohen Pforte. Dem Gesandten war die Religionsausübung und die seelsorgerische Betreuung durch Pfarrer gestattet (Kapellenrecht). Das Brief- und Depeschenrecht kannte man hingegen nicht, und so waren die Gesandten gezwungen, ihre Briefe in Geheimschrift zu schreiben. In mindestens drei Dublikaten ließen sie dann ihre Briefe von verschiedenen Boten dem Fürsten überbringen[2196]. Ferner bestand sowohl für den nichtständigen Gesandten als auch für den Hauptgesandten Haftpflicht gegenüber dem Fürsten und der Hohen Pforte, da weder das Prinzip der Unverletzlichkeit des Gesandten noch das der Exterritorialität des Gesandtschaftsgebäudes anerkannt waren. Dieses führte oft zu Repressalien und Inhaftierungen durch die Pforte. Dementsprechend wurde das Amt des ständigen Gesandten auch als „sclavenartige/r/, elende/r/ Dienst“ (1637) und als „Ort der Qualen“ (1642) beschrieben[2197]. Dass dieses Phänomen nicht nur auf den siebenbürgischen Gesandten zutraf, beweisen die Beschwerden der übrigen europäischen Gesandten. Die Vertreter des feindlichen Staates wurden oft als Geiseln genommen, um Druck auf den Entsendestaat auszuüben. Bei Kriegsausbruch wurden sie entweder gefangen gesetzt[2198], oder zwangsweise im osmanischen Heer mitgeführt, das ihren Heimatstaat angriff. Das Gesandtschaftsrecht wurde im Islam aus der Sicherheitszusage (*aman*) abgeleitet, die sich auf das Gastrecht gründete. Demnach konnte das Verhalten des fremden Herrschers die Stellung seines Vertreters am Hof des Sultans insofern beeinflussen, dass Feindseligkeiten das Gastrecht des

2192 Vgl. Müller 1923, S. 97–98, 100–102, 112–114, 138–142.
2193 Horváth, S. 510–515.
2194 Müller 1923, S. 100–112.
2195 Für die Verpflegung der Gesandtschaft waren sowohl der siebenbürgische Staat als auch die Hohe Pforte zuständig. Öfters beklagten sich die Gesandten darüber, dass die Lebensmittelzuschüsse nicht pünktlich oder nur gegen außerordentliche Geschenke an die Beamten der osmanischen Hofverwaltung geliefert wurden: Szabó 1968, S. 101–105.
2196 Ebenda, S. 102, 106, 108–109.
2197 Müller 1923, S. 100–103, 114.
2198 Der erste habsburgische Gesandte in Konstantinopel, Johann Maria Malvezzi, wurde 1551 von der Hohen Pforte als Pfand und Bürge für die Beachtung der Verträge inhaftiert: Komatsu, S. 129.

Gesandten verwirkten[2199]. Da die kaiserlichen Residenten in Konstantinopel häufig von dieser Praxis betroffen waren, bemühte sich die habsburgische Politik, die Freiheit ihres Vertreters am Bosporus vertraglich abzusichern, meistens ohne Erfolg. Die auf Prinzipien des römischen Rechts fußende Unverletzlichkeit des Gesandten im christlichen Abendland schien nicht auf die am Bosporus gängige Rechtspraxis übertragbar zu sein[2200]. An dem sich im 17. Jahrhundert durchsetzenden europäischen Netzwerk ständiger diplomatischer Vertretungen und diesem zugrunde gelegten Gewohnheitsrecht partizipierte die Hohe Pforte nicht. Sie verzichtete bis 1793 darauf, ständige Gesandte zu den europäischen Mächten zu schicken und übernahm damit auch keine Verpflichtungen[2201]. Bei Verletzungen des Grundsatzes der Exterritorialität und der persönlichen Immunität der Gesandten in Konstantinopel musste der Sultan dadurch nicht mit Gegenmaßnahmen und Repressalien rechnen. Die Haltung der Pforte gegenüber den fremden Gesandten änderte sich erst nach 1683, als das Osmanische Reich gezwungen war, sich den ungeschriebenen Normen des christlich-abendländisch geprägten Völkerrechts anzunähern[2202].

Zusammenfassend kann festgestellt werden, dass sich christliche Staaten dem Islam formell unterordnen konnten, ohne ihre staatliche Autonomie zu verlieren. Ihre Außenpolitik wurde insofern eingeschränkt, als sie nichts gegen die „Gemeinschaft der Gläubigen" *(umma)* unternehmen durften, ihr bei Aufforderung militärisch beistehen mussten (umgekehrt standen diese Staaten unter dem ausdrücklichen Schutz des Islam) und als Nichtmuslime die Gebietssteuer (*harâç*) turnusgemäß entrichten mussten. Zum Zeichen ihrer, wenn auch eingeschränkten Souveränität, wurden die vorhin genannten Punkte in Form einer großherrlichen Vertragsurkunde (*'ahd-nâme-i hümâyûn*) festgehalten und geregelt[2203]. Die Frage, inwieweit das Fürstentum Siebenbürgen im Sinne der christlich-abendländischen Völkerrechtsordnung souverän war, stellte sich aus islamischer Sicht erst gar nicht. Im islamischen Rechtsverständnis konnte ein Herrscher oder Staat nur dann souverän werden, wenn er sich Allah und seinem Propheten, also dessen Stellvertreter, dem Kalifen, unterordnet. Da der Sultan das Kalifenamt seit 1517 bekleidete, war diese Unterwerfung der einzige Weg für Siebenbürgen, „souverän" zu werden[2204].

Aufgrund der herausgehobenen Stellung des Sultans als Kalif und mächtigster islamischer Herrscher der Frühen Neuzeit war die islamisch-osmanische Völkerrechtsordnung ein Rechtssystem, das im Gegensatz zum *ius publicum europaeum* nicht die völkerrechtlichen Beziehungen zwischen staatlichen Gebilden innerhalb des gleichen Rechts- und Kulturkreises regeln sollte. Es hatte vielmehr die rechtlichen Verhältnisse mit den nichtislamischen Herrschern und Völkern zu ordnen. Diese Ord-

---

2199 Vgl. Strohmeyer 2005, S. 153.

2200 Ziegler 1996, S. 178.

2201 Strohmeyer 2005, S. 151–153. Vgl. Grewe, S. 340–341. Vgl. Komatsu, S. 144.

2202 Vgl. Müller, Klaus, S. 145–146.

2203 Daugsch 1990, Osmanisches Reich, S. 4–5.

2204 Zur Frage der Übertragung des Kalifenamtes auf die osmanischen Sultane: Kissling 1974, S. 23–24. Vgl. Daugsch 1990, Osmanisches Reich, S. 7.

nung erfolgte innerhalb eines abgestuften Systems, das sich in Form konzentrischer Kreise aus dem Grad der politischen und rechtlichen Verbundenheit mit dem Sultan und damit dem Islam ergab. Das Fürstentum Siebenbürgen konnte also innerhalb des osmanischen Reichsverbandes als autonomes Staatsgebilde weiterbestehen. Die dem Sultan direkt unterworfenen christlichen Territorien wurden hingegen in das osmanische Verwaltungssystem integriert. Die gängige Verwaltungseinheit in der Frühen Neuzeit war der *sancâk*, in dem ein *sancâkbeyi* die militärischen und administrativen Funktionen ausübte[2205]. Mehrere *sancâks* wurden zu Großprovinzen zusammengelegt, die den Namen *beylerbeyilik*, *eyâlet* oder *vilâyet* trugen. An ihrer Spitze stand ein *beylerbeyi*, der gleichzeitig als *paşa sancâgi* des zentralen *sancâks* den militärischen Oberbefehl inne hatte und als Statthalter des Sultans bei der Pfründevergabe eine zentrale Rolle spielte[2206]. Als Sultan Süleyman vom *vilâyet Erdel* (der Provinz Siebenbürgen) sprach, wollte er damit die Ebenbürtigkeit des siebenbürgischen Fürsten gegenüber den Paschas, hier besonders zum Pascha von Ofen, ausdrücken[2207]. Damit nahm das Fürstentum Siebenbürgen, wie auch alle anderen autonomen Vasallen der Pforte, seine Stellung im osmanischen Herrschaftsverband ein. Seine im Vergleich zu anderen Vasallenstaaten außergewöhnlich große Handlungsfreiheit im Bereich der Außenpolitik lässt sich vor allem durch die siebenbürgisch-habsburgische Konkurrenz in Ungarn erklären[2208].

2. Siebenbürgen in den habsburgisch-osmanischen Friedensverträgen

a. Die Verträge des 16. Jahrhunderts

Wirkmächtiger als der habsburgisch-siebenbürgische Gegensatz in Ungarn bestimmte der habsburgisch-osmanische Konflikt die Geschicke des Donau-Karpaten-Raumes im 16. und 17. Jahrhundert. Die habsburgisch-osmanischen Kriege zwischen 1526 und 1547 wirkten als Geburtshelfer des östlichen Königreichs Ungarn und steckten den Rahmen für den Prozess der Herausbildung des Fürstentums Siebenbürgen ab. Die ab Mitte des 16. Jahrhunderts herrschende Pattsituation zwischen

2205 Mit der ausbleibenden Eroberung neuer Gebiete ab der Mitte des 16. Jahrhunderts stieg die Anzahl der Kandidaten auf die Besetzung eines *sancâkbeyi*-Postens, so dass deren Amtszeit auf drei Jahre begrenzt wurde. Zum Wandel der osmanischen Provinzverwaltung in Ungarn ausführlich: Koller, S. 164–168.

2206 Herrscher, die sich freiwillig dem Sultan unterwarfen, durften ihre Gebiete als halbautonome Einheiten (*hükümets*) weiter regieren, wie das zum Beispiel bei kurdischen Kleinfürstentümern oft der Fall war: Köhbach 1994, Zentrum und Peripherie, S. 193–194.

2207 Der Pascha von Ofen stellte des Öfteren seine gleichwertige Stellung gegenüber dem Fürsten von Siebenbürgen in Frage. Siehe eine siebenbürgische Quelle von 1606 über die Gliederung des Osmanischen Reiches: Binder, S. 27–29. Daugsch 1990, Osmanisches Reich, S. 6–7. Vgl. Müller 1923, S. 50–51.

2208 Daugsch 1990, Osmanisches Reich, S. 7–9.

den beiden Großmächten auf dem Gebiet des mittelalterlichen Königreichs Ungarn wurde durch die bis 1683 geführten Kriege zwischen Kaiser und Sultan nicht grundlegend verändert. Dies politisch-militärische Gleichgewicht zwischen Wien und Konstantinopel begründete die Autonomie und Völkerrechtssubjektivität des Fürstentums Siebenbürgen und ermöglichte dessen außenpolitischen Handlungsspielraum. Deshalb stellen die 1547 bis 1699 geschlossenen habsburgisch-osmanischen Friedensverträge nicht nur einen Indikator für Verschiebungen im Gleichgewicht zwischen den beiden Großmächten dar, sondern beschreiben auch die völkerrechtliche Stellung des Fürstentums Siebenbürgen und die sich daraus ergebende völkerrechtliche Praxis der siebenbürgischen Herrscher. Im Folgenden soll Siebenbürgen nicht als Subjekt der europäischen Völkerrechtsordnung, sondern als Objekt der habsburgisch-osmanischen Völkerrechtspraxis betrachtet werden.

Während sich Siebenbürgen in seinem Verhältnis zum Sultan den Normen und Formen der islamisch-osmanischen Völkerrechtsordnung vollkommen unterwerfen musste, war dies für die deutsche Linie der Habsburger keineswegs von vornherein akzeptabel. Die habsburgisch-osmanischen Verhandlungen und Friedensverträge stellten prominente Arenen der militärischen, politischen, rechtlichen und kulturellen Auseinandersetzung zwischen den obersten Repräsentanten der christlich-abendländischen bzw. islamisch-osmanischen Völkerrechtsordnung dar. Bezeichnenderweise konnte für den ersten habsburgisch-osmanischen Waffenstillstand 1533 nur die mündliche Form gefunden werden, weshalb diese Vereinbarung auch keine Frist enthielt[2209]. Dieser Vertrag kam auch zustande, weil König Johann Szapolyai einen habsburgisch-osmanischen Frieden als Bedingung für einen Ausgleich mit König Ferdinand ansah. Johann erklärte, sich nur dann Ferdinand unterwerfen zu wollen, wenn er Ungarn gegen den Sultan verteidigen könne. Mit der Hilfe des in den Diensten Kaiser Karls V. stehenden Humanisten und Diplomaten Cornelius Duplicius Schepper reisten die Gesandten Ferdinands, Hieronymus und Vespasian von Zara, nach Konstantinopel[2210]. Dort bot ihnen am 16. Januar 1533 Sultan Süleyman einen Waffenstillstand an, den sie sofort Ferdinand und den habsburgischen Grenzkommandanten bekannt machten. Offensichtlich hing dies Angebot des Sultans auch mit der Aufstellung eines großen Reichsheeres zusammen, mit dem Kaiser Karl V. 1532 einen neuerlichen osmanischen Angriff auf Wien abwehren wollte[2211], sowie mit neuen Unruhen an der osmanisch-persischen Grenze. Am 11. Mai 1533 bestätigte König Ferdinand den Waffenstillstand und erklärte die sofortige Einstellung aller Feindseligkeiten an der Grenze zum osmanisch-siebenbürgischen Machtbereich. In ihrer Audienz beim Sultan, die er Cornelius Duplicius Schepper und Hieronymus von Zara am 23. Juni 1533 gewährte, stimmte der Sultan dem Waffenstillstand zu, nachdem die Gesandten erklärt hatten, Ferdinand verwalte seine ungarischen Ländereien in seiner Eigenschaft als „Sohn des Sultans und Bruder des

2209 Dieser Waffenstillstand wurde 1540 von Sultan Süleyman aufgekündigt: Komatsu, S. 123–125.
2210 Petritsch 2007, S. 354.
2211 Anderson 1998, S. 238. Vgl. Göllner 1978, S. 102–108.

Großwesirs“[2212]. Dies eindeutig hierarchisch aufgebaute Verhältnis stand im Gegensatz zur Verwendung der Metapher der „Brüderlichkeit“ unter den christlichen Souveränen[2213]. Ferdinand griff das von der Hohen Pforte verwendete Bild auf und bot dem Sultan für die Überlassung des gesamten Königreichs Ungarn jährliche Tributzahlungen an sowie die Anerkennung der Herrschaft Johann Szapolyais über Ungarn und Siebenbürgen, allerdings als Vasall des ungarischen Königs, wofür er zu lebenslangen Unterhaltszahlungen an Johann bereit war[2214]. Das Angebot des Habsburgers wurde von der Hohen Pforte jedoch ignoriert, da sie bald erneut ihre militärische Überlegenheit auf den ungarischen Schlachtfeldern demonstrieren konnte. Erst der Sieg des Kaisers am 24. April 1547 bei Mühlberg gegen den Schmalkaldischen Bund und die gleichzeitige Bedrohung der osmanischen Ostgrenze durch den Schah von Persien, Tahmāsp I., schufen die Voraussetzungen für einen zweiten habsburgisch-osmanischen Vertrag, der erstmals schriftlich festgehalten werden konnte[2215]. Allerdings machten gerade die schriftlichen Verträge nach 1547 die Unvereinbarkeit der habsburgischen und osmanischen Rechtsvorstellungen deutlich. In erster Linie konnten sich die Vertragspartner nicht auf wortgleiche, oft nicht auf im Inhalt übereinstimmende Vertragsurkunden einigen. Die Habsburger gingen von Verträgen auf der Grundlage der Gleichberechtigung aus, bemühten das *bonum commune*[2216] und sahen die auf fünf Jahre beschränkten Verträge als Friedensschlüsse an. Die Osmanen verweigerten ihrem Vertragspartner die Kaisertitulatur[2217], ließen die Habsburger 30.000 Gulden Jahrestribut für den ihnen verbliebenen Teil Ungarns zahlen und sahen die Verträge lediglich als Waffenstillstandsvereinbarungen an[2218].

Als Sultan Süleyman den osmanischen Feldzug gegen die habsburgischen Belagerungstruppen vor der ungarischen Hauptstadt Ofen anführte, legte er in einem Schreiben an König Ferdinand vom Juni 1541 seine Rechtsauffassung in der ungarischen Frage dar. Der Sultan betonte, er habe Ungarn erobert und es auf Bitten des ungarischen Adels Johann Szapolyai zur Verwaltung überlassen. Dementsprechend hätten weder Ferdinand noch Johann Eigentum an Ungarn besessen. Beide hätten also auch kein Recht gehabt, ein Thronfolgeabkommen zu schließen. Damit spielte der Sultan auf den Vertrag von Großwardein aus dem Jahr 1538 an. Falls Ferdinand

2212 Kaiser Karl war in diesen mündlichen Waffenstillstand nicht eingeschlossen worden: Schaendlinger, S. 184–185.

2213 Durch die Benutzung der Bezeichnung „mein Vetter“ konnten Rangunterschiede deutlich gemacht werden: Strohmeyer 2005, S. 158–159. Zur Vorstellung von der „großen Familie“ der europäischen Souveräne: Bély 1992, S. 50–52.

2214 Ausführlich zu den habsburgisch-osmanischen Verhandlungen von 1533: Müller, Ralf 2005, Umworbener „Erbfeind“, S. 262–267.

2215 Müller, Ralf 2005, Umworbener „Erbfeind“, S. 268–269.

2216 Zum Bedeutungswandel dieses Begriffes vgl. Müller, Ralf 2005, Umworbener „Erbfeind“, S. 273.

2217 Bis zum Frieden von Zsitvatorok 1606 wurde der Kaiser oft herablassend auch als „König von Wien“ bezeichnet: Matuz 1994, S. 163. Nach 1606 verwendeten die Osmanen durchgängig den Titel *imperador/imperator*. Dazu ausführlich: Köhbach 1992, S. 230–234.

2218 Als Mustervertrag setzte sich der Waffenstillstand von 1562 durch, der 1564/1565, 1568, 1574, 1575, 1576, 1583 und 1591 verlängert wurde: Komatsu, S. 127–129.

seine Truppen nicht aus Ungarn zurückziehe, werde der Sultan nicht nur seine Länder, sondern auch die anderer christlicher Herrscher angreifen[2219].

Nachdem das osmanische Heer im Sommer 1541 die Reichstruppen vor Ofen vertrieben hatte, annektierte der Sultan Mittel- und Südungarn, das er in das osmanische Provinzialsystem integrierte, belehnte Johann Sigismund Szapolyai mit den ostungarischen Komitaten und Siebenbürgen und zementierte damit die Teilung des alten Königreichs Ungarn[2220]. Die durch den Sultan vorgenommene Grenzziehung in Ungarn erkannte König Ferdinand nicht an. Bereits Ende August 1541 sandte Ferdinand seine Diplomaten Siegmund Freiherr von Herberstein und Niklas Graf Salm-Neuburg ins osmanische Heerlager vor die ungarische Hauptstadt Ofen. Gegenüber Rüstem Pascha legten sie die Rechtsauffassung König Ferdinands dar. Der Angriff des Reichsheeres auf Ofen sei nicht als feindlicher Akt gegen den Sultan zu werten. Es sei lediglich der Versuch gewesen, ein Gebiet zurückzuerlangen, das König Ferdinand aufgrund des Großwardeiner Vertrages zustehe, den er mit König Johann Szapolyai, dem Herrscher Ostungarns und Siebenbürgens, 1538 geschlossen habe. Darin sei vereinbart worden, dass die von ihm regierten Territorien im Falle seines Todes an die Habsburger fallen sollten. Außerdem sei der Sultan bis 1541 nicht an der Hauptstadt interessiert gewesen, da er sie nach seinen Feldzügen von 1526 und 1529 immer wieder geräumt habe. König Ferdinand bot an, dem Sultan Tribut („eine järliche vereerung mit ainer summa gelts") für den Besitz Ofens, die Anerkennung seines Titel als König von Ungarn und die habsburgische Herrschaft über das gesamte Königreich Ungarn, einschließlich Siebenbürgens, an. Wenn der Sultan früher Land, das sich in seiner Hand befunden habe, zum Beispiel an König Johann Szapolyai oder den moldauischen Woiwoden verliehen habe, dann könne er auch gegenüber dem „Römischen König" ein solches Wohlwollen an den Tag legen. Rüstem Pascha wies die habsburgischen Gesandten brüsk an, mit diesen Vorschlägen nicht vor den Sultan zu treten, da der sofortige Rückzug der Habsburger aus ganz Ungarn eine zentrale osmanische Friedensbedingung sei. Der Pascha ging auf die Tributfrage ein, allerdings forderte er einen Jahrestribut nicht für die ungarischen, sondern für die österreichischen Gebiete König Ferdinands. Ausgedrückt mit den Worten der Gesandten schloss Rüstem Pascha das Gespräch mit der Frage: „Maint ir, das der Kaiser [Süleyman] narrisch sei, dar er das, so er mit dem schwerdt zum dritten mal gewunnen, weckh gebe?"[2221]. Nach einer Audienz beim Sultan am 8. September gelang es den habsburgischen Gesandten lediglich, einen vierwöchigen Waffenstillstand auszuhandeln[2222].

Als Zeichen seines Machtanspruches nahm der Sultan am Freitagsgebet in der ehemaligen Marienkirche Ofens teil, die in eine Moschee namens *Fethiyye* (Erobe-

2219 Petritsch, Regesten, Nr. 66, S. 42–43.

2220 Zur publizistischen Verarbeitung der Eroberung Ofens durch die Osmanen in Europa siehe: Göllner 1978, S. 117–120.

2221 Căzan 2000, S. 166. Siehe zur Behandlung der beiden Gesandten im osmanischen Heerlager: Petritsch 2007, S. 355–356.

2222 Vgl. Schaendlinger, S. 187–188.

rung) umgewandelt wurde. Nach islamischem Recht durfte dieser Ort nicht mehr an die „Ungläubigen“ abgetreten werden[2223]. In der Proklamation Sultan Süleymans, die er anlässlich der Eroberung Ofens Ende August 1541 verkünden ließ, schilderte der Sultan die Entwicklung bis 1541 folgendermaßen:

> „In den früheren Jahren habe ich dank Allahs des Allmächtigen Gnade und mit Hilfe unseres siegreichen Schwertes Ungarn und seine Hauptstadt Ofen erobert. Da sie aber damals vom Osmanenreich noch sehr entfernt war und ihre Verwaltung schwierig gewesen wäre, König Johann sich jedoch dafür zur Tributzahlung verpflichtete, haben wir ihm die Herrschaft Ungarns übertragen und diese nach dessen Tod seinem Sohne König Isztefan[2224] verliehen. Jedoch der König des mit Ungarn benachbarten Deutschland, ein Giaur [Ungläubiger] namens Ferendus [...] wollte ebenfalls König von Ungarn werden, also dass er im Bündnis mit seinem ungläubigen Bruder namens Karlo, dem König von Ispanien [...], die Stadt unter Belagerung nahm.“[2225]

Weiterhin betonte der Sultan:

> „Mein Ziel war es, die Stadt Ofen in die Reihe jener Städte zu stellen, die dem ‚Haus des Islam‘ angehören und mit Hilfe meines überaus siegreichen Schwertes Besitz von Ungarn zu ergreifen. Nachdem mit Hilfe des allmächtigen Allah die Feinde, die deutschen Schurken, vernichtet wurden, habe ich dem Sohn des Königs Johann die Würde eines Bans von Siebenbürgen verliehen [...]. So habe ich die Stadt Ofen mit ihren Bewohnern und den zu ihr gehörenden Gebieten erobert und in Besitz genommen, ich habe die großen Kirchen in Moscheen verwandelt [...]. Im Land, in dem üblicherweise das Läuten der Glocken gehört wurde, wird von nun an die Stimme des Muezin und der Klang der Militärmusik vernommen werden [...]. Ich habe Ungarn unter die dem Osmanischen Reich gehörenden Provinzen gebracht und habe Kadis, Befehlshaber der Garnisonen, ernannt.[2226]“

Aus dieser Quelle wird der Zusammenhang zwischen der osmanischen Eroberung Ofens samt Umwandlung Zentralungarns in eine osmanische Provinz und der Begründung des autonomen siebenbürgischen Staatsgebildes deutlich, an dessen Spitze noch bis 1570 der „Gegenkönig“ von Ungarn (in der Quelle als „Ban“ bezeichnet), Johann Szapolyai, stand.

Die Kriege zwischen Kaiser Karl V. und dem französischen König führten dazu, dass sich das Haus Habsburg eine zusätzliche Front in Ungarn nicht mehr leisten konnte. Kaiser Karl und König Ferdinand schickten 1545 Gerhard Veltwyck und Nicolò Secco als Gesandte nach Konstantinopel, die am 10. November 1545 mit dem Sultan einen achtzehnmonatigen Waffenstillstand mit dem Ziel abschlossen, ihm einen Friedensvertrag folgen zu lassen. Der Waffenstillstand bezog sich auf die beiden wichtigsten Konfliktherde im habsburgisch-osmanischen Verhältnis: Algier und Ungarn/Siebenbürgen. Beide Seiten einigen sich darauf, den militärischen Status quo in Ungarn für die Zeit des Waffenstillstandes zu respektieren und die Rechte der „Witwe des Königs Johann und seines Sohnes“ zu respektieren. Da die beiden

---

2223 Tătar 2003, S. 262–263. Vgl. Felezeu 2005, Cadrul politic internațional, S. 19.
2224 Die Osmanen nannten Johann Sigismund konsequent „Isztefan“: Káldy-Nagy, S. 192.
2225 Káldy-Nagy, S. 191.
2226 Căzan 2000, S. 168.

habsburgischen Gesandten nicht auf die weitreichenden osmanischen Friedensvorschläge eingehen konnten, kehrten sie vorzeitig zurück, um entsprechende Instruktionen ihrer beiden Herrscher einzuholen[2227]. Kurz vor dem Ablauf des Waffenstillstandes reiste Gerhard Veltwyck 1546 im Auftrag der beiden habsburgischen Brüder erneut nach Konstantinopel und Adrianopel. Obwohl die Kunde vom Sieg Kaiser Karls V. am 24. April 1547 bei Mühlberg über die Protestanten am Hof des Sultans nicht ohne Wirkung blieb und der Sultan bereits mit den Vorbereitungen für einen Kriegszug gegen Persien begonnen hatte, dominierten die Osmanen die Friedensverhandlungen. Am 13. Juni 1547 bestimmten der Gesandte König Ferdinands, Gerhard Veltwyck, und Großwesir Rüstem Pascha den militärischen Status quo in Ungarn als Grundlage für einen zukünftigen Frieden[2228].

Das Schreiben, das der Sultan am 19. Juni 1547 in Adrianopel ausstellte, enthielt aus christlicher Sicht alle Elemente eines Friedensvertrages und wurde von Kaiser Karl V. am 1. August 1547 in Augsburg und König Ferdinand am 26. August 1547 in Prag ratifiziert[2229]. Die Ratifikationsurkunden der Habsburger legten deren Gesandte Justus de Argento und Johann Maria Malvezzi dem Sultan vor, der seine „großherrliche Vertragsurkunde“ am 12. Oktober 1547 ausstellte, womit der erste schriftliche Friedensvertrag zwischen der Habsburgermonarchie und dem Osmanischen Reich vorlag[2230]. Er blieb der einzige, den beide Oberhäupter des Hauses Österreich zugleich mit dem Sultan abschlossen. Der auf fünf Jahre befristete Vertrag stellte aus osmanischer Sicht lediglich einen Waffenstillstand dar. Das Begriffspaar *sulh u salāh* (Frieden und Eintracht) wurde bewusst vermieden und durch die Bezeichnung *emn u emān* (Waffenruhe und Sicherheit) ersetzt[2231]. Der Sultan erkannte die Herrschaft der Habsburger über das westliche und nördliche Ungarn gegen die Zahlung eines jährlichen Tributes an, der im habsburgischen Sprachgebrauch als „Ehrengeschenk“ bezeichnet wurde. Dieses jährlich Anfang März an die Hohe Pforte zu entrichtende „Ehrengeschenk“ (*munus honorarium*) in der Höhe von 30.000 Goldgulden stellte gemessen an den militärischen Ausgaben des Wiener Hofes nur einen relativ kleinen Betrag dar. Allein die Unterhaltung der Söldnertruppen im habsburgischen Ungarn kostete die Wiener Hofkammer 30.000 Goldgulden pro Monat (in Kriegszeiten durchschnittlich 73.000 Goldgulden pro Monat)[2232]. Dieses

2227 Petritsch 1985, S. 53. Vgl. Káldy-Nagy, S. 196. Vgl. Austro-Turcica, S. 94. Vgl. Schaendlinger, S. 190.

2228 Müller, Ralf 2005, S. 268–269. Vgl. Göllner 1978, S. 132–133.

2229 Zum Jahresende 1547 wurde von Georg Martinuzzi eine siebenbürgische Delegation zum Augsburger Reichstag gesandt, um mit den siegreichen Habsburgern über eine Wiedervereinigung Ungarns zu verhandeln: Tătar 2001, S. 152–153.

2230 Wortlaut des Vertrages von 1547 mit deutscher Übersetzung in: Petritsch 1985, S. 68–80. Vgl. den Inhalt in: Recueil des traités, Tome IX, S. 8–9. Vgl. Recueil d'actes internationaux, S. 30–31.

2231 Petritsch 1985, S. 56.

2232 Ausführlich zum Vertrag von 1547: Petritsch 1985, S. 53–66. Vgl. Müller, Ralf 2005, Umworbener „Erbfeind“, S. 272. Vgl. Căzan 2000, S. 180–183. Vgl. Tătar 2001, S. 148–151. Vgl. Tătar 2003, S. 288–289, 299. Vgl. Káldy-Nagy, S. 196–197.

zeigt, dass die Tributleistungen für den Sultan eher die Unterordnung seines habsburgischen Gegners symbolisierten und weniger als reale Entschädigung für die ihm entgangenen Einkünfte aus dem habsburgisch kontrollierten Gebiet Ungarns zu verstehen waren[2233].

Der Vertrag von 1547 enthielt keine Bestimmungen zur völkerrechtlichen Stellung des östlichen Ungarn und Siebenbürgens. Dies war aus Sicht der Hohen Pforte auch nicht nötig, da in der osmanischen Vertragsurkunde der Sultan als Herrscher über Siebenbürgen bezeichnet wurde[2234]. Der Vertrag legte noch nicht einmal eine Grenze zwischen dem habsburgischen und dem osmanischen Teil Ungarns fest, sondern regelte lediglich die zum Teil vage Reichszugehörigkeit der im Grenzraum liegenden Ortschaften. Im Grunde konnte keine eindeutige Grenzlinie gezogen werden; vielmehr wurden verschiedene Jurisdiktionen und Herrschaftsrechte festgelegt, denen die Grenzbevölkerung unterworfen war. An der habsburgisch-osmanischen Grenze entstand ein doppelt beherrschter Raum. Einerseits trieben ungarische Adlige und Bischöfe in den Grenzgebieten, aus denen sie vor den Osmanen geflohen waren, weiterhin Steuern und Abgaben ein, andererseits versuchten osmanische Grenzkommandanten das Hinterland habsburgischer Festungen zu besteuern. Diese Situation entsprach aber durchaus Gegebenheiten, die im 16. und 17. Jahrhundert auch in anderen Teilen Europas vorherrschten, zum Beispiel in den Pyrenäen oder im Elsass, aber auch in anderen Regionen, die vom Osmanischen Reich beherrscht oder kontrolliert wurden, zum Beispiel an der Grenze des Fürstentums Siebenbürgen zu den osmanischen Provinzen Temeswar und Großwardein, wo ein fiskalisches Kondominium existierte[2235]. In diesen Fällen basierte das Konzept von Souveränität mehr auf einer jurisdiktionellen als auf einer territorialen Ausdehnung von Macht[2236]. Aus dieser im westlichen und nördlichen Ungarn liegenden Pufferzone entwickelte sich im Laufe des 16. Jahrhunderts eine Militärgrenze mit einem differenzierten Verteidigungssystem, bestehend aus unterschiedlich stark ausgebauten Festungen[2237].

Aber nicht nur aus dem militärstrategischen Blickwinkel bedeutete der Vertragsschluss von 1547 einen Neuanfang. Er ermöglichte die Etablierung von diplomatischen Beziehungen zwischen der Habsburgermonarchie und dem Osmanischen

---

2233 Zur Interpretation des Tributes als „Ehrengeschenk“: Petritsch 1993, S. 49–58. Vgl. Severi, S. 293.

2234 Das osmanische Original des Vertrages ist nicht erhalten geblieben. In einer Abschrift wird unter den Herrschaften des Sultans nach dem „Thron von Budun [Ofen]“ auch die „Provinz Erdel [Siebenbürgen]“ erwähnt. In der überlieferten deutschen Übersetzung des osmanischen Dokuments heißt es an dieser Stelle „Stuhl und Kunigreich Ofen und das Land Sybenburg“: Petritsch 2005, S. 15, 17. Vgl. Várkonyi 1999, S. 19.

2235 Ausführlich: Feneşan 1990, S. 90–100. Zur Verwaltung der ehemaligen siebenbürgischen Westprovinzen durch das Osmanische Reich nach 1551: Maxim 1983, S. 810–815.

2236 Mit dem habsburgisch-osmanischen Friedensvertrag von Karlowitz endete 1699 die osmanische Vorstellung von einem ständig expandierenden Reich mit beweglichen Grenzen. Danach setzte sich schrittweise die Akzeptanz einer demarkierten Grenze und territorialen Integrität der benachbarten Mächte durch. Ausführlich zu Grenzkonzeptionen und Grenzrealitäten im habsburgischen und vor allem osmanischen Ungarn im 17. Jahrhundert: Koller, S. 10–24.

2237 Zur Entstehung der habsburgisch-osmanischen Militärgrenze: Buchmann, S. 96–98.

Reich, die sich jedoch von den innerhalb des abendländischen Europa herrschenden Gewohnheiten grundlegend unterschieden. Der vom Osmanischen Reich praktizierte Gesandtenaustausch, das ausgeklügelte System des Überreichens von Geschenken und das die christlichen Vertreter demütigende Protokoll am Sultanshof bedeutete eine ständige Herausforderung, insbesondere für das habsburgisch-osmanische Verhältnis. Die Diplomaten des Kaisers lernten jedoch genauso wie ihre venezianischen, französischen und englischen Kollegen[2238], sich an die örtlichen Bedingungen anzupassen und ihre Vorteile daraus zu ziehen. Während die Habsburgermonarchie nach 1547 – mit einigen Unterbrechungen – einen ständigen Vertreter in Konstantinopel unterhielten, beschränkte sich das Osmanische Reich, aufgrund der erwähnten Vorgaben der islamischen Völkerrechtsnormen, auf Sondermissionen, deren Aufgabe es war, poltische Forderungen vorzutragen, den Abschluss eines Vertrages vorzunehmen, wichtige Schriftstücke der osmanischen Diplomatie auszuhändigen, Herrscherwechsel am Bosporus anzuzeigen oder den Kaisern anlässlich ihrer Thronbesteigung zu gratulieren. Diese Sonderbotschaften wurden in der Regel von einem hochrangigen osmanischen Würdenträger angeführt[2239]. Die entsprechenden Sondermissionen der Habsburger wurden ebenfalls von höchstrangigen Diplomaten geleitet, meistens außerordentliche und bevollmächtigte Gesandte oder Botschafter. Die ständigen Vertreter des Kaisers an der Hohen Pforte bekleideten niedrigere diplomatische Ränge. Der Titel, den diese Residenten oder Gesandte innehatten, schwankte im 16. Jahrhundert zwischen *Orator, Internuntius* und *Nuntius* einerseits sowie *Ambasciator, Legatus* und *Commisarius* andererseits. Bereits 1537 wurde Franz von Rizi, Freiherr von Sprinzenstein, vom Kaiser beauftragt, ihn auf unbestimmte Zeit an der Hohen Pforte zu vertreten. Da dem Freiherrn bereits nach drei Monaten die Aufenthaltserlaubnis durch die osmanische Seite entzogen wurde, musste er wieder nach Deutschland zurückkehren[2240]. De facto übte Johann Maria Malvezzi als erster Diplomat das Amt des ständigen Residenten von 1547 bis 1553 aus[2241]. Ihm folgten Ogier Ghiselin de Busbecq (1554–1562)[2242], Albert de Wijs (1562–1569), Karl Rijm (1570–1573) und Freiherr David Ungnad von Weissenwolf und Sonnegg (ab 1573)[2243]. Ab 1612 wurde in der Regel dem ständigen Vertreter der diplomati-

2238 Zu den Beziehungen zwischen den englischen, französischen und venezianischen Gesandten an der Hohen Pforte im 16. und frühen 17. Jahrhundert: Coulter, S. 85–86.

2239 Vgl. Köhbach 1984, S. 237. In der Regierungszeit Sultan Süleymans I. standen 15 habsburgischen Sondergesandtschaften, die den Weg nach Konstantinopel auf sich nahmen, nur 8 osmanische gegenüber, die nach Wien reisten: Müller, Ralf 2005, Umworbener „Erbfeind“, S. 273. Vgl. Schaendlinger, S. 196.

2240 Müller, Ralf 2005, Umworbener „Erbfeind“, S. 270–271.

2241 Vor Malvezzi reiste Gerhard Veltwijck 1545 als Sonderbotschafter im Auftrag des Kaisers zur Hohen Pforte: Severi, S. 286. Zu Malvezzis Mission in Konstantinopel: Fichtner, S. 36–40.

2242 Zu Busbecqs Wirken als habsburgischer Diplomat an der Hohen Pforte siehe dessen Erinnerungen: Kaiserliche Gesandtschaften, S. 312–362. Aus der Feder des gelehrten Humanisten stammen die scharfsinnigsten Beschreibungen des Osmanischen Reiches: Petritsch 2007, S. 356–359. Vgl. Fichtner, S. 41–42, 48–49, 78–80.

2243 Zum Ringen der habsburgischen Gesandten mit der Hohen Pforte um Fragen der Repräsentation im 16. Jahrhundert: Severi, S. 289–291.

sche Rang eines *Internuntius* verliehen, falls Sekretäre der Gesandtschaft zu Leitern derselben aufrückten, führten sie allerdings den etwas niedrigeren Titel eines Residenten. Nicht nur der relativ niedrige diplomatische Rang – die Vertreter der europäischen Westmächte hatten meistens die Würde eines Botschafters inne[2244] –, sondern vor allem die außergewöhnlichen interkulturellen Anforderungen und materiellen Entbehrungen – die Gesandtschaft war chronisch unterfinanziert und deren Leiter nahmen oft Schulden auf, um christliche Gefangene aus der Sklaverei freizukaufen – führten dazu, dass dieser Posten nicht zu den beliebtesten zählte, den Wien zu vergeben hatte[2245]. Außerdem standen die habsburgischen Gesandten unter dem notorischen Verdacht, als Spione für die Feinde des Sultans zu arbeiten, weshalb ihre Bewegungsfreiheit stärker als jene anderer christlicher Diplomaten eingeschränkt wurde[2246]. Um den sprachlichen Herausforderungen begegnen zu können, waren die habsburgischen Diplomaten zunächst gezwungen, sich der osmanischen Übersetzer, der Dragomane, zu bedienen, manchmal half auch der Dolmetscher der venezianischen Gesandtschaft aus. Allerdings mussten die habsburgischen Gesandten bald die Erfahrung machen, dass die fremden Dolmetscher die relevanten Texte entsprechend den Interessen ihrer ursprünglichen Herren übersetzten, so dass die kaiserliche Diplomatie 1578 dazu überging, die Stelle eines sogenannten „Sprachknaben“ zu schaffen, der später in der Lage sein sollte, die osmanische Sprache ausreichend zu beherrschen und die in Konstantinopel herrschenden Sitten und Gebräuche kennen zu lernen. Erst 1640 wurde das „Sprachknaben-Institut“ zum Erlernen der osmanischen Sprache an der habsburgischen Gesandtschaft von deren Leiter Joachim Graf von Sinzendorf eingerichtet[2247].

Da sich Sultan Süleyman nach 1547 immer stärker militärisch in Persien engagierte, wagte Ferdinand – der seine Ansprüche vor allem auf Ostungarn und Siebenbürgen nicht aufgegeben hatte – im Herbst 1548 erneute diplomatische Vorstöße, um diese Gebiete für das Haus Österreich zu gewinnen. Ferdinand wies seinen Gesandten bei der Hohen Pforte, Johann Maria Malvezzi, im September und Oktober 1548 an, dem Sultan für die Überlassung Ostungarns und Siebenbürgens an die Habsburger die Zahlung einer jährlichen Geldsumme anzubieten. Diese Forderung lehnte der Großwesir so vehement ab, dass er sich weigerte, den Sultan über-

2244 Regelmäßig wurden Rangstreitigkeiten zwischen den kaiserlichen und den französischen Vertretern an der Hohen Pforte ausgetragen. Als Begründung für seine Vorrangstellung führte der französische Diplomat 1587 an, dass sein König – im Gegensatz zum Kaiser – dem Sultan nicht tributpflichtig sei: Ziegler 1996, S. 182.

2245 Severi, S. 284. Vgl. Căzan 2009, S. 86–88, 125–126. Vgl. Feneşan 1997, S. 137–138. Vgl. Căzan 2000, S. 183.

2246 Die Kaiser baten die Sultane regelmäßig, unter Hinweis auf das internationale Recht, die Bewegungsfreiheit ihrer Vertreter nicht einzuschränken. Ausführlich zur Stellung der habsburgischen Diplomaten an der Hohen Pforte: Severi, S. 283–291.

2247 Ab 1541 beschäftigte der Wiener Hof Dolmetscher, die des Osmanischen kundig waren. Das „Sprachknaben-Institut“ wurde erst 1753 aufgelöst, da seine Aufgaben von der im gleichen Jahr in Wien gegründeten „K. K. Akademie der Orientalischen Sprachen“ übernommen wurden: Matsch, S. 76–78. Auch die französische Gesandtschaft an der Hohen Pforte unterhielt eine ähnliche Sprachschule: Căzan 2009, S. 88–89. Vgl. Gautier, S. 87, 95, 103.

haupt darüber zu informieren[2248]. Das hielt Ferdinand jedoch nicht davon ab, auch 1549–1550 Malvezzi wiederholt die Weisung zu erteilen, alle Möglichkeiten auszuloten, um über die Zahlung von Bestechungsgeldern[2249] an osmanische Wesire ganz Ungarn oder zumindest Siebenbürgen zu erhalten, wofür als Gegenleistung der Hohen Pforte jährliche Tributzahlungen anzubieten waren. Für Siebenbürgen war Ferdinand bereit, jährlich bis zu 100.000 Golddukaten zu bezahlen[2250]. Diese Versuche Ferdinands wies Großwesir Rüstem Pascha als „dreist" zurück. Im Oktober 1550 verbot er Malvezzi, solche Vorschläge dem Sultan weiterhin zu unterbreiten. Er begründete seine Haltung mit dem Hinweis, Zentralungarn stelle mittlerweile ein Gebiet dar, in dem Moscheen gebaut worden seien. Nach islamischem Recht dürfe es deshalb nicht mehr an die „Ungläubigen" zurückgegeben werden[2251].

Als König Ferdinand Siebenbürgen Anfang Juni 1551 durch habsburgische Truppen besetzen ließ, wurde Johann Maria Malvezzi am 10. Juni 1551 zur Hohen Pforte einbestellt und zu einer Erklärung aufgefordert. In der zweiten Junihälfte 1551 wies König Ferdinand Malvezzi an, der Hohen Pforte folgende Mitteilung zu machen: Ferdinand informierte den Sultan, dass er ein Heer nach Siebenbürgen gesandt habe, weil „Siebenbürgen ohne Zweifel mit ganzem Willen uns gehorcht" und dieses Land sein rechtmäßiges Erbe sei („[…] wir dazu kein Gesetz brauchen, weil wir der Erbe des Landes sind.")[2252]. Er betonte, dass seine Frau Anna Jagiełło die Schwester des 1526 gefallenen ungarischen Königs Ludwig II. sei, und da sie von den ungarischen Ständen als Nachfolgerin ihres Bruders akzeptiert worden sei, habe auch er ein Recht auf den Königstitel[2253]. Darüber hinaus habe sein ehemaliger Gegner, der 1540 verstorbene Gegenkönig Johann Szapolyai, kurz vor seinem Tod Ferdinand zu seinem Erben erkoren. Das habe auch dessen Frau, Königin Isabella, akzeptiert („[…] hatte König Johann ein Testament, mit seiner eigenen Schrift und seinem Siegel, dass sie sein Königtum mir geben sollen.")[2254]. Wenn Ferdinand nun das Land und die Festungen fordere, die sich zum Zeitpunkt seiner Einigung mit Johann Szapolyai unter der Verwaltung der Christen befunden hätten[2255], befände sich dieses im Einklang

2248 Diese Versuche wiederholten die Habsburger auch nachdem sie Siebenbürgen 1551 besetzt hatten: Austro-Turcia, S. 280–282, 303, 304–305, 307–308.

2249 Zu den Summen, die Ferdinand für die Bestechung der osmanischen Würdenträger zu zahlen bereit war: Feneşan 1997, S. 136–137.

2250 Ausführlich: Tătar 2009, S. 229–240.

2251 Austro-Turcia, S. 386, 412–414, 441, 517.

2252 Siehe den Wortlaut des Schreibens in: Papp 1999, S. 119–120.

2253 Den Anspruch Ferdinands auf die Herrschaft über das gesamte Ungarn untermauerte die habsburgische Seite auch mit dem Hinweis auf seine Krönung zum König von Ungarn, die am 16. Dezember 1526 in Pressburg erfolgt war.

2254 Ferdinand schrieb, Johann habe verfügen lassen, dass Isabella und ihr Sohn sein Eigentum erben, die Königskrone hingegen Ferdinand überlassen sollten. Der Forschung ist hingegen bekannt, dass König Johann auf seinem Sterbebett Martinuzzi befohlen habe, er solle sein Land und seinen Sohn beschützen, und letzterem die Königskrone sichern: Papp 1999, S. 112.

2255 König Ferdinand bezieht sich hier auf den Vertrag von Großwardein von 1538, den Ferdinand der Hohen Pforte bekannt gemacht hatte, um seinen Anspruch auf das gesamte Ungarn zu legitimieren: Papp 1999, S. 112.

mit seiner „Freundschaft" zum Sultan. Auch Siebenbürgen habe immer unter der Verwaltung der Christen gestanden, da sich dort kein Soldat oder Untertan des Sultans aufgehalten habe. Weil Ferdinand bereit sei, die Steuer für Siebenbürgen genauso an den „*Pādišāh* des islamischen Volkes" zu entrichten, wie es Königin Isabella vor ihm getan habe, wünsche er, dass der Sultan nicht „sein Wort dagegen erhebt", um auf diese Weise die gegenseitige Freundschaft zu mehren. Am Ende des Schreibens befahl Ferdinand seinem Gesandten, er solle die Steuer für Siebenbürgen zusammen mit dem seit dem Frieden von 1547 zu entrichtenden „Ehrengeschenk" (30.000 Gulden) an den Sultan zahlen, falls dieser den Frieden bestätigen sollte.

Als der Kurier Ferdinands, Antonio Silviano, in Konstantinopel eintraf, wurde er von den Osmanen verhaftet, noch bevor er Ferdinands Briefe an Malvezzi übergeben konnte. Die chiffrierten Texte konnten die Osmanen nicht übersetzen, auch nicht mit Hilfe der venezianischen und französischen Gesandtschaften. Nachdem der Sultan die nichtchiffrierten Texte gelesen hatte, wurden sie Malvezzi ausgehändigt. Dieser übergab kurz vor dem 19. Juli 1551 die ins Osmanische übersetzte Version des aus Wien erhaltenen Briefes nun „offiziell" dem Sultan[2256]. Am 1. August wurde der erkrankte Malvezzi vor den Diwan zitiert. Dort fragte ihn Großwesir Rüstem Pascha, wie sein Sultan mit König Ferdinand in Frieden leben solle, wenn er ihm Siebenbürgen weggenommen habe. Für die Osmanen stellte der Einmarsch der habsburgischen Truppen in Siebenbürgen eine Kriegserklärung dar, die sie berechtige, Malvezzi zu inhaftieren. Das taten sie auch am 1. August, ließen ihn am 27. August 1551 jedoch wieder frei. Malvezzi konnte Ferdinand noch vor einem großen Feldzug warnen, den der Sultan nach Siebenbürgen unternehmen wolle, um vor allem Hermannstadt und Fogarasch zu besetzen[2257].

Als sich Malvezzi bereits in Haft befand, verfasste sein ahnungsloser König am 15. August 1551 ein weiteres Schreiben, in dem er erneut seine Intervention in Siebenbürgen rechtfertigte und Malvezzi anwies, seinen Brief dem Sultan vorzulegen. Ferdinand schrieb, er sei gezwungen worden, in Siebenbürgen einzugreifen, da der Pascha von Ofen und die Woiwoden der Moldau und Walachei in den Konflikt zwischen Kanzler Martinuzzi und Königin Isabella interveniert hätten und er es nicht hätte dulden können, dass Siebenbürgen der Christenheit entrissen werde. Als der siebenbürgische Landtag ihm die Herrschaft übertrug, habe er diese angenommen, ohne gegen den habsburgisch-osmanischen Vertrag von 1547 verstoßen zu haben, da die Grenzen der in den Vertrag eingeschlossenen Gebiete unverändert geblieben seien. Der Sultan möge sich nicht getäuscht fühlen, da Siebenbürgen nicht mit dem Schwert erobert wurde und Ferdinand nur sein Sukzessionsrecht aus dem Großwardeiner Vertrag mit Johann Szapolyai vom 24. Februar 1538 wahrgenommen habe[2258]. Da Ferdinand unter allen Umständen einen osmanischen Gegenschlag ver-

2256 Das Dokument wurde ursprünglich auf Lateinisch oder Italienisch verfasst und von einem nichtosmanischen Übersetzer ins Osmanische übertragen. Der erste Teil des Schreibens fehlt. Es befindet sich im *Topkapı Sarayı Müzesi Arşivi* in Istanbul: Papp 1999, S. 110.

2257 Austro-Turcica, S. 605–607.

2258 Feneşan 1997, S. 161.

hindern wollte, bot er dem Sultan an, den Jahrestribut, den Siebenbürgen bis dahin geleistet hatte, weiterhin an die Hohe Pforte zu entrichten, falls der Sultan seine Herrschaft in Siebenbürgen akzeptiere. Allerdings stellte Ferdinand die aus dem Vertrag von 1547 resultierenden Zahlungen für das westliche Ungarn an die Hohe Pforte ein[2259].

Als dies bekannt wurde, ließ der Sultan Malvezzi erneut verhaften und in das Gefängnis der „Sieben Türme" (*Yedikule*) sperren[2260]. In seinem Antwortschreiben vom 21. Oktober 1551 ließ der Sultan König Ferdinand wissen, er habe Malvezzi in den Kerker werfen lassen, „da der Bote für die Worte seines Herren bestraft werden müsse". Der Sultan warf Ferdinand vor, er habe nicht nur keinen Tribut abgeliefert, sondern auch Truppen nach Siebenbürgen geschickt. Jetzt sei diese „Unverschämtheit" offengelegt: Der zwischen beiden Seiten bestehende Friede und der Waffenstillstand seien zerstört und annulliert und der von Ferdinand bevollmächtigte Gesandte sei zum Gefangenen gemacht worden. Wenn die Freundschaft mit den Habsburgern gebrochen worden sei, dann sei dieses nur durch die habsburgische Seite geschehen. Die „hohe Schwelle" des Sultans sei jederzeit offen. Das Kommen und Gehen der habsburgischen Gesandten, die Frieden oder Feindschaft bringen, werde nicht aufgehalten oder behindert. Solange sich aus deren Worten kein Widerspruch ergebe und ihre Täuschungen nicht offensichtlich seien, sei die Person des Gesandten unantastbar[2261]. Damit hatte die Hohe Pforte ihre Sichtweise auf das Problem der Immunität der Gesandten ausgeführt. Immunität wurde nur gewährt, wenn die Gesandten das Protokoll einhielten, den Sultan nicht beleidigten und vor allem nicht logen. Gerade letzteres führte die diplomatische Praxis ad absurdum. Rüstem Pascha bekräftigte diese Auffassung gegenüber dem inhaftierten Malvezzi, der nicht vom Sultan, sondern von König Ferdinand eingekerkert worden sei, weil dieser Siebenbürgen besetzt und den Tribut nicht bezahlt habe[2262]. Bis zum Ende seiner Mission im Jahre 1553 blieb Malvezzi in der Festung der „Sieben Türme" (*Yedikule*) inhaftiert. Alle wertvollen Gegenstände seines Hauses, das gleichzeitig das habsburgische Gesandtschaftsgebäude war, wurden von den Osmanen konfisziert. Er starb 1555 an der ungarischen Grenze[2263].

Gerade an dem Tag, als der zweite Wesir, Ahmet Pascha, mit einem Heer aus Adrianopel in Richtung Ungarn aufbrach, es war der 24. April 1552, schrieb König Ferdinand in Linz einen neuen Brief an Großwesir Rüstem Pascha, der die gesamte Argumentationspalette enthielt, mit der die Habsburger die Besetzung Siebenbürgens rechtfertigten[2264]. Zu diesem Zeitpunkt konnte der sich in Geldnöten befindende Ferdinand nicht mehr mit Hilfen aus dem Reich rechnen, so dass ihm nur noch der

2259 Austro-Turcica, S. 616, 618, 621, 626.
2260 Papp 1999, S. 111–113, 118–120. Zu Differenzerfahrungen frühneuzeitlicher Diplomaten siehe: Strohmeyer 2007, S. 19–38.
2261 Osmanisch-türkische Dokumente, Teil 1, S. 40–41.
2262 Vgl. Austro-Turcica, S. 616–619.
2263 Müller, Ralf 2005, Umworbener „Erbfeind", S. 270–271, 274–275. Vgl. Căzan 2000, S. 209.
2264 Das sich in Istanbul befindende Schreiben wurde von jemandem übersetzt, der kein gebürtiger Türke war: Papp 1999, S. 113–114. Vgl. Petritsch 2005, S. 17.

diplomatische Weg offen zu bleiben schien. In seinem Brief betonte Ferdinand, dass er an dem Frieden mit dem Sultan immer festgehalten habe, auch als dieser Krieg mit dem Schah von Persien geführt habe. Die Entrichtung der 1547 festgelegten Steuer („Ehrengeschenk") habe er verzögert, da der Beglerbeg Qāsım Pascha den Frieden in Ungarn verletzt habe. Allerdings habe er Siebenbürgen nicht kriegerisch, sondern im Einklang mit den Ständen und der Königin Isabella übernommen: „Und wegen dieser Angelegenheit haben wir das Land Siebenbürgen nicht ergriffen, im Gegenteil wir haben es durch die Güte und mit Erlaubnis und Übereinstimmung der Vornehmen des Landes und der Königin in Besitz genommen"[2265]. Ferdinand beschwerte sich darüber, dass der Sultan – obwohl Ferdinand für Siebenbürgen mehr zu zahlen bereit war als die Siebenbürger verpflichtet waren – nicht die friedliche Übernahme Siebenbürgens akzeptiert habe. Ferdinand schrieb: „Für den Frieden und die Sicherheit wurde der Vertrag so abgeschlossen, und in der Vertragsurkunde ist es so eingetragen, dass die Festungen und das Land, die in den Händen der Muslime sind, in ihren Händen, und auch die, die in den Händen der Christen sind, gleichfalls in ihren Händen bleiben mögen"[2266]. Danach beschwerte sich Ferdinand über die monatelange Inhaftierung Malvezzis, indem er darauf hinwies, dass es nach allgemein akzeptierter europäischer Rechtsauffassung verboten sei, die Immunität von Boten und Gesandten zu verletzen[2267]. Zum Schluss versprach Ferdinand dem Großwesir eine hohe Summe, wenn er helfe, den Sultan in seinem Sinne umzustimmen[2268].

Die Argumentation Ferdinands, mit deren Hilfe er einen bewaffneten Konflikt vermeiden wollte, bezog sich auf den Inhalt des habsburgisch-osmanischen Vertrages von 1547. Sultan Süleyman und König Ferdinand begründeten in ihrer jeweiligen Ratifikationsurkunde die Entrichtung des jährlichen Tributes des ungarischen Königs an den Sultan unterschiedlich. Während der Sultan die jährliche Gebietssteuer von 30.000 Gulden pauschal als Zahlung für alle Gebiete des mittelalterlichen Ungarn, die sich unter der Herrschaft der Habsburger befanden, ansah, findet man bei Ferdinand eine differenziertere Sichtweise vor. Laut Ferdinands Urkunde zahlte er 10.000 Gulden für das habsburgische West- und Nordungarn sowie weitere 20.000 Gulden für Gebiete, deren Herren in den 1530er und 1540er Jahren zuerst die Oberherrschaft des Sultans akzeptiert, sich danach aber der Herrschaft König Ferdinands unterworfen hatten. Der dem Sultan dadurch entstandene Schaden sollte mit dieser jährlichen Zahlung ausgeglichen werden. Im Gegenzug verzichtete der Sultan zugunsten des ungarischen Königs auf die Ausübung seiner Herrschaftsrech-

2265 Papp 1999, S. 125.
2266 Papp 1999, S. 126.
2267 „[…] dass Ihr uns helft und einen Salvus Conductus für unseren Gesandten gebt […] und man soll ihn wieder zu uns senden. […] Es soll Gnade erwiesen werden, dass unser Gesandter, Johann Maria Malvezzi, der sich am Hohen Hof befindet, wieder zu unserem Dienst zurückkehrt. […] In dem Fall, wenn unser Gesandter viele Sünden begangen hat, bitten wir um Gnade, weil die Gesandten auf der Welt nicht aufhören und es [die Gefangennahme des Gesandten] auch für den Namen des hohen Hofes nicht geeignet ist, deswegen ist es unsere Hoffnung, dass man Menschenfreundlichkeit zeigt und ihn von dem Gefängnis freilässt […]": Papp 1999, S. 126–127.
2268 Siehe den Wortlaut des Schreibens in: Papp 1999, S. 121–128.

te in diesen Gebieten[2269]. Dieses Modell sollte nach der Vorstellung Ferdinands auch auf den siebenbürgischen Fall angewendet werden. Als Argumentationshilfe sah er eine Formulierung an, die in beiden Ratifikationsurkunden vorkommt, und die festlegte, dass alle Gebiete, die zum Zeitpunkt des Friedensschlusses von den Osmanen besetzt waren, ihnen gehören sollten, jene, die von den Christen beherrscht wurden, diesen zufallen sollten. Da Siebenbürgen nicht zum osmanischen Verwaltungsgebiet gehörte, sondern von Christen regiert wurde, sah sich Ferdinand berechtigt, dieses Land seinem Herrschaftsgebiet anzugliedern und dem Sultan dafür eine jährliche Entschädigung zu zahlen.

Für die Osmanen war jedoch nicht die Höhe des Tributes, den das Fürstentum Siebenbürgen an die Hohe Pforte zahlte, ausschlaggebend, sondern die über das Land ausgeübte Oberherrschaft des Sultans, der Siebenbürgen nach 1541 als sein Eigentum betrachtete[2270]. Diesen Anspruch begründete der Sultan mit dem Hinweis auf das Recht des Schwertes, das ihm zustehe. Er habe durch den Sieg von Mohács 1526 und die endgültige Einnahme der Hauptstadt Ofen am 29. August 1541 das Recht der Herrschaft über das gesamte Ungarn erworben. Johann Sigismund habe das Recht, in Ostungarn und Siebenbürgen zu herrschen, nur erlangt, weil der Sultan ihm dieses Land persönlich zur Regierung überlassen habe, eine Begründung, die den lehnsrechtlichen Charakter der Verbindung zwischen Sultan und Johann Sigismund offenlegt. In seinen Unterredungen mit dem französischen Gesandten an der Hohen Pforte, Gabriel de Luels, Baron d'Aramon, erklärte Sultan Süleyman 1553, er werde keinem anderen Herrscher auch nur eine Handbreit siebenbürgischen Bodens überlassen[2271].

Dem gegenüber begründete Ferdinand seine Ansprüche auf Ungarn eher mit theologischen Argumenten. Im Sinne erasmischer Tugend- und Herrschaftsauffassungen beschwor der ungarische König die Sicherung des Landes zur Ehre Gottes, den Erhalt des Glaubens und der von menschlichem und göttlichem Gesetz geschaffenen Ordnung sowie das Mehren der Wohlfahrt der Bewohner und der Stellung des Landes[2272].

Da habsburgisch-osmanische Verhandlungen nicht mehr über Malvezzi, der im Kerker lag, geführt werden konnten, boten sich die siebenbürgischen Stände als Vermittler an. Am 17. September 1552 begannen im siebenbürgischen Talmesch bei Hermannstadt erste Gespräche zwischen den Stadtrichtern von Hermannstadt und Kronstadt, die im Auftrag des habsburgischen Generals Castaldo König Ferdinand

---

2269 Es handelte sich vor allem um den Besitz des ungarischen Magnaten Peter Perényi mit der bedeutenden Festung Erlau (Eger), der vor 1540 die Oberherrschaft des Sultans angenommen hatte, aber nach dem Tode Johann Szapolyais in das Lager König Ferdinands gewechselt war: Papp 1999, S. 116–117.

2270 So bezeichnete der Sultan zum Beispiel 1571 Siebenbürgen als „ein Land wie meine anderen, wohlbehüteten Länder": Papp 1999, S. 117.

2271 Feneşan 1997, S. 161.

2272 Dies schrieb König Ferdinand seinem Bruder, Kaiser Karl, im März 1531: Müller, Ralf 2005, Umworbener „Erbfeind", S. 273. Zu den geistlichen „Türkenliedern" mit vergleichbaren Argumentationen ausführlich: Özyurt, S. 120–130.

vertraten, und den Bevollmächtigten des Wesirs Kara Ahmet Pascha[2273]. Das Angebot der habsburgischen Seite, Ungarn und Siebenbürgen gegen einen bestimmten Jahrestribut überlassen zu bekommen, lehnte die osmanische Seite ab und unterstrich die Verpflichtung der siebenbürgischen Stände zur Treue gegenüber König Johann Sigismund, dem allein vom Sultan die Herrschaft über Siebenbürgen übertragen worden war. Darüber hinaus sprach im Laufe der Verhandlungen der Pascha von Ofen König Ferdinand das Recht ab, in Siebenbürgen Woiwoden als seine Statthalter zu ernennen und sich dabei auf Verträge mit Königin Isabella zu berufen, die der Sultan persönlich hätte genehmigen müssen[2274]. Damit bezog sich der Pascha auf die Hinweise der habsburgischen Seite, die Gemahlin König Johanns I., Isabella, habe im habsburgisch-siebenbürgischen Vertrag von Julmarkt (Dezember 1541) die Thronfolge des Hauses Österreich in Siebenbürgen bestätigt.

Als die Verhandlungen in Siebenbürgen ergebnislos verliefen, plante Ferdinand ab Jahresbeginn 1553 die Entsendung eines neuen Vertreters an die Hohe Pforte, dem der Sultan in seinen Schreiben an König Ferdinand freies Geleit und die Gewährung einer Audienz zusicherte. Am 29. August 1553 kam zwar ein Waffenstillstand zustande, der jedoch nicht durchgesetzt werden konnte[2275].

Am 3. März 1554 schrieb Süleyman aus Aleppo:

> „Nun ist das Land Siebenbürgen einer der Orte, die mein siegreiches Schwert erobert hat, und es gehört zur Zahl meiner übrigen beschützten Länder. Da der frühere König von Ungarn, König Johann, sich meiner Pforte, dem Ort der Macht, gegenüber aufrichtig und offen verhielt und unbedingte Ergebenheit und Unterwürfigkeit übte, wurde es ihm als mein Geschenk überlassen. Nun ist es in den Händen meiner Diener, und außerdem wurden die Länder, die sich in der Hand des Königs Johann befunden hatten, meinem Diener Stefan [gemeint ist Johann Sigismund, der in den Urkunden des Sultans Istefān genannt wird], seinem Sohn, zum Geschenk gemacht. Und von diesen die Hand hinwegzunehmen verstieße gegen den Brauch unseres großherrlichen Sultanats“[2276].

Die Entsendung des seit 1553 angekündigten neuen Vertreters Ferdinands an der Hohen Pforte verzögerte sich bis Ende 1554, als der Flame Ghiselin de Busbecq mit dieser Mission beauftragt wurde. Nachdem er am 20. Januar 1555 in Konstantinopel eingetroffen war, ließ er dem Sultan Ende Mai 1555 eine Denkschrift zur Frage der Herrschaft über Siebenbürgen zukommen, mit der er den Wünschen Königin Isabellas und ihres Sohnes hinsichtlich einer Annullierung ihrer Verträge mit König Ferdinand entgegentrat. Ferdinand habe die Herrschaft in Siebenbürgen übernommen,

---

2273 Zwischen 1551 und 1556 wurden die nach Siebenbürgen befohlenen osmanischen Gesandtschaften oft vom Pfortendolmetscher Tarjuman Mahmut geleitet. Er wurde unter dem Namen Sebold von Pibrach in Wien geboren, im Jugendalter von den Osmanen gefangen genommen und nach dem Übertritt zum Islam am Sultanshof zum Dolmetscher ausgebildet: Ács, S. 308–313. Zu den westeuropäischen Dolmetschern an der Hohen Pforte im 16. Jahrhundert: Müller, Ralf 2005, Franken im Osten, S. 262–271.

2274 Feneşan 1997, S. 162–163.

2275 Recueil des traités, Tome IX, S. 9. Vgl. Recueil d'actes internationaux, S. 31. Vgl. Osmanisch-türkische Dokumente, Teil 1, S. 43–44, 47–49.

2276 Osmanisch-türkische Dokumente, Teil 1, S. 49.

weil ihn der Vertrag von Großwardein vom 24. Februar 1538 und der ausdrückliche Wille Königin Isabellas im Jahr 1551 dazu berechtigt hätten. Die Übertragung der Herrschaft über Siebenbürgen sei auch deshalb gerechtfertigt, weil Isabella dafür 140.000 Goldfloriner, die schlesischen Herzogtümer Oppeln und Ratibor und das Eheversprechen zwischen einer Tochter Ferdinands und Isabellas Sohn erhalten habe.

Um das legitime Eintreten der Habsburger in die Rechte der Szapolyais zu unterstreichen, versprach Busbecq erneut die regelmäßige Entrichtung des Jahrestributs für Ungarn und Siebenbürgen[2277]. Wie in früheren Schreiben wies der Sultan in seiner Antwort König Ferdinand darauf hin, dass Verträge zwischen Ferdinand und Königin Isabella bzw. den siebenbürgischen Ständen für die Hohe Pforte ohne Bedeutung seien, da ausschließlich der Sultan Inhaber aller Rechte über Siebenbürgen sei: „Aber wir sind nicht einverstanden, dass Gebiete, die durch unser sternglitzerndes Schwert erobert wurden […] ohne unseren majestätischen Befehl ausgetauscht werden." Darüber hinaus betonte der Sultan, dass der „Königssohn" die Hohe Pforte habe wissen lassen, dass sein Verzicht auf Siebenbürgen nicht freiwillig gewesen sei und dass er nun von den osmanischen Statthaltern unterstützt werde[2278].

In seinem Juni-Schreiben an Ferdinand verschärfte der Sultan den Ton, indem er die sofortige Rückgabe Siebenbürgens und Ostungarns samt den Festungen Großwardein, Gyula und Kaschau an Johann Sigismund Szapolyai – den von ihm eingesetzten Herrscher – und einen ewigen Verzicht der Habsburger auf eine Nachfolge in Siebenbürgen forderte. Sollte Szapolyai die Herrschaft nicht antreten, werde der Sultan Siebenbürgen dem Osmanischen Reich eingliedern, während er 1552 und 1553 für diesen Fall noch die freie Wahl des Herrschers durch die Stände angeboten hatte[2279]. Der zunehmende Druck, den der Sultan gegenüber den Habsburgern aufbaute, um sie aus Siebenbürgen zu vertreiben, äußerte sich auch darin, dass er dem habsburgischen Gesandten vorschrieb, alle Schriftstücke fortan nur noch auf Osmanisch der Hohen Pforte zu übermitteln[2280].

Da Kaiser Karl V. nicht mehr bereit war, seinen Bruder in Ungarn zu unterstützen, sowie Polen und Venedig offen gegen die habsburgische Besetzung Siebenbürgens arbeiteten, musste Ferdinand einsehen, dass er Siebenbürgen nicht mehr halten konnte. Angesichts des außen- wie innenpolitischen Drucks teilte König Ferdinand in seinem Schreiben vom 14. Juni 1556 Sultan Süleyman mit, dass er bereit sei, sei-

---

2277 Feneşan 1997, S. 169–170. Siehe die Aufstellung des Tributes und der Geschenke, die 1555 von Ferdinand an die Hohe Pforte gesandt wurden, um Siebenbürgen vom Sultan verliehen zu bekommen: Documente, Hurmuzaki, Vol. II/5, S. 327–328. Vgl. Kaiserliche Gesandtschaften, S. 57–76.

2278 Siehe den Wortlaut des Schreibens (osmanisches Original samt deutscher Übersetzung), das der Sultan zwischen dem 22. und 31. Mai 1555 in Amasya verfasst hatte, in: Osmanisch-türkische Dokumente, Teil 1, S. 50–54. Siehe dessen lateinische Übersetzung in: Documente, Hurmuzaki, Vol. II/5, S. 288–290.

2279 Siehe die Schreiben des Sultans von 1552 und 1553 in: Osmanisch-türkische Dokumente, Teil 2, S. 39–42, 43–46.

2280 Vgl. Tătar 2003, S. 300–301. Vgl. Feneşan 1997, S. 149, 168–169.

ne Herrschaft über Siebenbürgen durch polnische Vermittlung an die Szapolyais zurückzugeben. Allerdings meinte er damit explizit nur die historische Woiwodschaft Siebenbürgen und schloss die ostungarischen Komitate davon aus[2281]. Da dieses für die osmanische Seite nicht akzeptabel war und sie außer der Rückgabe Siebenbürgens auch die Übergabe der drei Festungen Gyula, Großwardein und Kaschau sowie die Zahlung eines 30.000 Dukaten-Jahrestributs für das westliche und nördliche Ungarn forderte, verliefen die habsburgisch-osmanischen Friedensverhandlungen 1556–1558 ergebnislos[2282]. Dennoch entschärfte die 1556 erfolgte Rückkehr der Szapolyais nach Siebenbürgen die habsburgisch-osmanische Auseinandersetzung spürbar. Erst dieser Schritt ermöglichte ernsthafte Friedensverhandlungen zwischen Kaiser und Sultan[2283]. Obwohl die beiden europäischen „Supermächte" demografisch annähernd gleich stark waren, hatte die besser funktionierende osmanische Militärmaschinerie den Ausschlag im Grenzkrieg des Donau-Karpaten-Raums gegeben[2284].

1559 traf mit Albert de Wijs ein zweiter Gesandter Kaiser Ferdinands in Konstantinopel ein, dem es zusammen mit Busbecq gelang, den lang erhofften Friedensvertrag mit dem Sultan abzuschließen. Am 16. Juni 1559 stellte der Sultan den als „Waffenstillstand" bezeichneten Vertragstext in Konstantinopel aus, der rückwirkend ab dem 9. Februar 1559 für acht Jahre gelten sollte. Ferdinand, der erstmals als „Imperator der christlichen Könige, Herzöge und Bege" bezeichnet wurde[2285], musste sich analog zum Friedensvertrag von 1547 verpflichten, jährlich einen Tribut von 30.000 Goldgulden an die Hohe Pforte für den Besitz des westlichen und nördlichen Ungarn zu zahlen. Bezüglich Siebenbürgen hielt der Vertrag fest:

2281 Documente, Hurmuzaki, Vol. II/5, S. 385–387.

2282 Feneşan 1997, S. 174–175. Der Sultan betonte, dass er niemals ein bereits erobertes Land an seine Feinde zurückgeben könne. Siehe den ausführlichen Bericht der habsburgischen Gesandten aus Konstantinopel an Kaiser Ferdinand vom August 1557 in: Documente, Hurmuzaki, Vol. II/5, S. 418–440. Am 21. Januar 1558 beschwerte sich der Sultan bei Kaiser Ferdinand über die Anwesenheit habsburgischer Truppen in den *Partes*: „Und es ist zu unserem erhabenen die Welt zierenden Gehör gelangt, dass sich im Gebiet von Siebenbürgen eine Anzahl Eurer Truppen befindet. Nun gehört auch dieses Land zu den übrigen meiner wohlbehüteten Länder. [...] Wenn aber Euer Heer jedenfalls nicht vollständig von jenen Grenzen zurückgezogen wird, und wenn an unsere großherrliche Pforte ein Beschwerdeführender kommt, so wird unser Vertrauen in Eure Freundschaftsbezeugungen enttäuscht, und man wird annehmen, dass Ihr geheime Pläne habt. Demzufolge sollen die Bedingungen der Freundschaft beachtet werden, und nichts Gegenteiliges soll unternommen werden": Osmanisch-türkische Dokumente, Teil 1, S. 57–59.

2283 Kann, S. 49–50.

2284 Für das Jahr 1550 schätzt Winkelbauer die Bevölkerung in den europäischen und asiatischen Teilen des Osmanischen Reiches auf 21 Millionen, die Einwohner der europäischen Territorien der spanischen Habsburger auf 15 Millionen und die Einwohner der Länder der deutschen Habsburger auf 6,5 Millionen Menschen: Winkelbauer, Bd. 1, S. 23.

2285 Nachdem sich Sultan Süleyman über drei Jahrzehnte lang geweigert hatte, den Kaisertitel Karls V. anzuerkennen, sprach er Ferdinand 1559 erstmals mit dem Kaisertitel an. Bis zum Tod Ferdinands 1564 alterierte der Sultan die Verwendung des Kaiser- und Königstitels: Tătar 2006, S. 126–129. Mit dem lateinischen Begriff *Imperator* umging das osmanische Protokoll den Titel *Padişah*, der im osmanischen Text nur dem Sultan zustand: Căzan 2000, S. 226. Vor 1606 benutzte die osmanische Seite manchmal auch den Titel *Çasar:* Severi, S. 289.

„Vom Land Siebenbürgen, den dazugehörigen Gebieten, Örtlichkeiten, Festungen, Städten und Dörfern soll die Hand genommen werden. Ihnen gegenüber sollen niemals feindselige Handlungen gesetzt werden. [...] Die Orte, Festungen und Dörfer, die sich unter der tatsächlichen Verwaltung des Königssohnes [Johann Sigismund] und der Königin [Isabella] befinden, sollen nicht angegriffen werden, ebenso die Länder und Gebiete des Königs von Frankreich, der Herren Venedigs, die mit unserer Dynastie, dem Mittelpunkt der Glückseligkeit, in Freundschaft und Aufrichtigkeit sind, und die aller anderen, die mit unserer glückhaften Pforte in Freundschaft stehen, nicht angegriffen werden. [...] solange in der dargelegten Weise meine erwähnten Bedingungen von der anderen Seite beachtet werden [...] und Zuwiderhandeln nicht erlaubt wird, sie auch von Seiten unserer gewaltigen Majestät, den [...] Beglerbegen, Begen und anderen Hohen und Niedrigen des siegreichen Heeres, ebenso dem König von Siebenbürgen, den Wojwoden der Moldau und Walachei gegenüber gebührend bekräftigt werden“[2286].

Den militärischen Realitäten Rechnung tragend, erschien in diesem Vertrag Siebenbürgen wieder vollkommen als in den Herrschaftsverband des Osmanischen Reiches integriert, dessen Herrscher den Königstitel trug, allerdings jenen Ungarns und nicht wie im Text erwähnt den Titel eines „Königs von Siebenbürgen“. Da die osmanische Version des Vertrags in mehreren Punkten vom lateinischen Text abwich, entsprach die Ratifikation Kaiser Ferdinands nicht jener des Sultans, der am 24. September 1559 Busbecq mitteilte, den Vertrag nicht ratifizieren zu wollen, weshalb er völkerrechtlich nicht in Kraft treten konnte[2287].

Nach drei weiteren Jahren gelang es dem kaiserlichen Gesandten Busbecq in zähen Verhandlungen einen neuen habsburgisch-osmanischen Friedensvertrag mit der Hohen Pforte abzuschließen. Nachdem Kaiser Ferdinand den Vertrag am 1. Juni 1562 in Prag ratifiziert hatte, stellte am 2. August 1562 Sultan Süleyman in Konstantinopel seine Ratifikationsurkunde in der feierlichen Form eines *ʿahd-nâme-i hümâyûn* aus. Der Frieden, der auch in diesem Fall von den Osmanen als Waffenstillstand bezeichnet wurde, basierte in den meisten Punkten auf dem Vertrag von 1559, konservierte den militärischen Status quo in Ungarn und besaß ebenfalls eine Befristung auf acht Jahre. Eine Änderung ist hinsichtlich der Titulaturen festzustellen. Sultan Süleyman führte neben seinen nahezu unzählbaren Titeln auch jene eines Herrschers der Walachei, der Moldau und Ungarns auf, während Ferdinand nur noch als „der Erwählte und Geehrte des Volkes von Rom und der Imperator der Länder der Deutschen und der König und Beherrscher der Tschechen, Slowenen und Kroaten und vieler anderer Länder“ bezeichnet wurde. Sowohl der Titel eines Römischen Kaisers als auch jener eines Königs von Ungarn fehlte. In Anlehnung an die früheren Verträge wurde für Ferdinand die jährliche Zahlung von 30.000 „ungarischen Dukaten“ festgelegt.

2286 Wortlaut des osmanischen Textes des Friedensvertrages von 1559 und dessen deutscher Übersetzung in: Osmanisch-türkische Dokumente, Teil 1, S. 59–65. Siehe den Wortlaut der lateinischen Übersetzung der osmanischen Vertragsurkunde in: Documente, Hurmuzaki, Vol. II/1, S. 365–367. Vgl. Tratatele internaţionale, S. 85. Vgl. Tătar 2003, S. 303.

2287 Vgl. Căzan 2000, S. 226–228.

Siebenbürgen betrafen folgende Bestimmungen:

„Auch wenn Ihr gewiss seid, auf die Orte, die außerhalb Siebenbürgens liegen, sich aber de facto in der Hand des Sohnes des Königs Johann befinden, seien sie auf ungarischem Gebiet oder diesseits bzw. jenseits der Theiß gelegen, ein Recht zu haben, verzichtet Ihr auf Feindseligkeiten und auf Forderungen durch Gewalt und durch das Schwert innerhalb des Waffenstillstandes von acht Jahren, und auch der Königssohn wird in diesen acht Jahren alle Bedingungen der Freundschaft in jeder Weise beachten: [...] wenn er ihn aber nicht beachte, seiet auch Ihr nicht imstande Geduld zu üben. Wenn bezüglich der Orte, deretwegen Ihr mit dem Königssohn im Streit liegt, innerhalb dieser Freundschaft auf beiderseitigen Wunsch eine Berichtigung angestrebt wird, soll sie in vernünftiger Weise ausgeführt werden."

Diese Bestimmungen bezogen sich auf die Scharmützel in den zu Siebenbürgen gehörenden ostungarischen Partes, die – mit Ausnahme der Komitate Bihar und Marmarosch – 1561/1562 von den Truppen oder Anhängern Kaiser Ferdinands besetzt worden waren[2288].

Die Vertragsurkunde des Sultans schloss mit den Worten:

„[...] schwöre auch ich namens meiner erhabenen Majestät und mit festen Eiden, dass [...] innerhalb der Frist dieses Vertrages von unseren Beglerbegen und Begen, [...] und Wojwoden und von allen siegreichen Militärs innerhalb der Grenzen der islamischen Länder und von Seiten des Königs Stefan [Johann Sigismund] von Siebenbürgen, das von meinen siegreichen Truppen und meiner strahlenden Macht erobert wurde, seitens der Wojwoden der Walachei und der Moldau und meiner anderen tributpflichtigen ungläubigen Diener, die in diese Freundschaft einbezogen sind, die Euch zugehörigen Länder, Gebiete und Untertanen, alle Orte, die Eurer Herrschaft unterstehen, und die Grenzen in keiner Weise angegriffen und belästigt werden.[2289]"

Der Pfortendolmetscher Ibrahim Bey wurde von der Hohen Pforte beauftragt, die Ratifikationsurkunde des Sultans dem Kaiser zu überbringen. Am 24. August 1562 reiste die osmanische Gesandtschaft in Begleitung des habsburgischen Residenten Busbecq ab. Als sie am 7. Oktober in Wien eintraf, weigerte sich Ibrahim Bey, dem Wunsch des abwesenden Kaisers zu folgen und das Dokument Erzherzog Karl zu überreichen. Da Sultan Süleyman in der Ratifikation seinen Anspruch zum Ausdruck brachte, die Oberherrschaft über den Kaiser auszuüben, bestand der osmanische Gesandte darauf, das Dokument Ferdinand persönlich auszuhändigen. Nachdem die Zustimmung des Kaisers in Wien eingetroffen war, reiste die osmanische Delegation über Prag und Bamberg nach Frankfurt am Main, wo am Tag nach ihrer Ankunft die Wahl des Kaisersohnes, Maximilian, zum Römischen König erfolgte. Erst danach, am 27. November 1562, gewährte der Kaiser der Gesandtschaft eine Audienz, in deren Verlauf er die osmanische Ratifikationsurkunde in Empfang

2288 Căzan 2000, S. 229.

2289 Wortlaut des osmanischen Textes und dessen deutscher Übersetzung des Friedensvertrages von 1562 in: Osmanisch-türkische Dokumente, Teil 1, S. 67–74. Siehe die lateinische Version des Vertrages in: Documente, Hurmuzaki, Vol. II/5, S. 507–513. Vgl. Tratatele internaționale, S. 85–86. Vgl. den Inhalt in: Recueil des traités, Tome IX, S. 11–12.

nahm. Aufgrund der Tatsache, dass dies vor den Augen der Vertreter der Reichsstände und der europäischen Monarchen erfolgte, stellte die dritte größere Gesandtschaft, die der Sultan nach 1535 und 1549 an Ferdinand I. schickte, den vorläufigen repräsentativen Höhepunkt dar. Nach der Abreise der osmanischen Gesandtschaft aus Frankfurt stellte die habsburgische Seite Diskrepanzen zwischen der lateinischen und der osmanischen Vertragsversion fest, die von der Hohen Pforte erst 1563 korrigiert wurden[2290].

Die Übersetzung des lateinischen Vertragstextes, den Kaiser Ferdinand I. ratifiziert hatte, erhielt die osmanische Seite bereits am 30. September 1562[2291]. Nachdem die kaiserliche Ratifikation geprüft und für korrekt befunden wurde, bestätigte Sultan Süleyman in Konstantinopel seinem Vertragspartner zwischen dem 8. und 17. Dezember 1562 den Eingang der Ratifikationsurkunde[2292], wodurch der Friedensvertrag völkerrechtlich in Kraft trat. Damit konnte der auf fünf Jahre geschlossene Friedensvertrag von 1547 erneuert werden und der seit 1551/1552 bestehende Kriegszustand zwischen dem Kaiser und dem Sultan beendet werden[2293]. Während in Ungarn der politisch-militärische Status quo bestätigt wurde, der sich in der vorangegangenen Dekade nicht wesentlich verändert hatte, musste Kaiser Ferdinand vor allem auf den Besitz Siebenbürgens verzichten und seine Ansprüche, zumindest auf das engere Siebenbürgen, aufgeben. Veränderungen des Grenzverlaufs in den Partes sollten lediglich auf dem Verhandlungsweg zwischen Kaiser Ferdinand und König Johann Sigismund zulässig sein und in ein bilaterales habsburgisch-siebenbürgisches Abkommen münden[2294].

Zwischen 1563 und 1564 ermahnte der Sultan König Johann Sigismund, trotz seines Streits mit Kaiser Ferdinand um die Partes unter keinen Umständen den Frie-

---

2290 Ausführlich zur Herrschaftsinszenierung im Rahmen der Gesandtschaftsreise des Ibrahim Bey nach Frankfurt am Main: Rudolph, S. 295–305. Vgl. Schaendlinger, S. 194–195.

2291 Căzan 2000, S. 230–231.

2292 „Euer Vertragsschreiben ist an unserer glückhaften Schwelle und an unserer hohen, schicksalshaft mächtigen Pforte, die das Asyl der kronentragenden Sultane [...] ist, eingelangt." Auf das „Verlangen" Ferdinands hin, habe der Sultan ein „großherrliches Vertragsschreiben" ausgestellt, aufgrund dessen „acht Jahre lang [...] Freundschaft bestehen möge". Allerdings sei „der König des Landes Siebenbürgen und von Ungarn" an den Sultan herangetreten, um sich über Melchior Balassa, der auf die Seite Ferdinands getreten war, zu beschweren, da er „außer auf die Gebiete, die sich seit dem Zustandekommen der Freundschaft in seiner Hand befinden, auch auf das Land Siebenbürgen Angriffe ausgeführt" habe. Vor diesem Hintergrund mahnte der Sultan: „Nun sind aber das Land Siebenbürgen und sonstige Gebiete, die sich unter der Verwaltung des erwähnten Königs [Johann Sigismund] befinden, von meiner siegreichen hosrowischen Macht erobert und eingenommen worden und sind mein Land und mein Gebiet. Und seine Einwohner sind wie die Einwohner meiner anderen beschützten Länder meine Untertanen und Steuerzahler. Sie zu belästigen und anzugreifen ist nicht erlaubt." Der Sultan schloss sein Schreiben mit folgender Aufforderung: „Und die, die gegen den Vertrag handeln, sollst Du im Sinne des Vertrages bestrafen und es schriftlich bekannt geben, wie es den Erfordernissen der grundlegenden Regeln der Eintracht entspricht": Siehe den Wortlaut des Schreibens in: Osmanisch-türkische Dokumente, Teil 1, S. 76–78.

2293 Petritsch 1993, S. 51.

2294 Vgl. Gooss, S. 168.

den von 1562 zu brechen. Als Kaiser Ferdinand am 25. Juli 1564 in Wien starb, folgte ihm Maximilian II. auf dem römischen Kaiserthron[2295]. Der Herrscherwechsel machte noch im 16. Jahrhundert eine Bestätigung der vom Vorgänger geschlossenen Verträge erforderlich, so dass sich bereits Mitte August und Mitte Oktober 1564 Sultan Süleyman bereit erklärte, den Friedensvertrag von 1562 mit dem neuen Kaiser zu bestätigen[2296].

Im Herbst 1564 verschlechterte sich die politisch-militärische Lage des Kaisers in Ungarn. Nach einer zweijährigen Pattsituation in den Partes hoffte König Johann Sigismund darauf, den Herrscherwechsel in Wien ausnutzen zu können und den neuen Kaiser durch einen militärischen Coup vor vollendete Tatsachen zu stellen. Nach der Zustimmung des Klausenburger Landtages ließ Johann Sigismund seine Armee in die Komitate Sathmar, Szabolcs und Bereg eindringen, die von habsburgischen Truppen besetzt waren. Kaiser Maximilian schickte zu Jahresbeginn 1565 seinen Gesandten Michael Czernovicz zum Sultan, um sich über den Bruch des habsburgisch-osmanischen Friedens durch Johann Sigismunds Herbstfeldzug 1564 zu beschweren. Gleichzeitig ersuchte Michael Czernovicz im Auftrag seines Souveräns die Erneuerung des habsburgisch-osmanischen Friedens von 1562. Obwohl der Sultan wegen des gestörten Friedens besorgt war, versuchte er durch die Erneuerung des Friedensvertrages die Lage zu beruhigen und den neuen, für seinen Vasallen vorteilhaften Status quo in den Partes zu konservieren. Am 16. Februar 1565 stellte Sultan Süleyman in Konstantinopel die Vertragsurkunde des erneuerten Friedens von 1562 aus[2297]. Am 21. Februar 1565 bestätigte er den Erhalt des von Kaiser Maximilian entrichteten Tributes samt jener Geschenke, die von den habsburgischen Gesandten mit dem Tribut überbracht worden waren[2298].

Mittlerweile änderte sich aber die militärische Lage in den Partes. Im Februar 1565 ging die habsburgische Armee zum Gegenangriff über. Es gelang ihr nicht nur, bis März 1565 die Verluste vom Herbst 1564 wett zu machen, sondern auch befestigte Plätze einzunehmen, die vorher von Johann Sigismund gehalten worden waren. Nun forderte der Sultan von den Habsburgern die unverzügliche Rückgabe der gerade gemachten Eroberungen, vor allem der befestigten Plätze Tokaj und Szerencs. Er ließ Michael Czernovicz, der sich mit der Vertragsurkunde des Sultans be-

---

2295 Kann, S. 50. Maximilian war bereits 1562 zum römischen König gewählt sowie im selben Jahr zum böhmischen König und 1563 zum ungarischen König gekrönt worden.

2296 Wortlaut der Briefe Süleymans an Maximilian II. in: Osmanisch-türkische Dokumente, Teil 1, S. 85–88. Vgl. Căzan 2000, S. 232, 248. Eine venezianische Quelle vom 15. Mai 1564 führte die Bestimmungen einer Erneuerung des habsburgisch-osmanischen Vertrages von 1562 auf: Documente, Hurmuzaki, Vol. VIII, S. 99–100. Vgl. Tratatele internaţionale, S. 86.

2297 Der Sultan behielt die Titulierung, mit der er den Kaiser ansprach, aus dem Vertrag des Jahres 1562 bei: „Du, der Du […] König Maximilian, bist, und der Du der Erwählte und Geehrte des Volkes von Rom und der Imperator von Deutschland und der König und Beherrscher der Tschechen, Slowenen und Kroaten und vieler anderer Länder bist". Siehe den Wortlaut der Vertragsurkunde in: Osmanisch-türkische Dokumente, Teil 1, S. 87–94.

2298 Siehe den Wortlaut des Bestätigungsschreibens in: Osmanisch-türkische Dokumente, Teil 1, S. 94–95.

reits auf dem Rückweg nach Wien befand, nach Konstantinopel zurückbringen[2299]. Dort wurde ihm durch das Schreiben des Sultans vom 3. März 1565 mitgeteilt, dass er wegen der vertragswidrigen Handlungen „des Königs von Österreich" solange in Konstantinopel zurückgehalten werde, bis Maximilian seine Truppen aus den Gebieten zurückgezogen habe, die dem „Königssohn", also Johann Sigismund, gehörten. Sollte dies nicht erfolgen, würden „die Dinge in Angriff genommen, die der Religion und meinem großherrlichen Reiche entsprechend sind" [2300].

Kaiser Maximilian II. versuchte den Sultan von seinen friedlichen Absichten zu überzeugen und rechtfertigte das Vordringen seiner Truppen in die von Johann Sigismund gehaltenen Partes mit dem Schutz, den er seinen Untertanen vor den Angriffen des siebenbürgischen Herrschers bieten müsse. Darüber hinaus suchte Maximilian um die Verlängerung des habsburgisch-osmanischen Friedensvertrages von 1562 an und erbat eine Garantie des Sultans für die Achtung der habsburgisch-siebenbürgischen Verträge durch Johann Sigismund, mit dem er noch einen „grundlegenden Vertrag" abschließen werde. Solange würden sich die habsburgischen Truppen ruhig verhalten[2301]. Maximilians Äußerungen bezogen sich auf die zwischen ihm und Johann Sigismund 1562–1564 abgeschlossenen Waffenstillstände, vor allem aber auf den am 13. März 1565 in Sathmar unterzeichneten habsburgisch-siebenbürgischen Friedensvertrag, dessen Ratifizierung Johann Sigismund im April und Mai zu verzögern versuchte, um in Nachverhandlungen Vorteile für sich herauszuschlagen.

Auf Maximilians Schreiben antwortete der Sultan folgendermaßen:

> „Wenn es sich so verhält, so wisst Ihr, dass das Land Siebenbürgen dem erwähnten Königssohn seitens unserer gewaltigen Majestät geschenkt wurde. Da er zur Zahl unserer Diener gehört, die mit unserer großherrlichen Standarte beehrt wurden, so ist das unter seiner Verwaltung befindliche Land wie unsere anderen wohlbehüteten Länder unter dem Schatten unseres Schutzes. [...] Ohne dass nach dem Tod Eures Vaters von Euch jemand an unsere glückhafte Pforte kam, hattet Ihr von unserer hohen Pforte erbeten, dass die Festungen, die der Königssohn in der Zwischenzeit genommen hat, wieder an ihre Besitzer zurückgegeben werden mögen. Demgemäß war unser großherrlicher Befehl geschickt worden, damit die in unserem erhabenen Schreiben genannten Festungen übergeben werden. Ist es nicht seltsam, dass nun dem Königssohn Souveränitätsrechte zugebilligt werden, dass die Angelegenheiten der Festungen mit ihm besprochen werden und dass man auf die Zeit des Vertrags mit ihm wartet? Ist denn der Königssohn ermächtigt, unabhängig Frieden zu schließen? Und wenn er ihn geschlossen haben sollte, ist sein Friede dann gültig? Seine Verpflichtung ist es, die Befehle, wie immer sie von unserer Seite ergehen sollten, ihrem Inhalt gemäß durchzuführen. Wenn Friede und Waffenstillstand gewünscht werden, dann sollt Ihr gemäß den Darlegungen in unserem erhabenen Schreiben nicht säumig sein und eine Antwort schicken."

2299 Căzan 2000, S. 252–254.

2300 Osmanisch-türkische Dokumente, Teil 2, S. 57–59. Zur Weigerung Sultan Süleymans, den Friedensvertrag vom 17. Februar 1562 mit Kaiser Ferdinand auf seinen Nachfolger, Kaiser Maximilian II., zu übertragen: Gooss, S. 178. Vgl. Ivanics 1992, S. 184.

2301 Siehe den Wortlaut des am 2. Mai 1565 auf Latein verfassten Schreibens des Kaisers an den Sultan in: Documente, Hurmuzaki, Vol. II/1, S. 538–539.

Da der Sultan die Nachricht erhalten habe, dass der Habsburger mit seinem Heer in Siebenbürgen eingedrungen sei, habe er den „Begen“ auf dem Balkan den Befehl erteilt, dem „Beglerbegi“ von Temeswar zu unterstützen. Jetzt habe der Sultan sie angewiesen, nichts mehr gegen den Frieden zu unternehmen und sich in Verteidigungsposition zu begeben.

Zum Wunsch des „Königs der Länder Österreich und Deutschland, König Maximilian“, dessen Leben „im Guten enden möge“, den Frieden von 1562 zu verlängern, äußerte sich der Sultan folgendermaßen:

> „Da vordem auf die Bitte Eures Vaters, des Königs Ferdinand, unser großherrlicher Vertrag betreffend Frieden und Waffenstillstand gewährt wurde, und da es eine alte Sitte und Basis unserer auf Gerechtigkeit aufgebauten Dynastie ist, dass wenn den Söhnen unserer Freunde, die zu unserer hohen Pforte in Treue standen, die Königswürde zuteil wird, und ihre Gesandten kommen, der Vertrag und das Abkommen, die mit ihren Vätern bestanden, fest bleiben und dass ihnen (neuerlich) unser großherrliches Vertragsschreiben gegeben wird, war auch Euch in dieser Angelegenheit unser großherrliches Schreiben geschickt worden“[2302].

Obwohl im habsburgisch-osmanischen Frieden von 1562 festgehalten wurde, dass die Frage der Grenzziehung in den ostungarischen Partes in einem habsburgisch-siebenbürgischen Spezialabkommen geregelt werden sollte, verurteilte der Sultan die Verträge Johann Sigismunds mit Maximilian, deren Einhaltung auf Wunsch des Kaisers vom Sultan garantiert werden sollten. Der Sultan stellte unmissverständlich klar, dass König Johann Sigismund nicht Inhaber der Souveränität über das östliche Ungarn und Siebenbürgen und damit nicht uneingeschränkt Träger des *ius belli ac pacis* war. Die Gründe für die Reaktion des Sultans lagen darin, dass Johann Sigismund nicht im Rahmen des Friedens von 1562 sondern nach – vom Sultan nicht genehmigten – Kampfhandlungen einen Friedensvertrag mit dem Kaiser abgeschlossen hatte, ohne die Hohe Pforte darüber in Kenntnis zu setzen. Die Verärgerung des Sultans bezog sich aber vor allem auf den Inhalt des Sathmarer Vertrages, von dem die Hohe Pforte mittlerweile erfahren hatte. In diesem Vertrag hatte Johann Sigismund die Zugehörigkeit Siebenbürgens zum Komplex der Länder der ungarischen Krone bestätigt, auf den Titel eines Königs von Ungarn zugunsten der Habsburger verzichtet und dem Hause Österreich die Erbfolge in Siebenbürgen in Aussicht gestellt. Damit wurden grundlegende Parameter berührt, die die völkerrechtliche Stellung Siebenbürgens definierten und über die nach Auffassung des Sultans er allein zu befinden hatte.

In einem weiteren Schreiben untersagte der Sultan dem Kaiser, Friedensverhandlungen mit dem siebenbürgischen Herrscher zu führen, da Johann Sigismund nicht die Erlaubnis habe, auf eigene Faust Frieden zu schließen. Süleyman forderte die Räumung der Festungen Frauenbach, Tokaj und Szerencs durch die habsburgischen

---

2302 Siehe das Schreiben Sultan Süleymans an Kaiser Maximilian, das in Konstantinopel zwischen dem 12. und 21. Mai 1565 verfasst wurde, in: Osmanisch-türkische Dokumente, Teil 2, S. 68–71.

Truppen und er warnte Maximilian, jegliche Feindseligkeiten zu unterlassen. Der Sultan stellte dem Kaiser die Überbringung der osmanischen Vertragsurkunde, die den Frieden von 1562 erneuerte, erst für den Fall in Aussicht, dass der militärische Status quo des Jahres 1564 wiederhergestellt würde[2303]. Um die Räumung der von den habsburgischen Truppen eroberten Festungen zu erzwingen, wurden die Frau und die Kinder des kaiserlichen Gesandten Michael Czernovicz als Geiseln in der osmanischen Hauptstadt zurückbehalten, während Czernovicz das Schreiben des Sultans nach Wien überbringen musste[2304].

Unter dem Einfluss des seit Juli 1565 amtierenden neuen Großwesirs Sokollu Mehmet Pascha nahm der greise Sultan eine immer härtere Haltung dem Kaiser gegenüber ein. Dessen Friedensvorschläge wurden von der Hohen Pforte nicht mehr rezipiert[2305]. Die in der zweiten Jahreshälfte 1565 in Wien einlaufenden Nachrichten aus Konstantinopel verfestigten die Gerüchte über einen bevorstehenden osmanischen Angriff auf Ungarn. Am 19. April 1566 schrieb der Sultan seinem Vasallen Johann Sigismund, er brauche sich nicht davor fürchten, Siebenbürgen und dessen Bewohner, die seine Untertanen seien, jemals verlassen zu müssen. Um den siebenbürgischen Herrscher enger an sich zu binden, erließ der Sultan eine „großherrliche Vertragsurkunde", in der die Rechte und Pflichten Siebenbürgens im Rahmen des osmanischen Herrschaftsverbundes verbrieft wurden. Der Sultan versprach, Johann Sigismund bei der Rückeroberung der Partes zu helfen; er erwartete im Gegenzug neben militärischer Hilfe auch Unterstützung bei der Verpflegung der osmanischen Armee in Ungarn. Dies bestätigte ihm Johann Sigismund am 29. Juni 1566, als er im osmanischen Heerlager von Zimony das Schutzversprechen und die Vertragsurkunde des Sultans in Empfang nahm und Süleyman huldigte. Die im Juni begonnene osmanische Großoffensive in Ungarn endete bereits nach der Einnahme der Festung

---

2303 Zunächst bestätigte der Sultan den Eingang des kaiserlichen Schreibens vom 2. Mai 1565: „So wurde alles, was Ihr in Eurem Brief an Euren an unserer hohen Pforte weilenden Gesandten dargelegt habt, in allen Einzelheiten unserer lichtgleißenden gewaltigen Gegenwart unterbreitet und ist von unserem erhabenen, die Welt zierenden Wissen erfasst worden." Dann fuhr der Sultan fort: „Wenn es sich so verhält, so ist durch die hohe Gnade Gottes, erhaben ist Er und gepriesen sei Er, das Land Siebenbürgen durch unsere siegreiche Kraft erobert worden und mein Land geworden. Der Königssohn hat durch unsere glückliche Majestät das erwähnte Land mit unserem siegreichen Banner in Besitz genommen. Wie kann da der Friede, den er ohne meine großherrliche Erlaubnis mit Euren Befehlshabern und Kommandanten geschlossen hat, nützlich sein, wo er doch wie meine übrigen Diener, die Emire, meinem erhabenen Befehl untersteht? Und es hätte nicht sein dürfen, dass der Vertrag mit ihnen in Eurem Schreiben in bezug auf meine wohlbehüteten Länder erwähnt wird." Siehe den Wortlaut des Schreibens an Kaiser Maximilian, das der Sultan zwischen dem 29. Juli und dem 7. August 1565 in Konstantinopel verfasst hatte, in: Osmanisch-türkische Dokumente, Teil 1, S. 96–99.

2304 Dem ständigen habsburgischen Gesandten bei der Hohen Pforte, Albert de Wys, gelang es nach einigen Monaten, einen Wesir davon zu überzeugen, Czernoviczs Familie heimlich aus Konstantinopel zu bringen, so dass sie nach Wien fliehen konnte: Petritsch 1991, S. 166. Vgl. Căzan 2000, S. 258.

2305 Siehe die den Erzherzögen und kaiserlichen Räten im Oktober und November 1565 zur Beratung zugesandten Vorschläge für einen habsburgisch-osmanischen Frieden in: Documente, Hurmuzaki, Vol. II/1, S. 546–548.

Szigetvár am 8. September 1566, bedingt durch den Tod des über siebzigjährigen Sultans, der unmittelbar davor eingetreten war[2306].

Sowohl sein Nachfolger, Sultan Selim II., als auch Kaiser Maximilian II. zeigten sich 1567 friedenswillig. Während der Sultan einen Janitscharenaufstand niederschlagen musste, plante der Kaiser einen Feldzug gegen den König von Frankreich, um dessen Truppen aus der Festung Metz zu vertreiben. Die habsburgisch-osmanischen Waffenstillstände des Jahres 1567 bezogen sich auch auf die von Johann Sigismund kontrollierten Gebiete[2307]. Durch die Vermittlung des Paschas von Ofen und des Bischofs von Erlau wurden die Friedensverhandlungen vorangetrieben[2308]. Obwohl die osmanische Seite auf keine ihrer Eroberungen in Ungarn verzichten wollte, zwangen sie neue Kriegsschauplätze im Mittelmeer und im Nahen Osten zu Kompromissen[2309]. Zum Jahresbeginn 1568 übergaben die habsburgischen Gesandten Antonius Verancius und Christoph Teuffenbach Großwesir Mehmet Pascha in Konstantinopel den Vertragsentwurf, in dem sie die Friedensbedingungen des Kaisers unterbreiteten. Demnach war der Kaiser bereit, seinen Kommandanten und Statthaltern zu befehlen, während des Friedens weder den „Herzog von Siebenbürgen" noch die Woiwoden der Moldau und Walachei anzugreifen, wenn sich der Sultan im Gegenzug verpflichtete, seinen Paschas und Woiwoden anzuordnen, weder die Gebiete des Kaisers noch jene seiner Brüder zu behelligen[2310].

Am 17. Februar 1568 wurde in Adrianopel der neue habsburgisch-osmanische Friedensvertrag – aus osmanischer Sicht erneut ein Waffenstillstand – für acht Jahre abgeschlossen. Die osmanische Vertragsurkunde erkannte erstmals ausdrücklich die Dreiteilung des Königreiches Ungarn an und hielt nicht mehr an der Fiktion eines einheitlichen Ungarn unter osmanischer Oberhoheit fest. Der „Römische König", wie Kaiser Maximilian II. von den Osmanen im Vertragstext bezeichnet wurde, musste in Anlehnung an den Friedensvertrag von 1562 – der die Grundlage des neuen Vertrages bildete – ebenfalls 30.000 Golddukaten jährlich an die Hohe Pfor-

---

2306 Allerdings reduzierte der siebenbürgische Herrscher seine Militärhilfe für den Sultan beträchtlich mit dem Argument, er habe den Feind im eigenen Lande am Hals: Káldy-Nagy, S. 211. Papp bezweifelt die Echtheit der Vertragsurkunde (*'ahd-nâme-i hümâyûn*) von 1566: Papp 2003, S. 47–52, 60. Vgl. Căzan 2000, S. 260–265. Vgl. Göllner 1978, S. 144–146.

2307 Siehe die Schreiben Kaiser Maximilians II. an seinen Gesandten in Konstantinopel, Albert de Wijs, den Großwesir und den Sultan zwischen März und Mai 1567 in: Documente, Hurmuzaki, Vol. II/1, S. 572–573, 576–577. Vgl. Barta 1990, S. 256–257. Vgl. Butnariu 2004, S. 112–113.

2308 Siehe das Schreiben des kaiserlichen Rates Johann Trautsohn vom 11. April 1567 an den Pascha von Ofen in: Documente, Hurmuzaki, Vol. II/1, S. 574–575.

2309 Ausführlich zu den Vorverhandlungen: Căzan 2000, S. 267–273. Siehe den Wortlaut der kaiserlichen Instruktion vom 25. Juni 1567 für die Friedensverhandlungen der habsburgischen Gesandten Antonius Verancius und Christoph Teuffenbach in Konstantinopel in: Documente, Hurmuzaki, Vol. II/5, S. 615–618. Vgl. das Itinerar der Gesandten im Juli und August 1567 und die von ihnen mitgeführten Geschenke für die osmanischen Würdenträger in: Documente, Hurmuzaki, Vol. II/5, S. 618–624.

2310 Siehe den Wortlaut des auf Latein abgefassten Dokumentes in: Documente, Hurmuzaki, Vol. II/5, S. 633–636.

te entrichten. Außerdem musste er auf seine Exklaven Gyula, Jennö und Világos, die vom Osmanischen Reich annektiert wurden, verzichten. Der Sultan verpflichtete sich, allen Untertanen seines Reiches, aber auch dem „König" Johann Sigismund sowie den Woiwoden der Moldau und der Walachei zu befehlen, den Vertrag einzuhalten. Kaiser Maximilian II. musste versprechen, die territoriale Integrität Siebenbürgens, der Moldau und der Walachei zu achten, nicht in diese Länder mit seinen Truppen einzufallen und zusammen mit dem Sultan jedem Vorkommnis entgegenzutreten, das die genannten drei Länder zur Missachtung des Friedens bewegen könnte. Die Habsburger mussten Johann Sigismund Szapolyai als König von Ungarn und Herrscher über Siebenbürgen anerkennen, der die zum Zeitpunkt des Friedensschlusses von ihm kontrollierten ungarischen Gebiete behalten durfte. Nach seinem Tod sollten die Stände Siebenbürgens, deren Wahlrecht von den Habsburgern akzeptiert werden musste, einen neuen Herrscher wählen[2311].

Kaiser Maximilian II. (1564–1576) und Sultan Selim II. (1566–1574) bemühten sich um die Aufrechterhaltung des Friedens von 1568, auch in kritischen Phasen des habsburgisch-osmanischen Verhältnisses, z. B. während des dynastischen Wechsels in Siebenbürgen, als mit dem Tod König Johann Sigismund Szapolyais 1571 Stefan Báthory folgte, der den Woiwodentitel annahm, um leichter die Anerkennung der beiden benachbarten Großmächte zu erhalten. Zur deutlichen Entspannung in den Beziehungen zwischen Wien und Konstantinopel trug auch bei, dass die kaiserlichen Gesandten Albert de Wijs (1562–1569), Karl Rijm (1570–1573) und Freiherr David Ungnad von Weissenwolf und Sonnegg (ab 1573) pünktlich das jährliche „Ehrengeschenk" des Kaisers an den Sultan ablieferten[2312]. Noch vor Ablauf der achtjährigen Frist gelang es David Ungnad, die Verlängerung des Friedens am 24. Oktober 1573 zu erreichen[2313]. Allerdings starb Sultan Selim II. vor dem Austausch der Ratifikati-

2311 Recueil des traités, Tome IX, S. 12–13. Recueil d'actes internationaux, S. 32. Siehe den Siebenbürgen, die Moldau und die Walachei betreffenden Teil des Friedensvertrages, der am 16. Februar 1568 nach Genua gesandt wurde in: Documente, Hurmuzaki, Vol. XI, S. 77–78. Siehe den entsprechenden Auszug aus dem Vertrag in italienischer Übersetzung, der am 13. März dem Dogen aus Adrianopel zugeschickt wurde, in: Documente, Hurmuzaki, Vol. VIII, S. 127–128. Vgl. Tratatele internaţionale, S. 86–87. Siehe den Bericht des kaiserlichen Gesandten Antonius Verancius vom 19. März 1568 aus Adrianopel, in dem er dem kaiserlichen Rat von Dornberg über den Abschluss des Friedensvertrages berichtete: Documente, Hurmuzaki, Vol. II/5, S. 636. Vgl. Petritsch 1993, S. 52. Vgl. Butnariu 2004, S. 112.

2312 Petritsch, Regesten, S. 204. Vgl. Căzan 2000, S. 274. Da der Wiener Hofkriegsrat auch für die Beziehungen zum Osmanischen Reich zuständig war, ergab sich eine personelle Verschränkung zwischen dieser kaiserlichen Behörde und der kaiserlichen Gesandtschaft in Konstantinopel. Dafür stehen die Karrieren der Diplomaten David Ungnad im 16. und Johann Rudolf Schmid von Schwarzenhorn im 17. Jahrhundert. Während Ungnad nach einem Jahrzehnt der Tätigkeit als Gesandter bei der Hohen Pforte von 1584 bis 1599 dem Hofkriegsrat als Präsident vorstand, wirkte Schmid von Schwarzenhorn 1629–1643, 1649 und 1651 in Konstantinopel und war anschließend als Mitglied des Hofkriegsrates für die Beziehungen zum Osmanischen Reich zuständig: Regele, S. 73. Vgl. Bérenger, S. 136. Vgl. Höbelt, S. 220.

2313 Recueil des traités, Tome IX, S. 13. Vgl. Recueil d'actes internationaux, S. 33–34. Vgl. die italienische Übersetzung des Vertragstextes in: Documente, Hurmuzaki, Vol. II/1, S. 727–728.

onsurkunden, so dass Sultan Murat III. (1574–1595) erst am 22. November 1575 die Verlängerung des achtjährigen Friedens mit David Ungnad abschließen konnte[2314].

Als sich der Woiwode Siebenbürgens, Stefan Báthory, 1575 um den polnischen Thron bewarb, schrieb der Sultan den „König von Wien" an, um ihn davor zu warnen, nach Polen oder Siebenbürgen einzufallen. Im Gegenzug zum „König von Moskau" pflege er mit Maximilian friedliche Beziehungen, da kürzlich der Friedensvertrag erneuert worden sei. Der Sultan betonte: „Darum ist es nicht statthaft, dass Ihr Polen angreift.[2315]" Nach der Wahl Báthorys zum König von Polen schrieb der Sultan 1576 nach Wien:

> „Der von unserer erhabenen, ruhmreichen Majestät zum polnischen König eingesetzte, Ruhm der christlichen Fürsten, Stefan Báthory – möge sein Ende gut sein! – hat an unsere glückselige Pforte, welche der Zufluchtsort geehrter Herrscher ist, ein Schreiben gesandt und angezeigt, dass er, gemäß meinem erhabenen Befehl, sich in jenes Land verfügt, und sich nach dessen Brauche die Krone aufgesetzt hat. […] Außerdem ist in dem […] gewährten *'ahd-nâme* ausdrücklich festgesetzt, dass weder Siebenbürgen noch Polen von Euch belästigt oder betreten werden darf, und dass, falls es doch geschähe, dies den Frieden bräche. […] Was für Euch als König statthaft ist, ist, dass Ihr Euren Vertrag und Euer Versprechen einhaltet, und Eure von jeher gegebenen Abgaben entrichtet. Da diese Abgaben noch nicht eingetroffen und die Frist verstrichen ist, so bringt dies den Friedensbruch mit sich. Daher sollt Ihr, sobald dieses sultanische Schreiben eingetroffen ist, die Vereinbarungen des zwischen beiden Seiten geschlossenen Friedens und guten Einvernehmens wahren und nach den Regeln des Friedens handeln.[2316]"

Ein militärischer Konflikt zwischen Kaiser Maximilian II., der sich auch um die polnische Krone beworben hatte, und Stefan Báthory bzw. dem Sultan wurde durch den baldigen Tod des Kaisers am 12. Oktober 1576 verhindert. Als Rudolf II. seinem Vater Maximilian II. als Kaiser nachfolgte, erneuerte Sultan Murat III. am 9. Dezember 1576 seine „großherrliche Vertragsurkunde" von 1573 und damit den Frieden von 1568[2317]. In einer zeitgenössischen deutschen Übersetzung des Vertrages hieß es:

> „[…] hab ich, auff euer Ersuchen und Begehren dem alten Königlichen Gebrauch und Gewohnheit nach, alle Artickel und Conditionen, die in meines Vatters, guter Gedächtnüsz, Friedsbriefe geschrieben und begriffen sind, gleichfalls angenommen, und auch darüber mein Kayserliches Schreiben gegeben und zugeschickt. […] Wie auch die andere Capitulatio […] in welcher gescrieben gestanden, dasz euern und euerer Brüder Kinder

---

2314 Documente, Hurmuzaki, Vol. II/1, S. 747–748. Vgl. Recueil des traités, Tome IX, S. 13. In einem Begleitschreiben Mehmet Paschas vom 20. Oktober 1575 wurden die Habsburger ermahnt, die Ambitionen Kaspar Békes' auf den siebenbürgischen Thron nicht mehr zu unterstützen. Auch eine Verhinderung der Rückkehr des ehemaligen moldauischen Woiwoden Bogdan Lăpuşneanu in sein Land wurde an der Hohen Pforte als Bestandteil des Friedensvertrages angesehen: Documente, Hurmuzaki, Vol. II/1, S. 745–747.

2315 Beydilli, S. 82–84.

2316 Beydilli, S. 132–134.

2317 Vermerkt mit dem Datum 25. Dezember 1576 in: Recueil des traités, Tome IX, S. 13. Vgl. Recueil d'actes internationaux, S. 34.

[gemeint waren damit auch die in der Steiermark und Tirol herrschenden Erzherzöge], auch der so Weyda desz Landes Siebenbürgen ist, soll also, wie der aus Wallachey und der aus Moldau Weyda, und samt seinem Land und Herrschafft in diesen Frieden begriffen seyn".

Neben dieser ausdrücklichen Einbeziehung Siebenbürgens, der Walachei und der Moldau in den Friedensvertrag versicherte der Sultan, dass seine Paschas und sein Heer den Frieden nicht brechen werden und

„der Weyda desz Landes Siebenbürgen, welches mit unser Königlichen Stärcke und Macht erobert worden, noch die Weyda in Moldau und Wallachey, noch andere ziensbahre Christen, unsere Sclaven, so auch mit in dieser Freundschafft sind, [...]".

Zum Schluss sprach der Sultan in seiner Urkunde jene christlichen Staaten an, die er aufgrund seiner Handels- und Bündnisverträge zum „Haus des Paktes" rechnete:

„Und der König in Frankreich, die Herren aus Polen, und die Herren von Venedig, welche von Alters her dieser unser erhebten und vortrefflichen Pforten Freunde gewesen, die sind itzt wieder von neuem unsere Freund, also sey es auch kund, und das, was da gereicht zu Befast- und Bekräfftigung desz Grundes der Freundschaft und Liebe, werde von jenem Theil die Zeit dieses Friedens geehrt, und erhalten"[2318].

Der achtjährige Friedensvertrag wurde in Konstantinopel am 26. März 1583[2319] sowie am 29. November 1590[2320] verlängert. In den Vertrag sollten auf habsburgischer Seite alle Erzherzöge, auf osmanischer Seite Polen, Siebenbürgen, die Walachei, die Moldau und „andere christliche Herrscher" einbezogen werden, die dem Sultan die Kopfsteuer zahlten. Der Sultan erklärte, dass auch „die alten Freunde seiner glücklichen Pforte", der König von Frankreich sowie Venedig, vom Kaiser nicht angegriffen werden sollten. Den Habsburgern blieb es untersagt, Festungen an der Grenze zu Siebenbürgen zu errichten oder instand zu setzen. Darüber hinaus sollte der Kaiser weiterhin 30.000 Goldgulden jährlich an den Sultan zahlen. Durch diese Investition in den Frieden konnten die Habsburger immense Kriegskosten einsparen. Allein die Unterhaltung der Militärgrenze im habsburgischen Ungarn gegen die Osmanen kostete Wien im Friedensjahr 1578 insgesamt 1.422.000 Goldgulden, von denen 600.000 durch die deutschen Reichsstände, 596.000 durch die böhmischen und österreichischen Stände und nur 80.000 durch die ungarischen Stände zur Verfügung gestellt wurden[2321]. Auch die Osmanen waren sehr an der Verlängerung des Friedens interessiert, da sie zwischen 1578 und 1590 einen aufwändigen

2318 Siehe den Wortlaut der deutschen Übersetzung der Sultans-Urkunde vom 9. Dezember 1576 in: Documente, Hurmuzaki, Vol. III/1, S. 1–4.

2319 Documente, Hurmuzaki, Vol. XI, S. 155. Vermerkt mit dem Datum 11. Januar 1584 in: Recueil des traités, Tome IX, S. 13. Ebenso in: Recueil d'actes internationaux, S. 35. Siehe die am 14. Juni 1583 erstellte italienische Übersetzung der „großherrlichen Vertragsurkunde" Sultan Murats III., in der er den von ihm 1576 bestätigten Frieden mit dem Kaiser um acht Jahre verlängerte: Documente, Hurmuzaki, Vol. IV/2, S. 115–116.

2320 Recueil des traités, Tome IX, S. 14. Vermerkt mit dem Datum 29. November 1591 in: Recueil d'actes internationaux, S. 36.

2321 Tătar 2003, S. 118–119.

Krieg gegen Persien führten[2322]. Nach Beendigung dieses Krieges lenkten sie ihre Militärmaschinerie nach Westen um, wo es 1593 zum Ausbruch des „Langen Türkenkrieges" kam, den die Habsburgermonarchie bis 1606 mit dem Osmanischen Reich führte[2323].

Zusammenfassend ist für das 16. Jahrhundert festzustellen, dass für die Osmanen unbefristete, auf dem Prinzip der Gleichheit der Signatarmächte basierende Verträge mit christlichen Staaten aus dem islamischen Rechtsverständnis heraus unmöglich waren. Deshalb bezeichneten die Osmanen alle bis 1606 mit den Habsburgern abgeschlossenen Friedensverträge als Waffenstillstände, die zeitlich befristet waren. Beide Seiten konnten sich nicht auf eine bestimmte Vertragsform und eine wortgleiche Vertragsurkunde einigen. Dieser Standard war im 16. Jahrhundert noch nicht einmal zwischen Mächten erreicht worden, die sich als Teil der christlich-abendländischen Völkerrechtsordnung verstanden, in der noch immer das sogenannte „zusammengesetzte Vertragsschließungsverfahren" vorherrschte[2324]. Der Vertrag setzte sich folglich aus den unverbundenen Vertragsurkunden der osmanischen und habsburgischen Seite zusammen. Die Rechtsgültigkeit wurde dadurch zwar nicht in Zweifel gezogen, da die übereinstimmenden Willenserklärungen auf beiden Seiten dominierten, allerdings blieb die Rechtssicherheit des Vertrages dadurch eingeschränkt[2325].

Ein weiteres Merkmal der habsburgisch-osmanischen Friedensverträge zwischen 1547 und 1606 bildete die vom islamischen Recht geforderte Tributleistung des „ungläubigen" Herrschers gegenüber dem Sultan, dessen Gegenleistung darin bestand, dem Vertragspartner die Nutzung von Territorien zu erlauben oder schlicht dessen Bitte nach Beendigung der Kampfhandlungen nachzukommen. Im Falle der habsburgisch-osmanischen Friedensverträge betrug die Abgabenleistung der Kaiser 30.000 Dukaten, die sie für die Nutzung des westlichen und nördlichen Ungarn an den Sultan erbringen mussten. Der ungarische Königstitel der Habsburger wurde vom Sultan nicht anerkannt[2326]. In der älteren ungarischen und rumänischen Historiografie wird die weitreichende „Souveränität" Siebenbürgens bzw. der Moldau und der Walachei für das 16. und 17. Jahrhundert mit dem Argument hervorgehoben, die Habsburgermonarchie habe auch Tributzahlungen an den Sultan geleistet und sei trotzdem ein unabhängiger Staat geblieben.

Einerseits symbolisierte die Tributpflicht des Kaisers für die osmanische Seite die militärische Überlegenheit des Sultans, die wiederum als ein Ausdruck der allumfas-

---

2322 Zu den Bemühungen der Osmanen vor 1590, den Frieden mit der Habsburgermonarchie zu erhalten: Niederkorn 2013, S. 95–108.

2323 Siehe den Überblick zum „Langen Türkenkrieg" in: Matschke, S. 292–320. Zu den Argumentationsstrategien von Kaiser und Papst, die christlichen Souveräne 1592/1593 vom Beitritt zu einer „Heiligen Liga" zu überzeugen: Niederkorn 2005, S. 207–209. Zur Bezeichnung Ungarns als „Schutzmauer des Christentums" durch die Päpste: Varga, S. 57–59.

2324 Rill, S. 116.

2325 Komatsu, S. 127–129.

2326 Ferdinand von Habsburg benutzte den ungarischen Königstitel konsequent in seiner Korrespondenz mit dem Sultan und wies die osmanischen Ansprüche auf diesen Titel stets zurück. Vgl. Severi, S. 289.

senden Überlegenheit des islamischen Kulturkreises verstanden wurde, der dadurch die eigenen völkerrechtlichen Vorstellungen im Vertragswerk durchsetzen konnte. Andererseits machte gerade die osmanische Seite deutlich, dass sie auch auf der Ebene der Repräsentation graduelle Unterschiede zwischen der Habsburgermonarchie und ihren drei Vasallen im Karpatenraum sah. Dieses wird vor allem durch die von der Hohen Pforte benutzte Terminologie deutlich. Während die Zahlungen Siebenbürgens, der Moldau und der Walachei als *harâç* (Tribut) bezeichnet wurden, wählte die Hohe Pforte in ihren Schreiben an den Kaiser meistens die Begriffe *virgü* oder *hedâyâ* (Gabe oder Ehrengeschenk)[2327]. Ernst Petritsch rückt die Bedeutung dieser „Gabe" in die Nähe des Begriffes „Pacht", also einer Überlassung des Gebrauchs von Gegenständen, inklusive deren Früchte, an einen Dritten. Mit der Geldzahlung an die Osmanen habe Ferdinand die Oberhoheit des Sultans über das gesamte Königreich Ungarn anerkannt, der Ferdinand das nicht unter der Herrschaft der Osmanen stehende Ungarn gegen Geld zur Nutzung überlassen habe[2328].

Eine analoge rechtliche Konstruktion für Siebenbürgen, die von den Habsburgern wiederholt vorgeschlagen wurde, lehnte die Hohe Pforte kategorisch ab, da eine dauerhafte Kontrolle der Habsburger über die wirtschaftlichen und militärischen Ressourcen Siebenbürgens die faktischen Machtverhältnisse im Donau-Karpaten-Raum eindeutig zu Lasten der Osmanen verschoben hätte. Vor allem diese politischen Realitäten hielten das Osmanische Reich davon ab, Siebenbürgen an die Habsburger „zu verpachten". Der Sultan begründete seinen Anspruch, die Herrschaft über Siebenbürgen allein an einen Mann seines Vertrauens zu übertragen, vor allem mit dem Hinweis auf sein Recht als Eroberer dieses Landes. Daraus leitete sich aber auch seine Pflicht ab, dieses Land zu beschützen, und dazu gehörte aus omanischer Sicht die Einbeziehung Siebenbürgens in die „Waffenstillstandsverträge" mit den Habsburgern. Damit leitete sich aber auch die Pflicht des Vasallen ab, den außenpolitischen Richtlinien des Osmanischen Reiches zu entsprechen und keine Partikularinteressen zu verfolgen, die im Widerspruch zur Politik der Hohen Pforte stehen konnten. Die Einbeziehung Siebenbürgens in die habsburgisch-osmanischen Friedensverträge von 1562 und 1568 bedeuteten für Johann Sigismund folglich die Einstellung militärischer Aktionen, die zur (Rück)Eroberung habsburgischer Komitate in Oberungarn geführt hätten[2329].

Die habsburgisch-osmanischen Friedensverträge erwiesen sich aber als so flexibel, dass zum Beispiel die Lösung der Grenzziehungs- und Eigentumsfragen in den Partes auf die Ebene der habsburgisch-siebenbürgischen Beziehungen delegiert werden konnte. Dass dies im habsburgisch-osmanischen Friedensvertrag von 1562 vereinbart wurde, steht dafür, dass Siebenbürgen durch sein völkerrechtliches Verhältnis

2327 Ausführlich: Petritsch 1993, S. 54–58.

2328 Die nach 1547 von den Osmanen gebrauchte Formulierung lautete: „Für jene Burgen und Kastelle in der Provinz Ungarn, die mitsamt ihren Untertanen nicht unter die Nutzung durch die Muslime gekommen sind, sollen als Gegenleistung jedes Jahr dreißigtausend Goldstücke an meine großherrliche Schatzkammer abgeliefert werden." Petritsch 1985, S. 74.

2329 Gooss, S. 184–186.

zum Osmanischen Reich zwar in seiner Völkerrechtspraxis eingeschränkt war, aber seine Völkerrechtssubjektivität behielt, da es nie in die osmanische Provinzialverwaltung eingegliedert wurde. Allerdings scheiterte der 1562 abgeschlossene Frieden daran, dass die militärischen Auseinandersetzungen zwischen Kaiser Maximilian II. und König Johann Sigismund und vor allem der darauf folgende habsburgisch-siebenbürgische Vertrag von Sathmar 1565 den 1562 gesetzten politisch-rechtlichen Rahmen sprengten. Auch der habsburgisch-siebenbürgische Vertrag von Speyer verließ 1570 den Rahmen des habsburgisch-osmanischen Friedens von 1568. Allein die Fügung, dass Johann Sigismund bereits kurz nach seinem Abschluss verstarb, und der Vertrag von den Ständen Siebenbürgens und Stefan Báthory nicht umgesetzt wurde, verhinderte den Ausbruch eines neuen Krieges zwischen Kaiser und Sultan. Mit der friedlichen Beilegung der habsburgisch-siebenbürgischen Grenzstreitigkeiten in den Partes durch das Abkommen von 1585 führte Stefan Báthory vor Augen, dass ein Ausgleich mit der Habsburgermonarchie durchaus im Rahmen der habsburgisch-osmanischen Friedensverträge erfolgen konnte.

b. Der Vertrag von Zsitvatorok 1606

Nach der verhältnismäßig langen Dauer von fünfundzwanzig Jahren endete der Frieden zwischen der Habsburgermonarchie und dem Osmanischen Reich 1593, und es begann der „Lange Türkenkrieg“, der beide Großmächte an den Rand ihrer Leistungsfähigkeit führte, jedoch keiner Seite einen entscheidenden Vorteil einbrachte. Die zunehmende Trägheit und Ineffizienz des osmanischen Militärapparates ermöglichte es den Habsburgern, sich nicht nur im westlichen Ungarn behaupten zu können, sondern darüber hinaus Siebenbürgen – mit Unterbrechungen – 1598–1604 zu kontrollieren. Letztlich scheiterten die Habsburger in Siebenbürgen an ihren begrenzten finanziellen und militärischen Ressourcen sowie an ihrem Unvermögen, einen politischen und interkonfessionellen Ausgleich mit den siebenbürgischen Ständen zu erzielen. Deren antihabsburgischer Aufstand und Bündnis mit den Osmanen demonstrierten der Habsburgermonarchie die Aussichtslosigkeit der Weiterführung des Krieges. Da das siebenbürgisch-osmanische Bündnis aber nicht schlagkräftig genug war, um die habsburgische Machtposition östlich von Wien entscheidend zu schwächen, mündeten die habsburgisch-siebenbürgisch-osmanischen Verhandlungen 1606 in die Friedensverträge von Wien und Zsitvatorok.

Obwohl der habsburgisch-osmanische Frieden von Zsitvatorok 1606 im Wesentlichen den territorialen und völkerrechtlichen Status quo im Donau-Karpaten-Raum von vor Beginn des „Langen Türkenkrieges“ wiederherstellte, wird er allgemein als ein Wendepunkt in den Beziehungen zwischen Kaiser und Sultan bezeichnet, da er erstmals die Gleichrangigkeit beider Souveräne festschrieb und die Koexistenz beider Reiche im Donau-Karpaten-Raum für nahezu sechs Jahrzehnte sicherstellte. Sehr aufschlussreich für die Fragestellung dieser Arbeit ist die Entstehungsgeschichte und der Inhalt des Vertrages von Zsitvatorok, weil das Fürstentum Siebenbürgen erstmals eine aktive Rolle beim Zustandekommen eines habsburgisch-siebenbürgischen

Friedensvertrages spielen konnte, welche die Möglichkeiten und Grenzen seiner Völkerrechtspraxis veranschaulicht und seine völkerrechtliche Stellung exemplarisch beschreibt. Aus diesen Gründen soll auf die Verhandlungen, die in den Friedensvertrag von Zsitvatorok mündeten, und den Vertragstext näher eingegangen werden.

Nach anfänglichen militärischen Erfolgen der Habsburger, denen sich 1594 die Herrscher Siebenbürgens, der Walachei sowie der Moldau angeschlossen hatten, erlitt die antiosmanische Koalition 1596 eine größere Niederlage gegen die osmanische Armee. Dies nahm der Chan der Krim, ein Vasall des Sultans, zum Anlass, erste Friedensverhandlungen zwischen der habsburgischen und der osmanischen Seite zu vermitteln, die jedoch bald im Sande verliefen.

Ghazi II. Girai Chan war 1596 von der Hohen Pforte kurzzeitig seiner Herrschaft enthoben worden und misstraute folglich den Osmanen zutiefst. Nach dem Scheitern der ersten habsburgisch-osmanischen Friedensgespräche nahm er 1598 eigenmächtig Verhandlungen mit den Habsburgern auf[2330]. Erst im Juli des darauf folgenden Jahres wurde er vom Sultan offiziell mit den Gesprächen betraut[2331]. Die habsburgisch-osmanische Korrespondenz, die über den Krim-Chan verlief[2332], mündete im Oktober 1599 in das erste Zusammentreffen zwischen einer habsburgischen und einer osmanisch-tatarischen Delegation auf „der Insell zwischen Gran und Vischegradt", wie es in einem Bericht des habsburgischen Unterhändlers Dr. Pezzen an Erzherzog Matthias vom 6. Oktober hieß. Pezzen war guter Hoffnung, die habsburgischen Festungen in Ungarn weiter halten zu können, befürchtete aber einen Angriff der Osmanen auf Siebenbürgen und die Walachei, um diese zu einem Sonderfrieden und zur Unterwerfung unter den Sultan zu zwingen[2333]. Inzwischen hatte Fürst Sigismund Báthory 1598 zugunsten des Kaisers als siebenbürgischer Herrscher abgedankt, war aber 1599 nach Siebenbürgen zurückgekehrt um unmittelbar

2330 Zu den habsburgisch-krimtatarischen Verhandlungen vom Juni 1598, in die auch die Walachei einbezogen wurde, siehe die Berichte der habsburgischen Unterhändler: Documente, Hurmuzaki, Vol. III/1, S. 289–294.

2331 Wortlaut des Schreibens, das Sultan Mehmet an den Tataren-Chan sandte, in: Documente, Hurmuzaki, Vol. III/1, S. 332–333.

2332 In seinem Schreiben an den Chan der Krim, das der Chan dem Kaiser im Mai 1599 überbringen ließ, erklärte der Sultan, dass er keine Handbreit Land zurückgeben könne und vom Kaiser erwarte, dass er ihm – wie früher – jährlich Geschenke zukommen lasse. Ansonsten solle der Chan „alles abschließen was recht und billig sei". Am Ende des Schreibens verfluchte der Sultan Fürst Sigismund, der „unstet wie die Uhr" sei, die ganze Welt betrüge und „für nichts gut sei, weder für uns, noch für sie noch für sich selbst". Er sei wie ein Leprakranker aus dem Land geflohen, sei die Ursache allen Übels, das dem Woiwoden der Walachei zugestoßen sei, indem er ihn mit Schlauheit dazu gebracht habe, die Gnade des Sultans zu verlieren, und dann habe er sich zurückgezogen: Documente, Hurmuzaki, Vol. III/2, S. 332–333. Am 11. August 1599 antwortete der Kaiser, dass er Friedensverhandlungen befürworte, aber die Herrschaft über Siebenbürgen beanspruche. Fürst Andreas Báthory müsse das Land verlassen und er sei bereit, für den Besitz Siebenbürgens 14.000 Gulden Tribut zu bezahlen, allerdings keinen Tribut für das königliche Ungarn. Schließlich solle der Woiwode Michael die Herrschaft über die Walachei behalten und sich sowohl dem Kaiser als auch dem Sultan anschließen: Documente, Hurmuzaki, Vol. III/2, S. 322.

2333 Siehe den Bericht vom 6. Oktober 1599 in: Documente, Hurmuzaki, Vol. XII, S. 465.

danach erneut abzudanken, diesmal zugunsten seines Vetters, des Kardinals Andreas Báthory, eines Anhängers des polnischen Königs und Gegners des Woiwoden der Walachei, Michael, der mit dem Kaiser verbündet war.

Die Entschlossenheit der Habsburger, Siebenbürgen unter ihre Kontrolle zu bringen, zeigte sich in einer Instruktion des Kaisers an seine Kommissare, dass für ihn ein Friedensschluss mit den Osmanen nur unter der Bedingung zustande kommen könne, wenn Siebenbürgen und die Walachei „auf ein Neues Ir Mt. Alls irem König schweren sollen"[2334]. Der kaiserliche Rat R. Strein beurteilte am 6. Oktober 1599 die Situation realistischer. Er betonte, dass die Osmanen auf Siebenbürgen leichter als auf die Walachei verzichten könnten, die sie früher erobert hätten. Um die Verhandlungen nicht scheitern zu lassen, brachte Strein den Vorschlag ein, über eine doppelte Suzeränität der beiden Großmächte über Siebenbürgen und die Walachei nachzudenken. Der Sultan könne von beiden Herrschern eine „jarliche Pension", also den traditionellen Tribut, und den Treueschwur erhalten, während der Kaiser in seiner Eigenschaft als König von Ungarn die Herrscher Siebenbürgens und der Walachei einsetzen und ihnen das Land als Lehen geben sollte[2335]. Als historische Vorbilder für eine solche doppelte Suzeränität zog Strein die Vereinbarung der Könige von Polen und Ungarn bezüglich der Moldau aus dem Jahre 1412 und die vom polnischen König Sigismund vermittelten Verhandlungen zwischen König Ferdinand von Habsburg und König Johann Szapolyai heran, in die auch Sultan Süleyman eingeweiht gewesen sei, „bis lestlichen Kunig Hans unverrichter Sachen darüber gestorben" sei. Das war im Jahr 1540. Schließlich betonte Strein den hohen Verhandlungswert Siebenbürgens: „[…] do Ir Mt. dem Turggen Sibenburgen, dem vorigen Stand nach, einraumen und cedirn, das sy in dem Ubrigen auch umb sovill mer zu Irer Mr. Vortl und Bessten nachgeben wurden"[2336]. In einem am 9. Oktober 1599 in Wien erstellten „Guetachten" der kaiserlichen Räte zur „Fridens-Tractation mit dem Erbfeind" sprachen sie die Empfehlung aus, dass „auch der Sibenbürger und Walach, deroselben Landt und Provinzen im gleichen Frid einverleibtt und mitt eingetzogen werden". Allerdings gaben auch sie zu bedenken, dass der Sultan kaum auf Siebenbürgen und die Walachei verzichten würde, so dass die Walachei leichter an den Sultan abgetreten werden könne, da ihm am „Walachen […] mehr alls dem Sibenbürger gelegen" sei, zumal die Walachei länger als Siebenbürgen dem Osmanischen Reich angehört habe. Daraus folgerten die Räte:

> „so were es doch inn alle Weg auff den Sibenbürger zu richten, allss zu wellichem die Khayserliche Majestät antiquo et novo iure, und sonderlich von der neuen Pacten wegen, ainen rechtmessigen billichen Zuespruch haben[2337].

2334 Siehe die in Pilsen am 28. September 1599 ausgestellte Instruktion in: Documente, Hurmuzaki, Vol. XII, S. 459.

2335 Vgl. zur ‚Auftragung' von Herrschaftsgebieten: Brückner 2011, S. 119 – 133.

2336 Documente, Hurmuzaki, Vol. XII, S. 465 – 467.

2337 Documente, Hurmuzaki, Vol. XII, S. 467.

Da der Kaiser bezüglich Siebenbürgen auf seinen historischen Rechten als König von Ungarn und seinen aktuellen Rechtsansprüchen aus dem Zessionsvertrag von 1598 bestand, scheiterten die Friedensverhandlungen mit den Osmanen schon nach kurzer Zeit. Deren Standpunkt fassten Murat, Pascha von Bosnien, und Mohammed, Pascha von Ofen, in einem Schreiben in deutscher Sprache an die habsburgischen Unterhändler Pezzen und Nadásdy zusammen. Die vier Forderungen des Kaisers seien so abwegig, dass „nit allein die Weltweisen dieser Zeitt, sondern auch die allergelertisten Homerus, Plato und Aristoteles würden darüber confundirt werden". Die Forderung, dass „unnser grossmechtiger Herr Ottomanus sich umb Siebenbürgen nicht annehmen soll, und sich in keinerley Weiss in die Sachen einmengen" solle, beantworteten die osmanischen Unterhändler mit einer Abhandlung über die Geschichte Siebenbürgens nach 1526, die aufzeigen sollte, dass nach der Belehnung des „Knaben" Johann Szapolyai mit Siebenbürgen durch Sultan Süleyman die Herrscher Siebenbürgens „der Ottomanen Underthan und Gehorsam gewest". Seither habe „sich niehmals kein Frembder in diese Provinz eingemengt". Die osmanischen Unterhändler fassten Ihren Standpunkt folgendermaßen zusammen:

> „Jezt nur [...] weill etlich wenige ungehorsamb [...] mit Euerm Keyser in Freündtschafft eingelassen, dass diese Eüch rebellisch worden, – so doch diese Ungehorsame sich sein Herrn ergeben?! Mit was Fueg khönnet Ihr in einen Rebellen nemen, so er doch niemals der Teutschen Underthan gewest, und warumben beschwert Ihr Eüch dessen, weill ir derselben Ortten nichts zue begehren habt? [...] ehe man antwortt, Guts und Boss woll erwegen. Und, ob gleich die Regiment in Siebenbürgen und von unsern Herrn eingesetzter Waivoda vor diesem sich ungehorsamb erzeigt, hat er doch sein Irthum erkhendt und allso, anstatt einer Straff, ist er begnadt und ime sein Ortt bewilligt worden. Mein lieber Sohn, bissher haben wir anderst nichts gesucht dan allein allen Zanck hinzulegen, dan, bey dem Allmechtigen Gott, manglt unserem grossmechtigen Herrn, weder an Volck noch an Gelt, und ist mein Thuen nur dahin gestelt die armen Leuth in Ruehe zu bringen: derhalben wir so nahendt mit einander tractiert. Jetzt aber muss ich mercken, das von Neuen fremde Zusachen undienstlich begheren thut; derhalben wollet, damit ein Frieden gebracht werde, andere Begehren thuen. Ich kan nicht glauben das pillich, noch eherlich seye, weill Sigmund Batori unsers Hern Weivoda ist, das Ier wider inne den verfluchten Michael Weida schickt; ob nun solches billich oder nit, wöllet selbst erkennen.[2338]"

Aus Sicht der Osmanen wurde Sigismund Báthory, ihr alter Vasall, abtrünnig, indem er sich mit dem Kaiser verbündete. Nach seiner Abdankung, die für die Osmanen rechtlich ebenso bedeutungslos war wie seine Verträge mit dem Kaiser, habe sich Sigismund durch seine Rückkehr 1599 wieder reumütig gegenüber dem Sultan erwiesen. Obwohl er die Macht kurze Zeit später an seinen Vetter Andreas abgab wurde er von den Osmanen weiterhin als der von ihnen eingesetzte Woiwode angesehen, dessen Eskapaden die Pforte verzieh. Ein rechtliches Abhängigkeitsverhältnis Siebenbürgens zum Königreich Ungarn wurde von den Osmanen nicht thematisiert, da aus ihrer Sicht die Länder der ungarischen Krone dem Sultan zustün-

---

2338 Siehe den Wortlaut des nicht datierten Schreibens in: Documente, Hurmuzaki, Vol. XII, S. 562–563.

den und die Habsburger nur von osmanischen Gnaden in Nord- und Westungarn herrschten, wofür sie den 1547 vereinbarten Jahrestribut (aus habsburgischer Sicht das „Ehrengeschenk") entrichten müssten. Deshalb wies die osmanische Seite darauf hin, dass Siebenbürgen nicht unter der Suzeränität des Heiligen Römischen Reiches stehe, von den Osmanen „Deutschland" genannt. Nachdem der Sultan Sigismund vergeben und damit dessen Herrschaft legitimiert hatte, stellte die Besetzung Siebenbürgens durch den Woiwoden Michael im Herbst 1599 aus osmanischer Sicht einen offenen Rechtsbruch dar.

Ende Dezember 1599 reiste der osmanische Unterhändler, Ibrahim Pascha, nach Konstantinopel, um mit dem Sultan die Dringlichkeit eines Friedensschlusses mit dem Kaiser zu beraten. Die Lage hatte sich für die Osmanen nicht nur durch die Besetzung Siebenbürgens durch Michael verschlechtert, sondern auch durch den Konflikt mit den Krimtataren. Nachrichten zufolge, die in die siebenbürgische Residenzstadt Weißenburg gedrungen waren, habe sich Ibrahim Pascha mit dem Vertreter der Krimtataren wegen der stockenden Friedensverhandlungen gestritten. Ibrahim habe auf die *fatwâ* (islamisches Rechtsgutachten) des obersten *muftî* verwiesen, wonach keine Stadt an die „Ungläubigen" zurückgegeben werden dürfte, in denen die Muslime Moscheen gebaut hätten. Daraufhin habe der (muslimische) Tatare geantwortet, die *fatwâ* des christlichen Papstes schreibe auch vor, dass alle Städte und Festungen in Ungarn zurückerobert werden müssten[2339].

Durch innere Aufstände zermürbt und in einen verlustreichen Krieg gegen Persien verstrickt, zeigte sich das Osmanische Reich an seinem westlichen Kriegsschauplatz ab 1605 friedensbereit. Bedingt durch die hohen Kriegsbelastungen spitzte sich nach einem Kriegsjahrzehnt in der Habsburgermonarchie der Gegensatz zwischen Monarch und Ständen so zu, dass eine Weiterführung des Krieges die innere Belastungsfähigkeit des Reiches gesprengt hätte. Ausschlaggebend für die Kriegsmüdigkeit der habsburgischen Seite waren die militärische Pattsituation in Zentralungarn und der Verlust Siebenbürgens durch den Aufstand Stefan Bocskais 1604/1605. Das Bündnis zwischen den ungarisch-siebenbürgischen Ständen, angeführt von Bocskai, und dem Osmanischen Reich stellte das habsburgische Konzept einer antiosmanischen Allianz zwischen dem Erzhaus und den christlichen Vasallenstaaten des Osmanischen Reiches vollständig auf den Kopf. Aber das neue Bündnis Bocskais mit dem Sultan war von Beginn an brüchig, da es im Prinzip nur auf der gemeinsamen Gegnerschaft zur Habsburgermonarchie basierte[2340]. Die ungarisch-siebenbürgischen Stände wünschten im Wesentlichen eine Berücksichtigung ihrer politischen und konfessionellen Autonomiebestrebungen und Bocskai hoffte in erster Linie auf eine Anerkennung seiner Herrschaft im Fürstentum Siebenbürgen. Eine Zurückdrängung der Habs-

2339 Der osmanische habe sich mit dem tatarischen Unterhändler schließlich darauf verständigt, dass jeder Verhandlungspartner, der sich mit einem von ihnen einige, sich auch mit dem anderen einigen müsse. Siehe den Bericht des kaiserlichen Gesandten in Weißenburg, Giovanni Marini d'Aragusia, an Kaiser Rudolf II. vom 3. Januar 1600: Mihai Viteazul în conştiinţa europeană, S. 355–357.

2340 Vgl. Recueil d'actes internationaux, S. 39.

burger in Ungarn zugunsten einer unmittelbaren osmanischen Herrschaft lag nicht im Interesse der ungarisch-siebenbürgischen Stände. Bezeichnenderweise scheiterte 1605 der von den Osmanen gewünschte gemeinsame Großangriff auf Österreich. Dieses blieb auch den Habsburgern nicht verborgen, so dass sie und die Umgebung des Paschas von Ofen ab August 1605 bilaterale Friedensgespräche vorbereiteten[2341].

Zwischen Juni und Oktober 1605 versuchte Erzherzog Matthias, Friedensverhandlungen mit Bocskai aufzunehmen. Dieser lehnte jedoch ab, solange er nicht die Bevollmächtigung durch die osmanische Seite besaß. Erst die Zusammenkunft Bocskais mit Großwesir Lala Mehmet Pascha am 11. November 1605 auf dem Rákoser Feld bei Ofen ergab die osmanische Zustimmung zur eigenständigen Aushandlung eines habsburgisch-siebenbürgischen Friedens. Das erwähnte Treffen zwischen Bocskai und dem Großwesir sollte auch Unstimmigkeiten zwischen der osmanischen und siebenbürgischen Seite ausräumen, die vor allem deshalb entstanden waren, weil die Osmanen von den Siebenbürgern alle Festungen in Ungarn zurückverlangten, die sich jemals unter der Kontrolle der Osmanen befunden hatten. Bezeichnend für die siebenbürgisch-osmanischen Querelen war es, dass der Großwesir die vom Sultan für Bocskai ausgestellte „großherrliche Vertragsurkunde" (*'ahd-nâme-i hümâyûn)*, die das rechtliche Verhältnis zwischen dem Fürsten und dem Sultan regelte, nicht im Original an Bocskai aushändigte. Vielmehr ließ er den Originaltext auf ein neues Blatt Papier übertragen und ergänzte ihn eigenmächtig durch den Hinweis, dass alle ehemals osmanisch besetzten Burgen, in denen muslimische Gottesdienste abgehalten worden waren, und alle von Bocskai den Habsburgern in der Nähe von Wien abgenommenen Festungen an die osmanische Armee zu übergeben seien[2342]. Auf der anderen Seite bekräftigte der Großwesir während seines Treffens mit Bocskai das Versprechen des Sultans, er werde nur unter Beteiligung der ungarisch-siebenbürgischen Seite Friedensverhandlungen mit den Habsburgern führen.

Ganz im Gegensatz dazu berichtete Adolf von Althan am 5. Dezember 1605 an Erzherzog Matthias, eine osmanische Delegation habe ihm ein Schreiben übergeben, aus dem hervorgehe, dass die Osmanen direkte Verhandlungen mit den Habsburgern aufnehmen wollten. Die Osmanen seien mit den ungarischen Ständen unzufrieden, da diese sich weigerten, die Burg Fülek der osmanischen Armee abzutreten. Deshalb sei die osmanische Seite bereit, auch ohne die Beteiligung „der Ungarn", Frieden mit dem Kaiser zu schließen. Am nächsten Tag fuhr eine kaiserliche Delegation mit dem Dolmetscher Ceasare Gallo über Komorn nach Ofen, um dort mit Ali Pascha Friedensverhandlungen aufzunehmen[2343]. Auch aus Wien kam der Auftrag, ohne „die Ungarn" Frieden mit „den Türken" zu schließen. Umso erstaunter war

2341 Papp, Sándor 2007, S. 245–247.

2342 Ursprünglich hatte der Sultan den Großwesir beauftragt, seine Textversion zu überarbeiten, falls neue militärische Erfolge der Osmanen dieses erfordert hätten. Der Großwesir versuchte hingegen, die militärischen Erfolge Bocskais für die Osmanen auszunutzen: Papp 2003, S. 125.

2343 Bereits nach seinem ersten Gespräch mit Ali Pascha konnte Gallo dem Kaiser die wichtigsten strittigen Punkte nennen, u. a. die Frage des kaiserlichen Tributs an den Sultan und die Rückgabe osmanisch besetzter Festungen: Căzan 2009, S. 47.

Gallo, als die Osmanen innerhalb von 24 Stunden doch einen vorherigen habsburgisch-siebenbürgischen Frieden zur Bedingung für osmanisch-habsburgische Friedensgespräche machten. Am 24. Dezember 1605 schrieb Ali Pascha einen Brief an Bocskai, in dem er behauptete, Cesare Gallo sei ohne jegliche Voranmeldung nach Ofen gekommen, so dass er ihn als Pascha von Ofen nur aus Höflichkeit empfangen musste. Er schrieb, dass Wien nun für Verhandlungen mit Bocskai und dem Sultan bereit sei. Ali Pascha betonte aber, dass für ihn Verhandlungen mit den Habsburgern nur unter Einbeziehung der ungarisch-siebenbürgischen Seite in Frage kämen, so wie es der Sultan Bocskai versprochen habe. Deshalb solle der habsburgisch-siebenbürgische Friede abgewartet werden. Mit dem Hinweis auf das Versprechen des Sultans bezog sich Ali Pascha darauf, dass Bocskai inzwischen über seine ständige Gesandtschaft in Konstantinopel um die Zustimmung der Hohen Pforte für die Vermittlung eines habsburgisch-osmanischen Friedens ersucht hatte, die ihm Ende Dezember 1605 erteilt wurde[2344]. Diese Zusage bedeutete, dass Siebenbürgen erstmals aktiv am Zustandekommen eines habsburgisch-osmanischen Friedens mitwirken und in diesem Prozess seine eigenen Interessen einbringen konnte.

Die widersprüchlichen Aussagen der Osmanen gegenüber der habsburgischen bzw. der siebenbürgischen Seite standen im Einklang mit der in der osmanischen Diplomatie üblichen „Arbeitsteilung", die auf eine Täuschung der Gegner abzielte. Ein osmanischer Verhandlungspartner übernahm oft die freundliche und konstruktive Rolle, während ein anderer sich unversöhnlich zeigte. Im Laufe der Verhandlungen wurden dann die Rollen getauscht[2345]. Ein wichtiges Ziel der Osmanen in den Friedensverhandlungen bestand darin, die habsburgische und die siebenbürgische Seite gegeneinander auszuspielen und unter Kontrolle zu halten. Dementsprechend bat Ali Pascha die habsburgische Friedensdelegation im Januar 1606, sie über die Verhandlungen mit der Delegation Bocskais auf dem Laufenden zu halten, während die Gesandten Bocskais (Stefan Illésházy und Peter Mladosevith-Horváth) dem Pascha von Ofen über ihre Verhandlungen mit den Habsburgern berichteten, insbesondere über den Abschluss des Wiener Vorvertrags vom 9. Februar 1606. In Kaschau weihten die beiden Gesandten ihren Herrscher, Stefan Bocskai, in alle Einzelheiten ihrer Verhandlungen in Wien ein, der Ali Pascha nun um eine Verlängerung des Waffenstillstandes mit den Habsburgern bat[2346]. Der Pascha von Ofen wandte sich derweil direkt an Erzherzog Matthias und bot ihm am 7. April 1606 an, eine Friedensdelegation direkt nach Konstantinopel zu schicken, was wiederum einen Ausschluss der ungarisch-siebenbürgischen Seite bedeutet hätte. Ein Grund könnte gewesen sein, dass der Sultan den Großwesir in die Hauptstadt beordert hatte. Dort sollte er, obwohl er dem ungarischen Kriegsschauplatz die größte Bedeutung beimaß, das Oberkommando über einen neuen Feldzug gegen Persien erhalten[2347]. Großwesir Lala Mehmet Pascha verstarb jedoch bereits am 24. Mai 1606 in Konstantinopel. Solan-

2344 Feneşan 1985, S. 146–147.
2345 Papp, Sándor 2007, S. 248–250.
2346 Papp, Sándor 2007, S. 251.
2347 Papp, Sándor 2007, S. 252–253.

ge kein Nachfolger feststand, musste der Ofener Pascha die Entwicklungen in der Hauptstadt vorsichtig abwarten. Deshalb kam es ihm sehr gelegen, dass sich der Abschluss des habsburgisch-siebenbürgischen Friedensvertrages durch die Beratungen der ungarisch-siebenbürgischen Stände in Kaschau wochenlang verzögerte. Über die Entwicklungen in Kaschau wurde der Pascha von seinem dort anwesenden Vertrauten Mehmet Kethüda auf dem Laufenden gehalten.

Gleichzeitig berichtete der ständige Gesandte (*kapitiha*) des siebenbürgischen Fürsten an der Hohen Pforte, Stefan Kőrösi, dem Sultan über die Ereignisse in Ungarn. Sultan Ahmet I. informierte den siebenbürgischen Fürsten am 22. Juni 1606 über den Wechsel im Großwesirsamt und ließ Bocskai ausrichten, dass er auf die volle Unterstützung der Hohen Pforte bei den laufenden Friedensverhandlungen mit den Habsburgern zählen könne, auch dann, wenn sich Bocskai später für eine Fortsetzung des Krieges entscheiden sollte[2348]. Während sich Bocskai durch den Sultan gestärkt sah, versuchten die Habsburger und der Pascha von Ofen die Verhandlungsposition des siebenbürgischen Fürsten zu schwächen, indem sie Gerüchte streuten, der Kaiser wolle einen Separatfrieden mit dem Osmanischen Reich schließen, in dem er das Eigentumsrecht über jene Burgen, die ihm die Aufständischen abgenommen hatten, direkt auf die Osmanen übertragen werde[2349]. Bocskai traute weder den Osmanen noch den Habsburgern. Er wusste, dass er seine Forderungen zur Überarbeitung des Wiener Vorvertrages nur dann werde durchsetzen können, wenn kein habsburgisch-osmanischer Sonderfrieden ohne seine Beteiligung zustande komme. Eine bilaterale Einigung zwischen den beiden Imperien hätte die Verhandlungsposition der ungarisch-siebenbürgischen Seite dramatisch verschlechtert.

Bocskai war seit 1604 immer bestrebt, Siebenbürgen in einen zukünftigen habsburgisch-osmanischen Frieden einzubeziehen. Dabei berief er sich auf seinen Vasalleneid gegenüber dem Sultan, in dem es hieß, Freund seines Freundes und Feind seines Feindes zu sein. Er tat dies auch, als er forderte, im zweiten Artikel des habsburgisch-siebenbürgischen Friedens müsse die Beteiligung Siebenbürgens an der Aushandlung des zukünftigen habsburgisch-osmanischen Friedensvertrages festgeschrieben werden. Der Anstoß der Verhandlungen mit den Osmanen durch Bocskai war gerade von Erzherzog Matthias gewünscht worden, ein siebenbürgischer Einfluss auf die Inhalte der Verhandlungen galt in Wien jedoch als problematisch. Für die habsburgische Seite, insbesondere für den Kaiser, stellte es einen Affront dar, dass ein „Rebell", dessen Land als ein Teil des habsburgischen Länderkomplexes angesehen wurde, auf Augenhöhe mit den Großmächten verhandeln wollte. Außerdem beraubte diese Konstellation die Habsburger der Möglichkeit, die Siebenbürger nach Abschluss des Wiener Friedens gegen die Osmanen ausspielen zu können und damit

2348 Papp, Sándor 2007, S. 254–255, 260.

2349 Vor den ungarischen und osmanischen Gesandten soll ein Vertreter des Kaisers gesagt haben: „jetzt auf der Graner Insel soll zwischen den beiden Kaisern Frieden sein und dann können wir zu unseren Angelegenheiten zurückkehren. […] es gehört sich nicht, dass ein Mensch so viel Bedeutung erlangt, dass deshalb die Kaiser zweier Welten Schätze und Völker zugrunde richten, sozusagen": Papp, Sándor 2007, S. 256–258.

unvorteilhafte Bestimmungen des Wiener Vertrages nachträglich zu ändern. Aber auch von der osmanischen Seite versuchte Bocskai Garantien für einen Einschluss Siebenbürgens in den Frieden mit dem Kaiser zu erhalten. In dieser Frage vertraute Bocskai den Osmanen so wenig, dass er seinen Unterhändler in Wien, Illésházy, anwies, keine sensiblen Details über die Verhandlungen mit der habsburgischen Seite an den Pascha von Ofen weiterzugeben. Dabei ging es Bocskai vor allem um die Absicherung seiner Territorialgewinne in Oberungarn, die nicht zur Kompensationsmasse beim habsburgisch-osmanischen Feilschen um die ungarischen Grenzburgen und Grenzdörfer werden durften[2350]. Der Frieden zwischen dem kaiserlichen und königlichen Hause und den von Bocskai angeführten siebenbürgischen und ungarischen Ständen konnte nach zähen Verhandlungen am 23. Juni 1606 in Wien abgeschlossen werden.

Danach mussten sich die beiden Großmächte mit der Fortsetzung ihrer Verhandlungen unter Beteiligung Bocskais abfinden[2351]. Dies war der wesentlichste Unterschied im Vergleich zu früheren habsburgisch-osmanischen Friedensgesprächen, die in den Jahren 1595, 1599 und 1601 auf rein bilateraler Ebene zustande gekommen, aber ohne Ergebnis geblieben waren. Nach dem Abschluss des Wiener Friedens trafen sich erstmals am 18. Juli eine habsburgische und eine osmanische Delegation in Ofen. Diesen Gesprächen wohnten auch die Vertreter Bocskais (Thomas Ornay und Johann Illésy) bei, die von ihm den Auftrag erhalten hatten, die Verhandlungen zu überwachen. Da Bocskai auch nach dem Abschluss des Wiener Vertrages vom 23. Juni immer noch nicht mit einigen Punkten zufrieden war und diese nachverhandeln lassen wollte, lag es in seinem Interesse, eine habsburgisch-osmanische Einigung so weit wie möglich zu verzögern. Am 12. September 1606 schickte er Illésházy mit neuen Änderungsvorschlägen nach Wien, denen der Hinweis auf das bestehende Bündnis zwischen Bocskai und dem Sultan Nachdruck verleihen sollte. Für das Haus Österreich stellte diese Vorgehensweise einen Affront dar, zumal sich die ungarisch-siebenbürgische Seite im Wiener Vertrag verpflichtet hatte, gemeinsam mit dem Kaiser und ungarischen König in den Krieg gegen die Osmanen zu ziehen, sollte ein habsburgisch-osmanischer Friede nicht zustande kommen. Illésházy forderte, dass dieser Artikel nur dann Anwendung finden solle, wenn sich die Hohe Pforte nicht unter angemessenen Bedingungen zu einem Frieden bereiterklären oder die Oberherrschaft über das gesamte Ungarn fordern sollte[2352].

Ab Juli 1606 betrieben sowohl Bocskai als auch Ali Pascha eine systematische Schaukelpolitik zwischen den jeweils anderen Verhandlungspartnern. Wenn Ali Pascha dem siebenbürgischen Fürsten gegenüber Stärke demonstrieren wollte, unterstrich er, dass er bereit sei, jederzeit den Krieg gegen die Habsburger wieder aufzunehmen. Dann verwies Bocskai darauf, dass die ungarischen Stände den Frieden von Wien noch nicht endgültig angenommen hätten und er deshalb Illésházy zu neuen Verhandlungen nach Wien gesandt habe. Auf der anderen Seite wollten beide gegen-

2350 Feneşan 1985, S. 147–150.
2351 Vgl. Niederkorn 1993, S. 18.
2352 Papp, Sándor 2007, S. 260–261.

über den Habsburgern Stärke demonstrieren. So erschienen die osmanischen und die ungarisch-siebenbürgischen Delegierten (Paul Nyáry und Michael Czobor) am 4. September gemeinsam zu den Verhandlungen mit den habsburgischen Gesandten, die sich darüber sehr überrascht zeigten. Demonstrativ stellte Ali Pascha fest, dass Siebenbürgen zum Osmanischen Reich gehöre und der Sultan nicht darauf verzichten werde[2353]. Die im September und Oktober 1606 in Ofen und auf einer Insel bei Gran stattgefundenen Vorgespräche gerieten aufgrund der umstrittenen Punkte ins Stocken[2354]. Den Verhandlungsführern Bocskais gelang es schließlich, in zähen Gesprächen einen neuen Verhandlungsort zu bestimmen: die Mündung der Zsitva in die Donau, auf Ungarisch „Zsitvatorok“[2355].

Über den Verlauf der Verhandlungen zwischen dem 24. Oktober und dem 10. November 1606 fertigte der Sekretär des siebenbürgischen Fürsten, Johann Rimay, der zeitweise als Schriftführer der siebenbürgischen Delegation fungierte, ein detailliertes Tagebuch in ungarischer Sprache an, dessen Zweck darin bestand, Bocskai über die Entwicklungen auf dem Laufenden zu halten[2356]. Ein erstes Treffen zwischen den habsburgischen, siebenbürgischen und osmanischen Delegationen fand am 29. Oktober statt. Die Vermittlung hatten die siebenbürgischen Unterhändler Stefan Illésházy, Paul Nyári, Michael Czobor und Georg Hoffmann übernommen. Die habsburgische Delegation wurde von Adolf von Althan und Johann von Molart angeführt. Ihr hatte Erzherzog Matthias demonstrativ fünf ungarische Kommissare beigegeben, um den habsburgischen Anspruch auf Ungarn zu unterstreichen[2357]. Die osmanische Delegation wurde von Ali, Pascha von Ofen, und Habil Efendi, Kadi von Ofen, geleitet.

Als großes Hindernis auf dem Weg zu einem Ausgleich erwies sich die habsburgische Forderung auf Rückgabe der Hauptstadt Ofen sowie der strategisch wichtigen Grenzfestungen Gran, Erlau und vor allem Kanizsa. Dazu sah sich die osmanische Delegation nicht in der Lage, sprach aber der Gegenseite das Recht zu, die Rückgabe Kanizsas durch eine Delegation an der Hohen Pforte zu erbitten. Im Gegenzug forderte die osmanische Seite die Rückerstattung der von den Habsburgern 1593–1595 eingenommenen Festungen Fülek, Szécsény, Nógrád, Palánk, Waitzen und Visegrád. In diesem Augenblick griffen die siebenbürgischen Unterhändler ein, indem sie Ali Pascha darauf hinwiesen, dass sich die meisten der von ihm erwähnten Festungen in „ungarischen Händen“ befänden und dass er im Vorfeld der Ver-

2353 Papp, Sándor 2007, S. 264–265.

2354 Bayerle 1980, S. 10. Aufgrund des durch osmanisch-tatarische Truppenbewegungen ausgeübten Drucks stellte die habsburgische Seite am 18. Oktober 1606 gewisse Konzessionen in der Frage der Grenzfestungen in Aussicht: Căzan 2009, S. 50–51.

2355 Um 1600 mündete ein Arm der Zsitva 16 km östlich von Komorn in die Donau. An diesem Ort existierte keine bewohnte Ortschaft: Nehring 1983, S. 22.

2356 Bocskai, der damals in Kaschau residierte, erhielt jedoch nur den ersten Teil des Berichts, der die Tage vom 24. bis 30. Oktober behandelte. Siehe den Abdruck des Berichts über den Verlauf der Verhandlungen in: Bayerle 1980, S. 11–17.

2357 Es handelte sich um Georg Thurzó, Siegfried Kollonics, Franz Batthyany, Nikolaus Istvánffy und Christoph Erdődy: Nehring 1983, S. 22.

handlungen erklärt habe, nichts von den Siebenbürgern zu verlangen. „Die Ungarn" hätten den Schutz des Osmanischen Reiches akzeptiert, dem Sultan gut gedient und sollten deshalb eher belohnt als um Gebietsabtretungen gebeten werden, betonten die Gesandten Bocskais. Zwei Tage später trafen zwei siebenbürgische Gesandte im osmanischen Lager ein, um sich darüber zu beschweren, dass Ali Pascha, im Gegensatz zu seinen früheren Versprechungen, die erwähnten Festungen zurückhaben wollte. Er könne sie sich nur gewaltsam holen, teilten sie ihm mit. Der Pascha beschwerte sich schriftlich bei Bocskai über das Verhalten der Siebenbürger. Er wies Bocskai darauf hin, dass er Siebenbürgen aus den Händen der Osmanen erhalten habe, obwohl „die Sachsen" auch darum „gebettelt" hätten. Darüber hinaus hätten „die Ungarn" das westliche Ungarn „dem König" ausgeliefert, womit Ali Pascha auf den Wiener Vertrag anspielte. Unter diesen Umständen könne er es sich nicht leisten, diese Festungen in „ungarischen Händen" zu belassen. Hinter dieser osmanischen Haltung stand die Furcht, die Siebenbürger könnten nach Abschluss des Friedens die von ihnen eroberten Festungen wieder an die Habsburger zurückgeben[2358]. Eine gewisse Verwirrung entstand dadurch, dass die habsburgischen Delegierten über ihren Dolmetscher Andrea Negroni mit den osmanischen Vertretern verhandelten, da Negroni die wichtigsten orientalischen Sprachen sehr gut beherrschte. Osmanische Vertreter aus Ofen gaben dessen Worte auf Ungarisch an die ungarisch-siebenbürgische Delegation weiter, die des Osmanischen nicht mächtig war. Da Negroni aber kein Ungarisch sprach, hatten die Osmanen Gelegenheit, gewisse Äußerungen der habsburgischen Seite in ihrem Sinne zu interpretieren[2359].

Als die habsburgischen Vertreter vorschlugen, die Osmanen sollten sich nicht für die Untertanen verantwortlich fühlen, die innerhalb der Grenzen des „Deutschen Reiches" lebten – womit aber das Gebiet des mittelalterlichen Ungarns gemeint war –, so dass sich der Kaiser im Gegenzug nicht in die inneren Angelegenheiten der osmanischen Untertanen einmischen werde, unterbrach Ali Pascha „die Deutschen" an diesem Punkt und fragte die ungarisch-siebenbürgischen Unterhändler, ob sie den osmanischen Schutz weiterhin wünschten. Diese antworteten, dass „die Ungarn" mit vorherigem Einverständnis „der Türken" ihren Frieden mit „dem König" gemacht hätten. Wenn aber „die Türken" ebenfalls einen Friedensvertrag mit „den Deutschen" unterschreiben sollten, entfiele die Notwendigkeit einer Fortführung des osmanischen Schutzes, betonten die Siebenbürger. Daraufhin fragte Ali Pascha, ob sich die gesamte ungarische Nation mit ihrem König versöhnt habe. Die Siebenbürger antworteten, dass Ostungarn und Siebenbürgen an Bocskai übertragen worden seien und diese beiden Regionen an ihrem Vertrag mit dem „Türkischen Kaiser" festhielten. Aber das westliche Ungarn bevorzuge es, unter „dem König" zu leben[2360]. Mit diesem Frage- und Antwortspiel bezweckte Ali Pascha, der habsburgischen Seite zu demonstrieren, dass die Gebiete des Fürstentums Siebenbürgen nach dem Bocs-

2358 Bayerle 1980, S. 10, 15. Vgl. Petritsch 2014, S. 39–52.

2359 Schon in früheren habsburgisch-osmanischen Verhandlungen bildete das Türkische die zentrale Kommunikationsgrundlage: Papp, Sándor 2007, S. 259.

2360 Bayerle 1980, S. 15.

kai-Aufstand wieder unter die Oberhoheit des Sultans zurückgekehrt waren. Um eine Einigung nicht zu gefährden, wurde in der Folge die Frage der Oberhoheit über Siebenbürgen nicht mehr angeschnitten.

Ein Scheitern der Verhandlungen drohte vor allem durch die Forderung der osmanischen Seite, der Kaiser solle nach der Zahlung von 200.000 Gulden jährlich wieder ein „Ehrengeschenk" an den Sultan entrichten. Am 9. November hatten sich die Verhandlungen in dieser Frage so festgefahren, dass sowohl die habsburgische als auch die osmanische Delegation ernsthaft einen Abbruch der Gespräche in Erwägung zogen. In dieser ausweglosen Situation kam die siebenbürgische Delegation auf den Gedanken, zwei verschiedene Textversionen zu erstellen, in der die wenigen strittigen Punkte so formuliert werden sollten, dass die jeweilige Seite damit leben konnte. So wurden beide Seiten zunächst in dem Glauben gelassen, sie hätten sich mit ihren Forderungen durchgesetzt[2361].

Am 11. November 1606 einigten sich beide Seiten in Zsitvatorok scheinbar auf einen Vertragstext. Es wurde eine ungarische Vertragsversion in dreifacher Ausführung erstellt, die von den habsburgischen und siebenbürgischen Unterhändlern unterzeichnet wurde, daneben eine Textversion in ungarischer und osmanischer Sprache, unterschrieben von den osmanischen Verhandlungsführern in ihrem Quartier in Almás, nicht weit vom Verhandlungsort gelegen. Auffällig ist, dass in den habsburgisch-osmanischen Friedensverträgen nach 1606 die jeweiligen Schriftstücke immer auch von der Gegenseite abgezeichnet wurden[2362]. Schließlich wurde vom kaiserlichen Dolmetscher Cesare Gallo eine türkische Übersetzung des Vertrages angefertigt, die von den habsburgischen und siebenbürgischen Delegierten unterzeichnet wurde, wobei die habsburgischen Unterhändler in dem Glauben unterschrieben, es handele sich um ihre Textversion. Tatsächlich handelte es sich um eine inhaltliche Übereinstimmung mit der osmanischen Textversion[2363]. Letztere übergab Gallo nach den Verhandlungen dem osmanischen Oberbefehlshaber in Ungarn, Murat Pascha. Gallo wies ihn auf die in den Verhandlungen offen gebliebenen Punkte mündlich hin. Die habsburgische Delegation erhielt über die Abweichungen zwischen den Vertragsfassungen keine Kenntnis. Die Divergenzen betrafen die Artikel 11 und 15. In der habsburgischen Vertragsfassung sollten gemäß Artikel 11 insgesamt 200.000 Gulden „ein Mahl für alle Mahl" an den Sultan gezahlt werden, in der osmanischen Fassung wurde dieser Hinweis weggelassen. Hinsichtlich Artikel 15 standen gegenteilige Aussagen über die Zugehörigkeit und Besteuerung mehrerer ungarischer Grenzdörfer nebeneinander. Nicht schriftlich fixiert blieben die habsburgischen For-

---

2361 Bayerle vertritt die These, dass diese Idee auf den Leiter der siebenbürgischen Delegation, Illésházy, zurückgehen könnte. Der Sekretär des siebenbürgischen Fürsten, Johann Rimay, erwähnte in seiner Schrift „*Defectum articulorum qui defectus turbicus literis sunt insinuati*" die Unterschiede zwischen den beiden Textversionen: Bayerle 1980, S. 9–10.

2362 Bayerle 1980, S. 11.

2363 Nehring geht davon aus, dass lediglich Gallo über die Widersprüche in den unterschiedlichen Fassungen informiert war, ohne auf die Schrift Rimays einzugehen: Nehring 1983, S. 24–27. Ausführlich zu den verschiedenen Textversionen: Bayerle 1980, S. 7–9.

derungen auf Rückgabe Grans, Erlaus und Kanizsas durch die Osmanen sowie eine Regelung zur Oberhoheit über das Fürstentum Siebenbürgen[2364].

Dass trotz aller Schwierigkeiten für alle Seiten der Beginn des Friedens entscheidend war, symbolisierte das Festbankett Ali Paschas zu Ehren aller Beteiligten in seinem Lager sowie die von ihm verteilten Geschenke[2365]. Kurz darauf wurde Ali Pascha in den Rang eines Wesirs erhoben und der osmanische Oberbefehlshaber in Ungarn, Murat Pascha, in dessen Verantwortungsbereich die Verhandlungen fielen, erhielt im Dezember 1606 die Ernennung zum Großwesir.

Kaiser Rudolf II. musste von der Notwendigkeit eines Friedensschlusses überzeugt werden, worauf er am 9. Dezember 1606 in Brandeis den Frieden von Zsitvatorok – mit viel Widerwillen – ratifizierte. Als Fürst Stefan Bocskai aber am 29. Dezember starb, forderte Rudolf II. seinen Bruder Matthias auf, die Ratifikationsurkunde des Vertrages zurückzuhalten. Rudolf gab damit zeitweilig den politischen Kreisen am Prager Hof nach, die nun eine Gelegenheit sahen, die Bestimmungen des Wiener Friedens nicht einzuhalten, die den ungarischen Ständen gemachten Zugeständnisse rückgängig zu machen, Siebenbürgen wieder unter habsburgische Herrschaft zu bringen und den Krieg gegen die Osmanen wieder aufzunehmen, um vor allem strategisch wichtige Grenzfestungen zurückzuerobern[2366]. In Prag unterstützte man Sigismund Báthory als Kandidaten auf dem siebenbürgischen Thron, während Sigismund Rákóczi vom siebenbürgischen Adel nominiert, gewählt und von den Osmanen bestätigt wurde. Anders als der Prager Hof konnte Erzherzog Matthias in Wien mit dieser Entscheidung leben, da er zur Absicherung seiner Herrschaftsambitionen in Österreich und Ungarn auf eine Einhaltung des Wiener und Zsitvatoroker Friedens setzte, zumal mit dem Tod Bocskais jene ostungarischen Komitate wieder an das habsburgische Ungarn fielen, die er im Wiener Frieden nur auf Lebenszeit erhalten hatte.

Der Bruderzwist im Hause Habsburg war schon soweit fortgeschritten, dass Prag in der Wahl Rákóczis zum Fürsten von Siebenbürgen eine Intrige Erzherzog Matthias' sah[2367]. Als der Kaiser die Bereitstellung der 200.000 Gulden und der Geschenke hinauszögerte, die zusammen mit der Ratifikationsurkunde an die Hohe Pforte gebracht werden sollten, schrieb Erzherzog Matthias am 15. März 1607, er solle nicht auf eine Wiederaufnahme des Krieges gegen die Osmanen spekulieren, da die habsburgische Seite nur noch über wenige Truppen an der Grenze verfüge und im Kriegsfall alle Ungarn auf der Seite der Osmanen stünden. Für Matthias war die Aufrechterhaltung des Friedens mit Siebenbürgen und dem Osmanischen Reich die Bedingung dafür, dass die habsburgische Herrschaft im nördlichen und westlichen Ungarn erhalten werden konnte. Auch die ungarischen Stände sahen den Wiener und

---

2364 Ausführlich zu Differenzen und Divergenzen in den habsburgisch-osmanischen Friedens- und Waffenstillstandsverträgen im 16. und 17. Jahrhundert: Petritsch 2013, S. 145–162. Vgl. Nehring 1983, S. 27.

2365 Bayerle 1980, S. 23.

2366 Benda 1991, S. 126. Vgl. Căzan 2009, S. 91.

2367 Nehring 1983, S. 29.

Zsitvatoroker Frieden als eine Einheit an[2368]. Obwohl Matthias auf dem Verhandlungswege erreicht hatte, dass die Hälfte der 200.000 Gulden in Form von Geschenken ausgezahlt werden konnte, gelang die Bereitstellung des Betrages nicht.

Wiens Hoffnungen lagen auf der Gesandtschaftsreise des Freiherrn Adam von Herberstein an den Hof des Sultans[2369]. Im Sommer 1608 zog er mit prunkvollem Gefolge, das die Gleichrangigkeit des Kaisers mit dem Sultan ausdrücken sollte, in Konstantinopel ein. Am 16. September 1608 wurde Herberstein vom Sultan empfangen, im Oktober erhielt er die Ratifikationsurkunde des Sultans. Anders als von Herberstein gefordert, ging sie in keinem Punkt auf die Rückgabe der Festungen Kanizsa, Gran und Erlau ein. Außerdem war in der osmanischen Urkunde die Rede davon, dass der Kaiser „nach altem Gebrauch eine Verehrung" an den Sultan schicken sollte. Auch die Forderung der habsburgischen Gesandtschaft, die Hohe Pforte möge die Oberhoheit des ungarischen Königs über das Fürstentum Siebenbürgen akzeptieren, wurde nicht aufgegriffen. Im Gegenteil: Die Ratifikationsurkunde erwähnte ausdrücklich die osmanische Oberhoheit über Siebenbürgen. Inzwischen hatte es einen erneuten Herrscherwechsel in Siebenbürgen gegeben. Der neue Fürst Gabriel Báthory hatte sich im Kaschauer Vertrag vom 20. August 1608 mit dem ungarischen König Matthias verglichen, aber gleichzeitig Gabriel Bethlen als Gesandten an die Hohe Pforte geschickt, um die Anerkennung seiner Herrschaft als Fürst von Siebenbürgen zu erhalten. Die geforderte Bestätigung Báthorys erteilte der Sultan in Form der üblichen Bestallungs- und Vertragsurkunden Anfang September 1608, noch bevor Herberstein empfangen worden war[2370]. Dieses Fait accompli ließ Herberstein in der siebenbürgischen Angelegenheit keinen Verhandlungsspielraum mehr.

Bei seiner zweiten und letzten Audienz vor dem Sultan bat Herberstein am 28. Oktober 1608 unter Protest um eine der habsburgischen Vertragsfassung entsprechende Ratifikationsurkunde. Um die Zweifel Herbersteins auszuräumen, ließ die Hohe Pforte die osmanische Ratifikationsurkunde am 6. November laut vom ständigen kaiserlichen Dolmetscher in Konstantinopel, Mattia del Farro, verlesen, ins Italienische übersetzen und im Sinne der habsburgischen Vertragsfassung interpretieren. Herberstein vergaß, dass die körperliche Unversehrtheit des kaiserlichen Dolmetschers vollkommen in der Hand der Pforte lag, weshalb es del Farro nicht wagte, sich den osmanischen Interpretationswünschen zu widersetzen. In dem Glauben, seine Forderungen erreicht zu haben, gab sich Herberstein mit der öffentlichen Versiegelung der osmanischen Ratifikationsurkunde zufrieden, worauf der Austausch der Ratifikationsdokumente erfolgte. Sein Irrtum wurde erst nach der Rückkehr der Ge-

---

2368 Matthias befürchtete erneute Plünderungen der Erbländer durch Haiducken und Tataren, die bereits von der Pforte in Richtung Westen geschickt wurden: Nehring 1983, S. 31.

2369 Herberstein erhielt von Erzherzog Matthias am 25. April 1608 seine Akkreditierungsschreiben samt Instruktionen. Allerdings konnte der Kaiserhof ihn nur mit einem Teil der Geschenke und Geldsummen ausstatten, die dem Sultan überbracht werden sollten: Căzan 2009, S. 53–54.

2370 Die Gesandten Venedigs und Frankreichs versuchten den Sultan davon zu überzeugen, den Frieden nicht zu ratifizieren. Darauf ging der Sultan ebenso wenig ein, wie auf das Angebot des polnischen Königs, den habsburgischen Bruderzwist auszunutzen, und zusammen gegen Matthias loszuschlagen: Nehring 1983, S. 49–50.

sandtschaft nach Wien und der dortigen Übersetzung des osmanischen Dokuments durch den kaiserlichen Dolmetscher Andrea Negroni offensichtlich[2371]. Zufrieden mit dem vermeintlichen Verhandlungserfolg, schloss sich Herberstein einer osmanischen Delegation unter Ahmet Kahya an, die am 14. November 1608 Konstantinopel in Richtung Wien verließ.

Am 16. November 1608 wurde Erzherzog Matthias in Pressburg zum ungarischen König gewählt und drei Tage später gekrönt[2372]. Auf seinen Vorschlag hin wurde Stefan Illésházy zum ersten nichtkatholischen Palatin in der Geschichte Ungarns bestimmt. Illésházy hatte als Leiter der siebenbürgischen Delegation den Frieden von Zsitvatorok vermittelt und war nach dem Tod Bocskais in den Dienst Erzherzog Matthias' gewechselt[2373]. Beide standen entschieden zu der Einhaltung der Friedensabkommen von Wien und Zsitvatorok. Dazu musste sich Matthias auch im zweiten Artikel seiner Wahlkapitulation verpflichten[2374]. Trotz der grundsätzlichen Friedensbereitschaft in Wien und Konstantinopel wurde die erwähnte osmanisch-habsburgische Gesandtschaft zwischen Januar und September 1609 in Ofen festgehalten, da Matthias auf einer Lösung über die Zugehörigkeit von 158 Grenzdörfern bestand, so dass Herberstein und Ahmet Kahya erst im September in Wien einziehen konnten. Von da begab sich die osmanische Gesandtschaft nach Prag und überbrachte dem Kaiser wertvolle Geschenke in einem bislang noch nicht erreichten Wert[2375].

Ein Vergleich der verschiedenen Vertragsfassungen ergibt, dass in dem von den habsburgischen und siebenbürgischen Unterhändlern unterzeichneten Vertragstext zunächst die von Erzherzog Matthias designierten Kommissare aufgeführt und danach die von Fürst Stefan Bocskai[2376] entsandten Würdenträger erwähnt werden. Während die Aufzählung der Unterhändler auf Latein erfolgt, ist der Inhalt des Ver-

2371 Darüber, dass die Osmanen auf keinen einzigen Änderungsvorschlag Herbersteins eingegangen waren, berichteten der englische Gesandte Glover und der französische Gesandte Gontaut Biron noch bevor Herberstein Konstantinopel verlassen hatte. Glover schickte am 15. Oktober 1608 sogar eine italienische Übersetzung der osmanischen Ratifikationsurkunde nach London und bestätigte am 2. November, dass sich am Inhalt der Urkunde nichts geändert habe: Nehring 1983, S. 52. Zum Wirken von Sir Thomas Glover an der Hohen Pforte: Coulter, S. 66–67, 84–85.

2372 Erzherzog Matthias war Statthalter von Ober- und Niederösterreich und wurde am 21. März 1606 zum Gubernator von Ungarn ernannt. Angesichts der zunehmenden Regierungsunfähigkeit Kaiser Rudolfs II. wurde er auf einem Geheimtreffen der führenden Familienmitglieder am 25. April 1606 de facto zum Familienoberhaupt ernannt: Nehring 1983, S. 63–64.

2373 Siehe Illésházys Kurzbiografie in: Toifl/Leitgeb, S. 48.

2374 Das Jahr 1608 stellte mit der Wahl Matthias' zum König von Ungarn und der Abhaltung des Pressburger Reichstages den Höhepunkt der Machtentfaltung der ungarischen Stände dar, welche die beiden Friedensschlüsse von 1606 als Grundlage für den Wiederaufbau des Landes betrachteten: Nehring 1983, S. 64–65.

2375 Zur Reise der habsburgischen Gesandtschaft nach Konstantinopel zwischen Mai 1608 und September 1609 siehe die ausführliche Reisebeschreibung des Maximilian Brandstetter „Itinerarium oder Raisbeschreibung", abgedruckt in: Nehring 1983, S. 71–198. Vgl. ebenda S. 52–58, 60. Zu den Berichten der habsburgischen Diplomaten aus dem Osmanischen Reich in der Frühen Neuzeit: Höfert, S. 151–160.

2376 Bocskai wird mit vollem Titel erwähnt: *Illustrissimum Principem Stephanum, Transylvaniae Principem, Siculorum Comitem ac Partium Regni Hungariae Dominum*: Bayerle 1980, S. 18.

trages auf Ungarisch formuliert[2377]. Die osmanische Textversion nennt zu Beginn die beiden Unterhändler Ali Pascha und Habil Efendi, anschließend den kurzen Titel des Sultans sowie alle Namen der habsburgischen Delegation. Eine Aufführung der siebenbürgischen Vermittler erfolgt nicht.

Im ersten Artikel der kaiserlichen Vertragsurkunde wurde die Verbundenheit zwischen dem Kaiser und dem Sultan durch das gegenseitige Vater-Sohn-Verhältnis ausgedrückt. Die osmanische Vertragsversion benutzte die Formulierung, beide Monarchen sollten miteinander freundschaftlich korrespondieren, so wie ein Sohn seinem Vater und ein Vater seinem Sohn schreibe. Damit gewann die osmanische Seite einen Interpretationsspielraum zur Wahrung der Superiorität des Sultans gegenüber dem Kaiser, da aus orientalischer Sicht ersterem die Rolle des Familienoberhauptes zustand. Gleichzeitig griffen die Osmanen dadurch die alte byzantinische Vorstellung von einer „Familie der Könige" auf, wonach der *basileús,* dessen Nachfolge die Sultane seit Mehmet II. beanspruchten, das Familienoberhaupt stellte. Andererseits konnte die habsburgische Seite für den Kaiser die Vaterrolle reklamieren, da zum Zeitpunkt des Vertragsschlusses Kaiser Rudolf II. ein älterer Mann und Sultan Ahmet I. ein Jüngling waren[2378]. Der zweite Artikel erkannte die volle Titulatur des Römischen Kaisers (osmanisch *romai časar*) und damit die formelle Ebenbürtigkeit mit dem Sultan an, der den Kaiser in älteren Verträgen oft lediglich als „König von Wien" bezeichnet hatte. Es wurde ausdrücklich vereinbart, dass „einer den anderen Kaiser nennt, nicht aber König". Im dritten Artikel wurden die Krimtataren – die das königliche Ungarn öfters geplündert hatten – in den Frieden einbezogen. Ihnen wurden alle feindlichen Akte gegen „die Länder der Christen" (kaiserliche Version) verboten. Im osmanischen Vertragstext ist hier nur von den Ländern des „Heiligen Römischen Kaisers" die Rede. Die osmanische Textversion schloss im dritten Artikel ausdrücklich alle Vasallen des Sultans, auch den Fürsten von Siebenbürgen, in den Frieden mit ein.

Im vierten Artikel der kaiserlichen Vertragsversion wurde bestimmt, dass der Friede überall eingehalten werden solle, insbesondere in Ungarn und in den Ländern, die von „alters zu Hungern gehörig" seien, womit vor allem Siebenbürgen gemeint war. Außerdem wurden alle zum Hause Österreich gehörenden Gebiete in den Frieden einbezogen. Der osmanische Vertragstext erwähnt nur die Gültigkeit des Friedens in Ungarn und allen Territorien der beiden Kaiser. Beide Texte sprechen eine Einladung an den König von Spanien aus, dem Frieden beizutreten, was jedoch in Madrid nicht in Anspruch genommen wurde. Artikel fünf untersagte alle Plünderungen, die von den jeweiligen Hauptleuten unterbunden werden sollten. Außerdem sollten flüchtige Leibeigene an ihre rechtmäßigen Eigentümer zurückgegeben werden.

Im sechsten Artikel wurde die Respektierung des Friedens auch hinsichtlich der Grenzfestungen festgelegt. Darüber hinaus wurde ausdrücklich der siebenbür-

2377 Zu Beginn des Vertragstextes werden die beiden Souveräne, Kaiser Rudolf II. (mit sämtlichen Königstiteln) und Sultan Ahmet (ohne weitere Titel), genannt: Bayerle 1980, S. 18.

2378 Thorau, S. 333–334. Vgl. Căzan 2009, S. 51.Vgl. zum Herrscherbild in den osmanisch-habsburgischen Friedensverträgen: Dierks, S. 311–332.

gisch-habsburgische Frieden von Wien bestätigt: Alles was an Fürst Bocskai im Frieden von Wien abgetreten worden sei, solle entsprechend der Friedensbestimmungen unter seiner Herrschaft verbleiben. In der osmanischen Ratifikationsurkunde wird darauf hingewiesen, dass die Eintracht zwischen beiden Seiten gewahrt bleiben werde, solange keine fremde Einmischung die Grenzen des Osmanischen Reiches, Siebenbürgens oder dessen zugehöriger Gebiete verletze, die mit Macht von den „berühmten Vorgängern" des Sultans erobert worden seien. Dieser Vorbehalt galt auch für Angriffe auf den muslimischen Glauben oder den muslimischen Staat. Damit spielte die osmanische Seite auf die wiederholten Versuche der Habsburger an, Siebenbürgen ihrem Herrschaftsbereich einzuverleiben. In der damals erstellten deutschen Übersetzung der Ratifikationsurkunde des Sultans wird an dieser Stelle nicht ausgelassen, dass Bocskai vom Sultan dazu bestimmt worden sei, der Herrscher über Siebenbürgen und die Ungarn zu werden. Dort heißt es weiterhin:

> „Alles das, so dem Stefano Bockai nach Laut des wienerischen Vertrag gegeben worden [...] inmaßen ist die Landschafft Siebenbürgen und andere dahingehörige, mit keiner Weis in praeiudicium und Nachteil des gueten Frieden molestirt, [...] damit zwischen uns kein Ergernis noch Zwispalt erneuret werde, oder wachsen, als auch, was zu Wien wegen des Bockey verhandelt worden, solle in seinem statu und Würden, wie es gemacht, verbleiben"[2379].

Schließlich ist auch die Rede davon, dass der „Kayser und König in Hungarn" und dessen Nachfolger den Frieden bewahren sollten und „dass sy auch nicht sollen oder können haben einige Praetension, noch sich eintringen in Siebenbürgen, Wallachey oder Moldau, die dahin gehörig, so unser Kays. Mayt. unterworffen seindt"[2380].

Im siebenten Artikel wurde der Kriegsgefangenenaustausch durch Lösegeld festgelegt, die Beilegung von Grenzzwischenfällen durch die regionalen Militärbefehlshaber auf beiden Seiten wurde im achten Artikel geregelt[2381]. Das Recht auf Wiedererrichtung alter Grenzbefestigungen schrieb Artikel neun fest, allerdings sollten diese nicht ausgebaut und auch keine neuen gebaut werden. Der Austausch von Gesandtschaften und Geschenken wurde im zehnten Artikel geregelt, wobei im habsburgischen Dokument unterstrichen wurde, dass die Gesandtschaft des Sultans zahlreichere und teurere Geschenke als in der Vergangenheit mitführen solle, während im osmanischen der Ausdruck „wie er es immer getan hat" hinsichtlich des Sultans verwendet wurde.

2379 Nehring 1983, S. 205. Vgl. Bayerle 1980, S. 26.

2380 Es handelt sich um die Übersetzung der osmanischen Ratifikationsurkunde auf der Grundlage der von Andrea Negroni 1608 in Wien erstellten italienischen Übersetzung: Nehring 1983, S. 204. Siehe die englische Übersetzung in: Bayerle 1980, S. 26.

2381 Die Krisenbewältigung wurde damit von den Zentralstellen in die Hände der regionalen Instanzen gelegt. Auf osmanischer Seite wurde der Pascha von Buda mit den erforderlichen militärischen und politischen Vollmachten ausgestattet, auf habsburgischer Seite waren es zunächst die verantwortlichen Hauptleute, danach der in Pressburg residierende Palatin: Hiller 2001, S. 569–570. Zum Problem der Lösegeldzahlungen für Gefangene aus dem osmanisch-habsburgischen Grenzgebiet: Pálffy 2007, S. 38–82.

Im elften Artikel wurde der umstrittenste Punkt des Vertrages angesprochen. In der kaiserlichen Vertragsurkunde war von der einmaligen (*semel pro semper*) Zahlung von 200.000 Gulden als „Verehrung" des Kaisers an den Sultan die Rede. Im osmanischen Vertragsdokument ist ebenfalls von der Zahlung der 200.000 Gulden, bar und in Form von teuren Gütern, die Rede. Im zwölften Artikel des osmanischen Vertragstextes wird jedoch erwähnt, dass der Kaiser drei Jahre nach der Zahlung der oben genannten Summe wieder jährlich ein Geschenk, das eines Kaisers würdig sei, an den Sultan schicken solle. Auch in ihrer Ratifikationsurkunde von 1608 weigerten sich die Osmanen, die Einmaligkeit dieser Zahlung zu akzeptieren. Die jährlichen Zahlungen des Kaisers seit 1547 bedeuteten, dass er in seiner Eigenschaft als König von Ungarn für jenen Teil Ungarns, der sich unter seiner Herrschaft befand, Tribut an den Sultan entrichten musste. Eine Aufgabe dieses von den Habsburgern als „Ehrengeschenk" bezeichneten Tributs hätte für die Osmanen die Aufgabe ihres Anspruchs auf das gesamte Ungarn bedeutet. Dieser Aspekt erklärt die osmanische Zähigkeit in der schwierigen Angelegenheit und die erneute Zurschaustellung des osmanischen Anspruchs, die alleinige Weltmacht zu sein. Aber die Habsburger bestanden vehement auf ihrer Forderung und als die von Herberstein mitgebrachte osmanische Ratifikationsurkunde in Wien übersetzt wurde und die Abweichung vom kaiserlichen Ratifikationsdokument erkannt wurde, sandten die Habsburger die osmanische Urkunde 1610 nach Konstantinopel zurück. Ohne ausdrücklich auf diesen Punkt einzugehen, bestätigte die osmanische Seite nach zähen Verhandlungen den kaiserlichen Standpunkt erst zwei Jahre später, so dass erst 1612 eine für beide Seiten befriedigende Fassung der osmanischen Ratifikationsurkunde ausgestellt wurde[2382].

Im zwölften Artikel beider Vertragstexte wurde die Vertragslaufzeit festgelegt. In den habsburgisch-osmanischen Friedensverträgen des 16. Jahrhunderts, die von der osmanischen Seite geprägt wurden, betrug die Laufzeit der Verträge höchstens acht Jahre. Nun sollte der Friede ab dem 1. Januar 1607 zwanzig Jahre lang dauern und die jeweiligen Thronerben einschließen, wobei an dieser Stelle des habsburgischen Vertragstextes der Heilige Römische Kaiser ausdrücklich als der „legitime König von Ungarn" bezeichnet wurde. Nach drei Jahren sollten die Souveräne als Zeichen ihres guten Willens Gesandtschaften und Geschenke austauschen. Damit stellte der Frieden von Zsitvatorok, der im Vertragswerk durchgängig ausdrücklich als *Pax* bezeichnet wurde, die Grundlage für die Bestätigungen und Verlängerungen des Vertrages im 17. Jahrhundert dar.

Der dreizehnte Artikel bestätigte den Habsburgern den Besitz der strategisch bedeutenden Festung Waitzen an der Donau, die sie wiederaufbauen aber nicht erweitern durften. Im vierzehnten Artikel war es dem kaiserlichen Gesandten erlaubt, alles was er begehre vor dem Sultan vorzubringen. Herberstein nutzte dieses Recht während seiner Audienz vor dem Sultan, allerdings ohne Erfolg, da die Hohe Pforte sowohl die Rückgabe der osmanisch besetzten Festungen Gran, Erlau und Kani-

2382 Bayerle 1980, S. 23–28. Vgl. Nehring 1983, S. 61.

zsa, als auch die Festschreibung einer habsburgischen Oberhoheit über Siebenbürgen eindeutig ablehnte.

Der fünfzehnte Artikel bestätigte den Habsburgern den Besitz von 158 Grenzdörfern nördlich von Waitzen, deren Gebiete für die Habsburger von großer strategischer Bedeutung waren, da sie eine direkte Verbindung nach Oberungarn und Siebenbürgen ermöglichten. Allerdings bestand ein Dissens bezüglich der Frage, an welche Seite diese Dörfer ihre Steuern entrichten sollten. Weiterhin wurde festgelegt, dass die ungarischen Adligen in der Umgebung des von den Osmanen eroberten Kanizsa, wie unter der Habsburgerherrschaft, steuerfrei bleiben sollten. Auf diesen Präzedenzfall beriefen sich später die ungarischen Adligen im restlichen osmanisch verwalteten Ungarn, die ebenso wie ihre Bauern dem Pascha gegenüber steuerpflichtig waren. Schließlich wurde die doppelte Besteuerung der „gemeinsamen" Grenzdörfer durch die habsburgische und osmanische Seite aufgehoben und in die Hände der örtlichen ungarischen Richter gelegt. Die erwähnten Bestimmungen des Artikels 15 verteilten sich in der osmanischen Textversion auf die Artikel 15–17.

Zum Schluss beschworen die habsburgischen Unterhändler die Einhaltung der Vertragsbestimmungen im Namen des Kaisers, des Erzherzogs Matthias, der anderen österreichischen Herrscher sowie des gesamten Hauses Österreich. Es folgten die Unterschriften der habsburgischen sowie der siebenbürgischen Bevollmächtigten. Am Schluss des osmanischen Vertragstextes findet sich nur ein knapper Hinweis auf die Bestätigung des Dokuments durch Ali Pascha und Habil Efendi gefolgt von deren Unterschriften[2383].

Der Abschluss des Friedens von Zsitvatorok lag im Interesse aller beteiligten Mächte. Die Habsburger konnten sich nun auf den Konflikt mit den Ständen und die konfessionellen Probleme im Reich konzentrieren, die Stände des Königreiches Ungarn waren in der Lage, ihr geschundenes Land wieder aufzubauen, die Siebenbürger hatten die Wiederherstellung des autonomen Fürstentums samt wichtiger Gebietsgewinne in Ungarn erreicht und die Osmanen wurden in die Lage versetzt, die Aufstände im Inneren des Reiches niederzuschlagen und sich auf den Krieg gegen Persien zu konzentrieren.

Der Vertrag von Zsitvatorok stellte in mehrfacher Weise eine Premiere dar: Es war der erste nicht auf die Lebenszeit des regierenden Sultans beschränkte Friedensvertrag zwischen den Habsburgern und den Osmanen mit der außergewöhnlich langen Dauer von zwanzig Jahren. Durch die Abkehr von der achtjährigen Beschränkung fand eine Annäherung zwischen der auf kurze Fristen achtenden islamisch-osmani-

---

2383 Der Wortlaut des ungarischen Originals des habsburgischen Vertragstextes ist abgedruckt in: Magyar Történeti Szöveggyűjtemény, S. 368–371. Siehe die englische Übersetzung dieses Textes in: Bayerle 1980, S. 18–20. Die lateinische Übersetzung des ungarischen Originaltextes wurde abgedruckt in: Recueil d'actes internationaux, S. 103–108. Siehe die französische Übersetzung in: Recueil des traités, Tome IX, S. 15–21. Siehe die englische Übersetzung der osmanischen Vertragsversion von 1606 sowie der osmanischen Ratifikationsurkunde von 1608 in: Bayerle 1980, S. 20–22, 24–27. Die zeitgenössische deutsche Übersetzung der Ratifikationsurkunde Sultan Ahmets I. vom Oktober 1608 ist abgedruckt in: Nehring 1983, S. 199–207.

schen und der fristlose Friedensverträge bevorzugenden christlich-abendländischen Vertragspraxis statt.

Neuland betrat der Vertrag auch in der Frage der Besteuerung verschiedener Grenzgebiete. Die völkerrechtliche Gleichstellung zwischen Kaiser und Sultan bedeutete, dass der Herrscher des osmanischen Weltreichs und Kalif erstmals von seinem absoluten Anspruch eines Universalmonarchen im Sinne des islamisch-osmanischen Völkerrechtsverständnisses abrücken musste[2384]. Wie schmerzhaft die Aufgabe des Anspruches über das gesamte historische Königreich Ungarn, das sich in der Einstellung der habsburgischen Tributzahlungen manifestierte, von der osmanischen Seite empfunden wurde, veranschaulicht das Ringen beider Seiten in dieser Frage bis 1612. Dass die osmanische Seite in diesem Punkt letztlich nachgeben musste, zeigt die existentielle Bedeutung des Friedens von Zsitvatorok für das Reich des Sultans, das durch den Krieg gegen Persien, die zahlreichen Aufstände in Kleinasien und den Niedergang seines Sozial- und Wirtschaftssystems stark unter Druck geraten war.

In einer zentralen Frage, die aufgrund unüberbrückbarer Gegensätze offengelassen werden musste, konnte aber auch nach der Vertragsunterzeichnung keine Einigung erzielt werden: die Frage nach der Oberhoheit über Siebenbürgen. In diesem Punkt unterscheiden sich die beiden Ratifikationsdokumente deutlich. Während die habsburgische Seite ihren Anspruch auf die Oberhoheit über Siebenbürgen nur indirekt ausdrückte, indem sie die historische Zugehörigkeit des Landes zum Königreich Ungarn betonte, stellte die osmanische Seite klar, dass es sich bei Siebenbürgen um ein dem Sultan „unterworfenes" Land handele. Diesen Anspruch unterstreicht auch die ausführliche Titulatur des Sultans zu Beginn der Ratifikationsurkunde, in der er Siebenbürgen als einen Teil seines Reiches bezeichnet[2385]. Um das Zustandekommen des Vertrages nicht unmöglich zu machen, wurde diese Frage nur indirekt angeschnitten, so zum Beispiel vom habsburgischen Gesandten Herberstein 1608

2384 In den Verhandlungen von Zsitvatorok hatten sich die habsburgischen und osmanischen Unterhändler darauf geeinigt, dass der Römische Kaiser fortan von der Hohen Pforte nicht mehr als „König von Wien" (*qiral*) sondern als *romanyi çasar* angeschrieben werden solle. Trotzdem benutzten nur die osmanischen Würdenträger in Ungarn die vereinbarte Titulatur, während die Sultane im 17. und 18. Jahrhundert fast ausschließlich den Römischen Kaiser als *imperador* bezeichneten, so auch in der Ratifikationsurkunde Sultan Ahmets I. von 1608. Die Hintergründe dafür erläuterte der osmanische Historiker Qoca Hüseyn Efendi, der 1613 das Amt des Kanzleischreibers bekleidete. Damals wies er den Großwesir auf die Ähnlichkeit zwischen dem Begriff *çasar* und der Bezeichnung für die Würde des Kaisers von Byzanz, *qayşer,* hin. Nachdem sich der Großwesir in dieser Frage mit dem Sultan beraten hatte, fiel die Entscheidung, den Begriff *çasar* nicht mehr zu verwenden, da sich die Sultane als Erben des Oströmischen Reiches verstanden und den Titel *qayşer* manchmal selber benutzten. Sultan Ahmet I. habe erklärt, kein „Ungläubiger" dürfe mit diesem Titel geehrt werden, weshalb lieber gekämpft werden solle, falls dadurch der Frieden gebrochen werde. Der Großwesir war sich jedoch im Klaren, dass eine solche Änderung einen Bruch des Zsitvatoroker Friedens bedeutet hätte und sich sein Reich keine Wiederaufnahme des Krieges gegen die Habsburgermonarchie leisten konnte, weshalb er auf den Begriff *imperador* zurückgriff, der manchmal auch in der Zeit Sultan Süleymans verwendet worden war. Da die Römischen Kaiser den lateinischen Begriff *imperator* selber verwendeten, nahmen sie an der osmanischen Praxis keinen Anstoß. Ausführlich: Köhbach 1992, S. 225–234.

2385 Nehring 1983, S. 200.

bei der Hohen Pforte, freilich ohne Erfolg. Einigung bestand nur darin, dass Siebenbürgen in den Zsitvatoroker Vertrag eingeschlossen und der in Wien vereinbarte habsburgisch-siebenbürgische Frieden bestätigt werden sollte (erfolgt in Artikel 6).

Entscheidend war für Fürst Bocskai, dass mit der Einbeziehung Siebenbürgens in den Vertrag von Zsitvatorok die im Wiener Vertrag vereinbarte Herauslösung des Fürstentums aus dem Länderkomplex der Habsburger und deren Verzicht auf eine Oberhoheit über Siebenbürgen auf eine breitere völkerrechtliche Grundlage gestellt werden konnte[2386]. Siebenbürgen war jedoch nicht nur ein Objekt im habsburgisch-osmanischen Machtpoker, sondern trat auch als völkerrechtliches Subjekt in Erscheinung. Die Vermittlung des habsburgisch-osmanischen Vertrages durch die siebenbürgischen Unterhändler stellte einen bemerkenswerten Präzedenzfall dar.

Warum griffen die beiden Großmächte auf die Hilfe der vergleichsweise unbedeutenden ungarischen Stände und des Fürstentums Siebenbürgen, über das beide Reiche die Oberhoheit beanspruchten, zurück? In erster Linie stellte dieser Umstand einen aus der Not heraus geborenen Pragmatismus dar. Das Haus Österreich hatte nicht nur Siebenbürgen, sondern auch den größten Teil des habsburgischen Königreichs Ungarn an die Truppen Bocskais verloren. Es musste auf das Zusammengehörigkeitsgefühl der ungarischen Stände im gesamten nicht osmanisch besetzten Ungarn Rücksicht nehmen und Bocskai als Mitspieler auf dem diplomatischen Parkett akzeptieren. Auch für die Osmanen standen die Absicherung ihres Herrschaftsbereichs in Ungarn aus der Vorkriegszeit und die Aussicht auf ein paar Gebietsgewinne im Vordergrund, weniger jedoch die Tatsache, dass ihr Vasall die Friedensverhandlungen mit ihrem Erzfeind moderierte bzw. begleitete. Die Zusammenarbeit der Osmanen mit Bocskai lohnte sich für den Sultan politisch wie militärisch. Für die osmanischen Unterhändler kam es jedoch einem Affront gleich, zu erfahren, dass Bocskai in seinen Verhandlungen mit den Habsburgern versprechen musste, fast das gesamte von ihm besetzte Oberungarn an die Habsburger zurückzugeben. Der Pascha von Ofen versuchte daraufhin, alle ehemals osmanischen Festungen, die Bocskai den Habsburgern abgenommen hatte, wieder zurückzubekommen und eine Einigung in Wien zu verhindern[2387]. Dies und die Tatsache, dass die ungarisch-siebenbürgische Seite versuchte, die habsburgisch-osmanischen Verhandlungen in ihrem Sinne zu beeinflussen, machte deutlich, dass Siebenbürgen in dieser Mächtekonstellation keineswegs der „ehrliche Makler“ zwischen den beiden Großmächten war, sondern ein Mitspieler, der gewinnen oder verlieren konnte.

2386 Darüber hinaus bezweckte Bocskai durch diesen Schritt eine Absicherung seiner territorialen Gewinne in Ungarn: Căzan 2009, S. 49–50.

2387 Es handelte sich vor allem um die Burgen Fülek, Nógrád und Szécsény: Papp, Sándor 2007, S. 255–266.

c. Die Verträge des 17. Jahrhunderts

Die völkerrechtliche Wirkung des Vertrages von Zsitvatorok reichte weit über die zwei Dekaden hinaus, auf die seine Gültigkeit begrenzt worden war. Innerhalb der habsburgisch-osmanischen Beziehungen entwickelte er sich zu einem Grundlagenvertrag, der bis zum Ausbruch des habsburgisch-osmanischen Krieges von 1663 den zentralen Referenzpunkt aller zwischen dem Kaiser und dem Sultan geschlossenen Verträge darstellte. Bei diesen Verträgen handelte es sich im Wesentlichen um Erneuerungen des Friedens von Zsitvatorok. Bis er jedoch seine völkerrechtliche Wirkung entfalten konnte, mussten zähe und langwierige Verhandlungen geführt werden.

Wie bereits erwähnt, stellte der Sultan erst 1612 eine Ratifikationsurkunde aus, die für die kaiserliche Seite akzeptabel war, da sie sich mit den mündlichen Vereinbarungen deckte[2388]. Um diese Urkunde in Empfang zu nehmen, schickte Kaiser Matthias im Mai 1612 eine Sondergesandtschaft unter der Leitung von Andrea Negroni nach Konstantinopel. Zu diesem Zeitpunkt wurden die habsburgisch-osmanischen Beziehungen durch die Bemühungen Wiens belastet, Fürst Gabriel Báthory in Siebenbürgen zu stürzen. Im September 1611 verhinderte eine osmanische Armee den Versuch des in habsburgischen Diensten stehenden Kaschauer Kapitäns Sigismund Forgách, mit Truppen oberungarischer Magnaten den Fürsten aus Siebenbürgen zu vertreiben. Gabriel Báthory gelang es, sich erfolgreich gegen die Bestrebungen der habsburgischen Gesandtschaft zu wehren, ihn an der Hohen Porte zu diskreditieren. Auch die von Negroni vorgetragenen Forderungen des Kaisers, der Sultan möge ihm die Herrschaft über Siebenbürgen zurückgeben und ihm in der Frage der Graner Steuerzahler entgegenkommen, wurden von der Hohen Pforte kategorisch abgelehnt. Aufgrund des sich zuspitzenden interkonfessionellen Gegensatzes im Reich wiederholte Kaiser Matthias seine Forderungen nicht mehr auf offiziellem Wege. Dazu hatte auch der gescheiterte Versuch Wiens beigetragen, Reichshilfe gegen die Osmanen zu organisieren.

Der Hofkanzler des Kaisers und Wiener Bischof Melchior Khlesl entwarf 1612 einen kühnen außenpolitischen Plan, um die drei Hauptprobleme der deutschen Habsburger zu lösen. Zunächst sollten die Reichsstände für einen neuen Krieg gegen die Osmanen gewonnen werden, um diese mit einem großen Reichsheer aus Ungarn und Siebenbürgen zu vertreiben. Danach plante Khlesl, dieses Heer dafür zu verwenden, die Macht der Stände in den österreichischen und böhmischen Ländern der Habsburger zurückzudrängen. Schließlich sollte der Kaiser die neue Machtstellung dafür nutzen, um seine Autorität im Reich wieder herzustellen und den Konfessionskonflikt im Sinne der Katholiken zu lösen. Die Reihenfolge orientierte sich vor allem an der Durchführbarkeit der Schritte, da die Lösung der Konflikte mit den Ständen des Reiches und der Erbländer für den Kaiser und Khlesl letztlich eine größere Priorität besaßen als eine „Befreiung" Ungarns und Siebenbürgen vom „türkischen Joch"[2389]. Folglich legte der Kaiser im August 1613 dem in Regensburg ta-

2388 Bayerle 1980, S. 23–28. Vgl. Nehring 1983, S. 59–61.
2389 Leitsch 1984, S. 228–229.

genden Reichstag einen Antrag auf Genehmigung umfangreicher Subsidien für die Abwehr eines angeblich bevorstehenden osmanischen Angriffs vor. Dies Ansuchen sowie Angelegenheiten der Reichsjustiz, die auch auf der Tagesordnung des Reichstages standen, wurden jedoch von der Konfessionsproblematik völlig überlagert. Auch das Ende September 1613 in Regensburg hörbar gewordene Gerücht, der Sultan plane einen Großangriff auf Siebenbürgen, erzielte keinen Effekt. Zum Entsetzen der kaiserlichen Seite wurden unter den Reichsständen sogar Stimmen laut, man solle Siebenbürgen ein für allemal „den Türken" überlassen, damit der Kaiser nicht mehr gezwungen sei, Feldzüge zum Schutz dieses Fürstentums zu unternehmen. Dementsprechend genehmigte der Reichstag Ende Oktober 1613 lediglich 30 anstatt der 260 vom Kaiser geforderten „Römermonate", mit der Auflage, dass die böhmischen, österreichischen und ungarischen Stände einen ähnlichen Beitrag zu leisten hätten und dass die Mittel nur für einen Verteidigungskrieg zur Verfügung gestellt werden sollten[2390]. Da dem Kaiser unter diesen Bedingungen nichts anderes übrig blieb, als gute Beziehungen zum Osmanischen Reich zu unterhalten, begrüßte er eine Verlängerung des Friedensvertrages von Zsitvatorok.

Auch der Sultan ließ dem Kaiser durch einen Gesandten, den er 1614 nach Wien beorderte, mitteilen, dass er die Erhaltung guter Beziehungen zur Habsburgermonarchie wünsche. Um konkrete Verhandlungsschritte zu unternehmen, sandte der Sultan am 5. Juli 1614 eine neue Delegation nach Wien, die unter der Leitung Gaspar Grațianis stand[2391]. Da Grațiani ohne die üblichen Gastgeschenke in Linz eintraf, verweigerte ihm der Kaiser eine offizielle Audienz, so dass Grațiani mit dessen Kanzler Melchior Khlesl Vorlieb nehmen musste. In den Gesprächen zeigte sich Khlesl mit den Friedenspropositionen des Großwesirs einverstanden, mahnte aber ein Ende der Raubzüge der irregulären osmanischen Truppen an der ungarischen Militärgrenze an. Auf seinem Rückweg nach Konstantinopel setzte sich Grațiani beim Ofener Pascha für eine Abstellung der reklamierten Grenzverletzungen ein. In diesem Sinne intervenierte auch der neue Großwesir, Öküz Kara Mehmet Pascha, beim Ofener Pascha. Am 16. Dezember 1614 brach Grațiani als Begleiter des osmanischen Gesandten Ahmet Kahya, der eine 136 Personen umfassende Delegation anführte, erneut nach Wien auf. Dort wurden am 14. Mai 1615 die Friedensgespräche fortgesetzt, nachdem Ahmet Kahya dem Kaiser die Ehrengeschenke des Sultans überreicht hatte. In den von Khlesl und Grațiani dominierten Verhandlungen gelang es erstmals, eine von beiden Seiten gemeinsam redigierte Textfassung des Vertrages von Zsitvatorok zu erstellen. Als Grundlage für den am 1. Juli 1615 in Wien unterzeichneten Vertrag diente die am 9. Dezember 1606 von Kaiser Rudolf II. ausgestellte Ratifikation des Friedens von Zsitvatorok. Das neue Abkommen verlängerte den 1606 abgeschlossenen Vertrag und modifizierte ihn in einigen Punkten, die vor allem die habsburgisch-osmanische Grenzregion in Ungarn betrafen und eine Verein-

2390 Căzan 2009, S. 91–93.

2391 Der aus Kroatien stammende vielsprachige Abenteurer Gaspar Grațiani herrschte 1619–1620 als Woiwode der Moldau: Stoy 2004, S. 306.

barung zur Unantastbarkeit der Diplomatenpost einschlossen[2392] Die Artikel 9 und 10 des Friedensvertrages enthielten erstmals Bestimmungen zur Ankurbelung des bilateralen Handels. Gegen die Entrichtung eines Grenzzolls von drei Prozent wurde den Kaufleuten beider Reiche ein freier Warenverkehr garantiert[2393]. Es dauerte lange, bis die Kaufleute der Habsburgermonarchie die ökonomischen Chancen dieser Bestimmungen erkannten und den riesigen osmanischen Wirtschaftsraum nutzten. In einem Gutachten an die Hofkammer äußerte die Wiener Kaufmannschaft den Verdacht, „der Erbfeind der ganzen Christenheit" verfolge mit dem Versprechen auf freien Handel verborgene Ziele zum Nachteil des Vertragspartners. Der Argwohn der österreichischen Kaufleute führte zunächst dazu, dass die Heranziehung von ungarischen Zwischenhändlern empfohlen wurde[2394].

Grațiani und Ahmet Kahya erhielten das Versprechen des Wiener Hofes, unverzüglich nach Konstantinopel zurückkehren zu dürfen, sobald die Ratifikationsurkunde des Sultans eintreffe. Dass dies bereits Ende Oktober 1615 der Fall war – der Sultan hatte die Vertragsverlängerung schon am 9. September 1615 ratifiziert – überraschte den Wiener Hof. Obwohl auch der Kaiser am 1. Dezember 1615 in Prag den neuen Vertrag ratifizierte[2395], erhielt die osmanische Delegation keine Erlaubnis zur Abreise. Da der Wiener Hof in der lateinischen Übersetzung der osmanischen Ratifikationsurkunde mehrere Fehler beanstandete und eine überarbeitete Fassung des Dokuments verlangte, mussten erneut Verhandlungen aufgenommen werden. Nachdem in den strittigen Punkten eine Einigung erzielt werden konnte, wurde die verbesserte Vertragsversion am 1. Mai 1616 in Wien von der osmanischen Delegation und den habsburgischen Unterhändlern unterzeichnet. Diese Version ratifizierte Kaiser Matthias am 10. Mai 1616 in Prag[2396]. Fünf Tage später erhielt die osmanische Delegation die Erlaubnis, abreisen zu dürfen. Eine 150 Personen umfassende habsburgische Sondergesandtschaft unter Hermann von Czernin, der auch vom kaiserlichen Dolmetscher Cesare Gallo begleitet wurde, überbrachte danach dem Sultan die kaiserliche Ratifikationsurkunde[2397]. Nun zögerte die Hohe Pforte die Abreise der kaiserlichen Delegation bis Herbst 1617 hinaus und verlange ebenfalls die

---

2392 Der Versand eines Gesandtenberichts von Konstantinopel nach Wien dauerte in der Regel drei bis vier Wochen. Manchmal wurden Dublikate oder Drittausfertigungen von den habsburgischen Gesandten über Ragusa oder Venedig nach Deutschland verschickt: Petritsch 2007, S. 352.

2393 Recueil d'actes internationaux, S. 41. Siehe auch: Recueil des traités, Tome IX, S. 22. Vgl. Stoy 1984, S. 62–88. Vgl. Köhbach 1984, S. 238.

2394 Fischer, Robert-Tarek, S. 13–17.

2395 Recueil des traités, Tome IX, S. 22.

2396 Siehe die lateinische Fassung des Wiener Vertrages vom 1. Mai 1616 in: Recueil d'actes internationaux, S. 113–120. Siehe die französische Übersetzung in: Recueil des traités, Tome IX, S. 22–29.

2397 Hermann von Czernin zog mit wehenden Kreuzfahnen in Konstantinopel ein, worauf es zu energischen Protesten in der osmanischen Hauptstadt kam. Czernin, der den Austausch der Ratifikationsurkunden vornehmen sollte, berief sich dabei auf Artikel VII des habsburgisch-osmanischen Vertrages von 1615, der dem Römischen Kaiser das Protektorat über die Christen römisch-katholischen Glaubens im Osmanischen Reich zugestand: Butnariu 2004, S. 183. Vgl. Bayerle 1980, S. 23–28. Vgl. Nehring 1983, S. 61.

Nachverhandlung einiger Vertragspunkte. In der Frage der Besteuerung der neben Gran liegenden Dörfer konnte am 27. November 1617 in Wien eine vorläufige Einigung erzielt werden[2398]. Erst in dem am 27. Februar 1618 in Komorn unterzeichneten Vertrag gelang es, für alle strittig gebliebenen Punkte – sie betrafen ausschließlich ungarisch-kroatische Angelegenheiten – eine von beiden Seiten akzeptierte Textfassung auszuhandeln[2399]. Nach der Ratifikation des Vertrages durch Matthias I. am 18. März begab sich eine habsburgische Delegation mit der kaiserlichen Urkunde nach Konstantinopel, auch um dem neuen Sultan, Osman II., zur Thronbesteigung zu gratulieren. Sie kehrte in Begleitung einer osmanischen Sondergesandtschaft, welche die Ratifikation des Sultans überbrachte, nach Wien zurück. Damit lag erst zwölf Jahre nach der Unterzeichnung des Friedensvertrages von Zsitvatorok eine Übereinstimmung der Willenserklärungen beider Vertragspartner vor, die sich auf sämtliche Bereiche des Vertragswerks erstreckte[2400]. Beide Souveräne leisteten dazu ihren Beitrag, vor allem um ihre außenpolitische Handlungsfreiheit wieder zu gewinnen. Nun konnte der Sultan seine Kräfte auf den Konflikt mit dem König von Polen konzentrieren, der Kaiser seine Ressourcen in der Auseinandersetzung mit den protestantischen Reichsständen bündeln.

Die osmanische Sondergesandtschaft, die sich zum Zeitpunkt des Prager Fenstersturzes noch in Deutschland befand, wurde im August 1618 eilig zur Abreise gedrängt, um nicht Zeugin der kaiserlichen Schwäche zu werden. Am 4. Oktober 1618 reiste Ludwig von Molart, der Bruder des Hofkriegsratspräsidenten, aus Wien ab. Er war zum neuen Leiter der ständigen kaiserlichen Gesandtschaft an der Hohen Pforte ernannt worden und sollte damit einen Posten übernehmen, der seit dem Ausbruch des „Langen Türkenkrieges" 1593 nicht mehr besetzt worden war. Auf seinem Weg nach Konstantinopel, in Belgrad, wurden die Gerüchte über Bündnisverhandlungen der böhmischen Stände mit dem Fürsten von Siebenbürgen und dem Sultan bestätigt. Als Ferdinand II. 1619 den Kaiserthron bestieg, ließ er umgehend dem Sultan seinen Wunsch nach Erhaltung des Friedens mitteilen, den Osman II. erwiderte. Dennoch erhielt Fürst Gabriel Bethlen 1619 die Genehmigung der Hohen Pforte, das Königreich Ungarn anzugreifen. Nach der Schlacht am Weißen Berg am 8. November 1620 scheiterten die Versuche des siebenbürgischen Fürsten und der protestantischen Stände Böhmens, Österreichs und Ungarns, mit Hilfe der Osmanen das Haus Habsburg außerhalb der Alpenländer zu entthronen. Im März 1621 gelang es dem kaiserlichen Residenten an der Hohen Pforte, Starzer, ein Abkommen mit der osmanischen Seite abzuschließen, in dem sich der Sultan verpflichtete, einen Vergleich zwischen den Aufständischen und dem Kaiser zu vermitteln[2401]. Das Osmanische Reich unterstützte Bethlens Feldzug aber weiterhin mit einigen Einheiten des Paschas von Ofen und erwartete im Gegenzug vom siebenbürgischen Fürsten eine

2398 Recueil des traités, Tome IX, S. 38.

2399 Siehe die französische Übersetzung des Vertrages in: Recueil des traités, Tome IX, S. 38–41. Vgl. Recueil d'actes internationaux, S. 43.

2400 Vgl. Căzan 2009, S. 98–101.

2401 Köhbach 1984, S. 238–239.

enge Abstimmung mit der Hohen Pforte. Als diese nicht erfolgte und der Sultan eine Aufkündigung des habsburgisch-osmanischen Friedens befürchtete – 1623 hatte eine habsburgische Sondergesandtschaft vom Sultan die Einstellung jeglicher Truppenhilfe an den siebenbürgischen Fürsten verlangt –, ließ er am 12. März 1624 eine osmanische Delegation in Wien klarstellen[2402], dass die Hohe Pforte Bethlen nicht mehr unterstützen wolle und eine Verlängerung des Friedensvertrages von Zsitvatorok wünsche[2403].

Diese Haltung kam Kaiser Ferdinand II. sehr entgegen, da der Wiener Hof in den Jahren 1617 bis 1623, die von häufigen Wechseln auf dem Sultansthron geprägt waren, um die Erneuerung des Friedens fürchtete. Das islamisch-osmanische Völkerrecht gab den Sultanen die Möglichkeit, bei einem Vertrag, den ihre Vorgänger abgeschlossen hatten, einzelne Klauseln neu auszuhandeln, sofern sich die politische Gesamtlage geändert hatte, auch wenn die Gültigkeitsdauer des betreffenden Vertrags noch nicht abgelaufen war[2404]. Da der Friedensvertrag von Zsitvatorok 1606 auf zwanzig Jahre begrenzt worden war, begannen bereits 1624 habsburgisch-osmanische Gespräche zur Erneuerung des Friedens. Diese Tatsache trug neben anderen Beweggründen dazu bei, dass Fürst Gabriel Bethlen im selben Jahr einen raschen Friedensschluss mit dem Kaiser suchte, der mit der Unterzeichnung des zweiten Wiener Friedens am 8. Mai 1624 zustande kam.

Bethlen erhob den Anspruch, wie es bei seinem Vorgänger Stefan Bocskai 1605/1606 der Fall gewesen war, den neuen habsburgisch-osmanischen Vertrag zu vermitteln oder zumindest an den entscheidenden Verhandlungen beteiligt zu werden. Der siebenbürgische Fürst erhoffte sich dadurch, die wesentlichen Bestimmungen seiner Friedensschlüsse mit dem Kaiser (Nikolsburg 1621 und Wien 1624) nach dem Vorbild des Wiener Vertrages von 1606 in den erneuerten habsburgisch-osmanischen Frieden aufnehmen zu können. Um von beiden Seiten als Vermittler akzeptiert zu werden, intervenierte Bethlen 1624 sowohl am Wiener Hof als auch an der Hohen Pforte und beim Ofener Pascha. Letzterer sowie Großwesir Kara Ali Pascha versicherten Bethlen, ihn analog zu den in Zsitvatorok geführten Verhandlungen als Mediator vorzuschlagen und den territorialen Status quo Siebenbürgens im neuen Vertrag zu verankern. Gleichzeitig erhob die Hohe Pforte aber gewichtige Einwände gegen den habsburgisch-siebenbürgischen Frieden von Wien, da Bethlen dessen Bestimmungen nicht mit der osmanischen Seite abgesprochen hatte. Um die Einwände der Pforte zu zerstreuen, suchte der ständige Gesandte des siebenbürgischen Fürsten in Konstantinopel, Johann Gáspár, die Unterstützung der örtlichen Vertreter Englands, Frankreichs, Venedigs und der Niederlande. Ins Gespräch wurde so-

---

2402 Im Jahr 1622 stimmte die osmanische Seite einem regelmäßigen Austausch von Grußbotschaften zu, der alle zwei Jahre erfolgen sollte. Allerdings forderte die Hohe Pforte, dass die habsburgische Seite den ersten Schritt unternehmen müsse, da es der Würde eines Sultans nicht entspräche, einem fremden Monarchen als Erster Geschenke durch eine Gesandtschaft überbringen zu lassen. Dies berichtete der Wiener Nuntius Carlo Caraffa: Căzan 2009, S. 79–80.

2403 Schmidt-Rösler 2006, Abschnitt 94.

2404 Căzan 2009, S. 102–104.

gar ein vordatiertes Schreiben des Sultans gebracht, in dem Bethlen die Erlaubnis erteilt werden sollte, eigenmächtig diplomatische Beziehungen mit allen europäischen Mächten unterhalten zu dürfen. Damit hoffte Bethlen, gleichzeitig die Wiener Widerstände gegen eine Beteiligung Siebenbürgens an den habsburgisch-osmanischen Verhandlungen leichter überwinden zu können.

Alle Anstrengungen konnten am Ende nichts ausrichten. Obwohl die Präambel des späteren Vertrages festhielt, die 1625 im ungarischen Gyarmat geführten habsburgisch-osmanischen Verhandlungen seien in Anwesenheit der drei Gesandten des siebenbürgischen Fürsten, Michael Toldalaghi, Wolfgang Camuth und Thomas Borsos, geführt worden, setzte der Kaiser durch, dass an den entscheidenden Gesprächen kein siebenbürgischer Vertreter teilnehmen durfte. Ohne Erfolg protestierte der siebenbürgische Fürst gegen diesen Ausschluss seiner Delegierten und gegen die Weigerung der beiden Großmächte, die von ihm verlangten Garantien für den Gebietsstand des Fürstentums Siebenbürgen in den Vertrag aufzunehmen. Die Erneuerung des habsburgisch-osmanischen Friedens erfolgte am 26. Mai 1625 im Feldlager von Gyarmat. Dieser Frieden verlängerte die Verträge von Zsitvatorok (1606) und Wien (1616) und sprach eine Amnestie für alle begangenen Verstöße gegen beide Vereinbarungen aus. Obwohl das Fürstentum Siebenbürgen in den Vertrag einbezogen wurde, enthält er keinen Hinweis auf die siebenbürgisch-habsburgischen Friedensverträge von 1621 und 1624. Insbesondere fehlte im Gyarmater Vertrag eine Verankerung von Bethlens persönlichem Besitz im Königreich Ungarn (sieben Komitate) und die Festschreibung der Zugehörigkeit der ostungarischen Partes zum Fürstentum Siebenbürgen. Auf beides hatte Bethlen großen Wert gelegt, weshalb er eine Annullierung des Vertrages forderte. In der Tat scheiterte die Ratifikation des Vertrages von Gyarmat an der Hohen Pforte, woran auch Fürst Bethlen maßgeblich beteiligt war[2405].

Nach der Unterzeichnung des Gyarmater Vertrages stellte die Hohe Pforte ihre militärischen Hilfsmaßnahmen für Bethlen ein. Unübersichtlich wurde die Lage, als der neue Pascha von Ofen eigenmächtig Raubzüge in das habsburgische Ungarn unternahm. Darüber hinaus entstand eine kritische Situation als Wallenstein mit seinem Heer die protestantischen Truppen unter General von Mansfeld bis kurz vor das osmanische Ofen verfolgte. Am 30. September 1626 kam es dort fast zu einem Zusammenstoß mit einem etwa gleich starken osmanisch-siebenbürgischen Heer, das von Fürst Bethlen und Murtesa Pascha, Beylerbey von Bosnien, kommandiert wurde[2406]. Dass beide Seiten eine Schlacht mieden, deutet darauf hin, dass die Befehlshaber befürchteten, im Falle einer Eskalation in Wien bzw. Konstantinopel in Ungnade zu fallen. Um einen erneuten Krieg mit der Habsburgermonarchie zu vermeiden, untersagte die Pforte dem Ofener Pascha und dem siebenbürgischen Fürs-

2405 Der Kaiser ratifizierte den Vertrag am 26. März 1626 in Wien. Siehe die französische Übersetzung des Vertrages von Gyarmat in: Recueil des traités, Tome IX, S. 41–43. Vgl. Recueil d'actes internationaux, S. 46. Vgl. Feneşan 1985, S. 151–153.

2406 Buchmann, S. 122.

ten kategorisch eine Fortführung des Krieges gegen die Habsburger[2407]. Damit war Fürst Bethlen gezwungen, seinen dritten Feldzug gegen den Kaiser zu beenden und im Dezember 1626 mit dem Haus Österreich den Frieden von Pressburg zu schließen. Dieser Feldzug hatte Bethlen auch in Konstantinopel den Ruf eingetragen, ein unkontrollierbarer Aktionist zu sein, so dass der Fürst einige Mühe aufwenden musste, um das bei vielen osmanischen Würdenträgern verlorengegangene Vertrauen in seine Person wiederherzustellen[2408].

Eine neue Chance, seine Ziele umzusetzen, sah Bethlen in der Wiederaufnahme der habsburgisch-osmanischen Friedensverhandlungen, die durch die gescheiterte Ratifikation des Gyarmater Vertrages nötig geworden waren. Diesmal gelang es ihm, von beiden Seiten als Vermittler akzeptiert zu werden, so dass eine siebenbürgische Gesandtschaft an den 1627 begonnenen Gesprächen teilnehmen konnte. Im Laufe der Verhandlungen, die im Grenzort Szőny stattfanden[2409], versuchten die osmanischen Unterhändler die habsburgische Seite zu zwingen, einen ausdrücklichen Verzicht auf alle Ansprüche bezüglich Siebenbürgen, die Moldau und die Walachei zu erklären[2410]. Die Behandlung der völkerrechtlichen Stellung Siebenbürgens in einem habsburgisch-osmanischen Vertrag lehnten der Wiener Hof und der ungarische Palatin Graf Esterházy mit der Begründung ab, der juristische Status des Fürstentums Siebenbürgens leite sich unabhängig von den siebenbürgisch-osmanischen Beziehungen auch aus den bilateralen Verträgen Siebenbürgens mit der Habsburgermonarchie ab, die nicht zum Gegenstand einer Vereinbarung mit einem Dritten gemacht werden dürften. Letztlich konnte sich die Hohe Pforte mit ihrem Vorhaben nicht durchsetzen, die osmanische Oberhoheit über Siebenbürgen und dessen freie Fürstenwahl in einem Friedensvertrag mit dem Kaiser völkerrechtlich festzuschreiben[2411].

Auch Fürst Bethlen scheiterte mit dem Vorhaben, seinen persönlichen Besitz im Königreich Ungarn (sieben Komitate) und die Zugehörigkeit der ostungarischen Partes zum Fürstentum Siebenbürgen in diesem Vertrag zu verankern[2412]. Der von den habsburgischen und osmanischen Delegierten am 13. September 1627 in Szőny unterschriebene Friedensvertrag erneuerte die Verträge von Zsitvatorok, Wien, Komorn und Gyarmat. Angelegenheiten des Fürstentums Siebenbürgen enthielt er

---

2407 Schmidt-Rösler 2006, Abschnitt 95.

2408 Mit dieser Mission betraute Bethlen seinen Gesandten Sigismund Mikes, der auch gegen das Misstrauen des englischen Gesandten an der Hohen Pforte, Thomas Roe, ankämpfen musste: Căzan 2009, S. 104–106.

2409 Die Gespräche zur Verlängerung des Friedensvertrages erfolgten meistens im Rahmen der sogenannten Grenzlanddiplomatie, die unter Gebrauch des Ungarischen oder Italienischen die Tätigkeit des ständigen kaiserlichen Gesandten bei der Hohen Pforte ergänzte: Hiller 2001, S. 570–571.

2410 Die Hohe Pforte fürchtete Ansprüche der Habsburger auf die Moldau und Walachei, die aus der spätmittelalterlichen Abhängigkeit der beiden Woiwodschaften vom Königreich Ungarn abgeleitet werden konnten: Ciobanu 1994, S. 222–223.

2411 Wien antwortete auf die osmanischen Wünsche mit der Forderung, man solle das Königreich Polen in den Frieden mit einbeziehen, was die Hohe Pforte mit dem Hinweis auf die aggressive Interessenpolitik Polens in den Donaufürstentümern ablehnte: Ciobanu 1994, S. 224.

2412 Feneşan 1985, S. 153–156.

nicht. Lediglich die Anwesenheit des siebenbürgischen Gesandten Michael Toldalaghi bei den Friedensverhandlungen wurde in der Präambel erwähnt. Nachdem der Kaiser den Vertrag ratifiziert hatte, beauftragte er im November 1627 Ludwig von Kuefstein mit der Leitung einer Sondergesandtschaft, die seine Ratifikationsurkunde dem Sultan überbringen sollte. Die Abreise der 100 Personen umfassenden Delegation aus Wien verzögerte sich jedoch bis zum 9. Juli 1628, da der Wiener Hof Unstimmigkeiten zwischen den osmanischen und lateinischen Fassungen der Vertragsurkunde festgestellt hatte. Begleitet wurde Kuefstein von Johann Rudolf Schmid[2413], der die Leitung der kaiserlichen Gesandtschaft an der Hohen Pforte übernehmen sollte. Das wichtigste Ziel von Kuefsteins Mission bestand in der Erhaltung des Friedens mit dem Sultan, der für den Kaiser angesichts des Krieges gegen die deutschen Protestanten und Dänemark überlebenswichtig war. Darüber hinaus waren einige Probleme nicht im Vertrag von Szőny geregelt worden, die Kuefstein nun einer Lösung zuführen sollte. Dazu gehörte die von beiden Vertragspartnern gemeinsam ausgeübte Jurisdiktion über einige ungarische Grenzdörfer, das Recht der Jesuiten, sich im osmanischen Ungarn niederzulassen, die Räumung der Grenzfestung Waitzen durch die Osmanen und die Regelung offen gebliebener Handelsfragen. Kuefstein hatte mit seinen Forderungen wenig Erfolg an der Hohen Pforte. Im Gegenzug konnte er Versuche der osmanischen Seite abwehren, die Gleichrangigkeit zwischen Kaiser und Sultan in Frage zu stellen und eine Wiedereinführung der kaiserlichen Tributzahlungen an die Hohe Pforte durchzusetzen. Als der Großwesir und der Kaimakam vorschlugen, jene Stellen in der lateinischen Ratifikationsurkunde zu ändern, die vom osmanischen Text abwichen, verweigerte Kuefstein brüsk jede Modifikation der kaiserlichen Urkunde. Für Unmut an der Hohen Pforte sorgte auch Kuefsteins Vorgehensweise bei der Verteilung der mitgeführten Geschenke, da er aus Sicht der osmanischen Würdenträger ihre administrative und soziale Rangstellung nicht beachtete[2414]. Am 18. August 1629 verließ Kuefstein Konstantinopel, dem es wenigstens gelungen war, seinen Teil zum Austausch der Ratifikationsdokumente beizutragen. Vor ihm war Receb Pascha in Konstantinopel aufgebrochen, um die

---

2413 Der Nordschweizer Schmid hatte zwanzig Jahre lang in osmanischer Gefangenschaft verbracht. Aufgrund seiner außergewöhnlich guten Kenntnisse der osmanischen Sprache und Kultur wechselte er in den diplomatischen Dienst des Kaisers, dessen Gesandtschaft in Konstantinopel er 1629–1643, 1649 und 1650–1651 leitete. 1647 wurde er zum Freiherrn von Schwarzenhorn nobilitiert. Als Mitglied des Hofkriegsrates leitete er von 1652 bis 1663 dessen Sektion für die Orientalischen Angelegenheiten, die auch für die Beziehungen zum Osmanischen Reich zuständig war: Petritsch 2007, S. 351, 361–363. Vgl. Regele, S. 73. Vgl. Căzan 2009, S. 109–112, 126–128.

2414 Um der politischen Dimension des Austauschs von Geschenken Rechnung zu tragen, empfahl der kaiserliche Sonderbotschafter von Puchheim 1634 in seinem Abschlussbericht Geschenke, die bei den osmanischen Würdenträger sehr beliebt waren. Darunter befanden sich vor allem Erzeugnisse der Feinmechanik, wie zum Beispiel Uhren. Das Überreichen der Geschenke durch die habsburgische Seite erfüllte drei Zwecke: das Erleichtern von Verhandlungen, das Erlangen des Wohlwollens der osmanischen Würdenträger und die Demonstration der ökonomischen und technischen Überlegenheit des Schenkenden: Severi, S. 291–293. Vgl. Căzan 2009, S. 118–119.

Ratifikationsurkunde des Sultans nach Wien zu bringen. Beide Sonderbotschafter begegneten sich bei Gran[2415]. Damit wurden erstmals von Kaiser und Sultan simultan Sonderbotschaften an den jeweils anderen Herrscher abgesandt. Bis dahin war es üblich gewesen, dass die Gesandtschaft der einen Seite jener der anderen Seite nachfolgte[2416]. Mit dem erfolgreichen Austausch der Ratifikationsurkunden trat der Vertrag von Szőny völkerrechtlich in Kraft[2417]. Zwei Wochen bevor Kuefstein nach Wien zurückkehrte, starb Fürst Gabriel Bethlen. In den folgenden Monaten warnte die osmanische Seite die Habsburger vor einer Intervention in Siebenbürgen, das von Thronwirren gelähmt wurde. Der Pascha von Ofen schrieb am 1. Oktober 1630 dem Palatin von Ungarn, Siebenbürgen gehöre zu den Besitzungen des Sultans, weshalb es jedem anderen Herrscher verboten sei, sich in die siebenbürgischen Angelegenheiten einzumischen[2418]. Der osmanischen Seite war die Machtfülle des Kaisers, die er nach dem Sieg über die protestantischen Reichsstände und den dänischen König 1629 angehäuft hatte, nicht verborgen geblieben. In der Tat dachte in dieser Situation auch Wallenstein an einen großen Feldzug gegen den Sultan zur Eroberung Ungarns und Siebenbürgens. Mit dem Eingreifen König Gustav Adolfs von Schweden in den Dreißigjährigen Krieg 1630 verlor der Kaiserhof aber für längere Zeit jedes Interesse an einem militärischen Engagement im Donau-Karpaten-Raum[2419].

Grenzstreitigkeiten an der habsburgisch-osmanischen Grenze in Ungarn bedrohten auch in den folgenden Jahren den Frieden, so dass der Kaiserhof den Grafen Puchheim 1634 nach Konstantinopel sandte. Obwohl er in umstrittenen Detailfragen keine konkreten Erfolge erzielen konnte, gelang es Puchheim, die grundsätzliche Friedensbereitschaft auf beiden Seiten festzuhalten[2420]. Als Sultan Murat IV. 1640 starb, ließ dessen Nachfolger Ibrahim I. seine Thronbesteigung durch eine Sondergesandtschaft in Wien anzeigen. Der neue Sultan und dessen Großwesir, Kara Mustafa Pascha, versuchten – die Schwäche der Habsburgermonarchie ausnutzend – das alte, bis 1593 bestehende völkerrechtliche Verhältnis zwischen Kaiser und Sultan wieder herzustellen. Die Hohe Pforte forderte von der Hofburg für die Erneuerung des Friedensvertrages die Zahlung eines Tributes von 200.000 Gulden. Darüber hinaus

2415 Zu den Rangstreitigkeiten und den Herausforderungen an die Repräsentationsaufgaben der beiden Grußbotschafter: Petritsch 2007, S. 359–361.

2416 Zu den Reiserouten der kaiserlichen Gesandtschaften zwischen Wien und Konstantinopel siehe: Nehring 1984, S. III–IV. Zu den Reisebeschreibungen der habsburgischen Diplomaten aus dem Osmanischen Reich in der Frühen Neuzeit: Höfert, S. 151–160. Kuefstein ließ von Malern aus seinem Gefolge die Reise der Gesandtschaft auf Bildern dokumentieren: Köhbach 1984, S. 239.

2417 Siehe die französische Übersetzung des Friedens von Szőny (13. September 1627) in: Recueil des traités, Tome IX, S. 43–46. Vgl. Recueil d'actes internationaux, S. 46. Vgl. zur Reise Kuefsteins: Căzan 2009, S. 112–118. Mit Kuefstein hatte auch der ständige Gesandte des Kaisers, Sebastian Lustrier, Konstantinopel verlassen. Ihn ersetzte der mitgereiste Johann Rudolf Schmid: Ebenda, S. 117.

2418 Căzan 2009, S. 106–109. Der Friedensvertrag von Szőny hielt die Osmanen jedoch nicht davon ab, den Mantuanischen Erbfolgekrieg 1631 für Einfälle in die habsburgischen Erbländer auszunutzen: Wilson, S. 104.

2419 Leitsch 1984, S. 229–230.

2420 Köhbach 1984, S. 239.

erklärte Sultan Ibrahim, er werde die von seinen Vorgängern geschlossenen Friedensverträge mit dem Kaiser nicht unverändert bestätigen und verfolgte eine Rückkehr zu den von Sultan Süleyman verwendeten Formulierungen, die einen Jahrestribut des Kaisers einschlossen. Schließlich belasteten osmanische Einfälle nach Ungarn und in die Südsteiermark das habsburgisch-osmanische Verhältnis. Wie es der Praxis der vier zurückliegenden Jahrzehnte entsprach, wurden die Verhandlungen erneut in der ungarischen Grenzzone aufgenommen[2421]. Nach zwei Jahren des zähen Verhandelns stellte sich heraus, dass die osmanische Seite viele der genannten Forderungen als Druckmittel benutzte, um sich in Vertragsbestimmungen durchzusetzen, die vor allem die Lage in Ungarn betrafen. Dementsprechend enthielt der am 19. März 1642 in Szőny unterzeichnete Frieden, der die Verträge von Zsitvatorok, Wien, Komorn, Gyarmat und Szőny (1627) verlängerte, keine Hinweise auf Tributzahlungen[2422]. Als die kaiserliche Ratifikation zum Jahresende 1643 immer noch nicht in Konstantinopel vorlag, erteilte der verstimmte Sultan im Januar 1644 Fürst Georg I. Rákóczi die Erlaubnis, im Bündnis mit Frankreich und Schweden die Habsburgermonarchie anzugreifen[2423]. Darüber hinaus musste Johann Rudolf Schmid 1643 auf Wunsch der Pforte seine Stellung als kaiserlicher Internuntius in Konstantinopel aufgeben; ihm folgte Alexander Greifenklau von Vollarts nach. Erst die Reise des kaiserlichen Sondergesandten Hermann Freiherr von Czernin an den Hof des Sultans, wo er im Oktober 1644 eintraf, erwirkte zum Jahresende 1644 die Ratifikation des Friedensvertrages durch Ibrahim I. In Begleitung eines osmanischen Grußbotschafters, der die kaiserliche Ratifikation in Empfang nehmen sollte, kehrte Czernin im März 1645 nach Wien zurück. Er hatte nicht nur die Wahrung des Friedens erreicht, sondern auch die Einsetzung einer habsburgisch-osmanischen Grenzkommission in Ungarn sowie das dem siebenbürgischen Fürsten erteilte Verbot des Sultans, den antihabsburgischen Feldzug in Ungarn fortzuführen[2424].

Nach der Ermordung Sultan Ibrahims I. im Jahr 1648 kehrte Johann Rudolf Schmid, seit 1647 Freiherr von Schwarzenhorn, 1649 mit dem Wiener Glückwunschschreiben für den neuen Sultan nach Konstantinopel zurück und ersetzte seinen Widersacher Greifenklau im Amt des kaiserlichen Vertreters am Bosporus[2425]. Bedingt durch die Thronbesteigung Sultan Mehmets IV. musste der erst 1653 auslaufende habsburgisch-osmanische Friedensvertrag früher erneuert werden. Das Ende des Dreißigjährigen Krieges nahmen Vertreter des katholischen ungarischen

---

2421 Zur sogenannten ‚Grenzlanddiplomatie', die zum Abschluss der Friedensverträge von Zsitvatorok (1606), Komorn (1618), Gyarmat (1625) und Szőny (1627 und 1642) geführt hatte, siehe: Hiller 2001, S. 570–571. Vgl. Köhbach 1984, S. 239.

2422 Siehe die französische Übersetzung des Friedensvertrages von 1642 in: Recueil des traités, Tome IX, S. 46–48. Ebenso in: Recueil d'actes internationaux, S. 48, 120–121.

2423 Vgl. Wilson, S. 696.

2424 Köhbach 1984, S. 239–240. Vgl. Hiller 1998, S. 401.

2425 In den Jahren 1650–1651 führte Schmid den Titel eines kaiserlichen Sonderbotschafters. 1649 erfolgte die Berufung Simon Renigers von Reningen zum kaiserlichen Residenten, der nach Schmids Abreise die Interessen des Kaisers an der Hohen Pforte bis 1666 vertrat: Vgl. Căzan 2009, S. 126–127.

Hochadels zum Anlass, um eine Vertreibung der Osmanen aus Ungarn zu fordern. Nikolaus Esterházy, Ungarns Palatin zwischen 1625 und 1645, hatte bereits in der Schlussphase des Dreißigjährigen Krieges ausgerufen: „Es ist ein Wahnsinn, dass wir nichts tun, auch wenn wir nicht alles tun können“[2426]. Der Palatin und seine Anhänger waren sich im Klaren darüber, dass ihr Projekt nur durch eine gemeinsame Anstrengung mehrerer christlicher Mächte zu erreichen sein würde. Die Magnaten bezogen sich auch auf in Münster gemachte Zusagen der französischen Diplomaten, die im Gegenzug für Gebietsgewinne am Rhein eine Beteiligung französischer Truppen an der Rückeroberung Zentralungarns in Aussicht stellten[2427]. Angesichts des verlustreichen Dreißigjährigen Krieges überwog beim Kaiser aber das große Interesse an der Erhaltung des Friedens mit dem Sultan, so dass der Hofburg die vorzeitige Verlängerung des Vertrages mit der Pforte sehr gelegen kam[2428]. Obwohl das Osmanische Reich seit 1645 auf Kreta Krieg gegen Venedig führte[2429], setzte es die ein knappes Jahrzehnt zuvor erhobenen Forderungen wieder auf die Tagesordnung der Friedensverhandlungen, die sich dadurch in die Länge zogen. Die Hohe Pforte stellte erneut die Gleichrangigkeit zwischen Sultan und Kaiser in Frage und forderte einen Tribut des Kaisers für die Verlängerung des Friedens sowie einen Schwur, mit dem die Gültigkeit des Vertrages besiegelt werden sollte. Darüber hinaus versuchte die Hohe Pforte, die nach dem Tod des Fürsten Georg I. Rákóczi erfolgte Rückgabe der oberungarischen Komitate, die er 1645 als lebenslangen persönlichen Besitz erhalten hatte, an den König von Ungarn zu verhindern. Nachdem die kaiserliche Seite dem Sultan 40.000 Gulden als „einmaliges“ Geschenk überreicht hatte, erfolgte die Erneuerung der Friedensverträge von Zsitvatorok, Wien und Komorn am 1. Juli 1649 in Konstantinopel für die Dauer von 22,5 Jahren. Anders als vom siebenbürgischen Fürsten gewünscht, wurde der Linzer Vertrag von 1645 nicht zu einem Bestandteil des habsburgisch-osmanischen Friedens. Vielmehr setzten die habsburgischen Unterhändler durch, dass am Ende des 9. Artikels die „häufigen Versuche“ der siebenbürgischen Fürsten, die Eintracht „der beiden Kaiser“ durch feindliche Handlungen zu stören, verurteilt wurden. Darüber hinaus verpflichteten sich die beiden Vertragspartner, nicht zuzulassen, dass die „unruhigen“ Fürsten von Siebenbürgen in Zukunft ein Land „störten oder belästigten, insbesondere Kaschau und die fünf Komitate in Oberungarn“[2430]. Damit verfolgte die Habsburgermonarchie das Ziel, sich gegen mögliche Ansprüche abzusichern, die Fürst Georg II. Rákóczi auf die von seinem Vater besessenen oberungarischen Komitate hätte erheben und dies als Anlass für einen erneuten antihabsburgischen Feldzug nach Ungarn hätte nehmen können.

2426 Hiller 2001, S. 572.

2427 Hiller 1998, S. 401–403.

2428 Vgl. Leitsch 1984, S. 230–231.

2429 Ausführlich zum Krieg um Kreta 1645–1669: Eickhoff, S. 27–176, 228–264. Zum venezianisch-osmanischen Frieden von 1669: Ziegler 2008, The peace treaties of the Ottoman Empire, S. 239.

2430 Siehe die französische Übersetzung des Friedensvertrages von 1649 in: Recueil des traités, Tome IX, S. 48–50. Vgl. Recueil d'actes internationaux, S. 49. Vgl. Căzan 2009, S. 120–121, 126–130. Vgl. Hiller 1998, S. 393–394, 402–403.

Einer stillschweigenden Unterstützung durch die Hohe Pforte sollte damit auch ein Rigel vorgeschoben werden.

Diese Befürchtungen des Wiener Hofes traten nicht ein, da sich die Ambitionen des siebenbürgischen Fürsten auf andere Ziele konzentrierten. Nach fast sechs Jahrzehnten, in denen der Vertrag von Zsitvatorok und seine Folgeverträge verlängert worden waren, wurde diese außergewöhnlich lange Friedensperiode in den habsburgisch-osmanischen Beziehungen durch die siebenbürgischen Wirren beendet, die vom gescheiterten Polen-Feldzug Fürst Georgs II. Rákóczi ausgelöst wurden. Die osmanisch-siebenbürgischen Spannungen übertrugen sich auch auf die osmanisch-habsburgischen Beziehungen, vor allem als Wien eine Eingliederung Siebenbürgens in das osmanische Verwaltungssystem befürchtete und militärisch in Siebenbürgen intervenierte. 1663 brach der Krieg zwischen Sultan und Kaiser aus, den der kaiserliche Resident in Konstantinopel, Simon Reniger von Reningen, in zahlreichen Verhandlungen mit dem Großwesir, zunächst 1662 am Bosporus, dann 1663 in Belgrad – die Osmanen hatten ihn gezwungen, am Feldzug teilzunehmen – zu verhindern versuchte. Der Großwesir forderte die Anerkennung der osmanischen Suzeränität über Siebenbürgen, die Übergabe wichtiger ungarischer Festungen durch die Habsburger und die Zahlung eines Jahrestributs von 30.000 Dukaten durch den Kaiser (alternativ eine einmalige Zahlung von 200.000 Dukaten). Darauf konnte und wollte Wien nicht eingehen[2431]. Trotz der für die christliche Koalition siegreichen Schlacht bei St. Gotthard (1. August 1664) leitete der Kaiser rasch Friedensverhandlungen mit dem Osmanischen Reich ein, die auf große Kritik, nicht nur in Ungarn, stießen. Der Wunsch des Wiener Hofes auf Begrenzung des Krieges war so stark, dass noch nicht einmal ernsthafte Versuche unternommen wurden, die habsburgischen Kriegshandlungen mit jenen Venedigs zu koordinieren, das zeitgleich mit dem Osmanischen Reich um Kreta rang. Für die Erhaltung des Status quo war der Kaiser – trotz militärischer Erfolge – sogar zu Konzessionen in Ungarn bereit[2432].

Der am 10. August 1664 von Simon Reniger von Reningen[2433] und Großwesir Köprülü Fâzıl Ahmet Pascha[2434] unterzeichnete habsburgisch-omanische Frieden von Eisenburg beendete den Kriegszustand zwischen Kaiser und Sultan sowie dessen Vasallen, darunter dem neuen Fürsten von Siebenbürgen, Michael Apafi. Beide Seiten mussten sich gemäß Artikel 1 gleichzeitig aus dem Fürstentum Siebenbürgen zurückziehen, womit die habsburgische Seite die Gefahr einer Umwandlung Siebenbürgens in ein *paşalik* als abgewendet ansah. Die noch zum Zeitpunkt des Vertragsschlusses von habsburgischen Truppen besetzten Festungen in Siebenbürgen sollten dem Fürsten und den Ständen Siebenbürgens rückerstattet werden. Beide Vertrags-

2431 Köhbach 1984, S. 240–241.

2432 Leitsch 1984, S. 232–235.

2433 Obwohl Reniger zwangsweise auf dem Feldzug mitgeführt wurde, fiel seine Behandlung besser als in früheren Jahrzehnten aus. Darüber hinaus erlaubte ihm die osmanische Seite, Verbindung mit Wien aufzunehmen und die Verhandlungen im Auftrag des Kaisers zu führen: Müller, Klaus, S. 146.

2434 Zur Politik des Großwesirs im habsburgisch-osmanischen Krieg von 1663/1664: Soreanu, S. 85–92. Vgl. Faroqhi 2010, S. 61–62.

partner verpflichteten sich, das freie Fürstenwahlrecht der siebenbürgischen Stände im Falle einer Thronvakanz zu respektieren und die althergebrachten Freiheiten, Rechte und Privilegien der Stände Siebenbürgens zu achten. Im zweiten Artikel wurde festgehalten, dass die von den Habsburgern beherrschten Gebiete Ungarns nicht mehr von „den Siebenbürgern oder ihrem Fürsten belästigt" werden dürften. Im vierten Artikel wurde die kaiserliche Seite dazu verpflichtet, sicherzustellen, dass weder die Söhne der getöteten Fürsten Rákóczi und Kemény noch andere Personen von Oberungarn aus in Siebenbürgen einfallen und neue Unruhen auslösen. Damit wollte die osmanische Seite eine Wiederholung der Entstehungsgeschichte des gerade beendeten Krieges verhindern. Dementsprechend wurde im fünften Artikel festgelegt, dass Übeltäter und Feinde der beiden „Kaiser" bei keiner Vertragspartei Asyl erhalten dürften. Im 10. Artikel verzichtete die Hohe Pforte auf ihre Forderung nach Wiedereinführung der Tributleistung des Kaisers zugunsten eines einmaligen „spontanen Geschenks als Zeichen der Freundschaft" des Habsburgers in Höhe von 200.000 Gulden. Eine osmanische Sondergesandtschaft sollte im Gegenzug dem Kaiser Geschenke in einem der Würde des Sultans „angemessenen und analogen" Wert überbringen[2435]. Darüber hinaus wurde in diesem Artikel die Vertragsdauer des „Friedens in guter Freundschaft" auf 20 Jahre festgelegt und ein simultaner Austausch der Ratifikationen durch jeweilige Sonderbotschaften vereinbart. Schließlich betonte der Vertrag von Eisenburg, dass alle Bestimmungen des Friedens von Zsitvatorok, die nicht durch seine Nachfolgeverträge verändert wurden, ihre Gültigkeit behalten sollten[2436]. Kaiser Leopold ratifizierte den Frieden von Eisenburg am 25. September 1664. Den Vertragsbestimmungen gemäß reiste 1665 eine kaiserliche Delegation unter Graf Walter Leslie zur Hohen Pforte, um die Ratifikationsurkunde seines Souveräns zu überbringen. Dort erreichte er auch die Auslösung der Gefangenen, eine kleine Grenzkorrektur in Oberungarn und die Wiederzulassung einiger katholischer Orden im Stadtteil Galata der osmanischen Hauptstadt. Eine von Kara Mehmet Pascha angeführte osmanische Sondergesandtschaft begab sich zeitgleich nach Wien, wo sie dem Kaiser das Ratifikationsschreiben des Sultans aushändigte[2437].

Der Vertrag berührte den nach dem Jahr 1661 bestehenden territorialen Status quo Siebenbürgens nicht. Dieser wurde in der für Fürst Apafi bestimmten „großherrlichen Vertragsurkunde" des Sultans definiert, die Apafi im November 1661 akzeptieren musste. Darin war die osmanische Annexion größerer zum Fürstentum

2435 Zu den dem Kaiser übermittelten osmanischen Geschenken im 17. Jh.: Reindl-Kiel, S. 265–282.

2436 Siehe die französische Übersetzung des Friedens von Eisenburg in: Recueil des traités, Tome IX, S. 50–52. Ebenso in: Recueil d'actes internationaux, S. 50, 121–124. Ebenso in: Dumont, Corps universel diplomatique, Vol. VI/3, S. 23–25.

2437 Vgl. Ciobanu 1997, S. 82–84. Vgl. Condica tratatelor, S. 46. Vgl. Soreanu, S. 90. Vgl. Căzan 2009, S. 132–135. Kara Mehmet Pascha lies vom berühmten Reisenden Evliya Çelebi, der ihn begleitete, einen ausführlichen Bericht über seine 1665/1666 unternommene Botschaftsreise nach Wien anfertigen: Köhbach 1984, S. 241. Vgl. Faroqhi 2001, S. 495–498. Zum Bild des Westens, vor allem Deutschlands und Ungarns, im Osmanischen Reich des 17. Jahrhunderts: Lewis 2008, S. 290–293.

Siebenbürgen gehörender Gebiete um die wichtige Festung Großwardein festgeschrieben worden[2438].

Obwohl der Eisenburger Friede den bei St. Gotthardt erzielten militärischen Erfolg über die osmanische Armee nicht widerspiegelte, schien dieser Sieg aus europäischer Sicht die Bedrohung Wiens durch die Osmanen auf absehbare Zeit abgewendet zu haben. Der Rechtswissenschaftler Samuel von Pufendorf stritt in seiner 1667 veröffentlichten Schrift „Über die Verfassung des deutschen Reiches" eine ernsthafte Bedrohung Deutschlands durch das Osmanische Reich ab. Er schrieb: „Beim Volk aber sind die Türken der Inbegriff des Schreckens geworden, teils wegen ihrer wilden Sitten, teils wegen der List der Österreicher, mit dem Türkenschrecken die deutschen Geldbeutel zu schröpfen; außerdem wegen des Geschreis und der Unheilprophezeiungen der Geistlichkeit die daraus Nutzen zieht, das Volk in Furcht zu erhalten."[2439]

Der Eisenburger Frieden bewährte sich in den folgenden Jahren, obwohl Erhebungen ungarischer Adliger, die mit der Herrschaft der Habsburger unzufrieden waren, zu erneuten militärischen Auseinandersetzungen zwischen kaiserlichen und siebenbürgischen Truppen führten. Inmitten einer neuen Krise in den habsburgisch-ungarisch-siebenbürgischen Beziehungen, die durch den Aufstand des ungarischen Magnaten Emmerich Thököly[2440] hervorgerufen wurde, verlängerten im August 1681 in Konstantinopel die Gesandten des Kaisers mit dem Sultan den Frieden von Eisenburg für weitere zwanzig Jahre (Präambel und Artikel 1). Der siebente Artikel bestätigte den Eisenburger Vertrag darin, dass die siebenbürgischen Stände im Falle des Todes ihres Herrschers ihr Recht auf freie Fürstenwahl ausüben sollten, entsprechend den althergebrachten Kapitulationen des Sultans und ihren althergebrachten Freiheiten, Rechten und Privilegien. Im achten Artikel wurde auf die von Siebenbürgen unterstützte Bewegung der unzufriedenen ungarischen Stände Bezug genommen. Dort wurde in deutlichen Worten festgehalten, dass die Fürsten Siebenbürgens oft die Eintracht zwischen dem Sultan und dem Kaiser gestört und gegen beide „Kaiser" die Waffen erhoben hätten. Um dies für die Zukunft auszuschließen, verpflichteten sich die beiden „Kaiser", dafür Sorge zu tragen, dass die siebenbürgischen Fürsten nicht die Ruhe und Ordnung der Stadt Kaschau und der oberungarischen Komitate, insbesondere der Komitate Sathmar und Szabolcs, störten. Damit wurde, wie im Vertrag von 1649, ausdrücklich auf die kurz vor Vertragsschluss stattgefundenen militärischen Interventionen des siebenbürgischen Fürsten in Oberungarn Bezug genommen. Im zehnten Artikel wurde die Gültigkeit der nicht nach-

---

2438 Monumenta Comitialia Regni Transylvaniae, Bd. XIII, S. 6, 77–84. Vgl. Felezeu 2005, Statutul juridic, S. 73–78.

2439 In Kapitel 7, § 4 untersucht Pufendorf die Beziehungen Deutschlands zum Osmanischen Reich: Pufendorf, S. 211. Vgl. Ziegler 1996, S. 184–185. Vgl. Ziegler 1997, S. 259–260. Zu den Auswirkungen der „Türkenfurcht" auf die abendländische Geschichtsdeutung und Prophetie im späten 15. und frühen 16. Jahrhundert siehe: Andermann, S. 30–54. Zum Facettenreichtum des europäischen Türkenbildes in der Frühen Neuzeit: Çırakman, S. 72–104. Vgl. zum Türkenbild des 17. Jahrhunderts: Kammel, S. 506–517. Vgl. Niederkorn 2005, S. 206–207. Vgl. Vocelka 1988, S. 20–31.

2440 Vgl. Majoros/Rill, S. 279–280.

träglich veränderten Bestimmungen der Verträge von Zsitvatorok, Wien, Komorn, Gyarmat, Szőny, Konstantinopel und Eisenburg bestätigt[2441].

Dass die Erneuerung des Eisenburger Friedens für die Hohe Pforte lediglich ein taktisches Manöver bedeutete, das Zeit gewinnen sollte, zeigt die bereits im April 1681 erteilte Erlaubnis des Sultans für eine Intervention siebenbürgischer Truppen im habsburgischen Ungarn. Der zusammen mit den ungarischen Aufständischen erfolgte Angriff begann im August 1681, also zeitgleich zur Vertragsunterzeichnung in Konstantinopel. Im darauffolgenden Jahr herrschte bereits de facto Krieg im habsburgisch-siebenbürgisch-osmanischen Grenzgebiet. Er mündete 1683 in den osmanischen Großangriff auf Wien, der bekanntlich den „Großen Türkenkrieg" Kaiser Leopolds auslöste[2442]. Großwesir Kara Mustafa gab in seinem Sendschreiben an den Kaiser, das er im Frühjahr 1683 im osmanischen Feldlager bei Esseg verfasst hatte, als Grund für die osmanische Kriegserklärung angebliche Verletzungen des Eisenburger Friedens durch die habsburgische Seite an: unverhältnismäßig große Rüstungen und die rechtswidrige Besteuerung osmanischer Vasallen[2443]. Die 1664 gemachte Erfahrung der osmanischen Seite, dass trotz einer militärischen Niederlage politische Vorteile am Verhandlungstisch zu erzielen waren, trug auch zur Entscheidung der Hohen Pforte bei, die seit 1606 von einer gewissen Vorsicht bestimmte Haltung gegenüber der Habsburgermonarchie aufzugeben[2444]. Der kaiserliche Resident in Konstantinopel, Freiherr von Kunitz, und der habsburgische Internuntius, Albert Graf von Caprara, wurden im osmanischen Heer bis kurz vor die Tore Wiens mitgeführt[2445]. Die herben Niederlagen der osmanischen Armee nach 1683 ließen die Friedensbereitschaft des Sultans von Jahr zu Jahr steigen. Durch englische Vermittlung wurden 1689 erste Friedensverhandlungen zwischen der Heiligen Liga[2446] und dem Osmanischen Reich aufgenommen. Eine osmanische Delegation unter der Leitung von Zülfikar Efendi und dem Pfortendolmetscher Alexandros Mavrokordatos reiste nach Wien und lotete zwischen Februar und Juni 1689 die Friedensbedingungen der Gegenseite aus. Die Habsburgermonarchie forderte das Gebiet des mittelalterlichen Ungarn, den Rückzug der osmanischen Garnisonen aus Temeswar, Großwardein und Jenő, die Auslieferung Thökölys sowie den Verzicht auf die Oberhoheit über Siebenbürgen. Darüber hinaus beanspruchte die habsburgische Seite Serbien, Bos-

---

2441 Siehe die französische Übersetzung des Vertragstextes in: Recueil des traités, Tome IX, S. 52–54. Ebenso in: Dumont, Corps universel diplomatique, Vol. VII/2, S. 12–13. Vgl. Recueil d'actes internationaux, S. 54. Vgl. Condica tratatelor, S. 48.

2442 Siehe den Überblick zum „Großen Türkenkrieg" in: Matschke, S. 365–378.

2443 Klesmann, Abschnitt 115.

2444 Der Kaiser war erst im November 1683, nach der osmanischen Niederlage vor Wien, bereit, grundsätzlich von einer defensiven zu einer offensiven Politik gegenüber dem östlichen Nachbarn überzugehen. Vgl. Leitsch 1984, S. 232–236.

2445 Während Caprara 1683 bei Tulln freigelassen wurde, musste Kunitz im osmanischen Heerlager verbleiben, über dessen militärischen Zustand er unter Lebensgefahr der kaiserlichen Seite Nachrichten zukommen ließ. Später gelang ihm die Flucht: Köhbach 1984, S. 242. Vgl. Müller, Klaus, S. 146.

2446 Zu den Argumentationsstrategien des Papstes, die christlichen Souveräne 1683 von der Gründung einer „Heiligen Liga" zu überzeugen: Niederkorn 2005, S. 209–212.

nien, die Walachei und die Moldau, was zu Konflikten mit dem polnischen Bündnispartner führte. Die Verhandlungen scheiterten nicht nur an diesen weitgesteckten Forderungen, sondern auch am Verbot eines Separatfriedens: Die Verbündeten des Kaisers, Polen und Venedig, sahen noch keine Möglichkeit, ihre Kriegsziele zu erreichen. Der noch im selben Jahr ausgebrochene Pfälzische Erbfolgekrieg zwischen Frankeich und der Augsburger Liga[2447] verschaffte der osmanischen Seite eine gewisse Atempause. Das französische Kriegsmanifest von 1688 warf dem Kaiser vor, er plane eine Beendigung des „Türkenkrieges", um seine militärischen Kräfte anschließend gegen Frankreich einzusetzen[2448]. Durch die neuen Kämpfe am Rhein verliefen weitere habsburgisch-osmanische Verhandlungen vorerst im Sande[2449]. Nach den vernichtenden Niederlagen, die Ludwig von Baden und Prinz Eugen von Savoyen den osmanischen Armeen 1691 bei Slankamen bzw. 1697 bei Zenta beigebracht hatten, zeigte sich die Hohe Pforte erneut friedenswillig, zumal die kaiserliche Seite damit unter Beweis gestellt hatte, dass sie in der Lage war, Zentralungarn und Siebenbürgen langfristig militärisch zu behaupten und ihre rechtlichen Ansprüche auf dem Schlachtfeld durchzusetzen. Dies war der entscheidende Unterschied zur Situation, die hundert Jahre zuvor das habsburgisch-osmanische Verhältnis während des „Langen Türkenkrieges" gekennzeichnet hatte. Am 2. November 1698 wurden in Karlowitz, am rechten Donauufer, die Friedensgespräche zwischen den Delegationen der Habsburgermonarchie, Polens[2450], Venedigs und Russlands einerseits sowie des Osmanischen Reiches andererseits aufgenommen. Die Vermittlung der englischen und niederländischen Gesandten an der Hohen Pforte, William Paget und Jakob Coleyr, führte bald zum erfolgreichen Abschluss der Verhandlungen[2451]. Das Vertragswerk von Karlowitz, das am 26. Januar 1699 unterzeichnet wurde, setzte sich aus bilateralen Verträgen des Osmanischen Reiches mit den vier christlichen Mächten zusammen und sollte 25 Jahre lang Gültigkeit haben.

Im habsburgisch-osmanischen Vertrag musste der Sultan ganz Ungarn mit Ausnahme des Banats um die Festung Temeswar an den Kaiser abtreten. In den Friedensverhandlungen hatten die osmanischen Delegierten zunächst an der osmanischen Oberhoheit über Siebenbürgen festgehalten. Da sich diese Forderung bald als realitätsfern herausstellte, beanspruchte die osmanische Seite von den Habsburgern

---

2447 Die Augsburger Liga wurde am 9. Juli 1686 gegründet, um die Westgrenze des Reiches gegen die Ansprüche König Ludwigs XIV. zu verteidigen. Ihr gehörten neben dem Kaiser der König von Spanien, der König von Schweden, der Herzog von Savoyen, die Kurfürsten von Bayern, Brandenburg und Trier sowie der oberrheinische und fränkische Reichskreis an. Mit dem Beitritt Englands und der Niederlande erweiterte sich die Augsburger Liga 1689 zur Großen Wiener Allianz. Vgl. Setton, S. 390–391. Zur defensiven Legitimierungsstrategie, die Kaiser Leopold I. in den Konflikten mit König Ludwig XIV. wählte: Tischer 2008, S. 207, 211.

2448 Klesmann, Abschnitt 115.

2449 Köhbach 1984, S. 242. Vgl. Butnariu 2004, S. 306. Vgl. Setton, S. 390.

2450 Zur Rolle der Donaufürstentümer in den polnisch-osmanischen Verhandlungen in Karlowitz: Ciobanu 1996, S. 87–90.

2451 Zu den Verhandlungen ausführlich: Spuler, S. 56–65. Vgl. Molnár 2013, S. 197–222.

die Zahlung eines Jahrestributs für die Herrschaft über Siebenbürgen[2452]. Die Habsburger lehnten jede Konzession Siebenbürgen betreffend kategorisch ab und machten davon den gesamten Friedensschluss abhängig. Sie forderten von der Hohen Pforte die uneingeschränkte Anerkennung ihrer Herrschaft in Siebenbürgen und die Verbannung Thökölys aus Europa, der nach Nikomedia (heute İzmit) ins Exil ging und dort 1705 starb. Diesmal diktierte nicht der Sultan, sondern der Kaiser den gedemütigten Feinden die Friedensbedingungen, so dass die osmanische Seite gezwungen war, von ihren inzwischen überholten Vorstellungen des Umgangs mit christlichen Mächten Abstand zu nehmen und die Realität einer bitteren militärischen Niederlage zu akzeptieren[2453]. Diese Umstände, aber auch die seit dem Westfälischen Frieden eingeübten Rituale der Gleichrangigkeit unter den europäischen Souveränen schlugen sich im Friedensvertrag direkt nieder. Zwei übereinstimmende Friedensinstrumente, ein osmanisches und ein lateinisches, sollten gleichermaßen gültig sein, wodurch beide Seiten von der Vorstellung abrücken mussten, die jeweils eigene Ratifikation stelle „das Original" dar und die Vertragsfassung des Partners lediglich eine Übersetzung. Darüber hinaus mussten die Osmanen erstmals christlichen Mächten, die – anders als Siebenbürgen im Jahr 1606 – nicht unter der Suzeränität des Sultans standen, den Status eines übergeordneten Vermittlers zugestehen: es handelte sich um England und die Niederlande. Unabhängig davon kam es auch zu direkten Gesprächen, die auf Italienisch geführt wurden, zwischen den kaiserlichen und osmanischen Diplomaten, die den zähen Austausch von Schriftsätzen früherer Zeiten beinahe überflüssig machten. Schließlich musste die osmanische Seite vom Prinzip abrücken, keine Gebietsabtretungen an christliche Staaten vertraglich festzuschreiben, das auf dem für Moslems geltenden Verbot beruhte, eroberte Territorien „freiwillig an Ungläubige" zurückzugeben[2454]. Folglich definierte Artikel 1 des Friedensvertrages die neue völkerrechtliche Stellung des Fürstentums Siebenbürgen: Siebenbürgen solle unter der Herrschaft des Kaisers verbleiben, der es bereits zum gegenwärtigen Zeitpunkt besitze. Es solle seine alten Grenzen aus der Vorkriegszeit behalten. Diese Grenzen sollten von beiden Signatarmächten respektiert werden[2455]. Formen und Inhalte des Friedensvertrages von Karlowitz, der in der lateinischen Fassung abwechselnd als *armistitium* oder *pax* bezeichnet wurde, standen dafür, dass es

2452 Während des „Langen Türkenkriegs" (1593–1606) hatten die Habsburger öfters dem Sultan angeboten, für die Anerkennung ihrer Herrschaft über Siebenbürgen der Hohen Pforte einen Jahrestribut zu zahlen.

2453 Beide Monarchen sprachen sich als „Kaiser" an: Ziegler 1996, S. 185–186. Vgl. Köhbach 1984, S. 243. Vgl. Lewis 2002, S. 29–32.

2454 Burkhardt 2007, S. 504–508.

2455 Siehe den Wortlaut des lateinischen Textes der kaiserlichen Fassung des Friedensvertrages in: Dumont, Corps universel diplomatique, Vol. VII/2, S. 448–451. Ebenso in: Recueil d'actes internationaux, S. 56, 182–193. Ebenso in: Documente, Hurmuzaki, Vol. V/2, S. 329–340. Siehe die französische Übersetzung des Friedensvertrages in: Recueil des traités, Tome IX, S. 55–69. Vgl. die französische Zusammenfassung der osmanischen Vertragsurkunde in: Recueil d'actes internationaux, S. 193–196. Siehe den Inhalt des habsburgisch-osmanischen Friedens von Karlowitz in: Major Peace Treaties, Vol. II, S. 869–882. Vgl. Condica tratatelor, S. 49.

zu einer deutlichen Annäherung der habsburgisch-osmanischen Vertragspraxis an die europäischen Standards im Bereich der Friedensschlüsse gekommen war, mit einer Ausnahme: Der Friede blieb zeitlich befristet, diesmal auf 25 Jahre, nachdem die Pforte im 17. Jahrhundert 20 Jahre nicht überschreiten wollte. Nach 1699 suchte das Osmanische Reich als militärisch Unterlegener zunehmend den Schutz durch das Recht und akzeptierte im 18. Jahrhundert immer längere Vertragsfristen[2456].

Noch im Jahr des Vertragsschlusses händigte Ibrahim Pascha die osmanische Ratifikationsurkunde in Wien aus, eine Gesandtschaft des Kaisers unter der Leitung der Grafen Oettingen-Wallerstein und Sinzendorf überbrachte im Jahr 1700 der Hohen Pforte die habsburgische Ratifikationsurkunde[2457]. Mit dem Inkrafttreten des Friedensvertrages und dem Verzicht des Osmanischen Reiches auf alle rechtlichen Ansprüche über das Fürstentum Siebenbürgen erlangte die Habsburgermonarchie einen völkerrechtlichen Titel über das Land.

X. Schlussbetrachtungen

Der ostmitteleuropäische Raum geriet in der ersten Hälfte des 16. Jahrhunderts unter die Herrschaft dreier Großreiche: der Habsburgermonarchie, des Königreiches Polen-Litauen und des Osmanischen Reiches. Nach dem Zusammenbruch des mittelalterlichen Königreichs Ungarn 1526 trafen die Interessen der drei Großmächte im östlichen Ungarn unmittelbar aufeinander. Diese Rivalität ermöglichte es der Woiwodschaft Siebenbürgen, die nach der osmanischen Besetzung Mittelungarns 1541 von den anderen Ländern der ungarischen Krone getrennt wurde, sich bis zum Aussterben der Szapolyai-Dynastie 1571 zu einem eigenen staatlichen Gebilde zu entwickeln. Eine Voraussetzung dafür stellte der Schutz einer der drei benachbarten Großmächte dar. Da sich das Osmanische Reich gegenüber den beiden anderen Mächten als militärisch überlegen erwies, akzeptierte der den ungarischen Königstitel führende siebenbürgische Herrscher die Suzeränität des Sultans. Ihm musste er Heeresfolge und Tributzahlungen leisten und sich dessen außenpolitischen Richtlinien unterordnen, die ihm bis 1570 kaum Spielräume boten, eine offene völkerrechtliche Praxis innerhalb der christlich-abendländischen Völkerrechtsordnung zu betreiben. Der dynastische Wechsel, der sich 1571 mit der Wahl Stefan Báthorys zum Herrscher Siebenbürgens ergeben hatte, zog mehrere Veränderungen der völkerrechtlichen Stellung Siebenbürgens nach sich. Stefan akzeptierte den 1570 im Vertrag von Speyer erklärten Verzicht Johann Sigismund Szapolyais auf die ungarische Königskrone und nahm den traditionellen Woiwodentitel an. Gleichzeitig be-

2456 Vgl. Burkhardt 2007, S. 508–511. Vgl. Strohmeyer 2005, S. 159–160. Vgl. Ziegler 2008, The peace treaties of the Ottoman Empire, S. 239–241.

2457 Köhbach 1984, S. 243. Erstmals regelten mehrere habsburgisch-osmanische Abkommen aus den Jahren 1699 und 1700 den genauen Grenzverlauf zwischen beiden Reichen: Ziegler 1996, S. 186.

gab sich Stefan unter die Oberhoheit Kaiser Maximilians II. in dessen Eigenschaft als König von Ungarn, wodurch er die Nachfolge der Habsburger auf dem Stefansthron und die rechtliche Zugehörigkeit Siebenbürgens zum Länderkomplex der ungarischen Krone anerkannte. Davon wurde das rechtliche Verhältnis des siebenbürgischen Herrschers zum Osmanischen Reich nicht berührt, da dieser unter der Suzeränität des Sultans verblieb. Damit stand Siebenbürgen gleichzeitig unter der Oberhoheit der beiden benachbarten Großmächte.

Die Akzeptanz mehrfacher Schutzverhältnisse, die Verschlungenheit der lehnsrechtlichen Beziehungen, die Unübersichtlichkeit der staatlichen Körper, das Fehlen einer rechtlichen Kontinuität in den Außenbeziehungen, personengebundene Verträge und die Verschwommenheit der unterschiedlichsten Rechtsebenen kennzeichneten die völkerrechtlichen Verbindungen der spätmittelalterlichen und frühneuzeitlichen Herrschaftsverbände, insbesondere im östlichen Europa. Wilhelm G. Grewe bezeichnet dies als „offenes" System und hebt drei charakteristische Merkmale dieser „Offenheit" hervor: die lehnsrechtliche Unterstellung unter fremde Herrscher, die Selbständigkeit der Lehnsträger gegenüber ihrem Lehnsherren und der kirchliche Einfluss auf politisch-staatliche Geschäfte[2458]. Wenngleich Letzteres in einem geringeren Maße auf das siebenbürgische Beispiel zutraf, die erstgenannten Merkmale kennzeichneten in besonderer Weise die völkerrechtlichen Beziehungen des Fürstentums Siebenbürgen. Die lehnsrechtliche Unterstellung unter dritte Herrscher äußerte sich vor allem durch die Akzeptanz der Suzeränität des ungarischen Königs, dessen Anspruch auf die Zugehörigkeit Siebenbürgens zum Länderkomplex der Stefanskrone mit dem Herrschaftsanspruch des Sultans kollidierte, der sich auf sein Recht als Eroberer Ungarns und Siebenbürgens berief. Im Vergleich zu manchen Fürsten des Alten Reiches, die sich sowohl dem römischen Kaiser als auch dem französischen König unterstellten und die sich im Kriegsfall zwischen beiden Mächten neutral verhalten konnten[2459], war der Spielraum des siebenbürgischen Fürsten, eine neutrale Haltung einzunehmen, deutlich reduzierter. Da das militärisch dominierende Osmanische Reich seine Oberhoheit über Siebenbürgen als exklusiv ansah, kamen mehrfache Suzeränitätsverhältnisse nur durch Geheimverträge zustande, die für den Fall einer für die Habsburgermonarchie vorteilhaften strategischen Konstellation die völkerrechtliche Stellung Siebenbürgens im Vorfeld regeln sollte. Meistens zwang die Lage Siebenbürgens an der Nahtstelle der beiden konkurrierenden Suzeräne die Fürsten zu einer riskanten Schaukelpolitik, deren Lebensdauer von den Durchsetzungskräften der Großmächte abhing[2460].

Das zweite von Grewe genannte Merkmal, die Selbständigkeit der Lehnsträger gegenüber ihrem Lehnsherren[2461], äußerte sich nicht nur durch die auf eine Auswei-

2458 Grewe, S. 91–93.
2459 Ebenda, S. 92.
2460 In einer vergleichbaren Lage befanden sich auch die Moldau und Walachei, die sich vor allem in Kriegszeiten zum Teil gleichzeitig unter die Oberhoheit des Sultans, des Kaisers, des polnischen Königs oder des siebenbürgischen Fürsten begaben: Niederkorn 1993, S. 45.
2461 Grewe, S. 232–234.

tung ihres außenpolitischen Spielraums abzielende Schaukelpolitik der siebenbürgischen Fürsten zwischen ihren jeweiligen Oberherren. Es traf in einem eingeschränkten Maß auch auf das Verhältnis zwischen dem Fürsten und den siebenbürgischen Ständen zu. Als Beispiele für Rechtsbeziehungen, die innerstaatliche Partikulargewalten mit ausländischen Mächten eingingen, können die Verträge der sächsischen Stühle und Distrikte angeführt werden. Einflussreiche Glieder der Nationsuniversität der Siebenbürger Sachsen, zum Beispiel Hermannstadt, betrieben zwischen 1526 und 1556 eine gegen die Szapolyais gerichtete habsburgfreundliche Politik. Sie schlossen aber auch Verträge mit den Woiwoden der Moldau und Walachei, die ihren partikularen politischen und wirtschaftlichen Interessen dienen sollten, zum Beispiel der Magistrat der Stadt Kronstadt, der im Frühjahr 1555 einen Bündnisvertrag mit dem Woiwoden der Walachei unterzeichnete[2462]. Aber auch die Szekler, die sich 1599 gegen die Herrschaft Andreas Báthorys erhoben, schlossen mit dem walachischen Woiwoden Michael einen gegen den eigenen Fürsten und Szeklergrafen gerichteten Bündnisvertrag[2463]. Diese „Offenheit" der lehnsrechtlichen Beziehungen, die sich in der völkerrechtlichen Praxis des Fürstentums Siebenbürgen widerspiegelte, hielt im Donau-Karpaten-Raum bis in das frühe 18. Jahrhundert an, als das Habsburgerreich die ehemaligen Länder der ungarischen Krone unter seine Herrschaft gebracht und das Osmanische Reich durch dem Sultan gefügige Herrscher in der Moldau und Walachei, die sogenannten Fanarioten, das außenpolitische Eigenleben der beiden Woiwodschaften weitgehend beendet hatte.

Die Wahl Stefan Báthorys zum polnischen König 1575 zog weitere Veränderungen im völkerrechtlichen Status Siebenbürgens nach sich. Durch diesen Schritt wurde der siebenbürgische Herrscher zu einem gleichberechtigten Akteur im Mächtedreieck Wien-Krakau-Konstantinopel. Um seinem neuen Rang innerhalb der europäischen Monarchen Ausdruck zu verleihen, nahm er den im Speyerer Vertrag vorgesehenen Titel eines Fürsten von Siebenbürgen an. Die Regierungsgeschäfte übertrug er seinem jüngeren Bruder Christoph Báthory, den er zum neuen siebenbürgischen Woiwoden ernannte. Darüber hinaus annullierte er die Unterstellung unter die Oberhoheit des ungarischen Königs, womit der Fürst von Siebenbürgen nach 1576 nur noch unter der Suzeränität des Sultans verblieb. Damit existierte zum ersten Mal in der Geschichte Siebenbürgens keine rechtliche Anbindung mehr an das Königreich Ungarn, die vor 1571 durch das Führen des ungarischen Königstitels durch den siebenbürgischen Herrscher und nach 1571 durch dessen Unterstellung unter

2462 Der Vertrag wird in einem Brief des walachischen Woiwoden Pătrașcu an den Kronstädter Stadtrichter Benkner, datiert auf den 23. Mai 1555, erwähnt: Tratatele internaționale ale României, S. 85. Kronstadt war im 16. Jahrhundert die größte siebenbürgische Stadt, mit 8.600 Einwohnern in den Jahren 1500–1520; Klausenburg und Hermannstadt folgten mit jeweils 5.500 Einwohnern: Wagner 1977, S. 396, 400. Zur Sonderrolle Kronstadts im 16. Jahrhundert: Philippi 1999, S. 43–46.

2463 Andreas war von den Ständen Siebenbürgens 1599 zum Fürsten gewählt worden und bekleidete, wie alle siebenbürgischen Woiwoden beziehungsweise Fürsten, ab 1508 gleichzeitig das Amt eines Szeklergrafen.

die Oberhoheit der Stefanskrone gegeben war. Somit steht das Jahr 1576 für den Abschluss der Ausbildung eines selbständigen siebenbürgischen Staates.

Die Habsburger, in ihrer Eigenschaft als Könige von Ungarn, akzeptierten diesen einseitigen Akt des siebenbürgischen Herrschers erst im Prager Vertrag von 1595, der den Eintritt Siebenbürgens in den „Langen Türkenkrieg" an der Seite des Kaisers regelte. Bereits ein Jahr zuvor, 1594, hatten sich der Fürst und der Landtag durch einen unilateralen Akt von der Oberhoheit des Sultans losgesagt, der Siebenbürgen jedoch weiterhin zum Kreis seiner „wohlbehüteten Länder" zählte. Der siebenbürgische Fürst hatte nun sein Ziel erreicht, keinen „Höheren" über sich anerkennen zu müssen; er begriff sich nun als ein geleichberechtigtes Mitglied im Kreis der europäischen Souveräne. Die Abdankung Fürst Sigismund Báthorys zugunsten Kaiser Rudolfs II. in dessen Eigenschaft als König von Ungarn beendete 1598 nicht nur die kurze Phase der siebenbürgischen Unabhängigkeit, sie führte auch zu einer gewissen Integration des Fürstentums in den habsburgisch beherrschten Länderkomplex der ungarischen Krone. Die zahlreichen Versuche des siebenbürgischen Adels, diesen Schritt durch Aufstände rückgängig zu machen, waren erst 1605 erfolgreich. In diesem Jahr lies sich Stefan Bocskai zum Fürsten von Siebenbürgen wählen, der erneut die Oberhoheit des Sultans anerkannte. Den veränderten Machtverhältnissen trug der Wiener Vertrag von 1606 Rechnung, in dem Kaiser und König Rudolf die Unabhängigkeit des Fürstentums Siebenbürgen vom Königreich Ungarn akzeptieren musste.

Eine erneute Veränderung der völkerrechtlichen Stellung des Fürstentums ergab sich nach der Thronbesteigung Gabriel Bethlens, der 1615 zusätzlich zur Oberhoheit des Sultans – insgeheim – auch jene des ungarischen Königs anerkannte, um nach dem Vorbild Stefan Báthorys seine Machtposition nach Innen und Außen zu festigen. Als dies erreicht war, zog Fürst Bethlen 1619 an der Seite der Protestanten gegen seinen königlichen Suzerän zu Felde. Im 1621 zustande gekommenen Nikolsburger Frieden mussten die Habsburger erneut die Unabhängigkeit des Fürstentums Siebenbürgen von der ungarischen Krone anerkennen, wodurch der Fürst nur noch dem Sultan zu huldigen hatte. Die weiteren habsburgisch-siebenbürgischen Friedensverträge, die während des Dreißigjährigen Krieges geschlossen wurden (1624, 1626 und 1645), bestätigten diesen völkerrechtlichen Status des Fürstentums. In den Westfälischen Frieden wurde der Fürst von Siebenbürgen 1648 durch seine (ehemaligen) Bündnispartner, den König von Frankreich (konkludent) und die Königin von Schweden (ausdrücklich) einbezogen.

Mit dem Abschluss des Westfälischen Friedens verbindet die Historiografie des Völkerrechts den Beginn des sogenannten „klassischen Völkerrechts", das vom Begriff der Souveränität gekennzeichnet war. Im Laufe der Entstehung des modernen Staates entwickelten sich als typische Merkmale der Souveränität die Unabhängigkeit des Herrschers nach innen und außen, die Gleichheit der Souveräne im Verkehr miteinander, die Einstimmigkeit bei multilateralen Vereinbarungen, die Impermeabilität (Undurchlässigkeit) des Staatsgebietes und vor allem das Recht eines Herrschers, Krieg zu führen (*ius ad bellum*). Der Souveränität lag jedoch das Prinzip der Effektivität der Herrschaft zugrunde, damit das Friedensgebot des Souveräns auch mit Gewalt nach innen und außen durchgesetzt werden konnte. Die Effektivität der Herrschaft des Fürsten von Siebenbürgen wurde durch seine Vasallenverhältnisse zum Osmanischen Reich und teilweise zur Habsburgermonarchie eingeschränkt[2464]. Das Ausmaß der außenpolitischen Handlungsfreiheit und völkerrechtlichen Handlungsfähigkeit des Fürstentums Siebenbürgen stellt eine in der Historiografie oft diskutierte Frage dar. Unbestritten ist in diesem Zusammenhang, dass diese Freiheiten und Spielräume von den jeweiligen internationalen Konjunkturen abhängig waren und im gesamteuropäischen Kontext interpretiert werden müssen.

Die Einschränkungen durch das Vasallenverhältnis zum Sultan ergaben sich aus der Tribut- und Informationspflicht des Fürsten gegenüber der Hohen Pforte, der Unterwerfung des Fürsten unter das handlungsleitende Prinzip der osmanischen Außenpolitik „sei meines Freundes Freund und meines Feindes Feind", der militärischen Beistandspflicht des Fürsten gegenüber dem Sultan und vor allem der Beschränkung des fürstlichen Rechts auf Krieg durch die Hohe Pforte. Folglich kann nur von einer Teilsouveränität des Fürsten von Siebenbürgen gesprochen werden[2465]. Da das Fürstentum Siebenbürgen nicht in die Verwaltungsstrukturen des Osmanischen Reiches eingegliedert wurde, behielt es seine Staatsqualität und seine Rechtsfähigkeit, es konnte also Träger völkerrechtlicher Pflichten und Rechte werden. Dadurch besaß das Fürstentum Siebenbürgen zum Beispiel das *ius legationis*, also das Recht, Gesandte zu empfangen und zu entsenden. Das Ausmaß der völkerrechtlichen Handlungsfreiheit des Fürstentums war jedoch von den Zyklen osmanischer Machtentfaltung abhängig. Dementsprechend konnte das Fürstentum im 16. Jahrhundert kaum oder nur versteckt am völkerrechtlichen Verkehr der Mitglieder des *ius publicum europaeum* teilnehmen, im 17. Jahrhundert war dies jedoch umso intensiver möglich.

Im Gegensatz zur osmanischen Oberhoheit schränkte die Suzeränität des ungarischen Königs die völkerrechtliche Handlungsfähigkeit des siebenbürgischen Herrschers kaum ein. Sofern die habsburgische Herrschaft über Siebenbürgen nicht unmittelbar ausgeübt wurde (1551–1556, 1598–1605), bestand die ungarische Oberhoheit parallel zur osmanischen. Aufgrund der osmanischen Dominanz konnte sie nur durch einen nicht öffentlichen Eid (1571) oder eine geheime Vertragsklausel (1615) begründet werden. Eine Tributpflicht war nicht vorgesehen und die

---

2464 Vgl. Petritsch 2005, S. 22. Vgl. zu den lehnsrechtlichen Strukturen der europäischen Staatenordnung im 17. und 18. Jahrhundert: Steiger 2009, Rechtliche Strukturen, S. 218–228. Vgl. zur Funktion der Lehnsauftragung: Brückner 2006, S. 251–257.

2465 Sultan Mehmet IV. sicherte in einem *'ahd-nâme-i hümâyûn* vom Juli 1646 dem siebenbürgischen Fürsten Georg I. Rákóczi die Wahrung seiner „Souveränität" gegen innere und äußere Feinde zu. Damit drückte der Sultan aus, dass die Beziehung des Fürsten zum Sultan außerhalb dieser „Souveränität" zu verorten war. Die Haltung des Sultans entsprang dem islamischen Recht, wonach ein „ungläubiger" Herrscher oder Staat nur dann „souverän" werden konnte, wenn er sich Allah und seinem Propheten – und damit dem Sultan als Kalifen (Stellvertreter des Propheten) – unterordnete. In diesem Dokument sicherte die Hohe Pforte Rákóczi auch militärische Hilfe und Schutz zu: Recueil d'actes internationaux, S. 49. Vgl. Tratatele internaţionale ale României, S. 106–107. Vgl. Daugsch 1990, Osmanisches Reich, S. 7.

dem ungarischen König geschuldete Heeresfolge wurde entweder durch die allgemeine Vasallentreue des siebenbürgischen Herrschers erfasst (1571) oder sollte für den Siebenbürger erst nach der habsburgischen Eroberung Zentralungarns (1615) zur Pflicht werden. Das Eingreifen Fürst Gabriel Bethlens in den Dreißigjährigen Krieg an der Seite der Feinde seines Oberherren 1619 zeigt, dass die Suzeränität des ungarischen Königs durch den siebenbürgischen Herrscher sofort abgestreift wurde, wenn sie geeignet war, die völkerrechtliche Handlungsfähigkeit des Fürsten einzuschränken. Nach dem Nikolsburger Frieden von 1621 entwickelten sich die siebenbürgisch-habsburgischen Beziehungen auf der Grundlage der Gleichheit und gegenseitigen Unabhängigkeit, vergleichbar mit dem Verhältnis des Fürstentums Siebenbürgen zu den nord- und westeuropäischen Mächten[2466].

Dies galt in der Regel auch für die Beziehungen des Fürstentums Siebenbürgen zu den benachbarten Woiwodschaften Moldau und Walachei. Lediglich in Phasen der siebenbürgischen Machtentfaltung, die meistens mit größeren kriegerischen Auseinandersetzungen zusammenfielen, zum Beispiel 1595, 1599 oder 1655, zwang der Fürst von Siebenbürgen die beiden Woiwoden unter seine Oberhoheit. Er trat als Protektor auf, dem die Woiwoden huldigen mussten. Damit wurden die Woiwoden genötigt, eine doppelte Suzeränität, nämlich die des Sultans und des Fürsten, zu akzeptieren (zum Beispiel 1655–1658). Die ältere rumänische Historiografie unterschied in diesem Zusammenhang zwischen einer „beschützenden Suzeränität" und einer „restriktiven Suzeränität". Erstere sollte die Unterordnung unter christliche Herrscher, wie zum Beispiel die Könige von Ungarn, Fürsten von Siebenbürgen oder Könige von Polen umschreiben. Letztere wurde als Bezeichnung für das völkerrechtliche Verhältnis zur Hohen Pforte verwendet. Allerdings machen die Bestimmungen der siebenbürgisch-moldauischen bzw. siebenbürgisch-walachischen Bündnisverträge von 1595 oder 1655 deutlich, dass die Vasallenpflichten der Woiwoden gegenüber dem Fürsten umfangreicher ausfielen, der Oberherr intensiver in die inneren Angelegenheiten der Woiwodschaften eingreifen durfte und die völkerrechtliche Handlungsfähigkeit der Woiwoden stärker einschränkte, als es beim Sultan der Fall war, weshalb die siebenbürgische Suzeränität als mindestens genauso restriktiv wie die osmanische zu bewerten ist. Auch die manchmal in der rumänischen Historiografie anzutreffende Bezeichnung „kollektive Suzeränität" beschreibt die mehrfachen Oberherrschaften, denen Siebenbürgen, die Moldau und die Walachei gleichzeitig unterworfen waren, nur unzureichend. Im 19. Jahrhundert übte das „Konzert der europäischen Großmächte" über die Donaufürstentümer Moldau und Walachei ein kollektives Protektorat aus, bei dem es sich um eine durch konstruktive Zusammenarbeit sicherzustellende gemeinsame Schutzherrschaft handelte. Die mehrfachen Schutzverhältnisse des Osmanischen Reiches, der Habsburgermonarchie und Polens, die gleichzeitig bezüglich Siebenbürgen, der Moldau oder der Walachei be-

---

2466 Der Fürst war nur für seine Person als ein in Oberungarn begüterter Magnat dem König von Ungarn verpflichtet. Erst die habsburgische Oberhoheit 1688–1690 schränkte die völkerrechtliche Handlungsfähigkeit des siebenbürgischen Herrschers stärker ein als die Suzeränität des Sultans vor 1688.

standen, waren kurzfristige Konstellationen, die vom Willen aller beteiligten frühneuzeitlichen Großmächte geprägt waren, den aus einer Notlage heraus akzeptierten Partner und Rivalen so schnell wie möglich und mit dem Einsatz aller Mittel aus dieser Position zu verdrängen. Deshalb ist die Verwendung des Begriffs „kollektive Suzeränität" für die gleichzeitig bestehende Oberhoheit des Osmanischen Reiches und der Habsburgermonarchie bzw. Polens über das Fürstentum Siebenbürgen bzw. die Woiwodschaften Moldau und Walachei nicht gelungen, zumal die Inkompatibilität zwischen dem exklusiven Herrschaftsanspruch der christlichen und muslimischen Herrscher den Gegensatz zwischen den christlich-abendländischen und islamisch-osmanischen Völkerrechtsordnungen widerspiegelte.

Dieser Gegensatz offenbarte sich besonders nach der erfolglosen osmanischen Belagerung Wiens 1683, die fundamentale Veränderungen des Mächtegleichgewichts im Donau-Karpaten-Raum nach sich zog. Nach einer anfänglichen Schaukelpolitik des Fürsten von Siebenbürgen zwischen Kaiser und Sultan wurde der siebenbürgische Landtag durch die militärischen Erfolge der Habsburger gezwungen, 1688 Farbe zu bekennen. Er annullierte die Oberherrschaft der osmanischen Sultane über Siebenbürgen, das er dem Schutz des Kaisers in seiner Eigenschaft als König von Ungarn unterstellte. Zum ersten Mal in der Geschichte übte das Habsburgerreich eine exklusive Suzeränität über das Fürstentum Siebenbürgen aus, die durch ausreichende militärische Fähigkeiten des Kaisers durchgesetzt und abgesichert werden konnte. In den Jahren 1551–1556 und 1598–1605 hatten die Habsburger als unmittelbare Landesherren über Siebenbürgen regiert und diese Herrschaft aufgrund ihrer militärischen Schwäche verloren. Die Phase der habsburgischen Oberherrschaft endete 1691, als der Kaiser das „Leopoldinische Diplom" erlies, das als neues Staatsgrundgesetz die öffentlich-rechtlichen Angelegenheiten Siebenbürgens neu ordnete und das Fürstentum in den Länderkomplex der Habsburgermonarchie integrierte. Dieser Akt beendete die völkerrechtliche Handlungsfähigkeit und Völkerrechtssubjektivität des Fürstentums Siebenbürgen noch bevor das Osmanische Reich 1699 im Frieden von Karlowitz der habsburgischen Erlangung eines völkerrechtlichen Titels über Siebenbürgen zustimmen musste.

Zusammenfassend kann festgestellt werden, dass das Fürstentum Siebenbürgen eineinhalb Jahrhunderte lang einen Platz im Kreis der Mitglieder des *ius publicum europaeum* inne hatte. Ihrem einzigen christlichen Vasallenfürstentum, das sich im lateinisch geprägten Teil Europas verortete, erlaubte die Hohe Pforte ausdrücklich die Teilnahme an der christlich-abendländischen Völkerrechtsordnung, solange dies das Fürstentum nicht in einen Gegensatz zur osmanischen Außenpolitik und islamischen Völkerrechtslehre brachte. Deshalb steht auch die völkerrechtliche Praxis des Fürstentums Siebenbürgen, das gleichzeitig zwei verschiedenen völkerrechtlichen Systemen angehörte, für die Erkenntnis, dass sich die beiden Völkerrechtsordnungen nicht vollständig gegenseitig ausschlossen, sondern mehr oder weniger kleine Schnittmengen zuließen. Der häufige Wandel der völkerrechtlichen Stellung des Fürstentums Siebenbürgen war nicht zuletzt die Folge seiner Position im Spannungsfeld zweier miteinander konkurrierender Rechtssysteme. Obwohl das Fürstentum Siebenbürgen als teilsouveräne Macht in seiner völkerrechtlichen Handlungsfähigkeit vor allem durch das Osmanische Reich eingeschränkt wurde, trachtete es danach, die ihm eigene Zwischenposition dafür auszunutzen, um seinen außenpolitischen Handlungsspielraum stetig zu erweitern. Dieser Spielraum, der in der Regel kleiner war als der Eindruck, den führende Vertreter der älteren ungarischen Historiografie vermitteln wollten, widerspiegelte auch die jeweilige völkerrechtliche Stellung des Fürstentums. Der auf den Donau-Karpaten-Raum beschränkte außenpolitische Radius der siebenbürgischen Herrscher im 16. Jahrhundert weitete sich erst dann fast auf das gesamte Europa aus, als die Idee der Wiederherstellung der Einheit des mittelalterlichen Königreichs Ungarn ihre Wirkmächtigkeit als handlungsleitende Maxime siebenbürgischer Außenpolitik verloren hatte und diese dadurch weniger berechenbar wurde. Die Schwäche der benachbarten Imperien in der ersten Hälfte des 17. Jahrhunderts und die Möglichkeiten, die eine antihabsburgische Politik mit Rückendeckung der Hohen Pforte boten, führten dazu, dass das Fürstentum Siebenbürgen bis 1657 zu einer mittelgroßen Macht mit europaweiten politischen Vernetzungen aufsteigen konnte. Als sich in der zweiten Hälfte des 17. Jahrhunderts das Osmanische Reich und die Habsburgermonarchie im Inneren konsolidierten, engte ihre Machtentfaltung den außenpolitischen Spielraum des durch Selbstüberschätzung und Bürgerkrieg geschwächten Siebenbürgen ein. Seine vollwertige Völkerrechtssubjektivität behielt das Fürstentum jedoch bis zu seiner Eingliederung in den habsburgischen Länderkomplex in den 1690er Jahren bei. Aber auch zum Zeitpunkt des Übergangs des Fürstentums vom Subjekt zum Objekt des Völkerrechts gelang es seinen Eliten, den habsburgisch-osmanischen Gegensatz dafür zu nutzen, um vom neuen Landesherren Leopold eine Garantie grundlegender ständischer Rechte und Freiheiten innerhalb eines im Reichsverband des Hauses Österreich autonomen Kronlandes zu erwirken. Diese bis ins Jahr 1868 währende Selbstverwaltung und die danach entstandene völkerverbindende Idee des „Transilvanismus" können als die nachhaltigsten Auswirkungen des teilsouveränen Fürstentums Siebenbürgen der Frühen Neuzeit angesehen werden.

Anhang

1. Siebenbürgen vom 15. bis 17. Jahrhundert

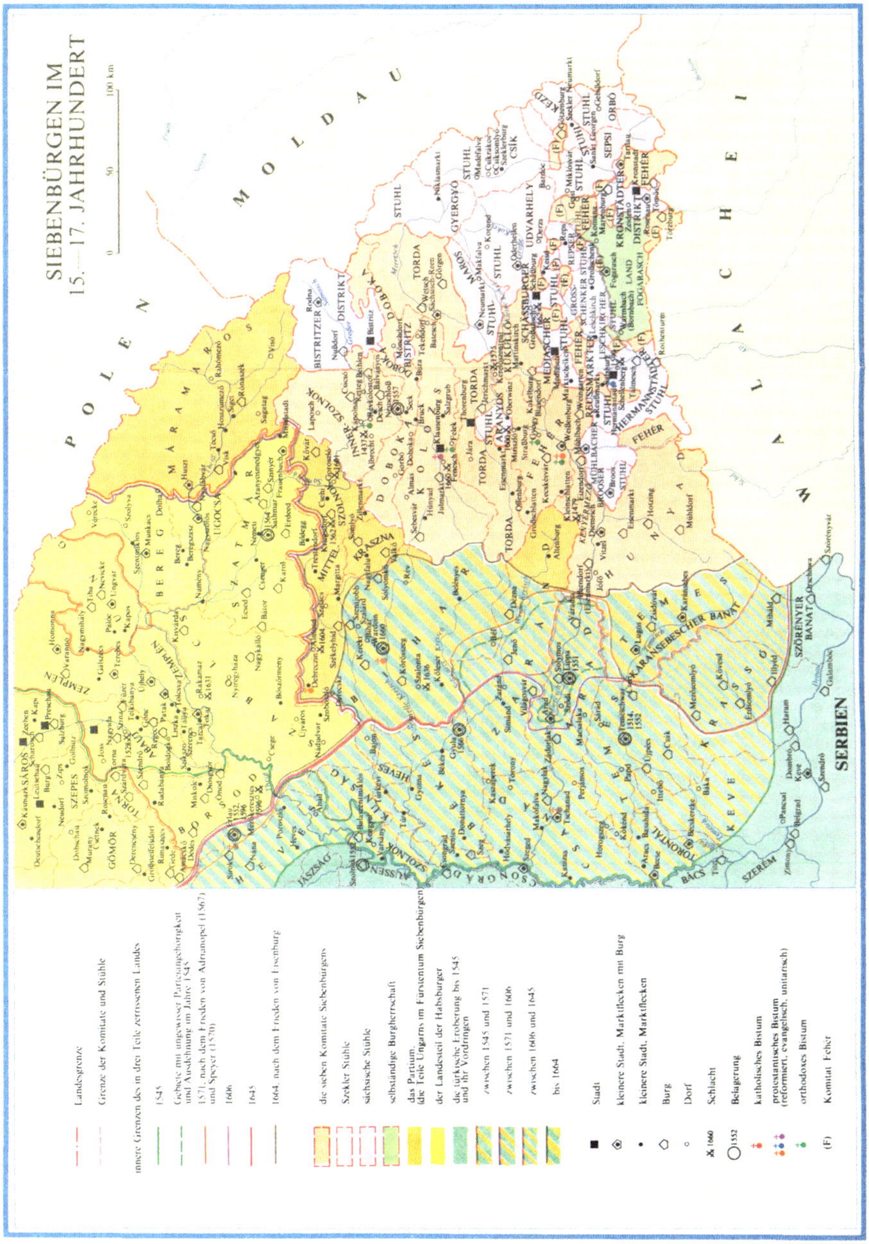

Quelle: Kurze Geschichte Siebenbürgens. Hrsg. von Béla Köpeczi [u. a.]. Budapest 1990.

2. Südosteuropa um 1570

3. Europa um 1550

4. Regententafel: Siebenbürgische Herrscher 1526–1705

(Gegen-) Könige von Ungarn

1526–1540	Johann Szapolyai
1540–1551	Johann Sigismund Szapolyai
1551–1556	Ferdinand I. von Habsburg (als König von Ungarn)
1556–1571	Johann Sigismund Szapolyai

(Gegen-) Fürsten von Siebenbürgen

1571–1586	Stefan Báthory (1571–1576 Woiwode Siebenbürgens)
1586–1598	Sigismund Báthory (1581–1589 Woiwode Siebenbürgens)
1598–1605	Rudolf von Habsburg (als König von Ungarn)
1598–1599	Sigismund Báthory
1599	Andreas Báthory
1599–1601	Michael der Tapfere (als kaiserlich-königlicher Statthalter Siebenbürgens)
1601–1602	Sigismund Báthory
1603	Moses Székely
1605–1606	Stefan Bocskai
1607–1608	Sigismund Rákóczi
1608–1613	Gabriel Báthory
1613–1629	Gabriel Bethlen
1629–1630	Katharina von Brandenburg (Gabriel Bethlens Witwe)
1630	Stefan Bethlen
1630–1648	Georg I. Rákóczi
1648–1660	Georg II. Rákóczi
1657–1658	Franz Rhédey
1658–1659	Achatius Barcsai
1661–1662	Johann Kemény
1661–1690	Michael I. Apafi
1690	Emmerich Thököly
1690–1696	Michael II. Apafi (als Minderjähriger unter der Regentschaft Kaiser Leopolds I.)
1696–1705	Leopold von Habsburg

5. Verzeichnis der Verträge 1541–1699

	Datum	Ort	Art des Vertrages	Vertragspartner Siebenbürgens
1.	29. Dezember 1541	Julmarkt	Zessionsvertrag	Habsburgermonarchie
2.	26. August 1548	Jassy	Bündnisvertrag	Moldau
3.	8. September 1549	Nyirbátor	Zessionsvertrag	Habsburgermonarchie
4.	19. Juli 1551	Weißenburg	Zessionsvertrag	Habsburgermonarchie
5.	13. März 1565	Sathmar	Friedensvertrag	Habsburgermonarchie
6.	16. August 1570	Speyer	Friedensvertrag	Habsburgermonarchie
7.	22. Juni 1585	Prag	Grenzvertrag	Habsburgermonarchie
8.	5. November 1594	Siebenbürgen	Bündnisvertrag	Walachei
9.	13. November 1594	Siebenbürgen	Bündnisvertrag	Moldau
10.	28. Januar 1595	Prag	Bündnisvertrag	Habsburgermonarchie
11.	20. Mai 1595	Weißenburg	Bündnisvertrag	Walachei
12.	3. Juni 1595	Weißenburg	Bündnisvertrag	Moldau
13.	23. Dezember 1597	Prag	Zessionsvertrag	Habsburgermonarchie
14.	9. Juni 1598	Târgovişte	Bündnisvertrag	Walachei
15.	6. April 1599	Prag	Zessionsvertrag	Habsburgermonarchie
16.	26. Juni 1599	Târgovişte	Bündnisvertrag	Walachei
17.	29. Juni 1602	Klausenburg	Zessionsvertrag	Habsburgermonarchie
18.	5. August 1605	Târgovişte	Bündnisvertrag	Walachei
19.	23. Juni 1606	Wien	Friedensvertrag	Habsburgermonarchie
20.	28. Mai 1606	Schiel-Tal	Nachbarschaftsvertrag	Walachei
21.	22. Juni 1607	Klausenburg	Bündnisvertrag	Walachei
22.	20. August 1608	Kaschau	Bündnisvertrag	Habsburgermonarchie
23.	31. Mai 1608	Curtea de Argeş	Bündnisvertrag	Walachei
24.	18. Juli 1608	Jassy	Bündnisvertrag	Moldau
25.	11. Juli 1610	Klausenburg	Bündnisvertrag	Moldau
26.	15. August 1610	Kaschau	Bündnisvertrag	Habsburgermonarchie
27.	21. Dezember 1611	Tokaj	Friedensvertrag	Habsburgermonarchie
28.	Jahresende 1611	Weißenburg	Bündnisvertrag	Walachei
29.	11. April 1613	Pressburg	Friedensvertrag	Habsburgermonarchie
30.	6. Mai 1615	Tyrnau	Bündnisvertrag	Habsburgermonarchie
31.	31. Juli 1617	Tyrnau	Bündnisvertrag	Habsburgermonarchie
32.	26. März 1619	Nagykároly	Grenzvertrag	Habsburgermonarchie
33.	5. Mai 1619	Târgovişte	Bündnisvertrag	Walachei

	Datum	Ort	Art des Vertrages	Vertragspartner Siebenbürgens
34.	15. Januar 1620	Pressburg	Bündnisvertrag	Böhmen
35.	25. April 1620	Prag	Bündnisvertrag	Böhmen
36.	31. Dezember 1621	Nikolsburg	Friedensvertrag	Habsburgermonarchie
37.	8. Mai 1624	Wien	Friedensvertrag	Habsburgermonarchie
38.	30. November 1626	Westminster	Bündnisvertrag	England, Niederlande, Dänemark
39.	20. Dezember 1626	Pressburg	Friedensvertrag	Habsburgermonarchie
40.	3. April 1631	Kaschau	Bündnisvertrag	Habsburgermonarchie
41.	6. Mai 1633	Eperies	Grenzvertrag	Habsburgermonarchie
42.	17. Juli 1633	[Bukarest]	Nachbarschaftsvertrag	Walachei
43.	9. Juli 1635	Bukarest	Bündnisvertrag	Walachei
44.	3. Oktober 1636	Keresztes	Bündnisvertrag	Walachei
45.	30. November 1637	Schässburg	Bündnisvertrag	Moldau
46.	29. September 1638	Weißenburg	Bündnisvertrag	Moldau
47.	23. Oktober 1638	Bukarest	Bündnisvertrag	Walachei
48.	14. Mai 1640	Weißenburg	Bündnisvertrag	Walachei
49.	16. Juli 1640	Weißenburg	Friedensvertrag	Walachei und Moldau
50.	26. April 1643	Weißenburg	Bündnisvertrag	Schweden und Frankreich
51.	22. April 1645	Munkács	Bündnisvertrag	Frankreich
52.	16. Dezember 1645	Linz	Friedensvertrag	Habsburgermonarchie
53.	22. Februar 1646	Fogarasch	Bündnisvertrag	Frankreich
54.	4. April 1646	Weißenburg	Bündnisvertrag	Moldau
55.	22. April 1647	Târgovişte	Bündnisvertrag	Walachei
56.	September 1648	Jassy	Bündnisvertrag	Moldau
57.	24. Okober 1648	Münster	Friedensvertrag	Frankreich, Habsburgermonarchie
58.	24. Okober 1648	Osnabrück	Friedensvertrag	Schweden, Habsburgermonarchie
59.	18. Februar 1650	Kronstadt	Bündnisvertrag	Walachei
60.	Frühjahr 1650	ohne Angabe	Bündnisvertrag	Kosaken
61.	25. April 1651	Weißenburg	Bündnisvertrag	Walachei
62.	1655	ohne Angabe	Bündnisvertrag	Moldau
63.	Dezember 1655	Târgovişte	Bündnisvertrag	Walachei
64.	7. September 1656	ohne Angabe	Bündnisvertrag	Kosaken

	Datum	Ort	Art des Vertrages	Vertragspartner Siebenbürgens
65.	6. Dezember 1656	Radnuten	Bündnisvertrag	Schweden
66.	22. Juli 1657	Czarny Ostrów	Friedensvertrag	Polen
67.	4. Oktober 1659	Neumarkt am Mieresch	Bündnisvertrag	Walachei
68.	27. Mai 1677	Warschau	Bündnisvertrag	Frankreich
69.	17. Februar 1678	Kővár	Bündnisvertrag	Frankreich
70.	5. Februar 1679	Nimwegen	Friedensvertrag	Frankreich, Habsburgermonarchie
71.	1. Juni 1685	Fogarasch	Bündnisvertrag	Walachei
72.	27. November 1685	Eppeschdorf	Truppenstatio-nierungsvertrag	Habsburgermonarchie
73.	28. Juni 1686	Wien	Bündnisvertrag	Habsburgermonarchie
74.	12. Dezember 1686	Sathmar	Truppenstatio-nierungsvertrag	Habsburgermonarchie
75.	27. Oktober 1687	Blasendorf	Bündnisvertrag	Habsburgermonarchie
76.	12. November 1687	Fogarasch	Truppenstatio-nierungsvertrag	Habsburgermonarchie
77.	8. Januar 1688	Fogarasch	Truppenstatio-nierungsvertrag	Habsburgermonarchie
78.	20. Februar 1688	Hermannstadt	Truppenstatio-nierungsvertrag	Habsburgermonarchie
79.	9. Mai 1688	Hermannstadt	Bündnisvertrag	Habsburgermonarchie
80.	9. Mai 1688	Hermannstadt	Truppenstatio-nierungsvertrag	Habsburgermonarchie
81.	20. Januar 1689	Schässburg	Truppenstatio-nierungsvertrag	Habsburgermonarchie
82.	16. Februar 1690	Kaschau	Handelsvertrag	Habsburgermonarchie
83.	1. Mai 1690	Fogarasch	Handelsvertrag	Habsburgermonarchie
84.	4. Dezember 1691	Wien	Leopoldinisches Diplom	Habsburgermonarchie

Habsburgisch-osmanische Verträge

	Datum	Ort	Art des Vertrags	Vertragspartner
85.	10. November 1545	Konstantinopel	Waffenstillstands-vertrag	Habsburgermonarchie, Osmanisches Reich
86.	19. Juni 1547	Adrianopel	Friedensvertrag	Habsburgermonarchie, Osmanisches Reich
87.	16. Juni 1559	Konstantinopel	Waffenstillstands-vertrag	Habsburgermonarchie, Osmanisches Reich
88.	2. August 1562	Konstantinopel	Friedensvertrag	Habsburgermonarchie, Osmanisches Reich
89.	17. Februar 1568	Adrianopel	Friedensvertrag	Habsburgermonarchie, Osmanisches Reich
90.	9. Dezember 1576	[Konstanti-nopel]	Friedensvertrag	Habsburgermonarchie, Osmanisches Reich
91.	15. März 1584	Konstantinopel	Friedensvertrag	Habsburgermonarchie, Osmanisches Reich
92.	29. November 1590	Konstantinopel	Friedensvertrag	Habsburgermonarchie, Osmanisches Reich
93.	11. November 1606	Zsitvatorok	Friedensvertrag	Habsburgermonarchie, Osmanisches Reich
94.	27. Februar 1618	Komorn	Friedensvertrag	Habsburgermonarchie, Osmanisches Reich
95.	26. Mai 1625	Gyarmat	Friedensvertrag	Habsburgermonarchie, Osmanisches Reich
96.	19. März 1642	Szőny	Friedensvertrag	Habsburgermonarchie, Osmanisches Reich
97.	1. Juli 1649	Konstantinopel	Friedensvertrag	Habsburgermonarchie, Osmanisches Reich
98.	10. August 1664	Eisenburg	Friedensvertrag	Habsburgermonarchie, Osmanisches Reich
99.	August 1681	Konstantinopel	Friedensvertrag	Habsburgermonarchie, Osmanisches Reich
100.	26. Januar 1699	Karlowitz	Friedensvertrag	Habsburgermonarchie, Osmanisches Reich

Quellen- und Literaturverzeichnis

1. Quellen

Acta Pacis Westphalicae [APW]. Serie II, Abt. B: Die französischen Korrespondenzen. Hrsg. von Konrad Repgen [u. a.]. Bd. 1: 1644. Münster 1979; Bd. 2: 1645. Münster 1986; Bd. 3: 1645–1646. 2 Teilbände. Münster 1999; Bd. 4: 1646. Münster 1999; Bd. 5: 1646–1647. 2 Teilbände. Münster 2002; Bd. 6: 1647. Münster 2004.

Acta Pacis Westphalicae [APW]. Serie III, Abt. B: Verhandlungsakten. Hrsg. von Konrad Repgen [u. a.]. Bd. 1: Die Friedensverträge mit Frankreich und Schweden. Teilband 1: Urkunden. Münster 1998.

Actes et documents pour servir a l'histoire de l'alliance de George Rákóczy Prince de Transylvanie avec les français et les suédois dans la guerre de trente ans. Hrsg. von A. Szilágyi. Budapest 1874.

Antwortschreiben an den Fürsten in Siebenbürgen von den löblichen Herren Directorn in Böhemen abgangen. Den 9. Septemb. 1619. Jahrs. Auß der Lateinischen in Teutsche Sprache vertiret. Prag 1619 [6 Seiten].

Austro-Turcica 1541–1552. Diplomatische Akten des habsburgischen Gesandtschaftsverkehrs mit der Hohen Pforte im Zeitalter Süleymans des Prächtigen. Hrsg. von Karl Nehring [u. a.]. München 1995 (Südosteuropäische Arbeiten 95).

Babinger, Franz: Zwei türkische Schutzbriefe für Georg II. Rákóczi. In: Le monde oriental (1920), S. 118–151.

Bayerle, Gustav: Ottoman Diplomacy in Hungary. Letters from the Pashas of Buda 1590–1593. Bloomington 1972.

Binder, Paul: Eine siebenbürgische Quelle über die Gliederung und die Ausbreitung des Osmanischen Reiches (1606). In: Revue des études sud-est européenes 18 (1980) 1, S. 27–32.

Călători străini despre ţările române [Fremde Reisende über die rumänischen Länder]. Hrsg. von Maria Holban. Vol. I. Bucureşti 1968; Vol. II. Bucureşti 1970; Vol. III. Bucureşti 1971; Vol. IV. Bucureşti 1972; Vol. V. Bucureşti 1973; Vol. VI. Bucureşti 1976; Vol. VII. Bucureşti 1980; Vol. VIII. Bucureşti 1983.

Condica tratatelor şi a altor legăminte ale României 1354–1937 [Register der Verträge und anderer Vereinbarungen Rumäniens 1354–1937]. Hrsg. von F. C. Nano. Bucureşti 1938.

Conrad Jacob Hiltebrandt's Dreifache Schwedische Gesandtschaftsreise nach Siebenbürgen, der Ukraine und Constantinopel (1656–1658). Nach der Stettiner Handschrift hrsg. und erl. von Franz Babinger. Leiden 1937 (Historiska handlingar 30,2).

The Consolidated Treaty Series. Hrsg. von Clive Parry. Vol. 3: 1653–1655; Vol. 4: 1655–1658; Vol. 6: 1660–1661; Vol. 7: 1661–1663; Vol. 11: 1668–1671; Vol. 15: 1679–1680; Vol. 17: 1684–1686; Vol. 18: 1686–1689; Vol. 19: 1690–1692, Vol. 27: 1710–1713. Dobbs Ferry, N. Y. 1969.

Corfus, Ilie: Documente privitoare la istoria României culese din arhivele polone. Secolul al XVI-lea [Die Geschichte Rumäniens betreffende Dokumente aus polnischen Archiven. 16. Jahrhundert]. Bucureşti 1979.

Corfus, Ilie: Documente privitoare la istoria României culese din arhivele polone. Secolul al XVII-lea [Die Geschichte Rumäniens betreffende Dokumente aus polnischen Archiven. 17. Jahrhundert]. Bucureşti 1983.

Corfus, Ilie: Documente privitoare la istoria României culese din arhivele polone. Secolele al XVI-lea şi al XVII-lea [Die Geschichte Rumäniens betreffende Dokumente aus polnischen Archiven. 16. und 17. Jahrhundert]. Ediţie îngrijită de Vasile Matei. Bucureşti 2001.

[Costin, Miron:] Grausame Zeiten in der Moldau. Die moldauische Chronik des Miron Costin 1593–1661, übersetzt, eingeleitet und kommentiert von Adolf Armbruster. Graz [u. a.] 1980 (Rumänische Geschichtsschreiber 1).

Cronici turceşti privind ţările române. Extrase. Vol. I: sec. XV – mijlocul sec. XVII [Türkische Chroniken die rumänischen Länder betreffend. Auszüge. Bd. I: vom 15. bis zur Mitte des 17. Jahrhunderts]. Hrsg. von Mihail Guboglu und Mustafa Mehmet. Bucureşti 1966 (Izvoare orientale privind istoria României 1,1).

Cronici turceşti privind ţările române. Extrase. Vol. II: sec. XVII – începutul sec. XVIII [Türkische Chroniken die rumänischen Länder betreffend. Auszüge. Bd. II: vom 17. bis zum Beginn des 18. Jahrhunderts]. Hrsg. von Mihail Guboglu şi Mustafa Mehmet. Bucureşti 1974 (Izvoare orientale privind istoria României 1,2).

Documenta Bohemica Bellum Tricennale Illustrantia. Tomus VII: Der Kampf um den besten Frieden. Quellen zur Geschichte des Dreißigjährigen Krieges zur Zeit der Friedensverhandlungen von Westfalen und der Ratifizierung des Friedens 1643–1649. Hrsg. von Miroslav Toegel. Prag, Wien, Köln, Graz 1981.

Documenta Romaniae Historica. B. Ţara Românească. Vol. XI: 1593–1600. Domnia lui Mihai Viteazul [B. Walachei. Bd. XI: 1593–1600. Die Herrschaft Michael des Tapferen]. Hrsg. von Damaschin Mioc [u. a.]. Bucureşti 1975.

Documente privitóre la istoria românilor culese de Eudoxiu de Hurmuzaki, Nicolae Iorga, Ion Bogdan, Nicolae Densuşianu, Nerva Hodoş [Dokumente betreffend die Geschichte der Rumänen ausgewählt von Eudoxiu de Hurmuzaki, Nicolae Iorga, Ioan Bogdan, Nicolae Densuşianu, Nerva Hodoş]. Vol. I, Supplementul I: 1518–1780. Bucuresci 1886; Vol. I, Supplementul II: 1510–1600. Bucuresci 1893; Vol. II, Supplementul II: 1601–1640. Bucuresci 1895; Vol. II, Partea 1: 1451–1575. Bucuresci 1891; Vol. II, Partea 3: 1510–1527. Bucuresci 1892; Vol. II, Partea 4: 1531–1552. Bucuresci 1894; Vol. II, Partea 5: 1552–1575. Bucuresci 1897; Vol. III, Partea 1: 1576–1599. Bucuresci 1880; Vol. III, Partea 2: 1576–1600. Bucuresci 1888; Vol. IV, Partea 1: 1600–1649. Bucuresci 1882; Vol. IV, Partea 2: 1600–1650. Bucuresci 1884; Vol. V, Partea 1: 1650–1699. Bucuresci 1885; Vol. V, Partea 2: 1650–1699. Bucuresci 1886; Vol. VIII: 1376–1650. Bucuresci 1894; Vol. IX, Partea 1: 1650–1747. Bucuresci 1897; Vol. XI: 1517–1612. Bucuresci 1900; Vol. XII: 1594–1602. Bucuresci 1903; Vol. XV, Partea 2: 1601–1825. Bucuresci 1913; Vol. XVI: 1603–1824. Bucuresci 1912.

Dumont, Jean: Corps universel diplomatique du droit des gens contenanant un recueil de traits d'alliances, de paix, de trève et autres contrats qui on été faits en Europe depuis la regne de l'empereur Charlemagne, jusqu' à present (800–1730). Vol. VI/1. Amsterdam, Den Haag 1728; Vol. VI/3. Amsterdam, Den Haag 1728; Vol. VII/2. Amsterdam, Den Haag 1731.

Europäische Friedensverträge der Vormoderne online. Hrsg. von Heinz Duchhardt und Martin Espenhorst. URL: http://www.ieg-friedensvertraege.de.

Fontes historiae iuris gentium. Quellen zur Geschichte des Völkerrechts. Bd. 2: 1493–1815. Hrsg. von Wilhelm G. Grewe. Berlin, New York 1988.

Gemil, Tahsin: Relaţiile ţărilor române cu Poarta otomană în documente turceşti 1601–1712 [Die Beziehungen der rumänischen Länder zur osmanischen Pforte in türkischen Dokumenten]. Bucureşti, 1984.

Gooss, Roderich: Österreichische Staatsverträge. Fürstentum Siebenbürgen 1526–1690. Wien 1911 (Veröffentlichungen der Kommission für Neuere Geschichte Österreichs 9).

Kaiserliche Gesandtschaften ans Goldene Horn. Hrsg. von Karl Teply. Stuttgart 1968 (Bibliothek klassischer Reiseberichte).

Kemény, Ioan: Memorii. Scrierea vieţii sale [Memoiren. Sein Lebensbericht]. Hrsg. von Ştefan J. Fay. Cluj-Napoca 2002.

[Kraus, Georg:] Siebenbürgische Chronik des Schässburger Stadtschreibers Georg Kraus 1608–1665. Hrsg. von Ausschusse des Vereines für siebenbürgische Landeskunde. Teil 1: Wien 1862 (Fontes Rerum Austriacarum I/3). Teil 2: Wien 1864 (Fontes Rerum Austria-carum I/4).

Lascu, Viorica: Documente inedite privitoare la situaţia ţărilor române la sfîrşitul secolului XVII [Unveröffentlichte Dokumente betreffend die Lage der rumänischen Länder am Ende des 17. Jahrhunderts]. In: Anuarul institutului de istorie din Cluj 12 (1969), S. 231–265.

Lupaş, I[on]: Documente istorice transilvane [Historische siebenbürgische Dokumente]. Vol. I: 1599–1699. Cluj 1940.

Lupta pentru unitate naţională a ţărilor române 1590–1630. Documente Externe [Der Kampf für die nationale Einheit der rumänischen Länder 1590–1630. Auswärtige Dokumente]. Hrsg. von Radu Constantinescu. Bucureşti 1981.

Magyar Történeti Szöveggyüjtemény [Ungarische historische Texte]. Bd. II/1: 1526–1790. Szerkeszti István Sinkovics. Budapest 1968.

Magyar Törvénytár. 1540–1848. Évi Erdélyi Törvények [Ungarische Gesetzessammlung. Siebenbürgische Gesetze 1540–1848]. Szerkeszték Kolosvári Sándor és Óvári Kelemen. Budapest 1900.

Major Peace Treaties of Modern History 1648–1967. Vol. I–II. Hrsg. von Fred L. Israel. New York 1967.

Mihai Viteazul în conştiinţa europeană. Vol. I: Documente Externe [Michael der Tapfere im europäischen Bewusstsein]. Hrsg. von Ion Ardeleanu [u. a.]. Bucureşti 1982.

Miller, Leo: The Milton/Cromwell Letter to Transylvania. In: Notes and Queries 36 (1989) 4, S. 435–442.

Molnár, Andrea: Fürst Stefan Bocskay als Staatsmann und Persönlichkeit im Spiegel seiner Briefe 1598–1606. München 1983 (Studia Hungarica 23).

Monumenta Comitialia Regni Transylvaniae. Erdélyi országgyűlési emlékek történeti bevezetésekkel. Szerkeszti Szilágyi Sándor (Monumenta Hungariae Historica, Magyar történelmi emlékek, Ser. III: Országgyűlési emlékek). Tomus I: 1540–1556. Budapest 1875; Tomus II: 1556–1576. Budapest 1876; Tomus III: 1576–1596. Budapest 1877; Tomus IV: 1597–1601. Budapest 1878; Tomus V: 1601–1607. Budapest 1879; Tomus VII: 1614–1621. Budapest 1881; Tomus IX: 1629–1637. Budapest 1883; Tomus XI: 1649–1658. Budapest 1886; Tomus XII: 1658–1661. Budapest 1887; Tomus XIII: 1661–1664. Budapest 1888; Tomus XIV: 1664–1669. Budapest 1889; Tomus XV: 1669–1674. Budapest 1892; Tomus XVI: 1675–1679. Budapest 1893; Tomus XVIII: 1683–1686. Budapest 1895; Tomus XIX: 1686–1688. Budapest 1896.

Monumenta Comitialia Regni Hungariae. Magyar országgyűlési emlékek történeti bevezetésekkel. Szerkeszti Károlyi Árpád (Monumenta Hungariae Historica, Magyar történelmi emlékek, Ser. III: Magyar országgyűlési emlékek). Tomus XI: 1605-1606. Budapest 1899.

Osmanisch-türkische Dokumente aus dem Haus-, Hof- und Staatsarchiv zu Wien. Teil 1: Die Schreiben Süleymāns des Prächtigen an Karl V., Ferdinand I. und Maximilian II. Hrsg. von Anton C. Schaendlinger unter Mitarbeit von Claudia Römer. Transkriptionen und Übersetzungen. Wien 1983 (Denkschriften der Österreichischen Akademie der Wissenschaften, Phil.-hist. Klasse 163).

Osmanisch-türkische Dokumente aus dem Haus-, Hof- und Staatsarchiv zu Wien. Teil 2: Die Schreiben Süleymāns des Prächtigen an Vasallen, Militärbeamte, Beamte und Richter. Hrsg. von Anton C. Schaendlinger unter Mitarbeit von Claudia Römer. Transkriptionen und Übersetzungen. Wien 1986 (Denkschriften der Österreichischen Akademie der Wissenschaften, Phil.-hist. Klasse 183).

Petritsch, Ernst Dieter: Regesten der osmanischen Dokumente im österreichischen Staatsarchiv. Bd. 1: 1480–1574. Wien 1991 (Mitteilungen des österreichischen Staatsarchivs. Ergänzungsband 10/1).

Quellen zur Geschichte der Stadt Brassó [Kronstadt]. Band V: Chroniken und Tagebücher (1392–1851). Red. von Julius Gross und Friedrich Wilhelm Seraphin. Brassó [Kronstadt] 1909.

Recueil d'actes internationaux de l'Empire Ottoman. Tratés, conventions, arrangements, déclarations, protocols et autres documents relativs au droit public extérieur de la Turquie. Hrsg. von Gabriel Effendi Noradounghian. Tome Premier: 1300–1789. Paris, Leipzig, Neuchatel 1897.

Recueil de documents concernant l'histoire des Pays roumains tirés des archives de France, XVI-e et XVII-e Siècles. Hrsg. von Ion Hudiță. Iași 1929.

Recueil des traités de la Porte Ottomane avec les puissances étrangères. Hrsg. vom Baron I[gnaz] de Testa. Tome I: France. Paris 1864; Tome IX: Autriche. Paris 1898.

Relațiile internaționale ale României în documente (1368–1900). Culegere selectivă de tratate, acorduri, convenții și alte acte cu caracter internațional [Die internationalen Beziehungen Rumäniens in Dokumenten (1368–1900). Auswahl von

Verträgen, Abkommen, Konventionen und anderen Akten mit internationalem Charakter]. Întocmită de Ion Ionaşcu [u. a.]. Bucureşti 1971.

Relationes missionariorum de Hungaria et Transilvania (1627–1707). Berichte von Missionären über Ungarn und Siebenbürgen (1627–1707). Hrsg. von István G Tóth. Roma, Budapest 1994 (Bibliotheca Academiae Hungariae in Roma; Fontes 1).

Répertoire des Documents concernant les Négotiations Diplomatiques entre la France et la Transylvanie au XVIIe siècle (1636–1683). Hrsg. von Ion Hudita. Paris 1926.

Studii şi documente cu privire la istoria romînilor [Studien und Dokumente zur Geschichte der Rumänen]. Povestire şi izvoare de Nicolae Iorga. Vol. IV: Legăturile principatelor romîne cu Ardealul de la 1601 la 1699. Bucureşti 1902.

Szilágyi, Sándor: Bethlen Gábor és a svéd diplomáczia [Gabriel Bethlen und die schwedische Diplomatie]. Budapest 1882.

Szilágyi, Sándor: Georg Rákóczy I. im Dreißigjährigen Kriege 1630–1640. Mit Urkunden aus schwedischen und ungarischen Archiven. Budapest 1883.

Szilágyi, Sándor: Transsylvania et bellum boreo-orientale. Acta et documenta. [Erdély és az északkeleti háború. Levelek és okiratok]. Tomus I: Budapest 1890; Tomus II: Budapest 1891.

Török-magyarkori állam-okmánytár [Türkisch-ungarische Archivalien]. Szerkeszték és jegyzetekkel ellátták Szilády Áron és Szilágyi Sándor. Tomus II: Pest 1869; Tomus III: Pest 1870; Tomus V: Pest 1871.

Tratatele internaţionale ale României 1354–1920. Texte rezumate, adnotari, bibliografie [Die internationalen Verträge Rumäniens 1354–1920. Zusammenfassungen, Anmerkungen, Bibliografie]. Hrsg. von Ion Ionascu, Petre Barbulescu und Gheorghe Gheorghe. Bucureşti 1975.

Veress, Andrei: Documente privitoare la istoria Ardealului, Moldovei şi Ţării Româneşti. Acte şi scrisori [Dokumente betreffend die Geschichte Siebenbürgens, der Moldau und der Walachei. Akten und Briefe]. Vol. I: 1527–1572. Bucureşti 1929; Vol. II: 1573–1584. Bucureşti 1930; Vol. III: 1585–1592. Bucureşti 1931; Vol. IV: 1593–1595. Bucureşti 1932; Vol. V: 1596–1599. Bucureşti 1932; Vol. VI: 1600–1601. Bucureşti 1933; Vol. VII: 1602–1606. Bucureşti 1934; Vol. VIII: 1607–1613. Bucureşti 1935; Vol. IX: 1614–1636. Bucureşti 1937; Vol. X: 1637–1660. Bucureşti 1938; Vol. XI: 1661–1690. Bucureşti 1939.

Wagner, Ernst: Quellen zur Geschichte der Siebenbürger Sachsen 1191–1975. Köln, Wien 1976 (Schriften zur Landeskunde Siebenbürgens 1).

2. Literatur

Ács, Pál: Tarjumans Mahmud and Murad. Austrian and Hungarian Renegades as Sultan's Interpreters. In: Europa und die Türken in der Renaissance. Hrsg. von Bodo Guthmüller und Wilhelm Kühlmann. Tübingen 2000, S. 307–316.

Alexandrescu-Dersca Bulgaru, Maria-Matilda: Projets d'organisation de la Transylvanie sous la domination des Habsbourgs (1602–1604). In: Revue Roumaine d'Histoire 11 (1972) 2, S. 251–264.

Andea, Susana: Transilvania, Țara Românească și Moldova. Legături politice 1656–1688 [Siebenbürgen, Walachei und Moldau. Politische Verbindungen 1656–1688]. Cluj-Napoca 1996 (Teze de doctorat 2).

Andea, Susana: Din relațiile Transilvaniei cu Moldova și Țara Românească în sec. al XVII-lea [Aus den Beziehungen Siebenbürgens zur Moldau und Walachei im 17. Jahrhundert]. Cluj-Napoca 1997.

Andea, Susana: Evoluții politice în secolul al XVII-lea [Politische Entwicklungen im 17. Jahrhundert]. In: Istoria Transilvaniei. Vol. II: De la 1541 până la 1711. Hrsg. von Ioan-Aurel Pop, Thomas Nägler și András Magyari. Cluj-Napoca 2005, S. 121–140.

Andermann, Ulrich: Geschichtsdeutung und Prophetie. Krisenerfahrung und -bewältigung am Beispiel der osmanischen Expansion im Spätmittelalter und in der Reformationszeit. In: Europa und die Türken in der Renaissance. Hrsg. von Bodo Guthmüller und Wilhelm Kühlmann. Tübingen 2000, S. 29–54.

Anderson, Matthew S.: The Rise of Modern Diplomacy 1450–1919. London, New York 1993.

Anderson, Matthew S.: The Origins of the Modern European State System, 1494–1618. London, New York 1998.

Andreescu, Ştefan: Restitutio Daciae. Bd. I: Relațiile politice dintre Țara Românească, Moldova și Transilvania în răstimpul 1526–1593 [Die politischen Beziehungen zwischen der Walachei, der Moldau und Siebenbürgen in der Zeitspanne 1526–1593]. Bucureşti 1980.

Andreescu, Ştefan: O reactualizare a tratatului de la Lublau în 1596 [Eine Reaktualisierung des Vertrages von Lublau im Jahr 1596]. In: Anuarul Institutului de Istorie și Arheologie A. D. Xenopol 20 (1983), S. 107–119.

Andreescu, Ştefan: Restitutio Daciae. Bd. II: Relațiile politice dintre Țara Românească, Moldova și Transilvania în răstimpul 1601–1659 [Die politischen Beziehungen zwischen der Walachei, der Moldau und Siebenbürgen in der Zeitspanne 1601–1659]. Bucureşti 1989.

Andreescu, Ştefan: The Relations between Venice and the Rumanian Principalities during the War of Cania. In: Italia et Romania. Due popoli e due storie a confronto (secc. XIV–XVIII). A cura di Sante Graciotti. Firenze 1998 (Civiltà Veneziana. Studi 48), S. 159–169.

Arens, Meinolf: Stephan Báthory – Fürst, König, Katholik. In: Siebenbürgische Semesterblätter 4 (1990) 1–2, S. 21–32.

Arens, Meinolf: Habsburg und Siebenbürgen 1600–1605. Gewaltsame Eingliederungsversuche eines ostmitteleuropäischen Fürstentums in einen frühabsolutistischen Reichsverband. Köln [u. a.] 2001 (Studia Transylvanica 27).

Armgart, Martin: Polen und Siebenbürgen. Eine unbekannte Nachbarschaft. In: Siebenbürgische Semesterblätter 6 (1992) 1, S. 1–17.

Asch, Ronald G.: Einleitung: Krieg und Frieden. Das Reich und Europa im 17. Jahrhundert. In: Frieden und Krieg in der Frühen Neuzeit. Die europäische Staatenordnung und die außereuropäische Welt. Hrsg. von Ronald G. Asch, Wulf Eckart Voß und Martin Wrede. München 2001 (Der Frieden. Rekonstruktion einer europäischen Vision 2), S. 13–36.

Asch, Ronald G.: The ius foederis re-examined: the Peace of Westphalia and the constitution of the Holy Roman Empire. In: Peace Treaties and International Law in European History. From the Late Middle Ages to World War One. Hrsg. von Randall Lesaffer. Cambridge 2004, S. 319–337.

Auer, Leopold: Die Ziele der kaiserlichen Politik bei den Westfälischen Friedensverhandlungen und ihre Umsetzung. In: Der Westfälische Friede. Diplomatie, politische Zäsur, kulturelles Umfeld, Rezeptionsgeschichte. Hrsg. von Heinz Duchhardt. München 1998, S. 143–173.

Augustynowicz, Christoph: Tatarische Gesandtschaften am Kaiserhof des 17. Jahrhunderts – Protokoll und Alltag. In: Das Osmanische Reich und die Habsburgermonarchie. Akten des internationalen Kongresses zum 150-jährigen Bestehen des Instituts für Österreichische Geschichtsforschung, Wien, 22.–25. September 2004. Hrsg. von Marlene Kurz, Martin Scheutz, Karl Vocelka und Thomas Winkelbauer. Wien, München 2005 (Mitteilungen des Instituts für Österreichische Geschichtsforschung, Ergänzungsband 48), S. 315–340.

Balogh, Judit: Karrieremöglichkeiten der Szekler Adligen in der Zeit von István Bocskai. In: „Einigkeit und Frieden sollen auf Seiten jeder Partei sein". Die Friedensschlüsse von Wien (23.06.1606) und Zsitvatorok (15.11.1606). Hrsg. von János Barta, Manfred Jatzlauk und Klára Papp. Debrecen 2007, S. 103–111.

Balogh, Judit: Der Szekleradel im Fürstentum Siebenbürgen. In: Die Szekler in Siebenbürgen. Von der privilegierten Sondergemeinschaft zur ethnischen Gruppe. Hrsg. von Harald Roth. Köln, Weimar, Wien 2009 (Siebenbürgisches Archiv 40), S. 172–194.

Barta, Gábor: Die Anfänge des Fürstentums und erste Krisen 1526–1606. In: Kurze Geschichte Siebenbürgens. Hrsg. von Béla Köpeczi [u. a.]. Budapest 1990, S. 243–301.

Barta, Gábor: La route qui mène à Istanbul 1526–1528. Budapest 1994 (Studia Historica Academiae Scientiarum Hungaricae 195).

Barta, János: Der Frieden von Wien und die Habsburger. In: „Einigkeit und Frieden sollen auf Seiten jeder Partei sein". Die Friedensschlüsse von Wien (23.06.1606) und Zsitvatorok (15.11.1606). Hrsg. von János Barta, Manfred Jatzlauk und Klára Papp. Debrecen 2007, S. 193–206.

Bársony, István: Der Frieden von Wien und dessen Erneuerung im 17. Jahrhundert. In: „Einigkeit und Frieden sollen auf Seiten jeder Partei sein". Die Friedensschlüsse von Wien (23.06.1606) und Zsitvatorok (15.11.1606). Hrsg. von János Barta, Manfred Jatzlauk und Klára Papp. Debrecen 2007, S. 219–226.

Bayerle, G.: The Compromise at Zsitvatorok. In: Archivum Ottomanicum 6 (1980), S. 5–54.

Bedeus von Scharberg, Joseph: Die Verfassung des Großfürstenthums Siebenbürgen aus dem Gesichtspunkte der Geschichte, der Landesgesetze und des bestehenden öffentlichen Rechtes. Wien 1844.

Bély, Lucien: Les relations internationales en Europe (XVIIe–XVIIIe siècles). Paris 1992.

Bély, Lucien; Bérenger, Jean; Corvisier, André: Guerre et paix dans l'Europe du XVIIe siècle. Paris ^{2}1991.

Benda, Kálmán: Absolutismus und ständischer Widerstand in Ungarn am Anfang des 17. Jahrhunderts. In: Südost-Forschungen 33 (1974), S. 85–124.

Benda, Kálmán: Habsburg Absolutism and the Resistance of the Hungarian Estates in the Sixteenth and Seventeenth Centuries. In: Crown, Church and Estates. Central European Politics in the Sixteenth and Seventeenth Centuries. Hrsg. von Robert J. W. Evans und T. V. Thomas. London [u.a.] 1991, S. 123–128.

Bérenger, Jean: La diplomatie impériale. In: L'invention de la diplomatie. Moyen Age – Temps modernes. Publ. par Lucien Bély et Isabelle Richefort. Paris 1998, S. 125–138.

Berindei, Mihnea; Veinstein, Gilles: L'Empire Ottoman et les Pays Roumains 1544–1545. Étude et Documents. Paris, Cambridge/M. 1987.

Beydilli, Kemal: Die polnischen Königswahlen und Interregnen von 1572 und 1576 im Lichte osmanischer Archivalien. Ein Beitrag zur Geschichte der osmanischen Machtpolitik. München 1976 (Beiträge zur Kenntnis Südosteuropas und des Nahen Orients 19).

Bíró, Vencel: Das Zeitalter der Báthory (1571–1605). In: Kirche – Staat – Nation. Eine Geschichte der katholischen Kirche Siebenbürgens vom Mittelalter bis zum frühen 20. Jahrhundert. Hrsg. von Joachim Bahlcke und Krista Zach. München 2007 (Veröffentlichungen des Instituts für deutsche Kultur und Geschichte Südosteuropas (IKGS). Wissenschaftliche Reihe 98), S. 55–69.

Bitskey, István: Die Konfrontation zwischen christlichem Abendland und türkischem Islam am Beispiel Ungarns in der frühen Neuzeit. In: Ungarn-Jahrbuch 30 (2009/2010), S. 169–183.

Black, Antony: The History of Islamic Political Thought. From the Prophet to the Present. Edinburgh 2001.

Bóka, Éva: La politique étrangère de Imre Thököly (1678–1685). In: Südost-Forschungen 48 (1989), S. 51–86.

Bóka, Éva: Diplomatie à Constantinople et le siège de Vienne. Ambassade de Gabriel de Guilleragues, 1679–1685. In: Südost-Forschungen 51 (1992), S. 65–104.

Bóka, Éva: From Holy War to a Balance of Power: Europe and the Ottoman Empire (16th–17th Century). In: Frieden und Konfliktmanagement in interkulturellen Räumen. Das Osmanische Reich und die Habsburgermonarchie in der Frühen Neuzeit. Hrsg. von Arno Strohmeyer und Norbert Spannenberger unter Mitarb.

von Robert Pech. Stuttgart 2013 (Forschungen zur Geschichte und Kultur des Östlichen Mitteleuropa 45), S. 333–342.

Borcea, Liviu: Contribuţii la istoria campaniei militare turco-tătare în Transilvania (august-octombrie 1658) [Beiträge zur Geschichte der türkisch-tatarischen Militärintervention in Siebenbürgen (August–Oktober 1658)]. In: Crisia 15 (1985), S. 97–118.

Boros, Fortunát: Das Zeitalter der protestantischen Fürsten (1606–1691). In: Kirche – Staat – Nation. Eine Geschichte der katholischen Kirche Siebenbürgens vom Mittelalter bis zum frühen 20. Jahrhundert. Hrsg. von Joachim Bahlcke und Krista Zach. München 2007 (Veröffentlichungen des Instituts für deutsche Kultur und Geschichte Südosteuropas (IKGS). Wissenschaftliche Reihe 98), S. 71–91.

Borsodi, Csaba: Die Zentralverwaltung der Habsburger. In: Geschichte Ungarns. Hrsg. von István György Tóth. Budapest 2005, S. 351–354.

Bosbach, Franz: Monarchia universalis. Ein politischer Leitbegriff der frühen Neuzeit. Göttingen 1988 (Schriftenreihe der Historischen Kommission bei der Bayerischen Akademie der Wissenschaften 32).

Brandis, Clemens Graf zu: Die Habsburger und die Stephanskrone. Zürich [u. a.] 1937.

Brătianu, Gheorghe I.; Makkai, László: Tündérkert. Az erdélyi fejedelmi kor magyar és román szemmel. Két tanulmány. Grădina zînelor. Epoca principatului transilvan în viziunea maghiară şi română. Două studii [Die Epoche des Fürstentums Siebenbürgen aus ungarischer und rumänischer Sicht. Zwei Studien]. Hrsg. von Ambrus Miskolczy. Budapest 1994.

Brückner, Thomas: Herrschaftsverbindende Funktionen des Lehnrechts. In: Reiche und Territorien in Ostmitteleuropa. Historische Beziehungen und politische Herrschaftslegitimation. Hrsg. Von Dietmar Willoweit und Hans Lemberg. München 2006 (Völker, Staaten und Kulturen in Ostmitteleuropa 2), S. 247–273.

Brückner, Thomas: Lehnsauftragung. Frankfurt am Main 2011 (Studien zur europäischen Rechtsgeschichte 258).

Brunner, Otto: Österreich und die Walachei während des Türkenkrieges von 1683–1699. In: Mitteilungen des Österreichischen Instituts für Geschichtsforschungen 44 (1930) 2–3, S. 265–323.

Buchmann, Bertrand Michael: Österreich und das Osmanische Reich. Eine bilaterale Geschichte. Wien 1999.

Bürenstam, Carl: Die Heimkehr Karls XII. und seiner Krieger. Deutsch von Helmhart Kanus-Credé. Allendorf a. d. Eder 1993.

Buntu, Petru: Gabriel Bethlen (1613–1629). Bucureşti 1981.

Burkhardt, Johannes: Worum ging es im Dreißigjährigen Krieg? Die frühmodernen Konflikte um Konfessions- und Staatsbildung. In: Wie Kriege entstehen. Zum historischen Hintergrund von Staatenkonflikten. Hrsg. von Bernd Wegner [u. a.]. Paderborn [u. a.] 2000, S. 67–87.

Burkhardt, Johannes: Sprachen des Friedens und was sie verraten. Neue Fragen und Einsichten zu Karlowitz, Baden und „Neustadt“. In: Wege der Neuzeit. Festschrift für Heinz Schilling zum 65. Geburtstag. Hrsg. von Stefan Ehrenpreis [u. a.]. Berlin 2007, S. 503–519.

Burkhardt, Johannes: Wars of States or Wars of State-Formation? In: War, the State and International Law in Seventeenth-Century Europe. Hrsg. von Olaf Asbach und Peter Schröder. Farnham, Burlington 2010, S. 17–34.

Butnariu, Viorel M.: Evoluţia statutului politico-juridic al principatului Transilvaniei şi implicaţiile sale monetare (1606–1629) [Die Entwicklung des politisch-juristischen Statuts des Fürstentums Siebenbürgen und seine monetären Auswirkungen]. In: Anuarul institutului de istorie A. D. Xenopol 30 (1993), S. 279–293.

Butnariu, Viorel M.: Lupta pentru recunoaşterea diplomatică a principatului Transilvaniei (1571–1606) [Der Kampf für die diplomatische Anerkennung des Fürstentums Siebenbürgen (1571–1606)]. In: Itinerarii istoriografice. Profesorului Leonid Boicu la împlinirea vîrstei de 65 de ani. Hrsg. von Gabriel Bădărău. Iaşi 1996, S. 59–86.

Butnariu, Viorel M.: Transilvania în relaţiile internaţionale. Interferenţe politice şi monetare (1526–1714) [Siebenbürgen in den internationalen Beziehungen. Politische und monetäre Interferenzen]. Iaşi 2004.

Cârciumaru, Radu: Ungaria şi Polonia la mijlocul secolului al XIV-lea. Coordonatele politicii răsăritene cu referiri asupra spaţiului românesc [Ungarn und Polen in der Mitte des 14. Jahrhunderts. Die politischen Koordinaten des Westens und ihre Bezüge zum rumänischen Raum]. In: România în relaţiile internaţionale: Diplomaţie, minorităţi, istorie. In honorem Ion Calafeteanu. Hrsg. von Silviu Miloiu. Târgovişte 2010, S. 45–50.

Căzan, Florentina: Politica echilibrului european în prima jumătate a secolului XVI [Die europäische Gleichgewichtspolitik in der ersten Hälfte des 16. Jahrhunderts]. In: Studii şi articole de istorie 21 (1973), S. 5–13.

Căzan, Ileana: Die Rumänischen Fürstentümer und der Kampf des Hauses Österreich um die Vormachtstellung im Mittel- und im Südosten Europas (1541–1562). In: Revue Roumaine d'Histoire 36 (1997) 1–2, S. 3–26.

Căzan, Ileana: Habsburgi şi Otomani la linia Dunării. Tratate şi negocieri de pace 1526–1576 [Habsburger und Osmanen an der Donaulinie. Verträge und Friedensverhandlungen 1526–1576]. Bucureşti 2000.

Căzan, Ileana: Habsburgii, Europa Centrală şi frontul antiotoman. Conflicte armate, strategii diplomatice (1604–1664) [Die Habsburger, Mitteleuropa und die antiosmanische Front. Bewaffnete Konflikte, Strategien der Diplomatie (1604–1664)]. Bucureşti [2009].

Căzan, Ileana; Denize, Eugen: Marile puteri şi spaţiul românesc în secolele XV–XVI [Die Großmächte und der rumänische Raum im 15. und 16. Jahrhundert]. Bucureşti 2001.

Cernovodeanu, Paul: Transilvania şi războiul de 30 de ani [Siebenbürgen und der Dreißigjährige Krieg]. In: Studii şi articole de istorie 21 (1973), S. 15–25.

Ciobanu, Veniamin: 1699–1815. In: România în relaţiile internaţionale 1699–1939. Iaşi 1980.

Ciobanu, Veniamin: Ţările române şi Polonia. Secolele XIV–XVI [Die rumänischen Länder und Polen vom 14. bis zum 16. Jahrhundert]. Bucureşti 1985 (Biblioteca istorică LXVII).

Ciobanu, Veniamin: La cumpănă de veacuri. Țările române în contextul politicii poloneze la sfîrșitul secolului al XVI-lea și începutul secolului al XVII-lea [An der Schwelle der Jahrhunderte. Die rumänischen Länder im Kontext der polnischen Politik am Ende des 16. und Beginn des 17. Jahrhunderts]. Iași 1991.

Ciobanu, Veniamin: Interferențe și conexiuni politice în Europa est-centrală în timpul războiului de 30 de ani (1632–1645) [Politische Interferenzen und Verbindungen in Ostmitteleuropa zur Zeit des Dreißigjährigen Krieges]. In: Anuarul Institutului de Istorie A. D. Xenopol Iași 30 (1993), S. 295–316.

Ciobanu, Veniamin: Politische und diplomatische Aktivitäten der Rumänen zu Beginn des 18. Jahrhunderts: Hintergründe und Zielsetzungen (1700–1709). In: Südost-Forschungen 52 (1993), S. 1–10.

Ciobanu, Veniamin: Politică și diplomație în secolul al XVII-lea. Țările române în raporturile polono-otomano-habsburgice 1601–1634 [Politik und Diplomatie im 17. Jahrhundert. Die rumänischen Länder in den polnisch-osmanisch-habsburgischen Beziehungen 1601–1634]. București 1994.

Ciobanu, Veniamin: Conexiuni politice româno-polone la sfîrșitul secolului XVII și începutul secolului XVIII [Rumänisch-polnische politische Verbindungen am Ende des 17. und zu Beginn des 18. Jahrhunderts]. In: Itinerarii istoriografice. Profesorului Leonid Boicu la împlinirea vîrstei de 65 de ani. Hrsg. von de Gabriel Bădărău. Iași 1996, S. 87–93.

Ciobanu, Veniamin: Românii în politica Est-Central Europeană 1648–1711 [Die Rumänen in der ostmitteleuropäischen Politik 1648–1711]. Iași 1997 (Istorie și Diplomație 12).

Ciobanu, Veniamin: Statutul juridic al Principatelor Române în viziune europeană (sec. al XVIII-lea) [Die rechtliche Stellung der rumänischen Fürstentümer aus europäischer Sicht]. Iași 1999 (Historica).

Ciocan, Rodica: Étienne Báthory et l'idée de croisade. In: Balcania 8 (1945), S. 154–178.

Ciocîltan, Alexandru: German Communities in Wallachia. Denominational Evolution, 1542–1650. In: Historical Yearbook, 1 (2004), S. 129–148.

Çırakman, Asli: From the "Terror of the World" to the "Sick Man of Europe". European Images of Ottoman Empire and Society from the Sixteenth Century to the Nineteenth. New York u. a. 2002 (Studies in Modern European History 43).

Ciurea, D.: Relațiile externe ale Moldovei în secolul al XVI-lea [Die auswärtigen Beziehungen der Moldau im 16. Jahrhundert]. In: Anuarul Institutului de Istorie și Arheologie A. D. Xenopol Iași 10 (1973).

Constant, Monique: Les traités: validité, publicité. In: L'invention de la diplomatie. Moyen Age – Temps modernes. Publ. par Lucien Bély et Isabelle Richefort. Paris 1998, S. 235–248.

Constantinescu, Radu: Moldova și Transilvania în vremea lui Petru Rareș. Relații politice și militare (1527–1546) [Die Moldau und Siebenbürgen in der Zeit Petru Rareș'. Politische und militärische Beziehungen.] București 1978.

Constantiniu, Florin: De la Mihai Viteazul la fanarioți: observații asupra politicii externe românești [Von Michael dem Tapferen zu den Fanarioten: Beobachtungen bezüglich der rumänischen Außenpolitik]. In: Studii şi materiale de istorie medie 8 (1975), 101–135.

Cornaro, Andreas: Eine Reise des Kardinals Bernhard von Cles zu Kaiser Karl V. nach Neapel im Jahre 1536 nach seinen Briefen an Ferdinand I. In: Römische Historische Mitteilungen 2 (1957/58), S. 51–71.

Coulter, Laura: An Examination of the Status and Activities of the English Ambassadors to the Ottoman Porte in the Late Sixteenth and Early Seventeenth Centuries. In: Revue des Études Sud-Est Européennes 28 (1990), S. 57–87.

Cross, Mai'a K. Davis: The European Diplomatic Corps. Diplomats and International Cooperation from Westphalia to Maastricht. New York 2007 (Studies in Diplomacy and International Relations).

Croxton, Derek; Tischer, Anuschka: The Peace of Westphalia. A Historical Dictionary. Westport/Conn., London 2002.

Csáky, Moritz: Ideologie oder „Realpolitik"? Ungarische Varianten der europäischen Türkenpolitik im 16. und 17. Jahrhundert. In: Anzeiger der philosophisch-historischen Klasse der Österreichischen Akadamie der Wissenschaften 120 (1983) 6, S. 176–195.

Czettler, Anton: Die Außenpolitik der siebenbürgischen Fürsten im 16. und 17. Jahrhundert. In: Ungarn-Jahrbuch 11 (1980/81), S. 91–122.

Czigány, István: Die Neuorganisation des Verteidigungssystems gegen die Türken nach dem Wiener Frieden. In: „Einigkeit und Frieden sollen auf Seiten jeder Partei sein". Die Friedensschlüsse von Wien (23.06.1606) und Zsitvatorok (15.11.1606). Hrsg. von János Barta, Manfred Jatzlauk und Klára Papp. Debrecen 2007, S. 281–292.

Dáné, Veronka: Die Bocskais in Siebenbürgen – Ungesetzliche Liber Barone? In: „Einigkeit und Frieden sollen auf Seiten jeder Partei sein". Die Friedensschlüsse von Wien (23.06.1606) und Zsitvatorok (15.11.1606). Hrsg. von János Barta, Manfred Jatzlauk und Klára Papp. Debrecen 2007, S. 95–102.

Daugsch, Walter: Staatsrechtliche Lage und Ständetum im Fürstentum Siebenbürgen 1526–1691. In: Deutsche Ostkunde 31 (1985) 3, S. 110–120.

Daugsch, Walter: Siebenbürgen im 16. und 17. Jahrhundert. In: Siebenbürgische Semesterblätter 3 (1989) 1, S. 16–24.

Daugsch, Walter: Die Nationsuniversität der Siebenbürger Sachsen im 16. und 17. Jahrhundert. In: Gruppenautonomie in Siebenbürgen. 500 Jahre siebenbürgisch-sächsische Nationsuniversität. Hrsg. von Wolfgang Kessler. Köln, Wien 1990 (Siebenbürgisches Archiv 24), S. 179–216.

Daugsch, Walter: Siebenbürgen als Teil des Osmanischen Reiches. In: Siebenbürgische Semesterblätter 4 (1990) 1–2, S. 1–12.

Deitz, Luc: Das Türkenbild in der englischen Literatur des 16. Jahrhunderts. In: Europa und die Türken in der Renaissance. Hrsg. von Bodo Guthmüller und Wilhelm Kühlmann. Tübingen 2000, S. 395–407.

Demény, Lajos: Die Entwicklung der sozialen Beziehungen bei den Szeklern und ihre Rechtslage in der zweiten Hälfte des 16. und zu Beginn des 17. Jahrhunderts. In: Gruppenautonomie in Siebenbürgen. 500 Jahre siebenbürgisch-sächsische Nationsuniversität. Hrsg. von Wolfgang Kessler. Köln [u.a.] 1990, S. 225–231.

Demény, Ludovic; Cernovodeanu, Paul: Relațiile politice ale Angliei cu Moldova, Țara Românească și Transilvania în secolele XVI–XVIII [Die politischen Beziehungen Englands zur Moldau, der Walachei und Siebenbürgen vom 16. bis 18. Jahrhundert]. București 1974.

Depner, Maja: Das Fürstentum Siebenbürgen im Kampf gegen Habsburg. Untersuchungen über die Politik Siebenbürgens während des Dreißigjährigen Krieges. Stuttgart 1938 (Schriftenreihe der Stadt der Auslandsdeutschen 4).

Dictionnaire des ministres des Affaires étrangères. Publ. par Lucien Bély [u. a.]. Paris 2005.

Dierks, Dennis: Friedensbild und Herrscherbild in osmanisch-habsburgischen Friedensverträgen des 16. und 17. Jahrhunderts. In: Frieden und Konfliktmanagement in interkulturellen Räumen. Das Osmanische Reich und die Habsburgermonarchie in der Frühen Neuzeit. Hrsg. von Arno Strohmeyer und Norbert Spannenberger unter Mitarb. von Robert Pech. Stuttgart 2013 (Forschungen zur Geschichte und Kultur des Östlichen Mitteleuropa 45), S. 311–332.

Dinu, Tudor: Mihai Viteazul, erou al eposului grec [Michael der Tapfere, Held des griechischen Epos]. București 2008.

Droste, Heiko: Im Dienst der Krone. Schwedische Diplomaten im 17. Jahrhundert. Berlin 2006 (Nordische Geschichte 2).

Duchhardt, Heinz: „Friedensvermittlung" im Völkerrecht des 17. und 18. Jahrhunderts: Von Grotius zu Vattel. In: Studien zur Friedensvermittlung in der Frühen Neuzeit. Hrsg. von Heinz Duchhardt. Wiesbaden 1979 (Schriften der Mainzer Philosophischen Fakultätsgesellschaft 6), S. 89–117.

Duchhardt, Heinz: Das Reich in der Mitte des Staatensystems. Zum Verhältnis von innerer Verfassung und internationaler Funktion in den Wandlungen des 17. und 18. Jahrhunderts. In: Das europäische Staatensystem im Wandel. Strukturelle Bedingungen und bewegende Kräfte seit der Frühen Neuzeit. Hrsg. von Peter Krüger. München 1996, S. 1–9.

Duchhardt, Heinz: La guerre et le droit des gens dans l'Europe du XVIe au XVIIIe siècle. In: Guerre et concurrence entre les États européens du XIVe au XVIIIe siècle. Publ. par Philippe Contamine. Paris 1998, S. 339–364.

Duchhardt, Heinz: Zwischenstaatliche Friedens- und Ordnungskonzepte im Ancien Régime: Idee und Realität. In: Frieden und Krieg in der Frühen Neuzeit. Die europäische Staatenordnung und die außereuropäische Welt. Hrsg. von Ronald G. Asch, Wulf Eckart Voß und Martin Wrede. München 2001 (Der Frieden. Rekonstruktion einer europäischen Vision 2), S. 37–45.

Duchhardt, Heinz: Peace treaties from Westphalia to the Revolutionary Era. In: Peace Treaties and International Law in European History. From the Late Middle Ages to World War One. Hrsg. von Randall Lesaffer. Cambridge 2004, S. 45–58.

Duldner, Johann: Zur Geschichte des Überganges Siebenbürgens unter die Herrschaft des Hauses Habsburg. Das Jahr 1686. In: Archiv des Vereins für siebenbürgische Landeskunde NF 27 (1897), S. 408–450.

Duldner, Johann: Zur Geschichte des Überganges Siebenbürgens unter die Herrschaft des Hauses Habsburg. Die Jahre 1687–1691. In: Archiv des Vereins für siebenbürgische Landeskunde NF 30 (1902), S. 178–253.

Duțu, Alexandru: Das Bild der Österreicher und der Türken in der rumänischen Kultur am Ende des 17. Jahrhunderts. In: Das Osmanische Reich und Europa 1683 bis 1789. Konflikt, Entspannung und Austausch. Hrsg. von Gernot Heiss und Grete Klingenstein. München 1983 (Wiener Beiträge zur Geschichte der Neuzeit 10).

Eickhoff, Ekkehard: Venedig, Wien und die Osmanen. Umbruch in Südosteuropa 1645–1700. Stuttgart 1988.

Ernst, Albrecht: Gründungsdokumente von Union (1608) und Liga (1609). In: Union und Liga 1608/09. Konfessionelle Bündnisse im Reich – Weichenstellungen zum Religionskrieg? Hrsg. von Albrecht Ernst und Anton Schindling. Stuttgart 2010 (Veröffentlichungen der Kommission für geschichtliche Landeskunde in Baden-Württemberg. Reihe B: Forschungen 178), S. 343–372.

Etényi, Nóra G.: Der Frieden von Zsitvatorok in der zeitgenössischen Propaganda. In: „Einigkeit und Frieden sollen auf Seiten jeder Partei sein". Die Friedensschlüsse von Wien (23.06.1606) und Zsitvatorok (15.11.1606). Hrsg. von János Barta, Manfred Jatzlauk und Klára Papp. Debrecen 2007, S. 267–279.

Evul Mediu românesc. Dicționar biografic [Das rumänische Mittelalter. Biographisches Lexikon]. Hrsg. Von Vasile Mărculeț. București 2010.

Externbrink, Sven: Internationale Beziehungen und Kulturtransfer in der Frühen Neuzeit. In: Das eine Europa und die Vielfalt der Kulturen. Kulturtransfer in Europa 1500–1850. Hrsg. von Thomas Fuchs und Sven Trakulhun. Berlin 2003 (Aufklärung und Europa 12), S. 227–248.

Fahl, Gundolf: Der Grundsatz der Freiheit der Meere in der Staatenpraxis von 1493 bis 1648. Eine rechtsgeschichtliche Untersuchung. Köln [u.a.] 1969 (Beiträge zum ausländischen öffentlichen Recht und Völkerrecht 51).

Faroqhi, Suraiya: Geschichte des Osmanischen Reiches. München 2010.

Faroqhi, Suraiya: Die Osmanen und ihre Kenntnisse über Europa im „langen" 17. Jahrhundert: Ein Forschungsbericht. In: Frieden und Krieg in der Frühen Neuzeit. Die europäische Staatenordnung und die außereuropäische Welt. Hrsg. von Ronald G. Asch, Wulf Eckart Voß und Martin Wrede. München 2001 (Der Frieden. Rekonstruktion einer europäischen Vision 2), S. 485–502.

Fata, Márta: Ungarn, das Reich der Stephanskrone, im Zeitalter der Reformation und Konfessionalisierung. Multiethnizität, Land und Konfession 1500 bis 1700. Münster 2000 (Katholisches Leben und Kirchenreform im Zeitalter der Glaubensspaltung 60).

Felezeu, Călin: The juridical statute of the Transylvanian Principality in relation to the Sublime Porte. Cluj-Napoca 1994 (Bulletin of the Center for Transylvanian Studies III/1).

Felezeu, Călin: Principatul Transilvaniei în epoca suzeranității otomane (1541–1688) [Das Fürstentum Siebenbürgen in der Epoche der osmanischen Suzeränität (1541–1688)]. Cluj-Napoca 2014.

Felezeu, Călin: Cadrul politic internațional (1541–1699) [Das internationale politische Umfeld (1541–1699)]. In: Istoria Transilvaniei. Vol. II: De la 1541 până la 1711. Hrsg. von Ioan-Aurel Pop, Thomas Nägler und András Magyari. Cluj-Napoca 2005, S. 13–49.

Felezeu, Călin: Statutul juridic al principatului Transilvaniei în relațiile cu Poarta Otomană [Die rechtliche Stellung des Fürstentums Siebenbürgen in den Beziehungen zur Hohen Pforte]. In: Istoria Transilvaniei. Vol. II: De la 1541 până la 1711. Hrsg. von Ioan-Aurel Pop, Thomas Nägler und András Magyari. Cluj-Napoca 2005, S. 51–79.

Feneşan, Cristina: Relațiile Transilvaniei cu Imperiul Otoman în anii 1613–1624 în lumina unor documente turceşti [Die Beziehungen Siebenbürgens zum Osmanischen Reich in den Jahren 1613–1624 im Lichte einiger türkischer Dokumente]. In: Anuarul Institutului de Istorie şi Arheologie Cluj-Napoca 21 (1978), S. 339–365.

Feneşan, Cristina: Legămîntul lui Radu de la Afumați față de Habsburgi. Semnificații şi urmări. [Der Treueschwur des Radu de la Afumați gegenüber den Habsburgern. Bedeutung und Folgen]. In: Anuarul Institutului de Istorie şi Arheologie Cluj-Napoca 23 (1980), S. 383–395.

Feneşan, Cristina: Din relațiile Transilvaniei cu Imperiul otoman în vremea domniei Ecaterinei de Brandenburg (1629–1630) [Zu den Beziehungen Siebenbürgens zum Osmanischen Reich während der Herrschaft Katharinas von Brandenburg]. In: Anuarul Institutului de Istorie şi Arheologie Cluj-Napoca 23 (1980), S. 397–423.

Feneşan, Cristina: Transilvania şi războiul de treizeci de ani [Siebenbürgen und der Dreißigjährige Krieg]. In: Anuarul Institutului de Istorie şi Arheologie Cluj-Napoca 26 (1983–1984), S. 119–139.

Feneşan, Cristina: Die Bemühungen Siebenbürgens als Friedensvermittler zwischen Habsburg und der Pforte 1605–1627. In: Habsburgisch-osmanische Beziehungen. Hrsg. von Andreas Tietze. Wien 1985 (Beihefte zur Wiener Zeitschrift für die Kunde des Morgenlandes 13), S. 145–159.

Feneşan, Cristina: L'origine du condominium fiscal osmano-transylvain. In: Revue des Études Sud-Est Européennes 28 (1990), S. 89–100.

Feneşan, Cristina: Constituirea principatului autonom al Transilvaniei [Die Etablierung des autonomen Fürstentums Siebenbürgen]. Bucureşti 1997.

Fichtner, Paula S.: Terror and Toleration. The Habsburg Empire Confronts Islam, 1526–1850. London 2008.

Fisch, Jörg: Krieg und Frieden im Friedensvertrag. Eine universalgeschichtliche Studie über Grundlagen und Formelemente des Friedensschlusses. Stuttgart 1979 (Sprache und Geschichte 3).

Fischer, Robert-Tarek: Österreich im Nahen Osten. Die Großmachtpolitik der Habsburgermonarchie im Arabischen Orient 1633–1918. Wien: Böhlau 2006.

Fischer-Galati, Stephen: Ottoman Imperialism and German Protestantism 1521–1555. Cambridge 1959.

Fleischhacker, Hedwig: Die staats- und völkerrechtlichen Grundlagen der moskauischen Außenpolitik (14.–17. Jahrhundert). Breslau 1938 (Jahrbücher für Geschichte Osteuropas, Beiheft 1).

Fodor, Pál: The Simurg and the Dragon. The Ottoman Empire and Hungary (1390–1533). In: Fight against the Turk in Central-Europe in the first half of the 16th century. Hrsg. von István Zombori. Budapest 2004, S. 9–35.

Friedeburg, Robert von: Widerstandsrecht im Europa der Neuzeit: Forschungsgegenstand und Forschungsperspektiven. In: Widerstandsrecht in der frühen Neuzeit. Erträge und Perspektiven der Forschung im deutsch-britischen Vergleich. Hrsg. von Robert von Friedeburg. Berlin 2001 (Zeitschrift für Historische Forschung, Beiheft 26), S. 11–59.

Frost, Robert I.: After the Deluge. Poland-Lithuania and the Second Northern War 1655–1660. Cambridge 1993 (Cambridge Studies in Early Modern History).

Fuchs, Ralf-Peter: Ein ‚Medium zum Frieden'. Die Normaljahrsregel und die Beendigung des Dreißigjährigen Krieges. München 2010 (bibliothek altes Reich 4).

Gaiduk, Ilya V.: The Great Confrontation. Europe and Islam through the Centuries. Chicago 2003.

Gautier, Antoine: Les drogmans des consulats. In: La fonction consulaire à l'époque moderne. L'Affirmation d'une institution économique et politique (1500–1800). Hrsg. von Jörg Ulbert und Gérard Le Bouëdec. Rennes 2006 (Collection «Histoire»), S. 85–103.

Gebei, Sándor: II. Rákóczi György erdélyi fejedelem külpolitikája (1648–1657) [Die Außenpolitik des Fürsten Georg II. Rákóczi (1648–1657]. Eger 1996 (Acta Academicae Pedagogicae Agriensis. Nova series, sectio historiae 23).

Gebei, Sándor: Die Privilegierung der Haiducken und der Kosaken. In: „Einigkeit und Frieden sollen auf Seiten jeder Partei sein". Die Friedensschlüsse von Wien (23.06.1606) und Zsitvatorok (15.11.1606). Hrsg. von János Barta, Manfred Jatzlauk und Klára Papp. Debrecen 2007, S. 137–148.

Gemil, Tahsin: Ţările Române în contextul politic internaţional 1621–1672 [Die rumänischen Länder im internationalen politischen Kontext 1621–1672]. Bucureşti 1979.

Giurescu, Constantin C.: Tratatul lui Cantemir cu Austriecii [Der Vertrag des Cantemir mit den Österreichern]. In: Convorbiri literare 42 (1910), S. 277–280.

Giurescu, Constantin C.: Les relations économiques austro-roumaines aux XVe – XVIIIe siècles. In: Revue Roumaine d'Histoire 7 (1968) 5, S. 743–759.

Göllner, Carl: Über die diplomatische Mission des sächsischen Bürgers Marcus Schunckabunck im Dienste Michaels des Tapferen (1597). In: Forschungen zur Volks- und Landeskunde 2 (1959), S. 153–157.

Göllner, Carl: Die Türkenfrage in der öffentlichen Meinung Europas im 16. Jahrhundert. Bucureşti, Baden-Baden 1978 (Turcica 3; Bibliotheca Bibliographica Aureliana 70).

Gräf, Holger Th.: „Erbfeind der Christenheit" oder potentieller Bündnispartner? Das Osmanenreich im europäischen Mächtesystem des 16. und 17. Jahrhunderts – gegenwartspolitisch betrachtet. In: Das Osmanische Reich und die Habsburgermonarchie. Akten des internationalen Kongresses zum 150-jährigen Bestehen des Instituts für Österreichische Geschichtsforschung, Wien, 22.–25. September 2004. Hrsg. von Marlene Kurz, Martin Scheutz, Karl Vocelka und Thomas Winkelbauer. Wien, München 2005 (Mitteilungen des Instituts für Österreichische Geschichtsforschung, Ergänzungsband 48), S. 37–51.

Gräf, Holger Th.: Professionalisierung oder Konfessionalisierung? Zur Entwicklung des „diplomatischen Korps" um 1600. In: Wege der Neuzeit. Festschrift für Heinz

Schilling zum 65. Geburtstag. Hrsg. von Stefan Ehrenpreis [u. a.]. Berlin 2007, S. 457–478.

Grewe, Wilhelm G.: Epochen der Völkerrechtsgeschichte. Baden-Baden [2]1988.

Gündisch, Konrad G.: Ständische Autonomie und Regionalität im mittelalterlichen und frühneuzeitlichen Siebenbürgen. In: Minderheiten, Regionalbewußtsein und Zentralismus in Ostmitteleuropa. Hrsg. von Heinz-Dietrich Löwe [u. a.]. Köln, Wien, Weimar 2000, S. 21–49.

Gündisch, Konrad G. (unter Mitarbeit von Matthias Beer): Siebenbürgen und die Siebenbürger Sachsen. München [2]2005 (Studienbuchreihe der Stiftung Ostdeutscher Kulturrat 8).

Gyulai, Éva: Die Wappenrepräsentation von Bocskai. In: „Einigkeit und Frieden sollen auf Seiten jeder Partei sein". Die Friedensschlüsse von Wien (23.06.1606) und Zsitvatorok (15.11.1606). Hrsg. von János Barta, Manfred Jatzlauk und Klára Papp. Debrecen 2007, S. 33–51.

Hallaq, Wael B.: The Origins and Evolution of Islamic Law. Cambridge 2005 (Themes in Islamic Law I).

Hamza, Gábor: Das „Tripartitum" von István Werböczy als Rechtsquelle. Ein Beitrag zur Rechtsquellenlehre in der europäischen Rechtsgeschichte. In: Ungarn-Jahrbuch 24 (1998/1999), S. 19–29.

Handbuch der historischen Stätten Siebenbürgen. Hrsg. von Harald Roth. Stuttgart 2003 (Kröners Taschenausgabe 330).

Haselsteiner, Horst: Das Widerstandsrecht der Stände in Ungarn. In: Österreichische Osthefte 16 (1974) 2, S. 123–136.

Hein, Markus: Maria von Habsburg, der ungarische Hof und die Reformation in Ungarn. In: Maria von Ungarn (1505–1558). Eine Renaissancefürstin. Hrsg. von Martina Fuchs und Orsolya Réthelyi unter Mitarb. von Katrin Sippel. Münster 2007 (Geschichte in der Epoche Karls V. 8), S. 261–272.

Heinisch, Reinhard Rudolf: Habsburg, die Pforte und der Böhmische Aufstand 1618–1620. Teil 1. In: Südost-Forschungen 33 (1974), S. 125–165.

Heinisch, Reinhard Rudolf: Habsburg, die Pforte und der Böhmische Aufstand 1618–1620. Teil 2. In: Südost-Forschungen 34 (1975), S. 79–124.

Heppner, Harald: Die Entwicklungsmöglichkeiten für die südosteuropäische Gesellschaft infolge der habsburgisch-osmanischen Auseinandersetzungen des 16. bis 18. Jahrhunderts. In: Österreich und die Osmanen – Prinz Eugen und seine Zeit. Hrsg. von Erich Zöllner und Karl Gutkas. Wien 1988 (Schriften des Instituts für Österreichkunde), S. 203–218.

Hiller, István: Palatin Nikolaus Esterházy. Die ungarische Rolle in der Habsburgerdiplomatie 1625–1645. Wien [u. a.] 1992 (Esterházy-Studien 1).

Hiller, István: Feind im Frieden. Die Rolle des Osmanischen Reiches in der europäischen Politik zur Zeit des Westfälischen Friedens. In: Der Westfälische Friede. Diplomatie – politische Zäsur – kulturelles Umfeld – Rezeptionsgeschichte. Hrsg. von Heinz Duchhardt. München 1998, S. 393–404.

Hiller, István: Ungarn als Grenzland des christlichen Europa im 16. und 17. Jahrhundert. In: Frieden und Krieg in der Frühen Neuzeit. Die europäische Staatenordnung und die außereuropäische Welt. Hrsg. von Ronald G. Asch, Wulf Eckart

Voß und Martin Wrede. München 2001 (Der Frieden. Rekonstruktion einer europäischen Vision 2), S. 561–576.

Hochedlinger, Michael: Die französisch-osmanische „Freundschaft" 1525–1792. Elemente antihabsburgischer Politik, Gleichgewichtsinstrument, Prestigeunternehmung – Aufriß eines Problems. In: Mitteilungen des Instituts für Österreichische Geschichtsforschung 102 (1994), S. 108–164.

Hochedlinger, Michael: Die Frühneuzeitforschung und die „Geschichte der internationalen Beziehungen". Oder: Was ist aus dem „Primat der Außenpolitik" geworden? In: Mitteilungen des Instituts für Österreichische Geschichtsforschung 106 (1998), S. 167–179.

Höbelt, Lothar: Ferdinand III. Friedenskaiser wider Willen. Graz 2008.

Höfert, Almut: Den Feind beschreiben. „Türkengefahr" und europäisches Wissen über das Osmanische Reich 1450–1650. Frankfurt am Main 2004 (Campus historische Studien 35).

Höfer, Ernst: Das Ende des Dreißigjährigen Krieges. Strategie und Kriegsbild. Köln, Weimar, Wien ^{2}1998.

Holt, Peter M.: Early Mamluk Diplomacy (1260–1290). Treaties of Baybars and Qalawun with Christian Rulers. Leiden, New York, Köln 1995 (Islamic History and Civilization 12).

Horváth, E.: Siebenbürgen, Fürstentum. In: Repertorium der diplomatischen Vertreter aller Länder seit dem Westfälischen Frieden 1648. Bd. 1: 1648–1715. Hrsg. von Ludwig Bittner und Lothar Groß. Oldenburg, Berlin 1936, S. 506–515.

Huber, Alfons: Die Erwerbung Siebenbürgens durch König Ferdinand im Jahre 1551 und Bruder Georgs Ende. Wien 1889.

Hudita, Ion: Histoire des Relations diplomatiques entre la France et la Transylvanie au XVIIe siècle (1635–1683). Paris 1927.

Huttmann, Georg Valentin: Das Ende der diplomatischen Mission des Dr. Johannes Muraltus (1563–1602). In: Korrespondenzblatt des Arbeitskreises für Siebenbürgische Landeskunde 5 (1975) 2–3, S. 110–114.

Inalcik, Halil: The Ottoman Empire. Conquest, Organization and Economy. Collected Studies. London 1978.

Inalcik, Halil: Imperiul Otoman. Epoca clasică 1300–1600 [Das Osmanische Reich. Die klassische Zeit 1300–1600]. Hrsg. von Mihai Maxim. Übers. von Dan Prodan. Bucureşti 1996 (Colecţia biblioteca enciclopedică de istorie universală).

Ionaşcu, Ion: Mihai Viteazul şi autorii tratatului de la Alba Iulia (1595) [Michael der Tapfere und die Verfasser des Abkommens von Alba Iulia (1595)]. In: Anuarul institutului de istorie din Cluj 5 (1962), S. 111–144.

Iorga, Nicolae: Histoire des relations entre la France et les Roumains. Paris 1918.

Iosipescu, Sergiu: Relations politiques et militaires entre la France et les principautés de Transylvanie, de Valachie et de Moldavie. In: Revue historique des armées 244 (2006) 3, S. 11–21.

Işıksel, Güneş: Ottoman-Habsburg Relations in the Second Half of the 16th Century: The Ottoman Standpoint. In: Frieden und Konfliktmanagement in interkulturellen Räumen. Das Osmanische Reich und die Habsburgermonarchie in der Frühen Neuzeit. Hrsg. von Arno Strohmeyer und Norbert Spannenberger unter

Mitarb. von Robert Pech. Stuttgart 2013 (Forschungen zur Geschichte und Kultur des Östlichen Mitteleuropa 45), S. 51–62.

Istanbuli, Yasin: Diplomacy and Diplomatic Practice in the Early Islamic Era. Oxford 2001.

Istoria politicii externe româneşti în date [Die Geschichte der rumänischen Außenpolitik in Daten.]. Hrsg. von Ion Calafeteanu. Bucureşti 2003.

Istoria României [Geschichte Rumäniens]. Hrsg. von Mihai Bărbulescu, Dennis Deletant, Keith Hitchins, Şerban Papacostea, Pompiliu Teodor. Bucureşti 1998.

Ivanics, Mária: Friedensangebot oder kriegerische Erpressung? Der Briefwechsel des Mehmed Pascha von Ofen mit Kaiser Rudolf II. im Jahre 1595. In: Wiener Zeitschrift für die Kunde des Morgenlandes 82 (1992), S. 183–195.

Ivanics, Mária: Enslavement, slave labour and the treatment of captives in the Crimean Khanate. In: Ransom Slavery along the Ottoman Borders (Early Fifteenth – Early Eighteenth Centuries). Hrsg. von Géza Dávid und Pál Fodor. Leiden, Boston 2007 (The Ottoman Empire and its Heritage 37), S. 193–219.

Jablonowski, Horst: Die Außenpolitik Stephan Báthorys. In: Jahrbuch für die Geschichte Osteuropas 2 (1937) 1, S. 1–82.

Janssen, Wilhelm: Die Anfänge des modernen Völkerrechtes und der neuzeitlichen Diplomatie. Ein Forschungsbericht. Stuttgart 1965.

Jeney-Tóth, Annamária: Die Städte und die Hofhaltung Bocskais. In: „Einigkeit und Frieden sollen auf Seiten jeder Partei sein". Die Friedensschlüsse von Wien (23.06.1606) und Zsitvatorok (15.11.1606). Hrsg. von János Barta, Manfred Jatzlauk und Klára Papp. Debrecen 2007, S. 85–94.

Jensen, De Lamar: The Ottoman Turks in Sixteenth Century French Diplomacy. In: The Sixteenth Century Journal 16 (1985) 4, S. 451–470.

Jónás, I.: Appréciation de la campagne polonaise de 1657 en Transylvanie. In: Annales Universitatis Scientiarum Budapestinensis de Rolando Eötvös Nominatae. Sectio Historica 6 (1964), S. 109–121.

Káldy-Nagy, Gyula: Suleimans Angriff auf Europa. In: Acta Orientalia Academiae Scientiarum Hungaricae 28 (1974), S. 163–212.

Kammel, Frank Matthias: Gefährliche Heiden und gezähmte Exoten: Bemerkungen zum europäischen Türkenbild im 17. und frühen 18. Jahrhundert. In: Frieden und Krieg in der Frühen Neuzeit. Die europäische Staatenordnung und die außereuropäische Welt. Hrsg. von Ronald G. Asch, Wulf Eckart Voß und Martin Wrede. München 2001 (Der Frieden. Rekonstruktion einer europäischen Vision 2), S. 503–525.

Kampmann, Christoph: Peace Impossible? The Holy Roman Empire and the European State System in the Seventeenth Century. In: War, the State and International Law in Seventeenth-Century Europe. Hrsg. von Olaf Asbach und Peter Schröder. Farnham, Burlington 2010, S. 197–210.

Kandler, Hermann: "Attila, Türke oder Muselmann – vom islamischen Glaubenskämpfer zum neuen Europäer". Gedanken zur islamisch-osmanischen Kultur des Islam in Südosteuropa im 17. und 18. Jahrhundert. In: Religion und Kultur im Europa des 17. und 18. Jahrhunderts. Hrsg. von Peter Claus Hartmann. Frankfurt a. M. [u. a.] 2004 (Mainzer Studien zur Neueren Geschichte 12), S. 255–272.

Kann, Robert A.: Geschichte des Habsburgerreiches 1526–1918. Wien [u. a.] 1977.

Kantorska, Kinga Maria: Les médiations françaises auprès des Couronnes du Nord au XVIIe siècle. Les tentatives d'arbitrage. In: L'invention de la diplomatie. Moyen Age – Temps modernes. Publ. par Lucien Bély et Isabelle Richefort. Paris 1998, S. 225–234.

Karácsonyi, János: Die konfessionellen Verhältnisse in Siebenbürgen und den angeschlossenen Gebieten (1526–1571). In: Kirche – Staat – Nation. Eine Geschichte der katholischen Kirche Siebenbürgens vom Mittelalter bis zum frühen 20. Jahrhundert. Hrsg. von Joachim Bahlcke und Krista Zach. München 2007 (Veröffentlichungen des Instituts für deutsche Kultur und Geschichte Südosteuropas (IKGS). Wissenschaftliche Reihe 98), S. 41–52.

Kármán, Gábor: Transylvania between the Ottoman and Habsburg Empires. In: Statehood before and beyond Ethnicity. Minor States in Northern and Eastern Europe 1600–2000. Hrsg. von Linas Eriksonas und Leos Müller. Bruxelles 2005, S. 151–158.

Kármán, Gábor: Argumentarea bellum iustum în campania din Moldova a lui György Rákóczi al II-lea în anul 1653. In: Studia Universitatis Petru Maior. Series Historia 6 (2006), S. 23–42.

Kármán, Gábor: A külpolitika átalakulása a Rákócziak Erdélyében a harmincéves háború után [Die Veränderung der Außenpolitik Siebenbürgens unter den Rákóczis nach dem Dreißigjährigen Krieg]. Diss. phil. Budapest 2008.

Kármán, Gábor: Identity and borders: seventeenth-century Hungarian travellers in the West and the East. In: European Review of History 17 (2010) 4, S. 555–579.

Kármán, Gábor: The Hardship of Being an Ottoman Tributary: Transylvania at the Peace Congress of Westphalia. In: Frieden und Konfliktmanagement in interkulturellen Räumen. Das Osmanische Reich und die Habsburgermonarchie in der Frühen Neuzeit. Hrsg. von Arno Strohmeyer und Norbert Spannenberger unter Mitarb. von Robert Pech. Stuttgart 2013 (Forschungen zur Geschichte und Kultur des Östlichen Mitteleuropa 45), S. 163–184.

Kelenik, József: The Military Revolution in Hungary. In: Ottomans, Hungarians, and Habsburgs in Central Europe. The Military Confines in the Era of Ottoman Conquest. Hrsg. von Géza Dávid und Pál Fodor. Leiden, Boston, Köln 2000, S. 117–159.

Keller, Rudolf: Maria von Ungarn und Martin Luther: Luthers Verbindungen zur Königin. In: Maria von Ungarn (1505–1558). Eine Renaissancefürstin. Hrsg. von Martina Fuchs und Orsolya Réthelyi unter Mitarb. von Katrin Sippel. Münster 2007 (Geschichte in der Epoche Karls V. 8), S. 273–281.

Khadduri, Majid: War and peace in the law of Islam. Baltimore ^{3}1962.

Kipp, Heinrich: Völkerordnung und Völkerrecht im Mittelalter. Köln 1950 (Schriften zur Rechtslehre und Politik 4).

Király, Béla K.: The Sublime Porte, Vienna, Transylvania and the Dissemination of Protestant Reformation in Royal Hungary. In: Tolerance and Movements of Religious Dissent in Eastern Europe. Hrsg. von Béla K. Király. New York, London 1975, S. 199–211.

Kisch, Dirk Lukas: Die Beziehungen Brandenburg-Preußens zu Ungarn und Siebenbürgen. In: Zeitschrift für Siebenbürgische Landeskunde 7 (1984) 2, S. 160–172.

Kiss, András: Ein Jahr im Leben István Bocskais im Spiegel der Quellen von Klausenburg. In: „Einigkeit und Frieden sollen auf Seiten jeder Partei sein". Die Friedensschlüsse von Wien (23.06.1606) und Zsitvatorok (15.11.1606). Hrsg. von János Barta, Manfred Jatzlauk und Klára Papp. Debrecen 2007, S. 75–84.

Kiss, Gábor: Franz Rákóczi II., Peter der Große und der polnische Thron (um 1707). In: Jahrbücher für Geschichte Osteuropas 13 (1965) 3, S. 344–360.

Kissling, Hans-Joachim: Türkenfurcht und Türkenhoffnung im 15./16. Jahrhundert. Zur Geschichte eines „Komplexes". In: Südost-Forschungen 23 (1964), S. 1–18.

Kissling, Hans-Joachim: Rechtsproblematiken in den christlich-muslimischen Beziehungen, vorab im Zeitalter der Türkenkriege. Graz 1974 (Kleine Arbeitsreihe des Instituts für Europäische und Vergleichende Rechtsgeschichte an der Rechts- und Staatswissenschaftlichen Fakultät der Universität Graz 7).

Klesmann, Bernd: Der Friedensvertrag als Kriegsgrund. Politische Instrumentalisierung zwischenstaatlicher Abkommen in europäischen Kriegsmanifesten der Frühen Neuzeit. In: Kalkül – Transfer – Symbol. Europäische Friedensverträge der Vormoderne. Hrsg. von Heinz Duchhardt und Martin Peters. Mainz 2006-11-02 (Veröffentlichungen des Instituts für Europäische Geschichte Mainz, Beiheft online 1), Abschnitt 109–121.
URL: <http://www.ieg-mainz.de/vieg-online-beihefte/01-2006.html>
(31.01.2009).
URN: <urn:nbn:de:0159-2008031300>.

Köhbach, Markus: Die diplomatischen Beziehungen zwischen Österreich und dem Osmanischen Reich (vom Frieden von Zsitva Torok bis zum 1. Weltkrieg). In: The Journal of Ottoman Studies 4 (1984), S. 237–260.

Köhbach, Markus: Çasar oder imperator? Zur Titulatur der römischen Kaiser durch die Osmanen nach dem Vertrag von Zsitvatorok 1606. In: Wiener Zeitschrift für die Kunde des Morgenlandes 82 (1992), S. 223–234.

Köhbach, Markus: Im Spannungsfeld von Zentrum und Peripherie: Die Territorialverwaltung des Osmanischen Reiches. In: Föderationsmodelle und Unionsstrukturen. Über Staatenverbindungen in der frühen Neuzeit vom 15. zum 18. Jahrhundert. Hrsg. von Thomas Fröschl. Wien, München 1994 (Wiener Beiträge zur Geschichte der Neuzeit 21), S. 193–203.

Köhbach, Markus: Die Eroberung von Fülek durch die Osmanen 1554. Eine historisch-quellenkritische Studie zur osmanischen Espansion im östlichen Mitteleuropa. Wien, Köln, Weimar 1994 (Zur Kunde Südosteuropas II/18).

Köhler, Michael A.: Allianzen und Verträge zwischen fränkischen und islamischen Herrschern im Vorderen Orient. Eine Studie über das zwischenstaatliche Zusammenleben vom 12. bis ins 13. Jahrhundert. Berlin, New York 1991 (Studien zur Sprache, Geschichte und Kultur des islamischen Orients 12).

Koenigsberger, Helmut G.: Mars und Venus: Internationale Beziehungen und Kriegführung der Habsburger in der frühen Neuzeit. In: Recht und Reich im Zeitalter der Reformation. Festschrift für Horst Rabe. Hrsg. von Christine Roll. Frankfurt a. M. [u. a.] ^{2}1997, S. 31–56.

Köpeczi, Béla: La France et la Hongrie au debut du XVIIIe siècle. Études d'histoire des relations diplomatiques et d'histoire des idées. Budapest 1971.

Köpeczi, Béla: Hongrois et Français. De Louis XIV à la Révolution française. Paris, Budapest 1983.

Köpeczi, Béla: Staatsräson und christliche Solidarität. Die ungarischen Aufstände und Europa in der zweiten Hälfte des 17. Jahrhunderts. Wien [u. a.] 1983.

Kohler, Alfred: Ferdinand I and the Estates: Between Confrontation and Cooperation, 1521–64. In: Crown, Church and Estates. Central European Politics in the Sixteenth and Seventeenth Centutries. Hrsg. von Robert J. W. Evans und T. V. Thomas. London [u. a.] 1991, S. 48–57.

Kohler, Alfred: Dynastes, bellum et pax: Zur Systemisierung und Verrechtlichung der Internationalen Beziehungen im 15./16. Jahrhundert. In: Geschichte und Recht. Festschrift für Gerald Stourzh zum 70. Geburtstag. Hrsg. von Thomas Angerer [u. a.]. Wien, Köln, Weimar 1999, S. 387–411.

Kohler, Alfred: Karl V. 1500–1558. Eine Biographie. München ^{2}2000.

Koller, Markus: Eine Gesellschaft im Wandel. Die osmanische Herrschaft in Ungarn im 17. Jahrhundert (1606–1683). Stuttgart 2010 (Forschungen zur Geschichte und Kultur des östlichen Mitteleuropa 37).

Komatsu, Guido: Die Türkei und das europäische Staatensystem im 16. Jahrhundert. Untersuchungen zu Theorie und Praxis des frühneuzeitlichen Völkerrechts. In: Recht und Reich im Zeitalter der Reformation. Festschrift für Horst Rabe. Hrsg. von Christine Roll. Frankfurt a. M. [u. a.] ^{2}1997, S. 121–144.

Kónya, Péter: Johannes Bocatius, der Stadtrichter von Kaschau auf der Seite von István Bocskai: In: „Einigkeit und Frieden sollen auf Seiten jeder Partei sein". Die Friedensschlüsse von Wien (23.06.1606) und Zsitvatorok (15.11.1606). Hrsg. von János Barta, Manfred Jatzlauk und Klára Papp. Debrecen 2007, S. 53–59.

Kortepeter, Carl Max: Ottoman Imperialism During the Reformation: Europe and The Caucasus. New York, London 1972 (Studies in Near Eastern Civilization 5).

Kortepeter, Carl Max: Habsburg and Ottoman in Hungary in the 16th and 17th Centuries. In: Habsburgisch-osmanische Beziehungen. Hrsg. von Andreas Tietze. Wien 1985 (Beihefte zur Wiener Zeitschrift für die Kunde des Morgenlandes 13), S. 55–66.

Kreiser, Klaus: Der Osmanische Staat 1300–1922. München 2001 (Oldenbourg Grundriss der Geschichte 30).

Kristó, Gyula [u. a.]: Historische Demographie Ungarns (896–1896). Aus dem Ungarischen von Tibor Schäfer. Herne 2007 (Studien zur Geschichte Ungarns 11).

Krüger, Peter: Mythen des europäischen Staatensystems. Gleichgewicht, europäisches Konzert, Integration. In: Zeitschrift für Religions- und Geistesgeschichte 51 (1999) 2, S. 100–114.

Kruppa, Tamás: Fiktion und Wirklichkeit. Der Feldzug in die Walachei (1595) und die Propaganda des Fürstentums Siebenbürgen. In: Ungarn-Jahrbuch 30 (2009/2010), S. 43–55.

Kruse, Hans: Die Begründung der islamischen Völkerrechtslehre. In: Saeculum 5 (1954), S. 221–241.

Kubinyi, András: Landesherr, Reichstag bzw. Landtag und Komitatsversammlungen in Ungarn und Siebenbürgen 1542–1681. In: Ständefreiheit und Staatsgestaltung in Ostmitteleuropa. Übernationale Gemeinsamkeiten in der politischen Kultur vom 16.–18. Jahrhundert. Hrsg. von Joachim Bahlcke [u. a.]. Leipzig 1996 (Forschungen zur Geschichte und Kultur des östlichen Mitteleuropa), S. 81–94.

Kubinyi, András: Hungary's Power Factions and the Turkish Threat in the Jagiellonian Period (1490–1526). In: Fight against the Turk in Central-Europe in the first half of the 16th century. Hrsg. von István Zombori. Budapest 2004, S. 9–35.

Kugeler, Heidrun: „Le parfait Ambassadeur". Zur Theorie der Diplomatie im Jahrhundert nach dem Westfälischen Frieden. In: Internationale Beziehungen in der Frühen Neuzeit. Ansätze und Perspektiven. Hrsg. von Heidrun Kugeler, Christian Sepp und Georg Wolf. Hamburg 2006 (Wirklichkeit und Wahrnehmung in der Frühen Neuzeit 3), S. 180–211.

Kugeler, Heidrun; Sepp, Christian; Wolf, Georg: Einführung: Internationale Beziehungen in der Frühen Neuzeit. Ansätze und Perspektiven. In: Internationale Beziehungen in der Frühen Neuzeit. Ansätze und Perspektiven. Hrsg. von Heidrun Kugeler, Christian Sepp und Georg Wolf. Hamburg 2006 (Wirklichkeit und Wahrnehmung in der Frühen Neuzeit 3), S. 9–35.

Kurucz, György: Die britische Diplomatie und Ungarn vom 14. bis zum Ende des 18. Jahrhunderts. In: Ungarn-Jahrbuch 24 (1998/1999), S. 31–68.

Kurucz, György: Polish-Transylvanian Relations and English Diplomacy from the 16th to the mid-17th Century. In: Ungarn-Jahrbuch 26 (2002/2003), S. 13–31.

Kurz, Marlene: Vom "größeren cihad" und dem Glück des Privatmanns: osmanische Argumente für den Frieden. In: Frieden und Konfliktmanagement in interkulturellen Räumen. Das Osmanische Reich und die Habsburgermonarchie in der Frühen Neuzeit. Hrsg. von Arno Strohmeyer und Norbert Spannenberger unter Mitarb. von Robert Pech. Stuttgart 2013 (Forschungen zur Geschichte und Kultur des Östlichen Mitteleuropa 45), S. 343–360.

Kutschera, Rolf: Landtag und Gubernium in Siebenbürgen 1688–1869. Köln, Wien 1985 (Studia Transylvanica 11).

Kutschera, Rolf: Die Loslösung Siebenbürgens von der türkischen Oberhoheit. In: Zeitschrift für Siebenbürgische Landeskunde 11 (1988) 1, S. 73–81.

Lanzinner, Maximilian: Friedenssicherung und politische Einheit des Reiches unter Kaiser Maximilian II. (1564–1576). Göttingen 1993 (Schriftenreihe der Historischen Kommission bei der Bayerischen Akademie der Wissenschaften 45).

Lăzărescu, George; Stoicescu, Nicolae: Ţările române şi Italia pînă la 1600 [Die rumänischen Länder und Italien bis 1600]. Bucureşti 1972.

Lecca, Octav-George: Familiile boiereşti române. Istorie şi genealogie (după izvoare autentice. Cu adnotări, completări şi desene de Mateiu Caragiale [Geschichte und Genealogie (nach authentischen Quellen). Mit Anmerkungen, Ergänzungen und Zeichnungen von Mateiu Caragiale]. Hrsg. von Alexandru Condeescu. Bucureşti [o. J.].

Leitsch, Walter: Rudolph II. und Südosteuropa 1593–1606. In: East European Quarterly 6 (1972) 3, S. 301–320.

Leitsch, Walter: Ziele der österreichischen Politik gegenüber dem Osmanischen Reich im 17. Jahrhundert. In: The Journal of Ottoman Studies 4 (1984), S. 225–236.

Leitsch, Walter: Das Leben am Hof König Sigismunds III. von Polen. Bd. II. Wien 2009.

Lesaffer, Randall: War, Peace, Interstate Friendship and the Emergence of the ius publicum Europaeum. In: Frieden und Krieg in der Frühen Neuzeit. Die europäische Staatenordnung und die außereuropäische Welt. Hrsg. von Ronald G. Asch, Wulf Eckart Voß und Martin Wrede. München 2001 (Der Frieden. Rekonstruktion einer europäischen Vision 2), S. 87–113.

Lesaffer, Randall: Introduction. In: Peace Treaties and International Law in European History. From the Late Middle Ages to World War One. Hrsg. von Randall Lesaffer. Cambridge 2004, S. 1–6.

Lesaffer, Randall: Peace treaties from Lodi to Westphalia. In: Peace Treaties and International Law in European History. From the Late Middle Ages to World War One. Hrsg. von Randall Lesaffer. Cambridge 2004, S. 9–44.

Lewis, Bernard: Der Untergang des Morgenlandes. Warum die islamische Welt ihre Vormacht verlor. Aus dem Englischen von Bringfried Schröder und Marita Kluxen-Schröder. Bonn 2002 (Schriftenreihe der Bundeszentrale für politische Bildung 391).

Lewis, Bernard: Der Westen aus der Sicht des Islam. Ein historischer Überblick. In: Europa und die Grenzen im Kopf. Hrsg. von Karl Kaser [u. a.]. Klagenfurt 2003 (Wieser Enzyklopädie des europäischen Ostens 11), S. 287–301.

Liepold, Antonio: Wider den Erbfeind christlichen Glaubens. Die Rolle des niederen Adels in den Türkenkriegen des 16. Jahrhunderts. Frankfurt a. M. [u. a.] 1998 (Europäische Hochschulschriften 3/767).

Lietzmann, Hilda: Quellen zur ungarischen Krönung Rudolfs II. im Jahre 1572. In: Mitteilungen des Österreichischen Staatsarchivs 42 (1992), S. 63–101.

Lingens, Karl-Heinz: Internationale Schiedsgerichtsbarkeit und Jus Publicum Europaeum 1648–1794. Berlin 1988 (Schriften zum Völkerrecht 87).

Livet, G.: Colbert de Croissy et la diplomatie française à Nimègue (1675–1679). In: The Peace of Nijmegen 1676–1678/79. International Congress of the Tricentennial. Nijmegen 14.–16. September 1978. Amsterdam 1980, S. 181–223.

Lockhart, Paul Douglas: Sweden in the Seventeenth Century. London 2004 (European History in Perspective).

Lohse, Bernhard: Die Bedeutung des Rechtes bei der Frage des obrigkeitlichen Widerstandes in der frühen Reformation. In: Recht und Reich im Zeitalter der Reformation. Festschrift für Horst Rabe. Hrsg. von Christine Roll. Frankfurt a. M. [u. a.] [2]1997, S. 217–230.

Luard, Evan: The Balance of Power. The System of International Relations, 1648–1815. London 1992.

Luca, Cristian: Politica mercantilistă a principilor transilvăneni din secolul XVII [Die merkantilistische Politik der siebenbürgischen Fürsten im 17. Jahrhundert]. In: Studia Medievalia 1 (2004), S. 201–228.

Lupaş, Ion: Desfacerea Transilvaniei de Ungaria şi înălţarea ei la treapta de Principat sub ocrotire otomană [Die Loslösung Siebenbürgens von Ungarn und seine Erhöhung auf die Stufe eines Fürstentums unter osmanischem Protektorat.] In: Studii, conferinţe şi comunicări istorice. Vol. II. Bucureşti, Sibiu 1940, S. 103–196.

Lupaş, Ion: Principele transilvan Gavriil Bethlen 1580–1629 [Der siebenbürgische Fürst Gabriel Bethlen 1580–1629]. In: Studii, conferinţe şi comunicări istorice. Vol. II. Bucureşti, Sibiu 1940, S. 197–219.

Lybyer, Albert H.: The Government of the Ottoman Empire in the Time of Suleiman the Magnificent. Cambridge 1913. Nachdr. New York 1978.

Majoros, Ferenc; Rill, Bernd: Das Osmanische Reich (1300–1922). Die Geschichte einer Großmacht. Regensburg [u. a.] 1994.

Makkai, László: The Crown and the Diets of Hungary and Transylvania in the Sixteenth Century. In: Crown, Church and Estates. Central European Politics in the Sixteenth and Seventeenth Centutries. Hrsg. von Robert J. W. Evans und T. V. Thomas. London [u. a.] 1991, S. 80–91.

Malettke, Klaus: L' „équilibre" européen face á la „monarchia universalis". Les réactions européennes aux ambitions hégémoniques à l'époque moderne. In: L'invention de la diplomatie. Moyen Age – Temps modernes. Hrsg von Lucien Bély und Isabelle Richefort. Paris 1998, S. 47–57.

Malettke, Klaus: Die Vorstöße der Osmanen im 16. Jahrhundert aus französischer Sicht. In: Europa und die Türken in der Renaissance. Hrsg. von Bodo Guthmüller und Wilhelm Kühlmann. Tübingen 2000, S. 373–394.

Maliţa, Mircea: The independence of Romania and the exercise of jus legationis. In: Revue Roumaine d'Histoire 7 (1968) 3, S. 343–358.

Maner, Hans-Christian: Dragoman – Großdragoman – Geheimer Rat – Fürst. Zur Karriereleiter von Christen an der Hohen Pforte (17.–19. Jahrhundert). In: Grenzen und Grenzüberschreitungen. Bilanz und Perspektiven der Frühneuzeitforschung. Hrsg. von Christine Roll, Frank Pohle und Matthias Myrczek. Köln, Weimar, Wien 2010, S. 665–679.

Matei, Ion: Quelques problèmes concernant le régime de la domination ottomane dans les pays roumains. In: Revue d'Études Sud-Est Européenne 10 (1972) 1, S. 65–81; 11 (1973) 1, S. 81–95.

Matsch, Erwin: Der Auswärtige Dienst von Österreich(-Ungarn) 1720–1920. Wien, Köln, Graz 1986.

Matschke, Klaus-Peter: Das Kreuz und der Halbmond. Die Geschichte der Türkenkriege. Düsseldorf , Zürich 2004.

Matuz, Josef: Der Verzicht Süleymans des Prächtigen auf die Annexion Ungarns. In: Ungarn-Jahrbuch 6 (1974–1975), S. 38–46.

Matuz, Josef: Das Osmanische Reich. Grundlinien seiner Geschichte. Darmstadt ^{3}1994.

Maxim, Mihai: Teritorii româneşti sub administraţie otomană în secolul al XVI-lea. In: Revista de istorie 36 (1983) 8, S. 802–817.

Maxim, Mihai: Les pays roumains et les relations Habsbourg-ottomanes dans la seconde moitié du XVIe siècle. In: Habsburgisch-osmanische Beziehungen. Hrsg.

von Andreas Tietze. Wien 1985 (Beihefte zur Wiener Zeitschrift für die Kunde des Morgenlandes 13), S. 91–105.

Maxim, Mihai: Țările române și Înalta Poartă Cadrul juridic al relațiilor româno-otomane în evul mediu. [Die rumänischen Länder und die Hohe Pforte. Der rechtliche Rahmen der rumänisch-osmanischen Beziehungen im Mittelalter]. București 1993.

Mayer-Gürr, Stefan: Münster oder Nürnberg? Das Ende des Dreißigjährigen Krieges im Spiegel der zeitgenössischen Medien. In: Friedensschlüsse. Medien und Konfliktbewältigung vom 12. bis zum 19. Jahrhundert. Hrsg. von Bent Jörgensen, Raphael Krug und Christine Lüdke. Augsburg 2008 (Documenta Augustana 18), S. 149–168.

Mézin, Anne: La fonction consulaire dans la France d'Ancien Régime : origine, principes, prérogatives. In: La fonction consulaire à l'époque moderne. L'Affirmation d'une institution économique et politique (1500–1800). Hrsg. von Jörg Ulbert und Gérard Le Bouëdec. Rennes 2006 (Collection «Histoire»), S. 37–49.

Milewska-Waźbińska, Barbara: The Turks in the Renaissance Latin Poetry of Poland. In: Europa und die Türken in der Renaissance. Hrsg. von Bodo Guthmüller und Wilhelm Kühlmann. Tübingen 2000, S. 437–442.

Mitea, Daniela: Relațiile Țării Românești cu Transilvania în timpul domniilor lui Basarab IV cel Tânăr (Țepeluș) [Die Beziehungen zwischen der Walachei und Siebenbürgen während der Herrschaften von Basarab IV. dem Jüngeren (Țepeluș)]. In: Anuarul Institutului de Istorie „George Barițiu" din Cluj-Napoca XLVI (2007), S. 285–302.

Mössner, Jörg Manfred: Die Völkerrechtspersönlichkeit und die Völkerrechtspraxis der Barbareskenstaaten (Algier, Tripolis, Tunis 1518–1830). Berlin 1968 (Neue Kölner rechtswissenschaftliche Abhandlungen 58).

Molnár, Antal: Relations between the Holy See and Hungary during the Ottoman Domination of the Country. In: Fight against the Turk in Central-Europe in the first half of the 16th century. Hrsg. von István Zombori. Budapest 2004, S. 191–225.

Molnár, Mónika F.: Der Friede von Karlowitz und das Osmanische Reich. In: Frieden und Konfliktmanagement in interkulturellen Räumen. Das Osmanische Reich und die Habsburgermonarchie in der Frühen Neuzeit. Hrsg. von Arno Strohmeyer und Norbert Spannenberger unter Mitarb. von Robert Pech. Stuttgart 2013 (Forschungen zur Geschichte und Kultur des Östlichen Mitteleuropa 45), S. 197–222.

Moțu, Iancu: Mihai Viteazul. Un principe renascentist [Michael der Tapfere. Ein Renaissancefürst]. Cluj-Napoca 2008.

Müller, Georg Eduard: Die Entwicklung der siebenbürgischen Gesetzgebungsformen 1690–1703. In: Korrespondenzblatt des Vereins für Siebenbürgische Landeskunde 30 (1907) 6, S. 49–56.

Müller, Georg Eduard: Die Türkenherrschaft in Siebenbürgen. Verfassungsrechtliches Verhältnis Siebenbürgens zur Pforte 1541–1688. Hermannstadt 1923 (Veröffentlichung des Südosteuropäischen Forschungsinstituts 2).

Müller, Klaus: Das kaiserliche Gesandtschaftswesen im Jahrhundert nach dem Westfälischen Frieden (1648–1740). Bonn 1976 (Bonner historische Forschungen 42).

Müller, Ralf C.: Franken im Osten. Art, Umfang, Struktur und Dynamik der Migration aus dem lateinischen Westen in das Osmanische Reich des 15./16. Jahrhunderts auf der Grundlage von Reiseberichten. Leipzig 2005.

Müller, Ralf C.: Der umworbene „Erbfeind“: Habsburgische Diplomatie an der Hohen Pforte vom Regierungsantritt Maximilians I. bis zum „Langen Türkenkrieg“ – ein Entwurf. In: Das Osmanische Reich und die Habsburgermonarchie. Akten des internationalen Kongresses zum 150-jährigen Bestehen des Instituts für Österreichische Geschichtsforschung, Wien, 22.–25. September 2004. Hrsg. von Marlene Kurz, Martin Scheutz, Karl Vocelka und Thomas Winkelbauer. September 2004. Wien, München 2005 (Mitteilungen des Instituts für Österreichische Geschichtsforschung, Ergänzungsband 48), S. 251–279.

Münkler, Herfried: Im Namen des Staates. Die Begründung der Staatsräson in der Frühen Neuzeit. Frankfurt am Main 1987.

Nägler, Thomas; Philippi, Maja: Geschichte der Siebenbürger Sachsen im 17. Jahrhundert 1601–1683. In: Geschichte der Deutschen auf dem Gebiete Rumäniens. Hrsg. von Carl Göllner. Bukarest 1979, S. 189–219.

Nehring, Karl: Adam Freiherrn zu Herbersteins Gesandtschaftsreise nach Konstantinopel. Ein Beitrag zum Frieden von Zsitvatorok 1606. München 1983 (Südosteuropäische Arbeiten 78).

Nehring, Karl: Iter Constantinopolitanum. Ein Ortsnamenverzeichnis zu den kaiserlichen Gesandtschaftsreisen an die Ottomanische Pforte 1530–1618. München 1984 (Veröffentlichungen des Finnisch-Ugrischen Seminars an der Universität München C/17).

Neugebauer, Wolfgang: Raumtypologie und Ständeverfassung. Betrachtungen zur vergleichenden Verfassungsgeschichte am ostmitteleuropäischen Beispiel. In: Ständefreiheit und Staatsgestaltung in Ostmitteleuropa. Übernationale Gemeinsamkeiten in der politischen Kultur vom 16.–18. Jahrhundert. Hrsg. von Joachim Bahlcke [u. a.]. Leipzig 1996 (Forschungen zur Geschichte und Kultur des östlichen Mitteleuropa), S. 283–310.

Niederkorn, Jan Paul: Die europäischen Mächte und der „Lange Türkenkrieg“ Kaiser Rudolfs II. 1593–1606. Wien 1993 (Archiv für österreichische Geschichte 135).

Niederkorn, Jan Paul: Gesandte – Vermittler – Schwindler. Von den Schwierigkeiten diplomatischer Kontakte mit orientalischen und osteuropäischen Mächten in der frühen Neuzeit. In: Österreichische Osthefte 37 (1995) 4, S. 863–878.

Niederkorn, Jan Paul: Zweifrontenkrieg gegen die Osmanen. Iranisch-christliche Bündnispläne in der Zeit des „Langen Türkenkrieges“ 1593–1606. In: Mitteilungen des Instituts für Österreichische Geschichtsforschung 104 (1996), S. 310–323.

Niederkorn, Jan Paul: Argumentationsstrategien für Bündnisse gegen die Osmanen in Gesandtenberichten. In: Das Osmanische Reich und die Habsburgermonarchie. Akten des internationalen Kongresses zum 150jährigen Bestehen des Instituts für Österreichische Geschichtsforschung, Wien, 22.–25. September 2004. Hrsg. von Marlene Kurz, Martin Scheutz, Karl Vocelka und Thomas Winkelbauer. Wien, München 2005 (Mitteilungen des Instituts für Österreichische Geschichtsforschung, Ergänzungsband 48), S. 205–212.

Niederkorn, Jan Paul: „Friedenspolitik“ in Istanbul im Vorfeld des Langen Türkenkrieges. In: Frieden und Konfliktmanagement in interkulturellen Räumen. Das Osmanische Reich und die Habsburgermonarchie in der Frühen Neuzeit. Hrsg. von Arno Strohmeyer und Norbert Spannenberger unter Mitarb. von Robert Pech. Stuttgart 2013 (Forschungen zur Geschichte und Kultur des Östlichen Mitteleuropa 45), S. 95–108.

Nyakas, Miklós: Die Gültigkeit von Bocskais Donationen unter besonderer Berücksichtigung der Donationen der Haiducken. In: „Einigkeit und Frieden sollen auf Seiten jeder Partei sein“. Die Friedensschlüsse von Wien (23.06.1606) und Zsitvatorok (15.11.1606). Hrsg. von János Barta, Manfred Jatzlauk und Klára Papp. Debrecen 2007, S. 127–136.

Oborni, Teréz: From Province to Principality: Continuity and Change in Transylvania in the First Half of the Sixteenth Century. In: Fight against the Turk in Central-Europe in the first half of the 16th century. Hrsg. von István Zombori. Budapest 2004, S. 165–179.

Oborni, Teréz: Der siebenbürgische Staat von István Bocskai. In: „Einigkeit und Frieden sollen auf Seiten jeder Partei sein“. Die Friedensschlüsse von Wien (23.06.1606) und Zsitvatorok (15.11.1606). Hrsg. von János Barta, Manfred Jatzlauk und Klára Papp. Debrecen 2007, S. 63–73.

Oborni, Teréz: The Artful Diplomacy of István Báthory and the Survival of the Principality of Transylvania (1571). In: Frieden und Konfliktmanagement in interkulturellen Räumen. Das Osmanische Reich und die Habsburgermonarchie in der Frühen Neuzeit. Hrsg. von Arno Strohmeyer und Norbert Spannenberger unter Mitarb. von Robert Pech. Stuttgart 2013 (Forschungen zur Geschichte und Kultur des Östlichen Mitteleuropa 45), S. 85–94.

Oborni, Teréz: Between Vienna and Constantinople. Notes on the Legal Status of the Principality of Transylvania. In: The European Tributary States of the Ottoman Empire in the Sixteenth and Seventeenth Centuries. Hrsg. von Gábor Kármán und Lovro Kuncevic. Leiden, Boston 2013, S. 67-89.

Oborni, Teréz; Varga, Szabolcs: Peace as the Basis of Power in the Courts of Vladislav II of Jagiellon and John I of Szapolyai. In: Frieden und Konfliktmanagement in interkulturellen Räumen. Das Osmanische Reich und die Habsburgermonarchie in der Frühen Neuzeit. Hrsg. von Arno Strohmeyer und Norbert Spannenberger unter Mitarb. von Robert Pech. Stuttgart 2013 (Forschungen zur Geschichte und Kultur des Östlichen Mitteleuropa 45), S. 31–50.

Oestreich, Gerhard: Antiker Geist und moderner Staat bei Justus Lipsius (1547–1606). Der Neustoizismus als politische Bewegung. Hrsg. und eingel. von Nicolette Mout. Göttingen 1989 (Schriftenreihe der Historischen Kommission bei der Bayerischen Akademie der Wissenschaften 38).

Orosz, István: Kontinuität und Ansiedlung in den Haiduckenstädten. In: „Einigkeit und Frieden sollen auf Seiten jeder Partei sein“. Die Friedensschlüsse von Wien (23.06.1606) und Zsitvatorok (15.11.1606). Hrsg. von János Barta, Manfred Jatzlauk und Klára Papp. Debrecen 2007, S. 115–126.

Özyurt, Şenol: Die Türkenlieder und das Türkenbild in der deutschen Volksüberlieferung vom 16. bis zum 20. Jahrhundert. München 1972 (Motive – Freiburger Folkloristische Forschungen 4).

Paech, Norman; Stuby, Gerhard: Völkerrecht und Machtpolitik in den internationalen Beziehungen. Ein Studienbuch. Hamburg 2001.

Paenson, Isaac: Handbuch der Terminologie des Völkerrechts (Friedensrecht) und der Internationalen Organisationen. München [u. a.] 1993.

Pálffy, Géza: Ransom slavery along the Ottoman-Hungarian frontier in the sixteenth and seventeenth centuries. In: Ransom Slavery along the Ottoman Borders (Early Fifteenth – Early Eighteenth Centuries). Hrsg. von Géza Dávid and Pál Fodor. Leiden, Boston 2007 (The Ottoman Empire and its Heritage 37), S. 35–83.

Pálffy, Géza: The Kingdom of Hungary and the Habsburg Monarchy in the Sixteenth Century. New York 2009 (East European Monographs 735).

Panaite, Viorel: Pace, război şi comerţ în islam. Ţările române şi dreptul otoman al popoarelor (secolele XV–XVII) [Frieden, Krieg und Handel im Islam. Die rumänischen Länder und das osmanische Völkerrecht (15.–17. Jahrhundert)]. Bucureşti 1997 [in englischer Übersetzung erschienen unter dem Titel: The Ottoman law of war and peace. The Ottoman Empire and tribute payers. New York 2000 (East European Monographs 562)].

Panaitescu, P. P.: Mihai Viteazul [Michael der Tapfere]. Bucureşti 1936.

Papp, Klára: Die Meinungsänderungen der Ungarischen Stände im Zuge des Friedensabschlusses von 1606. In: „Einigkeit und Frieden sollen auf Seiten jeder Partei sein". Die Friedensschlüsse von Wien (23.06.1606) und Zsitvatorok (15.11.1606). Hrsg. von János Barta, Manfred Jatzlauk und Klára Papp. Debrecen 2007, S. 207–218.

Papp, Sándor: Die diplomatischen Bemühungen der Habsburger um Siebenbürgen in den Jahren 1551 und 1552. In: Wiener Zeitschrift für die Kunde des Morgenlandes 89 (1999), S. 109–133.

Papp, Sándor: Die Verleihungs-, Bekräftigungs- und Vertragsurkunden der Osmanen für Ungarn und Siebenbürgen. Eine quellenkritische Untersuchung. Wien 2003 (Österreichische Akademie der Wissenschaften, Schriften der Balkan-Kommission 42).

Papp, Sándor: Hungary and the Ottoman Empire (From the Beginnings to 1540). In: Fight against the Turk in Central-Europe in the first half of the 16th century. Hrsg. von István Zombori. Budapest 2004, S. 37–89.

Papp, Sándor: Das letzte Jahr des „Langen Türkenkrieges" – die Schlacht der Diplomatie. In: „Einigkeit und Frieden sollen auf Seiten jeder Partei sein". Die Friedensschlüsse von Wien (23.06.1606) und Zsitvatorok (15.11.1606). Hrsg. von János Barta, Manfred Jatzlauk und Klára Papp. Debrecen 2007, S. 245–266.

Papp, Sándor: Friedensoptionen und Friedensstrategien des Fürsten Gábor Bethlen zwischen dem Habsburger- und Osmanenreich (1619–1621). In: Frieden und Konfliktmanagement in interkulturellen Räumen. Das Osmanische Reich und die Habsburgermonarchie in der Frühen Neuzeit. Hrsg. von Arno Strohmeyer und Norbert Spannenberger unter Mitarb. von Robert Pech. Stuttgart 2013 (Forschungen zur Geschichte und Kultur des Östlichen Mitteleuropa 45), S. 109–128.

Pascu, Ştefan: Voievodatul Transilvaniei [Die Woiwodschaft Siebenbürgen]. Vol. IV. Cluj-Napoca 1989.

Perényi, J.: Projets de pacification européenne de F. Rákóczi en 1708–1709. In: Annales Universitatis Scientiarum Budapestinensis de Rolando Eötvös Nominatae. Sectio Historica 6 (1964), S. 123–145.

Péter, Katalin: Die Blütezeit des Fürstentums Siebenbürgen 1606–1660. In: Kurze Geschichte Siebenbürgens. Hrsg. von Béla Köpeczi [u. a.]. Budapest 1990, S. 302–358.

Péter, Katalin: The Struggle for Protestant Religious Liberty at the 1646–47 Diet in Hungary. In: Crown, Church and Estates. Central European Politics in the Sixteenth and Seventeenth Centuries. Hrsg. von Robert J. W. Evans und T. V. Thomas. London [u. a.] 1991, S. 261–268.

Péter, Katalin: Religionsangelegenheiten auf den Wiener Friedensverhandlungen. In: „Einigkeit und Frieden sollen auf Seiten jeder Partei sein". Die Friedensschlüsse von Wien (23.06.1606) und Zsitvatorok (15.11.1606). Hrsg. von János Barta, Manfred Jatzlauk und Klára Papp. Debrecen 2007, S. 151–156.

Peters, Martin: Heiraten für den Frieden. Europäische Heiratsverträge als dynastische Friedensinstrumente der Vormoderne. In: Instrumente des Friedens. Vielfalt und Formen von Friedensverträgen im vormodernen Europa. Hrsg. von Heinz Duchhardt und Martin Peters. Mainz 2008-06-25 (Veröffentlichungen des Instituts für Europäische Geschichte Mainz, Beiheft online 3), Abschnitt 12–20.
URL: <http://www.ieg-mainz.de/vieg-online-beihefte/03-2008.html>
(31.01.2009).
URN: <urn:nbn:de:0159-2008062408>.

Petritsch, Ernst Dieter: Der habsburgisch-osmanische Friedensvertrag des Jahres 1547. In: Mitteilungen des Österreichischen Staatsarchivs 38 (1985), S. 49–80.

Petritsch, Ernst Dieter: Türkische Toleranz?! In: Südostdeutsches Archiv 34/35 (1991/1992), S. 134–149.

Petritsch, Ernst Dieter: Tribut oder Ehrengeschenk? Ein Beitrag zu den habsburgisch-osmanischen Beziehungen in der zweiten Hälfte des 16. Jahrhunderts. In: Archiv und Forschung. Das Haus-, Hof- und Staatsarchiv in seiner Bedeutung für die Geschichte Österreichs und Europas. Hrsg. von Elisabeth Springer und Leopold Kammerhofer. Wien, München 1993 (Wiener Beiträge zur Geschichte der Neuzeit 20), S. 49–58.

Petritsch, Ernst Dieter: Das Osmanische Reich und Siebenbürgen im Reformationszeitalter. In: Konfessionsbildung und Konfessionskultur in Siebenbürgen in der Frühen Neuzeit. Hrsg. von Volker Leppin und Ulrich A. Wien. Stuttgart 2005 (Quellen und Studien zur Geschichte des östlichen Europa 66), S. 15–23.

Petritsch, Ernst Dieter: Fremderfahrungen kaiserlicher Diplomaten im Osmanischen Reich (1500–1648). In: Wahrnehmungen des Fremden. Differenzerfahrungen von Diplomaten im 16. und 17. Jahrhundert. Hrsg. von Michael Rohrschneider und Arno Strohmeyer. Münster 2007 (Schriftenreihe der Vereinigung zur Erforschung der Neueren Geschichte e.V. 31), S. 345–366.

Petritsch, Ernst Dieter: Der „lange" Türkenkrieg 1593–1606. In: Adelige Macht und Religionsfreiheit. Der Horner Bund 1608. Hrsg. von den Museen der Stadt Horn. Horn 2008/2009, S. 142–155.

Petritsch, Ernst Dieter: Dissimulieren in den habsburgisch-osmanischen Friedens- und Waffenstillstandsverträgen (16.–17. Jahrhundert): Differenzen und Divergenzen. In: Frieden und Konfliktmanagement in interkulturellen Räumen. Das Osmanische Reich und die Habsburgermonarchie in der Frühen Neuzeit. Hrsg. von Arno Strohmeyer und Norbert Spannenberger unter Mitarb. von Robert Pech. Stuttgart 2013 (Forschungen zur Geschichte und Kultur des Östlichen Mitteleuropa 45), S. 145–162.

Petritsch, Ernst Dieter: Grenz- und Raumkonzeptionen in den Friedensverträgen von Zsitvatorok und Karlowitz. In: Ein Raum im Wandel. Die osmanisch-habsburgische Grenzregion vom 16. bis zum 18. Jahrhundert. Hrsg. von Norbert Spannenberger und Szabolcs Varga. Stuttgart 2014 (Forschungen zur Geschichte und Kultur des Östlichen Mitteleuropa 44), S. 39-52.

Philippi, Maja: Betrachtungen zum Bürgeraufstand von 1688. Verbindungen der Aufständischen zu Şerban Cantacuzino. In: Forschungen zur Volks- und Landeskunde 15 (1972) 2, S. 75–87.

Philippi, Maja: Michael Weiß. Sein Leben und Wirken in Wort und Bild. Bukarest 1982.

Philippi, Maja: Von der Schlacht bei Mohács bis zum großen Brand (1526–1689). In: Kronstadt. Eine siebenbürgische Stadtgeschichte. Hrsg. von Harald Roth. München 1999, S. 42–58.

Picard, Bertold: Das Gesandtschaftswesen Ostmitteleuropas in der Frühen Neuzeit. Beiträge zur Geschichte der Diplomatie in der ersten Hälfte des sechzehnten Jahrhunderts nach den Aufzeichnungen des Freiherrn Sigmund von Herberstein. Graz [u. a.] 1967 (Wiener Archiv für die Geschichte des Slawentums und Osteuropas 6).

Pieper, Stefan U.: Der Westfälische Friede und seine Bedeutung für das Völkerrecht. In: Juristische Ausbildung (1995) 12, S. 988–995.

Pillorget, René: La France et les états allemands au congres de Nimegue (1678–1679). In: The Peace of Nijmegen 1676–1678/79. International Congress of the Tricentennial. Nijmegen 14.–16. September 1978. Amsterdam 1980, S. 225–236.

Pop, Ioan-Aurel: Mihai Viteazul şi Transilvania. In: Istoria Transilvaniei. Vol. II: De la 1541 până la 1711. Hrsg. von Ioan-Aurel Pop, Thomas Nägler und András Magyari. Cluj-Napoca 2005, S. 81–103.

Pop, Tudor: Die Herrschaft Mihais des Tapferen in Siebenbürgen. In: Ungarn-Jahrbuch 12 (1982/83), S. 133–147.

Poumarède, Géraud: Justifier l'injustifiable. L'alliance turque au miroir de la Chrétienté (XVIe – XVIIe siècles). In: Revue d'histoire diplomatique 109 (1997), S. 217–246.

Poumarède, Géraud: Négocier près la Sublime Porte. Jalons pour une nouvelle histoire des capitulations franco-ottomanes. In: L'invention de la diplomatie. Moyen Age – Temps modernes. Publ. par Lucien Bély et Isabelle Richefort. Paris 1998, S. 71–85.

Preiser, Wolfgang: Die Völkerrechtsgeschichte. Ihre Aufgaben und ihre Methode. In: Sitzungsberichte der wissenschaftlichen Gesellschaft an der Johann Wolfgang Goethe-Universität Frankfurt/Main 2 (1963) 2, S. 31–66.

Pufendorf, Samuel von: Die Verfassung des Deutschen Reiches. Hrsg. und übersetzt von Horst Denzer. Frankfurt am Main, Leipzig 1994 (Bibliothek des deutschen Staatsdenkens 4).

Puttkamer, Ellinor von: Grundlinien des Widerstandsrechts in der Verfassungsgeschichte Osteuropas. In: Spiegel der Geschichte. Festgabe für Max Braubach zum 10. April 1964. Hrsg. von Konrad Repgen und Stephan Skalweit. Münster 1964, S. 198–219.

Rácz, Lajos: Föhatalom és kormányzás az Erdélyi Fejedelemségben [Zentralgewalt und Regierung im Fürstentum Siebenbürgen]. Budapest 1992.

Radó-Rothfeld, Sámuel: Die ungarische Verfassung geschichtlich dargestellt. Berlin 1898.

Radvánszky, Anton: Grundzüge der Verfassungs- und Staatsgeschichte Ungarns. München 1990 (Studia Hungarica 35).

Randa, Alexander: Pro Republica Christiana. Die Walachei im „Langen" Türkenkrieg der katholischen Universalmächte 1593–1606. München 1964 (Acta Historica 3).

Regele, Oskar: Der österreichische Hofkriegsrat 1556–1848. Wien 1949 (Mitteilungen des Österreichischen Staatsarchivs 1).

Reindl-Kiel, Hedda: Symbolik, Selbstbild und Beschwichtigungsstrategien: Diplomatische Geschenke der Osmanen für den Wiener Hof (17.–18. Jahrhundert). In: Frieden und Konfliktmanagement in interkulturellen Räumen. Das Osmanische Reich und die Habsburgermonarchie in der Frühen Neuzeit. Hrsg. von Arno Strohmeyer und Norbert Spannenberger unter Mitarb. von Robert Pech. Stuttgart 2013 (Forschungen zur Geschichte und Kultur des Östlichen Mitteleuropa 45), S. 265–282.

Reingrabner, Gustav: Der Horner Bund und die Capitulationsresolution. In: Adelige Macht und Religionsfreiheit. Der Horner Bund 1608. Hrsg. von den Museen der Stadt Horn. Horn 2008/2009, S. 183–205.

Repgen, Konrad: Dreißigjähriger Krieg und Westfälischer Friede. Studien und Quellen. Hrsg. von Franz Bosbach und Christoph Kampmann. Paderborn [u. a.] 1998 (Rechts- und Staatswissenschaftliche Veröffentlichungen der Görres-Gesellschaft 81).

Rezachevici, Constantin: Les relations politiques et militaries entre la Valachie et la Transylvanie au début du XVIIe siècle. In: Revue Roumaine d'Histoire 11 (1972) 5, S. 761–772.

Rezachevici, Constantin: Începutul epocii lui Matei Basarab şi Vasile Lupu în lumina relaţiilor cu Imperiul Otoman şi cu Transilvania [Der Beginn der Epoche Matei Basarabs und Vasile Lupus im Lichte der Beziehungen zum Osmanischen Reich und zu Siebenbürgen]. In: Revista de istorie 35 (1982) 9, S. 1003–1012.

Rezachevici, Constantin: Politica internă şi externă a ţărilor române în primele trei decenii ale secolului al XVII-lea [Die Innen- und Außenpolitik der rumänischen

Länder in den ersten drei Jahrzehnten des 17. Jahrhunderts]. In: Revista de istorie 38 (1985) 1–2, S. 5–29, S. 145–159.

Rill, Gerhard: Arbitrium – tertia pars. Beobachtungen zur Völkerrechtspraxis der frühen Neuzeit. In: Recht und Reich im Zeitalter der Reformation. Festschrift für Horst Rabe. Hrsg. von Christine Roll. Frankfurt a. M. [u. a.] [2]1997, S. 97–120.

Roll, Christine: Reichstags-Absage und Waldkirch-Mission. Überlegungen zur kaiserlichen Reichspolitik im ersten Jahrzehnt der Regierung Karls V. In: Karl V. Politik und politisches System. Berichte und Studien aus der Arbeit an der politischen Korrespondenz des Kaisers. Hrsg. von Horst Rabe. Konstanz 1996, S. 279–316.

Roll, Christine: Politisches Kalkül und diplomatische Praxis. Zu den Verträgen und Vertragsverhandlungen zwischen Zar und Kaiser im 16. und 17. Jahrhundert. In: Kalkül – Transfer – Symbol. Europäische Friedensverträge der Vormoderne. Hrsg. von Heinz Duchhardt und Martin Peters. Mainz 2006-11-02 (Veröffentlichungen des Instituts für Europäische Geschichte Mainz, Beiheft online 1), Abschnitt 53–62.
URL: <http://www.ieg-mainz.de/vieg-online-beihefte/01-2006.html> (31.01.2009).
URN: <urn:nbn:de:0159-2008031300>.

Roth, Harald: Die Rolle Siebenbürgens im habsburgisch-osmanischen Konflikt 1663/64. In: Siebenbürgische Semesterblätter 3 (1989) 1, S. 81–86.

Roth, Harald: Die Ständeverfassung in Siebenbürgen im 16. und 17. Jahrhundert. In: Berichte und Beiträge des Geisteswissenschaftlichen Zentrums Geschichte und Kultur Ostmitteleuropas e. V. Öffentliche Vorträge 1997. Leipzig 1998, S. 79–90.

Roth, Harald: Kleine Geschichte Siebenbürgens. Köln [u. a.] [3]2007.

Roth, Paul W.: Das Diploma Leopoldinum. Vorgeschichte, Bestimmungen. In: Siebenbürgen in der Habsburgermonarchie. Vom Leopoldinum bis zum Ausgleich (1690–1867). Hrsg. von Zsolt K. Lengyel und Ulrich A. Wien. Köln, Wien, Weimar 1999 (Siebenbürgisches Archiv 34), S. 1–11.

Rudolph, Harriet: Türkische Gesandtschaften ins Reich am Beginn der Neuzeit – Herrschaftsinszenierung, Fremdheitserfahrung und Erinnerungskultur. Die Gesandtschaft des Ibrahim Bey von 1562. In: Das Osmanische Reich und die Habsburgermonarchie. Akten des internationalen Kongresses zum 150-jährigen Bestehen des Instituts für Österreichische Geschichtsforschung, Wien, 22.–25. September 2004. Hrsg. von Marlene Kurz, Martin Scheutz, Karl Vocelka und Thomas Winkelbauer. Wien, München 2005 (Mitteilungen des Instituts für Österreichische Geschichtsforschung, Ergänzungsband 48), S. 295–314.

Ruppel, Sophie: „Das Pfand und Band aller Handlungen". Der höfische Brief als Medium kulturellen Austauschs. In: Grenzüberschreitende Familienbeziehungen. Akteure und Medien des Kulturtransfers in der Frühen Neuzeit. Hrsg. von Dorothea Nolde und Claudia Opitz. Köln, Weimar, Wien 2008, S. 211–223.

Ruppert, Karsten Peter Karl: Die kaiserliche Politik auf dem Westfälischen Friedenskongreß (1643–1648). Diss. phil. Bonn 1977.

Rusu, Gabriel V.: Cronicari, călători şi proiectele polone ale principilor ardeleni. Campania din Polonia a lui Gheorghe II Rákóczi (1657) [Chronisten, Reisende und die polnischen Projekte der siebenbürgischen Fürsten. Der Polen-Feldzug Georg II. Rákóczi (1657)]. In: Studia Medievalia 1 (2004), S. 229–252.

Sahin-Tóth, Péter: A francia külpolitika és a Bocskai felkelés [Die französische Außenpolitik und der Bocskai-Aufstand]. In: A tudomány szolgálatában. Emlékkönyv Benda Kálmán 80. születésnapjára [Im Dienste der Wissenschaft. Festschrift zum 80. Geburtstag von Kálmán Benda]. Hrsg. von Ferenc Glatz. Budapest 1993, S. 123–131.

Schaendlinger, Anton C.: Die osmanisch-habsburgische Diplomatie in der ersten Hälfte des 16. Jahrhunderts. In: The Journal of Ottoman Studies 4 (1984), S. 181–196.

Scheuner, Ulrich: Die großen Friedensschlüsse als Grundlage der europäischen Staatenordnung zwischen 1648 und 1815. In: Spiegel der Geschichte. Festgabe für Max Braubach zum 10. April 1964. Hrsg. von Konrad Repgen und Stephan Skalweit. Münster 1964, S. 220–250.

Schmidt-Rösler, Andrea: Princeps Transilvaniae – Rex Hungariae? Gabriel Bethlens Außenpolitik zwischen Krieg und Frieden. In: Kalkül – Transfer – Symbol. Europäische Friedensverträge der Vormoderne. Hrsg. von Heinz Duchhardt und Martin Peters. Mainz 2006-11-02 (Veröffentlichungen des Instituts für Europäische Geschichte Mainz, Beiheft online 1), Abschnitt 80–98.
URL: <http://www.ieg-mainz.de/vieg-online-beihefte/01-2006.html>
(31.01.2009).
URN: <urn:nbn:de:0159-2008031300>.

Schmidt-Rösler, Andrea: Grenzraum und Staatlichkeit. Zur Wahrnehmung des Fürstentums Siebenbürgen in der Frühen Neuzeit. In: Grenzen des Friedens. Europäische Friedensräume und -orte der Vormoderne. Hrsg. von Martin Peters. Mainz 2010-07-15 (Veröffentlichungen des Instituts für Europäische Geschichte Mainz, Beiheft online 4), Abschnitt 67–83.
URL: <http://www.ieg-mainz.de/vieg-online-beihefte/04-2010.html>
(31.01.2013).
URN: <urn:nbn:de:0159-2008061836>.

Schramm, Gottfried: Armed Conflict in East-Central Europe: Protestant Noble Opposition and Catholic Royalist Factions, 1604-20. In: Crown, Church and Estates. Central European Politics in the Sixteenth and Seventeenth Centutries. Hrsg. von Robert J. W. Evans und T. V. Thomas. London [u. a.] 1991, S. 176–195.

Schröder, Jan: Die Entstehung des modernen Völkerrechtsbegriffs im Naturrecht der frühen Neuzeit. In: Jahrbuch für Recht und Ethik 8 (2000), S. 47–71.

Schröder, Peter: Taming the Fox and the Lion – Some Aspects of the Sixteenth-Century's Debate on Inter-State Relations. In: War, the State and International Law in Seventeenth-Century Europe. Hrsg. von Olaf Asbach und Peter Schröder. Farnham, Burlington 2010, S. 83–102.

Schuller, Johann Karl: Diplomatische Beiträge zur Geschichte Siebenbürgens nach der Mohátscher Schlacht. In: Archiv des Vereins für Siebenbürgische Landeskunde 2 (1855) 1, S. 128–133.

Schuller, Johann Karl: Das Bündniß Johann Zápolya's mit König Franz I. von Frankreich. In: Archiv des Vereins für Siebenbürgische Landeskunde 2 (1857) 3, S. 320–380.

Schuler von Libloy, Friedrich: Materialien zur Siebenbürgischen Rechtsgeschichte. Hermannstadt 1862.

Schuler von Libloy, Friedrich: Siebenbürgische Rechtsgeschichte. Bd. I: Einleitung, Rechtsquellen und Staatsrecht. Hermannstadt 1867.

Schuler von Libloy, Friedrich: Aus der Türken- und Jesuitenzeit vor und nach dem Jahre 1600. Historische Darstellungen, zumal Fürsten- und Volksgeschichte in den Karpathenländern. Berlin 1879.

Schulze, Reinhard: Die islamische Welt in der Neuzeit (16. – 19. Jahrhundert). In: Der islamische Orient: Grundzüge seiner Geschichte. Hrsg. von Albrecht Noth und Jürgen Paul. Würzburg 1998 (MISK 1), S. 333 – 405.

Schulze, Winfried: Reich und Türkengefahr im späten 16. Jahrhundert. Studien zu den politischen und gesellschaftlichen Auswirkungen einer äußeren Bedrohung. München 1978.

Schulze, Winfried: Estates and the Problem of Resistance in Theory and Practice in the Sexteenth and Seventeenth Centuries. In: Crown, Church and Estates. Central European Politics in the Sixteenth and Seventeenth Centuries. Hrsg. von Robert J. W. Evans und T. V. Thomas. London [u. a.] 1991, S. 158 – 175.

Schwarz, Klaus: Vom Krieg zum Frieden. Berlin, das Kurfürstentum Brandenburg, das Reich und die Türken. In: Europa und der Orient 800 – 1900. Hrsg. von Gereon Sievernich und Hendrik Budde. Gütersloh, München 1989, S. 245 – 278.

Şerban, Constantin: Relaţiile politice dintre ţările române la mijlocul secolului al XVII-lea. In: Revista de istorie 31 (1978) 11, S. 1939 – 1957.

Serwański, Maciej: La diplomatie polonaise au XVIIe siècle. In: L'invention de la diplomatie. Moyen Age – Temps modernes. Publ. par Lucien Bély et Isabelle Richefort. Paris 1998, S. 167 – 176.

Setton, Kenneth M.: Venice, Austria, and the Turks in the Seventeenth Century. Philadelphia 1991.

Severi, Bart: Representation and Self-Consciousness in 16th Century. Habsburg Diplomacy in the Ottoman Empire. In: Das Osmanische Reich und die Habsburgermonarchie. Akten des internationalen Kongresses zum 150-jährigen Bestehen des Instituts für Österreichische Geschichtsforschung, Wien, 22. – 25. September 2004. Hrsg. von Marlene Kurz, Martin Scheutz, Karl Vocelka und Thomas Winkelbauer. Wien, München 2005 (Mitteilungen des Instituts für Österreichische Geschichtsforschung, Ergänzungsband 48), S. 281 – 294.

Shaw, Ezel Kural: The Ottoman Aspects of Pax Ottomanica: The Political, Practical and Psychological Aspects of Pax Ottomanica. In: Tolerance and Movements of Religious Dissent in Eastern Europe. Hrsg. von Béla K. Király. New York, London 1975, S. 165 – 182.

Sinkovics, I.: L' union personnelle et le problème de la centralisation en Transylvanie à l' époque de la royauté polonaise d'Etiènne Báthori. In: Annales Universitatis Scientiarum Budapestinensis de Rolando Eötvös Nominatae. Sectio Historica 6 (1964), S. 73 – 108.

Sîrbu, Ion: Istoria lui Mihai Vodă Viteazul domnul Ţării Româneşti [Die Geschichte Michaels des Tapferen, Woiwode der Walachei]. Ediţie îngrijită de Damaschin Mioc. Timişoara ^{2}1976.

Sîrbu, Ion: Relaţiile externe ale lui Matei Vodă Basarab 1632–1654 (Cu privire la istoria Orientului European). [Die außenpolitischen Beziehungen Matei Basarabs (Im Hinblick auf den europäischen Orient]. Übersetzt und hrsg. von Rudolf Gräf. Timişoara 1992.

Sonnino, Paul: Prelude to the Fronde. The French Delegation at the Peace of Westphalia. In: Der Westfälische Friede. Diplomatie, politische Zäsur, kulturelles Umfeld, Rezeptionsgeschichte. Hrsg. von Heinz Duchhardt. München 1998, S. 217–234.

Soporan, Florin-Dumitru: Afirmarea monarhiei habsburgice în Europa Central-Orientală 1526–1556 [Das Durchsetzen der Habsburgermonarchie in Ostmitteleuropa 1526–1556]. In: Studia Medievalia 1 (2004), S. 253–292.

Soreanu, Mircea: Marii Viziri Köprülü (1656–1710). Relaţii politice şi militare între Ţările Române şi Imperiul otoman [Die Köprülü-Großwesire (1656–1710). Politische und militärische Beziehungen zwischen den rumänischen Ländern und dem Osmanischen Reich]. Bucureşti 2002.

Spannenberger, Norbert; Öze, Sándor: „Wir brauchen Mohács!" Historiographie und politische Instrumentalisierung der Erinnerung an eine nationale Niederlage in Ungarn. In: Südosteuropa. Von vormoderner Vielfalt und nationalstaatlicher Vereinheitlichung. Festschrift für Edgar Hösch. Hrsg. von Konrad Clewing und Oliver Jens Schmitt. München 2005, S. 327–347.

Spekner, Enikő: Die Geschichte der habsburgisch-jagiellonischen Heiratsverträge im Spiegel der Quellen. In: Maria von Ungarn (1505–1558). Eine Renaissancefürstin. Hrsg. von Martina Fuchs und Orsolya Réthelyi unter Mitarb. von Katrin Sippel. Münster 2007 (Geschichte in der Epoche Karls V. 8), S. 25–46.

Spuler, Bertold: Die europäische Diplomatie in Konstantinopel bis zum Frieden von Belgrad 1739. In: Jahrbücher für Kultur und Geschichte der Slaven N. F. 11 (1935), S. 53–115, 171–222, 313–366.

Steiger, Heinhard: Der Westfälische Frieden – Grundgesetz für Europa? In: Der Westfälische Friede. Diplomatie, politische Zäsur, kulturelles Umfeld, Rezeptionsgeschichte. Hrsg. von Heinz Duchhardt. München 1998, S. 33–80.

Steiger, Heinhard: Ius bändigt Mars. Das klassische Völkerrecht und seine Wissenschaft als frühneuzeitliche Kulturerscheinung. In: Ders.: Von der Staatengesellschaft zur Weltrepublik? Aufsätze zur Geschichte des Völkerrechts aus vierzig Jahren. Baden-Baden 2009 (Studien zur Geschichte des Völkerrechts 22), S. 105–131.

Steiger, Heinhard: Vom Völkerrecht der Christenheit zum Weltbürgerrecht. Überlegungen zur Epochenbildung in der Völkerrechtsgeschichte. In: Ders.: Von der Staatengesellschaft zur Weltrepublik? Aufsätze zur Geschichte des Völkerrechts aus vierzig Jahren. Baden-Baden 2009 (Studien zur Geschichte des Völkerrechts 22), S. 51–66.

Steiger, Heinhard: Religion und die historische Entwicklung des Völkerrechts. In: Ders.: Von der Staatengesellschaft zur Weltrepublik? Aufsätze zur Geschichte des Völkerrechts aus vierzig Jahren. Baden-Baden 2009 (Studien zur Geschichte des Völkerrechts 22), S. 67–104.

Steiger, Heinhard: Rechtliche Strukturen der Europäischen Staatenordnung 1648–1792. In: Ders.: Von der Staatengesellschaft zur Weltrepublik? Aufsätze zur

Geschichte des Völkerrechts aus vierzig Jahren. Baden-Baden 2009 (Studien zur Geschichte des Völkerrechts 22), S. 191–232.

Steiger, Heinhard: Friede in der Rechtsgeschichte. In: Ders.: Von der Staatengesellschaft zur Weltrepublik? Aufsätze zur Geschichte des Völkerrechts aus vierzig Jahren. Baden-Baden 2009 (Studien zur Geschichte des Völkerrechts 22), S. 293–355.

Steiger, Heinhard: Friedensschluss und Amnestie in den Verträgen von Münster und Osnabrück. In: Ders.: Von der Staatengesellschaft zur Weltrepublik? Aufsätze zur Geschichte des Völkerrechts aus vierzig Jahren. Baden-Baden 2009 (Studien zur Geschichte des Völkerrechts 22), S. 431–467.

Steiger, Heinhard: Die Träger des ius belli ac pacis 1648–1806. In: Ders.: Von der Staatengesellschaft zur Weltrepublik? Aufsätze zur Geschichte des Völkerrechts aus vierzig Jahren. Baden-Baden 2009 (Studien zur Geschichte des Völkerrechts 22), S. 581–598.

Stoicescu, Nicolae: Matei Basarab. Bucureşti 1988.

Stolleis, Michael: Arcana imperii und Ratio status: Bemerkungen zur politischen Theorie des frühen 17. Jahrhunderts. Göttingen 1980 (Veröffentlichung des Joachim Jungius-Gesellschaft der Wissenschaften Hamburg 39).

Stolleis, Michael: Staat und Staatsräson in der frühen Neuzeit. Studien zur Geschichte des öffentlichen Rechts. Frankfurt am Main 1990.

Stolleis, Michael: Die Idee des souveränen Staates. In: Entstehen und Wandel verfassungsrechtlichen Denkens. Red. von Reinhard Mußgnug. Berlin 1996 (Der Staat, Beiheft 11), S. 63–85.

Stolleis, Michael: Ius belli ac pacis und der frühmoderne Staat. In: „Ins Wasser geworfen und Ozeane durchquert". Festschrift für Knut Wolfgang Nörr. Hrsg. von Mario Ascheri [u. a.]. Köln, Weimar, Wien 2003, S. 993–1007.

Stoy, Manfred: Das Wirken Gaspar Gracianis (Gratianis) bis zu seiner Ernennung zum Fürsten der Moldau am 4. Februar 1619. In: Südost-Forschungen 43 (1984), S. 49–116.

Stoy, Manfred: Jakob Basilikos Heraklides (Despot Vodă), Fürst der Moldau 1561–1563, und die Habsburger. In: Mitteilungen des Instituts für Österreichische Geschichtsforschung 100 (1992) 1–4, S. 305–327.

Stoy, Manfred: Radu Şerban, Fürst der Walachei 1602–1611, und die Habsburger. Eine Fallstudie. In: Südost-Forschungen 54 (1995), S. 49–103.

Stoy, Manfred: Gaspar Graţiani, Fürst der Moldau 1619–1620: seine marginale Rolle in den Anfängen des Dreißigjährigen Krieges. In: Mitteilungen des Instituts für Österreichische Geschichtsforschung 112 (2004) 1–4, S. 306–315.

Strohmeyer, Arno: Theorie der Interaktion. Das europäische Gleichgewicht der Kräfte in der frühen Neuzeit. Wien, Köln, Weimar 1994.

Strohmeyer, Arno: Vom Widerstand zur Rebellion: Praxis und Theorie des ständischen Widerstands in den östlichen österreichischen Ländern im Werden der Habsburgermonarchie (ca. 1550–1650). In: Widerstandsrecht in der frühen Neuzeit. Erträge und Perspektiven der Forschung im deutsch-britischen Vergleich. Hrsg. von Robert von Friedeburg. Berlin 2001 (Zeitschrift für Historische Forschung, Beiheft 26), S. 207–244.

Strohmeyer, Arno: Das Osmanische Reich – ein Teil des europäischen Staatensystems der Frühen Neuzeit? In: Das Osmanische Reich und die Habsburgermonarchie. Akten des internationalen Kongresses zum 150-jährigen Bestehen des Instituts für Österreichische Geschichtsforschung, Wien, 22.–25. September 2004. Hrsg. von Marlene Kurz, Martin Scheutz, Karl Vocelka und Thomas Winkelbauer. Wien, München 2005 (Mitteilungen des Instituts für Österreichische Geschichtsforschung, Ergänzungsband 48), S. 149–164.

Strohmeyer, Arno: Wahrnehmungen des Fremden: Differenzerfahrungen von Diplomaten im 16. und 17. Jahrhundert: Forschungsstand – Erträge – Perpektiven. In: Wahrnehmungen des Fremden. Differenzerfahrungen von Diplomaten im 16. und 17. Jahrhundert. Hrsg. von Michael Rohrschneider und Arno Strohmeyer. Münster 2007 (Schriftenreihe der Vereinigung zur Erforschung der Neueren Geschichte e.V. 31), S. 1–50.

Strohmeyer, Arno: Die habsburgisch-osmanische Freundschaft (16.–18. Jahrhundert). In: Frieden und Konfliktmanagement in interkulturellen Räumen. Das Osmanische Reich und die Habsburgermonarchie in der Frühen Neuzeit. Hrsg. von Arno Strohmeyer und Norbert Spannenberger unter Mitarb. von Robert Pech. Stuttgart 2013 (Forschungen zur Geschichte und Kultur des Östlichen Mitteleuropa 45), S. 223–238.

Subtelny, Orest: The Contractual Principle and Right of Resistance in the Ukraine and Moldavia. In: Crown, Church and Estates. Central European Politics in the Sixteenth and Seventeenth Centutries. Hrsg. von Robert J. W. Evans und T. V. Thomas. London [u. a.] 1991, S. 287–299.

Sugar, Peter F.: Southeastern Europe under Ottoman Rule, 1354–1804. Seattle, London 1977, ²1993 (A History of East Central Europe 5).

Sutschek, Felix: Das deutsch-römische Recht der Siebenbürger Sachsen (Eigen-Landrecht). Stuttgart 2000 (Aus der Rechtsgeschichte Siebenbürgens).

Szabó, András: Die Türkenfrage in der Geschichtsauffassung der ungarischen Reformation. In: Europa und die Türken in der Renaissance. Hrsg. von Bodo Guthmüller und Wilhelm Kühlmann. Tübingen 2000, S. 275–281.

Szabó, Ludwig: Die diplomatischen Beziehungen des Staates Transylvanien von 1528–1790[!]. Diss. jur. Wien 1968.

Szakály, Ferenc: Der Wandel Ungarns in der Türkenzeit. In: Habsburgisch-osmanische Beziehungen. Hrsg. von Andreas Tietze. Wien 1985 (Beihefte zur Wiener Zeitschrift für die Kunde des Morgenlandes 13), S. 35–54.

Szakály, Ferenc: Lodovico Gritti in Hungary 1529–1534. A Historical Insight into the Beginnings of Turco-Habsburgian Rivalry. Budapest 1995 (Studia Historica Academiae Scientiarum Hungaricae 197).

Szegedi, Edit: Constituirea şi evoluţia principatului Transilvaniei (1541–1690) [Die Konstituierung und Entwicklung des Fürstentums Siebenbürgen (1541–1690)]. In: Istoria Transilvaniei. Vol. II: De la 1541 până la 1711. Hrsg. von Ioan-Aurel Pop, Thomas Nägler und András Magyari. Cluj-Napoca 2005, S. 107–120.

Szilágyi, Sándor: I. Rákóczy György elsö összeköttetései a svédekkel. Budapest 1883.

Tadra, Ferdinand: Beiträge zur Geschichte des Feldzuges Bethlen Gabors gegen Kaiser Ferdinand II. im Jahre 1623. Nebst Original-Briefen Albrechts von Waldstein. Wien 1877.

Tardy, Lajos: Ungarns antiosmanische Bündnisse mit Staaten des Nahen Ostens und deren Vorgeschichte. In: Anatolica 4 (1971/72), S 139–156.

Tardy, Lajos: Beyond the Ottoman Emire. 14th – 16th Century Hungarian Diplomacy in the East. Szeged 1978 (Studia Uralo-Altaica 13).

Tătar, Octavian: Aspecte internaţionale ale constituirii Principatului Transilvaniei [Internationale Aspekte der Gründung des Fürstentums Siebenbürgen]. Hunedoara 2001 (Bibliotheca Archaeologica et Historica Corvinensis 3).

Tătar, Octavian: Europeni şi otomani în evul mediu [Europäer und Osmanen im Mittelalter]. Realităţi politico-diplomatice şi militare. Studii. Sibiu 2003.

Tătar, Octavian: Modelul juridic ottoman şi formulele de protocol folosite de Süleyman I în relaţiile cu Habsburgii în anii 1534–1565 [Das osmanische Rechtsmodell und die von Süleyman I verwendeten protokollarischen Formeln in den Beziehungen zu den Habsburgern 1534–1565]. In: Apulum 43 (2006) 2, S. 123–130.

Tătar, Octavian: "Preţul" Ungariei în negocierile habsburgo-otomane din 1547–1551 reflectat în corespondenţa diplomatică austriacă din Istanbul [Der "Preis" Ungarns in den habsburgisch-osmanischen Verhandlungen von 1547–1551 im Spiegel der österreichischen diplomatischen Korrespondenz in Istanbul]. In: Die Sachsen und ihre Nachbarn in Siebenbürgen. Studia in honorem Dr. Thomas Nägler. Hrsg. von Ioan Marian Ţiplic und Konrad Gündisch. Alba Iulia 2009, S. 229–240.

Tepperberg, Christoph: Fürst und Adel in Waffen – militärische Aspekte des Bruderzwists in Habsburg. In: Adelige Macht und Religionsfreiheit. Der Horner Bund 1608. Hrsg. von den Museen der Stadt Horn. Horn 2008/2009, S. 156–182.

Teutsch, Georg Daniel: Zum Krieg Johanns Zápolya gegen Ferdinand von Österreich. In: Korrespondenzblatt des Vereins für Siebenbürgische Landeskunde 12 (1889) 4, S. 33–40.

Thorau, Peter: Von Karl dem Großen zum Frieden von Zsitva Torok. Zum Weltherrschaftsanspruch Sultan Mehmeds II. und dem Wiederaufleben des Zweikaiserproblems nach der Eroberung Konstantinopels. In: Historische Zeitschrift 279 (2004), S. 309–334.

Tischer, Anuschka: Französische Diplomatie und Diplomaten auf dem Westfälischen Friedenskongress. Außenpolitik unter Richelieu und Mazarin. Münster 1999 (Schriftenreihe der Vereinigung zur Erforschung der Neueren Geschichte e.V. 29).

Tischer, Anuschka: Vom Kriegsgrund hin zum Friedensschluß: der Einfluß unterschiedlicher Faktoren auf die Formulierung von Friedensverträgen am Beispiel des Westfälischen Friedens. In: Kalkül – Transfer – Symbol. Europäische Friedensverträge der Vormoderne. Hrsg. von Heinz Duchhardt und Martin Peters. Mainz 2006-11-02 (Veröffentlichungen des Instituts für Europäische Geschichte Mainz, Beiheft online 1), Abschnitt 99–108.
URL: <http://www.ieg-mainz.de/vieg-online-beihefte/01-2006.html> (31.01.2009).
URN: <urn:nbn:de:0159-2008031300>.

Tischer, Anuschka: Mars oder Jupiter? Konkurrierende Legitimierungsstrategien im Kriegsfall. In: Bourbon – Habsburg – Oranien. Konkurrierende Modelle im dynastischen Europa um 1700. Hrsg. von Christoph Kampmann, Katharina Krause, Eva-Bettina Krems und Anuschka Tischer. Köln, Weimar, Wien 2008, S. 196–211.

Toderaşcu, I.: Transilvania şi Liga Creştină. O relatare necunoscută din 1597 [Siebenbürgen und die Heilige Liga. Ein unbekannter Bericht aus dem Jahr 1597]. In: Anuarul Institutului de Istorie şi Arheologie "A. D. Xenopol" 19 (1982), S. 303–311.

Toifl, Leopold; Leitgeb, Hildegard: Ostösterreich im Bocskay-Aufstand 1605. Wien 1990 (Militärhistorische Schriftenreihe 63).

Toma, Katalin: Der Friede von Eisenburg 1664 und seine Auswirkung auf die Positionierung der ungarischen politischen Elite. In: Frieden und Konfliktmanagement in interkulturellen Räumen. Das Osmanische Reich und die Habsburgermonarchie in der Frühen Neuzeit. Hrsg. von Arno Strohmeyer und Norbert Spannenberger unter Mitarb. von Robert Pech. Stuttgart 2013 (Forschungen zur Geschichte und Kultur des Östlichen Mitteleuropa 45), S. 185–196.

Tóth, István György: Zwischen Kaiser und Sultan (1604–1711). In: Geschichte Ungarns. Hrsg. von István György Tóth. Budapest 2005, S. 257–288.

Tóth, István György: Reformation und katholische Erneuerung. In: Geschichte Ungarns. Hrsg. von István György Tóth. Budapest 2005, S. 288–315.

Tóth, István György: Katholische Erneuerung „im Hause des Islams": Missionsbischöfe in Türkisch-Ungarn im 17. Jahrhundert. In: Wege der Neuzeit. Festschrift für Heinz Schilling zum 65. Geburtstag. Hrsg. von Stefan Ehrenpreis [u. a.]. Berlin 2007, S. 215–240.

Tóth, István György: Religiöser Fundamentalismus und Toleranz in Habsburg-Ungarn und Siebenbürgen um 1600. In: Konfessioneller Fundamentalismus. Religion als politischer Faktor im europäischen Mächtesystem um 1600. Hrsg. von Heinz Schilling unter Mitarb. von Elisabeth Müller-Luckner. München 2007 (Schriften des Historischen Kollegs. Kolloquien 70), S. 273–283.

Toyoda, Tetsuya: L'aspect universaliste du droit international européen du 19ème siècle et le statut juridique de la Turquie avant 1856. In: Journal of the History of International Law 8 (2006) S. 19–37.

Trócsányi, Zsolt: Erdély Központi Kormányzata 1540–1690 [Die Zentralregierung Siebenbürgens 1540–1690]. Budapest 1980 (A Magyar Országos Levéltár Kiadványai III/6).

Varga, J. János: Europa und "Die Vormauer des Christentums". Die Entwicklungsgeschichte eines geflügelten Wortes. In: Europa und die Türken in der Renaissance. Hrsg. von Bodo Guthmüller und Wilhelm Kühlmann. Tübingen 2000, S. 55–63.

Várkonyi, Ágnes R.: La coalition internationale contre les Turcs et la politique étrangère hongroise en 1663–1664. Budapest 1975 (Studia Historica Academiae Scientiarum Hungaricae 102).

Várkonyi, Ágnes R.: Gábor Bethlen and Transylvania under the Rákóczis at the European Peace Negotiations 1648–1714. In: Forschungen über Siebenbürgen und seine Nachbarn. Festschrift für Attila T. Szabó und Zsigmond Jakó. Hrsg. von Kálmán Benda [u. a.]. Bd. I. München 1987 (Studia Hungarica 31), S. 151–162.

Várkonyi, Ágnes R.: Die letzten Jahrzehnte des autonomen Fürstentums 1660–1711. In: Kurze Geschichte Siebenbürgens. Hrsg. von Béla Köpeczi [u. a.]. Budapest 1990, S. 359–403.

Várkonyi, Ágnes R.: Siebenbürgen und das Mächtegleichgewicht in Europa. In: Siebenbürgen. Magie einer Kulturlandschaft. Red. von Farkas-Zoltán Hajdú [u. a.]. Klausenburg 1999.

Várkonyi, Ágnes R.: Europica varietas – Hungarica varietas 1526–1762. Selected Studies. Budapest 2000.

Várkonyi, Ágnes R.: Die internationalen Hintergründe des Bocskai-Freiheitskampfes (Die ungarische Geschichte aus europäischer Perspektive). In: „Einigkeit und Frieden sollen auf Seiten jeder Partei sein“. Die Friedensschlüsse von Wien (23.06.1606) und Zsitvatorok (15.11.1606). Hrsg. von János Barta, Manfred Jatzlauk und Klára Papp. Debrecen 2007, S. 13–29.

Vocelka, Karl: Die politische Propaganda Kaiser Rudolfs II. (1576–1612). Wien 1981 (Veröffentlichungen der Kommission für die Geschichte Österreichs 9).

Vocelka, Karl: Rudolf II. und seine Zeit. Wien, Köln, Graz 1985.

Vocelka, Karl: Das Türkenbild des christlichen Abendlandes in der frühen Neuzeit. In: Österreich und die Osmanen – Prinz Eugen und seine Zeit. Hrsg. von Erich Zöllner und Karl Gutkas. Wien 1988 (Schriften des Instituts für Österreichkunde), S. 20–31.

Vocelka, Karl: Österreichische Geschichte 1699–1815. Glanz und Untergang der höfischen Welt. Repräsentation, Reform und Reaktion im habsburgischen Vielvölkerstaat. Wien 2001.

Wagner, Ernst: Historisch-statistisches Ortsnamenbuch für Siebenbürgen. Mit einer Einführung in die historische Statistik des Landes. Köln, Wien 1977 (Studia Transylvanica 4).

Weber, Matthias: Das Verhältnis Schlesiens zum Alten Reich in der frühen Neuzeit. Köln, Weimar, Wien 1992 (Neue Forschungen zur schlesischen Geschichte 1).

Wheatcroft, Andrew: The Enemy at the Gate. Habsburgs, Ottomans and the Battle for Europe. New York 2008.

Wibling, Carl: Sveriges förhållande till Siebenbürgen 1623–1648 [Schwedens Verhältnis zu Siebenbürgen]. Lund 1890.

Willoweit, Dietmar: Zwischenherrschaftliche Beziehungen in der mittelalterlichen Welt. Umrisse eines neueren Forschungsansatzes. In: Reiche und Territorien in Ostmitteleuropa. Historische Beziehungen und politische Herrschaftslegitimation. Hrsg. Von Dietmar Willoweit und Hans Lemberg. München 2006 (Völker, Staaten und Kulturen in Ostmitteleuropa 2), S. 275–284.

Wilson, Peter H.: Europe's Tragedy. A History of the Thirty Years War. London 2009.

Winkelbauer, Thomas: Österreichische Geschichte 1522–1699. Ständefreiheit und Fürstenmacht. Länder und Untertanen des Hauses Habsburg im konfessionellen Zeitalter. 2 Bde. Wien 2004.

Wisner, Henryk: Die Adelsrepublik und der Dreißigjährige Krieg. In: Der Westfälische Friede. Diplomatie, politische Zäsur, kulturelles Umfeld, Rezeptionsgeschichte. Hrsg. von Heinz Duchhardt. München 1998, S. 405–412.

Wünsch, Thomas: Siebenbürgisch-kosakische Beziehungen zur Zeit Georgs II. Rákóczi. In: Siebenbürgische Semesterblätter 8 (1994) 1–2, S. 29–42.

Zach, Krista: Fürst, Landtag und Stände. Die verfassungsrechtliche Frage in Siebenbürgen im 16. und 17. Jahrhundert. In: Ungarn-Jahrbuch 11 (1980/1981), S. 63–90.

Zach, Krista: Stände, Grundherrschaft und Konfessionalisierung in Siebenbürgen. Überlegungen zur Sozialdisziplinierung (1550–1650). In: Konfessionalisierung in Ostmitteleuropa. Wirkungen des religiösen Wandels im 16. und 17. Jahrhundert in Staat, Gesellschaft und Kultur. Hrsg. von Joachim Bahlcke und Arno Strohmeyer. Stuttgart 1999, S. 367–391.

Zachar, József: Der „Lange Krieg" zwischen dem Osmanischen Reich und dem Habsburgerreich: Von der Kriegserklärung bis zum Friedensabschluss 1593–1606. In: „Einigkeit und Frieden sollen auf Seiten jeder Partei sein". Die Friedensschlüsse von Wien (23.06.1606) und Zsitvatorok (15.11.1606). Hrsg. von János Barta, Manfred Jatzlauk und Klára Papp. Debrecen 2007, S. 229–244.

Ziegler, Karl-Heinz: Völkerrechtsgeschichte. Ein Studienbuch. München 2007.

Ziegler, Karl-Heinz: Völkerrechtliche Beziehungen zwischen der Habsburgermonarchie und der Hohen Pforte. In: Zeitschrift für Neuere Rechtsgeschichte 18 (1996), S. 177–195.

Ziegler, Karl-Heinz: Deutschland und das Osmanische Reich in ihren völkerrechtlichen Beziehungen. In: Archiv des Völkerrechts 35 (1997) 3, S. 255–272.

Ziegler, Karl-Heinz: Pluralisierung und Autorität im europäischen Völkerrecht des Spätmittelalters und der Frühen Neuzeit. In: Zeitschrift für Historische Forschung 30 (2003), S. 533–553.

Ziegler, Karl-Heinz: The peace treaties of the Ottoman Empire with European Christian powers. In: Ders.: Fata Iuris Gentium. Kleine Schriften zur Geschichte des europäischen Völkerrechts. Baden-Baden 2008 (Studien zur Geschichte des Völkerrechts 15), S. 227–252.

Ziegler, Karl-Heinz: Die Beutung des Westfälischen Friedens von 1648 für das europäische Völkerrecht. In: Ders.: Fata Iuris Gentium. Kleine Schriften zur Geschichte des europäischen Völkerrechts. Baden-Baden 2008 (Studien zur Geschichte des Völkerrechts 15), S. 303–325.

Ziegler, Karl-Heinz: The influence of medieval Roman law on peace treaties. In: Ders.: Fata Iuris Gentium. Kleine Schriften zur Geschichte des europäischen Völkerrechts. Baden-Baden 2008 (Studien zur Geschichte des Völkerrechts 15), S. 197–210.

Register der Personen und Orte

1. Personenregister

2. Ortsregister